URSULA UND DIETER HAGEDORN

OLYMPIODOR
DIAKON VON ALEXANDRIA

KOMMENTAR ZU HIOB

PATRISTISCHE TEXTE UND STUDIEN

IM AUFTRAG DER

PATRISTISCHEN KOMMISSION

DER AKADEMIEN DER WISSENSCHAFTEN
IN DER BUNDESREPUBLIK DEUTSCHLAND

HERAUSGEGEBEN VON

K. ALAND UND W. SCHNEEMELCHER

BAND 24

WALTER DE GRUYTER · BERLIN · NEW YORK

1984

OLYMPIODOR
DIAKON VON ALEXANDRIA

KOMMENTAR ZU HIOB

HERAUSGEGEBEN VON

URSULA UND DIETER HAGEDORN

WALTER DE GRUYTER · BERLIN · NEW YORK

1984

CIP-Kurztitelaufnahme der Deutschen Bibliothek

Olympiodorus ⟨Diaconus⟩:
Kommentar zu Hiob / Olympiodor, Diakon von Alexandria. Hrsg.
von Ursula u. Dieter Hagedorn. – Berlin ; New York : de Gruyter,
1984.
   (Patristische Texte und Studien ; Bd. 24)
   ISBN 3-11-009840-7
NE: Hagedorn, Ursula [Hrsg.]; GT

VORWORT

Mit der vorliegenden Edition des Hiobkommentars Olympiodors sind
wir dem Ziel einen Schritt näher gekommen, das wir uns vor über zwan-
zig Jahren gesetzt haben, als wir gemeinsam mit Ludwig Koenen die Be-
arbeitung des in einem Tura-Papyrus erhaltenen Kommentars Didymos'
des Blinden zu Hiob in Angriff nahmen: nämlich die vielfältigen Hiob-
erklärungen der alten griechischen Kirche, die durch handschriftli-
che Überlieferung auf uns gekommen, aber unzureichend oder gar nicht
veröffentlicht sind, der Wissenschaft in kritischen Editionen zu-
gänglich zu machen. Eine erste Etappe war die Publikation des Hiob-
kommentars des Arianers Julian (PTS 14, 1973), noch verbleibende Auf-
gaben sind die Edition der älteren Katene, wozu uns schon umfangrei-
che Vorarbeiten vorliegen, sowie des Kommentars des Johannes Chryso-
stomos, sofern dieser nicht von anderen herausgebracht werden wird.

Für Unterstützung unserer Arbeit sind wir in erster Linie den ver-
schiedenen Bibliotheken zu Dank verpflichtet, die uns Mikrofilme der
uns interessierenden Handschriften zur Verfügung gestellt haben,
insbesondere Karl Dachs und Erwin Arnold von der Bayerischen Staats-
bibliothek in München, die uns auch die Erlaubnis zur Reproduktion
eines Specimens unserer Haupthandschrift gegeben haben. Durch das Ent-
gegenkommen von Robert Hanhart vom Göttinger Septuaginta-Unternehmen
konnten wir Kopien und Filme mehrerer Katenenhandschriften aus den
Beständen des Unternehmens kollationieren. Wolfgang Hage in Göttingen
war uns bei der Übersetzung der syrischen Fragmente behilflich. Dafür,
daß der Band ebenso wie der Kommentar Julians in den "Patristischen
Texten uns Studien" erscheinen kann, danken wir den Herausgebern die-
ser Reihe, insbesondere Wilhelm Schneemelcher.

Im Oktober 1983   Ursula und Dieter Hagedorn

INHALTSVERZEICHNIS

R E G I S T E R

EINLEITUNG

DIE ÜBERLIEFERUNG

Vorbemerkungen

Bis vor wenigen Jahren war die griechische christliche Hioberklä-
rung der ersten Jahrhunderte nur in Fragmenten zugänglich, die zum
größten Teil nicht den Originalwerken direkt entnommen, sondern auf
dem Umweg über die Hiobkatene[1] auf uns gekommen waren. Die Exzerpte,
aus denen die Katene kompiliert ist, stammen überwiegend aus Kommen-
taren zum Buche Hiob, teilweise aber auch aus Homilien und Schriften
zu anderen Themen. Diese Katene, die uns in zahlreichen Handschriften
überliefert ist, ist in ihrer ältesten erhaltenen Fassung noch nicht
ediert worden[2]; im Druck liegt nur eine byzantinische Bearbeitung
vor, die möglicherweise der um 1100 verstorbene Metropolit von Hera-
klea, Niketas[3], angefertigt und die Patrick Young (s. Literaturverz.)
im 17. Jh. aus zwei Oxforder Handschriften herausgegeben hat[4]. Ex-

---

[1] Vgl. hierzu weiter unten den Abschnitt über die Sekundärüberliefe-
rung.

[2] Die Herausgeber dieses Bandes hoffen, auch eine Edition der Katene
in einigen Jahren vorlegen zu können.

[3] Zu Niketas vgl. Beck S.651-643; 654.

[4] Diese sind Bodleianus Barocc.176 und 178. Der griechische Text die-
ser Ausgabe ist später allein nachgedruckt worden unter dem Titel
Σειρὰ τῶν πατέρων εἰς τὸν μακάριον Ἰὼβ συλλεχθεῖσα παρὰ Νικήτα μη-

zerpte dieser Edition hat Migne, nunmehr nach Autoren geordnet, in seine Patrologia Graeca aufgenommen[5]. Wer die dort gesammelten Olympiodorfragmente kennt, wird sich vielleicht wundern, nur einen Teil davon in dem vorliegenden Kommentar wiederzufinden. Der Grund liegt aber nicht in Unvollständigkeit des Kommentars, sondern in falscher Zuweisung zahlreicher Partien in der Patrologia Graeca[6].

Ein Teil der antiken Hioberklärung ist tatsächlich nur in der Sekundärüberlieferung, überwiegend der Katenen, auf uns gekommen; doch sind auch Gesamtwerke in mehr oder weniger vollständigen Handschriften erhalten. Neben dem hier edierten Kommentar sind dies:

Der Hiobkommentar des Arianers Julian (s. Literaturverz. Hagedorn). Der überwiegend nur in einer Handschrift erhaltene Kommentar stammt vermutlich aus den Jahren 357 - 365 (vgl. Hagedorn, S.LVI) und behandelt das ganze Buch Hiob mit ziemlich gleichmäßiger Ausführlichkeit. Der Katenist hat sich vergleichsweise wenig für dieses Werk interessiert, obwohl es ihm offenbar vollständig vorlag[7].

τροπολίτου Ἡρακλείας, Venedig 1792. Eine lateinische Übersetzung war schon früher erschienen: Catena in Beatissimum Iob ... a Paulo Comitolo ... e Graeco in Latinum conversa (auf der Basis von Vatic. gr.1231), Lyon 1585, 2. verb. u. erw. Aufl. Venedig 1587.

[5] Zum Beispiel PG 39,1119-1154 (Didymos); PG 64,505-656 (Chrysostomos); PG 93,13-470 (Olympiodor).

[6] Vgl. hierzu auch R.Devreesse, Artikel "Chaînes exégétiques grecques, Job" in Dict. de la Bible, Suppl.I, 1928, S.1144 oben. Die Unzuverlässigkeit des bei Migne abgedruckten Textes geht so weit, daß er als Basis für die Kenntnis von Olympiodors Hiobkommentar nahezu unbrauchbar ist: kaum mehr als die Hälfte des in PG 93,13-470 abgedruckten Textes stammt wirklich von Olympiodor (zumindest aus seinem Hiobkommentar; es gibt aber auch keinen Hinweis darauf, daß Olympiodor noch andere Schriften zu Hiob verfaßt hätte); dafür fehlen größere Partien, die in der Katene durchaus überliefert sind, weil sie in Youngs Ausgabe, der Basis für Mignes Auszüge, unter falschem Namen stehen; so etwa gleich zu Anfang die lange Erklärung zu Hiob 1,6 (S.15,4ff. der folgenden Textedition): sie trägt bei Young den Namen Chrysostomos und ist daher PG 64,521Bff. zu finden. Man muß sich also nicht wundern, wenn im Apparat der folgenden Ausgabe des öfteren N (= Niketas) als Textzeuge auftaucht für Partien, die in PG 93 nicht vorhanden sind: sie stehen bei Young nicht unter Olympiodors Namen. Hinzu kommt, daß Migne die in Youngs Ausgabe noch richtig erhaltene Kapiteleinteilung Olympiodors durch die heutzutage übliche ersetzt und die Kapitelvorreden entsprechend an zum Teil unpassende Stellen verschoben hat.

[7] Vgl. Hagedorn, S.XVIff. Das erste Katenenexcerpt aus diesem Kommentar betrifft Hiob 1,4; das letzte Hiob 42,17.

Der Hiobkommentar des Didymos von Alexandrien[8]. Dieser Kommentar,
ebenfalls im 4.Jh. abgefaßt[9], ist mit einigen Lücken in einem Papy-
ruskodex erhalten, der im Jahr 1941 in Ägypten gefunden wurde. Er er-
streckte sich anscheinend niemals über das ganze Buch Hiob, sondern
beendete die Erklärungen in der Gegend von Hiob 16,8[10]; man müßte
sonst annehmen, daß der Kommentar schon in der Antike nicht mehr voll-
ständig verbreitet worden ist[11].

Der Kommentar des Johannes Chrysostomos zu Hiob. Er ist in zwei
mittelalterlichen Handschriften erhalten; eine Edition befindet sich
seit langem in Vorbereitung[12]. Dieser Kommentar umfaßt zwar das ganze
Buch Hiob, ist aber gleichwohl der kürzeste von allen; von anfangs
sehr ausführlichen Erörterungen geht er bald zu kürzeren Erklärungen
und schließlich zu summarischen Paraphrasen und in den Bibeltext ein-
gesprengten Scholien über[13].

---

[8] Didymos der Blinde, Kommentar zu Hiob, Teil I und II, herausgege-
ben von Albert Henrichs, Bonn 1968; Teil III, herausgegeben von
Ludwig Koenen, Ursula und Dieter Hagedorn, Bonn 1968; Teil IV mit
dem Rest des überlieferten Textes und Teil V mit Anmerkungen und
Indices werden in Kürze erscheinen.

[9] Didymos lebte etwa von 313 bis 398. Vgl. Bärbel Kramer, Artikel
"Didymus von Alexandrien" TRE VIII (Berlin-New York 1981), S.741-
746; dort auch Zusammenfassung des neueren Kenntnisstandes und der
Literatur.

[10] Der Papyrus endet mit der Erklärung zu Hiob 16,2, wobei noch vier
Blätter zur Vervollständigung der Lage fehlen; das letzte Zitat in
der Katene findet sich zu Hiob 16,8.

[11] Vgl. Hagedorn, S.XVIf. Eine ähnliche Erscheinung können wir bei dem
ebenfalls in der Katene ausgeschriebenen Autor Polychronios beob-
achten: Das Werk oder zumindest die Vorlage des Katenisten endete
offenbar mit der Erklärung zu Hiob, Kap.20; bis dahin ist die
Schrift recht fleißig exzerpiert, so daß der Gesamtbestand der
Fragmente unter dem Namen des Polychronios sogar die Summe derer,
die Julian und Didymos zugehören, bei weitem übertrifft. Bei ande-
ren Autoren, die nur zeitweilig in der Katene auftauchen, hat man
eher den Eindruck, daß den Fragmenten nicht ganze Kommentare, son-
dern Schriften zu einzelnen Stellen oder Themen zugrundeliegen,
z.B. Homilien. Dies gilt vor allem für Origenes.

[12] Vgl. H.Sorlin, Un commentaire inédit sur Job, attribué à St.Jean
Chrysostome, Studia Patristica VII 1 (Texte u. Unters.92, 1966,
S.543-548). Man vergleiche auch in dem Aufsatz "Note sur un
désordre du Vat.Graec.Pii II 1" dess. Autors, Scriptorium 34, 1980,
S.77f., wo die Arbeit als ungedruckte Thèse der Université de Lyon
II zitiert wird.

[13] Eine genaue Beschreibung der Überlieferungslage und des Charakters
der Schrift mitsamt Literaturangaben bei Hagedorn, S.XVIff.

Der Hiobkommentar des Olympiodor schließlich ist uns mehr oder weniger vollständig in zwei Handschriften überliefert; ferner auszugsweise in verschiedenen Rezensionen der antiken Hiobkatene; und schließlich in einigen Fragmenten an verschiedenen Stellen.

Die Primärüberlieferung

X *Codex Vaticanus gr.745*, fol.1-81 (10.Jh.)[14]

In dem Codex mit der Nummer 745 sind im wesentlichen zwei (ursprünglich voneinander unabhängige) Teile zusammengebunden worden, deren erster, im 10.Jh. geschrieben, zur Zeit der Vereinigung vermutlich bereits nur noch 81 Folien enthielt; dieser Teil macht etwa ein Drittel des heutigen Bandes aus und enthält den Hiobkommentar. Der Rest stammt aus dem 11.Jh. und bietet Reden des Basilius; drei Blätter aus dem 13.Jh. sind überdies hinten eingefügt. Vgl. die ausführliche Beschreibung von R.Devreesse, Codices Vaticani Graeci, Tom.III (Codices 604-866), Bibliotheca Vaticana 1950, S.260f.

Von den elf Lagen, aus denen der Kommentar besteht, fehlt das 1. Blatt der ersten (es könnte auch noch nach der Zusammenbindung verlorengegangen sein, jedenfalls aber vor der Paginierung) und die letzten sechs Blätter der elften Lage. Der Text beginnt daher mitten in der Vorrede zu dem Gesamtwerk und endet in der Erklärung zu Hiob 40, 26; das hat auch zur Folge, daß eine Autorenangabe nicht erhalten ist, doch dazu s.u.

Dies sind jedoch nur die mechanischen Beschädigungen; als viel gravierender erweist sich, daß schon die Vorlage des Schreibers defekt war: einmal springt der Text auf Fol.2v von der Protheoria des Kap.α, die entgegen der sonstigen Gewohnheit der Handschrift nicht als solche gekennzeichnet ist, zum Beginn der Erklärung von Kap.β,

---

[14] Daß diese Handschrift Olympiodors Hiobkommentar enthält, hat aufgrund der Übereinstimmung mit den entsprechenden Katenenfragmenten zuerst M.Faulhaber beobachtet (so Klostermann, S.112 oben; s. das Literaturverz.). Vgl. Faulhaber, Hoheliedcatenen S.163, Ende der Anm. von S.162.

zum andern endet die Abschrift des fortlaufenden Textes und endete
offenbar die Vorlage bereits mit der Protheoria zu Kap.η (= 8) auf
Fol.33r. Danach hat der Schreiber ersatzweise die Bruchstücke gesam-
melt, die er in einer Katenenhandschrift[15] unter Olympiodors Namen
vorfand. Daran, daß die folgenden Auszüge in der Katene fast alle un-
ter dem Namen Olympiodors stehen, läßt sich immerhin ablesen, daß dem
Schreiber dieser Autor als Verfasser des vorliegenden Kommentars be-
kannt war[16].

Am Ende von Fol.8v ist in die Erklärung des ersten Teils von Hb 2,
11 (vgl. S.31,21 App.) ein am Rande σχό(λιον) betitelter Zusatz ein-
geschoben, der von einem Benutzer des Kommentars stammt und mithilfe
von Zitaten aus dem zweiten Buch der Paraleipomena Hintergrundinfor-
mation zu den im Hiobtext folgenden geographischen Begriffen geben
soll. Der Text lautet folgendermaßen:

Μετὰ τὸ ὑπαγορεῦσαι τὸ βιβλίον ἐπιμελῶς ζητήσας εὗρον ἐν δευτέρῳ
τῶν Παραλειπομένων ἐπισυνηγμένους κατὰ Ἰωσαφὰτ μετὰ Ἀμμανιτῶν καὶ
Μωαβιτῶν τοὺς Μιναίους. γέγραπται δὲ ὧδε· καὶ μετὰ ταῦτα ἦλθον οἱ
υἱοὶ Ἀμμὼν καὶ υἱοὶ Μωὰβ καὶ μετ' αὐτῶν ἐκ τῶν Μιναίων πρὸς Ἰωσαφὰτ
εἰς πόλεμον (II Paraleipomena 20,1). καὶ μεθ' ἕτερα ἐπιφέρει ἡ γραφή·
καὶ νῦν ἰδοὺ οἱ υἱοὶ Ἀμμὼν καὶ Μωὰβ καὶ ὄρος Σηεὶρ εἰς οὓς οὐ δέδω-
κας τῷ Ἰσραὴλ διελθεῖν δι' αὐτῶν ἐξελθόντων αὐτῶν ἐκ γῆς Αἰγύπτου
(II Paraleipomena 20,10). καὶ πάλιν μεθ' ἕτερα· καὶ ἐν τῷ ἀπάρξασθαι
τῆς αἰνέσεως αὐτοῦ καὶ τῆς ἐξομολογήσεως δέδωκεν κύριος πολεμεῖν τοὺς
υἱοὺς Ἀμμὼν ἐπὶ Μωὰβ καὶ ὄρος Σηεὶρ τοὺς ἐξελθόντας ἐπὶ Ἰουδὰν καὶ

---

[15] Und zwar einem Exemplar des β-Typs; vgl. das Siglenverzeichnis
auf S.LXXXIX. Die nähere Bestimmung ist schwierig, weil der
Schreiber leicht erkennbare Fehler selbständig verbessert hat. Die
Handschrift hatte möglicherweise nicht alle Protheorien und war in
der Plazierung der Autorennamen überdurchschnittlich unzuver-
lässig. Im übrigen gibt es nur die übliche Zahl von Sonder-
lesarten.

[16] Da einige der Auszüge nachweislich nicht von Olympiodor stammen,
ließe sich zweifelsfrei erkennen, daß wir nur noch Katenenauszüge
vor uns haben, selbst wenn uns der tatsächliche Text des Kommen-
tars nicht aus der anderen Handschrift bekannt wäre. Zum Beispiel
fehlt in der Hs.X gleich die erste Erklärung Olympiodors im neuen
Kapitel (S.110,19-111,5); stattdessen finden wir zwei Fragmente
vor, die Julian (Hagedorn, S.83,11ff.) und Chrysostomos (cod.Laur.
9,13 Fol.168v) angehören; eine auf Fol.35r zu findende Erklärung
zu Hb 12,3 stammt von dem ebenfalls in der Katene ausgeschriebenen
Autor Didymos (Papyruskodex S.310, noch unediert).

ἐτροπώθησαν καὶ ἀνέστησαν οἱ υἱοὶ 'Αμμὼν καὶ Μωὰβ ἐπὶ τοὺς κατοικοῦν-
τας ὄρος Σηεὶρ ἐξολοθρεῦσαι καὶ ἐκτρῖψαι, καὶ ὡς συνετέλεσαν τοὺς
κατοικοῦντας Σηεὶρ ἀνέστησαν εἰς ἀλλήλους τοῦ ἐξολοθρεῦσαι (II Para-
leipomena 20,22f.). ἐπίσκεψαι τοίνυν, εἰ ἄλλοι εἰσὶν οἱ Μιναῖοι παρὰ
τοὺς 'Αμμωνίτας, οἳ καὶ τὸ ὄρος Σηεὶρ ᾤκουν.

Die freien Blattränder um den Hiobkommentar herum wurden im 13.Jh.
mit Fragmenten aus der Hiobkatene gefüllt; ihr Text ist von geringem
Wert.

X ist ziemlich frei von Iotazismen und anderen orthographischen
Fehlern und, soweit er ein Vertreter der Primärüberlieferung ist, re-
lativ arm an Korruptelen, wenigstens im Vergleich zu der anderen
Handschrift, Y[17].

Y *Codex Monacensis gr.488*, fol.1-152 (13.Jh.)

Auch diese Handschrift beginnt mit dem Hiobkommentar und enthält
im Anschluß daran noch andere, allerdings kleinere Schriften. Im Un-
terschied zu dem Vaticanus ist sie von der ersten bis zur letzten
Zeile von ein und derselben Hand geschrieben. Eine Beschreibung fin-
det sich bei Ignaz Hardt, Catalogus Codicum Manuscriptorum Graecorum
Bibliothecae Regiae Bavaricae, Tom.V (Codices 473-580), München 1812[18].

---

[17] Fehler in X finden sich z.B. S.19,22; 24,20 (wo die in Y erhaltene
Erklärung durch N gestützt wird, der sonst X näher steht); 25,16;
26,3; 28,3; 29,13; 31,22/23; 35,6; 39,8; 47,2; 53,9; 65,21; 69,10;
72,19; 75,2 usf.

[18] Vgl. auch Rahlfs, Verzeichnis S.158. Die Beschreibung von Hardt
ist in einzelnen Punkten korrekturbedürftig. Der Hiobkommentar
steht zwar auf den Folien 1-152, hat aber 154 Folien, weil nach
Fol.125 eine Nr.125A eingeschoben und zwischen Fol.132 und Fol.133
ein Blatt nicht numeriert ist. Die ganze Handschrift hat also 192
Folien. - Ein anderes Urteil über Alter und Wert des Hiobkommen-
tars als das von Hardt ergibt sich nach der Identifikation zwangs-
läufig. - Von den auf Fol.160v beginnenden theologischen Gedichten
des Gregor von Nazianz finden sich in der Handschrift nicht drei,
sondern vier; der Übersichtlichkeit halber hier die kompletten An-
gaben zu diesem Teil: 160v Verfasserangabe. Titel περὶ ἀρχῶν λό-
γ(ος) α, inc. οἶδα μὲν ὡς; 161r des. λύχνος σκοτίης ἐνι κόλπους
(PG 37,397-401). Titel περὶ υἱοῦ λόγ(ος) β, inc. υἱέα δὲ πρώτι-
στον; 162r des. μορφώσατο ἄφθιτος υἱός (PG 37,401-408). Titel περὶ
τοῦ ἁγίου πνς λόγος τρίτος, inc. θυμέ, τί δηθύνεις; 162v des. φυ-
γέειν πέλασα οὐδὲ γὰρ [(Vers 68; PG 37,408-413); mindestens ein
Folio fehlt (diese Angabe und die richtige Anordnung der Folien
sind auf den Blatträndern der Hs. an den entsprechenden Stellen
notiert). 158r inc.] θεοὺς μορφάματα σεπτά (Vers 5 des Gedichts

Der Kommentar, der von Hardt als anonym und vermutlich mittelalter-
lich bezeichnet wird, wurde erst im Jahre 1969 von Dieter Hagedorn
identifiziert (s. Hagedorn, S.XXf.).

Ebenso wie X ist auch Y am Anfang defekt (woher auch der Irrtum
über den Autor rührt), und zwar in stärkerem Maße als der Vaticanus:
Fol.1r beginnt mit der Erklärung zu Hiob 1,20 (S.23,8), also mitten
im zweiten Kapitel[19]. Der übrige Text ist aber dafür vollständig er-
halten, einschließlich Schlußwort und Widmung. Wenn etwas fehlt, sind
die Lücken durch Versehen eines Abschreibers verursacht, nicht durch
mechanische Beschädigung. Solche Versehen, die zu Entstellungen und
Auslassung einzelner Wörter geführt haben, sind allerdings ziemlich
häufig[20]. Iotazismen und eine gewisse orthographische Variabilität be-
reiten dem Verständnis zwar kaum Schwierigkeiten; doch schwerer wie-
gende Irrtümer lassen sich ohne Parallelüberlieferung nicht immer er-
kennen und auch im Falle des Erkennens nur teilweise zuverlässig kor-
rigieren - selbst bei einem so schlichten Text wie dem Olympiodors.
Glücklicherweise sind uns ausgiebige Exzerpte erhalten, die für die
Edition stellenweise sehr hilfreich sind (dazu siehe weiter unten über
die Sekundärüberlieferung in den verschiedenen Rezensionen der Katene).

Die Lemmata sind in dieser Handschrift gewöhnlich mit κεί(μενον)
bezeichnet, der Beginn der Erklärungen mit ἑρ(μηνεία). Diese Angaben
stehen gelegentlich, wo sich Platz dafür fand, im Text, sonst am Rand.

περὶ κόσμου); 158v des. θεοῦ μεγάλοιο λόγοισιν (PG 37,416-423).
Auf dem fehlenden Blatt hat vielleicht noch ein weiteres Gedicht ge-
standen; denn mit dem Rest des dritten und dem Anfang des letzten
Gedichts war der verfügbare Platz keineswegs gefüllt. Von dem Poem
über den Kosmos hat der Schreiber die Verse 19 und 52-96 ausge-
lassen.

[19] Da X auf S.110 aufhört, Olympiodorhandschrift zu sein, ergibt
sich, daß wir nur auf den Seiten 23-110 die beiden Handschriften X
und Y miteinander vergleichen können.

[20] Die Fehler, die Y allein gegenüber allen anderen Zeugen hat, sind
etwa doppelt so zahlreich wie in X. Mit den Auslassungen scheint
es sich ähnlich zu verhalten: auf die Strecke, für welche beide
Handschriften vorliegen, gibt es in X zwei, in Y vier Lücken von
mehr als einer halben Zeile als Sonderfehler. Insgesamt finden
sich in Y etwa 30 solcher gravierenden Auslassungen, von denen die
längste sieben Zeilen umfaßt (S.252,23-253,7), eine weitere in un-
mittelbarer Nachbarschaft vier (S.253,10-14); die anderen bleiben
darunter. Natürlich mag die ein oder andere Auslassung unentdeckt
geblieben sein, doch scheinen *größere* Textpartien nirgends zu
fehlen.

Sie sind mit einer anderen Tinte geschrieben als der übrige Text, al-
so nach Fertigstellung des durchlaufenden Textes eingetragen. Hin und
wieder haben sich die Bezeichnungen verschoben und stehen nicht an
der richtigen Stelle.

Ferner gibt es in derselben Hand, die durchaus die von m_1 sein
könnte, auf den freien Blatträndern neben dem Kommentartext zahlrei-
che kurze, gelegentlich auch längere Notizen, die möglicherweise aus
einem weiteren Arbeitsgang stammen.

Eine Gruppe dieser Bemerkungen besteht in Kürzeln für ὅρα, ὡρ(αῖ-
ον) und ση(μειωτέον)[21], bisweilen gefolgt von einer kurzen Bezeich-
nung dessen, was man bemerkenswert finden soll.

Eine zweite Gruppe sind Inhaltsangaben wie z.B. περὶ φόβου θεοῦ
(neben S.328,8-9; zu Hb 37,24) oder περὶ τῆς γῆς (neben S.340,10-11;
zu Hb 38,18) und περὶ χιόνος (neben S.341,3; zu Hb 38,22).

Die dritte Gruppe besteht in Glossen zu Wörtern des Bibeltextes,
so etwa neben den Zeilen 343,1ff. (Hb 38,32) τὸν οὐράνιον κύνα λέγει
μαζουρώθ. Partienweise hat auf jeder Seite mindestens ein Wort eine
Tilde (˵, ˷, ˭), die am Blattrand daneben mit Erklärung wiederholt
wird, so zu dem Wort κρίκοι S.336,21 ἀναβαστακτῆδες (1. ἀναβαστακτῆ-
ρες); zu ἐσπαργάνωσα S.338,7 ἐσκέπασα; zu γῆς κονία S.344,12 κονιορ-
τός.

Die Notizen sind wenigstens teilweise schon aus der Vorlage mit
abgeschrieben worden; das ergibt sich aus der Inhaltsangabe περὶ τοῦ
ποταμοῦ neben S.229,16-17 (zu Hb 27,22-23), die sicherlich περὶ τοῦ
πολέμου lauten sollte, und daraus, daß die Bemerkungen oft nicht ge-
nau an der richtigen Stelle sitzen, sondern ein wenig zu hoch oder zu
tief. In unserer Ausgabe haben wir auf die Wiedergabe aller dieser
Randbemerkungen verzichtet.

---

[21] Dieselben Zeichen finden sich auch an den Rändern der beiden Pro-
saschriften, die den Band beschließen.

Sekundärüberlieferung

durch Hiobkatenen

Γ Mit der Sigle Γ bezeichnen wir die älteste heute noch greifbare
   Gestalt der Hiobkatene. Diese Katene entspricht im wesentlichen
dem Typ "I" der Catenae in Iob bei Karo-Lietzmann[22]. Zuletzt hat aus-
führlich D.Hagedorn (Julian S.X-XVI) darüber gehandelt. Seit dieser
Zeit wurden von uns weitere Katenenhandschriften ganz oder teilweise
verglichen, wodurch sich die Gestalt des Stemmas gegenüber der Hage-
dorn S.XVI wiedergegebenen etwas verschoben hat. Die wichtigsten die-
ser neu kollationierten Handschriften sind Marcianus gr.538 (F), Va-
ticanus gr.338 (Q) und Ambrosianus M 65 sup. (R), weil sie, obwohl sie
keineswegs zu den ältesten zählen, vielfach einen Text bewahrt haben,
der dem Original näher zu stehen scheint als der aller anderen.

Die mittlerweile insgesamt kollationierten Handschriften sind die
folgenden (in Klammern aufgeführt sind diejenigen Handschriften, die
nicht ohne Einschränkungen zu Γ zu rechnen sind und weiter unten sepa-
rat besprochen werden):

A   Ambrosianus A 148 inf., 10.-11.Jh., Rahlfs Verz.139
(B   Bodleianus Laud gr.20, 13.Jh., Rahlfs Verz.523)
(C   Bodleianus Auct.E 2,19[23], 14.Jh., Rahlfs Verz.505)
D   Athous Lavr.220, 14.Jh., Rahlfs Verz.756
Δ   Vallicellianus 37 (C 41), 10.Jh., Rahlfs Verz.643
E   Vaticanus gr.750, 10.Jh., Rahlfs Verz.680
F   Marcianus gr.538, 905 n.Chr., Rahlfs Verz.740
H   Ambrosianus D 73 sup., 9.-10.Jh., Rahlfs Verz.137
K   Hauniensis 6, 10.-11.Jh., Rahlfs Verz.260
(L   Laurentianus Plut.V 27, 14.Jh., Rahlfs Verz.251)
M   Marcianus gr.21, 10.-11.Jh., Rahlfs Verz.732
O   Athous Vatopedi 590, 12.-13.Jh., nicht in Rahlfs Verz.

---

[22] S. Literaturverz. Zusätzliche Beobachtungen zu dieser Katenenform
bei Bertini. Vgl. ferner R.Devreesse, Artikel "Chaînes exégétiques
grecques IV, Les chaînes sur Job" in Dict. de la Bible, Suppl.I,
1928, Sp.1140-1145.
[23] Bei Karo-Lietzmann: Bodl.Misc.47.

(P   Vaticanus Pii II 1, 11.Jh., Rahlfs Verz.249)

Π   Patmensis 171, 7.-8.Jh., Rahlfs Verz.612

Q   Vaticanus gr.338, 10.Jh., Rahlfs Verz.255

R   Ambrosianus M 65 sup., 11.Jh., Rahlfs Verz.138

S   Sinaiticus gr.3, 11.Jh., in Rahlfs Verz.S.285 ohne Sigle

Σ I Mosquensis Synod.gr.342 + 412,1-16, nach 905, Rahlfs Verz.474

Σ II Mosquensis Synod.gr.412,17 - Ende, 13.Jh., Rahlfs Verz.474

V   Vaticanus gr.749, 9.Jh., Rahlfs Verz.258

147 Rahlfs Verz. = Bodleianus Laud gr.30 (A), 12.Jh.

256 Rahlfs Verz. = Vaticanus gr.697, 13.Jh.

Sie lassen sich, abgesehen von BC, L und P, die unten besprochen werden, zu folgendem Stemma[24] ordnen:

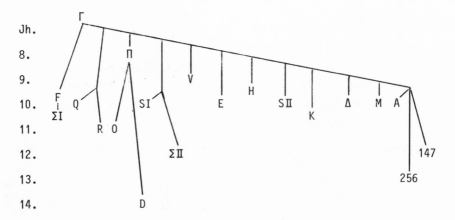

Wann die Hiobkatene entstanden ist, wissen wir nicht. Der jüngste der in ihr benutzten Autoren ist wohl Olympiodor[25]; die älteste erhaltene Handschrift, Cod.Patm.171, stammt aus dem 7.-8.Jh. Die uns

---

[24] Der Schreiber von S hat auf Fol.157 mit der Einleitung zu Kap.ιϑ
(= 19) die Vorlage gewechselt. - Die Nahtlinie zwischen Σ I und Σ II
liegt in Kap.ϑ (= 9) bei der Erklärung zu Hb 14,2. - Noch nicht
alle der aufgeführten Handschriften konnten bei der Editionsarbeit
am Olympiodorkommentar verwertet werden. Näheres dazu im Kapitel
über die Anlage der Edition.

[25] Zeitgenossen Olympiodors, die ebenfalls als Autoren in der Hiobka-
tene genannt werden, sind Severus von Antiochien und Ps.-Dionysios
Areopagita. Von ersterem sind durchgängig kurze und wenige, von dem
anderen ausgedehnte Fragmente erhalten, aber nur partienweise.

vorliegende Fassung der Γ-Katene[26] dürfte also im Laufe des 6.-8.Jh.
angefertigt worden sein. Sie ist mit Sicherheit nicht identisch mit
der Erstfassung: es muß ein oder mehrere Vorstufen gegeben haben, von
denen uns allerdings kein einziger unmittelbarer Zeuge erhalten ist[27].
Doch ist der Schluß auf derartige Vorstufen aus dem Zustand der er-
haltenen Katene unabweisbar:

Die Überlieferung der einzelnen Autoren ist durchaus ungleichartig.
So bieten etwa die aus den Kommentaren des Arianers Julian und des
Didymos entnommenen Scholien[28] fast sämtlich einen Text, der von dem
der entsprechenden Partien der Kommentarhandschriften kaum abweicht[29];
in der Regel sind hier bestimmte Meinungen zu einem bestimmten Lemma
in dem für eine Katene zu erwartenden Rahmen ausgehoben. Demgegenüber
schießen manche Textteile, die unter dem Namen des Origenes stehen,
weit über dieses Ziel hinaus; nicht nur werden in ihnen Erklärungen
zu ganzen Partien des Hiobtextes geboten, sondern in Einzelfällen so-
gar Wendungen mitüberliefert, die mit der eigentlichen Bibelinterpre-
tation nicht zu tun haben, etwa die Doxologie, die eine Homologie ab-
schloß[30]. Ob diese Verschiedenheit durch den unterschiedlichen Cha-
rakter der Quellen oder den unterschiedlichen Zeitpunkt ihrer Einar-
beitung in die Katene verursacht ist, wissen wir nicht. Auch können
wir nicht beurteilen, wie weit hier im Einzelfall der Text der Katene
mit dem ihrer Quelle übereinstimmt, weil die in Frage stehenden Homi-
lien anders nicht erhalten sind.

Anders steht es mit dem Kommentar des Chrysostomos; hier läßt sich
beobachten, daß es in der Katene sowohl eine große Zahl von Scholien

---

[26] Mit der 'uns vorliegenden Fassung' ist die gemeint, die durch die
   Handschriften des oben aufgezeichneten Stemmas vertreten wird;
   über Weiterentwicklungen siehe weiter unten.
[27] Zu dem Problem der stufenweisen Entwicklung von Katenen, vor allem
   im 6. und 7.Jh., vgl. Beck, besonders S.413-415 (für weitere Be-
   merkungen siehe den Index dort s.v. Katenen). Von der Ekklesia-
   steskatene sind in Gestalt der 'Prokopkatene' und der 'Polychro-
   nioskatene' vielleicht sogar zwei solche Stufen erhalten, vgl.
   Faulhaber, Hoheliedcatenen S.158f. Nur die Prokopkatene ist inzwi-
   schen ediert, s.u. Anm.87.
[28] Für die Julianscholien und ihre Benennung gibt Hagedorn S.XXVIIff.
   eine Liste.
[29] Geringfügige Veränderungen können durch die Isolierung einer Text-
   partie veranlaßt sein; außerdem sind leichte Kürzungen und natür-
   lich auch Fehler im Laufe der Katenenüberlieferung zu beobachten.
[30] Man vergleiche z.B. das letzte Katenenfragment der Montage S.XXXI.

gibt, die aus diesem Kommentar wörtlich übernommen sind, wie auch sol-
che, in denen der Originaltext stark entstellt ist. Da das Gleiche für
Olympiodor gilt, muß man wohl schließen, daß die Ursache hierfür nicht
in der Überlieferungsgeschichte der Kommentare[31], sondern in der der
Katene zu suchen ist. Hinzu kommt, daß sich in der Katene eine Reihe
von Dubletten findet. Es läßt sich hierbei beobachten, daß der über-
wiegende Teil derjenigen Dubletten, die Olympiodortexte enthalten, aus
den Protheorien des Hiobkommentars stammt[32], so daß man annehmen muß,
daß dieser in mindestens zwei getrennten Arbeitsgängen zur Kompila-
tion der heutigen Katene herangezogen worden ist. Bei dem letzten die-
ser Arbeitsgänge wurden dann unter anderem die Protheorien geschlos-
sen eingefügt (mit gewissen Kürzungen, die in der Edition ausgewiesen
sind) und wurde wohl auch die Kapiteleinteilung Olympiodors in die
bis dahin ungegliederte Katene[33] übernommen. Wahrscheinlich haben
auch die verschiedenen Prologe, die sich heute am Anfang oder Ende

---

[31] Zumal da beide zumindest teilweise in zwei voneinander unabhängi-
gen Handschriften überliefert sind.

[32] Im Apparat der Ausgabe sind 16 Dubletten mit Olympiodortext ver-
zeichnet, von denen zwölf zu Protheorien gehören. Sie finden sich
an folgenden Stellen: S.6, Pr. zu Kap.α; S.7, Fragm.1; S.15, zu Hb
1,6; S.30, zu Hb 2,10; S.82, Pr zu Kap.ς; S.88, Pr. zu Kap.ζ;
S.157, Pr. zu Kap.$\iota\beta$; S.225, zu Hb 27,1 (vielleicht als Protheoria
mißverstanden: der Lemmatext läßt einen Kapitelanfang möglich er-
scheinen, und tatsächlich haben FQRL die Protheoria, die vor Hb
29,1 gehört, an dieser Stelle); S.242f., Pr. zu Kap.$\varkappa$; S.277, Pr.
zu Kap.$\varkappa\beta$; S.305, Pr. zu Kap.$\varkappa\varepsilon$; S.334, Pr. zu Kap.$\varkappa\varsigma$; S.356, Pr.
zu Kap.$\varkappa\eta$; S.381, Pr. zu Kap.$\varkappa\vartheta$; S.384, Pr. zu Kap. λ; S.391, Pr.
zu Kap.$\lambda\gamma$. Eine siebzehnte Dublette zu den Seiten 49ff. (Pr. zu
Kap.δ) ist im kritischen Apparat nicht verzeichnet, weil sie sich
(außer in P mit zusätzlichen Änderungen) nur in den Γ-hss. Q und
Mon.gr.148 findet, die zur Zeit der Herstellung der Edition noch
nicht kollationiert waren. Der Text ist zwar stark umgeformt, doch
bietet er zu S.50,6-7 eine aufschlußreiche Variante: ἀλγηδόνων ha-
ben Y und alle Γ-hss., die die gesamte Protheoria enthalten, ἀλ-
γεινῶν hingegen X und die drei Handschriften, die die Dublette bie-
ten. Daraus muß man wohl schließen, daß bereits zu der Zeit der
Einarbeitung in die Katene die Überlieferung des Kommentars in
die zwei Zweige gespalten war, von denen wir heute je einen Ver-
treter kennen.

[33] Doch gibt es natürlich eine Kleingliederung durch Zählung oder Be-
zeichnung der Stichen, bei Randkatenen schon deshalb notwendig, um
dem Leser die richtige Zuordnung der Erklärungen zu ermöglichen.

etlicher Katenenhandschriften finden[34], nicht zum Anfangsbestand der
Katene gehört, sondern sind nachträglich hinzugefügt worden.

Was wir heute Γ nennen, ist jene Katene, die nach den soeben ange-
deuteten Ausbau- und andererseits eventuell auch Kürzungsverfahren[35]
in zahlreichen Exemplaren vervielfältigt worden, dabei aber ziemlich
konstant geblieben ist[36]. Zwar sind Dubletten teilweise beseitigt wor-
den (gelegentlich auch neu entstanden), es sind fehlerhafte Umformun-
gen und Auslassungen eingetreten[37]; doch sind für die uns offenbar
verlorenen Handschriften, in denen die Überlieferung sich in gerader
Linie fortpflanzt und von denen unsere Hss. QR bis A abhängen, keine
gravierenden Änderungen zu verzeichnen: keine Textvermehrung[38], keine
systematischen oder extensiven Kürzungen und keine Blattausfälle[39].

Die uns vorliegende Form der Γ-Katene besteht zu einem guten Vier-
tel aus Olympiodortext, wobei andere Schriften Olympiodors als der
Hiobkommentar nicht zitiert werden[40]. Γ enthält damit in seinen Ex-

---

[34] Solche 'Prologe' (darunter auch die Vorrede unseres Kommentars)
finden sich in folgenden der bisher von uns kollationierten Hand-
schriften der Γ-Katene: F, Q, R, O, S, V, E, M und A; außerdem in
den Hss. B, C, L und P, die auf den folgenden Seiten besprochen
werden. Der Bestand ist dabei außerordentlich verschieden; z.B.
findet sich Olympiodors Hypothesis nicht in EMA, dafür in M allein
(neben B) die Hypothesis des Arianers Julian.

[35] Mit der Benutzung von Vorlagen, die genetisch vor unseren Hand-
schriften FQR liegen, ließen sich am einfachsten die zusätzlichen
Fragmente selten genannter Autoren in den im Anschluß zu bespre-
chenden kontaminierten Katenen BC, L und P erklären. Vgl. auch die
Erörterung dieses Problems, Hagedorn S.XXIXf.

[36] Bearbeitungen, in denen Γ mit anderen Quellen kombiniert wurde,
sind hier ausgeklammert. Sie werden im Anschluß besprochen.

[37] In manchen Handschriften, etwa Σ Π und M, wurde der Bestand der Ka-
tene streckenweise rabiat gekürzt; vgl. auch die Beschreibung von
MA, Hagedorn S.XIII.

[38] Falls sich ein Plus in einzelnen Γ-hss. findet, so ist der entspre-
chende Text entweder in den anderen Zeugen ausgefallen oder getilgt
worden (etwa Dubletten), oder er ist aus den in fast allen Hand-
schriften reichlich vorhandenen Randglossen in den Text gedrungen.

[39] Wir müssen allerdings Blattausfälle in verschiedenen der uns vor-
liegenden Handschriften verzeichnen, so in Q, in R, in Π (wo sie
erst eingetreten sind, nachdem die Überlieferung zu O und D weiter-
geführt war), in V, in E, in H und Δ; D ist am Anfang defekt, der
Text setzt erst mit der Erklärung zu Hb 5,2 ein; in Σ ist gleich
der halbe Codex verlorengegangen und später aus einer anderen Vor-
lage ergänzt worden.

[40] Andere Autoren, deren Hiobkommentare in der Katene ausgeschrieben
wurden, sind zusätzlich auch mit Einzelschriften zitiert, so Didy-
mos und Chrysostomos; vgl. Bertini S.130.

zerpten ungefähr die Hälfte des Kommentars. Etwa drei Viertel dieses
Textes sind ziemlich unverändert geblieben; ein Teil des restlichen
Viertels ist mit Texten anderer Herkunft kontaminiert, ein anderer
Teil stark gekürzt oder umgeformt[41]. Nur drei Viertel der Olympiodor-
scholien tragen in den Handschriften so einhellig den richtigen Au-
tornamen, daß man ihn ohne Zögern als 'Benennung in Γ' reklamieren
würde, selbst wenn man den vollständigen Text nicht zur Kontrolle zur
Verfügung hätte. Gerade in den sonst zuverlässigsten Handschriften
fehlen gelegentlich seitenweise alle Autornamen. Die allermeisten
Olympiodorscholien heißen andererseits wenigstens in einer Hand-
schrift auch wirklich so: kein Wunder, da ein Schreiber mit dieser
ohnehin häufigsten Benennung das geringste Risiko hatte fehlzugehen,
wenn etwa seine Vorlage keinen Autornamen überlieferte. Gut 10% der
von Γ ganz oder teilweise ᾽Ολυμπιοδώρου benannten Erklärungen finden
im Kommentar keine Entsprechung; etliche von ihnen sind teils durch
ihre Formulierung oder ihren Inhalt, teils durch Übereinstimmung mit
außerhalb der Katene überlieferten Texten als Gut anderer Autoren
nachweisbar[42], und auch für den Rest besteht angesichts der Überlie-
ferungsverhältnisse[43] keine Veranlassung, ihre Herkunft aus Olympio-
dors Kommentar anzunehmen[44].

Was nun die Beschaffenheit des Olympiodortextes anbelangt, den Γ
vertritt, so entspricht dieser den Erwartungen, die man hegen muß,

---

[41] Solche Passagen sind in der Edition durch das Zeichen ≠ kenntlich
gemacht; sie werden in der für die nächsten Jahre geplanten Edi-
tion der Hiobkatene vollständig abgedruckt werden.

[42] Man vergleiche z.B. die Liste der Katenenfragmente Julians bei Ha-
gedorn, S.XXVIIff.: von den 99 Julianfragmenten der Katene heißen
elf allgemein Olympiodor.

[43] Für knapp ein Viertel des Textes von Olympiodors Hiobkommentar ste-
hen uns zwei voneinander unabhängige Handschriften zur Verfügung;
sie sind nicht besonders nah miteinander verwandt, sondern schei-
nen im Gegenteil zwei verschiedene Handschriftenfamilien zu ver-
treten (vgl. die Anmerkungen 32 Ende, 52, 61): Häufige Kürzungen
müßten sich auf diese Strecke bemerkbar machen (vgl.Anm.20), zumal
gerade in den ersten Kapiteln der Katene besonders viele Scholien
unter dem Namen Olympiodors auftreten, die sich im Kommentar nicht
finden.

[44] Die allermeisten würden sich überdies gar nicht zwanglos einfügen
lassen. Wo in Einzelfällen die Herkunft eines nur in der Katene
erhaltenen Textes aus Olympiodors Kommentar wahrscheinlich schien,
wurde er, je nach dem Grad der Wahrscheinlichkeit, in den Text
oder den Apparat der Edition aufgenommen.

wenn man bedenkt, daß der Kommentar mehrfach für die Katene exzer-
piert wurde: Der Text von Γ ist weder dem von X noch dem von Y direkt
zuzuordnen, sondern er ist ein Mischtext und stammt zudem teilweise
womöglich aus einem Stadium der Textgeschichte vor Trennung der bei-
den Zweige, deren Vertreter wir in X und Y vor uns haben. Zwar gibt
es reichlich Sonderlesarten und auch etliche eindeutige Fehler in Γ,
doch stimmen sie mit den Sonderlesarten und Fehlern von X oder Y in
der Regel nicht überein[45]. Nur an einer Stelle, die Anm.32 Ende de-
tailliert dargestellt ist, läßt sich anscheinend die Existenz der bei-
den Familien schon während der Phase des Katenenwachstums beobach-
ten. Mancherorts hat andererseits Γ das Richtige bewahrt, während XY
einen deutlich erkennbaren gemeinsamen Fehler zeigen[46]. Im großen gan-
zen ist im Laufe der Überlieferung von Γ, das sieht man an vielen
Stellen, mit Konjekturen kaum zu rechnen; selbst unverständliche Pas-
sagen werden mit großer Treue tradiert (dieses ganz im Gegensatz zu
den im folgenden zu besprechenden Bearbeitungen). Γ ist daher in ge-
wisser Weise, wenn man nämlich von den bei der Aufnahme der Fragmente
vorgenommenen Umformungen einmal absieht, ein besonders zuverlässiger
Textzeuge.

Die soeben beschriebene Katene ist verschiedentlich weiterverändert
worden. Drei solche Bearbeitungen waren entweder nur für den Gebrauch
bestimmter einzelner Benutzer gedacht oder aber nicht sehr erfolgreich.
Sie liegen daher nur in ein oder zwei Handschriften vor. Nur die Nike-
tas- oder N-Katene hat eine Verbreitung erfahren, die der von Γ gleicht.

B C *Bodleianus gr.Laud 20* (13.Jh., Rahlfs Verz.523)
    Bodleianus Auct.E 2,19 (= Misc.47, 14.Jh., Rahlfs Verz.505)
In diesen beiden sowohl unvollständigen[47], wie auch stark gekürzten
Katenenhandschriften haben wir die Reste einer Bearbeitung vor uns,

---

[45] Nur zwei Beispiele, bei denen die jeweils mit der Katene überein-
stimmende Handschrift vermutlich das Richtige bewahrt hat, während
auch die Lesart der anderen durch einen weiteren Zeugen gestützt
wird: S.72,5 τοὺς ... μεγαφρονοῦντας ΧΓ(Ν), τοῖς ... μεγαφρονοῦσιν
YL; S.81,3 ἐτασμῶν ΥΓ, πειρασμῶν ΧΝ (zu L und N s.u.).
[46] So z.B. S.83,25-84,1: (ἐν μέρει εὐλογίας κεῖσθαι ... τῶν ... ἀγα-
θῶν τὴν) εὐδαιμονίαν ΧΥ, ἀπόλαυσιν Γ.
[47] In C fehlen die ersten Folien, in B die letzten.

für die neben wenigstens zwei Γ-Handschriften[48] auch anderes Material
herangezogen wurde, dessen Herkunft noch weitgehend unklar ist. Mög-
licherweise ist der Zustand in B auf eine noch weitere Bearbeitung des
Textes von C zurückzuführen; zumindest hat der Schreiber von B (oder
einer seiner Vorgänger) seine Vorlage nicht eben sklavisch getreu ko-
piert. Besonders großzügig ist er mit der Abtrennung der verschiede-
nen Erklärungen und ihrer Benennung umgegangen (was weitgehend auch
auf die beiden im folgenden beschriebenen Katenenbearbeitungen L und
P zutrifft). Man vergleiche die Beschreibung bei Hagedorn, S.XV. In
unserer Edition tauchen BC nur in ihrer Eigenschaft als Handschriften
von Γ auf, da sie keine Texte enthalten, die unabhängig von Γ direkt
aus Olympiodor geschöpft wären. Im Kommentar des Arianers Julian hin-
gegen erscheint B fünfmal als selbständiger Überlieferungsträger (s.
Hagedorn S.XXVII-XXIX).

L   *Laurentianus Plut.V 27* (14.Jh., Rahlfs Verz.251)

Mit Sicherheit läßt sich von dieser Handschrift sagen, daß sie das
Produkt einer Kontamination ist; ferner, daß eine der Vorlagen eine
Handschrift der Γ-Katene, eine weitere Olympiodors Hiobkommentar war,
aus dem eine ganze Reihe von zusätzlichen Fragmenten entnommen ist.
Im weiteren Verlauf, etwa von Kap.ζ (Hb 9) an nähert sich L zunehmend
der Version von N (s.u.)[49], so daß man notwendig schließen muß, daß N
eine der Quellen von L ist oder umgekehrt, oder daß sie beide von
einer uns unbekannten Hiobkatene abhängen. Beim jetzigen Stand der Er-
mittlungen scheint das erste das Wahrscheinlichste zu sein. L ist, wo
der Text mit dem von N zusammengeht, im Apparat der Edition nicht be-
rücksichtigt worden. Dies hat zur Folge, daß die Sigle L auf den er-
sten 75 Seiten der Edition ziemlich häufig auftaucht, danach aber als
selbständiger Überlieferungsträger nur noch zweimal, S.98 und S.326.
Soweit L einen Γ-text hat, steht derselbe partienweise der Hs.R so
nahe, daß man meinen möchte, R selbst (oder jedenfalls eine sehr eng

---

[48] Eine von ihnen stand der Handschrift E des oben S.XX aufgezeich-
   neten Stemmas sehr nahe.
[49] Im letzten Viertel könnte man L fast für eine gekürzte Handschrift
   des N-Typs halten, so selten zeigt sich hier noch eine direkte Ver-
   wandtschaft mit Γ.

verwandte Schwesterhandschrift) sei die Vorlage gewesen[50]. Der selb-
ständig exzerpierte Olympiodortext von L läßt sich keiner der beiden
Handschriften X oder Y direkt zuordnen; er scheint aber dem von Y nä-
her zu stehen (vgl. etwa S.72,5; s.o. Anm.45), soweit sich das ange-
sichts der meist kurzen Ausschnitte und zahlreichen willkürlichen Än-
derungen (dazu vgl. Anm.54) erkennen läßt.

P *Vaticanus Pii II 1* (11.Jh., Rahlfs Verz.249)

Diese Handschrift vertritt die neben N für die Olympiodorüberlie-
ferung wichtigste Bearbeitung der Γ-Katene. Ihre Fassung ist in noch
weit höherem Maße als BC und L als eigenständige Katenenrezension an-
zusehen, für welche die Γ-Katene nur mehr einen Teil der Basis bil-
det[51]. Weitere Elemente dieser Basis sind der Hiobkommentar des Chry-
sostomos, der in P nahezu vollständig ausgeschrieben ist, sowie der
Hiobkommentar Olympiodors. Die übrigen Quellen müssen noch näher un-
tersucht werden; eine Reihe von größeren Fragmenten unter dem Namen
des Athanasius ist auffällig.

Sofern P eine Handschrift von Γ ist, steht der Text teilweise der
Gruppe QR (besonders R, aber längst nicht in dem Maße wie L) nahe;
doch läßt sich dies nicht generell sagen. Der Bearbeiter hat vermut-
lich verschiedene Γ-handschriften benutzt.

Für die Edition des Hiobkommentars ist P nicht nur wegen der bezeugten
Textmengen bedeutsam - auf mehr als 230 Seiten findet P im Apparat ge-
sonderte Erwähnung -, sondern auch, weil die Olympiodorhandschrift, die
er benutzte, eine Schwesterhandschrift von Y gewesen ist[52]; daraus

---

[50] Das läßt sich z.B. an der Protheoria zu Kap.κα (S.269f.) demon-
strieren. Hier haben LR acht Sonderlesarten gemeinsam, nämlich zwei
Textvarianten: S.269,7 πάσχειν für πεπονθέναι, S.270,21 ὡς ἔλεγον
οἱ αὐτοῦ φίλοι für ὥσπερ οἱ φίλοι; zwei Auslassungen: S.270,8f. ὡς
- ὑπομένοντα und S.270,15f. ἀσέβειαν - καταφηφιζόμενοι; vier Um-
stellungen: S.269,10 ἀμυνόμενος ὁ 'Ιώβ, S.270,15 ὥσπερ ἐκεῖνοι τὸν
'Ιώβ, S.270,16f. τὴν διάνοιαν τοῦ δικαίου, S.270,18 ἐπόθει nach 17
ἀγάπης.

[51] Vgl. auch Hagedorn S.XVIf. Zum selben Urteil ist auch schon Berti-
ni gekommen (siehe S.139-142 seines Aufsatzes), der allerdings,
weil er nur die Benennungen der Fragmente, nicht deren Text im ein-
zelnen, untersucht hat, in Bezug auf Olympiodor und Chrysostomos
nicht zu den richtigen Schlüssen gelangt ist.

[52] Beispiele der Übereinstimmung von PY gegen X findet man beispiels-
weise auf den Seiten: 24,2; 26,20; 30,20; 33,12.13; 35,7; 36,10;
39,11; 46,6; 50,1; 53,21; 55,13; 59,2.20; 66,14; 74,18.21; 78,1;

können wir schließen, daß die beiden Olympiodorhandschriften X und Y
nicht ganz eng verwandt sind, sondern verschiedene Zweige der Überlie-
ferung vertreten. Man vergleiche die entsprechenden Beobachtungen für
die zunächst zu nennende Bearbeitung N. Der Kompilator von Γ hingegen
hat seinen Text möglicherweise aus einem Exemplar geschöpft, das vor
der Trennung der beiden Zweige X und Y lag[53].

Der Bearbeiter, der den heutigen Text von P hervorgebracht hat, hat
nicht einfach schematisch Texte aus seinen verschiedenen Quellen an-
einandergehängt, sondern oft gekürzt (nicht nur durch Auslassung, son-
dern auch durch Ersetzen längerer Phrasen durch eine prägnante Formu-
lierung[54]), Anfangs- und Schlußsätze verändert, um abgeschlossene
Texteinheiten zu erzielen, und, wo er Partien verschiedener Herkunft
als im Grunde identisch erkannte (wie z.B. die Olympiodortexte der
Katene und des Originalkommentars), nicht selten die beiden ihm vor-
liegenden Textfassungen zusammengearbeitet[55]. Falls er übrigens Er-
klärungen, die in der Katene einem bestimmten Autor zugeschrieben wur-
den, in dem entsprechenden Kommentar nicht wiederfinden konnte (weil
nämlich die Benennung in der benutzten Γ-handschrift fehlerhaft war),
wie das sowohl bei Olympiodor wie auch bei Chrysostomos des öfteren
vorkam, so zog der Redaktor von P sich aus der Klemme, indem er das
nur in der Katene zu findende Stück nach einem anderen System benann-
te: So heißen Olympiodorscholien, die aus dem Kommentar stammen oder
aber zwar aus der Katene stammen, im Kommentar aber auch zu finden

---

86,9 usf. Vgl. auch unten Anm.61, wo ein Teil dieser Stellen aus-
geschrieben ist. Zwar betrifft die Mehrzahl nur Kleinigkeiten,
doch ist auffällig, daß sich der umgekehrte Fall, nämlich PX gegen
Y, niemals bei Fehlern in P und X findet.

[53] Vgl. oben S.XXV mit Anm.45 und 46.

[54] Ein Beispiel für die in P und L angewandten Verfahren zur Kürzung
einer wortreichen Passage sei hier ausgeschrieben. S.54,2-5 lautet
unser Text: μὴ οἱ λέοντες τὴν οἰκείαν ἀλκὴν ἀπώλεσαν; οὐ μέχρι νῦν
ἰσχυρόν ἐστι τὸ ζῷον ὁ λέων; μὴ τῶν δρακόντων ἐσβέσθη τὸ γαυρίαμα;
οὐ μέχρι νῦν σῴζουσι τὴν αὐθάδειαν καὶ τὸ ἀπτόητον; Daraus machen
P: μὴ οἱ λέοντες τὴν οἰκείαν ἀλκὴν ἀπώλεσαν ἢ οἱ δράκοντες τὸ γαυ-
ρίαμα καὶ τὸ ἀπτόητον; und L: μὴ οἱ λέοντες τὴν οἰκείαν ἀπώλεσαν
ἀλκήν; μὴ τῶν δρακόντων ἐσβέσθη τὸ γαυρίαμα; Man erkennt hier aus-
serdem, wie beide Bearbeiter unabhängig voneinander gearbeitet ha-
ben. (Γ hat die Stelle überhaupt nicht, N in voller Länge.)

[55] Im Kleinen kann man das z.B. S.178,5-7 beobachten. Text von Y: οὐ γὰρ
διασώσει, φησίν, αὐτὸν ἡ ἄδικος ἐπιθυμία, ἀλλ' οὐδὲ ἕξει ποτὲ κατα-
λελειμμένα πρόβατα (statt βρώματα) ὑπὸ τῆς ἄγαν πενίας οὐδὲ ἔχων ὃ
καταλείψῃ. γὰρ Y, > ΓΡ; ποτὲ Y, > ΓΡ; οὐδὲ - καταλείψῃ ΥΡ, > Γ

sind, in P σχόλιον, die hingegen nur in der Katene auftauchenden
Ὀλυμπιοδώρου. Für Chrysostomos lauten die entsprechenden Benennun-
gen Χρυσοστόμου und Ἰωάννου. Das System ist allerdings in der Hand-
schrift P vielfach durchbrochen; ob dies schon dem Bearbeiter passiert
oder erst im Laufe des weiteren Abschreibens eingetreten ist, läßt
sich nicht mehr ausmachen. Für die Annahme des letzteren spricht, daß
in unserer Handschrift P die Abgrenzung der verschiedenen Fragmente
fast so unsorgfältig durchgeführt ist wie in L; zu einem Bearbeiter,
der sich sogar die Mühe macht, Erklärungen unter demselben Namen, aber
von verschiedener Herkunft, gesondert zu bezeichnen, will dies nicht
recht passen.

N   *Catena Graecorum Patrum in Beatum Job collectore Niceta Heracleae*
    metropolita (s. Literaturverz. unter Young)
Bei N handelt es sich um Typ II der von Karo und Lietzmann verzeich-
neten Handschriften von Hiobkatenen. Sie ist mit einigen Konjekturen
des Herausgebers Patricius Junius im Jahre 1637 nach zwei offenbar
weitgehend identischen Handschriften der Bodleian Library gedruckt
worden. Um eine ein wenig solidere Basis zu erhalten, haben wir für
die Olympiodorpartien eine weitere Handschrift, Vaticanus Palatinus
230[56], verglichen und den daraus resultierenden Text N genannt[57]. Als
wie sicher die Autorschaft des Niketas zu betrachten ist, haben wir
nicht untersucht, ebensowenig die Zeit[58]. Festzuhalten bleibt, daß

---

[56] Dies ist nach der Liste bei Karo - Lietzmann, S.238, die älteste
    bekannte Handschrift dieses Typus.
[57] Dieser Text unterscheidet sich - abgesehen von der Hypothesis (da-
    zu s. nächste Seite) - nur geringfügig von dem bei Young gedruck-
    ten. Gelegentlich findet man (bei Divergenzen, deren Klärung die
    Heranziehung weiterer Hss. nötig gemacht hätte) die Angaben Ny
    (Young) und Np (Vat.Pal.230) im Apparat der folgenden Edition (so
    etwa S.43, zu Z.19). Die wesentlicheren Unterschiede fanden sich
    bei der Abtrennung der einzelnen Fragmente (hier steht der Vat.
    Pal.230 der Fassung von Γ oft näher als die Ausgabe von Young) und
    bei der Benennung (Vat.Pal.230 hat weit mehr anonyme Scholien und nur
    selten eine zutreffende Angabe, wo sie bei Young fehlt). Alle die-
    se Bemerkungen beziehen sich nur auf die Olympiodorpartien.
[58] Literatur zur Hiobkatene des Niketas ist spärlich; man vergleiche
    z.B. Bertini S.131ff.; R.Devreesse, Dict. de la Bible, Suppl.I,
    1928, s.v. Chaînes exégétiques grecques (Sp.1140f.); Hagedorn S.
    Xf.; Beck, S.652, erwähnt die Hiobkatene nur in einem Halbsatz als
    wohl nicht von Niketas stammend, gibt aber keine Begründung für
    dieses Urteil.

Handschriften dieser Redaktion, die weite Verbreitung gefunden hat[59], jedenfalls nicht vor das 11.Jh. zurückreichen.

Der Text von N basiert außer auf Γ und verschiedenen weiteren Schriften, z.B. Homilien des Chrysostomos[60], auch auf einer Handschrift von Olympiodors Hiobkommentar, und zwar (im Gegensatz zu L und P) einem Exemplar, das unserer Handschrift X nahe stand[61]. Da X nur für ein knappes Viertel des gesamten Kommentars vorhanden ist, wäre die Überlieferung in N von allergrößtem Interesse, wäre der Redaktor nicht gar so frei mit seinem Text verfahren. Er hat sich aber bemüht, wie dies schon verschiedentlich beschrieben worden ist[62], die Bruchstücke unterschiedlicher Herkunft zu einem recht homogenen Ganzen zusammenzuschweißen (was ihm auch in verblüffendem Maße gelungen ist), und sich nicht gescheut, zu diesem Zweck die vorgegebenen Texte in Details zu verändern, wo ihm dies opportun schien. In der Setzung oder Fortlassung von Artikeln und Partikeln oder dem Austausch von Synonymen vor allem geläufiger Begriffe wie κύριος - θεός, τουτέστιν - ἀντὶ τοῦ u.ä. fühlte er sich ohnedies völlig frei. Da der Hiobkommentar in N noch ausgiebiger exzerpiert ist als in P, haben wir hier also eine sehr wertvolle Nebenüberlieferung, die aber dennoch in keinem Detail einen ganz verläßlichen Text liefert.

Besondere Verhältnisse liegen bei der Hypothesis vor. Hier hat Young nämlich seiner Ausgabe keine Niketashandschriften zugrundegelegt, sondern den gesamten Prolog-komplex aus einer Γ-handschrift übernommen; wie der eigentliche N-text aussieht, zeigen z.B. der oben schon erwähnte Vat.Pal.230 und Cod.Sinaiticus 4 (13.Jh.), den wir in der Hypothesis zusätzlich zum Vergleich herangezogen haben: Die Vor-

---

[59] Karo - Lietzmann verzeichnen in ihrer keineswegs vollständigen Liste S.328-331 über 20 Handschriften dieses Typs.

[60] Sebastian Haidacher hat Partien aus 15 gedruckten Schriften des Chrysostomos unter den Fragmenten gefunden, die bei Migne, PG 64, aus Youngs Ausgabe abgedruckt sind ("Chrysostomus-Fragmente zum Buche Job" in 'Χρυσοστομικά, Studi e ricerche intorno a S.Giovanni Crisostomo' I, Rom 1908, S.217-225). Diese Partien stammen allesamt nicht aus Γ.

[61] Vgl. z.B. S.59,2 ὁ θεός XN, > YP; S.59,20 τῶν ἀσεβῶν τὰ ἀποτελέσματα XN, τὰ τῶν ἀσεβῶν ἐπιτελέσματα YP; S.71,1 ἐὰν Y, > XN; S.74, 21 περιβέβληται XN, βέβληται YP; S.78,1 ὁρίοις XNΓ, ὅροις YP, S.79, 17 μετὰ σπουδῆς καθ' ἡμέραν YPΓ, μετὰ σπ. καὶ καθ' ἡμ. XN; S.81,3 ἐτασμῶν YΓ, πειρασμῶν XN.

[62] Vgl. z.B. Hagedorn S.XI; Bertini S.132.

Ohne Benennung
τουτέστιν· πανωλεθρίᾳ
διαφθαρήσεται.

Πολυχρονίου
πάντα, φησίν, ἡ παρὰ θεοῦ
κόλασις ἐπιδραμεῖται, ἡνίκα
ἂν θεὸς καταψηφίσηται τὴν
τιμωρίαν.

Ohne Benennung
καθ᾽ ἣν ἡ θεία κατ᾽ αὐτοῦ
κινεῖται δίκη.

Ὠριγένους
εἴτε τοῦτο τοὺς ἐκ περι-
τομῆς διὰ Χριστὸν εἰς θεὸν
ἠσέβησαν, εἴτε τοῦ παραδό-
ξου, εἶθ᾽ ὅπως ποτὲ ἀσεβοῦς,
αὐτῷ μερίς ἐστιν ἡ δηλουμέ-
νη ἐν τοῖς προειρημένοις.

Πολυχρονίου
τούτων, φησίν, τεύξεται ὁ
ἀσεβὴς παρὰ θεοῦ.

Πολυχρονίου
καὶ τὸ πέρας τῆς πολλῆς
κτήσεως ἡ τιμωρία.

Ὀλυμπιοδώρου
ἐπειδὴ κτησάμενος τὰ ἀγα-
θὰ ὁ ἀσεβὴς οὐκ ᾔσθετο τῆς
θείας εὐεργεσίας, δίδοται
αὐτῷ κτῆμα καὶ μερὶς τὸ πλή-
ρωμα τῆς ὀργῆς παρὰ τοῦ τὰ
πάντα ἐπισκοποῦντος θεοῦ.

Ὠριγένους
μανθάνει, τίς ἐπίσκοπος
ἐνθάδε ὠνομάσθη, ὅτι θεὸς
ἐπίσκοπος εἴρηται καὶ οἱ
ἐπίσκοποι ἐκείνου τὴν εἰκό-
να παντὶ τῷ τρόπῳ φιλοτι-
μοῦνται οἱ καλοὶ καὶ ἀγαθοὶ
φορεῖν· καὶ ὥσπερ ὁ μιμησά-
μενος εἰκόνα βασιλικὴν τι-
μᾶται ἐπὶ τῷ καλῶς αὐτὴν
μιμήσασθαι, τιμᾶται δὲ καὶ
ἐπὶ τῷ αὐτὴν κεκοσμηκέναι,
οὕτω μακάριος ἐπίσκοπος ὁ
νοήσας τὸν ἀληθινὸν ἐπίσκο-
πον καὶ ζηλῶν αὐτὸν καὶ γι-
νόμενος ὡς ἐν ἀνθρώποις θεὸς
ἢ ἔχων ἐπίσκοπον τὸν ποι-
οῦντα αὐτὸν ἀληθῶς ἐν Χριστῷ
Ἰησοῦ ἐπίσκοπον, ᾧ ἡ δόξα
καὶ τὸ κράτος εἰς τοὺς αἰῶ-
νας τῶν αἰώνων. ἀμήν.

Ἑλκύσαι τ̄ οἶκον αὐτῶ ἀπώ-
λ̄α εἰς τέλ(ος).

ΟΛΥΜΠ. Τυπῶσι, πανωλεθρίᾳ
διαφθαρήσεται καὶ πάντα ἡ παρὰ
θεοῦ κόλασις ἐπιδραμεῖται, ἡνίκα δὴ θεὸς
ὃς καταψηφίσηται τὴν ἡμωρείαν.

Ἡμέρα ὀργῆς ἐπέλθοι αὐτῷ

ΩΡΙΓΕΝΟΥΣ. Καθ᾽ ἣν ἡ
θεία καὶ αὐτὴ κινεῖται δίκη, εἴτε
τῇ ἐκ περιτομῆς εἰς θεὸν ἀσεβήσαντες,
εἴτε τῇ ἐπερδόξῳ, εἴθ᾽ ὅπως ποτὲ
ἀσεβοῦς, αὐτῷ μερὶς ὅτι ἡ δηλουμένη ἐν
τοῖς προειρημένοις.

Αὕτη ἡ μερὶς ἀνθρώπου ἀσεβοῦς
παρὰ Κυρίου, καὶ κτῆμα ὑπαρχόν-
των αὐτῷ παρὰ τῷ ἐπισκόπῳ.

ΟΛΥΜΠ. Τούτων, φησί, παρὰ
τῷ θεῷ τεύξεται ὁ ἀσεβὴς, καὶ
τὸ πέρας τῆς πολλῆς κτήσεως ἡ τιμωρία
ἐπειδὴ γὰρ κτησάμενος τὰ ἀγαθά, οὐκ
ᾔσθετο τῆς θείας εὐεργεσίας, δίδοται αὐτῷ
κτῆμα καὶ μερίς, ὁ πλήρωμα τῆς ὀργῆς πα-
ρὰ τῷ τὰ πάντα ἐπισκοποῦντος θεοῦ.
ἀκούοντες οἱ ἐπίσκοποι, ὡς ὁ θεὸς ταύτῃ
κέκληται τῇ προσηγορίᾳ παρὰ τῇ γραφῇ,
τηρείτωσαν τῆς προσηγορίας τὸ ἀξίωμα,
ἐπαγρύπνως τὰ κατὰ τὴν ποίμνην ἐπισκο-
ποῦντες, καὶ πίστει, καὶ βίῳ ἀνεπιλήπτῳ, καὶ
διδασκαλίᾳ σεμνυνόμενοι· μανθανέτωσαν
τίς ἐπίσκοπος ἐνθάδε ὠνομάσθη, καὶ ἐκείνην
εἰκόνα πᾶν ᾗ ἔχπῳ φιλοτιμείσθωσαν φο-
ρεῖν. ὥσπερ γὰρ ὁ μιμησάμενος εἰκόνα βα-
σιλικὴν, τιμᾶται ἐπὶ τῷ καλῶς αὐτὴν
μιμήσασθαι, τιμᾶται δὲ καὶ ἐπὶ τῷ αὐτὴν
κεκοσμηκέναι· οὕτω μακάριος ἐπίσκοπος, ὁ
νοήσας τὸν ἀληθινὸν ἐπίσκοπον, καὶ ζηλῶν
αὐτὸν, καὶ γινόμενος ὡς ἐν ἀνθρώποις θεός,
καὶ ἔχων ἐπίσκοπον τὸν ποιοῦντα αὐτὸν ἀλη-
θῶς ἐν Χριστῷ Ἰησοῦ ἐπίσκοπον.

ἑλκύσαι τὸν οἶκον
κον αὐτοῦ ἀπώλεια
εἰς τέλος.

ἀντὶ τοῦ πανωλε-
θρίᾳ διαφθαρείη.

ἡμέρα ὀργῆς ἐπέλ-
θοι αὐτῷ.

καθ᾽ ἣν ἡ θεία
κατ᾽ αὐτοῦ κινεῖ-
ται ὀργή.

καὶ αὕτη ἡ μερὶς
ἀνθρώπου ἀσεβοῦς
παρὰ κυρίου καὶ
κτῆμα ὑπαρχόντων
αὐτοῦ παρὰ τοῦ
ἐπισκόπου.

ἐπειδὴ κτησάμε-
νος τὰ ἀγαθὰ ὁ
ἀσεβὴς οὐκ ᾔσθετο
τῆς θείας εὐεργε-
σίας, δίδοται αὐ-
τῷ κτῆμα καὶ με-
ρὶς τὸ πλήρωμα
τῆς ὀργῆς παρὰ
τοῦ τὰ πάντα ἐπι-
σκοποῦντος θεοῦ.
ἀκούοντες δὲ οἱ
ἐπίσκοποι, ὡς ὁ
θεὸς ταύτῃ κέκλη-
ται τῇ προσηγορίᾳ
παρὰ τῇ γραφῇ,
τηρείτωσαν τῆς
προσηγορίας τὸ
ἀξίωμα ἐπαγρύπνως
τὰ κατὰ τὴν ποί-
μνην ἐπισκοποῦντες
καὶ πίστει καὶ
βίῳ καὶ ἀνεπιλήπ-
τῳ διδασκαλίᾳ
σεμνυνόμενοι.

rede Olympiodors ist hier mit den Prologen anderer Autoren zu einer
Einheit zusammengeflossen, die eine Identifizierung der einzelnen
Quellen ohne weitere Hilfe geradezu unmöglich macht, da in N von Olym-
piodors Hypothesis ausgerechnet die Partie erhalten ist, die in Γ
übergangen worden war. Nun ist aber in einem Zweig der N-Überliefe-
rung (uns sind davon die Handschriften Jerusalem Taphou 5 und Parisi-
nus gr.135 bekannt) dieses Kontaminat durch eine aus einem Exemplar
des Olympiodorkommentars übernommene vollständige Abschrift der Hypo-
thesis Olympiodors ersetzt worden; nur dieser Umstand erlaubt es uns,
auch die Einleitung des Kommentars[63] im Originaltext wiederzugeben,
die in X nur zur Hälfte, in Γ mit bedeutenden Auslassungen und in Y
überhaupt nicht erhalten ist.

Das Verfahren, das der Redaktor von N durchgängig angewendet hat,
demonstriert die auf der voranstehenden Seite gegebene Montage, in der
dem N-Text die Quellen, hier ausschließlich Γ und Olympiodor, zur Sei-
te gestellt sind. Man erkennt vor allem bei dem längeren Stück unter
dem Namen Olympiodors sehr schön, wie es der Bearbeiter verstanden
hat, die Texte der drei doch sehr verschiedenartigen Autoren mit spar-
samen Mitteln so zu verändern, daß ein unvoreingenommener Leser das
Ergebnis gewiß nicht als Konglomerat heterogener Bestandteile empfin-
den würde. Gelegentlich auch hat der Redaktor sich die Mühe gemacht,
vorgegebene Texte in kleinste Einheiten zu zerlegen und dann neu zu-
sammenzufügen, so etwa auf S.34 der Ausgabe von Young (= PG 39,1121D).
Hier sind die Zeilen Ol.S.18,21-22; 19,5-7; 18,18-20 (in dieser Rei-
henfolge) in eine 40 Zeilen lange Erklärung unter dem Namen des Didy-
mos eingelassen, von der sich ganze 11 Zeilen in zwei verschiedenen
Abschnitten als echter Didymos erwiesen haben[64]. Umgekehrt ist in die
längere Ausführung Ol.S.27,18 - 28,3, die in der N-Katene zwar unter
dem Namen des Polychronios, aber sonst als geschlossener Text er-

---

[63] N bedeutet also im Apparat der Hypothesis nicht den Text Youngs,
   sondern die Übereinstimmung von Vat.Pal.230 und Sin.4; den aus den
   Fassungen von Jer.Taphou 5 (13.Jh.) und Par.gr.135 (1362 n.Chr.)
   resultierenden Text haben wir Φ genannt.
[64] Siehe Henrichs, Didymos, Kommentar zu Hiob I, S.84. Daß sich ein
   Teil des hier in N überlieferten wirklichen Didymostextes nicht
   in Γ und auch in keiner weiteren Katenenrezension findet, macht
   deutlich, daß man bei aller Frustration durch die Textbehandlung des
   Redaktors von N sein Werk doch keinesfalls außer acht lassen darf.

scheint (S.76f. Young, nicht in PG), nach Ol.S.27,22 (= Young S.76,
41) καθῆστο der Satz eingefügt: οὐκ ἐῶνται γὰρ ἐν πόλεσιν ὁμοδίαιτοι
εἶναι τοῖς ἄλλοις οἱ ἐλεφαντιῶντες. Diesen Satz findet man auch in Γ,
und zwar als selbständig überliefertes anonymes Scholion. Eine per-
fekte Kontamination zweier paralleler Formulierungen findet sich
Young S.38 (unter dem Namen Olympiodors, PG 93,28D): Ein in Γ meist
anonym überliefertes, aber aus Olympiodors Kommentar (S.15,21-23)
stammendes Fragment mit dem Wortlaut "ἀντὶ τοῦ· ἧκε τις ἡμέρα, <u>ἐν ᾗ</u>
<u>τὸ θέατρον ἠνοίχθη καὶ ὁ ἀθλητὴς κατέβη πρὸς τὰ παλαίσματα</u>" und der
Beginn der Erklärung des Olympiodor zu Hiob 1,13 (Ol.S.20,2) "ἀντὶ
τοῦ· ἧκε τις ἡμέρα, καθ᾽ ἥν ὁ ἀγὼν συνεκροτήθη" sind in N verflochten
zu folgendem Passus: ἀντὶ τοῦ· ἧκε τις ἡμέρα, <u>ἐν ᾗ τὸ θέατρον ἠνοίχθη</u>
καὶ ὁ ἀγὼν συνεκροτήθη καὶ <u>ὁ ἀθλητὴς κατέβη πρὸς τὰ παλαίσματα</u>. Wer
hier das Γ-Scholion nicht kennt, könnte leicht versucht sein, die
Fassung des Kommentars gegenüber der des Niketas für gekürzt zu hal-
ten, anstatt die letztere gegenüber der ersteren für erweitert.

   Die Unsicherheit in der richtigen Zuweisung der Fragmente an die
einzelnen Autoren, mit der man schon bei der Beschäftigung mit Γ zu
kämpfen hat, wird durch ein solches Verfahren der ständigen Kontami-
nation noch multipliziert. Es ist daher ganz abwegig, von vornherein
zu vermuten, 'Olympiodor'-Partien der N-Katene, die sich im Kommentar
nicht finden, wären in diesem ausgefallen[65]. Ebenso wie falsche Olym-
piodorstücke gibt es ja in Youngs Ausgabe auch unter den Namen des
Didymos und des Julian längere Ausführungen, die in den uns vorlie-
genden Kommentaren dieser Autoren keine Entsprechung haben und ihnen
auch sicher nicht gehören, teilweise sogar nachweislich nicht, weil
sie nämlich den Kommentaren des Olympiodor oder des Chrysostomos ent-
stammen[66].

---

[65] Das hält z.B. Ziegler (vgl.S.22 oben) für möglich. Hingegen be-
merkt Devreesse (s.Anm.58) Sp.1144 oben: "Comme le texte de Young
sur Olympiodore est celui qu'a malencontreusement reproduit Migne,
il ne faut pas s'étonner de retrouver dans ces colonnes des mor-
ceaux à restituer à Origène ou à d'autres auteurs."
[66] Noch ein paar Beispiele: Ein Fall von nachweislich falscher Nen-
nung ist oben in Anm.6 zitiert: hier steht Chrysostomos statt Olym-
piodor. Young S.235 (= PG 93,136C) findet sich ein Olympiodor ge-
nanntes Fragment zu Hb 10,17b, das zur Hälfte dem Didymos gehört
(Pap.S.285,32ff.; Pal.230 hat in diesem Stück eine zusätzliche
Trennung und dabei den richtigen Namen Didymos, allerdings nicht

Zum Abschluß der Betrachtung der Hiobkatenen sei hier ein Stemma
entworfen, das die verschiedenen Zweige der bisher behandelten Pri-
mär- und Sekundärüberlieferung des Olympiodorkommentars zu Hiob und
das komplizierte System der wechselseitigen Abhängigkeiten wenigstens
in den wichtigsten Zügen zu veranschaulichen sucht:

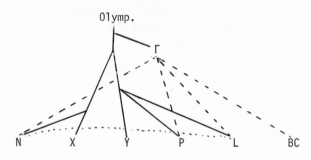

Sekundärüberlieferung

aus anderen Quellen

Außer in den verschiedenen Rezensionen der Hiobkatene wurde der
Hiobkommentar des Olympiodor auch für die *Proverbienkatene* exzerpiert,
anscheinend allerdings nur mit einem einzigen Scholion, das in der Er-
klärung zu Hiob 27,1 enthalten ist (s. S.225,6-10). Das Fragment fin-
det sich in der Proverbienkatene im Vaticanus gr.1802 zu Prov.1,6 un-
ter dem Namen Ὀλυμπιοδώρου und ist gedruckt in Angelo Mais Nova
Patrum Bibliotheca 7, pars 2, Rom 1854, S.81 (PG 93,472). Vgl. auch
Faulhaber, Hoheliedcatenen S.75-82.

---

ganz an der richtigen Stelle, so daß ein Satz des Didymos immer noch
bei Olympiodor verbleibt). Young S.25f. (PG 93,24C) gibt es eine
ausgedehnte Olympiodorpassage zu Hb 1,7a (s. S.16,12 - 17,10), deren
letzte acht Zeilen in Olympiodors Kommentar nicht zu finden sind,
dafür aber in dem des Didymos (Pap.S.15,15ff.). Zum Ausgleich bie-
tet Young S.34 (PG 39,1121D) zu Hb 1,11 eine lange Erklärung unter
dem Namen des Didymos, von der sich nur Teile in seinem Kommentar
finden; ein großer Teil des Rests gehört Olympiodor (S.18,18ff.).
Die hier angeführten Beispiele sind keine Einzelfälle, die Samm-
lung nachweislich falscher Nennungen ließe sich mit Leichtigkeit
bedeutend vermehren.

Ein weiteres Exzerpt verdanken wir *Anastasius Sinaita*, der im 16.
Kapitel seiner *Quaestiones*[67] Olympiodors Erklärung zu Hiob 34,30 (s.
S.295) unter dem Titel Ὀλυμπιοδώρου ἐκ τῶν τοῦ Ἰώβ und als Antwort
auf folgende Frage zitiert: τοῦ Ἀποστόλου λέγοντος ὅτι αἱ ἐξουσίαι
τοῦ κόσμου ὑπὸ τοῦ θεοῦ τεταγμέναι εἰσίν· ἆρα λοιπὸν πᾶς ἄρχων καὶ βα-
σιλεὺς καὶ ἐπίσκοπος ὑπὸ θεοῦ προχειρίζεται; Auch hier, wie es bei den
Katenen vielfach zu beobachten war, wurde die Formulierung Olympio-
dors dem neuen Zusammenhang angepaßt und zu diesem Zweck am Anfang
etwas erweitert und die Herkunft des verwendeten Zitates präzisiert:
"τοῦτο δὲ καὶ αὐτὸς ὁ θεὸς σαφῶς διὰ τοῦ προφήτου Ὡσηὲ πρὸς τὸν
Ἰσραὴλ δηλοῖ λέγων" ersetzt die knappe Formulierung Olympiodors
"καθὼς γέγραπται" (S.295,9).

Etwas reichlicher fließt die Sekundärüberlieferung nur noch in der
Syrohexapla[68], der syrischen Septuagintaübersetzung, die in den Jah-
ren 616-617 in Alexandria vollendet wurde. Auf den Blatträndern sind
neben kritischen Zeichen und Varianten der drei anderen Übersetzer
auch Scholien, Worterklärungen und Auszüge aus den Werken verschiede-
ner Hiobexegeten eingetragen. Letztere finden sich hauptsächlich auf
den oberen und unteren Blatträndern (während kürzere Notizen auf den
seitlichen Rändern angebracht sind), insgesamt ein gutes Dutzend. Die
ersten von ihnen stammen aus dem Hiobkommentar des 'Johannes von Kon-
stantinopel' und haben sich in Chrysostomos' Kommentar verifizieren
lassen[69]. Sieben weitere und damit der Löwenanteil sind aus Olympio-
dors Hiobkommentar entnommen, was vielleicht damit zu erklären ist,
daß Olympiodor Alexandriner war und sein Werk zu der Zeit dem sozusa-
gen aktuellen Stand der Forschung entsprach. Die Herkunft aller die-
ser sieben Olympiodorauszüge ist korrekt angegeben[70]. Sie finden sich

---

[67] Zu dem Werk und seinem Autor vgl. Altaner - Stuiber S.524f.; Beck
S.444.
[68] Codex Syrohexaplaris, photolithographice ed. A.M.Ceriani, Monumen-
ta sacra et profana VII, Mailand 1874.
[69] Vgl. die Anmerkungen Cerianis S.37 und vor allem L.Dieu in 'Le
"Commentaire de Saint Jean Chrysostome sur Job"' (Revue d'histoire
ecclésiastique 13, 1912, S.640-658), S.655f., wo der syrische Text
in lateinischer Übersetzung dem jeweiligen griechischen des Kom-
mentars gegenübergestellt ist.
[70] Weitere Fragmente unter Olympiodors Namen, die im Kommentar keine
Entsprechung hätten, gibt es in der Syrohexapla nicht.

in der Syrohexapla und in unserer Edition an folgenden Stellen[71]: Syrohexapla Fol.45r oben - Ol.S.177,13-18 (zu Hb 20,17-18); Fol.45v unten - Ol.197,15-20 (zu Hb 22,24); Fol.46v unten - Ol.S.231,15-17 (zu Hb 28,3); Fol.47v unten - Ol.S.252,9-16 (zu Hb 30,4); Fol.49r oben - Ol.S.293,6-9 (zu Hb 34,20); Fol.49r unten - Ol.S.295,15-296,11 (zu Hb 34,31f.); Fol.51r unten - Ol.S.348,15-349,21 (zu Hb 39,13-15). Vier dieser Hiobstellen enthalten offenbar erklärungsbedürftige Begriffe, nämlich στρίφνος (Hb 20,18), Σωφείρ (Hb 22,24), ἅλιμα (Hb 30, 4) und die Vogelnamen νεέλασσα, ἀσίδα und νέσσα (Hb 39,13-15)[72]; ein weiteres Exzerpt gibt die Meinungen der παλαιότεροι zu Hb 34,31f. wieder. Alle Texte sind so wörtlich aus dem Griechischen ins Syrische übersetzt worden, daß man sie vereinzelt sogar zur Herstellung des griechischen Originals heranziehen kann[73]. Zusätzlich zu den sieben ausdrücklichen Olympiodorzitaten findet sich auf dem linken Rand von Fol.45v ein eingerahmtes Scholion zu Hb 22,29, dessen Text dem von Ol.S.199,2-4 so ähnlich sieht, daß eine Verwandtschaft unleugbar ist. Allerdings fehlt hier eine Autorangabe; und da das Zitat mit dem entsprechenden Passus des Hiobkommentars auch nicht völlig identisch ist, muß man wohl annehmen, daß es entweder nicht aus dem Kommentar direkt, sondern über eine Zwischenstufe in die Syrohexapla gelangt ist, oder daß Redaktor der Syrohexapla und Olympiodor hier eine gemeinsame Quelle benützen.

---

[71] Für die Hilfe bei der Identifizierung und Analyse der syrischen Texte sind wir Wolfgang Hage in Göttingen außerordentlich dankbar.

[72] Zu dieser Erklärung vgl. die vielseitige Untersuchung von François Nau 'Etude sur Job, XXIX,13, et sur les oiseaux fabuleux qui peuvent s'y rattacher' (Journal Asiatique, vol.215, 1929, S.193-236), bes. den Anhang S.229ff. S.231-233 ist der syrische Text der Olympiodorpassage, S.231f. die französische Übersetzung davon abgedruckt.

[73] So z.B. S.231,15 und 16: in 15 bestätigt Syr die Lesung ναὶ μήν von Γ gegenüber καὶ μέν u.ähnl. der anderen Zeugen; in 16 hat Syr mit Y τῆς γῆς, das ΓΝ auslassen.

DER AUTOR

Name

Die beiden Handschriften, in denen der hier zu edierende Kommentar
überliefert ist, sind, wie oben S.XIV und XVII beschrieben, am Anfang
verstümmelt und die Autorangabe daher verloren. Wir sind deshalb auf
indirekte Zeugnisse für den Namen des Autors angewiesen, die aber,wie
schon aus dem vorhergehenden Kapitel zu entnehmen ist, so reichlich
zur Verfügung stehen, daß jeder Zweifel sich erübrigt. Trotzdem seien
sie der Deutlichkeit halber hier noch einmal kurz zusammengestellt:

1. kennen die Hiobkatenen den Autor Ὀλυμπιόδωρος (διάκονος)[74].
Die unter seinem Namen stehenden Auszüge finden sich im großen ganzen
in unserem Kommentar wieder, während die nicht unter seinem Namen ste-
henden Passagen im allgemeinen auch nicht in unserem Kommentar enthal-
ten sind (s.o., bes.S.XXIV). Da die Katenen schrittweise erweitert
worden sind (vgl. die Beschreibungen von Γ, P, L und N), ist die Be-
zeugung der Autorschaft durch sie sogar eine mehrfache, wovon die
früheste bis auf die Entstehungszeit einer Vorform von Γ, eventuell
sogar das 6.Jh., jedenfalls aber das 7.-8.Jh. (s. das Stemma S.XX),

---

[74] In allen Katenenfassungen heißt der Autor normalerweise einfach
Ὀλυμπιόδωρος, häufig zu Ὀλ( ), Ὀλυμπ( ), Ὀλυμπιοδ( ) abgekürzt.
Niketas weicht der Ausgabe von Young zufolge niemals von dieser
einfachsten Form ab. Hingegen kommt in sechs der bisher von uns
kollationierten Handschriften gelegentlich die Form Ὀλυμπιοδώρου
διακόνου (mit wechselnden Abkürzungen) vor. In zwei Hss.(M, L) fin-
det sich vereinzelt die Bezeichnung Ὀλυμπιοδώρου διακόνου τῆς με-
γάλης ἐκκλησίας, in einer (O) τοῦ θεοφιλεστάτου Ὀλυμπιοδώρου δια-
κόνου, und zweimal schließlich auch die Angabe einer Stadt: einmal
in den eng verwandten und gemeinsam ziemlich zuverlässigen Hand-
schriften QR vor der Protheorie zu Kap.α: τοῦ θεοφιλεστάτου Ὀλυμ-
πιοδώρου διακόνου τῆς Ἀλεξανδρέων μεγάλης ἐκκλησίας; zum anderen
in P (vgl. oben S.XXVIIf.) Ὀλυμ(πιοδώρου) τοῦ θεοφιλεστάτου δια-
κ(όνου) τῆς ἐν Ἀλεξ(ανδρείᾳ) ἁγιωτάτης ἐκκλ(ησίας). Weitere Kolla-
tionen mögen noch mehr Varianten bringen, weil in diesem Punkte die
Schreiber sich offenbar kaum an die Vorlage gebunden fühlen und je
nach Laune und individueller Kenntnis Namenangaben gelegentlich um-
formen oder präzisieren.

zurückgeht.

2. vermittelt uns eine der beiden Handschriften des Kommentars, nämlich X, trotz fehlender Angabe einen deutlichen Hinweis darauf, daß dem Schreiber der Olympiodor der Katene als der Autor auch seiner Vorlage bekannt war. Einzelheiten dazu s.o. S.XV.

3. sind auf den Rändern der Syrohexapla (s.o. S.XXXV) unter dem Namen des Olympiodor Erklärungen zu einzelnen Lemmata ausgeschrieben, die eindeutig Übersetzungen aus dem Text unseres Kommentars sind. Über die Katene könnten sie schon aus chronologischen Gründen kaum gekommen sein; es sind aber auch gar nicht alle auf Syrisch überlieferten Partien in ihr enthalten[75]. Der Autor heißt in der Syrohexapla regelmäßig "Olympiodor, der Diakon"; bei dem ersten Fragment auf Fol.45r tritt hierzu noch die Angabe der Stadt: "Olympiodoros, Diakon von Alexandrien"[76]. Fraglich ist, ob man ohne weiteres davon ausgehen kann, daß die Auszüge aus den Schriften griechischer Exegeten von Anfang an zum Bestand der Syrohexapla gehörten[77]; in diesem Falle wäre sie, da zu Anfang des 7.Jh. fertiggestellt, fraglos das älteste Zeugnis der Autorschaft. Selbst wenn man darauf nicht insistiert, bleibt das Zeugnis zuverlässig; denn der Mailänder Codex, aus dem Ceriani die Syrohexapla ediert hat, stammt aus dem 8.Jh.[78], ist also kaum jünger oder ebenso alt wie die älteste Katenenhandschrift Π.

4. zitiert Anastasius Sinaita, ein Autor aus der 2.Hälfte des 7. Jahrhunderts, oder ein anonymer Bearbeiter, was die Zeit etwas herab-

---

[75] Das ausgedehnte Exzerpt S.348f. findet sich nur zum geringsten Teil in Γ. Außerdem steht der Text der Syrohexapla dem der Hs.Y verschiedentlich deutlich näher als dem der Katene, so S.231,16 (vgl. Anm.73); S.252,10 (Syr hat eine Übersetzung von καὶ κόρον ἐμποιοῦσα, was Γ ausläßt); S.252,11; S.293,6 usf.

[76] Vgl. auch die Angaben der Katenenhandschriften, s.Anm.74. Die Überlieferung hier ist jedenfalls deutlich älter als die dort genannten Hss. M, L und P.

[77] Das tut z.B. L.Dieu (vgl.Anm.69), der S.654 ohne irgendeinen Zweifel die Zeit der Entstehung der Syrohexapla mit der der Eintragung der Chrysostomos-Zitate gleichsetzt; das gleiche postuliert Alberto Vaccari, Un commento a Giobbe, Rom 1915, S.128. Nicht einmal Vaccaris Argument, daß die Syrohexapla insgesamt älter sein müsse als die Anfänge der Katene, ist unbedingt zwingend.

[78] So S.Jellicoe, The Septuagint and Modern Study, Oxford 1968, S.125.

setzen würde[79], in der 16. seiner Quaestiones unter der Quellenangabe
Ὀλυμπιοδώρου ἐκ τῶν τοῦ Ἰώβ einige Zeilen aus dem Hiobkommentar
(vgl. oben S.XXV). Wenn wirklich Anastasius selber der Autor dieser
Passage ist, so ist auch dieses Zeugnis an dem Wettbewerb darum, das
früheste zu sein, beteiligt.

5. schließlich wird Olympiodor in der im Vaticanus gr.1802 erhal-
tenen Proverbienkatene zweimal zitiert[80]. Eines der beiden Fragmente
stammt aus dem Hiobkommentar[81].

Das Werk

Von der Person Olympiodors ist wenig bekannt. Wir wissen noch von
einigen anderen Schriften, die er verfaßt hat:

(a) Der Ekklesiasteskommentar

Im Schlußwort des Hiobkommentars S.398,6-8 schreibt Olympiodor: τὸ
μὲν οὖν πονημάτιον (sc. der Hiobkommentar) ... τετέλεσται ... ὥσπερ
καὶ εἰς τὸν Ἐκκλησιαστήν. Diese Schrift ist mitsamt dem Titel Ὀλυμ-
πιοδώρου ὑπόμνημα εἰς τὸν Ἐκκλησιαστήν[82] in etlichen Exemplaren er-
halten geblieben und auch gedruckt worden (PG 93,477-628). Offenbar
ist sie ebenso wie der Hiobkommentar in Kapitel gegliedert, die je-
weils gesonderte Einleitungen haben[83]. In diesem Werk sind anschei-
scheinend frühere Autoren an zahlreichen Stellen benutzt, allerdings
ohne jede Namensnennung, so daß es zweifelhaft scheint, ob man es der

---

[79] Dazu vgl. Altaner - Stuiber S.524f.; Beck S.444. Eine Detailunter-
suchung scheint es zu der Frage noch nicht zu geben.

[80] Vgl. Faulhaber, Hoheliedcatenen S.75-82 u. 89.

[81] PG 93,471. Das Fragment ist dem Lemma Prov.1,6 zugeordnet; es fin-
det sich im Hiobkommentar S.225,6-10. Siehe auch oben S.XXXIV.

[82] ὑπομνήματα Migne; Parisinus gr.153 (12.Jh.) bietet laut Faulhaber,
Hoheliedcatenen S.159, noch den Zusatz κατὰ λέξιν.

[83] In dem bei Migne abgedruckten Text gibt es zwar nur eine Hypothe-
sis zum 1.Kap., doch sind laut Faulhaber, Hoheliedcatenen S.159,
zumindest in Vallic.gr.D 6 (16.-17.Jh.) auch Vorreden zu den übri-
gen Kapiteln enthalten (wie viele, sagt Faulhaber nicht).

Gattung Kommentar zurechnen oder eher als Katene bezeichnen soll[84]. So
eindeutig, wie es nach Faulhabers Bemerkungen scheint (Hoheliedcate-
nen S.159ff.), der die verschiedenen Ekklesiasteskatenen zuletzt auf
ihre Relation zueinander gründlicher untersucht und dabei an dem Kate-
nencharakter der Schrift keine Zweifel gehabt hat[85], ist der Befund
nicht: Der erhaltene Rest der Prokopkatene zum Ekklesiastes[86], die
eine der Quellen der sogenannten Olympiodorkatene sein soll, ist in-
zwischen ediert[87]. Der Herausgeber hat dankenswerterweise eine Abtei-
lung des kritischen Apparates den Parallelen in anderen Katenen gewid-
met; aus der Stellensammlung, die immerhin ein Drittel des Ekklesia-
steskommentars abdeckt, ergibt sich, daß von Bibelzitaten abgesehen
nur höchst selten Formulierungen aus der Prokopkatene bei Olympiodor
wörtlich wiederkehren; überwiegend liegen nur verwandte Gedankengänge
in anderer sprachlicher Form vor, und Kenntnis der Vorgänger ist bei
einem μέγας φιλόσοφος, als den ihn Anastasios Sinaita später bezeich-
net[88], ja wohl zu erwarten. Formulierungen zur Einführung einer Alter-
nativerklärung, wie ἄλλως, καὶ ἄλλως δέ, ἢ καὶ οὕτως und ähnlich, kom-
men auch im Hiobkommentar nicht eben selten vor (allerdings längst
nicht so häufig wie im Ekklesiasteskommentar, stattdessen in größerer
Vielfalt), ohne daß es gelungen wäre, auch nur einen Teil von ihnen
etwa mit Hilfe der Katene oder der anderen vollständig erhaltenen Kom-
mentare als direkte Entlehnungen zu erweisen. Im einen oder anderen
Falle mag es so sein; eine Reihe von Zitaten oder Übernahme von Argu-

---

[84] Für die erstere Beurteilung vgl. Bardenhewer S.93; für die letztere
Faulhaber, Hoheliedcat.S.159; Beck S.416. Die "Messiner Gruppe" (s.S.
Leanza, Le catene esegetiche sull'Ecclesiaste, Augustinianum 17, 1977,
S.545) zieht sich aus der Affäre und nennt das Werk einen "commentario
catenistico" (S.Lucà, Nilo d'Ancira sull'Ecclesiaste: dieci scolii
sconosciuti, Biblica 60/2, 1979, S.245; La catena dei 3 padri sull'Ec-
clesiaste, Studi in onore di A.Ardizzoni I, Rom 1978, Anm.1 auf S.578; S.
Leanza (s.o.), S.546). Faulhaber gibt S.160f. parallele Textproben aus
dem Werk des Olympiodor und der sog. Polychronioskatene zum Ekkle-
siastes; vgl. auch die zughörige Erläuterung S.162f.
[85] Vgl. auch S.Lucà, La catena dei 3 padri (s.vorige Anm.), S.580 Anm.14.
[86] Die Prokopkatene ist nur fragmentarisch überliefert; die Erklärun-
gen reichen bis Ekkl.4,6. Auch für die davor liegende Partie ist
die Katene vermutlich nicht vollständig; vgl. die Beschreibung der
Hs. in Leanzas Ausgabe (s. die folgende Anm.) S.IX.
[87] Sandro Leanza, Procopii Gazaei Catena in Ecclesiasten, Corpus Chri-
stianorum, ser.graeca 4, Turnhout 1978.
[88] Siehe PG 89, 1189/90A. Vgl. auch unten S.XLV die Bemerkungen über
Olympiodors Einschätzung bei der Nachwelt.

menten macht aber aus einem Kommentar noch keine Katene, sonst wären
die meisten heutigen Kommentare ebenfalls als solche zu bezeichnen.

Da sich nun die Abhängigkeit des Olympiodorkommentars zum Ekkle-
siastes von der Ekklesiasteskatene des Prokop nicht erweisen läßt, ist
auch Faulhabers weitere Argumentation hinfällig, der die (zweifellos
vorhandenen) wörtlichen Übereinstimmungen der Polychronioskatene mit
Olympiodors Erklärungen (vgl. Anm.84 unten) auf Benutzung einer ge-
meinsamen Quelle, nämlich der Prokopkatene zurückführt: da sich, wie
ausgeführt, eine Abhängigkeit Olympiodors von Prokop nicht nachweisen
läßt, muß sein Ekklesiasteskommentar eine der Quellen der Polychro-
nioskatene sein; denn diese hat grundsätzlich die kürzere Fassung.

Nach der Hypothese von S.Leanza[89] ist der unter dem Namen Olympio-
dors laufende Ekklesiasteskommentar nicht direkt von der Prokopkatene
abhängig, sondern auf dem Umweg über die sogenannte Barberinianische
Katene[90]. Da diese auch, und nicht nur sporadisch, Scholien unter
Olympiodors Namen enthält, würde dies bedeuten, daß die Autorangabe
in den Handschriften des Ekklesiasteskommentars falsch ist, da ja
Olympiodor wohl nicht von anderer Hand angefertigte Exzerpte aus sei-
nen eigenen Schriften in einer Katenenrezension weiterbearbeitet hät-
te - ganz abgesehen von den sich durch eine solche Annahme ergebenden
chronologischen Problemen. Näher liegt die Vermutung, daß die Olym-
piodorscholien der Barberinianischen Katene aus seinem Ekklesiastes-
kommentar geschöpft sind und daß dieser mit dem uns erhaltenen iden-
tisch ist.

Wie es sich nun genau verhält, speziell, welche Abhängigkeiten
Olympiodors von welchen Quellen sich nachweisen lassen, können erst
Untersuchungen zeigen, die auf einer kritischen Ausgabe seines Ekkle-
siasteskommentars basieren.

(b) Der Esrakommentar

In der Erklärung zu Ekklesiastes 4,12 (PG 93,532C) zitiert Olympio-
dor sich selbst mit einer dritten, gleichfalls exegetischen Arbeit: ὡς

---

[89] Le catene esegetiche (s.o. Anm.84) S.549f.
[90] Erhalten allein in dem Cod. Vaticanus Barberinianus 388 (alte Nr.
III 107); nach Faulhaber ist diese Fassung umgekehrt von Olympio-
dor abhängig (Hoheliedcatenen S.163ff.).

ἐν τῷ Ἔσδρᾳ ἐσημειωσάμεθα. Aus der Abfolge der Zitate läßt sich für
die drei bisher genannten Werke also eine relative Chronologie gewin-
nen: erst hat Olympiodor das Buch Esra bearbeitet, dann den Ekklesia-
stes und schließlich Hiob. Vom Wortlaut der frühesten dieser drei
Schriften, dem Kommentar (oder was auch immer es war) zu Esra, ist,
soviel wir bisher wissen, nichts erhalten geblieben.

(c) Der Jeremiaskommentar

Erhalten geblieben ist hingegen ein Kommentar zum Propheten Jere-
mias mitsamt den anhängenden Schriften Baruch, Klagelieder des Jere-
mias und Brief des Jeremias. Cl.Marcellius[91] hat ihn in der Hand-
schrift Vaticanus Barberinianus 549 (alte Nr.V 45, Rahlfs Verz.86) aus
dem 9.-10.Jh[92], Fol.119-194v, entdeckt[93]. Dieser Kommentar ist noch
nicht ediert. Ausgiebige Auszüge daraus sind allerdings in die Kate-
ne[94] eingegangen, die M.Ghisler im Rahmen seines breit angelegten Je-
remiaskommentars veröffentlicht hat, der 1623 in Lyon herauskam[95]. Die
dort unter dem Namen Olympiodors aufgeführten Zitate sind bei Migne
(PG 93,627-780) abgedruckt. Die Jeremiaserklärungen Olympiodors sind,
nach diesem Text zu urteilen, im allgemeinen sehr knapp, oft geradezu

---

[91] Nach Faulhaber, Prophetencatenen S.117 Anm.1, gebührt das Verdienst
zwar S.de Magistris (Acta Martyrum ad Ostia Tiberina, Rom 1795,
S.286f.); doch zeigt die Stelle in ihrem Kontext (sie ist PG 93,
9-12 abgedruckt), daß S.de Magistris seine Kenntnis wiederum Cl.
Marcellius verdankt.

[92] Das Datum wird von Faulhaber, Prophetencatenen S.117, mit "saec.
10" sngegeben, dagegen von Ziegler in seiner Jeremiasausgabe (Göt-
tingen 1957) S.8 mit "IX.-X.Jahrh.".

[93] Die Handschrift ist auch für unsere Kenntnis der Lebenszeit Olym-
piodors wichtig, s.u. S.XLV.   Ausführliche Beschreibungen bei
Faulhaber, Prophetencatenen S.117f.; Klostermann S.111f. (Nachträ-
ge und Berichtigungen, zu S.55).

[94] Zu dieser im allgemeinen Faulhaber, Prophetencatenen S.86ff.; der
Katenentext ist nicht nur für die Kontrolle des Vat.Barb.549 von
Bedeutung, sondern, da die Handschrift Lücken aufweist - sie setzt
mit der Erklärung zu Jer.5,19 ein; außerdem fehlen die Erklärungen
zu Jer.21,7-26,6 (Angaben nach Ziegler, vgl. oben Anm.92) -, strek-
kenweise der einzige Zeuge.

[95] Michaelis Ghislerii Romani in Jeremiam prophetam commentarii, Lug-
duni 1623 (zitiert nach Faulhaber, Prophetencatenen S.89f.). Eine
ausführliche Beschreibung findet man bei Faulhaber, ebendort
S.89-92.

wie pure Glossen anmutend[96]. Formal entspricht die Anordnung im Jere-
miaskommentar[97] ganz der des Hiobkommentars: die einzelnen Kapitel
sind jeweils mit gesonderten Einleitungen versehen - wie übrigens auch
im Ekklesiasteskommentar -, die ebenso wie im Hiobkommentar Protheo-
rien heißen. Hierauf folgt unter dem Gesamttitel αἱ λέξεις der ent-
sprechende Komplex der Einzelerklärungen; man wird in der folgenden
Edition das gleiche finden.

(d) Weitere Werke

Die bei Migne (PG 93,469-478) aus einer griechischen Proverbienka-
tene in der lateinischen Übersetzung des Peltanus ausgezogenen 'Pro-
verbienfragmente des Olympiodor' sind kein Zeugnis für einen etwaigen
Proverbienkommentar Olympiodors, sondern stammen wohl teils aus ande-
ren Schriften, größtenteils aber von anderen Autoren, wie man aus den
Beobachtungen Faulhabers schließen kann[98]. Ein Fragment daraus, und
zwar eines, das auch in einer älteren Fassung der Proverbienkatene un-
ter Olympiodors Namen enthalten ist, hat sich im Hiobkommentar wieder-
finden lassen (PG 93,472; vgl. oben S.XXXIV).

Das einzige nichtexegetische Werk Olympiodors, von dem wir Kennt-
nis haben, ist eine *Schrift gegen Severus von Antiochien* in mindestens
zwei λόγοι. Anastasios Sinaita zitiert nämlich in einer kleinen Samm-
lung von positiven und negativen Zeugnissen zum Arianismus, die Angelo
Mai unter dem Titel Χρήσεις ἄχρηστοι μιαρῶν δυσσεβῶν Ἀρειανῶν κτλ.[99]
herausgegeben hat, ein Argument Ὀλυμπιοδώρου τοῦ μεγάλου φιλοσόφου[100]

---

[96] Manche Partien des Hiobkommentars sehen ähnlich aus, z.B. S.340ff.,
allerdings überwiegen dort doch ausführlichere Paraphrasen und Er-
läuterungen. Laut Klostermann (S.112) enthält die Hs. "gewöhnlich
mehr, mitunter aber auch weniger ... als die Olympiodorscholien
der Katenen".

[97] Faulhaber, Prophetencatenen S.117; Klostermann S.112.

[98] Hoheliedcatenen S.133; vgl. auch S.122 und 124; ferner Bardenhe-
wer S.93.

[99] Scriptorum veterum nova collectio e Vaticanis codicibus edita,
Rom 1833, S.202-206 (= PG 89,1179-1190).

[100] Die anderen in derselben Schrift zitierten orthodoxen Autoren ha-
ben als Epitheta nur ihre Amtsbezeichnungen und offizielle Titel
wie ἅγιος und μάρτυς. Ob Anastasios unseren Autor möglicherweise
mit dem bekannten platonischen Philosophen desselben Namens iden-
tifizieren wollte, der etwa gleichzeitig und ebenfalls in Alexan-
drien gewirkt hat (vgl. z.B. Der kleine Pauly, Olympiodorus 5)?

διακόνου ᾿Αλεξανδρείας ἐκ τοῦ δευτέρου λόγου τοῦ κατὰ Σεβήρου (PG 89,
1189/90A). Der Autorangabe folgt nach einer knappen Übersicht über den
Kontext ein längerer Satz.

L e b e n s d a t e n

An persönlichen Daten Olympiodors ist uns zusätzlich zu seinem Na-
men die Amtsbezeichnung bekannt: er war Diakon. Das erfahren wir nicht
nur aus den Hiobkatenen (vgl. S.XXXVII mit Anm.74) und der Syrohexapla
(s.o. S.XXXVIII), sondern auch von Anastasios Sinaita (s.o. das soeben
ausgeschriebene Zitat) und andernorts[101]. Was darunter zu verstehen
ist, läßt sich nicht genau sagen, da die mit dem Amt verbundenen Auf-
gaben und Privilegien je nach Zeit und Ort sehr verschieden waren
(vgl. den Artikel 'Diakon' im RAC). Die Stadt, in der er tätig war,
ist Alexandria gewesen, wie an schon genannten Quellen die Hiobkate-
nen (s.o. Anm.74), die Syrohexapla (s.o. S.XXXVIII) und wiederum Ana-
stasios Sinaita bezeugen. Hinzu tritt als weiteres Zeugnis für beide
Angaben die Subskription des Jeremiaskommentars, die uns darüber
hinaus noch eine wichtige weitere Angabe vermittelt: ein indirektes
Datum. Der Text lautet[102]: ἐπληρώθη σὺν θεῷ τῶν κατὰ κεφάλαιον / σχο-
λίων εἰς τὸν μακάριον ᾿Ιερεμίαν τὸ / πονημάτιον τοῦ μακαρίου ᾿Ολυμ-
πιο/δώρου διακόνου ᾿Α/λεξανδρείας / χειροτονίας ᾿Ιωάννου / ἀρχιεπι-
σκόπου ᾿Α/λεξανδρείας / Νικιώ/του (Vat.Barb.549, Fol.194v). Da der
Patriarch Johannes Nikiotes in den Jahren 505 - 515/6 amtierte[103], muß
Olympiodor in diesem Zeitraum als Diakon ordiniert worden sein; man
kann daher vermuten, daß er etwa zwischen 470 und 490 geboren wurde.
    Am Ende des Hiobkommentars (S.398,6-16) gibt es ein kurzes Schluß-

---

[101] Vgl. Faulhaber, Prophetencatenen S.117 oben.
[102] Wir geben den Text nach Klostermann S.111 in normalisierter Or-
     thographie. Der PG 93,11f. abgedruckte Text weist geringfügige
     Varianten auf.
[103] Vgl. z.B. Bardenhewer S.95. Gründliche Diskussion der Daten bei
     Adolf Jülicher, Die Liste der alexandrinischen Patriarchen im 6.
     und 7. Jahrhundert, in 'Festgabe von Fachgenossen und Freunden
     Karl Müller zum siebzigsten Geburtstag dargebracht', Tübingen
     1922, S.7-23. auf S.16f.

wort, aus dem hervorgeht, daß Olympiodor den Hiob- wie auch schon den
Ekklesiasteskommentar im Auftrag (was wohl nicht streng zu fassen ist)
zweier Männer mit den Namen Johannes und Julian abgefaßt hat. Dies
waren sicher angesehene Persönlichkeiten im Alexandrien des 6.Jh, ver-
mutlich auch kirchliche Würdenträger. Doch da ihre Namen keineswegs
selten sind, läßt sich nicht sagen, ob wir von ihnen auch auf andere
Weise Kenntnis haben (ob etwa Johannes mit dem Erzbischof identisch
ist, der Olympiodor ordiniert hat), so daß diese Information weitge-
hend für uns wertlos bleibt.

Olympiodor muß noch jahrhundertelang als besonders wichtiger Autor
gegolten haben. Anastasios Sinaita hat ihn nicht nur in dem oben
erwähnten Zitat der Schrift gegen Severus einen μέγας φιλόσοφος
genannt, sondern apostrophiert ihn auch an anderer Stelle als ὁ πο-
λὺς τὰ θεῖα ᾽Ολυμπιόδωρος und φιλόσοφος ὁ τὴν ᾽Αλεξανδρέων τοῖς λό-
γοις καταφωτίσας ὡς ταύτης διάκονος[104]. In der Hiob- und der Jere-
miaskatene wurde er (neben Chrysostomos) am fleißigsten ausgeschrie-
ben[105], und ein wesentliches Merkmal der späteren Rezensionen ist die
nochmalige Vermehrung des Anteils an Olympiodorscholien. Auf Wert-
schätzung läßt auch die Textanordnung auf den Folien 67ff. des Mar-
cianus gr.22 schließen: Olympiodors Ekklesiasteskommentar nimmt hier
fortlaufend die Seitenmitten ein, während die auf den Rändern ange-
brachte Prokopkatene Bibeltext und Kommentar begleitet[106].

---

[104] Zitiert nach der Notitia aus der Bibliotheca graeca des Fabri-
cius, die PG 93,9-10 abgedruckt ist. Das von I.E.Grabe herausge-
gebene Spicilegium Patrum, in dessen zweitem Band der Kontext ab-
gedruckt ist, war uns nicht zugänglich. - Zu den Formulierungen
μέγας φιλόσοφος und λόγοις καταφωτίσας vgl. Anm.100.
[105] Zur Jeremiaskatene vgl. Faulhaber, Prophetenkatenen S.100.
[106] S.Leanza, Procopii Gazaei Catena (s.Anm.87) S.IX und die Tafel am
Ende der Einleitung; Faulhaber, Hoheliedcatenen S.143.

DIE ANLAGE DES HIOBKOMMENTARS

Die Einleitung

Wie die anderen Kommentatoren des Buches Hiob, so beginnt auch
Olympiodor sein Werk mit einer Hypothesis, einer Vorrede, in der er
die Ziele und Methoden seiner Arbeit darlegt. Er will die Ergebnisse
einer nun schon jahrhundertelangen christlichen Hiobexegese[107] seinen
Lesern vermitteln; das richtige Verständnis des richtigen Bibeltextes
liegt ihm am Herzen.

Hierbei sind ihm besonders gewisse Grundgedanken wichtig: daß das
Buch Hiob die gleiche Authentizität und den gleichen Wert hat wie die
übrigen Bücher des Alten Testaments (S.2,21ff.); daß Hiob selbst unter
die Gerechten und Propheten zu zählen ist (S.2,11ff.); daß auch seine
Freunde und Gesprächspartner tugendhafte Leute sind und ihre Reden
daher kritische Würdigung verdienen (S.3,23ff.; 4,16ff.; vgl.116,2);
daß Gott aus verschiedenen Gründen einzelne Menschen leiden läßt (S.
3,31ff.)[108]; und schließlich, daß Hiobs Reden, stammten sie von einer
anderen Person, zwar Zeugnisse von Überheblichkeit und Selbstgerech-
tigkeit wären, es aber aus seinem Munde nicht sind, weil reinste Got-
tesliebe ihn antreibt; im Gegenteil, er erscheint in besonderem Maße
bewunderungswürdig, weil er nicht ausschließlich sein Leid beklagt
oder sich stumm zurückzieht, sondern im Unglück noch philosophischer
Erörterungen fähig ist (4,29ff.).

---

[107] Man vergleiche z.B. den Artikel "Livre de Job" im Dictionnaire de
la spiritualité, Bd.8, Abschn.II, 'Job chez les Pères', Sp.1218-
1225; Marie-Louise Guillaumin, Recherches sur l'exégèse patristi-
que de Job, Studia Patristica (Texte und Untersuchungen 115,
Berlin 1975), S.304-308.

[108] Daraus ergibt sich als Konsequenz, daß es irrig ist, von gegenwär-
tigem Unglück auf vorhergegangene Verfehlung zu schließen, wie um-
gekehrt irdisches Wohlergehen noch nicht von gottgefälligem Leben
zeugt: viele Gerechte leiden, und viele Gottlose leben im Wohlstand.
Diesen Gedanken begegnet man im Kommentar auf Schritt und Tritt;
man vergleiche z.B. S.172,19f.; 181,17ff.; 258,19f.

Ferner wird in der Hypothesis der Bibeltext erörtert, den Olympio-
dor bei der Kommentierung zugrundelegen will (S.3,6ff.). Dieser Um-
stand erhöht unser Interesse an der Schrift, weil Olympiodor damit un-
ter den vier Autoren, deren Hiobkommentare in direkter Überlieferung
erhalten sind, der einzige ist, der nicht einfach einen vorgegebenen
Text akzeptiert, ohne ein Wort darüber zu verlieren, sondern program-
matisch den reinen Septuagintatext als Grundlage wählt[109], was bedeu-
tet, daß er versuchen muß, ihn aus dem Wortlaut verschiedener Hand-
schriften herzustellen[110]. Besonders betont er, daß auch der Schluß des
Buches Hiob (Hb 42,17 a-e) als authentisch zu betrachten ist, da er
nun einmal zu dem Text gehört, den die Apostel anerkannt haben (S.3,
19ff.)[111].

Daß Olympiodor den Septuagintatext zur alleinigen Basis christli-
cher Bibelexegese erklärt, hat auf der anderen Seite zur Folge, daß er
diesem die Verbindlichkeit zuerkennt, die vor seiner Entstehung dem
hebräischen Original zukam; dieses hat jetzt seine Gültigkeit verloren
und ist daher nicht mehr von Belang[112]. Nicht zur Herstellung des Tex-
tes, wohl aber als Erklärungshilfe zieht Olympiodor, wo es ihm geboten
scheint, auch die Versionen der drei anderen Übersetzer zu Rate[113]. Er

---

[109] Die Arbeit des Origenes erwähnt er mit keinem Wort.

[110] Natürlich ist er dabei nicht nach modernen wissenschaftlichen Kri-
terien vorgegangen, sondern eher nach Gutdünken. Der Lemmatext ist
ein Mischtext aus den verschiedenen Überlieferungssträngen. Nur
wo Olympiodor besonderen Anlaß dazu findet, erwähnt er auch ἕτερα
ἀντίγραφα oder ähnlich. S.u. den Abschnitt über den Hiobtext Olym-
piodors S.LIIIff.

[111] Vgl. auch S.391,14-18; 395,24-396,2.

[112] Alle in der Katene oder von Niketas unter Olympiodors Namen aufge-
führten Bemerkungen darüber, ob bestimmte Verse im Hebräischen
vorhanden sind oder nicht, finden sich nicht im Kommentar. Von den
bei Field und Ziegler für den sogeannten Ἑβραῖος aufgeführten Be-
merkungen und Varianten hat kaum eine in Olympiodors Kommentar
eine Spur hinterlassen. Die Verweise auf den Ἑβραῖος sind viel-
mehr eine Besonderheit des Polychronios, wie sich aus dem Befund
in Γ schließen läßt.

[113] Allerdings tut er das bei weitem nicht so oft, wie es nach den
"Olympiodor"-Zitaten bei Field (und den 'Olymp'-Angaben bei Zieg-
ler) den Anschein hat. Und häufiger noch als er die anderen Über-
setzungen eigens zitiert, verwendet er ihren Text in der Para-
phrase, so daß die Benutzung nur zu erkennen ist, falls die
entsprechende Variante noch anderswo mit Herkunftsangabe über-
liefert wird. Eine Liste der einschlägigen Stellen findet man
unten S.LXIIIff.

benutzt sie also niemals aus philologischem Interesse, sondern allein σαφηνείας χάριν, d.h. im Interesse des richtigen Verständnisses des Septuagintatextes (S.3,9ff.).

So wie sich Olympiodor dem Bibeltext gegenüber offen verhält, indem er an abweichenden Lesarten oder Übersetzungen berücksichtigt, was nur immer dem Verständnis des heiligen Textes förderlich scheint, so tut er es auch gegenüber den beiden klassischen Methoden der Bibelerklärung, nämlich der nach dem Wortsinn und der Allegorese: εἰ μὲν γὰρ ἑκάτερα δέχεται ἀβιάστως, καὶ τὴν ἱστορίαν καὶ τὴν θεωρίαν, χρηστέον ἀμφοτέροις. εἰ δὲ καὶ τὴν ἱστορίαν μόνην, μείνωμεν ἐπὶ τοῦ γράμματος, εἰ δὲ πρὸς διάνοιαν μόνην ὁρᾷ, ἀνακουφιστέον τὸν λόγον εἰς τὴν ἀλληγορίαν (S.5,14-18)[114].

Der Hauptteil

Anders als die anderen drei Hioberklärer Didymos, Chrysostomos, Julian, die wir zum Vergleich heranziehen können, gliedert Olympiodor das Buch Hiob, und zwar in 33 Kapitel. Diese entsprechen nicht der heutzutage üblichen Einteilung in ungefähr gleichlange Textpartien, sondern richten sich allein nach dem Inhalt. Infolgedessen macht jede einzelne Rede, die kürzeste wie die längste, je ein Kapitel aus. So umfaßt z.B. Olympiodors Kapitel θ mit einer ausgedehnten Rede Hiobs

---

[114] Das erstere ist z.B. bei der Erklärung von Hiob 2,9-13 der Fall, das letztere bei den Versen Hb 1,6ff; 3,8; 40,15-41,26. Alle drei Möglichkeiten kommen in Kap.γ vor: Die Verse 3,1-2 werden nur wörtlich erklärt (S.37); ebenso 3,11-17 (S.42-45) und 3,19-26 (S. 45-48); nur allegorisch hingegen der Vers Hb 3,8 (S.40f.). Beide Methoden sind angewandt bei den Versen Hb 3,3-7 (S.37-40), 3,9-10 (S.41f.) und 3,18 (S.45). - Eine weitere grundsätzliche Bemerkung zur allegorischen Erklärungsweise schiebt Olympiodor auf S.55, 1ff. ein: man muß nicht nachweisen, daß der Sprecher allegorisch gedacht hat (obwohl dies, wie etwa für den Text Hb Kap. 40/41 der Fall sein kann), sondern es genügt, daß ein Text allegorisch gedeutet einen Sinn macht, um die Allegorese anwenden zu dürfen. Im übrigen ist die Autorität der παλαιότεροι für die Beurteilung maßgebend.

die Kapitel 12 - 14 der neueren Einteilung, hingegen sein Kapitel λ
ausschließlich die Worte Gottes an Eliphas und damit nur die Verse
Hb 42,7-8 unserer Zählung. Das erste Kapitel (Hb 1,1-5) ist der Be-
schreibung von Hiobs Person und Lebensumständen gewidmet, das zweite
(Hb 1,6-2,13) den Ereignissen bis zum Beginn der großen Reden, die
den Hauptteil des Buches Hiob ausmachen. Nach Abschluß derselben ein-
schließlich der Auflösung der Aporie durch die Stimme Gottes folgen
noch drei Kapitel. Davon berichtet das erste (λα; Hb 42,9-10) in
knappen Worten den Ausgang der in Kap.β begonnenen Geschichte; das
zweite (λβ; Hb 42,11) schildert die Reaktion der Umwelt; das letzte
Kapitel schließlich (λγ; Hb 42,12-17) enthält abschließende sachliche
Angaben über Hiobs Vermögen, Kinder, Lebensalter und Genealogie[115].

---

[115] Diese Kapiteleinteilung (ihre genaue Konkordanz mit der heute üb-
lichen geht aus dem Inhaltsverzeichnis vorne hervor) ist auch auf
die Katene übertragen worden, vielleicht zusammen mit der Aufnah-
me der Protheorien, die ja nachweislich in einem späteren Ar-
beitsgang in die bereits fertige Katene eingefügt wurden (vgl.
oben S.XXII). Außerhalb der Katene und unseres Kommentars wiederum
ist diese Einteilung nirgends zu finden. Sie geht daher mögli-
cherweise auf Olympiodor selber zurück; das vermutet auch R. De-
vreesse, Introduction à l'étude des Manuscrits Grecs, Paris 1954,
S.141.
Eine noch andere Kapiteleinteilung ist z.B. in der Katenenhand-
schrift Vat.Pii II 1 (P, s.o. S.XXVIIff.) unter den verschiedenen
Prologen, die dem eigentlichen Katenentext vorangestellt sind,
auf Fol.2rv überliefert: Ἡ εἰς τὸν Ἰὼβ ὑπόθεσις πᾶσα διαιρεῖ-
ται εἰς κεφάλαια, ἅτινά εἰσι ταῦτα·

	περὶ τῆς μαρτυρίας τοῦ θεοῦ	α
	περὶ τῶν πειρασμῶν	β
	περὶ τοῦ καταρᾶσθαι τὸν Ἰὼβ τὴν ἡμέραν	γ
	περὶ τῶν λόγων Ἐλιφὰζ τοῦ Θαιμανίτου	δ
	περὶ τῶν λόγων Ἰώβ	ε
	περὶ τῶν λόγων Βαλδὰδ τοῦ Σαυχίτου	ϛ
	περὶ τῶν λόγων Ἰώβ	ζ
	περὶ τῶν λόγων Σωφὰρ τοῦ Μιναίου	η
	περὶ τῶν λόγων Ἰώβ	θ
	περὶ τῶν λόγων Ἐλιφὰζ τοῦ Θαιμανίτου	ι
ια	περὶ τῶν λόγων Ἰώβ	
ιβ	περὶ τῶν λόγων Βαλδάδ	
ιγ	περὶ τῶν λόγων Ἰώβ	
ιδ	περὶ τῶν λόγων Σωφὰρ (Σαφαρ P) τοῦ Μιναίου	
ιε	περὶ τῶν λόγων Ἰώβ	
ιϛ	περὶ τῶν λόγων Ἐλιφάζ	
ιζ	περὶ τῶν λόγων Ἰώβ	
ιη	περὶ τῶν λόγων Βαλδάδ	
ιθ	περὶ τῶν λόγων Ἰώβ	
κ	περὶ τῶν λόγων Ἐλιοὺς τοῦ Βαραχιήλ	

Jedes Kapitel beginnt nach einem Zitat der ersten Verse, das der Orientierung des Lesers dient[116], mit einer Protheoria genannten Einleitung von wechselnder Länge[117]. Die Protheorien enthalten einerseits eine Art Inhaltsangabe des folgenden Kapitels[118], oft verknüpft mit einem knappen Resumée des vorangegangenen Textes[119], andererseits dienen sie dazu, grundsätzliche Fragen zu erörtern, die der Text des Kapitels aufwirft, oder besonders wichtige Punkte herauszustellen[120].

Unter der Überschrift αἱ λέξεις folgen hierauf die Lemmata mit den zugehörigen Erklärungen. Eine Durchzählung der Verse, wie sie sich in Katenen- und Septuagintahandschriften findet[121], gibt es in den beiden Handschriften des Kommentars nicht; doch läßt sich aus der Abtrennung der Lemmata schließen, daß die Gliederung in στίχοι, die Olympiodor zugrundelegt, mit der noch heute üblichen weitgehend identisch ist[122]. Ein Lemma entspricht in aller Regel ein oder mehreren Stichen der Druckausgaben[123], ohne Rücksicht allerdings auf die bei uns übliche Bündelung zu Versen, wie man überall in der Ausgabe sehen kann.

Die Erklärungen selbst schließlich sind sehr häufig gegliedert in

κα   περὶ τῆς ἐμφανείας τοῦ θεοῦ πρὸς τὸν Ἰώβ
κβ   περὶ τῶν λόγων Ἰώβ
κγ   περὶ τῶν λόγων τοῦ θεοῦ πρὸς τὸν Ἰώβ
κδ   περὶ τῶν λόγων Ἰώβ
κε   περὶ τῶν λόγων τοῦ θεοῦ πρὸς Ἐλιφὰζ τὸν θαιμανίτην
κϛ   περὶ τοῦ λῦσαι τὸν Ἰώβ τὴν ἁμαρτίαν τῶν φίλων αὐτοῦ
κζ   περὶ τῆς παρακλήσεως τοῦ θεοῦ πρὸς τὸν Ἰώβ.

Auf die Gliederung der Katene selbst hat diese Einteilung keinen Einfluß gehabt.

[116] Dieses Arrangement zeigt so weitgehende Übereinstimmung in den beiden Handschriften des Kommentars, daß es wohl tatsächlich auf Olympiodor selbst zurückzuführen ist.

[117] Die kürzesten Protheorien (zu den Kapiteln κδ, λα, λβ) haben kaum fünf Zeilen, die längste (zu Kap. κϛ) füllt mehrere Seiten (329ff.).

[118] Musterbeispiele hierfür sind die Protheorien zu den Kapiteln β (S.13f.); ε (S.65f.); η (S.110).

[119] So z.B. in den Protheorien zu Kap.ε (S.65,5-8) und ιε (S.181,5-14).

[120] So z.B. zu Kap.θ (S.118,10-21); ι (S.136,7ff.); κ (S.242,17-243, 12); κα (S.269,5-270,22); κϛ (S.329ff.).

[121] Vgl. R.Devreesse (s.o. Anm.115 Mitte), S.139-141.

[122] Daß Olympiodor eine solche Gliederung als selbstverständlich voraussetzt, auch wenn er keine Zählung verwendet, zeigen etliche Stellen mit Bemerkungen über das Fehlen einzelner Stichen in manchen Handschriften oder ihre Funktion an gewissen Stellen. Vgl. den Wortindex s.v. στίχος.

[123] Scheinbare Abweichungen erklären sich aus der von Olympiodor jeweils benutzten Fassung des Bibeltextes; vgl. z.B. die Lemmata auf S.69 und den Apparat von Rahlfs zu Hiob 6,10.

eine Paraphrase nach dem Wortlaut und eine nach der allegorischen Be-
deutung[124], wie es nach alexandrinischer Tradition üblich ist. Beliebt
ist als Abschluß einer Erklärung die Anführung eines Bibelzitats, wo-
bei Stellen aus den Psalmen deutlich den Vorrang genießen[125]. Einge-
legt sind gelegentlich Wort- oder Sacherklärungen[126], in seltenen Fäl-
len auch längere Exkurse[127].

An zahlreichen Stellen sind der ersten Erklärung eines Lemmas noch
Alternativerklärungen beigegeben, meist nur eine, gelegentlich zwei
oder drei, und einmal fünf[128]. Bisweilen läßt Olympiodor hierbei deut-
lich erkennen, daß er fremde Interpretationen referiert[129], doch ist

---

[124] Vgl. auch oben S.XLVIII. Die allegorische Erklärung entfernt sich
allerdings bei Olympiodor selten weit von der wörtlichen; mit den
Interpretationsmethoden etwa des Origenes und Didymos läßt sich
seine Arbeitsweise kaum vergleichen. Häufig ist überhaupt kein
rechter Unterschied wahrzunehmen. Die Ausdrücke, mit denen Erklä-
rungen nach dem Wortlaut als solche benannt werden, sind etwa κα-
τὰ oder πρὸς τὸ ῥητόν, τὸ πρόχειρον, τὴν ἱστορίαν und αἰσθητός.
Die zahlreicheren und variableren Ausdrücke für allegorische Er-
klärung findet man im Wortindex s.vv. αἰνίττομαι, ἀλληγορία, ἀλ-
ληγορικῶς, ἀνάγω, διάνοια, ἔννοια, θεωρία, νοέω (νοηθείς, κατὰ τὸ
νοούμενον), ὑψηλότερος.

[125] Etwa ein Siebtel aller Zitate findet sich in dieser Position,
darunter nahezu die Hälfte aller Zitate aus den Psalmen und Sprü-
chen, und etwa ein Viertel der Zitate aus den Propheten und den
Schriften des Paulus.

[126] So etwa S.39,10 (γνόφος); 60,13 (κόλαβρος); 85,21 und 365,6 (ὀρό-
δαμνος); 344,17 (κύβος); 372,12 (σμιρίτης), und andere mehr.

[127] Solche längeren Ausführungen befassen sich etwa S.90 mit der κρί-
σις Gottes, S.235 mit dem Verhältnis von σοφία und θεοσέβεια; mit
der Identifizierung der Vögel νεέλασσα und ἀσίδα (S.348); mit den
sechs denkbaren Erklärungen des Begriffs ἀρχὴ πλάσματος (S.363);
mit Polemik gegen Gegner der Allegorese (S.379).

[128] Letzteres z.B. S.363, vgl. die vorige Anm. Die Formulierungen, mit
denen Alternativerklärungen eingeführt werden, sind vielfältig und
reichen von schlichtem ἤ .. ἤ über ἤ καὶ οὕτως (ἄλλως) mit oder
ohne ἔστιν ἐννοεῖν bis zu der Ankündigung S.55,11: κατὰ πολλὰς ἐν-
νοίας τὰ παρόντα δύναται νοῆσαι· ἤ γάρ ... ἄλλως ... ἄλλως. Man
vergleiche hierzu unten S.LXXVII und das oben S.XXXIXf. zum Ek-
klesiasteskommentar Gesagte.

[129] So heißt es etwa S.264,23: ἄλλοι δὲ οὕτως ἐξειλήφασιν; S.265,16
und S.312,3: ἕτεροι (ἄλλοι) δὲ οὕτως ἡρμήνευσαν; S.295,15: ὅσα
τοῖς παλαιοτέροις εἰς τὸν τόπον εἴρηται παραθήσομαι; S.361,2:
ἤκουσα δὲ καὶ ἄλλου τινὸς ἐξηγουμένου. Was jeweils folgt, klingt
allerdings nicht nach wörtlichen Zitaten, sondern ist Olympiodors
Stil zumindest angepaßt, und hat sich auch kaum einmal mit über-
lieferten Erklärungen anderer Autoren wenigstens im Inhalt identi-
fizieren lassen. Vgl. unten die Abschnitte über die Quellenbe-
nutzung S.LXXIVff.

dies keineswegs die Regel, so daß meist nicht unterschieden werden
kann, ob eine Erklärung seine eigene oder die eines Gewährsmannes ist.
In ganz seltenen Fällen bezieht er auch Position, indem er beide Er-
klärungen ausdrücklich anerkennt oder eine von ihnen verwirft[130].

Der Schluß

Im Unterschied etwa zum Hiobkommentar des Julian von Antiochien,
der einfach mit der Erklärung des letzten Lemmas aufhört, und auch
zum Ekklesiasteskommentar des Olympiodor[131] ist dem vorliegenden Kom-
mentar ein persönliches Schlußwort des Autors angefügt. Es enthält
die Widmung des Buches an zwei Männer, Johannes und Julian, die die
Arbeit angeregt haben[132], eine Bitte um εὐχαί und ἀγάπη, geschmückt
mit einem Pauluszitat, und mündet in eine Doxologie[133].

---

[130] Etwa schreibt er S.303,5: πρὸς ἑκατέραν δὲ ἔννοιαν ἁρμόζει τὰ ἐπα-
γόμενα; oder S.57,3: κατὰ πάσας δὲ τὰς ἐννοίας φοβεῖν πειρᾶται
κτλ.; hingegen S.275,18-20: φασὶ μέν τινες ... ἐγὼ δέ φημι ...

[131] Die Erklärung des letzten Lemmas leitet hier unmittelbar in die
abschließende Doxologie über (PG 93,628C).

[132] Über ihre Identität ist nichts bekannt; vgl. oben S.XLIVf.

[133] Auch der Hiobkommentar des Johannes Chrysostomos hat ein Schluß-
wort, doch ist es ganz unpersönlich gehalten. Da die Edition (vgl.
oben S.XIII mit Anm.12) möglicherweise noch auf sich warten lassen
wird, sei der Text hier abgedruckt (Mosqu.Synod.114, Fol.262v): ταῦ-
τα μὲν ἡμεῖς ὡς ἐν συντόμῳ εἰρήκαμεν. ἔξεστι δὲ τῷ βουλομένῳ μετὰ
ἀκριβείας ἐπιόντι τὰ ἐγκείμενα καὶ πλεῖόν τι εὑρεῖν τῶν παρ' ἡμῶν
εἰρημένων. "δίδου γὰρ σοφῷ", φησίν, "ἀφορμήν, καὶ σοφώτερος ἔσται"
(Prov.9,9a). ἕκαστος τοίνυν τῶν ἀναγινωσκόντων ὥσπερ εἰς ἀρχέτυ-
πόν τινα εἰκόνα ὁρῶν τὸν ἀθλητὴν τοῦτον τὸν γενναῖον μιμείσθω τὴν
ἀνδρείαν, ζηλούτω τὴν ὑπομονήν, ἵνα τὴν αὐτὴν αὐτῷ βαδίσας ὁδὸν
καὶ πρὸς ἀπάσας τοῦ διαβόλου τὰς μηχανὰς γενναίως παραταξάμενος
τῶν ἐπηγγελμένων ἀγαθῶν τοῖς ἀγαπῶσι τὸν θεὸν ἐπιτυχεῖν δυνηθείη,
χάριτι καὶ φιλανθρωπίᾳ τοῦ κυρίου ἡμῶν Ἰησοῦ Χριστοῦ, μεθ' οὗ
τῷ πατρὶ ἅμα τῷ ἁγίῳ πνεύματι δόξα, κράτος, τιμή, νῦν καὶ ἀεὶ καὶ
εἰς τοὺς αἰῶνας τῶν αἰώνων. ἀμήν.

DER HIOBTEXT OLYMPIODORS

Da der von Olympiodor zugrundegelegte Bibeltext im kritischen Appa-
rat der neuen Ausgabe des Buches Hiob von Joseph Ziegler (siehe Lite-
raturverz.) Berücksichtigung findet und unser Kommentar in der Ein-
leitung dort S.20-23 als eigenständiger Textzeuge ausführlich bespro-
chen ist, sollen zu diesem Komplex hier nur ein paar ergänzende Be-
merkungen folgen. Vorweg sei bemerkt, daß besondere Vorsicht bei je-
dem Urteil über den Charakter des Bibeltextes schon deswegen geboten
ist, weil man sich an keiner Stelle darauf verlassen kann, genau den
von Olympiodor selbst intendierten Text zu lesen, wie die zahlreichen
Varianten zwischen den Handschriften X und Y gerade auch im Bibeltext
auf den Seiten 23-110 zeigen[134].

Wie oben dargelegt (S.XLVII mit Anm.110), ist es Olympiodors Ab-
sicht, seinen Erklärungen den originalen Septuagintatext zugrundezu-
legen. Dieses Ziel sucht er zu erreichen, indem er verschiedene Exem-
plare des Buches Hiob zu Rate zieht; der Plural τὰ παρ᾽ ἡμῖν ἀντίγρα-
φα S.274,16 und die Bemerkung ἐν δὲ ἑτέροις ἀντιγράφοις οὕτως ηὕραμεν
S.323,10 lassen vermuten, daß er persönlich verschiedene Handschrif-
ten gesehen und verglichen hat. Ob er auch seinen Haupttext, der je-
denfalls ein Mischtext ist (vgl. Ziegler S.114-117), selbst redigiert
hat, wissen wir nicht; doch ist durchaus denkbar, daß Olympiodor einen
nach seinen eigenen Vorstellungen angefertigten Text vor sich hatte,
in den etwa Varianten, die nicht für den Haupttext ausgewählt worden
waren, aber doch beachtenswert schienen, am Rande eingetragen waren -
wie vielleicht auch die abweichenden Formulierungen der anderen Über-
setzer und Glossen zu einzelnen Stichwörtern (vgl. unten S.LVIIff.).

An 23 Stellen zitiert Olympiodor zusätzlich zu der bevorzugten Les-
art unter der Bezeichnung ἕτερα (τινά, ἄλλα) βιβλία oder ἕτερα (ἄλλα)
ἀντίγραφα (τινὰ τῶν ἀντιγράφων) noch weitere Lesarten[135]. Er tut dies

---

[134] Vgl. z.B. die Apparate zu S.25,7-15; 26,10; 27,17; 28,21.22.25.
[135] Kurioserweise verwendet er auf den Seiten 33-47 für diese vom aus-
gewählten Text abweichenden Handschriften viermal das Wort βιβλί-
ον, von S.115 ab für die restlichen Fälle 19mal die Vokabel ἀντί-

in der Regel nur, wo die Variante zur Interpretation hilfreich ist
oder aber eine abweichende, jedoch gleich- oder höherwertige Inter-
pretation impliziert[136]. Des öfteren bieten die abweichenden Fassungen
den Text der Lukianischen Rezension[137], während im Lemma ein unrezen-
sierter Septuagintatext steht; doch kommt auch der umgekehrte Fall
vor[138]. Auch sonst sind in den Hiobtext Olympiodors eine ganze Reihe
von Lesarten der Lukianischen Rezension eingegangen, was aber dennoch
nur einen Bruchteil jener Stellen ausmacht, an denen sich der lukia-
nische Text von dem der Hauptüberlieferung unterscheidet.

Gelegentlich finden wir in der Partie Hiob Kap.2-10, für die uns
beide Handschriften des Kommentars zur Verfügung stehen, daß die eine
einen lukianischen Text bietet, die andere nicht; das kann an manchen
einzelnen Stellen Zufall sein, ist in der Summe jedoch ausgeschlossen.
Bemerkenswerterweise ist es fast ausschließlich die Handschrift Y,
die in diesen Fällen den lukianischen Text vertritt[139]; in welchem der
beiden Überlieferungszweige hier redigiert wurde, läßt sich, da es
sich ja insgesamt um einen Mischtext handelt, nicht zuverlässig ent-
scheiden. Allerdings war den mittelalterlichen Schreibern mit Sicher-
heit der unrezensierte Text vertrauter; nach dem Gesetz der lectio
difficilior wäre also die lukianische Fassung als die ursprüngliche
anzusehen, d.h. Y hätte den zuverlässigeren Text.

γραφον. Eine Liste der Stellen findet man mithilfe des Wortregi-
sters s.vv. βιβλίον und ἀντίγραφον. Vgl. auch Ziegler S.114ff.
[136] Der erstere Fall liegt vor z.B. S.149,16, wo der Text Hb 16,16
ἐπὶ δὲ βλεφάροις μου σκιά durch die Variante σκιὰ θανάτου verdeut-
licht wird, oder S.323,10 wo der in Hb 37,12 unübersetzte hebräi-
sche Ausdruck ἐν θεεβουλαθωθ mit ἐν τοῖς κατωτάτω wiedergegeben
wird. Eine doppelte Interpretation haben wir vor uns z.B. S.160,
4ff., wo zu dem Lemma Hb 18,11 πολλοὶ δὲ περὶ πόδας αὐτοῦ ἔλθοισαν
die Variante πολλῶν δὲ περὶ πόδας ἔλθοι angeführt wird und beide
Fassungen gesondert paraphrasiert werden.
[137] Zu dieser vgl. Hagedorn S.LXXIVf. (Julians Bibeltext ist ein wich-
tiger Zeuge der Lukianischen Rezension); Ziegler S.86ff.
[138] So S.44,12/22 (Hb 3,17); S.115,17/18 (Hb 11,20); S.152,4/21 (Hb 17,
4); vgl. auch Ziegler S.115.
[139] An folgenden Stellen bietet Y einen Text, dessen Verwandtschaft mit
der Lukianischen Rezension anscheinend nicht bloß auf Zufall beruht,
während X einen nicht-lukianischen Text bietet: S.42,16 (Hb 3,10);
61,7 (Hb 5,10); 63,3 (Hb 5,20); 69,1 (Hb 6,10); 77,14 (Hb 7,11);
96,11 (Hb 9,23); 98,18 (Hb 9,31); 105,1 (Hb 10,4); 106,9 (Hb 10,
10); 108,17 (Hb 10,19). Der umgekehrte Fall kommt nur zweimal vor,
nämlich S.77,1 (Hb 7,8) und 109,4 (Hb 10,21); an beiden Stellen er-
scheint ein zufälliges Zusammentreffen durchaus möglich.

Nicht nur wo Olympiodor "andere Abschriften" ausdrücklich zitiert läßt sich erkennen, daß er auch andere Lesarten gekannt hat; bisweilen nämlich klingt in der Paraphrase ein anderer Bibeltext an als der im Lemma vorliegende[140]. Einige Beispiele seien hier aufgeführt. Sie betreffen Fälle, in denen sowohl der im Lemma überlieferte wie auch der der Paraphrase zugrundeliegende Text von Septuagintahandschriften gestützt wird: S.204,19 (Hb 23,13) steht im Lemma ἀντειπών (mit der Hauptüberlieferung); die Variante ἀντιπίπτων hat S; ἀντιπιπτέτω schreibt Olympiodor S.205,2 in der Paraphrase dieses Lemmas. Ebenso S.207,8: Lemma (Hb 24,6) ἐθέρισαν (mit Hauptüberlieferung); ἐθέρισαν λῃστρικῶς eine Untergruppe der Lukianischen Rezension und ein Teil der Katenenhandschriften; οἱ τὸν λῃστρικὸν μετιόντες βίον Olympiodor in der Paraphrase S.207,10f. Schließlich S.223,7: Lemma (Hb 26,12) ἔτρωσε (mit fünf LXX-Zeugen); Varianten u.a. ἔστρωσε, κατέστρωσε, ἔστρωται (viele); ὑπέστρωσε Olympiodor in der Paraphrase S.223,15. Man muß natürlich damit rechnen, daß es sich in etlichen Fällen bei der abweichenden Lesart des Lemmas schlicht um einen Überlieferungsfehler handelt; doch ist auch denkbar, daß Olympiodor Bibeltextvarianten ebenso als Formulierungshilfe für die Paraphrase herangezogen hat wie Übersetzervarianten[141].

Unter den Bibelzitaten, die Olympiodor anführt, befinden sich auch 53 aus dem Buch Hiob selbst an insgesamt 73 Stellen. Dabei klingt sechzehnmal der Wortlaut nur an; in den meisten übrigen Fällen ist er mit dem des entsprechenden Lemmas identisch, doch gibt es gelegentlich auch Varianten. Die interessanteren unter ihnen seien hier ausgeschrieben:

---

[140] Ziegler hat S.23 eine Reihe derartiger Stellen gesammelt, allerdings nur solche, wo im Lemma des Kommentars eine "Sonderlesart" steht. Bei diesen handelt es sich mit einer Ausnahme (Hb 35,11 auf S.302,18/20 πτηνῶν - πετεινῶν, zwei gleichwertige Ausdrücke) um eindeutige Korruptelen der Hs.Y, die man daher nur im Apparat unserer Ausgabe findet. Eine von ihnen (Hb 19,5; S.164,16f. ἐναυλίζεσθαι) beruht leider sogar auf einem Abschreibefehler unsererseits, hervorgerufen durch einen Schnörkel in der Handschrift. Diese Gegend des Textes war in der Erstabschrift des Kommentars, die wir Ziegler für seine Arbeit zur Verfügung gestellt hatten, noch nicht nachkollationiert worden.

[141] Auch bei ihnen wird das Zitat häufig nicht als solches gekennzeichnet, vgl. unten S. LXXIIff.

Hb 2,3:   Lemma S.25,15 τὰ ὑπάρχοντα αὐτῷ διὰ κενῆς ἀπολέσαι Χ
                         τὰ ὑπάρχοντα ἀπολέσαι διὰ κενῆς Υ
          Zitat S.95,8f. ἀπολέσαι τὰ ὑπάρχοντα αὐτοῦ διὰ κενῆς Χ
                         τὰ ὑπάρχοντα αὐτοῦ ἀπολέσαι διὰ κενῆς ΥΡ
          Die Wortfolge ἀπολέσαι διὰ κενῆς, die sich in Υ an beiden Stel-
          len findet, ist der Lukianischen Rezension eigentümlich.
Hb 4,3:   Lemma S.51,13 χεῖρας ἀσθενοῦς μετερύθμισας Χ
                         χήρας παρεκάλεσας Υ
          Zitat S.66,10 χεῖρας ἀσθενοῦς παρεκάλεσας ΧΥ
          Das Zitat bestätigt, was ohnehin zu vermuten war, daß nämlich
          Olympiodor hier den Bibeltext in der Normalfassung hatte (der
          des Zitats) und daß die jeweils singulären Abweichungen der
          beiden Handschriften erst auf dem Überlieferungswege entstan-
          den sind.
Hb 7,20: Lemma S.80,1   πρᾶξαι ΧΥ
          Zitate S.299,9; 300,10; 301,17 ποιῆσαι Υ
          Die Lesung des Lemmas wird ebenso durch die Übereinstimmung
          beider Handschriften gestützt wie die der Zitate durch die
          Wiederholung. Hier ist die Divergenz als ursprünglich gesi-
          chert. Den Grund dafür erkennt man aus S.80,10-12 (Lemmawie-
          derholung + Paraphrase in der Form des Zitats von S.300,9f.):
          die schon im klassischen Griechisch sehr seltene Konstruktion
          von πράττω mit dem Dativ der Person klang für Olympiodor an-
          stößig.
Hb 7,20: Lemma S.80,15 διὰ τί ΧΥ
          Zitat S.35,12 ἵνα τί ΧΥ
          In den Septuagintahandschriften kommen beide Lesungen vor.
Hb 12,2: Lemma 117,2; 119,2 εἶτα ὑμεῖς ἐστε Υ
          Zitat 135,5f.   πότερον ὑμεῖς μὲν ἐστε Υ
                           πότερον ὑμεῖς ἐστε ΓΡΝ
          Die Zufügung von μὲν ist als Fehler in Υ anzusehen, die Va-
          riante πότερον für εἶτα hingegen durch die Übereinstimmung
          mit den Katenenhandschriften gut bezeugt. Sie ergibt einen
          für Leser des 6.Jh.n.Chr. normaleren Text (in Septuaginta-
          handschriften scheint sie sich nicht zu finden). Olympiodor
          hat also ebenso wie im Fall von Hb 7,20 im Zitat den Text
          vereinfacht.
Hb 32,1: Lemma S.268,7 ἦν γάρ Υ
          Zitat S.243,15 ἦν γάρ 'Ιώβ ΥΓΝ
          'Ιώβ hat die Masse der Septuagintahandschriften; nur eine Un-
          tergruppe der Lukianischen Rezension läßt den Namen aus. Ob
          das Zusammentreffen auf Zufall beruht oder auf Absicht, sei
          es Olympiodors, sei es eines Kopisten, muß dahingestellt
          bleiben.
Hb 40,8: Lemma S.358,8 οἴει δὲ μὴ ἄλλως σοι κεχρηματικέναι ἢ ἵνα ἀνα-
                         φανῇς δίκαιος Υ
          Zitate S.101,3f. ἵνα ἀναφανῇ δίκαιος ΧΥΝ; S.330,8 ἵνα ἀναφα-
          νῇς δίκαιος ΥΓΝ; S.332,21 ἀλλ' ἵνα δίκαιος ἀναφανῇ ΥΓΝ; S.
          359,1 ἀλλ' ἵνα ἀναφανῇς δίκαιος ΥΓΝ; S.359,4 ἵνα ἀναφανῇς
          δίκαιος ΥΓΝ; S.382,15f. Ausdehnung und Wortlaut wie Lemma
          Υ; S.385,21 ἀλλ' ἵνα ἀναφανῇ δίκαιος ΥΓΝ
          Wie die gänzliche Übereinstimmung des einzig vollständigen Zi-
          tats mit dem Lemma zeigt (die auch die sonst in keiner Hs. zu fin-
          dende Sonderlesart μὴ für με bestätigt), sind alle Varianten,
          obwohl sie auch in Septuagintahandschriften vorkommen, als
          freie Anpassungen an den Kontext zu betrachten.

QUELLEN UND PARALLELEN

Es ist selbstverständlich, daß Olympiodor nicht seine gesamte Er-
klärung des Buches Hiob selbst erarbeitet hat, sondern daß er sich der
ihm verfügbaren Hilfsmittel bediente; diese Hilfsmittel könnten zum
einen z.B. in erklärenden Wörterlisten oder Randglossen zu Bibelhand-
schriften, zum anderen in selbständiger exegetischer Literatur be-
standen haben. Wie sich zeigen wird, besteht tatsächlich Anlaß zu der
Vermutung, daß Olympiodor Hilfsmaterialien verschiedener Art ausgie-
big benutzt hat. Eine genaue Untersuchung und Scheidung aller denkba-
ren Quellen würde hier zu weit führen, zumal man in jedem Einzelfall
einer inhaltlichen Verwandtschaft auch noch beurteilen müßte, was im
Alexandria des 6.Jh. als geistiges Allgemeingut gelten kann und was
als echte Entlehnung aufzufassen ist. Es sei hier also nur zusammen-
gestellt, was an möglichen Zitaten oder auffälligen Bezügen im Laufe
der Editionsarbeit zutage getreten ist.

Die 'anderen Übersetzer'

Ein Hilfsmittel bei der Exegese, dessen er sich bedienen will,
nennt Olympiodor schon in der Einleitung seines Kommentars (S.3,9ff.;
vgl. oben S.XLVIIf.), die ἄλλοι ἑρμηνευταί, worunter die Autoren der
drei jüngeren griechischen Übersetzungen des Alten Testaments zu ver-
stehen sind, Akylas, Symmachos und Theodotion. Origenes hatte sie ne-
ben der Septuaginta zur Konstitution seines Bibeltextes herangezogen;
ihre Versionen waren in drei Spalten seiner hexaplarischen Ausgabe
nachzulesen[142]. Alle drei werden in Olympiodors Kommentar gelegentlich

---

[142] Siehe z.B. Altaner-Stuiber S.200. Eine Edition der erhaltenen Reste
ihrer Arbeit ist in Fields Ausgabe der Hexpla enthalten. Die zuver-

namentlich zitiert, von ihnen Symmachos am häufigsten; selten steht
das Zitat mit unbestimmter Nennung ("ἕτερος τῶν ἑρμηνευτῶν" Nr.5, 17,
39, "οἱ ἕτεροι ἑρμηνευταί" Nr.25 der folgenden Liste)[143], des öfteren
aber ohne jede Angabe darüber, daß ein Zitat vorliegt[144].

In der N-Katene finden sich wesentlich reichhaltigere Angaben zu
den Versionen dieser drei Autoren, teils unter dem Namen Olympiodors,
und dann häufig eingebettet in Passagen, die wirklich Olympiodor ge-
hören, teils auch ohne besondere Quellenangabe. Sie sind von Migne
(PG 93) und Field (und in ihrer Nachfolge Ziegler, vgl. z.B. S.156
seiner Ausgabe) allesamt mit der Herkunftsangabe 'Olympiodor' verse-
hen worden, stammen aber - das sei gegen Ziegler ausdrücklich betont
- nicht aus unserem Kommentar[145]. Vermutlich hatte der Redaktor der N-
Katene noch eine gute Quelle zur Verfügung, die uns verloren ist[146].

Gelegentlich weichen die in Olympiodors Hiobkommentar als Varian-
ten eines 'anderen Übersetzers' gekennzeichneten Passagen in ihrer
Formulierung oder Zuweisung von der sonstigen Überlieferung ab; dabei
handelt es sich wohl überwiegend um Fehler (vgl. die Nummern 7, 10,
18 der Liste). Im Normalfall dürften diese der uns noch greifbaren
Überlieferung des Kommentars angehören; doch sind auch Fehler des
Olympiodor selbst oder der von ihm benützten Quelle nicht auszu-
schließen.

Von welcher Beschaffenheit diese Quelle war, erwähnt Olympiodor
leider mit keinem Wort; gewiß aber war sie kein Exemplar der Tetrapla,
der gekürzten Fassung der Hexapla, welche nur den Text der Septuagin-

---

lässigsten Angaben über Wortwahl und Zuweisung der Fragmente fin-
det man jetzt im zweiten Apparat bei Ziegler. Zur Überlieferung
dieser Fragmente s. Zieglers Einleitung S.151ff.

[143] Andere Formen der Nennung verwendet Olympiodor nicht. Was in der
N-Katene mit der Angabe ἄλλος oder (οἱ) λοιποί unter Olympiodors
Namen erscheint, erweist sich schon dadurch als Zutat des Redak-
tors. Anders Ziegler S.157.

[144] Nr.42-98 der folgenden Liste. Solche Benutzungen lassen sich frei-
lich nur dann erkennen, wenn der Wortlaut der jüngeren Überset-
zung aus anderer Quelle bekannt ist und die Abweichung vom Sep-
tuagintatext sich nicht bloß auf die Konstruktion des Satzes, son-
dern auch aufs Vokabular erstreckt.

[145] Man vergleiche das im Kapitel über die Sekundärüberlieferung zum
Charakter der N-Katene Gesagte, s.o. S.XXXff.

[146] Niketas hatte offenbar noch reichhaltigere Γ-handschriften zur
Verfügung als wir sie heute besitzen (vgl. z.B. Anm.64). Eine sol-
che könnte etwa seine Quelle gewesen sein.

ta und der drei Parallelübersetzungen enthielt und allein in Umlauf kam, sondern eher eine Abschrift des Septuagintatextes mit Randnoten[147]. Das kann man schon daraus schließen, daß nur die Nr.9 (und möglicherweise 10, vgl. Anm.153) der folgenden Liste uns nicht auch aus anderen Quellen überliefert ist.

Es folgt zunächst eine Liste der 41[148] sicheren, d.h. als solche gekennzeichneten Zitate, sodann ein Verzeichnis der Stellen, an denen die Varianten der anderen Übersetzer mit hoher Wahrscheinlichkeit als Formulierungshilfe bei der Paraphrase herangezogen worden sind. Um die Übersicht über die tatsächlichen Angaben Olympiodors zu erleichtern, im Gegensatz zu dem, was Niketas (und in seiner Nachfolge Migne) dafür ausgibt, sind die Stellen alle im Wortlaut ausgeschrieben.

1 S.9, Fr.5a,10-11 (zu Hb 1,3): ὁ γὰρ Ἀκύλας "δουλεία πολλὴ σφόδρα" ἐκδέδωκεν.

2 S.10, Fr.6,1 (zu Hb 1,4): "ἀλλήλους", φησίν, "ἐκ διαδοχῆς συνεκάλουν ἕκαστος τὴν ἑαυτοῦ ἡμέραν"· οὕτω γὰρ Ἀκύλας ἐκδέδωκεν.

3 S.32,12 (zu Hb 2,11): Σύμμαχος οὕτως ἐκδέδωκεν· "συνετάξαντο γὰρ ὁμοῦ ἐλθόντες συμπαθῆσαι αὐτῷ καὶ παραμυθήσασθαι αὐτόν".

4 S.68,3f. (zu Hb 6,5): ὁ δὲ Σύμμαχος οὕτως ἐκδέδωκεν· "μὴ στένει λιμῶδες ὄναγρος παρούσης χλόης"[149].

5 S.72,3f. (zu Hb 6,19): ἕτερος τῶν ἑρμηνευτῶν οὕτως ἐκδέδωκεν· "ἀποβλέπουσιν εἰς ὁδοὺς Θαιμάν, ὁδοιπορίας Σαβὰ προσδοκῶσιν ἑαυτοῖς"[150].

---

[147] Weitgehend solchen Randnoten verdanken wir auch die heutige Kenntnis der anderen Versionen, s. Ziegler S.151ff.

[148] Ziegler nennt nur 38 Stellen: wir rechnen hier auch die zwei dazu, die für das in beiden Hss. fehlende Kap.α aus der Katene entnommen sind; die Angaben Nr.40 und 41 beziehen sich auf dieselbe Variante.

[149] Olympiodor schließt folgende Bemerkung an (S.68,4f.): καὶ σαφέστερον τὸ φυσικὸν εἶπεν, ὅτι οὐ ζητεῖ ζῷον τροφὴν παρούσης τροφῆς; das entsprechende Lemma enthält nämlich nichts, was dem Adverb λιμῶδες entspräche. Das Symmachoszitat entspricht also ganz Olympiodors in der Hypothesis geäußertem Vorsatz, die jüngeren Übersetzungen nur als Verständnishilfe beizuziehen (S.3,14-16): οὕτως καὶ ἐὰν εὕρωμεν παρὰ τοῖς Ἑβδομήκοντα ἀσαφεστέραν λέξιν σαφέστερον εἰρημένην παρὰ τοῖς λοιποῖς ἑρμηνευταῖς, συγχρώμεθα τῇ σαφεστέρᾳ διὰ τὴν σαφήνειαν. Dieses Prinzip der Verwendung der jüngeren Übersetzer läßt sich auch bei den folgenden Fragmenten häufig beobachten, wo wir nicht immer wieder darauf aufmerksam machen werden.

[150] Diese Fassung ist laut Ziegler nicht in den Γ-hss. überliefert, sondern nur bei Niketas, der sie mitsamt dem Kontext aus Olympiodors Kommentar übernommen hat. In der Syrohexapla findet sich nur das letzte Wort davon als Zusatz zum LXX-text mit der Bezeichnung σ′ θ′.

6 S.94,1f. (zu Hb 9,13): ὁ δὲ Σύμμαχος ἀντὶ τοῦ "ὑπ᾽ αὐτοῦ δὲ ἐκάμφ-
θησαν κήτη τὰ ὑπ᾽ οὐρανόν" οὕτως ἐκδέδωκεν· "ὑποκάτω αὐτοῦ καμφθή-
σονται οἱ ἐπερειδόμενοι ἀλαζονείᾳ".

7 S.110,19f. (zu Hb 11,2): σαφέστερον ὁ Θεοδοτίων ἐκδέδωκεν εἰρηκώς·
"μὴ ὁ πολύλογος ἀναντίρρητος ἔσται;"[151]

8 S.113,11f. (zu Hb 11,13): ὁ Σύμμαχος ἀντὶ τοῦ "ὑπτιάζεις δὲ χεῖρας
πρὸς αὐτόν" "ἁπλώσεις πρὸς αὐτὸν τὰς παλάμας σου" ἐκδέδωκεν.

9 S.121,12 (zu Hb 12,11): ὁ μὲν οὖν ᾽Ακύλας ἀντὶ τοῦ "οὖς" "ὠτίον"
ἐκδέδωκεν[152].

10 S.122,15 (zu Hb 12,20): ὁ Θεοδοτίων "παρατρέπων χείλη ἀπλανῶν" ἐκ-
δέδωκεν[153].

11 S.122,19 (zu Hb 12,20): ὁ Σύμμαχος "καὶ ἐπιστήμην γερόντων ἀφαι-
ρῶν" ἐκδέδωκεν.

12 S.126,4f. (zu Hb 13,10): ἀντὶ τοῦ "εἰ δὲ καὶ κρυφῇ πρόσωπα θαυμά-
σετε" "μὴ κρύφα πρόσωπον αὐτοῦ δυσωπηθήσεσθε;" ὁ Σύμμαχος ἐκδέδω-
κεν[154].

13 S.129,8f. (zu Hb 13,27): ὁ γὰρ ᾽Ακύλας οὕτως ἐκδέδωκεν· "καὶ ἔθη-
κας ἐν ξυλοπέδῃ τὸν πόδα μου"[155].

---

[151] Nach Ausweis der Katenenhandschriften, die die Variante ebenfalls
überliefern (s. Ziegler zur Stelle), heißt der Autor nicht Theo-
dotion, sondern Symmachos; und statt πολύλογος ist πολύλαλος ein-
zusetzen. Man fragt sich, ob es sich um eine korrekte und eine
fehlerhafte oder um zwei verschiedene Angaben handelt.

[152] Das Akylaszitat dient dazu, die Aufnahme von οὖς in den Lemmatext
zu begründen, obwohl das in anderen Handschriften überlieferte
νοῦς einen weniger banalen Sinn ergibt. An der Parallelstelle Hb
34,2 (S.289,12) bietet und paraphrasiert Olympiodor nur οὖς. Dies
ist das einzige Zitat aus den jüngeren Übersetzungen, das nur in
Olympiodors Kommentar überliefert ist.

[153] Die Paraphrase stützt sich ausschließlich auf die Version des an-
deren Übersetzers. In Γ wird derselbe mit Symmachos angegeben;
ferner hat Γ die Lesart ἀπλανήτων. Ziegler schließt daraus, daß es
sich bei der Angabe in Y nicht um einen Fahler, sondern um ein echtes
sonst nicht überliefertes Testimonium handelt. Bei der anderen der
beiden Textvarianten gegenüber Γ haben wir es aber mit Sicherheit mit
einem Fehler zu tun: παρατρέπων aus Γ, während Y παρατρέχων bie-
tet, wird durch die Paraphrasierung mit μεθίστησιν (S.122,17) und
die ausdrückliche Wiederholung der Erklärung von διαλλάσσων durch
παρατρέπων S.124,2 gestützt.

[154] Interpretiert wird die Version des Symmachos.

[155] Das Akylaszitat dient zur Untermauerung der vorhergehenden Inter-
pretation: τὸ δὲ "ἔθου δέ μου τὸν πόδα ἐν κωλύματι" ἵνα εὔπη
ὅτι· ἀκριβῶς ἐφύλαξας τὰ κατ᾽ ἐμὲ ὡς οἱ ἐν τῇ ξυλοπέδῃ δεσμοῦντες
τοὺς καταδίκους.

14 S.129,11 (zu Hb 14,1): τὸ δὲ "πλήρης ὀργῆς" ὁ ᾿Ακύλας "πλήρης κλο-
νήσεως" ἐκδέδωκεν.

15 S.130,22f. (zu Hb 14,11): ἀντὶ τοῦ "χρόνῳ δὲ σπανίζεται θάλασσα" ὁ
Σύμμαχος "ὡς ἐκρεῖ ὕδατα ἀπὸ θαλάσσης" ἐκδέδωκεν.

16 S.131,25 (zu Hb 14,14): ὁ Θεοδοτίων ἀντὶ τοῦ "ζήσεται" "μὴ ζήσεται"
ἔφη.

17 S.145,14ff. (zu Hb 16,4-5): ἕτερος τῶν ἑρμηνευτῶν[156] οὕτως ἐκδέδωκεν·
"εἰ ὑμεῖς τοῖς ἐμοῖς ὑπέκεισθε πάθεσιν (παθ.Ν, > Υ), ἑτέροις προσε-
γενόμην ἂν ὑμῖν λόγοις καὶ ἐκίνησα ἂν ἐφ᾿ ὑμῖν τὴν κεφαλήν, ἐπέρ-
ρωσα ἂν ὑμᾶς διὰ τοῦ στόματός μου".

18 S.161,4f. (zu Hb 18,15): ταύτῃ τῇ ἐννοίᾳ[157] συντρέχει καὶ Θεοδοτίων[158]
οὕτως εἰρηκώς· "κατασκηνώσει ἐν τῇ σκηνῇ αὐτοῦ ἀνυπαρξία".

19 S.179,8f. (zu Hb 20,25): ὁ δὲ ᾿Ακύλας οὕτως ἐκδέδωκεν· "καὶ ἀστραπὴ
ἀπὸ προσώπου αὐτοῦ πορεύσεται ἐπ᾿ αὐτόν".

20 S.203,1f. (zu Hb 23,8): σαφέστερον τῶν ῥητῶν τὴν δύναμιν ἑρμηνεύων ὁ
Σύμμαχος οὕτως ἐκδέδωκεν· "ἰδοὺ ἐὰν προέρχωμαι αὐτόν, ἀφανής ἐστιν,
κἂν ἀκολουθῶ, οὐκ αἰσθήσομαι".

21 S.225,5f. (zu Hb 27,1): ὁ δὲ Ἀκύλας οὕτως ἐκδέδωκεν· "καὶ ᾿Ιὼβ
προσέθηκεν ἆραι τὴν παραβολὴν αὐτοῦ καὶ εἶπεν".

22 S.237,16f. (zu Hb 28,18): τὸ "γάβις" τὰ ἐπηρμένα ἔοικε σημαίνειν, ὁ
γὰρ Σύμμαχος οὕτως ἐκδέδωκεν· "ὕψη καὶ ἐπηρμένα οὐ μνησθήσεται".

23 S.257,15 (zu Hb 30,29): ὁ Σύμμαχος "στρουθοκαμήλων" ἐκδέδωκεν.

24 S.267,22 (zu Hb 31,40): ὁ Σύμμαχος οὕτως ἐκδέδωκεν· "ἀντὶ σίτου
βλαστῆσαι ἄκανος".

25 S.274,8f. (zu Hb 32,11): οἱ δὲ ἕτεροι ἑρμηνευταὶ οὕτως ἐκδεδώκασιν·
"ἰδοὺ ἐξεδεξάμην τοὺς λόγους ὑμῶν", "ἠκροασάμην ἐφ᾿ ὅσον ἐφρονεῖτε,
ἐφ᾿ ὅσον ἐξητάζετε λόγους καὶ μέχρι τοῦ ἐφικέσθαι ὑμῶν ἐνενόουν"[159].

26 S.296,7f. (zu Hb 34,31f.): ὁ δὲ Σύμμαχος οὕτως ἐκδέδωκεν· "ὅτι πρὸς
θεὸν ῥῆσιν ἀνέλαβον, οὐκ ἐφέξω (Γ, ἐφθέγξω Υ) ἀκωλύτως, σὺ διασάφησόν
μοι".

---

[156] Symmachos nach Ausweis der Katenenhss.; s. Field u. Ziegler zur Stelle.

[157] Nämlich der ἄλλα ἀντίγραφα.

[158] Da der Vers zu einer Gruppe von asterisierten Stichen gehört, die
nach Ausweis der Syrohexapla aus Theodotions Version in die LXX
übernommen worden sind, kann derselbe nicht Urheber der angeführ-
ten Variante sein. Field und Ziegler vermuten Akylas. Die falsche
Zuweisung findet sich auch in der N-Katene.

[159] Das Zeugnis der Katenenhss. zeigt, daß Olympiodor hier die Versio-
nen zweier Übersetzer bietet. Das erste Glied des Satzes von ἰδοὺ
bis ὑμῶν stammt wahrscheinlich von Theodotion, der Rest von Symmachos.

27 S.302,12 (zu Hb 35,10): κατὰ δὲ ταύτην τὴν ἔννοιαν (die erste In-
terpretation des Lemmas) καὶ Θεοδοτίων οὕτως ἐκδέδωκεν· "ὁ διδοὺς
αἰνέσεις (Γ-hss., ἀνέσεις Υ) ἐν νυκτί".

28 S.315,3f. (zu Hb 36,30):"ἠδώ" δὲ ἑρμηνεύεται "φῶς αὐτοῦ", οὕτω γὰρ
ὁ Σύμμαχος ἐκδέδωκεν.

29 S.316,1 (zu Hb 36,31): ὁ Σύμμαχος "παρέξει τροφὴν παμπόλλην" ἐκδέδωκεν.

30 S.316,9 (zu Hb 36,32): ὁ Σύμμαχος "καὶ ἐπιτάξει αὐτῷ ὥστε ἀπαντῆ-
σαι" ἡρμήνευσεν.

31 S.316,14 (zu Hb 36,33): ὁ Σύμμαχος "ἀπαγγελεῖ περὶ τούτου ἑτέρῳ
αὐτοῦ" ἐκδέδωκεν.

32 S.317,3f. (zu Hb 36,33): ὁ Σύμμαχος "ζῆλον περὶ ἀδικίας" ἐκδέδωκεν.

33 S.318,19 (zu Hb 37,4): ἀντὶ τοῦ "ὕβρεως αὐτοῦ" ὁ Ἀκύλας "ὑπερφε-
ρείας αὐτοῦ" ἐκδέδωκεν.

34 S.319,22f. (zu Hb 37,4): ὁ δὲ Σύμμαχος οὕτως ἐκδέδωκεν· "καὶ οὐκ
ἐξιχνευθήσεται ἀκουσθέντος τοῦ ψόφου αὐτῆς".

35 S.320,16f. (zu Hb 37,5): ὁ Σύμμαχος "ποιῶν μεγάλα καὶ οὐ γνωσόμεθα"
ἑρμήνευσεν.

36 S.322,12 (zu Hb 37,11): ὁ δὲ Σύμμαχος οὕτως ἐκδέδωκεν· "ἀλλὰ καὶ
καρπῷ ἐπιβρίσει νεφέλη".

37 S.323,7f. (zu Hb 37,12): ὁ Σύμμαχος οὕτως ἑρμήνευσεν· "αὐτὸς δὲ κυκλη-
δὸν ἀναστρέφεται ἐν τῇ κυβερνήσει αὐτοῦ εἰς τὸ ἐργάζεσθαι αὐτά".

38 S.324,21ff. (zu Hb 37,15-16): ὁ δὲ Σύμμαχος οὕτως ἐκδέδωκεν· "ἆρα
γνώσῃ ὁπότε ἔταξεν ὁ θεὸς περὶ αὐτῶν φῶς ποιήσας ἐκ σκότους;"

39 S.347,22 (zu Hb 39,9): ὁ μονόκερως, ὃν δὴ ἕτερος τῶν ἑρμηνευτῶν
ῥινοκέρωτα (ΓΝ, ῥινοκέρατον Υ)[160] ἔφη.

40 S.349,12 (zu Hb 39,13): ὁ δὲ Ἀκύλας "ἐρωδιοῦ καὶ ἱέρακος" ἐκδέδωκεν.

41 S.350,13, Zitat des Vorigen: εἰς τὸν ἀέρα ἀφίπτανται, κατὰ μὲν τὸν
Ἀκύλαν ὁ ἐρωδιὸς καὶ ἱέραξ.

Es folgt die Liste derjenigen Stellen, an denen ein Zitat zwar nicht
angezeigt, die Benutzung einer 'anderen' Übersetzung aber mit mehr
oder minder großer Sicherheit durch den Vergleich von Olympiodors Text
mit dem Wortlaut anderweitig überlieferter Fragmente zu erschließen
ist. An einigen dieser Stellen, soweit sie auch in der N-Katene über-
liefert sind, hat deren Redaktor das Zitat erkannt, gelegentlich er-

---

[160] Nach dem Zeugnis von Katenen- und Bibelhandschriften hat Akylas
ῥινόκερως statt μονόκερως.

weitert und den Autornamen hinzugefügt. Die Angaben über die Autoren
der Zitate sind Zieglers zweitem Apparat entnommen.

42 S.22,3 (zu Hb 1,17 οἱ ἱππεῖς ἐποίησαν ἡμῖν κεφαλὰς τρεῖς): (τὸ δὲ
"κεφαλὰς τρεῖς" ἀντὶ τοῦ· διέταξαν ἑαυτοὺς οἱ πολέμιοι) εἰς ἀρχὰς
καὶ τάγματα τρία;
vgl.: α' οἱ Χαλδαῖοι ἔθηκαν τρεῖς ἀρχάς, θ' .. τάγματα τρία[161].

43 S.27,13 (zu Hb 2,6 τὴν ψυχὴν αὐτοῦ διαφύλαξον): (ἢ καὶ τοῦτό φησιν
ὅτι "τοῦ ἡγεμονικοῦ αὐτοῦ μὴ) ἅψῃ";
vgl.: θ' τῆς ψυχῆς αὐτοῦ οὐχ ἅψῃ.

44 S.39,10 (zu Hb 3,5 ἐπέλθοι .. γνόφος): γνόφος νεφώδης ἀχλύς;
vgl.: α' νέφωσις, θ' συννεφεία, σ' ἀχλύς.

45 S.51,21 (zu Hb 4,5 νυνὶ δὲ ἥκει ἐπὶ σὲ πόνος .. σὺ δὲ ἐσπούδασας):
(πῶς τὸν ἐπελθόντα σοι πόνον φέρειν οὐ δύνῃ, ἀλλὰ) θορυβῇ;
vgl.: <σ'> ἐθορυβήθης.

46 S.58,8 (zu Hb 4,19 τοὺς δὲ κατοικοῦντας οἰκίας πηλίνας, ἐξ ὧν καὶ
αὐτοὶ ἐκ τοῦ αὐτοῦ πηλοῦ ἐσμεν): ἡμεῖς οἱ γήϊνοι καὶ γῆν οἰκοῦντες;
vgl.: σ' ὧν γήϊνος ὁ θεμέλιος.

47 S.60,12 (zu Hb 5,4 κολαβρισθείησαν): (τὸ δὲ "κολαβρισθείησαν" ἀντὶ
τοῦ·) ἐπιτριβείησαν, (ἐξευτελισθείησαν[162]);
vgl.: α' ἐπιτριβήσονται.

48 S.61,22 (zu Hb 5,13 βουλὰς δὲ πολυπλόκων ἐξέστησεν): (πολυπλόκων
δὲ) τῶν σκολιῶν (λέγει);
vgl.: σ' βουλὴ δὲ σκολιὰ ταραχθήσεται.

49 S.62,18 (zu Hb 5,17 μακάριος δὲ ἄνθρωπος ὃν ἤλεγξεν ὁ κύριος· νου-
θέτημα δὰ παντοκράτορος μὴ ἀπαναίνου): (μακαρισμὸν μὲν καλεῖ τὴν
ἐπὶ τῷ σωφρονισμῷ) παιδείαν;
vgl.: α' καὶ παιδείαν (statt νουθέτημα).

50 S.66,15 (zu Hb 6,2 εἰ γάρ τις ἱστῶν στῆσαι μου τὴν ὀργήν): (εἴθε,
φησίν, ἐνδεχόμενον ἦν) σταθμισθῆναι (τὴν ἐκ θεοῦ ἐπενεχθεῖσάν μοι
ὀργήν);
vgl.: σ' ὡς εἴθε ἐσταθμίζετό μου ἡ ὀργή.

51 S.77,15 (zu Hb 7,11 ἀτὰρ οὖν): τοιγαροῦν;
vgl.: α' θ' τοιγαροῦν.

---

[161] Beide Angaben finden sich auch in Katenenhandschriften, hierbei
in der N-Katene unter dem Namen Olympiodors.
[162] Siehe auch unten S.LXXI, Nr.ε mit Anm. 173.

52 S.77,21 (zu Hb 7,12 θάλασσά εἰμι ἢ δράκων): (θάλασσα ἢ) κῆτος;
vgl.: α΄ κῆτος.

53 S.78,8f. (zu Hb 7,13 εἶπα ὅτι· παρακαλέσει με ἡ κλίνη μου): (προσ-
δοκῶ μικρὸν) ἀδολεσχῆσαι;
vgl.: σ΄ .. διὰ τῆς ἀδολεσχίας μου .., θ΄ .. ἐν τῇ ἀδολεσχίᾳ μου ..

54 S.79,17 (zu Hb 7,18 ἐπισκοπὴν αὐτοῦ ποιήσῃ): καὶ ἐπισκέπτῃ τὰ
κατ΄ αὐτόν;
vgl.: α΄ καὶ ἐπισκέπτῃ αὐτὸν εἰς πρωίας.

55 S.80,20 (zu Hb 7,20 εἰμὶ δὲ ἐπὶ σοὶ φορτίον): (καὶ εἰμί σου τρόπον
τινὰ φορτίον) βάρους (ῥημάτων καὶ βλασφημίας αἴτιος);
vgl.: σ΄ βάρος.

56 S.85,21f. (zu Hb 8,16 ὁ ῥάδαμνος αὐτοῦ): (ῥαδάμνων, οἳ σημαίνουσι)
τὰς παραφυάδας ἢ κλάδους (vgl. auch Nr.94);
vgl.: θ΄ παραφυάς, σ΄ κλάδος.

57 S.94,23f. (zu Hb 9,17 μὴ γνόφῳ με ἐκτρίψει): ὡς καταιγὶς (ἤτοι γνόφος);
vgl.: σ΄ διὰ καταιγίδος.

58 S.97,19 (zu Hb 9,26 ἀετοῦ πετομένου ζητοῦντος βοράν): ἀετοῦ ἐπὶ
βορὰν καθιπταμένου;
vgl.: σ΄ ὡς ἀετὸς ἱπτάμενος ἐπὶ βοράν.

59 S.108,12 (zu Hb 10,17 ἐπήγαγες δὲ ἐπ᾽ ἐμὲ πειρατήρια): (πειρατήρια
δὲ τὰ) ἐπιστρατευθέντα (αὐτῷ κακά);
vgl.: α΄ στρατιάς (für πειρατήρια).

60 S.119,7 (zu Hb 12,2 ἢ μεθ᾽ ὑμῶν τελευτήσει σοφία): (ἵνα εἴπῃ ὅτι·
"οὐκ ἔστε) ἐν τελειότητι σοφίας";
vgl.: σ΄ ἢ σὺν ὑμῖν ἡ τελειότης τῆς σοφίας.

61 S.122,1 (zu Hb 12,17 διάγων βουλευτὰς αἰχμαλώτους): (τοὺς ἐπὶ βου-
λῇ μέγα φρονοῦντας) λάφυρον (λαμβάνει);
vgl.: α΄ ἀπάγων συμβούλους λάφυρα.

62 S.124,2 (zu Hb 12,24 διαλλάσσων καρδίας ἀρχόντων γῆς): (τὸ "διαλ-
λάσσων" πάλιν[163] ἀντὶ τοῦ·) παρατρέπων.
vgl.: σ΄ παρατρέπων χείλη ἀπλανήτων.

63 S.130,17 (zu Hb 14,9 ποιήσει δὲ θερισμόν): (ποιεῖν θερισμὸν ἀντὶ τοῦ·)
καρπόν;
vgl.: εβρ΄ καρπόν[164].

---

[163] Nämlich wie in Hb 12,20, s.o. S.LX Nr.10 mit Anm.153.
[164] Lesungen des sog. Hebraios verwendet Ol. eigentlich nicht; vgl. hier-
zu S.XLVII mit Anm.112. Die Parallele beruht wohl entweder auf Zufall
oder sie stammt für Ol. aus einer anderen Quelle.

64 S.137,8 (zu Hb 15,2 συνέσεως πνεύματι): (συνέσεως πνεῦμά φησι) τὴν
γνῶσιν τοῦ πνεύματος;
vgl.: α' .. γνῶσιν πνεύματος, σ' .. γνώσεως πνεύματος.

65 S.138,20 (zu Hb 15,8 ἢ σύνταγμα κυρίου ἀκήκοας, εἰς δὲ σὲ ἀφίκετο
σοφία): ἢ μύστης (τῆς αὐτοῦ σοφίας γέγονας);
vgl.: θ' μὴ ἐν μυστηρίῳ oder μυστήριον (für σύνταγμα).

66 S.140,5 (zu Hb 15,15 εἰ κατὰ ἁγίων οὐ πιστεύει): (τὸ δὲ "κατὰ ἁγίων
οὐ πιστεύει" δυνατὸν καὶ οὕτω νοῆσαι ὅτι· καὶ αὐτοὶ οἱ ἄγγελοι)
τρεπτοί (γεγόνασι τὴν φύσιν);
vgl.: σ' ἰδοὺ ἐν ἁγίοις αὐτοῦ οὐδεὶς ἄτρεπτος.

67 S.142,1 (zu Hb 15,27 καὶ ἐποίησε περιστόμιον): πιμελῇ παχύνονται;
vgl.: σ' καὶ ἐπάχυνεν πιμελήν ...

68 S.146,20f. (zu Hb 16,8 ἐν ἐμοὶ τὸ ψεῦδός μου): οἱ καταψευδόμενοί μου;
vgl.: σ' .. μοι καταψευδόμενος.

69 S.153,20 (zu Hb 17,7 πεπώρωνται): ἠμαυρώθησαν;
vgl.: λ' (oder α') ἠμαυρώθησαν.

70 S.162,13 (zu Hb 18,20 ἐπ' αὐτῷ ἐστέναξαν ἔσχατοι): οἱ τὰ κατ᾿ αὐ-
τοὺς ὕστερον (ἀκοῇ παραδεχόμενοι στενάξουσιν);
vgl.: σ' .. ὕστερον oder ὕστερον.

71 S.166,10 (zu Hb 19,12 αὐτοῦ ἦλθον τὰ πειρατήρια): (ἐκ μεταφορᾶς τῶν
πολεμίων τοῦτο εἶπεν, οἳ) λόχους (καὶ ἐνέδρας .. ἱστῶντες ..);
vgl.: σ' ὁμοῦ ἐπελθόντες οἱ λόχοι αὐτοῦ.

72 S.174,6f. (zu Hb 20,4 ἀπὸ τοῦ ἔτι, ἀφ᾿ οὗ): ἐξ αἰῶνος;
vgl.: σ' .. ἀπ᾿ αἰῶνος.

73 S.182,16 (zu Hb 21,3 ἄρατέ με, ἐγὼ δὲ λαλήσω): ("ἄρατέ με" ἀντὶ
τοῦ ..) "ἀνάσχεσθε (μου τῶν λόγων");
vgl.: σ' ἀνάσχεσθε.

74 S.184,12 (zu Hb 21,10 ἡ βοῦς αὐτῶν οὐκ ὠμοτόκησεν, διεσώθη δὲ αὐτῶν ἐν
γαστρὶ ἔχουσα καὶ οὐκ ἔσφαλεν): (ἡ γεωργικὴ βοῦς οὐκ ὠμοτόκησεν .., αἱ
παρ᾿ αὐτοῖς γυναῖκες ἀμβλωθρίδιον) οὐκ ἐξέτρωσαν;
vgl.: σ' οὐκ ἐξέτρωσεν (für οὐκ ὠμοτόκησεν).

75 S.197,7 (zu Hb 22,22 ἐξηγορίαν): ἢ ἐξηγορίαν τὴν ἐξομολόγησιν λέγει;
vgl.: σ' ἐξομολόγησιν.

76 S.206,9f. (zu Hb 24,1 διὰ τί δὲ κύριον ἔλαθον ὧραι): (ὁ δὲ θεὸς ὥσπερ)
τῶν καιρῶν (ἐπιλαθόμενος .. ὥρας γὰρ) τοὺς καιρούς φησιν;
vgl.: α' θ' καιροί.

77 S.207,6 (zu Hb 24,5 ἠδύνθη αὐτῶν ἄρτος εἰς νεωτέρους): (ταῖς νεωτερι-

καῖς ἐπιθυμίαις ἡδόμενοι ἢ καὶ) νεανίσκους τινὰς ἐκτρέφοντες;
vgl.: σ' .. νεανίσκους.

78 S.221,4 (zu Hb 26,5 γίγαντες): τοὺς θεομάχους (ἐκείνους ἄνδρας τοὺς καλουμένους γίγαντας);
vgl.: σ' θεομάχοι.

79 S.226,16 (zu Hb 27,5 οὐ γὰρ ἀπαλλάξω τὴν ἀκακίαν μου): οὐ γὰρ ἀπο-στήσω (ἀπ' ἐμοῦ τὴν ἐμὴν ἀκακίαν καὶ) ἀπλότητα;
vgl.: σ' οὐκ ἐκστήσομαι τῆς ἀπλότητός μου.

80 S.238,16f. (zu Hb 28,19 χρυσίῳ καθαρῷ οὐ συμβασταχθήσεται): (συμβασταχ-θήσεται οὖν ἀντὶ τοῦ·) οὐκ ἀντισταθμισθήσεται (Υ, ἀντισταθμηθήσεται Ν);
vgl.: σ' οὐκ ἀντισταθμηθήσεται.

81 S.239,23 (zu Hb 28,26 ἐν τινάγματι φωνάς): οἱ τῶν βροντῶν κτύποι;
vgl.: α' εἰς κτύπον βροντῶν.

82 S.244,8 (zu Hb 29,3 ηὔγει ὁ λύχνος): οἷά τις λύχνος .. λάμπων;
vgl.: σ' ἔλαμπεν.

83 S.250,5 (zu Hb 30,1 ἐλάχιστοι): (ὡς τοὺς ἐλαχίστους δι' .. καὶ τὸ τῆς ἡλικίας) νεώτερον;
vgl.: σ' οἱ νεώτεροί μου τοῖς χρόνοις, θ' νεώτεροί μου ἡμέραις.

84 S.253,6 (zu Hb 30,10 ἀπὸ δὲ προσώπου μου οὐκ ἐφείσαντο πτύελον): ἐμπτύοντές μοι;
vgl.: σ' πτύοντες.

85 S.257,19 (zu Hb 30,30 τὸ δέρμα μου ἐσκότωται): μελανθέν;
vgl.: λ' ἐμελάνθη.

86 S.258,2 (zu Hb 30,30 τὰ δὲ ὀστᾶ μου ἀπὸ καύματος): συνεφρύγησαν δη-λονότι;
vgl.: θ' pr ※ συνεφρύγη oder συνεφρύγησαν.

87 S.285,12 (zu Hb 33,26 σὺν ἐξηγορίᾳ): (διὰ παιδείας καὶ) ἐξομολογήσεως;
vgl.: θ' μετὰ ἐξομολογήσεως.

88 S.302,19f. (zu Hb 35,11 ὁ διορίζων με ἀπὸ τετραπόδων γῆς, ἀπὸ δὲ πτηνῶν οὐρανοῦ): (ἐτιμήθησαν) ὑπὲρ τὰ .. κατὰ ἀέρα διιπτάμενα πετεινά;
vgl.: λ' διδάσκων ἡμᾶς ὑπὲρ τὰ κτήνη τῆς γῆς καὶ σοφίζων ὑπὲρ τὰ κατὰ τὸν ἀέρα διιπτάμενα πετεινά[165].

89 S.318,16 (zu Hb 37,3 πτερύγων τῆς γῆς): πτερύγων· τῶν ἄκρων;
vgl. σ' ἄκρων.

---

[165] Nicht bei Ziegler; aber in der N-Katene unter dem Namen des Ori-genes, S.514 Young.

90 S.323,3 (zu Hb 37,12 κυκλώματα διαστρέφει): ἢ καὶ .. κυκληδὸν ἀνα-
στρέφεται (ἀντὶ τοῦ· πάντα ἐφοδεύει);
vgl.: σ' αὐτὸς δὲ κυκληδὸν ἀναστρέφεται[166].

91 S.341,15f. (zu Hb 38,25 ὁδὸν δὲ κυδοιμῶν): (κυδοιμὸν γὰρ) τὴν βρον-
τὴν καλεῖ;
vgl.: σ' ψόφου βροντῆς oder βροντῶν[167].

92 S.346,11f. (zu Hb 39,4 ἐξελεύσονται καὶ οὐ μὴ ἀνακάμψουσιν αὐτοῖς): τὰ
δὲ ἐξελθόντα .. οὐκέτι αὐτοῖς (τοῖς γονεῦσιν) ἐπαναστρέφουσιν;
vgl.: σ' ἐξελθόντα οὐχ ὑποστρέφει πρὸς αὐτάς.

93 S.350,20 (zu Hb 39,19 ἐνέδυσας δὲ τραχήλῳ αὐτοῦ φόβον): (ὡς φοβερὸν
τῇ τοῦ αὐχένος ἀνατάσει φαίνεσθαι ἢ καὶ) τῷ χρεμετισμῷ;
vgl.: θ' χρεμετισμόν.

94 S.365,6 (zu Hb 40,22 σὺν ὀροδάμνοις): (ὀρόδαμνοι γὰρ οἱ κλῶνες,)
αἱ παραφυάδες;
vgl.: σ' σὺν τοῖς παραφυάσιν (s.a. oben Nr.56).

95 S.377,4f. (zu Hb 41,20 πετροβόλον): (πετροβόλον γὰρ ἐστιν) ἡ σφεν-
δόνη.
vgl.: λ' λίθους σφενδόνης (vgl. unten S.LXXIII Nr.ρ).

96 S.379,4 (zu Hb 41,26 πᾶν ὑψηλὸν ὁρᾷ): ὅλος γάρ ἐστιν ὑπερηφανία.
vgl.: θ' πάντα ὑπερήφανον ἐμβλέψεται.

Scholien , Glossare

Einen Teil der vorstehenden unter den Nummern 42ff. verzeichneten
Interpretamente könnte Olympiodor auch nicht direkt aus ihm vorlie-
genden Zeugnissen für die jüngeren Übersetzungen, sondern aus sekun-
dären Quellen geschöpft haben, etwa Scholien und Glossaren[168], die ih-
rerseits möglicherweise auf den Versionen der anderen Übersetzer
fußten.

---

[166] Laut Ziegler zitiert Y die Version mit Angabe der Herkunft aus
Symmachos. Das ist nicht der Fall.
[167] Siehe aber auch unten S.LXXII Nr.o.
[168] Vgl. etwa Nr.63 der obigen Liste mit Anm.164.

Olympiodor jedenfalls muß auch diese Art Literatur benutzt haben;
denn gelegentlich finden sich verblüffende und mit reinem Zufall nicht
zu erklärende Parallelen zwischen Scholien, wie sie etwa auf den Rän-
dern mancher Γ-handschriften in reicher Fülle erhalten sind, oder
Glossaren einerseits und dem Kommentartext des Olympiodor anderer-
seits[169]. So haben einige der bei Field oder Ziegler (im 2.Apparat)
als Scholion, bzw. Randnote ohne Autorangabe aufgeführten Lesarten
genaue Entsprechungen in unserem Kommentar. Hier ein paar Beispiele:

a Zu Hb 5,21 ἀπὸ μάστιγος γλώσσης verzeichnet Field das Scholion ἀπὸ
   συκοφαντίας. In Olympiodors Kommentar lesen wir S.63,11f. zum selben
   Lemma: μάστιγα γὰρ γλώσσης τὴν πονηρίαν καὶ συκοφαντίαν φησίν.

b Zu Hb 7,11 οὐδὲ ἐγὼ φείσομαι vermerkt Ziegler: οὐκ ἐφησυχάσω C' (=
   Γ- und N-Katenenhandschriften); bei Olympiodor lesen wir in der Pa-
   raphrase zu 7,11 auf S.77,15: τοιγαροῦν (vgl. Nr.51 der vorstehen-
   den Liste), φησίν, οὐκ ἐφησυχάσω.

c Zu Hb 10,11 ἐνεῖρας notieren Field und Ziegler συνέρραψας, Field als
   Variante eines ἄλλος, Ziegler ohne jede Angabe. Bei Olympiodor steht
   S.106,14: τὸ "ἐνεῖρας" ἀντὶ τοῦ "συνέρραψας".

d Zu Hb 18,17 τὸ μνημόσυνον αὐτοῦ (sc. des Gottlosen) ἀπόλοιτο be-
   merkt Field: ἄλλοι· παῖδες αὐτοῦ und zitiert dazu in der Anm.22
   Colbert: "scholium esse videtur". Olympiodor sagt S.161,20: ἀλλὰ
   καὶ οἱ παῖδες, φησίν, ἀπολοῦνται τοῦ ἀσεβοῦς, οἵ δὴ τὸ μνημόσυνόν
   εἰσι τῶν γεννησάντων.

e Zu Hb 39,15 ἀπεσκλήρυνε τὰ τέκνα αὐτῆς ὥστε μὴ ἑαυτὴν verzeichnet
   Field das Scholion καταπονήσῃ τῇ νεοττοτροφίᾳ. Olympiodor erklärt
   S.349,23f.: ἀπεσκλήρυνεν - ἀντὶ τοῦ· εἴασε καταπονεῖσθαι - τοὺς
   νεοττούς, ἵνα μὴ ἑαυτὴν καταπονήσῃ νεοττοτροφοῦσα.

Die Angaben Fields und Zieglers über solche Scholien sind bei wei-
tem nicht vollständig, sondern eine ganz willkürliche Auswahl. Weite-
re Parallelen dieser Art sind als Marginalnotizen zum Bibeltext, also
nicht als eigentliche Katenenstücke, in von uns kollationierten Γ-

---

[169] Den Gebrauch entsprechender Literatur im Psalmenkommentar des
      Theodor von Mopsuestia (Anf.5.Jh.) hat Christoph Schäublin in
      seiner Dissertation "Untersuchungen zu Methode und Herkunft der
      antiochenischen Exegese", Köln-Bonn 1974, S.95ff. nachgewiesen.

handschriften zu finden[170]. Hier eine Sammlung der überzeugendsten
Stellen:

f Bei Hb 2,6 (μόνον τὴν ψυχὴν αὐτοῦ διαφύλαξον) steht in Π die Notiz:
ἵνα ἐξ ἐπιγονῆς ἀντεισαγάγω αὐτῷ τὰ ἀπολόμενα. Olympiodor schreibt
S.27,12: ἵνα ἐξ ἐπιγονῆς τὰ διπλασίονα χαρίσηται ἀγαθά.

g Neben Hb 2,11 Θαιμανῶν findet sich in QRΠ die Angabe: ἔθνος περὶ τὸ
Σινά. Bei Olympiodor lautet die entsprechende Erklärung (S.32,4):
ἔθνους περὶ τὸ Σινά.

h Auf dem Blattrand neben Hb 3,12 (μαστοὺς ἐθήλασα) gibt es in den-
selben drei Handschriften das Scholion τὴν κακίαν ηὔξησα. Olympio-
dor erklärt S.43,9f.: μαστοὺς ἐθήλασα, τουτέστι τοὺς τρόπους τῆς
κακίας ηὔξησα.

i Auf dem Blattrand neben Hb 9,21 findet sich in QRΠ dasselbe Paulus-
zitat πλὴν οὐκ ἐν τούτῳ δεδικαίωμαι (1.Kor.4,4), das auch Olympio-
dor S.96,6 zur Erklärung dieses Lemmas heranzieht.

j Zu den Worten Hb 11,8 gibt es in QRΠ die Glosse ἀντὶ τοῦ· ἀμηχανή-
σεις εὑρεῖν. Dieselbe Formulierung ist als Parenthese in Olympio-
dors Erklärung S.112,12f. eingeschoben.

k Den Lemmaworten Hb 14,6 ἀπόστα ἀπ᾽ αὐτοῦ ist in QRΠ die Randnote
beigefügt: ἀπόστα, τὸ ἐταστικὸν δηλονότι. Olympiodor flicht densel-
ben Begriff S.130,7f. in seine Paraphrase ein: καὶ ἀπόστησόν σου τὸ
ἐταστικὸν ἀπ᾽ αὐτοῦ.

l Zu Hb 17,6 ἔθνεσιν ist in einigen Handschriften die Notiz beige-
schrieben: τοῖς τῶν δαιμόνων. Olympiodor erklärt S.153,12: τὰ τῶν
δαιμόνων ἔθνη φησίν.

m Neben Hb 19,20 (ἐν δέρματί μου ἐσάπησαν αἱ σάρκες μου) steht am
Rande von Π und Q: ἔτι ζῶντος μου. Olympiodor beginnt seine Para-
phrase dieses Verses S.168,9: ζῶντος γάρ, φησίν, ἐσάπησαν ..

n Zu Hb 20,9 wird in QΠ ein Satz desselben Psalmenzitats (Ps.36,35f.)
angeführt, das Olympiodor S.175,5ff. zur Erklärung dieser Stelle
heranzieht.

---

[170] Bei den im Folgenden aus Handschriften zitierten Stellen wird auf
die Wiedergabe eventueller Schreibfehler verzichtet. Die genann-
ten Hss. werden nur als Beispiele zitiert; die Scholien können
auch in anderen von uns benutzten Hss. vorkommen. Auch können
sich leicht noch mehr Parallelen finden; unsere Kollationen sind,
was die Randnoten betrifft, keineswegs vollständig. Zu den ver-
wendeten Siglen vgl. die Liste S.XIXf.

o Dem Lemma 24,9 ἥρπασαν ὀρφανὸν ἀπὸ μαστοῦ ist in FQRΠE die Bemer-
 kung hinzugefügt: ἐπὶ τῷ πωλῆσαι; Olympiodor erklärt S.208,6f.:
 ἐφ' ᾧ τοῦτον ἑτέροις ἀπεμπολῆσαι.

p Zum Lemma Hb 24,24 πολλοὺς γὰρ ἐκάκωσε τὸ ὕψωμα αὐτοῦ findet sich in
 QR die Notiz: διὸ πεσεῖται. Olympiodor beginnt seine Erklärung die-
 ses Lemmas S.213,12 mit den Worten διὸ καὶ πεσεῖται.

q Zu Hb 25,5 εἰ σελήνῃ συντάσσει καὶ οὐκ ἐπιφαύσκει bieten einige Γ-
 Handschriften die Randnote: ἐν τῇ συντελείᾳ προστάσσει αὐτῇ μὴ φᾶ-
 ναι. Olympiodor beendet seine Erklärung des Lemmas S.217,6f.: πρὸς
 τῇ συντελείᾳ κελεύει τῇ σελήνῃ κτλ.

r Neben Hb 29,21 ἐσιώπησαν δὲ ἐπὶ τῇ ἐμῇ βουλῇ findet sich auf dem
 Rand von FQR das Scholion νόμον αὐτὴν ὁριζόμενοι. Ähnlich beginnt
 Olympiodor S.248,14 seine Paraphrase: νόμον ἡγούμενοι κτλ.

s Zu dem Lemma Hb 37,24 φοβηθήσονται αὐτὸν καὶ οἱ σοφοὶ καρδίᾳ ver-
 merken mehrere Γ-Handschriften: οὐδὲ αὐτοὶ τὸ τέλειον κατειληφότες.
 Olympiodor sagt im Laufe seiner Erklärung S.328,14: οὐδὲ οἱ κατὰ σο-
 φίαν ἄκροι κατέλαβον τὸ τέλειον.

t Zu dem Lemmawort πηλόν Hb 38,14 bieten etliche Γ-Handschriften die
 Glosse: τὸν χοῦν ὕδατι βεβρεγμένον. Ausführlicher findet sich die-
 selbe Erklärung bei Olympiodor S.339,15f.: οὐκ εἶπε "χοῦν", ἀλλὰ
 "πηλὸν" ὡς τοῦ χοὸς ὕδατι πεφυρμένου.

Ob die Parallelen in allen Fällen darauf beruhen, daß Olympiodor
die zitierten "Kurzerklärungen" als Arbeitsmaterial benutzte, er-
scheint nicht sicher. Olympiodors Formulierungen und die der Randno-
ten könnten bisweilen auf eine gemeinsame Quelle zurückgehen, und
ebenso könnte Olympiodor selbst die Quelle für die eine oder andere
der Glossen sein.

Diese Unsicherheit bei der Einschätzung als Quelle oder Entlehnung
gilt in noch verstärktem Maße für die Λέξεις τοῦ 'Ιὼβ κατὰ στοιχεῖ-
ov[171], ein kurzes alphabetisch geordnetes Glossar zu Hiob, das Erklä-
rungen für knapp hundert Begriffe bietet. Etwa ein Fünftel dieser Er-
klärungen zeigt mehr oder minder deutliche Parallelen zu Olympiodors

---

[171] Wir stützen uns für dieses noch nicht edierte Glossar auf vier Hand-
 schriften: Selestadiensis gr.105, Fol.137rb-138ra; Vaticanus gr.2130,
 Fol.185rb-187ra; Urbinas gr.157, Fol.230v-232r; Coislinianus gr.347,
 Fol.21v-23r. Der hier wiedergegebene Text ist standardisiert; auf
 die Angabe von Varianten einzelner Hss. wurde verzichtet.

Kommentar; von diesen Parallelen sind einige ganz oder teilweise iden-
tisch mit den Versionen der jüngeren Übersetzer (vgl. Nr.δ, o, ρ der
folgenden Liste). Der besseren Übersicht wegen sind die Stellen aus
der alphabetischen Reihenfolge in die des Hiobtextes gebracht:

α εὐλογήσει (Hb 1,11)· κατ᾽ εὐφημισμὸν λέγει, τουτέστι καταβλασφημή-
σει. Vgl. Olympiodor S.19,1f.: εὐλογήσει ἀντὶ τοῦ· ὄντως τότε σε
φανερῶς βλασφημήσει, εὐφήμως γὰρ ἡ γραφὴ τῷ "εὐλογήσει" ἀντὶ τοῦ
"βλασφημήσει" χρᾶται[172].

β φορολόγου (Hb 3,18; 39,7)· πράκτορος ἀπαιτητοῦ. Vgl. Olympiodor S.
45,6: τῶν πρακτόρων καὶ ἀπαιτητῶν; S.347,10: τοῦ νοητοῦ πράκτορος.

γ ὑπολαβών (oft; z.B. Hb 4,1; 32,6)· ὑποκρινόμενος, τοὺς λόγους τοῦ
᾽Ιὼβ διαδεξάμενος. Vgl. Olympiodor S.51,7: τουτέστιν· τοὺς τοῦ ᾽Ιὼβ
λόγους διαδεξάμενος; S.272,19: ὑπολαβὼν ἀντὶ τοῦ· τῶν εἰρημένων λό-
γων διαδεξάμενος.

δ σὺ δὲ ἐσπούδασας (Hb 4,5)· ταράττει, θορυβῇ, ἰλιγγιᾷς, σπεύδεις
ἀποθέσθαι. Vgl. Olympiodor S.51,21: ἀλλὰ θορυβῇ (s.a. Nr.46) καὶ
σπουδάζεις ἀποθέσθαι τὸ βάρος.

ε κολαβρισθείησαν (Hb 5,4)· κολοκοπηθείησαν, ἐκτιναχθείησαν, κόλαβρος
γὰρ ὁ μικρὸς χοῖρος. Vgl. Olympiodor S.60,12: τὸ δὲ "κολαβρισθείη-
σαν" ἀντὶ τοῦ "ἐπιτριβείησαν" (s.a. oben S.LXIII Nr.47), "ἐξευτε-
λισθείησαν", κόλαβρος γὰρ ὁ μικρὸς χοῖρος[173].

ζ στροβείτω (Hb 9,34)· περιστρεφέτω, ταρασσέτω, ἀγχέτω, καταπλησσέτω.
Vgl. Olympiodor S.102,5f.: "στροβείτω" δὲ ἀντὶ τοῦ "ἀγχέτω, περι-
στρεφέτω, καταπλησσέτω".

η εὖρους (Hb 11,9; 38,18)· πλάτους. Vgl. Olympiodor S.112,15: τῆς θα-
λάσσης τὸ πλάτος; S.340,12: τῆς γῆς τὸ πλάτος.

θ ἡ δῖνα (Hb 13,11)· ἡ συστροφή, ἡ ἔτασις. Vgl. Olympiodor S.126,8f.:
ἡ συστροφὴ αὐτοῦ καὶ ἡ ἔτασις, τοῦτο γάρ ἐστιν ἡ δῖνα αὐτοῦ[174].

ι σαπρία (Hb 17,14; 21,26 u. öfter)· σηπεδών, ἡ σῆψις. Vgl. Olympio-

---

[172] Vgl. ferner unten die Fassung des Polychronios (S.LXXIX) und
die in Anm.191 angeführte weitere Parallele.

[173] Die beiden letzten Bestandteile der Erklärung des Olympiodor
hatte schon Didymos in seinem Hiobkommentar benutzt: (Pap.-)S.116,
4-6 λέγει δὲ κολαβρισθείησαν, εὐτελισθείησαν κτλ. und 14-16 λέγε-
ται γὰρ κόλαβρον τὸν μικρὸν εἶναι χοῖρον. Vgl. hierzu ausführlich
den Exkurs von A.Henrichs, Didymos der Blinde, Kommentar zu Hiob,
Teil II, Bonn 1968, S.207ff.

[174] συστροφή als Glosse zu δεινά (bzw. δῖνα) verzeichnet auch Ziegler
zur Stelle.

dor S.156,6f.: τὴν δὲ τοῦ σώματος σῆψιν καὶ ἀνάλυσιν; S.187,14f.:
τὴν αὐτὴν τοῦ σώματος σῆψιν καὶ ἀνάλυσιν[175].

κ πυρσεύσασα (Hb 20,10)· ἐξάψασα. Vgl. Olympiodor S.175, 13:   διὰ τῶν
οἰκείων πράξεων ἐξάπτει τὴν πυράν.

λ στρίφνος (Hb 20,18)· τὸ νευρῶδες κρέας τῶν βοῶν, ἔστι δὲ καὶ βοτάνη
ἄβρωτος, διὰ τοῦτο καὶ ἀκατάποτος, ἐπεὶ καὶ ἀμάσητος· ἔστι δὲ καὶ
τὸ τοῦ χαλινοῦ μάσημα καὶ ὀμφακινὸς ὀπώρα. Vgl. Olympiodor S.177,
14-16: στρίφνος δέ ἐστι τὸ νευρῶδες κρέας τῶν βοῶν, ἔστι δὲ καὶ βο-
τάνη ἄβρωτος, διὰ τοῦτο δὲ καὶ ἀκατάποτός ἐστιν ὁ στρίφνος, ἐπειδὴ
καὶ ἀμάσητος[176].

μ ἐπιβρίθων (Hb 29,4)· ἐπιβαρῶν. Vgl. Olympiodor S.244,13: ὅτε παντα-
χόθεν ἔβριθον καὶ ὥσπερ τὰ εὔκαρπα φυτὰ κατεβαρούμην τοῖς ἀγαθοῖς.

ν ἅλιμα (Hb 30,4)· βοτάνη οὕτω λεγομένη.

ἐπὶ ἠχοῦντι (Hb 30,4) δέ, ἐν φάραγγι ἢ ἐν πέτραις ἢ ἐν ὕλῃ.
Vgl. Olympiodor S.252,9-12: ἅλιμα βοτάνη τις ... ἐπὶ ἠχοῦντι δέ· ἐπὶ
φάραγξι καὶ πετρώδεσιν .. ἢ καὶ ἠχοῦντα λέγει τὸν ὕλην ἔχοντα τόπον.

ξ ἐμαίμασσεν (Hb 38,8)· ἐκυματοῦτο, ἐκινεῖτο, ὁρμητικῶς εἶχεν. Vgl.
Olympiodor S.338,2: ἐμαίμασσεν ἀντὶ τοῦ· ὁρμητικῶς εἶχεν.

ο κυδοιμῶν (Hb 38,25)· ταραχῆς, θορύβου, βροντῆς; ὁδὸν δὲ κυδοιμῶν
(ebenda)· τὴν κατ᾽ ὀλίγον ἐπίτασιν τῆς βροντῆς, κυδοιμὸν γὰρ βροντὴ
ἑρμηνεύεται[177]. Vgl. Olympiodor S.341,15f.: κυδοιμὸν γὰρ τὴν βροντὴν
καλεῖ (s.a. oben S.LXVII Nr.91).

π πλωτόν (Hb 40,31)· τὸ πλέον, τὸ νηχόμενον. Vgl. Olympiodor S.368,

---

[175] Das Wort σαπρία als solches, das auch noch an vier weiteren Stel-
len im Lemmatext auftaucht, erscheint Olympiodor nicht erklärungs-
bedürftig. Er geht gewöhnlich nicht darauf ein und wiederholt es
S.217,14ff. sogar mehrfach in der Paraphrase. Nur in den beiden
Fällen Hb 17,14 und 21,26, wo σαπρία nicht 'Fäulnis' schlechthin,
sondern prägnant 'Verwesung nach dem Tode' bedeutet, gibt er es
durch σῆψις wieder in zwei sehr verwandt klingenden Formulierungen.
[176] Die Formulierung des Lexikons weicht hier und bei der übernächsten
Nr.ν in ihrer Ausführlichkeit deutlich von den üblichen knappen
Glossen ab. Der erste Teil der hier aufgeführten Erklärung macht
fast den Eindruck, als sei er eine verkürzte Fassung der entspre-
chenden Passage bei Olympiodor. Vielleicht gehen beide Formulie-
rungen letztendlich auf eine Art Handbuch zurück, in dem die bei-
den Pflanzen στρίφνος und ἅλιμα unter anderem behandelt waren,
vergleichbar etwa den ὀρνιθιακά, die Olympiodor S.348,20 erwähnt.
[177] An zwei verschiedenen Stellen des Alphabets, unter κ und ο. Ähn-
liche Fälle sind z.B. δῖνα - ἡ δῖνα (unter δ und η); ῥάδαμνος -
ὀρόδαμνος. Sie sind ein Indiz dafür, daß das Glossar aus mehreren
Quellen gespeist wird.

22f.: οἱ τόνδε τὸν βίον θάλατταν καλούμενον πλέοντες.

ρ πετροβόλον (Hb 41,19)· ἡ σφενδόνη. Vgl. Olympiodor S.377,4f.: πετρο-
βόλον γάρ ἐστιν ἡ σφενδόνη (s.a. oben S.LXVII Nr.95).

σ ὁρόδαμνος (Hb 40,22)· κλάδος, βλαστὸς καὶ αἱ παραφυάδες.
ῥάδαμνος (Hb 8,16; 14,7; 15,32)· παραφυάς, βλαστός.
Vgl. Olympiodor S.85,17 αἱ παραφυάδες; S.85,21f.: ῥαδάμνων, οἵ ση-
μαίνουσι τὰς παραφυάδας ἢ κλάδους; S.130,16 κλῶνας; S.365,6 ὁρόδαμ-
νοι γάρ οἱ κλῶνες, αἱ παραφυάδες (s.a. oben Nr.56 und 94).

Die Menge der Parallelen zu Interpretamenten des Hiobkommentars,
die sich mit leichter Mühe in Marginalglossen und dem von uns heran-
gezogenen alphabetischen Hioblexikon hat finden lassen (Nr.α-τ, α-σ),
macht über jeden Zweifel erhaben, daß zwischen Olympiodors Erklärun-
gen und diesem Material eine Beziehung besteht. Welcher Art die Ver-
bindungen sind, läßt sich dagegen vorerst nicht eindeutig klären. Na-
türlich hat Olympiodor nicht eine der von uns zu Rate gezogenen Hand-
schriften benutzt; das scheidet, abgesehen von dem geradezu unglaub-
lichen Zufall, den dies voraussetzen würde, schon aus chronologischen
Gründen aus. Denkbar wäre dagegen, daß Olympiodor einen Vorläufer be-
nutzt hat, sei es eine Bibelhandschrift mit Randglossen oder eine er-
klärende Wörterliste. Die umgekehrte Möglichkeit, daß nämlich das oben
zitierte Material seinerseits aus Olympiodors Kommentar exzerpiert
worden ist, ist von vornherein viel weniger wahrscheinlich[178]. Auffäl-
lig und in besonderem Maße bemerkenswert sind die längeren wortwört-
lichen Übereinstimmungen zwischen dem Glossar und Olympiodor in den
Erklärungen zu ἄλιμα und στρίφνος (s.o. Nr.λ und ν). Dennoch wird man
auch hier nicht annehmen wollen, daß der Text des Lexikons auf den
Olympiodors zurückgeht, sondern eher eine gemeinsame Quelle vermuten,
etwa ein Werk, das sich mit der Erklärung naturwissenschaftlich in-
teressanter Begriffe des Bibeltextes beschäftigte (vgl. oben Anm.176).
Derartige Quellen mag Olympiodor weitaus häufiger verwendet haben als
wir es heute noch wissen können; denn stilistisch sind zahllose For-
mulierungen den Stellen, die in der obigen Beispielsammlung erschei-
nen, vergleichbar. Sie finden sich teils eingestreut in oder angehängt

---

[178] Es sei z.B. an κολαβρισθείησαν erinnert (s.o.Anm.173), das schon bei
Didymos mit demselben Material erklärt ist, und überhaupt an die un-
ten im Abschnitt 'Ältere Hiobkommentare' S.LXXIVff., bes. S.LXXVIII
ff. aufgeführten Parallelen zu Formulierungen anderer Autoren.

an längere Paraphrasen, teils als separat stehende Scholien, wo es für
Olympiodor sonst nichts zu erklären gab. Wie die sich möglicherweise
kreuzenden Verbindungslinien zwischen Olympiodors Kommentar und den
genannten Sammlungen verlaufen, wird man erst verstehen können, wenn
diese Glossen und Kompendien und verwandte Literatur einerseits und
die zusammenhängenden Bibelkommentare andererseits in zuverlässigen
Editionen vorliegen.

Ältere Hiobkommentare

Außer Glossen und Marginalnoten hat Olympiodor natürlich auch die
exegetische Literatur seiner Zeit und der Zeiten vor ihm gekannt und
benutzt. In seinem Werk hat sich dies zwar niedergeschlagen; doch sind
die Spuren nur im Einzelfall handgreiflich faßbar. Dieses Gebiet for-
dert noch eine nähere Untersuchung, die im Rahmen dieser Einleitung
zu weit führen würde. Hier seien stattdessen nur die ins Auge fallen-
den Zeugnisse für eine solche Benutzung zusammengestellt.

An etwa zwei Dutzend Stellen sagt Olympiodor klar und deutlich,
daß er hier nicht eine selbstgefundene Meinung oder Erklärung wieder-
gibt, sondern die anderer. Zur guten Hälfte sind diese Stellen pole-
misch, die übrigen neutral bis anerkennend. Autoren, die er eindeutig
als Autorität ansieht, bezeichnet er gerne als παλαιότεροι[179]. Sie sind
nicht eigentlich eine festumrissene Gruppe[180]; doch es zeigt sich deut-
lich, daß sie meist der allegorischen Erklärungsweise anhingen[181]; mög-

---

[179] Die παλαιότεροι werden an fünf Stellen genannt: S.1,2; S.55,4; S.
295,15; S.379,11f.; S.397,8.

[180] Vgl. S.1,2 πολλὰ τοῖς παλαιοτέροις ἔδοξε περὶ ταύτης τῆς γραφῆς
(es folgt eine Darstellung der unterschiedlichsten Positionen, die
er in diesem Falle allerdings weitgehend ablehnt, um seine eigene
davon abzusetzen); S.295,15 ὅσα τοῖς παλαιοτέροις εἰς τὸν τόπον
εὕρηται παραθήσομαι (zwei im Ansatz verschiedene Erklärungen der
schwierigen Stelle Hb 34,31f., anschließend die abweichende Über-
setzung des Symmachos und kurze Erklärung auch dieses Textes;
einer eigenen Meinung und Wertung enthält sich Olympiodor hier).

[181] Vgl. S.55,4 πλὴν οἱ παλαιότεροι ἐχρήσαντο τῇ θεωρίᾳ. S.379,11f.,

licherweise handelt es sich also im wesentlichen um die alexandrini-
sche Exegetentradition.

Interessant ist das Zitat dieser Vorgänger besonders an folgenden
Stellen:

S.356,17ff., in der Protheoria des eben in Anm.181 erwähnten Kapi-
tels κη (Hb 40,7-41,26) stellt Olympiodor zunächst die Exegese der
wörtlich erklärenden τινὲς (S.356,13) und ἕτεροι (S.356,14) dar: Die
einen halten das θηρίον oder κῆτος, von dem Hb 40,15ff. die Rede ist,
für ein real existierendes drachenartiges Ungeheuer, die anderen für
den ebenfalls real gedachten Leviathan. Beide Erklärungen werden spä-
ter (s. besonders S.379,12-380,7) als von einem Faktennachweis abhän-
gig, der bislang noch nicht erbracht werden konnte, abgelehnt[182]. Tat-
sächlich kennen wir Vertreter beider Auffassungen, nämlich für die er-
ste Chrysostomos, für die zweite Julian von Antiochien. Julian gibt S.
283ff. zu jedem Lemma eine doppelte Erklärung, eine wörtliche, nach
der vom Leviathan, und eine allegorische, nach der vom Teufel die Rede
ist (in dieser zweiten stimmt er mit Olympiodor weitgehend überein,
nur daß Julian ausdrücklich beide Interpretationen der fraglichen
Textpassage als gleichwertig anerkennt). Chrysostomos führt zu diesem
Thema folgendes aus (Mosqu.Synod.114, Fol.260rf.): εἶτα λέγει περὶ
δύο τινῶν τοῦ μὲν χερσαίου καὶ θαλαττίου· καὶ οὐκ ἀγνοοῦμεν, ὅτι πολ-
λοὶ περὶ τοῦ διαβόλου ταῦτα εἰρῆσθαι νομίζουσι κατὰ ἀναγωγὴν ἐκλαμβά-
νοντες. δεῖ δὲ πρότερον τῆς ἱστορίας ἐπιμεληθῆναι καὶ τότε, εἴ τι τὸν
ἀκροατὴν ἐκ τῆς ἀναγωγῆς ὠφελεῖ, μὴ παριδεῖν (Wortstellung nach der
Parallelüberlieferung in P). Für den vorliegenden Text ist Chrysosto-
mos der Auffassung, daß die Allegorese hier keinen Nutzen für den Hö-
rer bringt; im Folgenden ist daher nur noch von leibhaftigen Ungeheu-
ern die Rede. Die Stelle dient Johannes zum Nachweis der Allmacht Got-
tes, der demonstrieren muß, daß er nicht nur sehr kleine, sondern auch
sehr große Tiere erschaffen kann, sonst würde man das vielleicht nicht

---

bezogen auf das ganze Kap.κη: ταῦτα μὲν οὖν εἰς τοὺς τόπους ἐθεω-
ρήσαμεν ἐκ τῶν παλαιοτέρων ὁδηγηθέντες. Auch S.312,3 wird mit den
Worten ἄλλοι δὲ οὕτως ἡρμήνευσαν eine rein allegorische Erklärung
eingeführt.

[182] Vgl. S.356,19ff.: ἐγὼ δὲ εἰ μὲν καὶ ζῷόν ἐστι τοιοῦτον οὐκ ἔχω
λέγειν· οὔτε γὰρ αὐτὸς εἶδον οὔτε ἑτέρων ἱστορησάντων ἤκουσα; S.
357,12f.: εἰ μὲν οὖν ἔστι τι καὶ τοιοῦτον θηρίον καθ' ἱστορίαν οὔπω
μὲν πείθομαι, πλὴν οὐ φιλονεικῶ.

glauben. Olympiodor hingegen fährt nach der Darstellung der beiden In-
terpretationsweisen καθ' ἱστορίαν folgendermaßen fort (S.356,17ff.):
οἱ δὲ πλείονες τῶν ἐν ἐκκλησίᾳ διαλαμψάντων ἐν οἰκείαις ἐξηγήσεσι καὶ
λογογραφίαις εἰς τὸν διάβολον ἀλληγορικῶς ἀνήνεγκαν τὰ ἀναγεγραμμένα.
Für diese Anschauung der πλείονες finden sich in der Γ-Katene mehrere
Zeugnisse. So heißt es unter dem Namen des Origenes zu Hb 40,15: θη-
ρία αἱ ἀντικείμεναι δυνάμεις εἰσίν, und unter dem Namen des Severus
ist die Rede von den ἱερῶν γραμμάτων τῶν τῇ θεοπνεύστῳ βίβλῳ τοῦ Ἰὼβ
ἐγκειμένων καὶ ὡς ἐν σωματικῇ διαπλάσει τὸ λίαν ἀναιδὲς .. ὑπογραφόν-
των τοῦ διαβόλου.[183] Olympiodor selbst läßt es S.356,19ff. zwar aus-
drücklich offen, ob nicht auch eine wörtliche Erklärung denkbar wäre
(s.a. Anm.182), wendet sich dann aber ganz der allegorischen als der
in diesem Fall zuverlässigeren Methode zu[184].

Eine ebenfalls interessante, wenn auch leider bei weitem nicht so
ergiebige Stelle ist S.372,20: ἤκουσα δὲ καὶ οὕτως ἐξηγουμένου τινός.
Dies ist nämlich der einzige Platz, wo Olympiodor nicht einen unbe-
stimmten Plural wählt, wenn er von Kollegen spricht, sondern aus-
drücklich einen bestimmten Gewährsmann erwähnt. Er muß ein Zeitgenos-
se Olympiodors gewesen sein, möglicherweise ein Lehrer. Leider sind
das zu magere Angaben, um eine Identifikation auch nur zu versuchen;
und auch die anschließende Interpretation hat uns nicht weitergehol-
fen. Vielleicht haben andere in diesem Punkte mehr Erfolg.

Die ablehnenden Zitate gliedern sich in zwei Typen: diejenigen,
deren Autoren aufgrund eines grundsätzlich falschen Standpunktes zu
ihrer Erklärung gelangt sind[185], und die anderen, bei denen nur ein
einzelner Punkt der Erklärung betroffen ist, etwa von der Art, wie es
S.275,18ff. heißt: φασὶ μέν τινες μὴ εἶναι τοὺς στίχους τούτους (Hb

---

[183] Auch Didymos hat die Partie allegorisch verstanden. Sie wird zwar
in dem erhaltenen Kommentar zu Hiob nicht insgesamt besprochen;
doch heißt es anläßlich eines Zitats ihres Schlußverses (Hb 41,26b)
Pap.-S.402,32ff.: "βασιλεύς" ἐστιν ὁ διάβολος "πάντων τῶν ἐν τοῖς
ὕδασιν".

[184] S.357,13-15: ὅτι δὲ τὸν διάβολον αἰνίττεται ἡ γραφή, πολλοῖς ἁγί-
οις ἀνδράσι καὶ ἐν ἐκκλησίᾳ διαπρέψασιν ἔδοξεν. διὸ κατὰ ταύτην
τὴν ἔννοιαν τὴν περὶ τούτου λέξιν ἑρμηνεῦσαι πειρασώμεθα.

[185] Dazu gehören etwa τινὲς κωμῳδοῦντες τὴν γραφήν (S.33,24); οἱ τὴν
εἱμαρμένην δοξάζοντες (S.119,19); οἱ δὲ προῦπεῖναι τὰς ψυχὰς τοῦ
σώματος δοξάζοντες, οἱ μυθολογοῦντες ὅτι σωμάτων ἐρασθεῖσαι αἱ
ψυχαὶ σώματα ἐνεδύσαντο (S.363,22f.). Letzteres bezieht sich deut-
lich auf die Anhänger des Origenes.

32,15) τοῦ Ἐλιούς, ἀλλὰ τοῦ συγγραφέως· ἐγὼ δέ φημι καὶ τούτους εἶ-
ναι τοῦ Ἐλιούς. σχῆμα δέ ἐστι τοῦτο τὸ καλούμενον κατὰ ἀποστροφήν.
Man muß wohl damit rechnen, daß Olympiodor im Einzelfall Erklärung
nebst Urteil darüber bereits in einer sekundären Quelle gefunden ha-
ben kann, so daß der Schluß, er habe die Schriften der Autoren, gegen
die er polemisiert, notwendigerweise selbst gelesen, nicht erlaubt ist.
Dafür spricht die Erklärung zu Hb 31,26-28 (S.264,23ff.); hier berich-
tet Olympiodor, daß 'manche' den Vers "εἰ δὲ καὶ χεῖρά μου ἐπιθεὶς ἐπὶ
στόματί μου ἐφίλησα" auf die heidnische Anbetung der Gestirne be-
ziehen, und fügt an (S.265,2): ἄμεινον δὲ οἶμαι τὸ πρῶτον, nämlich
seine eigene vorhergehende Interpretation. Zu dieser Passage gibt es
Parallelen bei anderen Autoren: Julian von Antiochien zitiert S.193,
17ff. dieselbe Auslegung als die der 'Syrer'[186] mit einer ebenso ge-
mäßigten Ablehnung wie Olympiodor; und auch bei Johannes Chrysostomos
findet man zur Stelle (Laur.gr.9,13, Fol.194r): τινὲς φασι περὶ εἰδω-
λολατρίας εἰρῆσθαι, ἀλλ᾽ οὐ πείθομαι. Es handelt sich für Olympiodor
also um einen schon Jahrhunderte alten Topos, der an dieser Hiobstel-
le hängt; und sicher erkennen wir manchen gleichartigen Fall nur des-
wegen nicht, weil uns die Quellen oder Parallelen fehlen.

Abgesehen von den Stellen, an denen Olympiodor eine Interpretation
expressis verbis als nicht die seine kennzeichnet, gibt es noch eine
Fülle von Alternativerklärungen, die häufig einfach mit ἤ ... ἤ oder
ἄλλως eingeleitet werden, des öfteren aber auch durch vielfältigere
Formulierungen, etwa ἤ καὶ τοῦτο λέγει (z.B. S.139,4; 167,24; 323,16)
oder δυνατὸν (bzw. ἔστι) δὲ καὶ οὕτω (ἄλλως, ἑτέρως) νοῆσαι und ähn-
liche mehr[187]. Man möchte vermuten, daß hinter einem Großteil dieser
Alternativerklärungen von Olympiodor benutzte Quellen stecken; doch
hat sich diese Vermutung kaum verifizieren lassen. Jedenfalls begeg-
nen wir nur sporadisch Erklärungen gleichen Inhalts bei Didymos, Ju-
lian, Chrysostomos oder in der Katene; wörtliche Anklänge sind noch
viel seltener und betreffen in der Regel gerade nicht die Stellen, an
denen man aus der Formulierung bei Olympiodor auf Quellenbenutzung
schließen möchte.

---

[186] Zu ihnen vgl. Hagedorn S.LIX-LXII.
[187] Vgl. zu dieser Eigentümlichkeit auch die Beschreibung des Ekkle-
siasteskommentars des Olympiodor oben S.XXXIXff.

Nur für die Kapitel β bis δ (Hb 1,6-7,21) haben wir etwas systema-
tischer nach derartigen exegetischen Parallelen gesucht, und zwar vor-
zugsweise im Hiobkommentar des Chrysostomos und in der Katene, weil
andere zu diesen beiden Quellen vorerst noch keinen bequemen Zugang
haben. Dabei hat sich herausgestellt, daß in der Katene unter den Na-
men des Polychronios und des Apollinaris streckenweise Scholien vor-
liegen, die eine bemerkenswerte Verwandtschaft zu einzelnen Interpre-
tamenten Olympiodors zeigen, ebenso deutlich aber nicht (auch nicht
bei der Annahme von Umformungen) mit Olympiodortexten identisch sind,
wie der jeweilige Kontext zeigt. Alle unten zusammengetragenen Paral-
lelen sind von gleichem Charakter wie die auf der vorigen Seite zu Hb
31,26ff. und auf S.LXXI unter ε mit Anm.173 zitierten Parallelen aus
Julian und Didymos; d.h. sie betreffen nicht weitläufige Gedankengän-
ge, den Aufbau im Großen oder die interpretatorische Grundhaltung[188],
bei denen eine Beziehung ohne weitere stützende Argumente nicht nach-
weisbar wäre, sondern nur Erklärungsmotive oder Formulierungselemente.
Die wörtliche oder motivische Übereinstimmung geht dabei jeweils so
weit, daß gänzlich unabhängige Formulierung bei Olympiodor und dem je-
weils herangezogenen Parallelautor unmöglich erscheint. Entweder muß
Olympiodor diesen (stets früheren) Parallelautor benutzt haben oder
sie beide gemeinsame Quellen.

Ins Auge springende Anklänge an den Text des Chrysostomos sind sel-
ten; die zwei augenfälligsten seien hier ausgeschrieben[189]:

Im Hiobkommentar des Chrysostomos lesen wir zum Lemma Hb 18,14
(Laur.13,9 Fol.178r): "σχοίη δὲ αὐτὸν ἀνάγκη καὶ αἰτία βασιλική"· βα-
σιλική, τουτέστιν ἡ τοῦ θεοῦ, ἐμοὶ δοκεῖ. εἰ δὲ ἀνθρωπίνην λέγει, ἀνα-
μίγνυσι καὶ τὰ μὴ συμβάντα αὐτῷ, ἵνα μὴ δόξῃ δι' αὐτὸν λέγειν (δι' α.
P, ἑαυτὸν Laur.). Olympiodor bemerkt zu diesem Lemma knapp (S.160,20):
τουτέστιν ἀπαραίτητος τιμωρία, führt aber später zu Hb 18,18f. summa-

---

[188] Olympiodor interpretiert beispielsweise einzelne Verse sehr ähn-
lich wie Didymos, ohne daß sich daraus eine Übereinstimmung in der
Formulierung ergibt. Erst eine detaillierte Untersuchung und bes-
sere Kenntnis der Zusammenhänge würde es erlauben, zu entscheiden,
ob die Ähnlichkeiten eher auf einschlägiges Quellenstudium Olym-
piodors oder nur ganz allgemein auf alexandrinische Tradition
deuten.

[189] Hinzu kommt ferner die auf der vorigen Seite ausgeschriebene Pa- ·
rallele zu der Erklärung von Hb 31,26ff.

risch aus (S.162,6f.): ταῦτα πάντα συμβέβηκε τῷ Ἰὼβ δίχα τῆς βασιλι-
κῆς ἀνάγκης· ταύτην δὲ ἴσως εἶπεν ὁ Βαλδάδ, ἵνα μὴ δόξῃ δι' αὐτὸν λέ-
γειν.

Die andere Parallele lautet bei Chrysostomos (Laur.9,13 Fol.142r zu
Hb 2,9): τὸ πάντων μηχανημάτων προλαβόντων ἰσχυρότερον ὕστερον ὁ διά-
βολος προσάγει (nämlich Hiobs Frau); und bei Olympiodor (S.28,11f.):
.. ἡ γυνὴ .. ὑπὸ τοῦ διαβόλου τηρηθεῖσα ὥσπερ ὕστερον μηχάνημα κατά
τινος ἀσείστου τείχους[190].

Im Gegensatz zu den bisher angeführten liegen die aus der Γ-Katene
entnommenen Parallelen zwischen "Polychronios" bzw. "Apollinaris" und
Olympiodor dicht beieinander, und zwar in zwei Serien:

"Polychronios" zu Hb 1,11:   Olympiodor S.19,1-4:
τὸ δὲ εὐλογῆσαι ἀντὶ τοῦ βλασφημῆ-   τὸ δὲ "ἦ μὴν εἰς πρόσωπόν σε εὐλο-
σαι. εὐφήμως γὰρ αὐτὸ τέθεικεν ἡ   γήσει" ἀντὶ τοῦ· ὄντως τότε σε φανε-
θεία γραφή, οἷόν ἐστι καὶ τὸ ἐπὶ   ρῶς βλασφημήσει. εὐφήμως γὰρ ἡ γρα-
τοῦ Ναβουθαὶ εἰρημένον ἐν Βασιλεί-   φὴ τῷ "εὐλογήσει" ἀντὶ τοῦ "βλασ-
αις· εὐλόγηκε θεὸν καὶ βασιλέα.   φημήσει" χρᾶται, ὥσπερ καὶ ἐν ταῖς
                                    Βασιλείαις εἴρηται περὶ τοῦ Ναβου-
                                    θέ· εὐλόγησε θεὸν καὶ βασιλέα.[191]

"Polychronios" zu Hb 1,12:   Olympiodor S.19,21:
ἀντὶ τοῦ· λαβὼν διὰ τῆς συγχωρήσε-   τὴν ἐντροπὴν λαβὼν εἴχετο λοιπὸν
ως τὴν ἐξουσίαν ἐνεργῶν λοιπὸν ἦν.   τοῦ ἔργου.

"Polychronios" zu Hb 1,13:   Olympiodor S.20,2:
καὶ δὴ τῆς ἡμέρας ἐνστάσης, καθ' ἣν ἀντὶ τοῦ· ἧκέ τις ἡμέρα καθ' ἣν ὁ
τὴν μάχην συγκροτεῖσθαι ἔδει.   ἀγὼν συνεκροτήθη.

"Polychronios" zu Hb 1,16:   Olympiodor S.21,21f.:
ἵνα μὴ παρὰ ἀνθρώπου νομίσῃ πολε-   τὸν θεὸν αὐτῷ παραδηλῶν πολέμιον

---

[190] Von beiden Autoren und übrigens auch von Didymos (s.S.49,9ff.)
wird ihr Verhalten im folgenden mit dem Evas gleichgesetzt.

[191] Vgl. auch oben S.LXXIα. Das Interpretament war verbreitet: In der
Katenenfassung von P lesen wir unter dem Titel ''Αδριανοῦ ἐκ τοῦ
περὶ τῶν ἰδιωμάτων τῆς θείας γραφῆς': (ὅτι πολλάκις τινὰ κατὰ ἀν-
τίφρασιν λέγει ἕτερον ἀνθ' ἑτέρου τιθεῖσα, ὡς ἐνταῦθα) τὸ "ἦ μὴν
εἰς πρόσωπόν σε εὐλογήσει" ἀντὶ τοῦ 'βλασφημήσει', καὶ ἐν τῇ β τῶν
Βασιλειῶν περὶ τοῦ Ναβουθέ "ηὐλόγησε θεὸν καὶ βασιλέα" ἀντὶ τοῦ·
'ἐβλασφήμησεν' κτλ. PG 98,1273-1312 ist unter dem Titel 'εἰσαγωγὴ
εἰς τὰς θείας γραφάς' eine Schrift dieses Hadrian abgedruckt, die
Sp.1304CD eine Kurzfassung der in P überlieferten Passage enthält.
Es sieht nicht so aus, als habe Olympiodor diese Schrift benutzt,
obwohl das aus chronologischen Gründen naheliegt: denn es gibt
keine weiteren Spuren.

μεῖσθαι, ἀλλὰ παρὰ θεοῦ ὃν ἐσπού-
δαζεν εὐσεβεῖν διὰ βίου.

"Polychronios" zu Hb 1,20:

διὰ τῆς ἀφαιρέσεως τῆς κόμης τὸ ἐπὶ
τοῖς παισὶ πένθος γνωρίζων· πενθι-
κὸν γὰρ τὸ τοιοῦτον σχῆμα τὸ τηνι-
καῦτα.

"Apollinaris" zu Hb 2,1-3:

οἱ μὲν ἄγγελοι ἐξεπλήσσοντο τῆς ἀν-
δρείας τὸν δίκαιον, ὁ δὲ διάβολος
δακνόμενος ἐπὶ τῆς καρτερίᾳ ἑτέραν
πεῖραν προσάγειν ἐβούλετο.

"Apollinaris" zu Hb 2,4:

πληγῆς φερομένης τυχὸν κατὰ τοῦ ὀφ-
θαλμοῦ .. τὴν χεῖρα ἀντιθέντες τὸ
κυριώτερον μέρος τῆς πληγῆς ἀπηλ-
λάξαμεν.

"Apollinaris" zu Hb 2,8:

πρὸ τῆς πόλεως ἐπὶ τῆς κοπρίας
ἐκαθέζετο ἐξιλεούμενος τὸν θεόν.

Olympiodor S.23,11-13:

κείρεται δὲ τὴν κόμην πενθικῶς.
οἷς μὲν γὰρ τὸ κομᾶν πρὸς κόσμον
νενόμιστο, οὗτοι ἐπὶ τοῖς πένθε-
σιν ἐκείροντο.

Olympiodor S.25,18-20:

οἱ μὲν ἅγιοι συνέχαιρον ἄγγελοι τῇ
νίκῃ, ὁ δὲ διάβολος διέπριε τοὺς
ὀδόντας καὶ δευτέρας πείρας ἐξου-
σίαν ἐξῄτει κατ' αὐτοῦ λαβεῖν.

Olympiodor S.26,18-20[192]:

ἵνα μὴ εἰς ὀφθαλμὸν λάβῃ, τὴν χεῖ-
ρα προτείνει καὶ εἰς τὸ ἧττον τί-
μιον μέλος δέχεται τὴν πληγήν.

Olympiodor S.28,1-3[193]:

αἴθριος καὶ ἐπὶ κοπρίας ἔκειτο ..
τῇ μείζονι κακοπαθείᾳ τὸν θεὸν
ἐξιλεούμενος.

Hiermit endet der erste Komplex von verwandten Formulierungen zwi-
schen Katenenstücken, die mit Sicherheit nicht aus dem Olympiodorkom-
mentar entnommen sind, und ebendiesem Kommentar. In Kap.γ findet sich
nichts dergleichen. Erst in Kap.δ (Hb 4,1-5,27) gibt es wieder eine Er-
klärung unter dem Namen des Polychronios, die mit einer Olympiodor-
passage übereinstimmt, allerdings nur inhaltlich und nicht im minde-
sten im Wortlaut (Ol. S.55,22ff.; eingeleitet durch ἄλλως). Das glei-
che gilt für ein Scholion zu Hb 5,4-5, das im Motiv (den Juden wurde
das gelobte Land zuteil wegen der Gottlosigkeit der Vorbesitzer) exakt
der von Olympiodor S.60,5-7 vorgetragenen Erklärung entspricht. Auf

---

[192] Die ganze Argumentation auch schon in den vorhergehenden Zeilen
läuft hier parallel.

[193] Dies ist die dritte Alternativerklärung zur Stelle; sie wird mit
τό γε ἀληθέστερον eingeleitet. Nicht wörtlich, aber inhaltlich
Ähnliches hat auch Chrysostomos (Laur.13,9 Fol.141v): τίνος ἕνε-
κεν .. αἴθριος ἦν ..; ἐμοὶ δοκεῖ ὥστε ἐλεεινότερος γενέσθαι.

diese Strecke auch bietet übrigens die Katene nur ganz wenige Stücke
unter dem Namen des Polychronios.

Die nächste Serie von wörtlichen Anklängen beginnt gegen Ende die-
ses Kapitels:

"Polychronios" zu Hb 5,13:   Olympiodor S.61,22ff.:

πολυπλόκους .. οὓς ἀγκυλογνώμονας   πολυπλόκων δὲ τῶν σκολιῶν λέγει,
διὰ τὸ σκολιὸν τῆς γνώμης εἰώθασι   οὓς οἱ κυριολεκτοῦντες ἀγκυλογνώ-
προσαγορεύειν οἱ τὰς κυρίας τῶν λέ-   μονας καλοῦσιν.
ξεων ἐκλέγοντες.

"Polychronios" zu Hb 5,22:   Olympiodor S.63,18-20:

θῆρας ἀγρίους λέγει τοὺς πολεμίους   τοὺς δὲ θηριώδεις ἀνθρώπους οὐ μὴ
διὰ τὸ τοῦ τρόπου ἀνήμερον.   φοβηθήσῃ, καὶ γὰρ καὶ οὗτοι ..
     οὐκέτι σοι πολεμεῖν αἱρήσονται.

"Polychronios" zu Hb 5,26:   Olympiodor S.64,11f.:

πολυπαιδίας .. ἐν εὐλογίας παρειχε- πολυπαιδία .. ἰδία πρὸς εὐδαιμονί-
το μέρει καὶ τοῦτο κατὰ τὸ παλαιόν. αν τοῖς παλαιοῖς ἐνενόμιστο.

"Polychronios" zu Hb 5,27:   Olympiodor S.64,16f.:

τούτων τοιγαροῦν οὕτως ἐχόντων σκο- ταῦτα μὲν οὖν οὕτως ἔχειν ἡμεῖς
πεῖν σε προσῆκον, ποίων ἁμαρτημάτων ἀκριβῶς ἐθεωρήσαμεν, σὺ δὲ ἀναλογί-
δίκην τιννύεις.   ζου, ποίων πλημμελημάτων ἐκτιννύ-
     ων δίκην κτλ.

"Polychronios" zu Hb 6,3:   Olympiodor S.67,4:

ἀλλ' ἀπιστοῦμαι .. τῶν ἀκουόντων ἐκ ἀλλ' ἐκφαυλίζετέ μου, φησίν, τὰ
τῆς ἑαυτῶν ἀνέσεως .. κρινόντων τὰ ῥήματα ἐν ἀνέσει τυγχάνοντες.
ῥήματα.

"Polychronios" zu Hb 6,10:   Olympiodor S.69,4-5:

ἐπὶ τῆς ἐμαυτοῦ πόλεως καὶ τῶν τει- τῆς πόλεως ἐφ' ἧς ἔνδοξος ὢν ἐν
χέων μεθ' ἡδονῆς διῆγον.   εὐημερίᾳ διῆγον.

Hiermit enden die Parallelen fürs erste; obwohl die Katene noch
weiterhin viel Polychroniostext verzeichnet, gibt es keine auffälligen
Übereinstimmungen mehr mit dem Inhalt oder Wortlaut von Olympiodors
Kommentar in den nächstfolgenden Kapiteln.

Ein Punkt soll noch einmal betont werden: Alle aufgefundenen Paral-
lelen betreffen außer in den beiden Fällen, wo dies eigens vermerkt
ist, Olympiodors erste (meistens einzige) Erklärung zu der jeweiligen
Stelle und nicht die als von fremder Herkunft oder auch nur als Alter-
nativen gekennzeichneten Erklärungen.

Vorstehende Liste bietet Arbeitsmaterial, welches mehr oder weni-
ger auf Zufallsfunden beruht. Wie die Übereinstimmungen in den Formu-
lierungen zustande gekommen sind, bleibt offen; doch sind die jewei-
ligen Textstellen evidentermaßen nicht unabhängig voneinander. Beim
derzeitigen Kenntnisstand läßt sich insbesondere nicht entscheiden, ob
Olympiodor speziell die Kommentare des Chrysostomos und des Polychro-
nios[194] wirklich gekannt und, soweit für seine Ziele brauchbar, ausge-
beutet hat, oder ob er nur auf eine allgemein verbreitete exegetische
Tradition zurückgegriffen hat.

DIE ANLAGE DER EDITION

Der Text der Edition beruht auf den beiden oben S.XIV-XVIII be-
schriebenen Hnadschriften X und Y. Die Nebenüberlieferung wurde kom-
plett verglichen und, sofern ihr Text dem der Primärüberlieferung
überlegen schien, auch zur Konstitution des Textes herangezogen. Bi-
belzitate sind durch Sperrung kenntlich gemacht, Texte der drei jün-
geren Übersetzer durch Unterstreichung. Auf die Wiedergabe der Anga-
ben κειμ(ενον) und ἑρμ(ηνεία), die sich in Y regelmäßig finden, wur-
de verzichtet. Die Schreibung der Eigennamen entspricht, abgesehen
von eindeutigen Orthographiefehlern, der von Y. Einzelne Wörter, die
in der Primärüberlieferung fehlen, wurden ohne besondere Kennzeich-
nung in den Text gesetzt, sofern sie in der Sekundärüberlieferung vor-
liegen; ganze Satzteile oder Sätze hingegen, die aus sekundären Zeu-
gen übernommen wurden, sind in spitze Klammern gesetzt.

Ein besonderes Problem bilden die Kapitelanfänge: Die Anordnung,

---

[194] Sowie auch die Schrift des Apollinaris, falls es sich nicht bei den 3
Stellen unter seinem Namen um fehlerhafte Nennungen in Γ handelt.

die wir für die ursprüngliche und von Olympiodor intendierte halten,
findet sich, das Zeugnis beider Handschriften separat gezählt, nur
siebenmal: Kap.γ (XY), ε (X), ς (Y), ζ (X), θ (Y), ι (Y), ιβ (Y). Die
Abweichungen in den anderen Fällen sind mannigfaltig; man findet sie
in den jeweiligen Apparaten verzeichnet. Die häufigste dieser Abwei-
chungen besteht darin, daß die Floskel ἀρχὴ τοῦ ῥητοῦ nicht ganz am
Anfang des Bibeltextes steht, sondern zwischen die Einleitungsformel
der Rede (ὑπολαβὼν .. λέγει) und ihre ersten Worte eingeschoben ist.
Sinnvoll ist beides, da ῥητόν sowohl 'Text' wie 'Rede' bedeuten kann.
Vielleicht war Olympiodor selbst in diesem Punkt nicht ganz konse-
quent, oder die Anordnung war in einem früheren Stadium der Überliefe-
rung unübersichtlich. Die Zwischenüberschrift αἱ λέξεις fehlt siebenmal.

Der Apparat baut sich folgendermaßen auf:

An erster Stelle sind die Zitate verifiziert. Die Bezeichnungen der
Quellen sind gewöhnlich ausgeschrieben; nur wo der Platz knapp war,
sind sie auf allgemeinverständliche Weise abgekürzt.

An zweiter Stelle folgt die Angabe der Bezeugung, zunächst durch
die Primärüberlieferung, dann durch die Sekundärüberlieferung. Erstreckt
sich die Bezeugung durch einen Überlieferungsträger nicht über die gan-
ze Seite, so ist in runden Klammern jeweils angegeben, welche Text-
strecke er abdeckt. Steht vor dieser Angabe das Zeichen ≠, so weicht
die Sekundärüberlieferung hier so stark vom Original ab, daß es nicht
sinnvoll schien, alle Differenzen im Apparat zu verzeichnen. In die-
sem Fall sind nur die Varianten aufgenommen, die von besonderem In-
teresse schienen und einen Bezug zur sonstigen Überlieferung erkennen
lassen; die Sigel des Überlieferungsträgers ist dann in ( ) gesetzt.
Auf die Angabe Γ folgt in runden Klammern jeweils die Liste der Hand-
schriften, aus denen der Text gewonnen wurde, entsprechend den unten
erklärten Siglen. Die wichtigen Handschriften QR waren zur Zeit der
Editionsarbeit noch nicht kollationiert, Π nur teilweise; es wurde je-
doch immerhin geprüft, daß sich der für Γ anzunehmende Text, soweit er
in unserer Ausgabe enthalten ist, durch ihr Hinzutreten an keiner
Stelle verändern würde.

In der dritten Rubrik findet man die Varianten im einzelnen. Ab-
weichungen in Y und X wurden vollständig verzeichnet, mit Ausnahme von
Abkürzungen und Ny-ephelkystikon. Für die Sekundärüberlieferung wurde
auch auf die Angabe von Iotazismen und anderen geringfügigen ortho-

graphischen Varianten verzichtet; im übrigen sind alle Abweichungen vom Text der Edition verzeichnet, sofern nicht die oben bei der Erklärung des Zeichens ≠ gemachte Einschränkung gilt. Nicht berücksichtigt wurde hingegen, ob die Fragmente der Sekundärüberlieferung in ihrer Anordnung der des Kommentars entsprechen oder nicht; d.h. über die Reihenfolge der Zeugnisse in der Sekundärüberlieferung, die Trennung zusammengehöriger Partien oder Zusammenfassung verschiedener (beides besonders häufig in P und N) ist nichts aus dem Apparat zu entnehmen. Der Text von Γ wurde aus den Lesarten der kollationierten Handschriften hergestellt; Angaben über den Text einzelner Handschriften findet man nur in begründeten Einzelfällen im Apparat verzeichnet. Die Fassungen von L, BC, P und N sind als eigenständige Zeugen aufgeführt, wo sie ihren Text aus einer anderen Quelle als Γ haben; andernfalls werden sie wie Handschriften von Γ behandelt. In V sind auf den Rändern der ersten Folien von späterer Hand einzelne Textauszüge aus Olympiodors Kommentar eingetragen; diese werden mit Vm bezeichnet. Im Falle von Dubletten in Γ (vgl. oben S.XXII) heißt das jeweils größere Fragment Γ, das kleinere Γ', ohne daß durch diese Bezeichnung etwas über die vermutliche Reihenfolge der Aufnahme in die Katene ausgesagt wird. Konnte zwischen dem Text der Niketas-Ausgabe von Young und dem des Vat.Pal. 230 (vgl. oben S.XXIX)   keine Entscheidung getroffen werden, so sind die entsprechenden Varianten mit Np und Ny bezeichnet. In der Hypothesis basiert der von Young abgedruckte Text nicht auf N- sondern auf Γ-handschriften (wahrscheinlich BC); hier wurde die Ausgabe daher gar nicht, sondern stattdessen drei weitere N-handschriften zum Vergleich herangezogen, die zwei verschiedenen Redaktionen angehören: Sinait. gr.4 (Ns, zusammen mit Np einfach N), Jerusalem Taphou 5 und Parisinus gr.135 (gemeinsam Φ). Einen Teil der Hypothesis verdanken wir ausschließlich diesen beiden letzgenannten Handschriften (vgl. oben S. XXX/XXXII).

HÄUFIGER ZITIERTE LITERATUR

Altaner-Stuiber: Berthold Altaner - Alfred Stuiber, Patrologie,
   8.Aufl. Freiburg i.Br. - Basel - Wien 1978.
Bardenhewer: Otto Bardenhewer, Geschichte der altkirchlichen Lite-
   ratur Bd.V, Freiburg i.Br. 1932 (Nachdruck Darmstadt 1962).
Beck: Hans Georg Beck, Kirche und theologische Literatur im byzan-
   tinischen Reich (Handbuch der Altertumswissenschaft XII 2,1),
   München 1959.
Bertini: Ugo Bertini, La catena greca in Giobbe, Biblica 4, 1923,
   S.129-142.
Devreesse: Robert Devreesse, Chaînes exégétiques grecques IV, Les
   chaînes sur Job, in 'Dictionnaire de la Bible', Suppl.I, 1928,
   Sp.1140-1145.
Faulhaber, Hoheliedcatenen: Michael Faulhaber, Hohelied- , Prover-
   bien- und Predigercatenen (Theologische Studien der Leo-Gesell-
   schaft 4), Wien 1902.
Faulhaber, Prophetencatenen: Michael Faulhaber, Die Propheten-Catenen
   nach römischen Handschriften (Biblische Studien Bd.IV, 2. und 3.
   Heft), Freiburg i.Br. 1899.
Field: Frederic Field, Origenis Hexaplorum quae supersunt, Oxford
   1875 (Nachdruck Hildesheim 1964); Teil II, S.1-82, Auctarium
   S.5-11 (Iob).
Hagedorn: Dieter Hagedorn, Der Hiobkommentar des Arianers Julian,
   Berlin - New York 1973.
Karo-Lietzmann: Georg Karo - Hans Lietzmann, Catenarum Graecarum
   Catalogus, Catenae in Iob (Nachrichten von der Königl. Ges. der
   Wissenschaften zu Göttingen, Phil.-hist. Klasse, 1902, Heft 3,
   S.319ff.), Göttingen 1902.
Klostermann: Erich Klostermann, Die Überlieferung der Jeremiahomi-
   lien des Origenes (Texte und Untersuchungen XVI 3), Leipzig 1897.
Rahlfs: Alfred Rahlfs, Septuaginta, 6.Aufl., Stuttgart o.J.

Rahlfs Verz.:   Alfred Rahlfs, Verzeichnis der griechischen Hand-
    schriften des Alten Testaments (Nachrichten von der Königlichen
    Gesellschaft der Wissenschaften zu Göttingen, Philologisch-hi-
    storische Klasse 1914, Beiheft), Berlin 1914.
Young: Catena Graecorum Patrum in Beatum Iob collectore Niceta He-
    racleae metropolita ex duobus mss. bibliothecae Bodleianae codi-
    cibus Graece ... edita et Latine versa opera et studio Patricii
    Junii, London 1637.
Ziegler: Job (Septuaginta. Vetus Testamentum Graecum Auctoritate
    Academiae Scientiarum Gottingensis editum, vol.XI,4), Göttingen
    1982.

TEXT

In Text und Apparat vorkommende kritische Zeichen und Siglen

< > Lücke in der (Primär)überlieferung
{ } von den Herausgebern getilgt
[ ] Lücke durch mechanische Beschädigung
≠ ungefähr gleich
> läßt aus
( ) Variante aus ≠-Text

X   Vaticanus gr.745
Y   Monacensis gr.488

Γ   Γ-Katene; vgl. S.XIXff.
Γ' Dublette in Γ; vgl. S.XXII mit Anm.32
    F Marc.gr.538
    Π Patm.171
    O Ath.Vatop.590, Abschrift von Π, tritt ein, wo Π zur Zeit der
       Editionsarbeit noch nicht verfügbar war
    S Sinait.gr.3
    V Vatic.gr.749
    E Vatic.gr.750
    H Ambr.D 73 sup.
    K Haun.6
    M Marc.gr.21
    A Ambr.A 148 inf.
    β Archetyp von VEHKMA
    γ Archetyp von EHKMA
BC Bodl.gr.Laud 20 und Bodl.Auct.E 2,19
P   Vatic.Pii II 1
L   Laur.Plut.V 27
N   N-Katene (Niketas; vgl. S.XXIXff.)
    Ny Ausgabe von Young
    Np Vatic.Pal.gr.230
    Ns Sinait.gr.4 (nur S.1-5; vgl. S.XXXff.)
    Φ Jerus.Taphou 5 und Paris.gr.135 (nur S.1-5; vgl. S.XXXff.)
Vm Randstück in V (nur S.18)
Syr Version der Syrohexapla; vgl. S.XXXVf.

ΥΠΟΘΕΣΙΣ

Πολλὰ τοῖς παλαιοτέροις ἔδοξε περὶ τῆς προκειμένης συγγραφῆς· οἱ μὲν
γὰρ τοῦ ἀνδρὸς ὑπεραπολογούμενοι λέγουσιν, ὅτι πρὸ τῆς χάριτος γεγονὼς καὶ
μηδὲν ἐλπίζων ἔσεσθαι μετὰ τόνδε τὸν βίον, ἐπειδὴ τῆς τῶν ὁρωμένων εὐδαι-
5 μονίας ἀφηρέθη χρημάτων καὶ παίδων, καὶ τῇ ἀνηκέστῳ περιβεβλημένος νόσῳ
εἰκότως ἐδυσχέραινεν. οὐδὲν γὰρ ἑαυτῷ συνειδὼς ἄδικον οὐ δίκαια πάσχειν
νομίζων ἐταράττετο. καὶ οὐδὲν μὲν εἰς θεὸν ἐδυσφήμησεν, ὅπερ μάλιστα τῷ
διαβόλῳ διὰ σπουδῆς ἦν· πλὴν οὐκ ἐφύλαξε τὸ πρὸς θεὸν ἀκρότατον σέβας τῷ
ὅλως ἀμφισβητῆσαι περὶ τὴν αὐτοῦ πρόνοιαν, διὰ τί μὴ τὸ κριτικὸν αὐτῷ ἐφύ-
10 λαξε ὁ θεός, ἀλλ' εἴασε παρὰ τὴν ἀξίαν κακοῦσθαι, καὶ διὰ τί μὴ φιλανθρωπί-
ας κατηξίωσεν, εἴπερ ἄρα πονηρίαν εἶδεν ἐν αὐτῷ. οὐκ ἀποδεδώκασιν οὖν οἱ
ταῦτα λέγοντες τῷ δικαίῳ Ἰὼβ τὴν τελείαν ἀρετήν, ἀλλ' ἔφασαν, ὅτι καλὸν ἡ-
μῖν ὑπόδειγμα γέγονεν ὁ Ἰὼβ οὕτω πρὸ τῆς χάριτος ἀγωνισάμενος, ἵνα ἡμεῖς
οἱ τῆς χάριτος ἀπολελαυκότες ἐπὶ τὰ τελειότερα λοιπὸν ὁδεύωμεν, τὸ τοῦ
15 θειοτάτου Παύλου κατὰ νοῦν λαμβάνοντες ὃς πρὸς τοὺς ἀμφισβητοῦντας ταῖς
θείαις κρίσεσιν ἔφησεν ὅτι· ὦ ἄνθρωπε, μενοῦν γε σὺ τίς εἶ ὁ
ἀνταποκρινόμενος τῷ θεῷ; μὴ ἐρεῖ τὸ πλάσμα τῷ πλάσαντι·
τί με ἐποίησας οὕτως; καὶ ταῦτα μὲν οὗτοι. ἕτεροι δὲ ἀπετόλμησαν
εἰπεῖν, ὡς τὸ μὲν ἀγώνισμα τὸ κατὰ τὸν Ἰὼβ ἀληθὲς τυγχάνει, οὐκ ἔστι δὲ τῶν
20 θεοπνεύστων βιβλίων ἡ συγγραφή, ἀλλά τις ἀνὴρ τῶν παρ' Ἑβραίοις λογίων
τῆς θείας παιδεύσεως τὴν ἐπίδειξιν ποιούμενος ἀκοῇ τὰ κατὰ τὸν δίκαιον
παρειληφὼς συνέγραψε τὸ βιβλίον, καὶ ὅσα τοῦ δικαίου φέρονται τραχύτερα
δοκοῦντα ῥήματα, ἁμαρτήματα τοῦ συγγραφέως τυγχάνουσιν· οὐ γὰρ Ἰὼβ ἐφθέγ-
ξατο ταῦτα. φασὶ δὲ ὅτι καὶ τὴν τοῦ θεοῦ ῥῆσιν ὁ συγγραφεὺς ἀνέπλασεν ἑαυ-
25 τῷ καὶ τὸ κῆτος, καὶ δι' ὅλων ἁπλῶς ἐκωμῴδησαν τὴν συγγραφὴν ὡς πεπλασμέ-
νην οὖσαν καὶ ἐξ ἀνθρωπίνης ἐπινοίας συντεθειμένην. ἕτεροι δὲ ταῦτα μὲν
οὐκ εἶπον, τοὺς δὲ θαυμαστοὺς ἄνδρας τοὺς ἑβδομήκοντα διαβεβλήκασι τοὺς
μεταβεβληκότας ἐκ τῆς Ἑβραίων φωνῆς εἰς τὴν Ἑλλάδα τὰ γεγραμμένα. οὐ γὰρ
καλῶς, φασίν, νοήσαντες τὰ Ἑβραϊκά, ἀλλὰ τῇ ὁμωνυμίᾳ τῶν λέξεων πεπλανημέ-

16-18 Römer 9,20

Γ(OFSBC 1 - 18 οὕτως) Φ Νps(≠ 2; ≠ 20 βιβλ. - 24 ταῦτα; ≠ 27 τούς₂ -)

1 τοῦ θεοφιλεστάτου Ὀλυμπιοδώρου διακόνου ὑπόθεσις εἰς τὸν Ἰὼβ Γ, ἡ ὑ-
πόθεσις Ὀλυμπιοδώρου Φ   3 ἀνδρὸς Φ: ἁγίου Γ   4 μετὰ Φ: κατὰ Γ
5 περιβέβληται Γ   8 τῷ Γ: τὸ Φ   10 δ > Γ   16 μενοῦν γε ὦ ἄνθρωπε
stellt Φ   18 nach οὕτως: καὶ μεθ' ἕτερα Γ   29 φασίν Hag: φησι Φ

νοι εἰς πολλοὺς τόπους ἕτερα ἀνθ' ἑτέρων ἐκδεδώκασιν. οἱ δὲ ταῦτα φήσαντες
Ἑβραίῳ τινὶ πεισθέντες ὑπορύττειν ἐπιχειρήσαντι καὶ παραλύειν τῶν ἑβδο-
μήκοντα τὴν ἑρμηνείαν ἕτερα ἀντὶ τῶν γεγραμμένων παρενέβαλον ῥήματα τῷ
συγγράμματι. ἄλλοι δὲ τὴν μὲν συγγραφὴν ἀπεδέξαντο ὡς θεόπνευστον οὖσαν,
5 τοὺς δὲ φίλους τοῦ Ἰὼβ ἰσχυρῶς διέσυραν ὡς βασκάνους αὐτοὺς φήσαντες καὶ
ὑπὸ βασκανίας οὕτως ἐπιθέσθαι τῷ Ἰώβ. ἕτεροι δὲ τὰ ἱστορικῶς ἐγγεγραμμένα
ἀφέντες σχεδὸν ἅπαντα τὰ ῥητὰ πρὸς ἀλληγορίας ἔτρεψαν.

καὶ ταῦτα μὲν περὶ τῆς τοῦ βιβλίου συγγραφῆς. περὶ δὲ αὐτοῦ τοῦ ἀνδρὸς
οὐδὲν ἧττον διεφώνησαν οἱ μὲν πρὸ τοῦ νόμου τοῦτον γεγονέναι λέγοντες, οἱ
10 δὲ μετὰ νόμον, ἕτεροι δὲ καὶ ἐπὶ τῶν χρόνων αὐτῶν τῶν βασιλέων τοῦ τε Ἰουδὰ
καὶ τοῦ Ἰσραὴλ γεγονέναι φασίν. ἐγὼ δὲ θεῷ πειθόμενος τῷ καὶ μετὰ δικαίων
καὶ μετὰ προφητῶν τὸν ἄνδρα συντάξαντι καὶ διὰ τοῦ θεοφόρου στόματος Ἰεζε-
κιὴλ τοῦ προφήτου φήσαντι περὶ αὐτοῦ· ἐὰν στῇ Νῶε καὶ Ἰὼβ καὶ
Δανιήλ, υἱοὺς αὐτῶν καὶ θυγατέρας αὐτῶν οὐ μὴ ἐξέλωνται
15 πειθόμενος δὲ καὶ τῷ λέγοντι· τὴν ὑπομονὴν Ἰὼβ ἠκούσατε καὶ τὸ
τέλος κυρίου εἴδετε, τὸν μὲν ἄνδρα θαυμαστόν τινα καὶ ἀποστολικὸν
εἶναι πείθομαι καὶ προφητικῆς ἀξιωθέντα χάριτος, εἴτε καὶ πρὸ τῶν παλαισ-
μάτων εἴτε καὶ ἐν αὐτοῖς μέσοις τοῖς ἀγωνίσμασιν· καὶ γὰρ οὐδὲν αὐτῷ τῆς
ἀκριβείας παραλέλειπται. τέλειος οὖν ἦν τὴν ἀρετὴν καὶ τῆς τοῦ θεοῦ
20 μαρτυρίας ἄξιος.

πάλιν τε τοῖς τε ἱεροῖς ἀποστόλοις ἀκολουθῶν καὶ τοῖς ἁγιωτάτοις ἡμῶν
πατράσιν, οἵτινες ἐκ τῶν ἀποστόλων τὸ βιβλίον παρειληφότες κατὰ τὴν τῶν
ἑβδομήκοντα ἑρμηνείαν ἐκδεδομένον ἐν τοῖς ἐνδιαθέτοις τῆς θεοπνεύστου
γραφῆς κατέλεξαν, οὔτε ἐξ ἀνθρωπίνης ἐννοίας συντεθεῖσθαι λέγω τὴν γραφήν,
25 ἀλλὰ καὶ τοὺς ἑβδομήκοντά φημι ὑπὸ ἁγίου πνεύματος ὁδηγηθέντας καὶ καλῶς
νενοηκότας τὰ Ἑβραϊκὰ αὐτό τε τοῦτο τὸ βιβλίον καὶ πάντα τὰ τῆς Παλαιᾶς
Διαθήκης εἰς τὴν Ἑλλάδα μεταβαλεῖν γλῶτταν πρὸ τῆς τοῦ κυρίου ἐπιδημίας
ἐπὶ τῶν Πτολεμαίων τῶν Αἰγύπτου βασιλευσάντων θεοῦ τοῦτο οἰκονομήσαντος,
ἵνα μή τις εἴπῃ, ὡς χάριν Χριστιανοῖς κατατιθέμενοι οὕτω τὰς γραφὰς οἱ
30 ἑβδομήκοντα διηρμήνευσαν. καὶ οἱ μὲν λοιποὶ τῶν ἑρμηνευτῶν μετὰ τὴν ἐπι-

---

13-14 Ezechiel 14,20   15-16 Jakobus 5,11

X(26 τὰ Ἑβρ. -) Γ(OFSBC 8 περὶ - 30 διηρμ.; V 26 νενο]ηκότας - 30 δι-
ηρμ.) Φ Nps(≠ - 1 ἐκδ.; ≠ 21 - 23 ἐκδεδ.; ≠ 30 οἱ -)

14 αὐτῶν₂ > Φ   21 τε ἱεροῖς Γ: τελεωτέροις Φ   23 ἐκδεδομένην Φ
30 nach διηρμ.: καὶ μεθ' ἕτερα Γ

δημίαν γεγονότες καὶ οὐκ ὄντες Χριστιανοὶ πρὸς τὸν ἴδιον σκοπὸν τὴν ἑρ-
μηνείαν ἐποιήσαντο καὶ εἰς ἕκαστος καθ' ἑαυτὸν ὡς ἠβουλήθησαν· οἱ δὲ καὶ
πρὸ τῆς ἐπιδημίας καὶ διῃρημένως ἡρμήνευσαν κατὰ συζυγίας ὑπὸ τοῦ Πτολε-
μαίου διαιρεθέντες, καὶ πάντες συνεφώνησαν ἀλλήλοις ὡς ἐκ μιᾶς γλώττης
5 φθεγξάμενοι καὶ μήτε πρὸς χάριν μήτε πρὸς ἀπέχθειάν τινος τὴν μεταβολὴν
τῶν Ἑβραϊκῶν ποιησάμενοι. διόπερ αὐτὴν ὡς ἀνύποπτον οὖσαν καὶ ὑπὸ πολ-
λῶν καὶ πρεσβυτέρων τοῦ Ἰσραὴλ σὺν ἀληθείᾳ ἐκδεδομένην οἱ τῆς ἀληθείας
μυσταγωγοὶ θεῖοι ἀπόστολοι τῇ ἐκκλησίᾳ παραδεδώκασιν, ὥστε περιτταὶ τῶν
μυθολόγων Ἑβραίων αἱ παρεξηγήσεις. εἰ γὰρ καὶ κατὰ τὸ σπάνιον χρησόμεθα
10 λέξει τινι κειμένῃ παρὰ τοῖς ἄλλοις ἑρμηνευταῖς, σαφηνείας καὶ μόνης χά-
ριν τοῦτο ποιοῦμεν, κατὰ τῶν αὐτῶν μέντοι νοημάτων ἐρχόμεθα· οἷόν ἐστι
παρ' Ἕλλησιν ἀκοῦσαι λεγομένους ἐρέτας τοὺς κωπηλάτας, καὶ διὰ τὸ μὴ
εἰδέναι τοὺς ἀκροωμένους, τίνες εἰσὶν ἐρέται, φαμὲν πρὸς αὐτούς, ὅτι οὗ-
τοί εἰσιν οἱ κωπηλάται. οὕτως καὶ ἐὰν εὕρωμεν παρὰ τοῖς ἑβδομήκοντα ἀσα-
15 φεστέραν λέξιν σαφέστερον εἰρημένην παρὰ τοῖς λοιποῖς ἑρμηνευταῖς, συγ-
χρώμεθα τῇ σαφεστέρᾳ διὰ τὴν σαφήνειαν. οὐ γάρ φαμεν, ὅτι ἐκεῖνοι τούτων
ἄμεινον ἡρμήνευσαν· τοῦτο γὰρ παντελῶς ἀνόητον καὶ Ἰουδαϊκῆς ἢ καὶ Σα-
μαρείτιδος τόλμης παρεγχείρημα. καὶ ταῦτα μὲν περί τε τοῦ ἀνδρειοτάτου
Ἰὼβ καὶ τῆς συγγραφῆς, ἣν ἅπασαν δεχόμεθα μετὰ τῶν ἐν τῷ τέλει γεγραμμέ-
20 νων, ἐν οἷς καὶ ἡ γενεαλογία φέρεται τοῦ Ἰώβ, δι' ἧς δηλοῦται πρὸ νόμου
τυγχάνων. ὅλην γὰρ τὴν συγγραφὴν οὕτω γεγραμμένην ἄνωθεν ἐκ τῶν ἀπο-
στόλων ἡ ἐκκλησία παρείληφεν.

πείθομαι δὲ καὶ τοὺς αὐτοῦ φίλους δικαίους εἶναι· οὐ γὰρ ἦν τὸν δί-
καιον μὴ δικαίους κεκτῆσθαι φίλους· ἐπειδὴ δὲ μέγας ἦν ἀθλητὴς καὶ ὁ τῶν
25 ἀποστατικῶν δυνάμεων ἄρχων διάβολος δι' ἑαυτοῦ κατέβη πρὸς τὸν ἀγῶνα, ὁ
τοὺς ἑαυτοῦ στεφανίτας ἀνακηρύττων θεὸς πάντα παθεῖν συγκεχώρηκε τὸν
δίκαιον καὶ πάσας ἐνέγκαι τοῦ πολεμίου τὰς πληγάς, ὡς ἂν μή τις αὐτῷ πρό-
φασις ὑπολειφθῇ. διὸ πρὸς πᾶσι τοῖς ἀλγεινοῖς συνεχωρήθησαν καὶ οἱ αὐ-
τοῦ φίλοι ἀντὶ παραμυθίας φαρμάκου δεινοτέρους αὐτῷ τῶν τραυμάτων
30 λόγους ἐπιθεῖναι.

ἡ δὲ συγχώρησις γέγονεν οὕτως· πολλοὶ τῆς ἐγκαταλείψεώς εἰσιν οἱ

X Γ(VOFSBC 18 ταῦτα -) Φ Nps(≠ - 11 ποιοῦμεν; ≠ 16 οὐ - 18 παρεγχ.)
2 εἰς > Φ   3 συζυγίας Φ: συζυγίους X/ τοῦ Φ: > X   7 ἀληθείας Φ(Nps):
ἐκκλησίας X   9 χρησόμεθα X   12 τό: δὴ Φ   19 πᾶσαν Φ / τῷ > Φ
20 φέρεται: φαίνεται Φ   31 οἱ > Φ

τρόποι, καὶ ὁ μέν τις πάσχει δι' ἁμαρτίας, ὡς ἐκεῖνος πρὸς ὃν ἔλεγεν ὁ
σωτήρ· ἴδε, ὑγιὴς γέγονας, μηκέτι ἁμάρτανε, ὁ δέ, ἵνα
δοξασθῇ ὁ θεός, ὡς ὁ ἐκ γεννητῆς τυφλός, περὶ οὗ πάλιν ἔφησεν ὁ κύριος·
οὔτε οὗτος ἥμαρτεν, οὔτε οἱ γονεῖς αὐτοῦ, ἀλλ' ἵνα
5 δοξασθῇ ὁ θεός. καὶ ἄλλοι πάσχουσι κατ' ἄλλην οἰκονομίαν, ὡς οἱ
παῖδες οἱ ἀναιρεθέντες ὑπὸ Ἡρώδου καὶ ἄλλοι πολλάκις, ἵνα κακίας
προσδοκωμένης ἀνασταλῶσιν ἢ ἵνα ἀπὸ κακίας εἰς ἀρετὴν ἐπιστρέψωσιν.
καὶ ἁπλῶς εἰπεῖν ποικίλοι καὶ πολλοὶ τῆς τοῦ θεοῦ προνοίας καὶ τῆς
ἐξ αὐτοῦ παιδεύσεως ἡμῖν ἐπιφερομένης οἱ τρόποι, πάντες δὲ συμφέρον-
10 τες καὶ ὠφέλιμοι, κἂν ἡμεῖς τούτων ἀγνοῶμεν τοὺς λόγους. εἷς δὲ τῶν
τρόπων τυγχάνει καὶ οὗτος ὃς τοῖς δικαίοις ἐπιφέρεται, ἵνα αὐτῶν ἡ
κεκρυμμένη ἀρετὴ διαλάμψῃ καὶ ὡς χρυσὸς ἐν χωνευτηρίῳ δοκιμασθέντες
ἐκλάμψωσιν. κατὰ τοῦτον τὸν τρόπον συνεχώρει ὁ θεὸς τὸν τῆς ὑπομονῆς
ἀνδριάντα τὸν μέγαν Ἰὼβ ὑπὸ τοῦ διαβόλου πειράζεσθαι. καὶ ἠγνόει
15 μὲν τέως αὐτὸς τοῦτο, ὡς ἂν καὶ περιφανεστέρως ἀνδρεῖος ἀναδειχθῇ,
ἠγνόουν δὲ καὶ οἱ τούτου φίλοι. ἐπεὶ δὲ ἤκουσαν αὐτοῦ τὸν θάνατον
ἐπευχομένου, δέον ἑτέροις παραμυθήσασθαι λόγοις, συνεχώρησαν, ὡς
ἤδη φθάσαντες εἴπομεν, τοῦτο μὲν μὴ ποιῆσαι, ἐκ δέ τινος δικαιώματος,
ἴσως δὲ καὶ τοῦ διαβόλου λάθρα αὐτοῖς τοῦτο ὑποσπείροντος, τὸν ὑπὲρ
20 θεοῦ δῆθεν ζῆλον ἀναλαβεῖν, καὶ νομίσαντες, ὅπερ οὐκ ἦν ἀληθές, βλασ-
φημίαν εἶναι κατὰ θεοῦ τὸ ποθεῖν τὸν δίκαιον ἀπαλλαγῆναι τοῦ σώμα-
τος, τὴν ὑπὲρ θεοῦ δῆθεν συνηγορίαν ἀναδεξάμενοι οἱ πρὸς θεραπείαν
ἥκοντες πικρότεροι τῶν ἀλγηδόνων τῷ δικαίῳ κατέστησαν. ὅτι δὲ οὐκ ἦν
ἀληθὴς ἡ ὑπόνοια, ἐξὸν ἦν αὐτῷ διαχειρίσασθαι ἑαυτὸν καὶ ὑπεξαγαγεῖν
25 τοῦ σώματος, ἀλλ' οὐκ ἠνέσχετο τοῦτο ποιεῖν διὰ τὸν θεὸν τὸν συνδή-
σαντα τὴν ψυχὴν τῷ σώματι. καὶ ἤρα μὲν τοῦ θανάτου, εἰλικρινὲς δὲ
τὸ πρὸς τὸν θεὸν φυλάττων σέβας, καίτοιγε ἐπ' ἐξουσίας ἔχων, οὐχ
ἑαυτὸν ἀνεῖλεν.
εἴ τις τοιγαροῦν τοῖς ἴχνεσιν ἠκολούθησε τοῦ μεγάλου Ἰὼβ καὶ
30 παρῆλθε μὲν τὸν ἐμπαθῆ φόβον, τὴν δὲ τελείαν ἀγάπην ἔφθασεν, οἶδεν

---

2 Johannes 5,14   4-5 Johannes 9,3

Χ Γ(OFSBC; V - 17 συνεχωρήθησαν) Φ
2 ἰδοὺ ΓΦ / ὁ δὲ (FB; durch Konjektur?): οἱ δὲ ΧΓΦ   3 γενετῆς Φ
14 τοῦ > Γ   15 περιφανέστερος Γ   16 ἐπειδὴ δὲ Φ   18 ΄μὴ΄ Χ
23 τῷ δικαίῳ τῶν ἀλγηδόνων stellen ΓΦ   25 ποιῆσαι Φ / τὸν θεὸν:
αὐτὸν Φ   27 ἐπ' ΓΦ: ὁπ' Χ

ἐκ ποίας παρρησίας οὕτω διαλέγεται καὶ ὅτι οὐκ ἂν ἐθάρρει κρίνεσθαι
πρὸς θεόν, εἰ μὴ τῇ ἀγάπῃ τῇ πρὸς αὐτὸν συνεδέδετο καὶ σφόδρα ἐθάρρει
τῇ τοῦ κυρίου δικαιοκρισίᾳ· διὸ καὶ ὁ θεὸς αὐτὸν ἀπεδέξατο εἰδώς,
ἐκ ποίας γνώμης καὶ ποίας ἀγάπης τοὺς λόγους προέφερεν. εἰ δὲ καὶ
5 τις ἀληδόνων πεπείραται, διαφερόντως καταπλαγήσεται τὴν ἐν ταῖς βα-
σάνοις τοῦ ἀνδρὸς φιλοσοφίαν.

ἀλλ' ἰτέον λοιπὸν ἐπὶ τὴν τῶν ῥητῶν ἑρμηνείαν. λέξομεν δὲ ὅσα καὶ
τῇ ἱστορίᾳ συμβαίνει καὶ ὅσα πρὸς ἀλληγορίαν βλέπει οὐδὲν τῇ ἱστορίᾳ
λυμαινόμενα, ὥσπερ καὶ ἐπὶ τῶν λοιπῶν ἁγίων βιβλίων. οὕτω γὰρ ἡμᾶς
10 οἱ πατέρες ἐδίδαξαν, μήτε ἐκριζοῦν τὰ ἐγγεγραμμένα καὶ πάντα πρὸς
ἀλληγορίαν στρέφειν μήτε Ἰουδαϊκῶς ἐναπομένειν μόνῳ τῷ γράμματι,
ἀλλὰ διασκαλιδεύειν καὶ καλλιεργεῖν τὸν νοητὸν τῶν θείων γραφῶν πα-
ράδεισον καὶ τὰ μὲν τῇ ἱστορίᾳ, τὰ δὲ τῇ θεωρίᾳ ἀποδιδόναι, καὶ δια-
φερόντως ἐπὶ τῶν προφητῶν, ὧν ἕνα ἡγοῦμαι τὸν ἁγιώτατον Ἰώβ. εἰ μὲν
15 γὰρ ἑκάτερα δέχεται τὸ ῥητὸν ἀβιάστως, καὶ τὴν ἱστορίαν καὶ τὴν θεω-
ρίαν, χρηστέον ἀμφοτέροις· εἰ δὲ τὴν ἱστορίαν μόνην, μείνωμεν ἐπὶ
τοῦ γράμματος· εἰ δὲ πρὸς διάνοιαν μόνην ὁρᾷ, ἀνακουφιστέον τὸν λό-
γον εἰς τὴν ἀλληγορίαν.

χωρήσωμεν τοιγαροῦν, ὡς ἔφην, ἐπὶ τὴν τῶν ῥητῶν σαφήνειαν αὐτήν,
20 πρότερον αἰτήσαντες τοῦ μακαρίου Ἰὼβ τὴν ἁγίαν ψυχήν, ἱκετεῦσαι θεὸν
δοῦναί τι καὶ ἡμῖν ἐπάξιον εἰπεῖν τῆς τοῦ ἀνδρὸς μεγαλοψυχίας.

Χ Γ(OFSBC; P 9 ἁγίων - 21; L 15 ἑκάτ]ερα - 21) Φ Nps(≠ 7-21)
1 ὅτι > Φ   3 κυρίου: θεοῦ ΓΦ / αὐτὸν ΓΦ:⋅> Χ   7 ῥητῶν ΓΦ: ῥη-
μάτων Χ   11 στρέφειν ΓΦ: τρέφειν Χ   20 ψυχὴν τὴν ἁγίαν stellt Φ

<KΕΦΑΛΑΙΟΝ ΠΡΩΤΟΝ>

<Ἀρχὴ τοῦ ῥητοῦ·>"Άνθρωπός τις ἦν ἐν χώρᾳ τῇ Αὐσίτιδι,
ᾧ ὄνομα Ἰώβ.

<Προθεωρία τοῦ κεφαλαίου>

5   ὄνομα τοῦ δικαίου καὶ χώραν φησὶν ἡ γραφὴ καὶ διαγράφει
τὴν ὥραν αὐτοῦ τῆς ψυχῆς, προασφαλιζομένη τὸν ἀκροατήν, ἵνα κατὰ
ταύτην τοῦ ἀνδρὸς τὴν ὑπόληψιν ἀκούσῃ καὶ τὰ ὑπ' αὐτοῦ λεγόμενα
μηδὲν θορυβούμενος, ἀλλὰ ἀσφαλῶς πεπεισμένος περὶ τῆς αὐτοῦ δι-
καιοσύνης. εἶτά φησιν, ὡς καὶ πολύπαις ἦν καὶ καλλίπαις καὶ βρύ-
10   ων πᾶσι τοῖς τῆς ἀνθρωπίνης εὐδαιμονίας. διδάσκει δὲ καὶ τῶν παί-
δων αὐτοῦ τὴν ὁμόνοιαν καὶ φιλαδελφίαν καὶ τοῦ πατρὸς τὴν ἐπιμέ-
λειαν καὶ τὸ περὶ θεὸν σέβας καὶ μεθ' ὅσης ἐπιμελείας τοὺς παῖδας
ἀνέτρεφεν, πολλὴν ποιούμενος πρόνοιαν καὶ τὰς κατὰ διάνοιαν αὐτῶν
ἀκουσίους ἁμαρτίας ἐξαλείφειν διὰ θυσιῶν καὶ τῆς εἰς θεὸν δεήσε-
15   ως.

X Γ(VOFSL 5-15) Γⁱ(BP 5 διαγράφει - 9 δικαιοσύνης) N(5-15)

1-4 rekonstruiert nach Analogie der späteren Kapitelanfänge; der Text
5-15 wird in ΓN als προθεωρία bezeichnet   5 καί₂ > Γ(außer VF)/
διαγράφει X(V): προδιαγράφει Γ'N, προυπογράφει (OFSL)   6 τὴν ὥραν:
τὸ κάλλος (OSL)Γ' / ψυχῆς + ἡ γραφή Γ' / ἵνα + καὶ Γ'   6-7 κατὰ
ταύτην: κατ' αὐτὴν (OSL)N   7 ἀκούσῃ (OF₂BNy durch Konjektur):
ἀκούσῃς XΓNp, ἀκούσας (P)   9 φησιν: ἐπιφέρει N   10 τοῖς +
ἄνθεσι X / δὲ > Γ   12 περὶ: πρὸς N   12-13 τοὺς - ἀνέτρεφεν:
ἀνῆγε τὰ φίλτατα N   13 ἀνέτρεφεν Γ: ἐνέτρεφεν X / πολλὴν ΓN: > X
14 ἀκουσίους ΓN: > X / ἐξαλείφειν ΓN: ἐξαλείφων X

X springt von der προθεωρία des ersten Kapitels zur Erklärung des zwei-
ten. Die Texte der Katenenhandschriften, die in diese Lücke passen könn-
ten, werden hier abgedruckt, in der Reihenfolge der Lemmata, zu denen
sie gehören. Da es nicht viele sind, geben wir alle Fragmente, die eini-
germassen zuverlässig als 'Ολυμπιοδώρου bezeugt sind, ohne Rücksicht auf
die innere Wahrscheinlichkeit. Fr.1 und 2 z.B. schliessen einander inhalt-
lich aus, ohne dass sich jedoch aus dem Gesamttext von Olympiodors Kom-
mentar eine klare Entscheidung zugunsten des einen oder des anderen tref-
fen liesse.

zu 1,1   Fr.1

μέχρι σήμερον ἐν τῇ 'Αραβίᾳ καὶ τὸ μνημεῖον τοῦ ἀνδρείου 'Ιὼβ φαί-
νεται καὶ ἡ τῆς κοπρίας παλαίστρα, ἐν ᾗ τοὺς λαμπροὺς ἀνεδήσατο
στεφάνους, καὶ τὰς δι' ἔτους αὐτῷ τιμὰς ἄγουσιν οἱ ἐπιχώριοι, ὡς
ἐκεῖθεν ἡμῖν ἀφικόμενοί τινες τῶν ἀδελφῶν ἐξηγήσαντο. τὴν δὲ Αὐ-
5 σίτιδα χώραν οἱ μὲν τὴν τοῦ Σιὼν εἶναι ἔφησαν, οἱ δὲ τὴν 'Ιδουμαί-
αν, ἄλλοι δὲ ἐν μέσῳ τινὰ κειμένην τῆς 'Ιδουμαίας καὶ τῆς 'Αραβί-
ας, ἕτεροι δὲ αὐτὴν τὴν 'Αραβίαν, ἐν ᾗ καὶ τὸ μνῆμα τοῦ δικαίου
κεῖται. ἀλλ' ὅτι μὲν 'Ιδουμαῖος ἦν, εὔδηλον ἐκ τῶν πρὸς τῷ τέλει
τοῦ βιβλίου γεγραμμένων. ποῦ δὲ κατῴκει καὶ ποῦ ἠγωνίσατο, πρόδη-
10 λον ἐκ τῶν μέχρι νῦν ὁρωμένων.

Γ(βOFL) Γ'(PL) ≠ N

Dieses Stück wird in der Katene zweimal überliefert, einmal als Er-
klärung zu 1,1 in P und L (= Γ'); ferner als Erklärung zu 42,17, al-
so ganz am Ende, in der Masse der Hss. und wiederum L(= Γ). Niketas
hat Fr.1 und Fr.2 zusammengearbeitet und dafür teilweise umgestaltet.
Autor in Γ: 'Ολυμπιοδώρου EAFC, keine Angabe VΔSL; in Γ': 'Ολυμπιο-
δώρου L', σχόλιον P'(häufig in P verwendete Bezeichnung für direkt aus
dem Kommentar Olympiodors entnommene Exzerpte); in N: 'Ολυμπιοδώρου
5 τοῦ: τῶν Γ'   5-6 οἱ δὲ τὴν 'Ιδουμαίαν > (VL')

Fr.2

ἡ χώρα ἡ Αὐσῖτις χώρα ἦν τοῦ 'Ησαύ· ἀπὸ γὰρ 'Ησαῦ Αὐσῖτις ἐκλήθη
ἤτοι ἀπὸ Αὖς ἑνὸς τῶν υἱῶν 'Ησαύ. βούλεται δὲ εἰπεῖν, οἷον ἄνδρα
ἤνεγκεν εἰς εὐσέβειαν ἡ τοῦ βεβήλου καὶ ἀθέσμου χώρα. αὕτη δὲ ἡ
Αὐσῖτις ἐν ὁρίοις 'Ιουδαίας καὶ 'Αραβίας, ὡς Εὐσέβιος φάσκει οὕτω
5 τὸν 'Αρισταῖον ἐν τῷ περὶ 'Ιουδαίων ἐκλαβεῖν.

3 vgl. Hebräer 12,16   4-5 Eusebius, Praep.Ev.IX 25 (p.518 GCS)
Γ(βOFSL)

zu N s.o., App. zu Fr.1   Autor in Γ: 'Ολυμπιοδώρου VOFSL, keine
Angabe γ   4 'Ιουδαίας: 'Ιδουμαίας (N) / φάσκει FL: φάσκων βOS

Fr.3

ἀληθινὸς μὲν καὶ οὐκ ἐπίπλαστος, ἄμεμπτος δὲ καὶ δίκαιος, ὡς δι-
καίως τὸ δίκαιον μεταδιώκων δι' αὐτὸ τὸ καλὸν καὶ οὐ δι' ἕτερόν τι,
θεοσεβὴς δὲ ὡς πρὸ ὀφθαλμῶν τὸν θεὸν ἔχων καὶ διὰ τοῦτο ἀπεχόμε-
νος ἀπὸ παντὸς πονηροῦ πράγματος κατὰ τὴν φυσικὴν καὶ ἀπ' ἀρχῆς
5 ἔννοιαν τὸν θεῖον νόμον καὶ φόβον γραπτὸν ἐν τῇ διανοίᾳ ἔχων· οὔ-
πω γὰρ ἦν ὁ ἔγγραφος ὁ διὰ Μωσέως. θαυμαστὸν οὖν, ὅτι πρὸ νόμου
καὶ πρὸ χάριτος νομικῶς τε ὁμοῦ καὶ εὐαγγελικῶς ἐπολιτεύσατο, καὶ
ταῦτα ἐν ἀλλοφύλοις ἀναστρεφόμενος, διδάσκαλον αὐτὸν ἀρετῆς τοῖς
περὶ τοὺς τόπους ἔθνεσιν ὁμοίως τοῦ πάντων κηδομένου θεοῦ κατα-
10 στήσαντος.

P L(1 - 5 ἔννοιαν)   ≠ N(1 - 5 ἔννοιαν)
Autor: 'Ολυμπιοδώρου N, σχόλιον P, Χρυσοστόμου L   1 καὶ₁ > P
2 τι: τὸ P   3 δὲ > P / ἔχων τὸν θεὸν stellt L   4 καὶ > P

zu 1,2-3   Fr.4

καταλέγει ταῦτα, ἵνα δείξῃ, ὅτι ἐν τοσαύτῃ εὐδαιμονίᾳ τυγχάνων οὐκ ἀπαιδαγώγητος ἦν οὐδὲ περιεσπᾶτο τὸν νοῦν ἀπὸ τῆς εὐσεβείας.

Γ(βOFSPL) N(1 οὐκ - 2 εὐσεβείας)

Autor: Ὀλυμπιοδώρου βOFSLN, ἄλλο P   1 τοσαύτῃ + παρὰ ἀνθρώποις
P / εὐδαιμονίᾳ + καὶ εὐγενείᾳ P, + καὶ εὐτεκνίᾳ B / οὐδὲ P   2
εὐσεβείας + οὐχ ἵππων καὶ ἁρμάτων ἐμνήσθη οὐδὲ χρυσίου καὶ λίθων καὶ
δανεισμάτων, ἀλλὰ τῶν τὴν χρείαν πληρούντων B

                    Fr.5a

ἐντεῦθεν καὶ πλούσιοι παιδευέσ-
θωσαν, μὴ διὰ τὸν κόρον ὑβρίζειν,
καὶ πένητες εὐχαριστείτωσαν ἢ τὴν
ἀρχὴν μὴ κτησάμενοι ἢ κτησάμενοι
5 καὶ εἰς πενίαν ἀποπεπτωκότες. πα-
ραμυθείσθωσαν δὲ καὶ οἱ παῖδας
ἀποβεβληκότες πρὸς τὴν θαυμαστὴν
εἰκόνα τοῦ δικαίου βλέποντες.
ὑπηρεσίαν δὲ τὴν διὰ τῶν οἰκετῶν   Fr.5b
10 φησιν· ὁ γὰρ Ἀκύλας δ ο υ λ ε ί α
π ο λ λ ὴ σ φ ό δ ρ α ἐκδέδωκεν. ἔργα   ἀντὶ τοῦ· ἀγροὶ παντοδαποὶ καὶ
δὲ μεγάλα τὰ τῶν κατ' ἀγροὺς καὶ   φυτεῖαι μεγάλαι. διαφερόντως δὲ
κατ' οἴκους οἰκοδομημάτων, δια-   τὰ τῆς εὐσεβείας ἔργα φησίν, διὸ
φερόντως δὲ τὰ τῆς εὐσεβείας.   οὐδὲ ὁ διάβολος πεποίηκέ τι τοῖς
                                         5 τοιούτοις ἔργοις.

P L(9-14) V(11 ἔργα - 14, als Rand-   Γ(βΠFSPLB) ≠ N
stück) N(1 - 11 ἐκδέδωκεν)
                                        Autor: Ὀλυμπιοδώρου βΠSLN, Ἰω-
Autor: Ὀλυμπιοδώρου LN, σχόλιον P,   άννου P, keine Angabe FB   1 - 2
keine Angabe V   4 ἢ + καὶ N   μεγάλαι· ἔργα μεγάλα ἀγροὺς παν-
5 μεταπεπτωκότες N   6 δὲ > P   τοδαποὺς λέγει καὶ φυτὰ P, ἔργα
9 δὲ: λέγει L / διὰ > L   10 φη-   δὲ μεγάλα ἀγροὺς λέγει καὶ φυτεί-
σιν > L / ὁ - 11 ἐκδέδωκεν > L /   ας B   2 διαφερόντως - 3 φησίν:
καὶ δουλεία N   12 δὲ > V /   ἢ ἔργα μεγάλα τὰ τῆς εὐσεβείας P
ἀγρὸν V   3 ἔργα φησίν > B   5 ἔργοις +
                                         αὐτοῦ L

Der dem Fr.5b entsprechende Text bei Niketas lautet: ἔργα δὲ μεγάλα
πρὸς μὲν νοῦν τὰ τῆς εὐσεβείας, πρὸς δὲ ῥητὸν τὰ κατ' ἀγροὺς καὶ κατ'
οἴκους, φυτεῖαι, λειμῶνες, παράδεισοι, συνοικίαι, οἰκοδομήματα.

zu 1,4   Fr.6

ἀλλήλους, φησίν, ἐκ διαδοχῆς συνεκάλουν ἕκαστος τὴν ἑαυτοῦ ἡμέραν·

οὕτω γὰρ Ἀκύλας ἐκδέδωκεν. τοῦτο δὲ φιλαδελφίας καὶ ὁμονοίας ἔρ-

γον καὶ τῆς πατρῴας παιδεύσεως γνώρισμα. θαυμασιώτατα δὲ ἐπὶ μὲν

τῶν ἀρρένων ἔφη τὸ συμπορευόμενοι πρὸς ἀλλήλους (τουτέ-

5 στι παρ' οὐδενὶ αὐτῶν περὶ πρωτείων ἡ αἵρεσις, μέγιστον δὲ ἕκαστος

ἔκρινε τὸ πρὸς τὸν ἀδελφὸν ἐπείγεσθαι)· ἐπὶ δὲ τῶν θηλειῶν τὸ συμ-

παραλαμβάνειν· οὐ γὰρ ταύτας ἀπῄτουν τὴν περὶ τῶν τοιούτων

φροντίδα, ἀλλὰ κοινωνοὺς μόνον τῆς εὐωχίας ἐλάμβανον. καὶ οἱ μὲν

ἄρρενες περὶ ταύτην τὴν διακονίαν ἠσχολοῦντο, αἱ δὲ θήλειαι σεμ-

10 νῶς καὶ ἀπερισπάστως συνῆσαν τοῖς ἀδελφοῖς.

_____

PL N

Autor: Ὀλυμπιοδώρου LN, Πολυχρονίου P   1 ἐκάλουν L / ἕκαστος –
ἡμέραν: ἀνὴρ ἡμέραν αὐτοῦ P / ἕκαστος – 2 ἐκδέδωκεν > L   3 καὶ
– 9 ἠσχολοῦντο > L   3 θαυμασιώτατα – 8 καὶ > P

                              Fr.7

συμπορευόμενοι· καὶ ἐν τούτῳ τὸ φιλάλληλον, ὅπως ἀπερισπάσ-

τους φυλάξουσι τὰς θηλείας.

_____

Γ(βΠFSPLB)

Autor: Ὀλυμπιοδώρου βΠL, ἄλλως P, keine Angabe FSB   1 συμπαραπο-
ρευόμενοι ΚΑΜ, > PB / τούτῳ + δείκνυται F₂ / φιλάλληλον + ἐδείκνυον
B / ἀπερισπάστως ΚΑΜ   1–2 ὅπως .. φυλάξουσι: ὅπως .. φυλάξωσι PB
(durch Konjektur?), ὅτι ὣς .. φυλάξουσι βΠF₁S, ὅτι ὣς .. φυλάξωσι L,
καὶ ὣς .. φυλάξωσι F₂, vielleicht ὅτι ὣς .. φυλάσσουσι

zu 1,5   Fr.8a   Fr.8b

ἡνίκα ἡ περίοδος τῶν ἑπτὰ ἡμε-   καὶ ἐγένετο ὡς ἂν συνε-
ρῶν ἐπληροῦτο, ἅπαξ τῆς ἑβδο-   τελέσθησαν· ἡνίκα ἡ περίοδος
μάδος ἔθυεν.   τῶν ἑπτὰ ἡμερῶν ἐπληροῦτο.

Γ(βΠFSPL)

Autor: 'Ολυμπιοδώρου βΠSL, kei-
ne Angabe FP

P

Autor: σχόλιον P

Fr.9

τὸ μὲν ὡς συνετελέσθησαν αἱ ἡμέραι τοῦ πότου ἢ ὅτι
καθ' ἑκάστην ἡμέραν τοῦτο ἐποίει ὑπὲρ τῆς παρελθούσης ἡμέρας προσ-
φέρων τὴν θυσίαν, ἢ ὅτι μετὰ τὴν περίοδον τῶν ἑπτὰ ἡμερῶν ἅπαξ
τῆς ἑβδομάδος. τὸ δὲ ἀπέστειλε τὴν ἐπιμέλειαν δείκνυσι τοῦ
5 πατρός· οὐ γὰρ ἐκ τύπου τινὸς τοῦτο ἐγίνετο, ἀλλ' ἐξ ἀγρύπνου
φροντίδος. τὸ δὲ ἐκαθάριζεν καθαρσίοις ὡς ἔοικε τοῖς δι' ὑδά-
των, οἷς φυσικῶς τε οἱ ἄνθρωποι χρῶνται καὶ κατὰ νόμον οἱ Ἰου-
δαῖοι. καὶ τὰς μὲν οὖν θυσίας ὑπὲρ τῆς αὐτῶν σωτηρίας προσέφερεν,
τὸν δὲ μόσχον ὑπὲρ τῶν κατὰ διάνοιαν ἁμαρτημάτων.

P L N

Autor: 'Ολυμπιοδώρου LN, ἄλλό P   Die Anordnung des Textes folgt
der von L, PN stellen 4 τὸ - 7 'Ιουδαῖοι an den Anfang und lassen
dann 1 - 4 ἑβδομάδος und darauf 8 - 9 folgen.   1 μὲν: δὲ PN /
πότου + δηλοῖ L   2 ἡμέρας: σήμερον N / ὑπὲρ - 3 θυσίαν > P
4 δὲ: μὲν P, μὲν οὖν N / ἀπέστελλε P   5 τινὸς + φησιν N / οὐ -
6 φροντίδος > L   6 καθαρίοις P   7 οἱ₁ > N / οἱ₂ > LN   8
καὶ > PN / οὖν > P   9 ἁμαρτιῶν P

Fr.10

ηὐλαβεῖτο γὰρ τὴν συνεζευγμένην τοῖς δείπνοις τοῦ λογισμοῦ ταρα-
χὴν καὶ καθαίρειν ταῖς θυσίαις τὰς μόνῳ θεῷ γινωσκομένας πράξεις
ἠπείγετο πρὸς τὴν χάριν βλέπων καὶ παρατρέχων τὰ νομικὰ παραγγέλ-
ματα. ὁρᾷς ἀκρίβειαν εὐαγγελικήν· τοῦ γὰρ εὐαγγελικοῦ νόμου κε-
5 λεύοντος μήτε κατὰ διάνοιαν πορνεύειν ἢ θυμοῦσθαι εἰκῆ ὁ ἅγιος
Ἰὼβ καὶ ὑπὲρ τῶν κατ' ἔννοιαν ἁμαρτημάτων τῶν παίδων τὸν θεὸν ἐξ-
ιλεοῦτο διὰ τῆς θυσίας.

N

In unmittelbarem Anschluß an Fr.9   2 μόνῳ Np, μόνον Ny

Fr.11

τὰ γὰρ ὁρώμενα αὐτῶν εἰδὼς καθαρὰ διενοεῖτο, μήπως τι ἦν ἐν αὐτοῖς κρυπτὸν παρολίσθημα, καὶ ἔθυεν ὑπὲρ τῶν κρυφίων κατὰ τὸν λέγοντα προφήτην· ἐκ τῶν κρυφίων μου, τουτέστι τῶν κατ' ἄγνοιαν συμβαινόντων, καθάρισόν με.

Γ(βΠFSPLB) N

Autor: 'Ολυμπιοδώρου βΠOSL, ἄλλο P, Πολυχρονίου N, keine Angabe FS
1 γὰρ > L / αὐτῶν - καθαρὰ: αὐτεῖδος καθαρὸς P / ἦν ἐν αὐτοῖς: ἐν
αὐτοῖς ἦν S, ἡ νεότης P   2 τῶν > P /   3 μου + καθάρισόν με L,
(hat die Worte doppelt) / κατὰ S   3-4 καθάρισόν με τουτέστι
τῶν κατ' ἄγνοιαν συμβαινόντων stellen PBN (vgl.L)

ΚΕΦΑΛΑΙΟΝ ΔΕΥΤΕΡΟΝ

Ἀρχὴ τοῦ ῥητοῦ· Καὶ ὡς ἐγένετο ἡ ἡμέρα αὕτη, καὶ ἰδοὺ
ἦλθον οἱ ἄγγελοι τοῦ θεοῦ παραστῆναι ἐνώπιον τοῦ κυρίου, καὶ ὁ
διάβολος ἦλθεν μετ' αὐτῶν.

5 Προθεωρία τοῦ κεφαλαίου

ὁ κοινὸς τῶν ἀνθρώπων ἀλιτήριος διάβολος οὐ φέρων τοῦ δι-
καίου τὴν ἐπ' ἀρεταῖς ἀνδραγαθίαν, ἀλλ' οὐδὲ ἔχων τινὰ ἐξουσίαν
καθ' ἡμῶν, ὅπουγε οὔτε χοίρων ἔσχεν εἰ μὴ παρὰ τοῦ σωτῆρος εἴλη-
φε, διαβάλλει πρὸς θεὸν τὸν δίκαιον ὡς οὐ δι' ἀρετὴν μετιόντα τὸ
10 δίκαιον, ἀλλ' ὡς ἀντιμισθίαν εἰσφέροντα τῷ θεῷ ἐφ' οἷς αὐτὸν εὐ-
ηργέτησεν, ἐπεί φησιν· περίελε τὴν εὐδαιμονίαν καὶ ὄψει τοῦ τρό-
που τὴν φαυλότητα· ὁμοῦ γὰρ τῇ τῶν χρημάτων ἀφαιρέσει καὶ εἰς
πρόσωπον ἐξοίσει κατὰ σοῦ τὴν βλασφημίαν. ἐπὶ τούτοις θεὸς εἰδὼς
τοῦ δικαίου τὴν κατὰ ψυχὴν ἀνδρείαν, βουλόμενος δὲ αὐτὸν καὶ διὰ
15 τῶν ἀγωνισμάτων λαμπρότερον ἀναγορεῦσαι, δίδωσι τῷ διαβόλῳ τὴν
κατὰ τῆς περιουσίας τοῦ Ἰὼβ ἐξουσίαν· ὁ δὲ οὕτως ἐπεξῆλθεν αὐτῷ
τῇ τῶν ὑπαρχόντων ἀπωλείᾳ, ὡς ἀκριβῶς αὐτοῦ πᾶσαν ἐκκόψαι τὴν πε-
ριουσίαν καὶ μόνους ἀγγέλους ὑπολείψασθαι τῶν συμφορῶν ἀλλεπαλλή-
λοις αὐτὸν καὶ πικροτάταις βάλλοντας ταῖς ἀπαγγελίαις.
20 ἐπειδὴ δὲ τὰ τιμιώτατα τῶν πατέρων κτήματα παῖδες τυγχάνουσιν,
ἀπολαβὼν ὁ διάβολος τὴν ἀρίστην δεκάδα τῶν παίδων συνεστιωμένην
ἀθρόον ἅπασι τὴν οἰκίαν ἐπέσεισε καὶ πολυάνδριον αὐτοῖς τὸν οἶκον

___

Γ(βΠFSLBC) N

1-5 προθεωρία κεφαλαίου δευτέρου ΓΝ, rekonstruiert nach Analogie der
folgenden Kapitelanfänge   6 κοινὸς + τοίνυν Ν   9 πρὸς + τὸν
ΠLBN   13 τούτοις + ὁ FN / εἰδὼς ὁ θεὸς L   16 αὐτῷ ΒΝγ: αὐτοῦ
βΠFSLCNρ   18 ὑπολείπεσθαι Νγ, ὑπολιπέσθαι Νρ   19 ἀπαγγελίαις
FL: ἐπαγγελίαις βΠSCN, ἀγγελίαις Β   21 παίδων + ἐπὶ μιᾶς ἑστίας Ν
22 ἀθρόαν δΝ

εἰργάσατο, ἄπαιδα τὸν πολύπαιδα ἐν μιᾷ καιροῦ καταστήσας ῥοπῇ.

τότε ὁ ἀδάμας ἐκεῖνος Ἰὼβ ἀποδιδοὺς τῇ φύσει τὸ χρέος τὴν μὲν

στολὴν ἔρρηξεν· ἐκείρατο δὲ καὶ τὴν κόμην πενθικῶς· φθέγγεται δὲ

οὐδὲν ἀγεννὲς οὐδὲ ἀνάξιον τῆς ἑαυτοῦ μεγαλοψυχίας, ἀλλ' ὁμοῦ τῇ

5 ὑστάτῃ καὶ μεγίστῃ πληγῇ τὰς πολυυμνήτους ἐκείνας ἀφῆκε φωνάς·

ὁ κύριος ἔδωκεν, ὁ κύριος ἀφείλατο· ὡς τῷ κυρίῳ

ἔδοξεν, οὕτω καὶ ἐγένετο, εἴη τὸ ὄνομα κυρίου εὐ-

λογημένον. ταύταις ταῖς φωναῖς τὰς καιρωτάτας πληγὰς δεξάμε-

νος ὁ διάβολος καὶ διαφερόντως διὰ τῶν εἰς τὸν δίκαιον ἐπαίνων

10 τοῦ θεοῦ οὐκ αἰσχύνεται μέν (ἀναιδὲς γὰρ τὸ θηρίον), τὸν δὲ εἰς

τὸ δέρμα τοῦ δικαίου προστίθησιν ἀγῶνα καὶ αἰτεῖ τὸν θεὸν ἐξουσί-

αν λαβεῖν τῷ σώματι χρήσασθαι τοῦ Ἰώβ. πάλιν δὲ ὁ φιλάνθρωπος

θεὸς ὁ τοὺς οἰκείους στεφανίτας ἀγγέλοις καὶ ἀνθρώποις δημοσιεύ-

ειν βουλόμενος ἐπιτρέπει καὶ τοῦτο.

15 ἐπειδὴ δὲ τὴν ἀνήκεστον πληγὴν εἴληφεν ὁ ἀνὴρ καὶ οὐδὲν ἧττον

ἔμεινεν ἀκαμπὴς καὶ ἀκατάσειστος, ἐπὶ τὴν συνήθη τρέπεται πανουρ-

γίαν ὁ δράκων καὶ ὑποδραμὼν αὐτοῦ τὴν σύνευνον δι' αὐτῆς παραινεῖ

τῷ δικαίῳ λέγων· εἰπόν τι ῥῆμα πρὸς κύριον καὶ τελεύ-

τα. ἀλλὰ καὶ πάλιν κατὰ κόρρης εἴληφε τὴν πληγὴν ἀκούσας· εἰ

20 τὰ ἀγαθὰ ἐδεξάμεθα ἐκ χειρὸς κυρίου, τὰ κακὰ οὐχ

ὑποίσομεν;

οὕτω τοῦ διαβόλου πολλάκις ὑπὸ τοῦ ἀθλητοῦ καὶ ἐν πολλαῖς ταῖς

προσβολαῖς περιτραπέντος καὶ καταραχθέντος τρεῖς ἔνδοξοί τινες

φίλοι τοῦ Ἰὼβ τῆς φήμης αὐτοῦ πανταχοῦ τὰς συμφορὰς περιαγγελλού-

25 σης ἀκούσαντες τὰ συμβεβηκότα ἦλθον αὐτοῦ πρὸς τὴν ἐπίσκεψιν. πα-

ραμυθίας δὲ οὐχ εὑρίσκοντες φάρμακον διὰ τὴν τῶν κακῶν ὑπερβολὴν

σιωπῇ παρεκαθέζοντο τῇ προσεδρείᾳ τὴν συμπάθειαν ἐπιδεικνύμενοι.

6-8 Hiob 1,21   18 Hiob 2,9e   19-21 Hiob 2,10

Γ(βΠFSLBC) Γ'(βΠFS 12 πάλιν - 14 τοῦτο) N

2 ἀδαμάντινος F   3 ἐκείρατο - πενθικῶς > N / καὶ > FL
7 ὄνομα + τοῦ N   11 προστίθησιν FSBCN: προτίθησιν βΠL   13/14
δημοσιεῦσαι LN   16 ἀκατάσειστος + καὶ L   19 καὶ > LN   23
καταρραγέντος LN   24 πάντῃ L   27 ἐπιδεικνύμενοι + τοιαύτη
μὲν ἡ τοῦ δευτέρου κεφαλαίου δύναμις· ἑξῆς δὲ τὰ ῥητὰ προθετέον καὶ
κατίχνως (καὶ ἰσχνέως Np) ἐξεταστέον N

Αἱ λέξεις

1,6 Καὶ ἐγένετο ὡς ἡ ἡμέρα αὕτη καὶ οἱ ἄγγελοι τοῦ θεοῦ ἦλθον
παραστῆναι ἐνώπιον τοῦ κυρίου καὶ ὁ διάβολος ἦλθεν μετ' αὐτῶν.

ὁ μὲν θεὸς ἀόρατος πάσῃ γενητῇ κτίσει, ἄποσος ἀμεγέθης, παντα-
5 χοῦ παρὼν καὶ τοῖς πᾶσιν ἐφιστάμενος, τὰ πάντα περιλαμβάνων, καὶ
οὐκ ἔστι τόπος ἔξω τῆς αὐτοῦ δεσποτείας, καὶ πάρεστιν ἑκάστῳ καθὸ
προσήκει, τοῖς μὲν ἁγίοις ἀγγέλοις ὡς ἁγίοις ἀπορρήτους φωνὰς
ἐπιταγμάτων ἐκπέμπων, τῷ πονηρῷ δὲ ὡς πονηρῷ συγχωρήσεις πειρα-
στικὰς ἐφιείς. οὐ γὰρ δύναταί τινα πράττειν ὁ διάβολος, εἰ μὴ ὅσα
10 συγχωρεῖται παρὰ θεοῦ, καὶ οὐχ ἵσταται μὲν εἰς τοὺς ὑπερουρανίους
τόπους, μὴ γένοιτο· ἐκεῖθεν γὰρ ἐξεκυλίσθη. πῶς γάρ, φησίν,
ἐξέπεσεν ἐκ τοῦ οὐρανοῦ ὁ ἑωσφόρος ὁ πρωὶ ἀνατέλ-
λων; λέγεται δὲ παρίστασθαι μετὰ τῶν ἀγγέλων ὡς καὶ αὐτὸς ἐν
τοῖς τόποις τῆς δεσποτείας τοῦ θεοῦ τυγχάνων καὶ ἀναμένων ἐπιτρα-
15 πῆναι ἢ συγχωρηθῆναι τοὺς κατὰ τῶν ἀνθρώπων ποιεῖσθαι πειρασμούς,
οὐ λειτουργίαν τινὰ ταύτην ἐκπληρῶν τῷ θεῷ· ἀλλ' ἐπειδήπερ ὑπὸ
τῆς παρατροπῆς καὶ τῆς κακίας εἰς τοῦτο κατηνέχθη καὶ μέμηνεν
καθ' ἡμῶν, συγχωρεῖται ὑπὸ τοῦ τὰ ἡμέτερα καλῶς διοικοῦντος πρὸς
ἃ φέρειν δυνάμεθα τοὺς πειρασμοὺς ἡμῖν ἐπάγειν. ταῦτα οὖν αὐτὰ
20 διατυπώσασα ἡ γραφὴ διὰ τὴν ἡμετέραν νόησιν κατὰ σχηματισμὸν τὸν
λόγον προήγαγεν. τὸ δὲ ἐγένετο ὡς ἡ ἡμέρα αὕτη ἀντὶ τοῦ·
ἧκέν τις ἡμέρα, ἐν ᾗ τὸ θέατρον ἠνοίχθη καὶ ὁ ἀθλητὴς κατέβη πρὸς
τὰ παλαίσματα. ἐπειδὴ δὲ οἱ μὲν ἅγιοι ἄγγελοι κήδονταί τε ἡμῶν

11-13 Jesaias 14,12

X Γ(ϱΠFSLB 4-)   Γ'(ϱΠFSL ≠ 9 ὁ διάβολος - 15 πειρασμούς; ≠ 20 ἡ γρα-
φὴ - 21 προήγαγεν)   P(9 οὐ -)   N(4-)

6 καθὰ Γ   7 μὲν + γὰρ N   9 ἀφιείς Γ(außer L) / γὰρ > P / ὁ
διάβ. πράττ. τινά stellt P   10 συγχωρεῖται ΓPN: συγχωοηθῇ X / τῷ
θεῷ P   11/12 ἔπεσέ φησιν P   12 ὁ₁ > N   15 ἢ > ΓP
16 ἐκπληρῶν ΓPN: ἐκτελῶν X   17 παρατροπῆς XN: τροπῆς ΓP
19 ἐπαγαγεῖν Γ(außer L), ἐπάγει P   21 προήγαγεν X₂ΓPN: προῆγεν X₁
23 δὲ > Γ / τε X(L): > ΓPN

καὶ περιέπουσιν, ὁ δὲ διάβολος ἀντιπράττει τῇ ἡμετέρᾳ σωτηρίᾳ,
καὶ περὶ τὸ αὐτὸ πρᾶγμα, τουτέστι τὸν ἄνθρωπον, ἀντιπράττουσιν
ἀλλήλοις, ὁμοῦ παρεστάναι λέγονται τοῦ θεοῦ τὰ πραττόμενα ἐφο-
ρῶντος. νικῶμεν δὲ ἡμεῖς ἢ ἡττώμεθα, οὐ παρὰ τὴν τῶν ἀντιπραττόν-
5 των δύναμιν ἢ τῶν συμμαχούντων ἀδυναμίαν, ἀλλὰ παρὰ τὴν ἡμετέραν
προαίρεσιν. ἑκατέρων γὰρ εἰς ἑαυτοὺς προτρεπόντων, τῶν μὲν ἁγίων
ἀγγέλων εἰς τὰ ἀγαθά, τῶν δὲ ἀλιτηρίων δαιμόνων εἰς τὰ φαῦλα, ἡ
ἡμετέρα προαίρεσις τῷ αὐτεξουσίῳ τετιμημένη εἰς ὃ ἂν θελήσῃ μέ-
ρος προχωρεῖ. οὔτε γὰρ θεὸς βιάζεται τιμήσας ἡμᾶς τῷ αὐτεξουσίῳ,
10 οὔτε διάβολος ἀναγκαστικήν τινα δύναμιν κέκτηται καθ' ἡμῶν.

1,7 καὶ εἶπεν ὁ κύριος τῷ διαβόλῳ· πόθεν παραγέγονας;

   ὅτι μὲν ἄγγελοι προσδιαλέγονται τῷ διαβόλῳ, δηλοῦται μὲν καὶ
ἐκ τῶν παρὰ Ζαχαρίᾳ τῷ προφήτῃ, ἔνθα φησὶν ὁ ἄγγελος τῷ διαβόλῳ·
ἐπιτιμήσαιέν σοι ὁ ἐκλεξάμενος τὴν Ἰερουσαλήμ.
15 εἴρηται δὲ καὶ ἐν Καθολικαῖς, ὅτε ὁ Μιχαὴλ περὶ τοῦ Μωυ-
σέως διεμάχετο σώματος, ὡς ὅτι· οὐκ ἐτόλμησεν ὁ ἅγι-
ος Μιχαὴλ κρίσιν βλασφημίας ἐπενεγκεῖν κατὰ τοῦ
διαβόλου, ἔφη δὲ μόνον· ἐπιτιμήσαι σοι κύριος.
κἀνταῦθα τοίνυν ἔστιν ἐννοεῖν, ὡς τῷ δεσποτικῷ προστάγματι ἅγιός
20 τις ἄγγελος ὑπηρετούμενος τὴν διάλεξιν ποιεῖται πρὸς.τὸν διάβο-
λον. καὶ ὥσπερ, εἴ τις δορυφόρος ἄρχοντος ἀπόκρισιν ἐκ τοῦ κρα-
τοῦντος φέροι πρός τινα, τοῦ ἄρχοντος εἶναι τὴν ἀπόκρισιν οἴδα-
μεν, οὕτω καὶ τῶν ἁγίων ἀγγέλων αἱ φωναὶ κατὰ γνώμην θεοῦ προσ-
φερόμεναι αὐτοῦ εἶναι πιστεύονται τοῦ θεοῦ. διαλέγεται τοίνυν ὁ

14 Zacharias 3,2   16-18 Judas 9

Χ Γ(βΠFSLB - 3 λέγονται; 12 ὅτι - 16 σώματος; 19 κἀνταῦθα -) Ρ(- 6
προαίρεσιν; 12 ὅτι -) Ν(-10; 12-)

2 ἀντιφέρονται Ν   3 ἀλλήλοις + ταύτῃ τοι Γ   3/4 καθορῶντος Ρ
5 ἢ + τὴν Ν   7 δαιμόνων Ν: > Χ   8 ἐθελήσειεν Χ   9 προσχωρεῖ Χ
10 οὔτε Ν: οὐδὲ Χ   12 μὲν: θεῖοι Ν   13 παρὰ + τῷ Ν / τῷ προ-
φήτῃ > Ν   14 ἐπιτιμῆσαι Ν   15 ὁ > Γ (hat L)   16 ἐμάχετο L,
διελέγετο Γ / nach σώματος: καὶ τὰ ἑξῆς Γ(ohne L), ἐπιτιμῆσαι σοι λέ-
γων ὁ κύριος(L;vgl.Z.18) / ὡς: ἢ Ρ, > Ν   18 σοι + ὁ Ν   19 ὁ ἅ-
γιός τις Ν   22 φέρει Ν

θεὸς τῷ διαβόλῳ διὰ τῶν ἁγίων ἀγγέλων οὐκ ἀξιῶν αὐτὸν λόγου, ἀλλὰ
διὰ τὸν πειραζόμενον.

ἢ οὖν τοῦτό ἐστιν, ἢ τοῦ θεοῦ τοῖς τοῦ δικαίου κατορθώμασιν ἡ-
δομένου, τοῦ δὲ διαβόλου διαφθονουμένου καὶ ζητοῦντος λαβεῖν κατ'
5 αὐτοῦ τῶν πειρασμῶν τὴν συγχώρησιν πάλιν ἡ γραφὴ κατὰ σχηματισμὸν
τὸν λόγον προήγαγεν.

τὸ δὲ πόθεν παραγέγονας ὀνειδιστικῶς λέγεται πρὸς τὸν
διάβολον διὰ τὸ ἐκπεπτωκέναι αὐτὸν τῆς τῶν λειτουργικῶν πνευμάτων
τάξεως, ὥσπερ καὶ τῷ Ἀδὰμ ἔλεγεν ὁ θεός· Ἀδάμ, ποῦ εἶ; ἀντὶ
10 τοῦ· ἐκ ποίων εἰς οἷα καταπέπτωκας.

1,7 καὶ ἀποκριθεὶς ὁ διάβολος τῷ κυρίῳ εἶπεν· περιελθὼν τὴν γῆν
καὶ ἐμπεριπατήσας τὴν ὑπ' οὐρανὸν πάρειμι.

πρῶτα μὲν ἑαυτοῦ κατήγορος γίνεται, ὡς οὐκέτι βεβαίαν ἔχει τὴν
στάσιν, ἀλλὰ ἀστάτως πανταχοῦ περιφέρεται τὴν κατὰ πάντων ἀνθρώ-
15 πων ἀναδεξάμενος μάχην, καὶ ὅτι καὶ τὴν ἀοίκητον περινοστεῖ (ἐμ-
περιπατήσας, γάρ φησιν, τὴν ὑπ' οὐρανὸν πάρειμι) κατά
τινα ἴσως οἰκονομίαν θεοῦ ὡς ἂν μὴ διὰ παντὸς ἐνοχλοίη ἡμῶν τῷ
γένει.

1,8 καὶ εἶπεν αὐτῷ ὁ κύριος· προσέσχες τῇ διανοίᾳ σου κατὰ τοῦ
20 θεράποντός μου Ἰώβ;

τῇ διεστραμμένῃ διανοίᾳ, τῇ κακοτέχνῳ, ᾗ ἀεὶ προσέχεις εἰς τὸ
παρατρέψαι τῶν ἀνθρώπων τὴν εὐθύτητα. ἢ οὖν ἐρωτηματικῶς λέγεται
ἢ ἀποφαντικῶς καὶ μετὰ ἤθους, ἀντὶ τοῦ· οἶδα ὅτι προσέσχες, δια-
φθονῇ γὰρ αὐτῷ διὰ τὰς προσούσας αὐτῷ ἀρετάς.

25 1,8 ὅτι οὐκ ἔστιν κατ' αὐτὸν τῶν ἐπὶ τῆς γῆς ἄνθρωπος ἄμεμπτος,

9 Genesis 3,9
X Γ(βΠFSL -2; 7-10; 13-18; ≠ 21 τῇ₁ - κακοτέχνῳ; ≠ 23 ἢ - προσέχες)
P(-2; 7-10; 13-18; 22 ἢ - 23 ἤθους) N(-10; 13-18; ≠ 21-24)
2 διὰ + γε N   4 λαβεῖν + τὴν N   5 τὴν > N / πάλιν > N
7 δὲ > Γ   8 αὐτὸν Γ: > XPN   9 ὡς N / ἔλεγεν - Ἀδάμ₂: τὸ N,
> P   10 μεταπέπτωκας P   13 πρῶτα μὲν > Γ   14 ἔνστασιν N
/ ἀστάτως > P   21 προσέχεις (N): προσέχει X   22 ἢ οὖν: τὸ
προσέσχες ἢ P   22-23 ἐρωτ... ἀποφ.: ἀποφαντικῶς .. ἐρωτηματικῷ P

ἀληθινός, θεοσεβής, ἀπεχόμενος ἀπὸ παντὸς πονηροῦ πράγματος.

πολλοῖς ἐγκωμίοις αὔξει τὸν δίκαιον εἰς τὴν κατὰ τοῦ ἀθλητοῦ
πάλην ἐκκαλούμενος τὸν ἀνταγωνιστήν.

1,9 ἀπεκρίθη δὲ ὁ διάβολος καὶ εἶπεν ἐναντίον τοῦ κυρίου· μὴ δω-
5 ρεὰν 'Ιὼβ σέβεται τὸν θεόν;

ὄντως διαβόλου τὰ ῥήματα· οὐ κατὰ ἀρετήν, φησίν, ἀλλὰ ἀντιμισ-
θίαν τῶν εἰς αὐτὸν εὐεργεσιῶν ἀπονέμει σοι τὸ σέβας. τὸ δὲ ἐναν-
τίον τοῦ κυρίου, ἵνα δείξῃ τὴν ἀναιδῆ γνώμην τὴν ἀντιπράτ-
τειν ἀεὶ τοῖς θεῷ δοκοῦσι σπουδάζουσαν.

10 1,10 οὐ σὺ περιέφραξας τὰ ἔξω αὐτοῦ καὶ τὰ ἔσω τῆς οἰκίας αὐτοῦ
καὶ πάντων τῶν ὄντων αὐτῷ κύκλῳ; τὰ ἔργα τῶν χειρῶν αὐτοῦ εὐλόγη-
σας, καὶ τὰ κτήνη αὐτοῦ πολλὰ ἐποίησας ἐπὶ τῆς γῆς.

οὐδὲν αὐτοῦ, φησίν, ἀπρονόητον εἴασας μέρος· ἥδεται κατ᾽ οἶκον,
εὐθηνεῖται κατ᾽ ἀγρούς, πλήθει τοῖς κτήνεσιν· οὐδὲν ἀφῆκας, ὃ μὴ
15 πανταχόθεν αὐτὸν εὐθυμεῖν παρασκευάζει.

1,11 ἀλλὰ ἀπόστειλον τὴν χεῖρά σου καὶ ἅψῃ πάντων ὧν ἔχει, ἦ
μὴν εἰς πρόσωπόν σε εὐλογήσει.

ὁρᾷς ὠμότητα διαβολικήν· οὐκ ἀρκεῖται μέρος αὐτοῦ τῆς οὐσίας
ἀπολέσαι ἤ τινας τῶν παίδων, ἀλλ᾽ ἀθρόον αὐτὸν πάντων ἔρημον κα-
20 ταστῆσαι βούλεται.

τὸ δὲ ἀπόστειλον τὴν χεῖρά σου ἀντὶ τοῦ· πληκτικῶς
αὐτοῦ περίδραξαι. δείκνυται δὲ κἀντεῦθεν, ὡς οὐδεμίαν ἔχει καθ᾽
ἡμῶν ἐξουσίαν ὁ διάβολος, εἰ μὴ ὑπὸ θεοῦ συγχωρηθῇ κατὰ τὰς αὐτοῦ
περὶ ἡμᾶς ἀρρήτους οἰκονομίας.

Χ Γ(βΠFSB 2-3; 21 ἀντὶ - 24) P(2-3; 6 ἀντιμισθίαν - 8 γνώμην; 14 οὐ-
δὲν - 15; 21-) L(2-3; 13-15; 18-24) Vm(2-3; 6-9; 18-24) N(2-3; 6-9;
18 οὐκ - 20; ≠ 21 - 22 περίδραξαι; 22 δείκνυται - 24)

2 αὔξει ΧΓ: βάλλει PLVmN/ εἰς τὴν XL: πρὸς τὴν PVmN, >Γ   3 πάλιν Γ
6 οὐ κατά: οὐκ N   7 ἀντιμισθίαν + φησίν P/ ἑαυτὸν P   8 τοῦ > P
9 τοῖς + τῷ N   16f εἰ μὴ Χ₁   19 αὐτῶν Χ₁   21 δὲ > P   22 καὶ
ἐντ. ΓPLVmN/ ὡς: ὅτι N   22f καθ᾽ἡμ. ἔχει stellt P   24 ἀοράτους N

τὸ δὲ ἦ μὴν εἰς πρόσωπόν σε εὐλογήσει ἀντὶ τοῦ· ὄν-
τως τότε σε φανερῶς βλασφημήσει. εὐφήμως γὰρ ἡ γραφὴ τῷ εὐλογή-
σει ἀντὶ τοῦ βλασφημήσει χρᾶται, ὥσπερ καὶ ἐν ταῖς Βασιλείαις
εἴρηται περὶ τοῦ Ναβουθέ· εὐλόγησε θεὸν καὶ βασιλέα.
5   ὅρα δέ, πῶς πανούργως καὶ μεθ' ὑποκρίσεως οὐ λέγει ὅτι· ἐπί-
τρεψόν μοι, ἀλλά· σὺ ποίησον. σύνοιδε γὰρ τὴν ἑαυτοῦ ἀσθένειαν
καὶ ὅμως μέμηνε καὶ ἀλαζονεύεται, ὅπερ τῆς ἐσχάτης ἀνοίας ἐστίν.

1,12 τότε εἶπεν ὁ κύριος τῷ διαβόλῳ· ἰδοὺ πάντα ὅσα ἔστιν αὐτῷ
δίδωμι ἐν τῇ χειρί σου, ἀλλὰ αὐτοῦ μὴ ἅψῃ.

10   τοῦ πονηροῦ μὴ εἰρηκότος· ἐπίτρεψόν μοι, ὁ μέγας ἀγωνοθέτης
τὴν ἀνδρείαν ἐπιστάμενος τοῦ οἰκείου ἀθλητοῦ αὐτῷ τῷ ἀντιπάλῳ
δίδωσιν αὐτὸν ἔκδοτον χρῆσθαι ὡς βούλεται. εἰδὼς δὲ τοῦ μισανθρώ-
που τὸν ἀκόρεστον θυμὸν μέτρῳ περιορίζει τὸ ἀόριστον αὐτοῦ τῆς
ἐπιθυμίας. τοῖς μὲν γὰρ αὐτοῦ, φησίν, ὡς βούλει κέχρησο, αὐτοῦ δὲ
15 μὴ ἅψῃ. ὅρα δὲ σοφίαν ἀγωνοθέτου καὶ φιλανθρώπου θεοῦ· πρῶτον ἐᾷ
τὸν ἀθλητὴν ἐν τοῖς ἔξωθεν καὶ ἀκινδυνοτέροις διαγυμνασθῆναι, εἶ-
τα νικηφόρον ἀναδείξας τότε προστίθησι καὶ τὸν περὶ τὰς σάρκας
ἀγῶνα.

1,12 καὶ ἐξῆλθεν ὁ διάβολος παρὰ τοῦ κυρίου.

20   καίτοιγε οὐκ ἔστι τόπος ἔξω τῆς τοῦ θεοῦ δεσποτείας, ἀλλ' ἵνα
δείξῃ, ὅτι τὴν ἐπιτροπὴν λαβὼν εἴχετο λοιπὸν τοῦ ἔργου, καὶ ὅτι
ἐντὸς τοῦ ἀγαθοῦ φαῦλον οὐδὲν οὔτε εἶναι οὔτε πράττεσθαι δύναται·
ἔξω γάρ εἰσι τοῦ ἀγαθοῦ τὰ φαῦλα.

---

4 3.Könige 20,10

X Γ(βΠFS ≠ 1 - 3 χρᾶται; 10-18)   P(- 4 βασιλέα; 10 - 13 ἀόριστον;
20 - 21 ἔργον) L(5-6; ≠ 10-18) N(2 εὐφήμως - 7; 10-18; 20-23)
1 τὸ P: τῷ X / ἦ μὴν P: εἰ μὴ X / εὐλογήσῃ X   1/2 ὄντως - 3
τοῦ P: > X (durch Haplographie; vgl. N, der mit 2 εὐφήμως einsetzt)
3 βλασφημήσῃ X / χρῆται PN   4 εἴρηται: γέγραπται N   5 ὅπως LN
10 εἰπόντος P   12 χρήσασθαι P(L)   13 ἀόριστον: ἀκόρεστον Γ
14 τοῖς: τῆς Γ / κέχρησο + οὐσίας Γ   15 καὶ φιλανθρώπου θεοῦ > N
15/16 ἐᾷ τὸν: ἑαυτὸν N   17 προτίθησι (γΠS)N   22 ἐντὸς N: ἐν
τοῖς X / δύναται N: βούλεται X

1,13 καὶ ἦν ὡς ἡ ἡμέρα αὕτη.

ἀντὶ τοῦ· ἧκέ τις ἡμέρα, καθ' ἢν ὁ ἀγὼν συνεκροτήθη. καὶ ὅρα,
ὡς ἐν ἡμέρᾳ μιᾷ ἅπαντα ἐπήγαγεν ὁ διάβολος τὰ δεινὰ τῷ δικαίῳ εἰς
ἔκπληξιν αὐτὸν ἢ ἀγανάκτησιν καὶ βλασφημίαν κινῆσαι βουλόμενος.
5 τοῦτο γὰρ δὴ καὶ ὑποσχόμενος ἐτύγχανεν φήσας· ἦ μὴν εἰς πρό-
σωπόν σε εὐλογήσει.

1,13 οἱ υἱοὶ 'Ἰὼβ καὶ αἱ θυγατέρες αὐτοῦ ἔπινον οἶνον ἐν τῇ οἰκίᾳ
τοῦ ἀδελφοῦ αὐτῶν τοῦ πρεσβυτέρου.

ὅθεν καὶ ηὐπόρησεν τῆς ἀθρόας κατ' αὐτῶν ἀπωλείας ὁ διάβολος
10 ἅμα πάντας εὑρών.

1,14 καὶ ἰδοὺ ἄγγελος ἦλθεν πρὸς 'Ἰὼβ καὶ εἶπεν αὐτῷ·

ἠδύνατο μὲν ὁ διάβολος ἐξουσίαν παρὰ τοῦ θεοῦ λαβὼν καὶ πολε-
μίων διερεθίσαι ψυχὰς καὶ πῦρ αἰθέριον κατάγειν καὶ μόνους ἀγγέ-
λους σῴζειν τῶν συμφορῶν καὶ πνεῦμα συγκινεῖν εἰς τὴν τῆς οἰκίας
15 κατάπτωσιν τῇ ἀγγελικῇ δυνάμει χρώμενος ᾗ ἐξ ἀρχῆς εἴληφεν πα-
ρὰ τοῦ δημιουργοῦ. ἠδύνατο δέ, ὡς ἔφην, ὑπὸ θεοῦ συγχωρούμενος.
δύναται δὲ καὶ σχηματίζεσθαι καὶ τοὺς οἰκείους δορυφόρους δαίμο-
νας διασκευάζειν ὡς πολεμίους φαίνεσθαι καὶ ὡς ἀνθρώπους ἀπαγγέλ-
λοντας συμφοράς, καὶ πυρὸς ὑπόληψιν ποιεῖν ἐξ οὐρανοῦ κατερχομέ-
20 νου καὶ πνοῆς ἀνέμου βιαίας φερομένης κατὰ τῆς οἰκίας, ὅπουγε
καὶ εἰς ἄγγελον φωτὸς μετασχηματίζεται τοιαύτην τινὰ φύσεως ἐξ-
ουσίαν παρὰ τοῦ δημιουργοῦ λαβών. εἴτε οὖν οὕτως εἴτε ἐκείνως ἠ-
γωνίσατο, πλὴν ὅτι πικρῶς καὶ ἐντέχνως καὶ κακοήθως ἐχρήσατο
τοῖς παλαίσμασιν.

5-6 Hiob 1,11

Χ Γ(βΠFSL 9-10) P(2-6; 12-24) L(2 καὶ ὅρα - 6; 12 - 15 κατάπτω-
σιν; 17-24) N(≠ 2 ἀντὶ - συνεκροτήθη; 2 καὶ - 6; 9-10; 12-24)
3 μιᾷ ἡμ. stellt P/ μιᾷ > L/ πάντα PLN/ ὁ διάβ. ἐπήγ. πάντα P, πάντα
ὁ διάβ. ἐπήγ. N/ τῷ δικ. τὰ δεινὰ stellt L/ τῷ δικ. > N   4 ἦ: καὶ
PL/ κινῆσαι: ἐμβαλεῖν P   5 δὴ > P/ φήσας > P/ ἦ: εἰ Χ/ μὴν PLN:
μὴ Χ   6 εὐλογήσῃ Χ   12 τοῦ > PL/ λαβὼν παρὰ θεοῦ L   13 κατα-
γεῖν P   16 ὑπὸ: παρὰ N   17 δορυφ. > P   18 παρασκευάζειν L
19 τὰς συμφ. LN, τὴν συμφοράν P   20 καὶ - οἰκίας > PL   22 λαβών:
λαχών PN/ ἐκείνως: ἑτέρως L   23 πλὴν ὅτι > P/ καὶ κακοήθως > L

1,14-15 τὰ ζεύγη τῶν βοῶν ἠροτρία, καὶ αἱ θήλειαι ὄνοι ἐβόσκοντο
ἐχόμεναι αὐτῶν· καὶ ἐλθόντες οἱ αἰχμαλωτεύοντες ἠχμαλώτευσαν αὐ-
τὰς καὶ τοὺς παῖδας ἀπέκτειναν ἐν μαχαίραις. σωθεὶς δὲ ἐγὼ μόνος
ἦλθον τοῦ ἀπαγγεῖλαί σοι.

5   ὁρᾷς ἀγγελίαν διαβολικὴν κακοτέχνως καὶ κατὰ αὔξησιν προερχομέ-
νην, ἐφ' ᾧ τὴν ἄσειστον τοῦ δικαίου κατασεῖσαι ψυχήν; οὐκ εἶπεν
ἁπλῶς τὰ ζεύγη τῶν βοῶν, ἀλλὰ καὶ ἠροτρία, ἀντὶ τοῦ· πόρον
ἐκ τῶν τῆς γῆς προσόδων εἰργάζοντο· οὐδὲ ἁπλῶς εἶπεν· αἱ ὄνοι,
ἀλλὰ αἱ θήλειαι, ἐξ ὧν ἡ ἐπιγονὴ καὶ ἡ αὔξησις. εἶτα εἰρηκὼς
10 τῶν ἀλόγων τὴν ἀφαίρεσιν τότε προστίθησι καὶ τῶν οἰκετῶν τὴν ἀν-
αίρεσιν κατὰ προσθήκην αὔξων τὴν συμφοράν. τὸ δὲ δὴ χαλεπώτερον·
ἐγώ, φησίν, ἐσώθην μόνος ὁ τὰς τῶν κακῶν ἀγγελίας ἀποκομίζων.

1,16 ἔτι τούτου λαλοῦντος ἦλθεν ἕτερος ἄγγελος καὶ εἶπεν πρὸς
Ἰώβ· πῦρ ἔπεσεν ἐκ τοῦ οὐρανοῦ καὶ κατέκαυσε τὰ πρόβατα καὶ τοὺς
15 ποιμένας κατέφαγεν ὁμοίως. καὶ σωθεὶς ἐγὼ μόνος ἦλθον τοῦ ἀπαγ-
γεῖλαί σοι.

    ἐπειδὴ πρὸς τὴν πρώτην ἀκοὴν ὁ δίκαιος οὐκ ἐταράχθη, ἀλλὰ γεν-
ναίᾳ ψυχῇ τὴν ἀγγελίαν ἤνεγκε καὶ τὴν πεῖραν τοῦ δυσμενοῦς ἀπε-
κρούσατο, εὐθὺς ἕτερος τοῦ διαβόλου δορυφόρος ἐπέστη οὐκέτι μὲν
20 αὐτὸν ἐξ ἀνθρώπων πολεμεῖσθαι λέγων, οὐρανόθεν δὲ κεραυνωθῆναι
τὰ πρόβατα καὶ τοὺς ποιμένας, τὸν θεὸν αὐτῷ παραδηλῶν πολέμιον
γεγονέναι τὸν ὑπ' αὐτοῦ σεβόμενον.

1,17 ἔτι τούτου λαλοῦντος ἦλθεν ἕτερος ἄγγελος καὶ εἶπεν πρὸς
Ἰώβ· οἱ ἱππεῖς ἐποίησαν ἡμῖν κεφαλὰς τρεῖς, καὶ ἐκύκλωσαν τὰς κα-
25 μήλους καὶ ἠχμαλώτευσαν αὐτὰς καὶ τοὺς παῖδας ἀπέκτειναν ἐν μα-
χαίραις· ἐσώθην δὲ ἐγὼ μόνος καὶ ἦλθον τοῦ ἀπαγγεῖλαί σοι.

X Γ(βΠFSL 5 - 9 αὔξησις; 12 ὁ - ἀποκ.) N(5 - 12 ἀναίρεσιν; 17-22)
4 ἐπαγγεῖλαι X₁   5 ὅρα N   8 τῶν ΓΝ: > X   10 τὴν ἀφαίρ. τῶν
ἀλόγων stellt N/ τότε + εἰς αὔξησιν τοῦ πάθους N   17 ἀλλὰ - 18 ἀπε-
κρούσατο N: > X (viell. nichtoriginaler Zusatz von N)   20 αὐτὸν N:
> X/ κεραυνῷ βληθῆναι N   21 ποιμ. + καὶ N   22 γεγονέναι doppelt X

πάλιν κάτωθεν ἡ ἀγγελία τοῦ πολέμου, ὡς ἂν ἀπείπῃ καὶ ὑπὸ θεοῦ
καὶ ὑπὸ ἀνθρώπων πολεμούμενος. τὸ δὲ κ ε φ α λ ὰ ς τ ρ ε ῖ ς ἀντὶ τοῦ·
διέταξαν ἑαυτοὺς οἱ πολέμιοι εἰς ἀρχὰς καὶ τάγματα τρία. σῴζεσθαι
δὲ πάλιν μόνος φησὶν ὁ τῶν συμφορῶν ἀγγελιαφόρος· προσέθηκεν δὲ
5 καὶ τῶν ἀνθρώπων τὴν ἀναίρεσιν, ἐφ' ᾗ μάλιστα ἀλγοῦσιν οἱ δίκαιοι.

1,18-19 ἔτι τούτου λαλοῦντος ἄγγελος ἄλλος ἔρχεται λέγων τῷ Ἰὼβ·
τῶν υἱῶν σου καὶ τῶν θυγατέρων σου ἐσθιόντων καὶ πινόντων παρὰ
τῷ ἀδελφῷ αὐτῶν τῷ πρεσβυτέρῳ ἐξαίφνης πνεῦμα μέγα ἐξῆλθεν ἐκ τῆς
ἐρήμου καὶ ἥψατο τῶν τεσσάρων γωνιῶν τῆς οἰκίας, καὶ ἔπεσεν ἡ οἰ-
10 κία ἐπὶ τὰ παιδία σου καὶ ἐτελεύτησαν· ἐσώθην δὲ ἐγὼ μόνος καὶ
ἦλθον τοῦ ἀπαγγεῖλαί σοι.

θεώρει κἀνταῦθα τοῦ διαβόλου τὴν π ι κ ρ ί α ν, πῶς ὀνομαστὶ τῆς γο-
νῆς μέμνηται τ ῶ ν υ ἱ ῶ ν σ ο υ λέγων κ α ὶ τ ῶ ν θ υ γ α τ έ ρ ω ν σ ο υ,
μονονουχὶ τὴν φύσιν αὐτὴν τοῦ δικαίου πλήττων. σεμνύνει καὶ τὸ
15 σ υ μ π ό σ ι ο ν π α ρ ὰ μὲν τ ῷ ἀ δ ε λ φ ῷ τ ῷ π ρ ε σ β υ τ έ ρ ῳ λέγων γίνεσ-
θαι, αὐτοὺς δὲ κατευφραίνεσθαι καὶ ἐ ξ α ί φ ν η ς ἐλθεῖν π ν ε ῦ μ α
ἐ κ τ ῆ ς ἐ ρ ή μ ο υ καὶ ἄλλης μὲν οἰκίας μὴ ἅψασθαι, μόνην δὲ ἐκεί-
νην ἔνθα οἱ παῖδες εὐωχοῦντο κατασεῖσαι. καὶ πάλιν ἐπισημαίνου
τὸ πικρὸν τῆς ἀγγελίας· οὐ γὰρ εἶπεν· καὶ ἔπεσεν ἐπὶ πάντας τοὺς
20 ἔνδον, καίτοιγε πάντας ἀπέκτεινεν, ἐ ξ ὧ ν αὐτός, φησίν, ἐσώθην
δὲ ἐγὼ μόνος, ἀλλ' ἰδικῶς φησιν· καὶ ἔπεσεν ἐπὶ τὰ παι-
δία σου τῆς φύσεως ἀναμιμνήσκων καὶ καιρίας αὐτῷ διδοὺς τὰς
πληγάς.

Χ Γ(βΠFS 1 - 2 πολεμούμενος; 4 προσέθηκεν - 5; βΠFSL 18 ἐπισημαίνου
- 23) P(12-23) L(1-5) N(1-5; 12 - 18 κατασεῖσαι; 19 οὐ γὰρ -)
4 φησὶν μόνος stellt L/ ἀγγεληφόρος L/ δὲ₂ > Γ (nicht F)   12 θεώ-
ρει + δὲ N/ πικρίαν + καὶ ἐπίσημηναι τὸ ἐπιτηδευμένον τῆς ἀγγελίας Ν
13 τῶν, - 14 μονονουχὶ > Ν   16 ἐξαίφνης: εὐθέως Ρ / ἐπελ-
θεῖν Ρ, ἐξελθεῖν Ν / πνεῦμα: ἄνεμον μέγαν Ν   17 μόνον Ν
19 καὶ > Ν   20 καίτοιγε + τοὺς Ρ, + πᾶσιν εἰς ἐγένετο τάφος ἡ
οἰκία καὶ Ν   21 μόνος + καὶ ἦλθον τοῦ ἀπαγγεῖλαί σοι Χ / φησιν
καὶ ἔπεσεν > Γ / καὶ > Ν

πάλιν δὲ θεήλατον ἔπλασεν τὴν συμφορὰν δύο μὲν πολεμίων σχημα-
τίσας ἐφόδους, δύο δὲ ἐκ θεοῦ, τήν τε τοῦ πυρὸς καὶ τοῦ ἀνέμου.
τελευταίαν δὲ τὴν τῶν παίδων ἀναίρεσιν ἐπαγαγὼν καὶ μόνων τῶν σῳ-
ζομένων ἀγγέλων τὸ παράδοξον εἰς ἀμηχανίαν καὶ σύγχυσιν καὶ τὴν
5 κατὰ θεοῦ βλασφημίαν ὑπερεθίζει τὸν δίκαιον.

1,2ο οὕτως ἀναστὰς Ἰὼβ διερρήξατο τὰ ἱμάτια αὐτοῦ καὶ ἐκείρατο
τὴν κόμην τῆς κεφαλῆς αὐτοῦ.

ἐπὶ μὲν ταῖς προτέραις ἀγγελίαις σύννους ἦν ὡς εἰκὸς καὶ ἐθαύ-
μαζε τὰ γινόμενα. ὡς δὲ τὴν τῶν πολλῶν καὶ ὡραίων παίδων ἀθρόαν
10 ἤκουσε τελευτήν, ἵνα μή τις ἀνάλγητος εἶναι δόξῃ καὶ ἀσυμπαθής,
ἀποδίδωσι τῇ φύσει τὸ χρέος καὶ διαρρήσσει μὲν τὴν ἐσθῆτα, κείρε-
ται δὲ τὴν κόμην πενθικῶς. οἷς μὲν γὰρ τὸ κομᾶν πρὸς κόσμον νενό-
μιστο, οὗτοι ἐπὶ τοῖς πένθεσιν ἐκείροντο· οἷς δὲ τὸ κείρεσθαι εὐ-
πρεπὲς ἐδόκει, οὗτοι ἐπὶ τοῖς πένθεσιν ἐκόμων τοῦ τῶν τριχῶν ἀν-
15 εχόμενοι βάρους.

ὅτι δὲ οὐκ ἀφιλόσοφον τὸ συμπαθές, δείκνυσι μὲν καὶ Παῦλος λέ-
γων ἐν ταῖς Πράξεσιν· τί κλαίετε καὶ συνθρύπτετέ μου
τὴν καρδίαν; δείκνυσι δὲ καὶ Δαυὶδ οὐ τῶν παίδων τὸν πειθή-
νιον, ἀλλὰ τὸν πολεμιώτατον ὀλοφυρόμενος καὶ μετὰ πικρᾶς οἰμωγῆς
20 ἀναστένων καὶ λέγων· υἱέ μου Ἀβεσσαλώμ, υἱέ μου. δακρύ-
ει δὲ καὶ αὐτὸς ὁ θεὸς ἡμῶν καὶ σωτὴρ συμπαθῶς, εἴτε διὰ τὸν Λά-
ζαρον εἴτε διὰ τὴν τῶν Ἰουδαίων ἀπώλειαν, ὃ δὴ καὶ ἀληθέστερον
εἰπεῖν. οὐ γὰρ ἐν τῷ μὴ πάσχειν ἡ νίκη, ἀλλ' ἐν τῷ πάσχοντα καρ-
τερεῖν.

---

17 Apostelgesch. 21,13   20 2.Könige 19,1   20f vgl. Johannes 11,35
X Y(8-) Γ(βΠFSPL 11 κείρεται - 15) P(10 ἵνα - 11 χρέος; 16 - 18
Δαυίδ; ≠ 18 οὐ - 21/22 Λάζαρον) L(8 - 12 πενθικῶς; 23 οὐ γὰρ -)
N(-5; 8-)
3 δὲ > X / καὶ > N / τῶν > N   9 πολλῶν καὶ ὡραίων > L
11 ῥήγνυσι L / ἐκείρατο Γ   13 πενθοῦσιν Y   14 πενθοῦσιν Y
16/17 λέγων > Y, nach πράξεσιν stellt P   18 τὸν: τὸ Y
19 πικρῶν οἰμωγῶν N   20 Ἀβεσσαλώμ Y(P)   21 ἡμῶν ὁ θεὸς
stellt X   22 δὴ: δὲ Y   23 πάσχοντι Y

εἴποι δ' ἄν τις γλαφυρώτερον ἐξηγούμενος, ὅτι καὶ αὐτὴν τῷ διαβό-
λῳ τὴν ἐσθῆτα προσέρριψεν οἷά τις ἀθλητὴς εἰς πάλην ἀποδυόμενος, ὡς
ἂν ἀληθῶς γυμνὸς γενόμενος τὰ πολυύμνητα φθέγξηται ῥήματα·

1,20-21 καὶ πεσὼν χαμαὶ προσεκύνησεν καὶ εἶπεν· αὐτὸς γυμνὸς
5 ἐξῆλθον ἐκ κοιλίας μητρός μου, γυμνὸς καὶ ἀπελεύσομαι ἐκεῖ· ὁ κύ-
ριος ἔδωκεν, ὁ κύριος ἀφείλατο· ὡς τῷ κυρίῳ ἔδοξεν, οὕτως καὶ
ἐγένετο· εἴη τὸ ὄνομα κυρίου εὐλογημένον.

βαβαὶ φιλοσοφίας ὑπερβολῇ. τῷ μὲν σχήματι τῇ φύσει τὸ χρέος ἀπ-
εδωκεν, τῇ δὲ διαθέσει χωρεῖ πρὸς τὸν θεὸν καὶ κλίνει γόνυ καὶ
10 προσκυνεῖ γνησίως καὶ φυσικῆς ἅπτεται φιλοσοφίας ἐν μέσοις τοῖς
πάθεσιν ἑαυτῷ τε καὶ ἡμῖν τὸ τῆς παραμυθίας σκευάσας φάρμακον.
νόμος ἀνθρώπῳ, φησίν, ἐξ οὐκ ὄντων εἰς τὸ εἶναι παράγεσθαι γυμνόν,
ἀλλὰ καὶ ἐξιέναι τοῦ βίου μετὰ τοῦ ὁμοίου σχήματος· τί οὖν δεινὸν
πεπόνθαμεν, φησίν, φυσικῶς μὲν οὐδὲν ἔχοντες, εἰληφότες δὲ παρὰ
15 θεοῦ καὶ αὖθις ἀφαιρεθέντες ὧν μικρὸν ὕστερον τὴν στέρησιν ὑπομέ-
νειν ἀνάγκη. καὶ νομίζει μὲν ὑπὸ θεοῦ πάσχειν τὰ δεινά, προσκυνεῖ
δὲ καὶ εὐχαρίστως ἀποδίδωσι τὴν παρακαταθήκην καὶ αὐτοῖς τοῖς ἀ-
κοντίοις τοῖς διαβολικοῖς κατατοξεύει τὸν ἀλιτήριον. ὁ μὲν γὰρ
ἔλεγεν εἰρωνευόμενος· ἦ μὴν εἰς πρόσωπόν σε εὐλογήσει,
20 ἀντὶ τοῦ δυσφημήσει, ὁ δὲ τὸν χαριστήριον ἐπὶ τοῖς συμβᾶσιν ἀνα-
πλέκων ὕμνον αὐτὴν ταύτην ἀφίησι τὴν φωνὴν εὐλογῶν τὸν θεόν, καὶ
φησιν· εἴη τὸ ὄνομα κυρίου εὐλογημένον.

1,22 ἐν τούτοις πᾶσι τοῖς συμβεβηκόσιν αὐτῷ οὐδὲν ἥμαρτεν Ἰὼβ
ἐναντίον τοῦ κυρίου καὶ οὐκ ἔδωκεν ἀφροσύνην τῷ θεῷ.

19 Hiob 1,11

X Y Γ(βΠFS ≠ 1-2; βΠFSL 8 - 18 ἀλιτ.) P(1-3; 13 τί οὖν - 16 ἀνάγκη)
L(-3) N(-3; 8-22)

1 ταύτην L   1-2 τὴν ἐσθ. τῷ διαβ. stellen PL   2 οἷα - ἀποδ. νοι τὴν
ἐσθῆτα X, > YPL   3 ἀληθῶς > N/ πολυύμνητα + ἐκεῖνα P/ φθέγξοιτο P
6 ἀφείλετο X   9 ἀπέδωκεν + πεοιορρηξάμενος τὴν ἐσθῆτα καὶ τὴν κό-
μην τιλλάμενος N, Π am Rand/ τὸν > XN/ καὶ₁ > X   12 ἀνθρώπων Y
13 οὖν > P   14 φησιν + εἰ P/ μὲν > P/ δὲ > P   15/16 ὑπομεῖναι P
16 καὶ > Γ   19 ἦ μὴν: εἰ μὴ X, εἰ μὴν N/ εὐλογήσῃ X   20 ἀντὶ τοῦ
δυσφημήσει > X   20-21 εὐχαριστήριον .. ἀναπέμπων Y, vgl.S.25,18

ἐν τούτοις, φησίν, πᾶσι τοῖς τῶν συμφορῶν κύμασιν οὐδὲ κατὰ δι-
άνοιάν τι ἀπρεπὲς περὶ θεοῦ ὁ 'Ιὼβ ἐλογίσατο· τοῦτο γὰρ σημαίνει
τὸ ἐναντίον τοῦ κυρίου. ἄνθρωπος μὲν γὰρ εἰς πρόσωπον, ὁ δὲ
θεὸς εἰς τὴν καρδίαν βλέπει. μετὰ γνησίας οὖν τῆς διαθέσεως τὴν
5 δοξολογίαν προσήνεγκε καὶ οὐ φαύλους καὶ ἄφρονας λογισμοὺς ἀντὶ
ἀγαθῶν προσεκόμισεν.

2,1-3 ἐγένετο δὲ ὡς ἡ ἡμέρα αὕτη καὶ ἦλθον οἱ ἄγγελοι παραστῆναι
ἐναντίον τοῦ κυρίου, καὶ ὁ διάβολος ἦλθεν ἐν μέσῳ αὐτῶν παραστῆ-
ναι ἐναντίον τοῦ κυρίου. καὶ εἶπεν ὁ κύριος τῷ διαβόλῳ· πόθεν σὺ
10 ἔρχῃ; τότε εἶπεν ὁ διάβολος ἐναντίον τοῦ κυρίου· διαπορευθεὶς τὴν
ὑπ' οὐρανὸν καὶ ἐμπεριπατήσας τὴν σύμπασαν πάρειμι. εἶπε δὲ ὁ κύ-
ριος πρὸς τὸν διάβολον· προσέσχες οὖν τῷ θεράποντί μου 'Ιὼβ, ὅτι
οὐκ ἔστι κατ' αὐτὸν τῶν ἐπὶ τῆς γῆς ἄνθρωπος ἄκακος, ἀληθινός, ἄ-
μεμπτος, θεοσεβής, ἀπεχόμενος ἀπὸ παντὸς κακοῦ; ἔτι δὲ ἔχεται ἀκα-
15 κίας· σὺ δὲ εἶπας τὰ ὑπάρχοντα αὐτῷ διὰ κενῆς ἀπολέσαι.

πρῶτον ἐν πενίᾳ καὶ ἀπαιδίᾳ γυμνασθέντος τοῦ δικαίου καὶ
τὴν ἄκραν φιλοσοφίαν ἐπιδειξαμένου, ἐφ' οἷς οὐ μόνον οὐκ ἐδυσφή-
μησεν, ἀλλὰ καὶ εὐχαριστηρίους φωνὰς ἀνέπεμψεν, οἱ μὲν ἅγιοι συν-
έχαιρον ἄγγελοι τῇ νίκῃ, ὁ δὲ διάβολος διέπριε τοὺς ὀδόντας καὶ
20 δευτέρας πείρας ἐξουσίαν ἐξῄτει κατ' αὐτοῦ λαβεῖν. ὁ δὲ ἀγαθὸς θε-
ὸς καὶ τοὺς ἑαυτοῦ δοξάζων γνησίους ὑπερεθίζει τὸ θηρίον, ἵνα καὶ
μᾶλλον καταισχυνθῇ, καὶ πολλοῖς ἐγκωμίοις στεφανοῖ τὸν δίκαιον ὡς
τὴν φυσικὴν ἀλήθειαν διαφυλάξαντα καὶ οὐδεμίαν ὑπομείναντα δια-
στροφὴν ἐκ τῶν συμφορῶν. ἀλλὰ καὶ ἔτι, φησίν, τῆς αὐτῆς ἀκακί-
25 ας ἔχεται μηδεμίαν ὑπομείνας τροπήν· σὺ δὲ ἐμεγαλαύχεις διὰ

X Y Γ(βΠFS 1 - 4 βλέπει) P(1 - 4 βλέπει) L(1-6) N(1-6; 16-)
1 φησι > P / τῶν συμφορῶν > P   2 ὁ 'Ιὼβ περὶ θεοῦ stellen XP
3-4 ὁ δὲ θεὸς: θεὸς δὲ P   4 τὴν₁ > P / βλέπει: ὁρᾷ P / μετὰ γν.
οὖν: ἀλλὰ μετὰ γν. N   6 προεκόμισεν N   8 ἐναντίον: ἐνώπιον Y
/ ἦλθεν: ἔστη Y   8-9 παραστῆναι - κυρίου > Y   10 ἐναντίον
τοῦ κυρίου > Y   11 σύμπασαν + γῆν Y   12 πρὸς τὸν διάβολον:
τῷ διαβόλῳ Y   13/14 ἀληθινός nach ἄμεμπτος Y / ἄμεπτος Y   14
θεοσεβής > Y   15 αὐτῷ > Y / ἀπολέσαι διὰ κενῆς Y   16 γυμνω-
θέντος X   19 διεπρίετο N   20 ἐξουσίαν > Y / ἐξῄτει N   21
γνησίους + θεράποντας N / ὑπεραιθίζει Y   24 ἀλλὰ καὶ ἔτι: ἔτι
γὰρ N   25 τροπήν: βλάβην N

κενῆς, ἀντὶ τοῦ· ἀκαίρως ἐφλυάρεις λέγων· ἐὰν ἀπολέσῃ τὰ ὑπάρ-
χοντα, δυσφημεῖ.

κατανόει δὲ ἐντεῦθεν, ὡς ὁ μὲν θεὸς προγνώστης ὢν καὶ εἰδὼς τὸ
ἐκβησόμενον καὶ ὅτι οὐκ ἂν ὁ μέγας Ἰὼβ ἀπρεπές τι φθέγξοιτό ποτε,
5 ἐπέτρεψε τὴν κατὰ τοῦ δικαίου πάλην. ὁ δὲ διάβολος οὔτε τὸ μέλλον
οἶδεν οὔτε τὰ ἐν τῇ ἡμετέρᾳ καρδίᾳ γινώσκει, διὸ καὶ ἀγνοῶν, ὅτι
ἡττηθήσεται, ἐφλυάρει λέγων· ἦ μὴν εἰς πρόσωπόν σε εὐλο-
γήσει. καὶ αὖθις νικήσειν οἰόμενος τὴν εἰς τὸ δέρμα τοῦ δικαίου
πεῖραν ἐξαιτεῖ καί φησιν·

10 2,4-5 δέρμα ὑπὲρ δέρματος· ὅσα ὑπάρχει ἀνθρώπῳ ὑπὲρ τῆς ψυχῆς
αὐτοῦ ἐκτίσει. οὐ μὴν δὲ ἀλλὰ ἀποστείλας τὴν χεῖρά σου ἅψαι τῶν
ὀστῶν αὐτοῦ καὶ τῶν σαρκῶν, ἦ μὴν εἰς πρόσωπόν σε εὐλογήσει.

τὸ μὲν θηρίον ὠμὸν καὶ ἀναίσχυντον· οὐ γὰρ ἀνέχεται μόνον τῶν
ἡμετέρων ἐμφορηθῆναι σαρκῶν, ἀλλὰ καὶ μέχρις ὀστῶν καὶ μυελῶν δι-
15 ελθεῖν βούλεται. ἐλεγχθεὶς δὲ ὁ μισάνθρωπος πάλιν ἀναισχυντεῖ καὶ
φησιν· οὐδὲν μέγα, εἰ ἀλλοτρίων σωμάτων πεπονθότων οὐκ ἐδυσφήμη-
σε δεδοικώς, μή σε παροργίσῃ καὶ κατὰ τοῦ αὐτοῦ σώματος ἐνέγκῃς
τὴν πληγήν. καὶ ἄλλως δὲ πολλάκις τις, ἵνα μὴ εἰς ὀφθαλμὸν λάβῃ,
τὴν χεῖρα προτείνει καὶ εἰς τὸ ἧττον τίμιον μέλος δέχεται τὴν
20 πληγήν, δέρμα ὑπὲρ δέρματος προισχόμενος, ἵνα σώσῃ τὸ κυρι-
ώτερον. οὐδὲν οὖν μέγα, φησίν, εἰ τῶν ἔξωθεν περιεφρόνησεν.

ἔστι δὲ καὶ ἄλλως νοεῖν· ἐξευτελίζων τὴν τοῦ δικαίου πρὸς θεὸν

X Y Γ(βΠFSPL ≠ 3 ὡς - 6 γινώσκει; βΠFSL 15 ἐλεγχθεὶς - 20/21 κυριώ-
τερον) P(3 - 7/8 εὐλογήσει; 16 οὐδὲν - 20/21 κυριώτερον) N(-9; 13-)
2 βλασφημεῖ Y   3 δὲ > P/ ὁ μὲν ὁ X   3-4 τὸ ἐκβησόμενον καὶ > P
4 ὅτι: ὡς P / ὁ μέγας Ἰὼβ οὐκ ἂν stellt N, οὐκ ἄν ποτε ἀπρεπές τι ὁ
μέγας Ἰὼβ φθέγξοιτο stellt P / φθέγξαιτο N   5 ἐπέτρεψε nach πά-
λην stellt P / οὐδὲ P   7 ἐφλυάρει: ἐλήρει N / ἦ μὴν: εἰ μὴ X
7/8 εὐλογήσῃ XN   10 ὅσα: ἃ Y   12 ἦ: εἰ X   15 δὲ ὁ μισάν-
θρωπος: ὁ μισάνθρωπος κἀνταῦθα N, ὁ διάβολος κἀνταῦθα Γ   16/17
ἐβλασφήμησε Γ   17 δεδοικώς > P / αὐτοῦ: ἰδίου ΓN / ἐνέγκεις Y,
ἐνέγκῃ ΓN   18/20 nach 18 πληγήν statt nach 20 πληγήν hat die
Worte δέρμα - κυριώτερον P; 18 πληγήν + τοῦτο γάρ ἐστιν ὁ λέγει τὸ
(τὸ > N) δέρμα ὑπὲρ δέρματος, dafür 20 δέρμα - προισχόμενος > ΓN
18 ἄλλως τε Y, γὰρ ΓN / λάβῃ: βλαβῇ ΓN   19 προτείνει τὴν χεῖρα
stellt P / προτείνῃ X / δέχεται: λαμβάνει P   20 σωθῇ YP(vgl. 18/20)
21 οὖν > Y   22 νοεῖν + τὸ ῥητόν N

εὐφημίαν ὁ πονηρὸς δέρμα, φησίν, ὑπὲρ δέρματος δέδωκεν, ἀν-
τὶ τοῦ· εἰς ὀλίγα βλαβεὶς ὀλίγην τινὰ εὐφημίαν προσήγαγεν, καὶ
οὐδὲν μέγα, εἰ τῶν ὑπαρχόντων ἄνθρωπος καταφρονεῖ, ἵνα αὐτὸς μὴ
βλαβῇ. τὸ γὰρ ὑπὲρ τῆς ψυχῆς αὐτοῦ ἀντὶ τοῦ ὑπὲρ ἑαυτοῦ
5 εἴρηκεν.

2,6 εἶπεν δὲ ὁ κύριος τῷ διαβόλῳ· ἰδοὺ παραδίδωμί σοι αὐτόν, μό-
νον τὴν ψυχὴν αὐτοῦ διαφύλαξον.

πάλιν κατὰ μέτρον τὸν χρυσοῦν ἀνδριάντα τῷ διαβολικῷ πυρὶ δο-
κιμάζει ὁ θεὸς οὐκ αὐτὸς γνῶναι θέλων, ὃν ἠπίστατο, ἀλλ' εἰς ἔλεγ-
10 χον διαβολικὸν καὶ ἐφ' ᾧ τοῦτον ἡμῖν γνωρίσαι. καὶ τοῦ μὲν σώμα-
τος δίδωσι τὴν ἐξουσίαν, οὐ συγχωρεῖ δὲ τοῦ σώματος ὑπεξαγαγεῖν
τὴν ψυχήν, ἵνα ἐξ ἐπιγονῆς τὰ διπλασίονα χαρίσηται ἀγαθά. ἢ καὶ
τοῦτό φησιν, ὅτι τοῦ ἡγεμονικοῦ αὐτοῦ μὴ ἅψη, διὰ δὲ τῶν εἰς τὴν
σάρκα βασάνων τὸν ἀγῶνα ποιοῦ.

15 2,7-8 ἐξῆλθεν δὲ ὁ διάβολος ἀπὸ τοῦ κυρίου καὶ ἔπαισεν τὸν Ἰὼβ
ἕλκει πονηρῷ ἀπὸ ποδῶν μέχρι κεφαλῆς. καὶ ἔλαβεν ὄστρακον, ἵνα
τὸν ἰχῶρα ξέῃ, καὶ αὐτὸς ἐκάθητο ἐπὶ τῆς κοπρίας ἔξω τῆς πόλεως.

μετὰ τὴν τῶν κτημάτων καὶ τῶν οἰκετῶν καὶ τῶν παίδων ἀφαίρεσιν
τότε τὸ τῆς λώβης ἕλκος ἐπήγαγεν ὁ διάβολος, ὡς δριμεῖς μὲν ῥέειν
20 ἰχῶρας ἐκ τοῦ σώματος καὶ ἐπιδάκνοντας, ἀπορίαν δὲ εἶναι παντελῆ
τῶν τε ἀναγκαίων καὶ τῶν νοσοκομούντων. καὶ τῆς μὲν πόλεως ὡς λε-
λωβημένος ἔξω καθῆστο. τῇ δὲ χειρὶ τοὺς μυδῶντας ἰχῶρας οὐχ ὑπε-
δέχετο, ἵνα μὴ καὶ μᾶλλον ἀποκναίοιτο, ἀλλ' ὀστράκῳ τούτους ἀπέ-

X Y Γ(βΠFSL 18 - 23 ἀπέξεεν) P(10 τοῦ - 14; 22 τῇ -) L(10 καὶ₂ - 14)
N(-5; 8 - 10 γνωρίσαι; ≠ 10 καὶ₂ - 14; 18-)

1 ὁ πονηρὸς N: > XY   1/2 ἀντὶ τοῦ: τουτέστιν N   4 ὑπὲρ₁ > N
/ αὐτοῦ + φησιν XY / ὑπὲρ₂ > N   8 πάλιν + μέντοι N / καταμετρῶν Y
9 ὁ > YN   10 καὶ₁ > Y / ἐφ' ᾧ Y   12 ἵνα - ἀγαθά > P / ἐπιγο-
νῆς: ἐπιχῶῆς L   13/14 τὴν σάρκα: τὸ σῶμα P   15 ἔπεσε Y
17 ἐπὶ - πόλεως: ἔξω ἐπὶ τῆς κοπρίας Y   18 τῶν₁ > Y   19 τότε
> Y / ὁ διάβολος ἐπήγαγεν stellt Γ (außer F)   20 ἐπιδάκνοντας:
ἔτι δάκνοντας ΓN   21 ὡς > Y   22 δὲ > P / μυδόντας Y, μυδῶνας P
23 καὶ > P

ξεεν. αἴθριος δὲ καὶ ἐπὶ κοπρίας ἔκειτο, ἵνα κἂν ἀνθρωπίνης ἀκού-
ση φωνῆς ἢ καθαρὸν ἀναπνεύση τὸν ἀέρα ἤ, τό γε ἀληθέστερον εἰ-
πεῖν, τῇ μείζονι κακοπαθείᾳ τὸν θεὸν ἐξιλεούμενος.

2,9-9a χρόνου δὲ πολλοῦ προβεβηκότος εἶπεν αὐτῷ ἡ γυνὴ αὐτοῦ·
5 μέχρι τίνος καρτερήσεις λέγων· ἰδοὺ ἀναμένω χρόνον ἔτι μικρὸν
προσδεχόμενος τὴν ἐλπίδα τῆς σωτηρίας μου;

    ὁ μὲν οὖν γενναῖος καὶ φιλόθεος Ἰὼβ ἐνεκαρτέρει τῇ πενίᾳ καὶ τοῖς
πάθεσι χρόνον οὐκ ὀλίγον καὶ πρὸς ἑαυτὸν παραμυθούμενος ἔλεγεν· δεῖ
φέρειν ἀνδρικῶς, δεῖ καρτερεῖν, δεῖ τὴν ἐκ θεοῦ προσμένειν βοήθειαν,
10 οὐ βραδύνει θεὸς ἐπαμῦναι καὶ τῶν παρόντων ἀπαλλάξαι δεινῶν. ἐξασθε-
νεῖ δὲ ἡ γυνὴ πρὸς τὰς συμφορὰς ὑπὸ τοῦ διαβόλου τηρηθεῖσα ὥσπερ
ὕστερον μηχάνημα κατά τινος ἀσείστου τείχους. ὁ δὲ πανοῦργος διά-
βολος ὡς ἱκανῷ χρόνῳ κατειργάσατο τὸν δίκαιον, τότε τῇ τῆς γυναι-
κὸς ἀσθενείᾳ συγχρῆται καὶ ὁπλίζει ταύτην κατ' αὐτοῦ ὥσπερ ποτὲ
15 καὶ τὴν Εὕαν κατὰ τοῦ προπάτορος Ἀδάμ. ἡ δὲ καὶ πρὸς τὰς συμφο-
ρὰς ἀπειποῦσα καὶ τοῦ διαβολικοῦ πληρωθεῖσα πνεύματος ἐπὶ τοὺς
παρόντας προήχθη λόγους, καὶ πρῶτα μὲν αὐτῷ τὰς εἰς θεὸν ἐλπίδας
ἀνηνύτους πειρᾶται δεικνύναι τῷ πολλῷ παρεληλυθότι χρόνῳ πιστου-
μένη τὸ μέλλον· εἶτα καὶ ἐπάγει·

20 2,9 b - e ἰδοὺ γὰρ ἠφάνισταί σου τὸ μνημόσυνον ἀπὸ τῆς γῆς, υἱοὶ
καὶ θυγατέρες, ἐμῆς κοιλίας ὠδῖνες καὶ πόνοι, οὓς εἰς τὸ κενὸν
ἐκοπίασα μετὰ μόχθων. σύ τε αὐτὸς ἐν σαπρίᾳ σκωλήκων κάθισαι δια-
νυκτερεύων αἴθριος· κἀγὼ πλανῆτις καὶ λάτρις τόπον ἐκ τόπου περι-
ερχομένη καὶ οἰκίαν ἐξ οἰκίας, προσδεχομένη τὸν ἥλιον πότε δύσε-
25 ται, ἵνα ἀναπαύσωμαι τῶν μόχθων καὶ τῶν ὀδυνῶν, αἵ με νῦν συνέ-

X Y Γ(βΠFSP ≠ 11 ὑπὸ - 14 συγχρῆται) P(-3) N(-3; 7-19)

1 ἔκειτο: ἐκάθητο P   1/2 ἀκούῃ P   2 καθαρὸν - ἤ > P
3 κακοπαθίᾳ Y / ἱλεούμενος X   7 οὖν: γὰρ N / γενναῖος
- 'Ιὼβ > N   9 δεῖ₂: καὶ X / ἐκ + τοῦ X   11 τοῦ > Y / κινη-
θεῖσα Y(in κιν Korrektur von späterer Hand)   12 δὲ: γὰρ N
13 ὅτε ὡς (Γ ohne P) / τότε + καὶ (Γ)   14 συγκέχρηται Y / ὁπλίζε-
ται Y   15 καὶ₁ > N / 'Αδάμ > N   17 πρώτας Y   19 καὶ +
τὰ ἐξῆς N   21 τῆς ἐμῆς Y   22 σαπρίᾳ: κοπρίᾳ Y / κάθισαι:
κάθῃ Y   25/1 κατέχουσιν Y

χουσιν. ἀλλὰ εἰπόν τι ῥῆμα πρὸς κύριον καὶ τελεύτα.

ὅλον ἦν θεοῦ συγχώρησις καὶ διαβόλου προσβολὴ μετ' ἐξουσίας
πράττοντος διὰ τὸν συγκεχωρηκότα θεόν, ἐφ' ᾧ διὰ πάντων ἀγωνισά-
μενον τὸν Ἰὼβ στεφανίτην ἀναδειχθῆναι. διὸ καὶ τὴν γυναῖκα οὐδεὶς
5 ἠλέει οὐδὲ τῆς παλαιᾶς αὐτῆς εὐδαιμονίας μεμνημένος παρεμυθεῖτο
τὴν ἔνδειαν, ἀλλ' ἐθήτευεν ἐπὶ μισθῷ (τοῦτο γὰρ σημαίνει τὸ λά-
τρις) τοῖς ἑκάστοτε δεομένοις ὑπηρετοῦσα, ἐφ' ᾧ καὶ ἑαυτῇ καὶ τῷ
συνεύνῳ ἐπαρκέσαι πρὸς τὸ ἀποζῆν.

ἀπειποῦσα τοίνυν πρὸς τὰς συμφορὰς καὶ διαβολικῆς ἐνεργείας
10 πεπληρωμένη ὑποτίθεται τῷ δικαίῳ ταύτην αὐτῷ τῶν κακῶν λύσιν ὑπο-
λελεῖφθαι τὴν τοῦ σώματος ἀπαλλαγήν· δυνατὸν δὲ ταύτην αὐτῷ προσ-
γενέσθαι, εἰ παροργίσοι διὰ τῆς βλασφημίας τὸν θεὸν καὶ πρὸς τὴν
ἀναίρεσιν ὑπερεθίσοι τὴν καθ' ἑαυτοῦ. κακοτέχνως δὲ καὶ ἀσυμπαθῶς
τὴν τοιαύτην εἰσηγεῖται βουλὴν ἔκ τε τῶν τοῦ ἀνδρὸς καὶ τῶν ἑαυ-
15 τῆς συμφορῶν τὸν λόγον κατασκευάζουσα. τὰς τῶν ὠδίνων, φησίν, ἀλ-
γηδόνας ὑπέμεινα, ἐμόχθησα παιδοτροφοῦσα, ἵνα μετὰ σὲ μνημόσυνόν
σου τοὺς παῖδας καταλίπῃς. ἐξεκόπη τούτων ἡ ἐλπίς· πάντες ἀπώλον-
το, ἄρρενες ὁμοῦ καὶ θήλειαι. εἰς τίνα λοιπὸν ἀποβλέψομαι, εἰς
σὲ τὸν τούτων πατέρα, τὸν σκωλήκων πλήρη, τὸν πένητα, τὸν ἀπερ-
20 ριμμένον; εἰς ἐμὲ τὴν ἀθλίαν, τὴν πλανῆτιν, τὴν ἐκ τῆς πολλῆς
εὐδαιμονίας ἐπὶ μισθῷ θητεύουσαν, τὴν μέχρις ἑσπέρας ἐν ὀδύναις
καὶ μόχθοις ἐξεταζομένην; ἀλλ' εἴ τί μοι πείθῃ, φθέγξαι τι ῥῆμα
πρὸς τὸν θεὸν παροργίζων αὐτόν, ἵνα σε ἀνέλῃ· αὕτη γάρ σοι μόνη
τῶν κακῶν ὑπολέλειπται λύσις.

X Y Γ(βΠFS 2 ὅλ. - συγχ.; ≠ 3 ἐφ'- 5 ἠλέει; βΠFSL ≠ 23 αὕτη-24) P(2
- 11 ἀπαλ.) L(18 εἰς - ἀποβλ.; 20 εἰς - πλαν.; 22 ἀλλ'- 24) N(2-24)
1 ἀλλ' Y   2 ὅλον XYP: τὸ δὲ ὅλον Γ, ὅλον δὲ τοῦτο N / θεοῦ ἦν
stellt N   4 στεφανήτην Y   5-6 οὐδὲ - ἔνδειαν > P   7 τοῖς -
ὑπηρετοῦσα > P / καὶ₁ > N / αὐτῇ X   8 ζῆν P   9 τοίνυν : μέντοι N
10/11 ὑπολειφθῆναι P, ἀπολελεῖφθαι N   11 ταύτην: αὐτὴν Y
12 παροργίσει Y   13 ὑπερεθίσοι N: ὑπερεθίσει Y, ὑπερερεθίσοι X
/ τὴν > N / καὶ συμπαθῶς X, > N   14 εἰσήνεγκε Y / τῶν₁ > Y
15 ὀδύνων Y   16 σὲ + τὸ N   17 καταλείπῃς X   18 ἀποβλέψο-
μαι YL; ἀποβλέπομαι X, ἀναβλέψω N, + φησιν L   19 τὸν₂: τῶν YN
20 τῆς > Y   21 θιτεύουσαν Y / τὴν: καὶ N   23 τὸν > N / παρ-
οργίζων LN: παροργίζον XY / μόνη > Y

2,10 ὁ δὲ ἐμβλέψας αὐτῇ εἶπεν· ὥσπερ μία τῶν ἀφρόνων γυναικῶν
ἐλάλησας. εἰ τὰ ἀγαθὰ ἐδεξάμεθα ἐκ χειρὸς κυρίου, τὰ κακὰ οὐχ
ὑποίσομεν;

   ὁρᾷς διδασκάλου καὶ ἐν τοῖς πάθεσι γνώμην καὶ πρόσοψιν; ἐπειδὴ
5 γὰρ τὴν γυναῖκα τοῖς τῆς θεοσεβείας ἐπαίδευεν νόμοις, τὰ παρ' ἐλ-
πίδα ἀκούσας καταπληκτικῷ φοβεῖ τῷ βλέμματι. εἶτα καὶ ἠπίοις ἐν-
τρέπει λόγοις· ταῦτα, γάρ φησιν, ὦ αὕτη, ἄφρονος ἦν εἰπεῖν γυναι-
κός. ἡ γὰρ οὐκ ἀφροσύνη τὸ νομίζειν ὁμοῦ τῇ βλασφημίᾳ καὶ τὴν τε-
λευτὴν ἐπακολουθεῖν ἢ ὅλως τολμᾶν βλασφημόν τι ῥῆμα προφέρειν κα-
10 τὰ θεοῦ; τούτοις δὲ παιδεύσας τῷ τε λόγῳ καὶ τῷ βλέμματι νουθετεῖ
φέρειν εὐχαρίστως τῶν δυσχερῶν τὴν ἐπαγωγήν. πολλοὶ μὲν γάρ, φη-
σίν, οὐδὲ εὐθηνίας τινὸς ἐπειράθησαν, ἡμεῖς δὲ ταύτης ἀπολελαυκό-
τες ἐκ θεοῦ τί πρὸς τἀναντία δυσχεραίνομεν, τί δὲ μὴ μετὰ πολλῆς
τῆς εὐχαριστίας ὡς παρὰ γνησίου δεσπότου καὶ ταῦτα δεχόμεθα;
15   ἡ μὲν οὖν ταῦτα ἀκούσασα ἐφησύχασε καὶ τὴν νουθεσίαν ἐδέξατο
μηδὲν ἀντιφθεγξαμένη· διόπερ οἶμαι καὶ τῶν ὕστερον ἀγαθῶν κοινω-
νὸν αὐτὴν γεγενῆσθαι τῷ 'Ιώβ. ὁ δὲ γενναῖος ἀγωνιστὴς τριπλᾶς τῷ
διαβόλῳ δέδωκε τὰς πληγὰς αὐτός τε μὴ καμφθεὶς καὶ τὴν ὑπ' αὐτοῦ
παρατραπεῖσαν γυναῖκα ἐπανορθώσας τῇ νουθεσίᾳ καὶ τὰς εὐχαρίστους
20 καὶ παντὸς ἀξίας ἐπαίνου καὶ ἀλήστου μνήμης φωνὰς ἀναφθεγξάμενος.

2,10 ἐν τούτοις πᾶσι τοῖς συμβεβηκόσιν αὐτῷ οὐδὲν ἥμαρτεν 'Ιὼβ
τοῖς χείλεσιν ἐναντίον τοῦ θεοῦ.

X Y Γ(βΠFSPL 8 ἢ γὰρ - 14; ≠ 15 - 17 'Ιώβ) Γ'(βΠFS 10 τούτοις -
11 ἐπαγωγήν) Ρ(17 ὁ δὲ - 20) L(≠ 17 ὁ δὲ - 20) Ν(4-20)

1 εἶπεν + ἵνα τί Υ   5 τῆς θεοσεβείας: θεοσεβέσιν Ν   5/6 ἐλ-
πίδας ΧΝρ   6 ἠπίοις > Ν   7 λόγοις ἐντρέπει stellt Ν / ὦ αὕ-
τη ΧΝρ: πρὸς αὐτήν Υ, > Νy / εἰπεῖν > Υ   9 ἀκολουθεῖν Ν/ τολ-
μᾶ`ς' Υ / προφέρειν ΧLΝρ: προσφέρειν ΥΓΡΝy   10 δὲ > ΓΝ / τῷ τε
λόγῳ καὶ τῷ βλέμματι Γ'Ν: τῷ λόγῳ καὶ τῷ βλέμματι Υ, τῷ τε λόγῳ τῷ
τε βλέμματι Χ, τῷ τε βλέμματι καὶ τῷ λόγῳ Γ   16 ἀντιφθεγγομέ-
νη Υ, φθεγξαμένη Χ, (> Γ) / ὑστέρων Ρ   17/18 τριπλᾶς τῷ διαβόλῳ
ὁ γενναῖος ἀγωνιστής Ρ   19 τῇ νουθεσίᾳ > Ν   20 ἀξίους Υ /
ἀνεπιλήστου ·ΥΡ, (> L)   22 χείλεσιν + αὐτοῦ Υ

ἀσφαλίζεται πάλιν ἡμᾶς ἡ γραφὴ καὶ τῇ λαμπρότητι καὶ ἀναμαρτη-
σίᾳ καὶ τῇ ἐν τοῖς πειρασμοῖς τοῦ ἀνδρὸς μεγαλοψυχίᾳ προσμαρτυρεῖ,
ὡς ἂν ἐπαξίως τῆς τοιαύτης ψυχῆς καὶ τὰ ἐν παντὶ τῷ βιβλίῳ τοῦ
ἀνδρὸς νοήσωμεν ῥήματα. δειχθείσης οὖν αὐτοῦ πανταχόθεν τῆς μεγα-
5 λονοίας καὶ ὡς παρ᾽ ὅλους τοὺς ἀγῶνας ἐνίκησεν, μηδὲν ταπεινὸν ἐν-
νοήσωμεν περὶ αὐτοῦ ἐν τῇ τῶν ἐφεξῆς ῥημάτων προφορᾷ.

2,11 ἀκούσαντες δὲ οἱ τρεῖς φίλοι αὐτοῦ τὰ κακὰ πάντα τὰ ἐπελ-
θόντα αὐτῷ παρεγένοντο ἕκαστος ἐκ τῆς ἰδίας χώρας πρὸς αὐτόν.

ἐάν τις λέγῃ· διὰ τί μετὰ τοσοῦτον χρόνον οἱ φίλοι παραγεγόνα-
10 σιν, ἐννοείτω πρῶτον μέν, ὡς διαφόρους ᾤκουν χώρας καὶ μετὰ πολὺ
μὲν ἴσως ἤκουσαν. τὸ δὲ παράδοξον τῆς συμφορᾶς καὶ ἄπιστον ἐδό-
κει, εἰ ἐπὶ κοπρίας ἀνεπικούρητος ὁ Ἰὼβ κάθηται, καὶ περιέμενον
διὰ πλειόνων πιστώσασθαι τὴν ἀκοὴν ἢ καὶ ἐκπέμψαι καὶ ἰδεῖν, εἰ
ἀληθῆ τὰ λεγόμενα. ἐν τούτοις μὲν οὖν ὁ χρόνος ἐτρίβετο· πρὸς δὲ
15 δὴ τούτοις, ὅτε τὸ ἀληθὲς ἔγνωσαν, βασιλεῖς ὄντες καὶ ἐκδημεῖν
μέλλοντες ἀνάγκην εἶχον πρότερον εὖ διατάξασθαι τὸ ὑπήκοον, δια-
θεῖναι τὰ κατὰ τὸν οἶκον, ἐπιστῆσαι τοῖς ἀρχομένοις τοὺς ἀνθ᾽ ἑ-
αυτῶν. ταῦτα πάντα αὐτοὺς ἀπησχόλει καὶ ἐνεβράδυνον, καὶ εἰ μὴ
σφόδρα γε ἀγαπητικοί τινες ἦσαν καὶ δίκαιοι, οὐκ ἂν τὰς οἰκείας κα-
20 ταλιπόντες χώρας τε καὶ βασιλείας ἀφικνοῦντο πρὸς τὴν ἐπίσκεψιν,
ἀλλὰ δι᾽ ἑτέρων τὴν χρείαν ἐπλήρουν.

ἔστι δὲ ἐννοεῖν, ὡς καὶ οἰκονομία τις ἦν θεία ἡ τῆς ἀφίξεως
ἀναβολή· ἐπειδὴ γὰρ ὁμοῦ τῇ τῶν φίλων διαλέξει καὶ τὸ πᾶν τοῦ ἀ-
γῶνος ἐλύθη τοῦ θεοῦ χρηματίσαντος καὶ τὸν δίκαιον ἀνακτησαμένου
25 καὶ στεφανώσαντος, οἰκονομία τις θεία γέγονεν ἐμβραδῦναι τοὺς φί-

X Y Γ(βΠFSL 1-6; γΠFSPL 9-) N(≠ 1; 2-)
3 βιβλίῳ: βίῳ Y   6 προσφορᾷ Y   8 αὐτῷ: ἐπ᾽ αὐτὸν Y   9 λέ-
γει X, ζητῇ N   10 ἐννοεῖτο Y / πρῶτα XY   11 καὶ > Y(L)
12 ὁ > Y(L)   13 ἢ > Y   14 μὲν > N   16 διατάξασθαι τὸ ὑπ-
ήκοον > N   18 ἀνεβράδυνον Y   19 γε > Y / οὐχ: οὐδ᾽ Γ(ohne L)
19/20 καταλιπόντας X   20 τε > N   21 nach ἐπλήρουν ist in X
eine σχό(λιον) betitelte Ausführung eines späteren Benutzers einge-
fügt, die eigentlich zum Lemma 2,11 gehört. Man findet sie Einl. S.
XVf.   22/23 τῆς ἀφίξεως ἡ ἀναβολή N, ἡ τούτων ἀναβολὴ τῆς ἀφίξε-
ως X   25 γέγονεν θεία stellt N(P) / θεία > Y(L) / ἐκβραδῦναι Y

λους, ἵνα παράτασιν σχῇ τὰ τοῦ σκάμματος καὶ μειζόνως ἀθλήσας ὁ
δίκαιος δικαιότερον ἀναρρηθῇ παρὰ τοῦ θεοῦ.

2,11   Ἐλιφὰζ ὁ Θαιμανῶν βασιλεύς·

    ἔθνους περὶ τὸ Σινά.

5 2,11   Βαλδὰδ ὁ Σαυχαίων τύραννος·

    τὴν δὲ Σαυχὶ πόλιν εἶναί φασι Μωαβιτῶν. Μωαβιτῶν οὖν ἦν βασιλεὺς
ὁ Βαλδάδ· τὸ γὰρ τύραννος ἐνταῦθα ἀντὶ τοῦ βασιλεὺς κεῖται.

2,11   Σωφὰρ ὁ Μιναίων βασιλεύς·

    τουτέστιν· Ἀμμανιτῶν.

10 2,11   καὶ παρεγένοντο πρὸς αὐτὸν ὁμοθυμαδὸν τοῦ παρακαλέσαι καὶ
ἐπισκέψασθαι αὐτόν.

    Σύμμαχος οὕτως ἐκδέδωκεν· συνετάξαντο γὰρ ὁμοῦ ἐλθόντες συμ-
παθῆσαι αὐτῷ καὶ παραμυθήσασθαι αὐτόν. ὅρα καὶ ἐντεῦθεν, ὡς καὶ
ἕτερος παρῆλθε χρόνος, ἕως ὅτε πρὸς ἀλλήλους διαπεμψάμενοι τὴν
15 ἐπὶ τὸ αὐτὸ σύνοδόν τε καὶ ἄφιξιν ἐποιήσαντο.

2,12   ἰδόντες δὲ αὐτὸν πόρρωθεν οὐκ ἐπέγνωσαν

    τῆς λώβης τοὺς παλαιοὺς αὐτοῦ χαρακτῆρας ἐξαφανισάσης.

2,12   καὶ βοήσαντες φωνῇ μεγάλῃ ἔκλαυσαν ῥήξαντες ἕκαστος τὴν ἑ-
αυτοῦ στολὴν

20   τήν τε τοῦ φίλου συμφορὰν ἰδόντες καὶ τὴν ἀγχίστροφον τῶν
πραγμάτων μεταβολὴν ἐνθυμηθέντες ἔκλαυσαν μετ' οἰμωγῆς ἔρρηξάν τε

X Y Γ(γΠFSPL -2; 6-7; 9; 17; 20 - 21 οἰμωγῆς) N(-2; 12-15; 17; 20-)
1 παράτασεν σχῇ τὰ τοῦ σκάμματος Γ: παραταθῇ τὰ τοῦ νοσήματος XYN /
ὁ > Y   3 Ἐλιφὰς Χ / Θεμανῶν Υ   4 ἔθνος Υ   5 Σαυ-
χέων Χ, Αὐχεῶν Υ   6 δὲ > ΥΓ / Αὐχὴ Υ / Μωαβιτῶν₁: Μωαβ Υ /
Μωαβιτῶν οὖν: τούτων Γ   8 Μηναίων Χ, Μινέων Υ   10 πα-
ραμυθήσασθαι Υ   12 ὁ Σύμμ. Υ / συνέταξαν Υ   13 αὐτῷ > Υ
14 ὅτε > Υ   20 τε: γὰρ Ν

τὴν στολὴν ὡς νεκρὸν πενθοῦντες τὸν τῶν τεθνηκότων ἀπερριμμένων
ἐλεεινότερον.

2,12 καὶ καταπασάμενοι γῆν ἐπὶ τῆς κεφαλῆς αὐτῶν.

τινὰ δὲ βιβλία ἔχουσι· καὶ ἀναβλέψαντες εἰς τὸν οὐρανὸν τὸν
5 θεὸν ἐξιλεούμενοι καὶ μονονουχὶ λέγοντες· ἵλεως ἔσο, δέσποτα, καὶ
μὴ τοιούτοις ἡμᾶς περιβάλῃς κακοῖς, ὃ δὴ καὶ ποιεῖν εἰώθαμεν θαυ-
μάζοντες ὁμοῦ καὶ φοβούμενοι, ὅταν ὁρῶμέν τινας ταῖς ἀδοκήτοις
περιπεπτωκότας συμφοραῖς.

2,13 παρεκάθισαν αὐτῷ ἑπτὰ ἡμέρας καὶ ἑπτὰ νύκτας, καὶ οὐδεὶς
10 αὐτῶν ἐλάλησεν· ἑώρων γὰρ τὴν πληγὴν μεγάλην οὖσαν καὶ δεινὴν
σφόδρα.

οὐκ εἶπεν ἡ γραφή· ἑπτὰ ἡμέρας ἀπὸ πρωΐθεν ἕως ἑσπέρας, οὐδέ·
ἑπτὰ νύκτας ἀφ᾽ ἑσπέρας μέχρι πρωίας. δῆλον οὖν, ὅτι τὸ πλεῖον
τῆς ἡμέρας παρακαθεζόμενοι ὑπανεχώρουν τὰς ἀναγκαίας ἐκπληρώσαν-
15 τες χρείας. καὶ πάλιν ἐπανήκοντες μέχρι πολλοῦ τῆς νυκτὸς παρε-
καθέζοντο, καὶ αὖθις ἀπιόντες πάλιν ὤρθριζον πρὸς αὐτόν, ὃ δὴ τῶν
γνησιωτάτων καὶ συμπαθεστάτων φίλων ἴδιον. τῇ δὲ κοινῇ συνηθείᾳ
χρωμένη ἡ γραφὴ οὕτως ἀπολύτως εἶπεν· π α ρ ε κ ά θ ι σ α ν α ὐ τ ῷ ἑ π -
τ ὰ ἡ μ έ ρ α ς κ α ὶ ἑ π τ ὰ ν ύ κ τ α ς, ἐπεὶ καὶ ὅτε λέγει τὸν Ἰακὼβ
20 δεκατέσσαρα ἔτη δουλεῦσαι καὶ συγκαίεσθαι τῷ καύσωνι τῆς ἡμέρας
καὶ τῷ παγετῷ τῆς νυκτός· ἆρα ὑπὸ στέγην οὐκ εἰσήει ποτέ; ἆρα οὐδε-
μιᾶς ἀναπαύσεως ἔτυχεν ἐν ὅλῳ τῷ χρόνῳ; ταῦτα μὲν οὖν καὶ λεπτολο-
γεῖν φλύαρον· ὡς γὰρ ἔφην, ἡ γραφὴ κοινῇ συνηθείᾳ χρῆται. ἐπειδὴ
δέ τινες κωμῳδοῦντες τὴν γραφὴν καὶ ἐντεῦθεν αὐτὴν ὡς ψευδῆ δια-

X Y Γ(βOFSL 1 ὡς - 2) P(12 - 17 ἴδιον) L(4 - 6 κακοῖς; ≠ 12 - 14 ὑπ-
ανεχώρουν; 16 δ δὴ - 18 εἶπεν; 23 ἐπειδὴ -) N(-2; 4-8; 12-)

1 τὸν > ΥΓ / ἀπερριμένον ΥΝ   3 καταπασάμενοι Χ   4 δὲ > ΥL
/ τῶν βιβλίων L / τὸν > Ν   6 τοσούτοις Χ / περιβάλῃς LΝ: περι-
βάλ᾽λ῾ης Y, περιβάλοις Χ   7-8 τινα .. περιπεπτωκότα Υ   10
αὐτῷ Υ / μεγάλην οὖσαν καὶ δεινήν: δεινὴν οὖσαν Υ   12 εἶπε + δὲ
Ν / γραφή + ὅτι παρεκάθηντο Ν / ἑπτὰ ἡμέρας > ΥΡ / ἀπὸ > Ν / πρωὶ ΥΡ
13 μέχρι: ἕως ΥΡ / πλεῖστον Υ   14/15 ἐκπληρώσοντες Χ   17
συμπαθεστάτων καὶ γνησιωτάτων Χ, γνησιωτάτων PL / ἴδιον: ἐστίν P /
δὲ > Υ / συνηθείᾳ: συμπαθείᾳ Υ

σύρουσιν (οὐ γὰρ ἄν, φασίν, ἄσιτοι διετέλουν ἐπὶ τοσαύταις ἡμέ-
ραις), ἠναγκάσθημεν αὐτῶν συναπαχθῆναι τῇ ἀκαίρῳ στενολεσχίᾳ.

προσκαρτεροῦντες τοιγαροῦν τάς τε ἡμέρας καὶ τὰς νύκτας, καθ᾽
ὃν ἔφην τρόπον, καὶ ὡς ὁ τῆς ἀγάπης ἀπῄτει θεσμός, οὐδένα λόγον
5 ηὕρισκον παραμυθίας, ὑπερνικώσης τῆς συμφορᾶς τὴν ἐκ τῶν λόγων
παραψυχήν.

X Y L N

1 φησιν YN / διετέλουν + καὶ ἄυπνοι N   2 ἀκαιρέῳ Y / λογολεσ-
χίᾳ N   3 τὰς₂ > LN   4 ἔφην: εἶπον L / ὡς > N

ΚΕΦΑΛΑΙΟΝ ΤΡΙΤΟΝ

'Αρχὴ τοῦ ῥητοῦ· Μετὰ τοῦτο ἤνοιξεν 'Ιὼβ τὸ στόμα αὐτοῦ
καὶ κατηράσατο τὴν ἡμέραν αὐτοῦ λέγων.

Προθεωρία τοῦ κεφαλαίου

5 ἀλγεῖ μὲν ὁ δίκαιος καὶ οὐκ ἄν τις ἀρνήσαιτο· οὐ γὰρ τῶν ἀν-
αισθήτων ἡ ἀρετή, ἀλλὰ τῶν ἐν τοῖς πάθεσι φιλοσοφούντων. ὀδυνᾶται
δὲ κατὰ μὲν τὸ φαινόμενον ὑπὸ τῆς ἐν τῇ σαρκὶ πληγῆς δριμυτάτως
κεντούμενος, κατὰ δὲ τὸ νοούμενον οἷα δίκαιος καὶ φιλόθεος ἀνὴρ
ὁρῶν τινας σκανδαλιζομένους ἐπὶ τοῖς αὐτοῦ πάθεσιν ὡς δὴ τοῦ δι-
10 καίου τοιαῦτα ὑπομένοντος.

ἤλγει τοιγαροῦν καὶ ὠδυνᾶτο καὶ διὰ τὰ πάθη καὶ ὡς τῆς τοῦ θε-
οῦ δόξης ἐπ' αὐτῷ διασυρομένης. καὶ γὰρ ὅταν λέγῃ· ἵνα τί ἔθου
με κατεντευκτήν σου; οὐκ αὐτὸς κατὰ θεοῦ ἐνετύγχανεν, μὴ
γένοιτο. τίνι γὰρ καὶ εἶχεν ἐντυγχάνειν; ἀλλὰ τοῦτό ἐστιν ὃ φη-
15 σιν· ἵνα τί δι' ἐμέ, δέσποτα, τὸ ὄνομά σου βλασφημεῖται;

ἐθορυβεῖτο δὲ οὐχ ἥκιστα καὶ ἰλιγγία οἷα σφοδρῶς τῇ τοῦ θεοῦ
τετρωμένος ἀγάπῃ, μήπως τελείαν ἐγκατάλειψιν ὑπέμεινεν ὑπὸ θεοῦ·
οὐδὲν γὰρ οὕτω τιμωρεῖται ψυχὴν λογικὴν καὶ φιλόθεον ὡς τὸ ὑποπ-
τεύειν καταλελεῖφθαι παρὰ θεοῦ. καὶ μυριάκις ἡρεῖτο τὸν θάνατον

12-13 Hiob 7,20

Χ. Υ Γ(βΠFSL 5-) Ρ(5-15; ≠ 16-17) Ν(5-)

5 ἀρνήσεται Υ, ἀρνήσηται Ρ   6 φιλοσοφούντων: φιλονεικούντων Χ
7 δὲ > ΥΡ(Νy)/ μὲν κατὰ stellt Ρ, μὲν > Ν / τῇ > Χ   9 ὡς - 11 καὶ₂ >
Ν (Haplographie oder Kürzung?) / ὡς - 10 ὑπομένοντος > Ρ   10 τοι-
αῦτα > Υ / ὑπομείναντος Υ   11 καὶ ὠδυνᾶτο καὶ > Ρ / ὡς > Γ   12 ἐπ'
ἀὐτοῦ Ρ / διασυρομένης + εἰ ὁ δίκαιος τοιαῦτα ὑπομένει ΡΝ (vgl.9 mit
App.)   13 με > Υ / κατὰ + τοῦ ΥΡ   14 καὶ > Γ / ἐντυγχάνειν ΓΝ: ἐν-
τυχεῖν ΧΥΡ / τοῦτό ἐστιν δ: τοῦθ' δ Ρ   15 δέσποτα nach σου Ρ /
βλασφημῆται ΥΡ   16 δὲ οὐχ ἥκιστα: οὐδὲν ἧττον Ν / οἷα: καὶ Γ, > Ν
17 μήπως: μὴ ΥΓ / ἐγκατάληψιν Υ / ὑπέμεινεν ὑπὸ: ὑπέστη παρὰ Ν
18 λογικὴν καὶ > Ν

ἢ μετὰ ἀλγηδόνων καὶ τοιαύτης ὑποψίας τοῖς ζῶσιν ἐγκαταλέγεσθαι.

ἐπὶ μὲν οὖν τῇ τῶν κτημάτων ἀπωλείᾳ καὶ τῇ τῶν παίδων ἀθρόᾳ
τελευτῇ οἵας ἀφῆκε χαριστηρίους φωνάς, ἠκούσαμεν, καὶ ὅπως τὴν
γυναῖκα ἐξεπαίδευσεν ἀπρεπές τι περὶ τοῦ δεσπότου λογισαμένην καὶ
5 ποῖα μετὰ πενίαν καὶ ἐξουδένωσιν καὶ τὸ δριμὺ πάθος ἐφθέγξατο,
καὶ ὡς οὐδὲν αὐτὸν τῶν ἀνθρωπίνων συμπτωμάτων διεθορύβησεν.

ὡς δὲ οἱ φίλοι παρεγένοντο ἄνδρες δίκαιοι καὶ συμπαθεῖς, εὔ-
καιρον ᾠήθη θεωρῶν αὐτῶν τὴν ὑπομονὴν καὶ τὴν ἀγάπην, ἐπ᾽ αὐτῶν
εἰπεῖν καὶ δημοσιεῦσαι τὰς κατὰ ψυχὴν ἀλγηδόνας.

10 καὶ φθέγγεται μὲν καθ᾽ ἱστορίαν ἀκίνδυνα· ἓν γὰρ τοῦ διαβόλου
τὸ σπούδασμα τὸ παρασκευάσαι τὸν δίκαιον βλασφημῆσαι θεόν. ὁ δὲ
οὐδαμοῦ φαίνεται τοιοῦτόν τι διαπραξάμενος, ἀλλὰ καὶ μᾶλλον εὐφη-
μήσας καὶ χαριστηρίους ἀναπέμψας φωνάς. καταρᾶται δὲ τὴν ἡμέραν
τῆς γεννήσεως καὶ τὸν θάνατον ἐπιποθεῖ διὰ τὰς ἀνωτέρω λεχθείσας
15 αἰτίας.

πρὸς δὲ διάνοιαν μυστήρια λαλεῖ καὶ περὶ τῶν ἤδη προγεγονότων
φιλοσοφεῖ καὶ πληροφορεῖται τὸ μέλλον· τοιαῦται γὰρ ἀεὶ τῶν ἁγίων
προφητῶν αἱ ῥήσεις. ἐπὶ δὲ αὐτῶν τῶν λέξεων γενόμενοι σαφηνίσω-
μεν τὴν ἔννοιαν αὐτοῦ ποδηγοῦντος ἡμᾶς πρὸς τὴν ἑρμηνείαν τοῦ καὶ
20 τὸν ἁγιώτατον Ἰὼβ πρὸς τοὺς ἀγῶνας ἐνισχύσαντος.

Χ Υ Γ(βΠ FSL -20) Ρ(7 - 18 ῥήσεις) Ν(-20)

2 ἐπὶ: ἐπεὶ Υ   5 πενίαν: πεῖραν ΓΝ   7/8 ἄκαιρον Ρ   10 ἓν
γὰρ: ἦν γὰρ ΥΡ, ἐν γὰρ ἦν ΓΝ   12 οὐδαμῶς ΡΝ / τοιοῦτόν τι: τοῦ-
το ΡΝ / τοῦτο φαίνεται διαπραξάμενος stellt Ρ   12-13 εὐφημήσας
- φωνάς: εὐχαριστήσας Ρ   14 γενήσεως Υ / γεννήσεως + καὶ ὡς ἀν-
υπάρκτου κατεύχεται, πρᾶγμα γὰρ οὐχ ὑφεστηκὸς ἀλλ᾽ ἡμερονύκτιον παρ-
ελθὸν Ρ (vgl. S.37,15-16)   14 ῥηθείσας Ρ   16 μυστήριον ΓΝ
/ λαλῶν Ρ / γεγονότων Ρ   20 ἅγιον ΥΝ / ἰσχύσαντος Χ

Αἱ λέξεις

3,1-2 Μετὰ τοῦτο ἤνοιξεν 'Ἰὼβ τὸ στόμα αὐτοῦ καὶ κατηράσατο τὴν
ἡμέραν αὐτοῦ λέγων·

ὅτε δίκαιος ἀνοίγει τὸ στόμα, οὐχ ἁπλῶς οὑτωσὶ προσήκει προσ-
5 εχειν τοῖς λεγομένοις, ἀλλὰ τὴν ἐκ τῶν λόγων ὠφέλειαν ἀναζητεῖν.
μεστὰ γὰρ ἀεὶ ὠφελείας τῶν ἁγίων τὰ ῥήματα, διὸ καὶ τὸ σκεῦος
τῆς ἐκλογῆς ὁ Παῦλος ἐπιστέλλων φησίν· τὸ στόμα μου ἀν-
έῳγεν πρὸς ὑμᾶς, Κορίνθιοι. καὶ περὶ τοῦ κυρίου δὲ εἴρη-
ται ἐν ταῖς ἱεραῖς τῶν εὐαγγελίων γραφαῖς· καὶ ἀνοίξας τὸ
10 στόμα αὐτοῦ ἐδίδασκεν αὐτοὺς λέγων. ἴδωμεν οὖν, τί καὶ
ὁ μέγας 'Ἰὼβ ἀνοίξας τὸ στόμα φθέγγεται.

3,3 ἀπόλοιτο ἡ ἡμέρα, ἐν ᾗ ἐγεννήθην, καὶ ἡ νύξ, ἐν ᾗ εἶπαν·
ἰδοὺ ἄρσεν.

ὅτι μὲν ἠθύμει διὰ τὰς εἰρημένας αἰτίας ὁ 'Ἰὼβ, πρόδηλον. ἐκ-
15 φέρει δὲ τὰ τῆς ἀθυμίας ῥήματα καὶ καταρᾶται πρᾶγμα οὐχ ὑφεστη-
κός, ἀλλ' ἡμερονύκτιον παρελθόν. ὅτι δὲ ἀθυμοῦσιν ἐν ταῖς περι-
στάσεσιν οἱ δίκαιοι, καὶ 'Ἰερεμίου λέγοντος ἀκούσῃ· ἐπικατάρα-
τος ἡ ἡμέρα, ἐν ᾗ ἐγεννήθην, καὶ τοῦ ἱεροφάντου Μωσέως·
ἀπόκτεινόν με, εἰ οὕτως μοι μέλλεις ποιεῖν. καὶ αὐ-
20 τὸς δὲ ὁ κύριός φησι περὶ τοῦ τοῖς ἀνηκέστοις περιπεπτωκότος κα-
κοῖς 'Ἰούδα· καλὸν ἦν αὐτῷ, εἰ οὐκ ἐγεννήθη ὁ ἄνθρω-
πος ἐκεῖνος.

6f Apostelgeschichte 9,15   7f 2.Korinther 6,11   9f Matthäus 5,2
17f Jeremias 20,14   19 Numeri 11,15   21f Matthäus 26,24

Χ Υ Γ(βΠFSL 14 ἐκφέρει - 17 ἀκούσῃ) Ρ(14 ὅτι - πρόδηλον; 15 πρᾶγμα
- 17 ἀκούσῃ; ≠ 19 καὶ - 22) L(18 καὶ - 19 ποιεῖν) Ν(4-11; ≠ 14 ὅτι
- πρόδηλον; ≠ 16 ὅτι - 19 ποιεῖν)

4 ὅτε + ὁ Υ   5 ἀναζητεῖν ἀφέλειαν stellt Ν / ἐπιζητεῖν Υ
6 ἀφελείας ἀεὶ stellt Υ   8 δὲ - 9 καὶ: γέγραπται ὅτι Ν
10 εἴδωμεν Χ   11 στόμα + αὐτοῦ Χ   12 ἐγεννήθην Χ / εἶπον Χ
15 δὲ > Γ   16 ὅτι δὲ: καὶ ὅτι Γ   17 'Ἰερεμία Ρ / λέγοντος:
κλαίοντος Γ   18 Μωυσέως Χ

ἀθυμοῦσι μὲν οὖν, ὡς ἔφην, οὐκ ὀλιγωροῦσι δὲ οὐδὲ καταπίπτου-

σιν οὐδὲ φθέγγονταί τι παλίμφημον κατὰ θεοῦ, ἀλλ' ἢ καθ' ἑαυτῶν

ἢ κατὰ πραγμάτων οὐδὲν βλαπτομένων τὰ τῆς ἀθυμίας ἐκφέρουσι ῥή-

ματα. καὶ γοῦν ὁ μέγας Δαυὶδ τὰ ὄρη τὰ Γελβουε καταρᾶται φάσκων·

5 μὴ ἔλθοι ἐφ' ὑμᾶς δρόσος, ὅτι τὸν ποθούμενον Ἰωναθὰν μετὰ

τοῦ πατρὸς καίτοιγε πολεμίου τυγχάνοντος αὐτῷ ἐπὶ τῶν ὀρῶν ἐκεί-

νων ἤκουσεν ἀναιρεθέντας.

καὶ πρὸς μὲν ῥητὸν ταῦτα· ἐπικεκρυμμένως δὲ ὡς προφήτης μυστή-

ρια λαλεῖ. καὶ ἐπειδὴ γέννησιν οἶδεν ἡ γραφὴ οὐ τὴν κατὰ σάρκα

10 μόνην, ἀλλὰ καὶ τὴν ἀπὸ τρόπου εἰς τρόπον μεταβολήν, οἷον ἀπὸ

ἀρετῆς εἰς κακίαν ἢ ἀπὸ κακίας εἰς ἀρετήν, ἀπολέσθαι ἐπεύχεται

τὴν ἡμέραν τῆς ἁμαρτίας, ἐν ᾗ ὁ Ἀδὰμ παρέβη. τὸ γὰρ τῆς ἀνθρωπό-

τητος οἰκειοῦται πρόσωπον καί φησιν ὅτι· ἀπόλοιτο ἡ ἡμέρα, καθ'

ἣν ἀπὸ τῆς ἀρετῆς εἰς τὴν φαυλότητα ὁ ἄνθρωπος μετετράπη. τὸ δὲ

15 ἐν ᾗ εἶπαν· ἰδοὺ ἄρσεν, ὅτι ἐξ ἑνὸς τοῦ Ἀδὰμ οἱ πολλοὶ

ἁμαρτωλοὶ κατέστημεν.

ἡμέραν δὲ καὶ νύκτα τὴν αὐτήν φησι, πρὸς μὲν ῥητόν, ὅτι τὸ ἡ-

μερονύκτιον μίαν ἡμέραν οἶδεν ἡ γραφή, πρὸς δὲ διάνοιαν, ὅτι ἡ

παράβασις φωτὸς ἐπαγγελίαν ἔχουσα διὰ τὸ ἀκοῦσαι ἔσεσθε ὡς

20 θεοὶ σκότους ἤνεγκεν ἔργα. σκότος γὰρ ἡ παρακοὴ δι' ἧς ὁ θάνατος

εἰσῆλθεν, ὥστε δεῖν λοιπὸν ἐναργέστερον τὴν διαφορὰν ὀφθῆναι τοῦ

ἄρρενος πρὸς τὸ θῆλυ.

3,4-5 καὶ ἡ νὺξ ἐκείνη εἴη σκότος, καὶ μὴ ἀναζητήσαι αὐτὴν ὁ κύ-

ριος ἄνωθεν, μηδὲ ἔλθοι εἰς αὐτὴν φέγγος· ἐκλάβοι δὲ αὐτὴν σκότος

5 2. Könige 1,21   19/20 Genesis 3,5

Χ Υ Γ(βΠFSPLN 8 - 14 μετετράπη; βΠFSPL ≠ 17 - 21 εἰσῆλθεν; 21 ὥ-
στε - 22) P(≠ 4 καὶ - 7; 18 ὅτι - 20 θάνατος) L(1 οὐκ - 3/4 ῥήμα-
τα) N(1 - 4 καταρᾶται; ≠ 4 φάσκων - 7; ≠ 17 - 22)

2 παλίμφημον: πάλιν βλάσφημον Υ / κατὰ + τοῦ ΥL / ἀλλ' - 3 βλαπτο-
μένων: οἱ κατὰ πραγμάτων καταβλαπτόμενοι L   3 ἐκπέμπουσι L
4 κατηρᾶτο Υ / λέγων Υ   6 αὐτῷ > Υ   6/7 ἐκείνων > Υ   8 ῥη-
τὸν: τὸ πρόχειρον Γ   10 μόνον Γ / τόπου und τόπον Υ   11 ἡ:
καὶ Υ / ἀπὸ κακίας εἰς ἀρετήν: καὶ ἔμπαλιν Γ   13-14 καθ' - δὲ
> Υ   14 ἐτράπη Γ   15 εἶπον Χ,+ ὅτι Χ   19 τὸ: τοῦ Υ /
ἀκοῦσαι + ὅτι Ρ   21 ὥστε - 22 > Υ   22 ἄρσενος Γ (ohne Ρ)
24 μὴ διέλθῃ Υ

καὶ σκιὰ θανάτου.

πρὸς μὲν ῥητὸν μὴ καταλαμφθῆναι ὑπὸ σελήνης ἢ ἀστέρων τὴν νύκτα ἐξαιτεῖ, ἀλλὰ βαθεῖ κατασχεθῆναι σκότῳ, ὃ δὴ καὶ σκιὰν θανάτου καλεῖ. πρὸς δὲ διάνοιαν τὴν ἁμαρτίαν ἐπεύχεται ἐν τῇ ἰδίᾳ
5 κακίᾳ φαίνεσθαι, ἵνα μὴ ἰσχύσῃ ὑποκρίνεσθαι ἀρετήν, ἀλλὰ γνωριζομένη, ὅτι ζοφώδης ἐστὶ καὶ θανατηφόρος, φευκτὴ γένηται καὶ ἀποτρόπαιος.

3,5-6 ἐπέλθοι ἐπ' αὐτὴν γνόφος. καταραθείη ἡ ἡμέρα ἐκείνη καὶ ἡ
νὺξ ἐκείνη, ἀπενέγκοιτο αὐτὴν σκότος.

10   γνόφος νεφώδης ἀχλύς. - πρὸς μὲν οὖν ῥητὸν εὔχεται ἀφεγγῆ γενέσθαι τήν τε ἡμέραν αὐτοῦ τῆς γεννήσεως καὶ τὴν νύκτα. πρὸς δὲ
διάνοιαν ἐξαιτεῖ τὴν ἁμαρτίαν φαίνεσθαι, ὥσπερ καὶ ἔστιν, ἵνα μὴ
ὁ Σατανᾶς ὡς ἄγγελος φωτὸς ὑποκρινόμενος δείξῃ τὰ φαῦλα ὡς ἀγαθά,
ἀλλ' ἵνα γνωριζόμενα, ὅτι εἰσὶ φαῦλα καὶ σκότους αἴτια, φευκτὰ
15 πᾶσι γένωνται.

3,6 μὴ εἴη εἰς ἡμέρας ἐνιαυτοῦ μηδὲ ἀριθμηθείη εἰς ἡμέρας μηνῶν.

πρὸς μὲν ῥητόν· ἐξαφανισθείη, φησίν, ἡ ἡμέρα τῆς γεννήσεώς μου
συστελλομένου τοῦ ἐνιαυσιαίου κύκλου. πρὸς δὲ διάνοιαν μηδὲ μνήμην εὔχεται γενέσθαι τῆς ἁμαρτίας, διὸ καί φησιν·

20 3,7 ἀλλὰ ἡ νὺξ ἐκείνη εἴη ὀδύνη.

ἀντὶ τοῦ· γνωσθήτω, ὅτι φαύλη ἐστίν, καὶ διὰ τοῦτο μισείσθω
ὡς φαύλη καὶ ὀδύνης αἰτία.

X Y Γ(βΠFSL 21-22) P(4 πρὸς - 5 ἀρετήν; 10 εὔχεται - 15; 21-22)
L(2-7) N(≠ 2-7; ≠ 10-15; 17 - 18 κύκλου; 21-22)

2 μὲν + τὸ L / καταχαμφθῆναι Υ   3 βάθει κατασχ. καὶ σκότῳ L
5 ὑποκρίνασθαι ΥP   6 ζοφώδης: γνοφώδης Υ / καὶ θανατηφόρος > L(N)
/ καὶ ἀποτρόπαιος > L(N)   8 καταραθείη: καὶ ταραχθείη Χ
10 νεφελώδης Ν/ εὔχεται nach 11 γενν. stellt P   11 τε > ΥP 12 ἐξαιτεῖ > P / καὶ > ΥP   14 ὅτι - αἴτια > P   15 γένηται P
18 ἐνιαυσι Υ   20 ἡ > Υ   21 ἀντὶ τοῦ > Γ / γνωσθήτω + ἡ νὺξ
ἐκείνη ΓP + φησιν Γ / ἐστιν + ἡ ἁμαρτία Ν   22 φαύλη καὶ > ΓPN

3,7   καὶ μὴ ἔλθοι ἐπ' αὐτὴν εὐφροσύνη μηδὲ χαρμονή.

ἀλλὰ μηδὲ ἔλθοι, φησίν, εἰς τὸν καιρὸν τῆς ἐμῆς γεννήσεως εὐ-
φροσύνη τις ἢ χαρμοσύνη. πρὸς δὲ διάνοιαν· μηδείς, φησίν, ἐπι-
τερφθείη τῇ ἁμαρτίᾳ, μηδεὶς ὡς χαρᾶς αἰτίαν ταύτην ἐργάσαιτο.

5   ὁ μὲν οὖν, ὡς ἔφην, κατὰ πράγματος ἀνυποστάτου ῥίπτειν δοκεῖ
τῆς ἀθυμίας τοὺς λόγους, προφητικῶς δὲ τὴν πατροπαράδοτον ἁμαρτί-
αν καταρᾶται αἰτῶν αὐτὴν ἐξαφανισθῆναι. διὸ καὶ εἰς ἔργον ἐξέβη
τὰ ῥήματα, τοῦ θεοῦ καὶ σωτῆρος ἡμῶν δ ι ὰ τ ο ῦ λ ο υ τ ρ ο ῦ τ ῆ ς
π α λ ι γ γ ε ν ε σ ί α ς ταύτην ἐξαφανίσαντος.

10 3,8   ἀλλὰ καταράσαιτο αὐτὴν ὁ καταρώμενος τὴν ἡμέραν ἐκείνην ὁ
μέλλων τὸ μέγα κῆτος χειρώσασθαι.

σαφῶς ἐνταῦθα τὴν προφητείαν ἀπεκάλυψεν· οὐ γὰρ περὶ αἰσθητοῦ
κήτους λέγει, ἀλλὰ περὶ τοῦ νοητοῦ δράκοντος, τοῦ διαβόλου, ὃν
ἰ σ χ υ ρ ὸ ν ὄντα καὶ μ έ γ α κ ῆ τ ο ς δ ή σ α ς ὁ ἰσχυρότερος, ὡς ἐν
15 εὐαγγελίοις ἠκούσαμεν, δ ι ή ρ π α σ ε ν α ὐ τ ο ῦ τ ὰ σ κ ε ύ η, τουτέ-
στιν· τοὺς αἰχμαλωτισθέντας ἀνθρώπους ὑπ' αὐτοῦ. τίς οὖν ἕτερος
τὴν ἁμαρτίαν κατηράσατο καὶ ἐξηφάνισεν ἐν ἑαυτῷ, τίς δὲ τὸ
νοητὸν ἐχειρώσατο κῆτος, ἀλλ' ἢ ὁ δι' ἡμᾶς ἄνθρωπος γενέσθαι
καταδεξάμενος τοῦ θεοῦ λόγος; ὃς ἐν τύπῳ τῆς ἁμαρτίας τὴν συκῆν
20 κατηράσατο, ὡς ἐδιδάχθημεν ἐν εὐαγγελίοις. ὅτι γὰρ οὐ περὶ αἰσ-
θητοῦ τινός φησι κήτους, ἠκούσαμεν ἐν ταῖς Καθολικαῖς· πᾶσα
γὰρ φ ύ σ ι ς θ η ρ ί ω ν τ ε κ α ὶ π ε τ ε ι ν ῶ ν ἑ ρ π ε τ ῶ ν τ ε κ α ὶ
ἐ ν α λ ί ω ν δ α μ ά ζ ε τ α ι κ α ὶ δ ε δ ά μ α σ τ α ι τ ῇ φ ύ σ ε ι τ ῇ ἀ ν -
θ ρ ω π ί ν ῃ. εἰ δὲ ἄνθρωπος καὶ τὰ θηρία καὶ τὰ ἐνάλια κήτη καὶ ἐ-
25 χειρώσατο καὶ χειροῦται, πῶς περὶ θεοῦ ἔλεγεν ἡ γραφὴ ὡς μήπω μὲν

8-9 Titus 3,5   14-15 Matthäus 12,29; Markus 3,27
19-20 Matthäus 21,19;   Markus 11,13-14   21-24 Jakobus 3,7

X Y Γ(βΠFSPL 16 τίς - 19 λόγος) P(≠ 3 μηδεὶς - 4 ἁμαρτίᾳ; 12 - 16
αὐτοῦ; 19 ὃς - 20 εὐαγγελίοις) Ν(16 τίς - 18 κῆτος)

3/4 ἐπιτερφθῇ Υ   5 ὁ: ἢ Υ / κατὰ + μὲν Υ   14 ἰσχυρὸς Ρ
15 εὐαγγελίῳ Ρ   16 οὖν: γὰρ ΓΝ / ἕτερος > Γ   18 ἀλλ'. ἢ Υ:
ἀλλ' Χ: εἰ μὴ Γ   19 καταδεξάμενος: καταξιώσας Γ   20 εὐαγγε-
λίῳ Ρ   21 τινος > Χ / κήτους φησιν stellt Χ   21/22 πᾶσα
γὰρ: ὡς πᾶσα Υ   22 πτηνῶν Υ

χειρωσαμένου τὸ ἐνάλιον κῆτος, μέλλοντος δὲ αὐτοῦ κρατήσειν ὁ
μέλλων τὸ μέγα κῆτος χειρώσασθαι; τί δὲ καὶ μέγα θεῷ
τὸ κήτους ἐναλίου κρατῆσαι; εὔδηλον οὖν, ὡς περὶ τῆς ἁμαρτίας καὶ
τοῦ διαβόλου ταῦτα τῷ δικαίῳ λέλεκται.

5 3,9 σκοτωθείη τὰ ἄστρα τῆς νυκτὸς ἐκείνης, καὶ μὴ ὑπομείναι καὶ
εἰς φωτισμὸν μὴ ἔλθοι καὶ μὴ ἴδοι ἑωσφόρον ἀνατέλλοντα.

πρὸς μὲν ῥητόν· μὴ δώσῃ, φησίν, τὸ οἰκεῖον φέγγος, ἀντὶ τοῦ·
μὴ λάμψωσι τὰ ἄστρα τῆς νυκτὸς ἐκείνης. ἄστρα δὲ κυρίως τὰ ἐκ
πολλῶν ἀστέρων συγκείμενα ὥσπερ ἡ Πλειὰς καὶ ἡ Ἄρκτος· ἀστὴρ δὲ
10 ὁ καθεῖς. ἀλλὰ μηδὲ ὑπομεῖναι, φησίν, ἀντὶ τοῦ· μὴ ἐμμείνοι
φαίνοντα μηδὲ τὸν οἰκεῖον ἐκτελοῦντα δρόμον, ἀλλὰ μηδὲ διαδέξη-
ται τὴν νύκτα ἐκείνην φῶς. ἑωσφόρον γὰρ ἀνατέλλοντα ἢ τὸν ἑωθι-
νὸν ἀστέρα φησὶν ἢ τὸν ἥλιον ὡς τὴν ἕω φέροντα.

πρὸς δὲ διάνοιαν· τῆς ἁμαρτίας, φησίν, ἣν δὴ νύκτα καλεῖ, αἱ
15 δοκοῦσαι τερπνότητες καὶ τὰ κάλλη ἐξαφανισθείησαν, καὶ μὴ νική-
σοι τὰ πονηρὰ τὴν ἀρετήν ποτε. τοῦτο γὰρ λέγει τὸ εἰς φωτισ-
μὸν μὴ ἔλθοι ἀντὶ τοῦ· γνωσθείησαν αἱ τῆς ἁμαρτίας τερπνότη-
τες, ὅτι σκότος εἰσί, καὶ μὴ ἰσχυσάτωσαν ἀπατῆσαι μηδὲ πλάσασθαι,
ὅτι ἔχουσί τι ἀγαθόν. τὸ δὲ καὶ μὴ ἴδοι ἑωσφόρον ἀνα-
20 τέλλοντα οὐκ εὐκτικῶς φησιν, ἀλλ᾽ αὐτὸ τὸ ὂν ἀπαγγέλλει· οὐ
γὰρ δύναται ἡ ἁμαρτία ὑπομεῖναι τὸν ἑωσφόρον ἐν ταῖς ψυχαῖς ἡμῶν
ἀνατέλλοντα. ἑωσφόρος δέ ἐστιν ὁ περὶ τοῦ κυρίου λόγος ὁ τὴν ἡ-
μετέραν καταυγάζων ψυχήν, ὡς ὁ ἔγκριτος τῶν ἀποστόλων Πέτρος
δευτέραν ἐπιστολὴν ἀποχαράττων ἐδίδαξεν καὶ ἔχομεν, λέγων,

24ff 2. Petrus 1,19

X Y Γ(βΠFSPL 14 τῆς ἁμαρτίας – 23 ψυχήν) P(2 τί δὲ – 3 κρατῆσαι)
N(7 – 8 ἐκείνης; 10 μὴ ἐμμείνοι – 12 φῶς; ≠ 12 ἑωσφόρον – 13 ἥλιον;
14 πρὸς – 21 ὑπομεῖναι; ≠ 21 τὸν ἑωσφόρον – 24 ἐδίδαξεν)

4 διαλέλεκται Υ   5 σκοτισθείη Υ / ὑπομείνῃ Υ   6 ἴδῃ Υ
7 δώ[[σῃ]]ˋαωˊ Χ, δώσει Υ, δοῖεν Ν   9 ἡ ἄρκτος: ἄρηκτος Υ
10 ἐμμένοι Υ   14 δὴ: καὶ Ν / καλεῖ + τὰ ἄστρα Γ   15/16 νι-
κήσῃ Υ   18 πλάσασθαι: πλανᾶσθαι Γ   19 ἀγαθόν: χρηστόν Γ /
τὸ δὲ: ἴσως δὲ τὸ Ν / καὶ > Ν / ἴδῃ Υ   20 ἀλλὰ Ν / ἀναγγέλει Υ
21 ὑπομεῖναι ἡ ἁμαρτία stellt Υ   22 περὶ > Χ   22/23 ὑμετέ-
ραν Υ   23 ἔκκριτος Χ

βεβαιότερον τὸν προφητικὸν λόγον, ᾧ καλῶς ποιεῖ-
τε προσέχοντες ὡς λύχνῳ φαίνοντι ἐν αὐχμηρῷ τόπῳ,
ἕως οὗ ἡ ἡμέρα διαυγάσῃ καὶ φωσφόρος ἀνατείλῃ ἐν
ταῖς καρδίαις ὑμῶν. φησὶν οὖν, ὅτι οὐ δύναται ἡ ἁμαρτία
5 μένειν ἐν ταῖς ψυχαῖς, ἐπὰν ἀξιωθῶσι καταυγασθῆναι ὑπὸ τοῦ ἑωσ-
φόρου, τουτέστι τοῦ θείου λόγου. τοῦ γὰρ φωτὸς ἐπιλάμποντος τὸ
σκότος ὑπαναχωρεῖ.

3,10 ὅτι οὐ συνέκλεισεν πύλας γαστρὸς μητρός μου.

κατὰ μὲν τὸ ῥητόν· ὅτι, φησίν, οὐκ ἐκώλυσέ με γεννηθῆναι, καί-
10 τοιγε οὐκ ἐν τῇ νυκτὶ ἐτύγχανε τὸ κωλῦσαι αὐτὸν ἐκ μήτρας προελ-
θεῖν, ἀλλ' ὁ διὰ πάντων λέγει, τοιοῦτον ἔχει νοῦν, ὅτι ἄμεινον
ἦν μὴ γεννηθῆναι. πρὸς δὲ διάνοιαν· ἐπαρῶμαι, φησίν, τὴν ἁμαρτί-
αν, ὅτι μὴ ἐκωλύθησάν μου αἱ τῆς προθέσεως ὁρμαί, ἀλλὰ καὶ ὠδί-
νησα τὴν ἁμαρτίαν καὶ ἀπεκύησα, τουτέστιν· ἔργῳ ἔπραξα τοῦ ἀπηγο-
15 ρευμένου ξύλου γευσάμενος.

3,10 ἀπήλλαξε γὰρ ἂν πόνον ἀπὸ ὀφθαλμῶν μου.

εἰ γὰρ μὴ ἐτέχθην, φησίν, οὐκ ἂν ταῖς παρούσαις περιέπιπτον
συμφοραῖς. πρὸς δὲ διάνοιαν· εἰ μὴ γὰρ διὰ τὴν ἁμαρτίαν, φησίν,
καὶ τὴν γενομένην παρατροπὴν οὐκ ἂν αἱ φθοραὶ καὶ αἱ νόσοι τοῖς
20 ἀνθρώποις συνέβαινον.

3,11 διὰ τί γὰρ ἐν κοιλίᾳ οὐκ ἐτελεύτησα, ἐκ γαστρὸς δὲ ἐξῆλθον
καὶ οὐκ εὐθὺς ἀπωλόμην;

οὕτω γὰρ ἄμεινον ἦν ἢ μηδὲ τεχθῆναι, ἢ τεχθέντα παραχρῆμα ἀπο-

---
-4 2. Petrus 1,19

Χ Υ Γ(βΠFSPL 18 εἰ μὴ - 20)   Ν(6 τοῦ γὰρ - 7; 9-15; 17-20; ≠ 23
οὕτω - τεχθῆναι; 23 ἤ₂ -)

3 ἤ > Χ   / διαυγάσει Υ / ὁ φωσφόρος Υ / ἀνατελεῖ Υ   6 ἐπι-
λάμψαντος Ν   11 ἔχει + τὸν Ν   12 γεννηθῆναι + ἢ γεννηθέντα
ταῦτα παθεῖν Ν / τῇ ἁμαρτίᾳ Ν   14 ἀπεκύησα: ἀπέτεκον Ν / ἔργα Υ
15 γευσάμενος + καὶ μὴ μέχρι τῆς ὁρμῆς στάς Ν   16 γὰρ > Υ / ἂν
> Χ / πόνον: κόπον Υ   17 φησιν > Ν   18 γὰρ > Ν   22 ἀπ-
ωλλόμην Υ   23 ἤ₁ > Χ

θανεῖν. πρὸς δὲ διάνοιαν· καλὸν γάρ ἐστιν, ἢ μηδὲ ὅλως τινὰ φαῦ-
λον ἐν ἡμῖν γεννηθῆναι λογισμόν, ἢ καί, εἰ γένοιτο, παραχρῆμα
αὐτὸν ἐξαφανισθῆναι.

3,12 ἵνα τί δὲ συνήντησάν μοι γόνατα; ἵνα τί δὲ μαστοὺς ἐθήλασα;

5   οὕτως οὐκ ὤφειλον, φησίν, οὔτε εἰς γόνατα τεθῆναι τιτθῆς οὔτε
γάλακτος μεταλαβεῖν, ἵνα καὶ ζωοποιηθῶ. κατὰ δὲ τὴν θεωρίαν· ἵνα
τί γάρ, φησίν, οὐκ ὤκλασα ἢ ὑπεσκελίσθην πορευόμενος τοῦ ἀπηγο-
ρευμένου ξύλου γεύσασθαι· ἵνα τί δὲ καὶ ἐπίδοσίν τινα ἐποίησα
ἐπὶ τὰ φαῦλα; τοῦτο γὰρ λέγει μ α σ τ ο ὺ ς ἐ θ ή λ α σ α, τουτέστι
10 τοὺς τρόπους τῆς κακίας ηὔξησα.

3,13 νῦν ἂν κοιμηθεὶς ἡσύχασα, ὑπνώσας δὲ ἀνεπαυσάμην,

εἰ μὴ γὰρ ἐτέχθην, φησίν, ἢ τεχθεὶς παραχρῆμα ἐτελεύτησα, οὐκ
ἂν εἰς πεῖραν ἠρχόμην τῶν δεινῶν.

3,14-15 μετὰ βασιλέων βουλευτῶν γῆς, οἳ ἐγαυριῶντο ἐπὶ ξίφεσιν,
15 ἢ μετὰ ἀρχόντων, ὧν πολὺς ὁ χρυσός, οἳ ἔπλησαν τοὺς οἴκους αὐτῶν
ἀργυρίου.

ἐκ τούτων παιδευόμεθα μὴ μέγα φρονεῖν ἐπὶ δυναστείᾳ ἢ πλούτῳ
ἢ φρονήσει, ὅπουγε καὶ βασιλεῖς καὶ οἱ ἐπὶ γῆς βουλευταί, ἀντὶ
τοῦ· οἱ ἐπὶ σοφίᾳ καὶ βουλῇ μέγα φρονοῦντες, καὶ οἱ γαυριῶντες
20 ἐπὶ ξίφεσιν, τουτέστιν· ταῖς ἀρχαῖς, ταῖς δυναστείαις, τοῖς κατὰ
πολεμίων τροπαίοις, πρὸς δὲ δὴ τούτοις καὶ οἱ πολύχρυσοι τὸν κοι-
νὸν ἅπασιν ὑφίστανται θάνατον. οὐδὲν οὖν ἔπασχον δεινὸν σύνδρο-

X Y Γ(βΠFSPL 1 πρὸς - 3; βΠFSL 5 οὕτως - τιτθῆς; 6 κατὰ - 7 ὤκλασα)
P(5 - 8 γεύσασθαι; 12-13; 22 οὐδὲν -) N(-3; 5-10; 17-)

1 πρὸς: κατὰ ΓΝ / διάνοιαν: ἀναγωγὴν Γ(außer P)N / καλὸν γάρ ἐστιν
> Υ, καλόν ἐστι φησίν ΓΝ   2 ἐν > Γ(außer P)N   4 συνήντησέ Υ
5 οὕτως: ὡς Γ, > P(L) / τεθεῖναι Υ / τιτθῆς: τῆς τρόφου Ν / οὔτε₂
+ καὶ Υ   6 ἵνα καὶ ζωοποιηθῶ > P / κατά: πρὸς Γ / τὴν > Γ/ ἵνα₂:
διὰ Γ   7 γὰρ > Ν / μὴ ὤκλασά φησιν Γ, + ἐπὶ τῇ παραβάσει ΓΝ / ἢ
ὑπεσκελίσθην > P   8 γεύσασθαι ξύλου stellen ΥΝ / ἐποίησας Υ
11 ἐπαυσάμην Υ   18 ὅπου τε Υ / καὶ₁ + οἱ Υ / ἐπί: τῆς ΥΝ
18/19 ἀντὶ τοῦ: τουτέστιν Ν   19 βουλαῖς ΥΝρ   20 ἐπὶ + τοῖς Υ
/ τουτέστιν: ἤγουν Ν   21 πολέμων Χ / δὴ > ΥΝ   22 πᾶσιν Υ
/ οὖν + φησιν Υ

μον ὑπομένων τῇ γεννήσει τὸν θάνατον καὶ μηδενὸς τῶν ἐν βίῳ δο-
κούντων καλῶν ἐν μεθέξει γινόμενος, ὅπουγε καὶ οἱ ἐπὶ τούτοις
μέγα φρονήσαντες ἴσα τοῖς λοιποῖς ἀνθρώποις τεθνήκασιν.

3,16 ἢ ὥσπερ ἔκτρωμα ἐκπορευόμενον ἐκ μήτρας μητρὸς ἢ ὥσπερ νή-
5 πιοι, οἳ οὐκ εἶδον φῶς.

ἔκτρωμά ἐστι τὸ μήπω διαμορφωθὲν τελείως ἐν τῇ γαστρί, νήπιον
δὲ λέγει τὸν μήπω δεξάμενον αἴσθησιν τῶν τοῦ βίου καλῶν ἢ φαύ-
λων. τὸν δὲ περὶ τούτων λόγον, διὰ τί οἱ μὲν οὐδὲ τελεσφοροῦνται,
οἱ δὲ καὶ τελεσφορηθέντες νεκροὶ γεννῶνται, οἱ δὲ ὁμοῦ τῇ γεννή-
10 σει τὸν θάνατον ὑπομένουσι, τοῖς ἀνεφίκτοις τοῦ θεοῦ κρίμασι κα-
ταλειπτέον.

3,17 ἐκεῖ ἀσεβεῖς ἔπαυσαν θυμὸν ὀργῆς, ἐκεῖ ἀνεπαύσαντο κατάκο-
ποι τῷ σώματι.

κάλλιστον ἡμᾶς διδάσκει μάθημα, ὅτι εἰ καὶ δι' ἁμαρτίαν ὁ θά-
15 νατος, ἀλλ' οὖν χρησίμως καὶ φιλανθρώπως ὁ θεὸς τοῖς ἀνθρώποις
καὶ τοῦτον ᾠκονομήσατο. καὶ γὰρ οἱ ἀσεβεῖς, φησίν, οἱ διὰ πλοῦ-
τον καὶ ὑπεροψίαν βίου κατὰ θεοῦ θρασυνόμενοι, παύονται καὶ ἀνα-
κόπτονται τοῦ κακοῦ μηκέτι θυμούμενοι ἢ ὀργιζόμενοι, καὶ οἱ ἐν
ὀδύναις σωματικαῖς ὄντες τῶν πόνων λήγουσιν. οὐδὲν οὖν, φησίν,
20 αἰτῶ συμβῆναί μοι φαῦλον, ἀλλὰ τὸ παρὰ θεοῦ τοῖς ἀνθρώποις χρη-
σίμως οἰκονομηθέν, τὸν θάνατον.

ἐπεὶ δὲ ἕτερα βιβλία ἔχουσιν· ἐκεῖ ἀσεβεῖς ἐξέκαυσαν θυμὸν
ὀργῆς, οὕτω νοήσεις· οἱ μὴ ἐνταῦθα, φησίν, παιδευθέντες,

X Y Γ(βΠFSPL 6-11; βΠFSP 14 - 19 λήγουσιν) P(-3; 23 οἱ μὴ -)
L(14 εἰ -) N(-3; 6-11; ≠ 14 - 19 λήγουσιν; 19 οὐδὲν -)
2 καλῶν: μεγάλων P, + ἢ κακῶν Y / γενόμενος N   3 μεγαλοφρονή-
σαντες Y   4 ἢ$_2$ - 5 > Y   6 ἔκτρωμα + γὰρ N / μηδέ-
πω N   7 τὸν: τὸ Y   7/8 φαύλων: κακῶν N   8 οὔτε Y
11 καταληπτέον YN   14 ἁμαρτίαν + φησὶν L   15 ἀλλ' οὖν: ἀλλὰ L
16 ᾠκονόμησε L / φησιν nach πλοῦτον L / οἱ$_2$ > L   17 καὶ$_1$:
ἢ καὶ L/ βίου > Γ   18 μηκέτι θυμούμενοι: μὴ ἐπιθυμούμενοι L
19 φησιν > L   20 παρὰ + τοῦ N   20/21 χρησίμως > L   22-
23 ὀργῆς: τὸ δὲ ἐξέκαυσαν L   22 ἐπεὶ: ἐπὶ Y / βιβλία: βέβαια Y
/ ἔχει N   23 οὕτω νοήσεις > Y / νοήσεις + ὅτι N / φησι > LN

ἀλλ' ἐμμείναντες τῇ ἀσεβείᾳ τὴν ἐκ τῆς θείας ὀργῆς κόλασιν ἑαυτοῖς ἐπισπῶνται.

3,18 ὁμοθυμαδὸν δὲ οἱ αἰώνιοι εὐθήνησαν· οὐκ ἤκουσαν φωνὴν φορολόγου.

5 ἀλλὰ καὶ οἱ ἐξ αἰῶνος, φησίν, τελευτήσαντες ἐκεῖ τυγχάνουσι τῶν πρακτόρων καὶ ἀπαιτητῶν τῆς ἐπαχθείας ἀπαλλαγέντες, ἵνα εἴπῃ ὅτι· τῶν τοῦ βίου συμφορῶν ἐκτὸς γενόμενοι.

πρὸς δὲ διάνοιαν φορολόγον φησὶ τὸν διάβολον, ὃς οὐ μόνον ὡς φορολόγος, ἀλλὰ καὶ ὡς δεσπότης τοὺς ὑπ' αὐτῷ προαιρετικῶς
10 γεγονότας ὥσπερ τινὰ δασμὸν ἀπαιτεῖ τὸ πράττειν τὰ αὐτῷ καταθύμια. καὶ τούτου τοιγαροῦν τοῦ πικροῦ φορολόγου οἱ τὸν βίον ἐξελθόντες ἀπαλλάττονται οὐκέτι τὰ φαῦλα πράττειν δυνάμενοι.

3,19 μικρὸς καὶ μέγας ἐκεῖ ἐστι καὶ θεράπων δεδοικὼς τὸν κύριον αὐτοῦ.

15 πάντες οὖν ἐκεῖ τυγχάνουσι, καὶ ἄλλο τοῦ θανάτου χρήσιμον τὸ μὴ εἶναι ἐκεῖ δοῦλον καὶ δεσπότην. καὶ γὰρ οἱ πάλαι, φησίν, δεδοικότες τοὺς ἑαυτῶν δεσπότας ἐκεῖ οὐ φοβοῦνται. ἄλλα δὲ βιβλία ἔχουσιν· οὐ δεδοικὼς τὸν κύριον αὐτοῦ. εἰ μὲν οὖν οὐ δεδοικώς, πρόδηλος ἡ νόησις· εἰ δὲ δεδοικώς, ἀντὶ τοῦ· πά-
20 λαι μὲν δεδοικώς, ἐν ᾅδου δὲ οὐκέτι.

ταῦτα περὶ τοῦ θανάτου διὰ πολλῶν ἐφιλοσόφησεν ὁ σηπόμενος καὶ σκώληκας βρύων καὶ τῷ ἰχῶρι περιρρεόμενος, καὶ ὥσπερ τῶν ἀλγηδόνων ἐπιλαθόμενος καθαρῷ διανοίας ὄμματι τὰ κάλλιστα ἡμῖν τῶν μαθημάτων παραδέδωκεν, ἡμεῖς δὲ τούτων εἰς ἔννοιαν οὐκ ἐρχόμεθα. εἰ

X Y Γ(βΠFSL 5-7; βΠFSPL 16 οἱ πάλαι - 17 φοβοῦνται; βΠFSL 21 - 24 παραδέδωκεν) P(-2) L(-2; 8 φορολόγον - 12 ἀπαλλάττονται) N(-2; ≠ 5; 6-7; ≠ 8 - 9 δεσπότης; 9 τοὺς - 10 καταθύμια; 21-)

1/2 ἑαυτοῖς κόλασιν stellt L   3 εὐθήνησαν > Y   9 ὑπ' αὐτὸν X, ὑπ' αὐτοῦ N   11 τοῦτο Y / τοῦ > Y   12 οὐκέτι: οὐχ ἐπὶ Y   15 τὸ: τοῦ Y   16-17 ὁ .. δεδοικὼς τὸν ἑαυτοῦ δεσπότην .. φοβεῖται Γ   19 ὁ πάλαι Y   20 δὲ > Y / οὐκέτι: οὐχ ἔστι Y   21 ὁ: ὡς Γ   24 παρέδωκεν Y / ἔννοιαν Y

γὰρ τοῦ θανάτου τὴν μνήμην εἴχομεν, βελτίους ἂν ἐγινόμεθα καὶ
πλούτου καὶ δυναστείας καὶ τῶν ἐν τῷ βίῳ δοκούντων τερπνῶν ῥᾳδί-
ως ἂν περιεφρονοῦμεν.

3,2ο ἵνα τί γὰρ δέδοται τοῖς ἐν πικρίᾳ φῶς, ζωὴ δὲ ταῖς ἐν ὀδύ-
5 ναις ψυχαῖς;

πολλαχοῦ ἡ γραφὴ τὸ ἵνα τί ἐπὶ παρακλήσεως τίθησιν, οὐκ ἐπὶ
ἀποδυσπετήσεως, ὡς ἐπὶ τοῦ ἵνα τί, κύριε, ἀφεστηκας μα-
κρόθεν, ὑπερορᾷς ἐν εὐκαιρίαις, ἐν θλίψει; οὐ γὰρ
μέμφεται, ἀλλ᾽ ἱκετεύει μὴ ἐγκαταλειφθῆναι ἐν ταῖς θλίψεσιν. καὶ
10 πάλιν· ἵνα τί, ὁ θεός, ἀπώσω εἰς τέλος; ὠργίσθη ὁ
θυμός σου ἐπὶ πρόβατα νομῆς σου. πάλιν γὰρ οὐκ αἰτιᾶ-
ται, ἀλλὰ μὴ εἰς τέλος ἀπωσθῆναι παρακαλεῖ. κἀνταῦθα τοίνυν ὁ μα-
κάριος οὗτος ἀνὴρ ἱκετεύει λέγων· ἐπειδὴ φωτὸς καὶ ζωῆς εἶ χορη-
γός, κύριε, περίελε τὰς ὀδύνας, περίελε τῆς ψυχῆς τὴν πικρίαν.
15 καὶ γὰρ αἱρετώτερος τοῦ ὀδυνηροῦ βίου ὁ θάνατος. διὸ καὶ ἐπιφέρει·

3,21-22 οἱ ὁμείρονται τοῦ θανάτου καὶ οὐ τυγχάνουσιν ἀνορύσσον-
τες ὥσπερ θησαυρούς, περιχαρεῖς δὲ ἐγένοντο, ἐὰν κατατύχωσιν.

ὥσπερ, φησίν, οἱ χρυσὸν μεταλλεύοντες καὶ θησαυρὸν ζητοῦντες,
ἐὰν εὕρωσιν, χαίρουσιν, οὕτω καὶ οἱ ἐν πικραῖς ὀδύναις, ἐὰν συν-
20 αίσθωνται πλησίον ὄντα τὸν θάνατον, λύσιν αὐτὸν τῶν κακῶν ἐλπί-
ζοντες εἶναι χαίρουσιν.

7-8 Psalm 9,22   10-11 Psalm 73,1

X Y Γ(βΠFSL 6 - 7 τί; ≠ 8 οὐ - 10 τέλος; 15) P(6-15) L(18-21)
N(- 8 μακρόθεν; ≠ 8 οὐ - 12 παρακαλεῖ; 13 ἐπειδὴ - 15; 18-21)
1 εἴχομεν + οὖσαν Y / βελτίονες Y / ἂν > Y / ἐγενόμεθα N   1/2 καὶ
πλούτου doppelt X   2 τῷ > X   6 τὸ ἵνα τί > YP / ἐπὶ₂ > Y   8
ὑπερορᾷς - θλίψει > P(ΓN) / θλίψεσιν Y   9 ἐν ταῖς θλίψεσιν: πα-
ρὰ θεοῦ P(Γ)   10 ἀπόσω Y/ ὠργίσθη - 12 κἀνταῦθα > P   12 ἀπο-
στῆναι Y   13 ἐπειδὴ + τοίνυν N/ ἐπειδὴ - χορηγός > P/ χορηγὸς εἶ
stellt Y   14 περίελε κύριε stellt P/ ψυχῆς + μου Y   15 καὶ· γὰρ:
ὡς νῦν γε N/ αἱρετώτερος + φησιν Γ/ αἱρετώτερος nach θάνατος N/ διὸ
> X/ διὸ - ἐπιφέρει > ΓN   16 ἱμείρονται Y(P)/ τυγχάνουσιν + ἐπι-
θυμοῦσιν Y   17 θησαυρόν Y(P)   18 φησιν > N/ χρυσὸν μεταλλεύ-
οντες καὶ > L/ καὶ: ἢ N   19 χαίρωσιν Y, χαίρονται L/ ἐν + ταῖς XY
(nicht LN)   19/20 αἴσθωνται N, nach θάνατον N   21 εἶναι > L

3,23 θάνατος ἀνδρὶ ἀνάπαυσις, συνέκλεισεν γὰρ ὁ θεὸς κατ' αὐτοῦ.

καθ' ἑκάτερά φησίν· θάνατος ἀνδρὶ ἀνάπαυσις. πέρας γάρ
ἐστι τοῦ ἐνταῦθα βίου καὶ συγκλείει τὰς ἐνταῦθα τῶν ἀνθρώπων πρά-
ξεις, ὥστε μὴ δύνασθαι ἡμᾶς ἔτι φαῦλόν τι πράττειν. ἀλλὰ καὶ τὰ
5 κατὰ τοὺς πόνους τῆς ἀρετῆς πέρας ἔχει· ἐκεῖ γὰρ οὐκέτι οἱ ἀγῶ-
νες, ἀλλ' οἱ στέφανοι, οὐκέτι οἱ ἱδρῶτες, ἀλλ' ἡ ἀνάπαυσις. τὸ
οὖν συνέκλεισεν ὁ θεὸς κατ' αὐτοῦ ἀντὶ τοῦ· καὶ τῶν πό-
νων τῶν περὶ τὴν ἀρετὴν πέρας ἔχει ὁ θάνατος καὶ τῆς κακίας ἐπο-
χήν.
10 ἕτερα δὲ βιβλία ἔχουσι καὶ τοῦτον τὸν στίχον μετὰ τὸ θά-
νατος ἀνδρὶ ἀνάπαυσις· οὗ ἡ ὁδὸς ἀπεκρύβη ἀπ' αὐτοῦ.
ὁ δὲ νοῦς οὗτος· τοῦ θανάτου ἡ ὁδὸς ἀπεκρύβη ἀπὸ τοῦ ἀνθρώπου·
οὐ γὰρ οἶδεν ὁ ἄνθρωπος, πότε ὁ θάνατος ἐφίσταται διὰ τὸ αἰφνί-
διον.

15 3,24 πρὸ γὰρ τῶν σιτίων μου στεναγμός μοι ἥκει, δακρύω δὲ ἐγὼ
συνεχόμενος φόβῳ.

αἰτίαν ἀποδίδωσι τοῦ ποθεῖν τὸν θάνατον· οὔτε γὰρ ἀστεναπτί,
φησίν, τροφῆς μεταλαμβάνω, ἀλλὰ καὶ πυκνὰ δακρύω δεδοικώς, μή τι
ἄρα ἐγκατάλειψιν τελείαν ὑπὸ θεοῦ ὑπέμεινα. αἱρετώτερος δὲ τοῖς
20 δικαίοις, ὡς φθάσαντες ἔφημεν, μυριάκις ὁ σωματικὸς θάνατος ἢ τὸ
ὑποπτεύειν ἐγκατάλειψιν ὑπομεμενηκέναι παρὰ θεοῦ. καὶ ἄμεινον
κρίνει ὁ λογικὸς ἄνθρωπος τὸ μηδὲ ὅλως γενέσθαι ἢ ἐν ἐγκαταλεί-
ψει γενέσθαι· θεοῦ.

X Y Γ(βΠFSPL 2-9; 7 ἀντὶ - 14 [P erst ab 12 τοῦ θανάτου]; βΠFS 17
οὔτε - 18 μεταλαμβάνω; ≠ 18 δεδοικὼς - 21 θεοῦ) P(17 οὔτε - 21 θεοῦ)
L(17 - 21 θεοῦ) N(-14; ≠ 17-)

1 θεὸς + τὰ Y   2 καθ' ἕτερα X / ἑκάτερα + γὰρ Y / ὁ θάνατος N(P)
4 τὰ > Y   5 κατὰ: καλὰ Γ   6 οἱ₂ > Y   8/9 ἀποχὴν YN
10 ἕτερα δὲ βιβλία: τινὰ δὲ τῶν βιβλίων ΓΝ / ἔχουσι - 11: ἔχει ἐν τῷ
μεταξὺ τὸ οὗ ἡ ὁδ. ἀπεκρ. ἀπ' αὐτοῦ μετὰ τὸ εἰπεῖν θάν.ἀνδρὶ ἀνάπ.Γ,
ἐν τῷ μεταξὺ τοῦ τε θάν.ἀνδρὶ ἀνάπ. καὶ τοῦ συνέκλ.γὰρ ὁ θεὸς κατ'
αὐτοῦ ἔχουσι καὶ τοῦτον τὸν στίχον οὗ ἡ ὁδ.ἀπεκρ.ἀπ' αὐτοῦ N   12
οὕτως X / θανάτου + φησιν Γ / ἀπὸ ΓΝ: > XY / τῷ ἀνθρώπῳ Y   13 ὁ
ἄνθρωπος > Γ   15 σιτῶν Y   17 οὔτε: οὐδὲ ΓΡΝ, οὗ L   19 ἐγ-
κατάληψιν Y   20 ὡς φθάς. ἔφημεν nach θάνατος L, > P / μυριάκις >
L   21 ἐγκατάληψιν Y   22 ἐγκαταλήψει Y   23 τοῦ θεοῦ Y

3,25 φόβος γάρ, ὃν ἐφρόντισα, ἦλθέ μοι, καὶ ὃν ἐδεδοίκειν, συν-
ήντησέ μοι.

φησί που ψάλλων ὁ μεγαλογράφος· ἐγὼ δὲ εἶπα ἐν τῇ εὐθη-
νίᾳ μου· οὐ μὴ σαλευθῶ εἰς τὸν αἰῶνα. εἶτα ἐπιφέρει·
5 ἀπέστρεψας δὲ τὸ πρόσωπόν σου καὶ ἐγενήθην τετα-
ραγμένος. ὁ δὲ μέγας Ἰὼβ ἐξ ὑπερβαλλούσης φιλοσοφίας ἐν πλούτῳ
καὶ εὐθηνίᾳ οὐκ εἶπεν· οὐ μὴ σαλευθῶ, ἀλλὰ καὶ σφόδρα ἐδε-
δοίκει καὶ περιδεὴς ἦν, μή τι προσκρούσῃ θεῷ, μὴ ἐκτὸς τῆς θείας
σκοπῆς γένηται. διὰ τοῦτο νῦν ἀγωνιᾷ καὶ τὸν θάνατον ποθεῖ ὑπο-
10 νοῶν, ὅτι τοῦτο πέπονθεν, ὅπερ ἐφοβεῖτο, καὶ ὁ ὑπ' αὐτοῦ ποθού-
μενος θεὸς ἀπεστράφη τὰ κατ' αὐτόν.

3,26 οὔτε εἰρήνευσα οὔτε ἡσύχασα οὔτε ἀνεπαυσάμην, ἦλθε δέ μοι
ὀργή.

οὐδέποτε, φησίν, ἀπεμερίμνησα, οὐ μετὰ τῆς ἁμαρτίας εἰρήνευσα,
15 οὐκ ἐφησύχασα τοῦ ἀγαθοποιεῖν, τὴν ὀργὴν καὶ ἀποστροφὴν τοῦ θεοῦ
δεδοικὼς τὴν νῦν ἐπελθοῦσάν μοι.

3-4 Psalm 29,7   5-6 Psalm 29,8
X Y Γ(βΠFSL 6 ὁ δὲ - 11) P(≠ 3 - 7 σαλευθῶ; 7 ἀλλὰ - 11) N(≠ 3-11)
6 δὲ > Γ(P)   7 καὶ₁ + ἐν Y   8 καὶ περιδεὴς ἦν > Γ(hat N)
9 νῦν: τοίνυν Y   14 ἡμερίμνησα Y   16 δεδοικὼς > Y / νῦν
> Y

ΚΕΦΑΛΑΙΟΝ ΤΕΤΑΡΤΟΝ

Ἀρχὴ τοῦ ῥητοῦ· Ὑπολαβὼν δὲ Ἐλιφὰζ ὁ Θαιμανίτης λέγει·
μὴ πολλάκις σοι λελάληται ἐν κόπῳ; ἰσχὺν δὲ ῥημάτων σου τίς ὑπο-
οίσει;

5   Προθεωρία τοῦ κεφαλαίου

καὶ ταῦτα μὲν ὁ ἐν ταῖς βασάνοις κείμενος, ταῦτα ὁ ἐκ πλουσί-
ων πένης, ὁ ἐκ πολυπαίδων ἄπαις, ὁ πᾶσιν ἐλεεινὸς καὶ ἀπερριμμέ-
νος ἐφιλοσόφησεν. καὶ δέδειχε μέν, ὡς ἐπαισθάνεται τῶν ἀλγηδόνων·
ἔξω δὲ γίνεται τοῦ σώματος ἐν αὐταῖς μέσαις ταῖς βασάνοις καὶ
10 προφητεύει κατὰ θείαν χάριν καὶ τὸ περὶ ἀθανασίας ψυχῆς κάλλιστον
εἰσηγεῖται μάθημα, δι᾽ ὧν διδάσκει μὴ συναπόλλυσθαι τοῖς σώμασι
τὰς ψυχάς, ἀλλ᾽ ἐν ᾅδου τυγχάνειν. καὶ παιδεύει τοὺς πλουσίους
καὶ παραμυθεῖται τοὺς ἐν ἀνάγκαις πέρας ἁπάντων εἶναι λέγων καὶ
τῶν ἐν βίῳ φοβερῶν καὶ τῶν δοκούντων ἡδέων· καὶ ὅτι χρησίμως καὶ
15 σφόδρα φιλανθρώπως ὑπὸ θεοῦ τοῖς ἀνθρώποις τὸ τοῦ θανάτου μυστή-
ριον ᾠκονομήθη διὰ τὸ καὶ κακίαν ἐπέχειν καὶ πόνων φέρειν ἀνάπαυ-
λαν· καὶ ὡς οὐ δεῖ καταφρονεῖν ἐν ταῖς εὐθηνίαις, ἀλλ᾽ ἐννοεῖν
τοῦ βίου τὸ εὐμετάπτωτον καὶ δεδοικέναι· καὶ ὅτι τὸ ἀποθανεῖν
ἄμεινον ἢ ἐν προσκρούσει γενέσθαι θεοῦ.
20   ταῦτα οὐ νενοηκότες οἱ περὶ τὸν Ἐλιφάζ, ὑποπτεύσαντες δὲ

X Y Γ(βΠFSL 6-) P(20-) N(8 ὡς - 9 βασάνοις; ≠ 9 καὶ - 11 εἰση-
γεῖται; 11 μάθημα -)

1 κεφάλαιον δ Υ   2 ἀρχὴ τοῦ ῥητοῦ: προβάλλεται ὧδε ὁ Ἐλιφὰζ λέ-
γων Υ / ῥητοῦ + ἀμὴν εἴη X / ὑπολαβὼν - λέγει > X   5 τοῦ κεφα-
λαίου > X   8 ἐπαισθ. + μὲν Ν   9 βασάνοις + ἔδειξε Υ
11 δι᾽ ὧν + δὲ Υ, δι᾽ οὗ Ν   12-13 ἐπαίδευσε .. παρεμυθήσατο Ν
13 λέγων εἶναι stellt Ν   14/15 καὶ σφόδρα φιλανθρώπως > Ν
15/16 ᾠκονομήθη μυστήριον stellt Ν   16 ἔχειν Υ   18 δέδοικεν Υ
20 ταῦτα: οὕτω μεγάλα φιλοσοφήσαντος τοῦ μεγάλου Ἰὼβ P / οὐ: δὲ οὐ
Ν, οὖν μὴ Υ / Ἐλιφὰς X / ὑποπτεύσαντες: ὑπολαβόντες P

βλασφημίαν εἶναι κατὰ θεοῦ τὸ ποθεῖν τὸν δίκαιον ἀπαλλαγῆναι τοῦ
βίου, ἀλόγῳ κινοῦνται ζήλῳ· καὶ ἐκταραχθέντος αὐτοῖς τοῦ θυμικοῦ
οὐκ εὐλόγῳ θυμῷ χρώμενοι κατὰ τοῦ δικαίου πλανῶνται περὶ τοὺς τῆς
προνοίας λόγους· καὶ νομίζοντες, ὅτι δι᾽ ἁμαρτίας μόνον πάσχουσιν
5 οἱ ἄνθρωποι, τὴν ὑπὲρ τοῦ θεοῦ δῆθεν συνηγορίαν ἀναλαβόντες, ὅτι
δικαίως καὶ ὡς ἁμαρτωλὸν τιμωρεῖται τὸν ᾿Ιώβ, προσθήκη τῶν ἀλγη-
δόνων οἱ ἐπὶ παραμυθίαν ἥκοντες αὐτῷ γεγόνασιν. ποιοῦσι δὲ τοῦτο
οὐ κακονοίᾳ τινί, ἀλλ᾽ οἰόμενοι τὸν ἑαυτῶν φίλον ἐπιστρέφειν καὶ
καλλίονα ποιεῖν καὶ διὰ τοῦ ἐκφοβεῖν ἐπὶ μετάνοιαν προτρέπειν.
10 διὸ καὶ ὑπὸ τοῦ κυρίου ἀγανακτοῦνται μὲν ὡς οὐ δίκαια λαλήσαντες,
συγχωροῦνται δὲ ὡς οὐ κακονοίᾳ τινί, εὐνοίᾳ δὲ μᾶλλον τῇ περὶ τὸν
δίκαιον καὶ τῇ πρὸς θεὸν εὐλαβείᾳ τὰ τοιαῦτα φθεγξάμενοι.

  ἔστιν οὖν οὐδὲ ἡ τῶν φίλων ἀντιλογία ἀνωφελὴς ἡμῖν, εἰ καὶ μὴ
κατὰ τὸ δέον μηδὲ ἐν καιρῷ μηδὲ ἐπὶ προσώπου ταῦτα {μὴ} ὀφείλον-
15 τος ἀκούειν γέγονεν. πρῶτα μὲν γὰρ διδασκόμεθα μὴ ὡς ἔτυχε τὰς
παραινέσεις ποιεῖσθαι, ἀλλὰ μετὰ πολλῆς εὐλαβείας καὶ δεήσεως
τῆς πρὸς τὸν θεόν, ὅπως ἀπλανεῖς ἡμῶν καὶ ἀδιαστρόφους φυλάξῃ τοὺς
λογισμούς, καὶ ὅτι οὐδεμία ὠφέλεια, μᾶλλον δὲ καὶ βλάβη τῷ μὴ κα-
τὰ τὸ δέον κρίνοντι, κἂν ὑπὲρ θεοῦ δοκῇ ποιεῖσθαι τοὺς λόγους.
20 χρὴ τοιγαροῦν, ὡς ἔφην, μετὰ φόβου θεοῦ ποιεῖσθαι τοὺς λόγους·
πέφυκε γὰρ ὁ πονηρὸς ἐφεδρεύειν ἡμῶν ταῖς διαλέξεσι καὶ τὸ θυμι-
κὸν τῆς ψυχῆς ἐκταράττειν μέρος, ὡς ἂν σκοτωθέντες τὸν νοῦν καὶ
τῆς εὐθείας παρατραπέντες οἱ ἐπὶ ὠφελείᾳ πολλάκις συναχθέντες
βλάβης αἴτιοι ἑαυτοῖς γενώμεθα.

25   πιθανῷ δὲ προοιμίῳ χρησάμενος ὁ ᾿Ελιφὰζ ἐν μέσοις πλανᾶται

X Y Γ(βΠFSL) B(25-) P(- 7 γεγόνασιν; ≠ 7 ποιοῦσιν - 19) N

1 βλάσφημον P / κατὰ + τοῦ ΥP   2-3 καὶ - χρώμενοι > P   2 τοῦ
θυμικοῦ: τοῦ λογικοῦ, μᾶλλον δὲ τοῦ θυμικοῦ X   3 οὐκ - δικαίου
> N / πλανώμενοι P   4-5 μόνον nach ἄνθρωποι X   5 τὴν + τε P/
τοῦ > P   6 τιμωρεῖ P / ᾿Ιὼβ + ὁ θεός P   6/7 ἀλγεινῶν ΧP
7 παραμυθίᾳ Y   8 καὶ > N   9 καὶ > Y   10 τοῦ > ΥΝ /
κυρίου: θεοῦ N   12 τὰ > ΥNy   13 οὐδὲ: οὔτε Y / ἀνωφελὴς
ἡμῖν: ἡμῖν ἀλυσιτελὴς N   14-15 ταῦτα nach ἀκούειν X   15 πρῶ-
τον Y   20 ὡς ἔφην > N   21 τὰς διαλέξεις Y   23 εὐθείας: εὐσε-
βείας N/ ἐπ᾽ Γ   25 πιθανῶς Y/ δὲ: γὰρ Y/ ὁ > X/ ᾿Ελιφὰς X/ ἐν > Y

τοῖς λόγοις καὶ πειρᾶται δεικνύναι, ὡς δι' ἁμαρτίας πάσχει ὁ
'Ιὼβ, καὶ ἐπιστρέφειν τὸν ἐπεστραμμένον καὶ πρὸς θεοσέβειαν ἕλ-
κειν τὸν ἄμεμπτον καὶ θεοσεβῆ καὶ παρ' αὐτὰς μέσας τὰς ἀλγηδόνας
τοιαῦτα φιλοσοφήσαντα.

5   Αἱ λέξεις

4,1 'Υπολαβὼν δὲ 'Ελιφὰζ ὁ Θαιμανίτης λέγει·

τουτέστιν· τοὺς τοῦ 'Ιὼβ λόγους διαδεξάμενος.

4,2 μὴ πολλάκις σοι λελάληται ἐν κόπῳ; ἰσχὺν δὲ ῥημάτων σου τίς
ὑποίσει;

10   οἶσθα, φησίν, ὦ 'Ιὼβ, ὅτι οὐδέποτέ σοι λελαλήκαμεν λυπηρὰ ὥστε
σε κοπῶσαι, οὐδέποτέ σου κατεφρονήσαμεν· νῦν δέ, ἐπειδὴ μὴ δυνά-
μεθά σου φέρειν τὴν τραχύτητα τῶν ῥημάτων, εἰς ἀντιλογίαν ἤλθομεν.

4,3-5 εἰ γὰρ σὺ ἐνουθέτησας πολλοὺς καὶ χεῖρας ἀσθενοῦς παρεκά-
λεσας, ἀσθενοῦντας τε ἐξανέστησας ῥήμασι, γόνασί τε ἀδυνατοῦσι
15 θάρσος περιέθηκας. νυνὶ δὲ ἥκει ἐπὶ σὲ πόνος καὶ ἥψατό σου, σὺ
δὲ ἐσπούδασας.

ἀναμνήσθητι τοιγαροῦν, ὡς πολλοὺς ὑπὸ συμφορῶν ἐκλελυμένους
ὡς φίλος τοῖς παρακλητικοῖς σου λόγοις ἐπέρρωσας καὶ καταπεσόντας
ὑπὸ τῆς ἀθυμίας θαρρεῖν παρεσκεύασας ἀγαθὰς ἐλπίδας αὐτοῖς ὑποθέ-
20 μενος. τί οὖν πέπονθας; πῶς τὸν ἐπελθόντα σοι πόνον φέρειν οὐ δύ-
νῃ, ἀλλὰ θορυβῇ καὶ σπουδάζεις ἀποθέσθαι τὸ βάρος; καίτοιγε ἐ-

X Y Γ(βΠFSL -4; 7; βΠFSN 10-12) B(-4) P(7; 10-12) L(10-12;
17-) N(-4; 7; 19 ἀγαθάς -)
1 διὰ Y   2 ἐπιστραμμένον Y   3 ἄμεμπτον Y/ καὶ₂ > Y   6 'Ελιφὰς X /
Θαιμανίτης Y 7 > Y/ vor τουτέστιν: τὸ (τὸ δὲ P) ὑπολαβὼν ΓΡΝ/ τουτ-
έστιν > X/ λόγους τοῦ 'Ιὼβ stellen ΓΡΝ   10 ὦ > Y/ ὅτι - λυπηρὰ > Y
11 οὐδέποτέ σου κατεφρ. > Γ   13 σοὶ Y/ χήρας Y/ ἀσθενοῦς > Y 13/
14 παρεκάλ.: μετερύθμισας X (unter dem Namen Olympiodors bietet fol-
gendes Fragment πράξεις ἁμαρτωλοῦ μετερύθμισας zum selben Lemma Γ)
17 τοιγαροῦν + ὦ φίλος XL   18 ὡς φίλος > XL   20 οὖν > N   21 ἀλλὰ
- βάρος > L, ersetzt durch andere Erklärung N

χρῆν σε τῶν οἰκείων ὑπομιμνησκόμενον λόγων μὴ ἐν ταῖς ἑτέρων μό-
νον, ἀλλὰ κἀν ταῖς σαυτοῦ συμφοραῖς φιλοσοφεῖν.

ἐπιτήρει δέ, ὡς πρὸς ταῖς ἄλλαις ἀρεταῖς μαρτυρεῖ τῷ Ἰὼβ ὁ
Ἐλιφάζ, ὅτι καὶ διδασκαλικὸν εἶχε χάρισμα καὶ τὸν παρακλητικὸν
5 μετὰ χάριτος θείας προέφερε λόγον, ὥστε καὶ εὐθυμεῖν τοὺς ἐν ταῖς
συμφοραῖς παρασκευάζειν διὰ τῆς παραινέσεως. ταῦτα μὲν οὖν οὔπω
τραχέα τοῦ Ἐλιφάζ τὰ ῥήματα, τὰ δὲ ἐφεξῆς οὐκέτι πρὸς τὴν τοῦ
παραμυθουμένου προσώπου ποιότητα φθέγγεται.

__4,6 πότερον οὐχ ὁ φόβος σού ἐστιν ἐν ἀφροσύνῃ καὶ ἡ ἐλπίς σου__
10 __καὶ ἡ κακία τῆς ὁδοῦ σου.__

δέδεικται γάρ, φησίν, ἐπὶ τῶν πραγμάτων, ὅτι μάτην ἔλεγες τὸν
θεὸν φοβεῖσθαι. ὁ γὰρ περὶ θεὸν φόβος περιεκτικός ἐστι τῶν ἀρε-
τῶν. σὺ δὲ οὐ καθαρὸν τοῦτον ἐκέκτησο, ἀλλ' ἐν κακίᾳ ὢν ἔλεγες
φοβεῖσθαι θεὸν καὶ ἐλπίζειν ἐπ' αὐτόν, ὅπερ ἐστὶν ἀφροσύνης.

15 __4,7-9 μνήσθητι οὖν τίς καθαρὸς ὢν ἀπώλετο ἢ πότε ἀληθινοὶ ὁλόρ-__
__ριζοι ἀπώλοντο. καθ' ὃν τρόπον εἶδον τοὺς ἀροτριῶντας τὰ ἄτοπα,__
__οἱ δὲ σπείροντες αὐτὰ ὀδύνας θεριοῦσιν ἑαυτοῖς. ἀπὸ προστάγματος__
__κυρίου ἀπολοῦνται, ἀπὸ δὲ πνεύματος ὀργῆς αὐτοῦ ἀφανισθήσονται.__

ὅτι μὲν ὁ σπείρει τις τοῦτο καὶ θερίζει, κατὰ τὸν ἱερὸν ἀπό-
20 στολον πρόδηλον, καὶ καλῶς τοῦτο εἶπεν ὁ Ἐλιφάζ. ἐπειδὴ δὲ δεῖ
ἀροτριᾶν, εἶτα σπείρειν, εἶτα θερίζειν, ἀκολούθως ἐχρήσατο τῇ

---

19 vgl. Galater 6,7

X Y Γ(βΠFS 1-2; 11 - 12 φοβεῖσθαι; 13 σὺ - 14; βΠFSP 19-) P(1 - 7
ἐφεξῆς) L(- 4 χάρισμα; 6 ταῦτα - 8; 19-) N(-8; ≠ 11-14; 19-)

1 λόγων + καὶ τούτους αἰδούμενον N   2 καὶ ἐν N, καὶ P/ ἑαυτοῦ X,
αὐτοῦ YPL   3-4 πρὸς - ὅτι > P   4 Ἐλιφὰς X / καὶ₁ + τὸ L /
χάρισμα > P   5 μετὰ + καὶ P / προεφέρετο Y, προσεφέρετο P, προσ-
έφερε N / ἐν ταῖς: ὄντας Y, ἐν PN   6 διὰ τῆς παραινέσεως: καὶ P
/ οὖν > PLN / οὔπω: οὕτω X   7 Ἐλιφὰς X   11 γὰρ > Γ/ ἔλεγε Y
11/12 φοβεῖσθαι τὸν θεόν stellt Γ   12 περὶ + τὸν Y   13 δὲ
+ ἄρα Γ / ἐκτήσω Y / ὢν: ὃν Y, διάγων Γ   14 φοβεῖσθαι θεὸν καὶ
> Γ(N) / ἐπ': εἰς X / ἀφροσύνη Y   15/16 ὁλόριζοι Y   19 ὅτι +
[[ο]] X / μὲν > ΓL   20 τοῦτο εἶπεν: εἴρηκεν ΓL / Ἐλιφὰς X /
ἐπεὶ N / δεῖ > Y

τροπῇ τοῦ λόγου. ἐκεῖνο δὲ οὐκ ἐνόησεν, ὅτι οὐ πάντως ἐνταῦθα αἱ
ἀνταποδόσεις· πολλοὶ γὰρ τῶν φαῦλα πραξάντων ἀνελέγκτως ἀπῆλθον
μὴ κολασθέντες ἐν τῷδε τῷ βίῳ, ἀλλὰ τηρούμενοι τῷ μέλλοντι δι-
καίῳ κριτηρίῳ. οὐ καλῶς οὖν ἀπεφήνατο, ὅτι πάντως οἱ ἄδικοι ἐν-
5 ταῦθα κολάζονται, ἢ ὅτι πάντως οἱ ἀληθινοὶ καὶ δίκαιοι οὐ περι-
πίπτουσιν ἐνταῦθα συμφοραῖς. οὗτοι γὰρ μάλιστα ὡς ἐπίπαν πάσχου-
σιν, ἵνα καὶ δοκιμασθῶσιν.

τὸ δὲ ὁλόρριζοι ἀντὶ τοῦ· αὐτοῖς τέκνοις καὶ περιουσίᾳ,
ὅπερ πέπονθεν ὁ Ἰώβ. - πλανηθεὶς οὖν ὁ Ἐλιφὰζ ἀντιφθέγγεται τῇ
10 γραφῇ. τῆς γὰρ γραφῆς εἰπούσης περὶ τοῦ Ἰώβ· καὶ ἦν ὁ ἄνθρω-
πος ἐκεῖνος ἀληθινὸς αὐτός φησιν ὅτι· οὐκ εἶ ἀληθινός, ἢ
γὰρ ἂν οὐδὲ ἐκ ῥιζῶν ἀπώλου. - τὸ δὲ ἀπὸ πνεύματος ὀργῆς
αὐτοῦ ἀντὶ τοῦ· διὰ τῆς ἀπειλῆς τοῦ θεοῦ.

4,10-12 σθένος λέοντος, φωνὴ δὲ λεαίνης, γαυρίαμα δὲ δρακόντων
15 ἐσβέσθη· μυρμηκολέων ὤλετο παρὰ τὸ μὴ ἔχειν βοράν, σκυμνοὶ δὲ
λεόντων ἔλιπον ἀλλήλους. εἰ δέ τι ῥῆμα ἀληθινὸν ἐγεγόνει ἐν λό-
γοις σου, οὐδὲν ἂν τούτων ἀπήντησέ σοι.

τὸν μυρμηκολέοντα οἱ μὲν οὐδὲ ὅλως εἶναί φασι ζῷον καθ' ἱστο-
ρίαν, ἀλλὰ κατὰ σύνθεσιν οὕτως εἰρῆσθαι. οἱ δὲ λέγουσιν, ὅτι καὶ
20 ζῷόν ἐστι καὶ δίχα τροφῆς δύναται διαζῆν οὕτως αὐτὸ τοῦ θεοῦ κα-
τασκευάσαντος. πρὸς μὲν οὖν τὴν ἱστορίαν πειρᾶται δεικνύναι ὁ

10-11 Hiob 1,1

X Υ Γ(βΠFSP - 4 κριτηρίῳ) Ρ(18 - 20/21 κατασκευάσαντος; 21 πει-
ρᾶται -) L(-13; 18-) Ν(-13; 18-)
1 προτροπῇ Υ   1/2 ἡ ἀνταπόδοσις ΓL   2 ἀνελλέγκτως Υ
3 τῷ βίῳ τῷδε stellt Ν   3-4 τῷ μελλ. δικ. κριτηρίῳ: τοῖς ἐκεῖ
δικαιωτηρίοις Ν   6 ἐπίπαν: ἐπὶ πάντα L   7 καὶ > Ν
8 - 9 Ἰώβ > Ν / ὁλόριζον Υ   9 ὅπερ: ὥσπερ Χ / πλανηθεὶς οὖν:
ἀλλὰ πλανηθεὶς Ν / Ἐλιφᾶς Χ   10 τῆς γὰρ γραφῆς εἰπούσης: εἰ-
πούσῃ L   11 αὐτὸς - ἀληθινός > Υ/ αὐτὸς + δὲ L   11/12 ἢ γὰρ ἂν:
ἐπεὶ L, εἰ γὰρ ἂν ἦς Ν   16 ἐν + τοῖς Υ   18 τὸν: καὶ τὸν Υ, τὸν
μέντοι Ν / μυρμηκ. + δὲ Ρ / οἱ μὲν: τινὲς μὲν Υ / φασὶ vor οὐδὲ Ρ /
καθ' - 19 εἰρῆσθαι > Ρ   19/20 λέγουσιν: φασὶν und nach τροφῆς Ν
/ ὅτι καὶ ζῷόν ἐστι: εἶναι Ρ, > Ν   20 δύνασθαι Ρ, αὐτὸ δύνασθαι Ν
/ ζῆν LN   20/21 οὕτως αὐτὸ τοῦ θεοῦ κατασκευάσαντος: οὕτω τοῦ
θεοῦ κατασκ. Ν, τοῦ θεοῦ οὕτω κατασκ. Ρ, > L   21 δεικ-
νύειν ΥΡ / δ > Ρ

Ἐλιφάζ, ὅτι οὐκ ἔστιν ἀληθινὸς ὁ Ἰώβ, φυσικοῖς χρώμενος παρα-
δείγμασιν. εἰπέ μοι, γάρ φησιν, ὦ Ἰώβ, μὴ οἱ λέοντες τὴν οἰκείαν
ἀλκὴν ἀπώλεσαν; οὐ μέχρι νῦν ἰσχυρόν ἐστι τὸ ζῷον ὁ λέων; μὴ τῶν
δρακόντων ἐσβέσθη τὸ γαυρίαμα; οὐ μέχρι νῦν σῴζουσι τὴν αὐθάδει-
5 αν καὶ τὸ ἀπτόητον; μὴ ὁ μυρμηκολέων ἀπώλετο, καὶ ταῦτα μὴ τρεφό-
μενος; μὴ οἱ τῶν λεόντων σκύμνοι ἀγεληδὸν ὥσπερ τὰ θρέμματα νέ-
μονται; οὐ καθ' ἑαυτοὺς ζῶσι καὶ ἕκαστος ἐν ἰδιάζοντι τόπῳ, ὡς ἐξ
ἀρχῆς ὑπὸ τῆς φύσεως ἐτάχθησαν; ὥσπερ οὖν, φησίν, ταῦτα τηροῦσι
τῆς φύσεως τοὺς ὅρους, οὕτω καὶ σὺ εἰ ἧς ἀληθινὸς ὄντως καὶ μὴ
10 μέχρι λόγων μόνον εἶχες τὸ θεοσεβές, οὐδέν ἂν τούτων συνήντησέ
σοι.

κατὰ δὲ τὴν θεωρίαν τὰς ὁρμὰς τῶν παθῶν τοῖς θηρίοις ἀπεικασ-
τέον, τὸν δὲ μυρμηκολέοντα τῷ διαβόλῳ, μύρμηκα μὲν ὄντα τοῖς εὐ-
σεβέσιν, λέοντα δὲ τοῖς ἀσεβέσιν. εἰ μὴ εὗρεν, οὖν φησιν, τροφὴν
15 παρὰ σοὶ ὁ διάβολος, τουτέστιν εἰ μὴ ἧς ἄδικος, ἀπώλετο ἄν, ἀντὶ
τοῦ· ἄπρακτος ἔμενε καὶ αἱ τῶν παθῶν προσβολαὶ ἀπεσβέννυντο καὶ
διελύοντο.

X Y Γ(βΠFSL 12 τὰς - 17) P(- 7 νέμονται; 8 ὥσπερ -) L(- 13 διαβό-
λῳ) N

1 Ἐλιφάς X / ὅτι: ὡς P / φυσικοῖς - 2 Ἰώβ > Y   2 παραδείγμασι
+ καὶ κατ' ἐρώτησιν τὸν λόγον ποιούμενος N/ μοι > L/ γὰρ > P/ ὦ > P
3 ἀπώλεσαν ἀλκήν stellt L / οὐ - λέων > YLP vgl.z.4 zu νῦν / μὴ - 4
αὐθάδειαν: ἢ οἱ δράκοντες τὸ γαυρίαμα P   4 οὐ - 5 ἀπτόητον > L /
μέχρι + τοῦ Y / νῦν + ἰσχυρόν ἐστι τὸ ζῷον ὁ λέων οὐ μέχρι τοῦ νῦν
Y / τὴν αὐθάδειαν: τὸ γαυρίαμα N   5 μὴ₁: ἢ P   6 οἱ nach λε-
όντων N / ἀγεληδῶν Y, οὐκ ἀγεληδὸν L / ὥσπερ τὰ θρέμματα > L   6/
7 νέμονται: βόσκονται P   7 οὐ: καὶ L / καὶ - τόπῳ > L / ἕκαστον
Y   7/8 ὡς ἐξ ἀρχῆς: καθὼς L   8 ἐτάχθησαν vor ὑπὸ L / ἐτάγη-
σαν YN / φησιν nach ταῦτα Y, > PL / τηρεῖ P   9 τὸν τῆς φύσεως
ὅρον P, τοὺς ὅρους τῆς φύσεως N, + καὶ τούτοις ἐμμένουσι μικρά τε
καὶ μεγάλα ζῷα N / εἰ εἰς X, εἰπὲ L / ὀρθὸς καὶ ἀληθινὸς P / ὄντως
- 10 θεοσεβές > P   10 εἶχες μόνον Y, ἔχε L / οὐδὲν ἂν: οὐ γὰρ
ἄν τι L / συνέπεσε N   11 σοι > P, + οὐδ' ἂν μετετέθης τῶν ὅρων
τοῦ θεοῦ ὥστε καὶ δικαιοπραγῶν δυστυχῆσαι N   12 τὴν > P   13 μυρ-
μηκολέοντι δὲ τὸν διάβολον P/ ὄντα > P   14 ἀσεβέσι: ἁμαρτωλοῖς
φαινόμενον P/ οὖν > P   14-15 φησιν - σοι ΓP: τροφήν φησι παρὰ
σοὶ X, φησὶ παρὰ σοὶ Y, φησι παρὰ σοὶ τροφήν N   15 τουτέστιν
- ἄδικος > P / ἧσθα Γ   15/16 ἀντὶ - ἔμενε > P / ἀντὶ τοῦ: ὅπερ
ἐστὶν Γ   16 ἔμεινε Γ / αἱ προσβ. τῶν παθῶν stellt P

ταῦτα δὲ οὐχ ὡς τοῦ Ἐλιφὰζ οὕτω νοήσαντος ἐθεωρήσαμεν, ἀλλ'
ὡς δυναμένων τῶν ῥητῶν καὶ πρὸς ἀλληγορίαν τρέπεσθαι, ὅταν ἡ
χρεία καλέσοι. οὐ γὰρ ἀποφαντέον, ὅτι ὁ Ἐλιφὰζ οὕτως ἐνόησεν,
πλὴν οἱ παλαιότεροι ἐχρήσαντο τῇ θεωρίᾳ.

5 4,12-16 πότερον οὐ δέξεταί μου τὸ οὖς ἐξαίσια παρ' αὐτοῦ; φόβος
δὲ καὶ ἠχὼ νυκτερινή, ἐπιπίπτων φόβος ἐπ' ἀνθρώπους, φρίκη δέ μοι
συνήντησε καὶ τρόμος καὶ μεγάλως μου τὰ ὀστᾶ συνέσεισεν. καὶ
πνεῦμα ἐπὶ πρόσωπόν μου ἐπῆλθεν, ἔφριξαν δέ μου τρίχες καὶ σάρ-
κες, ἀνέστην καὶ οὐκ ἐπέγνων, εἶδον καὶ οὐκ ἦν μορφὴ πρὸ ὀφθαλ-
10 μῶν μου, ἀλλ' ἢ αὔραν καὶ φωνὴν ἤκουον.

κατὰ πολλὰς ἐννοίας τὰ παρόντα δυνατὸν νοῆσαι·

ἢ γὰρ εἰς φόβον ἐνάγων τὸν Ἰὼβ φησιν ὅτι· δεῖ σε φοβεῖσθαι,
ὦ Ἰώβ, καὶ μὴ καταφρονεῖν τοῦ θεοῦ, ἐπειδήπερ οὐ μόνον καθ' ἡμέ-
ραν κολάζει, ἀλλὰ καὶ διὰ νυκτερινῶν ὄψεων, ὡς καὶ ἑτέρων διη-
15 γουμένων τὰ περὶ αὐτοῦ θαυμάσια ἤκουσα καὶ αὐτὸς ἐπειράθην πολ-
λάκις ἐν ὕπνῳ φοβηθεὶς ὡς φρίξαι μου τὰς τρίχας καὶ σύντρομον
γενέσθαι καὶ σεισμὸν ὑπομεῖναι τῶν ὀστῶν τὴν ἁρμονίαν καὶ δοκεῖν
τι πνεῦμα ἐπιέναι μοι καὶ μηδὲν μὲν μεμορφωμένον ὁρᾶν, φωνῶν δὲ
μόνον ἀκούειν ἠρέμα ἐκπληκτικῶς μοι προσπιπτουσῶν καὶ τρόμον ἐμ-
20 βαλλουσῶν. δεῖσον τοίνυν, φησίν, τὸν θεὸν τὸν καὶ δι' ἐνυπνίων
κολάζοντα.

καὶ ἄλλως· φοβεῖσθαι σε προσήκει, φησίν, τὸν θεόν, ὦ Ἰώβ, οὗ
καὶ ἡ ἔννοια φοβερά· καὶ γὰρ καὶ παλαιοτέρων ἤκουσα τὰ περὶ αὐτοῦ

X Y P(-3 καλέσοι; 12 εἰς - 20 ἐμβαλλουσῶν) L(1 - 3 καλέσοι; 11 - 18
μοι; 20 δεῖσον - 21) N(- 3 καλέσοι; ≠ 4; 12 - 20 ἐμβαλλουσῶν; ≠ 20
δεῖσον -)

1 Ἐλιφὰς X / θεωρήσομεν X   2 τῶν ῥητῶν δυναμένων stellt P /
ῥημάτων N / καὶ > P / πρός: εἰς P / ἀλληγορίαν Y / τραπῆναι P/ ὅταν:
ὅτι P / ἡ > PL   3 καλέσῃ YN, καλοίη P / Ἐλιφὰς X   5 οὖ:
οὐδὲ Y   6 νυκτερινῷ   11 ἐννοῆσαι L   12 ἡ: ἤτοι N /
τὸν Ἰώβ: ὁ Ἐλιφὰζ τὸν δίκαιον N   13 τοῦ > YP / μόνον > N /
καθ': μεθ' LN   14 καὶ₁ + ἐν ὕπνῳ N   15 τὰ > L   16/17 φρί-
ξαι - γενέσθαι: σύντρομόν με γενέσθαι καὶ φρίξαι μου τὰς τρίχας N
16 σύντρομον: συντριβησόμενον με L   18 καὶ > N / μὲν: μέντοι N
19 μόνων X   19/20 ἐμβαλουσῶν Y   20 τοίνυν: οὖν Y   22
καὶ₁ > X / τὸν θεὸν > Y

ἐξαίσια διηγουμένων. καὶ ἔγωγε ὅταν εἰς νοῦν λάβω τὴν περὶ τῆς
φύσεως αὐτοῦ μεγαλειότητα, καὶ μάλιστα, πῶς ἦν ἐν τῇ οἰκείᾳ μα-
καριότητι πρὸ τοῦ τὸν κόσμον ποιῆσαι, πῶς δὲ καὶ νῦν ἐστι παντα-
χοῦ ὢν καὶ ἔξω τοῦ παντὸς τυγχάνων ἐν τῇ ἑαυτοῦ περιωπῇ καὶ μα-
5 καριότητι, ταὐτὸν ὑπομένω τοῖς ἀωρὶ τῶν νυκτῶν βαθείας σιγῆς
κατεχούσης τὰ πάντα ἐν πολλῇ τῇ ἡσυχίᾳ ὑπὸ τοῦ ἤχου τοῦ νυκτε-
ρινοῦ καταπτοουμένοις, ὥστε καὶ φρίκην μοι συμβαίνειν καὶ τρόμον
ἐν ταῖς τοιαύταις ἐννοίαις· καὶ γίνομαι μὲν ἐν διανοίᾳ ἀφανοῦς
τινος καὶ ἀκαταλήπτου πνεύματος· εἰ δὲ καὶ διανασταίην ἐπὶ πλεῖ-
10 ον τοῖς λογισμοῖς, οὐδὲν ἐπιγινώσκω οὐδὲ καταλαμβάνω. τὸ γὰρ ἀν-
είδεον τοῦ θεοῦ καὶ ἀκατάληπτον διαφεύγει τὴν ὀπτικὴν τῆς ψυχῆς
δύναμιν, καὶ ὅσον ἄν τις ἀνέλθοι τοῖς λογισμοῖς, τοσοῦτον αὐτὸν
τοῦ ζητουμένου ἡ εὕρεσις ἀπολιμπάνει. καὶ τὴν μὲν γὰρ φύσιν ἐ-
στὶν ἀκατάληπτος, συναισθάνεται δὲ οὖν ὅμως ἡ διάνοια ὡσανεὶ αὔ-
15 ρας λεπτῆς καὶ φωνῆς ἠρεμαίας ἀναψυχούσης τὸν νοῦν, καὶ τῆς μὲν
τοῦ θεοῦ ἐνεργείας ποιούσης συναισθάνεσθαι, τὴν μέντοι θείαν φύ-
σιν οὐκ ἐπιδεικνύσης. παντελῶς γάρ ἐστιν ἀνέφικτος καὶ φρίκης
γέμουσα καὶ σκοτοδινιᾶν τοὺς λογισμοὺς παρασκευάζουσα ἡ τοιαύτη
θεωρία.
20   ἄλλως· μὴ φαυλίσῃς μου, φησίν, τοὺς λόγους καὶ τὴν παραίνε-
σιν, ὦ Ἰώβ· καὶ γὰρ καὶ θείας ἀποκαλύψεως ἠξιώθην καὶ δι' ὀνεί-
ρων ὀπτασίαν ἐθεώρησα καὶ ἁγίου πνεύματος ἔλλαμψιν ἐδεξάμην· καὶ
οἶδα μέν, ὅτι ἀνείδεός ἐστιν ὁ θεὸς ἁπλοῦς τε καὶ ἀκατάληπτος
τὴν φύσιν, πλὴν ὡς ἐν αὔρᾳ τινὶ λεπτῇ συναίσθησίς μοι θεία γέγο-

X Y P(20 μὴ -) L(20 μὴ - 22 ἐδεξάμην) N(≠ - 5 μακαριότητι; 5 ταb-
τὸν -)

1 ἔγωγε: ἐγὼ δὲ Χ (> Ν)   4 περιοπῇ Υ   6 τὸ πᾶν Ν / ἤχους Υ
8 περινοίᾳ Ν   9/10 πλέον Ν   11 καὶ ἀκατάληπτον > Ν   11/12
δύναμιν τῆς ψυχῆς stellt Ν   12 ἀνέλθῃ Χ   13 ἡ εὕρεσις
τοῦ ζητουμένου stellt Υ / καὶ τὴν μὲν γὰρ: καὶ τὴν μὲν Χ, τὴν γὰρ Ν
14 δὲ: μὲν Χ / τῇ διανοίᾳ Ν   17 ἐπιδεικνυούσης Υ   20 ἄλλως
> Ν(PL) / φησιν > Ν, nach λόγους PL / καὶ τὴν παραίνεσιν > L   21
ὦ Ἰώβ > ΥPΝ / καὶ₂ > Ν   22 ὀπτασίας Ν / ἐθεώρησα - ἐδεξάμην:
ἐθεασάμην Ρ / καὶ₁ + δι' Χ / ἔλαμψιν Υ   24 λεπτῇ τινι stellt Χ
/ συναίσθησίς μοι: σεισμοὶ Υ, αὐγασίς μοι Ρ / θεία > Ρ

νεν. ταῦτα δὲ ἴσως φησὶν εὐπρόσδεκτον ἑαυτοῦ τὸν λόγον κατασκευα-
ζων, ἵνα ἐν οἷς μέλλει λέγειν πίστεως ἄξιος εἶναι δόξῃ.
κατὰ πάσας δὲ τὰς ἐννοίας φοβεῖν πειρᾶται τὸν Ἰὼβ καὶ εἰς
μετάνοιαν ἐπιστρέφειν.

5 4,17 τί γάρ; μὴ καθαρὸς ἔσται βροτὸς ἐναντίον τοῦ κυρίου ἢ ἀπὸ
τῶν ἔργων αὐτοῦ ἄμεμπτος ἀνήρ;

καὶ μὴ νόμιζε, φησίν, ὅτι ὀνειδιστικῶς σοι ταῦτα λέγω· καθό-
λου γὰρ οὐδεὶς ἄνθρωπός ἐστιν ἄμεμπτος, ἀλλὰ κἂν ἀνθρώπους λάθῃ,
τὸν παντεπόπτην ὀφθαλμὸν τοῦ θεοῦ τὸν ἀκριβῶς πάντα ἐπιστάμενον
10 οὐ διαλανθάνει. τοῦτο γὰρ σημαίνει τὸ ἐ ν α ν τ ί ο ν τ ο ῦ κ υ ρ ί ο υ.

4,18 εἰ κατὰ παίδων αὐτοῦ οὐ πιστεύει, κατὰ δὲ ἀγγέλων αὐτοῦ σκό-
λιόν τι ἐπενόησεν.

οἱ γὰρ ἄγγελοι, φησίν, οἱ γνήσιοι αὐτοῦ θεράποντες, ὅσον πρὸς
τὴν τοῦ θεοῦ ἀκρίβειαν οὐκ εἰσὶν ἄμεμπτοι. τὸ γὰρ ο ὐ π ι σ τ ε ύ ε ι
15 ἀντὶ τοῦ· εἰ πρὸς τὴν ἑαυτοῦ ἀκρίβειαν ἐξετάσοι, εὑρήσει μὴ ἐν
πᾶσι πιστούς. τὸ δὲ σ κ ό λ ι ό ν τ ι ἐ π ε ν ό η σ ε ν ἀντὶ τοῦ· τρεπτὴν
αὐτῶν τὴν φύσιν κατεσκεύασεν, ὡς ἐνδέχεσθαι διὰ τῆς τροπῆς καὶ
μέμψεως ἐντὸς γίνεσθαι, ὅπερ οὖν καὶ πεπόνθασιν αἱ ἀποστατικαὶ
δυνάμεις, ἐπεὶ μὴ τὴν φύσιν ἄτρεπτον ἐκληρώσαντο, προαιρετικῶς
20 τῆς οἰκείας στάσεως ἀπολισθήσασαι. παῖδας δὲ αὐτοῦ τοὺς ἁγίους
ἀγγέλους καὶ ἀνθρώπους φησίν.

X Y Γ(βΠFSP 7 - 8 ἄμεμπτος) P(-2) L(1 ταῦτα - 4; 7-10; 13-21)
N(-4; 7-10; 16 τὸ δὲ - 20 ἀπολισθήσασαι)

1 φησιν ἴσως stellt L / ἴσως > NP / φησὶν + ὁ Ἐλιφὰζ N / ἑαυτοῦ
τὸν: τὸν αὐτοῦ P   1/2 κατασκευάζων: ποιῶν P   2 ἵνα ἐν > P /
πίστεως - δόξῃ: πιστὸς εἶναι δόξῃ Y, πιστευθῇ L, πίστεως εἶναι ἄξι-
ος δόξῃ N   3 κατὰ - ἐννοίας: τάχα δὲ N / τὰς > L   5 τοῦ > Y
7 ταῦτα > L / λέγω + προφέρων σοι ἀμαρτίας N   8 ἀνθρώπων N /
ἄμεμπτός ἐστιν ἐναντίον κυρίου Γ   9 τὸν - 10 διαλ.: θεὸν οὐ λη-
θήσεται N / πάντων ἐπόπτην Y / τὸν₂ - ἐπιστ. > L   10 τοῦ > YL
13 οἱ₁ L: εἰ XY (vgl. S.58,6)   14 οὐκ - 15 ἀκρίβειαν > L durch
Haplographie   15 ἐξαιτάσοι Y / ἐξετάσοις εὑρήσεις L   17 ὡς - 18
γίνεσθαι: εὗρεν L / διὰ τῆς τροπῆς > N   18 γενέσθαι διὰ τοῦτο N
/ ὅπερ οὖν: ὡσπεροῦν Y, ὅπερ L / καὶ > XL   19 ἐπεὶ - ἐκλ. > L /
μὴ N, wohl durch Konjektur: μὲν Y, > X   21 ἢ καὶ L

4,19-21 τοὺς δὲ κατοικοῦντας οἰκίας πηλίνας, ἐξ ὧν καὶ αὐτοὶ ἐκ

τοῦ αὐτοῦ πηλοῦ ἐσμεν, ἔπαισεν αὐτοὺς σητὸς τρόπον καὶ ἀπὸ πρωΐ-

θεν ἕως ἑσπέρας οὐκέτι εἰσίν, παρὰ τὸ μὴ δύνασθαι αὐτοὺς ἑαυτοῖς

βοηθῆσαι ἀπώλοντο· ἐνεφύσησεν γὰρ αὐτοῖς καὶ ἐξηράνθησαν, ἀπώλον-

5 το παρὰ τὸ μὴ ἔχειν αὐτοὺς σοφίαν.

τί οὖν χρή, φησίν, λέγειν περὶ τῶν ἀνθρώπων τῶν χοϊκῶν; εἰ γὰρ

ἄγγελοι πνεύματά τε ὄντες καὶ οὐρανὸν οἰκοῦντες οὐκ ἄμεμπτοι πρὸς

τὴν θείαν ἀκρίβειαν, τί ἂν πάθοιμεν ἡμεῖς οἱ γήϊνοι καὶ γῆν οἰ-

κοῦντες; εἰ γὰρ πλήξει θεός, οὕτω ῥᾳδίως δαπανώμεθα καὶ οὐδὲ ὅλην

10 ἡμέραν ἀντέχομεν, ὡσπερανεὶ λάχανα ὑπὸ σκωλήκων βρωθέντα ἢ ἱμάτια

ὑπὸ σητῶν δαπανηθέντα· ὥσπερ γὰρ ταῦτα, οὕτω καὶ ἡμεῖς ἐσμεν

ἀσθενεῖς. θεὸς δὲ οὕτω δυνατὸς καὶ μετ' εὐκολίας ἐξαφανίζων οὓς

ἂν ἐθελήσῃ, ὅτι ὥσπερ ἀνθρώπῳ ῥᾴδιον τὸ φυσῆσαι, οὕτω θεῷ τὸ θε-

λῆσαι μόνον καὶ ἀποξηρᾶναι.

15   τροπικῶς δὲ ὡς ἐπὶ ἀνέμου φυσῶντος καὶ ἀνθῶν ξηραινομένων διὰ

τὸ παραστῆσαι τοῦ θεοῦ τὴν ἐξουσίαν <τοῖς λόγοις> ἐχρήσατο. εἶτα,

ἵνα μὴ δόξῃ λέγειν, ὅτι ἐπ' ἐξουσίας ἅπαντα πράττων ἀκρίτως ἐπι-

φέρει τὴν ὀργήν, φησὶν ὅτι· ταῦτα δὲ πάσχουσιν οἱ ἄνθρωποι οὐκ

ἀκρίτως, ἀλλὰ διὰ τὸ μὴ ἔχειν σοφίαν, τουτέστιν· μὴ φοβεῖ-

20 σθαι τὸν θεόν. ἀρχὴ γὰρ σοφίας φόβος κυρίου.

5,1-2 ἐπικάλεσαι δέ, εἴ τις σου ὑπακούσεται, ἢ εἴ τινα ἁγίων ἀγ-

γέλων ὄψει. καὶ γὰρ ἄφρονα ἀναιρεῖ ὀργή, πεπλανημένον δὲ θανατοῖ

ζῆλος.

---

20 Psalm 110,10

X Y Γ(βΠFS 6-14) P(6-14) L(6-14; 18 ταῦτα - 20) N(≠ 6 εἰ - 16 ἐχρή-
σατο)

2 ἔπ[[ε]]`αι´σεν X, ἔπεσεν Y   3 εἰσι + καὶ Y   4 αὐτοὺς X
5 παρὰ: διὰ Y, vgl. Z.19   6 εἰ: οἱ Y, vgl. S.57,13   8 ἂν > Y
9 οἰκοῦντες + Symmachus-Variante N / πλήξοι X   10 ἀντέχωμεν Y /
ὥσπερ N / ὑπὸ ˙σκωλήκων λάχανα stellt Y   11 ταῦτα: τὰ λάχανα N,
der nach 11 δαπανηθέντα einen Satz einschiebt / οὕτως X / ἀσθενεῖς
ἐσμεν Y / ὁ θεός L   12 ἀφανίζων PN   13 ἂν ἐθελήσῃ: ἐὰν θελήσ-
σῃ Y / τῷ θεῷ Y / τὸ: τῷ Y   15 δὲ + μόνον Y   18 δὲ ταῦτα X,
ταῦτα N / πάσχομεν L   19 ἀλλὰ + τὰ Y / τουτέστιν + διὰ τὸ X
19/20 φοβῆσθαι Y   20 γὰρ + φησιν N   21 εἰ: ἢ Y / σοι Y

τί οὖν, φησίν, ὑπὲρ τὴν ἀξίαν φθέγγῃ ἄνθρωπος ὤν; τοσοῦτον γὰρ
ἀπολιμπάνεται θεοῦ ἄνθρωπος, ὅτι οὐ μόνον ἀόρατός ἐστιν ὁ θεὸς
καὶ ἀκατάληπτος, ἀλλ᾽ οὐδ᾽, ἂν μυριάκις αὐτὸν ἐπικαλέσῃ, ἀποκρίνε-
ταί σοι. τί δὲ λέγω περὶ θεοῦ, ὅπουγε καὶ οἱ αὐτοῦ λειτουργοί, οἱ
5 ἅγιοι ἄγγελοι, ἀόρατοι τυγχάνουσιν ἡμῖν. σοφοῦ μὲν οὖν τὸ ταῦτα
διανοεῖσθαι· τὸν δὲ ἄφρονα καὶ πεπλανημένον καὶ κατὰ θεοῦ θρασυνό-
μενον ἡ δικαία τοῦ θεοῦ κίνησις καὶ ὁ ζῆλος - ἀντὶ τοῦ· τὸ μισο-
πόνηρον τοῦ θεοῦ - ἀναιρεῖ. ἔστι δὲ καὶ καθόλου ἄφρονα νοῆσαι τὸν
ὀργίλον, ἵνα ᾖ καθολικὸς ὁ λόγος, ὅτι παντὶ ἄφρονι καὶ ὀργίλῳ ἡ
10 οἰκεία ὀργὴ θάνατον κατεργάζεται. παραινεῖ οὖν, μὴ θρασύνεσθαι
κατὰ θεοῦ.

5,3 <u>ἐγὼ δὲ ἑώρακα ἄφρονας ῥίζας βαλόντας, ἀλλ᾽ εὐθέως ἐβρώθη αὐ-
τῶν ἡ δίαιτα.</u>

ἐπειδὴ ἀντιπίπτει τῷ Ἐλιφὰζ τὸ καὶ ἀδίκους πολλάκις ἐν εὐημε-
15 ρίᾳ γίνεσθαι καὶ μάλιστα τὰ κατ᾽ αὐτὸν τὸν Ἰὼβ πρότερον ἐν εὐπρα-
γίᾳ τυγχάνοντα, τὸ ἀντιπῖπτον ἐπιλύων ἔφη, ὅτι ὁ ἄδικος, κἂν γέ-
νηται ἐν εὐπαθείᾳ τινὶ καὶ βεβαίως ἔχειν νομίσῃ τὰ ἀγαθά - τοῦτο
γάρ ἐστι τὸ ῥίζας βαλόντας -, ἀλλ᾽ οὐκ ἐπὶ πολὺ διαμένει.
δίαιταν δὲ τὴν πᾶσαν αὐτῶν οἰκίαν καὶ ἐν εὐθηνίᾳ διαγωγήν φησιν.
20 εἶτα ἐπιφέρει τῶν ἀσεβῶν τὰ ἀποτελέσματα.

X Y Γ(βΠFSL 1 - 5 ἡμῖν; βΠFSPL ≠ 7 ὁ ζῆλος - 8 θεοῦ; βΠFSL 14-18;
βΠFS ≠ 19) P(1-11; 14-20) L(≠ 19) N(1 - 5 ἡμῖν; ≠ 6 καὶ κατὰ - 9
ὅτι; 9 παντὶ - 18; 20)

1 οὖν φησιν > P, οὖν > N   2 ὁ θεὸς > YP   3/4 ἀποκρίνηται X,
ἀποκριθήσεται N   4-5 αὐτοῦ nach ἄγγελος stellt und λειτουργοὶ -
ἄγγελοι > N, οἱ ἅγιοι > P   5 τυγχάνουσιν: εἰσιν N / ἡμῖν τυγχά-
νουσιν stellt P / οὖν > P   6 καὶ πεπλανημένον > P / θεὸν Y   7 ἡ
δικ. - ἀντὶ τοῦ > P / τὸ > Y   7-8 τὸ τοῦ θεοῦ μισοπόνηρον stellt P
/ vgl. unter dem Namen Olympiodors (ohne FL) ζῆλόν φησι τὸ μισοπόνη-
ρον τοῦ θεοῦ Γ   8 ἔστι - 9 παντὶ: ἢ ὅτιπερ τὸ P   9 ᾖ + καὶ Y /
λόγος + ἦ Y / παντὶ + γὰρ N   10 οἰκεία: ἰδία N   12 βάλλοντας Y
14 ἀντέπιπτε N / Ἐλιφὰς X / πολλάκις - 16 τυγχάνοντα: εὐημεροῦν P
15 γενέσθαι ΓN   16 ἐπιλύων + ὁ φίλος N / φησίν P / ὁ > N   16/17
γένοιτο Γ   17 τινὶ εὐπαθείᾳ stellt P / καὶ - 18 βαλόντας > P
/ νομίζῃ N / ἀγαθὰ + καὶ ἀσφαλῶς N   18 βάλλειν N / διαμένειν Γ
19 πᾶσαν - φησιν: εὐθηνίαν φησὶν καὶ τὴν πᾶσαν διαγωγὴν P, ähnl. Γ /
οἰκείαν Y   20 τὰ vor τῶν stellen YP / ἐπιτελέσματα YP

5,4-5 πόρρω γένοιντο οἱ υἱοὶ αὐτῶν ἀπὸ σωτηρίας. κολαβρισθείησαν

δὲ ἐπὶ θύραις ἡσσόνων καὶ οὐκ ἔσται ὁ ἐξαιρούμενος. ἃ γὰρ ἐκεῖνοι

συνήγαγον, δίκαιοι ἔδονται, αὐτοὶ δὲ ἐκ κακῶν οὐκ ἐξαιρετοὶ ἔσον-

ται, ἐκσιφωνισθείη αὐτῶν ἡ ἰσχύς.

5   ταῦτα πολλάκις μὲν συμβαίνει τοῖς ἀσεβέσιν. καὶ γὰρ ἐκληρονό-

μησεν ὁ Ἑβραίων λαὸς τὴν γῆν τῆς ἐπαγγελίας τῶν προτέρων οἰκητό-

ρων δι' ἀσέβειαν ἀναιρεθέντων. οὐκ ἀεὶ δὲ ταῦτα συμβαίνει ἐν τῷ

παρόντι βίῳ· αἱ γὰρ ἀνταποδόσεις οὐκ ἐνταῦθα πάντως, ἀλλὰ καὶ ἐν

τῷ μέλλοντι, ὥστε μὴ μετὰ διαιρέσεως τεθέντα οὐ·καλῶς εἴρηται τῷ

10 Ἐλιφάζ. τὸ δὲ πόρρω γένοιντο οὐκ εὐκτικῶς εἴρηται, ἀλλ' ὡς

πάντως συμβαῖνον· οἱ γὰρ χρόνοι ἀδιαφόρως κεῖνται, καὶ μάλιστα ἐν

τῇ παρούσῃ γραφῇ. τὸ δὲ κολαβρισθείησαν ἀντὶ τοῦ· ἐπιτριβεί-

ησαν, ἐξευτελισθείησαν· κόλαβρος γὰρ ὁ μικρὸς χοῖρος. οὐκ ἔ-

σται δὲ ὁ ἐξαιρούμενος, ἐκ τῆς συνεχούσης δηλονότι πενίας·

15 ὅμοιον δὲ τῷ οὐκ ἐξαιρούμενος τὸ οὐκ ἐξαιρετοὶ ἔσον-

ται. τὸ δὲ ἐκσιφωνισθείη αὐτῶν ἡ ἰσχὺς ἀντὶ τοῦ· ἐκρο-

φηθείη, ἐξαφανισθείη.

5,6-7 οὐ γὰρ μὴ ἐξέλθῃ ἐκ γῆς κόπος οὐδὲ ἐξ ὀρέων ἀναβλαστήσει

πόνος, ἀλλὰ ἄνθρωπος γεννᾶται κόπῳ, νεοσσοὶ δὲ ἀετῶν τὰ ὑψηλὰ πέ-

20 τονται.

ἠρέμα δοκεῖ παραμυθεῖσθαι τὸν Ἰὼβ ἐν τούτοις ἐκ φυσικῆς παραινέ-

σεως. οὐ γὰρ δεῖ σε, φησίν, δυσχεραίνειν ἄνθρωπον ὄντα καὶ πάσ-

X Y Γ(βΠFSPL ≠ 5 - 15/16 ἔσονται; βΠFSL 21-) P(5 - 13 ἐξευτελι-
σθείησαν; 16 τὸ - 17) L(≠ 13 οὐκ - 17) N(5 - 13 χοῖρος; 21-)

1 σωτηρίας + καὶ Y   2 θύρ[[ε]]'αι'ς X   4 ἐξηφωνισθείη Y   5 καὶ
- 7 ἀναιρεθέντων > Γ/ γὰρ > P   5/6 ὁ Ἑβρ. λαὸς ἐκλ. stellt P
6 προτέρων > P   7 διὰ X/ ἀσέβειαν PN: ἀσεβείας XY/ οὐκ - 8 βίῳ > P
/ ἀεί: ἂν Y/ συμβαίνῃ Y   8 αἱ - πάντως::οὐκ ἐνταῦθα δὲ μόνον πάν-
τως αἱ ἀνταποδόσεις P/ πάντως: μόνον Y   9 ὥστε - 10 Ἐλιφὰζ > P/
τιθέντα N   10 Ἐλιφὰς X / γένοιτο Y / ἀλλ' + ἀντὶ τοῦ ἐγένοντο N
11 πάντων Y / συμβαίνων Y   11-12 οἱ - γραφῇ > ΓP   12 τὸ -
τοῦ:.τουτέστιν N (Neuanfang) / κολαβρισθείησαν Y / τοῦ: τῃ P   13
κόλαβρος - χοῖρος > Y, vgl. Didymos, Kommentar zu Hiob, Teil II (Hen-
richs, PTA 2), S.207   13-14 οὐκ - πενίας > Γ   15 τῷ: τὸ Y
16 ἐξηφωνισθείη Y(vgl. Z.4)   16/17 ἐκροφηθείη > Y   18 ἐξέλ-
θοι Y   19 ἀλλ' Y   21 ἐκ φυσικῆς παραινέσεως > ΓN

χοντα· οὐ γὰρ ἀναισθήτων τὸ τιμωρεῖσθαι. ἀλλὰ καὶ τὰ πτηνά - ἀπὸ

γὰρ τοῦ ἀετοῦ τὰ πάντα πτηνὰ λέγει - ἀπονώτερον ἡμῶν καὶ ἀμεριμ-

νότερον ἐκληρώσαντο βίον.

5,8-11 οὐ μὴν δέ, ἀλλ' ἐγὼ δεηθήσομαι κυρίου· κύριον δὲ τὸν πάν-

5 των δεσπότην ἐπικαλέσομαι τὸν ποιοῦντα μεγάλα καὶ ἀνεξιχνίαστα,

ἔνδοξά τε καὶ ἐξαίσια, ὧν οὐκ ἔστιν ἀριθμός· τὸν διδόντα ὑετὸν

ἐπὶ τὴν γῆν, ἀποστέλλοντα ὕδωρ ἐπὶ τὴν ὑπ' οὐρανόν· τὸν ποιοῦντα

ταπεινοὺς εἰς ὕψος καὶ ἀπολωλότας ἐξεγείροντα.

καὶ ταῦτα μέν, φησίν, ὧδε ἐχέτω, ἐγὼ δὲ προσφεύγω θεῷ καὶ πρὸς

10 τὴν αὐτοῦ καταφεύγω βοήθειαν. εἶτα ἐκδιηγεῖται· τοῦ θεοῦ τὴν ὑπερ-

οχήν, πρὸς φόβον ἐνάγων τὸν Ἰὼβ καὶ διὰ τοῦ οἰκείου προσώπου πρὸς

μετάνοιαν ἕλκων.

5,12 διαλλάσσοντα βουλὰς πανούργων, καὶ οὐ μὴ ποιήσωσιν αἱ χεῖ-

ρες αὐτῶν ἀληθές.

15   τὸν μεταστρέφοντα τὰς βουλὰς τῶν μὴ ποιούντων τὸ ἀληθές, τουτ-

έστι τὸν μὴ συγχωροῦντα κατὰ γνώμην τοῖς πανούργοις ἐκβαίνειν τὰ

πράγματα, ἀλλὰ ῥᾳδίως, ὅταν ἐθέλῃ, τῶν τοιούτων ἀνατρέποντα τὰς

κακοτεχνίας. χεῖρας δὲ τὰς πράξεις φησίν.

5,13 ὁ καταλαμβάνων σοφοὺς ἐν τῇ φρονήσει, βουλὰς δὲ πολυπλόκων

20 ἐξέστησεν.

ὁ καταλαμβάνων ἀντὶ τοῦ· ὁ ἐλέγχων, ὁ τὴν παρὰ ἀνθρώποις

σοφίαν μωρίαν ἀποδεικνύς. πολυπλόκων δὲ τῶν σκολιῶν λέγει,

οὓς οἱ κυριολεκτοῦντες ἀγκυλογνώμονας καλοῦσιν. τὸ δὲ ἐξέστη-

X Y Γ(βΠFSL -3; βΠFSPL 9 ταῦτα - ἐχέτω; βΠFS 21 - 23 καλοῦσιν) P(9 -
12; ≠ 21-) L(9-12; 15 - 17 πράγματα; 21-) N(-3; 9-12; 15-18; 21-)
2 τοῦ > N / τὰ πάντα πτηνά: καὶ τὰ ἄλλα N / ἡμῶν ΓN: > XY / ἀμεριμ-
νότερον Y   7 τῆς γῆς Y / τὸν ἀποστέλλοντα Y / ἐπὶ₂: ὑπὸ Y
8 ἀπωλωλότας Y, dazu übergeschriebene Glosse ἀπηλπισμένους X   9
καὶ₁ > N / τῷ θεῷ L   11 τὸν > L / οἰκείου: ἰδίου Y / πρός: τὴν X
15 καταστρέφοντα L / τὰς > N   17 θέλῃ Y / τοιούτων: ποιούντων Y
21 ἀνθρώπων X   22-23 πολυπλόκων - καλοῦσιν > N, bietet nur die
inhaltlich gleiche Erklärung des Polychronios (in Γ beide)

σεν ἀντὶ τοῦ· ἡκύρωσεν, ἔξω τοῦ σκοποῦ στῆναι παρεσκεύασεν.

5,14-15 ἡμέρας συναντήσεται αὐτοῖς σκότος, τὸ δὲ μεσημβρινὸν
ψηλαφήσαισαν ἴσα νυκτί, ἀπόλοιντο δὲ ἐν πολέμῳ.

δι' τῆς ἡμέρας καὶ μεσημβρίας τὴν εὐημερίαν αἰνίττεται, ἵνα
5 εἴπῃ, ὅτι ἐν αὐτῇ τῇ εὐθηνίᾳ καὶ τῇ ἀκμῇ τῆς εὐπραγίας οἱ ἄδικοι
καὶ παρ' ἐαυτοῖς σοφοὶ καὶ πανοῦργοι ἀδόκητον ὑπομενοῦσι τῆς εὐ-
θηνίας τὴν μεταβολήν· σκότος γὰρ καὶ νύκτα τὸ δυσπραγεῖν φη-
σιν. τούτοις δὲ συμβαίνει καὶ τὴν ἐκ πολεμίων ὑποστῆναι σφαγήν.

5,15-16 ἀδύνατος δὲ ἐξέλθοι ἐκ χειρὸς δυνάστου· εἴη δὲ ἀδυνάτῳ
10 ἐλπίς, ἀδίκου δὲ στόμα ἐμφραχθείη.

ὁ δὲ κατὰ θεόν, φησίν, ταπεινὸς καὶ οὐδεμίαν δύναμιν περιβε-
βλημένος ἔχων τὴν εἰς θεὸν ἐλπίδα διαφεύξεται τῶν δυνατῶν τὴν
ἐπήρειαν. τῶν δὲ μεγαλορρημόνων καὶ ἀδίκων καὶ μεγαλαύχων ἐμ-
φράττεται στόμα, τουτέστιν· ἡ μεγαλόφρων ἰσχὺς κατασπᾶται.

15 5,17-18 μακάριος δὲ ἄνθρωπος, ὃν ἤλεγξεν ὁ κύριος· νουθέτημα δὲ
παντοκράτορος μὴ ἀπαναίνου. αὐτὸς γὰρ ἀλγεῖν ποιεῖ καὶ πάλιν
ἀποκαθίστησιν· ἔπαισεν, καὶ αἱ χεῖρες αὐτοῦ ἰάσαντο.

μακαρισμὸν μὲν καλεῖ τὴν ἐπὶ τῷ σωφρονισμῷ παιδείαν. παραινεῖ
δὲ καὶ τῷ Ἰώβ, ὡς διὰ ἀμαρτήματα παιδευομένῳ μὴ δυσχεραίνειν,
20 ἱκετεύειν δὲ θεὸν τὸν καὶ τὴν πληγὴν ἐπαγαγόντα καὶ τὴν ἴασιν
ἐπιθεῖναι δυνάμενον. χεῖρας δὲ θεοῦ τὰς δραστηρίους δυνάμεις
φησίν.

Χ Υ Γ(βΠFS 1 ἔξω - παρεσκεύασεν; 4-8; 11 - 13 ἐπήρειαν; βΠFSPLN
18-22) P(≠ -1; ≠ 4-8; 11-14) L(≠ 4-8; ≠ 11 - 13 ἐπήρειαν, ver-
knüpft die Fassungen von Γ und ΧΥ; 11 - 14 στόμα) N(-1; 4-8; 11
- 13 ἐπήρειαν; ≠ 13 τῶν - 14)

1 τοῦ₁ + ἀχρήστους πεποίηκεν N   3 ψηλαφήσαιεν Υ / ἀπόλοι ̔ν ̓το Υ
4 καὶ + τῆς ΓΝ   5 τῇ εὐθηνίᾳ καὶ > Ν   5-6 ἄδικοι - πανοῦρ-
γοι: πονηροὶ Γ(Ρ)Ν   7/8 φησιν: λέγει ΓΝ   8 τούτοις - σφαγήν > Γ
/ τούτοις N: τούτους ΧΥ   11 ταπεινὸς φησιν stellen ΓΡ, φησὶν > Ν
12 ἔχων + φησὶν Υ / δυναστῶν L   13 μεγαλορημόνων - καὶ₂ > Ρ /
μεγαλορημόνων ΧΥ   13/14 ἐμφράσσεται Υ   14 τὸ στόμα Υ / ἡ
μεγαλόφρων ἰσχὺς κατασπᾶται P(durch Konjektur?): ἡ μεγαλορήμων (με-
γορρήμων Υ) ὀφρὺς κατασπᾶται ΧΥ, (ἡ ὑψηλὴ ὀφρὺς καταστέλληται Ν)
19 δι' Υ   20 δὲ + τὸν Χ / τὴν > Υ / ἐπάγοντα Γ

5,19-21 ἑξάκις ἐξ ἀναγκῶν ἐξελεῖταί σε, ἐν δὲ τῷ ἑβδόμῳ οὐ μὴ
ἅψηταί σου κακόν. ἐν λιμῷ ῥύσεταί σε ἐκ θανάτου, ἐν πολέμῳ δὲ
ἐκ χειρὸς σιδήρου λύσει σε. ἀπὸ μάστιγος γλώσσης σε κρύψει, καὶ
οὐ μὴ φοβηθῇς ἀπὸ κακῶν ἐρχομένων.

5   τὸ ἑξάκις ἀντὶ τοῦ πολλάκις φησίν. εἶτα λέγει τὰ ὡς εἰκὸς
συμβαίνοντα δυσχερῆ. μετὰ δὲ τὴν τούτων, φησίν, πεῖραν, ἐὰν εὐ-
χάριστος ὀφθῇς ἐν τῷ ἑβδόμῳ, τουτέστι μετὰ τοὺς πολλοὺς πει-
ρασμούς, τελευταῖον θεὸς οὐκέτι συγχωρεῖ σε παθεῖν. χεῖρα δὲ
σιδήρου τὴν δραστήριον τοῦ σιδήρου δύναμιν λέγει, ἀντὶ τοῦ·
10   οὐ συγχωρήσει σε ἐν πολέμῳ πεσεῖν. ἀλλὰ καὶ ἀπὸ γλώσσης πονηρᾶς
καὶ συκοφαντεῖν ἐπισταμένης ἀποκρύψει σε· μάστιγα γὰρ γλώσ-
σης τὴν πονηρίαν καὶ συκοφαντίαν φησίν. ἄφοβος δὲ τοῦ λοιποῦ
διατελέσεις.

5,22-24 ἀδίκων καὶ ἀνόμων καταγελάσῃ, ἀπὸ δὲ θηρίων ἀγρίων οὐ
15   φοβηθήσῃ· θῆρες γὰρ ἄγριοι εἰρηνεύσουσίν σοι. εἶτα γνώσῃ, ὅτι
εἰρηνεύσει σου ὁ οἶκος, ἡ δὲ δίαιτα τῆς σκηνῆς σου οὐ μὴ ἁμάρτῃ.

γνοὺς δέ, φησίν, τῆς εὐσεβείας τὴν δύναμιν καὶ τῆς εἰς θεὸν
καταφυγῆς κατὰ μὲν τῶν ἀδίκων πλατὺ γελάσεις, τοὺς δὲ θηριώδεις
ἀνθρώπους οὐ μὴ φοβηθήσῃ. καὶ γὰρ καὶ οὗτοι τὴν σὴν θεοσέβειαν
20   αἰσχυνόμενοι οὐκέτι σοι πολεμεῖν αἱρήσονται. καὶ τότε τῇ πείρᾳ
μαθήσῃ, ὡς εἰρηνεύσει σου μὲν ὁ οἶκος, ἡ δὲ πᾶσά σου τοῦ
βίου διαγωγὴ οὐ μὴ ἁμάρτῃ, ἀντὶ τοῦ· οὐκ ἔξω τῶν χρηστῶν ἐλ-
πίδων γενήσεται.

X Y Γ(βΠFSPL 5 - 8 παθεῖν; 17-23) N(≠ 5-13; 17-23)
3 λύσει: ῥύσεται Y   4 φοβηθήσῃ X   5 φησιν + ἤγουν ἐν ὅλῳ
τῷ παρόντι βίῳ διὰ τὸ ἐν ἓξ ἡμέραις συντετελέσθαι μὲν τὰ φαινόμενα,
καταπαύσασθαι δὲ τὸν θεὸν τῇ ἑβδόμῃ ἡμέρᾳ Γ   6 συμβαίνοντα: ση-
μαίνοντα Y / τούτου Y / πεῖραν φησιν stellt Γ   8 ὁ θεὸς Y(N) /
οὐκέτι: οὐ Y / συγχωρήσει Y(N) / παθεῖν + ὥστε μηδὲ τοῦ ῥυσθῆναί σε
χρείαν λοιπόν Γ   13 διατελεῖς Y   15 γνώσειν Y
16 σου₁: σοι Y / ἁμάρτει Y   17 δὲ > N / δύναμιν aus δύναμις Y₂
19 μὴ > Y(P) / καὶ₂ > XY   21 μέν σου stellen YN / σου₂ > N

5,25   γνώση δὲ ὅτι πολὺ τὸ σπέρμα σου, τὰ δὲ τέκνα σου ὥσπερ τὸ
παμβότανον τοῦ ἀγροῦ.

   ἀλλὰ καὶ πολύπαις ἔση καὶ ὡραίων παίδων πατήρ· ἔσονταί σου
γὰρ τὰ παιδία ὡς τὸ π α μ β ό τ α ν ο ν τ ο ῦ ἀ γ ρ ο ῦ ἀντὶ τοῦ· ὡς
5 ἀγρὸς πάσαις βοτάναις ἀνθηρός.

5,26   ἐλεύση δὲ ἐν τάφῳ ὥσπερ σῖτος ὥριμος κατὰ καιρὸν θεριζόμε-
νος ἢ ὥσπερ θιμωνιὰ ἅλωνος καθ’ ὥραν συγκομισθεῖσα.

   ἀλλὰ καὶ πλήρης ἡμερῶν ὥσπερ σ ῖ τ ο ς πεπληρωμένος καὶ εἰς το-
μὴν ἐπιτήδειος τ ρ α φ ε ὶ ς ἐ ν γ ή ρ ᾳ κ α λ ῷ καταλύσεις τὸν βίον, ἢ
10 ὥ σ π ε ρ   θ ι μ ω ν ι ὰ   ἅ λ ω ν ο ς κατὰ καιρὸν εἰς τὰς ἀποθήκας συγκο-
μισθεῖσα. θεώρει δέ, ὅτι πολυπαιδία καὶ πολυετία ἴδια πρὸς εὐ-
δαιμονίαν τοῖς παλαιοῖς ἐνενόμιστο. θ ι μ ω ν ι ὰ ν δ ὲ ἅ λ ω ν ο ς ἔφη,
ἵνα εἴπῃ, ὅτι ἐν πᾶσι κομῶν τοῖς ἀγαθοῖς μεταλλάξεις τὸν βίον.

5,27   ἰδοὺ ταῦτα οὕτως ἐξιχνιάσαμεν, ταῦτά ἐστιν ἃ ἀκηκόαμεν·
15 σὺ δὲ γνῶθι σεαυτῷ εἴ τι ἔπραξας.

   ταῦτα μὲν οὖν οὕτως ἔχειν ἡμεῖς ἀκριβῶς ἐθεωρήσαμεν, σὺ δὲ
ἀναλογίζου, ποίων πλημμελημάτων ἐκτιννύων δίκην ταῦτα ὑπομένεις.

---

9 Genesis 15,15

Χ Υ Γ(βΠFSPL 3-5; βΠFSP 12 θιμωνιὰν - 13) L(8 - 9 βίον; 12 θιμωνιὰν
- 13) Ν(3 καὶ₂· - 5)

1 γνὼς Υ / ὥσπερ: ὡς Υ   2 πανβότανον Υ   3/4 γάρ σου stellt Ν
4 τὰ παιδία: τὰ ἔκγονα Γ, τὰ παιδία εἴτ’ οὖν οἱ ἔκγονοι Ν / τὸ > ΧΥ
/ παμβ.: βότανον Υ / τοῦ₁ > ΧΥ / ἀντὶ τοῦ: τουτέστιν ΧΝ   6 κατὰ
καιρὸν θεριζ. > Υ   7 θημωνιὰ Χ / συγκομισθεῖσαν Υ   8 ὥσπερ
+ καὶ Υ   9 γήρι Υ   10 θημωνιὰ Χ   11 πολυετεία Υ /
ἴδια > Υ   11-12 θεώρει - ἐνεν.: diesen Gedanken bieten in der
Formulierung des Polychronios Γ(Ν) / εὐδαιμονίας Υ   12 θιμ. δὲ
ἄλ.: θημωνιὰν δὲ ἄλ. Χ, θιμωνιὰ δὲ ἄλ. Υ, τὸ θιμωνιὰ ἄλ. ΓL   12
-13 ἔφη ἵνα εἴπῃ: ἀντὶ τοῦ Γ   13 κομῶν: τιμῶν Υ   14 εἴσιν Υ
16 οὖν > Υ / ἔχων Υ / ἡμᾶς Υ   17 ἐκτινύων Υ

ΚΕΦΑΛΑΙΟΝ ΠΕΜΠΤΟΝ

Ἀρχὴ τοῦ ῥητοῦ· ὑπολαβὼν δὲ Ἰὼβ λέγει· εἰ γάρ τις ἱστῶν
στῆσαι μου τὴν ὀργήν, τὰς δὲ ὀδύνας μου ἆραι ἐν ζυγῷ ὁμοθυμαδόν,
καὶ δὴ ἄμμου παραλίας βαρύτεραί εἰσιν.

5   Προθεωρία τοῦ κεφαλαίου

ἐπειδὴ παρήνεσεν ὁ Ἐλιφὰζ τῷ δικαίῳ πρὸς μετάνοιαν ἰδεῖν ὡς
δι' ἁμαρτίας τιμωρουμένῳ, εἰς ἄπρακτον μὲν αὐτῷ κατέληξεν ἡ συμ-
βουλή. οὐ γὰρ ἔσχεν πείθειν, ὡς ἁμαρτωλὸς εἴη ὁ μηδὲν ἑαυτῷ συν-
ειδὼς ἄτοπον, ὥστε καὶ πρὸς ἀντιλογίαν εἶδεν ὁ δίκαιος· καὶ ἀπο-
10 λογεῖται μέν, ὑπὲρ ὧν καὶ ὅλως λαλεῖ, καὶ οὐ τῇ σιωπῇ τὴν καρτε-
ρίαν ἐπιδείκνυται, διὰ δὲ φυσικῶν παραδειγμάτων τῶν ἑαυτοῦ λόγων
παραστήσας τὸ εὔλογον.

καὶ ἅγιον ἀποκαλεῖ τὸν θεόν, καὶ ὅτι ἐπ' αὐτῷ τὴν ἐλπίδα ἔσχε
φησίν, τήν τε κεκρυμμένην αἰτίαν τῆς ἀθυμίας δημοσιεύει δεδοικέ-
15 ναι λέγων, μὴ τελείως αὐτὸν ὁ θεὸς ἐγκατέλιπεν. εἶτα καὶ τὰς οἰ-
κείας ἐξαριθμεῖται συμφορὰς καὶ παραινεῖ μὴ πεποιθέναι ἐπὶ πλού-
τῳ καὶ δυναστείᾳ· καὶ μέμφεται τοῖς φίλοις ὡς τὰς ἀνίας αὐτῷ διὰ
τῶν λόγων φορτικωτέρας ἐργαζομένοις· καὶ παραινεῖ φοβεῖσθαι εἰς
τὰ τοῖς πλησίον συμβαίνοντα βλέποντας.

20 καὶ κάλλιστον πάντας ἀνθρώπους διδάσκει μάθημα, ὅτι πειρατήρι-
όν ἐστιν ὁ βίος ἀνθρώπου ἐπὶ τῆς γῆς. καὶ πάλιν ἐκτραγῳδεῖ τὰς

X Y Γ(βOFSL 6-) N(6-)

1 κεφάλαιον ε̄ XY   4 βαρύτερον ἔσται X   5 τοῦ κεφαλαίου > Y
6 Ἐλιφὰς X   7 ἁμαρτίαν N / τιμωρουμένου Y / μὲν > N   8 ἔσ-
χεν πείθειν: ᾐσχύνθη Γ / μηδὲ Y   9 εἶδεν: εἶχεν Γ, vgl. S.67,16
9/10 ἀπολογεῖται: ἀπολογίαν Γ   10 τὴν + ἑαυτοῦ N   15 ἐγκατ-
έλειπεν X, ἐγκαταλέλοιπε Y / εἶτα: ὅτι Γ   17 δυναστείᾳ: ἀσωτίᾳ Γ
/ τοῖς φίλοις μέμφεται stellt N   17/18 φορτικ. διὰ τῶν λόγων
stellt N   18 ἐξεργαζομένοις Y   19 βλέποντες Y   20 κάλ-
λιστα Γ   20-21 ὅτι - ἀνθρώπου: ὅτιπερ εἰ πάντας ἀνθρώπους Γ(>L)
21 ἀνθρώπου - πάλιν > N / ἀνθρώπῳ Y / τῆς > Y / τὰς > X

οἰκείας συμφορὰς καὶ ἐξαιτεῖ τὸν θεόν, μνήμην αὐτοῦ καὶ ἐπισκοπὴν
ποιήσασθαι. καὶ πάλιν ὑπὲρ τῶν οἰκείων ἀπολογεῖται λόγων καὶ τὴν
ἀνθρωπίνην οὐδένειαν εἰς ἱκετηρίαν προβάλλεται, καὶ αἰτεῖ τὸν θε-
όν, ἀμνηστίαν αὐτῷ χαρίσασθαι, εἴ τι αὐτῷ καὶ πεπλημμέληται.

5   Αἱ λέξεις

6,1-3 ὑπολαβὼν δὲ 'Ἰὼβ λέγει· εἰ γάρ τις ἱστῶν στήσαι μου τὴν ὀρ-
γήν, τὰς δὲ ὀδύνας μου ἆραι ἐν ζυγῷ ὁμοθυμαδόν. καὶ δὴ ἄμμου παρ-
αλίας βαρύτεραί εἰσιν.

      τοῦ Ἐλιφὰζ εἰρηκότος· εἰ γὰρ σὺ ἐνουθέτησας πολλούς,
10 καὶ χεῖρας ἀσθενοῦς παρεκάλεσας, ἀσθενοῦντάς τε
ἐξανέστησας ῥήμασιν, γόνασί τε ἀδυνατοῦσι θάρσος
περιέθηκας, νυνὶ δὲ ἥκει ἐπὶ σὲ πόνος, καὶ ἥψατό
σου, σὺ δὲ ἐσπούδασας καὶ ὡς ἀφιλοσόφου καὶ ἑαυτὸν παραμυ-
θήσασθαι μὴ δυναμένου κατηγορήσαντος, ἀπαραμύθητον δεικνὺς τὴν
15 συμφοράν, εἴθε, φησίν, ἐνδεχόμενον ἦν σταθμισθῆναι τὴν ἐκ θεοῦ
ἐπενεχθεῖσάν μοι ὀργὴν καὶ τὸν ἐτασμὸν καὶ τὰς ὀδύνας ὁμοθυμαδὸν
τάς τε τῆς ψυχῆς καὶ τοῦ σώματος, ὥστε φανερὸν γενέσθαι, ὡς καὶ
αὐτῆς τῆς παραλίας ἄμμου βαρύτερά εἰσι τὰ συνέχοντά με καὶ ἀθυμεῖν
παρασκευάζοντα.

9-13 Hiob 4,3-5

X Y Γ(βOFSL -4; βΠFSPL 9; 15 εἴθε - 19) P(9-19) L(13 καὶ₂ - 15
συμφοράν) N(-4; 9-19)

2 πάλιν: αὖθις N   3 οὐδένειαν: ἀσθένειαν Y   4 ἀμνηστείαν Y
/ αὐτῷ₂ > N / καὶ > YN / πεπλημμέληκεν N   9 'Ἐλιφὰς X, + ὀνει-
διστικῶς N / εἰρηκότος + τῷ 'Ἰὼβ N   10 - 12 περιέθηκας > N,
- 13 σου > P   11 τε: δὲ Y   12 νῦν N   12-13 ἥψατο -
ἐσπούδασας: τεθορύβησαι N   13/14 μὴ δυναμ. ἑαυτὸν παραμυθ.
stellt XN   14 δείκνυσι YP/ δεικ. + ὁ δίκαιος N   15 vor εἴθε:
μέμφεσθε, φησίν, ὡς ἀφιλόσοφον καὶ βαρέα λαλοῦντα Γ/ εἴθε: ἦλθε Y,
εἰ δὲ P/ φησίν > Γ/ ἦν ἐνδεχόμενον stellt Γ/ σταθμηθῆναι N/ ἐκ θε-
οῦ > Γ   16 καὶ τὸν ἐτασμὸν > Γ/ ἐτασμὸν: σταθμὸν N/ὁμοθυμαδόν -
17 σώματος: ἁπάσας Γ   17 τῆς > P/ καὶ₁ + τὰς N   18 ψάμμου
P(L)N / ἐστι ΓN / συναχθέντα Νγ, συνενεχθέντα Np und μοι N

6,3-4 ἀλλ' ὡς ἔοικεν, τὰ ῥήματά μού ἐστι φαῦλα. βέλη γὰρ κυρίου
ἐν τῷ σώματί μού ἐστιν, ὧν ὁ θυμὸς αὐτῶν ἐκπίνει μου τὸ αἷμα·
ὅταν ἄρξωμαι λαλεῖν, κεντοῦσί με.

      ἀλλ' ἐκφαυλίζετέ μου, φησίν, τὰ ῥήματα, ἐν ἀνέσει τυγχάνοντες
5 καὶ οὐκ ἐννοοῦντες, ὡς αἱ παρὰ θεοῦ ἐπενεχθεῖσαι τῷ σώματί μου
τιμωρίαι - βέλη γὰρ τὰς τιμωρίας φησίν - μετά τινος σφοδρότητος
ἐκδαπανῶσί μου τὸ αἷμα καὶ τὴν ἰσχὺν καταναλίσκουσιν οὐδὲ φθέγ-
γεσθαι ἀνωδύνως συγχωροῦσαι, ἀλλὰ κατὰ πάντα καιρὸν κατατιτρώσ-
κουσαι.

10 6,5-6 τί γάρ; μὴ διὰ κενῆς κεκράξεται ὄνος ἄγριος, ἀλλ' ἢ τὰ σῖ-
τα ζητῶν; εἰ δὲ καὶ ῥήξει φωνὴν βοῦς ἐπὶ φάτνης ἔχων τὰ βρώματα;
εἰ βρωθήσεται ἄρτος ἄνευ ἁλός; εἰ δὲ καὶ ἔστι γεῦμα ἐν ῥήμασι κε-
νοῖς;

      φυσικοῖς καὶ αὐτὸς κεχρημένος παραδείγμασι καὶ τῶν ἑαυτοῦ λό-
15 γων τὸ εὔλογον δείκνυσι καὶ ὡς δικαίως οὐκ ἐπείσθη τῇ τοῦ Ἐλιφὰζ
παραινέσει, ἀλλὰ πρὸς ἀντιλογίαν εἶδεν. ὥσπερ γάρ, φησίν, οὐ μά-
την ἀνακράζει ὄνος ἄγριος, ἀλλ' ὅταν ἐπιδεὴς γένηται τροφῆς, οὐδὲ
βοῦς ἐπὶ φάτνης, εἰ μὴ ἐπιλείποι τὰ βρώματα, οὕτως οὐδὲ ἐγὼ ἠθύ-
μουν, εἰ μὴ πρὸς ἔσχατον ἐληλάκειν κακῶν. πῶς δὲ καὶ πεισθήσομαι
20 τῇ ὑμετέρᾳ παραινέσει μήτε τὸ εὔλογον ἐχούσῃ μήτε πρὸς παραμυθίαν
ἐξηρτυμένῃ; ὥσπερ γὰρ ἄναλος ἄρτος οὐ βρώσιμος, οὕτω καὶ λόγοι
διακενοὶ καὶ οὐκ ἔχοντες τὸ πιθανὸν ἢ τὸ εὔλογον πείθειν οὐ δύ-
νανται τοὺς ἀκούοντας· γεῦμα γὰρ τὴν πειθὼ λέγει ἐπιμείνας τῇ
τοῦ ἄρτου τροπῇ.

25   διὰ τοῦτο καὶ ὁ ἀπόστολος ἔλεγεν· ὁ λόγος ὑμῶν πάντοτε

---

25 Kolosser 4,6

Χ Υ Γ(βΠFSP ≠ 4-9; βΠFSPL 14-24) L(≠ 4-9; 25-) Ν(≠ 4-9; ≠ 14 -
19 κακῶν; 19 πῶς -)

4 ἐκφαυλίζετε aus ἐκφαυλίζεται Υ   5-6 (ἐννοεῖτε τὰς .. τιμωρίας
.. αἵτινες ΓL)   7 αἷμα: αὖμα L(>Γ)   8 ἀνοδύνως Υ   12 εἰ₂:
ἢ Υ   14 καὶ αὐτὸς > Γ(Ν) / κέχρηται Γ(Ν)   15 Ἐλιφᾶς Χ
18 ἐπιλείψοι Χ, ἐπιλείψει Υ   19 κακ[[ω]]᾽ό᾽ν Χ / δὲ καὶ: φησι Ν
20 μήτε .. μήτε: μήποτε .. μήποτε Υ   21 ἄναλος: ἄνευ ἁλὸς Γ
24 ἄρτου: λόγου Ν / ἄρτου + μεταφορᾷ καὶ Γ

ἐν χάριτι, ἅλατι ἠρτυμένος οἱονεὶ ἡδὺς καὶ νόστιμος, ἐπι-
στύφων τε ὁμοῦ καὶ καταγλυκαίνων τοὺς ἀκούοντας.

ὁ δὲ Σύμμαχος οὕτως ἐκδέδωκεν· μὴ στένει λιμῶδες ὄναγρος παρ-
ούσης χλόης· καὶ σαφέστερον τὸ φυσικὸν εἶπεν, ὅτι οὐ ζητεῖ ζῶον
5 τροφὴν παρούσης τροφῆς.

6,7 οὐ δύναται γάρ μου παύσασθαι ἡ ψυχή· βρόμον γὰρ ὁρῶ τὰ σῖτά
μου ὥσπερ ὀσμὴν λέοντος.

πῶς δὲ καὶ ἐμαυτὸν παραμυθήσασθαι δύναμαι ὁ καὶ τὴν τροφὴν αὐ-
τὴν ἀηδίας καὶ δυσωδίας μεστὴν βλέπων; καὶ τοῦτο δὲ ἐξ ἀνάγκης
10 συμβαίνει τοῖς ἄγαν νοσοῦσι καὶ ἀνορεκτοῦσιν.

6,8-9 εἰ γὰρ δοίη καὶ ἔλθῃ μου ἡ αἴτησις καὶ τὴν ἐλπίδα μου δώῃ
ὁ κύριος. ἀρξάμενος ὁ κύριος τρωσάτω, εἰς τέλος δὲ μή με ἀνελέτω.

πρότερον ἴδωμεν, τίς ἡ ἐλπὶς τοῦ Ἰώβ, ἵνα καὶ τὰ παρόντα ῥήμα-
τα κατεξετάσωμεν. μεμνήμεθα τοίνυν, ὡς ἔλεγε πρὸς αὐτὸν ἡ γυνή·
15 μέχρι τίνος καρτερήσεις λέγων· ἰδοὺ ἀναμένω χρό-
νον ἔτι μικρὸν προσδεχόμενος τὴν ἐλπίδα τῆς σωτη-
ρίας μου. προδήλου τοίνυν γεγονότος, ὡς ἤλπιζεν ἐκ θεοῦ σωτηρί-
ας τυχεῖν, εὔδηλον, ὅτι ταύτην καὶ νῦν εὔχεται καὶ φησιν ὅτι·
παιδεύσαι με ὁ κύριος, ἀλλ' ἐν κρίσει καὶ μὴ ἐν θυμῷ.
20   ὥσπερ καὶ ὁ Δαυὶδ ἔλεγεν· κύριε, μὴ τῷ θυμῷ σου ἐλέγ-
ξῃς με μηδὲ τῇ ὀργῇ σου παιδεύσῃς με - οὐ γὰρ τὴν
παιδείαν παρῃτεῖτο, ἀλλὰ τὴν μετ' ὀργῆς -, τοῦτο τοίνυν κἀνταῦθά
φησιν ὅτι· εἰ καὶ ἔτρωσεν, μὴ ἐπὶ πολὺ παρατεινέτω τὰς βασάνους·
τοιαύτην γὰρ καὶ τὴν ἐλπίδα κέκτημαι.

1 Kolosser 4,6   15-17 Hiob 2,9-9a   20-21 Psalm 6,2; 37,2

Χ Υ Γ(βΟ 3 μὴ - 4 χλόης; βΠFSL 8 - 9 βλέπων; βΠFSPL 14 μεμνήμεθα -
24) Ρ(8-10) L(-5; 9 καὶ₂ - 10) Ν(- 4 χλόης)

1 ἐν χάριτι > L / οἶον L / νόστιμος Υ   2 ὁμοῦ > Υ   3 οὕτως
ἐκδέδωκεν > Ν / λιμῶδες L: λιμώδης ΧΥ, λιμῷ ΓΝ   6 βρόμον Χ
8 καὶ₁ > Ρ / ἑαυτὸν ΧΡ, + φησιν Γ   9 καὶ₂ > Ρ   10 νοσοῦσι:
νοοῦσι Υ / ἀνορεκτοῦσιν: ἀγανακτοῦσιν L   11 εἰ: καὶ Υ   12 δὲ
> Υ   14 τοίνυν > Γ   18 ὅτι₁ + καὶ Υ / ὅτι₂: ἔτι Υ
19 παιδεύσει ΥΓ   20/21 ἐλέγξεις Υ   21 παιδεύσεις Υ
23 εἰ: ἐπεὶ Χ

6,1ο εἴη δέ μου ἡ πόλις τάφος, ἐφ' ἧς ἐπὶ τειχέων ἡλλόμην ἐπ'
αὐτῆς.

πρὸς μὲν ῥητὸν δοκεῖ λέγειν, ὅτι καὶ βέλτιόν μοι τὸ ἀποθανεῖν
καὶ τάφον ἔχειν οἴκησιν ἀντὶ τῆς πόλεως, ἐφ' ἧς ἔνδοξος ὢν ἐν εὐ-
5 ημερίᾳ διῆγον.

πρὸς δὲ διάνοιαν, ἐπειδὴ τὴν ἐλπίδα τῆς σωτηρίας προσεδέχετο,
φησὶν ὅτι· γένοιτο δέ με ἀπολαβόντα μου τὴν ἐλπίδα τῇ ἀρίστῃ πο-
λιτείᾳ καὶ τῇ δικαιοσύνῃ ἐναποθανεῖν περιφρασσόμενον ὑπὸ τοῦ θεοῦ
ὡς τὸ πρότερον· τοῦτο γὰρ σημαίνει τὸ ἐφ' ἧς ἐπὶ τειχέων
10 ἡλλόμην ἐπ' αὐτῆς.

εἴτε τοίνυν διὰ τοῦ θανάτου, εἴτε διὰ τῆς ὑγείας, ἀπαλλαγὴν
εὔχεται τῶν δεινῶν· οὐδὲν δὲ δυσχερὲς οὐδὲ παλίμφημον ἐφθέγξατο.

6,1ο οὐ μὴ φείσομαι· οὐ γὰρ ἐψευσάμην ῥήμασιν ἁγίου θεοῦ μου.

τοιγαροῦν, φησίν, τῆς πρὸς ὑμᾶς ἀντιλογίας οὐ φείσομαι. οὐ γὰρ
15 ἀνέχομαι ἕτερα μὲν ἔχειν κατὰ διάνοιαν, ἐναντία δὲ τῇ γνώμῃ προ-
φέρειν ῥήματα, ἀλλὰ ἃ φρονῶ σὺν ἀληθείᾳ φθέγγομαι. διὰ ταύτην αὐ-
τοῦ τὴν γνώμην καὶ τὴν σὺν ἀληθείᾳ παρρησίαν ἐπαινοῦσα αὐτὸν ἔφη-
σεν ἡ γραφή· καὶ ἦν ὁ ἄνθρωπος ἐκεῖνος ἀληθινός, ἄ-
μεμπτος.

20 ὅρα δὲ τὴν Ἀβραμιαίαν συγγένειαν, θεώρει τοῦ Ἰσαὰκ καὶ τοῦ
Ἰακὼβ τὸν οὐ μόνον κατὰ σάρκα, ἀλλὰ καὶ κατὰ τὴν εὐσέβειαν διά-

---

18-19 Hiob 1,1

X Y Γ(βΠFSP 6 ἐπειδὴ - 10; 14 τοιγαροῦν - φείσομαι) L(3-12; 14 -
16 ῥήματα; 19-22/1 διάδοχον) N(14 οὐ γὰρ -)

1 μοι Υ / πόλις + μου Υ   3 καὶ > Υ   4 ἔχειν + τὴν L
6 ἐπειδὴ - προσεδέχετο > L   7 φησιν - με: ὅτι γένοιτό μοί φη-
σιν L / ὅτι > Γ / δὲ > Γ / τὴν ἐλπ. μου stellt L / ἐλπίδα + τῆς τε
κοπρίας ἀπαλλαγῆναι καὶ Γ   8 ἀποθανεῖν Υ / θεοῦ + καὶ ὄντα ἔν-
δοξον Υ   9 γὰρ > L / σημαίνει: ἐστι Γ   10 ἐπ': δι' Χ
11 ἀπαλλαγῆναι Υ   12 δυσχεράναν L / οὐδὲ: οὔτε Υ / παλίνφημον Υ
/ ἐφθέγγετο Υ   13 ἁγίου θεοῦ μου > Χ   15 τῆς γνώμης L
15/16 προσφέρειν Υ, φέρειν Ν   16 ἀλλὰ ἃ φρονῶ: ἀλλ' ἐμφρόνως Υ,
ἀλλ' ἃ φρονῶ Ν   20 εὐγένειαν Χ / θεώρει - 21 ἀλλὰ > L/ καὶ > Ν
21 τὸν: τοῦτον Ν / μόνον + τὸ Χ

δοχον. περὶ μὲν γὰρ ἐκείνων ἔλεγεν ὁ θεός· ἐγὼ θεὸς ᾿Αβρα-
ὰμ καὶ θεὸς ᾿Ισαὰκ καὶ θεὸς ᾿Ιακώβ. τὸ δὲ τούτων γνή-
σιον γέννημα, τί φησιν; οὐ γὰρ ἐψευσάμην ῥήμασιν ἁγίου
θεοῦ μου. εἶδες ἀγάπην οἵαν ἔχει εἰς θεόν, πῶς τὸν ἐπὶ πάντων
5 ἰδιοποιεῖται θεόν; ἐπαίνεσον αὐτοῦ καὶ τὴν διὰ πάντων ἀλήθειαν·
καὶ σκόπει, μεθ᾿ ὅσης τῆς πρὸς θεὸν ἀγάπης τοὺς λόγους προέφερεν.

6,11-14 τίς γάρ μου ἡ ἰσχύς, ὅτι ὑπομένω; ἢ τίς μου ὁ χρόνος, ὅτι
ἀνέχεταί μου ἡ ψυχή; μὴ ἰσχὺς λίθων ἡ ἰσχύς μου; ἢ αἱ σάρκες μού
εἰσι χάλκειαι; ἢ οὐκ ἐπ᾿ αὐτῷ ἐπεποίθειν; βοήθεια δὲ ἀπ᾿ ἐμοῦ ἄπε-
10 στιν. ἀπείπατό με ἔλεος, ἐπισκοπὴ δὲ κυρίου ὑπερεῖδέ με.

μὴ γὰρ ἀνάλγητος ἢ λίθινος ἢ χαλκοῦς εἰμι; φησίν. οὐκ ἀνθρώπου
σάρκα περίκειμαι; οὐκ ὀλιγοχρόνιος τυγχάνω; μηδεὶς οὖν ἀλγοῦντι
μεμφέσθω καὶ ἀπαλλαγὴν αἰτοῦντι τῶν παρόντων δεινῶν. καὶ τὰ μὲν
τοῦ σώματος τοιαῦτα· ὁ δὲ μάλιστα τὴν ἐμὴν ἀνιᾷ ψυχήν, τὸ ἐκ τῶν
15 παρόντων τεκμαίρεσθαι, ὡς ὁ ὑπ᾿ ἐμοῦ ποθούμενος θεός, εἰς ὃν τὴν
πᾶσαν μου τῆς ζωῆς ἐλπίδα ἀνήρτησα - τὸ γὰρ ἐπεποίθειν ἀντὶ τοῦ
πέποιθα κεῖται τῶν χρόνων συνεχῶς ἐν παντὶ τῷ βιβλίῳ παρηλλαγμέ-
νων -, ἐγκατέλειψέ με καὶ τῆς οἰκείας ἐπισκοπῆς καὶ τῶν οἰκτιρμῶν
ἐγύμνωσεν.
20   διὰ ταῦτα μάλιστα ὁ δίκαιος ἠθύμει. καὶ σκοπείτω γε ἕκαστος τῶν
τῇ θείᾳ τετρωμένων ἀγάπῃ, ὅσην ὀδύνην ἐμποιεῖ λογικῇ ψυχῇ τὸ ὑπ-
οπτεύειν ἐγκαταλελεῖφθαι παρὰ τοῦ ποθουμένου θεοῦ. εἰ γὰρ οἱ γυ-

---

1-2 Exodus 3,6

Χ Υ Γ(βΠFSPL 11-19) Ρ(≠ 20 διὰ - ἠθύμει) L(3 οὖ - 6; 20 διὰ - ἠθύ-
μει; ≠ 22 ὑποπτεύειν - θεοῦ) Ν(-5; 11-)

1-2 ᾿Αβραὰμ - ᾿Ιακώβ: αὐτῶν εἰμι Ν   3 γένημα Υ / ῥήμασιν ἁγίου:
ῥήματα ἅγια Ν   4 εἰς: πρὸς L/ πῶς - 5 θεὸν > L / τὸν νor 5 θε-
ὸν Ν   6 προσέφερεν ΥL   8 ἢ + καὶ Υ / αἱ: οἱ Υ   9 χαλκαὶ Υ
/ βοηθια Υ   9/10 ἀπέστη Υ   10 ἀπείπατε Υ   12 σάρκα: γὰρ
καὶ Υ / περιβέβλημαι Γ / οὐκ: καὶ Ν / ἀλγοῦντι aus ἀλγοῦντα, + με
Χ   12/13 μεμφ. ἀλγ. stellt Χ   13 καὶ τὰ μὲν: τὰ μὲν
γὰρ Γ, τὰ μὲν Ν   14 σώματος + φησιν Γ(ohne Ρ)Ν / τοιαῦτα: οὕτω
μοι διάκειται Γ / ψυχὴν ἀνιᾷ stellt Γ   16-17 τὸ γὰρ - παρηλλ.>
Ν   17 τῶν - παρηλλ. > Γ   18 ἐγκαταλεῖψαι Υ, ἐγκατέλιπε ΓΝ
20 ἠθύμει ὁ δίκαιος stellt Χ   22 εἰ γὰρ οἱ: οἱ γὰρ Υ

ναικὸς ἔρωτι τρωθέντες, εἶτα, ἐὰν ὑπεροφθέντες τύχωσιν, ἀβίωτον

ἡγοῦνται τὸν βίον καὶ ἀφορήτοις ἀνίαις βάλλονται, τί ἂν πάθοι ψυ-

χὴ τῇ εἰς θεὸν ἀγάπῃ τρωθεῖσα καὶ ἐγκατάλειψιν ὑπομεμενηκέναι νο-

μίζουσα;

5   εἶτα ἐπιφέρει τὰ αὐτῷ συμβεβηκότα, ἐξ ὧν ὑπώπτευε παρῶφθαι πα-

ρὰ τοῦ θεοῦ·

6,15-18 οὐ προσεῖδόν με οἱ ἐγγύτατοί μου· ὥσπερ χειμάρρους ἐκλεί-

πων ἢ ὥσπερ κῦμα παρῆλθόν με. οἵτινές με διηυλαβοῦντο, νυνὶ ἐπι-

πεπτώκασί μοι ὥσπερ χιὼν ἢ κρύσταλλος πεπηγώς· καθὼς τακεῖσα θέρ-

10   μης γενομένης οὐκ ἐπεγνώσθη ὅπερ ἦν, οὕτω κἀγὼ κατελείφθην ὑπὸ

πάντων, ἀπωλόμην δὲ καὶ ἔξοικος ἐγενόμην.

κρύσταλλος μέν ἐστιν ἡ δυσδιάλυτος χιών, ἐφ' ἧς καὶ βαδίζειν ἔ-

στιν.

ὥσπερ οὖν, φησίν, χείμαρρος ἐκλείπων ἢ κῦμα παρελθὸν ἢ χιὼν ἢ

15   κρύσταλλος ὑπὸ ἡλιακῆς διαλυθέντα θέρμης οὐδὲ ἴχνος ἐγκαταλιμπά-

νουσιν, τὸν αὐτὸν οἶμαι τρόπον ὡς μηδὲ ὄντα με ἐλογίσαντο, καὶ

ταῦτα οἱ διὰ γένους ἐγγύτητα συμπαθεῖν ὀφείλοντες. ἔστι δὲ καὶ

ἄλλο τι χαλεπώτερον· οἱ γὰρ πρότερόν με διευλαβούμενοι νῦν ταῖς

ἐμαῖς ἐπεμβαίνουσι συμφοραῖς. - τὸ δὲ ἔ ξ ο ι κ ο ς ἐ γ ε ν ό μ η ν ἀντὶ

20   τοῦ· πανέστιος ἀπόλωλα.

τὰ παραπλήσια καὶ ὁ μέγας Δαυὶδ ἀποδυρόμενος ἔλεγεν· ἐ π ε λ ή -

σ θ η ν ὡ σ ε ὶ ν ε κ ρ ὸ ς ἀ π ὸ κ α ρ δ ί α ς , ἐ γ ε ν ή θ η ν ὡ σ ε ὶ σ κ ε ῦ -

ο ς ἀ π ο λ ω λ ό ς .

21-23 Psalm 30,13

Χ Υ Γ(βΠFSL 19 τὸ δὲ - 20) Ρ(14-20) L(5-6; 12 - 19 συμφοραῖς) Ν(-6;
15 οὐδὲ - 20; ≠ 21-23)

1 ἐὰν > ΧΝ / τύχωσιν > Ν   2 ἀφοβήτοις Υ   5 ἑαυτῷ L / ὑπόπ-
τευε Υ / παρὰ: ὑπὸ Ν   6 τοῦ > ΥΛΝ   7 ἐγγύστατοι Υ
8 νῦν Υ   9 μου Υ / χρύσταλος Υ   10 οὕτως Χ / καὶ ἐγὼ Χ
11 ἀπωλλόμην Υ / δὲ > Υ   12 χρύσταλος Υ   14 φησίν > L
15 χρύσταλος ΥΡ / ἴχνος + ἑαυτῶν L   16 τὸν - τρόπον: οὕτως ΧΛΝ/
μηδὲν Ν   17 ἐγγύτητα + καὶ Ρ / δὲ καὶ > L   17-18 ἔστι - γὰρ:
καὶ τὸ χαλεπ. ὅτι οἱ Ρ   18 τι > L   21 παραπλήσια + δὲ Υ /
ὀδυρόμενος Υ   22 ἐγεννήθην Υ

6,19-20 ἴδετε ὁδοὺς Θαιμανῶν, ἀτραποὺς δὲ Σαβῶν, οἱ διορῶντες·
καὶ αἰσχύνην ὀφειλήσουσιν οἱ ἐπὶ πόλεσι καὶ χρήμασι πεποιθότες.

ἕτερος τῶν ἑρμηνευτῶν οὕτως ἐκδέδωκεν· ἀποβλέπουσιν εἰς ὁδοὺς
Θαιμάν, ὁδοιπορίας Σαβὰ προσδοκῶσιν ἑαυτοῖς.

5 τοὺς ἐπὶ πλούτῳ τοίνυν καὶ δυναστείᾳ μέγα φρονοῦντας ἐκ τῆς
καθ᾽ ἑαυτὸν μεταβολῆς νουθετεῖ, μὴ ἐλπίζειν ἐπὶ τῇ τούτων ἀδηλίᾳ.
οἱ γὰρ προσέχοντες, φησίν, εἰς τὰς ὁδοὺς τῆς Θαιμὰν καὶ τὰς ἀτρα-
ποὺς τῶν Αἰθιόπων (Σαβὰ γὰρ οἱ Αἰθίοπες) - τουτέστιν· οἱ ἐκ τῆς
ἐμπορίας τῆς πρὸς τούτους κέρδη προσδοκῶντες -, μὴ πεποίθετε ἐπὶ
10 χρήμασιν· αἰσχύνην γὰρ ὀφειλήσουσιν οἱ ἐπὶ τούτοις ἐλπίζοντες.

ἢ καὶ ἄλλως ἔστιν ἐννοεῖν, ὡς χωρία ἐπιδείκνυσι πάλαι μὲν εὐ-
δαίμονα, τότε δὲ ἔρημα καὶ ἐρείπια τυγχάνοντα καὶ φησιν, ὅτι· εἰς
ταῦτα ἀποβλέψατε καὶ μὴ πιστεύετε τῇ τοῦ πλούτου ἀδηλότητι.

εἴτε δὲ τοῦτο, εἴτε ἐκεῖνο, παραινεῖ μὴ πεποιθέναι ἐπὶ χρήμα-
15 σιν ἢ δυναστείᾳ.

6,21 ἀτὰρ δὴ καὶ ὑμεῖς ἐπέβητέ μοι ἀνελεημόνως, ὥστε ἰδόντες τὸ
ἐμὸν τραῦμα φοβήθητε.

ἀλλ᾽ ἔστω, φησίν, ἐκεῖνοι παρεῖδόν με· διὰ τί καὶ ὑμεῖς, οἱ
ἐμοὶ φίλοι, οὕτω πικροῖς τοῖς κατ᾽ ἐμοῦ λόγοις ἐχρήσασθε; εἶτα
20 ἀρίστη τοῦ φιλοσόφου καὶ φιλοθέου συμβουλὴ τὸ δεῖν εἰς τὰς ἑτέρων
προσέχοντας συμφορὰς εὐλαβέστερον ἕκαστον γίνεσθαι καὶ περίφοβον.

6,22-23 τί γάρ; μή τι ὑμᾶς ᾔτησα ἢ τῆς παρ᾽ ὑμῶν ἰσχύος ἐπιδέο-

---

X Y Γ(βΠFSP 5-15; 18-21) L(3-15; 18-21) N(3-10; ≠ 11-13; 14-15;
18-21)

1 Σαβῶν aus Σεβῶν Χ, ᾽Εσσεβῶν Υ   2 ὀφλήσουσιν Υ   3 ἐξέδωκεν Ν
4 Θεμανῶν Υ / ὁδοιπορείας Υ / Σαβάν Χ / προσδοκοῦσι Υ / προσδ.ἑαυτ.
> L   5 τοὺς: τοῖς ΥL / τοίνυν > Γ / δυναστείαις Χ / μέγα φρο-
νοῦσιν ΥL, μεγαλοφρονοῦντας Ν   6 ἑαυτῶν Υ, ἑαυτῷ L   9 προσ-
δοκ. + ἴδετε εἰς ἐμέ, φησίν, καὶ ΓL / πεποίθατε ΥΓL   10 ὀφλή-
σουσιν Υ(Ρ)L / ἡλικιώτες L   11 ἢ καὶ > ΧΥ, ἄλλως + δὲ Υ / χωρία
+ μὲν Υ   12 ἐρίπια ΥL   14 ἐκεῖνοι Υ   15 ἢ: καὶ Υ
18 ἀλλ᾽ > Ν / ἀλλ᾽ ἔστω: ἄλλως τε Υ   19 λόγοις: λογισμοῖς Χ /
εἶτα + ἢ ΧΥLΝ   20 δεῖν: δεῖς Υ   21 προσέχοντα ΧΓ(ohne Π)Ν /
ἕκαστον > ΓΝ

μαι ὥστε σῶσαί με ἐκ χειρὸς ἐχθρῶν ἢ ἐκ χειρὸς δυναστῶν ῥύσασθαί

με;

καίτοιγε, φησίν, κατ' οὐδὲν ὑμῖν ἐπαχθὴς γέγονα, οὐ χρήματα
ᾔτησα παρ' ὑμῶν, οὐκ ἐπικουρίαν τινά· καὶ διὰ τί σφοδρῶς οὕτω καὶ
5 ἀνηλεῶς ἐπέθεσθέ μοι;

κοινοποιεῖ δὲ τὸν λόγον πρὸς τὰ τοῦ Ἐλιφὰζ ἀποτεινόμενος ῥή-
ματα·

6,24-25 διδάξατέ με, ἐγὼ δὲ κωφεύσω· εἴ τι πεπλάνημαι, φράσατέ
μοι. ἀλλ' ὡς ἔοικεν, φαῦλα ἀληθινοῦ ῥήματα.

10   ἀλλ' ἰδού, φησίν, ἡσυχάζω· διδάξατέ με, εἰ πεπλανημένως καὶ
ἐσφαλμένως αἰτῶ τὸν θάνατον. οὐ βαρεῖαι καὶ ἀνύποιστοι αἱ συμφο-
ραί; οὐκ ἐπιθυμητὸν ἀπαλλαγῆναι τῶν ἀλγηδόνων; ἀλλ' ὡς ἔοικε ταὐ-
τὸν τοῖς πολλοῖς πεπόνθατε - φορτικὸν γὰρ ἀεὶ τοῖς πολλοῖς ἡ ἀλή-
θεια -, καὶ διὰ τοῦτο τῆς ἐμῆς ἀληθείας ἐκφαυλίζετε τὰ ῥήματα.

15 6,25-27 οὐ γὰρ παρ' ὑμῶν ἰσχὺν αἰτοῦμαι· οὐδὲ ὁ ἔλεγχος ὑμῶν ῥή-
μασί με παύσει, οὐδὲ γὰρ ὑμῶν φθέγμα ῥήματος ἀνέξομαι. πλὴν ὅτι ἐπ'
ὀρφανῷ ἐπιπίπτετε, ἐνάλλεσθε δὲ ἐπὶ φίλῳ ὑμῶν.

ἀλλὰ μηδὲ συγκαταβῆτέ μοι, φησίν, μηδὲ ὡς ἐπιρρῶσαι βουλόμενοι
τὰ πρὸς χάριν λαλήσητε· ἐλέγξατε δέ με μετὰ παρρησίας. οὐ γὰρ δέ-
20 δοικα ὑμῶν τοὺς ἐλέγχους, ἀλλὰ καὶ πρὸς ἕκαστον ἀντιλέγων ῥῆμα
νικήσειν ἐλπίζω. πλὴν ἐκεῖνο οἶδα, ὅτι οὕτω με βάλλετε πικροῖς

X Y Γ(βΠFSP ≠ 3-5; βΠFS ≠ 13 φορτικὸν - ἀλήθεια; βΠFSL ≠ 19 ἐλέγξατε
- 20 ἐλέγχους) P(3 - 4 τινα; 18 - 21 ἐλπίζω) L(4 καὶ - 7; 10-14; 18
-) N(10 διδάξατε - 12 ἀλγηδόνων; ≠ 12 ἀλλ' - 14; 18 μηδὲ₂ -)

2 με + Text von Z.8-9 Y   3 κατ' οὐδέν φησιν stellt P   4 ᾔτη-
σα nach τινά stellt P / παρ' ὑμῶν > P / ἐπικουρία Y / ἵνα τί L /
οὕτως XL   5 ἐπίκεισθε Y   6 δὲ > L / 'Ελιφὰς X   8-9 > Y,
vgl. aber App. zu Z.2 und 10   10 ἤσ. διδ.: καὶ ἡσυχάζειν ἐδιδά-
ξατε Y / με + Lemmatext Z.8-9 ἐγὼ - ῥημ.(τι >) Y   11 αἰτῶ: ζητῶ
L / ἀνυπόστατοι Y   14 ἐφαυλίζετε Y   19 λαλήσετε Y, φθέγξη-
σθε L/ λαλήσητε + Γ-Text P/ ἐλέγ. δὲ: ἀλλ' ἐλέγξ. NP/ με δὲ stellt
Y/ με > L   19/20 δέδοικα γὰρ stellt L   21 ἐλπίζω νικήσειν P,
ἐλπίζω νικῆσαι L / βάλλεται Y

74 κεφ. ε

τοῖς ὀνείδεσι μὴ τὴν συμφοράν, μὴ τὴν φιλίαν λογιζόμενοι ὡς ὄν-
τως ἀπορφανισθέντα τῆς τοῦ θεοῦ βοηθείας.

6,28-3ο νυνὶ δὲ ἐμβλέψας εἰς πρόσωπον ὑμῶν οὐ ψεύσομαι. καθίσατε
δὴ καὶ μὴ εἴη ἄδικον, καὶ πάλιν τῷ δικαίῳ συνέρχεσθε. οὐ γὰρ ἔστιν
5 ἐν γλώσσῃ μου ἄδικον· ἢ οὐχὶ ὁ λάρυγξ μου μελετᾷ σύνεσιν;

σὺν παρρησίᾳ λαλήσω, καὶ οὐδὲν ὑμᾶς ἐρυθριάσας οὐδὲ προκρίνας
τῆς ἀληθείας ὑμᾶς αὐτοὺς αἰτῶ καθίσαι μοι δικαστὰς καὶ δικαίας
ἐξοῖσαι τὰς ψήφους. πιστεύω γάρ, μηδὲν ἄδικον λέξειν μηδὲ ἀσυνέ-
τους ἢ φλυαροὺς προάξειν λόγους.
10   ταῦτα δέ φησιν προκαλούμενος αὐτοὺς εἰς τὴν ἐξέτασιν.

7,1-2 πότερον οὐχὶ πειρατήριόν ἐστιν ὁ βίος ἀνθρώπου ἐπὶ τῆς γῆς
καὶ ὥσπερ μισθίου αὐθημερινοῦ ἡ ζωὴ αὐτοῦ ἢ ὥσπερ θεράπων δεδοι-
κὼς τὸν κύριον αὐτοῦ καὶ τετευχὼς σκιᾶς, ἢ ὥσπερ μισθωτὸς ἀναμέ-
νων τὸν μισθὸν αὐτοῦ.

15   ὥσπερ ἤδη καθίσας αὐτοὺς δικαστὰς ἄρχεται συνηγορεῖν τοῖς ἑαυ-
τοῦ λόγοις καὶ δεικνύναι, ὡς οὐ μέμψεως ἄξιός ἐστι ποθῶν μεταλλά-
ξαι τὸν βίον.

ἐκ δύο δὲ τούτων αἰτιῶν εὔλογον ἑαυτοῦ κατασκευάζει τὴν ἐπιθυ-
μίαν, μιᾶς μὲν ὅτι καθόλου κινδύνων μεστὸς ὁ ἐπίκηρος οὗτος βίος,
20 ἔπειτα ὅτι πρὸς τῷ καθόλου καὶ τοῖς γενικοῖς φόβοις τε καὶ ἀγωνί-
αις αὐτὸς διαφερόντως ταῖς ἀνηκέστοις περιβέβληται συμφοραῖς.

γυμνάζει δὲ τέως τὸ καθόλου τοῦ βίου μοχθηρὸν καί φησιν· ἆρα
ὑμῖν οὐ δοκεῖ πειρασμῶν ἐμπεπλῆσθαι καὶ περιστάσεων πάντων ἀνθρώ-

X Y Γ(βΠFS 6-9; βΠFSPL 15-17) P(≠ 6 - 8 ψήφους; 8 πιστεύω - 9; ≠
18-) L(-2; 6-10) N(-2; 7 ὑμᾶς - 10; 15-)

1 μὴ .. μὴ: μήτε .. μήτε L   3 καθήσατε Y   4 εἴη: εἰς Y
5 οὐχὶ + καὶ Y   6 σὺν: νῦν YP / λαλήσω: δὲ L, > Y / ἡμᾶς Y /
ἐρυθριάσας + φησιν Γ   7 αὐτοὺς ὑμᾶς stellt Γ, αὐτούς φησιν ὑμᾶς
N / αἰτῶν Γ / καθῆσαι Y / δικαστὰς: δίκας Y, κριτὰς N   8 ἐξοῖ-
σαι: + μοι Y, ἐξενεγκεῖν N   9 ἢ φλυαροὺς > Γ / προάξειν Γ: προ-
αγαγεῖν XYN, προσαγαγεῖν L, προενεγκεῖν P   10 προσκαλούμενος Y
12 ὥσπερ₂: ὡς Y   15 ὥσπερ + δὲ N / καθῆσας Y   16 καὶ > Y
18 αἰτιῶν > Y(P)   20 ἔπειτα: ἑτέρας δὲ N/ τῷ: τὸ YN   20/21 ἀγωνί-
αις Y   21 διαφ. αὐτὸς stellt Y/ βέβληται Y(P)   23 ἐμπεπλῆσται Y

πων ὁ βίος; καὶ ὡς πᾶς ἄνθρωπος ἔοικεν αὐθημερινῷ μισθωτῷ, ὃς δι᾽
ὅλης ἡμέρας κάμνει, ἵνα μικρόν τι κομίσηται, ἢ θεράποντι δεδοικό-
τι τὸν ἑαυτοῦ δεσπότην καὶ μόλις ποτὲ μικρᾶς ἀναπαύσεως τυγχάνον-
τι, ἢ ἁπλῶς μισθωτῷ, εἰ καὶ μὴ αὐθημερινῷ, ἵνα μετὰ τοὺς πολλοὺς
5 καμάτους λάβῃ τινὰ μισθόν;

   ταῦτα δὲ ἔφη δεικνύς, ὡς πειρασμῶν μὲν καὶ φόβων ἐμπέπλησται
ἡμῶν ὁ βίος. εἰ δὲ καί τις εὖ πράττειν δόξει, ὀλίγης τινὸς ἀπο-
λαύσεως τυχὼν τὸν πάντα χρόνον ἐν μόχθοις διάγει.

   δείξας δέ, ὡς καθόλου μοχθηρὸς ὁ βίος, ἐπὶ τὰ ἰδικῶς ἑαυτῷ
10 συμβεβηκότα μετέρχεται καί φησιν·

7,3–6 οὕτως καὶ ἐγὼ ὑπέμεινα μῆνας κενούς, νύκτες δὲ ὀδυνῶν δε-
δομέναι μοί εἰσιν. ἐὰν κοιμηθῶ, λέγω· πότε ἡμέρα; ὡς δ᾽ ἂν ἀνα-
στῶ πάλιν· πότε ἑσπέρα; πλήρης δὲ γίνομαι ὀδυνῶν ἀπὸ ἑσπέρας ἕως
πρωί. φύρεται δέ μου τὸ σῶμα ἐν σαπρίᾳ σκωλήκων, τήκω δὲ βώλακας
15 γῆς ἀπὸ ἰχῶρος ξύων. ὁ δὲ βίος μού ἐστιν ἐλαφρότερος δρομέως, ἀπ-
όλωλε δὲ ἐν κενῇ ἐλπίδι.

   κἀγὼ τοιγαροῦν εἷς γέγονα τῶν τὸν ἀνιαρὸν τοῦτον ἀντλούντων βί-
ον, καὶ πολὺν ἤδη χρόνον ἐν ταλαιπωρίαις ἐξετάζομαι· τοῦτο γὰρ ση-
μαίνει τὸ μῆνας κενούς. εἰ δὲ βούλεσθε τὰ ἴδια μοι συμβεβηκό-
20 τα μαθεῖν, εἰσὶ ταῦτα· αἱ νύκτες εἰς ἀνάπαυσιν τοῖς ἀνθρώποις
ᾠκονομήθησαν, ἐγὼ δὲ παρὰ ταύτας ὀδυνῶμαι καὶ τὸν ἥλιον ἰδεῖν ἐπ-
εύχομαι, <εἰ> ἴσως ἐν ἡμέρᾳ παραμυθίας τύχω τινός, ἡμέρας δὲ δια-
λαμψάσης ταῖς ὁμοίαις ὀδύναις βαλλόμενος τὴν ἑσπέραν ποθῶ, καὶ
ταύτης ἐλθούσης ἐπὶ τοῖς ὁμοίοις κατεξετάζομαι μέχρι τῆς ἑτέρας

X Y Γ(βΠFSPL 17 – 19 κενούς; ≠ 19 εἰ – συμβεβηκότα) P(≠ -5; 9-10)
N(-5; 17-)

1 μισθωτῷ: μισθίῳ Y   2 μικρόν τι: μισθόν τι (X₁, τινα X₂) X   2/3
δεδοικότες Y   9 ἐπὶ τὰ: ἔπειτα Y/ αὐτῷ YP   11 οὕτως noch der Er-
klärung zugeordnet XY/ νυκτὸς Y/ ὀδυνῶν: ὀδῦν Y   12 λέγω > Y/ ἂν
> Y   14 βόλακας Y   15 ἐλαφρότερος Y/ δρομαῖος Y   17 τοιγαροῦν:
τοίνυν Γ, > N / τὸν - ἀντλ.: ἀνιαρῶν τούτων ἀνατλῶν τὸν Γ/ ἀνατλών-
των ΥΝy, ἀντλῶν τὸν Νρ, (ἀντλώντων P)   18 πολὺν ἤδη: πολυειδῆ Y
/ ταλαιπορίαις Y   19 δὲ > N/ βούλεσθαι Y, + μοι Χ/ ἴδια: ἤδη Γ/
ʽμοιʼ X   20 μαθεῖν vor 19 τὰ ἴδια X   21 δὲ > XY/ ταύταις X
24 ταύταις ἐλθούσαις X / ἐξετάζομαι X

ἡμέρας. καὶ εἴθε μέχρις ὀδυνῶν εἰστήκει τὸ πρᾶγμα· ἀλλ' οἱ σκώλη-
κες τίκτονται μὲν ἐξ ἐμοῦ, τὸ δὲ ἐμὸν καταδαπανῶσι σῶμα, καὶ οὕ-
τω δριμεῖς ἰχῶρας ἐκρέω ὡς, ἐὰν ὀστράκου διαπορήσω, εἶτα ἐθελήσω
βώλῳ τούτους ὑποδέξασθαι, αὐτὰς τήκουσι τὰς βώλους τῷ σφοδρῷ τῆς
5 δριμύτητος.

τί οὖν ταῦτα μὲν ὑπομένω; μακρὸν δὲ ἐλπίζων διάγειν βίον προσ-
δοκῶ τινα μεταβολήν; ἀλλὰ καὶ οὗτός ἐστιν ὀλίγος, ὅσος ἂν ᾖ, καὶ
θᾶττον ὠκυτάτου δρομέως πρὸς τὸ τέρμα ἐπειγομένου παρερχόμενος.
πολὺς δὲ ἤδη καὶ παρῴχηκε χρόνος χρηστῆς ἐλπίδος οὐδεμιᾶς ὑποφα-
10 νείσης.

οὕτω δὲ κατασκευάσας τὸν λόγον ἡμῖν ἀφῆκεν ἐννοεῖν, ὡς οὐκ
ἐσφαλμένως ἐπόθει τὸν θάνατον μηδὲ μικρᾶς ἀξιούμενος τυχεῖν ἀνα-
παύσεως. εἶτα ἐάσας τὴν πρὸς τοὺς φίλους διάλεξιν εἰς εὐχὴν διὰ
μέσου τρέπεται καί φησιν·

15 7,7 μνήσθητι οὖν, ὅτι πνεῦμά μου ἡ ζωὴ καὶ οὐκέτι ἐπανελεύσεται
ὁ ὀφθαλμός μου ἰδεῖν ἀγαθόν.

ὅμοια καὶ ὁ Δαυὶδ ηὔξατο λέγων· ἄνες μοι, ἵνα ἀναψύξω
πρὸ τοῦ με ἀπελθεῖν καὶ οὐκέτι οὐ μὴ ὑπάρξω. τὸ δὲ
πνεῦμά μου ἡ ζωή ἀντὶ τοῦ· ἄνεμος, τὸ μηδέν. τὸ δὲ καὶ
20 οὐκέτι ἐπανελεύσεται ὁ ὀφθαλμός μου ἰδεῖν ἀγαθόν,
ἐπειδὴ τὰ παρῳχηκότα οὐκέτι τις δύναται λαβεῖν.

οὐκ ἀγνοῶν δὲ τὸ τῆς ἀναστάσεως μυστήριον ταῦτα λέγει, ὡς ἐν τοῖς
ἐφεξῆς ἐπιδείξομεν, ἀλλ' ὅτι ὁ ἅπαξ ἀποθανὼν εἰς τοῦτον τὸν βίον ἐπ-
ανελθεῖν οὐκέτι δύναται, εἰ καὶ διά τι μυστήριόν τινες ἀνέστησαν.

17-18 Psalm 38,14

X Y Γ(βΠFSPL ≠ 8-10; ≠ 22 - 24 δύναται) P(17 - 18 ὑπάρξω; 22 - 24
δύναται) N(-5; 13 εἶτα - 14; 17 - 18 ὑπάρξω)

1 καὶ > N / εἴθε + φησιν N / ἀλλ': νῦν δὲ N   2 δαπανῶσι Y
2/3 οὕτως X   3 ὡς ἐὰν: ἕως ἂν XY/ διαπορήσω εἶτα: vielleicht δι-
απορῶν εἶτα oder διαπορήσω ἐάν τε/ ἐθελήσω: εἰ θελήσω Y   4 βόλῳ Y
/ αὐτοὺς .. τοὺς N / βόλους Y, + οἱ ἰχῶρες Y   7 ᾖ: εἴη Y
8 δρομέως > Y / ἐπηγομένου Y   12 τυγχάνειν Y   13 εὐχὴν + τὸ
λοιπὸν N   13/14 διὰ μέσου > Y   15 οὖν ὅτι > Y   17 ὁ > N
22 δὲ: γὰρ Y/ ἐν > X   23 ἐξῆς P/ ἐπιδείξωμεν Y   23/24 ἐπαν-
ελθεῖν εἰς τὸν βίον τοῦτον stellt P   24 οὐκέτι: οὐ P/ τι: τὸ Y

7,8-10 οὐ περιβλέψεται ὁ ὀφθαλμὸς ὁρῶντός με, οἱ ὀφθαλμοί σου
ἐν ἐμοί, καὶ οὐκέτι εἰμὶ ὥσπερ νέφος ἀποκαθαρθὲν ἀπ' οὐρανοῦ.
ἐὰν γὰρ ἄνθρωπος καταβῇ εἰς ᾅδην, οὐκέτι οὐ μὴ ἀναβῇ, οὐδ' οὐ μὴ
<ἐπιστρέψῃ ἔτι εἰς τὸν ἴδιον οἶκον,> οὐδὲ μὴ ἐπιγνῶ αὐτὸν ἔτι ὁ
5 τόπος αὐτοῦ.

καὶ οὕτως, φησίν, ταχεῖά τίς ἐστιν ἡ τοῦ βίου τελευτή, ὅτι οἱ
σήμερον ὁρῶντές με οὐ πάντως αὔριον βλέπουσιν· ἅμα τε γὰρ θελή-
σεις, ἀπωλόμην - τοῦτο γὰρ σημαίνει τὸ οἱ ὀφθαλμοί σου ἐν
ἐμοί - καὶ ἔοικα νέφει διαλυθέντι καὶ τὴν οἰκείαν σύστασιν ἀπο-
10 λέσαντι. ὁ γὰρ ἅπαξ ἀποθανὼν εἰς τὸν ἴδιον οἶκον οὐχ ὑπο-
στρέψει οὐδὲ τὰ συνήθη πράττων ἐπιγνωσθήσεται· τοῦτο γὰρ σημαίνει
τὸ οὐδὲ μὴ ἐπιγνῶ αὐτὸν ἔτι ὁ τόπος αὐτοῦ.

7,11 ἀτὰρ οὖν οὐδὲ ἐγὼ φείσομαι τῷ στόματί μου, λαλήσω ἐν ἀνάγκῃ
ὢν τοῦ πνεύματός μου, ἀνοίξω πικρίας ψυχῆς μου συνεχόμενος.

15 τοιγαροῦν, φησίν, οὐκ ἐφησυχάσω, ἀλλὰ εὔξομαι καὶ δεηθήσομαι
συνεχόμενος. τὰς δὲ παρούσας ἀνάγκας καὶ τὴν καταπικρανθεῖσαν ψυ-
χὴν καὶ τὸ εὐτελὲς τῆς φύσεως εἰς ἱκετηρίαν προβάλλεται.

7,12 πότερον θάλασσά εἰμι ἢ δράκων, ὅτι κατέταξας ἐπ' ἐμὲ φυλα-
κήν;

20 ἐννόησον, φησίν, ὦ δέσποτα, ὅτι οὔκ εἰμι μέγα τι καὶ ἐξαίσιον
τῶν σῶν κτισμάτων, οἷον θάλασσα ἢ κῆτος, ἀλλ' εὐτελὴς καὶ μικρός
τις καὶ ἐξασθενῶ τοσαύταις περικλειόμενος συμφοραῖς. ὥσπερ δέ, φη-

X Y Γ(βΠFSPL ≠ 7 ἅμα - 10 ἀπολέσαντι; 15-17; 22 ὥσπερ -) P(20 οὐκ
εἰμι -) N(6-12; 15-17; 20-)

1 ὁ > Y   3-4 οὐδ' - οἶκον > X, ἐπιστρέψῃ - μὴ > Y   6 φησίν
> N   7 ἅμα - θελήσεις: ≠ N   8 ἀπολόμην Y   9 ἐμοί + καὶ
οὐκέτι εἰμι N   10 ὁ γὰρ ἅπαξ: οὐ γὰρ Y, ὅτι ὁ ἅπαξ N/ τὸν ἴδιον
οἶκον: τόνδε τὸν φθαρτὸν βίον N   10/11 ὑποστρέφει XY   11-12
τοῦτο - αὐτοῦ > N   12 οὐδὲ μὴ: οὐ μηδὲ Y   14 ἐν πικρίᾳ Y /
μου₂ > Y   15 φησίν: > YN, nach ἐφησυχάσω stellt Γ / ἐπησυχάσω Y
/ ἀλλ' Y   16 καὶ - ψυχὴν > Γ   20 ἐνν. φησιν: καὶ φησιν ἐν-
νόησον N / ἐξαίσιον + ὦ δέσποτα P   21 οἷον - κῆτος > P / κῆτος
+ τοῦτο γὰρ δράκοντα καλεῖ N   21/22 καὶ μικρός τις: καὶ μικρὸς
Y, τις καὶ μικρὸς P, καὶ σμικρότης Np, καὶ σμικρότατος Ny   22
τοιαύταις N / συγκλειόμενος Y / δέ φησιν > Γ, φησιν > PN

σίν, τὴν θάλατταν καὶ τὰ ἐν αὐτῇ κήτη ὁρίοις περιέκλεισας, ἃ οὐχ
ὑπερβαίνουσιν, οὕτω με ταῖς συμφοραῖς περιεστοίχισας, ἃς ὑπεξελ-
θεῖν οὐχ εὑρίσκω.

εἶτα καὶ εἰς οἰκτιρμοὺς ἐκκαλούμενος τὸν θεὸν ἐπάγει·

5 7,13-14 εἶπα ὅτι· παρακαλέσει με ἡ κλίνη μου, ἀνοίσω δὲ πρὸς
ἐμαυτὸν ἰδίᾳ λόγον τῇ κοίτῃ μου· ἐκφοβεῖς με ἐν ὑπνίοις καὶ ἐν
ὁράμασί με καταπλήσσεις.

κατ' αὐτὸν γὰρ τῆς ἀνέσεως τὸν καιρόν, ὅτε προσδοκῶ μικρὸν ἀδο-
λεσχῆσαί μου τοῖς λογισμοῖς καὶ ὕπνου τυχεῖν καὶ ἀναπαύεσθαι, φο-
10 βερά μοι τὰ ἐνύπνια ἐφίστανται.

συμβαίνει δὲ τοῦτο μάλιστα μὲν καὶ φυσικῶς τοῖς μεθ' ἡμέραν
πειραζομένοις, ὥς που καὶ ὁ σοφὸς ἔφησεν Ἐκκλησιαστής· ὅτι πα-
ραγίνεται ἐνύπνιον ἐν πλήθει πειρασμῶν. εἰκὸς δὲ καὶ
τὸν διάβολον φάσματά τινα φοβερὰ δεικνύντα ἐκδειματοῦν αὐτὸν καὶ
15 ἐκταράττειν καθ' ὕπνους. ὁ δὲ μακάριος οὗτος οὔπω πληροφορηθείς,
ὡς ἐξητήθη ὑπὸ τοῦ διαβόλου, οἴεται τὸν θεὸν καὶ ταῦτα καὶ τὰς βα-
σάνους ἐπιφέρειν αὐτῷ.

7,15-16 ἀπαλλάξεις ἀπὸ πνεύματός μου τὴν ψυχήν μου, ἀπὸ δὲ θανά-
του τὰ ὀστᾶ μου. οὐ γὰρ εἰς τὸν αἰῶνα ζήσομαι, ἵνα μακροθυμήσω.

20 ἱκετεύω τοίνυν, λαβέ μου τὴν ψυχὴν καὶ ἀπάλλαξόν με τῆς ὀδύνης
διὰ τοῦ θανάτου· οὐ γὰρ αἰώνιόν μέ τινα κατεσκεύασας, ἵνα νῦν μὲν
ἐνέγκω τὰς ἀλγηδόνας, τὸν ὕστερον δὲ χρόνον ἐν ἀναπαύσει ζήσωμαι.

12-13 Ekklesiastes 5,2

Χ Υ Γ(βΠFSPL - 2 περ.; 13 εἰκὸς - 17; 21 οὐ - 22) P(-4) N(-4; 8-17; 20-)
1 θάλασσαν ΥΝ / ὅροις ΥΡ / ἃ: οὓς Ρ   2 περιεστοίχισας aus πε-
ριεστοίχησας Χ, περιετείχησας Υ   3 οὐχ εὑρίσκω: οὐ δύναμαι Ρ
5 ἀνύσω ΧΥ   6 ἰδίᾳ λόγον: εἰ διὰ λόγων Υ   7 καταπλήτ-
τεις Υ   8 κατ' Young: καὶ ΧΥΝ / γὰρ: φημι Ν / ὅτι Υ   9 ἀνα-
παύεσθαι: ἀναπαύσεως Ν   10 ἐνίστανται Χ, ἐφίσταται Ν
11 δὲ: μὲν Υ / μὲν > Ν / ἡμέρας Υ   12 ἔφησεν: ἐλάλησεν Υ
13 ἐνύπν`ι'ον Χ / ἐν > Χ / καὶ > Γ   14 φάσματα: φαντάσματα ΥΝ
(Β) / ἐκδηματοῦν Υ   15 καὶ ἐκταράττειν: καὶ ἐκπράττειν Υ, > Γ
16 τοῦ > Υ   19 εἰς τὸν doppelt Υ   20 τοίνυν > Ν / τὴν ψυ-
χήν μου stellt Ν   21 οὐ: οὐδὲ Γ / αἰώνιον - κατεσκ.: αἰώνιός
εἰμί φησιν Γ / τινα: τι Νρ, > Νγ / κατασκευάσας Υ   22 ζήσομαι
Υ, ζήσαιμι Γ(ohne P)

οὐδὲν οὖν αἰτῶ παρὰ τὸ σὸν δόγμα, δέσποτα, θνητόν με ἔπλασας καὶ
οὐκ ἀθάνατον· ἐπάγαγέ μοι τὸν θάνατον.

τὸ ὅμοιον καὶ Μωσῆς ἱκέτευε λέγων· εἰ οὕτω μοι μέλλεις
ποιεῖν, ἀπόκτεινόν με.

5 **7,16 ἀπόστα ἀπ' ἐμοῦ, κενὸς γάρ μου ὁ βίος.**

κενός μου ὁ βίος ἀντὶ τοῦ· ἐκλείπω, οὐκέτι ἔχω ἰσχύν.

τὰ ὅμοια καὶ Δαυὶδ ηὔχετο· ἀπόστησον ἀπ' ἐμοῦ τὰς μά-
στιγάς σου, ἀπὸ γὰρ τῆς ἰσχύος τῆς χειρός σου ἐγὼ
ἐξέλιπον.

10 **7,17-18 τί γάρ ἐστιν ἄνθρωπος, ὅτι ἐμεγάλυνας αὐτόν, ἢ ὅτι προσ-**
έχεις τὸν νοῦν εἰς αὐτὸν ἢ ἐπισκοπὴν αὐτοῦ ποιήσῃ ἕως τὸ πρωὶ καὶ
εἰς ἀνάπαυσιν αὐτὸν κρινεῖς;

τὸ τῆς τοῦ ἀνθρώπου φύσεως εὐτελὲς καὶ τοῦ θεοῦ περὶ αὐτὸν τὴν
κηδεμονίαν εἰς ἱκεσίαν προβάλλεται.

15   τί γάρ ἐστιν ἄνθρωπος, φησίν, εἰς ἰδίαν φύσιν; οὐδέν. σὺ δὲ διὰ
πλῆθος φιλανθρωπίας οὕτως αὐτὸν ἐμεγάλυνας, ὅτι καὶ προσέχειν ἀξι-
οῖς αὐτῷ καὶ ἐπισκέπτῃ τὰ κατ' αὐτὸν μετὰ σπουδῆς καθ' ἡμέραν·
τοῦτο γὰρ σημαίνει τὸ πρωί. πλὴν ἐπειδὴ κρίμα καὶ δόγμα σόν ἐστι
τὸ διαναπαύειν αὐτόν, τουτέστι τὸ παρασκευάζειν ἡμᾶς τελευτᾶν, μὴ
20 μακρύνῃς μοι τὰς ἀλγηδόνας.

διὸ καὶ ἐπάγει·

7,19-20 ἕως τίνος οὐκ ἐᾷς με οὐδὲ προίῃ με ἕως ἂν καταπίω τὸν

3-4 Numeri 11,15   7-9 Psalm 38,11

Χ Υ Γ(βΠFSPL 3-4; βΠFSPLN ≠ 6-9; βΠFSL 15-18 πρωὶ) P(15-20) N(-4;
13-21)
2 ἀπάγαγέ Χ   3 Μωσῆς ΧΝ / οὕτως Χ   6 κενὸς + γὰρ Υ / ἐκ-
λείπω Χ(ΓΝ): > Υ / ἔχω: ἐγὼ Υ   7 Δαυὶδ: ὁ 'Αδὰμ Υ   12 αὐ-
τῶν Υ   13 τοῦ > Υ / περὶ αὐτὸν τὴν: τὴν περὶ αὐτοῦ Υ   15 τί
- φύσιν: εἰς ἰδίαν φύσιν ἄνθρωπος Ρ/ γὰρ > Γ / φησὶν ἄνθρ. stellt Υ
/ εἰς - φύσιν: ἀντὶ τοῦ Γ   16 πλήθους Υ / φιλανθρωπίας + σου Υ
/ αὐτὸν > Ν   17 αὐτῷ ἀξιοῖς stellt Ρ / ἐπισκέπτειν Ν / σπουδῆς
+ καὶ ΧΝ   18 πλὴν ἐπειδὴ: ἐπειδὴ τοίνυν Ν / σὸν καὶ δόγμα
stellt Ρ / ἐστι > Ρ   19 αὐτόν: αὐτῷ Υ, ἡμᾶς Ρ, τὸν ἄνθρωπον Ν /
ἡμᾶς > Ρ   20 μου ΡΝ   21 ἐπιφέρει ΥΝ   22 προείῃ Υ

πτυελόν μου ἐν ὀδύνῃ; εἰ ἐγὼ ἥμαρτον, τί σοι δύναμαι πρᾶξαι;

οὐκ ἀποδυσπετῶν ταῦτα λέγει, ἀλλ' ἱκετεύων μαθεῖν, μέχρι τίνος
αὐτῷ τὰ τῶν ὀδυνῶν παρατείνεται, ἆρα μέχρις οὗ μηδὲ πτῦσαι μηδὲ
φθέγξασθαί τι δυνηθείη;

5   παραπλήσια καὶ Δαυὶδ ἔλεγεν· ἕως πότε, ὁ θεός, ὀργι-
σθήσῃ εἰς τέλος; ἐκκαυθήσεται ὡς πῦρ ἡ ὀργή σου,
μνήσθητι, τίς μου ἡ ὑπόστασις. καὶ γὰρ κἀκεῖνος οὐ μεμ-
φόμενος, ἀλλ' ἱκετεύων ἔλεγε καὶ τὸ τῆς φύσεως ἀσθενὲς εἰς ἱκετη-
ρίαν προυβάλλετο.

10   εἶτα καὶ μειζόνως ἐκμειλισσόμενος τὸν θεόν φησιν· εἰ ἐγὼ
ἥμαρτον, τί σοι δύναμαι πρᾶξαι; ἀντὶ τοῦ· εἰ δὲ καὶ
ἥμαρτον, τί σοι δύναμαι ποιῆσαι; μάλιστα μὲν γὰρ οὐδὲ ἡ ἐμὴ ἁμαρ-
τία εἰς σὲ ἀνατρέχει. τί δὲ καὶ ἔχω πρᾶξαι, εἰ μὴ εἰς τοὺς σοὺς
οἰκτιρμοὺς καταφεύγειν;

15 7,20 ὁ ἐπιστάμενος τὸν νοῦν τῶν ἀνθρώπων, διὰ τί ἔθου με κατεν-
τευκτήν σου; εἰμὶ δὲ ἐπὶ σοὶ φορτίον.

ἀλλὰ καὶ οἶσθα, φησίν, δέσποτα, οἷα ταῖς ἐννοίαις ἐμβατεύων,
ὡς πολλοὶ πολλάκις εἰς ἐμὲ τὸν σὸν ὁρῶντες θεράποντα ταῦτα ὑπομέ-
νοντα καὶ παρορώμενον βλασφημοῦσι τὸ σὸν ὄνομα· καί εἰμί σου τρό-
20 πον τινὰ φορτίον, βάρους ῥημάτων καὶ βλασφημίας αἴτιος γινόμενος.
κατεντευκτὴν οὖν αἴτιον καταβοήσεώς φησιν.

7,21 καὶ διὰ τί οὐκ ἐποιήσω λήθην τῆς ἀνομίας μου καὶ καθαρισμὸν
τῆς ἁμαρτίας μου;

5-7 Psalm 88,47-48

X Y Γ(βΠFSPL 2 - 7 ὑπόστασις; 11 ἀντὶ τοῦ - 14; 17-21) N(2-4; ≠ 5
- 7 ὑπόστασις; 7 οὐ μεμφόμενος - 14; 17-21)

1 μου: με Υ/ τί σοι: τίσι Υ   2 μέχρι: ἕως Ν   4 δυνηθῇ Γ(oh-
ne P)   5 παραπλησίως Υ / καὶ + ὁ Υ   6 ἐγκαφθήσεται Υ / ὀργή:
ζῆλος Γ(ohne P)   9 προυβάλλεται Υ   11 τί σοι: τίσι Υ/ ἀντὶ - 12
ποιῆσαι > Υ   12 δύναμαί σοι stellt Γ/ γὰρ > Ν(P)   13 εἰς₁: πρὸς
Γ(ohne P)/ σε: ἡμᾶς Υ   17 ἀλλὰ καὶ > ΓΝ/ φησιν + ὦ ΓΝ   18 πολοὶ Υ,
> Ν/ σὸν: ὑμέτερον Χ, ἡμέτερον Υ   18/19 ὑπομένοντα: πάσχοντα ΓΝ
19 εἰμί σου: ἡμεῖς οὐ Υ, σοι Γ   20 βάρους > Υ / γίνομαι Γ
21 κατεντευκτήν οὖν: τὸ οὖν κατεντευκτήν σου Ν / φησιν: νοητέον Ν

καὶ ταῦτα πλήρης ἱκεσίας τὰ ῥήματα. τὸ γὰρ διὰ τί, ὡς πολλά-
κις δέδεικται, ἱκετευτικῶς κεῖται ἢ καὶ ποθοῦντος τὴν αἰτίαν μα-
θεῖν τῶν ἐτασμῶν.

ὁ δὲ νοῦς οὗτος· οὐκ εἶ, φησίν, φιλάνθρωπος, οὐχ ἱκανὸς συγχω-
5 ρεῖν ἁμαρτίας καὶ καθαρὸν δεικνύναι διὰ πλῆθος οἰκτιρμῶν τὸν ἁμαρ-
τήσαντα; διὰ τί μὴ κἀγὼ τῆς σῆς χρηστότητος ἀπολαύω;

7,21 νυνὶ δὲ εἰς γῆν ἀπελεύσομαι, ὀρθρίζων δὲ οὐκέτι εἰμί.

καὶ τὸ ὀλιγοχρόνιον τῆς ζωῆς ἔπλεξε τῇ ἱκετηρίᾳ πανταχόθεν εἰς
οἶκτον τὸν θεὸν ἐκκαλούμενος.

10   τὸ δὲ ὀρθρίζων οὐκέτι εἰμί τοιοῦτον ὑποβάλλει νοῦν·
οὐ γάρ ἐστιν, φησίν, ὥσπερ ὕπνος ὁ θάνατος· μετὰ γὰρ τὸν ὕπνον οἱ
ἄνθρωποι ὀρθρίζοντες πάλιν ἐν τῷ βίῳ τυγχάνουσιν, ὁ δὲ ἀποθανὼν
οὔτε ὄρθρον προσδοκᾷ οὔτε μετὰ ἀνθρώπων διατριβήν.

ταῦτα δὲ εἶπεν ὁ Ἰὼβ οὐδὲν μὲν ἑαυτῷ συνειδὼς ἁμάρτημα, κατὰ
15 δὲ συγχώρησιν λέγων ὅτι· εἰ καὶ ἥμαρτον, μετὰ πάντων ὀφείλω τῆς
τοῦ θεοῦ φιλανθρωπίας ἀπολαῦσαι.

δέδεικται τοίνυν διὰ πάντων ἡ εὐσεβὴς καὶ φιλόθεος καὶ δικαία
καὶ ἄμεμπτος τοῦ Ἰὼβ γνώμη, εἰ καὶ ἀσαφέστερον τῇ ἀπαγγελίᾳ τῶν
λόγων ἐχρήσατο.

X Y Γ(βΠFSPL -6; 8 - 11 φησιν; ≠ 11 ὥσπερ - 13) N(-6; 8-19)

1 καὶ - ἱκεσίας: ἱκεσίας καὶ ταῦτα N / ἱκετείας Γ / τὸ γὰρ - 2 καὶ
> Γ   2 ἦ: εἰ Υ / ἦ - ποθ.: ποθοῦντος τοῦ δικαίου N   3 ἐτασ-
μῶν: πειρασμῶν ΧΝ   4 οὕτως ΧΓ   5 ἁμαρτίαις Χ, ἀνομίας Υ /
πλήθους ΥΝ   5/6 ἡμαρτηκότα Γ   6 ἀπολαύω χρηστότητος stellt Γ
/ ἀπολαύσω Υ   8 ἔπληξε Υ   9 ἐγκαλούμενος Υ   10 ὀρθρίζων
+ ἦ Υ / τοιοῦτον .. νοῦν: τοιοῦτο .. νοεῖν Ν   11 ὥσπερ: ὡς Υ
12 πάλιν ὀρθρίζοντες Ν / δὲ + ἅπαξ Ν(Γ)   13 οὔτε₁: οὐκέτι Υ
/ προσδοκᾷ + ὥστε διυπνισθῆναι Ν / οὔτε₂ + τὴν Υ / διατρίβειν Χ
14 δὲ: μὲν Υ   15 ὤφειλον Υ   18 καὶ ἄμεμπτος > Υ / ἐπαγγε-
λίᾳ ΧΝ

ΚΕΦΑΛΑΙΟΝ ΕΚΤΟΝ

'Αρχὴ τοῦ ῥητοῦ· ὑπολαβὼν δὲ Βαλδὰδ ὁ Σαυχίτης λεγει·
μέχρι τίνος λαλήσεις ταῦτα; πνεῦμα πολυρρῆμον τοῦ στόματός σου.

Προθεωρία τοῦ κεφαλαίου

5   εἰς ἀντιλογίαν τῶν νῦν εἰρημένων ὑπὸ τοῦ 'Ιὼβ καθιστάμενος ὁ
Βαλδὰδ μέμφεται μὲν αὐτὸν ὡς πολυρρήμονα, εἰς τοὺς αὐτοὺς δὲ τῷ
'Ελιφὰζ καὶ αὐτὸς ἐξεκυλίσθη λόγους ταῖς ἁμαρτίαις τὰς κακώσεις
ἀκολουθεῖν ὑπολαμβάνων. ἐπεὶ δὲ ᾔδει ἀντιπῖπτον αὐτῷ, ὅτι εἰ καὶ
'Ιὼβ ἥμαρτεν, διὰ τί οἱ παῖδες ἐτιμωρήθησαν, προκαταλαμβάνει καί
10 φησιν, ὅτι καὶ αὐτοὶ δι' ἁμαρτίας πεπόνθασιν· καὶ παραινεῖ μὲν τῷ
δικαίῳ θεὸν ἱκετεύειν, πειρᾶται δὲ διὰ φυσικῶν παραδειγμάτων αὐ-
τὸν πείθειν, ὡς δι' ἁμαρτίας πάντως αἱ κολάσεις ἐπιφέρονται. πέ-
πονθε δὲ καὶ αὐτὸς τὴν ὁμοίαν πλάνην τῷ 'Ελιφάζ, τὴν ὑπὲρ θεοῦ
δῆθεν καὶ αὐτὸς συνηγορίαν ἀναδεξάμενος.
15 ἢ οὖν διὰ τοῦτο τῶν παίδων ἐμνήσθη, ἢ ὡς μηδὲν ἔχων φανερὸν
ἁμάρτημα λέγειν κατὰ τοῦ 'Ιὼβ ἐπὶ τοὺς παῖδας τὴν αἰτίαν μετήγα-
γεν· πλὴν οὐδὲ αὐτὸν ἀθῷον ἀφῆκεν πειρώμενος δεικνύναι, μὴ τοῖς
εὐσεβέσιν ἀλλὰ τοῖς ἀδίκοις τὰς κολάσεις ἀκολουθεῖν.

X Y Γ(βΠFSL 5-18) Γ'(βΠFSPL 7 ἐξεκυλίσθη - 8 ὑπολαμβάνων) N(5-14)
2 ὑπολαβὼν - λέγει Χ₂ / Σαυχίτης: 'Αρχίτης Υ   4 τοῦ κεφαλαίου
> Χ   6 Βαλδὰμ Χ   7 'Ελιφὰς Χ / κακώσεις + εὐθὺς Γ'   8 ᾔ-
δει: ᾔδεισέν τι Υ / ἀντιπίπτων Υ, ἀντιπίπτοντα Ν   9 ὁ 'Ιὼβ ΥΓ
/ προλαμβάνει Υ   12 προσφέρονται ΧΝ   13 πλάνην: πληγὴν ΓΝ
/ 'Ελιφὰς Χ   14 καὶ αὐτὸς > Ν / καταδεξάμενος Υ   15 ἐμνή-
σθ(ην) Υ   16/17 ἐπήγαγε Υ

Αἱ λέξεις

8,2-3 μέχρι τίνος λαλήσεις ταῦτα; πνεῦμα πολυρρῆμον τοῦ στόματός σου. μὴ ὁ κύριος ἀδικήσει κρίνων, ἢ ὁ τὰ πάντα ποιήσας ταράξει τὸ δίκαιον;

5   ὡς φλυαρήσαντα μέμφεται τὸν Ἰὼβ καὶ οἴεται αὐτὸν ἐπιστομίζειν ἐκ τῆς τοῦ θεοῦ δικαιοκρισίας. οὐδὲ γὰρ ὁ τὰ πάντα, φησίν, ποιήσας εὐκόσμως καὶ ἐναρμονίως ἐπὶ σοῦ μόνου τὴν τοῦ δικαίου διετάραξεν ἰσότητα. ἠρέμα οὖν αὐτὸν πλήττει ὡς κατὰ τὸ δίκαιον καὶ δι' ἁμαρτίας ὑπομένοντα.

10 8,4 εἰ οἱ υἱοί σου ἥμαρτον ἐναντίον αὐτοῦ, ἀπέστειλεν ἐν χειρὶ ἀνομίας αὐτῶν.

    εἰ γὰρ τὰ τέκνα σου, φησίν, ἥμαρτον, οὐ δικαίως ἐτιμωρήθησαν; τὸ δὲ ἐναντίον αὐτοῦ διὰ τὸ μηδὲν λανθάνειν τὸν θεὸν εἶπεν. ἐν χειρὶ δέ· ἐν τῇ πράξει, ἵνα εἴπῃ, ὅτι κατὰ τὰς ἑαυτῶν πρά-
15 ξεις ἀπέλαβον.

8,5-7 σὺ δὲ ὄρθριζε πρὸς κύριον παντοκράτορα δεόμενος. εἰ καθα-ρὸς εἶ καὶ ἀληθινός, δεήσεως ὑπακούσεταί σου. ἀποκαταστήσει δέ σοι δίαιταν δικαιοσύνης· ἔσται οὖν τὰ μὲν πρῶτά σου ὀλίγα, τὰ δὲ ἔσ-χατά σου ἀμύθητα.

20 συμβουλεύω σοι τοίνυν, φησίν, δέεσθαι τοῦ θεοῦ μετὰ σπουδῆς, παντὸς προτιμοτέραν τὴν ἱκεσίαν ποιούμενον· τὸ γὰρ ὄρθριζε τοῦ-το δηλοῖ. καὶ εἰ ὄντως ἀληθινὸς εἶ καὶ οὐκ ἐπίπλαστος, ἀποκατα-στήσει σοι βίον καὶ διαγωγὴν πρέπουσαν δικαίῳ, ἵνα οὕτως εὖ πρά-ξῃς, ὡς ὀλίγα σου νομισθῆναι τὰ πρότερον ἀγαθά.
25 κατανόει δέ, ὡς οἴεται ὁ Βαλδὰδ ἐν μέρει εὐλογίας κεῖσθαι τοῖς

X Y Γ(βΠFSPL 14 κατὰ - 15; 20-) N(5-9; 12-15; 20-)

6 οὐδὲ γὰρ: μὴ N / φησιν > N   7 ἁρμονίως N   8 ἐτάραξεν Y / αὐτὸν πλήττει: πλήττει τὸν ἅγιον N   9 διὰ Y   12 γὰρ > N / φησιν > N   13 εἶπεν vor διὰ, stellt N   20 τοίνυν > ΓN / δεῖ-σθαι Γ   21 ἱκετείαν Γ / ποιούμενος Y(P)   23 δι-καίοις Y / ἵν' N   24 νομισθῆναί σου stellt Γ / πρότερα X

δικαίοις τῶν ἐν τῷδε τῷ βίῳ ἀγαθῶν τὴν ἀπόλαυσιν.

8,8-9 ἐπερώτησον γὰρ γενεὰν πρώτην, ἐξιχνίασον δὲ κατὰ γένος πατέρων· χθιζοὶ γάρ ἐσμεν καὶ οὐκ οἴδαμεν· σκιὰ γάρ ἐστιν ὁ βίος ἡμῶν ἐπὶ τῆς γῆς.

5 ζήτησον γάρ, φησίν, τὰ παλαιότερα καὶ ἀνερεύνησον τὰ ἐπὶ τῶν πατέρων· ἡμεῖς γὰρ χθὲς καὶ πρώην γεγόναμεν, καὶ ὅλος ἡμῶν ὁ βίος ὡς σκιὰ παρατρέχει, καὶ διὰ τὸ τοῦ βίου ὀλιγοχρόνιον οὐδὲ τὰ πολλὰ γνῶναι δυνάμεθα.

8,10 ἢ οὐχ οὗτοί σε διδάξουσι καὶ ἀναγγελοῦσι καὶ ἐκ καρδίας ἐξ-
10 άξουσι ῥήματα;

οἱ πατέρες, φησίν, σὲ διδάξουσι καὶ δι' ὧν ἔπραξαν καὶ δι' ὧν ἐλάλησαν. τί δὲ λέγει, ὅτι διδάξουσί σε οἱ πατέρες; εὔδηλον, ὅτι διὰ τὰς ἁμαρτίας αἱ τιμωρίαι, καὶ ὅτι οὐ δυνατὸν εὐθηνίαν ἀδίκων κρατύνεσθαι.

15 8,11-12 μὴ θάλλει πάπυρος ἄνευ ὕδατος ἢ ὑψωθήσεται βούτομον ἄνευ πότου; ἔτι ὂν ἐπὶ ῥίζης καὶ οὐ μὴ θερισθῇ, πρὸ τοῦ πιεῖν πᾶσα βοτάνη ξηρανθήσεται.

ὥσπερ, φησίν, οὐκ ἐνδέχεται πάπυρον ἢ βούτομον αὔξεσθαι ἢ θερίζεσθαι τῆς τοῦ ὕδατος ἰκμάδος μὴ ἀπολαύσαντα, ἀλλὰ καὶ πᾶσα βο-
20 τάνη μὴ ἀρδευομένη ξηραίνεται, οὕτως ἄνευ εὐσεβείας ἀμήχανον ἀνθρώπῳ εὐθηνίαν διαμεῖναι.

διὸ καὶ ἐπάγει·

X Y Γ(βΠFSPL -1; 5 - 6 γεγόναμεν; 11 - 14; βΠFSL 18-21) P(18-21)
N(-1; 5-8; ≠ 11-14; 18-22)

1 ἀπόλαυσιν: εὐδαιμονίαν XY   2 δὲ > Y   3 χθεζοὶ Y / καὶ οὐκ
οἴδαμεν > X   3/4 ἡμῶν vor ἐστιν Y   5 γὰρ > ΓΝ   6 ἐχθὲς Γ
/ πρώιην X, πρὸ ὀλίγου Γ / ὅλος: ὀλίγος Y / ὁ βίος ἡμῶν stellt Ν
7/8 τὰ πολλὰ γνῶναι: γνῶναι τὸ ἀκριβὲς Ν   8 δυνάμεθα: βουλόμε-
θα Y   11/12 ἐλάλησαν .. ἔπραξαν stellt Γ   12 λέγει ὅτι > Γ
/ σε οἱ πατέρες > Γ / ὅτι₂ + φησιν XY   13 ὅτι: ὡς Γ(Ν)
15 βούτουμον Y   16/17 πᾶσα βοτάνη: πᾶν ζοτμ(ον ?) Y   18 ὡσ-
περοῦν Γ / βούτομον + ἢ ΓΝ

8,13-14 οὕτω τοίνυν ἔσται τὰ ἔσχατα πάντων τῶν ἐπιλανθανομένων
τοῦ κυρίου· ἐλπὶς γὰρ ἀσεβοῦς ἀπολεῖται. ἀοίκητος γὰρ αὐτοῦ ἔσται
ὁ οἶκος, ἀράχνη δὲ αὐτοῦ ἀποβήσεται ἡ σκηνή.

τὸν αὐτὸν τοιγαροῦν τρόπον οὐ μέχρι τέλους ἡ τῶν ἀσεβῶν εὐημε-
5 ρία διαμένει, ἀλλὰ δίκην ἀράχνης διαλύεται πάσης αὐτοῦ τῆς εὐπρα-
γίας ἀφανιζομένης. ἴχνη δὲ τὰς πορείας, τὰς ὁδούς φησιν, ἵνα εἴπη,
ὅτι πανέστιος ἀπόλλυται· τοῦτο γὰρ σημαίνει τὸ ἀοίκητος αὐτοῦ
ὁ οἶκος.

8,15 ἐὰν ὑπερείση τὴν οἰκίαν αὐτοῦ, οὐ μὴ στῆ· ἐπιλαβομένου δὲ
10 αὐτοῦ οὐ μὴ ὑπομείνη.

ἐὰν γὰρ ὡς οἷόν τε ἀσφαλῶς δόξη πράττειν καὶ ἑδραίως τὰ καθ'
ἑαυτὸν διατίθεσθαι, ἐπιλάβηται δὲ αὐτοῦ ὁ θεός - ἀντὶ τοῦ· πληκτι-
κῶς αὐτοῦ περιδράξηται -, οὐ μὴ ὑπομείνη.

8,16 ὑγρὸς γάρ ἐστιν ὑπὸ ἡλίου καὶ ἐκ σαπρίας αὐτοῦ ὁ ῥάδαμνος
15 αὐτοῦ ἐξελεύσεται.

ὡς γὰρ πάπυρος, φησίν, καὶ βούτομον, κἂν ἰκμάδα ἔχωσιν ὕδατος,
ἡλιακοῦ καύσωνος ἐπιπεσόντος ἀποξηραίνονται καὶ αἱ παραφυάδες αὐ-
τῶν σήπονται - τοῦτο γάρ φησι τὸ ἐκ σαπρίας αὐτοῦ ὁ ῥά-
δαμνος αὐτοῦ ἐξελεύσεται -, οὕτω καὶ οἱ ἀσεβεῖς πάσχουσι
20 τῆς θείας ὀργῆς ἐπιπεσούσης.

ἔοικε δὲ διὰ τῶν ῥαδάμνων, οἱ σημαίνουσι τὰς παραφυάδας ἢ κλά-
δους ἢ ἄνθη, τὴν ἀπώλειαν τῶν παίδων τοῦ Ἰὼβ αἰνίττεσθαι.

X Y Γ(βOFSPL 6 ἵνα - 8; 11-13; 17 καὶ - 22) P(16 - 17 ἀποξηραί-
νονται) N(≠ 4 - 5 διαλύεται; ≠ 7-8; 11-13; 16-22)

1 οὕτως X   2 ἀπωλεῖται Y   7-8 τοῦτο - οἶκος > Γ
11-13 > X   11 κἂν ΓN / οἷόν τε: οἴονται Y / δόξει Y, + φησίν Γ
(ohne P)   12 ἑαυτῶν Y / διατιθέναι Y / ἀντὶ τοῦ: τουτέστι N
12/13 κτικῶς Y   13 αὐτοῦ > N   14 ὑγρός: ἀγρός Y   15 ἐξ-
ελεύσεται: ἀναπαύσεται X   16 ὡς γάρ: ὥσπερ PN / πάπυρον Y /
βούτουμον P, βούτομος N / ἔχουσιν P / ὕδατος ἔχωσιν stellt N   17
/18 αὐτοῦ > Γ   18 σαπήσονται Γ   18-19 τοῦτο - ἐξελεύσεται > XN
19-20 τοῦτο - ἐπιπεσούσης > Γ   21 δὲ > Y   21-22 οἱ - ἄνθη
> Γ, aber ῥάδαμνος γὰρ παραφυάς, κλάδος nach αἰνίττεσθαι B

8,17-18 ἐπὶ συναγωγῇ λίθων κοιμᾶται, ἐν δὲ μέσῳ χαλίκων ζήσεται. ἐὰν δὲ καταπίῃ, ὁ τόπος ψεύσεται αὐτόν.

ἐοίκασι γάρ, φησίν, οἱ ἀσεβεῖς τοῖς ἐν γῇ φυτευθεῖσι μὴ ἐχού-
σῃ βάθος, ἀλλὰ λιθώδει καὶ σκληρᾷ τυγχανούσῃ. ἡ γὰρ οὐδὲ ὅλως ῥι-
5 ζοῦνται, ἤ, κἂν ῥιζωθῶσιν, διὰ τὸ μὴ ἔχειν βάθος γῆς ξηραίνονται,
ὡς μηδὲ φαίνεσθαι ἔτι ἐν τῷ τόπῳ. τὸ γὰρ ἐὰν καταπίῃ ἀντὶ
τοῦ· ἐὰν ῥιζωθῇ, τὸ δὲ ὁ τόπος ψεύσεται αὐτὸν ἀντὶ τοῦ·
ἀφανὴς γίνεται καὶ ἀνεπίγνωστος ὑπὸ τῆς συμφορᾶς.

καλῶς δὲ ἔοικε λίθων καὶ χαλίκων μεμνῆσθαι. οἱ γὰρ ἀσε-
10 βεῖς ἐπὶ τῇ τῶν φαύλων τραχύτητι καὶ ἀνωμαλίᾳ ἐπαναπαύονται· κἂν
δόξωσί τινα δέχεσθαι θεοσεβείας λόγον, εὐθέως ἐμοῦσιν αὐτὸν διὰ
τὸ μὴ ἔχειν εὔγειον καὶ καρποφόρον ψυχήν.

8,18-19 οὐχ ἑώρακας τοιαῦτα, ὅτι καταστροφὴ ἀσεβοῦς τοιαύτη;

ταῦτα, φησίν, καὶ ἐκ τῶν ἑτέροις συμβεβηκότων ὀφείλεις θεωρῆ-
15 σαι.

8,19-20 ἐκ δὲ γῆς ἄλλον ἀναβλαστήσει· ὁ γὰρ κύριος οὐ μὴ ἀπο-
ποιήσεται τὸν ἄκακον.

ὥσπερ δέ, φησίν, τοὺς ἐν εὐημερίᾳ ἀσεβεῖς ὁ θεὸς ἐξαφανίζει,
οὕτω καὶ τοὺς ἀκάκους, ἐὰν ἔν τινι δυσπραγίᾳ γένωνται, παρασκευά-
20 ζει ἀναβλαστῆσαι καὶ ἐν εὐθηνίᾳ καθίστησιν. οὐ γὰρ εἰς τέλος ὁ
ἄκακος περιορᾶται, οὐδὲ ὁ ἀσεβὴς εἰς τέλος εὐθηνεῖται.

ἐπιμείνας δὲ τῇ τροπῇ τῶν βοτανῶν τὸ ἀναβλαστήσει τέθεικεν.

X Y Γ(βOFSPL 6 τὸ γὰρ - 8 ἀνεπίγνωστος; ≠ 18 - 20 καθίστησιν)
P(3 - 6 τοπῳ; 9-12; ≠ 19 παρασκευάζει - 20 καθίστησιν; 22) N(3-12;
14-15; 18-22)

1 μέσον Y   2 δὲ + καὶ Y   3 γάρ φησιν > P, γὰρ > N
3/4 ἔχουσι N   4 λιθώδη YN/ οδδ' Y   6 τόπῳ + ἐκείνῳ N/ γὰρ: δὲ Γ
/ ἐὰν + καὶ Γ   7 ῥιζωθῇ + ὅπερ ἐστὶν ἐὰν καὶ βεβαίως ἑστάναι δο-
κῇ Γ, + καὶ βεβαίως ἑστάναι δοκῇ N(aus Γ?)/ τὸ δὲ > Γ   / ἀντὶ τοῦ:
τουτέστιν Γ   9 δὲ + ὡς Y/ ἔοικε > P/ μέμνηται YP/οἱ: ὅσοι YP
10 καὶ ἀνωμαλίᾳ > P / ἀνωμαλίᾳ Y, + καὶ τοῖς σκανδάλοις N / ἐπ-
αναπαύονται + περὶ ὧν εἴρηται τοὺς λίθους ἐκ τοῦ ὁδοῦ διαρρίψατε N
12 καὶ > Y   16/17 ἀποποιήσει Y   18 δέ φησιν: γὰρ N / ἀφανί-
ζει N   19 ἐν - γένωνται XY(Γ): ἀπαντήσωσι πρὸς καιρόν N   19/
20 παρασκευάζει + πάλιν N   20 εὐθηνίᾳ: εὐημερίᾳ N / οὐ γὰρ: καὶ
οὔτε N   21 περιορᾶται + ὥσπερ Y/ οὐδὲ: οὔτε N   22 τέθηκεν Y

8,2ο-22   πᾶν δὲ δῶρον ἀσεβοῦς οὐ δέξεται· ἀληθινῶν δὲ στόμα ἐμ-
πλήσει γέλωτος, τὰ δὲ χείλη αὐτῶν ἀγαλλιάσεως. οἱ δὲ ἐχθροὶ αὐ-
τῶν ἐνδύσονται αἰσχύνην, δίαιτα δὲ ἀσεβοῦς οὐκ ἔσται.

καὶ τὰ μὲν δῶρα τῶν ἀσεβῶν οὐ δεκτὰ παρὰ τῷ θεῷ, τοὺς δὲ ἀλη-
5 θινοὺς χαρᾶς ἐμπλήσει, ὡς εὐθηνουμένους ἀγαλλιᾶσθαι καὶ δοξάζειν
τὸν θεόν. καὶ οἱ μὲν τῶν δικαίων ἐχθροὶ αἰσχύνην ὀφλήσουσι, τῶν
δὲ ἀσεβῶν πᾶσα διαγωγὴ ἀνατραπήσεται.

δι' ὅλων δὲ καὶ οὗτος δεῖξαι ἐπειράθη, ὡς ἡ μεταβολὴ
τῷ Ἰὼβ διὰ ἀσέβειαν γέγονεν.

X Y N(4-9)

1 ἀληθινόν Y   4 καὶ τὰ μὲν: τὰ μὲν γὰρ N / δῶρα + φησι N /
τῷ > Y   4-5 τοὺς – ἐμπλήσει > N   5 δοξολογεῖν Y
6 καὶ > N   7 ἀσεβῶν + ἢ Y   8 οὕτως Y   9 τῷ: τοῦ Y /
ἀσεβείας XY

ΚΕΦΑΛΑΙΟΝ ΕΒΔΟΜΟΝ

Ἀρχὴ τοῦ ῥητοῦ· ὑπολαβὼν δὲ ᾿Ιὼβ λέγει· ἐπ᾿ ἀληθείας οἶ-
δα, ὅτι οὕτως ἐστίν. πῶς γὰρ ἔσται δίκαιος βροτὸς παρὰ κυρίῳ;

Προθεωρία τοῦ κεφαλαίου

5 τοῦ Βαλδὰδ εἰρηκότος· μὴ ὁ κύριος ἀδικήσει κρίνων ἢ
ὁ τὰ πάντα ποιήσας ταράξει τὸ δίκαιον, συντρέχει καὶ
ὁ ᾿Ιὼβ τῇ τοῦ θεοῦ δικαιοκρισίᾳ φάσκων· ἐπ᾿ ἀληθείας οἶδα,
ὅτι οὕτως ἐστίν. ἀποφηνάμενος δὲ μετὰ πολλῆς τῆς πληροφορίας
δίκαιον τὸν θεόν φησιν, ὅτι καὶ σοφός ἐστι καὶ δυνατὸς καὶ μέγας,
10 καὶ χαλεπὸν πάντῃ πρὸς θεὸν ἀντιτείνειν. εἶτα κατασκευάζει διὰ
πλειόνων τοῦ θεοῦ τὸ δυνατὸν καὶ ἀκατάληπτον καί φησιν, ὅτι οὐ-
δεὶς δίκαιος παρὰ τῷ θεῷ, εἰ μὴ κατὰ χάριν, καὶ ὅτι οὐδὲν μὲν
σύνοιδεν ἑαυτῷ, πλὴν οὐκ ἐν τούτῳ δεδικαίωται.
εἶτα τοῦ βίου τὸ ὀλιγοχρόνιον εἰς ἱκεσίαν προβάλλεται καί φησιν
15 ὅτι· εἰ ὡς ἀσεβὴς κολάζομαι, ἄμεινόν μοι ἦν τὸ ἀποθανεῖν.
ὑπὸ δὲ τῆς πολλῆς περὶ θεὸν ἀγάπης τὸν ἐμπαθῆ φόβον ὑπερβάς,
ἐπειδὴ μὴ πείθει τοὺς φίλους, ὅτι οὐ δι᾿ ἁμαρτίας κολάζεται, πρὸς
τὸν ἀδέκαστον θεὸν ἡδέως τὴν ἑαυτοῦ λέγει δίκην, σφόδρα θαρρῶν
τῇ τοῦ θεοῦ δικαιοκρισίᾳ, εἰδὼς ὅτι οὐκ ἀνέξεται κύριος ἄδικόν τι
20 φθέγξασθαι. ταῦτα οὖν οὐ τραχυνομένου τυγχάνουσι τὰ ῥήματα, ἀλλ᾿
ὡς υἱοῦ πρὸς πατέρα παρρησιαζομένου καὶ μονονουχὶ λέγοντος· ἡδέως
σοι, ὦ πάτερ, δικάζομαι· οἶδα γάρ, ὅτι ψεύσασθαι οὐκ ἀνέχῃ. ὁ δὲ

12-13 vgl. 1.Korinther 4,4

X Y Γ(βOFSL 5-) Γ'(βOFSPL 5 - 8 ἐστίν) P(5-) N(5-)

2 ἀρχὴ τοῦ ῥητ. nach λέγει Y   3 ἔσται > X/ κυρίου Y   5-6 ἢ - δίκ.
> Γ'P   7 φάσκ.: καὶ φησιν Γ'P   8 ἐστίν + ≠89,14-17 P/ τῆς > P
10 παντὶ ΓPN   12 τῷ > YΓP / οὐδὲν: οἶδεν Y / μὲν οὐδὲν stellt P
14 ἱκετηρίαν NP   15 ὅτι > P/ εἰ: πῶς Y/ οἱ ἀσεβεῖς Γ   16 ὑπὸ: ὑ-
πὲρ P/ περὶ: πρὸς N   17 οὐ > X   18 αὐτοῦ P/ λέγει δίκην: λέγειν P,
δίκ. λέγ. stellt Y   19-20 εἰδὼς - φθέγξ. > P   20 ταῦτα - τυγχ.:
οὐ τραχυνομένου οὖν P   21 πρὸς + τὸν N   22 ὦ > Γ(F) / ἀνέχει Y

ταῦτα λέγων ὑπερβαλλόντως τιμᾷ τὸν θεὸν ὡς δίκαιον καὶ ἀληθῆ καὶ
ἀπροσωπόληπτον.

ἐκ τοιαύτης οὖν διαθέσεως τὴν πρὸς θεὸν αἰτεῖ διαδικασίαν, καὶ
πάλιν, ἐπειδὴ ὅλως ἐτόλμησεν λαλῆσαι, σύγγνωθι, φησίν, δέσποτα·
5 αἱ γὰρ περιστᾶσαι ὀδῦναι καὶ ὅλως φθέγξασθαί με παρεσκεύασαν. καὶ
πάλιν τὸ φιλάνθρωπον τοῦ θεοῦ καὶ ἀμνησίκακον καὶ μεγαλόδωρον προ-
ισχεται καὶ ἱκετεύει ὡς ποιητὴν φείσασθαι τοῦ ποιήματος· καὶ τὸ
δυνατὸν τοῦ θεοῦ παρίστησι καὶ αἰτεῖ τινος ἀναψύξεως τυχεῖν πρὸ
τελευτῆς, οὐχ οὕτως, οἶμαι, διὰ τὸ τῶν βασάνων ἀπαλλαγῆναι, ὡς
10 ἵνα πληροφορηθῇ ζῶν, ὅτι οὐκ ὀργίζεται αὐτῷ ὁ θεὸς οὐδὲ ἀπορρίπ-
τει αὐτὸν εἰς σκότος ἐκ τοῦ φωτεινοτάτου ἑαυτοῦ προσώπου.

Αἱ λέξεις

9,2 ἐπ' ἀληθείας οἶδα, ὅτι οὕτως ἐστίν.

οἶδα, φησι, κἀγώ, ὅτι οὐκ ἄδικος ὁ θεός, ἀλλὰ καὶ κολάζων τοὺς
15 ἀσεβεῖς κατὰ τὸν τοῦ δικαίου κολάζει λόγον. δεικνὺς δέ, ὅτι τοῦ-
το τὸ δόγμα παρ' ἑαυτῷ πάγιον ἔχει, οἱονεὶ μεθ' ὅρκου πιστοῦται
τὸν λόγον φήσας· ἐπ' ἀληθείας οἶδα, ὅτι οὕτως ἐστίν.

οὕτω δὲ προοιμιάσατο τοὺς ἐφεξῆς ἑαυτοῦ λόγους προασφαλιζόμε-
νος, ἵνα ὅταν λέγῃ· ἡδέως κρίνομαι πρὸς θεόν, μή τις ὑπολάβῃ, ὅτι
20 ὡς ἄδικα πάσχων τοῦτό φησιν, ἀλλ' ὅτι θαρρῶν τῇ τοῦ θεοῦ δικαιο-
κρισίᾳ καὶ τῇ ἑαυτοῦ δικαιοσύνῃ καὶ τῇ περὶ θεὸν ἀγάπῃ τοὺς λό-
γους προφέρει.

ὅτι μὲν οὖν οὐδὲν ἑαυτῷ σύνοιδεν ἁμάρτημα, πρόδηλον ἐκ τῶν ἑαυ-

X Y Γ(βOFSL -11; 14-17; βOFSPL 18-22)   P(-10 θεός; ≠ 14-17)
N(-11; 14-)

3 διαδεκασίαν Χ, δικαιοκρισίαν Y   4 ὅλως > Y / ἐτόλμησα Y / φη-
σιν + ὦ N   6 ἀμνησίκακον: ἀνεξίκακον Y
7-8 καὶ τὸ - παρίστησι > P   8-9 τινος - τελευτῆς: πρὸ τελευτῆς
ἀναψύξεως τυχεῖν τινος stellt P   11 ἑαυτοῦ: αὐτοῦ Y   14 κά-
γώ φησι stellt N / καὶ > Y   15 δείκνυσι Y   15-16 τοῦτο -
ἔχει > Y   17 φείσας Y   18 ἑαυτοῦ λόγους: λόγους αὐτῷ Χ
19 πρὸς + τὸν N   20 τοῦτο: ταῦτα N   22 προσφέρει Y
23/1 αὐτοῦ YN

τοῦ λόγων· ἐπιστάμενος δέ, ὡς πρὸς τὴν θείαν ἀκρίβειαν οὐδείς
ἐστιν ἀναμάρτητος, ἐπιφέρει καί φησιν·

9,2-4 πῶς γὰρ ἔσται δίκαιος βροτὸς παρὰ κυρίῳ; ἐὰν γὰρ βούληται
κριθῆναι αὐτῷ, οὐ μὴ ὑπακούσῃ αὐτοῦ, ἵνα μὴ ἀντείπῃ πρὸς ἕνα λό-
5 γον αὐτοῦ ἐκ χιλίων. σοφὸς γάρ ἐστι διανοίᾳ κραταιός τε καὶ μέγας.

ἀλλὰ καὶ τοῦτο οἶδα, φησίν, ὅτι οὐδεὶς πρὸς τὴν θείαν ἀκρίβει-
αν δίκαιος, εἰ μὴ γὰρ μόνον κατὰ χάριν ἐθελήσῃ δικαιῶσαι· εἰ δὲ
μή, οὐκ ἔστι πρὸς αὐτὸν διᾶραι. ἐὰν γὰρ ἐθελήσῃ ὁ θεὸς κρίνεσθαι
μετὰ ἀνθρώπου, ἀμηχανεῖ ὁ ἄνθρωπος ὅλως ὑπακοῦσαι καὶ διᾶραι τὸ
10 στόμα. οὐ γὰρ δύναται χιλίους λόγους λέγοντος τοῦ θεοῦ πρὸς ἕνα
γοῦν καὶ μόνον ἀντειπεῖν, ὅτι κακῶς ἐρρέθη. τὴν γὰρ αὐτοσοφίαν
ἀμήχανον μὴ πάντα εἰδέναι καὶ τὰ ἡμᾶς διαλανθάνοντα, ἀμήχανον δὲ
καὶ ἄσοφόν τι λαλῆσαι ἢ ἐπιλήψιμον. μετὰ δὲ τοῦ σοφοῦ ἔχει καὶ τὸ
παντοδύναμον καὶ τὸ τῆς φύσεως μεγαλεῖον.

15 πάλιν δὲ σημειωτέον, ὡς ταῦτα προεῖπεν ὁ δίκαιος μονονουχὶ λέ-
γων τὸ τοῦ μακαρίου Δαυίδ· καὶ μὴ εἰσέλθῃς εἰς κρίσιν
μετὰ τοῦ δούλου σου, ὅτι οὐ δικαιωθήσεται ἐνώπι-
όν σου πᾶς ζῶν, ἵνα, ἐὰν ἀκούσωμεν αὐτοῦ βουλομένου κρίνεσθαι
πρὸς θεόν, μὴ ὑπολάβωμεν, ὅτι φησίν· ἄδικα πάσχω καὶ δύναμαι κρι-
20 νόμενος πρὸς θεὸν ἀπελέγξαι αὐτὸν οὐ δίκαια ποιοῦντα - ἄπαγε,
πόρρω γὰρ ταῦτα τῆς τοῦ μεγάλου καὶ φιλοθέου Ἰὼβ μεγαλονοίας -,
ἀλλ᾽ ἵνα μάθωμεν, ὅτι τὰς μὲν παρὰ ἀνθρώποις κρίσεις φεύγει οἷα ἢ
κατὰ ἄγνοιαν λαλούντων ἢ πρὸς χάριν τινός, ὃ δὴ πεπόνθασιν οἱ αὐ-
τοῦ φίλοι πεπλανημένοι περὶ τοὺς τῆς προνοίας λόγους καὶ οἰόμενοι

16-18 Psalm 142,2

Χ Υ Γ(βOFSPL 1 ἐπιστάμενος - 2; 8 ἐὰν γὰρ - 13 λαλῆσαι; 15 - 23 τι-
νός) Ν(-2; 6-)

1 δὲ + πάλιν ΓΝ   4 αὐτοῦ: αὐτῷ Υ   5 αὐτοῦ: αὖ Υ / χιλίων:
χειλέων Χ / σοφὸς - μέγας > Χ   7 vielleicht {γὰρ} / ἐθελήσει Υ
8 θελήσῃ Υ(Ρ) / ὃ > Γ(ohne Ρ)   9 ἀμήχανον Υ / ὃ: εἰ Υ / ὅλως ὁ
ἄνθρωπος stellt Ν(Ρ)   10 λόγους nach θεοῦ stellt Υ   11 αὐ-
τοσοφίαν: αὐτοῦ σοφίαν Υ   12 μὴ - 13 καὶ₁ > Γ / λανθάνοντα Υ
15 σημειωταῖον Υ, σημείωσαι Γ   19 μὴ - 22 μάθωμεν: καὶ τοῦτο
μάθωμεν ἐντεῦθεν Γ / ὑπολάβωμαι Υ   20 ἀπελλέγξαι Υ   21 ταῦ-
τα: ταυτὶ Υ   22 μὲν > Γ

θεῷ συνηγορίαν νέμειν διὰ τοῦ καταψηφίζεσθαι τοῦ δικαίου, ἀξιοῖ
δὲ καὶ ἱκετεύει, αὐτὸν αὐτῷ καταστῆναι τὸν ἀψευδῆ θεὸν εἰς κρίσιν,
ὡς ἂν διὰ τῆς τοῦ θεοῦ ἀληθείας ἀποδειχθῇ μὴ δι' ἁμαρτήματα κολα-
ζόμενος.

5 9,4 τίς σκληρὸς γενόμενος ἐναντίον αὐτοῦ ὑπέμεινεν;

ἀλλ' οὐδὲ τραχυνόμενός τις, φησίν, κατὰ θεοῦ ἀτιμώρητος ἀπέρχε-
ται. πάλιν καὶ τοῦτο προασφαλιζόμενος τέθεικεν, ἵνα γνῶμεν, ὅτι
οὐδαμοῦ τραχυνόμενος, ἀλλ' ἱκετεύων καὶ θαρρῶν τῇ τοῦ θεοῦ ἀλη-
θείᾳ τοὺς λόγους προφέρει. ὁ γὰρ εἰδὼς μὴ συμφέρον εἶναι σκληρὸν
10 φαίνεσθαι κατὰ θεοῦ οὐκ ἂν αὐτὸς ἐτραχύνετο, καίτοι μηδὲ πολλοῦ
παρελθόντος χρόνου, ἀλλ' ἐν αὐτοῖς τοῖς ἐφεξῆς λόγοις < ... >.

οὕτω δὲ προοιμιασάμενος καὶ ἱκανῶς ἡμῶν τὴν γνώμην ἀσφαλισάμε-
νος τὴν τοῦ θεοῦ δύναμιν ἐξηγεῖται, ὡς ἂν ἑκάστῳ διὰ τούτων παραι-
νῶν, μηδ' ὅλως τολμᾶν ἀντιφθέγγεσθαι τῷ τοσούτῳ μὲν τὴν δύναμιν,
15 τοσούτῳ δὲ τὴν ἰσχὺν καὶ τὴν μεγαλειότητα καὶ μὴ ἀνεχομένῳ κατὰ
μηδὲν ταράξαι τὸ δίκαιον.

9,5 ὁ παλαιῶν ὄρη καὶ οὐκ οἴδασιν, ὁ καταστρέφων αὐτὰ ὀργῇ.

πρὸς μὲν ῥητόν· ὁ καὶ τὰ ὄρη, φησίν, ἐξαφανίζων μετ' εὐκολίας.
τὸ ὅμοιον καὶ ὁ Δαυὶδ ἔφη· ὁ ἁπτόμενος τῶν ὀρέων καὶ
20 καπνίζονται.

πρὸς δὲ διάνοιαν· ὁ παραφέρων τὰς ἐπιβουλὰς τὰς ὑπερεχούσας
τοῦ πονηροῦ ἐκ τῶν ἀνθρώπων καὶ ἀγνοούντων αὐτῶν.

9,6 ὁ σείων τὴν ὑπ' οὐρανὸν ἐκ θεμελίων, οἱ δὲ στῦλοι αὐτῆς σα-
λεύονται.

19-20 Psalm 103,32

X Y Γ(βOFSPL 7 πάλιν - 10 ἐτραχύνετο; 18; 21-22) N(-4; 6-16; 18-22)
3 ἁμαρτίας N   6 κατὰ + τοῦ YN   7 πάλιν + δὲ N / τέθηκεν Υ,
ἡμᾶς φησιν Γ, + ὁ 'Ιὼβ N   8-9 τῇ - εἰδὼς > Υ   10 κατὰ +
τοῦ N / οὐκ: πῶς N   11 ἐν ἑαυτοῖς Υ / <..>: etwa τοῦτο δοκεῖ
ποιεῖν   12 οὕτως X / δὲ + καὶ Υ, δὲ > N   13 ὡς ἂν: μονονου-
χὶ N / διὰ τούτων > N   14 μη(δὲ) Υ / τοσοῦτον Υ   16 ταράξαι
+ ἢ σκελίσαι N   17 οἴδασιν + καὶ X / αὐτὰ + ἐν Υ   18 μὲν +
τὸ N / καὶ > N   19 τὸ - ἔφη: κατὰ τὸ N   21-22 τὰς ἐπιβουλὰς
τὰς .. ἀνθρώπων: τὰς .. ἀνθρώπων ἐπιβουλὰς N   22 ἀγνοώντων Υ

στύλους τὰ στηρίγματά φησιν· ἐν αὐτῷ γάρ ἐστι τῷ θεμελιώσαντι
καὶ στηρίξαντι, ὡς αὐτὸς οἶδεν, καὶ σαλεῦσαι. ὅμοιον τὸ ἐν Ψαλ-
μοῖς· ὁ ἐπιβλέπων ἐπὶ τὴν γῆν καὶ ποιῶν αὐτὴν τρέ-
μειν.

5 9,7 ὁ λέγων τῷ ἡλίῳ καὶ οὐκ ἀνατέλλει, κατὰ δὲ τῶν ἄστρων κατα-
σφραγίζει.

κατασφραγίζει ἀντὶ τοῦ· ἀποκλείει. δύναται, φησίν, καὶ τῷ
ἡλίῳ ἐπιτάττειν, κατὰ χώραν μένειν καὶ μὴ ἀνατέλλειν, καὶ τὰ ἄστρα
ἀποκλείειν, ὥστε μὴ φωτίζειν αὐτά.

10 9,8 ὁ τανύσας τὸν οὐρανὸν μόνος

ἀλλὰ καὶ τὸν οὐρανόν, φησίν, μετ' εὐκολίας διέτεινεν.

9,8 καὶ περιπατῶν ὡς ἐπὶ ἐδάφους ἐπὶ θαλάσσης.

κατὰ μὲν τὴν ἱστορίαν· ὁ καὶ τὴν θάλασσαν, φησίν, ὑπὸ πόδας
ἔχων καὶ διὰ τὸ τῆς φύσεως ἄυλον διὰ πάντων ὁδεύων καὶ πᾶσιν ἐφ-
15 ιστάμενος.

ἔοικε δὲ προφητικῶς καὶ τὴν ἐνανθρώπησιν τοῦ λόγου σημαίνειν,
ὅτε πρὸς τὴν ἀποστολικὴν ὁ κύριος ὁλκάδα παρεγένετο ἐπ' ἄκρων τῶν
κυμάτων βαδίζων.

9,9-10 ὁ ποιῶν Πλειάδα καὶ Ἕσπερον καὶ Ἀρκτοῦρον καὶ ταμεῖα
20 νότου· ὁ ποιῶν μεγάλα καὶ ἀνεξιχνίαστα, ἔνδοξά τε καὶ ἐξαίσια,
ὧν οὐκ ἔστιν ἀριθμός.

ὡς ἀνέγκλητος μὲν τούτοις τοῖς ὀνόμασιν ἐχρήσατο· τί γὰρ ἀδι-

---

3-4 Psalm 103,32

X Y Γ(βOFSPL 1 - 2 σαλεῦσαι; 7-9) P(14 διὰ - 17; 22-) N(1-4; 7-
9; 11; 13-18; 22-)

1 τῷ > XY   2 καὶ στηρίξαντι: τὴν γῆν Γ / τὸ > X   5 τῶν > Y
5/6 σφραγίζει X   7 κατασφραγ. ἀντὶ τοῦ: τουτέστιν N / ἀποκλεί-
ειν Y   9 αὐτὰ XNp: τὴν γῆν ΓNy, > Y   12 > Y   14 ὁ διὰ P
16 ἔοικε - σημαίνειν: ἢ P   17 ὁλκάδα ὁ κύριος stellt Y, ἐλκάδα
ὁ κύριος P / τῶν > P   18 βαδίζων: πεζεύων Y   22 ὡς ἀνέγκλη-
τος Hag: ὡς ἀνεγκλήτοις XN, ὡσανεὶ (ὁσανεὶ Y) κλητοῖς YP/ μὲν: μέν-
τοι N / τοῖς ὀνόμασι τούτοις stellt P

κοῦσι τὴν γραφὴν ὀνομαζόμενα παρ' αὐτῆς οὕτως ὡς ἀκούοντες ἄνθρω-
ποι δύνανται νοεῖν;

ἀπὸ μὲν τῶν περιφανεστέρων ἀστέρων τοὺς λοιποὺς περιέλαβεν καὶ
οἱονεὶ εἶπεν ὅτι· ὁ πάντα τὸν οὐράνιον ποικίλας κόσμον. ἀπὸ δὲ τοῦ
5 νότου τοὺς πάντας ἀνέμους ἐσήμανεν, ὡς καὶ ὁ μακάριος ἔφη Δαυίδ· ὁ
ἐξάγων ἀνέμους ἐκ θησαυρῶν αὐτῶν. θησαυροὺς δὲ καὶ
ταμεῖα ἀνέμων εἶπεν ἡ γραφή, ἵνα γνῶμεν, ὅτι ἀνέφικτοί εἰσιν οἱ
περὶ τῶν ἀνέμων λόγοι.

καὶ τί, φησίν, τὸ καθέκαστον λέγω; μεγάλα γάρ εἰσι καὶ ἀκατά-
10 ληπτα καὶ ἀναρίθμητα τοῦ θεοῦ τὰ ἔργα.

9,11 ἐὰν ὑπερβῇ με, οὐ μὴ ἴδω· καὶ ἐὰν παρέλθῃ με, οὐδ' ὡς ἔγνων.

ἀλλὰ καὶ ἀόρατος καὶ ἀκατάληπτος τὴν φύσιν τυγχάνει, ὥστε ἄ-
γνωστον ἡμῖν εἶναι, πῶς τε ἐν πᾶσι καὶ ἔξω πάντων καὶ ὑπὲρ πάντα
τυγχάνει.

15 9,12-13 ἐὰν ἀπαλλάξῃ, τίς ἀποστρέψει; ἢ τίς ἐρεῖ αὐτῷ· τί ἐποίη-
σας; αὐτὸς γὰρ ἀπέστραπται ὀργήν, ὑπ' αὐτοῦ δὲ ἐκάμφθησαν κήτη τὰ
ὑπ' οὐρανόν.

ἐάν, φησίν, τελείαν συντέλειαν ποιήσασθαι θελήσῃ, τίς ἀνασκευ-
άσει τὰ αὐτῷ δοκοῦντα; ἐν δέ, φησίν, οἴδαμεν, ὅτι ἀπαθῶς κολάζει
20 καὶ ἀοργήτως τιμωρεῖται, πάντα συμφερόντως οἰκονομῶν τὰ καθ'

5-6 Psalm 134,7

Χ Υ Γ(βOFSPLBC 3 - 7 γραφή; βOFSL 18-) P(-8; ≠ 9-10; 18-) N(-10;
12-14; 18-)

1 ὀνομαζόμενος Υ / οἱ ἄνθρωποι Ν   3 μὲν ΓΝ: δὲ ΧΥΡ / ἀστέρων > Ρ
/ τοὺς λοιποὺς ΒΓΔΝ (durch Konjektur?): > ΧΥΡ, τοὺς λόγους βOFSL,
τοὺς ὅλους ΗΡ in Γ / περιέλαβεν ΓΝ: > ΧΥΡ   3-4 καὶ - κόσμον > Γ
/ καὶ οἱονεὶ Ν (durch Konjektur?): > ΧΥΡ   4 ὅτι > Ν / ὁ > Ρ /
οὐράνιον: οὐρανόν ΥΝ / ποικίλλουσι Ρ / κόσμον + καὶ > 5 νό-
του + καὶ ΓΝ / τοὺς > Ρ / πάντας: ἄλλους ΓΝ / ὡς - 6 αὐτῶν > ΓΝ /
ὡς > Ρ / μακάριος: μέγας Ρ / ἔφη > Ρ   6-7 θησαυροὺς - ταμεῖα:
ταμεῖα δὲ τοὺς θησαυροὺς τῶν ΓΝ   7 εἶπεν ἡ γραφή: φησιν Γ, ἐκά-
λεσεν Ν   8 τῶν ἀνέμων: τούτων Ρ   9 καθέκαστον + αὐτῶν Ν
10 καὶ ἀναρίθμητα > ΥΡ   11 ὑπερβεῖ Υ   12 ἀλλὰ - καὶ₂: ἀό-
ρατός φησι καὶ Ν   18 ἐὰν φησι > Υ, φησι > Ν / συντέλειαν > Υ /
θελήσει Υ, θέλῃ Γ   19 τὰ δοκοῦντα αὐτῷ stellt ΓΡ / ἐν: ἐὰν Υ /
δὲ > Ν / οἴδαμεν: ἴσμεν Γ / κολάζει > Ρ

ἡμᾶς. ὁ δὲ Σύμμαχος ἀντὶ τοῦ· ὑπ' αὐτοῦ δὲ ἐκάμφθησαν
κήτη τὰ ὑπ' οὐρανὸν οὕτως ἐκδέδωκεν· ὑποκάτω αὐτοῦ καμφθή-
σονται οἱ ἐπερειδόμενοι ἀλαζονείᾳ, ἵνα εἴπῃ, ὅτι καὶ τῶν ὑπερηφά-
νων κατασπᾷ τὴν ὀφρῦν.

5   πρὸς δὲ διάνοιαν· ὑπ' αὐτοῦ ἐταπεινώθησαν τὰ πνευματικὰ τῆς
πονηρίας, κήτη καλούμενα, ὅτι περὶ τοὺς κλύδωνας τῆς ψυχῆς διανή-
χονται.

9,14-15 ἐὰν δέ μου ὑπακούσηται, ἢ διακρινεῖ τὰ ῥήματά μου; ἐάν τε
γὰρ δίκαιος ὦ, οὐχ ὑπακούσεταί μου, τοῦ κρίματος αὐτοῦ δεηθήσομαι.

10   εἰ δὲ καὶ ὑπακούσεταί μου καὶ ὄντως διακρινεῖ καὶ κατεξετάσει
τὰ ἐμὰ ῥήματα καὶ δόξω κατὰ πάντα λόγον δίκαιος εἶναι, ἐπειδὴ μὴ
κατὰ τὸν ἡμέτερον νοῦν ὁ θεὸς κρίνει, ἀλλ' ὑψηλότερά τε καὶ ἀνέφ-
ικτα ἡμῖν τὰ αὐτοῦ κρίματα, δικαίως οὐκ εἰσακούσεταί μου. διὸ
μᾶλλον αὐτοῦ δεηθήσομαι, ἵνα φιλανθρώπως ἐξοίσῃ τὰ ἐπ' ἐμοὶ κρί-
15   ματα.

      ταῦτα δὲ λέγει τὴν ὑπεροχὴν τοῦ κρίματος τοῦ θεοῦ θαυμάζων καὶ
μονονουχὶ τὸ τοῦ ἀποστόλου λέγων· οὐδὲν μὲν ἐμαυτῷ σύνοι-
δα, πλὴν οὐκ ἐν τούτῳ δεδικαίωμαι.

      αἰτεῖ οὖν κατὰ χάριν ὑπὸ θεοῦ δικαιωθῆναι.

20 9,16-17 ἐάν τε καλέσω καὶ ὑπακούσῃ, οὐ πιστεύω, ὅτι εἰσακήκοέν
μου· μὴ γνόφῳ με ἐκτρίψει;

      ἐὰν δὲ καὶ ἐπικαλέσωμαι τὸν θεὸν καὶ θελήσῃ ὑπακοῦσαί μου τῆς
δικαιολογίας, πάλιν δέδοικα, μὴ οὐ παρεδέξατο ταύτην καὶ ὡς καται-
γὶς ἤτοι γνόφος ἀφανίσει με. ὁ δὲ λέγει, τοιοῦτόν ἐστιν· ὁ γνόφος

17-18 1.Korinther 4,4

Χ Υ Γ(βOFSL -7; βOFSPL ≠ 10-18; βOFSPLN 22 - 23 δικαιολογίας) P(- 4
ὀφρῦν; 19) Ν(- 4 ὀφρῦν; ≠ 6 κήτη - 7; ≠ 11 ἐπειδὴ - 15; 23 ὡς -)
1-2 ἀντὶ - ἐκδέδωκεν > ΡΝ   2 τὰ ὑπὸ τὸν οὐρανὸν Υ   6 κλύδω-
νας Υ   8 ἐὰν₁: ὅταν Υ / ὑπακούσεται Υ / διακρίνῃ Χ   9 γὰρ
> Υ, + φησι Χ   10 ἐπακούσεται (Γ)   11 μὴ: οὐ Υ
12 ἀλλ' Υ(Γ): ἀλλὰ Χ   13 δικαίως οὐκ: ἴσως οὐ δικαιώσει με οὐ-
δὲ (Γ)   14 ἐξοίσῃ: ἐξίσῃ Υ   17 λέγων: βοῶν (Γ) / μὲν > Χ /
σύνοιδα > Χ   19 αἰτεῖ: ἔτι Υ   20 ὑπακούσει Χ   22 ἀκοῦ-
σαι ΥΓ   24 ἀφανίσει με > Ν / ὁ γνόφος: viell. ὡς γνόφος

κυκλοτερὴς πανταχόθεν περιλαμβάνων ἐστίν. κἂν δι' ἑνὸς οὖν, φησίν,
μέρους δόξω δίκαιος εἶναι, δι' ἑτέρου ἐλέγχει με.

9,17 πολλὰ δέ μου τὰ συντρίμματα ἐποίησεν διὰ κενῆς.

ἓν δὲ οἶδα, φησίν, ὅτι αἰτίαν οὐκ ἐπίσταμαι, δι' ἣν οὕτω συν-
5 τρίβομαι. τοῦτο γὰρ ἔοικε σημαίνειν τὸ δ ι ὰ κ ε ν ῆ ς.

ἢ καὶ τοῦτο λέγει, ὅτι οὐκ ἐδεῖτο θεὸς δοκιμάσαι με διὰ βασά-
νων· ᾔδει γάρ με καὶ πρὸ τῶν ἐτασμῶν. τοῦτο δὲ καὶ ὁ θεὸς πρὸς τὸν
διάβολον ἔλεγε περὶ αὐτοῦ· σ ὺ δ ὲ ε ἶ π α ς ἀ π ο λ έ σ α ι τ ὰ ὑ π-
ά ρ χ ο ν τ α α ὐ τ ο ῦ δ ι ὰ κ ε ν ῆ ς.

10 9,18-19 οὐκ ἐᾷ γάρ με ἀναπνεῦσαι, ἐνέπλησεν δέ με πικρίας. ὅτι
μὲν γὰρ ἰσχύι κρατεῖ· τίς οὖν κρίματι αὐτοῦ ἀντιστήσεται;

ἐγὼ μὲν οὖν, φησίν, οὐδὲ ἀναπνεῦσαι ἀνωδύνως δύναμαι· λογιζό-
μενος δὲ τοῦ θεοῦ τὴν ἰσχὺν τολμηρὸν εἶναι ἀποφαίνομαι τὸ τοῖς
αὐτοῦ κρίμασιν ἀνθίστασθαι.

15 ταῦτα δὲ πάντα πρὸς τοὺς φίλους ἀποτεινόμενος λέγει τοὺς οἰο-
μένους δι' ἁμαρτίας αὐτὸν κολάζεσθαι.

9,2ο ἐάν τε γὰρ ὦ δίκαιος, τὸ στόμα μου ἀσεβήσει.

ἐὰν γὰρ τολμήσω λέγειν, ὅτι δίκαιός εἰμι, αὐτὸ τὸ εἰπεῖν τοῦ-
το ἀσεβὲς εἶναι ὑπολαμβάνω.

20 9,2ο ἐάν τε ὦ ἄμεμπτος, σκολιὸς ἀποβήσομαι.

ἐὰν δὲ καὶ τολμήσω εἰπεῖν, ὅτι ἄμεμπτός εἰμι, καὶ ἐμαυτὸν ἀπο-

---

8-9 Hiob 2,3

X Y Γ(βOFSL 4 - 7 ἐτασμῶν; βOFSPL 12-16; 18-19; 21-)   P(1 κἂν - 2;
4-9) N(-2; 4-9; 12-16; 18-19; 21-)

1 κυκλωτερὴς Y   3 πεποίηκε Y   4 δὲ > ΓΡ / οὔτ(ως) Y
6 καὶ > P / φησιν N / θεὸς + ὢν P / διὰ + τῶν P   7 καὶ₁ > YP /
ἐτασμένων P / δὲ: γὰρ P, > N   8 ἔλεγε - αὐτοῦ > P / ἀπολέσαι
nach 9 αὐτοῦ stellen YP   10 με γὰρ stellt Y   11 ἰσχύει Y
12 ἐγὼ - δύναμαι > N / ἀνοδύνως Y   12/13 λογιζόμενος δὲ: διὸ
κἀγὼ λογιζόμενος N   13 τοῦ θεοῦ: αὐτοῦ Y / τολμηρότερον X
15 δὲ: γὰρ Y / πάντα > N   16 διὰ ἁμαρτίαν Y / αὐτὸν δι' ἁμαρτί-
ας stellt Γ   17 ἀσεβήσῃ Y   18 ἐάν + τε Γ / αὐτὸ τοῦτο τὸ
εἰπεῖν stellt N   21 καὶ₁ > Y

δέξωμαι, αὐτὸ τοῦτο σκολιόν με δείκνυσι καὶ οὐκ εὐθῆ.

τοῦτο δέ ποτε καὶ ὁ Φαρισαῖος εἰπὼν κατῆλθε κατακεκριμένος.

9,21 εἴτε γὰρ ἠσέβησα, οὐκ οἶδα τῇ ψυχῇ, πλὴν ὅτι ἀφῄρηταί μου
ἡ ζωή.

5 πάλιν τὸ τοῦ ἀποστόλου εἶπεν, ὅτι ἐγὼ μὲν οὐδὲν ἐμαυτῷ
σύνοιδα, πλὴν οὐκ ἐν τούτῳ δεδικαίωμαι, δι᾿ ὧν τὰς
τοιαύτας ὑπομένω κολάσεις.

9,22 διὸ εἶπον· μέγαν καὶ δυνάστην ἀπολλύει ὀργή.

ταῦτα ἀναλογιζόμενος λέγω, ὅτι τὸν οἰόμενον μέγαν ἑαυτὸν εἶναι
10 καὶ δυνατὸν κατὰ δικαιοσύνην ἀπόλλυσιν ἡ τοῦ θεοῦ ὀργή.

9,23 ὅτι φαῦλοι ἐν θανάτῳ ἐξαισίῳ·

καὶ οἶδα μέν, ὅτι καὶ οἱ φαῦλοι τὰς ἐσχάτας ἐκτίσουσι δίκας.

9,23-24 ἀλλὰ δίκαιοι καταγελῶνται, παραδέδονται γὰρ εἰς χεῖρας
ἀσεβοῦς.

15 πλὴν καὶ οἱ δίκαιοι καταγελῶνται, ὑπὸ τῶν φαύλων δηλον-
ότι. καταγελῶνται δέ, ἐπειδὴ πολλάκις καὶ αὐτοὶ παραδίδονται
εἰς τὸ πάσχειν κακῶς. τῷ δὲ λέγειν εἰς χεῖρας ἀσεβοῦς ἔοι-
κε πληροφορεῖσθαι, ὅτι διαβόλῳ παραδέδοται, τὴν δὲ αἰτίαν, ἐφ᾿
ᾗ ταῦτα ᾠκονόμητο, ἀγνοεῖν.

5-6 1.Korinther 4,4

X Y Γ(βOFSPL -2; 5-7; 9-10; 15 δίκαιοι - δηλονότι; 17 τῷ δὲ - 19)
N(-2; 5-7; 9-10; 12; ≠ 15 πλὴν - δηλονότι; 18 τὴν - 19)

2 > N   3 εἴτε: εἴ τι X/ ψυχῇ + μου Y   5 πάλιν > N / ὅτι > ΓN /
ἐγὼ μὲν > N / ἐμαυτῷ οὐδὲν stellt Y   6 δι᾿ ὧν - 7 > N / δι᾿ ὧν:
διὸ X   8 εἶπε Y / μέγα Y / ἀπολύει Y   9 ἑαυτὸν: αὐτὸν Y
10 ἀπόλυσιν Y/ ὀργή + δύναται δὲ τοῦτο καὶ εἰς τοὺς φίλους ὁρᾶν τοῦ
᾿Ιὼβ Γ   11 ἐξαισίῳ + ἀπολοῦνται Y   12 καὶ₂ > Y / τίσουσι N
13-14 am Rand nachgetragen Y   15 φαύλων + δὲ Y   16 παραδέ-
δονται Y   17 κακῶς > Y / τῷ: τὸ XYΓ   18 τὴν δὲ: κἂν τὴν N
19 ᾠκονομεῖτο Γ / οἰκονομεῖν τὸ ἀγνοεῖν Y / ἠγνόει N

9,24 πρόσωπα κριτῶν αὐτῆς συγκαλύπτει· εἰ δὲ μὴ αὐτός, τίς ἐστιν;

ἐπειδὴ διαβόλου ἐμνήσθη εἰρηκὼς π α ρ α δ έ δ ο ν τ α ι γ ὰ ρ ε ἰ ς
χ ε ῖ ρ α ς ἀ σ ε β ο ῦ ς ἀκολούθως ἐπάγει λέγων ὅτι· ἡ δὲ ἁμαρτία λαν-
θάνει καὶ τῶν διακριτικῶν τὴν γνῶσιν ἐν ὑποκρίσει δικαιοσύνης πολ-
5 λάκις προσερχομένη· διὸ οὐδεὶς ἀναμάρτητος. εἰ δὲ μὴ πανουργίᾳ
ἐχρῆτο, οὐ μέγας ὑπῆρχεν, ἀλλ' εὐκαταγώνιστος ὁ τῆς ἁμαρτίας αἴ-
τιος διάβολος. ταῦτα δὲ ὡς ἅγιος καὶ προφήτης μετ' ἐπικρύψεως ἐν
μέσῳ τῆς διαλέξεως τέθεικεν.

εἶτα πάλιν τρέπεται εἰς τὸ διηγεῖσθαι τὰ καθ' ἑαυτὸν καὶ ἐπά-
10 γει·

9,25 ὁ δὲ βίος μού ἐστιν ἐλαφρότερος δρομέως·

ὀξύτατος, εἴτε καλὸς εἴτε φαῦλος.

9,25 ἀπέδρασαν καὶ οὐκ εἴδοσαν.

διὸ θᾶττον ἀπαλλαττόμενοι τοῦ βίου οἱ ἄνθρωποι τὰ καθέκαστα
15 τῶν βίων ἰδεῖν οὐ δύνανται.

9,26 ἦ καὶ ἔστιν ναυσὶν ἴχνος ὁδοῦ ἢ ἀετοῦ πετομένου ζητοῦντος
βοράν;

ὥσπερ δὲ οὐκ ἔστιν ἐν τοῖς κύμασιν ὁλκάδων ἴχνη φαίνεσθαι ἢ
ἐν ἀέρι ἀετοῦ ἐπὶ βορὰν καθιπταμένου, οὕτω τῶν τελευτώντων οὐδὲν
20 ἴχνος ἐν τούτῳ τῷ βίῳ καταλιμπάνεται.

9,27 ἐάν τε γὰρ εἴπω, ἐπιλήσομαι λαλῶν· συγκαλύψας τῷ προσώπῳ
στενάξω.

X Y Γ(βOFSPL 2-10; 14-15) P(12; 18-20) N(2-10; 12; 14-15)
2 ἐμνήσθη διαβόλου stellt N / ἐμνήσθην Υ(P)   3 ἀσεβῶν Y / δὲ ἡ
stellt Y   5 προερχομένη Y / διὸ: διόπερ ΓΝ / μὴ > Y   6 εὐ-
καταγωνιστικῶς Y   9 αὐτὸν N   11 δρομαῖος Y
13 εἴδωσαν Y   14 διὸ > N / θᾶττον + φησιν N, ἀπαλλαττόμενοι +
φησιν Γ(außer P)/ τὰ καθέκαστον (P)N/ καθέκαστα + κατὰ Y   15 τοῦ
βίου ΓN / δύναται Y   16 ἦ: εἰ XY   18 ὥσπερ: ὡς P / τοῖς > P
19 ἐπὶ - καθιπταμένου > P/ οὐδὲ Y   20 τῷ βίῳ τούτῳ stellt Y /
καταλείπεται P   21 τε > Y / συγκαλύψας X: συγκύψας Y, vgl. 98,3

ἀλλὰ καὶ ἐὰν ἐπαγγείλωμαι τυχὸν μὴ ἁμαρτεῖν, ἡ λήθη τὴν μνή-
μην ἐκκρούουσα πάλιν ἁμαρτάνειν παρασκευάζει. διὸ καὶ ἐπὶ ταύτῃ
τῇ λήθῃ συγκαλυψάμενος τὸ πρόσωπον στενάξω.

τοῦτο δὲ καθόλου διδάσκων ἔφη. ἡ γὰρ λήθη τὸν φόβον ἐκκρούου-
5 σα τοῦ θεοῦ ἁμαρτάνειν παρασκευάζει.

9,28 σείομαι πᾶσι τοῖς μέλεσιν· οἶδα γάρ, ὅτι οὐκ ἀθῶόν με
ἐάσεις.

τοῖς ἔνδον, τοῖς νοητοῖς μέλεσι τινάσσομαι εἰδώς, ὅτι οὐκ ἀν-
αμάρτητόν με ἐάσεις· οὐδεὶς γὰρ ἀναμάρτητος πρὸς τὴν τοῦ θεοῦ
10 ἀκρίβειαν ἐξεταζόμενος.

9,29 ἐπειδὴ δέ εἰμι ἀσεβής, διὰ τί οὐκ ἀπέθανον;

εἰ δὲ ὅλως ἐκρίθην εἶναι ἀσεβής, βέλτιον ἦν μοι τὸ τελευτῆσαι
πρὸ τῆς ἀσεβείας. τοιοῦτον καὶ ὁ σωτὴρ ἔλεγεν περὶ τοῦ Ἰούδα, ὅτι
καλὸν ἦν αὐτῷ εἰ οὐκ ἐγεννήθη ὁ ἄνθρωπος ἐκεῖνος.
15 ὡς φιλόθεος οὖν εἶπεν ὅτι· ἄμεινον ἦν μοι τελευτῆσαι ἢ ἀσεβείας
κρίνεσθαι.

9,30-31 ἐὰν γὰρ ἀπολούσωμαι χιόνι καὶ ἀποκαθάρωμαι χερσὶ καθα-
ραῖς, ἱκανῶς ἐν ῥύπῳ με ἔβαψας. ἐβδελύξατο δέ με ἡ στολή.

ἔθος ἦν τοῖς παλαιοῖς λουτροῖς ἀποκαθαίρειν τοὺς μολυσμούς.
20 καὶ τοῦτο δὲ πάλιν ἔθος ἦν· ἔνθα ἠβούλοντο δεῖξαι, ὡς οὐκ ἐκοινώ-
νησαν τῇδε τῇ ἁμαρτίᾳ, ἀπενίπτοντο τὰς χεῖρας λέγοντες· ἀθῶός εἰ-
μι ἀπὸ τοῦ πράγματος τούτου, ὡς καὶ ὁ Πιλᾶτος ἐπὶ τοῦ σωτῆρος πε-

---

14 Matthäus 26,24   22 vgl. Matthäus 27,24

X Y Γ(βOFS 8-10; βOFSPL 12 - 13 ἀσεβείας; ≠ 15-16; βOFSL 19-) P(-4
ἔφη; ≠ 8-10; 19-) L(8-10) N(12-16; 19-)

1 ἀλλὰ καὶ > P / τυχὸν > P   2 πάλιν > P / καὶ > P   3 στενά-
ζω P   4 ἔφη: φησίν P   9 ἀναμάρτητος > Γ   12 δὲ > N / τὸ
> N / τελευτῆσαι nach 13 ἀσεβείας stellt N   14 ἐγενήθη Υ /
ἐκεῖνος + καὶ οὗτος δὲ νῦν N   15 ὡς ΧΥ(Γ): ὁ N / οὖν Υ(Γ):> ΧΝ
/ εἶπεν: λέγει N / μοι ἦν stellt Y   18 στολή + μου Υ
19 λουτρῷ P / τοῖς μολισμοῖς Υ   20 δὲ > X / πάλιν: παλαιὸν N /
ἔνθα: ἡνίκα Y / ἐβούλοντο PN   21 λέγοντες > N / εἰμι + ἐγὼ X
22 ἀπὸ: ἐα P / τοῦ πράγματος τούτου: τοῦδε τοῦ πρ. N / καὶ - πεποί-
ηκεν > Γ, πεποίηκεν > P

ποίηκεν. καὶ ὁ Δαυὶδ ἔψαλλε λέγων· ν ί ψ ο μ α ι ἐ ν ἀ θ ώ ο ι ς τ ὰ ς
χ ε ῖ ρ ά ς μ ο υ.

τοῦτο οὖν λέγει ὅτι· ὅπως ἐὰν ὦ καθαρός, οἱ ἀκριβεῖς οὗτοι
ἔλεγμοὶ καὶ αἱ ἐπαχθεῖσαι τιμωρίαι ἐκ τῆς προλήψεως ἐρρυπωμένον
5 με καὶ ἀκάθαρτον ἀποδεικνύουσιν, ὡς καὶ τὸν ἁπτόμενον τῶν ἱματίων
μου δοκεῖν μολύνεσθαι, ἑκάστου διὰ πλῆθος ἁμαρτιῶν ταῦτα με πάσ-
χειν ὑπολαμβάνοντος. ταῦτα δέ φησι διὰ τὸ τοὺς αὐτοῦ φίλους εἰς
ἀπόδειξιν τοῦ εἶναι αὐτὸν ἁμαρτωλὸν τὰς ἐπενεχθείσας αὐτῷ βασά-
νους προφέρειν.

10 ἐπειδὴ τοίνυν ἡ πρόληψις ἡ διὰ τῶν βασάνων ἀσεβῆ αὐτὸν ἀπεδείκ-
νυε καὶ οὐκ ἦν ἐκ τῶν ὁρωμένων δεῖξαι ψευδῆ τὴν ὑπόνοιαν, πρὸς
αὐτὸν βούλεται κριθῆναι τὸν ἀληθῆ καὶ ἀπροσωπόληπτον θεόν, σφόδρα
πεποιθὼς τῇ αὐτοῦ δικαιοκρισίᾳ καὶ μονονουχὶ λέγων· ὑμεῖς μέν, ὦ
φίλοι, ἐκ τῶν ἐπενεχθέντων κατ᾽ ἐμοῦ τὰς ψήφους ἐκφέρετε· εἰ δὲ
15 θελήσει ὁ ἀψευδὴς θεὸς διαδικάσασθαι μετ᾽ ἐμοῦ ἀπροσωπόληπτος ὢν
καὶ αὐτοαλήθεια τυγχάνων, αὐτὸς προσμαρτυρήσει, ὅτι οὐ δι᾽ ἁμαρ-
τήματα τὰς βασάνους ἐπήγαγεν.

ὅτι δὲ τοιαύτη ἐστιν ἡ τοῦ δικαίου διάνοια καὶ ἐκ πολλῆς ἀγά-
πης τῆς πρὸς τὸν θεὸν καὶ παρρησίας καὶ πεποιθήσεως τῆς περὶ τὴν
20 αὐτοῦ ἀλήθειαν φεύγει μὲν τὴν πρὸς ἀνθρώπους κρίσιν, πρὸς δὲ θεὸν
ἡδέως κρίνεται τὸν ἀψευδῶς καὶ ἀπλανῶς ἕκαστα λέγοντα, ἄκουσον
αὐτοῦ λέγοντος ἐν τοῖς ἐφεξῆς, ὅτε πρὸς τὸν Σωφὰρ διαλεγόμενος
ἐάσας τὴν πρὸς τοὺς φίλους διάλεξιν οἷα ἐσφαλμένην καὶ οὐ μετὰ

1-2 Psalm 25,6

X Y Γ(βOFSL -9) P(- 13 δικαιοκρισίᾳ) N

1 ὁ > Γ / Δαυὶδ + δὲ Χ / λέγων > N   3 ἐὰν: ἂν N
3-4 οἱ - καὶ > ΓΡ   4 αἱ > Υ / ἐπαχθεῖς Υ / ἐπ-
αχθεῖσαι + αὗται Γ, + μοι αὗται Ρ / ἐκ τῆς προλήψεως > Ρ / ρερυπω-
μένον Υ   5 με > ΧΥ / ὑποδεικνύουσιν Γ, δεικνύουσιν Ρ   6 μο-
λύνεσθαι δοκεῖν s:ellt X / ἑκάστου nach ἁμαρτιῶν stellt N / πλήθους
Υ   7 αὐτοῦ: ἑαυτοῦ Υ   8 τὰς - βασάνους: τὰ συμβάντα αὐτῷ
ΓΡΝ   9 προσφέρειν N   10 τοίνυν > N / ἡ διὰ τῶν βασάνων πρό-
ληψις Ρ/ αὐτὸν: τὸν δίκαιον Ν/ ἐπεδείκνυε ΧΡ, ἐπιδείκνυε Υ   11 τὴν
ὑπόνοιαν ψευδῆ stellt Ρ   12 ἀληθῆ - θεόν: ἀψευδῆ θεὸν καὶ ἀπροσ-
ωπόληπτον Ρ, vgl.100,2/ σφόδρα > Ρ   13 πεποιθὼς - δικαιοκρισίᾳ:
τοῦ δὲ τῇ δικ. θαρρῶν Ρ   15 θελήσοι ΧΝ/ δικαιάσασθαι N   16 αὐτ-
αλήθεια Χ/ διὰ Χ   18 ἤ: εἰ Υ   19 καὶ παρρησίας vor τῆς₁
stellt N   20 πρὸς + τοὺς Υ/ θεὸν δὲ stellt N   21 λέγοντος καὶ Υ
22 ὅτε + δὲ Υ/ Σωφὰρ: σοφὸν Υ/ διαλεγόμενος Hag: διαλέγεται ὃς ΧΥΝ

τῆς δικαίας προιοῦσαν κρίσεως ἐπάγει· οὐ μὴν δέ, ἀλλ' ἐγὼ
πρὸς κύριον λαλήσω, τὸν ἀψευδῆ δηλονότι καὶ ἀπροσωπόληπτον,
ἐλέγξω δὲ ἐναντίον αὐτοῦ, ἐὰν βούληται· ὑμεῖς δέ
ἐστε ἰατροὶ ἄδικοι καὶ ἰαταὶ κακῶν πάντες. ὁρᾷς, ὡς
5 τὰς μὲν τῶν ἀνθρώπων κρίσεις ὡς ἀδίκους ἐκκλίνει, εἰς δὲ τὸν τῶν
ψυχῶν ἰατρὸν καὶ δίκαιον κριτὴν καταφεύγει θεόν; εἶτα καὶ ἐφεξῆς
σφόδρα πεποιθὼς τῇ τοῦ θεοῦ δικαιοκρισίᾳ θαρρεῖ καὶ λέγει· οἶδα
ἐγώ, ὅτι δίκαιος ἀναφανοῦμαι, καὶ πάλιν ἀλλαχοῦ λέγει·
καὶ νῦν ἰδοὺ ἐν οὐρανοῖς ὁ μάρτυς μου, ὁ δὲ συνί-
10 στωρ μου ἐν ὑψίστοις. θεωρεῖς πανταχοῦ, ὡς φεύγων τὰς παρὰ
ἀνθρώποις ἐσφαλμένας κρίσεις αὐτὸν αἰτεῖ τὸν θεὸν καὶ ἀντίδικον
αὐτῷ γενέσθαι καὶ μάρτυρα; ταῦτα πόσης ἀγάπης, πόσης παρρησίας,
πόσης πεποιθήσεως.

διὸ καὶ ὁ θεὸς ἐπιστάμενος τὸν νοῦν τῶν ἀνθρώπων οὐ
15 παρεσιώπησεν εἰδώς, ἐκ ποίας διαθέσεως ὁ δίκαιος ἐλάλει, ἀλλὰ δέ-
δωκεν αὐτῷ κατὰ τῶν φίλων τὰ νικητήρια καὶ ἀπεφήνατο, μὴ δι' ἁμαρ-
τίας αὐτὸν πάσχειν, ἀλλ' ἵνα ἀναφανῇ δίκαιος.

ταύτην οὖν ἐγνωκότες τοῦ δικαίου τὴν περὶ θεὸν ἀγάπην καὶ πε-
ποίθησιν οὕτω τῶν ἐφεξῆς ἀναγεγραμμένων ἀκούσωμεν. ἐὰν δὲ λέγῃ ὁ
20 ψαλμῳδός· καὶ μὴ εἰσέλθῃς εἰς κρίσιν μετὰ τοῦ δού-
λου σου, ὅτι οὐ δικαιωθήσεται ἐνώπιόν σου πᾶς ζῶν,
μὴ τοῦτο ἡμᾶς θορυβείτω. καὶ γὰρ καὶ ὁ μέγας οἶδεν Ἰώβ, ὡς πρὸς
τὴν θείαν δικαιοσύνην τε καὶ ἀκρίβειαν οὐδεὶς δίκαιος. νῦν δὲ ὁ
σκοπὸς αὐτῷ, οὐ δικάσασθαι πρὸς τὴν θείαν ἀκρίβειαν οὐδὲ δεῖξαι
25 τὸν δίκαιον θεὸν ἀδίκως αὐτὸν κολάζοντα, ἀλλ' ἀπελέγξαι ψευδομέ-
νους τοὺς φίλους τοὺς οἰηθέντας αὐτὸν δι' ἁμαρτίας τιμωρεῖσθαι·

1-2.3-4 Hiob 13,3-4   7-8 Hiob 13,18   9-10 Hiob 16,19
14 Hiob 7,20   20-21 Psalm 142,2

X Y P(≠ 19 ἐὰν - 26) N

1 προιούσης Υ   2 ἀπροσωπολήπτην Ν
5 μὲν τὰς stellt Ν / ἐκκλίνει: ἐκφεύγει Χ   7 δικαιοκρισίᾳ τοῦ
θεοῦ stellt Ν   10-11 ἀλλαχοῦ - νῦν > Ν   12 μάρτυρα + καὶ Υ
13 ἐπιποθήσεως Υ   14 ὁ > Χ   18 οὖν > Υ / ἀνεγνωκότες Υ
18/19 καὶ πεποίθησιν > Ν   20 καὶ > Ν   22 ἡμᾶς: ὑμᾶς Υ / ὡς:
ὅτι (Ρ), ὅτι ὡς Ν   23 τὲ > ΥΝ   26 αὐτὸν nach ἁμαρτίας
stellt Ν / διὰ Χ

ὥστε καὶ ὁ ἀγαθὸς καὶ φιλάνθρωπος θεὸς τῇ τοῦ Ἰὼβ συνέδραμε γνώ-
μῃ καὶ σαφῶς εἶπεν, ὡς οὐ δι᾽ ἀσέβειαν πέπονθεν, ἀλλὰ πεῖρά τις
ἦν ἡ βάσανος δοκιμάζουσα τὸν γενναῖον Ἰώβ, ἵνα ἀναφανῇ δί-
καιος.

5   τὸ δὲ ἐβδελύξατό με ἡ στολή δύναται καὶ οὕτω νοεῖσθαι·
ἢ ὅτι καὶ οἱ ἐγγύτατοί μου ἐβδελύξαντο καὶ ἐμίσησάν με, ἢ ὅτι φεύ-
γει με καὶ ἡ ἐσθῆς οἱονεὶ μισήσασά με, ἀντὶ τοῦ· οὐδὲ ἐπενδύσα-
σθαι δύναμαι διὰ τὸ ἄγαν εἰλκῶσθαι.

9,32   οὐ γὰρ εἶ ἄνθρωπος κατ᾽ ἐμέ, ᾧ ἀντικρινοῦμαι, ἵνα ἔλθωμεν
10 ὁμοθυμαδὸν εἰς κρίσιν.

εἴθε γὰρ ἦν ἐξόν, φησίν, ὡς ἐπὶ ἀνθρώπων πρὸς σὲ τὸν ἀδέκαστον
κριθῆναι κριτήν.

9,33-10,1   εἴ γε ἦν ὁ μεσίτης ἡμῶν καὶ ἐλέγχων καὶ διακούων ἀνὰ
μέσον ἀμφοτέρων. ἀπαλλαξάτω ἀπ᾽ ἐμοῦ τὴν ῥάβδον καὶ ὁ φόβος αὐτοῦ
15 μή με στροβείτω. καὶ οὐ μὴ φοβηθῶ, ἂν λαλήσω, οὐ γὰρ συνεπίσταμαι
ἐμαυτῷ ἄδικον, κάμνω δὲ τῇ ψυχῇ μου.

καὶ εἴθε ἦν ἑλέσθαι μεσίτην τὸν ἐν τῷ πράγματι ἀποφαινόμενον.
ταῦτα δέ, ὡς ἔφημεν, θαρρῶν τῇ τοῦ θεοῦ ἀληθείᾳ φησὶ καὶ βουλόμε-
νος τοὺς φίλους διελέγξαι μὴ ἀληθεύοντας. τοῦ γὰρ Ἰὼβ λέγοντος,
20 ὅτι· οὐκ οἶδα τοιαῦτα ἁμαρτήσας, ὡς τοιαῦτα κολάζεσθαι, καὶ τοῦ
θεοῦ φάσκοντος, ὡς οὐ δι᾽ ἁμαρτίας κολάζει, τί ἕτερον εἶχεν ὁ με-
σίτης ποιεῖν ἢ συντρέχειν τοῖς ἑκατέρων λόγοις καὶ καταδικάζειν
τοὺς φίλους ὡς ψευσαμένους, ὃ δὴ καὶ ὕστερον ὁ θεὸς ἔπραξεν;
εἶτα ὥσπερ τινὸς λέγοντος· καὶ διὰ τί μὴ τὰ σαυτοῦ παρατίθης

3-4 vgl. Hiob 40,8

X Y Γ(βOFSPL 5-8; 11-12; 17-) N(-4; ≠ 5-8; 11-12; 17-)

1 καὶ φιλάνθρωπος > N   3 Ἰώβ > N   6 ἢ ὅτι καὶ: ἢ ὅτι Γ
(ὅτι καὶ P) / ἐγγύστατοι Υ / ἐβδελύξαντο καὶ > Γ / καὶ ἐμίσησαν > Υ
6-7 φεύγει - τοῦ > Γ   7/8 ἐνδύσασθαι Υ   8 ἡλκῶσθαι ΧΝ
11 εἴθε - φησίν: ὡς εἴθε ἦν Ν / ἄνθρωπον Ν   13 ἦν > Υ ∠ διακού-
ων καὶ ἐλέγχων stellt Υ   14 μέσων Υ / ὁ > Υ   15 ἂν: ἀλλὰ Υ
17 καὶ: ὡς Ν   18 θαρρῶν nach θεοῦ stellt Υ   19 διελέγξαι:
δεῖξαι Υ(γ)   20 ὅτι > Ν / ἁμαρτήσας: ἀναρτήσας Υ, ἡμαρτηκὼς ΓΝ
21 διὰ Χ   24 παρατίθῃ ΥΓ, παρατιθεὶς Ν

δίκαια; διδάσκει λέγων ὅτι· εἰ ἐπιτρέπει μοι ὁ θεὸς παρρησιάσα-
σθαι, ἀφελεῖται τὰς βασάνους, ἐπιτρέψει μοι τὸ μὴ φοβεῖσθαι, ἵνα
ὡς ἐξ αὐτοῦ τὴν παρρησίαν λαβὼν λαλήσω καὶ ἀπὸ καρδίας εἴπω καὶ
τὰς ἐμὰς δικαιολογίας παραθῶμαι.

5   ῥάβδον δὲ τὸ ἐταστικὸν καὶ τὰς βασάνους φησίν· στροβείτω δὲ
ἀντὶ τοῦ ἀγχέτω, περιστρεφέτω, καταπλησσέτω.
δεῖγμα δὲ ποιεῖται τῆς ἐπιτροπῆς τὴν τῶν βασάνων ἀπαλλαγήν.

**10,1 στένων ἐπαφήσω ἐπ' ἐμαυτὸν τὰ ῥήματά μου. λαλήσω πικρίᾳ ψυ-
χῆς συνεχόμενος.**

10   θεώρει, πῶς ἡμᾶς ἀσφαλίζεται, μηδὲν ἄτοπον ἐννοεῖν περὶ αὐτοῦ.
καὶ ταῦτα γάρ, φησίν, στένων καὶ τοῖς κακοῖς συνεχόμενος οὐ κατὰ
θεοῦ βλασφημίαν ἐποίω τινά, ἀλλὰ κατ' ἐμαυτοῦ τὰ τῆς ὀλιγωρίας
τρέψω ῥήματα. ταῦτα δὲ εἶπεν, ἐπειδὴ ἐξ ἀρχῆς ἔλεγεν· ἀπόλοιτο
ἡ ἡμέρα ἐν ᾗ ἐγεννήθην, δεικνὺς ὅτι οὐδὲν κατὰ θεοῦ ἐφθέγ-
15   ξατο, ἀλλὰ καθ' ἑαυτοῦ τὰ τῆς ὀλιγωρίας ἔτρεψεν ῥήματα, καὶ ταῦτα
πικρίᾳ ψυχῆς συνεχόμενος. καὶ μονονουχὶ σαφῶς λέγει ὡς·
κατὰ θεοῦ μὲν οὐδὲν φθέγγομαι, μὴ γένοιτο· εἰ δέ τι ὅλως καὶ λαλῶ,
ὑπὸ τῆς ἄγαν κακώσεως φθέγγομαι, καὶ οὐκ ἐμὸν τὸ λαλεῖν, ἀλλὰ τῆς
νόσου τὰ ῥήματα. δείκνυσιν οὖν, ὅτι οὐδὲ τὰ καθ' ἑαυτοῦ ἐλάλει ῥή-
20   ματα οὐδὲ ὅλως ἐφθέγξατό τι, ἀλλ' ἐνεφιλοσόφει καὶ ἐνεκαρτέρει καὶ
ἠγάπα τὴν σιωπήν, εἰ μὴ τὸ μέγεθος αὐτῶν τῶν ὀδυνῶν, εἶτα καὶ ὁ
τῶν φίλων παροξυσμὸς λαλεῖν ἠνάγκαζεν.
λαλεῖ δέ, ὡς ἔφημεν, οὐδὲν ἀπρεπὲς οὐδὲ ἀπηχὲς κατὰ θεοῦ, ὡς
ἡμεῖς τε δι' ὅλων αὐτοῦ τῶν λόγων ἐπεδείξαμεν καὶ ὁ θεὸς προσε-

---

13-14 Hiob 3,3

Χ Υ Γ(βOFSPL -6) P(11 φησιν - 13 ῥήματα) Ν(-4; ≠ 5-6; 7; 10-)

1 διδάσκει: ἐπάγει Γ   1/2 παρρησιάσαθαι ἀφελεῖται > Υ
3 καὶ₁ + τὰ Υ / καὶ₁ - εἴπω > Υ   5 ἐταστικὸν: ἐνστατικὸν Υ
8 λαλήσω + ἐν Υ   10 θεώρει: ὅρα δὲ Ν / αὐτοῦ: θεοῦ Ν
11 στένων φησὶ stellt P   12 ἐποι[[.]]ω Χ   13 ταῦτα: τοῦ-
το Ν / ἀπώλοιτο Υ   15-16 καὶ - συνεχόμενος > Ν   16 σαφῶς > Ν
17 μὲν > Υ / οὐδὲν + οὐδ' ὅλως Ν / λαλήσω Χ   18 φθέγγομαι Χ, > Ν
19 ὅτι οὐδὲ: ὡς οὐκ ἂν οὐδὲ Ν   20 οὐδὲ - τι > Ν / ἐφιλοσόφει Ν
/ καὶ ἐνεκαρτέρει > Ν / ἐκαρτέρει Χ   21 αὐτῷ Χ, viell. αὐτὸν
23 ὡς ἔφαμεν Υ, > Ν / ἀπρεπὲς οὐδὲ > Ν   24 ἐπιδείξαμεν /
ὁ > Υ / θεὸς + ὕστερον Υ

μαρτύρησε δίκαιον αὐτὸν ἀποφηνάμενος. ἀπολογεῖται οὖν ὑπὲρ τοῦ
'Ἰὼβ ὑπὲρ ὧν ὅλως, κἂν ὀλίγωρόν τι, ἐφθέγξατο αὐτὸ τὸ ἄνθρωπον εἶ-
ναι καὶ μὴ ἀναλγήτως τὰς βασάνους φέρειν καὶ αἱ τῶν συμφορῶν ὑπερ-
βολαὶ καὶ ἡ τῆς ἀρετῆς ἀκρίβεια καὶ τὸ ἁπλοῦν τοῦ τρόπου καὶ ἄδο-
5 λον ὡς υἱοῦ πρὸς πατέρα μετὰ παρρησίας φθεγγομένου καὶ τὸ διὰ πάν-
των αὐτοῦ τῶν λόγων μηδὲν μὲν δυσχερὲς φθέγξασθαι περὶ θεοῦ, δεικ-
νύναι δὲ μόνον, ὅτι οὐκ ἀπεικότως ποθεῖ τὸν θάνατον, καὶ ὅτι οὐκ
ἀληθὴς ἡ περὶ αὐτοῦ τῶν φίλων ὑπόνοια, καὶ τὸ δὴ πάντων κεφάλαιον
αὐτὴ τοῦ θεοῦ ἡ ἀδέκαστος ψῆφος δίκαιον αὐτὸν ἀποφηναμένη. εἰ
10 γὰρ θεὸς ὁ δικαιῶν, τίς ὁ κατακρίνων; ὁ ἱερός πού φη-
σιν ἀπόστολος.

10,2 καὶ ἐρῶ πρὸς κύριον· μή με ἀσεβεῖν δίδασκε· {καὶ διὰ τί με
οὕτως ἔκρινας;}

ταῦτα ἱκετεύω, φησίν, μονονουχὶ λέγων· παῦσον, ὦ δέσποτα, τὰ
15 κατ' ἐμοῦ κακά, ἵνα μὴ ὡς εἰκὸς ἐκπλαγεὶς ἀνακόλουθόν τι φθέγξω-
μαι ἢ κατολιγωρήσας ὑπὸ τῶν βασάνων ἀσεβείας ἀφήσω λόγον.

καὶ ἔοικέ πως καὶ καθ' ἕτερον λόγον τὴν αὐτὴν ἔννοιαν λέγειν
τῷ μακαρίῳ Δαυίδ. ἐκείνου γὰρ λέγοντος, ὅτι οὐκ ἀφήσει κύρι-
ος τὴν ῥάβδον τῶν ἁμαρτωλῶν ἐπὶ τὸν κλῆρον τῶν
20 δικαίων, ὅπως ἂν μὴ ἐκτείνωσιν οἱ δίκαιοι ἐν ἀνο-
μίαις χεῖρας αὐτῶν, καὶ ἱκετεύοντος μὴ ἐπὶ πολὺ κατισχῦσαι
τοὺς ἀδίκους τῶν δικαίων, ἵνα μὴ ὑπὸ τῆς ἀνάγκης οἱ δίκαιοι συγ-
κλειόμενοι καὶ αὐτοὶ ἀσεβές τι πράξωσιν, καὶ οὗτος τὴν αὐτὴν
ἔννοιάν φησιν ὅτι· μὴ ἐπὶ πολὺ παρατείνῃς μοι τὰς βασάνους,

9-10 Römer 8,33-34   18-21 Psalm 124,3

Χ Υ Γ(βOFSPL 17 - 21 αὐτῶν) Ρ(14 παῦσον - 15 φθέγξωμαι) Ν(-11; 14
παῦσον - 16; 24 μὴ - βασάνους)

1 οὖν: μέντοι Ν   2 'Ἰὼβ: ἀνδρὸς Ν / ὧν: ὃ Χ / κἂν > Ν / ὀλιγω-
ρῶν Υ / τι + ῥῆμα Χ / τὸ: τῷ Χ, τοῦτο τὸ Ν / ἄνθρωπος Χ   7 ὅτι₁:
ὡς Ν   8 ἀπόνοια Υ   9 ἀποφηναμένη: ἀποφαίνουσα Υ
14 ἱκετεύω[[ν]] Χ, ἱκέτευον Υ / ὦ δέσποτα > Ν   15 κακά + καὶ μὴ
ἐπὶ - βασάνους aus z.24 Ν / ὡς - ἐκπλαγεὶς > Ρ / εἰκὼς Υ / τι + ὑπὸ
τῶν βασάνων Ρ   15/16 φθέγξομαι Υ   16 κατωλιγωρήσας Υ / τῶν
βασάνων: τῆς ἀνάγκης Ν   17 καὶ₂ > ΓΥ   18 ἐκείνου γὰρ λέγον-
τος: φάσκοντι Γ

δέσποτα, ἵνα μὴ ἀβούλητόν τι ὡς εἰκὸς πράξω.

διὸ καὶ ἐπιφέρει·

10,2-3 καὶ διὰ τί με οὕτως ἔκρινας; ἢ καλόν σοι, ἐὰν ἀδικήσω;

τὸ δ ι ὰ τ ί, ὡς καὶ ἀνωτέρω πολλάκις εἴπομεν, οὐκ αἰτιολογι-
5 κῶς, ἀλλ' ἱκετευτικῶς λέγει, οἱονεὶ λέγων· οὐ καλόν σοι, δέσποτα,
οὐδὲ ἀρεστὸν τὸ εἰς ἀδικίαν με τραπῆναι, οἴκτειρήσον τοίνυν. πολ-
λοὶ γὰρ τὰς συμφορὰς οὐ φέροντες εἰς ἀδικίαν ἐτράπησαν. καὶ ὅρα,
εἰ καὶ ὁ ἀπόστολος τοιοῦτόν τι νοήσας ἔλεγεν· κ υ ρ ώ σ α τ ε ε ἰ ς
α ὐ τ ὸ ν ἀ γ ά π η ν, ἵ ν α μ ὴ ὑ π ὸ τ ῆ ς π ε ρ ι σ σ ο τ έ ρ α ς λ ύ π η ς
10 κ α τ α π ο θ ῇ ὁ τ ο ι ο ῦ τ ο ς· εἶτα ἐπάγει· ἵ ν α μ ὴ π λ ε ο ν ε κ τ η θ ῶ -
μ ε ν ὑ π ὸ τ ο ῦ Σ α τ α ν ᾶ, ὡς πεφυκότων τῶν ἀνθρώπων ἐν ταῖς ἄγαν
περιστάσεσι κατολιγωρεῖν καὶ πράττειν τι τῶν τῷ διαβόλῳ δοκούντων.
ὡς ἐξ οἰκείου τοίνυν προσώπου ὑπὲρ ἡμῶν πάντων ὁ μακάριος 'Ιὼβ
ἱκετεύει τὸν θεὸν πεφεισμένως συγχωρεῖν καθ' ἡμῶν τοὺς πειρασ-
15 μούς, ἵνα μὴ τῇ περισσοτέρᾳ λύπῃ καταποθῶμεν.

10,3 ὅτι ἀπείπω ἔργα χειρῶν σου, βουλῇ δὲ ἀσεβῶν προσέσχες.

πάλιν ὡς ποιητὴν ἱκετεύει θεὸν μὴ παριδεῖν ἑαυτοῦ τὸ ποίημα.
καὶ ἠρέμα μὲν πληροφορεῖται ὁ ἅγιος, ὅτι τῷ διαβόλῳ παραδέδοται·
τοῦτον γὰρ καὶ τοὺς σὺν αὐτῷ δαίμονας ἀσεβεῖς φησιν· τὴν δὲ πρό-
20 νοιαν, δι' ἣν ὁ πονηρὸς αὐτοῦ κατεξανίσταται, οὔπω μαθεῖν δεδύνη-
ται. διὸ μοι δοκεῖ καὶ ποικίλους περιστρέφειν λόγους, τοῦτο μὲν
ἐξαιτῶν ἀπαλλαγῆναι τῶν δεινῶν, τοῦτο δὲ καὶ μαθεῖν ἐπιποθῶν, δι'
ἣν αἰτίαν κολάζεται.

8-10 2.Korinther 2,8-7   10-11 2.Korinther 2,11

Χ Υ Γ(βOFSPL 4-12; ≠ 15 ἵνα - καταποθῶμεν; 17-23) Ν(4 - 5 λέγει; 6
πολλοὶ - 7 ἐτράπησαν; 13-15; 17-)

1 εἰκὼς Υ   4 τὸ + δὲ Ν / ὡς - εἴπομεν > Ν / 'ὡς' καὶ Χ, καὶ ὡς Υ
/ εἰρήκαμεν Υ   7 γὰρ + πολλάκις Γ / ἀδικίαν· ἀποδυσπέτησιν Γ /
ἀδικίαν + εἴτ' οὖν βλασφημίαν Ν   8 κυρώσατε + οὖν Υ   10 κα-
ταποθεῖ Υ   12 κατωλιγωρεῖν Υ   13 τοίνυν: μέντοι Ν / μακάρι-
ος 'Ιὼβ: ἅγιος Ν   14 τὸν θεὸν ἱκετεύει stellt Ν / τὸν > Υ
15 τῇ > Ν / λύπῃ: θλίψει Υ(Γ ohne Ρ)   17 πάλιν + μέντοι Ν / θε-
ὸν > ΧΥΝ   18 ὁ ἅγιος > Ν, ὡς ἅγιος Γ / τῷ > ΧΓ(ohne ΡCΒ)/ παρα-
δίδωται Υ   19 γὰρ + ἴσως Ν   20 αὐτοῦ κατεξανίσταται Γ: αὐτοῦ
κρατεῖ ΧΝ(Ρ), κρατεῖ αὐτοῦ Υ   21 διό:δι' ἃ Υ   23 τιμωρεῖται Γ

10,4-7 ἢ ὥσπερ βροτὸς ὁρᾷ καθορᾷς, ἢ ὡς ὁρᾷ ἄνθρωπος βλέψῃ, ἢ ὁ
βίος σου ἀνθρώπινός ἐστιν, ἢ τὰ ἔτη σου ἀνδρός; ὅτι ἀνεζήτησας
τὰς ἀνομίας μου καὶ τὰς ἁμαρτίας μου ἐξιχνίασας. οἶδας γάρ, ὅτι
οὐκ ἠσέβησα, ἀλλὰ τίς ἐστιν ὁ ἐκ τῶν χειρῶν σου ἐξαιρούμενος;

5   μὴ ἀνθρωπίνως, φησίν, τὰ πράγματα κρίνεις; μὴ δύναταί τι δια-
λαθεῖν τὴν σὴν ἀκρίβειαν ὥσπερ τοὺς ἀνθρώπους; μὴ τὰ ἔτη σου ὀλί-
γα τυγχάνουσι καὶ ἀγνοεῖς τὰ πρὸ τῆς σαυτοῦ ἀρχῆς γεγονότα καὶ
χρεία σοί ἐστι ζητεῖν καὶ ἐξετάζειν τὰ πεπραγμένα ὥστε γνῶναι,
ὅτι μηδὲν ἠσέβησα;
10   ταῦτα δὲ λέγει μάρτυρα τὸν θεὸν τῆς ἑαυτοῦ δικαιοσύνης παρεχό-
μενος ὁμοῦ καὶ ἐξαιτῶν ἀγαθότητος ἀπολαῦσαι θεοῦ· οἱ μὲν γὰρ ἄν-
θρωποι τὰ ἴσα ζητοῦσιν, ὁ δὲ θεὸς τῇ ἀγαθότητι ἀπὸ πολλῶν ὀλίγα
ἐτάζει.

     ἀλλ' εἰ καὶ μὴ ἠσέβησα, φησίν, τό γε εἰς ἐμὴν γνῶσιν, οἶδα, ὅτι
15   τὴν σὴν βουλὴν οὐκ ἔστιν ἀποφυγεῖν, ἀντὶ τοῦ· κἂν μὴ ἐμαυτῷ σύν-
οιδα, ἀλλ' ἡ σὴ κρατείτω βουλὴ ἡ κρεῖττον ἡμῶν τὰ καθ' ἡμᾶς ἐπι-
σταμένη.

     ταῦτα δὲ πάντα ὁ μακάριος Ἰὼβ φθέγγεται ἡμᾶς διδάσκων ἐν τοῖς
πειρασμοῖς μηδὲν ἕτερον ποιεῖν ἢ ἐπὶ θεὸν καταφεύγειν καὶ ἱκε-
20   τεύειν ὡς ἀγαθὸν φείσασθαι τοῦ ἑαυτοῦ ποιήματος.

     διὸ καὶ ἐπάγει·

10,8 αἱ χεῖρές σου ἔπλασάν με καὶ ἐποίησάν με.

     ὁρᾷς, ὡς καὶ ποιητὴν ἐπιγινώσκει θεὸν καὶ παρακαλεῖ φειδῶ ποι-
ησασθαι τοῦ ἰδίου δημιουργήματος.

25 10,8 μετὰ ταῦτα μεταβαλών με ἔπαισας.

     μετὰ τὸ ποιῆσαί με, φησίν, καὶ ἐν εὐθηνίᾳ καταστῆσαι εἰς θλί-

X Υ.Γ(βOFSPL 5 - 6 ἀνθρώπους; 10 - 11 θεοῦ; βOFSL 26-) P(≠ 15 κἂν -
19 καταφεύγειν; ≠ 23-24; 26-) N(5-21; 23-24; 26-)

1 βλέψεις Υ   3 οἶδα Υ   6 τοὺς > Υ   7 τυγχάνει N / σαυ-
τοῦ: αὐτοῦ Υ / καὶ₂: ἢ N   12 ὁ: σὺ N   13 ἐξετάζεις N
14 μὴ: οὐκ Χ, > Υ / φησιν > N / γνώμην N   18 δὲ > Υ   21 > N
23 γινώσκει N, + τὸν N(P)   25 ἔπεσας Υ   26 μετὰ + δὲ P

ψεις καὶ μάστιγας μετέβαλες τὰ κατ' ἐμέ.

10,9 μνήσθητι, ὅτι πηλόν με ἔπλασας, εἰς δὲ γῆν με πάλιν ἀπο-
στρέφεις.

ἱκετεύω δὲ μνησθῆναί σε καὶ τοῦ τῆς φύσεως εὐτελοῦς καὶ ὀλι-
5 γοχρονίου.

10,10 ἦ οὐχ ὥσπερ γάλα με ἤμελξας;

ἤτοι ἀπὸ χοὸς διὰ τὸ λεπτότατον ἢ διὰ τὸν σπερματικὸν λόγον
φησίν.

10,10 ἐτύρωσας δέ με ἴσα τυρῷ.

10   ἢ διὰ τὴν ἐξ ἀρχῆς τῆς πλάσεως σύμπηξιν ἢ καὶ διὰ τὴν ἐν τῇ
μήτρᾳ σύστασιν.

10,11 δέρμα καὶ κρέας με ἐνέδυσας, ὀστέοις δὲ καὶ νεύροις με
ἐνεῖρας.

τὸ ἐνεῖρας ἀντὶ τοῦ συνέρραψας.

15 10,12 ζωὴν δὲ καὶ ἔλεος ἔθου παρ' ἐμοί. ἡ δὲ ἐπισκοπή σου ἐφύλα-
ξέν μου τὸ πνεῦμα.

καὶ διὰ μόνην, φησίν, φιλανθρωπίαν καὶ ἔλεον ἐξ οὐκ ὄντων ἡμᾶς
εἰς τὸ εἶναι καὶ ζῆν παρήγαγες. ἡ δὲ σὴ περὶ ἡμᾶς πρόνοια τὴν
ἡμετέραν διατηρεῖ σύστασιν.

20 10,13 ταῦτα ἔχων ἐν ἐμαυτῷ οἶδα ὅτι πάντα δύνασαι, ἀδυνατεῖ δέ
σοι οὐδέν.

ταῦτα, φησίν, τὰ δόγματα παρ' ἐμαυτῷ πάγια κεκτημένος, ὅτι καὶ
ἐκ τοῦ μὴ ὄντος εἰς τὸ εἶναι παραγαγεῖν δυνατὸς εἶ καὶ τὴν ῥευ-

X Y Γ(βOFSL -1; βOFSPL 4-5; 7-8; 10-11; 17-19; 22-) N(-1; 4-5; 7
-8; 10-11; ≠ 14; 17-19; 22-)

1 μετέβαλας Y   3 με₂ > Y   4 ἱκετεύων N/ δὲ > N / σε καὶ > N
8 φησιν > N   9 ἐτύρωσας: ἔπηξας Y   14 συνέραψας Y
15 ἐμοῦ Y   17 καὶ₁ > N / φησιν > ΝΓ(ohne P) / ἡμᾶς nach 18 εἶ-
ναι stellt Y   18 καὶ ζῆν > Γ   23 παράγειν ΓΝ

στὴν καὶ γαλακτώδη οὐσίαν ἤτοι τὸν ἀπὸ γῆς χοῦν ὡς σοφὸς καὶ δυ-
νατὸς εἰς ἀνθρώπου σύστασιν ἐργάζῃ, καὶ ὅτι ἐλεήμων εἶ καὶ ζωῆς
χορηγός, καὶ ὅτι πολλὴν τῶν καθ' ἡμᾶς ποιῇ πρόνοιαν, ἱκετεύω καὶ
οἶδα, ὅτι δυνατὸς εἶ καὶ τῶν παρόντων ἀλγεινῶν τὸ σὸν ἀπαλλάξαι
5 ποίημα.

ὁρᾷς, πῶς σεβασμίως μέμνηται τοῦ δημιουργοῦ καὶ χάριν ὁμολογεῖ
τῆς ποιήσεως καὶ τῆς περὶ ἡμᾶς προνοίας, ἅπερ ἐστὶν ὄντως εὐσε-
βοῦς καὶ λίαν εὐχαρίστου καὶ τῇ τοῦ μακαρίου Ἰὼβ πρέποντα θεοσε-
βείᾳ;

10 10,14 ἐάν τε γὰρ ἁμάρτω, φυλάσσεις με, ἀπὸ δὲ ἀνομίας οὐκ ἀθῶόν
με πεποίηκας.

πρέπει, φησίν, τῇ σῇ φιλανθρωπίᾳ, νεῖμαί τι καὶ συγγνώμης τῷ
σῷ ποιήματι καὶ μὴ σφόδρα ἀκριβῶς ὡς πάντα ἐπιστάμενον πάσας τὰς
πράξεις μου καὶ τὰ παραπτώματα ἐπιτηρεῖν.
15   ταῦτα δὲ πάλιν ὁ ἅγιος τὸ οἰκεῖον πρόσωπον ὑποστησάμενος ὑπὲρ
ἡμῶν πάντων ἱκετεύει θεόν.

10,15 ἐάν τε γὰρ ἀσεβήσω, οἴμοι· ἐάν τε ὦ δίκαιος, οὐ δύναμαι
ἀνακύψαι.

εἴτε γάρ, φησίν, ἀσεβὴς εὑρεθῶ, τοῦτό μοι πάντων τὸ χείριστον.
20 ἐὰν δὲ καὶ τολμήσω εἰπεῖν, ὅτι δίκαιός εἰμι, οὐδέν μοι ἐντεῦθεν
ὄφελος.

10,15-16 πλήρης γὰρ ἀτιμίας εἰμί· ἀγρεύομαι γὰρ ὥσπερ λέων εἰς
σφαγήν.

ἓν δὲ οἶδα, φησίν, ὅτι ἀτιμία μου κατακέχυται, καὶ ὥσπερ λέων

X Y Γ(?)OFSPL -5; 19) P(6-7 προν.; 12-16; 19-21; ≠ 24-) N(-9; 12-16; 19-21;24-)
1 ἤτοι - χοῦν > N   2 ἐργάζει Y   3 τῶν: τὴν Y / ποιεῖ Y /
ἱκετεύω καὶ > N   6 ὅρα P   7 προνοίας: εὐεργεσίας P / εὐσε-
βοῦς ὄντως stellt N   10 φυλάσσῃς Y   13/14 πάσας - καὶ:
μου P / μοῦ τὰς πράξεις stellt Y   15 πάλιν: πάντα P / ἐπιστησά-
μενος πρόσωπον P   16 πάντων > PN   17 ἀσεβὴς ὦ Y / δίκαιος ὦ
stellt Y   19 γὰρ > N / φησιν - εὑρεθῶ: ἀσεβὴς εἴην φησιν ΓΡΝ /
τὸ > P   20 ἐὰν: εἰ P / εἰμι + Zusatz aus Katene P / ἐντεῦθεν
μοι stellt P   24 ἓν: ἐὰν Y / δὲ > N

εἰς σφαγὴν ἀγρευόμενος οὕτως πανταχόθεν ταῖς τιμωρίαις βάλλομαι. ἔοικε δὲ λέοντι ἑαυτὸν παρεικάσαι διὰ τὴν προτέραν εὐδαιμονίαν.

10,16-17 πάλιν δὲ μεταβαλὼν δεινῶς με ὀλέκεις ἐπανακαινίζων ἐπ' ἐμὲ τὴν ἔτασίν σου.

5 ἀλλ' οὐδὲ ἀνίησί με, φησίν, τὰ δεινά, ἀλλὰ καὶ ἐπὶ πλέον αὔξεται καὶ ἀεὶ καινοποιεῖται τὸ κακόν, ἵνα εἴπῃ ὅτι· ποικίλαις περιβάλλομαι συμφοραῖς, καὶ ὅτι· ἔοικα τοῖς πρότερον μαστιχθεῖσι καὶ αὖθις καὶ πολλάκις εἰς ἑτέραν ἐξέτασιν καὶ βασάνους ἄλλας φερομένοις.

10 10,17 ὀργῇ δὲ μεγάλῃ μοι ἐχρήσω, ἐπήγαγες δὲ ἐπ' ἐμὲ πειρατήρια.

ὀργὴν τὴν τιμωρίαν φησὶ τὴν μεγάλως αὐτῷ ἐπενηνεγμένην, πειρατήρια δὲ τὰ ἐπιστρατευθέντα αὐτῷ κακά.

δεήσεως δὲ ἔχεται ταῦτα καὶ θεοσεβοῦς ἱκεσίας σὺν ὀδυρμῷ τῷ προσήκοντι.

15 10,18-19 ἵνα τί οὖν ἐκ κοιλίας με ἐξήγαγες καὶ οὐκ ἀπέθανον, ὀφθαλμός με οὐκ εἶδεν καὶ ὥσπερ οὐκ ὢν ἐγενόμην; διὰ τί δὲ ἐκ γαστρὸς εἰς μνῆμα οὐκ ἀπηλλάγην;

ταῦτα ὁ Ἐκκλησιαστὴς ὕστερον εἶπε μακαρίζων τὸν ἀποθανόντα ὑπὲρ τὸν ζῶντα καὶ τὸν μὴ γενόμενον ὑπὲρ ἀμφοτέρους· τοιαύτη δὲ 20 περιπέπτωκεν ὁ ἄνθρωπος ὀδυνηρᾷ ζωῇ διὰ τὸ μὴ μεῖναι παρὰ θεῷ μηδὲ φυλάξαι τὰ θεῖα προστάγματα. ὁ δὲ μακάριος Ἰὼβ ἐπόθει τὸν θάνατον οὐ μόνον διὰ τὰς ἀλγηδόνας, ἀλλ' ὅτι, ὡς ἔφημεν, ὀλιγοχρόνιος

18-19 vgl. Ekklesiastes 4,2-3

Χ Υ Γ(βOFSL ≠ 2; βOFSPL 11-14; 18-) P(≠ -5 αὔξεται) N(-2; 5-9; 18-)
1 περιβάλλομαι Υ   3 ὀλέσκεις Χ   5 ἀλλ' οὐδὲ: οὐκ N/ με > N/ ἐπὶ πλεῖστον Υ   6/7 περιβέβλημαι Υ   10 ἐπήγαγες δὲ: καὶ ἐπήγαγες Υ 11 ὀργὴν + γὰρ N/ μεγάλως: μεγάλην ὡς Υ/ ἐπηνεγμένην N   12 δὲ: γὰρ καλεῖ N   13 ἱκεσίας ΥΓ: γνώμης ΧN(γνώμης θεοσεβοῦς stellt N) 16 ὀφθαλμὸς + δὲ Υ/ δὲ > Υ   17 ἀπηλλάγην: ἀπῆλθον Υ   18 ταῦτα + καὶ N/ θανόντα ΧN   18/19 ζῶντα ὑπὲρ τὸν θανόντα stellt Χ₁, korrigiert Χ₂   19 μὴ γενόμενον: μήπω γεννηθέντα Γ/ τοιαύτη: καὶ αὕτη Υ 20 μεῖναι: πιστὸς εἶναι Γ   20/21 μηδὲ: εἰ δὲ Υ   21 δὲ > Υ/ 'Ἰὼβ > Γ   22 ὅτι: ἐπειδήπερ Χ₂(auf radiertem Platz von 4-5 Buchstaben)N   22/1 ὡς ἔφημεν ὀλιγοχρόνιος ὢν Hag: ὡς ἔφημεν Υ, ὡς ἔφην Χ, ὀλιγοχρόνιός φησιν εἰ Γ, > N

ὧν καὶ τοῦ χρόνου παρατεινομένου ὑπώπτευεν ἐγκατάλειψιν ὑπομεμε-
νηκέναι παρὰ θεοῦ.

10,20-21 ἢ οὐκ ὀλίγος ἐστὶν ὁ χρόνος τοῦ βίου μου; ἔασόν με ἀνα-
παύσασθαι μικρὸν πρὸ τοῦ με πορευθῆναι, ὅθεν οὐκ ἀναστρέψω.

5   πάλιν τὸ ὀλιγοχρόνιον εἰς ἱκεσίαν προβάλλεται, καὶ οὐκ ἀγνοεῖ
μὲν τὸ τῆς ἀναστάσεως μυστήριον, ὡς ἐν τοῖς ἐφεξῆς ἐπιδείξομεν.
δόγμα δὲ διδάσκει κάλλιστον, ὅτι ὁ ἅπαξ ἐξελθὼν τοῦ βίου οὐκέτι
εἰς τόνδε τὸν βίον ἐπαναστρέφει, ὡς μυθολογοῦσιν οἱ τὰς μετενσω-
ματώσεις τερατευόμενοι.

10 10,21-22 εἰς γῆν σκοτεινὴν καὶ ζοφεράν, εἰς γῆν σκότους αἰωνίου,
οὗ οὐκ ἔστιν φέγγος οὐδὲ ὁρᾶν ζωὴν βροτῶν.

δέδοικε μή, ἐὰν μετὰ τῶν βασάνων τελευτήσῃ καὶ τῶν ἐτασμῶν,
ἐν τελείᾳ ἀπορριφῇ τοῦ προσώπου τοῦ θεοῦ γένηται καὶ μετὰ τῶν
ἀσεβῶν ἐν τῷ ᾅδῃ καταλεχθῇ, οἵτινες τὸ αἰώνιον οἰκοῦσι σκότος κα-
15 τὰ τὴν τοῦ σωτῆρος φωνὴν τὴν φήσασαν· δήσουσιν αὐτοῦ τοὺς
πόδας καὶ χεῖρας καὶ ἐκβαλοῦσιν αὐτὸν εἰς τὸ σκό-
τος τὸ ἐξώτερον. φωτὸς γὰρ ὄντος κατὰ φύσιν τοῦ θεοῦ οἱ ἔξω
τοῦ προσώπου τοῦ θεοῦ βαλλόμενοι ἐν σκότει τυγχάνουσιν.

αἰτεῖ τοιγαροῦν, μὴ ἐν προσκρούσει τοῦ θεοῦ καταληφθῆναι, ἀλλ᾽
20 οἱονεὶ δειχθῆναι αὐτῷ διὰ τῆς τῶν βασάνων ἀνέσεως, ὅτι ἵλεω τὸν
θεὸν ἐκτήσατο. οὔπω γὰρ διδαχθεὶς τὴν αἰτίαν τῶν πειρασμῶν ἐνδί-
κως ὁ δίκαιος ὀλιγωρεῖ καὶ ταράττεται.

15-17 Matthäus 22,13

X Y Γ(βOFSPL -2; 5-9; 19-21 ἐκτήσατο) N(-2; 5-9; 12-18; 21 οὔπω -22)
1 παρατεινομένου + καὶ τῶν παθῶν αὐτῷ ἐπιτεινομένων N/ ὑπόπτευεν Υ,
+ τελείαν N / ἐγκατάληψιν Υ, ἐγκαταλελειμμένος Γ   1/2 μεμενηκέ-
ναι Γ   2 θεῷ Υ   3 οὐχ Υ   4 ἀναστρέφω Χ   5 πάλιν:
διὸ καὶ Γ / ὀλιγοχρόνιον + τῆς ζωῆς Γ/ ἱκετείαν Γ / καὶ - 6 ἐπιδεί-
ξομεν > N   6 ὡς + καὶ Γ / ἐξῆς Γ / ἐπιδείξωμεν Υ   7 δόγμα
δὲ: καὶ δόγμα N   8 τὸν > Υ / οἱ: εἰς Υ   11 βροτόν Χ
12 δ δέδοικε Υ, ταῦτα λέγει δεδοικὼς N / τελευτήσει und nach ἐτασ-
μῶν Υ   13 ἀπορριφῇ Υ, ἀπορριφῇ nach θεοῦ stellt N / γένηται καὶ:
γεγονὼς N   15 τὴν₂ - 17 ἐξώτερον > N / τοὺς > Υ   16 χεῖρας
καὶ πόδας stellt Υ   18 τοῦ θεοῦ: αὐτοῦ N / βαλλόμενοι - 19 θεοῦ
> Υ   19 τοιγαροῦν - 20 οἱονεὶ > Γ   20 ὅτι vor διὰ stellen
ΧΥ, + δὴ Γ   21/22 ἐνδίκως: δεδοικὼς Υ   22 ὁ δίκαιος > N

ΚΕΦΑΛΑΙΟΝ ΟΓΔΟΟΝ

'Αρχὴ τοῦ ῥητοῦ· ὑπολαβὼν δὲ Σωφὰρ ὁ Μιναῖος λέγει· ὁ τὰ
πολλὰ λέγων καὶ ἀντακούσεται; ἢ καὶ ὁ εὔλαλος οἴεται δίκαιος εἶναι;

Προθεωρία τοῦ κεφαλαίου

5   ἀποτάδην τοῦ 'Ιὼβ διαλεχθέντος σφοδρότερον ὁ Σωφὰρ διαμάχεται.
καὶ πρῶτον μὲν ἐπὶ πολυλογίᾳ σκώπτει, εἶτα μέμφεται ὡς εἰρηκότα
ὅτι· καθαρὸς καὶ ἄμωμός εἰμι, καὶ οὐ νενοηκώς, ἐκ ποίας διαθέσεως
ἤθελε κρίνεσθαι πρὸς θεόν, εἴθε, φησίν, ἦν δυνατὸν δικαιολογήσα-
σθαί σοι θεόν, ἵνα καὶ ἐκ τῆς σοφίας αὐτοῦ καὶ ἐκ τῆς δυνάμεως
10   γνῷς, ὡς τὸ κατ' ἀξίαν σοι ἀπονέμων ἐτιμωρήσατό σε.
εἶτα δείξας τοῦ θεοῦ τὴν δύναμιν καὶ τοῦ ἀνθρώπου τὸ εὐτελὲς
παραινεῖ τῷ 'Ιὼβ εἰς εὐχὴν τραπῆναι καὶ μετανοῆσαι ἐφ' οἷος πρότε-
ρον ἥμαρτεν· οὕτω γὰρ ἔσται αὐτῷ ἵλεω τὸν θεὸν καταστησόμενον τῶν
τε παρόντων δεινῶν ἔξω γενέσθαι καὶ τὴν προτέραν εὐδαιμονίαν ἀπο-
15   λαβεῖν.

Αἱ λέξεις

11,2 ὁ τὰ πολλὰ λέγων καὶ ἀντακούσεται; ἢ καὶ ὁ εὔλαλος οἴεται
δίκαιος εἶναι;

σαφέστερον ὁ Θεοδοτίων ἐκδέδωκεν εἰρηκώς· μὴ ὁ πολύλογος ἀν-

X(-15) Y Γ(βOFSP 5-15) N(5-15)

1 > X/ ὅγδ.: η Y   2-4: Σωφάρ X, > Y; ergänzt nach d. and. Kapiteln
5 ὁ > X   6 πρῶτα Y/ πολυλογίας Y/ σκώπτει: σκόπει Y, + τὸν ἅγιον N
/ εἶτα + καὶ Y   7 εἰμὶ καὶ ἄμωμος stellt N/ διαθ.: διακρίσεως Y
10 τὸ YF: τὰ P, > X Rest Γ   11 τοῦ₁ > X   13 αὐτὸν Y/ ἵλεων XN,
ἵλεως Γ/ καταστησάμενον Y   16 > Y, ergänzt nach d. and. Kapiteln

ἀντίρρητος ἔσται;

ὃ δὲ λέγει τοιοῦτόν ἐστιν· οὐκ ἐν πλήθει λόγων ἡ τοῦ δικαίου
κρίνεται φύσις οὐδέ, εἴ τις εὔστομος καὶ εὐεπής, ἤδη παρὰ τοῦτο
δίκαιος· ἀλλ' ἔστι καὶ πρὸς τοὺς τοροὺς καὶ εὐτροχάλους λόγους
5 ἀντίρρησις.

11,2 εὐλογημένος γενητὸς γυναικὸς ὀλιγόβιος.

ἢ κατὰ ἀντίφρασίν φησι τὸ εὐλογημένος ἀντὶ τοῦ· κατάρας ἐγ-
γὺς καὶ περὶ ἁμαρτίας εἰλούμενος ὁ ἐκ γυναικὸς ὀλιγόβιος, ἵνα εἴ-
πῃ ὅτι· ἄνθρωπος ὢν μὴ οἴου ἀναμάρτητος εἶναι. ἢ ὀλιγόβιον λέ-
10 γει τὸν μὴ εἰς πολλὰ περιελκόμενον, ἵνα εἴπῃ ὅτι· σὺ πολλὰ φλυα-
ρῶν οὐκ εὐλογημένος εἶ, ἀλλ' ἐπικατάρατος.

11,3 μὴ πολὺς ἐν ῥήμασι γίνου. οὐ γὰρ ἔστιν ὁ ἀντικρινόμενός
σοι.

ἐπειδὴ θεὸν ᾔτησεν ὁ Ἰὼβ καταστῆναι αὐτῷ εἰς κρίσιν· μὴ μάτην,
15 φησίν, φλυάρει· οὐ γὰρ ἕξεις θεὸν ἀντικρινόμενόν σοι.

11,4-6 μὴ γὰρ λέγε, ὅτι· καθαρός εἰμι τοῖς ἔργοις καὶ ἄμεμπτος
ἐναντίον αὐτοῦ. ἀλλὰ πῶς ἂν ὁ κύριος λαλῆσαι πρὸς σὲ καὶ διανοίξαι
χείλη αὐτοῦ μετὰ σοῦ; εἶτα ἀναγγελεῖ σοι δύναμιν σοφίας, ὅτι δι-
πλοῦς ἔσται τῶν κατὰ σέ. καὶ τότε γνώσῃ, ὅτι ἄξιά σοι ἀπέβη παρὰ
20 κυρίου ὧν ἡμάρτηκας.

εἴθε, φησίν, ἦν θεὸν διαλεχθῆναί σοι ἵνα μαθὼν τὴν αὐτοῦ σοφίαν
καὶ τὴν κατὰ δικαιοσύνην ὑπεροχὴν μηκέτι τολμήσῃς λέγειν ὅτι· κα-
θαρός εἰμι καὶ ἄμεμπτος, ἀλλὰ γνῷς ὅτι τὸ κατ' ἀξίαν ἀπένειμέ σοι
ὁ θεὸς ἰσομέτρους τοῖς ἁμαρτήμασι τὰς τιμωρίας ἐπαγαγών. τὸ δὲ
25 ὅτι διπλοῦς ἔσται τῶν κατὰ σέ τοῦτο δηλοῖ· πολλή ἐστιν

Υ Γ(βOFSL 2 οὐκ - 3 φύσις; βOFSPL 7-11; 14-15; 21-) Ν(2 οὐκ - 5; 14-)
2 λόγου Υ, + φησὶν ΓΝ   3 εὔεπις Υ   4 τοροὺς: γοργοὺς Ν
8 καὶ περὶ: καίπερ Υ   11 εὐλογημένος εἶ: εὐλογηθήσῃ Γ / ἀλλ'
ἐπικατάρατος: ἀλλ' ἐπὶ κατάρᾳ γενήσῃ OF, > βSPL   12 ἀντικρ. LXX:
ἀνταποκρ. Υ, vgl. z.15   17 διανοίξῃ Υ   21 εἴθε γὰρ ἦν φησιν Γ
22 τολμήσεις ΥΝ   23 τὸ > Υ / ἀπένειμαί Υ   24 ὁ > ΓΝ
25 τῶν ΥΡΝy: τῷ CBNp, τὸ βOFSL / πολλή + φησιν ΓΝ / ἔστιν > Ν

ἡ ὑπεροχὴ τοῦ θεοῦ πρὸς τὸν λέγοντα ἑαυτὸν ὥσπερ σὺ σοφὸν εἶναι

καὶ δίκαιον. εἰ δὲ καὶ σοφώτερος ἡμῶν ἐστι καὶ δικαιότερος, σοφῶς

καὶ δικαίως ἐπήγαγέν σοι τὰς τιμωρίας.

11,7 ἢ ἴχνος κυρίου εὑρήσεις ἢ εἰς τὰ ἔσχατα ἀφίκου, ἃ ἐποίησεν ὁ

5 παντοκράτωρ;

    ἀνέφικτά σοι, φησίν, τὰ τοῦ θεοῦ, καὶ τὰς ὁδοὺς αὐτοῦ τῆς προ-

νοίας εὑρεῖν ἀμήχανον ἢ ἄχρι τέλους τῶν βουλευμάτων αὐτοῦ φθάσαι

ἢ τῶν ποιημάτων.

11,8 ὑψηλότερος ὁ οὐρανὸς καὶ τί ποιήσεις; βαθύτερα δὲ τῶν ἐν

10 ᾅδου τί οἶδας;

    πῶς δ' ἂν ἐφίκοιο, φησίν, πόσον ἐστὶ τὸ ὕψος τοῦ οὐρανοῦ - τοῦ-

το γὰρ σημαίνει τὸ καὶ τί ποιήσεις; ἀντὶ τοῦ· ἀμηχανήσεις

εὑρεῖν -, ἢ τίνα εἰσὶ τὰ ὑπὸ τὸν ᾅδην;

11,9 ἢ μακρότερα μέτρα γῆς ἢ εὖρος θαλάσσης.

15   οἶδας, δέ φησιν, τῆς γῆς τὸ μέτρον, πόσον ἐστίν, ἢ τῆς θαλάσσης

τὸ πλάτος;

11,10 ἐὰν δὲ καταστρέψῃ τὰ πάντα, τίς ἐρεῖ αὐτῷ· τί ἐποίησας;

    εἰ δὲ καὶ τὰ πάντα ἀναστρέψαι βουληθῇ, τίς ἀντερεῖ τοῖς αὐτοῦ

νεύμασι καὶ τῇ τοσαύτῃ ἐξουσίᾳ; εἶτα, ἵνα μὴ δόξῃ λέγειν ὅτι· κατ'

20 ἐξουσίαν ἐπήγαγέ σοι τὰς τιμωρίας καὶ οὐ κατὰ τὸ δίκαιον, ταχέως

ἐπήγαγεν·

11,11 αὐτὸς γὰρ οἶδεν ἔργα ἀνόμων, ἰδὼν δὲ ἄνομα οὐ παρόψεται.

    ὡς δυνατὸς τοίνυν καὶ σοφός, φησίν, καὶ δίκαιος ἀνομοῦντά σε

οὐ παρεῖδεν, ἀλλ' ἐτιμωρήσατο.

Y Γ(βOFSPL - 2 δίκαιον; 6-8; 11-14; 15-16; βOFSPLN ≠ 19 εἶτα - 21)
P(18-21; 23-24) N(-3; 6-8; 11-13; ≠ 15-16; 18-19 ἐξουσίᾳ; 23-)
1 ὥσπερ σὺ > Y   2 δὲ: οὖν N / ἐστι > N   3 σου Y   9 βα-
θύτερ( ) Y   11 δὲ Y / ἐφείκοιο Y   13 εἴ: ἢ ΓΝ   14 μακρό-
τερ( ) μέτρ( ) Y   18 δὲ: οὖν N / ἀνατρέψαι N / τοῖς > Y
19 δόξῃς P   20 τὸ > Y   23 τοίνυν > P / φησιν > PN

11,12 ἄνθρωπος δὲ ἄλλως νήχεται λόγοις, βροτὸς δὲ γεννητὸς γυναι-
κὸς ἴσα ὄνῳ ἐρημίτῃ.

ὁ μὲν οὖν θεός, φησίν, τοσοῦτός ἐστι καὶ τοιοῦτος, ὁ δὲ ἄνθρω-
πος εἰκῇ καὶ μάτην φλυαρεῖ οὐδὲν ὄνου κατὰ τὸ εὐτελὲς τῆς φύσεως
5 ὅσον πρὸς τὴν θείαν σοφίαν καὶ ὑπεροχὴν διαφέρων. ἐρημίτην δὲ ὄνον
ἔφη διὰ τὸ ἀνυπότακτον. τοῦτο δὲ αἰνιττόμενος τὸν Ἰὼβ ἔφησεν ὡς
καὶ φλύαρον καὶ πρὸς θεὸν ἀνυπότακτον.

11,13-14 εἰ γὰρ σὺ καθαρὰν ἔθου τὴν καρδίαν σου, ὑπτιάζεις δὲ
καὶ χεῖρας πρὸς αὐτόν, εἰ ἄνομόν τί ἐστιν ἐν χερσί σου, πόρρω ποί-
10 ησον αὐτὸ ἀπὸ σοῦ, ἀδικία δὲ ἐν διαίτῃ σου μὴ αὐλισθήτω.

ὁ Σύμμαχος ἀντὶ τοῦ· ὑπτιάζεις δὲ χεῖρας πρὸς αὐτόν
ἁπλώσεις πρὸς αὐτὸν τὰς παλάμας σου ἐκδέδωκεν.

οἱ οὖν χρόνοι ἐνταῦθα ἐνηλλαγμένοι εἰσίν, ὁ δὲ νοῦς οὗτος· εἴ
τι μοι πείθῃ, κάθαρόν σου τὴν καρδίαν καὶ τὰς χεῖρας ἅπλωσον πρὸς
15 θεὸν εἰς εὐχὴν καὶ μηκέτι ἀδικήσῃς ἢ ἀνομήσῃς, καὶ ἔσονταί σοι τά-
δε καὶ τάδε ἅπερ ἐφεξῆς φησιν.

καὶ δοκεῖ μὲν ὁ Σωφὰρ παραινεῖν τῷ Ἰώβ, πλὴν καὶ αὐτὸς αὐτὸν
πλήττει ὡς δι' ἁμαρτίας κολαζόμενον.

11,15 οὕτω γὰρ ἀναλάμψει σου τὸ πρόσωπον ὥσπερ ὕδωρ καθαρόν.

20 εἰ γὰρ μετανοήσεις, φησίν, τὸ ἐσβεσμένον καὶ συγκεχυμένον σου
πρόσωπον ἀπὸ τῶν συμφορῶν ἐκλάμψει καὶ ὡς καθαρὸν ὕδωρ διαυγάσει,
ἵνα εἴπῃ ὅτι· τὴν παλαιὰν εὐδαιμονίαν ἀπολήψῃ.

Υ Γ(βOFSL 6 τοῦτο – 7; ≠ 13-16) P(≠ 3 ὁ δὲ – 4 φύσεως; 5 ἐρημίτην –
7; 13 εἰ – 16) Ν(– 5 διαφέρων; ≠ 5 ἐρημίτην – 7; 11-16)
1/2 γυναικὸς > Υ   2 ὄνῃ Υ / ἐρημήτῃ Υ   3 οὖν: γὰρ Ν / τοι-
οῦτος + Zusatz aus Katene Ν   3-5 οἱ δὲ ἄνθρωποι .. φλυαροῦσιν ..
διαφέροντες Ν   4 ὄνου Ν: ὧν Υ(Ρ)   5 ἐρημήτην Υ   6 τοῦτο
δὲ > ΓΡ(Ν) / ἔφησεν > ΓΡ(Ν)   7 καὶ φλυαρὸν καὶ: τὰ ΓΡ(Ν)
8 σὺ: οὐ Υ   10 αὐτῷ Υ   11 ὁ > Υ, ὁ δὲ Ν/ δὲ > Ν/ αὐτόν: θεόν Ν
13 οἱ: εἰ Υ/ ἐνταῦθα Ν(Γ): > Υ/ ἐνηλαγμένοι Υ   13/14 εἴ τι Ν(Γ):
ἐὰν δὲ ΥΡ   14 πείθῃ + φησὶν Ν(Γ) + τὰ κάλλιστα συμβουλεύοντι Ν
14 σου: μου Ρ / τὰς – 15 εὐχήν: Auszüge aus Katene Ν, δεήθητι τοῦ
θεοῦ (Γ)   15 ἀδικήσεις ἢ ἀνομήσεις Υ/ παρανομήσῃς Ν/ καὶ₂: Aus-
züge aus Katene Ν   16 ἅπερ: ἃ Ρ   21 ἀπὸ Hag: ὑπὸ Υ

11,15 ἐκδύσει δὲ ῥύπον καὶ οὐ φοβηθήσῃ.

ἐπειδὴ ὁ Ἰὼβ ἔφη· ἱκανῶς ἐν ῥύπῳ με ἔβαψας, ὁ Σωφάρ
φησιν ὅτι· καὶ τοῦτον τὸν ῥύπον - ὅ ἐστιν· τὴν δυσπραγίαν - ἀποδύ-
σῃ καὶ οὐδὲ ἔτι φοβηθήσῃ, μή τι σοι ἐν τοῖς ἐφεξῆς δυσχερὲς ἀπαν-
5 τήσῃ.

11,16 καὶ τὸν κόπον ἐπιλήσει ὥσπερ κῦμα παρελθὸν καὶ οὐ πτοηθήσει.

ἀλλ' οὐδὲ ἴχνος ὑποληφθήσεταί σοι τῶν κόπων οὐδὲ μνήμη τῶν συμ-
φορῶν ὥσπερ οὐδὲ κύματος παρελθόντος ἴχνη καταλιμπάνονται.

11,17 ἡ δὲ εὐχή σου ὥσπερ ἑωσφόρος.

10 ἀντὶ τοῦ· ὑπέρλαμπρος, καθαρά, τουτέστιν· ἀνύουσα.

11,17 ἐκ δὲ μεσημβρίας ἀνατελεῖ σοι ζωή.

ἢ τοῦτο λέγει, ὅτι· ὡς ἥλιος ἐν μεσημβρίᾳ διαλάμψει σου ἡ ζωή·
ἢ ἐπειδὴ ἐν μεσημβρίᾳ ὑπὲρ κεφαλῆς ὢν ὁ ἥλιος οὔτε ὄπισθεν ποιεῖ
σκιὰν οὔτε ἔμπροσθεν, φησὶν ὅτι· ἐπειδὴ νῦν ὥσπερ ἐν μέσῳ ζυγῷ ἐπὶ
15 ξυροῦ κεῖται τὰ κατὰ σέ, ἐκ ταύτης σου τῆς ἀμφικρήμνου καταστάσε-
ως ἀναλάμψει σου ἡ ζωή, ἐὰν μετανοήσῃς.

11,18 πεποιθώς τε ἔσῃ ὅτι ἔστι σοι ἐλπίς.

καὶ θαρρήσεις λοιπὸν ὡς ἔχων εἰς θεὸν τὴν ἐλπίδα καὶ ὑπ' αὐτοῦ
βοηθούμενος.

Υ Γ(βOFSL 2 ἐπειδὴ - ἔβαψας; 10; βOFSPL 18-19) Ρ(2 - 3 ἀποδύσῃ; 13
ἐπειδὴ - 16) Ν(2-5; 7-8; 10; 12-16; 18-19)

2 ἐπειδὴ - ἔφη: πρὸς ὃ εἶπεν ὁ Ἰὼβ τό (τό > Ρ) ΓΡ / δ₁ > Υ / με ἐν
ῥύπῳ stellt Γ / ἔβαψας + πρὸς ἐκεῖνο Ν   2/3 φησὶν ὁ Σωφάρ
stellt Ρ.   3 ὅ ἐστιν: τουτέστιν Ρ   3/4 ἀποδύσει Υ
4/5 ἀπαντήσει Υ   6 ἐπιλύσει Υ / παρελθὼν Υ   7 σοι Ν: σου Υ
/ μνήμη: μνημόσυνον Ν   8 καταλιμπάνεται Ν   10 ὑπέρλαμπρος -
τουτέστιν: καθαρὰ καὶ ΓΝ   12 ἢ > Υ   13 ποιεῖ + τὴν Ν
14 μέσῳ ζυγοῦ Ν, μεσημβρίᾳ ζυγοῦ Ρ   14/15 ἐπὶ ξυροῦ > Ρ
15 τά: τὸ Υ   16 σοι Ρ   18 θαρρήσας Υ / λοι-
πὸν > Γ/ λοιπόν + φησιν Ν/ ἔχων - ἐλπίδα ΓΝ: ἐλπίδα ἔχων εἰς θεόν Υ

11,18 ἐκ δὲ μερίμνης καὶ φροντίδος ἀναφανεῖταί σοι εἰρήνη.

τὰς δὲ νῦν συνεχούσας σε μερίμνας καὶ ἐπωδύνους φροντίδας γαλη-
ναία τις καὶ εἰρηνικὴ κατάστασις διαδέξεται.

11,19 ἡσυχάσεις γὰρ καὶ οὐκ ἔσται ὁ πολεμῶν σοι.

5   οὕτω δὲ βαθείας ἀπολαύσεις εἰρήνης, ὡς ἀπολέμητον τὸν κατάλοι-
πον διαβιῶναι χρόνον.

11,19-20 μεταβαλλομένου δέ σου πολλοί σου δεηθήσονται, σωτηρία
δὲ αὐτοὺς ἀπολείψει· ἡ γὰρ ἐλπὶς αὐτῶν ἀπολεῖται. ὀφθαλμοὶ δὲ ἀσε-
βῶν τακήσονται.

10   οἱ δὲ νῦν περιορῶντές σε διὰ τὰς συμφορὰς καὶ ἐπεμβαίνοντές σοι
ὕστερόν σου δεηθήσονται, ὅταν αὐτοὺς ἡ παρὰ θεοῦ σωτηρία καταλί-
πῃ καὶ μηδεμίαν ἐλπίδα ἔχωσιν. τότε δὴ τότε καὶ τακήσονται αὐτῶν
οἱ ὀφθαλμοὶ ἐπὶ τῇ σῇ εὐημερίᾳ, ὑπὸ τοῦ φθόνου δὲ δηλονότι.

ἐκ δὲ τούτων τῶν λόγων ἔστι συνιδεῖν, ὅτι πρὸς πᾶσι τοῖς κα-
15   κοῖς καί τινας ἔπεισεν ὁ διάβολος ἐπιγελᾶν καὶ ἐπεμβαίνειν ταῖς
τοῦ Ἰὼβ συμφοραῖς.

11,20 παρ' αὐτῷ γὰρ σοφία καὶ δύναμις.

τινὰ τῶν ἀντιγράφων ἔχουσι καὶ τοῦτον τὸν στίχον, τινὰ δὲ οὔ.
κατὰ γοῦν τὰ ἐν οἷς κεῖται τὸ ῥητὸν εἰς τὴν τοῦ θεοῦ σοφίαν τε καὶ
20   δύναμιν περιέκλεισεν ὁ Σωφὰρ τὸν λόγον μονονουχὶ λέγων ὅτι· χαλε-
πὸν οὖν ἀντιπράττειν τῷ μόνῳ σοφῷ καὶ δυνατῷ θεῷ.

Υ Γ(βOFSPL 10-13) Ν(2-3; 5-6; 10-16)
2 νῦν συνεχούσας: νυνεχούσας Ν / σε > Ν   2/3 γαληνιαία Ν
5 οὕτω δὲ: ἀλλ' οὕτω Ν   5/6 κατάλοιπον: λειπόμενον Ν   8 ἀπ-
ωλεῖται Υ   10 νῦν + φησιν ΓΝ / σοι > Γ   11 σου:
σοι Υ   11-12 ὅταν - ἔχωσιν > Γ / καταλείπῃ Υ   12 ἔχωσιν
ἐλπίδα stellt Ν / ἔχωσιν Ν: σχῶσιν Υ / τότε₂ > Ν   13 τοῦ > Γ
/ δὲ > Ν   15 ἔπεισεν: ἐπέστησεν Ν / ἐπεμβαίνειν + ἐν Ν
17 αὐτὸ Υ

καὶ ταῦτα μὲν πρὸς ἕτερον λεγόμενα διὰ ἁμαρτίας κολαζόμενον κα-
λῶς ἐλέγετο. οὐδὲ γὰρ ἀπόβλητοι τῶν φίλων τοῦ 'Ιὼβ οἱ λόγοι, ἐὰν
ἕτερον ᾖ πρόσωπον τὸ νουθετούμενον καὶ μετὰ τῆς προσηκούσης λέγων-
ται διαιρέσεως. ὁ δὲ δίκαιος καὶ μᾶλλον ἀλγεῖ οὐδὲν μὲν ἑαυτῷ συν-
5 ειδώς, ὡς ἀσεβὴς δὲ νουθετούμενος εἰς μετάνοιαν.

Υ Γ(βOFSPL) N

1 καὶ - μὲν: ταῦτα δὲ N / ἕτερον + μὲν N / κολαζόμενον: κακῶς πάσ-
χοντα N   2 ἐλέγετο ΓN: ἔσχεν αὐτῷ Υ   3 τὸ: τὸν Υ
3/4 λέγονται Υ Γ

ΚΕΦΑΛΑΙΟΝ ΕΝΑΤΟΝ

Ἀρχὴ τοῦ ῥητοῦ· ὑπολαβὼν δὲ ᾿Ιὼβ λέγει· εἶτα ὑμεῖς ἐστε
ἄνθρωποι ἢ μεθ᾿ ὑμῶν τελευτήσει σοφία.

Προθεωρία τοῦ κεφαλαίου

5   σφοδρότερον τοῦ Σωφὰρ χρησαμένου τοῖς λόγοις καὶ διὰ τῆς τοῦ
θεοῦ σοφίας καὶ δυνάμεως πειραθέντος τοῦτο μὲν φοβῆσαι τὸν δίκαι-
ον, τοῦτο δὲ διδάξαι, ὅτι οὐκ ἀδίκως πάσχει ἃ πάσχει, ὡς πᾶσιν οὔ-
σης ὡμολογημένης τῆς τοῦ θεοῦ σοφίας καὶ δυνάμεως χλευάζει ὁ ᾿Ιὼβ
τὸν Σωφὰρ ὡς τὰ ὡμολογημένα δι᾿ ἀποδείξεων βουληθέντα κατασκευά-
10 σαι.
εἶτα καὶ αὐτὸς μεγαλοπρεπῶς ἐξηγεῖται τὰ περὶ τῆς τοῦ θεοῦ σο-
φίας καὶ δυνάμεως δεικνύς, ὅτι συνετώτερος αὐτῶν ἐστι περὶ τὰ θεῖα.
καὶ μέμφεται μὲν τοὺς φίλους ὡς οὐ δυνηθέντας θεραπευτικοὺς λόγους
εἰπεῖν· αὐτὸς δὲ ἐπὶ τοῦ δικαίου θεοῦ ἡδέως λέγει τὰ προσόντα αὐ-
15 τῷ σφόδρα θαρρῶν τῇ τοῦ θεοῦ δικαιοκρισίᾳ. καὶ μέμφεται τοῖς φί-
λοις ὡς παρὰ τὸ δίκαιον τὴν ὑπὲρ θεοῦ δικαιολογίαν ἀναλαβοῦσι καὶ
φησιν ὅτι· κἂν μυριάκις δόξητε ὑπὲρ θεοῦ λαλεῖν, λαλῆτε δὲ μετὰ
δόλου καὶ παρὰ τὸ δίκαιον, οὐκ ἀποδέξεται ὑμᾶς ὁ φιλαλήθης θεός.
τὸ δὲ ἐναντίον αὐτὸς σωτηρίας ἐλπίζει τεύξασθαι καὶ ἀποδοχῆς ὡς
20 ἀδόλως καὶ καθαρῶς, ἃ φρονεῖ, μετὰ παρρησίας ἐπὶ θεοῦ διαλεγόμε-

───────────────
Υ Γ(βΟFSL 5-) P(5-) N(5-)

1 ἔνατον: θ Υ   3 μετ᾿ Υ   5 φοδρότερον (Anfangsunziale nicht
eingetragen) Υ   6 πειραθέντος: nach δίκαιον P, πνευσθέντος F,
πεμφθέντος Rest-Γ   7 διδάξαι: καὶ δεῖξαι ΓΡΝ / ἃ πάσχει > ΓΡΝ
7-8 ὡς - δυνάμεως > Ν   8 ὁμολογημένης Υ / ὁ + μακάριος P
9 δι᾿ (διὰ) ἀποδείξεων ΓΝ: δι᾿ ἀποδείξεως P, διὰ πράξεως Υ / βουλη-
θέντι Υ   11 αὐτὸς: οὗτος Γ / ἐξηγεῖτο Γ   13 λόγοις P
14 δὲ + ὡς P / ἡδέστατα Γ, ἥδιστα P / καταλέγει P   15 μέμφεται
τοῖς φίλοις: μέμφ. αὐτοὺς P, αἰτιᾶται τοὺς φίλους Ν   16 θεὸν Υ,
τοῦ θεοῦ P / ἀναλαβόντας ΡΝ   17 δόξηται Υ / λαλεῖται Υ
18 οὐ δέξεται P   19 τὸ - ἀποδοχῆς: αὐτὸς δὲ P / ἐλπίζει: ἐδέετο
ζητῶν Γ / καὶ ἀποδοχῆς: καὶ ἀποδοὺς Γ, > Ν / ἐπὶ τοῦ θεοῦ Ν, ἔτι Γ,
> P / διαλεγόμενος: φθεγγόμενος P

νος· καί φησιν ὅτι· οἶδα ἐγώ, ὅτι δίκαιος ἀναφανοῦμαι πρὸς θεὸν
ἀληθῆ καὶ δίκαιον σὺν ἀληθείᾳ φθεγγόμενος. εἶτα τρέπεται καὶ εἰς
αἴτησιν πρὸς θεὸν καὶ παρακαλεῖ συγγνώμης τυχεῖν, εἴ τι καὶ ἥμαρ-
τεν, καὶ τὸ τῆς φύσεως ἀσθενὲς εἰς ἱκεσίαν προβάλλεται φάσκων μη-
5 δένα ἄνθρωπον εἶναι καθαρόν, κἂν μίαν ἡμέραν εἰς τὸν βίον παρέλθῃ.
δείκνυσι δὲ κατὰ παράθεσιν, ὡς καὶ τῶν φυτῶν ἀδρανέστερός ἐστιν ὁ
ἄνθρωπος. μέμνηται δὲ ὡς προφήτης καὶ συντελείας καὶ ἀναστάσεως·
καὶ πάλιν ἱκετεύει τὸν θεὸν ὡς ποιητήν, φείσασθαι τοῦ ἰδίου δημι-
ουργήματος, καὶ ἀξιοῖ μὴ πρὸς ἀκριβεῖς ἐλθεῖν ἐλεγμούς.
10   ταῦτα δὲ πάλιν ἐν τῷ ἑαυτοῦ προσώπῳ ὑπὲρ πάντων ἡμῶν ἐξαιτεῖ
τὸν θεόν· οἱ γὰρ ἅγιοι τὰ οἰκεῖα ὑποστησάμενοι πρόσωπα ἐκ τῶν καθ'
ἑαυτοὺς ὑπὲρ τοῦ κοινοῦ τῆς ἀνθρωπότητος τὸν θεὸν λιτανεύουσιν,
ὡς πολλαχόθεν ἔστιν ἰδεῖν, καὶ οὐχ ἥκιστα ἐκ τῆς ἐνθέου καὶ ἐν-
αρμονίου τῶν Ψαλμῶν μελῳδίας. ἐπιτήρει δὲ πάλιν, ποίας ἔχων τὰς
15 περὶ θεοῦ δόξας ὁ μακάριος Ἰὼβ καὶ ἐκ ποίας ἀγάπης καὶ καθαρότη-
τος σὺν παρρησίᾳ διαλέγεται. θαυμάσαι δὲ ἄξιον, πῶς ἐν τοσαύταις
καὶ τηλικαύταις συμφοραῖς καὶ βασάνοις οὐκ ἐξεπλάγη, οὐ κατέπεσεν,
πῶς οὐδὲν αὐτὸν τῶν ὑπὸ τῶν φίλων ῥηθέντων διέλαθεν, ἀλλὰ καὶ πρὸς
πάντα ἀπαντᾷ καὶ δόγματα λαλεῖ καὶ ἀξίως θεοῦ τὰς περὶ αὐτοῦ κέκ-
20 τηται ὑπολήψεις καὶ τρόπον τινὰ μὴ ὢν ἐν σαρκί, ἀλλ' ὅλος ὢν ἐν
πνεύματι, οὕτως ἐν μέσαις ταῖς βασάνοις φιλοσοφεῖ.

Υ Γ(βOFSL -21) P(- 11 θεόν; 16 θαυμάσαι - 21) N(-21)

1 καί φησιν: λέγει P / ὅτι₁ > ΓΡΝ   1-2 θεὸν - δίκαιον: vgl.
142,12 / ἀληθῆ θεὸν stellen ΓΡΝ   2 σὺν: ἐν ΓΡ / φθεγγόμενος:
τοὺς λόγους ποιούμενος P   3 εἴ τι: ὅτι Γ / καὶ₂ > ΓΡ   4 ἱκε-
τείαν P   4/5 μηδένα: μὴ ζῶντα Γ   6 κατὰ - ὡς > P (sic) /
ἀδρανέστερος: ἀσθενέστερος Γ   7 μέμνηται - ἀναστάσεως > Ν / μέμ-
νηται - καὶ₁: καὶ ὡς δίκαιος προφητεύει περὶ Γ / ὡς: ὁ P / καὶ₂ > P
/ ἀναστάσεως + ὡσαύτως δὲ Γ   8 πάλιν > ΡΝ / τὸν - ποιητήν > Ρ
9 καὶ - ἐλεγμούς > Ρ / ἀξιοῖ: αἰτεῖται Γ / μὴ > Γ / ἐλεγμούς: ζητή-
σεις Γ, ζητήσεις καὶ ἐλεγμούς Ν   10-11 ταῦτα - θεόν: τὸ οἰκεῖον
ὑπὲρ τῆς φύσεως προστησάμενος πρόσωπον Ρ   10 ἑαυτῷ Υ / ἡμῶν > Γ
11 ἅγιοι .. ὑποστησάμενοι: δυνάμενοι .. ὑποστήσασθαι Γ   11/12 καθ'
ἑαυτοὺς: καὶ Γ   12-13 τῆς - ἰδεῖν: εἶναί τις ἀναμάρτητος τὸν
θεὸν αἰτῶν ὡς πολλοὺς εὐεργετεῖν δύναται Γ   16 σὺν: νῦν Γ
17 καὶ τηλικαύταις > Ν   18 ῥηθέντων: λαληθέντων Ν   19 πάν-
τας Γ / ἀξίας P   20 καὶ + ἐν μέσαις ταῖς βασάνοις Ν / τρόπον τι-
νὰ: ὡς Ν, ὥσπερ P /   ὢν - ὢν: ἐν σαρκὶ ὢν ἀλλ' ὅλος Ν /   ὅλως Γ
21 πνεύματι + καὶ Υ / οὕτως - βασάνοις > Ν

< Αἱ λέξεις >

12,2 εἶτα ὑμεῖς ἐστε ἄνθρωποι ἢ μεθ' ὑμῶν τελευτήσει σοφία;

ἆρα οἴεσθε, φησίν, ὅτι μόνοι ἄνθρωποι τυγχάνετε καὶ εἰς ὑμᾶς ἡ
πᾶσα σοφία τελευτᾷ, ὡς μηδένα ἄλλον μετέχειν αὐτῆς; ἢ καὶ οὕτως·
5 εἶτα ἔστιν ἐφ' ὑμῖν εἰπεῖν, ὅτι ἄνθρωποί ἐστε τὸ κατ' εἰκόνα δια-
σῴζοντες, ἢ μέχρι τελευτῆς συμπαραμένει ὑμῖν ἡ σοφία; ἵνα εἴπῃ ὅτι·
οὐκ ἔστε ἐν τελειότητι σοφίας, ἀλλὰ παρετράπητε καὶ σχεδὸν ἀπωλέ-
σατε τὸ εἶναι ἄνθρωποι. ταῦτα δὲ λέγει οὐ κατεπαιρόμενος αὐτῶν,
ἀλλὰ ἀχθόμενος ἐφ' οἷς παρὰ τὴν ἀλήθειαν λαλοῦσιν.

10 12,3 κἀμοὶ μὲν καρδία καθ' ὑμᾶς ἐστιν.

δύναμαι, φησίν, κἀγὼ εἰδέναι ὅσα καὶ ὑμεῖς ἴστε.

12,4 δίκαιος γὰρ ἀνὴρ καὶ ἄμεμπτος ἐγενήθην εἰς χλεύασμα.

τοῦτο ἔοικε μὲν περὶ ἑαυτοῦ λέγειν, καθολικὸν δὲ ἐκτίθεται λό-
γον. οἱ γὰρ σαρκικοὶ τὰ τῶν δικαίων καὶ πνευματικῶν μωρίαν ἡγοῦν-
15 ται. ψυχικὸς γὰρ ἄνθρωπος οὐ δέχεται τὰ τοῦ πνεύμα-
τος, μωρία γὰρ αὐτῷ ἐστιν.

12,5 εἰς χρόνον γὰρ τακτὸν ἡτοίμαστο πεσεῖν ὑπ' ἄλλους, οἴκους τε
αὐτοῦ ἐκπορθεῖσθαι ὑπὸ ἀνόμων.

ἐνταῦθα οἱ τὴν εἱμαρμένην δοξάζοντές φασιν ὅτι· ἰδοὺ καὶ ἡ γρα-

---

15-16 1. Korinther 2,14
Y Γ(βOFSPL 3 - 4 αὐτῆς; βOFSL 4 ἢ - 9; βOFS 15 ψυχικὸς - 16; βOFSL
19-) P(5-9; 13-16; 19-) N(3 εἰς - 4 αὐτῆς; 13-16; 19-)
1 > Y   2 ἶτα Y(Initiale nicht eingetragen)
3 ἆρα: ρα Y, wie Z.2 / οἴεσθαι Y   4 τελευτᾷ σοφία stellen ΓN /
μηδὲ Y   5 κατ' εἰκόνα: λογικόν Γ   6 ἢ - σοφία > ΓP
7 παρετράπηται Y, + οὐδὲ μέχρι τελευτῆς ὑμῖν συμπαραμείνῃ σοφία
(vgl. Z.6) P   7-8 καὶ - ἄνθρωποι > ΓP   8 τὸ: τοῦ Y   9 ἀχ-
θόμενος Y / λαλοῦσιν + ἐπάγει γοῦν ΓN   12 ἐγεννήθην Y   13 τοῦ-
το: καὶ N / ἐκτίθεσθαι Y / λόγον ἐκτίθεται stellt P   14 οἱ γὰρ:
ὅτι οἱ N / δικαίων καὶ > P   15 vor ψυχικὸς: καθά φησιν καὶ ὁ ἀπό-
στολος P, ὅμοιον τούτῳ τὸ ἀποστολικόν Γ, κατὰ τὸ εἰρημένον N/ γὰρ > N
15/16 πνεύματος + τοῦ θεοῦ ΓP   16 μωρία - ἐστιν > N   19 τὴν > Γ

φῇ λέγει, ὅτι εἵμαρτο αὐτὸν παθεῖν. ἀλλ' οὐ τοῦτο ἡ γραφὴ λέγει,
μὴ γένοιτο - οὐ γὰρ ὑπὸ ἀνάγκην τὰ ἡμέτερα -, ἀλλ' ὅτι πάντα ἐν
μέτρῳ διοικῶν τὰ καθ' ἡμᾶς ὁ θεὸς τοῖς τῆς ἑαυτοῦ προνοίας λόγοις
οἶδε, καὶ μέχρι πόσου συμφερόντως δεῖ πάσχειν ἡμᾶς, καὶ κατὰ μέτρον
5 ἐπάγει τοὺς πειρασμούς.

τοῦτο δὲ εἶπεν ὁ 'Ιώβ, ἵνα τὸ κρίμα τῷ θεῷ παράσχῃ μονονουχὶ λέ-
γων· μὴ γελάσθωσαν οἱ δίκαιοι πάσχοντες. ἐπὶ τοσοῦτον γὰρ πάσχου-
σιν, ἐφ' ὅσον ὁ θεὸς βούλεται.

12,6 οὐ μὴν δὲ ἀλλὰ μηδεὶς πεποιθέτω πονηρὸς ὢν ἀθῶος ἔσεσθαι, ὅ-
10 σοι γὰρ παροργίζουσι τὸν κύριον, ὡς οὐχὶ καὶ ἔτασις αὐτῶν ἔσται.

καὶ πρόδηλον, φησίν, ὡς οὐκ ἀτιμώρητος ἡ πονηρία οὐδὲ ἀνεξέ-
ταστοι μένουσιν οἱ τὸν θεὸν παροργίζοντες.

12,7-8 ἀλλὰ δὴ ἐπερώτησον τετράποδα, ἐάν σοι εἴπωσι ἢ πετεινὰ τοῦ
οὐρανοῦ, ἐάν σοι ἀναγγείλωσιν, ἐκδιήγησαι δὲ γῇ, ἐάν σοι φράσῃ,
15 καὶ ἐξηγήσονταί σοι οἱ ἰχθύες τῆς θαλάσσης.

εἰ δὲ οὐκ ἀρκεῖ, φησίν, ἀκούειν ἀνθρώπου, ἐπερώτησον τὰ ἄλογα
καὶ τὰ ἄψυχα. τοῦτο δὲ λέγει πρὸς ἐντροπὴν τοῦ Σωφάρ, ὅτι ταῦτα
ἀναντίρρητά ἐστι καὶ πᾶς ἄνθρωπος αὐτὰ ἐπίσταται. τάχα δὲ καὶ τοῦ-
τό φησιν, ὅτι καὶ τὰ ἄψυχα καὶ τὰ ἄλογα, κἂν μὴ λαλῶσιν, τῆς τοῦ
20 θεοῦ δυνάμεως συναισθάνονται.

12,9-10 τίς οὐκ ἔγνω ἐν πᾶσι τούτοις, ὅτι χεὶρ κυρίου ἐποίησεν
αὐτά; εἰ μὴ ἐν χειρὶ αὐτοῦ ψυχὴ πάντων τῶν ζώντων καὶ πνεῦμα παν-
τὸς ἀνθρώπου;

πᾶσιν οὖν, φησίν, ἐστὶν ὡμολογημένον, ὅτι τῇ ποιητικῇ καὶ δρα-
25 στηρίῳ τοῦ θεοῦ δυνάμει τὰ πάντα συνέστησαν καὶ αὐτὸς τὴν πάντων

Υ Γ(βOFSL -5; βOFSPL 7 μὴ - 8; 11-12; ≠ 16-20) P(-8; 24-) N(-5; 11
ὡς - 12)

1 εἵμαρτο - παθεῖν: εἵμαρτο αὐτῷ παθεῖν P, εἶμαρ τὸ αὐτοπαθεῖν Υ
2 ἡμέτερα + πάθη N / ἀλλ' ὅτι: ἀλλὰ Υ / πάντα > N   7 πάσχοντες
> Γ   8 ὅσον + ἂν Υ   11 πονηρία: ἁμαρτία N   17 πρὸς +
πλείονα (Γ)   18 ἀναντίρητα Υ   20 ἐπαισθάνονται (Γ)
24 οὖν - ὡμολογημένον: ἂν ὡμολόγηται P

συνέχει ζωήν.

εἰ δὲ μὴ τὸ αὐτὸ ψυχὴν καὶ πνεῦμα ἐνταῦθα λέγει, τὸ ψυχῇ μὲν
ἐπὶ τῶν ἀλόγων νοητέον, πνεῦμα δὲ ἐπὶ τοῦ ἀνθρώπου διὰ τὸ δεδο-
μένον τῷ ἀνθρώπῳ κατὰ τὴν ἐξ ἀρχῆς πλάσιν πνευματικὸν χάρισμα.

5 12,11-12 οὓς μὲν γὰρ ῥήματα διακρίνει, λάρυγξ δὲ σῖτα γεύεται. ἐν
πολλῷ χρόνῳ σοφία, ἐν δὲ πολλῷ βίῳ ἐπιστήμη.

ὅνπερ γὰρ τρόπον, φησίν, ὁ λάρυγξ διακριτικός ἐστι τῶν γευστῶν
– κοινὸν δὲ τοῦτον πάντες ἔχομεν –, οὕτως ἐστί μοι καὶ πρὸς ἀκοὴν
λόγων ὠτίον καὶ χρόνος ἱκανὸς εἰς σοφίαν· ὁ γὰρ φρόνιμος παλαιού-
10 μενος προκόπτει τῇ σοφίᾳ. θέλει οὖν εἰπεῖν ὅτι· καὶ οἶδα ἃ ἀκούω
καὶ χρόνον εἰς ἐπιστήμην προσέλαβον.

ὁ μὲν οὖν Ἀκύλας ἀντὶ τοῦ οὖς ὠτίον ἐκδέδωκε· τινὰ δὲ τῶν ἀν-
τιγράφων ἀντὶ τοῦ οὖς νοῦς ἔχουσιν. λέγει οὖν ὅτι· ὥσπερ λάρυγγα
ἐπὶ διακρίσει βρωμάτων ἅπαντες ἔχομεν, οὕτω καὶ νοῦν δυνάμενον εἰ-
15 δέναι τὰ περὶ τῆς τοῦ θεοῦ σοφίας τε καὶ δυνάμεως. διὸ καὶ ἐπάγει·

12,13-16 παρ' αὐτῷ σοφία καὶ δύναμις, αὐτῷ βουλὴ καὶ σύνεσις. ἐὰν
καταβάλῃ, τίς οἰκοδομήσει, ἐὰν κλείσῃ κατὰ ἀνθρώπου, τίς ἀνοίξει;
ἐὰν κωλήσῃ τὸ ὕδωρ, ξηρανεῖ τὴν γῆν, ἐὰν δὲ ἐπαφῇ, ἀπώλεσεν αὐτὴν
καταστρέψας. παρ' αὐτῷ κράτος καὶ ἰσχύς, αὐτῷ ἐπιστήμη καὶ σύνεσις.

20   οὐδεὶς οὖν ἀγνοεῖ, φησίν, ὅτι καὶ σοφός ἐστιν ὁ θεὸς καὶ δυνα-
τός καὶ πάντα μετ' εὐκολίας ποιεῖ, ὅσα καὶ βούλεται, καὶ οὐδεὶς
ἱκανὸς ἀνατρέψαι τὰ αὐτῷ δοκοῦντα.

12,17 διάγων βουλευτὰς αἰχμαλώτους, κριτὰς δὲ γῆς ἐξέστησεν.

Υ Ρ(-1; ≠ 2-4; 7-11; 20-22) Ν(9 ὁ γὰρ - 11; 12 τινὰ - 15; 20-22)
2 μὴ (Ρ): > Υ / τὸ₂ : ἢ Υ   3 νοητέον aus Ρ, > Υ (πνεῦμα μὲν νοη-
τέον ἐπὶ τοῦ ἀνθρώπου, ψυχὴν δὲ ἐπὶ τῶν ἀλόγων Ρ)   7 ὃν τρόπον Ρ
/ φησιν > Ρ   8 κοινὸν - ἔχομεν > Ρ / ἐστί μοι > Ρ   9 λόγων
+ τὸ Ρ / καὶ: ἀλλὰ καὶ ὁ Ρ   9-10 ὁ - σοφίᾳ > Ρ   10 θέλει
οὖν: καὶ τάχα τοῦτο θέλει Ν   13 νοῦν Ν   14 ἔχομεν + καὶ κοι-
νὸν ἀνθρώπων τὸ τῆς τροφῆς μεταλαμβάνειν Ν/ νοῦν: νῦν Υ, + εἰς γνῶ-
σιν θεοῦ εἰλήφαμεν Ν   15 τοῦ θεοῦ: αὐτοῦ Ν / τε > Ν / διὸ - ἐπ-
άγει > Ν   17 οἰκοδομήσῃ Υ   20 οὖν > ΡΝ / ἐστιν > Ρ
23 ιάγων Υ (Initiale nicht eingefügt)

ἀλλὰ καὶ τοὺς ἐπὶ βουλῇ μέγα φρονοῦντας λάφυρον λαμβάνει τῇ ἑ-
αυτοῦ σοφίᾳ, καὶ τοὺς δοκοῦντας εἶναι διακριτικοὺς ῥᾳδίως ἐξίστη-
σι τῆς οἰκείας βουλῆς ἢ καὶ τοὺς ἄρχοντας τῆς ἑαυτῶν καθέδρας,
ὥστε γνῶναι ὅτι οὐδέν εἰσιν.

5 12,18 καθιζάνων βασιλεῖς ἐπὶ θρόνου καὶ περιζωννύων ζωνὴν ὀσφύας
αὐτῶν.

ἀλλὰ καὶ αὕτη τοῦ θεοῦ ἐξουσία τὸ μηδένα χωρὶς αὐτοῦ βασιλεύειν.

12,19 ἐξαποστέλλων ἱερεῖς αἰχμαλώτους.

εἰ δὲ καὶ θελήσει, φησίν, καὶ αὐτοὺς ἐτάσαι τοὺς ὀφείλοντας κα-
10 θαρωτάτους εἶναι, λάφυρον αὐτοὺς ἀποδείξει πρὸς τὴν ἑαυτοῦ ἀκρί-
βειαν.

12,19 δυνάστας δὲ γῆς κατέστρεψεν.

καὶ τοῦτο δεῖγμα τῆς τοῦ θεοῦ δυνάμεως.

12,20 διαλλάσσων χείλη πιστῶν.

15   ὁ Θεοδοτίων παρατρέχων χείλη ἀπλανῶν ἐκδέδωκεν.
ἀλλὰ καὶ τῶν δοκούντων, φησίν, ἀπλανεστάτων τὰς βουλὰς εἰς
τοὐναντίον μεθίστησιν.

12,20 σύνεσιν δὲ πρεσβυτέρων ἔγνω.

ὁ Σύμμαχος καὶ ἐπιστήμην γερόντων ἀφαιρῶν ἐκδέδωκεν, καὶ κατὰ
20 μὲν τοῦτον δοκεῖ λέγειν· καὶ τῶν ἐκ τοῦ χρόνου τι προσλαβόντων τὴν
δοκοῦσαν σύνεσιν ῥᾳδίως ἀνατρέπει.

κατὰ δὲ τοὺς Ἑβδομήκοντα τὸ σύνεσιν πρεσβυτέρων ἔγνω

Y Γ(βOFSPL 7; ≠ 15) P(1 - 3 βουλῆς; 16-17) N(7; 16-17; 19-21)

1 ἀλλὰ καὶ: ἀπάγων βουλευτὰς λάφυρα τουτέστι P   2 διακριτικοὺς:
κριτὰς P   3 βουλῆς + ὁ δὲ 'Ακύλας λέγων βουλευτικοὺς εἰς ἀβου-
λίαν ἡρμήνευσε P   5 ὁσφίας Y   14 διαλάσσων Y   15 Θεο-
δοτίων: Σύμμαχος (Γ) / παρατρέχων: παρατρέπων (Γ) / ἀπλανήτων Γ
16 ἀλλὰ: ἢ ἀλλὰ P, > N / φησιν > PN / εἶναι fügt ein nach δοκοῦντων
N, nach ἀπλανεστάτων P   19 ὁ + δὲ N / ἀφαιρῶν N(u.a. Zeugen, s.
Field z.Stelle): ἀφορῶν Y   19-20 καὶ₂ - λέγειν: ἵνα εἴπῃ ὅτι N
20 τῶν N: τὸν Y / προσλαβόντων N: προολαβόντων Y

ἀντὶ τοῦ· οὐδὲν αὐτὸν διαλανθάνει, καὶ δύναται ἀπ' ἀρχῆς γνοὺς τῶν
συνετῶν τὰς κινήσεις ταύτας ἀνατρέπειν ὡς μηδὲ εἰς ἔργον ἐκβαίνειν.

12,21 ἐκχέων ἀτιμίαν ἐπ' ἄρχοντας, ταπεινοὺς δὲ ἰάσατο.

     ταῦτα μάλιστα τὸν θεὸν δείκνυσι θαυμαστὸν τὰ παρὰ προσδοκίαν
5 τοῖς ἀνθρώποις ἀπαντῶντα.

12,22 ἀνακαλύπτων βαθέα ἐκ σκότους, ἐξήγαγε δὲ εἰς φῶς σκιὰν θα-
νάτου.

     πρὸς μὲν ῥητὸν ὁ καὶ τὰ πᾶσιν ἄδηλα, φησίν, φανεροποιῶν καὶ
τοὺς ἐν κινδύνοις καὶ πλησίον ὄντας θανάτου διασῴζων. σκιὰν δὲ
10 θανάτου τὸν κίνδυνόν φησιν, ὅτι ὥσπερ ἡ σκιὰ προτρέχει τοῦ σώμα-
τος ἐγγυτάτη αὐτῷ οὖσα, οὕτως καὶ ὁ κίνδυνος τοῦ θανάτου πλησίον
αὐτοῦ τυγχάνων.

     πρὸς δὲ διάνοιαν ἔοικε προφητικῶς τὴν τοῦ κυρίου παρουσίαν προ-
καταγγέλλειν, ὃς εἶπε τοῖς ἐν δεσμοῖς· ἐξέλθετε, καὶ
15 τοῖς ἐν τῷ σκότει· ἀνακαλύφθητε, καὶ ἐπέφανε τοῖς
ἐν σκότει καὶ σκιᾷ θανάτου καθημένοις.

12,23 πλανῶν ἔθνη καὶ ἀπολλύων αὐτά, καταστρωννύων ἔθνη καὶ καθο-
δηγῶν αὐτά.

     τοῦτο ἐποίησε τοῖς Ἰσραηλίταις τοὺς μὲν ἐξελθόντας ἐξ Αἰγύπτου
20 καὶ ἀπειθήσαντας πλανήσας, ὧν τὰ κῶλα ἔπεσον ἐν τῇ ἐρήμῳ, τοὺς δὲ
τούτων υἱοὺς καθοδηγήσας ἐν τῇ γῇ τῆς ἐπαγγελίας.

12,24-25 διαλλάσσων καρδίας ἀρχόντων γῆς, ἐπλάνησε δὲ αὐτοὺς ὁδῷ,
ᾗ οὐκ ᾔδεισαν· ψηλαφήσαισαν σκότος καὶ οὐ φῶς, πλανηθείησαν δὲ

14-15 Jesaias 49,9   15-16 Lukas 1,79   19-21 vgl. Numeri 14,29ff.
Υ Γ(βOFSP 4-5; βOFSPL 8-16; 19-21) N(1-2; 4-5; 8-16; 19-21)
1 καὶ: ἀλλὰ N / δύναται nach 2 κινήσεις stellt N / γνοὺς ἀπ' ἀρχῆς
stellt N   8 μὲν + τὸ ΓN / φησίν > N / φανεροποιῶν + καὶ τὰ συν-
εσκιασμένα ἐξάγων εἰς τοὐμφανὲς ᾗ N   9 δὲ: γὰρ ΓN   10 φη-
σιν: καλεῖ N / ὅτι - 12 > ΓN   13-14 προκαταγγέλλειν Υ, καταγγέλλειν
ΓN   15 ἀνακαλύπτεσθαι Υ   17 ἀπολύων Υ / καταστρωνίων Υ
19 πεποίηκε N   20 κόλα Υ   22 διαλάσσων Υ

ὥσπερ ὁ μεθύων.

τὸ διαλλάσσων πάλιν ἀντὶ τοῦ παρατρέπων· τὸ δὲ ψηλαφήσαι-
σαν καὶ πλανηθείησαν οὐκ εὐκτικῶς λέγει, ἀλλὰ τὸ συμβαῖνόν
φησιν. ὅμοιον δὲ καὶ ἐν Ψαλμοῖς εἴρηται· ἀθετεῖ δὲ λογισμοὺς
5 λαῶν καὶ ἀθετεῖ βουλὰς ἀρχόντων.

13,1-2 ἰδοὺ ταῦτα τεθεώρηκέ μου ὁ ὀφθαλμὸς καὶ ἀκήκοέ μου τὸ οὖς,
καὶ οἶδα ὅσα καὶ ὑμεῖς ἐπίστασθε, καὶ οὐκ ἀσυνετώτερός εἰμι ὑμῶν.

ταῦτα, φησίν, καὶ αὐτὸς πείρᾳ ἔγνων καὶ λεγόντων ἑτέρων ἤκουσα,
καὶ οὐδὲν ὑμῶν εἰμι περὶ ταῦτα ἀσυνετώτερος.

10 13,3-4 οὐ μὴν δὲ ἀλλ' ἐγὼ πρὸς κύριον λαλήσω, ἐλέγξω δὲ ἐναντίον
αὐτοῦ, ἐὰν βούληται. ὑμεῖς δέ ἐστε ἰατροὶ ἄδικοι καὶ ἰαταὶ κακῶν
πάντες.

ὁρᾷς, ὡς ἐπὶ τοῦ δικαίου κριτοῦ καὶ τοῦ τῶν ψυχῶν ἰατροῦ βούλε-
ται τὰ καθ' ἑαυτὸν ἐξετασθῆναι θαρρῶν τῇ τοῦ θεοῦ δικαιοκρισίᾳ,
15 ὡς τῶν φίλων καὶ σφαλλομένων καὶ ἀντὶ θεραπείας φαρμάκων καὶ λόγων
παρακλήσεως ἐπιτριβόντων αὐτῷ τὰ τραύματα; τὸ δὲ ἐλέγξω ἐναν-
τίον αὐτοῦ, ἐὰν βούληται ἐάν, φησίν, ὁ θεὸς ἐπιτρέψῃ μοι,
αὐτοῦ δικάζοντος ἐλέγξω ὑμᾶς ψευδομένους. βλέπε ἀγάπης ῥήματα καὶ
πεποιθήσεως τῆς εἰς τὸν θεόν, ὅτι διττὰ καὶ ἀντίδικον καὶ δικαστὴν
20 καὶ μάρτυρα τῶν καθ' ἑαυτὸν ποιεῖται τὸν θεόν, οὐ πρὸς αὐτὸν δι-
καιολογούμενος, ἀλλὰ τοὺς φίλους ἐλέγχων.

13,5 εἴη δὲ ὑμῖν κωφεῦσαι καὶ ἀποβήσεται ὑμῖν εἰς σοφίαν.

γένοιτο ὑμῖν ἐλθεῖν τοιαύτην σύνεσιν ὥστε σιωπῆσαι, καὶ διὰ τῆς
σιωπῆς νομισθήσεσθε εἶναι σοφοί.

4-5 Psalm 32,10

Υ Γ(βOFSPL 2-5; 8-9; 13-18 ψευδομ.) N(2 τὸ δὲ - 5; 8-9; 13-18 ψευδ.)
2 διαλάσσων Υ/ δὲ: γὰρ N   2/3 ψηλαφήσαισαν + σκότος N   4 φη-
σιν > ΓN/ δὲ₁: τι N   6 θεώρηκε Υ   7 ἐπίστασθαι Υ   8 αὐτῇ ΓN
/ πείραν Υ, τῇ πείρᾳ N   9 ἀσυνετώτερος: καταδεέστερος N   14 τῇ:
τῷ Υ   16 τὸ τραύμα Γ(ohne P)N   16-17 τὸ δὲ - ἐάν₂: ἀλλ' ἐὰν
Γ, ἐὰν οὖν N   17 ὁ θεὸς φησιν stellt N, θεὸς φησιν VOSL / ὁ > Γ
/ ἐπιστρέψει Υ   18 ἐλλέγξω Υ   20 ἑαυτῶν Υ

13,6 ἀκούσατε ἔλεγχον στόματός μου, κρίσει δὲ χειλέων μου προσέ-
χετε.

κατανοήσατε τοιγαροῦν, ἃ μέλλω λέγειν εἰς ἔλεγχον ὑμῶν, καὶ ἐν-
νοήσατε, εἰ κεκριμένως φθέγγομαι.

5 13,7 πότερον οὐχὶ κατέναντι κυρίου λαλεῖτε, ἐναντίον δὲ αὐτοῦ
φθέγγεσθε δόλον;

οὐκ ἐννοεῖτε, ὅτι ὁ θεὸς ἐπακούει τῶν λόγων ὑμῶν; πῶς οὖν τολ-
μᾶτε εἰς ὑπήκοον αὐτοῦ παρὰ τὸ ἀληθὲς φθέγγεσθαι;
ἐπιτήρει δὲ καὶ ταῦτα τὰ ῥήματα τοῦ ἀμέμπτου καὶ ἀληθινοῦ, πῶς
10 πανταχοῦ μέμφεται τὸ ψεῦδος, κἂν ὑπὲρ θεοῦ τις λέγειν δοκῇ· διό-
περ αὐτὸς ἃ φρονεῖ σὺν ἀληθείᾳ καὶ μετὰ παρρησίας ἅπαντα διαλέγε-
ται, ἐφ᾽ ᾧ καὶ ὁ θεὸς αὐτὸν ἀποδέχεται αὐτὸς ὢν ἡ ἀλήθεια. τὸ γὰρ
ψεῦδος ἐκ τοῦ πονηροῦ ἐστιν, ὥς φησιν ὁ σωτήρ.

13,8 ἢ ὑποστελεῖσθε;
15 οὐ δύνασθε κρυβῆναι ἀπ᾽ αὐτοῦ ἐν τοῖς τοιούτοις ῥήμασιν.

13,8-10 ὑμεῖς δὲ αὐτοὶ κριταὶ γίνεσθε. καλόν, ἐὰν ἐξιχνιάσῃ
ὑμᾶς. εἰ γὰρ τὰ πάντα ποιοῦντες προστεθήσεσθε αὐτῷ, οὐδέν τι ἧτ-
τον ἐλέγξει ὑμᾶς.

ἀλλ᾽ ὑμεῖς κρίνατε, εἰ μὴ ἀληθῆ λέγω ὅτι· ἐὰν τὰ καθ᾽ ὑμᾶς
20 ἀναζητήσῃ θεός, κἂν μυριάκις ὑπὲρ αὐτοῦ λαλεῖν δοκῆτε, ἐλέγξει
ψευδομένους οὐδὲν τῆς ἀληθείας ποιούμενος προτιμότερον.

---

13 vgl. Matthäus 5,37

Υ Γ(βOFSPLN 7 - 12 ἀλήθεια; 19 - 20 δοκῆτε; βOFSPL 20 ἐλέγξει - 21)
P (15) N(3-4)

1 ἠκούσατε Υ   3 τοιγαροῦν > N / ἃ N: οἷς Υ   4 εἰ N: > Υ /
κεκριμμένως Υ   6 φθέγγεσθαι Υ   7 ἐννοεῖτε + φησιν Γ
7/8 τολμῆσαι Υ   8 ἐπήκοον (BPN) / φθέγγεσθαι + ἢ λήσετε αὐτὸν ῥα-
διουργοῦντές φησιν Γ   9 καὶ₁ - ἀληθινοῦ > Γ / πῶς: ὡς Γ
10 ψεῦδος + ὁ δίκαιος Γ / δοκεῖ Υ   11 ἅπαντα > Γ   12 ὁ > Γ
(ohne P) / αὐτὸς: αὐτὸ Υ / ἢ Γ: > Υ   14 ὑποστελεῖσθαι Υ
15 οὐ: ἢ P / δύνασθαι ΥP   16 γίνεσθαι Υ / καλῶν Υ   17 προσ-
τεθεῖσεσθαι Υ   19 ὑμεῖς + φησιν Γ   20 θεός Γ: > Υ / δοκεῖ-
ται Υ   21 ποιουμένους Γ(ohne BL,τιθέμενος P) / προστιμώτερον Υ

13,10-12 εἰ δὲ καὶ κρυφῇ πρόσωπα θαυμάσετε, πότερον οὐχὶ ἡ δῖνα

αὐτοῦ στροβήσει ὑμᾶς; φόβος δὲ παρ᾽ αὐτοῦ ἐπιπεσεῖται ὑμῖν, ἀπο-

βήσεται δὲ ὑμῖν τὸ γαυρίαμα ἴσα σποδῷ, τὸ δὲ σῶμα πήλινον.

　　　ἀντὶ τοῦ εἰ δὲ καὶ κρυφῇ πρόσωπα θαυμάσετε μὴ κρύ-
5 φα πρόσωπον αὐτοῦ δυσωπηθήσεσθε ὁ Σύμμαχος ἐκδέδωκεν.

　　　ὁ δὲ νοῦς τοιοῦτός ἐστιν· εἰ δὲ καὶ χαριζόμενοι, φησίν, τῷ κυ-

ρίῳ καὶ ὥσπερ αἰδούμενοι αὐτοῦ τὸ πρόσωπον κρυφαίως λαλεῖτε, ἄλλα

μὲν ἔχοντες κατὰ διάνοιαν, ἕτερα δὲ φθεγγόμενοι, ἆρα οὐχ ἡ συ-

στροφὴ αὐτοῦ καὶ ἡ ἔτασις - τοῦτο γάρ ἐστιν ἡ δῖνα αὐτοῦ - περι-
10 τρέψει ὑμᾶς καὶ φοβήσει καὶ καταπλήξει; καὶ ἡ μεγαλαυχία ἡ ὑμε-

τέρα ἀποδειχθήσεται οὐδὲν ἕτερον ἢ σποδὸς καὶ ὅτι οὐδὲν ἕτερον ἢ

πηλὸς τυγχάνετε - ἀντὶ τοῦ· ἀλαζονεύεσθε σποδὸς ὄντες καὶ πηλός -,

καὶ μετ᾽ ἐπικρύψεως λαλεῖτε ὡς θεῷ χαριζόμενοι· οὐ γὰρ ἀνέξεται

ὑμῶν ψευδομένων, ἀλλὰ καὶ φοβήσει καὶ στροβήσει - ἀντὶ τοῦ· τιμω-
15 ρήσει - ὑμᾶς.

13,13-14 κωφεύσατε, ἵνα λαλήσω καὶ ἀναπαύσωμαι θυμοῦ, ἀναλαβὼν

τὰς σάρκας μου τοῖς ὀδοῦσιν.

　　　ἀκούσατε τοίνυν μεθ᾽ ἡσυχίας, ἵνα ἀναπαύσωμαι παραμυθούμενος

διὰ τῶν λόγων τὸ πάθος. τοῦτο γὰρ σημαίνει τὸ ἀναλαβὼν τὰς
20 σάρκας μου τοῖς ὀδοῦσιν.

13,14-15 ψυχὴν δέ μου θήσω ἐν χειρί, ἐάν με χειρώσηται ὁ δυνά-

στης, ἐπεὶ καὶ ἦρκται.

　　　τίθημι δὲ τὴν ἐμὴν ψυχὴν εἰς ἐνέχυρον ἕτοιμος ὢν τὴν ὑπὲρ τῶν

λόγων ὑπομένειν δίκην· κἂν ἀνελεῖν θέλῃ ὁ ἀρξάμενός με βασανίζειν

Υ Γ(βOFSPLN 4-12; 23-) P(18-20) N(18 ἀναπαύσωμαι - 20)

1 θαυμάσεται Υ　　　　　　　　　　　4 πρόσωπα Γ: > Υ / θαυμάσητε Υ
5 δυσωπήσεσθαι Υ　　　　6 χαριζόμενος Υ　　　　6/7 κυρίῳ: θεῷ Γ
7 κρυφίως Γ　　　8 ἕτερα Γ　　　9 αὐτοῦ₁ > Γ　　　10 καὶ καταπλ. > Γ
10/11 ἡ ὑμετέρα: ὑμῶν Γ　　　11 ἕτερον: ἄλλο Γ　　　12 τοῦ + τί Γ
(ohne N) / ἀλαζονεύεσθαι Υ(OVP)　　　　　14 φοβήσῃ Υ / στροβήσῃ Υ
16 ἀναπαύσομαι Υ　　　18 τοίνυν > P　　　19 γὰρ + ἴσως N / σημαίνει:
δηλοῖ N / τὸ PN: > Υ　　　20 ὀδοῦσι + μου P　　　23 ὢν + ἡδέως Γ

θεός, ἑτοίμως ἔχω πάντα πάσχειν τὰ αὐτῷ δοκοῦντα. ὁ δὲ νοῦς οὗτος·
εἰ μὴ τἀληθῆ φθέγγομαι, ἕτοιμός εἰμι ὑπομένειν ὅτι ἂν τῷ θεῷ δοκῇ.

13,15-16 ἦ μὴν λαλήσω καὶ ἐλέγξω ἐναντίον αὐτοῦ, καὶ τοῦτό μοι
ἀποβήσεται εἰς σωτηρίαν· οὐ γὰρ ἐναντίον αὐτοῦ δόλος εἰσελεύσεται.

5   ὁρᾷς, πῶς θαρρεῖ τῇ ἀληθείᾳ καὶ τῇ τοῦ θεοῦ δικαιοκρισίᾳ; οἶδα,
φησίν, ὅτι εἰς σωτηρίαν μοι ἀποβήσεται τὸ ἐναντίον θεοῦ τἀληθῆ λέ-
γειν καὶ διελέγχειν ὑμᾶς ψευδομένους.

13,17-18 ἀκούσατε, ἀκούσατε τὰ ῥήματά μου· ἀναγγελῶ γὰρ ὑμῶν ἀκου-
όντων. ἰδοὺ ἐγὼ ἐγγύς εἰμι τοῦ κρίματός μου, οἶδα ἐγώ, ὅτι δίκαιος
10 ἀναφανοῦμαι.

ἐγγὺς κύριος, λέγεται, τοῖς ἐπικαλουμένοις αὐτόν,
ἀντὶ τοῦ· εὐμενὴς αὐτοῖς ἐστιν ὁ θεός. ἀκούσατε οὖν, φησίν, ἃ μέλ-
λω λέγειν· εὐμενὲς γὰρ ἕξω τὸ κριτήριον ἐπὶ θεοῦ δικαίου καὶ ἀλη-
θοῦς φθεγγόμενος, οὗ τῇ ἀληθείᾳ θαρρῶν πιστεύω δικαιότερα λέγων
15 ὑμῶν ἀναφανήσεσθαι.

ἢ καὶ οὕτως· ἐγγύς εἰμι τοῦ κρίματός μου, ἀντὶ τοῦ·
ἕτοιμός εἰμι πάσχειν ὅ τι ἂν κρίνῃ ὁ θεός. θαρρῶν τῇ αὐτοῦ ἀληθείᾳ
ἐλπίζω δίκαιος ὀφθήσεσθαι.

13,19 τίς γάρ ἐστιν ὁ κριθησόμενός μοι, ὅτι νῦν κωφεύσω καὶ ἐκ-
20 λείψω;

τίνα γάρ, φησίν, ὑμῶν κρινόμενος εὐλαβηθήσομαι, ἵνα σιωπήσω;
τὸ δὲ ἐκλείψω ἀντὶ τοῦ· σιωπῶν γὰρ ὑπόδικον ἐμαυτὸν ποιῶ καὶ
ἀναπολόγητον ὡς ἐκλειπουσῶν μοι τῶν δικαιολογιῶν.

11 Psalm 144,18

Y Γ(βOFSPLN -2; βOFSPL ≠ 5 οἶδα - 7; 11-15; 17-18; 21-23) N(5 ὁρᾷς
- δικαιοκρισίᾳ; 6 τὸ ἐναντίον - 7; 22-23)

1 ἑτοίμως - δοκοῦντα > Γ   5 τῇ ἀληθ. καὶ > N   6 ἐναντίον +
τοῦ N   15 ἀναφανίσεσθαι Y   17 ἕτοιμος + φησιν Γ / κρίνει Y /
ὁ > Γ   18 ὀφθήσεται Y   21 φησιν > Γ   22 τὸ δὲ - γὰρ ≠ N
/ ποιήσω N   23 τῶν > N

13,20-21 δυοῖν δέ μοι χρεία· τότε ἀπὸ προσώπου σου <οὐ> κρυβήσομαι,
τὴν χεῖρά σου ἀπ᾽ ἐμοῦ ἀπόσχου, καὶ ὁ φόβος σου μή με καταπλησσέτω.

μὴ γὰρ γένοιτο, φησίν, ἀποστῆναί μέ σου - πρὸς δὲ τὸν θεὸν τὸν
λόγον ἔτρεψεν -, ἱκετεύω δὲ καὶ κουφισθῆναι τῶν βασάνων καὶ ἀφόβως
5 εἰπεῖν.

13,22 εἶτα καλέσεις, ἐγὼ δέ σου ὑπακούσομαι. ἢ λαλήσεις, ἐγὼ δέ
σοι δώσω ἀνταπόκρισιν.

ἐάν, φησίν, γνῶ, ὅτι εὐμενῶς διάκεισαι πρός με, καὶ ἐρωτώμενος
εἰς ἀπολογίαν ἔρχομαι.

10 13,23-24 πόσαι εἰσὶν αἱ ἁμαρτίαι μου καὶ αἱ ἀνομίαι μου; δίδαξόν
με, τίνες εἰσίν. διὰ τὶ ἀπ᾽ ἐμοῦ κρύπτῃ, ἥγησαι δέ με ὑπεναντίον;

τὴν αἰτίαν ἐπιθυμῶ μαθεῖν, φησίν, τῶν κολάσεων καὶ ποίων πλημ-
μελημάτων ἐκτίνων δίκας ταῦτα ὑπομένω. διὰ τί, δέσποτα, ἀποκρύπτεις
με; διὰ τί ὡς ἐχθρῷ κέχρησαι τῷ φύλλων ἀδρανεστέρῳ; διὸ καὶ ἐπάγει·

15 13,25 - 14,3 ἢ ὡς φύλλον κινούμενον ὑπὸ ἀνέμου εὐλαβηθήσῃ ἢ ὡς
χόρτῳ φερομένῳ ὑπὸ πνεύματος ἀντίκεισαί μοι, ὅτι κατέγραψας κατ᾽
ἐμοῦ κακά, περιέθηκας δέ μοι νεότητος ἁμαρτίας, ἔθου δέ μου τὸν πό-
δα ἐν κωλύματι, ἐφύλαξας δέ μου πάντα τὰ ἔργα, εἰς δὲ ῥίζας τῶν πο-
δῶν μου ἀφίκου, οἳ παλαιοῦνται ἴσα ἀσκῷ ἢ ὥσπερ ἱμάτιον σητόβρωτον.
20 βροτὸς γὰρ γεννητὸς <γυναικὸς> ὀλιγόβιος καὶ πλήρης ὀργῆς, ἢ ὥσπερ
ἄνθος ἀνθῆσαν ἐξέπεσεν, ἀπέδρα δὲ ὥσπερ σκιὰ καὶ οὐ μὴ στῇ. οὐχὶ
καὶ τούτου λόγον ἐποιήσω καὶ τοῦτον ἐποίησας εἰσελθεῖν ἐνώπιόν σου
ἐν κρίματι;

τὸ τῆς φύσεως εὐτελὲς εἰς ἱκετηρίαν προβάλλεται φύλλῳ παρεικάζων

Y Γ(βOFSLN 8-9; βOFSPLN 12 - 14 ἀδρανεστέρῳ) P(3-5; 24-) N(24-)

1 κριβήσομαι Y   2 ἀπόσχου (und ἀπέχου) LXX: ἀπέσχου Y   3 γὰρ
> P / με nach γένοιτο stellt P   3-4 πρὸς - ἔτρεψεν > P
4 ἔτρεψεν Hag: ἔστρεψεν Y   6 ἤ: εἰ Y   8 διάκεισαι Γ: δικά-
σηται Y   12 φησίν vor ἐπιθυμῶ stellt Γ (> N)   13 τί + δέ Γ
14 ἐχθρῷ Γ: ἐχρῶ Y(V) / τῷ Γ: τῶν Y / τῷ + καὶ Γ / φύλλων Γ: φίλων Y
15 φύλον Y   17 νεότητα Y   22 τούτου: τοῦτον Y   24 vor
τὸ: ὅρα δὲ πῶς δι᾽ ὅλων N/ τὸ + γὰρ P / εὐτελὲς: ἀσθενὲς N / φύλῳ Y

τὸν ἄνθρωπον καὶ χόρτῳ τῇδε κἀκεῖσε περιφερομένῳ καὶ ἀσκῷ παλαιου-
μένῳ καὶ ἱματίῳ ὑπὸ σητῶν δαπανωμένῳ καὶ ἄνθει ταχὺ μαραινομένῳ καὶ
σκιᾷ παρατρεχούσῃ. τὸν τοιοῦτον, οὖν φησιν, δέσποτα, εἰς ἀκριβεῖς
εἰσάγεις ἐλεγμοὺς καὶ λεπτῶς τὰ κατ' αὐτὸν ἐξετάζεις. τὸ δὲ κατ -
5 έ γ ρ α ψ α ς   κ α τ '   ἐ μ ο ῦ   κ α κ ά ἀντὶ τοῦ· ἀπεσημήνω πᾶν, εἴ τι καὶ
ἥμαρτον ἐκ νεότητος. τὸ δὲ ἔ θ ο υ   δ έ   μ ο υ   τ ὸ ν   π ό δ α   ἐ ν   κ ω λ ύ -
μ α τ ι, ἵνα εἴπῃ ὅτι· ἀκριβῶς ἐφύλαξας τὰ κατ' ἐμὲ ὡς οἱ ἐν τῇ ξυλοπέδῃ
δεσμοῦντες τοὺς καταδίκους. ὁ γὰρ Ἀκύλας οὕτως ἐκδέδωκεν· κ α ὶ   ἔ θ η κ α ς
ἐ ν   ξ υ λ ο π έ δ ῃ   τ ὸ ν   π ό δ α   μ ο υ. τὸ δὲ   ε ἰ ς   ῥ ί ζ α ς   τ ῶ ν   π ο δ ῶ ν   μ ο υ
10 ἀ φ ί κ ο υ, τουτέστιν· καὶ τὰ λεπτότατα τῆς πορείας μου ἐφύλαξας. τὸ
δὲ   π λ ή ρ η ς   ὀ ρ γ ῆ ς ὁ Ἀκύλας   π λ ή ρ η ς   κ λ ο ν ή σ ε ω ς ἐκδέδωκεν, ἵνα
εἴπῃ, ὅτι καὶ ὀλιγοχρόνιός ἐστιν ὁ ἄνθρωπος καὶ ὁ βίος αὐτοῦ με-
στὸς ταραχῆς.

ταῦτα δὲ εἶπε καὶ συγγνώμην αἰτῶν, εἴ τι καὶ ἥμαρτεν, καὶ ἔλεον
15 ἐπιζητῶν ἐπὶ τῇ ἀνθρωπίνῃ ταπεινότητι.

14,4-6 τ ί ς   γ ὰ ρ   κ α θ α ρ ὸ ς   ἔ σ τ α ι   ἀ π ὸ   ῥ ύ π ο υ;   ἀ λ λ '   ο ὐ δ ε ί ς,   ἐ ὰ ν   κ α ὶ   μ ί α ν
ἡ μ έ ρ α ν   <ὁ   β ί ο ς>   α ὐ τ ο ῦ   ἐ π ὶ   τ ῆ ς   γ ῆ ς.   ἀ ρ ι θ μ η τ ο ὶ   δ ὲ   μ ῆ ν ε ς   α ὐ τ ῷ   π α ρ '   α ὐ -
τ ο ῦ,   ε ἰ ς   χ ρ ό ν ο ν   ἔ θ ο υ,   κ α ὶ   ο ὐ   μ ὴ   ὑ π ε ρ β ῇ.   ἀ π ό σ τ α   ἀ π '   α ὐ τ ο ῦ   ἵ ν α   ἡ σ υ -
χ ά σ ῃ   κ α ὶ   ε ὐ δ ο κ ή σ ῃ   τ ὸ ν   β ί ο ν   ὥ σ π ε ρ   ὁ   μ ι σ θ ω τ ό ς.

20   τί δεῖ, φησίν, περὶ ἀνθρώπου μακρὰ λέγειν, ὅπουγε καὶ αὐτὴ ἡ
ἀνθρωπίνη γέννησις οὐκ ἄνευ ῥύπου καὶ ἁμαρτίας τυγχάνει; τοῦτο δὲ

Υ Γ(βOFSPL 3 τὸν τοιοῦτον - 15; 20 καὶ αὐτὴ -) P(- 3 παρατρεχούσῃ;
11 ὁ Ἀκύλας - 13) N(- 6 νεότητος; 7 ἵνα - 9 μου₁; 10 καὶ - ἐφύλα-
ξας; 20-)

2 καὶ₁ - δαπανωμένῳ > N / σαπανομένῳ Υ / ταχέως Ν   3 οὖν ΓΝ: > Υ
4 ἄγεις ΓΝ / τὸ δέ: ἢ τό Ν   ₅ κατ' ἐμοῦ > Ν   6 νεότητος + ὡς
γὰρ ἀπορῶν καὶ οὐκ ἔχων αἰτίαν εὑρεῖν τῶν γεγενημένων πανταχόσε πε-
ριάγει τὸν λογισμόν Γ(Ν) /   τὸν πόδα Γ: τοὺς πόδας Υ, vgl. Z.9 und
128,17/18   7 ἵνα - 9 μου ≠ Γ   8 δεσμοῦντες - 9 ξυλοπέδῃ (Γ)Ν:
> Υ   9 τοὺς πόδας Υ, vgl. zu Z.6   9 τὸ δὲ: ὅμοιον δὲ τούτῳ
καὶ τὸ Γ   10 λεπτώτατα Υ / ἐφύλαξας: ἐπετήρησας Γ, ἐξετάζεις Ν
11 ἐξέδωκεν P   20 δεῖ: δὲ Υ, vgl. Ν / δεῖ - μακρὰ: γάρ φησιν
μακρὰ δεῖ περὶ ἀνθρ. Ν / αὐτὴ + φησιν Γ   21 γένεσις Υ / καὶ ἁμαρ-
τίας > Γ / τυγχάνει ΓΝ: > Υ / τυγχάνει + ὅθεν καὶ βαπτίζεται τὰ βρέ-
φη τὸν διὰ τῆς παραβάσεως τοῦ Ἀδὰμ ῥύπον ἀποπλυνόμενα Ν

λέγει ὡς προφήτης διὰ τὴν ἐν Ἀδὰμ παράβασιν· ὡς γὰρ ὁ πολύνους
ἀπόστολος ἔφη· διὰ <τῆς παρακοῆς> τοῦ ἑνὸς ἁμαρτωλοὶ
κατέστησαν οἱ πολλοί. ἔστι δέ, φησίν, καὶ ἄλλως ὁ ἄνθρωπος
ὀλιγοχρόνιος μέτρον εἰς ζωὴν παρὰ θεοῦ λαβών, ὅπερ ὑπερβῆναι παντε-
5 λῶς ἀμηχάνως ἔχει.

ἐλθὲ τοίνυν εἰς οἶκτον, δέσποτα, τοῦ οὕτως εὐτελοῦς, τοῦ ἐκ γεν-
νητῆς ἁμαρτωλοῦ καὶ ὀλιγοβίου· καὶ ἀπόστησόν σου τὸ ἐταστικὸν
ἀπ' αὐτοῦ, ἵνα ἀναπνεύσῃ δίκην μισθωτοῦ μετὰ τοὺς πολλοὺς καμάτους
ὀλίγην εὑρίσκων ἀνάπαυσιν.

10 14,7-10 ἔστι γὰρ δένδρῳ ἐλπίς. ἐὰν γὰρ ἐκκοπῇ, ἔτι ἐπανθήσει, καὶ
ὁ ῥάδαμνος αὐτοῦ οὐ μὴ ἐκλείπῃ. ἐὰν γὰρ γηράσῃ ἐν γῇ ἡ ῥίζα αὐτοῦ,
ἐν δὲ πέτρᾳ τελευτήσῃ τὸ στέλεχος αὐτοῦ, ἀπὸ ὀσμῆς ὕδατος ἀνθήσει,
ποιήσει δὲ θερισμὸν ὥσπερ νεόφυτον. ἀνὴρ δὲ τελευτήσας ᾤχετο, πεσὼν
δὲ βροτὸς οὐκέτι ἐστίν.

15 ἀλλὰ καὶ φυτῶν, φησίν, εὐτελέστερός ἐστιν ὁ ἄνθρωπος. ἐκεῖνα γὰρ
καὶ μετὰ τὴν τομὴν δύναται ἐπανθῆσαι καὶ κλῶνας ἀναβλαστῆσαι ἀρδεί-
ας ὑδάτων τυχόντα καὶ ποιεῖν θερισμόν, ἀντὶ τοῦ· καρπόν. ἄν-
θρωπος δὲ ἅπαξ ἀποθανὼν παλινδρομῆσαι εἰς τὸν βίον οὐ δύναται.

14,11-12 χρόνῳ γὰρ σπανίζεται θάλασσα, ποταμὸς δὲ ἐρημωθεὶς ἐξη-
20 ράνθη. ἄνθρωπος δὲ κοιμηθεὶς οὐ μὴ ἀναστῇ, ἕως ἂν ὁ οὐρανός, οὐ μὴ
συρραφῇ καὶ οὐκ ἐξυπνισθήσονται ἐξ ὕπνου αὐτῶν.

ἀντὶ τοῦ· χρόνῳ δὲ σπανίζεται θάλασσα, ὁ Σύμμαχος· ὡς

2-3 Römer 5,19

Υ Γ(βOFSPL -9; βOFSL 15-) P(15-18) N(-1 παράβασιν; 6-9; 15 - 17 καρ-
πόν; ≠ 17 ἄνθρωπος - 18; 22-)

1 ὡς προφήτης > ΓΝ / τὴν - παράβασιν: τὸ ἠσθενηκέναι τὴν φύσιν ἐκ
τῆς ἐν Ἀδὰμ παραβάσεως + καὶ εὐόλισθον γεγονέναι εἰς ἁμαρτίαν καὶ
μέντοι καὶ διὰ τὴν ἐκ φιληδονίας γέννησιν οὐ μὴν ὡς συνουσιωμένης
ἡμῖν τῆς ἁμαρτίας, μὴ γένοιτο ΓΝ   1-3 ὡς₂ - πολλοί > Γ   4 θε-
οῦ: θεῷ Υ, σοῦ Γ   4-5 παντελῶς - ἔχει: ἀδυνατεῖ Γ   6 τοίνυν > Ν
/ οὕτως ΓΝ: ὄντως Υ   6-7 τοῦ₂ - ἁμαρτωλοῦ > ΓΝ   7 καὶ₁ ΓΝ: > Υ
10 ἐπανθήσει LXX: ἐξανθήσει Υ, vgl. Z.16   15 καὶ > Γ / φησίν > Ν
/ εὐτελέστερόν Γ(außer B) / ἐστιν > P(O)   16 καὶ₁ ΓΡΝ: > Υ /
τὴν > ΓΡ / δύνανται ΓΝ   17 τυχόντα ΓΡΝ: τυγχάνοντα Υ / ἀντὶ τοῦ:
τουτέστι Ν   21 συραφῇ, korr. aus γραφῇ Υ   22 δὲ > ΡΝ, vor τοῦ
stellt Γ

ἐκρεῖ ὕδατα ἀπὸ θαλάσσης ἐκδέδωκεν. ὁ δὲ νοῦς οὗτος· ὥσπερ, φησίν,
ὕδωρ ἀπὸ θαλάσσης ἐκρέον, οἷόν ἐστι τὸ ἐκ τοῦ Πόντου κατιὸν ῥεῦμα,
καὶ ὥσπερ ποταμὸς ξηρανθείς, οὕτως ἄνθρωπος ἀποθανὼν ἀφανὴς γίνεται.

τὸ δὲ ἕως ἂν ὁ οὐρανός, οὐ μὴ συρραφῇ, τουτέστιν· ἕως
5 συντελείας. οὕτως οὖν ἀνάγνωθι· ἕως ἂν ὁ οὐρανός, καὶ ὑπό-
στιξον, ἵνα εἴπῃ· ἕως συνέστηκεν ὁ κόσμος, ὁ ἀποθανὼν ἄνθρωπος οὐ
μὴ συρραφῇ, ἀντὶ τοῦ· οὐ μὴ συναρμοσθῇ. συρραφὴν δὲ λέγει τὸν
εἱρμὸν τῶν ζεύξεων τῶν μελῶν.

τοῦτο δὲ εἶπεν, ἵνα μή τις ὑπολάβῃ κατὰ καιρὸν ἀνάστασιν γίνε-
10 σθαι, ἀλλ’ ἅπαξ ἐπὶ συντελείᾳ τῶν αἰώνων. καὶ σημείωσαι, ὅτι σα-
φῶς τὸ τῆς ἀναστάσεως ἐδίδαξε μυστήριον.

καὶ ταῦτα μὲν πρὸς τὸ ῥητόν. ἔστι δὲ κατὰ ἀλληγορίαν δέν-
δρῳ ἐλπίς, ἀντὶ τοῦ· ἀνθρώπῳ. κἂν γὰρ ἐν παραπτώματι γένηται,
μετανοήσῃ δὲ καὶ γένηται ἐν τῇ γῇ τῆς εὐσεβείας καὶ ἐν τῇ πέτρᾳ
15 ἤγουν τῇ εὐσεβεῖ πίστει, ἐκ τοῦ ὕδατος τῆς παλιγγενεσίας ἢ καὶ ἐκ
τοῦ δακρύου τῆς μετανοίας ἀναβλαστήσει. ὁ δὲ τῇ παρατροπῇ καὶ τῇ
ἁμαρτίᾳ ἐναποθανὼν οὐδεμίαν ἔχει χρηστὴν ἐλπίδα. καὶ χρόνῳ μὲν
ἀφανίζεται ἡ ἁμαρτία, θάλασσα τροπικῶς ὀνομαζομένη, ὁ δὲ διάβο-
λος καὶ οἱ αὐτοῦ πειρασμοὶ ξηραίνονται, οἱ δὲ τελευτήσαντες οὐκ
20 ἐξαφανίζονται περιμένοντες τὴν ἀνάστασιν.

14,13-14 εἰ γὰρ ὄφελον ἐν ᾅδῃ με ἐφύλαξας, ἔκρυψας δέ με, ἕως ἂν
παύσηταί σου ἡ ὀργή· καὶ τάξῃ μοι χρόνον, ἐν ᾧ μνείαν μοι ποιή-
σῃ. ἐὰν γὰρ ἀποθάνῃ ἄνθρωπος, ζήσεται συντελέσας τὰς ἡμέρας τοῦ
βίου αὐτοῦ.

25   ὁ Θεοδοτίων ἀντὶ τοῦ ζήσεται· μὴ ζήσεται ἔφη.

Y Γ(βOFSL -20) P(-20) N(-3; ≠ 5-8; 12-20)

2 οἷον - ῥεῦμα > Γ, am Rand nachgetragen in P   3 ξηρανθείς + Va-
riante zum Bibeltext N   4 τὸ δὲ > ΓΡ / τουτέστιν: ἀντὶ τοῦ Γ
4-5 ἕως₂ - ἀνάγνωθι > P   5 εἴπῃ + ὅτι ΓΡ   7-8 συρραφὴν - με-
λῶν > ΓΡ (hat N)   8 εἱρμὸν (N): εἰρισμὸν Y   11 ἐδίδαξε:
ἔδειξε P   12 κατὰ + τὴν Y / ἀλληγορίαν Y   13 κἂν: ἐὰν N
14 μετανοήσῃ - γένηται ΓΡΝ: > Y   15 ἤγουν ΓΝ: > ΥΡ / καὶ > Ν
16/17 τῇ ἁμαρτίᾳ ἐναποθανὼν ΓΡΝ: ἐν τῇ ἁμ. ἀποθανὼν Y/ μὲν + τῷ μέλ-
λοντι Ν, τῷ μέλλοντι δηλονότι ΓΡ   19 δὲ: γε μὴν Ν   21 ὄφελον Y
21/22 ἂν παύσηται LXX, ἀναπαύσηται Y   22 τάξει Y
22/23 ποιήσει Y   25 Θεοδωτίων Y

ὁ δὲ νοῦς οὗτος· εἴθε, φησίν, τὸν χρόνον τοῦτον, ὃν ὀργίζει μοι,
ἐν τῷ ᾅδῃ με ἐφύλαξας – ἀνέγκλητος γὰρ ἡ ἐκεῖ φυλακή – καὶ μὴ παν-
τελῶς ἐπελάθου μου, ἀλλ᾽ ἔταξάς μοι χρόνον τῆς ἐκεῖ φυλακῆς. αἰτίαν
δὲ ἀποδέδωκε τοῦ ποθεῖν τὸν θάνατον· δίχα γὰρ βασάνων, φησίν, ἐκεῖ
5 φυλαττόμενος προσδοκῶ τὴν ἀνάστασιν. ἐὰν γάρ, φησίν, ἀποθάνῃ ἄνθρω-
πος συντελέσας τὰς ἡμέρας τοῦδε τοῦ βίου, οὐκ εἰς ἀνυπαρξίαν χωρεῖ,
ἀλλὰ ζῇ τῇ ψυχῇ περιμένων τὴν ἀνάστασιν.

κατὰ δὲ Θεοδοτίωνα· ἐάν, φησίν, ἀποθάνῃ ἄνθρωπος, οὐ ζήσεται,
ἵνα εἴπῃ, ὅτι τῶν βασάνων ἀπαλλάττεται.

10 14,14-15 ὑπομενῶ, ἕως ἂν πάλιν γένωμαι. εἶτα καλέσεις με, ἐγὼ δέ
σοι ὑπακούσομαι.

ἐὰν γάρ, φησίν, ἐν ᾅδου φυλαχθῶ, προσδοκῶ τὴν παλιγγενεσίαν καὶ
ἀνάστασιν, ὅτε σὺ μὲν ἐντέλλῃ τοῖς νεκροῖς ἀναστῆναι, ἐγὼ δέ σοι
ὑπακούσομαι. σημαίνει τὸ γοργὸν τῆς φύσεως εἰς τὴν ἀνάστασιν. ἐν
15 γὰρ κελεύσματι, ἐν φωνῇ ἀρχαγγέλου, οὐδενὸς ἀντιπράττον-
τος ἐν ῥιπῇ ὀφθαλμοῦ ἡ ἀνάστασις γίνεται, ὡς καὶ ὁ ἱερὸς ἡμᾶς
ἀπόστολος ἐδίδαξε.

ταῦτα δὲ προφητικῶς ἐξαγγείλας ὁ μακάριος Ἰὼβ πάλιν ἐπὶ τὴν ἱκε-
σίαν προτρέπεται καί φησιν·

20 14,15-17 τὰ δὲ ἔργα τῶν χειρῶν σου μὴ ἀποποιοῦ, ἠρίθμησας δέ μου
τὰ ἐπιτηδεύματα, καὶ οὐ μὴ παρέλθῃ σε οὐδὲν τῶν ἁμαρτιῶν μου. ἐσφρά-

---

14-15 1.Thessalonicher 4,16   16 1.Korinther 15,52
Y Γ(βOFSPL 1 εἴθε - 9; βOFSLN 12 - 16 γίνεται) P(12 - 16 γίνεται)
N (1 εἴθε - 4 θάνατον; 5 ἐὰν - 9)

1 φησίν > N / ὀργίζῃ ΓN   2 ἀνέγκλειτος Y / ἀνέγκλητος - φυλακή >
N, ἀνέγκλητος - 3 μου > Γ   2-3 ἐπελάθου μου παντελῶς stellt N
3 ἀλλ᾽ ἔταξας: ἀλλ᾽ ὥρισας N, ταξάμενος Γ / μοι > N / τῆς - φυλακῆς
> N   4 δὲ > N / ἀποδίδωσι N / φησίν Γ: > Y   5 γὰρ > Γ / φη-
σίν > N / ἀποθάνῃ + ὁ Γ   7 τῇ ψυχῇ περιμένων ΓN: ἡ ψυχὴ περιμέ-
νουσα Y   8 κατὰ - Θεοδ. > N / Θεοδωτίωνα Y, τοὺς λοιποὺς ἐκδεδω-
κότας Γ / φησιν > N / οὐ > N   9 εἴπωσιν Γ / ὅτι ΓN: ἀλλὰ Y / ἀπ-
αλλάττεται Y   12/13 καὶ τὴν ἀνάστασιν P, > Γ   13 ἐντέλλει Y
13/14 σοι > Γ, nach ὑπακ. stellt P   14 ὑπακούσομαι ΓP: ὑπακού-
σω Y   14-15 τὸ γοργὸν - ἀντιπράττοντος: δὲ διὰ τούτου τὸ ΓP
16 ἐν - γίνεται: ὡς ἐν ῥιπῇ ὀφθαλμοῦ γίνεσθαι τὴν ἀνάστασιν ΓP

γισας δέ μου τὰς ἀνομίας ἐν βαλλαντίῳ, ἐπεσημήνω δέ, εἴ τι ἄκων

παρέβην.

πάλιν ὡς ποιητὴν ἱκετεύει τὸν θεὸν καί φησιν· μὴ ἀπόβλητόν με,

δέσποτα, τὸ σὸν ποιήσῃ δημιούργημα, μηδὲ οὕτω τὰ καθ' ἡμᾶς λεπτῶς

5 ἐξαρίθμει καὶ ἐξιχνίαζε ὥσπερ ἐν βαλλαντίῳ πάντα κατακλείων, ἐφ' ᾧ

μηδεμίαν οἱονεὶ παραπολέσθαι τῶν ἁμαρτιῶν ἡμῶν, ἀλλὰ πασῶν ἀπαιτεῖ-

σθαι τὰς δίκας. διὰ τί δέ, δέσποτα, καὶ τὰς ἀκουσίους ἡμῶν ἁμαρτίας

οὕτως ἐπισημαίνει καὶ οἱονεὶ ἀπογράφεις;

ταῦτα δέ φησι θεὸν μὲν ἱκετεύων, μὴ ἀκριβῶς ἐξετάζειν τὰ καθ' ἡ-

10 μᾶς, ἡμᾶς δὲ διδάσκων, ὡς οὐδὲν διαλανθάνει τὴν ἄπλανῆ τοῦ θεοῦ

κατανόησιν τῶν ἡμετέρων, εἴτε προαιρετικῶς, εἴτε ἀκουσίως τι πρά-

ξομεν. ὅτι δὲ καὶ τῶν ἀκουσίων ὑφέξομεν τοὺς λόγους, ἤκουσας καὶ

τοῦ λόγου τοῦ Ἐκκλησιαστικοῦ πρὸς τῷ τέλει λέγοντος, ὅτι· σ ύ μ π α ν

τ ὸ π ο ί η μ α ὁ θ ε ὸ ς ἄ ξ ε ι ἐ ν κ ρ ί σ ε ι ἐ ν π α ν τ ὶ π α ρ ε ω ρ α μ έ -

15 ν ῳ, ἐ ὰ ν ἀ γ α θ ὸ ν κ α ὶ ἐ ὰ ν π ο ν η ρ ό ν.

14,18 - 19 καὶ πλὴν ὄρος πῖπτον πεσεῖται καὶ πέτρα παλαιωθήσεται

ἐκ τοῦ τόπου αὐτῆς. λίθους ἐλέαναν ὕδατα, καὶ κατέκλυσεν ‹ὕδατα›

ὑπτία τοῦ χώματος τῆς γῆς καὶ ὑπομονὴν ἀνθρώπου ἀπώλεσας.

ὁ σοφὸς Ἰὼβ αἰνίγματα λαλεῖ, ἐπειδὴ καὶ πολλὰ τῶν φίλων δι' αἱ-

20 νιγμάτων ῥηθέντα συνῆκεν αὐτὸς ὡς σοφός, οὐδαμοῦ τὸν νοῦν ἐκ τῶν

ἀλγηδόνων περισπασθείς, ἀλλ' ἐν μέσοις αὐτοῖς τοῖς πάθεσι φιλοσο-

φῶν. ἔοικεν οὖν ἐν τούτοις τὸν θεὸν ἱκετεύειν μὴ ἐπὶ πολὺ παρα-

τείνειν αὐτῷ τὰς συμφοράς, μήπως τις αὐτῷ καὶ ὀκλασμὸς γένηται καὶ

ἐξατονήσῃ. εἰ γὰρ καὶ ὄρος, φησίν, καὶ πέτρα τῷ χρόνῳ παλαιοῦται

13-15 Ekklesiastes 12,14

Υ Γ(βOFSL 3 - 4 δημιούργημα; 9 - 11/12 πράξομεν; 19-) Ρ(3 - 7 δίκας;
9 - 11/12 πράξομεν; 19-) Ν(≠ 4 οὕτω - 8; 9 - 12 λόγους; 19-)

ἱ βαλαντίῳ Υ   3 με > ΓΡ   5 καὶ ἐξιχνίαζε > Ρ, (hat N) / βα-
λαντίῳ ΥΡ   8 ἀπογράφεις Hag: ἀπογράφει Υ   9 δὲ > ΓΡ/ θεὸν
μὲν ΓΡΝ: μὲν θεὸν Υ   9/10 ἡμᾶς ΓΡΝ: ἡμῶν Υ   10 ἡμᾶς₁ +ὥσπερ
ἐν βαλλαντίῳ σφραγίζοντα Γ   11/12 πράξωμεν Υ, πράξομαι Ρ
12 ὅτι δὲ: ἐπισήμηναι δὲ ὅτι Ν / ὑφέξωμεν Υ / τοὺς > Ν   14 παρε-
οραμένῳ Υ   19 λαλῶν Ρ / πολλὰ + ὑπὸ Ρ   21 ἐμ μέσοις Υ
23 συμφοράς: βασάνους Γ / μήπως ΓΡΝ: μὴ Υ   24 ἐξατονήσει Υ

καὶ πίπτει, καὶ τοὺς λίθους τοὺς στερροτάτους λεαίνει ἡ συχνὴ τῶν
ὑδάτων ἐπιρροὴ καὶ τὰ ἀνεστηκότα τῆς γῆς χώματα ἡ τῶν ὑδάτων φορὰ
κατακλύζει καὶ ὑπτία ἀπεργάζεται, δέος, μὴ τῇ συνεχείᾳ τῶν πει-
ρασμῶν καὶ τῷ μήκει τοῦ χρόνου πάθω τι κἀγὼ τῶν ἀβουλήτων, καὶ
5 ἀπείπω πρὸς τὰς συμφοράς. τὸ δὲ ὑπομονὴν ἀνθρώπου ἀπώλε-
σας τοῦτο σημαίνει, ὅτι ἐκτὸς τῆς ἄνωθεν βοηθείας ἄνθρωπος οὐδέν
ἐστιν οὐδὲ τὰς τῶν πειρασμῶν νιφάδας ὑπομεῖναι δύναται.

14,20 ὥσας αὐτὸν εἰς τέλος καὶ ᾤχετο, ἐπέστησας αὐτῷ τὸ πρόσωπόν
σου καὶ ἐξαπέστειλας.

10 πάλιν περὶ τῆς οὐδενίας τοῦ ἀνθρώπου πρὸς θεὸν ἀποδύρεται. ὡς
γὰρ ἐπὶ ἀνέμου καὶ χοὸς ἤ τινος τῶν κουφοτάτων, ἐάν, φησίν, μόνον
ὠθήσῃς αὐτὸν ἢ ἐπιστήσῃς αὐτῷ τὸ πρόσωπόν σου ἀπειλητικῶς, εὐθέως
ἀποστέλλεται καὶ οἴχεται, ἀντὶ τοῦ· ἀποθνήσκει.

14,21-22 πολλῶν δὲ γενομένων τῶν υἱῶν αὐτοῦ οὐκ εἶδεν, ἐὰν δὲ
15 ὀλίγοι γένωνται, οὐκ ἐπίσταται, ἀλλ᾽ ἢ αἱ σάρκες αὐτοῦ ἤλγησαν, ἡ
δὲ ψυχὴ αὐτοῦ ἐπένθησεν.

τί δέ, φησίν, ὄφελος ἀνθρώπῳ ἐν ὀδύναις ζήσαντι καὶ ἐν πένθει
ψυχῆς ἐκ τῶν μετ᾽ αὐτὸν ἐσομένων; κἄν τε γὰρ εἰς πλῆθος ἐκταθῇ αὐ-
τοῦ ἡ γονή, κἄν τε εἰς ὀλίγους περιστῇ, αὐτὸς ἅπαξ ἀποθανὼν ἀγνοεῖ.
20 ἠρέμα δὲ πάλιν ἡμᾶς διδάσκει, μὴ μέγα οἴεσθαι τὴν εὐπαιδίαν καὶ
πολυπαιδίαν. τῷ γὰρ ἅπαξ ἀποθνήσκειν μέλλοντι τούτων οὐδὲν ὄφελος.
τὸ δὲ ὀλιγοχρόνιον πρὸς παραίτησιν καὶ ἱκεσίαν προεβάλετο.

Y Γ(βOFSL -7; βOFSPLN 10-13; βOFSL 17-21) P(-7; 17-22) N(-7; 17-22)
1 τοὺς στερροτάτους λίθους ΓΡΝ / στερρωτάτους Υ/ ἡ συχνὴ ΡΝ: ἡσυχὴ ἡ
Γ, ἡ συνήθης Υ   2 χώματα + καὶ ἐν ὁπτίῳ κείμενα Ν   3 ὕπτια ἀπερ-
γάζεται: παρασύρει Ν/ τῆς συνεχείας Υ   6 ἄνθρωπος > Ν   7 ὑπομεῖ-
ναι: ὑπενεγκεῖν Ρ   8 ὥσας LXX: ἐάσας Υ   10 οὐδενείας Γ   11 γὰρ
Γ: > Υ/ κουφωτάτων Υ/ ἐὰν + γὰρ Υ   12 σοῦ > Γ/ ἀπηλιτικῶς Υ   vor
17 stellt 20 - 21 πολυπαιδίαν Ρ   17 δέ: γὰρ Ρ / φησίν > Ν / ὄφελος
Υ / ὀδύνη Υ   18 αὐτὸν: αὐτῶν Υ / ἐκταθείη ΓΡ   18/19 αὐτῷ Ν
20 δὲ πάλιν > und διδάσκει ἡμᾶς stellt Ρ (vgl. vor Z.17)   20/21
τὴν εὐπαιδίαν ἢ πολυπαιδίαν Ν, τὴν πολυπ. ἢ τὴν εὐπ. Ρ, τὴν πολυπ. Γ
21 τῷ: τὸ Υ / μέλλοντα Ρ   22 τὸ δὲ: καὶ τὸ Ν / πρὸς: εἰς Ρ / παρ-
αίτησιν καὶ > Ρ / προὑβάλετο Ρ, προβάλλεται Ν

ΚΕΦΑΛΑΙΟΝ ΔΕΚΑΤΟΝ

'Αρχὴ τοῦ ῥητοῦ· ὑπολαβὼν δὲ 'Ελιφὰζ ὁ Θαιμανίτης λέγει·
πότερον σοφὸς ἀπόκρισιν δώσει συνέσεως πνεύματι καὶ ἐνέπλησε πό-
νον γαστρός;

5   Προθεωρία τοῦ κεφαλαίου

τοῦ 'Ιὼβ προοιμιασαμένου καὶ εἰρηκότος· πότερον ὑμεῖς
ἐστε ἄνθρωποι ἢ μεθ' ὑμῶν τελευτήσει σοφία; κά-
μοὶ μὲν καρδία καθ' ὑμᾶς ἐστιν, εὐθὺς ὁ 'Ελιφὰζ πρὸς
τοῦτο ἱστάμενός φησι πρὸς τὸν 'Ιὼβ ὅτι· οὐδέποτε ὁ σοφὸς ἐπιδεικ-
10 τικῶς τὴν ἑαυτοῦ προάγει σοφίαν, ὅπερ σὺ πεποίηκας καίτοι γε
οὐδὲν ἀναγκαῖον εἰρηκώς, ὥστε ἐκ τῶν σῶν ῥημάτων καὶ ἄσοφος καὶ
ἄφοβος ὢν δείκνυσαι. εἰπὲ γάρ, ὦ οὗτος· πρὸ πάντων ἀνθρώπων γέ-
γονας ἢ καὶ πρὸ αὐτῆς τῆς κτίσεως ἢ μύστης τῆς τοῦ θεοῦ σοφίας
κατέστης, ὅτι σαυτῷ ἀποδίδως; πῶς δὲ καὶ ἐτόλμησας εἰπεῖν ὅτι·
15 ἄμεμπτός εἰμι καὶ δίκαιος ἀναφανοῦμαι, ὅπουγε οὔτε ἄγγε-
λοι οὔτε οὐρανὸς μήτιγε καὶ ἄνθρωπος ἀκάθαρτος δύνανται εἶναι κα-
θαροὶ πρὸς τὴν τοῦ θεοῦ καθαρότητα; μάνθανε τοίνυν παλαιὸν καὶ
ἀληθῆ λόγον, ὅτι δι' ἁμαρτίας τοῖς ἀνθρώποις αἱ κολάσεις ἐπηνέχ-
θησαν.

6-8 Hiob 12,2-3   15 vgl. Hiob 9,20; Hiob 13,18
Y Γ(βOFSL 6-) P(6-) N(6-)

2 'Ελιφὰτζ Y / Θεμανίτης Y   3 πνεῦμα oder πνεύματος LXX
6 ὑμεῖς + μὲν Y   8 μὲν + οὖν N / εὐθὺ Y, εὐθέως P / ὁ: ἢ P
9 τὸν 'Ιὼβ: αὐτὸν P   9/10 ἐπιδεικτικὸς Y   10 αὐτοῦ Γ / προσά-
γει Γ   11 καὶ ἄσοφος > N   12 εἰπὲ ΓΡΝ: εἴπερ Y / ὦ οὗτος (F):
ὡς οὗτος (βOL, ὥ[[ς]] οὗτος S), οὗτος Y, ὡς σὺ P, > N   13 αὐτῆς:
πάσης P / ἢ₂ + καὶ P   14 ἑαυτῷ ΓΡ / ἀποδίδως + ταύτην P, + τὴν
γνῶσιν N / ὅτι > Y   16 οὐρανὸς + αὐτὸς P / μή τί γε: μήτοιγε N /
γε ἄνθρωπος καὶ ἀκάθαρτος ἄνθρ. P / καὶ > N   17/18 μάνθανε - λό-
γον: νόμος τοίνυν παλαιὸς καὶ ἀληθὴς τυγχάνει ΓΡ   18 ἀληθινὸν N
/ αἱ κολάσεις τοῖς ἀνθρώποις stellen ΓΝ / ἐπηνέχθησαν: ἐπάγονται N

εἶτα λέγει καὶ τὰ τοῖς ἀσεβέσιν ἴσως συμβαίνοντα· καὶ ἀληθὴς
μὲν ὁ λόγος, ὅτι δι' ἀμαρτίας αἱ κακώσεις· πλὴν οὐ πάντως ἀνταπο-
δοτικῶς ἐπιφέρονται, ἀλλ' ἐσθότε καὶ γυμναστικῶς, ἵνα δοκιμασθῶ-
σιν οἱ δίκαιοι, ὥστε μὴ μετὰ τῆς προσηκούσης διαιρέσεως ταῦτα
5 εἰρηκὼς ὁ 'Ελιφὰζ πάλιν ἔπληξε τὸν 'Ιὼβ συντάξας αὐτὸν τοῖς δι' ἁ-
μαρτίαν κολαζομένοις.

θεώρει δέ, ὡς ἐν κόσμῳ ποιοῦνται τοὺς διαλόγους καὶ τοῦ ἑνὸς
λαλοῦντος οἱ ἕτεροι σιωπῶσιν ἀντιπαραχωροῦντες ἀλλήλοις τὰς δια-
λέκτους καὶ οὐκ ἐπιδεικτικῶς τοὺς ἑαυτῶν διὰ μέσου παρεμβάλλοντες
10 λόγους, ἀλλ' ἕκαστος ἀναμένει, ἕως ἂν ὁ λέγων πληρώσῃ. χρὴ οὖν
καὶ ἡμᾶς ἐκ ταύτης τῆς εἰκόνος, ὅταν τις λαλῇ, περιμένειν τοῦ λό-
γου τὸ πέρας καὶ μὴ φανητιῶντας διακόπτειν τὰ λεγόμενα μήτε
μετ' ἐπιδείξεως τοὺς οἰκείους προφέρειν λόγους, ἀλλ' ἐν κόσμῳ
καὶ μετὰ τάξεως, ὥσπεροῦν καὶ ὁ μακάριος 'Ιὼβ καὶ οἱ αὐτοῦ φίλοι
15 ἀσυγχύτους τὰς διαλέξεις ἐποιήσαντο. τοῦτο καὶ ὁ σοφώτατος Παῦ-
λος τοῖς ἐν ἐκκλησίᾳ προφητεύουσιν ἐπέταττε ποιεῖν· ἐὰν δέ,
φησίν, ἄλλῳ ἀποκαλυφθῇ καθημένῳ ὁ πρῶτος σιγάτω.
δύνασθε γὰρ καθ' ἕνα πάντες προφητεύειν, ἵνα πάν-
τες μανθάνωσιν, ὁμοῦ καὶ τάξιν ἐπιτιθεὶς τοῖς προφητεύουσι
20 καὶ τὸ ἀσύγχυτον τοῖς λεγομένοις φυλάττων. καὶ πνεύματα, γάρ
φησιν, προφητῶν προφήταις ὑποτάσσεται, ὥστε δεῖ καὶ
ἀκενοδόξως ποιεῖσθαι τὴν προφορὰν τῶν λόγων.

διὰ τοῦτο τοιγαροῦν πάλιν ὁ 'Ελιφὰζ πρὸς τὸν 'Ιὼβ ἀποκρίνεται.

16-19 1.Korinther 14,30-31   20-21 1.Korinther 14,32

Υ Γ(βOFSL) P(- 4 δίκαιοι) N(-6; ≠ 7 - 10 πληρώσῃ; ≠ 15 τοῦτο -)

1 ἴσως > P   2 ὅτι + καὶ N / ἀμαρτίαις Υ / κακώσεις: κολάσεις P(γ)
/ οὐ πάντοτε N, οὐχὶ πάντοτε ΓP   2/3 ἀνταποδοτικῶς ΓN: ἀποδοτι-
κῶς Υ / ἀνταπ. ἐπιφέρονται > P / ἀνταπ. + αἱ κολάσεις Γ   3 φέρον-
ται Γ / γυμναστικῶς: δοκιμαστικῶς ΓP   3-4 ἵνα - δίκαιοι: οἱ δί-
καιοι πάσχουσιν P   4 μὴ > Γ (hat β, durch Konjektur?)   5 πάλιν
ΓN: > Υ / ἐξέπληξε Γ   5/6 ἀμαρτίας ΓN   6 κολαζομένοις: πάσ-
χουσιν N   7-8 κόσμῳ - λαλοῦντος: κόποις ὄντας τοὺς διαλόγους αὐ-
τοῦ καὶ Γ (nicht N)   8 ἀντιπαραχωροῦντες Γ(N): ἀντὶ τοῦ παραχω-
ροῦντος Υ   9 nach καὶ: [[τοῦ ἑνὸς λαλοῦντος οἱ ἕτεροι σιωπῶσι]] Υ
13 προφέρειν (Οβ): προσφέρειν Υ(FS)   17 ἄλλῳ φη-
σίν stellt Γ   20 φυλάττον Υ   21 δεῖ Γ: δὴ Υ   22 ἀκενο-
δόξους Υ / τῶν λόγων vor ποιεῖσθαι stellt Γ

ἐπειδὴ γὰρ αὐτὸς πρῶτος ἀντικατέστη τῷ Ἰώβ, εἶτα ὁ Βαλδάδ, καὶ
μετ᾽ ἐκεῖνον ὁ Σωφάρ, κατὰ τὴν προσήκουσαν τοίνυν τῶν λόγων δια-
δοχὴν πάλιν αὐτὸς ἵσταται πρὸς τὰ εἰρημένα καί φησιν·

<Αἱ λέξεις>

5 15,2-3 πότερον σοφὸς ἀπόκρισιν δώσει συνέσεως πνεύματι καὶ ἐν-
έπλησε πόνον γαστρὸς ἐλέγχων ἐν ῥήμασιν, οἷς οὐ δεῖ, ἐν λόγοις
οἷς οὐδὲν ὄφελος.

   συνέσεως πνεῦμά φησιν τὴν γνῶσιν τοῦ πνεύματος. τοῦτο
οὖν ἐντρεπτικῶς λέγει πρὸς τὸν Ἰὼβ ὅτι· ὁ τέλειος σοφὸς οὐδέπο-
10 τε ἐπιδεικτικῶς προφέρει τὴν γνῶσιν τοῦ πνεύματος, ἀλλ᾽ οὐδὲ ὡς
ζηλωτὴς τῆς ἀληθείας καὶ ὥσπερ πληττόμενος ὑπὸ τοῦ ἀληθοῦς τὴν
γαστέρα προφέρει λόγους ἀνωφελεῖς. τοῦτο γὰρ σοφὸς οὐ ποιεῖ,
ὅπερ σὺ πεποίηκας.

   δύο τοίνυν κατηγορεῖ τοῦ Ἰὼβ, ὅτι μάλιστα μὲν ὁ σοφὸς οὐκ
15 ἐπιδεικτικῶς προφέρει τὴν σοφίαν, ἔπειτα ὅτι· ἃ ἐλάλησας ὡς ἐλέγ-
χων ἡμᾶς καὶ ὡς δῆθεν πάσχων ὑπὲρ τῆς ἀληθείας - τοῦτο γὰρ δηλοῖ
τὸ ἐνέπλησε πόνον γαστρός -, ματαίως ἐφθέγξω καὶ ἀνωφε-
λῶς.

   ἔστι δὲ καὶ οὕτω νοῆσαι· πότε, φησίν, σοφός, ὦ Ἰώβ, οὕτως
20 ἀποκρίνεται ὡς ἄλλων τὰς ψυχὰς πληρῶσαι πόνου - γαστέρα γὰρ τὴν
ψυχὴν λέγει ὡς ἀναδοτικὴν τῶν ἐκ τοῦ λόγου τροφῶν - καίτοιγε

Υ Γ(βOFSL -3; 8 - 9 Ἰὼβ; 14-) Ρ(8-) Ν(≠ -3; 8 τοῦτο - 9 Ἰὼβ;
14-18)

1 ἐπειδὴ γὰρ Γ: ἐπειδήπερ Ν, ἐπειδὴ Υ / ἀντεκατέστη Υ   5 πνεύμα-
τι: vgl.135,3   8 οὖ συνέσεως Γ / φησιν nach πνεύματος stellt P
8/9 τοῦτο οὖν ἐντρ.: ἐντρ. δὲ ταῦτα Ν   9-10 ὅτι - πνεύματος > P
10 προφέρει Hag: προσφέρει Υ / ἀλλ᾽ - 13 nach 15 σοφίαν stellt P
12-13 τοῦτο - ὅπερ: ὡς P   14 δύο - Ἰώβ: δύο κατηγορῶν αὐτοῦ ΓΡΝ
15 προφέρει ΓΡΝ: προσφέρει Υ / ὅτι: ὅτι καὶ Ρ(L), καὶ Γ, δὲ καὶ Ν
16 καὶ ΓΡΝ: > Υ / ἀληθείας + καὶ τὴν τοῦ νοῦ γαστέρα πλησσόμενος
(vgl. Ζ.11) Ν   16-17 τοῦτο - γαστρός ΓΡΝ: > Υ   17 τὸ > Ν /
ἐνέπλησας Ρ   19 οὕτως ΥΡ / σοφὸς ὦ Ἰώβ Γ: ὦ σοφὸς Ἰώβ Ρ, ὁ σο-
φὸς Ἰώβ Υ   20 ἄλλων τὰς ψυχὰς: τὰς ψ. τῶν ἀκουόντων Ρ / πληρῶ-
σαι: ἐμπλῆσαι Ρ   21 ὡς - τροφῶν ΓΡ: > Υ / ἀναδοτικὴν Ρ (vgl. S.
149,14): ἀναλωτικὴν Γ / καίτοι ΓΡ

διὰ ῥημάτων μηδεμίαν ἐχόντων ὄνησιν; ἵνα εἴπη ὅτι· ἔπληξας ἡμᾶς
οὕτω διαλεχθεὶς καὶ ματαίους προκομίσας λόγους, ὅπερ σοφὸς οὐ
ποιεῖ.

15,4 οὐ καὶ σὺ ἀπεποιήσω φόβον, συνετέλεσας δὲ ῥήματα τοιαῦτα
5 ἐναντίον κυρίου;

ἀπετόλμησας, φησίν, καὶ ἀφόβως ἐλάλησας πρὸς τὸν θεὸν θελήσας
κρίνεσθαι. τρόπῳ δὲ θεοσεβείας ὡς τοῦ θεοῦ ἔκδικοι ταῦτα λέγου-
σιν οἱ περὶ τὸν Ἐλιφάζ.

15,5-6 ἔνοχος εἶ ῥήμασι στόματός σου οὐδὲ ἔκρινας ῥήματα δυνα-
10 στῶν. ἐλέγξει σε τὸ σὸν στόμα καὶ μὴ ἐγώ, τὰ δὲ χείλη σου
καταμαρτυρήσαισάν σε.

δυναστῶν λέγει τῶν σοφῶν, ἢ τῶν πρὸ αὐτοῦ παλαιοτέρων ἢ καὶ
τῶν προειρηκότων φίλων. μὴ κατανενοηκώς, οὖν φησιν, μηδὲ διακρί-
νας τὰ τῶν ἐν σοφίᾳ δυνατῶν ῥήματα οὕτως ἐλάλησας, ὡς μὴ ἄλλα-
15 χόθεν, ἀλλ' ἐκ τῶν σῶν λόγων καταδικάζεσθαι.

15,7-9 τί γάρ; μὴ πρῶτος ἀνθρώπων ἐγεννήθης, ἢ πρὸ θινῶν ἐπά-
γης, ἢ σύνταγμα κυρίου ἀκήκοας, εἰς δέ σε ἀφίκετο σοφία; τί γὰρ
οἶδας ὃ οὐκ οἴδαμεν, ἢ τί συνίεις ὃ οὐχὶ καὶ ἡμεῖς;

μὴ πρὸ πάντων, φησίν, ἐγένου καὶ πρὸ αὐτῆς τῆς κτίσεως, ἢ με-
20 τὰ σοῦ ὁ θεὸς συνετάξατο - ἀντὶ τοῦ· ἐβουλεύσατο -, ἢ μύστης τῆς
αὐτοῦ σοφίας γέγονας; τί δὲ καὶ πλέον ἡμῶν ἐπίστασαι;

15,10 καί γε πρεσβύτης καί γε παλαιὸς ἐν ἡμῖν πρεσβύτερος τοῦ
πατρός σου ἡμέραις.

Υ Γ(βOFSL -3; βOFSLN 6-8; βOFSL 12-15; βOFSLN 19 μὴ - κτίσεως) Ρ(-3;
≠ 19 ἢ - 21) Ν(≠ 12-15)

1 ὄνησιν Υ   2 προκομίσας ΓΡ: προσκομίσας Υ / ὁ σοφὸς Ρ
4 <ο>ὺ Υ   6 τὸν > Γ   7 τοῦ θεοῦ ἔκδικοι: ὑπὲρ θεοῦ ΓΡ
12 ἢ₁ Γ: εἰ Υ, ἤτοι Ρ(Ν) / πρὸ αὐτοῦ > ΓΡ, (πρὸ σοῦ Ν) / ἢ καὶ ΓΡ(Ν):
εἰ Υ   14 δυναστῶν Υ   15 καταδικάζεσθαι + σε Γ   16 ἢ: εἰ
Υ   16/17 ἐπάγεις Υ   17 ἢ: εἰ Υ   18 συνίεις LXX: συνεῖς Υ
23 ἡμέραις LXX: ἡμέραι Υ

ἀλλὰ τί λέγεις, φησίν, ὅτι ὁ χρόνος σε σοφώτερον κατεσκεύασεν;
ἀλλ' ἔστι τις ἐξ ἡμῶν τῶν τριῶν τυχὼν οὐ μόνον σου, ἀλλὰ καὶ τοῦ
πατρός σου παλαιότερος.

ἡ καὶ τοῦτο λέγει· δῶμεν, φησίν, ὅτι καὶ παλαιὸς εἶ καὶ τοῦ
5 σοῦ πατρὸς πρεσβύτερος, ὅπερ ἀμήχανον, ἆρα ἀπὸ τοῦ χρόνου σε
προσήκει μεγαλαυχεῖν;

15,11   ὀλίγα ὧν ἡμάρτηκας μεμαστίγωσαι· <μεγάλως ὑπερβαλλόντως
λελάληκας.>

ἴσθι τοίνυν, ὡς πρὸς σύγκρισιν τῶν σῶν ἁμαρτημάτων ἐλαφρῶς
10 ἐτιμωρήθης. εἶτα, ἐπεὶ μηδὲν ἔχει δεικνύναι τοῦ 'Ιὼβ ἁμάρτημα, ἐκ
τῶν λόγων αὐτοῦ πειρᾶται κρίνειν καί φησιν·

15,12-13   τί ἐτόλμησεν ἡ καρδία σου, ὅτι ὑπήνεγκαν οἱ ὀφθαλμοί
σου, ὅτι θυμὸν ἔρρηξας ἐναντίον κυρίου, ἐξήγαγες δὲ ἐκ στόματος
ῥήματα τοιαῦτα;

15   ὀφθαλμούς φησιν τὸ νοητικὸν καὶ ὁρατικὸν τῆς ψυχῆς. πῶς οὖν,
φησίν, ἐτόλμησας τῇ διανοίᾳ σου οὕτως ἀρθῆναι καὶ μετ' ὀργῆς ὡς
ἄδικα πάσχων πρὸς θεὸν διαλεχθῆναι οἷά τις ἀναμάρτητος τυγχάνων;

15,14-16   τίς γὰρ ὢν βροτὸς ἔσται ἄμεμπτος ἢ ὡς ἐσόμενος δίκαιος
γεννητὸς γυναικός, εἰ κατὰ ἁγίων οὐ πιστεύει, οὐρανὸς δὲ οὐ κα-
20 θαρὸς ἐναντίον αὐτοῦ; ἔα δὲ ἐβδελυγμένος καὶ ἀκάθαρτος, ἀνὴρ πί-
νων ἀδικίας ἴσα ποτῷ.

τίς γάρ, φησίν, ἄνθρωπος ὢν δύναται ἄμεμπτος εἶναι ἢ ἐπαγγέλ-
λεσθαι ὅτι· δίκαιος ἔσομαι; εἰ γὰρ οἱ σφόδρα ἅγιοι, εἴτε ἄγγελοι
εἴτε ἄνθρωποι, καὶ αὐτὴ δὲ τοῦ οὐρανοῦ ἡ καθαρότης πρὸς τὴν σύγ-
25 κρισιν τῆς τοῦ θεοῦ καθαρότητος ἀκάθαρτοι, τί ἂν εἴποιμεν περὶ

Υ Γ(βOFSPL ≠ 1-3; 8 - 9 ἐτιμωρήθης; ≠ 15-17) P(≠ 4 δῶμεν - 6; 22-)
Ν(1-3; 8-)

2 οὖ: οὐχὶ Ν   3 σου πατρὸς stellen Ν(Γ)   7 <ὁ>λίγα Υ   9 τοί-
νυν > Ν   11 αὐτοῦ: αὐτὸν Ν   13 ἐξήγαγες LXX: ἐξήγαγε Υ   15 ὀφ-
θαλμοὺς Ν(Γ): ὀφθαλμὸς Υ/ ὁρατικὸν καὶ νοητικὸν stellt Ν   16 ἐτόλ-
μησας nach οὕτως stellt Ν   19 πιστεύει LXX: πιστεύσει Υ   21 πο-
τῷ LXX: ποτῶν Υ   22 γάρ φησιν > P   23 εἰ - ἅγιοι > Ν   23-25
εἴτε ἀγγ.- ἀκάθαρτοι ≠ Ν   25 ἀκάθαρτος P(N)/ τί + δ' Ν/ εἴπομεν P

τοῦ ἀνθρώπου τοῦ βδελυκτοῦ καὶ ἀκαθάρτου, ὃς ἴσα πώματι τὰς ἀδι-
κίας ἐκπίνει; τοῦτο δὲ εἶπε διὰ τὸ προαιρετικῶς τοὺς ἀνθρώπους
ἁμαρτάνειν.

τὸ δὲ κατὰ ἁγίων οὐ πιστεύει δυνατὸν καὶ οὕτω νοῆσαι
5 ὅτι· καὶ αὐτοὶ οἱ ἄγγελοι τρεπτοὶ γεγόνασι τὴν φύσιν, ὡς καί
τινας αὐτῶν ἀπολισθῆναι τῆς οἰκείας στάσεως, τὸ δὲ οὐρανὸς
δὲ οὐ καθαρὸς ὅτι· καὶ αὐτὸς πολλάκις ὑπὸ νεφῶν συγκαλύπ-
τεται.

15,17-18 ἀναγγελῶ, σὺ δὲ ἄκουέ μου· ἃ δὴ ἑώρακα ἀναγγελῶ σοι,
10 ἃ σοφοὶ ἐροῦσι καὶ οὐκ ἔκρυψαν πατέρας αὐτῶν.

σοφὸν τοίγαρουν ἄκουε λόγον, ὃν οἱ παλαιότεροι παῖς παρὰ
πατρὸς διεδέξαντο. ἀληθῆ δὲ εἶναι τοῦτον καὶ ἡ πεῖρά μοι παρέ-
δωκεν.

15,19 αὐτοῖς δὲ μόνοις ἐδόθη ἡ γῆ, καὶ οὐκ ἐπῆλθεν ἀλλογενὴς
15 ἐπ' αὐτούς.

οἱ δὲ τὸν σοφόν, φησίν, παραδεδωκότες ἡμῖν λόγον οὕτω καὶ θεο-
σεβεῖς ἐτύγχανον, ὡς ἀταράχως τὴν ἑαυτῶν οἰκῆσαι γῆν οὐδενὸς αὐ-
τοῖς πολεμίου ἐπεληλυθότος. τίς οὖν ὁ λόγος ὁ παλαιός, ἐπάγει.

15,20-21 πᾶς ὁ βίος ἀσεβοῦς ἐν φροντίδι, ἔτη δὲ ἀριθμητὰ δεδό-
20 μενα δυνάστῃ, ὁ δὲ φόβος αὐτοῦ ἐν ὠσὶν αὐτοῦ. ὅταν {δὲ} δοκῇ ἤδη
εἰρηνεύειν, ἥξει αὐτοῦ ἡ καταστροφή.

ἀεί, φησίν, τεταραγμένος ἐστὶν ὁ ἀσεβής, ἀεὶ ἐν φροντίδι,
πρόσκαιρος αὐτοῦ ἡ δυναστεία, περίφοβός ἐστιν ἔνοικον ἀεὶ τὸ

Υ Γ(βOFSPLN 11-13; 16-18; βOFSL 22-) P(-3; 22-) N(- 6 στάσεως; 22-)
1 τοῦ₁ > N / ἀνθρώπου: ἀνδρὸς N / πόματι Υ, πόματα P / τὰς PN: τῆς Υ
2 τοὺς ἀνθρ. προαιρ. stellt P   6 ἀπωλισθῆναι Υ   11 <σ>οφὸν Υ
/ τοίγαρουν > Γ / λόγον + οὔ τι νεώτερον, ἀλλ' Γ / παῖδες (BPLN)
14 πατέρων (PL) / διεδέξαντο Γ: διεδέξατο Υ   12/13 παραδέδωκεν Γ
16 δὲ: γὰρ Γ / φησίν: τοῦτον Γ / παραδόντες Γ / ἡμῖν > Γ   18 πο-
λεμίου Γ: πολέμου Υ / ἐπεληλυθότος + Zusatz aus Julian Γ / ἐπάγει
Γ: > Υ   20 δοκεῖ Υ   22 <ἀ>εί Υ /
φησίν und ὁ ἀσεβής im vorhergehenden Kontext ΓΡΝ / τεταραγμένος ΓΡΝ:
τεταμένος Υ / ἀεὶ ἐν φροντίδι: ἀεὶ ἔμφροντις P, > Γ

δέος ἔχων. ἥξει δὲ αὐτῷ καὶ ἀδόκητος ἡ καταστροφὴ τῆς δοκούσης

εὐημερίας.

15,22-24 μὴ πιστευέτω ἀποστραφῆναι ἀπὸ σκότους· ἐντέταλται γὰρ

ἤδη εἰς χεῖρας σιδήρου, κατατέτακται δὲ εἰς σῖτα γυψίν, οἶδεν

5 δὲ ἐν ἑαυτῷ, ὅτι μένει εἰς πτῶμα· ἡμέρα δὲ σκοτεινὴ αὐτὸν στρο-

βήσει, ἀνάγκη δὲ καὶ θλῖψις αὐτὸν καθέξει.

σκότος λέγει τὴν τιμωρίαν. μὴ πιστευέτω οὖν, φησίν, ὅτι ἀτι-

μώρητος μένει, ὁ ἀσεβής· θεῖον γάρ ἐστιν ἔνταλμα ὑπὸ σιδήρου αὐ-

τὸν ἀναιρεθῆναι καὶ ὑπὸ γυπῶν δαπανηθῆναι ἄταφον κείμενον. εἶπε

10 δέ τι ὡς εἰκὸς συμβησόμενον δηλῶσαι βουλόμενος, ὅτι πάντως οἱ

ἀσεβεῖς ὑπὸ τιμωρίαν ἔσονται. ἀλλὰ καὶ αὐτός, φησίν, συνεπίστα-

ται ἑαυτῷ τὴν μέλλουσαν ἔσεσθαι πτῶσιν καὶ ὅτι μέλλει ὑπὸ σκό-

τος εἶναι καὶ κλόνησιν καὶ θλῖψιν καὶ ἀνάγκην.

15,24-26 ὥσπερ στρατηγὸς πρωτοστάτης πίπτων, ὅτι ἦρκε χεῖρας

15 <ἐναντίον τοῦ κυρίου>· ἔναντι δὲ κυρίου παντοκράτορος ἐτραχηλία-

σεν, ἔδραμε δὲ ἐναντίον αὐτοῦ ὕβρει ἐν πάχει νώτου ἀσπίδος αὐτοῦ.

ὁ ἀσεβής, φησίν, ὡς χεῖρας ἀνταίρων τῷ θεῷ καὶ τὸν αὐχένα δι-

αίρων κατ' αὐτοῦ καὶ ὥσπερ τρέχων εἰς τὸ συμβαλεῖν αὐτῷ πρὸς πα-

ράταξιν οἷά τινα παχεῖαν ἀσπίδα τὴν ὑπερηφανίαν ἐπιφερόμενος

20 καταβάλλεται καὶ πίπτει οἷά τις στρατοπέδων ἄρχων ὡς ὑπὸ ἀντι-

πάλου τοῦ θεοῦ τιτρωσκόμενος.

15,27 ὅτι ἐκάλυψε πρόσωπον αὐτοῦ ἐν στέατι αὐτοῦ καὶ ἐποίησε

περιστόμιον ἐπὶ τῶν μηρῶν αὐτοῦ.

Υ Γ(βOFSL -2; βOFSPL 7-12 πτῶσιν; 17-20 πίπτει) P(-2; ≠ 12 καὶ ὅτι -
13; 20 οἷά τις -21) N(-2; 7-9 κείμενον; 11 καὶ αὐτός -13; 17-21)

1 ἔχον Υ / ἔχων + ὥσπερ ἐνηχοῦν αὐτῷ τὴν μέλλουσαν ἀπώλειαν ΓΡ, +
Text aus verschiedenen Quellen Ν/ δὲ > Ν/ καὶ > Ν/ ἀδοκήτως Υ   7-8
ὅτι ἀτ. μένει: ἀτ. μένειν ΓΝ   8-9 θεῖον – ἀναιρεθῆναι: anderer
Text Γ   9 καὶ – κείμενον: ἀλλ' ἄταφον κείμενον ὑπὸ γυπῶν δαπα-
νηθῆναι Γ   11 φησίν: γὰρ Ν   12 ἑαυτῷ ΓΝ: ἑαυτοῦ Υ / ἔσεσθαι
> ΓΝ   16 ὕβρει – νώτου LXX: ὕβρισε πάσχειν ὅτου Υ   17 φησίν
> ΓΝ / ἀντέρων Υ / τῷ > ΓΝ   17-18 αὐχένα – αὐτοῦ: χρηστὸν ἀπο-
σειόμενος ζυγὸν ΓΝ   18 ὥσπερ: μονονουχὶ Ν / πρὸς ΓΝ: εἰς Υ
19 ὑπερηφανίαν ΓΝ: περιφανίαν Υ   20 ὑπ' Ν   23 τὸν μηρὸν Υ

οἱ εὐτραφεῖς ὑπὸ τῆς ἄγαν τρυφῆς πιμελῇ παχύνονται τὸ πρόσω-
πον καὶ διπλώματα καὶ περισαρκώσεις ποιοῦσιν ἐπὶ τῶν μηρῶν, ἃ δὴ
περιστόμιον καλεῖ ὡς συνέχοντα τοὺς μηρούς. ὥσπερ οὖν, φησίν,
οὗτοι τοιοῦτοι γίνονται, οὕτω καὶ ὁ ἀσεβὴς ὑπὸ τῆς εὐημερίας
5 πανταχόθεν περιρρεόμενος καὶ σαρκικῇ δυνάμει πεποιθὼς εἰς ἀντί-
στασιν ἐπαίρεται τὴν κατὰ θεοῦ καὶ πολεμεῖ τοῖς αὐτοῦ διατάγμα-
σιν· διὸ καὶ ὡς ἀντιμαχόμενος τῷ θεῷ ὑπ' αὐτοῦ καταβάλλεται.

15,28-29   αὐλισθείη δὲ πόλεις ἐρήμους, εἰσέλθοι δὲ εἰς οἴκους
ἀοικήτους. ἃ δὲ ἐκεῖνος ἡτοίμασεν, ἄλλοι ἀποίσονται· οὔτε μὴ
10 πλουτισθῇ οὔτε μὴ μείνῃ αὐτοῦ τὰ ὑπάρχοντα.

τὴν παντελῆ ἐρημίαν τῶν ἀσεβῶν λέγει ὡς ἀντὶ πόλεων εὐθηνου-
μένων καὶ οἴκων ἐρημίαν αὐτοὺς οἰκεῖν ὑπὸ πενίας. οὐ γὰρ μὴ
μείνῃ τοῦ τοιούτου, φησίν, τὰ ὑπάρχοντα.

15,29-33   οὐ μὴ βάλῃ ἐπὶ γῆς σκιὰν οὐδὲ μὴ ἐκφύγῃ τὸ σκότος· τὸν
15 βλαστὸν αὐτοῦ μαραίνει ἄνεμος, ἐκπέσοι δὲ αὐτοῦ τὸ ἄνθος. μὴ πι-
στευέτω, ὅτι ὑπομενεῖ. κενὰ γὰρ ἀποβήσεται αὐτῷ ἡ τομὴ αὐτοῦ·
πρὸ ὥρας φθαρήσεται, καὶ ὁ ῥάδαμνος αὐτοῦ οὐ μὴ πυκάσῃ. τρυγη-
θείη δὲ ὡς ὄμφαξ πρὸ ὥρας, ἐκπέσοι δὲ ὡς ἄνθος ἐλαίας.

μεταφορικῶς, ὡς ἐπὶ δένδρου εὐθαλοῦς καὶ πρὶν ἢ γηράσῃ ἐκ-
20 τεμνομένου καὶ ἔτι ὄντος ἐν τῇ ἀνθήσει μαραινομένου, οὕτω διέ-
γραψε τὸν ἀσεβῆ οὐ μέχρι τέλους εὐημεροῦντα. τὸ δὲ οὐ μὴ βάλῃ

Y Γ(βOFSPL 1-7; βOFSL 11 - 12 πενίας; βOFSPLN 19-) P(11-13) N(1-7;
11 - 12 πενίας)

1 οἱ N: εἰ Y, καθά τις Γ / εὐτραφὴς Γ / τρυφῆς ΓΝ: τροφῆς Y / παχύ-
νεται Γ   2 ποιεῖ Γ / δὴ: δὲ N   3 συνέχοντα ΓΝ: συνέχων Y /
μηρούς + καὶ οἷον θλίβοντα καθάπερ τὸ περιστόμιον τὸν τράχηλον N
3-4 ὥσπερ - οὕτω: οὕτω φησιν Γ / οὗτοί φησιν stellt N   5 περιρρε-
όμενος: περιχεόμενος Γ (περιεχόμενος P, περιερχόμενος L) / περιρρ. +
καὶ τὸ βλεπτικὸν τῆς ψυχῆς ἐντεῦθεν πηρωθεὶς Γ (nicht P)   6 κατὰ
+ τοῦ N / καὶ πολεμεῖ: πολεμῶν Γ   9 οὔτε LXX: οὐδ' οὐ Y   10
μείνει Y   11 ἐρήμωσιν P / λέγει ΓΡΝ: > Y   11/12 εὐθυνουμέ-
νων Y   12 ὑπὸ πενίας: καὶ πενίᾳ πιέζεσθαι Γ, καὶ περινίᾳ πιέζε-
σθαι P   13 μείνει Y / τοῖς τοιούτοις P / φησίν > P   14 βά-
λει Y   19 <μ>εταφορικῶς Y / ἢ: ἳ Y, > Γ / γηράσει ΥΓ   19/20
ἐκτεμνωμένου Y   20 τῇ ἀνθῇ Γ (τῷ ἄνθει P)   21 δὲ: οὖν Γ
/ βάλει Y

ἐπὶ γῆς σκιὰν ἀντὶ τοῦ· ἐκκοπείη. τὰ γὰρ δένδρα, ἐν ὅσῳ μὲν
ἵστανται, καὶ σκιὰν ποιοῦσιν, ἀποτμηθέντα δὲ οὐκέτι. ἀλλὰ μαραν-
θήσεται, φησίν, ὁ ἀσεβὴς ὡς φυτοῦ βλαστὸς ὑπὸ ἀνέμου, ἡ δὲ εὐη-
μερία αὐτοῦ ὡς ἄνθος ἐκπεσεῖται. τὸ δὲ ἡ τομὴ αὐτοῦ πρὸ
5 ὥρας φθαρήσεται ἐν ἀώρῳ ἡλικίᾳ τελευτήσει φησίν. τὸ δὲ ὁ
ῥάδαμνος αὐτοῦ οὐ μὴ πυκάσῃ ἀντὶ τοῦ· οὐ μενεῖ κομῶν
τοῖς ἀγαθοῖς· πυκάσαι γάρ ἐστι τὸ τοῖς κλάδοις συσκιάσαι. εἶτα
ἐπιμείνας τῇ μεταφορᾷ πάλιν διὰ τοῦ ὄμφακος τὴν ἄωρον διέγραψε
τελευτήν, τῶν δὲ ἀγαθῶν τὴν ἔκπτωσιν διὰ τῆς ἀπορροῆς τοῦ ἄνθους
10 τῆς ἐλαίας.

15,34 μαρτύριον γὰρ ἀσεβοῦς θάνατος.

δεῖγμα γάρ, φησίν, τῆς τῶν ἀνθρώπων ἀσεβείας ὁ αὐτῶν θάνατος,
ἀντὶ τοῦ· τὸ αἰσχρὸν τέλος δείξει τὰ κατ' αὐτούς.

15,34 πῦρ δὲ καύσει οἴκους δωροδεκτῶν.

15 πῦρ φησι τὴν θείαν ὀργὴν καταφλέγουσαν πανεστίους τοὺς ἀπλή-
στους καὶ πλεονέκτας καὶ δώρων τὸ δίκαιον καταπροδιδόντας.

15,35 ἐν γαστρὶ δὲ λήψεται ὀδύνας, ἀποβήσεται δὲ αὐτῷ κενά, ἡ
δὲ κοιλία αὐτοῦ ὑποίσει δόλον.

ὀδύνας φησὶ τὰς καθ' ἑτέρων, ἵνα εἴπῃ ὅτι· ὁ ἀσεβὴς τὸν δόλον
20 ἔχων ἐν ἑαυτῷ βουλεύεται, πῶς ἑτέρους ὀδυνήσει. διὰ τοῦτο καὶ ἡ
ἔκβασις αὐτοῦ καὶ τὸ τέλος κενὸν ἔσται καὶ μάταιον. τούτῳ δὲ
ἐοικὸς καὶ ἐν Ψαλμοῖς εἴρηται· ἰδού, ὠδίνησεν ἀδικίαν,
συνέλαβε πόνον καὶ ἔτεκεν ἀνομίαν. τὸ δὲ ὑποίσει
δόλον διὰ τὸ ἐκ προαιρέσεως ὑποδέχεσθαι τὰ κακά. κοιλίαν δὲ
25 ὅλον τὸ ἐντὸς χωρίον φησὶ καὶ αὐτὴν τὴν ψυχήν.

22-23 Psalm 7,15

Υ Γ(βOFSPLN -10; βOFSPL ≠ 12-13; 15-16; 20 καὶ ἡ - 21 μάταιον) Ν(12
-16; ≠ 19-25)

1 ἐκκοπείη Γ: ἐκκοπίσει Υ   2 ἵσταται Γ / ποιεῖ Γ / ἀλλὰ + καὶ Γ
3 φυτοῦ Γ: φυτὸν Υ   4 τομὴ Γ: τοτὴ Υ   6 ῥά'δαμνος Υ / πυ-
κάσει Υ   12 γάρ φησιν > Ν   13 ἀντὶ τοῦ: τουτέστιν Ν / τὸ Ν:
> Υ / αὐτούς Ν: αὐτόν Υ   15 φησι: λέγει Γ   21 αὐτοῦ Υ(Ν):
αὐτῶν Γ   21 τούτῳ: τοῦτο Υ (> Ν)

ΚΕΦΑΛΑΙΟΝ ΕΝΔΕΚΑΤΟΝ

Ὑπολαβὼν ᾿Ιὼβ λέγει. ἀρχὴ τοῦ ῥητοῦ· ἀκήκοα τοιαῦτα πολλά, παρακλήτορες κακῶν πάντες.

Προθεωρία τοῦ κεφαλαίου {λέγει ὁ ᾿Ελιφάζ}

5   τοῦ ᾿Ελιφὰζ εἰρηκότος τὰς κολάσεις τοῖς ἀσεβέσιν ἐπιφέρεσθαι πρὸς τοῦτο εὐθὺς ἀπαντᾷ ᾿Ιὼβ καί φησιν· ἀκήκοα τοιαῦτα πολλά. μέμφεται δὲ τοῖς φίλοις ὡς οὐκ εἰδόσι παρακλητικοὺς προσαγαγεῖν λόγους, καὶ αἰσθάνεται μὲν διαβόλῳ παραδιδόμενος ὑπὸ θεοῦ, τὴν δὲ αἰτίαν ἀγνοεῖ. εἶτα καὶ λέγει τὰ περιέχοντα δεινά, καὶ αἰ-
10 τεῖ μὴ παρασιωπηθῆναι τὰ κατ᾿ αὐτόν, καὶ θεὸν ποιεῖται μάρτυρα τῆς ἑαυτοῦ συνειδήσεως, καὶ ποθεῖ τὸν θάνατον, καὶ πάλιν ἐκδιηγεῖται τὰς συμφορὰς εἰς ὀδυρμὸν κατακλείων τὸν λόγον.

Αἱ λέξεις

16,2 ἀκήκοα τοιαῦτα πολλά, παρακλήτορες κακῶν πάντες.

15   τοιαῦτα μέν, οἷα λέγετε, πολλὰ ἤκουσα, ὡς τοὺς ἀσεβεῖς αἱ κολάσεις ἐκδέχονται· ὑμεῖς δέ ἐστε κακοὶ παρακλήτορες διὰ τῶν λόγων ἐπιτρίβοντές μοι τὰ πάθη.

16,3-4 τί γάρ; μὴ τάξις ἐστὶ ῥήμασι πνεύματος, ἢ τί παρενοχλήσει σοι ὅτι ἀποκρίνῃ; κἀγὼ καθ᾿ ὑμᾶς λαλήσω.

20   εἰπὲ γάρ· νόμος τίς ἐστι πρὸς πάντα τὰ λεγόμενα ἀνταποκρίνε-
Υ Γ(γOFSPL 5-12; βOFSPLN 15-17; βOFS 20-) P(20-) N(5-12; 20-)
6 ὁ ᾿Ιὼβ ἀπαντᾷ ΓΝ   8 παραδεδομένος Γ   9 δὲ ΓΝ: δι᾿ Υ / καί₁
> Ν   15 πολλά: πολλάκις Γ / ὡς + καὶ Υ   17 μοι > Γ (hat Ν)
18 ἤ: εἰ Υ   20 εἰπὲ γάρ > Ρ   20/1 ἀνταποκρίνεσθαι: ἀπομάχεσθαι ΓΝ, ἀνταποκρίνεσθαι καὶ ἀπομάχεσθαι Ρ

σθαι, ἢ ὑπὸ τίνος συνωθεῖσθε εἰς τὸ πάντως ἀντιλέγειν τοῖς παρ' ἐ-
μοῦ; πλὴν ἐπειδὴ οὕτως ἐκρίνατε καὶ ὁ θέλων ὡς θέλει λαλεῖ, κἀγὼ
καθ' ὑμᾶς λαλήσω.

16,4 εἰ ὑπέκειτό γε ἡ ψυχὴ ὑμῶν ἀντὶ τῆς ἐμῆς, <εἶτ' ἐναλοῦμαι
5 ὑμῖν ῥήμασιν, κινήσω δὲ καθ' ὑμῶν κεφαλήν>.

εἰ ὑπέκειτο, φησίν, ἡ ψυχὴ ὑμῶν ἐν τοῖς ἐμοῖς πάθεσι καὶ ἐνηλ-
λόμην ὑμῖν καὶ ἐκίνουν καθ' ὑμῶν τὴν κεφαλὴν ὥσπερ ἐφηδόμενος τοῖς
ὑμετέροις κακοῖς, τότε ἂν ἔγνων ὑμῶν τὴν καρτερίαν, καὶ τότε ἂν
ἐμανθάνετε μὴ ἐν ἀλλοτρίαις φιλοσοφεῖν συμφοραῖς. ταῦτα γὰρ κατ'
10 ἔλλειψιν νοούμενα προσυπακουστέον.

ἢ καὶ μετὰ ἤθους ἀνάγνωθι· εἰ ἦτε ἐν τοῖς ἐμοῖς κακοῖς, ἆρα
ἐνηλλόμην καθ' ὑμῶν τοῖς ῥήμασιν, ἢ ἐκίνουν καθ' ὑμῶν τὴν κεφαλήν;
οὐδαμῶς, ἀλλὰ λόγοις ἂν ὑμᾶς ἐπέρρωσα παρακλητικοῖς.

ταύτῃ δὲ συντρέχων τῇ ἐννοίᾳ καὶ ἕτερος τῶν ἑρμηνευτῶν οὕτως ἐκ-
15 δέδωκεν· εἰ ὑμεῖς τοῖς ἐμοῖς ὑπέκεισθε πάθεσιν, ἑτέροις προσεγε-
νόμην ἂν ὑμῖν λόγοις καὶ ἐκίνησα ἂν ἐφ' ὑμῖν τὴν κεφαλήν, ἐπέρ-
ρωσα ἂν ὑμᾶς διὰ τοῦ στόματός μου.

16,5-6 εἴη δὲ ἰσχὺς ἐν τῷ στόματί μου, κίνησιν δὲ χειλέων οὐ
φείσομαι. ἐὰν γὰρ λαλήσω, οὐκ ἀλγήσω τὸ τραῦμα; ἐὰν δὲ καὶ σιωπή-
20 σω, τί ἔλαττον τρωθήσομαι;

γένοιτο δέ με, φησίν, ἰσχυρῷ λόγῳ καὶ ἀνακεκαλυμμένῃ γλώττῃ
κεχρῆσθαι πρὸς ὑμᾶς. εἶτα ἐρωτηματικῶς ἀνάγνωθι· ἐὰν γὰρ λα-
λήσω, οὐκ ἀλγήσω τὸ τραῦμα; ἀντὶ τοῦ· ἀλγήσω. ἐὰν δὲ

Y Γ(βOFS -3; βOFSPL 6-13 οὐδαμῶς; 21-) P(-3; ≠ 13 ἀλλὰ - 17) N(-3;
7 ὥσπερ - 8 κακοῖς; 11-17; ≠ 21 - 22 ἀνάγνωθι)

1 συνωθεῖσθαι ΥΡ   2 καὶ - λαλεῖ > Γ/ θέλων: λέγων Ν   2-3 κἀγὼ -
λαλήσω: ἐγὼ γοῦν ὀρθῷ τῷ συνειδότι ἀντιφθέγξομαι πρὸς ὑμᾶς ΓΡ   4
῾ἡ᾿ Υ/ τοῖς ἐμοῖς Υ   4-5 < >: stattdessen die andere Version, die
ans Ende der Erklärung gehört Υ, vgl. Z.15-17   6/7 ἐνηλλόμην Υ
8 ἡμετέροις Υ/ καί: κἂν καὶ Υ   9 ἀλλοτρίαις + μόνον Γ   10 ἔλ-
ληψιν Υ   11 ἢ Γ: εἰ Υ, ἔστι δὲ Ν/ ἀνάγνωθι: ἀναγνῶναι οὕτως Ν/ ἤ-
ται Υ   12 ἐνηλλόμην Υ/ ἢ ΓΝ: > Υ   15 εἰ - πάθεσιν Ν: > Υ, εἰ
ὑπέκειτο ἡ ψυχὴ ὑμῶν ἀντὶ τῆς ἐμῆς (Ρ, vgl. Υ Z.4) / ἑτέροις - 17
nach 4 ἐμῆς stellt Υ   16 κεφαλήν Υ(Ρ): + συμπαθῶς δηλονότι καὶ Ν
17 διὰ τ. στ.: ἐν τῷ στόματι Ν   22 κεχρεῖσθαι Υ   23 ἀλγήσω₂
+ τὸ τραῦμα Γ, ἀλήσω Υ

καὶ σιωπήσω, τί ἔλαττον τρωθήσομαι; ὃ δὲ λέγει, τοιοῦ-
τόν ἐστιν· εἰ καὶ λαλῶν καὶ σιωπῶν πάντως ἀλγεῖν μέλλω, ἄμεινον τὸ
λαλεῖν, ἵνα μὴ δόξω τῇ σιωπῇ συγκατατίθεσθαι τῇ ὑμετέρᾳ κατηγορίᾳ.

16,7 νῦν δὲ κατάκοπόν με πεποίηκε, μωρόν, σεσηπότα.

5   ἐγὼ μὲν οὖν, φησίν, εὔχομαι λόγων ἰσχὺν λαβεῖν· ἡ δὲ τιμωρία
κατέσκυλέ με καὶ κατέκοψε καὶ κατέσηψεν ὡς μικροῦ δοκεῖν καὶ τῶν
κατὰ φύσιν ἐκστῆναι φρενῶν.

16,8 καὶ ἐπελάβου μου, <εἰς μαρτύριον> ἐγενήθην.

       ἕτερα ἀντίγραφα οὕτως ἔχει· καὶ ἐπελάβετό μου, εἰς μαρτύριον
10 ἐγενήθη.
       κατὰ μὲν οὖν τὸ ἐπελάβου μου ὡς πρὸς τὸν θεὸν λέγει ὅτι·
οἷά τις ἀνδρεῖος ἐπελάβου μου τοῦ μικροῦ καὶ ἀσθενοῦς, καὶ ἅμα τε
ἥψω μου καὶ εἰς παράδειγμα γέγονα πᾶσιν, ὅτι ὡς δι᾽ ἁμαρτίας κολά-
ζομαι.

15   κατὰ δὲ τὸ ἐπελάβετό μου ὡς πρὸς τοὺς φίλους λέγει περὶ τοῦ
θεοῦ. εἰς μαρτύριον δὲ ἐγενήθη ἀντὶ τοῦ· εἰς ἔλεγχόν μοι ἀντικατέ-
στη ὁ θεός.

16,8 καὶ ἀνέστη ἐν ἐμοὶ τὸ ψεῦδός μου, κατὰ πρόσωπόν μου ἀνταπε-
κρίθη.

20   ταῦτα δέ μου, φησίν, πάσχοντος εὗρον πρόφασιν οἱ καταψευδόμε-
νοί μου ὡς καὶ κατὰ πρόσωπόν μου ἀνερυθριάστως ἀνταποκρίνεσθαι
καὶ λέγειν, ὅτι δι᾽ ἁμαρτίας πάσχω.

Υ Γ(βOFSPL -3; 5-7; βOFSL 9-17; βOFSPL 20-) P(9-17) N(-3; 5 ἡ δὲ -
7; ≠ 9 - 13 μου; 13 καὶ - 16 θεοῦ; 20-22)

2 εἰ + τοίνυν N   3 συγκατατίθεσθαι ΓN: κατατίθεσθαι Υ / ἡμετέ-
ρᾳ Υ   4 μορόν Υ   5 δὲ: γὰρ N   6 κατέκοψε + με N / καὶ
κατέσηψεν ΓN: > Υ   8 ἐγεννήθην Υ   9 ἔχει ΓP(N): ἔχουσιν Υ
10 ἐγενήθη (βO, ἐγεννήθη S): ἐγενήθην (FBCN), ἐγεννήθην Υ(L)   11
οὖν > P / ὅτι > P   12 τις ΓP(N): δὴ Υ / ἀνδρείως Υ   13 καὶ PN:
> ΥΓ / ὡς > N / διὰ Υ   15 μου ΓPN: με Υ   16 εἰς μαρτ. δὲ:
τὸ δὲ εἰς μαρτ. P / ἐγενήθη ΓP: ἐγεννήθην Υ(L) / ἀντὶ - μοι: εἰς ἔλ.
μοι τουτέστιν Γ   16/17 ἀντικατέστη Γ: ἀντεκατέστη P, ἀπεκατέστη Υ
17 ὁ > P   20 δὲ > N(F) / ηὗρον (VOFS)   21 μου₁ ΓN: μοι Υ /
ἀνερυθριάστως ΓN: > Υ / ἀνταποκρίνασθαι (βOS)N   22 διὰ Υ

ἔστι δὲ καὶ οὕτω νοῆσαι· ψεῦδός ἐστιν ἡ ἁμαρτία· λανθάνουσα
οὖν τις, φησίν, ἁμαρτία ἔοικε φανεροῦσθαι καὶ κατὰ πρόσωπόν με
ἐλέγχειν.

τὰ δὲ ἐφεξῆς δυνατὸν μὲν καὶ περὶ θεοῦ νοεῖσθαι· ὡς δὲ ὁ ἅ-
5 γιος πληροφορεῖται, ὅτι ὑπὸ θεοῦ <τῷ> διαβόλῳ παραδέδοται καὶ
ὑπ' αὐτοῦ ταῦτα πάσχει, ἑκατέρως οὖν οὕτως αὐτῶν ἀκουστέον.

16,9 ὀργῇ χρησάμενος κατέβαλέ με, ἔβρυξεν ἐπ' ἐμὲ τοὺς ὀδόντας.

εἰ μὲν περὶ θεοῦ λέγει, τὸ σφοδρὸν σημαίνει τῆς ὀργῆς ὅτι· ὡς
οἱ τρίζοντες τοὺς ὀδόντας ὑπὸ θυμοῦ οὕτως ἐχρήσατό μοι. περὶ δὲ
10 τοῦ διαβόλου καὶ τῶν δαιμόνων αὐτολεξεὶ καὶ ὁ μέγας Δαυὶδ ταῦτα
ἔφησεν εἰρηκώς· ἔ β ρ υ ξ α ν ἐ π ' ἐ μ ὲ τ ο ὺ ς ὀ δ ό ν τ α ς α ὐ τ ῶ ν,
κ ύ ρ ι ε, π ό τ ε ἐ π ό ψ ῃ; ἐπειδὴ γὰρ περιέρχεται ὡ ς λ έ ω ν ζ η τ ῶ ν
τ ί ν α κ α τ α π ί ῃ, ἐνδίκως ὡς λέων καὶ βρύχεσθαι λέγεται.

16,9 βέλη πειρατῶν αὐτοῦ ἐπ' ἐμὲ ἔπεσεν.

15 εἰ μὲν περὶ θεοῦ τὸ λεγόμενον, τὸ ἀθρόον δείκνυσι τῶν ἐπελ-
θόντων αὐτῷ κακῶν, ἵνα εἴπῃ ὅτι· αἱ τιμωρίαι ὥσπερ τινὲς πει-
ραταὶ ἀδοκήτως ἐπιπεπτώκασί μοι. εἰ δὲ περὶ τοῦ διαβόλου, πει-
ρατὰς αὐτοῦ φάσκει τοὺς ὑπουργοῦντας αὐτῷ δαίμονας.

16,1ο ἀκίσιν ὀφθαλμῶν ἐνήλατο.

20 ἀκίδες εἰσὶ τὰ τῶν βελῶν σιδήρια. ὡς βέλεσιν οὖν, φησίν, κατὰ
τῶν ἐμῶν ὀφθαλμῶν ἔτρωσέ με ὁ θεός, ἀντὶ τοῦ· καιρίως ἔπληξεν. εἰ
δὲ περὶ τοῦ διαβόλου ὁ λόγος, ταῖς βολαῖς, φησίν, ταῖς φοβεραῖς
τῶν ἑαυτοῦ ὀφθαλμῶν ὥσπερ ἀκίσι κατηκόντισέ με.

11-12 Psalm 34,16   12-13 1.Petrus 5,8

Υ Γ(βOFSPL -6; βOFSL ≠ 8-11; βOFSPLN 15-18; βOFSL 20-23) P(≠ 8-13;
20-21 με; ≠ 21 ὁ θεὸς - 23) N(≠ 8-13; ≠ 20-21 με)

1 οὕτως Υ   2 φησί τις stellt Γ (nicht P) / ἔοικε + νῦν Γ
4-6 τὰ δὲ ἐφεξῆς δυνατὸν ἑκατέρως νοεῖν εἴτε ὡς ὑπὸ θεοῦ πάσχοντος
εἴτε ὡς ὑπὸ τοῦ διαβόλου κατὰ συγχώρησιν Γ   5 <τῷ>: vgl.
Γ, z.4-6 App.   6 ἑκατέρως Γ: ἑτέρως Υ   13 καταπίει Υ /
ὡς (Ν): ὁ Υ / λέγεται (Ν): > Υ   15 περὶ + τοῦ Γ (nicht SPN)
16 ὅτι Γ: > Υ   18 φάσκει: λέγει Γ   20 βελῶν: μελῶν Υ /
σίδηρα Υ / μέλεσιν Υ   21 ὁ > Γ

16,10 ὀξὺς ἔπαισέ με ἐπὶ τὰ γόνατα.

σφοδρῶς, φησίν, ἔπληξέ με, ὡς ἐκλυθῆναί μου τὰ γόνατα καὶ κα-
ταπεσεῖν, ἢ ὁ θεὸς ἢ ὁ διάβολος.

16,10 ὁμοθυμαδὸν δὲ κατέδραμον ἐπ' ἐμέ.

5 ἢ αἱ τοῦ θεοῦ τιμωρίαι ἢ οἱ τοῦ διαβόλου πειρασμοί.

16,11 παρέδωκε <γάρ> με <ὁ> κύριος εἰς χεῖρας ἀδίκων, ἐπὶ δὲ ἀ-
σεβέσιν ἔρριψέ με.

ἀδίκους καὶ ἀσεβεῖς τοὺς ἀνθρώπους λέγει τοὺς τὰ αὐτοῦ διαρπά-
σαντας, καιριώτερον δὲ τὸν διάβολον καὶ τοὺς αὐτοῦ δαίμονας.

10 16,12 εἰρηνεύοντα διεσκέδασέ με, λαβών με τῆς κόμης διέτιλεν.

κόμην τὸν κόσμον καὶ τὴν εὐπραγίαν φησίν, ἵνα εἴπῃ ὅτι· κατε-
σκέδασέ με καὶ ὥσπερ διέτιλεν ἀπ' ἐμοῦ τὴν εὐπραγίαν καὶ τὴν εἰ-
ρήνην.

16,12-14 κατέστησέ με ὥσπερ σκοπόν· ἐκύκλωσάν με λόγχαις βάλλον-
15 τες εἰς νεφρούς μου οὐ φειδόμενοι, ἐξέχεαν εἰς <τὴν> γῆν τὴν χο-
λήν μου. κατέβαλόν με πτῶμα ἐπὶ πτώματι, ἔδραμον ἐπ' ἐμὲ δυνατοί.

τοῦ θεοῦ, φησίν, στήσαντός με ὥσπερ τινὰ σκοπὸν ἐπὶ τῷ τὰς ἁ-
πάντων δέχεσθαι βολὰς ὥσπερ τισὶ λόγχαις κατὰ τῶν νεφρῶν με κατη-
κόντισαν, ἵνα εἴπῃ· κατὰ τῶν ἀποκρύφων καὶ καιρίων. ἐπιμένων δὲ
20 τῇ μεταφορᾷ ὡς κατὰ τῶν σπλάγχνων πληγεὶς τὸ ἐξέχεαν εἰς τὴν
γῆν τὴν χολήν μου ἔφη. πτῶμα δὲ ἐπὶ πτώματι τὰς ἀλλεπ-
αλλήλους φησὶ τιμωρίας. τὸ δὲ καὶ ἔδραμον πρός με δυνα-

Y Γ(βOFSL ≠ 2-3; βOFSPN 11 - ὅτι; βOFSPL 17-) P(≠ 2-3; 8-9) Ñ(2 - 3
καταπεσεῖν; 5; ≠ 17 - 22 τιμωρίας)

1 ἔπεσε Υ   2 ἐκλελύσθαι Ν   5 ἢ₁ > Ν / θεοῦ + δηλαδὴ Ν /
πειραται Ν   9 καιριώτερον: ἄμεινον Ρ   10 διεσκέδασέ LXX: δὲ
ἐσκέδασέ Υ / διέτειλεν Υ   (12-13: τὴν ἐν ἀνέσει μου διαγωγὴν καὶ
τὴν εὐθηνίαν ὑφείλετο Γ)   14 ἐκύκλωσαν LXX: ἐκύκλωσε Υ   15
<τὴν>: LXX, vgl. auch 21   16 κατέβαλλον Υ   18/19 κατηκόντι-
σαν Γ(Ν): κατηκόντισεν Υ   19 εἴπῃ + ὅτι Γ(Ν) / καιρωτάτων Γ(Ν)
20 ὡς ... πληγεὶς (Ν, durch Konjektur?): ὡς οἱ ... πληγέντες ΥΓ / τὴν
> Γ   21/22 ἐπαλλήλους Γ   22/1 δυνάμενοι Γ

τοῖ διὰ τὸ κατὰ θεοῦ συγχώρησιν ἐκείνους ἰσχῦσαι ταῦτα κατ' αὐ-
τοῦ δρᾶσαί φησιν, δῆλον δὲ ὅτι τοὺς ἀλιτηρίους δαίμονας.

16,15 σάκκον ἔρραψα ἐπὶ βύρσῃ μου.

ἢ τοῦτο λέγει ὅτι· μεμελάνωταί μου τὸ δέρμα διὰ τὴν τῶν παθῶν
5 ἐπίτασιν ὥσπερ τις ἐκ τριχῶν πεποιημένος σάκκος, ἢ ὅτι ὥσπερ οἱ σάκ-
κον φοροῦντες κατατρύχονται τὸ σῶμα ὅλως κατατετρύχωμαι, ἢ ὅτι·
ἐκ λαμπρᾶς καὶ βασιλικῆς ἐσθῆτος ὑπὸ τῆς ἄγαν πενίας σάκκον περι-
βέβλημαι.

16,15 τὸ δὲ σθένος μου ἐν γῇ ἐσβέσθη.

10 ἀντὶ τοῦ· ἡ δύναμις καὶ ἡ εὐπραγία μου πᾶσα ἀπεσβέσθη.

16,16 - 17 ἡ γαστήρ μου συγκέκαυται ἀπὸ κλαυθμοῦ, ἐπὶ δὲ βλεφάροις
μου σκιά. ἄδικον δὲ οὐδὲν ἦν ἐν χερσί μου, εὐχὴ δέ μου καθαρά.

γαστέρα τὴν ψυχήν φησιν ἢ διὰ τὸ ἀπόκρυφον καὶ ἀόρατον ἢ ὡς
ἀναδοτικὴν τῶν ἐκ τοῦ λόγου τροφῶν. φησὶν οὖν ὅτι· ἡ ψυχή μου συγ-
15 καίεται καὶ ἀπαύστως δακρύω, ὥστε καὶ ἡ ὀπτικὴ τῶν ὀφθαλμῶν μου
κατεβλάβη δύναμις. ἄλλα δὲ ἀντίγραφα σκιὰν θανάτου ἔχουσιν,
ἵνα εἴπῃ ὅτι· καὶ πρὸ τῶν ὀφθαλμῶν ἔχω τὸν θάνατον.

ἀλλὰ καὶ τοῦτο, φησίν, ἀνιᾷ με μᾶλλον τὸ τὴν μὲν εὐχὴν ἀεὶ κα-
θαρὰν ἀναφέρειν θεῷ, ἄδικον δὲ πρᾶξιν ἐμαυτῷ μὴ συνειδέναι καὶ
20 ξενίζεσθαι ἐφ' οἷς ταῦτα ὑπομένω.

σημειοῦ δὲ τὴν εὐχὴν τοῦ δικαίου καθαρὰν οὖσαν καὶ παντὸς πά-
θους ἀμιγῆ, μὴ ῥεμβασμοὺς ὑπομένουσαν μηδὲ ὑπὸ φροντίδων κατασπω-
μένην. τοῦτο καὶ ὁ πνεύματι προσευχόμενος ἀπόστολος ἔλε-
γεν, ὅτι δεῖ προσεύχεσθαι ἐν παντὶ τόπῳ ὁσίους χεῖ-
25 ρας ἐπαίροντας χωρὶς ὀργῆς καὶ διαλογισμῶν.

23 1. Korinther 14,15   24-25 1. Timotheus 2,8

Υ Γ(βOFSPL -2; βOFSL ≠ 4 - 5 σάκκος; βOFSPL 13 - 22/23 κατασπωμένην)
P(≠ 4-8) N(4-8; ≠ 10; 13-17; ≠ 19 καὶ - 22/23 κατασπωμένην)
2 φησιν > Γ   4-5 διὰ - ἐπίτασιν (Γ)N: > ΥP   5 ὅτι N(P): > Υ
6 ὅλως: οὕτως ὅλος N/ κατατετρύχωμαι Υ(P): κατατρύχομαι N   14 ἐκ ΓN:
> Υ/ φησίν: λέγει ΓN 17 τῶν > N/ ὀφθαλμῶν + μου N   18 με: μαι Υ/
εὐχὴν ἀεὶ Γ: ψυχὴν δεῖν Υ   19 τῷ θεῷ Γ/ συνιδέναι Υ   21 τοῦ
δικαίου τὴν εὐχὴν stellt Γ(nicht L)   22 ἀμιγῆ Γ(N): ἀμιγνῆ Υ

16,18 γῆ, μὴ ἐπικαλύψῃς ἐφ' αἵματι τῆς σαρκός μου, μηδὲ εἴη τό-
πος τῇ κραυγῇ μου.

ἀπορούμενος πρὸς τὴν γῆν διαλέγεται καὶ εἰς συμπάθειαν ἐκκα-
λουμένου τὰ ῥήματα. λέγει δὲ ὅτι· μὴ σιωπήσῃς, ὦ γῆ, τὰ κατ'ἐμὲ
5 μηδὲ συγκρύψῃς τὸ ἐμὸν αἷμα τὸ ἀδίκως ἐκχεόμενον ἐκ τῆς σαρκός
μου· μηδὲ στῇ ἐν τόπῳ καὶ ἀποκρυβῇ καὶ εἰς λήθην ἔλθῃ τὰ κατὰ
τοὺς ἐμοὺς ὀδυρμούς.

ταῦτα καὶ εὐκτικῶς καὶ προφητικῶς εἶπες· οὐ γὰρ κατεκρύβη τὰ
κατὰ σέ, τρισμακάριστε, ἀλλὰ πάντες ἀνὰ στόμα ἔχομεν ἄνθρωποι τὰ
10 σὰ παλαίσματα καὶ τὴν ἀνδρείαν καὶ τὴν ὑπομονὴν καὶ τὰ ἐπὶ τού-
τοις βραβεῖα καὶ τοὺς στεφάνους καὶ τὴν ἀναγόρευσιν.

16,19 καὶ νῦν ἰδοὺ ἐν οὐρανοῖς ὁ μάρτυς μου, ὁ δὲ συνίστωρ μου ἐν
ὑψίστοις.

εὖγε, ψυχῆς καθαρᾶς καὶ ἀγάπης ἀνυπερβλήτου καὶ συνειδήσεως ἀ-
15 ληθινῆς τὸν πάντα ἐφορῶντα ὀφθαλμὸν τοῦ θεοῦ πρὸς μαρτύριον ἐπι-
καλουμένης.

16,20 ἀφίκοιτό μου ἡ δέησις πρὸς κύριον· ἔναντι δὲ αὐτοῦ στάξαι
μου ὁ ὀφθαλμός.

ἀλλὰ καὶ τοῦτό σοι πρὸς ἔργον ἐξέβη· ἐθεώρει γάρ σου τὰ παλαίσ-
20 ματα ὁ μέγας ἀγωνοθέτης, ἐπήκουσέ σου τῆς ἱκεσίας, ἐπεῖδέ σου τὰ
τιμιώτατα δάκρυα· διὸ καὶ τῶν ἀγώνων τὴν αἰτίαν ἐπληροφόρησεν.

16,21 εἴη δὲ ἔλεγχος ἀνδρὶ ἐναντίον κυρίου καὶ υἱῷ ἀνθρώπου τῷ

Υ Γ(βOFSPL 3-7) P(14-16; 19 ἀλλὰ - παλαίσματα; 21 διὸ - ἐπληροφόοη-
σεν) N(3 εἰς - 7; ≠ 8 - 9 τρισμακάριστε; 9 ἀλλὰ - 11; 14-16; 19-21)

1 'μὴ' Υ   3/4 εἰς συμπάθειαν ἐκκαλουμένου ΓΝ(Konjektur?): συμ-
παθείας Υ   4 ῥήματα + ἤ (εἰ Ν) καὶ εὐκτικῶς εἴρηται ΓΝ / ὅτι >
Ν/ σιωπήσεις Υ   5 συγκ`ρ´ύψεις Υ / τὸ₁ - ἐκχεόμ. Ν: τὸ ἐμὸν αἷμα
ἐ`κ´χεόμενον Υ, τὸ ἀδίκως ἐκχεόμενον αἷμα Γ   6 μου + τὸ διὰ τῶν
ἰχώρων Γ / ἔλθῃ: ἔλθει Υ, ἔλθοι ΝΓ   11 ἀναγόρευσιν: ἀνάρρη-
σιν Υ   15 ὀφθαλμὸν τοῦ θεοῦ > P / τοῦ θεοῦ > N   17 στάξαι
(und στάξοι) LXX: στάξει Υ   19 ἐξέβη + ἀοίδιμε Ν / σου γὰρ stellt
Υ, γὰρ > P   19/20 παλ. + ὦ γενναῖε P   20 καὶ ἐπήκουσε Ν
21 τίμια Ν   22 τῷ: τὸ Υ

πλησίον αὐτοῦ.

ὃ μὲν λέγει τοῦτό ἐστιν ὅτι· γένοιτό με θεοῦ δικάζοντος διε-
λεγχθῆναι πρὸς τοὺς ἀντιλέγοντας, οὓς δὴ καὶ πλησίον αὐτοῦ
φησιν ὡς φίλους. ἄνδρα δὲ καὶ υἱὸν ἀνθρώπου τὸν αὐτὸν ἔφησε
5 περὶ ἑαυτοῦ λέγων.

καὶ τοῦτο δὲ προφητικῶς εἶπε· διακούσας γὰρ ὁ θεὸς τῶν ἑκατέροις
τοῖς μέρεσιν εἰρημένων, αὐτὸν μὲν ἐδικαίωσε, τοὺς δὲ αὐτοῦ κατε-
δίκασε φίλους.

16,22 ἔτη δὲ ἀριθμητὰ ἥκασιν, ὁδῷ δὲ ᾗ οὐκ ἐπαναστραφήσομαι πο-
10 ρεύσομαι.

πάλιν τὸ ὀλιγοχρόνιον εἰς ἱκετηρίαν προβάλλεται ὁμοῦ καὶ διδάσ-
κει, ὡς οἱ ἅπαξ τελευτήσαντες παλινδρομῆσαι πρὸς τόνδε τὸν βίον
οὐ δύνανται.

17,1-2 ὀλέκομαι πνεύματι φερόμενος, δέομαι δὲ ταφῆς καὶ οὐ τυγ-
15 χάνω, λίσσομαι κάμνων, καὶ τί ποιήσω;

ἀπόλλυμαι τοίνυν πανταχοῦ τοῖς τῆς ψυχῆς λογισμοῖς περιφερόμε-
νος, καὶ πρὸς πάντα ἀφορῶν τὰ ἐμοὶ συμβεβηκότα. διὸ καὶ ποθῶ τὸν
θάνατον καὶ ἀπορίᾳ συνέχομαι τούτου τυχεῖν μὴ δυνάμενος.

ὁρᾷς οὖν, ὅπερ ἐξ ἀρχῆς ἐλέγομεν, ὡς ποθεῖ μὲν τὸν θάνατον καὶ
20 ἐξὸν ἦν αὐτόχειρα αὐτὸν ἑαυτοῦ καταστῆναι, ἀλλ᾽ οὐχ ἑαυτὸν ἐξάγει
διὰ τὴν τιμὴν τοῦ συνδήσαντος τὴν ψυχὴν τῷ σώματι;

17,3 ἔκλεψαν δέ μου τὰ ὑπάρχοντα ἀλλότριοι.

Y Γ(βOFSPL 2-5; ≠ 6-8; βOFSL ≠ 11-13; ≠ 16 - 17 συμβεβηκότα) P(≠ 11-
13; 16-18) N(2 γένοιτο - 8; 11-13; 16-21)

2 με: μοι N / με + ποὃ θανάτου Γ / θεοῦ: αὐτοῦ N   2/3 διελλεγχῆ-
ναι Y, διαλεχθῆναι N   4 ἔφη Γ   4-5 τὸν - λέγων: ἑαυτὸν ὀνο-
μάζει N   5 ἑαυτοῦ Γ: αὐτοῦ Y   6 προφητικῶς δὲ εἶπε καὶ τοῦτο
stellt N / ὃ > N   9 ἔτη: ἔτι Y   11 ὁμοῦ καὶ διδ.: διδάσκων
ὁμοῦ (Γ)N   12 ὡς: ὅτι N / τελευτ.: ἀποθανόντες (Γ)N / ποὃς Y(P):
εἰς (Γ)N   16 τοίνυν: φησίν ΓΡ, > N / τοῖς - λογισμοῖς: τῇ ψυ-
χῇ Γ, τοῖς λογ. N   16/17 περιφ. + τοῦτο γὰρ δηλοῖ τὸ πνεύματι Ρ
17 ποθῶν Ρ   18 καὶ > Ρ   19 ὁρᾳ N   20 αὐτόχειρα: αὐτῷ
χεῖρα Y / ἀλ᾽ οὐκ Y   21 διὰ - σώμ.: τιμῶν τὸν συνδήσαντα Ν

ἀλλοτρίους λέγει τοὺς ἱππεῖς καὶ πολεμίους ἢ καὶ τοὺς κατ' αὐ-
τοῦ στρατευσαμένους δαίμονας.

17,3-4 τίς ἐστιν οὗτος; τῇ χειρί μου συνδεθήτω, ὅτι καρδίαν αὐ-
τῶν ἔκρυψαν ἀπὸ φρονήσεως.

5   πρὸς μὲν ῥητὸν τοῦτο λέγει ὅτι· τ ί ς ἐ σ τ ι ν ὁ θ έ λ ω ν μ ο ι δ ι-
κ ά σ α σ θ α ι; σ υ ν δ ε θ ή τ ω τ ῇ ἐ μ ῇ χ ε ι ρ ί, ἵνα κοινῶς ἐπαχθῶμεν
πρὸς τὸ θεῖον δικαστήριον· ἐπὶ γὰρ θεοῦ δικαιωθῆναι βούλομαι. ὡς
δὲ πρὸς τοὺς φίλους λέγει, ὅτι δοκοῦντες εἶναι φρόνιμοι κρύπτου-
σι τὴν ἑαυτῶν βουλήν, συνειδότες μὲν ὡς οὐδέν μου καταλέγειν ἔχου-
10   σιν, ὡς δὲ θεοῦ συνήγοροι καταψευδόμενοί μου.

      πρὸς δὲ διάνοιαν συναισθάνεται τῆς ἀντικειμένης δυνάμεως ἀορά-
τως αὐτῷ πολεμούσης καί φησιν ὅτι· τ ί ς ἐ σ τ ι ν ο ὗ τ ο ς ὁ π α ρ α-
τ ρ έ π ε ι ν μ ε ἐ π ι χ ε ι ρ ῶ ν; μὴ μακρὰν ἀποχωρείτω μου, ἀντὶ τοῦ· δεικνύ-
τω ἑαυτόν, τίς ἐστιν. σ υ ν δ ε θ ή τ ω δ ὲ τ ῇ ἐ μ ῇ χ ε ι ρ ί, τουτέστιν·
15   ἐξισωθήτω μοι, ἵνα εἴπῃ ὅτι· πλεονεκτεῖ με κατὰ τὴν φύσιν, ἀλλὰ
τυχών τινος διὰ τούτου συνηγορίας καὶ δικάζομαι αὐτῷ. ἐπειδὴ δὲ
δυσκατάληπτός ἐστιν ἡ τῶν δαιμόνων κακία τῇ ἀνθρωπίνῃ φρονήσει,
διὰ τοῦτο εἶπεν ὅτι· κ α ρ δ ί α ν α ὐ τ ῶ ν ἔ κ ρ υ ψ α ν ἀντὶ τοῦ· δολί-
ως καὶ ἐπικλόπως ἔρχονται ὡς λανθάνειν αὐτῶν τὴν κακουργίαν καὶ
20   κρύπτεσθαι ἀπὸ τῆς ἀνθρωπίνης φρονήσεως. τινὰ δὲ τῶν ἀντι-
γράφων ἔχει ὅτι· κ α ρ δ ί α ν α ὐ τ ῶ ν ἔ κ ρ υ ψ α ς, τουτέστιν· ἀοράτους αὐ-
τοὺς ἀνθρώποις κατεσκεύασας.

      εἶτα καὶ εὔχεται μὴ αἴρειν αὐτοὺς τὴν κεφαλήν, ἀλλὰ ταπεινοῦ-
σθαι ὑπὸ τοῦ παντοδυνάμου θεοῦ·

25 17,4-5 διὰ τοῦτο οὐ μὴ ὑψώσῃς αὐτούς· τῇ μερίδι ἀναγγελεῖ κακίαν.

Y Γ(βOFSPL 5-24) N(5 - 7 δικαστήριον; 8 ὅτι - 10)

4 + 25 διὰ - αὐτούς Y(s.dort)   5 πρὸς - ὅτι: τούτους τοὺς στίχους
τινὲς οὕτως ἑρμηνεύουσι N   6 ἀπαχθῶμεν ΓN   7 δικαιωτήριον ΓN /
ἐπὶ - βούλομαι: θεοῦ γὰρ δικαστοῦ καθικετεύω τυχεῖν Γ   9 συνιδό-
τες Y / καταλέγειν: κατηγορεῖν N   10 θεοῦ + δῆθεν ΓN   12 ὅτι
> Γ   12-13 ὁ παρ. - μου > Γ   14 συνδεθήτω - 16 αὐτῷ Γ: > Y
16 τυχών Hag: τύχω Γ / τούτου (L): τοῦτο Γ   20 τινὰ - 22 Γ: > Y
23 τὴν Γ: > Y   24 ὑπὸ: παρὰ Γ / τοῦ παντοδυνάμου > Γ   25 διὰ
- αὐτούς nach 3 stellt Y / ὑψώσει Y, vgl. 153,1 und 7

μὴ ὑψώσῃς, φησίν, αὐτοὺς τούς τε ἀδίκους ἀνθρώπους ὁμοῦ
καὶ τοὺς δαίμονας, ἐπειδὴ τῇ μερίδι - τουτέστι τῇ μοίρᾳ ᾗ εἰ-
λήφασι παρὰ θεοῦ, ἀντὶ τοῦ· τῷ αὐτεξουσίῳ τῆς προαιρέσεως - ἑκόν-
τες προσήγγειλαν τὴν κακίαν· μερὶς γὰρ καὶ κλῆρος τῶν λογικῶν
5 ἰδικῶς αὐτοῖς ἀφωρισμένος ὑπὸ θεοῦ τὸ αὐτεξούσιον. τοῦτο οὖν λέ-
γει· ἐπειδὴ πάντες ὑπὸ θεοῦ καλοὶ γεγονότες καὶ αὐτεξούσιοι
ἑαυτοὺς τῇ κακίᾳ προσέρριψαν, μὴ ὑψώσῃς αὐτούς.

17,5-6 ὀφθαλμοὶ δέ μου ἐφ᾽ υἱοῖς ἐτάκησαν. ἔθου δέ με θρύλημα
ἔθνεσι, γέλως τε αὐτοῖς ἀπέβην.

10   ἔθνη λέγει καὶ τὰ τῶν μηκόθεν ἀνθρώπων, ἵνα εἴπῃ ὅτι· πανταχοῦ
τὰ κατ᾽ ἐμὲ τεθρύληται καὶ καταγέλαστος γέγονα. ἀληθέστερον δὲ
τὰ τῶν δαιμόνων ἔθνη φησίν, οἳ δὴ καὶ κατεγέλων τοῦ δικαίου ‹ταῖς›
συμφοραῖς ἐπεμβαίνοντες.

σημειοῦ δέ, ὡς οὐκ εἶπεν· οἱ ὀφθαλμοί μου ἐπὶ τῇ ἀπωλείᾳ τῶν
15 ὑπαρχόντων ἐτάκησαν - μικρὸν γὰρ ἐκείνων ἐποιεῖτο λόγον -, ἀλλ᾽
ἐπὶ τῇ τῶν τέκνων ἀθρόᾳ τελευτῇ· ἐπὶ γὰρ τούτοις ὡς συμπαθὴς πε-
ριήλγησεν.

17,7 πεπώρωνται γὰρ ἀπὸ ὀργῆς οἱ ὀφθαλμοί μου, καὶ πεπολιόρκημαι
μεγάλως ὑπὸ πάντων.

20   ἠμαυρώθησαν, φησίν, οἱ ὀφθαλμοί μου, πρὸς μὲν ῥητὸν ὑπὸ τῶν
κατὰ θείαν ὀργὴν ἐπενεχθέντων μοι κακῶν, πρὸς δὲ διάνοιαν ἡ ὀπ-
τικὴ τῆς ψυχῆς δύναμις ἠμαυρώθη διὰ τῆς συνεχοῦς πρὸς τοὺς δαίμο-
νας ἀντιστάσεως, ὑφ᾽ ὧν καὶ πεπολιορκῆσθαι λέγει.

Y Γ(βOFSPL 1-7; ≠ 20 - 21 μοι) P(≠ 10-17) N(≠ 10 πάντα - 11 γέγονα;
14-17; ≠ 20 - 21 κακῶν)

1 μὴ - φησιν: φησὶ γὰρ μὴ ὑψ. Γ / ὑψώσεις Υ / ὁμοῦ Γ: > Υ   6 ᾗ
> Υ   3 τῷ αὐτεξουσίῳ Γ: αὐτεξουσίως Υ   5 αὐτοῖς Γ: αὐτοὺς Υ
/ ἀφορισμένος Υ   6 ἐπειδὴ πάντες: ἐπειδήπερ Γ   7 ὑψώσεις Υ
8 υἱοῖς: οἷς Υ   9 γέλος Υ   10 πανταχοῦ (PN): πάντα Υ   11 τε-
θρύλληται Υ   14 σημειοῦ Hag: σημεῖον Υ, ὅρα N, (> P)/ οἱ N(P): > Υ
/ ἀπωλία Υ   18 πεπόρονται Υ/ πεπολυόρκημαι Υ   21 μοι (ΓN): > Υ
22/23 δαίμονας + ⟦ἀμαυρώσεως⟧⟧ Υ   23 πεπολιορκεῖσθαι Υ

17,8 θαῦμα ἔσχεν ἀληθινοὺς ἐπὶ τούτοις.

ὥστε, φησίν, καὶ ἐκπλήττεσθαι τοὺς τῆς ἀληθείας ἐφιεμένους ἐπὶ
τοῖς ἐμοὶ συμβεβηκόσιν. τοῦτο δὲ ἴσως καὶ τοὺς φίλους αἰνιττόμενος
λέγει ὡς οὐ τῆς ἀληθείας μεταποιουμένους, ἀλλὰ θέλοντας ἁπλῶς θεῷ
5 χαρίζεσθαι.

17,8-9 δίκαιος δὲ ἐπὶ παρανόμῳ ἐπανασταίη· σχοίη δὲ πιστὸς τὴν
ἑαυτοῦ ὁδόν, καθαρὸς δὲ χεῖρας ἀναλάβοι θάρσος.

ὡς μὲν περὶ ἑτέρου λέγει, περὶ ἑαυτοῦ δέ φησιν. ἐπειδὴ γὰρ
προεῖπεν· μὴ ὑψώσῃς τοὺς ἀδίκους, τὸ δὲ ἐναντίον, φησίν, γέ-
10 νοιτο τὸν δίκαιον κατισχῦσαι τοῦ παρανόμου καὶ σχεῖν τὸν πιστὸν
καὶ ἀληθινὸν τὴν ἑαυτοῦ ὁδόν, τουτέστιν· εὐοδοῦσθαι καὶ μὴ
ἡττᾶσθαι τοῖς παρανόμοις, ἵνα ἐκ τοῦ κατ’ ἐμὲ παραδείγματος οἱ
καθαροὶ θάρσος ἀναλάβωσιν ὡς κατισχύοντες τῶν ὑπεναντίων.

ταῦτα πάλιν ὁ ἅγιος Ἰὼβ ὑπὲρ πάντων εὔχεται· διόπερ οὐ περὶ ἑ-
15 αυτοῦ, ἀλλὰ ἀορίστως περὶ παντὸς προσώπου τὴν εὐχὴν ἐποιήσατο.
ὁμοῦ καὶ διδάσκει, ὡς οὐ κατισχύει ποτὲ τῆς ἀρετῆς ἡ κακία μέχρι
τέλους.

17,10 οὐ μὴν δέ, ἀλλὰ πάντες ἐρείδετε καὶ δεῦτε δή, οὐ γὰρ εὑ-
ρίσκω ἐν ὑμῖν ἀληθές.

20 ἐνισχύσατε τοιγαροῦν ἀλλήλους, φησίν· κἂν γὰρ πάντες ὁμοφωνῆ-
τε, διελέγξω ὑμᾶς μὴ ἀληθεύοντας.

εἶτα πάλιν ἀπολογούμενος ὑπὲρ αὐτοῦ, ἐπειδὴ εἶπε· δέομαι

_____

9 Hiob 17,4   22-1 Hiob 17,1
Y Γ(βOFSPL 8-13; βOFSPLN 20-21; ≠ 22-) N(3 τοῦτο - 5; 8 - 10 πα-
ρανόμου; 14-15; ≠ 16-17)
1 τούτοις LXX: τούτους Y   3 ἐμοὶ Hag: ἐμοῖς Y   4 μεταποιού-
μενος Y/ θέλειν Y   4-5 ἀλλὰ - χαρίζεσθαι: ἀλλ’ ἁπλῶς
θεῷ χαρ. θέλοντας N   6 πιστῶς Y   8 ὡς - φησιν: καθολικῶς ἅμα
καὶ περὶ ἑαυτοῦ λέγει Γ   9 προεῖπεν ΓN: εἶπεν Y / τοὺς ἀδίκους
ΓN: αὐτοὺς Y / δὲ > N   9/10 γένοιτό φησιν stellt Y   10 γέ-
νοιτο + τὸ N / σχεῖν Γ: ἔχει Y   12 ἐμὲ + φησίν Γ   14 ταῦτα +
δὲ N / ’Ἰὼβ > N / διόπερ: ὅθεν N / περὶ + δικαίου N   19 ἀληθές
LXX: ἀληθῶς Y   20 ἀλλήλους Γ: > Y   20/21 ὁμοφωνεῖτε Y
22 δαίομαι Y

ταφῆς καὶ οὐ τυγχάνω, τὰς αἰτίας λέγει, δι' ἃς ποθεῖ τὸν
θάνατον.

17,11 αἱ ἡμέραι μου παρῆλθον ἐν βρόμῳ, ἐρράγη δὲ τὰ ἄρθρα τῆς
καρδίας μου.

5 πολύς, φησίν, ἤδη μοι παρῴχηκε χρόνος καὶ πρὸς τὸ τέλος ἐλαύ-
νω ἐν ἀηδίᾳ τὰς ἡμέρας μου τρίβων, καὶ παρείθησαν καὶ διελύθησάν
μου τῆς ψυχῆς οἱ τόνοι.

17,12 νύκτα εἰς ἡμέραν ἔθηκα, φῶς ἐγγὺς ἀπὸ προσώπου σκότους.

πρὸς μὲν ῥητόν· τὴν νύκτα, φησίν, ἅπασαν ἀγρυπνῶν ὡς ἐν ἡμέρᾳ
10 διετέλεσα προσδοκῶν ἀεὶ τὸ φῶς μετὰ τὴν τῆς νυκτὸς διάλυσιν. τοῦ-
το δὲ φυσικῶς πάσχουσιν οἱ ἐν ταῖς νόσοις ἀγρυπνοῦντες εὐχόμενοι
τὴν ἡμέραν ἰδεῖν.

πρὸς δὲ διάνοιαν· οὐκ ἠμέλησα, φησίν, τοῦ χωρίζειν ἐμαυτὸν
τοῦ σκότους καὶ τῷ νοητῷ προσεγγίζειν φωτί.

15 17,13-16 ἐὰν γὰρ ὑπομείνω, ᾅδης μου ὁ οἶκος, ἐν δὲ γνόφῳ ἔστρω-
ταί μου ἡ στρωμνή. θάνατον ἐπεκαλεσάμην πατέρα μου εἶναι, μητέρα
δέ μου καὶ ἀδελφὴν σαπρίαν. ποῦ γάρ μου <ἔτι> ἐστὶν ἡ ἐλπίς; ἢ τὰ
ἀγαθά <μου> ὄψομαι; ἢ μετ' ἐμοῦ εἰς ᾅδην καταβήσεται; ἢ ὁμοθυμαδὸν
ἐπὶ χώματος καταβησόμεθα;

20 ἀλλὰ <τί> δεῖ, φησίν, καρτερεῖν καλῶς, ἵνα τι πλέον προσγένη-
ται; οὐ κοινὸν ἅπασι τὸ ἀποθανεῖν; οὐχ ᾅδης ἅπασιν οἶκος; οὐκ ἐκεῖ
πάντες τῶν ἐνθάδε καταλήγουσι πόνων; τοῦτο γὰρ λέγει τὸ ἐν γνό-
φῳ ἡ στρωμνή, ἐν τῷ ἀφεγγεῖ χωρίῳ ἡ ἀνάπαυσις τῶν ἐνθάδε πό-
νων. μὴ ἐνδέχεταί τινα μεθ' ἑαυτοῦ καταγαγεῖν εἰς ᾅδου τὸν πλοῦ-

Y Γ(βOFSPLN ≠ -2; 5-7; βOFSPL 9-14; 20-) N(9-12; 20-)

3 αἱ: ἡ Y   5 φησίν im vorhergehenden Kontext Γ / μοι Γ: > Y
6 μου > Γ / τρίψας Γ / παρήθησαν Y   9 πρὸς - ῥητόν > N / ἅπασαν
ΓN: πᾶσαν Y / ὡς ΓN: ὥσπερ Y   10 ἀεὶ προσδοκῶν stellt Y / μετὰ -
διάλυσιν > ΓN   11 φυσικῶς > Γ   13 ἐμαυτὸν + ἐκ Y
20 <τί> Young: > YΓN / δεῖ ΓN: δὴ Y / καλῶς > N   21 ἅπασι₁ + ἀν-
θρώποις Γ(ohne PL)N /   οὐχ Γ: οὐκ Y, οὐχὶ N /   ἅπασιν₂ ΓN: πᾶσιν Y
22 τὸ Γ: > YN   23 στρωμνή + μου N

τον ἢ τὴν ἐνθάδε δόξαν; τὸ δὲ ἐπὶ χώματος καταβησόμεθα
ἀντὶ τοῦ· ἐν τοῖς καταχθονίοις μὴ μετὰ τῶν ἐνθάδε ἀγαθῶν δύναμαι
ἀπελθεῖν; ποίᾳ τοιγαροῦν ἐλπίδι ὑπομείνω, ὅπουγε μικρὸν ὕστερον
ἀποθανεῖν ἀπόκειται πάντως, πάντα τὰ ἐνθάδε καταλελοιπότα; τούτου
5 δὲ ὧδε ἔχοντος δικαίως τὸν μὲν θάνατον συντόμως ἐπελθεῖν ὡς πατέ-
ρα ποθῶ, τὴν δὲ τοῦ σώματος σῆψιν καὶ ἀνάλυσιν ὡς μητέρα καὶ ἀδελ-
φήν, καὶ πᾶσιν αὐτὰ τοῖς τῆς φιλίας ὀνόμασι κατασπάζομαι.

ὁμοῦ τοιγαροῦν καὶ ἡμᾶς ἐδίδαξε μὴ περιέχεσθαι τῶν ἐν τῷ βίῳ
καλῶν· οὐδὲν γὰρ αὐτῶν ἡμῖν συνεξέρχεται ἐκ τοῦδε τοῦ βίου. καὶ
10 ἱκανῶς ἀπολελόγηται τοῦ μὴ μάτην ἐπιποθεῖν τὸν θάνατον τοσούτοις
ἀλγεινοῖς περιαντλούμενος.

Y Γ(βOFSPL) N(- 6 ποθῶ; 8-11)

1 τὸ δὲ - 3 ἀπελθεῖν ≠ N   3 ἐλπίδα Y   4 ἀπόκειται ΓN: ὑπό-
κειται Y / τὰ > Γ / ἀπολελοιπότα Γ   5 δικαίως: εἰκότως N /
τὸν - ἐπελθεῖν: ἐπελθεῖν συντόμως τὸν θάνατον N   8 ἐν τῷ
βίῳ: τοῦ βίου δοκούντων Γ   9 συνεξέρχεται ΓN: συνέρχεται Y

ΚΕΦΑΛΑΙΟΝ ΔΩΔΕΚΑΤΟΝ

'Αρχὴ τοῦ ῥητοῦ· ὑπολαβὼν δὲ Βαλδὰδ ὁ Σαυχίτης λέγει·
μέχρι τίνος οὐ παύσει; ἐπίσχες, ἵνα καὶ αὐτοὶ λαλήσωμεν.

Προθεωρία τοῦ κεφαλαίου

5 δυσχεραίνει ὁ Βαλδὰδ ἐπὶ τῇ τοῦ 'Ιὼβ μακρηγορίᾳ· οὐ γὰρ δεῖ,
φησίν, ἀλόγων δίκην σιωπῶντας παρακαθῆσθαι. εἶτα, ὡς πολλάκις
τοῦ 'Ιὼβ εἰρηκότος ὡς ἐπιποθεῖ τοῦ σώματος ἀπαλλαγῆναι, τί, φησίν,
σοβαρεύῃ καὶ πολλάκις λέγεις· ἡδέως ἔξειμι τοῦ σώματος, καὶ σεμ-
νύνεις τὰ κατὰ σαυτὸν ὥσπερ οὐκ ὢν ἄνθρωπος εἷς, ἀλλὰ ὁ κόσμος
10 ὅλος. <μὴ γάρ>, ἐὰν ἀποθάνῃς, γενικὴ γίνεται συντέλεια;
εἶτα ταῦτα εἰρηκὼς στρέφει τὸν λόγον εἰς τὰ τοῖς ἀσεβέσι συμ-
βησόμενα ὡς τὰ καθόλου μὲν λέγων, ἐπ' ἀσεβείᾳ δὲ σκώπτων τὸν δί-
καιον.

Αἱ λέξεις

15 18,2-3 μέχρι τίνος οὐ παύσει; ἐπίσχες, ἵνα καὶ αὐτοὶ λαλήσωμεν.
διὰ τί δὲ ὥσπερ τετράποδα σεσιωπήκαμεν ἐναντίον σου;

μὴ οἴου, φησίν, πρὸς τὰ ἄλογα τοὺς λόγους ποιεῖσθαι μηδὲ ἀπο-
τάδην οὕτω διαλέγου, δίδου δὲ μᾶλλον καὶ ἡμῖν τοῦ λαλεῖν χώραν
τοὺς σαυτοῦ συντέμνων λόγους.

Υ Γ(γΟFSPL 5-13; βΟFSL ≠ 7 τί - 10) Ρ(17-18) Ν(5-13; 17-19)
1 δωδέκατον: ιβ Υ   2 Αὐχίτης Υ   3 παύει Υ, vgl. Ζ.15 / αὐτοὶ
LXX: ἡμεῖς Υ, vgl. Ζ.15   5 μακοιγορίᾳ Υ   6 σιωπόντας Υ / πα-
ρακαθέσθαι Γ / πολλάκις ΓΝ: λάκκις Υ   7 ὡς: ὅτι Ν(Ρ) / ἐπιπο-
θ(εῖν) Υ   8 σοβαρεύει Υ   9 ὁ > ΓΝ   10 <μὴ γάο> Hag: <ἦ γάρ>
Young (exempli gratia), > ΥΓ   17 φησίν > Ν / τὰ > ΡΝ / μηδὲ Hag:
καὶ ΥΡΝ   18 οὕτω > Ρ / δὲ Ν: > ΥΡ / μᾶλλον > Ρ/ τοῦ - χώραν: χώραν
τοῦ λέγειν Ρ   19 σαυτοῦ Ν: αὐτοῦ Υ / συντέμνων: συστέλλων Ν

18,4 κέχρηταί σοι ὀργή.

ὦ κατὰ σαυτοῦ καὶ τῆς σῆς ψυχῆς ὀργιζόμενε, ὀργάνῳ σοι κέχρη-
ται ἡ ὀργή. τὸ γὰρ ὀργίζεσθαί σε κατὰ θεοῦ οὐδὲν ἕτερόν ἐστιν ἢ
κατὰ τῆς ἑαυτοῦ ψυχῆς τὴν ὀργὴν ἐκφέρειν.

5 18,4 τί γάρ; ἐὰν σὺ ἀποθάνῃς, ἀοίκητος ἡ ὑπ' οὐρανόν, ἢ κατα-
στραφήσονται ὄρη ἐκ θεμελίων;

τί νομίζεις, ὅτι τῇ σῇ συστάσει καὶ ὁ κόσμος συνίσταται, καὶ
μεγαλύνεις τὰ κατὰ σαυτόν, καὶ ὡς τὸ πᾶν ζημίᾳ περιβαλὼν οὕτω τὸν
θάνατον ἐπεύχῃ;

10 18,5 καὶ φῶς ἀσεβῶν σβεσθήσεται καὶ οὐκ ἀποβήσεται αὐτῶν ἡ φλόξ.

πλὴν ἴσθι, ὅτι κἂν διαλάμψωσιν οἱ ἀσεβεῖς, κἂν εἰς ὕψος δόξης
ἀρθῶσιν - τοῦτο γὰρ αἰνίττεται διὰ τῆς φλογός -, σχήσει τὰ κατ'αὐ-
τοὺς τὴν ἐναντίαν πάντως μεταβολήν.

18,6 τὸ φῶς αὐτοῦ σκότος ἐν διαίτῃ, ὁ δὲ λύχνος ἐπ'αὐτῷ σβεσθήσεται.

15 καὶ στραφήσεται, φησίν, τὸ φῶς τοῦ ἀσεβοῦς εἰς σκότος ἐν πάσῃ
αὐτοῦ τῇ διαγωγῇ, ἀντὶ τοῦ· πάντα τὰ κατ' αὐτὸν δυσπραγία καθέ-
ξει. ὁ δὲ λύχνος ὁ ἐπ' αὐτῷ, τουτέστιν ἡ ἄνωθεν ἐπικειμέ-
νη αὐτῷ εὐημερία καὶ πάντα τὰ κατ'αὐτὸν καταυγάζουσα, ἀποσβεσθή-
σεται. ὁμοιωματικῶς δὲ <τῇ λέξει τοῦ φωτὸς> ἐχρήσατο, ἐπειδήπερ οἱ
20 ὑπὸ φωτὶ βαδίζοντες οὐ προσπταίουσιν.

18,7-9 θηρεύσαισαν ἐλάχιστοι τὰ ὑπάρχοντα αὐτοῦ, σφάλαι δὲ αὐ-
τοῦ ἡ βουλή. ἐμβληθείη δὲ ὁ πούς αὐτοῦ ἐν παγίδι, ἐν δικτύῳ ἐλιχ-
θείη· ἔλθοισαν ἐπ' αὐτόν παγίδες.

Υ Γ(βOFSPL 2 ὀργάνῳ - 4; βOFSPLN 11-13; 15-20) N(2-4; 7-9)

2-3 ὀργ. - ὀργή: ὀργή φησιν ὡς ὀργάνῳ σοι κέχρηται Γ   3 σε ΓΝ:
σοι Υ   4 σαυτοῦ Ν   5 σὺ: σοι Υ   7 νομίζεις + φησίν Ν
10 ἀποβήσεται LXX: ἀποσβεσθήσεται Υ   11 ἴσθι + φησίν Γ
12 γὰρ Γ: > Υ / σχίσει Υ   15 φησίν: μὲν Γ / τοῦ ἀσεβοῦς τὸ φῶς
stellt Γ   16 τῇ Γ: > Υ / ἀντὶ τοῦ: τουτέστι Γ   17 τουτέστιν:
ὅπερ ἐστὶν Γ   19 < > Young   20 προσπαίουσιν Υ   21 θηρεύσαι-
σαν LXX: μηρεύσαισαν Υ   22 δυκτίῳ Υ   23 ἐπ' LXX: μετ' Υ

ἐκ μεταφορᾶς τῶν θηρευομένων ὀρνέων ἢ ζώων ταῦτα εἶπεν. ὥσπερ

γάρ, φησίν, ἐκεῖνα ὑπὸ τὴν παγίδα ἢ τὰ δίκτυα γινόμενα διεκδῦναι

λοιπὸν οὐ δύνανται, οὕτω καὶ οἱ ἀσεβεῖς ἀναποδράστους ἔχουσι τὰς

καταλαμβανούσας αὐτοὺς συμφοράς. καὶ τὸ δὴ χαλεπώτερον, ὅτι πολ-

5 λάκις οὐδὲ ὑπὸ δυνατῶν τινων, ἀλλ᾽ ὑπὸ ἐλαχίστων τῶν ὑπαρχόντων

τὴν στέρησιν ὑπομένουσι πάσης αὐτῶν τῆς βουλῆς εἰς τοὐναντίον πε-

ριτρεπομένης.

18,9 κατισχύσει ἐπ᾽ αὐτὸν διψῶντας.

ἀλλὰ καὶ τοὺς ἐπιθυμοῦντας εὑρεῖν τι κατ᾽ αὐτοῦ δυνατωτέρους

10 αὐτοῦ ἀπεργάσεται θεός.

18,10 κέκρυπται δὲ ἐν γῇ σχοινίον αὐτοῦ καὶ ἡ σύλληψις αὐτοῦ

ἐπὶ τρίβων.

καὶ τοῦτο μὲν ἐκ μεταφορᾶς τῶν θηρευτῶν εἶπεν. ὥσπερ γὰρ οἱ

θηρεύοντες κρύπτουσιν εἰς γῆν τοῦ δικτύου τὸ σχοινίον καὶ πόρρω-

15 θεν ἀποσκοποῦσι καθήμενοι, εἰ γέγονε περὶ τὸ δίκτυον τὸ θήραμα,

εἶτα ἕλκοντες τὸ σχοινίον συλλαμβάνουσι τὴν ἄγραν ἀδοκήτως ταῖς

ἄρκυσι περιπεσοῦσαν, οὕτω καὶ τὸν ἀσεβῆ ἀπροσδοκήτως καταλήψεται

ἡ δυσπραγία. σημαίνει δὲ καὶ τοῦτο, ὅτι τὸ σχοινίον τοῦ ἀσεβοῦς,

τουτέστιν ἡ μερὶς αὐτοῦ, κατακέχωσται. τὸ δὲ ἡ σύλληψις αὐ-

20 τοῦ ἐπὶ τρίβων τοιοῦτόν ἐστιν· αἱ ἔφοδοι ἐν ταῖς ἐρήμοις γί-

νονται, ὁ δὲ ἀσεβής, φησίν, οὐκ ἐν ἐρήμῳ, ἀλλ᾽ ἐν αὐταῖς μέσαις

ταῖς ὁδοῖς συλλαμβάνεται, τουτέστιν· ἔτι ὢν ἐν τῇ εὐημερίᾳ τὴν

αἰφνίδιον ὑπομένει μεταβολήν.

Υ Γ(βΟFSPL 9-10; ≠ 13-18 δυσπραγία; βΟFSL 18 σημαίνει -23) Ρ(18 ση-
μαίνει -23) Ν(1-7; 9-10; ≠ 13 καὶ - εἶπεν; 13 ὥσπερ -23)

1 θηρωμένων Ν   2 φησὶν ἐκεῖνα: τὰ ζῷα φησιν Ν / γενόμενα Ν
5 δυναστῶν Ν / ἐλαχίστων + καὶ εὐτελῶν Ν   5/6 τὴν τῶν ὑπαρχόντων
ὑπομέν. στέρησιν stellt Ν   8 ἐπ᾽ LXX: μετ᾽ Υ   9 ἀλλὰ > Ν /
ἐπιθυμ. + φησίν Γ / αὐτοῦ ΓΝ: αὐτῶν Υ   10 αὐτοῦ ΓΝ: αὐτῶν Υ /
ἀπεργάζεται Υ / ὁ θεός Γ, > Ν   13 γάρ + φησιν Ν   15 καθημ.
ἀποσκοπ. stellt Ν   16 συλλαμβάνουσι Υ / ταῖς Ν: τοῖς Υ
17-18 οὕτω - δυσπραγία > Ν   18 ὅτι > Ρ   19 τὸ δὲ ἡ ΓΝΡ: ἡ δὲ Υ
20 τρίβοις Ν / τρίβων + δ δὲ λέγει Υ / αἱ - γίνονται > Γ   21 ὁ
δὲ ἀσ. φησ.: λέγει οὖν ὅτι Ρ / δὲ > Γ / ἐρήμοις Ν   22 συλλαμβά-
νεται ὁ ἀσεβής Ρ   23 αἰφνήδιον Υ

18,11 κύκλῳ ὀλέσαισαν αὐτὸν ὀδύναι.

ἀλλὰ καὶ πανταχόθεν ὀδυνηρὰ αὐτῷ συμβήσεται.

18,11 πολλοὶ δὲ περὶ πόδας αὐτοῦ ἔλθοισαν ἐν λιμῷ στενῷ.

ἕτερα ἀντίγραφα οὕτως ἔχουσιν· π ο λ λ ῶ ν δ ὲ π ε ρ ὶ π ό δ α ς ἔ λ -
5 θ ο ι ἐ ν λ ι μ ῷ σ τ ε ν ῷ, ἀντὶ τοῦ· εἰς ἐσχάτην ἀπορίαν ἐλάσοι. κατὰ δὲ
τὸ πρῶτον· πολλοί, φησίν, ἔσονται περὶ τοὺς πόδας αὐτοῦ, τουτέστιν
ὑποσκελίζοντες αὐτὸν ἐ ν λ ι μ ῷ σ τ ε ν ῷ, ἵνα εἴπῃ· ἐν τῇ καταλαμβα-
νούσῃ αὐτὸν συμφορᾷ.

18,12-14 πτῶμα δὲ αὐτῷ ἡτοίμασται ἐξαίσιον. βρωθείησαν δὲ αὐτοῦ
10 κλῶνες ποδῶν, κατέδεται αὐτοῦ τὰ ὡραῖα θάνατος, ἐκραγείη δὲ ἐκ
διαίτης αὐτοῦ ἴασις.

κλῶνας ποδῶν τὰ βλαστήματα τῶν πορειῶν φησιν, ἵνα εἴπῃ, ὅτι ὁ
ἀσεβὴς οὐκ εὐοδωθήσεται πίπτων πτῶμα ἐξαίσιον. ἀλλὰ καὶ τὰ ὡραῖα
αὐτοῦ, τουτέστι τοὺς παῖδας, ἀπλήστως δαπανήσει θάνατος· καὶ ἐκ
15 πάσης δὲ αὐτοῦ τῆς διαίτης πᾶσα ἴασις ἀποχωρισθείη, ἀντὶ τοῦ· ἀνί-
ατα ἔσται καὶ ἀθεράπευτα τὰ αὐτῷ συμβησόμενα.

δυνατὸν δὲ καὶ κλῶνας ποδῶν νοῆσαι τοὺς ἐγγόνους τυχὸν ἢ καὶ
ἀπογόνους.

18,14 σχοίη δὲ αὐτὸν ἀνάγκη αἰτίᾳ βασιλικῇ.

20 τουτέστιν· ἀπαραίτητος τιμωρία.

18,15 κατασκηνώσει ἐν τῇ σκηνῇ αὐτοῦ ἐν νυκτὶ αὐτοῦ.

ἄλλα ἀντίγραφα ἀντὶ τοῦ ἐ ν ν υ κ τ ὶ α ὐ τ ο ῦ ἐν σώματι αὐτοῦ
ἔχουσιν. κατὰ μὲν οὖν τὸ ἐ ν ν υ κ τ ὶ α ὐ τ ο ῦ ἀντὶ τοῦ· ἐν ζόφῳ

Υ Γ(βOFSPL 4-8; 12-14 θάνατος; ≠ 14 καὶ -16; βOFSL 20; 22-) Ρ(22-23
ἔχουσιν; 23 ἐν ζόφῳ -) Ν(2; 4-8; 12-14 θάνατος; 15 ἀνίατα -16; 22-)

2 ἀλλὰ καὶ > Ν   4 ἕτερα + δὲ Ν   5 ἀπορείαν Υ / ἐλάσοι. + ὡς
καὶ ὑπὸ πόδας πολλῶν πίπτειν καὶ δεῖσθαι ὑπὲρ τροφῆς Ν   6 αὐτοῦ
πόδας stellt Υ   9 αὐτῷ: αὐτὸν Υ   10 κλόνες Υ / αὐτοὺς Υ
12 πορι ῶν Υ   13 πίπτων πτ. ἐξαίσ.: ἐν ταῖς ἑαυτοῦ πράξεσιν Γ
14 παῖδας ΓΝ· πόδας Υ   16 ἔσται > Ν   17 τυχὸν Υ   20 τουτέ-
στιν Γ: > Υ/ τιμ. + ἢ τοῦ θεοῦ Γ   22 ἄλλα: ἕτερα Ν, + δὲ ΡΝ /
ἀντὶ - αὐτοῦ₁: κατασκηνώσει Ρ

καὶ νυκτὶ ἀφεγγεῖ ὅλη αὐτοῦ ἔσται ἡ διαγωγή. κατὰ δὲ τό· ἐν σώ-
ματι αὐτοῦ, ἵνα εἴπῃ ὅτι· εἰσελεύσεται εἰς τόπον, ὅπου κατασκη-
νοῖ μετὰ τῆς ἐσχάτης πενίας μηδὲν ἕτερον ἔχων ἢ τὸ ἑαυτοῦ σῶμα.

ταύτῃ δὲ τῇ ἐννοίᾳ συντρέχει καὶ Θεοδοτίων οὕτως εἰρηκώς· κα-
5 τασκηνώσει ἐν τῇ σκηνῇ αὐτοῦ ἀνυπαρξία.

18,15 κατασπαρήσονται τὰ εὐπρεπῆ αὐτοῦ ἐν θείῳ.

ὅμοιον εἶπε καὶ ὁ Δαυὶδ περὶ τῶν ἁμαρτωλῶν· πῦρ καὶ θεῖον
καὶ πνεῦμα καταιγίδος ἡ μερὶς τοῦ ποτηρίου αὐτῶν.
καὶ ὁ μὲν θεὸς ἐπὶ τὴν Σοδομῖτιν <θεῖον καὶ> πῦρ ἐπαφεὶς ἐτέ-
10 φρωσεν αὐτῶν τὴν γῆν.

θέλει δὲ εἰπεῖν, ὅτι καὶ ἄκαρπα ἔσται πάντα τὰ κατ' αὐτοὺς ὡς
ὑπὸ θείου κατασπαρέντα.

18,16 ὑποκάτωθεν αἱ ῥίζαι αὐτοῦ ξηρανθήσονται.

κατὰ μεταφορὰν τῶν φυτῶν τῶν ῥιζωθέντων ξηραινομένων.

15 18,16 καὶ ἐπάνωθεν ἐπιπεσεῖται θερισμὸς αὐτοῦ.

εἰ δὲ καί τις ὑπόνοια βλαστήσεως γένηται, ταχέως ἐκκοπήσεται
{τὸ μνημόσυνον αὐτοῦ}.

18,17 τὸ μνημόσυνον αὐτοῦ ἀπόλοιτο ἐκ τῆς γῆς, καὶ ὑπάρχει ὄνο-
μα αὐτῷ ἐπὶ πρόσωπον {τοῦ} ἐξωτέρω.

20 ἀλλὰ καὶ οἱ παῖδες, φησίν, ἀπολοῦνται τοῦ ἀσεβοῦς, οἳ δὴ μνη-
μόσυνόν εἰσι τῶν γεννησάντων.

τὸ δὲ ὄνομα αὐτοῦ οὕτως ἔσται σκαιὸν καὶ ἀποτρόπαιον, ὡς ἕκα-

7-8 Psalm 10,6   9 Genesis 19,24

Y Γ(βOFSL -3; βOFSPL ≠ 11-12; 16; βOFSL 22-) P(-3; 22-) N(-5; ≠ 7-
12; ≠ 20-21; 22-)

1 καὶ + ἐν N / νυκτὶ ἀφεγγεῖ N: ἀφεγγεῖ Γ, νυκτὶ καὶ ἀφεγγίᾳ YP / ὅ-
λη: πᾶσα Γ   1-2 κατὰ - εἴπῃ: ἀντὶ τοῦ εἰπεῖν P   2 εἰς + τὸν ΓΡΝ
3 ἔχων ΓΝ: εὑρίσκων YP   4 δὲ > N / συντρ. nach Θεοδ. stellt N /
καὶ + ὁ N / θεοδωτίων Y   8 καὶ (N): > Y   9 σοδομίτην Y /
< > LXX: > Y(N)   16 εἰ δὲ καί: κἂν Γ   20 ἀπολοῦνται (N): ἀπό-
λυνται Y   22 δὲ > N / αὐτοῦ + φησιν ΓΡΝ / οὕτως ΓΡΝ: τοιοῦτον Y

στον ἀκούοντα τῆς προσηγορίας στρέφειν ἐξωτέρω τοῦ λέγοντος τὸ
ἑαυτοῦ πρόσωπον μυσαττόμενον αὐτοῦ καὶ αὐτὴν τὴν ὀνομασίαν.

18,18-19 ἀπώσειεν αὐτὸν ἐκ φωτὸς εἰς σκότος. οὐκ ἔσται ἐπίγνω-
στος ἐν λαῷ αὐτοῦ οὐδὲ σεσῳσμένος ἐν τῇ ὑπ᾽ οὐρανὸν ὁ οἶκος αὐ-
5 τοῦ, ἀλλ᾽ ἐν τοῖς αὐτοῦ ζήσονται ἕτεροι.

ταῦτα πάντα συμβέβηκε τῷ Ἰὼβ δίχα τῆς βασιλικῆς ἀνάγκης· ταύ-
την δὲ ἴσως εἶπεν ὁ Βαλδάδ, ἵνα μὴ δόξῃ δι᾽ αὐτὸν λέγειν.

18,20-21 ἐπ᾽ αὐτῷ ἐστέναξαν ἔσχατοι, πρώτους δὲ ἔσχε θαῦμα.
οὗτοί εἰσιν οἶκοι ἀδίκων, οὗτος δὲ τόπος τῶν μὴ εἰδότων τὸν κύ-
10 ριον.

πρώτους λέγει τοὺς ἐπὶ τῆς αὐτοῦ γενεᾶς, ἐσχάτους δὲ τοὺς
μετ᾽ αὐτόν. θαυμάσουσιν οὖν, φησίν, καὶ οἱ ὁρῶντες τῶν ἀσεβῶν
τὴν πτῶσιν, καὶ οἱ τὰ κατ᾽ αὐτοὺς ὕστερον ἀκοῇ παραδεχόμενοι στε-
νάξουσιν. τὸ δὲ οὗτοί εἰσιν οἶκοι ἀδίκων ἀντὶ τοῦ· ταῦτα
15 κληρονομήσουσιν οἱ ἀσεβεῖς, ἃ προεῖπεν δηλονότι.

ἀποφαντικῶς δὲ καὶ οὗτος εἰρηκώς, ὅτι πάντως ταῦτα ἔσται τοῖς
ἀσεβέσιν, ἥμαρτε μὴ προσθεὶς τὴν διαίρεσιν· οὐ γὰρ πάντως ἐνταῦ-
θα ἡ ἀπόδοσις, ἀλλὰ καὶ ἐν τῷ μέλλοντι αἰῶνι.

---

6 vgl. Hiob 18,14

Υ Γ(βOFSL - 2 πρόσωπον; βOFSPL ≠ 6-7; 11-18) P(-2; N(-2; 6-7; 11-18)
1 τὴν προσηγορίαν P   2 μισαττόμενον Υ / αὐτοῦ > N / αὐτοῦ -
αὐτὴν > P / ὀνομασίαν + αὐτοῦ N   3 ἀπόσειεν Υ   6 τῷ Ἰὼβ
συμβέβηκε stellt N / δίχα N: διὰ Υ   6/7 ταύτην δὲ: ἣν καὶ αὐ-
τὴν N   11 γενεᾶς + πρεσβύτας ΓΝ   13 αὐτοὺς ΓΝ: αὐτοῦ Υ /
δεχόμενοι Υ   13/14 στενάξωσιν Υ, > ΓΝ   14 τὸ δὲ - τοῦ Γ:
> ΥΝ   14-15 ταῦτα - δηλονότι ΓΝ: > Υ   16 οὕτως Υ / ταῦτα
+ δὲ Υ / ἔσται ΓΝ: ἔστι Υ   17 προθεὶς Υ   17/18 ἐνταῦθα
+ αὐτοῖς ΓΝ

ΚΕΦΑΛΑΙΟΝ ΤΡΕΙΣΚΑΙΔΕΚΑΤΟΝ

<'Αρχὴ τοῦ ῥητοῦ·> ὑπολαβὼν δὲ 'Ὼβ λέγει· ἕως τίνος ἔγκο-
πον ποιήσητε τὴν ψυχήν μου καὶ καθαιρεῖτέ με λόγοις;

Προθεωρία τοῦ κεφαλαίου

5 οἱ μὲν φίλοι τῷ 'Ὼβ ἐπιτιμῶσιν ὡς περιττὰ θρασυνομένῳ, ὁ δὲ
ὡς βαρεῖς ὄντας ἐν τοῖς ὀνείδεσιν αἰτιᾶται καί φησιν ὅτι· τοῦτο
μόνον ὑμᾶς γνῶναι θέλω, ὅτι θεός ἐστιν ὁ τὰς ἀνηκέστους μοι ταύ-
τας πληγὰς ἐπαγαγών, ἵνα τοῦτο γνόντες φοβηθῆτε, μὴ τοῖς ἰσοστα-
σίοις καὶ ὑμᾶς περιβάλῃ κακοῖς. μέμφεται δὲ ὡς κατὰ πρόσωπον αὐ-
10 τὸν κακολογοῦντας· δῶμεν γάρ, φησίν, ὅτι μὴ καθηκόντως φθέγγο-
μαι, ἀλλ' ὑμᾶς οὐκ ἔδει φίλους ὄντας ἐπιτρίβειν μοι τὰς συμφοράς.

ταῦτα πρὸς τοὺς φίλους εἰρηκὼς πάλιν ἐκδιηγεῖται τὰ αὐτὸν συν-
έχοντα δεινὰ ἑαυτόν τε πείθων κἀκείνους ὡς ὑπὲρ ἁμαρτίας ἀνθρωπί-
νας αἱ τιμωρίαι καὶ ἐχθροῦ μᾶλλόν εἰσιν αἱ τοιαῦται πληγαί. ὄντως
15 γὰρ ἐχθρὸς ἦν ὁ οὕτως αὐτῷ χρώμενος, εἰ καὶ αὐτὸς τὴν αἰτίαν ἠ-
γνόει τῆς συγχωρήσεως.

εἶτα παρακαλεῖ, ἵνα εἰ καὶ μὴ ὡς δίκαιον ἐπαισχύνονται, ἀλλ'
ὡς φίλον ἐλεήσωσιν. καὶ ἐπεύχεται γραφῇ παραδοθῆναι αὐτοῦ τὰ ῥή-
ματα, ἵνα διαδόσιμα καὶ ταῖς ἐφεξῆς γένωνται γενεαῖς, ὃ δὴ καὶ
20 γέγονε, καὶ οὐκ ἀπέτυχέ γε τῆς εὐχῆς ὁ δίκαιος. καὶ μέμφεται
τοῖς φίλοις ὡς ἀναζητοῦσιν, πῶς αὐτὸν τοῖς λόγοις πλήξωσιν, καὶ
παραινεῖ παύσασθαι τῶν ὀνειδισμῶν τοῦ θεοῦ τὸ κρίμα διευλαβου-
μένους.

Υ Γ(βOFSPL 5-23) Ν(5-23)

1 τρεισχ.: ιγ Υ   3 ποιήσετε Υ   5 τῷ Ν(P): τοῦ ΥΓ / ὁ δὲ ΓΝ: > Υ
8 γνῶντες Υ / φοβρθεῖτε Υ   8/9 ἰσοστ. ΓΝ: ἴσοις ΥΡ   9 ἡμᾶς Υ
/ περιβάλῃ (L): περιβάλλει Υ, περιβάλοι Γ, περιβάλλῃ Ν   10 καθει-
κόντως Υ   11 φίλους ὄντας: φιλοσοφοῦντας (PL)   12/13 συνέχοντα
αὐτὸν stellt Ν   15 οὕτως αὐτῷ ΓΝ: οὕτω Υ   17 ἐπαισχύνωνται (β)Ν
19 διαδώσιμα Υ   21 πῶς + ἂν Ν/ πλήξουσι Υ   22/23 διευλαβούμενος Υ

Αἱ λέξεις

19,2 ἕως τίνος ἔγκοπον ποιήσητε τὴν ψυχήν μου καὶ καθαιρεῖτέ
με λόγοις;

ἡ τῶν λόγων βαρύτης ὥσπερ τι φορτίον ἐπιτιθέμενον τῇ ψυχῇ
5 κάμνειν αὐτὴν παρασκευάζει. τὸ δὲ καθαιρεῖτέ με λόγοις
ἀντὶ τοῦ· καταβαλεῖν σπουδάζετε ταῖς ἀντιλογίαις τὰς ἐμὰς δι-
καιολογίας.

19,3 γνῶτε μόνον, ὅτι ὁ θεὸς ἐποίησέ μοι οὕτως.

ἵνα καὶ ὑμεῖς φοβηθῆτε οὕτω ἐπεμβαίνειν τῷ κάμνοντι, μὴ
10 τοῖς ἴσοις ὑμᾶς περιβάλλῃ κακοῖς.

19,3 καταλαλεῖτέ μου οὐκ αἰσχυνόμενοι, ἐπίκεισθέ μοι.

βαρὺ μέν, φησίν, καὶ τὸ ἀπόντων καταλαλεῖν· ὑμεῖς δὲ ἀνε-
ρυθριάστως καὶ κατὰ πρόσωπον λοιδορεῖτέ με.

19,4-5 ναί δή, ἐπ’ ἀληθείας ἐγὼ πεπλάνημαι, παρ’ ἐμοὶ δὲ αὐλί-
15 ζεται πλάνος λαλῆσαι ῥήματα, ἃ οὐκ ἔδει· τὰ δὲ ῥήματά μου πλανᾶ-
ται καὶ οὐκ ἐπὶ καιροῦ. ἔα δέ, ὅτι ἐπ’ ἐμοὶ μεγαλύνεσθε, ἐνάλλε-
σθε δέ μοι ὀνείδη.

δῶμεν, φησίν, ὅτι κατὰ ἀλήθειαν ἐγὼ πλανῶμαι, καὶ πλάνον τι
πνεῦμα οἰκοῦν ἐν ἐμοὶ παρασκευάζει, μὴ κατὰ <τὸ> δέον φθέγγεσθαι
20 μηδὲ κατὰ καιρὸν τοὺς λόγους προφέρειν· ἀλλὰ ὑμᾶς οὐκ ἔδει οὕτως
κατεπαίρεσθαί μου καὶ μεγάλους ἑαυτοὺς ἐπιδεικνύναι καὶ δικαίους
κατὰ τοῦ δυστυχοῦντος καὶ ἐνάλλεσθαί μοι καὶ ἐπιπηδᾶν καὶ καταπα-
τεῖν ταῖς ὕβρεσιν.

Υ Γ(βOFSPL ≠ 9-10; βOFSL ≠ 18-23) P(4-7; 12-13) N(4-7; 12-13; 18 -
πλανῶμαι)

4 τοῦ λόγου Ν / ὡς Ρ / τι PN: > Υ   5 λόγοις > Ρ   6 καταβάλ-
λειν Υ/ σπουδάζεται Ρ   9 ἐπεμβαίνει Υ   11 μοι LXX: μου Υ   12
φησιν > Ρ   13 καὶ > Ρ   15 λαλῆσαι LXX: λαλεῖ καὶ Υ/ ἃ LXX: ὃ LXX: ὃ
16 μεγαλύνεσθαι Υ   16/17 ἐνάλεσθαι Υ   18 φησιν > Ν   19 κατὰ
δέον Υ, (> Γ)   20 ἡμᾶς Υ   22 ἐνάλεσθαι Υ

19,6 γνῶτε οὖν, ὅτι κύριός ἐστιν ὁ ταράξας, ὀχύρωμα δὲ αὐτοῦ
ἐπ' ἐμὲ ὕψωσεν.

ὁ ταράξας ἀντὶ τοῦ· ὁ ἐν τοσαύτῃ συγχύσει τὰ κατ' ἐμὲ κατα-
στήσας καὶ ὥσπερ ὀχυρώματι καὶ τείχει τινὶ πανταχόθεν με περι-
5 κλείσας ταῖς συμφοραῖς.

ἢ καὶ οὕτως· ὥσπερ τι διατείχισμα μεταξὺ ἐμοῦ τε καὶ ἑαυτοῦ
ὕψωσεν, ἵνα εἴπῃ ὅτι· ἀπέστησεν ἀπ' ἐμοῦ τὴν οἰκείαν βοήθειαν.

19,7 ἰδοὺ γελῶ ὀνείδει καὶ οὐ λαλήσω, κεκράξομαι καὶ οὐδαμοῦ
κρίμα.

10   βέλτιον δέ, οἶμαι, ἐστὶ τὸ μόνον γελᾶν ἐπὶ τοῖς ὑμετέροις ὀ-
νειδισμοῖς καὶ μὴ ἀποκρίνεσθαι. τί γὰρ καὶ κράξω μήπω τῆς ἀπο-
φάσεως δεικνύσης - κρίμα γὰρ τὴν ἀπόφασιν λέγει -, πότερον ἐγὼ
τἀληθῆ λέγω ἢ ὑμεῖς οἱ μάτην μου καταψευδόμενοι;

19,8-11 κύκλῳ περιῳκοδόμημαι, καὶ οὐ μὴ διαβῶ. ἐπὶ πρόσωπόν μου
15 σκότος ἔθετο. τὴν δὲ δόξαν μου ἀπ' ἐμοῦ ἐξέδυσεν, ἀφεῖλεν δὲ στέ-
φανον ἀπὸ κεφαλῆς μου. διέσπασε δέ με κύκλῳ καὶ ᾠχόμην, ἐξέκοψε
δὲ ὥσπερ δένδρον τὴν ἐλπίδα μου. δεινῶς δέ μοι ὀργῇ ἐχρήσατο, ἡ-
γήσατο δέ με ὥσπερ ἐχθρόν.

ἀδιεξίτητά μοι, φησίν, τὰ κακά· καὶ ὥσπερ οἱ κυκλοτερῶς ὑπὸ
20 τεῖχος ἀπειλημμένοι ἢ ἀορασίᾳ τὰς ὄψεις ἐμποδιζόμενοι περαιτέρω
προελθεῖν οὐ δύνανται, οὕτως ἀμηχανῶ τῶν συμφορῶν ἔξω γενέσθαι.
στέφανον δὲ ἀφῃρῆσθαι λέγει, ἢ ὅτι καὶ αὐτὸς βασιλεὺς ἐτύγχα-
νεν, ἢ <ὅτι ...>. καὶ τὴν πᾶσαν εὐημερίαν μεληδόν, φησίν, διέ-

---

Y Γ(βOFSPL 3-7; 10-13; 19-21) N(≠ 3-7; ≠ 10-13; 19-)

3 δ₂ > Γ   4 ὀχυρώματι Y(N): τινὶ περιφράγματι Γ / τείχει Γ(N):
τείχῳ Y, viell. τειχίῳ? (so Polychronios in Γ) / τινὶ > Γ / με > Γ
4/5 περικλείσας: κυκλώσας Γ, (beides N)   6 ἢ: εἰ Y   7 ἀπ'
ἐμοῦ Γ(N): μου Y / οἰκείαν Y(N): ἑαυτοῦ Γ   8 ὀνείδη Y   10 δὲ
- ἐστι: ἐστι φησι Γ / μόνον > Γ   10/11 ὀνείδεσι Γ(N)   11 κρά-
ζοιμι Γ, εἴποιμι (N)   13 ἢ Γ(N): καὶ Y   19 ἀδιεξόδευτα Γ /
καὶ ὥσπερ: ὡς γὰρ N / οἱ κυκλοτερῶς οἱ Y   20 ἢ > Γ / ἐμποδιζόμε-
νοι: ἐμποδίζονται καὶ Γ / περετέρω Y   21 προελθεῖν N: προσελθεῖν
Y, προβαίνειν Γ / ἀμήχανον N   22 ἀφειρῆσθαι Y / ἢ: εἰ
Y   23 ἢ: εἰ Y / μεληδόν N: χελιδών Y

σπασε, καὶ ὡς δένδρον ἐξέκοψε πᾶσαν μου χρηστὴν ἐλπίδα.
ὥσπερ δέ τις ἐχθρὸς ὀργῇ χρώμενος, οὕτω τὰ κατ' ἐμὲ διεσκεύασε.
καλῶς δὲ εἶπε τὸ ὥσπερ· οὐ γὰρ ἐμπαθῶς οὐδὲ ὡς ἐχθρὸς ὁ θεὸς
κολάζει.

5   ταῦτα δὲ εἶπε καὶ τοὺς φίλους καὶ ἑαυτὸν πείθων, ὡς ὑπερέβαινε
μέτρον ἀνθρωπίνων ἁμαρτημάτων ἡ τιμωρία· καὶ γὰρ ἀληθῶς οὐ δι' ἁ-
μαρτίας, ἀλλὰ κατὰ γυμνασίαν ἔπασχεν ὁ δίκαιος.

19,12 ὁμοθυμαδὸν δὲ αὐτοῦ ἦλθον τὰ πειρατήρια ἐπ' ἐμοί, ταῖς
ὁδοῖς μου ἐκύκλωσάν με ἐγκάθετοι.

10   ἐκ μεταφορᾶς τῶν πολεμίων τοῦτο εἶπεν, οἳ λόχους καὶ ἐνέδρας
πανταχόθεν ἱστῶντες ἀθρόον πάντες ἐπέρχονται ἀπολαβόντες ἐν μέσῳ
τὸν ἐνεδρευόμενον, ἵνα εἴπῃ ὅτι· πανταχόθεν με περιεστοίχισαν τὰ
κακά. ἐγκάθετοι δέ εἰσιν οἱ δαίμονες οἱ δόλιοι καὶ ἐγκείμενοι
τῷ κακῷ.

15   ἠρέμα γὰρ καὶ συναισθάνεται ὁ δίκαιος τῶν κατὰ θεοῦ συγχώρη-
σιν ἀοράτως αὐτῷ τὰς ἀλγηδόνας ἐπιφερόντων, εἰ καὶ τὴν αἰτίαν
τῆς συγχωρήσεως ἀγνοεῖ.

19,13-15 ἀδελφοί μου ἀπ' ἐμοῦ ἀπέστησαν, ἔγνωσαν ἀλλοτρίους ἢ
ἐμέ, φίλοι δέ μου ἀνελεήμονες γεγόνασιν. οὐ προσεποιήσαντό με οἱ
20 ἐγγύτατοί μου, καὶ οἱ ἰδόντες μου τὸ ὄνομα ἐπελάθοντό μου. γεί-
τονες οἰκίας, θεράποντες θεράπαιναί τέ μου, ἀλλογενὴς ἐγενόμην
ἐναντίον αὐτῶν.

 τοιαῦτα καὶ ὁ μέγας Δαυὶδ ὀλοφυρόμενος ἔλεγεν· ἐπελήσθην
ὡσεὶ νεκρὸς ἀπὸ καρδίας, ἐγενήθην ὡσεὶ σκεῦος
25 ἀπολωλός.

23-25 Psalm 30,13

Υ Γ(βOFSPL ≠ 13 ἐγκάθ. -14) Ρ(10-12 ἐνεδρ.; 23-25) Ν(-7; 10-14; 23-)
1 καὶ > Ν / ὡς δένδρ. ἐξέκ. nach ἐλπίδα Ν   2 διεσκέδασε vermutet
Young   3 ὥσπερ Νy Lemma: ὡς YNp   5 ὑπερέβαλε Ν   6 μέ-
τρων Υ   11 πανταχόσε Ν   12 περιεστοίχησαν Υ   12/13 τὰ κα-
κά > Ν   13 οἱ δαίμονες > Ν / καὶ: οἱ Ν   13/14 τῷ κακῷ ἐγκ.
stellt Ν   15 τῶν Hag: τὴν Υ   20 μου₂: μοι Υ   21 οἰκείας
Υ / θεράπαιναί τε LXX: θεραπεύεται Υ   23 ταῦτα ΡΝ/ ἐπιλείσθην Υ
24 ἐγεννήθην Υ

ἐγγυτάτους δὲ λέγει τοὺς γένει πλησιάζοντας.

19,16-18 θεράποντάς μου ἐκάλεσα καὶ οὐχ ὑπήκουσάν μου, στόμα
<δέ> μου ἐδέετο. καὶ ἱκέτευον τὴν γυναῖκά μου, προσεκαλούμην δὲ
κολακεύων υἱοὺς παλλακίδων μου, οἱ δὲ εἰς τὸν αἰῶνά με ἀπεποιή-
5 σαντο.

καὶ τοῦτο τῶν σφόδρα ἀλγεινῶν τὸ ἐν νόσῳ κείμενον καλεῖν τὸν
ὀφείλοντα ὑπηρετεῖσθαι καὶ μὴ ὑπακούεσθαι.

δεῖ οὖν καὶ ἡμᾶς τῷ ὑποδείγματι τοῦ μεγάλου 'Ιὼβ προσέχοντας
μὴ ὀργίζεσθαι κατὰ τῶν ὑπηρετῶν, μήτ' ἂν γυνή, μήτ' ἂν οἰκέτης,
10 μήτ' ἂν υἱὸς ᾖ ὁ παρακούων.

οὐδὲν δὲ ἀπρεπές, εἰ παλλακίδας εἶχεν ὁ δίκαιος. καὶ γὰρ καὶ
οἱ τούτου πρόγονοι, οἱ ἀμφὶ τὸν μέγαν 'Αβραάμ, παλλακίσιν ἐμίγ-
νυντο διὰ τὴν τοῦ γένους αὔξησιν. ἐπιτήρησον δέ, ὡς οὐ μεγάλης
ἀλγηδόνος ἔκρινεν ὁ διάβολος τὸ τοὺς ἐκ τῶν παλλακίδων ἀνελεῖν,
15 ἀλλὰ τοὺς τῆς ἐλευθέρας· οἶδε γὰρ ὀφείλουσαν καὶ αὐτὴν τὴν φύσιν
προτιμᾶν τοὺς τῆς ἐλευθέρας.

τὸ δὲ εἰς τὸν αἰῶνά με ἀπεποιήσαντο ἀντὶ τοῦ παντε-
λῶς, ὡς μηδὲ ὄντες ἐξ ἐμοῦ.

19,18 ὅταν ἀναστῶ, καταλαλοῦσί μου.

20 ἴσως καὶ αὐτοὶ λέγοντες· τὸν μιαρόν, τὸν ἐναγῆ, τὸν ἀκάθαρτον,
τὸν διὰ πλῆθος ἁμαρτιῶν οὕτω τιμωρούμενον· ἢ καὶ οὐ τοῦτο μέν, τὸ
δὲ τοῖς πολλοῖς ἐπὶ ταῖς μακραῖς νόσοις συμβαῖνον· μέχρι τίνος
οὐ τελευτᾷ; τί βαρὺ φορτίον καὶ ἀχρεῖον κεῖται τῇ γῇ;

τὸ δὲ ὅταν ἀναστῶ ὅταν αὐτῶν ἀποχωρισθῶ. ἢ καὶ τοῦτο λέ-

Υ Γ(BC 1; βOFSL 11 - 13 αὔξησιν; βOFSPL 17 - παντελῶς; βOFSL 24-)
Ρ(6-7; 11 - 13 αὔξησιν; ≠ 20 - 21 τιμωρούμενον) Ν(-1; 6-10; 20-)

1 δὲ: γὰρ Ν / πλησ. + οἵτινες αὐτοῦ κατεφρόνησαν Γ   5 τοῦτο +
δὲ Ν / τὸ PN: τὸν Υ   7 ὑπηρετεῖν Ν / ἀκούεσθαι Ν   8 καὶ ⌐ Ν
9 ὀργίζεσθε Υ   11 δὲ > Γ / δίκαιος + μήπω κεκωλυμένης τῆς ἐκ τῶν
τοιούτων παιδοποιίας Γ / καὶ₂ Γ: > ΥΡ   12 οἱ₂ Γ: > ΥΡ / ἀμφὶ: πε-
ρὶ Γ / μέγαν > Γ   17 με: μὴ Υ   21 οὕτω: αὐτοῦ Ν, (> Ρ)/ ἢ Ν:
εἰ Υ / καὶ > Ν / οὐ τοῦτο μέν: ταῦτα μὲν οὐδαμῶς Ν   22 συμβαῖ-
νων Υ   24 ὅταν₁: ἐπὰν Γ / ἀναστῶ + ἤτοι Ν, + κατ' ἐμοῦ λαλοῦσιν
ἢ Γ / αὐτῶν ΓΝ: > Υ   24/1 ἢ - ὅτι: φησὶν ἢ Γ, ἢ Ν

γει ὅτι· ὅταν ἀναστῶ μετὰ τὴν νύκτα πρὸς ἑαυτοὺς λέγουσιν· οὔπω
τέθνηκεν, ἔτι ζῇ ὁ ἅδης οὗτος;

19,19 ἐβδελύξαντο δέ με οἱ ἰδόντες με· οὓς δὲ ἠγαπήκειν, ἐπανέ-
στησάν μοι. {κατ' ἐμοῦ}

5   ὅμοιον Δαυίδ· ἔθεντο <κατ' ἐμοῦ> κακὰ ἀντὶ ἀγαθῶν
καὶ μῖσος ἀντὶ τῆς ἀγαπήσεώς μου.

19,20 ἐν δερματί μου ἐσάπησαν αἱ σάρκες μου, τὰ δὲ ὀστᾶ μου <ἐν
ὀδοῦσιν ἔχεται>.

ζῶντος γάρ, φησίν, ἐσάπησαν αἱ σάρκες μου καὶ τὰ ὀστᾶ μου ὥσ-
10 περ ὑπὸ ὀδόντων θηρίων τινῶν κατεσθίεται.

19,21 ἐλεήσατέ με, ἐλεήσατέ με, ὦ φίλοι, παρακαλῶ· χεὶρ γὰρ κυ-
ρίου ἡ ἁψαμένη μού ἐστιν.

εἰ καὶ μὴ ὡς δίκαια λέγοντα ἐπαισχύνεσθε, ἀλλ' ὡς φιλάνθρωποι
κατελεήσατέ με καὶ οἶκτον λάβετε καὶ δέος εἰς τὰ ὑπὸ θεοῦ μοι
15 συμβεβηκότα διευλαβούμενοι, μὴ τῶν ὁμοίων πειραθῆτε παρὰ θεοῦ.

19,22 διὰ τί δέ με διώκετε ὥσπερ καὶ ὁ κύριος, ἀπὸ δὲ σαρκός
μου οὐκ ἐμπίπλασθε;

διὰ τί δὲ τῇ θείᾳ ὀργῇ συνεπιτίθεσθε - οὐ πάντως κατὰ γνώμην
θεοῦ τοῦτο ποιοῦντες· εἰ γὰρ καὶ αὐτὸς τιμωρεῖται, ἀλλ' ἡμᾶς
20 φιλανθρώπους εἶναι βούλεται - καὶ ἀκορέστως τῇ τῶν λόγων βαρύτη-
τι κέχρησθε κατ' ἐμοῦ; ἱκανοὶ γάρ εἰσιν οἱ ὀνειδιστικοὶ λόγοι
καὶ σάρκας δαπανᾶν.

5-6 Psalm 108,5

Υ Γ(βOFSL -2; βOFSPL ≠ 9-10; 13-15) P(1 οὔπω - 2; ≠ 5-6) N(-2; ≠ 5-
6; 9-10; 13-15; 17-)

1 ἀναστῶ: ἀφ' ὕπνου ἐξεγερθῶ N   3 με οἱ LXX: μοι Υ   5-6 an-
dere Einführung des Zitats PN   7 ἐν - 9 μου₂ > Υ durch Haplogra-
phie   9 ζῶντος - μου₂ N   11 {παρακαλῶ}?   13 λέγοντα +
φησιν Γ / ἐπαισχύνεσθαι Υ   13/14 ἀλλ' - καί₁: ἀλλὰ γὰο Γ
14 ἐλεήσατε N / με > N / ἀναλάβετε Γ   15 συμβ.+ ὁρῶντες N
17 ἐπιπλᾶσθαι Υ   19 ὑμᾶς Υ   20/21 καὶ - ἐμούς vor 17 ob stellt N
N   21 κέχρησθε N: κέχρισθαι Υ / ἱκανοὶ γάρ: ἄλλως δὲ ἱκανοὶ N

δείσωμεν οὖν καὶ ἡμεῖς τὰς λοιδορίας εἰδότες, ὅπως πλήττομεν
δι' αὐτῶν τοὺς ἡμῶν ἀδελφούς.

19,23-25 τίς γὰρ ἂν δοίη γραφῆναι τὰ ῥήματά μου, τεθῆναι δὲ
αὐτὰ ἐν βιβλίῳ εἰς τὸν αἰῶνα, ἐν γραφείῳ σιδηρῷ καὶ μολίβδῳ ἢ
5 ἐν πέτραις ἐγγλυφῆναι; οἶδα γάρ, ὅτι ἀέναός ἐστιν ὁ ἐκλύειν με
μέλλων ἐπὶ γῆς.

εὔχεται τὰ καθ' ἑαυτὸν ἀνεξαλείπτῳ παραδοθῆναι γραφῇ. ὁμοιω-
ματικῶς δὲ αὐτὸ εἶπεν ἀπὸ τοῦ τοὺς βουλομένους ὡς ὅτι μάλιστα
ἐπὶ πλεῖστον διαμένειν τὰ ἀναγεγραμμένα διὰ γραφίδος σιδηρᾶς ἐπὶ
10 μολίβδου ἐντιθέναι τὰ γράμματα ταῖς στήλαις ἢ καὶ ταῖς πλαξὶν
ἐγκολάπτειν. οἶδα γάρ, φησίν, ὅτι κἂν ἐγὼ ἐκλυθῶ, τουτέστιν τε-
λευτήσω, ἀλλ' ὁ θεὸς ἀεὶ διαμένει ὁ δυνάμενος καὶ μετὰ τὴν ἐμὴν
τελευτὴν δι' οἰκείας ἐπικρίσεως γνώριμα πᾶσι τὰ κατ' ἐμὲ κατα-
στῆσαι, ὃ δὴ καὶ γέγονε κατὰ τὴν τοῦ δικαίου αἴτησιν. καὶ οὐκ
15 ἐστερήθησαν αἱ ἁγιώταται ἐκκλησίαι τοῦ τηλικούτου ἐν πειρασμοῖς
παραδείγματος, ἀλλὰ ἀνεγράφη τὰ κατὰ τὸν μακάριον Ἰώβ, εἴτε
ὑπό τινος τῶν προφητῶν, ἢ καὶ ἁγίου τινὸς ἀνδρός, κατὰ θεοῦ μέν-
τοι συνεργίαν καὶ ἐπίπνοιαν, ὡς καί τινα τῶν ἀποστόλων λέγειν
ἡμῖν· τὴν ὑπομονὴν Ἰὼβ ἠκούσατε, καὶ τὸ τέλος κυ-
20 ρίου εἴδετε. πόθεν ἠκούσαμεν ἢ πόθεν εἴδομεν, ἀλλ' ἢ ἀπὸ
ταύτης τῆς κατὰ τὴν τοῦ δικαίου αἴτησιν καὶ θεοῦ συνεργίαν γε-
νομένης συγγραφῆς;

19-20 Jakobus 5,11

Y Γ(βOFSPL 7 - 11 ἐγκολάπτειν) N(-2; 7-22)

2 ἀδελφοὺς ἡμῶν stellt N   4 γραφίῳ Y   5 ἐνγυλφῆναι Y / ἀέν-
ναος Y / ἐκλύειν LXX: ἐκκλείειν Y   7 ἀνεξαλείπτῳ Γ: ἐξαλείπτῳ Y,
ἀνεκλείπτῳ N / γοαφῇ παραδοθῆναι stellt Y   8 εἶπεν: λέγει N / τοῦ
ΓN: τὸ Y / ὡς > Γ   9 ἐπὶ πλεῖστον > Γ / ἀναγραφόμενα Γ / σιδη-
ροῦ Y / ἐπὶ ΓN: ἀπὸ Y   11 φησιν > N   14 αἴτησιν + ὑπὸ Μωσέως
καὶ Σολομῶντος γνώμῃ θεοῦ N   15 ἁγιώταται > N / ἐν + τοῖς N
16-17 Ἰώβ - ἀνδρός > N   17 ἢ: εἰ Y   17/18 μέντοι > N
18 συνέργειαν YN   20 πόθεν₁ + δὲ N   21 τῆς > Y / συνέρ-
γειαν YN   21/22 κατὰ - γενομένης > N

19,26 ἀναστῆσαι τὸ δέρμα μου τὸ ἀναντλοῦν ταῦτα.

γένοιτο δέ, φησίν, καὶ ἀναστῆσαι θεὸν τὸ δέρμα μου τὸ ἀναν-
τλοῦν ταῦτα. δόγμα δὲ ἐντεῦθεν διδασκόμεθα ἐκκλησιαστικὸν καὶ
κάλλιστον, ὅτι τὸ σῶμα τὸ καὶ τοὺς πειρασμοὺς ὑπομένον καὶ τὰς
5 βασάνους αὐτὸ συνανίσταται τῇ ψυχῇ, ἵνα καὶ σὺν αὐτῇ τῶν αἰωνί-
ων ἀπολαύσῃ καλῶν. διὰ τοῦτο εἶπε τὸ ἀναντλοῦν ταῦτα· οὐ
γὰρ δίκαιον ἄλλο μὲν πάσχειν, ἄλλο δὲ ἀνίστασθαι.

19,26-27 παρὰ γὰρ κυρίου ταῦτά μοι συνετελέσθη, ἃ ἐγὼ ἐμαυτῷ
συνεπίσταμαι, ἃ ὀφθαλμός μου ἑώρακε καὶ οὐκ ἄλλος· πάντα δέ μοι
10 συντετέλεσται ἐν κόλπῳ.

ταῦτα δὲ πάντα ἅπερ ᾔτησα θεὸς καὶ μόνος δύναται ποιεῖν ὁ καὶ
τὰ τοιαῦτά μοι ἐπαγαγών, ἃ μόνη οἶδεν ἡ ἐμὴ ψυχή. οὐδεὶς γὰρ οὕ-
τως συναισθάνεται τῶν κακῶν οὐδὲ ἐπιδεῖν δύναται ὡς ὁ πάσχων ἐγώ.
πάντα γὰρ τὰ δεινὰ τρόπον τινὰ ἐνεκολπισάμην καὶ οἷον συνήνων-
15 ταί μοι καὶ συνεκολλήθησαν.

ὁ γὰρ κόλπος ἐπὶ τοῦ ἀχωρίστου λαμβάνεται. διὸ καὶ ὁ μονογε-
νὴς ἐν κόλποις εἶναι λέγεται τοῦ πατρὸς διὰ τὸ ἀχώριστον καὶ
ὁμοούσιον υἱοῦ πρὸς πατέρα.

16-17 vgl. Johannes 1,18

Y Γ(βOFSPL 2 - 6 καλῶν; βOFSL 12 οὐδεὶς - 16 λαμβάνεται) P(11 - 16
λαμβάνεται) N(2-7; 12 ἃ μόνη - 16 λαμβάνεται)

2 γένοιτο - θεὸν: εἴθε φησὶν ἀναστῆσαι ὁ θεὸς N   2/3 ἀναντ-
λοῦν: ὑπομεῖναν N   3 δὲ ἐντεῦθεν: πάλιν ἐνταῦθα Γ / διδάσκων Γ
/ ἐκκλησιαστικὸν καὶ > Γ   3/4 καὶ κάλλιστον > N   4 καὶ₁
> N / ὑπομένων Y   4/5 καὶ τὰς βασάνους > Γ   5 συνανί-
σταται ΓN: ἀνίσταται Y   5-6 σὺν - καλῶν: συναπολαύσῃ N
7 ἄλλο₂: ἄλλῳ Y   10 συντετέλεσθαι Y   11 δὲ > P /
καὶ₁ > P   12 ψυχή + ἢ ὑπ' αὐτῶν κεντουμένη P / γὰο: φησιν Γ
13 ὡς - ἐγὼ vor οὐδὲ stellt P   14 δεινὰ + ἐπενεχθέντα μοι N
/ ἐνεκολπισάμην Ny: ἐνεκολπησάμην Γ, ἐνεκολπωσάμην YPNp   14/15 συνή-
νωνταί μοι καὶ > ΓPN   15 συνεκολλήθησαν + μοι ΓN
16 κόλπος + πανταχοῦ N / τοῦ + ἀδιασπάστου καὶ N / λαμβάνεται + παοὰ
τῇ γοαφῇ N

19,28-29 εἰ δὲ καὶ ἐρεῖτε· τί ἐροῦμεν ἐναντίον αὐτοῦ; καὶ ῥί-

ζαν λόγου εὑρήσομεν ἐν αὐτῷ· εὐλαβήθητε δὲ καὶ ὑμεῖς ἀπὸ ἐπικα-

λύμματος, θυμὸς γὰρ ἐπ' ἀνόμους ἐπελεύσεται, καὶ τότε γνώσονται,

ποῦ ἐστιν αὐτῶν ἡ ὕλη.

5   ἀλλ' ὑμεῖς, φησίν, ἀντὶ παρακλητικῶν λόγων κατ' ἰδίαν σκοπεῖ-

τε, ποίας ἀντιλογίας εὕρητε, καὶ ὡς οἱ τὰς ῥίζας ἐπιζητοῦντες

ἀνιχνεύετέ μου τοὺς λόγους, πόθεν μου λάβησθε. διὸ εὐλαβήθητε

καὶ μὴ ἐν προσχήματι τοῦ θέλειν θεῷ συνηγορεῖν καταψηφίζεσθέ μου.

τοῦτο γὰρ σημαίνει τὸ ἀπὸ ἐπικαλύμματος, ἵνα εἴπη ὅτι· οὐ-

10 δέν μοι συνειδότες σχηματίζεσθε θεῷ συνηγορεῖν. εὐλαβήθητε οὖν,

μὴ ὁ ἀπροσωπόληπτος θεὸς δικαίως ὀργισθῇ καθ' ὑμῶν, καὶ τότε

γνώσεσθε, ὡς οὐδέν ἐστιν ὑμῶν ἡ ὕλη. ὕλην δὲ ἔοικε λέγειν ἢ

τὸν ὄχλον τῶν αὐτῶν ῥημάτων ἢ τὴν πανταχόθεν εὐπάθειαν καὶ τοῦ

πλούτου τὴν περιουσίαν. ἐὰν γάρ, φησίν, θεὸς ὀργισθῇ, οὐδὲν

15 κρεῖττον ἐμοῦ ταχέως διακείσεσθε.

Υ Γ(βOFSPL 5 - 14 περιουσίαν)   Ν(5 - 14 περιουσίαν)

1 ἐρεῖται Υ   2/3 ἐπικαλλύματος Υ   5 ἀλλ' ὑμεῖς: ἐπειδή Ν,
ἐπειδὴ τοίνυν Γ   5/6 κατ' ἰδίαν σκοπεῖτε ΓΝ: κατὰ διάνοιαν λο-
γίζεσθε Υ   6 εὕρητε + λόγους Υ   7 ἀνιχνεύεται Υ / λάβε-
σθε Υ / διὸ εὐλαβήθητε: εὐλ. δὴ Ν   8 καὶ > Ν   9 ἐπικαλ-
λύματος Υ / ἵνα εἴπη ὅτι: λέγει οὖν ὅτι Γ, > Ν   9/10 οὐδὲν -
συνηγορεῖν > ΓΝ   10 εὐλαβήθητε οὖν: φοβήθητε Γ   10 εὐλα-
βήθητε - 12 ὕλη ≠ Ν   12 ὑμῶν ἐστιν stellt Γ / δὲ: γὰο Ν
13 αὐτῶν > ΓΝ / τὴν - καὶ > ΓΝ   14 ὠργισθῇ Υ   15 κρεῖττον
Hag: ἧττον Υ

ΚΕΦΑΛΑΙΟΝ ΤΕΣΣΑΡΕΣΚΑΙΔΕΚΑΤΟΝ

'Αρχὴ τοῦ ῥητοῦ· ὑπολαβὼν δὲ Σωφὰρ ὁ Μηναῖος λέγει· οὐχ
οὕτως ὑπελάμβανον ἀντερεῖν σε ταῦτα καὶ οὐχὶ συνίετε μᾶλλον ἢ
καὶ ἐγώ.

5   Προθεωρία τοῦ κεφαλαίου

ὡς πολλὰ καὶ καλὰ δόγματα αὐτός τε εἰπὼν ὁ Σωφὰρ καὶ τῶν λοι-
πῶν φίλων εἰρηκότων ἤλπιζε μὲν μηδὲν ἔτι τὸν Ἰὼβ ἀντιλέγειν.
ἐπειδὴ δὲ εἶδεν αὐτὸν θαρροῦντα τοῖς ἑαυτοῦ δικαίοις καὶ πάντας
αὐτῶν τοὺς λόγους ἀμυνόμενον ἔξω τῶν ἐλπισθέντων γεγονὼς οὐχ οὕ-
10 τως, φησίν, ὑπελάμβανον ἀντερεῖν σε ταῦτα. εἶτα καὶ
πρὸς τοὺς φίλους φησὶν ὅτι· οὐχ οὕτως ἀκριβῶς κατανοεῖτε τοῖς
ὑφ' ὑμῶν αὐτῶν λεγομένοις καὶ τοῖς ὑπὸ τοῦ Ἰὼβ ὥσπερ ἐγώ. πλὴν
ἐρῶ, ὅσα ἡ σύνεσις ὑπαγορεύει. εἶτα καταλέγει τὰ κατὰ τοὺς ἀσε-
βεῖς, ἅ τε δρῶσι καὶ ἃ ὑπομένουσι κατὰ θείαν δίκην, καὶ ὅτι ὀνεί-
15 ρων τὰ κατὰ τὴν αὐτῶν εὐπραγίαν οὐδὲν διαφέρει καὶ ὅτι οὐδὲν αὐ-
τοῖς συνεξέρχεται ἐκ τοῦδε τοῦ βίου, εἰ μὴ ἡ αὐτῶν ἀσέβεια. πολ-
λὰ δὲ εἰρηκὼς τὰ τοῖς ἀσεβέσι συμβησόμενα ταῦτα ἔφη μερίδα εἶναι
τῶν ἀσεβῶν, τοῦτον αὐτοῖς κλῆρον καὶ κτῆμα δεδόσθαι παρὰ θεοῦ.
πάλιν δὲ οὐκ ἔγνω, ὅτι τὰ συμβαίνοντα οὐ πάντως δι' ἁμαρτίας
20 γίνονται, ἀλλὰ καὶ κατ' ἄλλας οἰκονομίας. ἀλλ' οὐδὲ ἐπὶ τοῦ προσ-
ώπου τοῦ Ἰὼβ ταῦτα καλῶς ἐλέγετο, ὥστε οἱ καλοὶ λόγοι, ἐὰν μὴ
καλῶς λέγωνται καὶ μετὰ ὀρθῆς διαθέσεως καὶ προσηκούσης διαιρέ-
σεως καὶ ἐπὶ καιροῦ καὶ προσώπου ὑποκειμένου ἐπιτηδείου πρὸς τὰ
λεγόμενα, οὐκ ἐπαίνου μᾶλλον ἀλλὰ μέμψεως ἄξιοι.

Υ Γ(βOFSPL 6-24) N(6-24)

2 ἀρχὴ τοῦ ῥητοῦ nach λέγει Υ   6 καλλὰ Υ   11 τοῖς Γ: τοὺς Υ,
τὰ Ν   12 ἡμῶν ΓΝ / λεγόμενα Ν / τοῖς: τὰ Ν   13 ὑπαγορεύει ΓΝ:
ἐπαγορεύει Υ   14 ὑπομένουσι: πάσχουσι Ν   17 συμβησόμενα:
συναντησόμενα ΓΝ   19 διὰ Υ   20 κατὰ Υ   22 λέγονται Υ
23 ἐπιτηδίου Υ

<Αἱ λέξεις>

20,2 οὐχ οὕτως ὑπελάμβανον ἀντερεῖν σε ταῦτα.

ᾤμην σε, φησίν, πολλῶν πρὸς σὲ καὶ καλῶν εἰρημένων λόγων
ἡσυχίαν ἄγειν συνθησόμενον ταῖς παραινέσεσιν.

5 20,2 καὶ οὐχὶ συνίετε μᾶλλον ἢ καὶ ἐγώ.

πλὴν οὐ πάνυ, φησίν, κατανοεῖτε τοῖς λεγομένοις ὑπὸ τοῦ ᾿Ιὼβ
καὶ ὑφ᾿ ἑαυτῶν ὡς ἐγώ. τοῦτο δὲ πρὸς τοὺς φίλους εἶπεν.

20,3 παιδείαν ἐντροπῆς μου ἀκούσομαι, καὶ πνεῦμα ἐκ τῆς συνέ-
σεως ἀποκρίνεταί μοι.

10   ἄλλα ἀντίγραφα· παιδείαν ἐντροπῆς σου ἀκούσομαι, περιέχουσιν.
κατὰ μὲν οὖν τὸ ἐντροπῆς μου τοῦτο λέγει ὅτι· τῆς παι-
δεύσεως τῆς κατ᾿ εὐλάβειαν - ἐντροπὴν γὰρ τὴν εὐλάβειάν φησιν -,
ἧς διδάσκει με τὸ πνεῦμα τῆς συνέσεως, ἀκούσομαι· διδάσκει δέ,
ἃ ἐφεξῆς λέγει περὶ τῶν ἀσεβῶν. ὃ δὲ λέγει τοῦτό ἐστιν, ὅτι οἱ
15 εὐπαίδευτοι καὶ εὐλαβεῖς καὶ συνετοὶ ἴσασιν, ὡς οἱ ἀσεβεῖς διὰ
τὰς οἰκείας ἁμαρτίας πάντως τιμωροῦνται.

κατὰ δὲ τό· ἐντροπῆς σου, οὕτω νοήσεις· ἀκούσομαί σου τῆς
παιδεύσεως, δι᾿ ἧς ἡμᾶς εἰκότως ἐνέτρεψας, καὶ τοῦ πνεύματος
τῆς συνέσεώς σου, δι᾿ οὗ καλῶς ἡμῖν ἀπεκρίνω. ταῦτα δὲ κατ᾿ εἰ-
20 ρωνείαν εἶπεν, ἀντὶ τοῦ· οὐδὲν συνετὸν οὐδὲ εὐπαίδευτον οὐδὲ
οἷον ἡμᾶς ἐντρέψαι λελάληκας.

Υ Γ(βΟFSPL 3-4; 6-7; 10 - 20 εἶπεν) P(3-4; 6-7) N(3-4; 6-7; 17 ἀκού-
σομαι - 21)

3 ᾤμην ΓΡΝ / σε + ὦ ᾿Ιὼβ Ν / φησιν > ΡΝ / καὶ καλῶν > Ρ   3-4 λό-
γων - παραιν.: συνθήσεσθαι τοῖς παρ᾿ ἡμῶν Γ   4 ἄγειν - παραιν.:
σχεῖν Ρ   5 συνίεται Υ   6 πλὴν > ΓΝ / οὐ - λεγ.: οὐχὶ συνίετε
τὰ Ρ / φησιν > Ν / τὰ λεγόμενα Ν / ὑπό + τε Γ   7 καὶ ὑφ᾿ ἑαυτῶν
> ΡΝ / ὡς + καὶ Ρ / τοῦτο - εἶπεν > ΓΝ / εἶπεν: φησίν Ρ   10 πε-
ριέχει Γ   13 ἀκούσομαι Υ(ΡΒ): ἀκούσαι με Γ   15 εὐπαίδευτοι (Ρ):
ἐνπαίδευτοι Υ, παιδευταὶ Γ / εὐλαβεῖς - ὡς Γ: > Υ   18 ἐνέτρεψας
ΓΝ: ἐνέπρεψας Υ   19 ἀπεκρίνου Υ / δὲ + φασιν ὁ Σωφὰρ Ν
19/20 εἰρωνίαν Υ   20 εἶπεν: λέγει Γ / οὐδὲ₁ Ν: οὐδὲν Υ / ἀπαί-
δευτον Ν

20,4   μὴ ταῦτα ἔγνως ἀπὸ τοῦ ἔτι, ἀφ' οὗ ἐτέθη ἄνθρωπος ἐπὶ τῆς γῆς.

εἰπὲ γάρ, φησίν, μὴ ἔτι δύνῃ ἀντιλέγειν καὶ εἰπεῖν, ὅτι ἀφ' οὗ ἐτέθη ἄνθρωπος ἐπὶ τῆς γῆς ἔγνως τινὰ τῶν δικαίων τοι-
5 αῦτα πεπονθότα, <ἢ> ὡς οἱ εὐλαβεῖς καὶ δίκαιοι τοιαύταις τιμωρίαις περιπεπτώκασιν; εἶτα ὡς ἀναμφίβολον λόγον εἰρηκώς, ὅτι ἐξ αἰῶνος οὐδεὶς δίκαιος ὢν πέπονθεν, ἀκολούθως ἐπάγει·

20,5   εὐφροσύνη γὰρ ἀσεβῶν πτῶμα ἐξαίσιον, χαρμονὴ δὲ παρανόμων ἀπώλεια.

10   καὶ κάλλιστον δόγμα ὁ Σωφὰρ εἶπεν, ὅτι ἡ εὐφροσύνη τῶν ἀσεβῶν, ἣν χαίρουσιν ἐπὶ τῇ παρανομίᾳ, ἀπώλεια καὶ πτῶμα ἐξαίσιον τῆς αὐτῶν ψυχῆς ἔσται.

20,6-8   ἐὰν ἀναβῇ εἰς τὸν οὐρανὸν τὰ δῶρα αὐτοῦ, ἡ δὲ θυσία αὐτοῦ νεφῶν ἅψηται, ὅταν δοκῇ ἤδη ἐστηρίχθαι, τότε εἰς τέλος
15 ἀπολεῖται. οἱ δὲ ἰδόντες αὐτὸν ἐροῦσι· ποῦ ἐστιν; ὥσπερ ἐνύπνιον ἐκπετασθὲν οὐ μὴ εὑρεθῇ, ἔπτη δὲ ὥσπερ φάσμα νυκτερινόν.

ἐάν, φησίν, οὐρανομήκεις δωροφορίας προσαγάγῃ καὶ ἐὰν δόξωσιν αἱ αὐτοῦ θυσίαι τῶν νεφῶν ἅπτεσθαι καὶ δόξῃ τὰ ἀγαθὰ ἐν βεβαίῳ ἔχειν, θεοῦ μὴ προσιεμένου τοῦ ἀσεβοῦς τὰς καρποφορίας
20 εἰς τέλος ἀπόλλυται οὐδὲν ἐκ τῶν ἐπιπλάστων θυσιῶν ὠφεληθείς. ἀλλ' οὕτως οἴχεται τὰ κατ' αὐτὸν καὶ εἰς ἀνυπαρξίαν χωρεῖ ὡς ἐνύπνιον καὶ φάσμα νυκτερινόν, ὡς τοὺς πρότερον εἰδότας αὐτὸν μετ' ἐκπλήξεως λέγειν· ποῦ ἐστιν; ἀντὶ τοῦ· ποῦ ἡ δόξα, ποῦ ἡ δυναστεία, ποῦ ἡ τιμή, ποῦ ὁ πλοῦτος; πάντα μάταια, εἰς τὸ
25 μηδὲν αὐτῷ κατέληξεν ἡ ὑπερηφανία.

Υ Γ(βOFSPLN 17-20) P(≠ 3 εἰπὲ - 5 πεπονθότα; 10-12) N(≠ 10-12; 21-25)
4 τῶν δικαίων (P): > Υ   6 ἀναμφίβολον Haq: ἀμφίβ. Υ   7 δίκαιος ὢν Haq: δικαίων Υ   10 καὶ - ὅτι > P(N)/ ἡ τῶν ἀσ. εὐφο. stellt P 11-12 καὶ - ἔσται: ἐστιν αὐτῶν καὶ πτῶμα P   15 ἀπωλ. Υ   16 ἔπτη LXX: ἔστι Υ   17 davor: μὴ γάρ μοι, φησίν, τὰς θυσίας εἴπῃς αἷς τιμᾶν τὸ θεῖον ἐνόμιζες Γ/ ἐάν φησιν: ὁ γὰρ παράνομος ἐὰν Γ/ δωροφορίας Γ: δορυφορίας Υ/ προσαγάγει Υ   18 θυσίαι αὐτοῦ stellt Γ/ νεφελῶν Γ/ δόξει Υ   19 τοῦ ἀσεβοῦς τὰς: τὰς ἐξ ἀδικίας Γ   21 οἴχεται: οι in Korrektur Υ   22 τοὺς Ν: του Υ   25 ὑπερηφάνεια Υ

20,9 ὀφθαλμὸς παρέβλεψεν καὶ οὐ προσθήσει. καὶ οὐκέτι προσ-
νοήσει αὐτὸν ὁ τόπος αὐτοῦ.

οἱ ἅπαξ, φησίν, αὐτὸν ἑωρακότες οὐκέτι βλέπουσιν - σημαί-
νει γὰρ διὰ τούτου τὴν ταχεῖαν ἀπώλειαν -, ἀλλ᾽ οὐδὲ ἐπίγνω-
5 στος ἔσται ἐν τῷ ἰδίῳ τόπῳ. ὅμοιον ἐν Ψαλμοῖς εἴρηται· εἶ-
δον τὸν ἀσεβῆ ὑπερυψούμενον καὶ ἐπαιρόμενον ὡς
τὰς κέδρους τοῦ Λιβάνου, καὶ παρῆλθον καὶ ἰδοὺ
οὐκ ἦν, καὶ ἐζήτησα αὐτὸν καὶ οὐχ εὑρέθη ὁ τόπος
αὐτοῦ.

10 20,10 τοὺς υἱοὺς αὐτοῦ ὀλέσαισαν ἥττονες, αἱ δὲ χεῖρες αὐτοῦ
πυρσεύσαισαν ὀδύνας.

καὶ τοὺς μὲν υἱοὺς αὐτοῦ, φησίν, ἀναιροῦσιν ἐλάχιστοί
τινες, αὐτὸς δὲ ἑαυτῷ διὰ τῶν οἰκείων πράξεων ἐξάπτει τὴν πυράν·
πυρσὸς γὰρ ἡ λαμπάς, χεῖρες δὲ αἱ πράξεις. ὅμοιον ἡ προφητεία
15 λέγει· πορεύεσθε τῷ φωτὶ τοῦ πυρὸς ὑμῶν καὶ τῇ
φλογὶ ᾗ ἐξεκαύσατε.

20,11 ὀστᾶ αὐτοῦ ἐνεπλήσθησαν νεότητος αὐτοῦ, καὶ μετ᾽ αὐτοῦ
ἐπὶ χώματος κοιμηθήσεται.

καὶ ἐνεπλήσθησαν, φησίν, οἱ τόνοι τῆς ψυχῆς αὐτοῦ νεωτε-
20 ρικῆς ἐπιθυμίας. οὐδὲν δὲ αὐτῷ ἐν τῷ τάφῳ συγκαταβαίνει, εἰ μὴ
αὕτη αὐτοῦ ἡ ἐπιθυμία, τουτέστιν αἱ ἄδικοι πράξεις. χῶμα γὰρ ἢ
τὸν τάφον λέγει ἢ τὴν τοῦ σώματος ἀνάλυσιν κατὰ τό· γῆ εἶ,
καὶ εἰς γῆν ἀπελεύσει.

5-9 Psalm 36,35-36   15-16 Jesaias 50,11   22-23 Genesis 3,19
Y Γ(βOFSPL 3 - 4 ἀπώλειαν; 20 οὐδὲν - 21 πράξεις) P(≠ 19 - 20 ἐπιθυ-
μίας) N(3-9; 12-16; 19 - 21 πράξεις)
1/2 προσνοήσει LXX: προνοήσει Y   3 οἱ Hag: εἱ Y, (ὁ ΓΝ)/ οἱ -
βλέπουσιν: ὁ ἅπ. φησ. ἑωρακὼς τὸν ἀσεβῆ οὐκέτι (+ αὐτὸν Ν) βλέπει ΓΝ
4 γὰρ: δὲ ΓΝ   5 ἐν Ψαλμοῖς εἴρηται: ἡ Δαβιτικὴ λύρα ψάλλει Ν
12 καὶ > Ν   14 πυρσὸς Ν: πύοσα Υ   15 τῷ πυρὶ τοῦ φωτός Υ
19 καὶ > Ν / φησίν > Ν   20 οὐδὲν - συγκ. ≠ Ν   21 αὕτη - του-
τέστιν > Γ

20,12   ἐὰν γλυκανθῇ ἐν στόματι αὐτοῦ κακία, κρύψει {δὲ} αὐτὴν
ὑπὸ τὴν γλῶσσαν αὐτοῦ.

ἐὰν γάρ, φησίν, ἠδυνθῇ τῇ κακίᾳ ἐκ προθέσεως αὐτὴν ὑποδεξά-
μενος, κρύπτει λοιπὸν αὐτὴν ὑπὸ τὴν γλῶσσαν αὐτοῦ ἀρ-
5 χόμενος πανούργως καὶ ἐπικλόπως καὶ πάντα μεθ᾽ ὑποκρίσεως δια-
λέγεσθαι.

20,13-14   οὐ φείσεται αὐτῆς καὶ οὐκ ἐγκαταλείψει αὐτήν. καὶ συν-
άξει αὐτὴν ἐν μέσῳ τοῦ φάρυγγος αὐτοῦ, καὶ οὐ μὴ δυνηθῇ βοηθῆ-
σαι αὐτῷ.

10   ἀλλ᾽ ἀφειδῶς καὶ ἀπλήστως ἀνθέξεται αὐτῆς καὶ περιέξεται καὶ
ὥσπερ τινὰ τροφὴν ἡδεῖαν μεθ᾽ ἡδονῆς αὐτὴν ἐν τῇ φάρυγγι κατέχει.
ἐν δὲ τῷ καιρῷ, καθ᾽ ὃν ὑπομένει τὰς τιμωρίας, οὐδὲν ἐπαμῦναι τῷ
κακῷ ἡ κακία δυνήσεται.

20,14   χολὴ ἀσπίδος ἐν γαστρὶ αὐτοῦ· πλοῦτος ἀδίκως συναγόμενος
15 ἐξεμεθήσεται.

ὁ ἀσεβὴς πλούσιος, φησίν, τὸν ἄδικον πλοῦτον ὅταν δόξῃ κατα-
πεπωκέναι - τουτέστιν· ἐν βεβαίῳ ἔχειν -, τότε ὥσπερ τι δηλητή-
ριον φάρμακον ἀπὸ ἰοῦ ἀσπίδος κατασκευασθὲν δεξάμενος τὴν θείαν
ὀργὴν ὅλον ἐξεμεῖ τὸν ἐξ ἀδικίας συναχθέντα πλοῦτον. σημαίνει
20 δὲ ὅτι· ὥσπερ οἱ ἀπό τινος δηλητηρίου εἰς ἔμετον κινούμενοι με-
τὰ σπαραγμοῦ καὶ ὀδύνης ὅλον τὸν ἔνδον ἐκφέρει πλοῦτον.

20,15   ἐξ οἰκίας αὐτοῦ ἐξελκύσαι αὐτὸν ἄγγελος.

Y Γ(βOFSPL ≠ 3-6; ≠ 10-11; 12-13; ≠ 20 ὥσπερ - 21 σπαραγμοῦ) P(≠ 3 -
4 αὐτοῦ; 17 ὥσπερ - 19 πλοῦτον) N(≠ 4 κρύπτει -6; 10-13; 16-21)

3 ἠδυνθῇ (Γ): εἰ δυνηθῇ Y, (> P) / προθέσεως Y(P): προαιρέσεως (Γ)
5/6 διαλέγεσθαι Hag: διάλλεσθαι Y, (διαλέγεται Γ, διελέγετο N)   10
ἀλλ᾽ > N(Γ) / ἀφειδῶς + φησιν N / αὐτῆς: τῆς τε κακίας N / περιέξε-
ται N: περιέζεται Y   11 ἡδίαν Y / ἐν - κατέχει: συνέξει ἐν τῇ
φ. N   12 ἐπαμῦναι ΓN: ὑπαμῦναι Y   13 κακῷ: φαύλῳ Γ
16 davor: ἑρμηνεία περὶ ἀσεβοῦς Y, ὁ δὲ νοῦς οὗτος N / φησιν πλούσι-
ος stellt N   16/17 καταπεποκέναι Y, καταπεπτωκέναι N   18 φάρ-
μακον > P   19 ὅλον PN: ὅλως Y   20 κινούμενοι + οὕτω καὶ οὗ-
τος N   21 ἐκφέρει Hag: ἐκφέρουσι Y, ἐκφορεῖ N

ἀλλὰ καὶ ἄγγελός τις, φησίν, τῶν εἰς τιμωρίαν τεταγμένων πάν-
των αὐτὸν ἐξώσει τῶν ἀγαθῶν· ἀπὸ γὰρ τῆς οἰκίας τὸ ὅλον ἐσήμανε.

20,16 θυμὸν δὲ δρακόντων θηλάσειεν, ἀνελεῖ δὲ αὐτὸν γλῶσσα ὄφεως.

καὶ οὕτως, φησίν, ἔσται εἰς παντελῆ χωρῶν ἀπώλειαν ὥσπερ τις
5 ὑπὸ ὄφεως δηχθεὶς ἢ δρακόντων ἰὸν καταπιών. διὰ γὰρ τοῦ θυμοῦ
τὸν ἰὸν ἐσήμανε. καλῶς δὲ εἶπε· θηλάσειεν, ἵνα εἴπῃ, ὅτι προαι-
ρετικῶς καὶ καθ᾽ ἡδονὴν ὥσπερ τι γάλα τῆς κακίας τὸν θανατηφόρον
ἰὸν ἀμέλγων συναύξεται μὲν αὐτῇ καὶ ποιοῦται κατ᾽ αὐτήν, ὑπὸ δὲ
αὐτῆς ἀναιρεῖται.

10 20,17 - 18 μὴ ἴδοι ἄμελξιν νομάδων μηδὲ νομὰς μέλιτος καὶ βου-
τύρου, εἰς κενὰ καὶ μάταια ἐκοπίασεν πλοῦτον, ἐξ οὗ οὐ γεύεται
ὥσπερ στρίφνος ἀμάσητος ἀκατάποτος.

μηδενὸς ἐν ἀπολαύσει, φησίν, γένοιτο τῆς προσούσης εὐπορίας,
ἀλλ᾽ ἔσται αὐτῷ τὰ τῶν ματαίων καμάτων ὥσπερ στρίφνος. στρίφνος
15 δέ ἐστι τὸ νευρῶδες κρέας τῶν βοῶν· ἔστι δὲ καὶ βοτάνη ἄβρωτος.
διὰ τοῦτο δὲ ἀκατάποτός ἐστιν ὁ στρίφνος, ἐπειδὴ καὶ ἀμάσητος.
λέγει οὖν ὅτι· μὴ πέψοι τὰ ἀγαθὰ μηδὲ εἰς τελείαν αὐτῶν ἀπόλαυ-
σιν ἔλθοι.

20,19 - 20 πολλῶν γὰρ ἀδυνάτων οἴκους ἔθλασε, δίαιταν δὲ ἥρπασε
20 καὶ οὐκ ἔστησεν. οὐκ ἔστιν αὐτοῦ σωτηρία τοῖς ὑπάρχουσιν.

ἔθλασεν ἀντὶ τοῦ· ἀνηλεῶς συνέτριψε, τὴν δὲ πᾶσαν αὐτῶν
περιουσίαν ἥρπασε καὶ οὐκ ἀπέδωκεν. τὸ γὰρ οὐκ ἔστησεν ἀντὶ

Υ Γ(βOFSPL 1-2; 5 διὰ - 9; βOFSL 14-18) P(13-18) N(1-2; 4-9; ≠ 14
στρίφνος₂ - 16; 21-) Syr(13-18)

1 ἀλλὰ καὶ Γ: > ΥΝ/ φησίν > Ν   2 ἀγαθῶν + δηλονότι τὸν ἄδικον Ν/
ὅλον: πᾶν ΓΝ   4 καὶ > Ν/ χοοῶν Υ/ ἀπώλειαν + ὑπὸ τῆς ἰδίας κακίας
ἀναλωθήσεται Ν   5 γὰρ: μὲν Γ   5/6 θυμοῦ τὸν ἰὸν Ν: ἰοῦ τὸν θυ-
μὸν Υ, θυμοῦ τῶν δρακόντων τὸν ἰὸν Γ   6 σημαίνει Γ/ εἶπε: ἔφη ΓΝ
8 συναύξ. - ποιοῦται: ποιοῦται μὲν Γ   10 εἴδοι Υ   13 μηδενὸς -
γένοιτο: μὴ ἀπολαῦσαι Ρ/ εὐπορίας: εὐημερίας Ρ   15 νευρῶδες κρέ-
ας: νευρῶ κρέα Ρ/ καὶ Γ(Ν): ὡς ΥΡ   16 ἐστιν ὁ στρίφνος > ΓΡ(Ν)/
λέγει οὖν ὅτι ΓΡ: ἀντὶ τοῦ Υ   17 μὴ: οὐ μὴ ΓΡ/ πέψοι τὰ Hag: πέμ-
ψοιτο Υ, πέμψοι τὰ Γ, πέψῃ τὰ Ρ(ΟΒ)/ μηδὲ: οὐδὲ μὴ Γ, οὐδὲ Ρ / ἀπό-
λαυσιν αὐτῶν stellen ΓΡ   21 ἀντὶ τοῦ: τουτέστιν Ν

τοῦ· οὐκ ἀποκατέστησεν. ὥσπερ οὖν αὐτὸς τὰ τῶν ἀδυνάτων ἥρπασε
καὶ οὐκ ἀποκατέστησεν, οὕτως οὐδὲ τὰ αὐτοῦ διασωθήσεται.

20,20-21 ἐν ἐπιθυμίᾳ αὐτοῦ οὐ σωθήσεται· οὐκ ἔστιν ὑπόλειμμα
τοῖς βρώμασιν αὐτοῦ.

5   οὐ γὰρ διασώσει, φησίν, αὐτὸν ἡ ἄδικος ἐπιθυμία, ἀλλ᾽ οὐδὲ
ἕξει ποτὲ καταλελειμμένα βρώματα ὑπὸ τῆς ἄγαν πενίας οὐδὲν ἔχων ὃ
καταλείψῃ.

20,21-23 διὰ τοῦτο οὐκ ἀνθήσει αὐτοῦ τὰ ἀγαθά. ὅταν δὲ δοκῇ
ἤδη πεπληρῶσθαι, θλιβήσεται· πᾶσα δὲ ἀνάγκη ἐπ᾽ αὐτὸν ἐπελεύ-
10 σεται, εἴ πως πληρῶσαι γαστέρα αὐτοῦ.

ἴσως μὲν οὖν οὐδὲ ἐξανθήσει αὐτοῦ τὰ ἀγαθά, ἀλλ᾽ ὁμοῦ τῇ
ἄνθῃ μαρανθήσεται. εἰ δὲ καὶ δόξει πλήρης εἶναι καὶ πᾶσι κομᾶν
τοῖς ἀγαθοῖς, τότε πᾶσα αὐτὸν ἀνάγκη καὶ θλῖψις καταλήψεται ὥστε
πληρῶσαι τὴν γαστέρα αὐτοῦ, ἀντὶ τοῦ· ὀδυνῶν ἐμπλήσει
15 τὴν ψυχὴν αὐτοῦ.

20,23 ἐπαποστελεῖ ἐπ᾽ αὐτὸν θυμὸν ὀργῆς νίψαι ἐπ᾽ αὐτὸν ὀδύνας.

ὁ γὰρ θεὸς ἄκρως αὐτὸν τιμωρούμενος νιφετῶν δίκην κατακλύσει
αὐτὸν ταῖς ὀδύναις.

20,24-25 καὶ οὐ μὴ σωθῇ ἐκ χειρὸς σιδήρου, τρῶσαι αὐτὸν τόξον
20 χάλκεον. διέλθοι δὲ διὰ σώματος αὐτοῦ βέλος.

κατὰ μεταφορὰν ταῦτα εἴρηκε τῶν ἐν πολέμοις καιρίας ὑπὸ σιδή-
ρου λαμβανόντων πληγὰς καὶ ὑπὸ ἰσχυρῶν τόξων κατατοξευομένων.

Υ Γ(βOFSPL 1 ὥσπερ - 2; βOFSL 5 - 6 πενίας; βFSPL 11-15; βOFSPL ≠ 21
-) P(5-7) N(-2; 5 ἀλλ᾽ - 7; 11-15; 17-18; 21-)
1 ἀπέστησεν Υ, + εἴρηται Ν/ οὖν: φησὶν Γ, > Ν   2 ἀπεκατέστησεν ΥΓ/
διασωθήσεται ΓΝ: διασωθήσονται Υ   3 ὑπόλυμμα Υ   5 γὰρ > ΓΡ
6 ποτὲ > ΓΡ/ βρώματα ΓΡΝ: πρόβατα Υ/ οὐδὲν Ν: οὐδὲ Υ, οὐκ Ρ   7 κα-
ταλείψει Ν   11 οὐδὲ ΓΝ: μηδὲ Υ/ ἐξανθήσει ΓΝ: ἐξανθῆσαι Υ/ τῇ ἄνθῃ
ΓΝ: τὰ ἄνθη Υ   12 δόξῃ ΥΓ   13/14 ὥστε πληρῶσαι ΓΝ: καὶ πληρώ-
σει Υ   14 τὴν - 15 Hag: τὴν γαστέρα αὐτοῦ ἀντὶ τοῦ ὀδυνῶν αὐτὸν
ἐμπλήσει Υ, αὐτοῦ τὴν γαστέρα ὀδυνῶν ὅ ἐστι τὴν ψυχὴν Γ, τὴν ψυχὴν
αὐτοῦ ὀδυνῶν Ν   16 ἀπαποστελεῖ Υ   17 ὁ γὰρ θεὸς > Ν/κατακλύ-
σει Ν: καταλύει Υ   21 ἐν πολέμοις (Γ)Ν: > Υ

τοῦτο γὰρ σημαίνει τὸ χάλκεον, ἵνα εἴπῃ, ὅτι ὁ ἰσχυρὸς θεὸς
δυνατῶς κέχρηται τῇ κατὰ τῶν ἀσεβῶν ὀργῇ.

20,25 ἄστρα δὲ ἐν διαίταις αὐτοῦ περιπατήσαισαν.

ἕτερα ἀντίγραφα· μὴ περιπατήσαισαν, ἔχουσιν, ἵνα εἴπῃ, ὅτι
5 οὐδεμία αὐτῷ λαμπρότης ὑπολειφθήσεται.

κατὰ δὲ τὸ ἄστρα ἐν διαίταις αὐτοῦ περιπατήσαι-
σαν ἀντὶ τοῦ· φοβερὰ αὐτὸν ἐκδειματώσει φάσματα.

ὁ δὲ ᾽Ακύλας οὕτως ἐκδέδωκεν· καὶ ἀστραπὴ ἀπὸ προσώπου αὐτοῦ
πορεύσεται ἐπ᾽ αὐτόν, ἀντὶ τοῦ· ἐκ προσώπου τοῦ θεοῦ - τουτέστιν·
10 ἐκ προστάγματος - σκηπτοὶ καὶ κεραυνοὶ κατὰ τοῦ ἀσεβοῦς κατενεχ-
θήσονται.

ἔστι δὲ καὶ ἄλλως νοῆσαι· ἄστρα εἰσὶν οἱ δίκαιοι κατὰ τὸ εἰ-
ρημένον· ὑμεῖς δὲ φαίνεσθε ὡς φωστῆρες ἐν κόσμῳ
λόγον ζωῆς ἐπέχοντες. ἐπειδὴ οὖν εἴρηται ἐν τοῖς ἔμπρο-
15 σθεν· ἃ γὰρ ἐκεῖνοι συνήγαγον, δίκαιοι ἔδονται, τὸ
αὐτὸ ἑτέρως εἶπεν, ὅτι τὰ ἄστρα - τουτέστιν οἱ δίκαιοι - ἐν ταῖς
τῶν ἀσεβῶν διαίταις περιπατήσουσιν, τουτέστιν· τὰ αὐτῶν ἀγαθὰ
παραλήψονται.

20,25-26 ἐπ᾽ αὐτῷ φόβοι· πᾶν δὲ σκότος αὐτῷ ὑπομεῖναι.

20 ἐν σκότῳ δέ, φησίν, καὶ ἀφεγγείᾳ καὶ φόβοις ἔσται τὰ κατ᾽ αὐτόν.

20,26 κατέδεται δὲ αὐτὸν πῦρ ἄκαυστον.

ὡραῖον ἡμᾶς ἐδίδαξε <μάθημα> ὁ Σωφάρ, ὅτι ἔστι πῦρ ἄκαυστον,

13-14 Philipper 2,15f.   15 Hiob 5,5

Υ Γ(βOFSPL ≠ -2; βOFSL 4-7; βOFSPLN ≠ 22 ἔστι -) P(≠ 4-11) N(-2;
4-18; 20-21)

1 χάλκεον Νp: χάλκειον Ny, χάλκιον Υ   4 ἕτερα + δὲ Ν/ ἔχουσιν ΥΝp:
ἔχει ΓΝy   5 ὑπολειφθ.ΓΝ: ὑπολιφθ. Υ(VE)   6 ἄστρα - αὐτοῦ > ΓΝ
7 ἐκδειματώσει ΓΝ: ἐκδηματοῦσι Υ/ φαντάσματα Ν   8 ὁ - οὕτως: οὕτω
καὶ ᾽Ακ. Ν   10/11 κατανεχθήσονται Υ, ἐνεχθήσονται Ν   12-14 ἄστρα
- ἔμπρ. ≠ Ν   15 ἃ Ν: ἂν Υ/ ἐκεῖνοι Ν: ἐκείνοις Υ   16 αὐτὸ + καὶ
νῦν Ν/ ἑτέρως Ν: ἕτερος Υ/ τουτ. οἱ δίκ. > Ν   17 τουτ. - οἱ δίκαι-
οι Ν/ αὐτῶν: ἐκείνων Ν   20 δὲ > Ν/ καὶ ἀφεγγίᾳ Υ, > Ν/ φόβοις Ν:
φόβος Υ/ κατ᾽ αὐτόν: κατὰ τὸν ἀσεβῆ Ν   21 κατέδεται LXX: κατεδε-
ται Υ   22 <μάθημα> Hag

τοῦτο μὲν τὸ κατὰ συνείδησιν καταφλέγον τοὺς ἀσεβεῖς, τοῦτο δὲ
τὸ αὐτοῖς ἀποκείμενον ἐν μέλλουσι δικαστηρίοις.

ὅρα δέ, μὴ πρὸς τούτοις καὶ πυρετὸν ἐνταῦθα αἰνίττεται· κα-
ταφλέγονται γὰρ οἱ πυρέττοντες οὐδενὸς αὐτοῖς τὸ ἔξωθεν τοῦτο
5 καὶ ἔνυλον πῦρ προσάγοντος.

20,26 κακῶσαι δὲ αὐτοῦ ἐπήλυτος <τὸν> οἶκον.

ξένος τις καὶ ἀλλογενής.

20,27 ἀνακαλύψαι δὲ αὐτοῦ ὁ οὐρανὸς τὰς ἀνομίας.

ἡ θεία φύσις φανερὰ ποιοῦσα τὰ κατ' αὐτόν.

10 20,27 γῆ δὲ ἐπανασταίη αὐτῷ.

οἱ ἐκ γῆς τιμωρίαι λιμοί, λοιμοὶ καὶ εἴ τι ἕτερον.

20,28 ἑλκύσαι τὸν οἶκον αὐτοῦ ἀπώλεια εἰς τέλος.

ἀντὶ τοῦ· πανωλεθρίᾳ διαφθαρείη.

20,28 ἡμέρα ὀργῆς ἐπέλθοι αὐτῷ.

15   καθ' ἣν ἡ θεία κατ' αὐτοῦ κινεῖται δίκη.

20,29 καὶ αὕτη ἡ μερὶς ἀνθρώπου ἀσεβοῦς παρὰ κυρίου καὶ κτῆμα
ὑπαρχόντων αὐτοῦ παρὰ τοῦ ἐπισκόπου.

ἐπειδὴ κτησάμενος τὰ ἀγαθὰ ὁ ἀσεβὴς οὐκ ᾔσθετο τῆς θείας εὐ-
εργεσίας, δίδοται αὐτῷ κτῆμα καὶ μερὶς τὸ πλήρωμα τῆς ὀργῆς παρὰ
20 τοῦ τὰ πάντα ἐπισκοποῦντος θεοῦ.

ἀκούοντες δὲ οἱ ἐπίσκοποι, ὡς ὁ θεὸς ταύτη κέκληται τῇ προση-
γορίᾳ παρὰ τῇ γραφῇ, τηρείτωσαν τῆς προσηγορίας τὸ ἀξίωμα ἐπα-
γρύπνως τὰ κατὰ τὴν ποίμνην ἐπισκοποῦντες καὶ πίστει καὶ βίῳ καὶ
ἀνεπιλήπτῳ διδασκαλίᾳ σεμνυνόμενοι.

ΚΕΦΑΛΑΙΟΝ ΠΕΝΤΕΚΑΙΔΕΚΑΤΟΝ

Ἀρχὴ τοῦ ῥητοῦ· ὑπολαβὼν δὲ ᾿Ἰὼβ λέγει· ἀκούσατέ μου,
<ἀκούσατέ μου> τῶν λόγων, ἵνα μὴ ᾖ μοι παρ᾿ ὑμῶν αὕτη ἡ παράκλησις.

Προθεωρία τοῦ κεφαλαίου

5 οἱ φίλοι τοῦ ᾿Ἰὼβ ἐλθόντες ἐπὶ παράκλησιν καὶ τῶν ἀνηκέστων
συμφορῶν αὐτόπται γενόμενοι ὡς μὲν εὐσεβεῖς οὐδὲν ἄτοπον περὶ θε-
οῦ διελογίζοντο· ἀγνοοῦντες δέ, ὡς πεῖρά τις ἦν καὶ βάσανος ἀρε-
τῆς ἡ πληγή, ἄμεινον ἔκριναν καταδικάσαι μὲν τὸν ᾿Ἰὼβ ὡς ἐφ᾿ ἁμαρ-
τίαις πάσχοντα, δίκαιον δὲ τὸν θεὸν ἀποφῆναι ὡς οὐκ ἀδίκως αὐτὸν
10 τιμωρησάμενον. ὁ δὲ ἀνδρειότατος ᾿Ἰὼβ οὐδὲ οὕτως μὲν ἄδικόν τι
περὶ θεοῦ ἐλογίσατο οὐδὲ ἀπεμφαίνουσαν εἴληφε δόξαν περὶ τῆς
πάντα καλῶς καὶ δικαίως διεπούσης προνοίας τοῦ θεοῦ· οὐδὲν δὲ
ἑαυτῷ συνειδὼς τηλικαύτης τιμωρίας ἐπάξιον οὐκ ἀνέχεται τῆς ἀδί-
κου τῶν φίλων κατακρίσεως.
15 πολλῶν δὲ περὶ τούτων γενομένων αὐτοῖς διαλέξεων καὶ νῦν τοῦ
Σωφὰρ ἐπ᾿ ἀσεβείᾳ πάλιν αὐτὸν καταδικάσαντός φησι πρὸς αὐτούς·
ἀκούσατέ μου τῶν λόγων, ἵνα γνῶτε, ὡς οὐ παρακλητικὸν προσηγάγε-
τε λόγον, ἀλλ᾿ ἐσφαλμένως καὶ κατ᾿ ἄγνοιαν τὰς κρίσεις προφέρετε.
διελέγχων δὲ τὴν ἄγνοιαν προβληματικῶς φησι πρὸς αὐτούς· εἰ οἴ-
20 δατε τῆς προνοίας τοὺς λόγους, ἀποκρίνασθέ μοι, διὰ τί ἀσεβεῖς
εὐθηνοῦνται καὶ πανταχόθεν αὐτοὺς ἀφθόνως περιρρεῖ τὰ ἀγαθὰ καὶ

Υ Γ(βΟFSPL 5-) Ν(5-)
1 πεντεκ.: ιε Υ   2 ἀρχὴ τοῦ ῥητοῦ nach λέγει Υ/ ἠκούσατε Υ   3 ᾖ
μοι: εἴ μη Υ   7 ἐλογίζοντο ΓΝ/ ἤν > Γ   8 πληγὴ + καὶ Υ/ ὡς - 10
᾿Ἰὼβ ΓΝ: > Υ   10 οὕτως μὲν Γ: οὗτος μὲν (Ρ), αὐτὸς μὲν Ν, γὰρ Υ
/ τι ΓΝ: > Υ   11 ἐλογίσατο ΓΝ: διελογίζοντο Υ   12 καὶ ΓΝ: > Υ
/ 5ικ. + αὐτῷ Υ / διεπούσης ΓΝ: ἐπούσης Υ   13 ἑαυτῷ ΓΝ: αὐτῷ Υ /
συνειδὼς + τῆς ΓΝ   16 ἀσεβείᾳ ΓΝ: ἀπορίᾳ Υ   18 κατὰ Υ(ĊΡ) /
τὰς κρίσεις ΥΝρ: προφάσεις ΓΝy / προφέρετε (βL): προσφέρετε Υ(OFS)Ν
19 προβληματικῶς ΓΝ: προβλητικῶς Υ   19/20 οἴδατε ΓΝ: ἴδετε Υ
20 ἀποκρίνεσθε Υ   21 περιρεῖ Υ

ἐν εὐπαθείᾳ διάγουσι θεομάχα φθεγγόμενοι ῥήματα - πλὴν ἀλλὰ καὶ

αὐτῶν ἡ εὐημερία μεταπίπτει -, πῶς δὲ καὶ ὁ μέν τις ἐν πλούτῳ

καὶ πάσῃ τῇ παρὰ ἀνθρώποις εὐδαιμονίᾳ τελευτᾷ τὸν βίον, ὁ δὲ ἐν

πικρίᾳ ψυχῆς οὐδενὸς τῶν ἐν βίῳ μετασχὼν ἀγαθῶν. εἶτα διὰ μέσου

5 παρενέθηκεν, πότερον οὐχὶ ὁ κύριός ἐστιν ὁ διδάσκων

σύνεσιν καὶ ἐπιστήμην, δεικνύς, ὡς ἀνέφικτα καὶ ἀκατάληπ-

τα τοῦ θεοῦ τὰ κρίματα καὶ οὐ πάντες ἡμῖν γνώριμοι τῆς πάντα κα-

λῶς διοικούσης προνοίας οἱ λόγοι.

Αἱ λέξεις εἰσὶν τοιαῦται·

10 21,2 ἀκούσατέ μου, ἀκούσατέ μου τῶν λόγων, ἵνα μὴ ᾖ μοι παρ' ὑ-

μῶν αὕτη ἡ παράκλησις.

ἀκούσατε, φησίν, ὧν ἐρεῖν μέλλω, ὡς ἂν γνῶτε μὴ παρακλήσεως,

ἀλλ' ἀγνοίας προκομίσαντες λόγους.

21,3 ἄρατέ με, ἐγὼ δὲ λαλήσω, εἶτα οὐ καταγελάσατέ μου.

15   ὀρθώσατέ με <ἐκ> τῆς κατακλίσεώς μου. ἢ καὶ ἄρατέ με ἀντὶ

τοῦ· βαστάσατέ με λαλοῦντα, ἀνάσχεσθέ μου τῶν λόγων. οὐ γὰρ γε-

λάσετε τὰ λεγόμενα.

21,4 τί γάρ; μὴ ἀνθρώπου μου ἡ ἔλεγξις; καὶ διὰ τί οὐ θυμωθήσο-

μαι;

5-6 Hiob 21,22

Y Γ(βOFSPL -8; βOFSLN ≠ 12-13; βOFS 16-17) P(12-13; 15-17) N(-8; ≠
15-17)

1 ἀλλὰ καὶ ΓN: καὶ εἰς ἄλλα Y   2 δὲ καὶ ΓN: > Y   3 εὐδαιμο-
νίᾳ > Γ(Fehler im Archetyp, versch. Konjekturen in den Hss.)   7 τὰ
τοῦ θεοῦ κρίμ. stellen ΓN   10 ᾖ: εἴ Y   12 καὶ ἀκούσατε P /
φησίν > P   13 προκομ. P: προσκομ. Y   15 <ἐκ> Hag: > YP,
viell. größere Lücke, vgl. ἀναβαστάσατέ με καὶ ἀνορθώσατε ὑπὸ τῆς
νόσου συγκα<μ>πτόμενον· μετὰ δὲ τὸ εἰπεῖν ἃ βούλομαι πάλιν με ἐπὶ τῆς
προτέρας καταστήσετε κατακλίσεως N / κατακλήσεως Y / ἄρατέ - τοῦ > P
16 με > P/ λαλοῦντα ΓP: > Y/ φησιν fügen ein: vor λαλ. P, nach λαλ. Γ
/ ἀνάσχεσθε - λόγων > Γ/ οὐ γὰρ: καὶ οὐκ ἄν ΓP   16-17 γελάσε-
ται Y, + οἶδα P, + μου οἶδα Γ   18 τί LXX: τίς Y

εἰς ὀργήν με, φησίν, ἐκκαλεῖσθε τοιαῦτά μου καταψευδόμενοι,
ἐπεὶ τίς ἀνθρώπων ἐλέγξαι με δύναται ἅρπαγα γεγονότα ποτὲ ἢ ἀσε-
βῆ καὶ τῶν ἀλλοτρίων ἐραστήν, ὡς ὑμεῖς κατηγορήσατε; ἢ καὶ τοῦ-
το λέγει, ὅπερ ὕστερον ὁ ἀπόστολος ἔφη· ἐμοὶ δὲ εἰς ἐλάχι-
5 στόν ἐστιν, ἵνα ὑφ' ὑμῶν ἀνακριθῶ ἢ ὑπὸ ἀνθρωπί-
νης ἡμέρας, ὁ δὲ ἀνακρίνων με κύριός ἐστιν. καὶ
διὰ τοῦτο εἰς ὀργὴν κινοῦμαι, ὅτι τὸ σαφὲς οὐκ εἰδότες τὴν θείαν
προλαμβάνετε κρίσιν.

21,5 εἰσβλέψαντες εἰς ἐμὲ θαυμάσατε χεῖρα θέντες ἐπὶ σιαγόνι.

10   οἱ μεθ' ἡσυχίας ἀκούοντες ὡς τὰ πολλὰ τὸν ἀγῶνα τῷ μηρῷ
προσερείσαντες καὶ τῇ χειρὶ τὸ πρόσωπον ἐπανακλίναντες τοῖς λε-
γομένοις τὸν νοῦν προσέχουσιν. λέγει οὖν ὅτι· μεθ' ἡσυχίας καὶ
προσοχῆς ἀκούσατέ μου, ἵνα θαυμάσητε τὰ λεγόμενα.

21,6 ἐάν τε γὰρ μνησθῶ, ἐσπούδακα· ἔχουσι δέ μου τὰς σάρκας
15 ὀδύναι.

    μετὰ σπουδῆς δὲ ἐρῶ καὶ συντόμως ἐπιμνησθήσομαι τῶν μελλόν-
των ῥηθήσεσθαι· οὐ γὰρ ἐῶσιν ἐμφιλοχωρῆσαι τῷ λόγῳ αἱ πολιορκοῦ-
σαι τὰς σάρκας μου βάσανοι.

21,7 διὰ τί ἀσεβεῖς ζῶσιν, πεπαλαίωνται δὲ <καὶ> ἐν πλούτῳ;

20   ἐπειδήπερ οἴεσθε σοφοί τινες εἶναι καί φατε τοὺς ὑπὲρ ἀσε-

---

4-6 1. Korinther 4,3-4

Υ Γ(βOFSPL 2 τίς - 6 ἐστιν; 12 μεθ' - 13; 16-18 βOFSPLN 20-) Ν(1-
8; 10-13; 16-18)

1 ἐκκαλεῖσθε Ν: ἐγκαλεῖσθαι Υ   2 τίς + φησίν Γ / ἅρπαγα - ἀσεβῆ:
ἅρπ. ποτὲ γεγονότα ἢ ἀσ. Γ, ἀσεβῆ γεγονότα ἢ ἅρπ. Ν   3 καὶ -
ἐραστήν > Γ / κατηγορήσατε: ἀπεφήνασθε ΓΝ, + ἐπεὶ οὖν μὴ ἔστι τις (+
ὁ ἐλέγχων με Ν) πῶς οὐ δικαίως θυμωθήσομαι καθ' ὑμῶν (+ ὅτι περὶ ὧν
οὐκ οἴδατε διαβεβαιοῦσθε κατηγοροῦντές μου Ν) ΓΝ   3/4 καὶ τοῦτο:
κἀκεῖνο Ν   4 ἔφη > Γ   5-6 ἢ - ἡμέρας > Ν   6-7 καὶ διὰ τοῦτο:
διὰ τ. οὖν Ν   7-8 τὴν - κρίσιν Ν: τὰς θείας λαμβάνεται κρίσεις Υ
9 σιαγόνι Υ   10 μηρῷ : ἄκρῳ Ν   11 προσερίσαντες Υ/ τὸ Ν: > Υ
13 μου: φησίν Γ/ θαυμάσεται Υ   16 μετὰ - καὶ > Γ/ δὲ: γάρ φησιν Ν
/ συντ. + δὲ Γ   17 ἐῶσιν ΥΝ: + με Γ/ ἐμφιλοχωρεῖν Γ / πολιορκ. Υ
18 μου τὰς σάρκας stellt Ν, > Γ / βάσανοι: ὀδύναι Ν   19 am Ran-
de Υ   20 τοὺς Hag: τὰς Υ, > Γ

βείας ἐκτίνοντας δίκας τοιαύταις ἐπιπεσεῖν συμφοραῖς, ἐρωμένῳ φράσατε, πόθεν πολλοὶ πολλάκις ἀσεβεῖς οὐ μόνον ζῶσιν, ἀλλὰ καὶ καταγηρῶσιν ἐν πλούτῳ.

21,8-11 ὁ σπόρος αὐτῶν κατὰ ψυχήν, τὰ δὲ τέκνα αὐτῶν ἐν ὀφ-
5 θαλμοῖς. οἱ οἶκοι αὐτῶν εὐθηνοῦσιν, φόβος δὲ οὐδαμοῦ· μάστιξ δὲ παρὰ κυρίου οὐκ ἔστιν ἐπ᾽ αὐτοῖς. ἡ βοῦς αὐτῶν οὐκ ὠμοτόκη-σεν, διεσώθη δὲ αὐτῶν ἐν γαστρὶ ἔχουσα καὶ οὐκ ἔσφαλεν. μένου-σι δὲ ὡς πρόβατα αἰώνια.

κομῶσιν αὐτοῖς τὰ λήϊα, ἥδονται τοῖς τέκνοις, εὐθηνοῦσιν,
10 οὐδένα διευλαβοῦνται, οὐ δέχονται πληγὴν θεήλατον. ἡ γεωργικὴ βοῦς οὐκ ὠμοτόκησεν - τουτέστιν· οὐ νεκρὸν καὶ ἀτελῆ γονὴν ἤνεγ-κε -, αἱ παρ᾽ αὐτοῖς γυναῖκες ἀμβλωθρίδιον οὐκ ἐξέτρωσαν. μέ-νουσι δὲ ἐν ταῖς εὐπραγίαις ὥσπερ πρόβατα, ἀντὶ τοῦ· ἀμέριμνοι. αἰώνια δὲ οἱονεὶ θείας τινὸς καὶ ἀθανάτου μοίρας ἐπειλημμένοι,
15 ἵνα εἴπῃ· τῆς τληπαθείας τῆς ἀνθρωπίνης ἔξω.

21,11-14 τὰ δὲ παιδία αὐτῶν προσπαίζουσιν ἀναλαβόντες ψαλτήριον καὶ κιθάραν καὶ εὐφραίνονται φωνῇ ψαλμοῦ. συνετέλεσαν δὲ ἐν ἀγα-θοῖς τὸν βίον αὐτῶν, ἐν δὲ ἀναπαύσει ᾅδου ἐκοιμήθησαν. λέγει δὲ κυρίῳ· ἀπόστα ἀπ᾽ ἐμοῦ, ὁδούς σου εἰδέναι οὐ βούλομαι.

20 ἄλλη πατέρων εὐδαιμονία τῶν παίδων ἡ εὐφροσύνη. ἀλλὰ καὶ συν-τελευτῶσιν, φησίν, τοῖς ἀγαθοῖς συνεκτεινομένην ἔχοντες τῷ παντὶ βίῳ τὴν εὐπραγίαν, καὶ ταῦτα προφανῶς θεομαχοῦντες καὶ ἀφιστάμε-νοι τοῦ θεοῦ καὶ ἀνερυθριάστως λέγοντες πρὸς αὐτόν· ὁδούς σου εἰδέναι οὐ βουλόμεθα, ἀντὶ τοῦ· τὰς ἐντολάς σου.

Υ Γ(βOFSPLN -3; 12 μένουσι -15; ≠ 20 συντελ. - 24) Ρ(≠ 21 συνεκτ.-
22 θεομαχ.) N(≠ 9-12 ἐξέτρ.; 20 ἄλλη - ευφρ.; ≠ 21 συνεκτ.-23 αὐτόν)
1 ἐκτείνοντας Υ, τίνοντά με Γ / δίκην Γ / τοι. - συμφ.: ταῦτα ὑπομέ-
νειν Γ   2 πολλοὶ Γ: πολλοῖς Υ   9 ἥδονται (Ν): ἥγονται Υ
10 διευλαβοῦντας (Ν): διαλαβοῦνται Υ   11 ὠμοτόκησεν Hag: ὠμοτό-
τησεν Υ (> Ν)   13 εὐπραγίαις: εὐπαθείαις Γ (εὐπολίαις Ν) / ἀμέ-
ριμνοι + καὶ ἀφρόντιδες Γ   14 αἰωνίας Γ / δὲ + καὶ Υ   15 εἴ-
πῃ + ὅτι Γ / τῆς ἀνθρωπίνης τληπαθείας Γ / ἔξω + τυγχάνοντες Γ
20 ἄλλη Ν: ἀλλ᾽ ἡ Υ   20/21 συντελευτῶσιν (Γ): συντελῶσιν Υ

21,14-16   τί ἱκανός, ὅτι δουλεύσομεν αὐτῷ, καὶ τίς ὠφέλεια, ὅτι
ἀπαντήσομεν αὐτῷ; ἐν χερσὶ γὰρ ἦν αὐτῶν τὰ ἀγαθά, ἔργα δὲ ἀσεβῶν
οὐκ ἐφορᾷ.

ὡς ἐκ προσώπου τῶν ἀσεβῶν οἱ λόγοι. τί πλέον ἰσχύει, φησίν,
5 θεός - τοῦτο γὰρ σημαίνει τὸ ἱκανός - δοῦναι ἡμῖν, ἵνα δου-
λεύσωμεν αὐτῷ καὶ ἀπαντήσωμεν, τουτέστιν· εἰς τὴν αὐτοῦ προσκύ-
νησιν ἔλθωμεν ὡς οἱ τοῖς ἐνδόξοις προσώποις προανιστάμενοι καὶ
τιμῆς χάριν εἰς ἀπάντησιν ἐρχόμενοι. ἔχομεν οὖν, φασίν, ταῦτα
χερσίν, οἴκοθεν κτώμεθα τὰ ἀγαθά· τί πλέον ἡμᾶς ὠφελῆσαι δύναται
10 θεός; τὸ δὲ ἔργα ἀσεβῶν οὐκ ἐφορᾷ πάλιν ἐξ αὐτῶν ὁ λόγος
φασκόντων· ταῦτα θεὸς ἐφορᾷ; εἰς ταῦτα καταγίνεται; οὐδὲν αὐτῷ
μέλει τῶν παρὰ ἀνθρώποις πραττομένων.

21,17   οὐ μὴν δὲ ἀλλὰ καὶ ἀσεβῶν λύχνος σβεσθήσεται.

ἀλλ᾽ ὥσπερ, φησίν, ὁρῶμεν μέχρι τέλους εὐπαθήσαντας ἀσεβεῖς,
15 ὁρῶμεν καὶ ἑτέρους ὁμοίως ἀσεβεῖς, ὧν ἀπεσβέσθη ἡ τοῦ βίου λαμ-
πρότης.

21,17-18   ἐπελεύσεται δὲ αὐτοῖς ἡ καταστροφή, ὠδῖνες αὐτοῖς ἕ-
ξουσιν ἀπὸ ὀργῆς· ἔσονται δὲ ὥσπερ ἄχυρα πρὸ ἀνέμου ἢ ὥσπερ κο-
νιορτὸς ὃν ὑφείλετο λαῖλαψ.

20   ἀπὸ ὀργῆς τῆς θείας δίκης φησίν, ἐξ ἧς οὕτω ῥᾳδίως ἀποφυ-
σᾶται καὶ διασκεδάννυται τὰ κατ᾽ αὐτοὺς ὥσπερ ἄχυρα ὑπὸ ἀνέμου
ἢ κονιορτὸς ὑπὸ λαίλαπος.

21,19   ἐκλείποι υἱοὺς τὰ ὑπάρχοντα αὐτοῦ, ἀνταποδώσει πρὸς αὐ-
τὸν καὶ γνώσεται.

25   αὕτη πατέρων δυστυχία, τοὺς παῖδας ἐν ἀπορίᾳ διάγειν. ὅταν

Υ Γ(βOFSPL 4 - 7 ἔλθωμεν; 14-16)   P(25 ὅταν -)   Ν(4 ὡς - λόγοι;
≠ 6 εἰς - 12; ≠ 25 ὅταν -)

1 τί LXX: τίς Υ   2 αὐτῶν LXX: αὐτῷ Υ   4 ὁ λόγος ΓΝ / φησὶν
ἰσχύει stellt Γ   5 τοῦτο - ἱκανός > Γ / ἱκανῶς Υ   6 καὶ: ἢ Γ
/ αὐτοῦ + προσευχὴν καὶ Γ   8 φασίν (Ν): φησίν Υ   12 μέλλει Υ
15 ἀπεσβέσθη Υ(Ρ): ἀπέσβη Γ   17 ὠδῖνες: ὀδύναις Υ   21 δια-
σκεδάνυται Υ

οὖν, φησίν, ὁ ἀσεβὴς τῆς θείας ἀνταποδόσεως αἰσθηθῇ, τότε γνώ-
σεται, ὡς καὶ θεὸς ἐφορᾷ τὰ πραττόμενα καὶ ἔστι τοῖς ἀσεβέσιν
ἀποκειμένη τιμωρία.

21,20 ἴδοισαν οἱ ὀφθαλμοὶ αὐτοῦ τὴν ἑαυτοῦ σφαγήν, ἀπὸ δὲ κυρίου
5 μὴ διασωθείη.

σφαγὴν λέγει τὴν ἀπώλειαν. αὐτόπτης οὖν, φησίν, τῆς ἰδίας ἀπω-
λείας καταστήσεται οὐδεμίαν ἔχων ἐκ θεοῦ βοήθειαν.

21,21 ὅτι τὸ θέλημα αὐτοῦ ἐν οἴκῳ αὐτοῦ μετ᾽ αὐτοῦ.

τὸ θέλημα τοῦ ἀσεβοῦς ἡ ἀσέβειά ἐστιν. κατὰ τοίνυν, φησίν, τὸ
10 ἴδιον θέλημα ἔσται καὶ αὐτῷ καὶ τῷ παντὶ αὐτοῦ οἴκῳ, τουτέστι·
κατὰ τὰς ἰδίας ἁμαρτίας ἀπολήψεται.

21,21 καὶ ἀριθμοὶ μηνῶν αὐτοῦ διῃρέθησαν.

ἀλλὰ καὶ διαιρεθήσεται, φησίν, ὁ χρόνος αὐτοῦ τῆς ζωῆς, καὶ
ὀλιγοχρόνιος τελευτήσει.

15 21,22 πότερον οὐχὶ ὁ κύριός ἐστιν ὁ διδάσκων σύνεσιν καὶ ἐπι-
στήμην;

ταύτης οὖν, φησίν, τῆς δοκούσης παρὰ ἀνθρώποις ἀνωμαλίας τίς
τοὺς λόγους οἶδεν; τίς τοῖς τῆς προνοίας ἐμβατεύει κρίμασιν;
ἀλλ᾽ οὐδείς, εἰ μή γε αὐτὸς ὁ κύριος θελήσοι συνετίσαι τινὰ καὶ
20 τὴν περὶ τούτων ἐπιστήμην χαρίσασθαι.

21,22 αὐτὸς δὲ σοφοὺς διακρινεῖ.

μόνος οὖν, φησίν, τὰς τούτων αἰτίας οἶδεν ὁ πάνσοφος θεὸς ὁ

Y Γ(βOFSPL 6-7; βOFSPLN 19 εἰ μὴ - 20; βOFSPL 22-)　P(-3; ≠ 9-11;
≠ 17-20)　N(≠ -3; 6-7; ≠ 13-14; 17 - 19 οὐδείς; 22-)

1 οὖν φησιν > P (γὰρ N) / αἰσθ. ἀνταπ. stellt P　　　1/2 γνώσετε Y
2 ὁ θεὸς P / τὰ πραττ. > P　　　2-3 ἔστι - ἀποκειμ.: τοῖς ἀσεβέσι
κεῖται P　　4 οἴδοισαν Y　　6 ἀπώλειαν + ἁπλῶς Γ, + Symmachus-
version N / αὐτόπτης ΓN: ἐπόπτης Y　　　　　8 ὅτι LXX: ἔτι Y
17 οὖν φησιν: γὰρ N　　　　　18 τοῖς N: > Y / ἀλλ᾽: ἢ πάντως N.
19 θελήσοι Γ: ἐθελήσει Y　　20 τούτων Γ: τούτου Y　　22 οὖν
> N / οἶδεν αἰτίας stellt N

καὶ τοὺς παρὰ ἀνθρώποις σοφοὺς διακρίνων καὶ τοὺς μὲν θεοσόφους

ἐγκρίνων καὶ ἀποδεχόμενος, τοὺς δὲ τὴν ἀνθρωπίνην μετιόντας σο-

φίαν ἀποκρίνων καὶ ἐξωθούμενος.

21,23 - 26 οὗτος ἀποθανεῖται ἐν κράτει ἀφροσύνης αὐτοῦ, ὅλος δὲ

5 εὐπαθῶν καὶ εὐθηνῶν. τὰ δὲ ἔγκατα αὐτοῦ πλήρης στέατος, μυελὸς

δὲ αὐτοῦ διαχεῖται. ὁ δὲ τελευτᾷ ὑπὸ πικρίας ψυχῆς <οὐ> φαγὼν

οὐδὲν ἀγαθόν. ὁμοθυμαδὸν δὲ ἐπὶ γῆς κοιμῶνται, σαπρία δὲ αὐτοὺς

ἐκάλυψεν.

τούτων οὖν τοὺς λόγους τίς οἶδεν εἰ μὴ θεός; πῶς ὁ μέν τις

10 ἄφρων ἐν τῇ ἐπικρατείᾳ τῆς ἀφροσύνης ἀποθνήσκει πλήρης πάσης

σαρκικῆς εὐημερίας - τοῦτο γὰρ σημαίνει διὰ τῆς πιότητος τῶν

σαρκῶν καὶ μυελῶν -, ἕτερος δὲ ἴσως που καὶ δίκαιος μὴ γλυκαν-

θεὶς μηδὲ μετασχὼν μηδενὸς ἀγαθοῦ τῶν ἐν ἀνθρώποις τελευτᾷ τὸν

βίον; καὶ ἀμφότεροι τὸν κοινὸν ὑπομένουσι θάνατον καὶ τὴν αὐτὴν

15 τοῦ σώματος σῆψιν καὶ ἀνάλυσιν.

21,27 - 28 ὥστε οἶδα ὑμᾶς, ὅτι τόλμῃ ἐπίκεισθέ μοι, ὅτι ἐρεῖτε·

ποῦ ἐστιν οἶκος ἄρχοντος, καὶ ποῦ ἐστιν ἡ σκέπη τῶν σκηνωμάτων

τῶν ἀσεβῶν;

ταῦτα, φησίν, ἐννοῶν οἶδα, ὅτι ἀποτολμᾶτε καὶ τὴν θείαν

20 ὑπερβαίνετε δίκην ὡς κατὰ ἀσεβοῦς ἀποφαινόμενοι κατ' ἐμοῦ, λέγον-

τες, ὅτι δι' ἁμαρτίας ἐξηφανίσθη μου τὰ ὑπάρχοντα.

21,29 ἐρωτήσατε δὴ παραπορευομένους ὁδὸν καὶ τὰ σημεῖα αὐτῶν

οὐκ ἀπαλλοτριωθήσεται.

Y Γ(βOFSPL -3; 9 πῶς - 15; βOFSL 19-21) P(19-21) N(-3; ≠ 9 - 11
εὐημερίας; 11 τοῦτο - 15)

1 παρὰ ἀνθρώποις N: παρὰ ἀνθρώπους Υ, > Γ   2 ἐγκρίνων ΓΝ: οὐ
κρίνων Υ / καὶ ἀποδεχόμενος > ΓΝ   3 ἀποκρ. καὶ ἐξωθ.: ἀποδοκιμά-
ζων ΓΝ   4 οὕτως Υ/ ἀποθανῆτε Υ/ ὅλως Υ/ ὅλος Υ   5 εὐθυνῶν Υ   6 αὐτοῦ
(und αὐτῶν) LXX: αὐτῷ Υ / τελευτᾷ LXX: τετέλευται Υ   9 πῶς + φη-
σιν Γ / τις Γ(Ν): > Υ   11 πιότητος ΓΝ: > Υ   12 δὲ + τις Γ
15 σῆψιν + τε Ν   16 ἐπίκεισθαι Υ   19 ἐννοῶν φησιν stellt P
20 ὑπερβαίνετε: προτρέχετε Γ / ὡς κατὰ ἀσεβοῦς > Γ / κατ' ἐμοῦ ἀποφ.
stellt P   20/21 λέγοντες: καὶ P, > Γ   21 ὅτι: ὡς Γ / διὰ Υ

πλήν, φησίν, εἰ καὶ ἀνωμαλία τις ὁρᾶται ἐν τῷδε τῷ βίῳ,
ἀλλ' οὐ δίδωμι πλέον ἔχειν ἀρετῆς κακίαν. ἐὰν γάρ, φησίν, ἐξε-
τασθῇ τὰ κατὰ τοὺς π α ρ α π ο ρ ε υ ο μ έ ν ο υ ς ὁ δ ό ν, τουτέστι τοὺς
ἔξω τῆς θείας ὁδοῦ βαδίζοντας, γνώριμον ἔσται ἐξ αὐτῶν ὧν πράτ-
5 τουσιν, ὅτι τὴν θείαν οὐκ ἐκφεύξονται δίκην. τὸ γὰρ τ ὰ σ η μ ε ῖ α
α ὐ τ ῶ ν ο ὐ κ ἀ π α λ λ ο τ ρ ι ω θ ή σ ε τ α ι τοῦτο σημαίνει, ἀντὶ τοῦ·
γνώριμα ἔσται τὰ κατ' αὐτούς· ποῖα δὴ ταῦτα;

21,30 ὅ τ ι ε ἰ ς ἡ μ έ ρ α ν ἀ π ω λ ε ί α ς κ ο υ φ ί ζ ε τ α ι ὁ π ο ν η ρ ό ς, ε ἰ ς ἡ μ έ ρ α ν
ὀ ρ γ ῆ ς α ὐ τ ο ῦ ἀ π α χ θ ή σ ε τ α ι.

10 ὅτι εἰ καὶ κουφίζεται νῦν καὶ μετεώρισται τῇ προσκαίρῳ δόξῃ
ὁ πονηρός, ἀλλ' ἡμέρα τις αὐτὸν ἀπωλείας καὶ θείας ὀργῆς ἀπεκ-
δέχεται.

22,31 τ ί ς ἀ ν α γ γ ε λ ε ῖ ἐ π ὶ π ρ ό σ ω π ο ν α ὐ τ ο ῦ τ ὴ ν ὁ δ ὸ ν α ὐ τ ο ῦ; κ α ὶ α ὐ-
τ ὸ ς ἐ π ο ί η σ ε, τ ί ς ἀ ν τ α π ο δ ώ σ ε ι α ὐ τ ῷ;

15 ἀπολοφύρεται τοὺς ἀσεβεῖς ὡς μὴ αἰσθανομένους τῆς ἀπεκδεχο-
μένης αὐτοὺς κολάσεως καὶ ὅτι ἐστὶ θεὸς ὧν ἔπραξαν τὰ κατ' ἀξί-
αν ἀπονέμων αὐτοῖς.

21,32 κ α ὶ α ὐ τ ὸ ς ε ἰ ς τ ά φ ο υ ς ἀ π η ν έ χ θ η κ α ὶ ἐ π ὶ σ ο ρ ῶ ν ἠ γ ρ ύ π ν η σ ε ν.

κατὰ κοινοῦ τὸ τ ί ς ἀ ν α γ γ ε λ ε ῖ α ὐ τ ῷ, καὶ εἰς συναίσθησιν
20 αὐτὸν ἀγάγοι, ὅτι εἰς τάφους ἀπενεχθήσεται καὶ μετὰ πάσας τὰς
ἐπαγρύπνους μερίμνας ἡ σορὸς αὐτὸν καὶ τάφος ἐκδέχεται.

21,33 ἐ γ λ υ κ ά ν θ η σ α ν α ὐ τ ῷ χ ά λ ι κ ε ς χ ε ι μ ά ρ ρ ο υ.

πρὸς μὲν ῥητὸν οὖν φησιν· εἰ καὶ τοσαύτη τις αὐτῷ προσγέγονεν

Υ Γ(βOFSPL 1-7; 10-12; 15-17; 19-21; 23-) Ν(1 - 2 κακίαν; ≠ 19 καὶ
- 21; ≠ 23 εἰ καὶ -)
1 ὁρᾶται nach βίῳ stellt Ν   2 ἀλλ' + ἐγὼ Ν/ τῇ κακίᾳ ΓΝ   3 παρα-
πορ. (βΡ): πορ. Υ(OFSL)   6 τοῦτο σημαίνει > Γ   10 νῦν > Γ/ μετεω-
ρίζεται Γ   14 ἀνταποδόσει Υ   15 αἰσθανομένους Γ: ἔχοντας γνῶσιν Υ
16 ὧν - ἀξίαν: τὸ κατ' ἀξίαν ὧν ἔπρ. Γ   19 ἀπαγγ. Γ/   συναίσθησιν
Γ(Ν): ἣν αἴσθησιν Υ   20 αὐτὸν ἀγάγοι (ΡΝ): ἀγάγοι αὐτὸν Γ, αὐτὸν
εἰσάγει Υ/ ὅτι + τε Γ   21 ἡ (Ν): ὁ Υ, >Γ/ ἐκδέχεται + καὶ αἱ φρον-
τίδες αὐτοῦ εἰς τοῦτο τελευτήσουσιν Γ   23 οὖν - καὶ: εἰ καὶ φησιν Γ

εὐφορία, ὡς καὶ τὴν ἄκαρπον γῆν καρποφόρον αὐτῷ γενέσθαι, ὅμως οὐδὲν ἧττον θνητός ἐστιν.

πρὸς δὲ διάνοιαν· ἐν ἡδονῇ, φησίν, ἔσχεν ὁ ἀσεβὴς τὴν τοῦ βί-
ου τούτου ἀνωμαλίαν τοῦ χειμάρρου δίκην παρατρέχοντος οὐκ ἐννοή-
5 σας, ὅτι θνητός ἐστιν. διὸ καὶ ἐπάγει·

21,33   καὶ ὀπίσω αὐτοῦ πᾶς ἄνθρωπος ἀπελεύσεται καὶ ἔμπροσθεν
αὐτοῦ ἀναρίθμητοι.

οὐδὲ τοῦτο ἠδυνήθη συνιέναι ὁ ἀσεβής, ὡς ἀναρίθμητοι μὲν οἱ
πρὸ αὐτοῦ τελευτήσαντες καὶ οἱ μετ᾽ αὐτὸν δὲ πάντες τὸν κοινὸν
10 ὑφίστανται θάνατον. ταῦτα δὲ εἶπεν ὁ μακάριος οὗτος ἀνὴρ ἀνα-
κόπτων μὲν ἀσέβειαν, ἐκδιδάσκων δέ, μὴ τῶν παρατρεχόντων ὡς ἑστω-
τῶν ἀντέχεσθαι.

21,34   πῶς δέ με παρακαλεῖτε κενά;

ὑμεῖς δέ, φησίν, ματαίως ὡς παρακλητικοὺς τοὺς ἑαυτῶν προση-
15 γάγετε λόγους οὐ χρησίμως οὐδὲ εὐκαίρως αὐτοὺς προκομίσαντες.

21,34   τὸ δὲ ἐμὲ καταπαύσασθαι ἀφ᾽ ὑμῶν οὐθέν ἐστιν.

ὡς ἔοικε δέ, φησίν, οὐδὲν ὠφελῶ, ἐὰν σιγήσω ἢ διδάξω ὑμᾶς τὰ
χρήσιμα. διὸ καταπαύω τὸν λόγον.

Υ Γ(βOFSPL -5; βOFSL 8-12; βOFSPL 14-15; 18 διὸ - λόγον)
Ρ(8-12; 17-18) Ν(≠ -2)

4 ἀνωμαλείαν Υ / τοῦ + γὰρ Υ / δίκην χειμ. stellt Γ   8 οὐδὲ -
ἀναρίθμητοι: δηλῶν ὡς ἄπειροι ΓΡ   9 οἱ .. πάντες: οἱ .. Ρ, τοὺς
.. πάντας Γ / αὐτὸν ΓΡ: αὐτοῦ Υ   9-10 τὸν κ. ὑφίσταται θάν. Ρ,
τοῦτο περιμένει Γ   10 μακ. οὗτος ἀνήρ: δίκαιος ΓΡ   14 δὲ
+ με Υ   14/15 προσηγάγετε Γ: προηγάγεται Υ   15 πρoσκομ. Γ:
προσκομ. Υ   17 δέ φησιν > Ρ / οὐδὲν Ρ: οὐδὲ Υ / ἐὰν: ἂν Ρ /
ἢ Hag: καὶ ΥΡ   18 διὸ + καὶ Γ / καταπαύσω Γ

ΚΕΦΑΛΑΙΟΝ ΕΚΚΑΙΔΕΚΑΤΟΝ

Ἀρχὴ τοῦ ῥητοῦ· ὑπολαβὼν δὲ Ἐλιφὰζ ὁ Θαιμανίτης λέγει·
πότερον οὐχ ὁ κύριός ἐστιν ὁ διδάσκων σύνεσιν καὶ ἐπιστήμην; τί
γὰρ μέλει τῷ κυρίῳ, ἐὰν σὺ ἦσθα τοῖς ἔργοις σου ἄμεμπτος;

5   Προθεωρία τοῦ κεφαλαίου

ἔσκωπτον μὲν οἱ φίλοι τὸν Ἰὼβ ἐφ' ἁμαρτίαις τὰς κακώσεις ἐξ
ἀνάγκης ἕπεσθαι τοῖς πλημμελοῦσιν ἀποφαινόμενοι. ὁ δὲ τοῖς παρ'
αὐτῶν ἀντικαθιστάμενος προβληματικῶς αὐτοὺς ἠρώτησεν· εἰ ταῦτα
οὕτως ὡς ὑμεῖς φατε πάντη τε καὶ πάντως γίνεται, τίνι τρόπῳ πολ-
10 λοὺς ὁρῶμεν τῶν ἀσεβῶν μέχρι τέλους εὐθηνηθέντας καὶ τὸν βίον σὺν
εὐημερίᾳ καταλύσαντας;
    πρὸς ταῦτα ὁ Ἐλιφὰζ ἀπορεῖ μὲν ἀνταποκρίνασθαι, εἰς ἑτέρας δὲ
τρέπεται ὕβρεις καὶ ἀπηνέστερον ὑβρίζει τὸν δίκαιον ἐγκλήματα πε-
ριτιθεὶς αὐτῷ, ἃ τοῖς κακίστοις τῶν ἀνθρώπων μόγις ἐξείργασται.
15 ἱκανῶς δὲ αὐτὸν πλύνας ταῖς ὕβρεσιν εἰς παραίνεσιν τρέπεται καὶ
συμβουλεύει πρὸς μετάνοιαν ἐπιστρέφειν, ὡς ἂν τῆς θείας ἐπικουρί-
ας ἐπιτυχὼν τήν τε παλαιὰν εὐδαιμονίαν ἀπολάβοι καὶ ἵλεω τὴν παν-
τοδύναμον τοῦ θεοῦ κτήσαιτο δεξιάν.
    πρὸς μὲν οὖν τὸν Ἰὼβ ταῦτα λεγόμενα σφόδρα ἀναρμόστως ἔχει,
20 χρήσιμα δὲ ἄλλως εἰσὶ τοῦ Ἐλιφὰζ τὰ ῥήματα· οὐ γὰρ κακίας μόνον

Υ Γ(βOFSL 6 - 13 ἀπηνέστερον) P(≠ 6 - 13 ἀπην.) Ν(6-)
1 ις Υ   2 ἀρ. τ. ῥητοῦ nach λέγει Υ / θεμανίτης Υ   3 πότερον
LXX: πρότερον Υ   4 μέλλει Υ / οἴσθα Υ   6 ἔσκοπτον Υ/ τὸν ΓΝ:
τοῦ Υ   6-7 ἐξ ἀν. τὰς κακ. stellt Υ   9 τίνι τοόπῳ Υ(L): τίνι
τῷ τρόπῳ ΓΝ   12 ἀνταποκρίνασθαι ΓΝ: ἀνταποκρίνεσθαι Υ
12-13 εἰς - ἀπηνέστερον Ν: ἑτέραις δὲ τρέπεται καὶ ἀπηνέστερον Υ,
εἰς ἑτέρας δὲ τρέπεται καὶ ἀπηνεστέρας ὕβρεις Γ (ἕτερον δὲ τρέπ. καὶ
ἀπηνέστερον F), πρὸς (εἰς L) ἕτερον δὲ τρέπ. καὶ ἀπηνέστερον (ἀπονέσ-
τερον P) λόγον (PL)   13 περιυβρίζει Ν   14 κακίστοις: φαυλο-
τάτοις Ν / μόλις Ν   15 ταῖς Ν: τοῖς Υ   16 ἐπικουρίας: εὐμε-
νείας Ν   18 κτήσαιτο Ν: κτήσηται Υ   19 τὸν Ἰὼβ Ν: > Υ /
σφόδρα > Ν   20 ἄλλως Ν: > Υ / εἰσὶ - ῥήματα > Ν

ἀποστῆναι διδάσκει, ἀλλὰ καὶ ἀγαθοεργεῖν ἐκπαιδεύει ὡς τῆς θείας

δίκης οὐ μόνον τοὺς κακίαν ἐπιτηδεύοντας, ἀλλὰ καὶ τοὺς μὴ τὰς

ἀγαθὰς ἐκτελοῦντας πράξεις ταῖς τιμωρίαις καθυποβαλλούσης. ἐπει-

δὴ γάρ εἰσι χρήσιμα τὰ τῶν φίλων ῥήματα, κἂν ἐκμελῶς καὶ ἀναρμό-

5 στως πρὸς τὸν δίκαιον ἄνδρα καὶ ἀληθινὸν ἐλέγοντο, διὰ τοῦτο καὶ

ἡ θεία χάρις γραφῇ ταῦτα παραδοθῆναι συμφερόντως ἡμῖν ᾠκονόμησατο.

Αἱ λέξεις

22,2 πότερον οὐχ ὁ κύριός ἐστιν ὁ διδάσκων σύνεσιν καὶ ἐπιστήμην;

τοῦτο τοῦ 'Ιὼβ εἰρηκότος συντρέχει τῷ λόγῳ καὶ ὁ Ἐλιφὰζ καί

10 φησιν ὅτι· κἀγὼ συνεπίσταμαι, ὅτι θεός ἐστιν ὁ διδάσκων σύνεσιν.

οὐκοῦν, κἂν ἄνδρες δίκαιοι διδάσκωσιν ἡμᾶς διδασκαλικὴν εἰλη-

φότες χάριν, πάλιν ὁ Χριστός ἐστιν ὁ δι' αὐτῶν διδάσκων ἡμᾶς,

καὶ αὐτὸ δὲ τὸ συνιέναι καὶ διανοιχθῆναι τὰς καρδίας ἡμῶν εἰς τὴν

τῶν θείων μαθημάτων παραδοχὴν κατὰ θείαν γίνεται χάριν;

15 22,3-4 τί γὰρ μέλει τῷ κυρίῳ ἐὰν σὺ ἦσθα τοῖς ἔργοις ἄμεμπτος, ἢ

ὠφέλεια ὅτι ἁπλώσῃς εἰς τὴν ὁδόν σου; ἢ λόγον σου ποιούμενος ἐ-

λέγξει σε καὶ συνελεύσεταί σοι εἰς κρίσιν;

ἐπειδὴ μέγα ἐπὶ σαυτῷ φρονεῖς ὡς ἄμεμπτος, δεδόσθω εἶναί σε

καθαρόν. τί οὖν, εἰπέ μοι, περιεποίησας θεῷ δίκαιος ὢν καὶ εἰς

20 ἀγαθοεργίας ἐξαπλῶν τὴν σὴν ὁδόν; τίς ἐντεῦθεν ὄνησις τῷ θεῷ;

Υ Γ(βOFSPLN 9 - 10 φησιν; βOFSL 18-) P(18-20) N(-6; 11-14; 18-20)
3 καθυποβαλούσης Υ   4 γάρ: τοίνυν Ν / χρήσιμά εἰσι stellt Ν /
ἐκμελῶς Ν: ἐμμελῶς Υ   4/5 καὶ ἀναομ. > Ν   5 ἄνδοα καὶ ἀληθι-
νὸν > Ν / ἐλέγοντο: εἴρηνται (Νy), εἴρηντο (Νp)   6 παραδοθ. ταῦ-
τα stellt Ν / συμφ. ἡμῖν > Ν   11 διδάσκωσιν Ν: διδάσκουσιν Υ /
ἡμᾶς vor διδάσκωσιν Ν   12 Χριστός: κύριος Ν / αὐτῶν: αὐτὸν Υ /
ἡμᾶς korrigiert aus ὑμᾶς Υ   13 αὐτὸ δὲ τὸ Ν: αὐτῷ δὲ τῷ Υ / συν-
ιέναι Young: συνεῖναι ΥΝ   14 παραδοχὴν Ν: ὑποσχεῖν Υ/ γίνεται Ν:
γίνεσθαι Υ   15 μέλλει Υ   16 ἁπλώσῃς LXX: ἁπλῶς Υ
18 ἀλλ' ἐπειδὴ Γ/ ἐπειδὴ + φησιν Ν/ φρονεῖς + φησιν Γ   18-19 δε-
δόσθω - θεῷ ΓΡΝ: ὢν καὶ δίκαιος τί τὸν θεὸν ὠφελεῖς Υ   19 τί
οὖν Γ: τοιοῦτον Ν   19/20 εἰς - ὁδόν: ἐν ἁπλότητι καὶ ἀκακίᾳ ζῶν Ν
20 ὄνησις Υ / τῷ θεῷ ὄνησις stellt Ν

νομίζεις δέ, ὅτι πολύν τινά σου ποιούμενος λόγον τιμωρεῖταί σε
καὶ κρίνει, ὡς δὴ ἐκ τῆς σῆς δικαιοσύνης μέλλων ὠφελεῖσθαι, εἴ-
περ ἧς δίκαιος;

ἕτεροι δὲ οὕτως ἀνέγνωσαν· τί γάρ; εἶτα ὑποστίξαντες τὰ ἑξῆς
5 ἐπήγαγον· μέλει τῷ κυρίῳ, ἐὰν σὺ ἦσθα τοῖς ἔργοις ἄμεμπτος. ὁ δὲ
νοῦς οὗτος· οἶδα κἀγώ, φησίν, ὅτι τοὺς λόγους καθ' οὓς ὁ μέν τις
ἀσεβὴς εὐθηνεῖται, ὁ δὲ κολάζεται, αὐτὸς μόνος ὁ πάνσοφος ἐπίστα-
ται. κἀκεῖνο δὲ οἶδα, ὅτι μέλει τῷ κυρίῳ καὶ ἐν φροντίδι τίθεται
τὸ ἀμέμπτους ἡμᾶς εἶναι, καὶ ἀπροσδεὴς ὢν ὠφέλειαν ἰδίαν νομίζει
10 τὸ τοὺς ἀνθρώπους ἐξηπλωμένως καὶ δαψιλῶς μετιέναι τὸ ἀγαθόν.

διὰ τοῦτο καὶ σοῦ πολλὴν ποιούμενος πρόνοιαν ἤλεγξέ σε καὶ ὥσπερ
εἰς κρίσιν ἀντικαθιστάμενός σοι δικαίως σε κρίνει.

ἀπόδειξιν δὲ τῶν ἁμαρτημάτων τὰς τιμωρίας ποιούμενος ἐπάγει
τὰ ἑξῆς·

15 22,5 πότερον οὐχὶ ἡ κακία σού ἐστι πολλή, ἀναρίθμητοι δέ σου αἱ
ἁμαρτίαι;

ἐκ τοῦ πλήθους τῶν συμφορῶν τῶν ἁμαρτημάτων εἰκάζει τὸ πλῆθος.

22,6 ἠνεχυρίαζες τοὺς ἀδελφούς σου διὰ κενῆς.

ἀντὶ τοῦ· μηδὲν ἐποφειλόμενος.

20 22,6 ἀμφίασιν δὲ γυμνῶν ἀφείλου.

─────────────

Υ Γ(βOFSPL 1-12; βOFSPLN 17) N(≠ 4 - 5 ἄμεμπτος; ≠ 6 οἶδα - 7/8 ἐ-
πίσταται; 8 ἐν - 12)
1 νομίζεις Γ: νομίσεις Υ / ποιούμ. σου stellt Γ   2 δὴ: δῆθεν Γ /
δικαιοσύνης Γ: > Υ / ὠφελ. μέλλων stellt Γ   2-3 εἴπερ - δίκαιος
> Γ   4 ὑποστήξαντες Υ / τὰ ἑξῆς > Γ   5 ἐπήγαγον + ἀποφαντι-
κῶς Γ / μέλλει Υ   5-6 ὁ δὲ ν. οὗτος > Γ   6 φησίν > Γ(Ν) /
`καθ' Υ / μέν τις Γ(Ν): > Υ   7 εὐθηνεῖται Γ(Ν): εὐθήνεται Υ / ὁ
δὲ κολ. Γ(Ν): > Υ / αὐτὸς μόνος > Γ / ἐξεπίσταται Γ   8 κἀκεῖνο -
καὶ entfällt durch Umstellung in Γ   9 ἡμᾶς εἶναι: εἶναι τοὺς ἀν-
θρώπους Ν/ ἀπροσδεεῖς Υ/ ἀφ. - νομ.: ἰδίαν ἀφ. νομ. Ν, ἀφ. ἡγεῖται Γ
10 τὸ₁: τὼ Υ/ τοὺς ἀνθρ.: ἡμᾶς Ν   17 εἰκάζει τῶν ἁμαρτ. stellt Γ/
πλῆθος + σκόπει οὖν φησι τὰ κατὰ σαυτὸν μὴ ἥττω πάσχῃς ὧν ἠδίκησας Γ
18 ἠνεχυρίαζες LXX: ἐνεχειρίαζες Υ / τοὺς ἀδελφοὺς LXX: τοῖς ἀδελ-
φοῖς Υ   19 ἐποφειλομένως Υ

καὶ ταῦτα, φησίν, πενήτων ὄντων τὴν ἐσθῆτα ἠνεχυρίαζες
διὰ κενῆς.

22,7 οὐδὲ ὕδωρ διψῶντας ἐπότισας.

οὐκοῦν οὐ μόνον τὸ ἀδικεῖν, ἀλλὰ καὶ τὸ μὴ εὐεργετεῖν ὑπεύθυ-
5 νον. καὶ σημειοῦ, μέχρι πόσου τὰς εὐεργεσίας ἐκτείνειν ὀφείλομεν,
ὅτι καὶ ὑπεύθυνον τὸ μὴ ποτίσαι διψῶντας, ὥσπεροῦν καὶ π ο τ η ρ ί-
ο υ ψ υ χ ρ ο ῦ ὕ δ α τ ο ς μ ι σ θ ὸ ν λαμβάνομεν κατὰ τὴν τοῦ σωτῆρος ἀ-
ψευδῆ φωνήν.

22,7-8 ἀλλὰ πεινώντων ἐστέρησας ψωμόν, ἐθαύμασας δέ τινων πρόσω-
10 πα.

ψωμὸν λέγει τὸν ἄρτον, ὥσπερ καὶ ἐν ᾽Ροὺθ κεῖται· β ά ψ ε ι ς τ ὸ ν
ψ ω μ ό ν σ ο υ ἐ ν τ ῷ ὄ ξ ε ι.

λέγει οὖν ὅτι· καὶ τῶν ἀναγκαίων τροφῶν ἐστέρησας ἢ ἐνεχυριά-
ζων ἢ τῶν καμνόντων τὸν μισθὸν οὐ διδούς. ἀλλὰ καὶ προσωπολήπτης,
15 φησίν, γέγονας τοὺς μὲν ταπεινοὺς βιαζόμενος, τοὺς δὲ ἐν δυναστεί-
αις θαυμάζων καὶ τιμῶν.

22,8 ᾤκισας δὲ πτωχοὺς ἐπὶ γῆς.

ἄλλα ἀντίγραφα· ἐ κ ο ί μ ι σ α ς π τ ω χ ο ὺ ς ἐ π ὶ γ ῆ ς περιέχουσιν.

κατὰ μὲν οὖν τὸ πρῶτον· τοὺς πτωχούς, φησίν, καὶ χαμαιπετεῖς
20 ἐπὶ πλεῖον ἐπὶ γῆς παρεσκεύασας κεῖσθαι, ἵνα εἴπῃ ὅτι· ἐπέτριψας
τὴν πενίαν τοῖς πένησιν.

κατὰ δὲ τὸ δεύτερον· καὶ αὐτήν, φησίν, τὴν στρωμνὴν τῶν πτω-

6-7 Matthäus 10,42   11-12 Ruth 2,14

Υ Γ(βOFSPL 4 οὐκοῦν - ὑπεύθ.; ≠ 18; ≠ 20 ἵνα -) Ν(4 - 7 λαμβάνομεν;
11-16; 19 τοὺς - 20 κεῖσθαι)

1/2 τὴν - κενῆς vor καὶ? / ἐνεχειρίαζες Υ   3 διψόντας Υ
4/5 ὑπεύθυνον ΓΝ: ὑπευθύνει Υ   5 καὶ σημ.: ἐπισήμηναι δέ Ν
6 ὅτι καὶ: ὁπότε Ν / διψόντας Υ   6/7 ποτηρίου Ν: τὸ ποτήριον Υ
7 μισθὸν λαμβάνομεν Ν: μεταλαμβανόμενον Υ   9 πεινόντων Υ / ἐστέ-
ρησας LXX: ἐστέρησαν Υ   11 ψωμὸν + γὰρ Ν / τὸν ἄρτον: τὸ τμῆμα
τοῦ ἄρτου Ν / ἐν + τῇ Ν   13/14 ἐνεχειριάζων Υ, ἐνεχυράζων Ν
14 ἀλλὰ καὶ πρ.: πρ. γὰρ Ν   15 φησίν > Ν   17 ᾤκησας Υ
19 τοὺς + γὰρ Ν / φησίν > Ν   20 ἐπὶ πλεῖον: ἔτι πλέον Ν / κεῖ-
σθαι παρεσκεύασας Ν

χῶν ἀφεῖλου ὡς ἐπὶ τοῦ ἐδάφους αὐτοὺς κοιμᾶσθαι μηδὲν ἔχοντας
ὑπεστορεσμένον.

22,9 χήρας δὲ ἐξαπέστειλας κενάς, ὀρφανοὺς δὲ ἐκάκωσας.

πάλιν τὸ μὴ μεταδοῦναι ταῖς χήραις εἰς ἁμαρτίαν λογίζεται,
5 τὸ δὲ τοὺς ὀρφανοὺς καὶ ἀβοηθήτους κακοῦν ἐσχάτης κακίας γνώρισ-
μα.

22,10 τοιγαροῦν ἐκύκλωσάν σε παγίδες καὶ ἐσπούδασέ σε πόλεμος ἐξ-
αίσιος.

διὰ ταῦτα τοιγαροῦν αἱ συλλήψεις τῶν κακῶν περιεκύκλωσάν σε
10 καὶ ἐθορύβησέ σε ὁ μέγας οὗτος καὶ φοβερὸς τῶν τιμωριῶν πόλεμος.

22,11 τὸ φῶς εἰς σκότος ἀπέβη, κοιμηθέντα δὲ ὕδωρ σε ἐκάλυψε.

διὰ τοῦτο, φησίν, ἐκ φωτὸς εἰς σκότος μετέστη τὰ κατὰ σὲ καὶ
κοιμηθέντα - ἀντὶ τοῦ· ἀμεριμνοῦντα - ὕδωρ σε ἐκάλυψεν,
τουτέστιν· οἱ τῶν θλίψεων ἐπέκλυσαν πειρασμοί.

15 22,12 μὴ {οὐχὶ} ὁ τὰ ὑψηλὰ ναίων οὐκ ἐφορᾷ.

ἀλλὰ νομίζεις ὅτι οὐχ ὁρᾷ τὰ πραττόμενα ὁ ἐν ὑψηλοῖς κατοικῶν
θεός;

22,12 τοὺς δὲ ὕβρει φερομένους ἐταπείνωσεν.

οἷα τοίνυν πάντα ἐφορῶν τοὺς ὑπὸ τῆς ὑβριστικῆς ἕξεως κατασυ-
20 ρομένους καὶ εἰς ὑπερηφανίαν ἑλκομένους ταπεινοῖ.

22,13-14 καὶ εἶπας· τί ἔγνω ὁ ἰσχυρός; <ἢ> κατὰ τοῦ γνόφους κρινεῖ;
νεφέλη ἀποκρυβὴ αὐτοῦ καὶ οὐχ ὁραθήσεται καὶ γῦρον οὐρανοῦ δια-

Y Γ(βOFSPL ≠ - 1 κοιμᾶσθαι; 12-14; 16-17; 19 οἷα - ἕξεως) N(4-6;
12 - 13 ἀμεριμνοῦντα; ≠ 16-17; ≠ 19-20)

1 ἔχοντας Hag: ἔχον Y　　　　2 ὑπεστορεσμένον Hag: ὑποστερεσμένον Y
4 πάλιν: ἰδοὺ γάρ N / μεταδοῦναι N: καταδοῦναι Y / χείραις Y
12 διὰ τοῦτο YN: ὅθεν Γ / nach σε ein Zusatz N　　　13 ἀντὶ τοῦ:
ἤγουν N / ἀμεριμνοῦντα + καὶ οὐ νήφοντα Γ / σε Γ: > Y　　　14 ἐπέ-
κλυσαν Γ: ἐπέστησαν Y, (ἐκύκλωσαν P)　　　15 ˋοὐχὶˊ Y

πορεύσεται.

μεγάλην ἀσέβειαν καὶ ἄνοιαν τοῦ Ἰὼβ ὁ Ἐλιφὰζ καταψηφίζεται.

οὕτω γάρ, φησίν, ἔπραττες τὰ ἄδικα, ὡς μὴ γινώσκοντος τὰ ἐπὶ τῆς
γῆς τοῦ θεοῦ, ἀλλ' ὡς ἐν γνόφῳ κρίνοντος, τουτέστιν ἐν τῷ κρίνειν
5 οὐχ ὁρῶντος τὰ ἐπὶ γῆς. ἔλεγες γάρ, φησίν, ὅτι ἀόρατος ὢν καὶ
τοῖς νέφεσιν ἀποτειχίζων ἑαυτοῦ τὰ καθ' ἡμᾶς καὶ μόνον τὸν κύκλον
τοῦ οὐρανοῦ περιπολῶν οὐκ ἀξιοῖ τινα πρόνοιαν ποιεῖσθαι τῶν ἐπὶ
γῆς.

τοῦτό τινες τῶν ἔξωθεν φιλοσόφων ἔδοξαν φήσαντες τῆς ὑπὸ σε-
10 λήνης μὴ προνοεῖν τὸν θεόν.

22,15-18 μὴ τρίβον αἰώνιον φυλάξεις, ἣν ἐπάτησαν ἄνδρες δί-
καιοι, <οἳ> συνελήφθησαν ἄωροι; ποταμὸς ἐπιρρέων οἱ θεμέλιοι αὐ-
τῶν. οἱ λέγοντες· κύριος τί ποιήσει ἡμῖν ἢ τί ἐπάξεται ἡμῖν ὁ
παντοκράτωρ; ὃς δὲ ἐνέπλησε τοὺς οἴκους αὐτῶν ἀγαθῶν.

15   μὴ τὰς αἰωνίους τοῦ θεοῦ πορείας δύνῃ ἐπιστῆσαι, καθ' ἃς οἱ
θεῖοι ἄνδρες ὥδευσαν; λέγει δὲ τὰς κατ' εὐσέβειαν ὁδούς. εἶτα καὶ
ἄκων εἰς τοὺς τοῦ Ἰὼβ ἐκφέρεται λόγους καί· ὅμως γάρ, φησίν, δί-
καιοι γεγονότες ἐν ἀωρίᾳ τὸν βίον κατέλυσαν, τινὲς δὲ αὐτῶν καὶ
ἐκ θεμελίων κατεσείσθησαν, ὥσπερ ὑπὸ χειμάρρου κατασυρόμενοι.
20 οὗτοι δὲ ὡς δίκαιοι λέγοντες· ἀναμένωμεν τὴν τοῦ θεοῦ βοήθειαν,
ἕως ἴδωμεν, τί ποιήσει ἡμῖν ἢ τί ἐπάξει ἡμῖν ὁ πάντα ἰσχύων θεός,
ἔτυχον τῆς θείας ἐπικουρίας καὶ ὕστερον ἐνεπλήσθησαν οἱ οἶκοι αὐ-
τῶν ἀγαθῶν. λέγει δὲ τοῦτο αἰνιττόμενος ὅτι· καὶ σὺ ἐὰν ᾖς δίκαι-
ος, τῆς τοῦ θεοῦ βοηθείας οὐκ ἀποτεύξει.

25   ἄλλως· μὴ τὰ ἐξ ἀρχῆς περὶ τῶν ὁδῶν τῶν ἀσεβῶν ἔγνως, ἅστινας

Υ Γ(βOFSPL 3-8; 25-) P(15-24) N(2)

3 γάρ > Γ / τῆς > Γ   4-5 ἀλλ' ὡς - γῆς Γ: > Υ   5 φησιν: ὡς
εἰκός Γ   7 περιπωλῶν Υ / ἀξιοῖ - 8: οὐ προνοεῖται τῶν ἡμετέρων Γ
17 τοῦ > Ρ / λόγ. ἐκφ. stellt Ρ   18 ἐν ἀωρίᾳ: ἀωρὶ Ρ
18-19 τινὲς - κατασυρόμενοι > Ρ   19 κατασυρ'ρ'όμενοι Υ
20 λέγοντες + ἦσαν Ρ / ἀναμένομεν Υ   21 ποιήσει Ρ: ποιεῖ Υ
21 ἢ τί - 23 τοῦτο > Ρ   23 αἰνιττόμενος + αὐτὸν Υ / καὶ σὺ
ἐὰν: εἰ καὶ σὺ Ρ   24 τῆς - ἀποτ.: οὐκ ἀποτέξῃ τῆς τ. θ. βοηθ. Ρ
25 ἄλλως > Γ / ἔγν. ἀστ.: ἔγνωσας τίνας Υ, ἔγνως ἃς Γ

ὁδοὺς τῶν ἀσεβῶν κατεπάτησαν οἱ δίκαιοι ἄνδρες; οὗτοι δὲ οἱ ἀσε-
βεῖς καὶ ἄωροι τὸν βίον ἐτελεύτησαν καὶ ἐκ θεμελίων καταπεπτώκα-
σιν ὡς ὑπὸ πλημύρας κατασεισθέντες. ἔλεγον γάρ· τί ἡμῖν δύναται
ποιῆσαι ὁ θεός; καίτοιγε ἀφθόνων ἀγαθῶν παρ' αὐτοῦ τυχόντες καὶ
5 δέον εὐχαριστεῖν ἀχαριστίας ἐφθέγγοντο ῥήματα. καὶ κατὰ ταύτην δὲ
τὴν ἔννοιαν πλήττει τὸν Ἰὼβ ὡς ἀχάριστον πρὸς θεὸν γενόμενον καὶ
διὰ τοῦτο τιμωρούμενον.

__22,18 βουλὴ δὲ ἀσεβῶν πόρρω αὐτοῦ.__

τούτων τῶν ἀσεβῶν τὰ βουλεύματα μακρύνουσιν ἀπ' αὐτῶν τὸν θεόν,
10 ἐπειδὴ μακράν εἰσιν ἀπὸ τοῦ θεοῦ ἃ βουλεύονται.

__22,19-20 ἰδόντες δίκαιοι ἐγέλασαν, ἄμεμπτος δὲ ἐμυκτήρισεν αὐ-
τούς. εἰ μὴ ἠφάνισται ἡ ὑπόστασις αὐτῶν, καὶ τὸ κατάλειμμα αὐτῶν
καταφάγεται πῦρ.__

τί ἰδόντες οἱ δίκαιοι κατεγέλασαν; τί δὲ καὶ ὁ ἄμεμπτος ἐμυκ-
15 τήρισεν; εὔδηλον ὅτι τὴν βουλὴν τῶν ἀσεβῶν καὶ τὰ αὐτοῖς συμβησό-
μενα τόν τε ἀφανισμὸν τῆς αὐτῶν ὑποστάσεως καὶ τὴν διὰ πυρὸς δα-
πάνην τῶν αὐτοῖς ὑπολελειμμένων.

__22,21 γενοῦ δὲ σκληρός, ἐὰν ὑπομείνῃς· εἶτα ὁ καρπός σου ἔσται
ἐν ἀγαθοῖς;__

20   εἰ δὲ καί, φησίν, σκληρύνεις τὴν καρδίαν σου καὶ ἀντίτυπα βου-
λεύσῃ πρὸς θεόν, τῇ πείρᾳ μαθήσῃ, ὡς ἀνυπόστατος ἡ θεία δίκη καὶ
οὐδὲ καρπὸν ἕξεις ἐν τῇ τῶν ἀγαθῶν ἀπολαύσει γινόμενον, τουτέστιν·
παῖδας ἢ τοὺς ἀπ' ἐκείνων.

Υ Γ(βOFSPL -7) P(20 - 22 γινόμενον) N(20 - 21 δίκη; ≠ 22-23)

1 τῶν ἀσεβῶν: φησιν Γ / οἱ δίκ. κατεπ. stellt Γ / ἄνδρες > Γ / οἱ δὲ
ἀσ. οὗτοι stellt Γ   2 τὸν βίον Γ: τοῦ βίου Υ   2-3 καταπεπτ.-
κατασεισθ.: κατεσείσθησαν ὥσπερ ὑπὸ χειμάρρου κατασυρέντες Γ   3
πλημμήρας Υ / κατασεισθέντες Hag: κατασεισθέντας Υ / δύναται ποιῆσαι
Γ: ποιῆσαι Υ   4 καὶ Γ: > Υ   5 ἀχ. ἐφθ. ῥήμ.: ἠχαρίστουν Γ   5-6
καὶ - πλήτ.: πλ. δὲ πάλιν Γ   6 Ἰὼβ + ἐν τούτοις Γ/ πρὸς θεὸν Hag:
περὶ θεὸν Γ, παρὰ θεοῦ Υ/ γεγονότα Γ   7 τοῦτο Γ: τούτου Υ   11 ἄ-
μεμπτος Υ   13 καταφάγεται LXX: καταφάγει Υ   20 δὲ καὶ > P, + σὺ Ν
/ φησίν nach σκλ. P, > Ν/ σου > Ν   20/21 καὶ - θεὸν > P   21 ἀνυ-
πόστατος: ἀνύποιστος Ν

22,22 ἔκβαλε δὲ ἐκ στόματος αὐτοῦ ἐξηγορίαν, καὶ ἀνάλαβε τὰ ῥή-
ματα αὐτοῦ ἐν τῇ καρδίᾳ σου.

τοῦτο λέγει ὅτι· εἰ δὲ δίκαιος εἶ καὶ ἄξιος, ὑπαγορεύθητι παρὰ
θεοῦ καὶ δέξαι θεῖα ῥήματα ἐν τῇ καρδίᾳ, ὡς ὕστερον τυχὸν Ἱερε-
5 μίας ἤκουσεν· ἰδοὺ δέδωκα τοὺς λόγους μου εἰς τὸ στό-
μα σου.

ἡ ἐξηγορίαν τὴν ἐξομολόγησιν λέγει προτρέπων εἰς μετάνοιαν
τὸν Ἰώβ. ἐξομολόγησαι, τοίνυν φησίν, τοῦτο παρὰ θεοῦ διδασκόμενος
καὶ ἐγκαρδίους τοὺς αὐτοῦ ποιούμενος λόγους.

10 22,23 ἐὰν δὲ ἐπιστραφῇς καὶ ταπεινώσῃς σαυτὸν ἔναντι κυρίου,
πόρρω ἐποίησας ἀπὸ διαίτης σου τὸ ἄδικον.

ἐὰν δέ, φησίν, μετανοήσῃς καὶ γένῃ ταπεινὸς ἐνώπιον τοῦ θεοῦ,
ἀπεδίωξας ἀπὸ σαυτοῦ πᾶσαν ἀδικίαν.

22,24 θήσεις ἐπὶ χώματι ἐν πέτρᾳ, καὶ ἐν πέτρᾳ χειμάρρου Σωφείρ.

15 μετανοῶν, φησίν, τεθήσει ἐπὶ τῆς γῆς ἐν ἀσφαλείᾳ, ἀντὶ τοῦ·
ἀσφαλῶς οἰκήσεις τὴν γῆν. τοῦτο γὰρ σημαίνει τὸ ἐπὶ χώματι ἐν
πέτρᾳ. οὕτω δὲ καὶ χρυσὸς ἐπιρρεύσει σοι, κειμένῳ δὲ ἐν τῇ ἀσ-
φαλείᾳ, ὡς χείμαρρος χρυσοῦ ῥέων ἐκ Σουφείρ.

Σουφεὶρ δέ ἐστι τόπος, ἐν ᾧ χρυσὸς κάλλιστος καὶ λίθοι τίμιοι
20 γίνονται· καὶ μεταβαλλόμενον δὲ εἰς τὴν Ἑλλάδα φωνὴν τὸ Σουφεὶρ
κάλλιστον ἑρμηνεύεται. τινὲς δὲ εἶπαν Σουφεὶρ τὴν Ἀφρικὴν εἶναι.
κέχρηται τῷ τόπῳ ἡ γραφή, ὅτε περὶ πλούτου διαλέγεται.

5-6 Jeremias 1,9

Υ Γ(βOFSPL 8 τοῦτο - διδασκόμενος; βOFSP 12-13; 15-22) P(3 εἰ -
8 Ἰώβ) N(≠ 7-9; ≠ 19-22) Syr(15 - 20 γίνονται)

1 ἔκλαβε LXX: ἔκβαλε Υ   3 δὲ > P   4 τῇ: σῇ P / τυχὸν > P
7 ἐξηγορίαν Hag: ἐξηγορία Υ, ἐξηγορ( ) P/ λέγει: φησιν P   8 Ἰώβ:
δίκαιον P   12 <ἐ>ὰν Υ (Initiale fehlt) / φησίν - θεοῦ: ἐπιστρα-
φεὶς φησι γένοιο σαυτοῦ ὥστε ἱκετεῦσαι τὸν θεὸν ἀλλὰ μὴ ἀνθίστασθαι
αὐτῷ εἰς δικαιολογίαν ἐκκαλούμενον Γ   14 <θ>ήσεις Υ (Initiale
fehlt)/ ἐν₂: ὡς LXX, vgl. Z.17 ἐν τῇ ἀσφ.   15 μεταν. - τεθ.: τεθ.
οὖν Γ   16-17 τοῦτο - πέτρᾳ > Γ   17-18 κειμ. - ἀσφ. > Γ
18 χείμαρρος Υ(F): χειμάρρους Γ / χρυσοῦ > Γ / σωφείρ Γ   19 σω-
φείρ Γ   20-21 καὶ - ἑρμην. > Γ (τῇ ἑλλάδι δὲ φωνῇ κάλλιστον ἑρ-
μηνεύεται nach 22 P)   20 τὸ: τῷ Υ   21 εἶπον Γ / σωφείρ Γ
22 vor 21 τινὲς Γ / τόπῳ: σωφείρ Γ / ὅτε Γ: ὅτι Υ(FP)

22,25 ἔσται οὖν <σοι> ὁ παντοκράτωρ βοηθὸς ἀπὸ ἐχθρῶν, καθαρὸν δὲ ἀποδώσει σε ὥσπερ ἄργυρον πεπυρωμένον.

μετὰ δὲ τὴν διὰ τῶν βασάνων κάθαρσιν καὶ τὴν δι' αὐτῶν πύρωσιν καὶ τὴν ἐξομολόγησιν ἕξεις καὶ τὴν θείαν ἐπικουρίαν· ἐκλάμψεις δὲ
5 καθαρὸς γεγονὼς καὶ πάσης κακίας ἀμιγὴς ἴσα καὶ ἀργύρῳ διὰ πυρὸς κεκαθαρμένῳ.

22,26 εἶτα παρρησιασθήσει ἔναντι κυρίου ἀναβλέψας εἰς τὸν οὐρανὸν ἱλαρῶς.

μετὰ δὲ τὴν κάθαρσιν δηλονότι καὶ τὴν ἐξομολόγησιν τὴν ἐκ θε-
10 οῦ βοήθειαν <λαβών>.

22,27 εὐξαμένου δέ σου πρὸς αὐτὸν εἰσακούσεταί σου· δώσει δέ σοι ἀποδοῦναι τὰς εὐχάς.

ἀλλὰ καὶ ὑπήκοός σοι γινόμενος ὁ θεὸς αὐτὸς ἐνισχύσει σε εἰς πέρας ἀγαγεῖν σου τὰς εὐχάς. εὐχὰς δὲ λέγει τὰς πρὸς θεὸν
15 ὑποσχέσεις· καὶ γὰρ εἴτε χρήματα τῷ θεῷ ταξόμεθα εἴτε νηστείαν εἴτε ἀγνείαν εἴτε ὅτι δήποτε, εἰ μὴ αὐτὸς ἡμᾶς ἐνισχύσει, ἀδυνατοῦμεν εἰς πέρας ἀγαγεῖν τὰς εὐχάς.

22,28 ἀποκαταστήσει δέ σοι δίαιταν δικαιοσύνης, ἐπὶ δὲ ὁδοῖς σου ἔσται φῶς.

20 καὶ ἀποδώσει σοι τὴν δικαίῳ πρέπουσαν διαγωγήν, καὶ πᾶσαι αἱ ὁδοί σου κατευοδωθήσονται ὑπὸ τοῦ θείου φωτὸς ποδηγουμένῳ.

22,29 ἡ δὲ αἰτία, ὅτι ἐταπείνωσεν ἑαυτόν, καὶ ἐρεῖ· ὑπερηφανεύσατο.

Y Γ(βOFSPL ≠ 20 καὶ₁ - διαγ.) N(5 γεγ. - ἀμιγὴς; 13 αὐτὸς - 15 ὑποσχέσεις; 20 καὶ₂ - 21)
2 ἀργύριον LXX, vgl.Z.5   3 <μ>ετὰ Y(Initiale fehlt)   5 γεγονὼς nach ἀμιγὴς stellt N / ἀμειγὴς Y   10 <λαβὼν> oder ähnlich Hag   13 εἰς: πρὸς N   14 σου - λέγει > N / θεὸν: αὐτὸν N
16 εἴτε ὅτι Hag: εἰ τι Y   20 δικαίῳ Y   21 ποδηγουμένου φωτός N   22 {ἡ δὲ αἰτία}? (nicht in LXX, vgl. aber 199,2 διὰ τοῦτο)

ὡς μὲν περὶ ἑτέρου δοκεῖ λέγειν, πρὸς τὸν Ἰὼβ δὲ ὁ λόγος.

διὰ τοῦτο γάρ, φησίν, ἔσται ταῦτα τῷ μετανοοῦντι, ὅτι ἐταπεί-
νωσεν ἑαυτόν. καὶ ἐρεῖ ὅτι· ὑπερηφανεύσατο ἡ καρδία μου καὶ ἐνδί-
κως ὑπέστην ἃ πέπονθα.

5 22,29-30 κεκυφότα ὀφθαλμοῖς σώσει, καὶ ῥύσεται ἀθῷον.

διὰ τοῦτο καὶ <ὁ> ἐν εὐαγγελίοις τελώνης κάτω βλέπων καὶ οὐ
τολμῶν ἀναβλέπειν εἰς τὸν οὐρανὸν ἐδικαιώθη ὑπὲρ τὸν μεγάλαυχον
Φαρισαῖον.

22,30 καὶ διασώθητι ἐν καθαραῖς χερσί σου.

10   ὁ μὲν Ἐλιφὰζ εἰς τὴν παραίνεσιν τὸν λόγον κατέπαυσεν. καὶ
πρὸς μὲν τὸν δίκαιον, τὸν πρὸς θεὸν ἀεὶ νενευκότα, ἀκατάλληλος ἡ
παραίνεσις, ἡμῖν δὲ καὶ σφόδρα κατάλληλος τοῖς μετανοεῖν ὀφείλου-
σι καὶ θεῷ ταπεινοῦσθαι νουθετουμένοις.

6-8 vgl. Lukas 18,10-14

Y Γ(βOFSPLN 1-4) N(≠ 6-8; ≠ 10-13) Syr(≠ 2-4)

1 ὡς: ὃς Y / δὲ τὸν Ἰὼβ stellt Γ   2 διὰ τοῦτο Γ: δι' αὐτοῦ Y /
γὰρ > Γ / ταῦτα ἔσται φησίν stellt Γ   3 καὶ₂ > Γ   5 κεκυφώ-
τα Y   6 <ὁ> Hag   10 εἰς τὴν παραίν.: ἐνταῦθα (N) / τὸν λόγον
(N): τῶν λόγων Y   11 νενευκῶτα Y / ἀκατάλληλος Y

ΚΕΦΑΛΑΙΟΝ ΕΠΤΑΚΑΙΔΕΚΑΤΟΝ

<'Αρχὴ τοῦ ῥητοῦ·> ὑπολαβὼν δὲ 'Ιὼβ λέγει· καὶ δὴ οἶδα,
ὅτι ἐκ χειρός μου ἡ ἔλεγξίς μού ἐστι καὶ ἡ χείρ αὐτοῦ βαρεῖα γέ-
γονεν ἐπ' ἐμῷ στεναγμῷ.

5   Προθεωρία τοῦ κεφαλαίου

ὁ μὲν 'Ελιφὰζ ἀνηκέστοις ὕβρεσι περιέβαλε τὸν δίκαιον αἰσχρὰς
αὐτῷ περιθεὶς πράξεις καὶ τῶν ἐκτόπως ἠσεβηκότων.

ὁ δὲ μακάριος καὶ ὄντως ἀληθινὸς 'Ιὼβ οἶδα, φησίν, ἀκριβῶς,
ὅτι οὐκ ἐκ τῶν ὑμετέρων λόγων, ἀλλ' ἐκ τῶν ἐμῶν πράξεων κριθήσε-
10 ται τὰ κατ' ἐμέ· εἰ γὰρ καὶ τιμωρεῖται θεός, ἡδέως ἐπ' αὐτοῦ τὰ
ἐμὰ παρετιθέμην δίκαια, καὶ τὴν ἐξ αὐτοῦ περιέμενον ἀπόφασιν
σφόδρα πεποιθὼς αὐτοῦ τῇ ἀληθείᾳ.

ὅρα δὲ κἀντεῦθεν, ὡς οὐκ ἀντιλέγων θεῷ τὴν πρὸς αὐτὸν αἱρεῖ-
ται διαδικασίαν, ἀλλὰ πιστεύων ἀσφαλῶς τῇ θείᾳ δικαιοκρισίᾳ καὶ
15 διελέγχων τοὺς φίλους καὶ παραιτούμενος τὸ παρ' αὐτοῖς δικασταῖς
κρίνεσθαι τὰ καθ' ἑαυτόν.

εἶτα τοῦ θεοῦ τὸ ἀόρατον εἰρηκὼς καὶ ἀκατάληπτον καὶ ὅσην ἔχει
προθυμίαν εἰς τὸ φυλάττειν τὰ θεῷ δοκοῦντα, πάλιν ἀπορεῖ πρὸς
τοὺς φίλους καί φησι πρὸς αὐτούς· ἐπειδήπερ ἐπ' ἀσεβείᾳ με κρίνε-
20 τε καὶ δεῖγμα ποιεῖσθε τῶν ἡμαρτημένων τὰς ἐμὰς συμφοράς, ἀποκρί-
νεσθέ μοι, διὰ τί πολλὰ καὶ ἀνήκεστα πραττόντων τῶν ἀσεβῶν οὕτω
θεὸς ἀνεξικακεῖ ὡς μηδὲ ἐπισκοπῶν τὰ πραττόμενα.

Y Γ(βOFSL 6-22) P(≠ 6-) N(6-12; 17-)
1 ἑπτακ.: ιζ Y   2 < >: ergänzt nach dem Vorbild der Kap. 3-6
6-7 αἰσχρὰς - ἠσεβ.: τὰς τῶν ἐκτ. ἠσεβ. πράξεις αὐτῷ περιθεὶς Ν
8 μακ. - 'Ιὼβ: δίκαιος Ν / ἀκριβῶς > Ν(Ρ)   9 ὅτι: ὡς ΓΝ / πράξε-
ων: ἔργων Ν   10 τὰ ἐμὰ (PL)   11 παρετ.: παραθήσομαι Ν
/ περιμένω Ν   13/14 ἐρεῖται Y   14 ἀσφαλῶς Γ: ἀκριβῶς Y
17-18 καὶ₂ - δοκ. > Ν   18 τὰ θεῷ: καὶ τὰ Γ   18-19 ἀπορεῖ -
φησι: δυνατὰ Γ   19 καὶ - αὐτοὺς > Ν   20 ποιεῖσθε ΓΝ: ποιεῖτε Y
20/21 ἀποκρίνασθε Ν(VFLP): -νεσθαι Y, -νεσθε (γOS)   22 ὁ θεὸς Ν

εἶτα τῶν ἀδίκων καταλέξας τὰς πράξεις ὁ γενναῖος Ἰὼβ καὶ φι-
λοδίκαιος οὐ διὰ τὴν ἀνοχὴν τοῦ θεοῦ προσχωρεῖ τῇ μερίδι τῶν
ἀσεβῶν, ἀλλὰ καὶ καταρᾶται τοὺς τοιούτους καί φησιν ὅτι· δώσου-
σι καὶ αὐτοὶ δίκην, εἰ καὶ ἐπὶ πολὺ διήρκεσαν διὰ τὴν ἀνοχὴν τοῦ
5 θεοῦ.

θαρρῶν δὲ τῇ τῶν οἰκείων λόγων ἀληθείᾳ· εἰ δὲ μὴ ταῦτα, φησίν,
ἀληθῆ, ὁ βουλόμενος διελέγξαι τὰ εἰρημένα.

<Αἱ λέξεις>

23,2 καὶ δὴ οἶδα ὅτι ἐκ χειρός μου ἡ ἔλεγξίς μού ἐστιν.

10   οὐδένα, φησίν, τῶν ὑμετέρων κατηγοριῶν ποιοῦμαι λόγον· οὐ γὰρ
ἐκ τῶν ὑμετέρων ψευδηγοριῶν, ἀλλ᾽ ἐκ τῶν ἐμοὶ πεπραγμένων κρίνε-
ται τὰ κατ᾽ ἐμέ. χεῖρα γὰρ τὴν πρᾶξίν φησιν.

23,2 καὶ ἡ χεὶρ αὐτοῦ βαρεῖα γέγονεν ἐπ᾽ ἐμῷ στεναγμῷ.

ἄλλα δὲ ἀντίγραφα· στενάξω δὲ ἐπ᾽ ἐμαυτόν, ἔχουσιν. ὃ δὲ λέ-
15 γει τοιοῦτόν ἐστιν· οἶδα δὲ καὶ τοῦτο, ὅτι σφοδράς μοι καὶ βα-
ρείας τιμωρίας ἐπήγαγεν. διὸ καὶ ἀναστένω, ἐπειδὴ πρόφασιν τῆς
κατ᾽ ἐμοῦ συκοφαντίας τὰς θείας ποιεῖσθε τιμωρίας.

23,3 τίς δὲ ἄρα γνοίη, ὅτι εὕροιμι αὐτὸν καὶ ἔλθοιμι εἰς τέλος.

ἀλλ᾽ εἴθε, φησίν, τῷ βασιλικῷ τοῦ θεοῦ θρόνῳ παρέστην καὶ τὴν
20 ἐκεῖθεν ἐδεξάμην ἀπόφασιν. τὸ γὰρ ἔλθοιμι εἰς τέλος τοῦτο
σημαίνει, ἀντὶ τοῦ· ἵνα τὸ πέρας τῶν κατ᾽ ἐμὲ γνώριμον ἐκεῖθεν
γένηται.

Υ Γ(βOFS 1-7; βOFSP 19-22) P(≠ -7; 10-12) N(-7)

1 τῶν - 3 φησιν: ἐπαρασάμενος τοὺς τοι. φησίν Ν   2 διὰ Υ(Ρ): > Γ
/ προσχωρεῖ Γ: παραχωρεῖ Υ   3/4 δώσουσί + ποτε Ν   4-5 εἰ -
θεοῦ ΓΝ(Ρ): > Υ   6 δὲ > Ν   7 διελέγξαι Hag: διαλλέγξει Υ, δι-
ελέγξει Γ, ἐλεγχέτω Ν, (διελεγξάτω Ρ)/ τὰ εἰρημένα > Ν(Ρ)   8 er-
gänzt nach den anderen Kap.   10 φησίν > Ρ   10-11 οὐ - ψευδ.
> Ρ   11 ἐκ τῶν ὑμ. ψευδ. Hag: ἐν ταῖς ἡμετέραις ψευδηγορίαις ΥΡ
11/12 κρίνετε Ρ   18 γνοίει Υ   19 παρ. θρ. stellt Γ/ πάρεστιν Υ/
καὶ Γ: εἰ Υ   21 ἵνα Hag: εἶναι Υ, ὅπως Γ/ γνωοίμων Γ/ ἐκεῖθεν > Γ

23,4-7 εἴποιμι δὲ ἐμαυτοῦ κρίμα, τὸ δὲ στόμα μου ἐμπλήσω ἐλέγ-
χων. γνοίην δὲ ῥήματα ἅ μοι ἐρεῖ, αἰσθοίμην δέ, τίνα μοι ἀπαγγε-
λεῖ. καὶ ἐν πολλῇ ἰσχύι ἐπελεύσεταί μοι, εἶτα ἐν ἀπειλῇ μοι οὐ
χρήσεται. ἀλήθεια δὲ καὶ ἔλεγχος παρ' αὐτοῦ, ἐξαγάγοι δὲ εἰς τέ-
5 λος μου τὸ κρίμα.

ἵνα, φησίν, γεγονὼς παρὰ τὸ θεῖον ἐκεῖνο βῆμα ἀπολοφύρωμαι
πάντα τὰ κατ' ἐμέ. τοῦτο γὰρ σημαίνει τὸ εἴποιμι δὲ ἐμαυτοῦ
κρίμα, ἀντὶ τοῦ· ἃ ἐκρίθην, ἃ πέπονθα. εἴποιμι δὲ καὶ τὰ ἐμοὶ βεβι-
ωμένα - τοῦτο γάρ ἐστι τὸ <τὸ> στόμα μου ἐμπλήσω ἐλέγχων
10 -, ἅ τε ἔπραξα καὶ ἃ πέπονθα, ἵνα τῇ πείρᾳ μάθω, ποίαν ἐκφέρει
τὴν κρίσιν καὶ τί πρὸς ταῦτα λέγει καὶ πότερον ἰσχυρῶς ἐπεξέρχε-
ταί μοι σφοδρότερόν με τιμωρούμενος ἢ ἀνίησι τῆς ἀπειλῆς. διὰ
τοῦτο δέ, φησίν, ἐπὶ θεοῦ κρίνεσθαι βούλομαι σφόδρα πεποιθώς, ὡς
ἀληθής ἐστιν ὁ θεὸς καὶ ἀπροσωπολήπτως τοὺς ἐλέγχους, τουτέστι
15 τὰς κρίσεις, ἐξάγει. οἶδα δέ, ὅτι ταῦτά μου λέγοντος οὐκ ἐπὶ πο-
λὺ παρέτεινεν, ἀλλὰ συντόμως τὴν περὶ ἐμοῦ κρίσιν ἐξέφερεν.

λέγει δὲ ὁ φιλόθεος Ἰὼβ ἑαυτῷ τε θαρρῶν καὶ τῇ θείᾳ δικαιο-
κρισίᾳ καὶ τοὺς φίλους διελέγχων ὡς οὐχ ὑγιεῖς τὰς περὶ αὐτοῦ
ποιοῦντας δόξας.

20 23,8-9 εἰς γὰρ πρῶτα πορεύσομαι καὶ οὐκέτι εἰμί· τὰ δὲ ἐπ' ἐσ-
χάτοις τί οἶδα; ἀριστερὰ ποιήσαντος αὐτοῦ καὶ οὐ κατέσχον, περι-
βαλεῖ δεξιὰ καὶ οὐκ ὄψομαι.

Υ Γ(βΟFSP 6 - 15 ἐξάγει; 18 τοὺς - 19) Ν(≠ 6 - 15 ἐξάγει; ≠ 18 καὶ
- 19)

1 στόμα LXX: ῥῆμα Υ, vgl. Z.9   2 ἐσθοίμην Υ   4 χρήσεται LXX:
χρήσηται Υ / ἐξαγάγοι LXX: ἐξαγάγεις Υ   6 ἵνα φησίν: καὶ ἵνα Γ /
γεγονὼς Γ: γέγονε Υ / ἀπολοφύρομαι Υ   7 σημ.: ἐστὶ Γ   8 κρί-
μα Γ: τὸ κρ. Υ, vgl. Z.1   9 τοῦτο γάρ ἐστι: ὃ δηλοῖ Γ / <τὸ> Hag:
> ΥΓ   10 ἅ τε - πέπονθα Υ(Ν): > Γ/ ἵνα - μάθω Γ(Ν): > Υ   11 καὶ₁
- καὶ₂ > Γ (hat Ν) / (λέγει + ἅμα τῆς ἐμῆς ἀπορίας Ν)/ πότερον Γ(Ν):
πρότερον Υ   12 σφοδρότερον Υ / με Γ: μοι Υ, (> ΡΝ) / ἀνίησι: ἀνή-
σει Γ   12-13 διὰ - πεποιθώς: καὶ γὰρ πέποιθα Γ, (> Ν)   14 ἀλη-
θής Γ: ἀληθῶς Υ / ἀπροσωπολήπτως Γ(Ν): ἀπροσωπόληπτος Υ   16 παρέ-
τεινεν ἀλλὰ Hag: πάρεστιν ἐν ἄλλῳ Υ   18 ἐλέγχων Γ(Ν) / (ὡς > Ν)
19 ποιοῦνται Γ   21 ἀριστερὰ LXX: ἄριστα Υ

σαφέστερον τῶν ῥητῶν τὴν δύναμιν ἑρμηνεύων ὁ Σύμμαχος οὕτως
ἐκδέδωκεν· ἰδοῦ ἐὰν προέρχωμαι αὐτόν, ἀφανής ἐστιν, κἂν ἀκολουθῶ,
οὐκ αἰσθήσομαι. ὁ δὲ νοῦς οὗτος· ἡδέως μέν, φησίν, ὑπὸ τοῖς θεί-
οις ὀφθαλμοῖς ἔχω κριθῆναι τὰ κατ' ἐμέ, ἀλλὰ τί πάθω; ἀόρατός ἐ-
5 στι τὴν φύσιν ὁ θεός. ἐν τοῖς ὄπισθεν αὐτὸν ἐπιζητήσω, ἀφανής
ἐστιν· ἔμπροσθέν μου τυγχάνει, οὐκ αἰσθάνομαι· εἰς εὐώνυμα τρα-
πέντος ἐπιλαβέσθαι ἀμηχάνως ἔχω· ἐκ δεξιῶν γεγενημένον παντελῶς
οὐχ ὁρῶ. ταῦτα δὲ ἔφη οὐχ ὡς σωματικῶς ἢ μεταβατικῶς τοὺς τόπους
τοῦ θεοῦ περινοστοῦντος, ἀλλὰ δεῖξαι θέλων, ὡς πανταχοῦ μὲν ὁ
10 θεὸς πάρεστιν, ἡμῖν δὲ ἀνέφικτος καὶ ἀόρατος τυγχάνει καὶ ἀκατά-
ληπτος.

τὸ δὲ οὐκέτι εἰμί, τουτέστιν· ἐὰν ἐπὶ πλεῖον ἐπεκτείνω
τὴν ἔρευναν, ἔξω ἐμαυτοῦ γίνομαι καὶ ἐν σκοτοδινίᾳ λογισμῶν ζητῶν
καταλαβεῖν τὸν ἀκατάληπτον.

15 23,10 __οἶδεν γὰρ ἤδη ὁδόν μου, διέκρινε δέ με ὥσπερ τὸ χρυσίον.__

διὰ τοῦτο δέ, φησίν, ἐπὶ θεοῦ θαρρῶ τὸ κρίνεσθαι, ὅτι καὶ πρὸ
τῶν ἐμῶν λόγων τὰς ἐμὰς ἐπίσταται πράξεις, καὶ εἰ ἔκρινε τὰ κατ'
ἐμέ, ἀπέφηνεν ἄν με ἴσα καὶ χρυσίῳ καθαρόν.

23,11 __ἐξελεύσομαι δὲ <ἐν> ἐντάλμασιν αὐτοῦ· ὁδοὺς γὰρ αὐτοῦ ἐφύ-__
20 __λαξα καὶ οὐ μὴ ἐκκλινῶ.__

Υ Γ(βOFS 1-14; βOFSPL 16-18) P(1-14) N(1-14; 16 - 17 πράξεις)
1 σαφ. + δὲ Ν / τῶν - ἑρμηνεύων > Γ / δύναμιν: ἔννοιαν Ν / οὕτως > Γ
2 προέρχωμαι αὐτόν ΓΝ: προέρχωμαι αὐτῷ Ρ, προσεύχομαι αὐτόν Υ,(προσ-
ερχωμαι αὐτόν F) / κἂν ἀκολουθῶ ΓΡΝ: καὶ ἀκολούθως Υ   3 οὐχ ΓΡΝ:
οὐδὲ Υ / αἰδεσθήσομαι Γ / μέν ΓΡΝ: > Υ   5 θεός + τί οὖν δράσω Ν
/ ἐν - 8 ὁρῶ: εἴτε γὰρ ἔμπροσθεν ἦ (γὰρ ἔμ. ἦ > Ρ) ὄπισθεν ἦ εἰς τὰ
δεξιὰ ἦ καὶ εὐώνυμα αὐτὸν ἐπιζητήσω, ἀφανής ἐστι παντελῶς ΓΡ / ὄπι-
σθεν αὐτὸν Hag: ὄπισθε αὐτόν Υ, ἔμπροσθεν αὐτὸν Ν   8 ταῦτα - 11
nach 14 stellen ΓΡ/ οὐχ ὡς ΓΡΝ: οὐ Υ   9 ὡς ὡς Υ (Seitenwechsel)
10 καὶ ἀόρ. τυγχ.: ἐστι Ν   10/11 καὶ ἀκατάλ. > Γ   12 τουτ.:
ἀντὶ τοῦ ΓΡ, ὅτι Ν/ πλέον ΓΡΝ   13 ἔρευναν ΓΡ: κατάληψιν Υ, ζή-
τησιν Ν, + καὶ τὴν πολυπραγμοσύνην τοῦ νοός καὶ τὰ πρῶτα καὶ τὴν ἀρ-
χὴν ζητήσω τοῦ θεοῦ Ν/ ἐν - 14 > Ρ/ σκοτοδινίᾳ ΓΝ: σκότῳ διανοίᾳ Υ /
λογ. + καθίσταμαι Ν   16 δὲ > Ν/ τὸ > Ν   17-18 ἔκρινε τ. κ. ἐμέ:
τούτου γε ἔτυχον Γ (τούτου ἔτυχον κριτοῦ Ρ)   18 ἀπέφηνεν ἄν με Γ:
ὑπέφαινεν Υ / καθαρόν Γ: καθαρῷ Υ

ὥδευσα γάρ, φησίν, διὰ τῶν ἐντολῶν αὐτοῦ καὶ τοὺς αὐτοῦ νό-
μους ἐφύλαξα. ἐντολὰς δὲ λέγει οὐ τὰς ἀκουστὰς καὶ ἐγγραμμάτους
- πρὸ νόμου γὰρ ἐτύγχανεν -, ἀλλὰ τὰς τῇ φύσει συνεσπαρμένας, τὰς
κατὰ διάνοιαν ὑπὸ θεοῦ λαλουμένας. τὸ δὲ οὐ μὴ ἐκκλινῶ θαυ-
5 μασίαν ἔχει διάνοιαν· κἂν γὰρ μυρία πάθω, φησίν, οὐ παρατραπήσο-
μαι τῆς εὐθείας ὁδοῦ, ὅμοιον τῷ λέγοντι· τ ί ς ἡ μ ᾶ ς χ ω ρ ί σ ε ι
ἀ π ὸ τ ῆ ς ἀ γ ά π η ς τ ο ῦ Χ ρ ι σ τ ο ῦ, θ λ ῖ ψ ι ς ἢ σ τ ε ν ο χ ω ρ ί α
ἢ δ ι ω γ μ ό ς; καὶ ἐπάγει·

23,12 ἀ π ὸ ἐ ν τ α λ μ ά τ ω ν α ὐ τ ο ῦ κ α ὶ ο ὐ μ ὴ π α ρ έ λ θ ω.

10 ο ὐ μ ὴ ἐ κ κ λ ι ν ῶ ἀ π ὸ ἐ ν τ α λ μ ά τ ω ν α ὐ τ ο ῦ ο ὐ δ ὲ ὑ π ε ρ β ή σ ο-
μαι τὰ θεῷ δοκοῦντα.

23,12 ἐ ν δ ὲ κ ό λ π ῳ μ ο υ ἔ κ ρ υ ψ α ῥ ή μ α τ α α ὐ τ ο ῦ.

ἐ ν κ ό λ π ῳ· ἐν ἀναπαύσει, οὐ διὰ ἀνάγκην, ἀλλὰ τῇ θείᾳ ἀγάπῃ
τὸ θεῖον ἐκπληρῶν {μου} βούλευμα. δύναται δὲ καὶ τὸ ἐν κ ό λ π ῳ
15 νοεῖσθαι· ἐν τῷ βάθει τῆς διανοίας. καὶ ἄλλως δέ, ἐπειδὴ τὸ ἡνω-
μένον ὁ κόλπος σημαίνει, ἵνα εἴπῃ ὅτι· ὡς συναναπεπλασμένος καὶ
πεποιωμένος ταῖς θείαις ἐντολαῖς, οὕτως αὐτὰς ἐνεκολπωσάμην καὶ
περιχαρῶς ἐξετέλεσα.

23,13 ε ἰ δ ὲ κ α ὶ α ὐ τ ὸ ς ἔ κ ρ ι ν ε ν ο ὕ τ ω ς, τ ί ς ἐ σ τ ι ν ὁ ἀ ν τ ε ι π ὼ ν α ὐ τ ῷ;
20 ὁ γ ὰ ρ α ὐ τ ὸ ς ἠ θ έ λ η σ ε ν, κ α ὶ ἐ π ο ί η σ ε ν.

6-8 Römer 8,35
Y Γ(βOFS 1 - 7 Χριστοῦ; 15 ἐν - διανοίας) P(1 - 7 Χριστοῦ) N(2 ἐν-
τολὰς - 7 Χριστοῦ; 10 οὐδὲ - 11; ≠ 13-18)

1 ὥδ. γάρ: ὥδευσα γάρ Y, καὶ γὰρ ὥδ. ΓΡ / φησὶν > ΓΡ   1-2 καὶ -
ἐφύλαξα > Γ/ νόμους αὐτοῦ stellt P   2 δὲ + νῦν N/ οὐ τὰς: οὐκ P /
ἀκ. καὶ ἐγγρ.: ἐγγράφους ΓΡ   3 πρὸ + τοῦ N / ἐτύγχανεν: ἦν P, ἦν
ὁ ἅγιος N/ ἀλλὰ + τοὺς ἐν διανοίᾳ Y, + τὰς ἀγράφους N / τῆς φύσεως ΓΡ
4 δὲ + καὶ Γ / ἐγκλίνω Y   4/5 θαυμ. ἔχ. διάν.: θαυμ. ἔχ. τὴν ἔμ-
φασιν N, θαυμάσαι ἄξιον ΓΡ   5 κἂν γὰρ ΓΡΝ: ἀλλὰ γὰρ κἂν Y
6 τῆς εὐθ. ὁδθ. ὁδοῦ ΓΡΝ: > Y / ὁδοῦ + οὐδὲ ὑπερβήσομαι τὰ τῷ θεῷ δοκοῦν-
τα N (vgl. Z.10f) / λέγοντι > N/ χωρήσει Y   10 ἐκκλινῶ Hag:
ἐγκλίνει Y, vgl. Z.4   11 τὰ + τῷ N   14 τὸ: τῷ Y   16 συν-
αναπεπλασμένως Y   17 πεποιομένως Y / ἐνεκολπωσάμην Hag: ἐγ-
κολπωσάμην Y

ἃ μὲν οὖν ἐμαυτῷ σύνοιδα, ταῦτά ἐστιν. κρατείτω δὲ ὅμως τὸ
θεῷ δοκοῦν καὶ μηδεὶς τοῖς αὐτοῦ κρίμασιν ἀντιπιπτέτω.

23,15   διὰ τοῦτο ἐπ᾽ αὐτῷ ἐσπούδακα, νουθετούμενος δὲ ἐφρόντισα
αὐτοῦ.

5   διὰ τοῦτο, φησίν, ἐθροήθην οὐκ εἰδὼς τὴν αἰτίαν τῆς πληγῆς,
πλὴν καὶ ἐλεγχόμενος εὐχαρίστως ἤνεγκα καὶ διὰ φροντίδος ἔχω,
μηδὲν περὶ αὐτοῦ παλίμφημον ἐννοεῖν.

23,15 a   ἐπὶ τούτῳ ἐπὶ προσώπου αὐτοῦ κατασπουδάσω, κατανοήσω
καὶ πτοηθήσομαι ἐξ αὐτοῦ.

10   ταῦτα δὲ κατ᾽ ἐμαυτὸν ἐννοῶν θορυβοῦμαι, ταῦτα κατανοῶν πτοοῦ-
μαι, οὐδὲν μὲν ἐμαυτῷ συνειδώς, ἐννοῶν δέ, ὅτι θεὸς ὁ τιμωρούμε-
νος, τὴν δὲ αἰτίαν τῆς κακώσεως οὐκ ἐπιστάμενος.

23,16 - 17   κύριος δὲ ἐμαλάκυνε τὴν καρδίαν μου, ὁ δὲ παντοκράτωρ
ἐσπούδασέ με. οὐ γὰρ ᾔδειν ὅτι ἐπελεύσεταί μοι σκότος, πρὸ προσώ-
15 που δέ μου ἐκάλυψέ με γνόφος.

ποιεῖ δέ μου τὴν ἀγωνίαν καὶ ἐκλύει τοὺς τόνους τῆς ψυχῆς μου
ἡ θεία καὶ ἀδοκήτως ἐπενεχθεῖσα τιμωρία. σκότος δὲ καὶ γνόφον
πρὸ προσώπου λέγει τὸ τῶν συμφορῶν ἀδιεξόδευτον. ὡς γὰρ πρὸ
ὀφθαλμῶν, φησίν, ἀορασίας οὔσης ὑπερβαίνειν οὐκ ἔχω τὰ δεινά.

20 24,1 - 4   διὰ τί δὲ κύριον ἔλαθον ὧραι, ἀσεβεῖς δὲ ὅριον ὑπερέβη-
σαν ποίμνιον σὺν ποιμένι ἁρπάσαντες; ὑποζύγιον δὲ ὀρφανῶν ἀπήγα-
γον καὶ βοῦν χήρας ἠνεχύρασαν. ἐξέκλιναν δὲ ἀδυνάτους ἐξ ὁδοῦ ᾽
δικαίας.

Y Γ(βOFSPL ≠ 5-7; βOFS ≠ 16 ἐκλύει - ψυχῆς; βOFSP 17 σκότος - 18 ἀ-
διεξόδευτον) P(1-2; ≠ 16 ἐκλύει - 17 τιμωρία) N(1-2; ≠ 5-7; 12
τὴν - ἐπιστ.; 17 σκότος - 19)

1 οὖν: γὰρ N, > P / τοιαῦτα P / τὸ P: τῷ Y, τὸ τῷ N   3 ἐσπούδακα
LXX: ἐσπούδασα Y   5 <δ>ιὰ Y (Initiale fehlt) / ἐθρωήθην Y / οὐχ Y
6 διὰ φροντίδος ἔχω Hag: διὰ φρ. ἐγώ Y, δ. φρ. ἄγω (Γ), ἐφρόντισα (N)
9 πτωηθήσομαι Y   10/11 πτωοῦμαι Y   12 δὲ > N   17 γνόφον
ΓΝ: γνόφος Y   18 λέγει: καλεῖ N / συμφορῶν + ἄδηλον ἢ N
22 ἠνεχύρασαν LXX: ἐνεχειρίασαν Y

τὰ προρρηθέντα τοῦ Ἰὼβ λέγοντος εἰκὸς ἦν τοὺς φίλους ἀντερεῖν
ὡς· ταῦτα πάσχεις οὐ καθαρὸς ὤν, ὡς σὺ φής, ἀλλὰ τῶν πλημμελημά-
των ἐκτίνων τὰς δίκας. γοργῶς οὖν ἐπιλύων τὸ ἀντιπῖπτον ἐπήγαγε
λέγων· πῶς οἱ μὲν ἀσεβεῖς τὰ τῶν πλησίον ἀφαιροῦνται παρορίζοντες
5 καὶ λυμαινόμενοι τοὺς ἀγχιτέρμονας καὶ ἀνηλεῶς σὺν τοῖς ποιμνίοις
τὸν ποιμένα συναρπάζοντες καὶ ὀρφανῶν καὶ χήρας τὰς τοῦ ζῆν ἀφορ-
μὰς παραιρούμενοι - τὸν βοῦν δή φημι καὶ εἴ τι ἕτερον ὑποζύγιον -,
καὶ τοὺς ἀσθενεῖς καταδικάζουσι τὰς τοῦ δικαίου παρατρέποντες
ψήφους ἐπ' αὐτοῖς, ὁ δὲ θεὸς ὥσπερ τῶν καιρῶν ἐπιλαθόμενος ὑπερ-
10 τίθεται τὰς τιμωρίας; - ὥρας γὰρ τοὺς καιροὺς φησιν.

ὁ δὲ νοῦς οὗτος· εἰ τοῖς ἁμαρτήμασι πάντως ἔπονται κολάσεις,
εὔκαιρον ἦν ὁμοῦ τῷ πλημμελήματι τὴν τιμωρίαν ἐπάγεσθαι. νῦν δὲ
οἱ μὲν ἀνήκεστα πράττουσιν, ὁ δὲ θεὸς ὥσπερ τῶν καιρῶν ἐκλελησμέ-
νος ἀνέχει τὰς ἀνταποδόσεις. τὸ διὰ τί οὖν οὐκ αἰτιατικῶς, ἀλ-
15 λὰ προβληματικῶς ὡς πρὸς τοὺς φίλους εἴρηται.

24,4-5 ὁμοθυμαδὸν δὲ ἐκρύβησαν πραεῖς γῆς· ἀπέβησαν δὲ ὥσπερ
ὄνοι ἐν ἀγρῷ.

ταύτας, φησίν, τῶν ἀδίκων τὰς πράξεις ὁρῶντες οἱ ἐπιεικέστα-
τοι τὸν ἐρημικόν τε καὶ ἡσύχιον ἀσπάζονται βίον τὴν μετὰ τῶν
20 ἀγρίων ζώων ἢ μετὰ τοιούτων ἀνδρῶν διατριβὴν περιπτυσσόμενοι.

24,5 ὑπὲρ ἐμοῦ ἐξελθόντες τὴν ἑαυτῶν πρᾶξιν.

Y Γ(βOFSP 1 - 4 λέγων; 8 τοὺς - 9 αὐτοῖς; 12 νῦν - 15) P(11 εἰ - 12
ἐπάγεσθαι; 18 - 19 βίον) N(1-15; ≠ 19 τὴν - 20)

1 τὰ - φίλους: εἰκὸς ἦν πάλιν τοὺς φίλους πρὸς τὰ ῥηθέντα τῷ Ἰὼβ Γ/
προρτθ.Υ/ εἰκὼς Υ/ τοὺς: τοῦ Υ   3 ἐκτίνων ΓΝ: ἐκτείνων Υ/ τὰς > Ν/
ἀντιπίπτων Υ   3/4 ἐπ. λέγ.: ἐπάγει ΓΝ   4 πλησίων Υ / παρορί-
ζοντες Ν: παροργίζοντες Υ   5 καὶ + Akylas-Variante Ν / σὺν τοῖς:
αὐτοῖς Ν   6 καὶ₁ > Ν   7 παραιρούμενοι Ν: περιαιρούμενοι Υ /
δὴ > Ν / εἴ τι ἔτ.: τὸ Ν   8 καὶ > Ν / καταδικάζοντες Ν, + καὶ Ν
8/9 ψηφ. ἐπ' αὐτοῖς παρατρ. stellt Γ   9 ψήφους ΓΝ: ψήφη Υ / ἐπ':
ἐν Ν   10 ὥρας - φησιν > Ν   11 ὁ - οὗτος: καίτοιγε Ν / εἰ +
γὰρ Ρ / πάντως: φησι Ρ / αἱ κολάσεις Ν   12 τιμωρίαν: ποινήν Ν /
νῦν δὲ: πῶς τοίνυν Γ   13 οἱ μὲν: τινὲς Γ / θεὸς ΓΝ: > Υ
14 ἀνταποδώσεις Υ / οὐκ αἰτ. ἀλ. > Γ / αἰτιολογικῶς Ν   15 προ-
βληματικῶς ΓΝ: προβλητικῶς Υ   18 φησι > Ρ   18/19 ἐπιεικέστε-
ροι Ρ   19 ἐρημικὸν: ἐπιεικέστερον Ρ / τε > Ρ / ἀσπ.: ἀπαξαντοι Ρ

καὶ ἐπικρύπτοντες τὴν φανερὰν πονηρίαν ἐγκαθέτους τοὺς δόλους
ἐργάζονται δοκοῦντες μὲν ὑπὲρ ἐμοῦ πράττειν, κατ' ἐμοῦ δὲ βουλευό-
μενοι.

24,5 ἠδύνθη αὐτῶν ἄρτος εἰς νεωτέρους.

5   ταῦτα δὲ ἔπραττον οἱ ἀσεβεῖς ὥσπερ ἄρτῳ ταῖς νεωτερικαῖς ἐπι-
θυμίαις ἡδόμενοι, ἢ καὶ νεανίσκους τινὰς ἐκτρέφοντες ἐφ' ᾧ δύνα-
σθαι δι' αὐτῶν τὰς ἐπηρείας ἐργάζεσθαι.

24,6 ἀγρὸν πρὸ ὥρας οὐκ αὐτῶν ὄντα ἐθέρισαν.

δύο κατὰ ταὐτὸν ἥμαρτον πρὸ ὥρας τοὺς καρποὺς τέμνοντες καὶ
10 ταῦτα τοὺς ἀλλοτρίους· πεφύκασι δὲ τοῦτο ποιεῖν οἱ τὸν ληστρικὸν
μετιόντες βίον διὰ τὸ τῷ καιρῷ τοῦ θερισμοῦ φυλάττεσθαι τοὺς καρ-
πούς.

24,6 ἀδύνατοι δὲ ἀμπελῶνας ἀσεβῶν ἀμισθὶ καὶ ἀσιτὶ εἰργάσαντο.

μεγίστη καὶ αὕτη παρανομία τὸ τοὺς πένητας ἀμισθὶ τοῖς πλουσί-
15 οις ἐργάζεσθαι.

24,7 γυμνοὺς πολλοὺς ἐκοίμισαν ἄνευ ἱματίων, ἀμφίασιν δὲ ψυχῆς
αὐτῶν ἀφείλαντο.

γυμνοὺς ἐκοίμισαν ἀντὶ τοῦ· γυμνώσαντες ἡσυχάσαι παρε-
σκεύασαν· ὑπὸ γὰρ τοῦ δέους οὐκ ἀντέλεγον οἱ γυμνούμενοι. ἀμφί-
20 ασιν δὲ ψυχῆς λέγει τὸν ἔσχατον χιτῶνα· ὑπὸ γὰρ τοῦ κρύους
πηγνυμένου τοῦ σώματος συμπάσχει καὶ ἡ ψυχή.

24,8 ἀπὸ ψεκάδων ὀρέων ὑγραίνονται, καὶ παρὰ τὸ μὴ ἔχειν αὐτοὺς
σκέπην πέτραν περιεβάλλοντο.

Υ Γ(βOFSPL 1-2 ἐργάζονται; βOFSPLN 6 ἢ καὶ -7; βOFSL 18-20 χιτῶνα)
Ρ(2 δοκοῦντες -3; 5-6 ἡδόμενοι; 18-21) Ν(9-12; 14-15; ≠ 18-19 γυμν.)

1 καὶ: τουτέστιν Γ   2/3 βουλευόμενοι Ρ: βουλόμενοι Υ   5 δὲ >
Ρ / ὥσπερ: ὡς Ρ   6 ἢ - ἐκτρ.: ἡδύ φησι τοῖς ἀσεβέσι τὸ τρέφειν
νεανίσκους τινάς Γ   7 δι' αὐτῶν Γ: > Υ   9 δύο Ν: δὺς Υ / ἥμαρ-
τον (Νγ): ἁμαρτάνοντες Υ, ἡμάρτανον (Νρ)   10-11 τὸν - βίον: λη-
στεύοντες Ν   11 τὸ Ν: > Υ   18 γυμν. ἐκ. > Ρ
19 οἱ > Ρ   20 κρύους Ρ: κρύου Υ

ληστρικὸν ὑπογράφει βίον· οἱ γὰρ τοιοῦτοι τὴν ἐρημίαν κατα-
λαμβάνοντες αἴθριοι μὲν τὰ πολλὰ διανυκτερεύουσι καὶ διημερεύου-
σιν. εἰ δὲ καί ποτε σκεπάζεσθαι δέοι, φωλεοὶ τούτοις ἢ σκέπη καὶ
πέτραι καὶ φάραγγες.

5 24,9 ἥρπασαν ὀρφανὸν ἀπὸ μαστοῦ.

ἐλεεινῶς καὶ ἀνοικτιρμόνως ἔτι τὴν μητρῴαν ἕλκοντα θηλὴν ἐφ' ᾧ
τοῦτον ἑτέροις ἀπεμπολῆσαι.

24,9 ἐκπεπτωκότα δὲ ἐταπείνωσαν.

ἕτερον δὲ ἐταπείνωσαν ἐκπεπτωκότα τῶν ὑπαρχόντων αὐτοῦ τὰ
10 προσόντα ἀφελόμενοι.

24,10 γυμνοὺς δὲ ἐκοίμισαν ἀδίκως.

ἄλλους δὲ ἀδίκως ἀπογυμνώσαντες οὐδὲν αὐτοῖς ἐποφείλαντας τὴν
ἡσυχίαν ἀγαπᾶν παρεσκεύασαν.

24,10 πεινώντων δὲ τὸν ψωμὸν ἀφείλαντο.

15 εἰς ἐσχάτην αὐτοὺς καταστήσαντες πενίαν τε καὶ τροφῆς ἔνδειαν.

24,11 ἐν στενοῖς ἀδίκως ἐνήδρευσαν.

περὶ τοὺς ἀμφικρήμνους ἐνεδρεύοντες τόπους· ἐν γὰρ ταῖς πλα-
τείαις ἴσως που ἦν καὶ διαδρᾶναι τὸν ὑπ' αὐτῶν ἐνεδρευόμενον.

24,11 ὁδὸν δὲ δικαίαν οὐκ ᾔδεισαν.

20 καθόλου πάντες οἱ ἀσεβεῖς.

24,12 οἱ ἐκ πόλεως καὶ οἴκων ἰδίων ἐξεβάλλοντο.

Y Γ(βOFSPLN 1-4; βOFS 17 ἐν γὰρ - 18) P(6 ἐφ' ᾧ - 7; 17-18)
N(6-7; ≠ 12-13; 15; ≠ 17-18)

2 διαν. καὶ διημ.: διατρίβουσιν Γ   3 ποτὲ καὶ stellt Γ / σκέπε-
σθαι Γ/ φολεοὶ Y   6 ἔτι Νy: ἐπὶ YNp/ θηλὴν + τὸν ὀρφανὸν ἀφήρπα-
σαν N   7 ἀπεμπολῆσαι N: ἀπεμπολήσασθαι YP   12-13 τὴν - παρ-
εσκ.: κατεσίγασαν (N)   14 <π>εινόντων Y (Initiale fehlt)   18 που
ἦν Y(N): ἦν που ΓΡ   21 πόλεως LXX: πόλεων Y, vgl.209,2

τοῦτο πρὸς τὸ γυμνοὺς δὲ ἐκοίμισαν ἀδίκως· οὗτοι γὰρ
ὑπὸ τῶν παρανόμων ταῦτα πεπόνθασιν ἀπὸ πόλεως καὶ οἴκων ἐξελαυνό-
μενοι.

24,12 ψυχὴ δὲ νηπίων ἐστέναξε μέγα.

5 κάτωθεν ἐκ τοῦ τῆς καρδίας βάθους οὐκ εὐπορούντων αὐτοῖς τῶν
γονέων μεταδοῦναι τροφῆς.

24,12-13 αὐτὸς δὲ διὰ τί τούτων ἐπισκοπὴν οὐ πεποίηται ἐπὶ γῆς
ὄντων αὐτῶν καὶ οὐκ ἐπέγνωσαν;

τοῦτο ὡς πρὸς τοὺς φίλους ἀπορῶν λέγει ὅτι· εἰ δι' ἁμαρτήματα
10 αἱ κακώσεις, διὰ τί τούτους ἀνεπισκοπήτους εἴασε καίτοιγε πάντα
τὰ ἐπὶ τῆς γῆς πραττόμενα ἐφορῶν; τὸ δὲ καὶ οὐκ ἐπέγνωσαν,
τουτέστιν· οἱ ἀσεβεῖς οὐκ ἐπέγνωσαν, ὅτι ἀνεπισκόπητοί εἰσιν. ὁ
γὰρ θείας ἐπισκοπῆς ἀξιούμενος καὶ παιδεύεται· ὃν γὰρ ἀγαπᾷ
κύριος παιδεύει, μαστιγοῖ δὲ πάντα υἱὸν ὃν παρα-
15 δέχεται.

24,13 ὁδὸν δικαιοσύνης {σου} οὐκ ᾔδεισαν οὐδὲ ἀτραποὺς αὐτῆς ἐ-
πορεύθησαν.

οἱ προειρημένοι ἀσεβεῖς δηλονότι.

24,14-16 γνοὺς δὲ αὐτῶν τὰ ἔργα παρέδωκεν αὐτοὺς εἰς σκότος,
20 καὶ νυκτὸς ἔσται ὡς κλέπτης. καὶ ὀφθαλμὸς μοιχοῦ ἐφύλαξε σκότος
λέγων· οὐ προσνοήσει με ὀφθαλμός, καὶ ἀποκρυβὴν προσώπου ἔθετο.
διώρυξεν ἐν σκότει οἰκίας.

1 Hiob 24,10   13-15 Proverbien 3,12

Υ Γ(βOFSP 1 - 2 πεπόνθασιν; βOFSPLN 9 - 10 εἴασε) P(10 καίτοιγε -
13 παιδεύεται) N(≠ 1 οὗτοι - 2; ≠ 5-6)

1 τὸ Γ: τοὺς Υ / γὰρ + οἱ γυμνοί φησιν Γ   2 ταῦτα Γ: πάντα Υ
(anders N)   2 πεπονθ. + ἤγουν οἱ πρώην φυγάδες ταῦτα ἔπραττον Γ
4 ψυχὴ LXX: εὐχὴ Υ   9 τοῦτο > Γ / φίλους + πάλιν Γ / διαπορῶν Γ
/ ὅτι > Γ / διὰ Υ / ἁμαστ. + πάντως Γ   10 τούτους: τοὺς ταῦτα
πράξαντας πολλάκις Γ/ εἴασε + ἐνταῦθα ὁ θεὸς Γ   11 τῆς > P/ πραττ.
> P/ ἐπέγνων Υ   11-12 τὸ δὲ - ἀσεβ.> P   12 οὐκ P: > Υ/ ἔγνωσαν P
19 γνοὺς LXX: ὁ νοῦς Υ   21 λέγων LXX: λέγειν Υ   22 οἰκείας Υ

παρέδωκεν αὐτοὺς εἰς σκότος οὐκ ἀναγκαστικῶς τοῦτο
ποιῶν ὁ θεός, μὴ γένοιτο, ἀλλὰ συγχωρῶν αὐτοῖς διὰ τὸ αὐτεξού-
σιον ὡς βούλονται πορεύεσθαι. ὅμοιον δὲ τούτῳ καὶ ὁ θεῖος ἀπόστο-
λός φησιν· παρέδωκεν αὐτοὺς ὁ θεὸς εἰς ἀδόκιμον
5 νοῦν ποιεῖν τὰ μὴ καθήκοντα οὐ τοῦ θεοῦ τοῦτο πράξαντος,
ἀλλὰ συγχωρήσαντος πράττειν ὡς βούλονται. φησὶν οὖν, ὅτι καὶ ὁ
κλέπτης καὶ ὁ μοιχὸς καὶ ὁ τυμβωρύχος τὴν νύκτα συνεργὸν ἔχουσιν
ὡς μηδενὸς αὐτοὺς ἐφορῶντος, ἐπειδὴ καὶ σκότους ἄξια πράττουσιν.

24,16 ἡμέρας ἐσφράγισαν ἑαυτούς, οὐκ ἐπέγνωσαν φῶς.

10   οὗτοι δὲ οἱ προειρημένοι διαλαμψάσης ἡμέρας κατακρύπτουσιν ἑαυ-
τοὺς τὰς θύρας ἐναποκλείσαντες - τοῦτο γὰρ σημαίνει τὸ ἐσφράγι-
σαν ἑαυτούς - εἰς φῶς προιέναι δεδοικότες, ἵνα μὴ ἁλῶσιν,
ἐπεὶ μηδὲ φωτὸς ἔργον ἐπάγονται.

24,17 ὅτι ὁμοθυμαδὸν τὸ πρωὶ αὐτοῖς σκιὰ θανάτου, ὅτι ἐπιγνώσε-
15 ται ταραχὰς σκιὰ θανάτου.

διὰ τοῦτο δέ, φησίν, δεδοίκασι τὸ φῶς, ὅτι ὁμοῦ τὴν ἔω πρὸ ὀφ-
θαλμῶν ἔχουσι <καὶ> τὸν θάνατον. ὥσπερ γὰρ ἡ σκιὰ προτρέχει τοῦ
σώματος καὶ πλησίον εἶναι τοῦτο σημαίνει, οὕτω καὶ οὗτοι διαυγα-
σάσης τῆς ἡμέρας τῇ συνειδήσει βαλλόμενοι πλησίον εἶναι προσδοκῶ-
20 σι τὸν θάνατον. ἡ δὲ τοιαύτη προσδοκία ταραχῆς αὐτῶν ἐμπίπλησι
τὰς ψυχὰς καὶ ζοφώδεις ἐργάζεται. τοῦτο γὰρ δηλοῖ τὸ ὅτι ἐπι-
γνώσεται ταραχὰς σκιὰ θανάτου.

24,18 ἐλαφρός ἐστιν ἐπὶ προσώπου ὕδατος.

4-5 Römer 1,28

Υ Γ(βOFSPL 6 φησὶν -8; βOFSPLN ≠ 10-12 ἁλῶσιν; 17 ὥσπεο - 21 ψυχάς)
P(1-6 βούλονται; 13 ἐπεὶ - ἐπάγ.; 21 καὶ -22)   N(≠ 1 - 6 βούλονται)
1 vor παρέδ.: τὸ Υ/ ἀναγκαστικοῦ P   2 αὐτοῖς P: αὐτοὺς Υ   3 τοῦ-
το Υ   3-4 ὅμοιον - φησιν: καὶ ὁ ἀπόστολος P, (τοιοῦτον καὶ τὸ N)
4 φησιν + διὸ Υ   6 πράττ. ὡς βούλ.: ὡς εἶπον διὰ τὸ αὐτεξούσιον P/
φησ. οὖν: πάλιν ἐπανατρέχει καί φησιν Γ   7 τυμβορ. Υ   9 ἑαυτούς
LXX: αὐτοὺς Υ/ ἐπέγν. LXX: ἔγν. Υ   13 ἐπεὶ μηδὲ P: ἐπειδὴ Υ/ ἐπά-
γονται: viell. ἐργάζονται?   17 <καὶ> oder 16 τῇ{ν} ἔῳ   18 ση-
μαίνει: δηλοῖ Γ   19 τῇ συνειδ.: τῷ συνειδότι Γ

ὁ τοῦ μοιχοῦ ὀφθαλμὸς ἑλκόμενος ὑπὸ τῶν πειρασμῶν ἢ καὶ πᾶς
ἀσεβὴς ὡς ὑπὸ φορᾶς ὑδάτων ἐλαφρόν τι καὶ κοῦφον κατασυρόμενον
οὕτως ὑπὸ τῆς τιμωρίας ῥᾳδίως ἐξαφανίζεται. οὐ γὰρ διασώσει ἀσέ-
βεια τὸν παρ' αὐτῆς.

5 εἶτα ὁ φιλάρετος καὶ φιλοδίκαιος Ἰὼβ οὐ διὰ τὴν ἀνοχὴν τοῦ
θεοῦ ἀνέχεται τὸ πλέον ἔχειν ἀρετῆς κακίαν, ἀλλὰ καταρᾶται τὴν
μερίδα τῶν ἀσεβῶν καί φησι τὰ αὐτοῖς συμβησόμενα.

24,18 - 19 καταραθείη ἡ μερὶς αὐτῶν ἐπὶ γῆς, ἀναφανείη δὲ τὰ φυ-
τὰ αὐτῶν ἐπὶ γῆς ξηρά.

10 ἀντὶ τοῦ· ἄκαρποι διαμένοιεν μηδὲν ἐκ τῆς οἰκείας ὠφελούμενοι
κακίας μηδὲ εἰς παῖδας τὸν ἐξ ἀδικίας παραπέμποντες πλοῦτον.

24,19 ἀγκαλίδα γὰρ ὀρφανῶν ἥρπασαν.

τοῖς θερίζουσιν ὀρφανοὶ πολλάκις ἑπόμενοι καὶ τὰ ἐκπίπτοντα
συλλέγοντες καὶ καλαμώμενοι εἰς ἀγκαλίδας δεσμεύουσιν. φησὶν οὖν,
15 ὅτι εἰς τοσοῦτόν τινες ἀσεβείας ἐληλάκασιν, ὡς καὶ τὴν τῶν καλα-
μωμένων δι' ἀπορίαν ὀρφανῶν μερίδα μετρίαν ἁρπάζειν.

24,2 εἶτα ἀνεμνήσθη αὐτοῦ ἡ ἁμαρτία.

ἀντὶ τοῦ· εἰς μνήμην ἐγράφη καὶ ἀναπόδραστος ἔσται αὐτοῖς ἡ
τιμωρία, εἰ καὶ ἐν τῷ τέως ὁ θεὸς διὰ χρηστότητα τὰς κολάσεις
20 ὑπερτίθεται.

Y Γ(βOFSPL ≠ 1-2; 5-7; 10-11; βOFSL 15 εἰς - 16; 18-20) P(13-16)
N(≠ 2 ὡς - 5 'Ἰὼβ; 5 οὖ - 7; 13-16; 18-20)

5 φιλάρ. καὶ φιλοδ.: φιλόθεος Γ   6 τὸ: τι Ν / καταρᾶται: ἀραῖς
βάλλει Ν   7 συμβ. + ὡς ἐν εἴδει κατάρας λέγων Ν   8 ἀναφα-
νείη LXX: ἀναφανεῖται Y   10 διαμένειεν Υ, διαμείνοιεν Γ / μηδὲν
- 11 κακίας > Γ / ὠφελούμενοι Hag: ὀφειλόμενοι Υ   11 παραπέμψω-
σι Γ   13 ὀρφανοὶ Ν: ὀρφανοῖς ΥΡ / ἐκπίπτ. + τῶν σταχύων Ρ
13-14 τὰ - συλλ.: τοὺς ἐκπίπτοντας συλλ. στάχυας Ν   14 καὶ καλα-
μώμενοι > Ν   15 τινες ἀσ. ἐλ.: ἀσ. ἤλασάν τινες Ρ / τινες: γὰρ Γ
/ ἀσεβείας: ἀπανθρωπίας Ν, + φησίν Γ / καὶ τὴν ΓΝ: τὰς Υ   15-16
τὴν - ἀρπ.: αὐτὰ τοὺς πτωχοὺς ἀφαιρεῖσθαι Ρ   16 δι' ἀπορίαν ΓΝ:
διὰ πορείαν Υ / μερ. μετρ. ΓΝ: ἀγκαλίδας Υ   18 ἀντὶ τοῦ: τουτέ-
στιν ΓΝ / ἐγράφη + τὰ τῶν ἀσεβῶν ἁμαρτήματα διὸ Ν / αὐτοῖς ἔσται Ν,
αὐτῶν ἔσται Γ

24,20 ὥσπερ δὲ ὁμίχλη δρόσου ἀφανὴς ἐγένετο.

ἡλιακῆς ἀκτῖνος ἐπιλαμψάσης καὶ τὸν ἀέρα διαθερμανάσης ἡ δρό-
σος ἀφανὴς γίνεται ἀνιμωμένου τοῦ θερμοῦ τὸ ὑγρόν. οὕτως, φησίν,
καὶ τῆς θείας δίκης ἐπελθούσης οἱ ἀσεβεῖς ἐξαφανίζονται.

5 24,20 ἀποδοθείη δὲ αὐτῷ ἃ ἔπραξεν.

οὐκ ἐπαρᾶται ὁ δίκαιος, ἀλλὰ τὸ πάντως ἐσόμενον λέγει· ἕκα-
στος γὰρ πρὸς ἃ ἔπραξεν κομιεῖται, εἴτε ἀγαθὸν
εἴτε φαῦλον. καὶ ἀνωτέρω δὲ οὐκ αὐτούς, ἀλλὰ τὴν μερίδα τῶν
ἀσεβῶν, τουτέστιν αὐτὴν τὴν κακίαν, κατηράσατο.

10 24,20 {οὐ} συντριβείη δὲ πᾶς ἄδικος ἴσα ξύλῳ ἀνιάτῳ.

τὸν ἐπιμένοντα τῇ κακίᾳ λέγει· συντριβὲν γὰρ ξύλον θεραπείαν
οὐκ ἐπιδέχεται πρὸς τὸ ἀφυγιασθῆναι.

24,21 στεῖραν γὰρ οὐκ εὖ ἐποίησαν.

τὴν δι' ἀπαιδίαν ἀβοήθητον. καὶ σημειοῦ δὲ πάλιν, ὅτι τὸ μὴ
15 εὖ ποιεῖν εἰς ἀσέβειαν λογίζεται. ἔκκλινον, φησὶν ὁ θεῖος ᾠδός,
ἀπὸ κακοῦ καὶ ποίησον ἀγαθόν.

24,21 καὶ γύναιον οὐκ ἠλέησαν.

τὸ διὰ τὴν φύσιν ἐπικουρίας δεόμενον.

24,22 θυμῷ δὲ κατέστρεψαν ἀδυνάτους.

20   οὐκ ἔκ τινος αἰτίας εὐλόγου, ἀλλὰ ψυχῆς ἀλόγῳ κινήματι τῷ θυ-
μῷ χρώμενος κατέστρεψε καὶ εἰς παντελῆ περιέστησεν ἀπορίαν τοὺς
ἀδυνάτους καὶ ἀνεπικουρήτους.

6-8 vgl. 2.Korinther 5,10   15-16 Psalm 33,15; 36,27

Y Γ(βOFSPL ≠ 2 - 3 ὑγρόν; 3 οὕτως - 4; 11-12) N(≠ 2-4; 6 - 7 κομι-
εῖται; ≠ 11-12; 14 τὴν - ἀβοήθητον; 18; 20-22)

3 φησίν > Γ(N)   4 οἱ ἀσεβεῖς παραναλίσκονται Γ (ὁ ἀσεβὴς ἀνα-
λίσκεται καὶ ἀφανίζεται N)   6 ἐσόμ. πάντως stellt N   12 ὑγια-
σθῆναι Γ(N)   14 δι' N: > Y   15 ᾠδός: dazu am Rande Δαυιδ Y
20 οὐκ: οὐ γὰο N / τινος + φησίν N

24,22 ἀναστὰς τοιγαροῦν οὐ μὴ πιστεύσει κατὰ τῆς ἑαυτοῦ ζωῆς.

διὰ ταῦτα οὖν ὁ ἀσεβὴς καθ᾽ ἑκάστην ἡμέραν ἀνιστάμενος οὐ πι-
στεύσει εἰ ζήσεται, ἀλλὰ μενεῖ δεδοικὼς καὶ περίφοβος ὤν. οὐδὲν
γάρ ἐστι φόβος εἰ μὴ προδοσία τῶν ἀπὸ λογισμοῦ
5 βοηθημάτων, ὡς ὁ σοφὸς ὡρίσατο Σολομών.

24,23 μαλακισθεὶς δὲ μὴ ἐλπιζέτω ὑγιασθῆναι, ἀλλὰ πεσεῖται νόσῳ.

συμβαίνουσι γὰρ πολλάκις καὶ διὰ ἁμαρτίας αἱ τῶν σωμάτων νό-
σοι. τὸ δὲ μὴ ἐλπιζέτω ἀντὶ τοῦ· δύσελπίς ἐστιν ὑπὸ τῆς ἰδί-
ας συνειδήσεως βαλλόμενος. πεσεῖται δὲ ὑπὸ τῆς νόσου δηλονότι
10 πληγείς.

24,24 πολλοὺς γὰρ ἐκάκωσε τὸ ὕψωμα αὐτοῦ.

διὰ τοῦτο πεσεῖται, ἐπειδὴ ὑψωθεὶς πολλοὺς ἐκάκωσεν.

24,24 ἐμαράνθη ὥσπερ μαλάχη ἐν καύματι ἢ <ὥσπερ> στάχυς ἀπὸ κα-
λάμης αὐτομάτως ἀποπεσών.

15   ἕτερα ἀντίγραφα· ὥσπερ χλόη, περιέχουσιν. ὅμοιον δὲ καὶ ὁ μεγα-
λογράφος εἶπεν· ὅτι ὡσεὶ χόρτος ταχὺ ἀποξηρανθήσεται
καὶ ὡσεὶ λάχανα χλόης ταχὺ ἀποπεσοῦνται. καλῶς δὲ
εἶπε τὸ αὐτομάτως ἀποπεσών· ἑκάστῳ γὰρ ἡ ἰδία ἁμαρτία τιμω-
ρὸς γίνεται.

3-5 Weisheit Salomos 17,11   16-17 Psalm 36,2

Υ Γ(βOFSPL 2-5; 8 τὸ δὲ - 9 βαλλόμενος; 15 ὅμοιον - 19) Ν(≠ 2 - 3
ζήσεται; 3 ἀλλὰ - 5 βοηθημάτων; ≠ 15-19)

2 οὖν + φησιν Γ   2/3 πιστεύει Γ   4 εἰ: ὅτι Γ / λογισμῶν Υ
5 ὡς Γ: > Υ   9 βαλλόμενος: τιτρωσκόμενος Γ   15/16 δὲ – εἶπεν:
τὸ τοῦ Δαυίδ Γ   17/18 καλῶς δὲ εἶπε Υ, κάλλιστα δὲ εἴρηται Γ(Ν)

24,25 εἰ δὲ μή, τίς ἐστιν ὁ φάμενος ψευδῆ με λέγειν καὶ θήσει
εἰς οὐδὲν τὰ ῥήματά μου.

ἐγὼ μὲν οὖν, φησίν, ταῦτα δοξάζω περί τε τῆς τῶν ἀσεβῶν ἀδικί-
ας καὶ τῆς θείας ἀνεξικακίας καὶ τῆς δικαίας ἀνταποδόσεως. εἰ δὲ
5 ψευδῆ τὰ εἰρημένα, ὁ βουλόμενος παρελθέτω καὶ διελεγξάτω τὸν λό-
γον καὶ τοὺς ἐμοὺς ἀκυρωσάτω λόγους.

Υ Γ(βOFSPL 3-6) N(≠ 3-6)

5 εἰρημένα: λεχθέντα Γ / διελλεγξάτω Υ, ἐλεγξάτω Γ   6 καὶ -
λόγους: καὶ τ. ἐμ. ἀκυρώσει λ. Υ, καὶ ἀκυρωσάτω (Ν), > Γ / nach 6
schliessen an τί δὲ ἐκ τῶν εἰρημένων συνάγει (εἰσάγει Ν); ὅτι περιτ-
τῶς, φησίν (φ. > Ν), ἐκ τῶν συμφορῶν ἀσέβειάν μου (αὐτοῦ Ν) καταψη-
φίζεσθε (οἱ φίλοι καταψηφίζονται Ν) καταλιπόντες τὴν ἐκ τῶν ἔργων
ἐξέτασιν ΓΝ

ΚΕΦΑΛΑΙΟΝ ΟΚΤΩΚΑΙΔΕΚΑΤΟΝ

Ἀρχὴ τοῦ ῥητοῦ· ὑπολαβὼν δὲ Βαλδὰδ ὁ Σαυχίτης λέγει· τί
γὰρ προοίμιον ἢ φόβος παρ᾽ αὐτοῦ, ὁ ποιῶν τὴν σύμπασαν ἐν ὑψίστῳ;

Προθεωρία τοῦ κεφαλαίου

5   ὥσπερ ὁ Ἐλιφὰζ ἀπορήσας πρὸς τὰ προβληματικῶς ὑπὸ τοῦ Ἰὼβ εἰ-
ρημένα οὐκ εὐθυδικίαν ἠγωνίσατο, ἀλλ᾽ ἐπὶ τὰς κατὰ τοῦ δικαίου
διαβολὰς ἔτρεψε τὸν λόγον, οὕτω καὶ ὁ Βαλδὰδ οὐκ ἔχων ἐλέγχειν
τοῦ Ἰὼβ τοὺς λόγους μετοχετεύει τὴν ἀπολογίαν καὶ ὡς ἐπαιρόμενον
κατὰ τοῦ θεοῦ καὶ μέγα φρονοῦντα ἐπὶ τῇ οἰκείᾳ θεοσεβείᾳ διαβάλ-
10 λει, θαυμαστῶς μὲν τὰ περὶ θεοῦ φιλοσοφῶν, ἐξευτελίζων δὲ τὴν ἀν-
θρώπου φύσιν καὶ μηδὲν τῶν καθαρωτάτων καθαρὸν εἶναι διοριζόμενος
συγκρίσει τῆς θείας καθαρότητος.

<Αἱ λέξεις>

25,2 τί γὰρ προοίμιον ἢ φόβος παρ᾽ αὐτῷ;

15 ἐπειδὴ μέγα, φησίν, ἐπὶ θεοσεβείᾳ φρονεῖς, μάνθανε ὡς ἀρχὴ
σοφίας καὶ θεοσεβείας ὁ θεῖος ὑπάρχει φόβος· σὺ δὲ ἀφόβως διαλέ-
γει. ὁ τοίνυν τὸ προοίμιον τῆς θεοσεβείας μὴ κτησάμενος, πῶς
τοῖς ἄλλοις αὐτῆς μέρεσι σεμνύνεσθαι δύναται;

Y Γ(βOFSPL 5-12; 15-18) N(5-12; 15-18)

2 ἀρ. τ. ῥ. nach λέγει Y/ Αὐχίτης Y, vgl. S.32,5-6; 82,2   6 εὐ-
θυδικίαν N: εὐθυδικαίαν YΓ/ κατὰ ΓN: > Y   7 ὁ > N/ ἐλέγχειν ΓN:
ἔλεγχον Y   8 μετοχετεύει ΓN: μετοχετεύειν Y   9 τοῦ > Γ/ τῇ οἰκ.
θεοσ. ΓN: τῆς οἰκείας θεοσεβείας Y   11 διωριζόμενος Y   13 er-
gänzt nach den anderen Kap.   15 φησὶν μέγα stellt N/ φοον. ἐπὶ
θεοσ. stellt N   16 σοφίας κ. θεοσ.: πάσης ἀρετῆς N/ ὑπάρχει: τυγ-
χάνει ΓN (ἐστὶ P)   16/17 διαλέγῃ ΓN   18 fortasse δύνασαι Young

τοῦτο καὶ ὁ ψαλμῳδὸς ἐφιλοσόφησεν ἐμμελῶς ἐπιβαλλόμενος· ἀρ-
χὴ σοφίας φόβος κυρίου.

25,2 ὁ ποιῶν τὴν σύμπασαν ἐν ὑψίστῳ.

εἰς φόβον ἐνάγων τὸν 'Ιὼβ τοῦ θεοῦ τὴν δύναμιν ἐξηγεῖται καὶ
5 φησιν, ὅτι ὁ θεὸς ὕψιστος ὢν καὶ ὑπεράνω παντὸς τὰ πάντα κατε-
σκεύασε καὶ πάντων ἐστὶ δημιουργός. ἔστι δὲ καὶ νοῆσαι ἑτέρως τὸ
ἐν ὑψίστῳ ἐν τῷ υἱῷ· ὕψιστος γὰρ ὁ υἱὸς ὥσπερ καὶ ὁ πατήρ.

25,3 μὴ γάρ τις ὑπολάβοι, ὅτι ἔστι παρέλκυσις πειραταῖς; ἐπὶ
τίνας δὲ οὐκ ἐπελεύσεται ἔνεδρα παρ' αὐτοῦ;

10   πειραταὶ μέν εἰσι κυρίως οἱ τὴν θάλασσαν λῃστεύοντες. καθόλου
δέ φησιν ὅτι· μηδεὶς ἐννοείτω, ὡς ἐπὶ πολὺ διαμένει θεὸς ὑπερτι-
θέμενος τὰς κατὰ τῶν ἀδίκων τιμωρίας, ἀλλ' ὥσπερ οἱ ἐνεδρεύοντες
οὕτως ἀδοκήτως αὐτοῖς ἐπέρχεται καὶ οὐκ ἔστι τινὰ τῶν ἀσεβῶν τὴν
θείαν διαδρᾶναι δίκην.

15 25,4 πῶς γὰρ ἔσται δίκαιος βροτὸς ἔναντι κυρίου, ἢ τίς ἀποκαθα-
ρίσαι ἑαυτὸν γεννητὸς γυναικός;

ὡραῖον ὁ Βαλδὰδ ἐδίδαξε δόγμα. οὐδεὶς γὰρ ἀνθρώπων ἑαυτὸν κα-
θᾶραι δύναται διὰ τὴν πατροπαράδοτον ἁμαρτίαν, εἰ μὴ τῆς θείας
τύχοι καθάρσεως. καὶ ἄλλως δέ, εἰ καὶ τῇ ἀνθρωπίνῃ κρίσει πολλοὶ
20 δίκαιοι νομίζονται, ἀλλά γε τῷ πανεπισκόπῳ τοῦ θεοῦ ὀφθαλμῷ οὐ-
δεὶς δίκαιος, οὐδεὶς δυνάμενος εἰπεῖν ὅτι· καθαρός εἰμι. ἀμήχανον

1-2 Proverbien 1,7

Υ Γ(βOFSPN ≠ 4-7; βOFSPL 11 μηδεὶς - 14; βOFSP 17 οὐδεὶς -) P(18
διὰ - ἁμαρτίαν; 21 ἀμήχανον -) N(10-14; 19 εἰ καὶ -)

4 ἐνάγων + ὡς οἴεται (Γ)   6 ἔτ. τὸ: ἕτερος τῷ Υ   8 παρέλκησις Υ
10 μὲν > Ν/κυρ. εἰσι stellt Ν/ θάλ. + πρὸς βλάβην ἑτέρων πλέοντες καὶ Ν
11 δὲ: οὖν Ν / μηδεὶς: μὴ γάρ τις Γ / ἐνν. + φησίν Γ / ἐπὶ πολὺ: εἰς
τέλος Γ, εἰς τέλος κἂν ἐπὶ πολὺ Ν / ὑπερτιθ. διαμένει θεὸς stellt Γ
12 τιμωρίας + εἰ καὶ τέως μακροθυμεῖ Γ   13 ἀδοκήτως > Ν
16 ἑαυτὸν LXX: ἑαυτῷ Υ   17 οὐδεὶς: τίς Γ   18 διὰ - ἁμαρτίαν > Γ
19 καὶ ἄλλως δὲ > Γ / φησιν fügt ein vor κρίσει Ν, nach κρίσει Γ
20 νομ.: φαίνονται Γ / νομίζονται δίκαιοι stellt Ν / γε ΓΝ: > Υ /
τοῦ > Ν   20/21 οὐδεὶς δίκαιος > Γ   21/1 ἀμ. γὰρ: ἢ ἀμήχ. P

γάρ, μὴ ἔν τισι γενέσθαι παραπτώμασιν, ὅπουγε καὶ λόγων ἡμῶν καὶ
πράξεων καὶ ἐνθυμημάτων τὰς δίκας ἀπαιτούμεθα τὸν πάντα ἐφορῶντα
θεὸν λαθεῖν οὐ δυνάμενοι.

25,5 εἰ σελήνῃ συντάσσει, καὶ οὐκ ἐπιφαύσκει.

5   συντάσσει ἀντὶ τοῦ· παραγγέλλει. σημαίνει διὰ τούτου τὴν
τοῦ θεοῦ δύναμιν. καὶ γὰρ πρὸς τῇ συντελείᾳ κελεύει τῇ σελήνῃ
καὶ τὸ οἰκεῖον οὐκ ἐκλάμπει σέλας.

25,5 ἄστρα δὲ οὐ καθαρὰ ἐναντίον αὐτοῦ.

ἔστι φῶς φωτὸς καθαρώτερον· αὐτίκα γοῦν τὸ ἀστρῷον φῶς τοῦ
10 παρ᾽ ἡμῖν, τοῦ ἀνθρακώδους, τοῦ ἐκ πυρός, καθαρώτερον τυγχάνει.
πρὸς οὖν, φησίν, τὴν θείαν καθαρότητα οὐδὲ τῶν ἄστρων τὸ φῶς τυγ-
χάνει καθαρόν.

25,6 ἔα δέ, ἄνθρωπος σαπρία καὶ υἱὸς ἀνθρώπου σκώληξ.

ἔα δὲ ἀντὶ τοῦ· περιττὸν καὶ λογίσασθαι περὶ ἀνθρώπου, ὅλος
15 γάρ ἐστι σαπρία καὶ σκώληξ περὶ τὴν σαπρίαν εἰλούμενος. ἔγκει-
ται γὰρ ἡ διάνοια τοῦ ἀνθρώπου ἐκ νεότητος ἐπὶ
τὰ πονηρά. ταῦτα δὲ εἶπεν ἐκ τοῦ περιόντος κατασκευάζων τὸν
λόγον καὶ πλήττων τὸν Ἰὼβ ὡς ἐπὶ καθαρότητι σεμνυνόμενον. εἰ γὰρ
οὐδέν, φησίν, τῶν ποιημάτων μέγα φρονεῖν ἐπὶ καθαρότητι δύναται,
20 πόσῳ μᾶλλον ὁ ἄνθρωπος σαπρίας οὐδὲν διαφέρων καὶ σκώληκος.

15-17 Genesis 8,21

Υ Γ(βOFSP - 1 παραπτώμασιν; 14 - 18 σεμνυνόμενον) P(- 2 ἀπαιτούμε-
θα; ≠ 9-12) N(-3; ≠ 5-7; ≠ 9-12; 14-20)
1 γε > P / λόγων: λογισμῶν καὶ λόγων P / ἡμῶν > PN   1-2 καὶ ἐνθ.
καὶ λόγων καὶ πρ. stellt N   2 καὶ ἐνθ. > P / τὰς > PN / δίκας:
εὐθύνας N   6 πρὸς τῇ συντ. > N   6-7 vgl. ἐν τῇ συντελείᾳ
προστάσσει αὐτῇ μὴ φᾶναι Γ(FO)   14 ἔα - τοῦ > N / καὶ > N / ὅλως Υ
14-15 ὅλος - εἰλούμενος: τοῦ δίκην σκώληκος περὶ τὴν σαπρίαν εἰλου-
μένου Γ   15 καὶ + ὡς N   15/16 καὶ γὰρ ἔγκειται Γ
16 ἀνθρώπου + ἐπιμελῶς Γ   16/17 ἐπὶ τὰ πον. ἐκ νεότητος stellt Γ
17 περιόντος + καὶ Υ / κατασκευάζων ΓΝ: κατασκευάσας Υ   18 σεμ-
νυνόμενον ΓΝ: συμβαλλόμενον Υ / εἰ γὰρ: καὶ N   19 φησίν > N
20 ὁ > N / σκωλήκων N

218

KEΦAΛAION ENNEAKAIΔEKATON

'Αρχὴ τοῦ ῥητοῦ· ὑπολαβὼν δὲ 'Ιὼβ λέγει· τίνι πρόσκεισαι
ἢ τίνι μέλλεις βοηθεῖν; πότερον οὐχ ᾧ πολλὴ ἰσχὺς καὶ ᾧ βραχίων
κραταιός ἐστιν;

5   Προθεωρία τοῦ κεφαλαίου

ἐπειδὴ περὶ τῆς τοῦ θεοῦ σοφίας καὶ δυνάμεως ὁ Βαλδὰδ διελέχ-
θη οἷά τις θεοῦ συνήγορος, πρὸς τοῦτο ὁ μακάριος 'Ιὼβ ἀπαντᾷ καί
φησιν· τί συνηγορεῖν σπουδάζεις θεῷ ὡς δεομένῳ τῆς ἐκ λόγων κατα-
σκευῆς, ἵνα δειχθῇ σοφὸς καὶ δυνατός;
10 εἶτα, ἵνα δείξῃ, ὅτι κάλλιον αὐτῶν καὶ ὑψηλότερον δοξάζει τὰ
περὶ θεοῦ, περὶ τῆς αὐτοῦ σοφίας διεξοδικώτερον διαλέγεται καὶ
ὑμνεῖ τὴν ἀκατάληπτον τοῦ θεοῦ δύναμιν καὶ προφητεύει περὶ τοῦ
μονογενοῦς καὶ τὴν τυραννικὴν τοῦ διαβόλου καθαίρεσιν προλέγει.

ταῦτα δὲ προοιμιασάμενός φησιν ὅτι· ἀμήχανόν με, πᾶν ὅ τι ἂν
15 πάθω, ἄνομά τινα λαλῆσαι περὶ θεοῦ, ἕως ἂν εἰς θάνατον φθάσω·
καὶ ὅρκῳ πιστοῦται τὴν ὑπόσχεσιν. εἶτα καὶ μετὰ καθαρᾶς συνειδή-
σεως παρρησιασάμενος λέγει, ὅτι αὐτὸς μὲν οὐδὲν ἑαυτῷ σύνοιδεν
ἄτοπον πράξαντι, διαλήψεται δὲ ἡ θεία δίκη τοὺς ἀσεβεῖς.

καὶ πάλιν ἀναλαμβάνει ἅτε δὴ τῆς θείας σοφίας τῆς ἐν τοῖς θεί-
20 οις δημιουργήμασι φαινομένης καὶ ἐν τοῖς λογικοῖς κατεσπαρμένης
καὶ τὸ σοφὸν εἶναι πάντων ἀποφαίνει τιμιώτερον. πολλὰ δὲ περὶ τῆς
θεοδωρήτου ταύτης σοφίας διεξελθὼν καὶ ὡς οὐδὲν αὐτῇ παραβληθή-
σεται διδάξας καὶ τοῦτό φησιν, ὡς τὸ μὲν κλέος τῆς σοφίας εἰς
πάντας διαδέδοται, τοὺς δὲ περὶ αὐτῆς λόγους εὑρεῖν ἀμήχανον·
25 καὶ μάθημα παραδίδωσι κάλλιστον, ὅτι ἀρκεῖ ἀνθρώπῳ εἰς τὸ εἶναι
Y Γ(βOFPN 6-)

2 ἀρ. τ. ῥ. nach λέγει Y 3 ᾧ₁: ᾧ Y / ᾧ₂: ὁ Y 12 περὶ Γ:
διὰ Y 15 ἄνομα Γ (vgl. Hiob 27,4): ἀνώμαλα Y 19 ἄτε δή:
περὶ Γ 19/20 θείοις > Y 21 ἀποφαίνει Γ: ὑποφαίνει Y

σοφὸν οὐ τὸ ζητεῖν τὰ ἀνεξερεύνητα, ἀλλὰ τὸ θεοσεβεῖν καὶ παντὸς
εἴδους κακίας ἀπέχεσθαι, καὶ ταύτην ἀνάληψιν σοφίας καὶ ἐπιστήμης
εἶναι ὁρίζεται. ταῦτα δὲ διεξῆλθεν ὁμοῦ μὲν τὰ περὶ θεοῦ δοξάζων
καλῶς, ὁμοῦ δὲ καὶ τοὺς φίλους πείθων μὴ πάντως οἴεσθαι δι' ἁμαρ-
5 τίας αὐτὸν πάσχειν, ἀλλὰ τοὺς περὶ τῶν τοιούτων λόγους τοῖς ἀν-
εξιχνιάστοις τοῦ θεοῦ καταλιμπάνειν κρίμασιν.

διαλέγεται δέ, ὡς ἔφην, περὶ σοφίας οὐ τοῦ ἐνυποστάτου λόγου,
τουτέστι τοῦ μονογενοῦς υἱοῦ τοῦ θεοῦ· εἰ γὰρ καὶ αὐτὸς σοφία
καλεῖται καὶ ἔστι τοῦ πατρός, ἀλλ' οὐ περὶ αὐτοῦ νῦν ὁ λόγος,
10 ἀλλὰ περὶ τῆς κατὰ φύσιν ἐνεργείας τῶν ὑπὸ θεοῦ πεποιημένων
λογικῶν συνισταμένης φιλόθεον καὶ φιλάγαθον προαίρεσιν, ἣν
ἐν τοῖς λογικοῖς κατέσπειρεν ὁ δημιουργός. εἰ δὲ καὶ αὕτη ἀ-
σύγκριτος καὶ τοσούτου ἀξία ἡ κατὰ μετοχὴν ἡμῖν δεδομένη, τί ἐν-
νοῆσαι προσήκει περὶ τῆς αὐτοσοφίας, τῆς οὐσιώδους σοφίας, τοῦ
15 μονογενοῦς υἱοῦ τοῦ θεοῦ τοῦ ὁμοουσίου τῷ πατρί, τῆς πατρικῆς σο-
φίας, τοῦ λόγου τοῦ ἐνυποστάτου, δι' οὗ καὶ ἡμεῖς λογικοὶ καὶ σο-
φοὶ κατὰ μετάληψιν καὶ μετοχὴν δι' ἁγίου πνεύματος γινόμεθά τε
καὶ καλούμεθα τῇ θείᾳ χάριτι σοφιζόμενοι;

<Αἱ λέξεις>

20 26,2 τίνι πρόσκεισαι ἢ τίνι μέλλεις βοηθεῖν; πότερον οὐχ ᾧ πολλὴ
ἰσχὺς καὶ ᾧ βραχίων ἰσχυρός ἐστιν;

τίνι τὴν παρὰ σαυτοῦ δύναμιν εἰσφέρεις καὶ τῇ αὐτοῦ συντάσσεις
σαυτὸν μερίδι ἢ τίνι συνηγορεῖν σπουδάζεις ὡς τῆς σῆς ἐπικουρίας
δεομένῳ; ἄπαγε, ἄνθρωπε, ἅπαντες ἴσμεν ὡς ἀνενδεής τε καὶ παντο-
25 δύναμός ἐστιν ὁ θεός.

Υ Γ(βΟFPN -6; βΘF 7-18; βΟFP 22-25) Ν(22-25)
2 ἀνάλ.: ἀνάλυσιν (Ρ)   6 καταλ. Γ: καταλιμπάνει Υ   7 οὐ Γ: > Υ
10 τῆς κ. φ. ἐν.: τῆς ἐν ταῖς κ. φ. ἐνεργείαις Γ   12 καὶ > Γ
13 δίδομ. Γ   16 δι' ὃν Γ   18 θείᾳ Γ: > Υ   19 vgl.S.15, 37 usf.
21 ᾧ: ὃ Υ   22 σαυτοῦ + φησιν Γ(ohne Ρ)Ν   22/23 καὶ - μερίδι
> Γ / συντάσσεις αὐτὸν Υ, σαυτὸν συντάσσεις Ν   23 ἢ - σπουδάζεις
ΓΝ: > Υ/ ὡς + δὴ Ν   24 ᾧ ἄνθρ.Γ(ohne Ρ)Ν/ ἀνενδεεῖς Υ/ τε ΓΝ: > Υ

26,3 τίνι συμβεβούλευσαι; οὐχ ᾧ πᾶσα σοφία;

ἀλλὰ καὶ ὡς πάνσοφος ὁ θεός, πρόδηλον. τί οὖν ὡς κοινωνῶν αὐ-
τῷ τῶν βουλευμάτων τοὺς ὑπὲρ αὐτοῦ ποιεῖσθαι λόγους ἐσπούδασας;

26,3 ἢ τίνι ἐπακολουθήσεις; οὐχ ᾧ μεγίστη δύναμις;

5   τίνι δὲ ἕπεσθαι σπουδάζεις ὡς δή τινα συμμαχίαν εἰσοίσων αὐ-
τῷ; οὐ τῷ πανσθενεῖ καὶ παντοδυνάμῳ;

26,4 τίνι ἀπήγγειλας ῥήματα;

ἐπὶ τίνος δὲ τὴν σαυτοῦ σοφίαν ἐπεδείξω;

26,4 πνοὴ δὲ τίνος ἐστὶν ἡ ἐξελθοῦσα ἐκ σοῦ;

10 ἐννόησον γάρ, ὦ θαυμάσιε, ὡς καὶ αὐτὸ τὸ ἀναπνεῖν καὶ ζῆν καὶ
φθέγγεσθαι ἐκ θεοῦ λαβὼν ἔχεις. ταῦτα δὲ εἶπεν ὁ μακάριος διασύ-
ρων τὸν Βαλδὰδ ὡς καινότερον θέλοντα φαίνεσθαι τοῦ θεοῦ συνήγο-
ρον περὶ θεοῦ ἁπάντων ὁμοίως ἐπισταμένων, ὅτι καὶ δυνατὸς καὶ
πάνσοφος ὁ θεὸς τυγχάνει.

15 ταῦτα πρὸς ἐκεῖνον σκωπτικῶς εἰρηκὼς τρέπει τὸν λόγον ἐπὶ τὴν
τοῦ θεοῦ δύναμιν δεικνύς, ὡς ἄμεινον αὐτῶν τὰ περὶ τῆς ἰσχύος
δοξάζει τοῦ θεοῦ, καί φησιν·

26,5 μὴ Γίγαντες μαιωθήσονται ὑποκάτωθεν ὕδατος καὶ τῶν γειτό-
νων αὐτοῦ;

20 μὴ δύνανται, φησίν, αἱ δυνάμεις αἱ ὑπὸ γῆν, αἱ μετὰ τὰ ὕδατα
καὶ τὴν γείτονα γῆν, τουτέστιν αἱ ἐν τῷ ᾅδῃ, ὥσπερ ἐκ μήτρας τῇ
μαιωτικῇ τέχνῃ τοὺς τεθνεῶτας ἐξαγαγεῖν καὶ ζωογονῆσαι; ὃ δὲ λέ-

Υ Γ(βOFP 2-3; ≠ 10 - 11 ἔχεις; 15 - 17 θεοῦ; 20-) P(≠ 10 - 11 ἔχεις)
N(≠ 2-3; 5-6; 8; ≠ 10-17)

1 πᾶσα LXX: πολλὴ Υ   2 ὁ θεός > Γ(N)/ κοινων(ὸν) Υ   3 ἐσπού-
δακας Γ, + ἢ ἐδίδαξας αὐτόν τι οὐκ εἰδότα Γ, + τίνι συμβεβούλευσαι;
μήτοι οἷός τε εἶ διδάσκειν αὐτὸν οὐκ εἰδότα; (N)   4 ἐπακο-
λουθήσεις LXX: ἐπηκολούθησας Υ   5 σπουδ.: σπεύδεις N / εἰσοί-
σων N: εἰσοῖσαν Υ   5/6 αὐτῷ > N   6 παντοδ. καὶ πανσθ. stellt N
12/13 συνηγορῶν Υ   15 ταῦτα + δὲ Γ/ ἐκεῖνον: Βαλδὰδ Γ/ σκοπτικῶς Υ
16 ἀμείνων Υ/ αὐτῶν: αὐτοῦ vermutet Young   18 γίγαντές με ὠθήσον-
ται Υ   21 αἱ > Γ / ᾅδει Υ   22 ζωοποιῆσαι Γ

γει τοῦτό ἐστιν· μὴ δύνανται αἱ ἐν τῷ ᾅδῃ δυνάμεις ἀνάστασιν ποι-
ῆσαι; θεὸς δὲ καὶ νεκροὺς ἀνίστησιν ἐξουσιαστικῇ δυνάμει χρώμενος.

ἔστι δὲ καὶ ἄλλως νοῆσαι· πάλαι καθαίρων ὁ θεὸς τὴν γῆν τῷ κα-
τακλυσμῷ ὡς κατεφθαρμένην τοὺς θεομάχους ἐκείνους ἄνδρας τοὺς κα-
5 λουμένους Γίγαντας ἐπέκλυσε καὶ ἐξηφάνισεν. φησὶν οὖν ὅτι· μὴ δύ-
νανται ἐκεῖνοι οἱ Γίγαντες αὖθις μαιωθῆναι καὶ ἰδίᾳ δυνάμει ἑαυ-
τοὺς ἀναστῆσαι; μή τι αὐτοὺς ὤνησεν ἡ πολλὴ δύναμις ἀντιπράξαντας
τῇ ἀμάχῳ ἰσχύι καὶ δυνάμει τοῦ θεοῦ;

26,6 γυμνὸς ὁ ᾅδης ἐνώπιον αὐτοῦ, καὶ οὐκ ἔστι περιβόλαιον τῇ
10 ἀπωλείᾳ.

ἀπὸ τοῦ κυρίου δηλονότι. οὐ γὰρ ἔχει ἀποκρυβὴν ἀπώλεια ἐνώπιον
αὐτοῦ, ἥτις ἐστὶ γείτων τοῦ ᾅδου. ἀπώλειαν δὲ τὸν θάνατόν ἐστιν
ἐννοεῖν· ὁ δὲ μονογενὴς ἄνθρωπος γεγονὼς καὶ τὸν ᾅδην ἐσκύλευσε
καὶ εἶπε τοῖς ἐν σκότει· ἀνακαλύφθητε, καὶ οὐδὲν περι-
15 βόλαιον ἀντέπραξε τῷ θεϊκῷ κελεύσματι, ἀλλ' εὐθέως ἀνεκαλύφθησαν.

26,7 <ἐκτείνων βορέαν ἐπ' οὐδέν,> κρεμάζων γῆν ἐπὶ μηδενός.

οὐ γὰρ ἔστιν ὄχημα τῆς γῆς ἕτερον ἢ ὑποστήριγμα, ἀλλὰ τῷ θείῳ
βουλήματι κρέματαί τε καὶ ὑπεστήρικται.

26,8 δεσμεύων ὕδωρ ἐν νεφέλαις αὐτοῦ καὶ οὐκ ἐρράγη νέφος ὑπο-
20 κάτω αὐτοῦ.

---

14 Jesaias 49,9

Υ Γ(βOFP -2; ≠ 3 πάλαι - 6 μαιωθῆναι; 6 καὶ - 8; βOFPL 17 ἀλλὰ - 18)
Ρ(≠ 11 - 15 κελεύσματι) Ν(≠ 2 θεὸς - χρώμενος; 3 πάλαι - 8; ≠ 11 -
14 εἶπε; 14 τοῖς - 15; ≠ 17-18)

1 τοῦτό: τοιοῦτόν Γ   5 γίγ. – ἐξηρ.: κατέκλυσε γίγ. Ν   6 γί-
γαντες + ἢ οἱ γείτονες αὐτοῖς τουτέστιν οἱ ὅμοιοι αὐτοῖς κατὰ τὴν
κακίαν Ν / μαιωθῆναι (Γ)Ν: με ἀθῆναι Υ / καὶ: ἢ Γ   7 δύναμις:
δυναστεία Γ   8 δυνάμει: βουλῇ Ν, τῇ βουλῇ Γ   14 ἐν + τῷ Ν /
οὐδὲν (Ρ)Ν: οὐδὲ Υ   16-17 ἀλλὰ βορέαν τὸ βόρειον
- κλίμα φησὶν ἵνα εἴπῃ ὅτι τοσοῦτον γῆς μῆκος ὑπεστήσατο μηδενὸς ἐ-
ρείσματος ὑποκειμένου· καὶ τί τοῦτο λέγω φησὶν ὅπουγε τὴν ἄπασαν γῆν
ἀοράτῳ δυνάμει κατέχει Γ (ähnlich in Kurzfassung Ν); vielleicht vor
17 οὐ oder mit 16 ἐκτ. - οὐδὲν in Υ ausgefallen   17 ὄχημα (Ν):
σχῆμα Υ / ἀλλὰ τῷ: τῷ γὰρ Γ   18 κρέμμαται Υ

εἰ μὴ γὰρ ταῖς νεφέλαις προσέταξεν, οὐκ ἐπαφιᾶσιν, καθ' ὅ-
σον ἂν κελευσθῶσι μέτρον, τῇ γῇ τὸν ὑετόν.

26,9 ὁ κρατῶν πρόσωπον θρόνου, ἐκπετάζων ἐπ' αὐτὸν νέφος αὐτοῦ.

θρόνος τοῦ θεοῦ ὁ οὐρανὸς πολλαχοῦ τῆς γραφῆς εἴρηται·
5 κατὰ πρόσωπον δὲ κεῖται τοῦ οὐρανοῦ ὁ ἀήρ. φησὶν οὖν, ὅτι δια-
κρατῶν τὸν ἀέρα καὶ ἐφαπλῶν τὰς νεφέλας, οὐκ ἐᾷ στάζειν τὸν
ὑετόν, εἰ μὴ καθ' οὓς οἶδεν αὐτὸς συμφέροντας τρόπους.

26,10 πρόσταγμα ἐγύρωσεν ἐπὶ πρόσωπον ὕδατος μέχρι συντε-
λείας φωτὸς μετὰ σκότους.

10   ἀλλὰ καὶ τὸ οἰκεῖον πρόσταγμα κυκλοτερῶς περιστήσας τοῖς
ὕδασιν ὑπερβαίνειν καὶ ἐπικλύζειν τὴν γείτονα γῆν οὐ συγχωρεῖ.
παρατείνει δὲ ἡ θεία πρόνοια μέχρι συντελείας φωτὸς
μετὰ σκότους, τουτέστιν ἀντιπαραχωρεῖν ἀλλήλαις τοὺς δρό-
μους τὴν νύκτα καὶ τὴν ἡμέραν πείθουσα.

15 **26,11** στῦλοι οὐρανοῦ ἐπετάσθησαν, <καὶ ἐξέστησαν> ἀπὸ τῆς ἐπι-
τιμήσεως αὐτοῦ.

ἀλλὰ καὶ τοῦ οὐρανοῦ τὰ στηρίγματα καὶ οἱονεὶ ὑποβάθραι οὐ
κάτωθεν αὐτὸν ἐρείδουσι καὶ ἀναβαστάζουσιν ὥσπερ τινὲς στῦλοι
τὰ ὑπερκείμενα βαστάζοντες, ἀλλ' ἄνω που τυγχάνουσιν αἱ ἕδραι
20 τοῦ οὐρανοῦ. τοῦτο γὰρ σημαίνει τὸ ἐπετάσθησαν, ἵνα εἴπῃ

---

4 z.B. Matthäus 5,34; 23,22

Υ Γ(βOFP 1-2; βOFPL 4 - 6 νεφέλας; 10-14; βOFL 17-) P(≠ 6 οὐκ -
7; 17-) N(≠ 1-2; 4-7; 10 - 12 πρόνοια: 17 καί₁ - ὑποβάθραι)

1 προστάξει θεός Γ   4 εὑρ.: ὀνομάζεται Ν   5 τοῦ οὐρ. κεῖται
stellt Ν / ὁ > Γ / φησὶν ΓΝ: φασὶν Υ   5/6 διακρατεῖ .. ἐφαπλοῖ Γ
6 ἀέρα: αἰθέρα Γ / τὰς νεφέλας ΓΝ: ταῖς νεφέλαις Υ   6-7 οὐκ -
ὑετὸν so (P)N: nach τρόπους Υ   7 τρόπους (P): τόπους Υ, λόγους Ν
10 ἀλλὰ - οἰκ.: τὸ οἰκ. γὰρ Ν / πρόστ. + φησίν Ν / κυκλωτερῶς Υ /
περιστήσας ΓΝ: περιστῆσαι Υ   11 ὕδασιν + καὶ ταῦτα οἱονεὶ χαλι-
νώσας Ν/ συγχ.: ἐᾷ ΓΝ   14 πείθ.: παρασκευάζουσα Γ   17 καί₁ +
αὐτά φησιν Ν / στηρίγμ. + φησιν Γ/ καὶ οἱονεὶ ὑποβάθοαι Ν: καὶ οἱ ὠ-
μοὶ ὑπὸ βάθρα Υ, > ΓΡ   18 αὐτὸν: αὐτῶν Υ   18-19 ὥσπερ - βαστ.
> ΓΡ   19 ἀλλ' Γ: ἀλλὰ ΥΡ   19-20 αἱ ἕδραι τοῦ οὐρ. > ΓΡ

ὅτι· καὶ ὁ οὐρανὸς τῷ θείῳ λόγῳ συνίσταται οὐδενὸς αὐτὸν ὑπε-
ρείδοντος.

πλὴν καὶ αὐτοὶ τοῦ οὐρανοῦ οἱ θεμέλιοι ἐξίστανται καὶ σα-
λεύονται, ὅταν αὐτὸς ἐπιτάξῃ. γίνεται δὲ τοῦτο ἐν τῇ συντελείᾳ
5 ὡσεὶ περιβόλαιον, γάρ φησιν, ἑλίξεις αὐτοὺς καὶ ἀλ-
λαγήσονται.

26,12 ἰσχύι κατέπαυσε τὴν θάλασσαν, ἐπιστήμη δὲ ἔτρωσε τὸ κῆτος.

εἰς τὸν περὶ τῆς θαλάσσης ἐκβεβηκὼς λόγον τοῦ νοητοῦ κήτους
ἐμνημόνευσεν. τὸ δὲ αὐτὸ καὶ ὁ θεσπέσιος μελῳδὸς ποιήσας φαίνε-
10 ται· εἰρηκὼς γάρ· αὕτη ἡ θάλασσα ἡ μεγάλη καὶ εὐρύ-
χωρος, ἐκεῖ ἑρπετά, ὧν οὐκ ἔστιν ἀριθμός, ζῷα
μικρὰ μετὰ μεγάλων εὐθὺς ἐπήγαγεν· δράκων οὗτος, ὃν
ἔπλασας ἐμπαίζειν αὐτῷ. φησὶν οὖν, ὅτι θεϊκῇ δυνάμει
τὴν νοητὴν ἔπαυσε θάλασσαν, τουτέστιν· τὴν ἁμαρτίαν ἐξηφάνισε
15 διὰ τοῦ λουτροῦ τῆς παλιγγενεσίας. τὸν δὲ διάβολον ὑπέστρωσε
δεδωκὼς ἡμῖν ἐξουσίαν πατεῖν ἐπάνω ὄφεων καὶ σκορ-
πίων καὶ ἐπὶ πᾶσαν τὴν δύναμιν τοῦ ἐχθροῦ, οὐ τῇ
παναλκεῖ δυνάμει χρησάμενος οὐδὲ τῇ κατεξουσίᾳ τοῦτο διαπραξά-
μενος ὡς θεός, ἀλλ' ἐπιστήμῃ καὶ σοφίᾳ διὰ ταπεινοφροσύνης, διὰ
20 ἀνεξικακίας, ἄνθρωπος γεγονὼς ὁ τῶν ἀνθρώπων δημιουργὸς καὶ τα-
πεινώσας ἑαυτὸν μέχρι θανάτου, θανάτου δὲ σταυροῦ.

26,13 κλεῖθρα δὲ οὐρανοῦ δεδοίκασιν αὐτόν.

ὥσπερ ἀμέλει τὸν δορυφορούμενον ὑπὸ τῶν ἀγγέλων αἱ ἄνω δυνά-

5f Ps.101,27   10-13 Ps.103,25-26   16f Lukas 10,19   20f Philipp.2,8

Υ Γ(βOFL -6; βOFPL 8-21; ≠ 23-) P(-6) N(3 οἱ - 6; ≠ 9 τὸ - 13 αὐτῷ)
1 τῷ > ΓΡ   1/2 οὐδενὸς αὐτ. ὑπερ. > Γ   3 αὐτοῦ Γ   4 ἐπι-
τάξῃ + ὁ τανύσας τὸν οὐρανὸν ὁ ἐκπετάσας ὁ ἐκτείνας ὡσεὶ δέρριν Ν /
τοῦτο: ὁ σεισμὸς οὗτος καὶ ἡ μεταβολή Ν   5 γάρ φησιν ΓΡΝ: > Υ /
ἑλλίξεις Υ   8 θαλάσης Υ: θαλάττης Γ / ἐκβεβηκὼς Υ(Ρ): ἐκβεβλη-
κὼς Γ   9 ὁ θεσπ. μελλῳδὸς Υ, Δαυὶδ Γ   10 καὶ Γ(LXX): ἢ Υ
11-12 ζῷα - εὐθὺς > Γ   13 αὐτό Υ   14 θάλατταν Γ / τὴν₂ Γ:
> Υ   15 τοῦ Γ: > Υ / ὑπέστρωσε + καὶ πατεῖσθαι παρεσκεύασε Γ
17 καὶ - ἐχθροῦ > Γ   18 παναλκῆ Υ / οὐδὲ - διαπ. > Γ / κατεξου-
σίᾳ Hag: κατ' ἐξουσίαν Υ   19/20 διὰ ἀνεξικακίας > Γ   23 τὸν
Hag: καὶ Υ / δωρυφορούμενον Υ

μεις θεώμεναι πρὸς τὸν οἰκεῖον ἀναφοιτῶντα πατέρα μετὰ τῆς ἰδί-
ας σαρκὸς μετὰ δέους καὶ θαύματος ἔλεγον· τίς ἐστιν οὗτος
ὁ βασιλεὺς τῆς δόξης; εἶτα καὶ ἀντιφθόγγως τῶν δορυφορούν-
των λεγόντων ἤκουον· κύριος τῶν δυνάμεων αὐτός ἐστιν
5 ὁ βασιλεὺς τῆς δόξης.

26,13 προστάγματι δὲ ἐθανάτωσε δράκοντα ἀποστάτην.

σύμφωνα τούτοις ὁ ἀπόστολος ἔφησεν εἰρηκώς· ὃν ὁ κύριος
ἀνελεῖ τῷ πνεύματι τοῦ στόματος αὐτοῦ. εἰ δὲ καὶ εἰς
αὐτὸν ἐκλάβοις τὸν διάβολον διὰ τὸ μέλλειν αὐτὸν εἰς αἰώνιον
10 σκότος παραπέμπεσθαι καὶ εἰς τὸ πῦρ τὸ ἡτοιμασμένον τῷ
διαβόλῳ καὶ τοῖς ἀγγέλοις αὐτοῦ - τὸ γὰρ τοῦ ἀποστό-
λου περὶ τοῦ ἀντιχρίστου λέγεται -,οὐκ ἀπὸ σκοποῦ εἴρηται.

26,14 ἰδοὺ ταῦτα μέρη ὁδοῦ <αὐτοῦ>, καὶ ἐπὶ ἰκμάδα λόγου αὐτοῦ
ἀκουσόμεθα ἐν αὐτῷ.

15   ταῦτα, φησίν, ἐκ πολλῶν ὀλίγα εἴπαμεν μέρος τι μικρὸν ἐξηγη-
σάμενοι τῆς δυνάμεως καὶ σοφίας τοῦ θεοῦ, καθ' ἣν ἐφοδεύων καὶ
περιπολῶν τόνδε τὸν κόσμον διέπει, καὶ μικράν τινα ἰκμάδα τοῦ
λόγου αὐτοῦ ἀκηκόαμεν· ὅλον γὰρ τὸ χύμα τῆς αὐτοῦ σοφίας γεννη-
τὴν φύσιν παραδέξασθαι ἀμήχανον.

20 26,14 σθένος δὲ βροντῆς αὐτοῦ τίς οἶδεν ὁπότε ποιήσει;

τίς δὲ ἱκανὸς ἐξηγητὴς τὸν διὰ ἀέρος καὶ βροντῆς κτύπον φε-
ρόμενον εἰπεῖν, κατὰ ποίους λόγους ἢ ποίας αἰτίας γίνεται;

2-5 Psalm 23,10   7-8 2.Thessalonicher 2,8   10-11 Matthäus 25,41
Υ Γ(βOFPL ≠ -5; 7-10 παραπέμπεσθαι; ≠ 10 καὶ - 12; βOFL 17 καὶ -
18 ἀκηκόαμεν) P(15-19) N(≠ 15 μέρος - 19)

1. ἀναφυτῶντα Υ   3 δορυφ. Υ   7 ἔφησεν εἰρ.: ἔφη περὶ τοῦ ἀν-
τιχρίστου λέγων Γ   8 πνεύματι: ῥήματι Γ   8-9 εἰς - διάβ.:
εἰς τὸν διάβ. ἐκλάβοις Γ, αὐτὸν ἐκβάλλεις τὸν διάβολον Υ   9 αὐ-
τὸν Γ: > Υ   9-10 εἰς αἰ. σκ. > Γ   12 οὐκ - εἰρ.: οὐχ ἁμαρτή-
σεις τοῦ σκοποῦ (Γ)   13 αὐτοῦ₂ nicht LXX, vgl. Z.18   15 ταῦ-
τα - ὀλίγα: ἐκ τῶν πολ. ὀλ. φησίν P   16 δυν. - θεοῦ: αὐτοῦ σοφ.
κ. δυν. P / ἐφοδ. καὶ Υ(Ν): > P   18 λόγου αὐτοῦ ΥP: περὶ
τούτων λόγου Γ(Ν) / ἀκηκόαμεν + καὶ τῶν αὐτοῦ ἐνεργειῶν P / ὅλως P

27,1 ἔτι δὲ προσθεὶς Ἰὼβ εἶπε τῷ προοιμίῳ.

τῶν τριῶν φίλων πρὸς τὰ εἰρημένα τὴν ἡσυχίαν ἀγαγόντων αὖθις
τοῖς προτέροις ἐπισυνάπτων τὰ ἐφεξῆς ὁ μακάριος Ἰὼβ ἐπιφέρει.
προοίμιον δὲ ὡς πρὸς τὰ ἐφεξῆς τὰ πρότερον εἰρημένα εἶπεν.
5   ὁ δὲ Ἀκύλας οὕτως ἐκδέδωκεν· καὶ Ἰὼβ προσέθηκεν ἆραι τὴν πα-
ραβολὴν αὐτοῦ καὶ εἶπεν. παραβολὴ δὲ εἴρηται παρὰ τῇ γραφῇ οὐ
μόνον ὁ καθ᾽ ὁμοίωσιν εἰσαγόμενος λόγος, ἀλλὰ καὶ ἅπας λόγος σο-
φός. καὶ ὁ Βαλαὰμ γὰρ ἀναλαμβάνων τὴν παραβολὴν ἔλεγεν,
καὶ Δαυίδ· ἀνοίξω ἐν παραβολαῖς τὸ στόμα μου, οὐχ ὁ-
10 μοιώματα διεξιόντες, ἀλλὰ λόγους σοφούς.

27,2-5 ζῇ κύριος, ὃς οὕτω με κέκρικεν, καὶ ὁ παντοκράτωρ ὁ πι-
κράνας μου τὴν ψυχήν. ἦ μὴν ἔτι τῆς πνοῆς μου ἐνούσης, πνεῦμα
δὲ θεῖον τὸ περιόν μοι ἐν ῥισίν, μὴ λαλήσειν τὰ χείλη μου ἄνομα,
οὐδὲ ἡ ψυχή μου μελετήσει ἄδικα. μή μοι εἴη δικαίους ὑμᾶς ἀποφῆ-
15 ναι ἕως <ἂν> ἀποθάνω.

τὸ ἕως ἂν ἀποθάνω κατὸ κοινοῦ εἴρηται, ὁ δὲ νοῦς οὗτος·
μὰ τὸν ζῶντα κύριον καὶ τὸν κατὰ κρίσιν οἰκείαν καὶ τοὺς ἀνεφίκ-
τους ἑαυτοῦ λόγους τοῖς τοσούτοις με κακοῖς περιβεβληκότα, ἕως
ἀναπνέω καὶ ζῶ, κἂν τούτων πάθω δεινότερον, οὐκ ἂν ἀπηχές τι ἢ
20 ἄνομον ἢ παλίμφημον φθεγξαίμην ἢ διανοησαίμην κατὰ θεοῦ ἀντι-
καθιστάμενος μέχρι θανάτου πρὸς τὴν ἁμαρτίαν. ἀλλὰ μηδὲ γένοιτό
μοι, ἕτερα μὲν ἔχειν κατὰ διάνοιαν καὶ συνειδέναι μὲν ὡς μάτην
μου καταψηφίζεσθε, δυσωπούμενον δὲ ὑμᾶς παραχαράττειν τὴν ἀλή-
θειαν καὶ φάσκειν, ὅτι δικαίως ταῦτα ἐννοεῖτε περὶ ἐμοῦ ἅπερ δὴ

8 Numeri 23,7   9 Psalm 77,2

Υ Γ(βOFL 2-4; βOFPL ≠ 4; ≠ 17-) P(5-10) N(≠ 2-4; 5-10; 19 οὐκ ἂν -
21 ἁμαρτίαν) Proverbienkatene PG 93,472 zu Prov.1,6 (6 παραβολὴ - 10)
1 προσθεὶς LXX: προθεὶς Υ   2 πρὸς Γ: παρὰ Υ   5 δὲ > P / οὕ-
τως > P / καὶ + ὁ Υ / προσέθηκεν Ἰὼβ stellt N   6 αὐτοῦ > P /
καὶ εἶπεν > N   7 εἰσαγ. > N/ πᾶς Pr.   8 καὶ - γὰρ: οὕτω γοῦν καὶ
ὁ Β. N/ ἀναλαβὼν N   9 καὶ + ὁ PN   9/10 ὁμοιώματα: παραβολὰς P
10 διεξιῶν Pr.   11 οὕτως Υ   12 μὴν: μῖν Υ   14 οὐδὲ LXX: μηδὲ Υ
18 ἕως: ἄχρις ὅτου (Γ)   19 ἀναπνέω: ἐμπνέω (Γ) / ζῶ + παρὰ θεοῦ τοῦτο
λαβὼν (Γ)/ ἀπηχές (Γ)N: ἀπεχθὲς Υ   19/20 ἢ ἄνομον > N   20 πα-
λίνφημον Υ   23 καταψηφίζεσθαι Υ   24 ἐννοεῖται Υ

λέγετε.

ἐπιτήρει δέ, ὡς περὶ ἑνὸς θεοῦ διαλεγόμενος τῆς ἁγίας καὶ ὁ-
μοουσίου τριάδος ἐμνημόνευσε. πρῶτον μὲν γὰρ εἶπε ζῇ κύριος
τὸν μονογενῆ λέγων· εἷς γὰρ κύριος, μία πίστις. εἶτα
5 ἐπήγαγεν ὁ παντοκράτωρ τὸν τοῦ μονογενοῦς πατέρα παραδηλῶν.
εἶτα ἐφεξῆς τοῦ ἁγίου πνεύματος ἐμνημόνευσεν, ὃ ἀναπνέουσι μᾶλ-
λον οἱ ἅγιοι ἢ τὸν ἀέρα. λέγει δὲ τὸ πνευματικὸν χάρισμα, ὃ ἐνε-
φύσησεν ἡμῖν θεὸς ἐξ ἀρχῆς ζωοπλαστήσας τὸν ἄνθρωπον καὶ ὕστερον
ὁ σαρκωθεὶς λόγος τοῖς μαθηταῖς εἰρηκώς· λάβετε πνεῦμα ἅ-
10 γιον. ὃ γὰρ ἐν μονάδι θεὸς διὰ τὴν μίαν οὐσίαν καὶ θεότητα ἐν
τριάδι γνωρίζεται διὰ τὰς ὑποστάσεις.

πικραίνεσθαι δὲ λέγεται ἡ ψυχή, ὅτε μηδὲν γλυκὺ καὶ ἡδὺ καὶ
ἐπαγωγὸν αὐτῇ πάρεστιν.

27,5-6 οὐ γὰρ ἀπαλλάξω τὴν ἀκακίαν μου. δικαιοσύνῃ δὲ προσέ-
15 χων οὐ μὴ προῶμαι· οὐ γὰρ σύνοιδα ἐμαυτῷ ἄτοπον πράξας.

οὐ γὰρ ἀποστήσω ἀπ' ἐμοῦ τὴν ἐμὴν ἀκακίαν καὶ ἁπλότητα, οὐ-
δὲ προδώσω δικαιοσύνην, οὐδὲ ἕτερα ἔχων κατὰ διάνοιαν καὶ μη-
δὲν ἐμαυτῷ συνειδὼς παρὰ τὸ ἀληθὲς καὶ δίκαιον ἕτερα φθέγξομαι.

27,7 οὐ μὴν δὲ ἀλλὰ εἴησαν οἱ ἐχθροί μου ὥσπερ ἡ καταστροφὴ τῶν ἀ-
20 σεβῶν, καὶ οἱ ἐπ' ἐμὲ ἐπανιστάμενοι ὥσπερ ἡ ἀπώλεια τῶν παρανόμων.

ἐγὼ μὲν οὖν, φησίν, οὐδὲν ἐμαυτῷ σύνοιδα· ἃ δὲ ὡς ἀσεβοῦς μου
καταψηφίζεσθε, εἰς ἐχθρῶν τρέποιτο κεφαλάς.

27,8-10 καὶ τίς γάρ ἐστιν ἐλπὶς ἀσεβεῖ, ὅτι ἐπέχει; πεποιθὼς ἐπὶ
κύριον ἆρα σωθήσεται; ἢ τῆς δεήσεως αὐτοῦ εἰσακούσεται κύριος; ἢ

4 Epheser 4,5   9-10 Johannes 20,22

Υ Γ(βOFPL ≠ -1) P(2 - 3 ἐμνημόνευσε) N(≠ 21-22)

1 λέγεται Υ   2-3 ἐμνημόνευσε vor τῆς P   3 τριάδος + τοῦ μο-
νογενοῦς τοῦ πατρὸς καὶ τοῦ ἁγίου καὶ ζωοποιοῦ πνεύματος P   6 δ
korr. aus δν Υ   14 δικαιοσύνῃ LXX: δικαιοσύνην Υ   21 ὡς ἀσε-
βοῦς: ἀσεβῶς (N)   22 καταψηφίζεσθαι Υ   23 ἀσεβῆ Υ/ πεποιθὼς LXX:
πέποιθα Υ   24 τὴν δέησιν LXX (vgl. S.227,6)

ἐπελθούσης αὐτῷ ἀνάγκης μὴ ἔχει τινὰ παρρησίαν ἐνώπιον αὐτοῦ; ἢ
ὡς ἐπικαλεσαμένου αὐτοῦ εἰσακούσεται αὐτοῦ;

ποίαν γὰρ ἔχει, φησίν, ἐλπίδα ὁ ἀσεβής, κἂν τέως ἀντέχῃ; μετὰ
ποίας πεποιθήσεως τὴν ἐκ θεοῦ σωτηρίαν προσδοκᾷ; πῶς δὲ ἀνάγκη
5 περιπεσὼν σὺν παρρησίᾳ τὸν θεὸν ἐπικαλέσεται ὡς μελλούσης αὐτοῦ
τῆς εὐχῆς εἰσακούεσθαι;

27,11   ἀλλὰ νῦν ἀναγγελῶ ὑμῖν, τί ἐστιν ἐν χειρὶ κυρίου· ἅ ἐστι
παρὰ παντοκράτορι, οὐ ψεύσομαι.

ἐγὼ δὲ ὑμῖν ἀναγγελῶ καὶ τὰ ἐκ χειρὸς κυρίου τοῖς ἀσεβέσιν
10 ἐπιφερόμενα.

27,12-13   ἰδοὺ δὴ πάντες οἴδατε, ὅτι κενὰ κενοῖς ἐπιβάλλετε. αὕ-
τη ἡ μερὶς ἀνθρώπου ἀσεβοῦς παρὰ κυρίου, κτῆμα δὲ δυναστῶν ἐπε-
λεύσεται παρὰ παντοκράτορος ἐπ᾽ αὐτούς.

ὑμεῖς μὲν οὖν, φησίν, οἴδατε, ὅτι ματαίους ματαίοις συνείρετε
15 λόγους ἀσεβείας με γραφόμενοι. ἐγὼ δέ φημι, ποία τίς ἐστιν ἡ τοῦ
ἀσεβοῦς μερίς, καὶ ποῖον κτῆμα καὶ ποῖος κλῆρος τῶν ἐπὶ κακίᾳ
μέγα δυναμένων, καὶ τί αὐτοῖς ἐπελεύσεται παρὰ τοῦ παντοδυνάμου
θεοῦ.

27,14-15   ἐὰν δὲ πολλοὶ γένωνται οἱ υἱοὶ αὐτῶν, εἰς σφαγὴν ἔσον-
20 ται· ἐὰν δὲ ἀνδρωθῶσιν, προσαιτήσουσιν. οἱ δὲ περιόντες αὐτοῦ
θανάτῳ τελευτήσουσιν, χήρας δὲ αὐτῶν οὐδεὶς ἐλεήσει.

τὰ ὡς εἰκὸς συμβησόμενα τοῖς ἀσεβέσι λέγει. οὐ γὰρ πάντως αὐ-

---

Y Γ(βOFPLN 3-6; 9-10; 14-18) P(≠ 22-) N(22-)

1 ἔχῃ Y / ἐνώπιον: ἐναντίον und ἔναντι LXX   3 γὰρ ἔχει Γ: ἔχει
δὲ Y / κἂν τέως ἀντέχῃ Γ: > Y   5 σὺμ παρησίᾳ Y / ἐπικαλέσεται
(N, Konjektur): ἐπικαλέσηται YΓ / αὐτοῦ: αὐτῷ Γ   6 εἰσακ. + ταῦ-
τα οὖν φησι πλέον ὑμῶν οἶδα Γ   7 ἡμῖν Y   9 ἡμῖν Y / ὑμῖν +
φησιν Γ / ἀναγγελῶ + σὺν ἀληθείᾳ Γ   11 ἐπιβάλλεται Y   14 οὖν:
γὰρ Γ / φησίν > Γ / συνείρεται Y   15 φημὶ δὲ ἔγωγε Γ
16 ποῖος: τίς ὁ Γ   17 μέγα δυναμένων Γ: μεγαλυνομένων Y / παντο-
δυνάμου Y(F): πάντα δυναμένου Γ   20 προσαιτήσωσιν Y   21 τελευ-
τήσωσιν Y / χείρας Y   22 λέγει: ἀπαριθμεῖται N/ οὐ - 1 ἔσται > N

τοῖς ταῦτα ἔσται· παρέλκουσι γὰρ ἐσθότε τὴν εὐδαιμονίαν καὶ μέχρι
τελευτῆς, ὡς ἐν τοῖς ἀνωτέρω πρὸς τοὺς φίλους ἀπορῶν αὐτὸς ἐδί-
δαξεν. καὶ σφαγὴν μὲν τὴν διὰ πολεμίων φησίν, θάνατον δὲ τὸν
αἰφνίδιον καὶ ἄωρον.

5 27,16-17 ἐὰν συναγάγῃ ὥσπερ γῆν ἀργύριον, ἴσα δὲ πηλῷ ἑτοιμάσῃ
χρυσίον, ταῦτα πάντα δίκαιοι περιποιήσονται, τὰ δὲ χρήματα αὐτοῦ
ἀληθινοὶ καθέξουσιν.

τοῦτο γέγονεν, ὡς καὶ ἐν τοῖς ἔμπροσθεν ἔφαμεν, ὅτε διὰ τὰς
ἁμαρτίας τῶν Ἀμορραίων καὶ Χαναναίων καὶ τῶν λοιπῶν ὁ Ἑβραίων
10 λαὸς τὰ αὐτῶν ἐκληρονόμησεν.

27,18 ἀπέβη δὲ ὁ οἶκος αὐτοῦ ὥσπερ σῆτες καὶ ὥσπερ ἀράχνη.

ὑφ' ἑαυτῶν δαπανωμένων· ἡ γὰρ ἀσέβεια δίκην ἰοῦ καταδαπανᾷ
τοὺς ἔχοντας.

27,19 πλούσιος κοιμηθήσεται καὶ οὐ προσθήσει, ὀφθαλμοὺς αὐτοῦ
15 διήνοιξε καὶ οὐκ ἔστιν.

διὰ τὸ ὀξύρροπον τῆς ἀπολαύσεως· πρὸς βραχὺ γὰρ διαβλέψας
πρὸς τὸν ἑαυτοῦ πλοῦτον οἰχήσεται τὰς δίκας ἐκτίσων.

27,20 συνήντησαν αὐτῷ ὥσπερ ὕδωρ αἱ ὀδύναι.

ἵνα εἴπῃ· καὶ μέχρι τῶν ἐγκάτων ὀδύναι τοῦτον διαλήψονται, ὃ
20 καὶ ὁ Δαυὶδ περὶ τῶν ἐπικαταράτων ἔλεγεν· εἰσῆλθεν ὡσεὶ
ὕδωρ εἰς τὰ ἔγκατα αὐτοῦ.

20-21 Psalm 108,18

Y Γ(βOFPL 8-10; 12-13; 16-17) P(≠ - 2 τελευτῆς) N(-4; ≠ 8-10; 12
-13; ≠ 16-17)

3 καὶ: νῦν δὲ N   5 ἑτοιμάσει Y   6 χρυσίον LXX: χρυσίῳ Y
8 ὡς - ἔφαμεν > Γ   9 ἀμοραίων Y / 'Εβραίων Γ: ἑβραῖος Y
10 ἐκληρονόμησεν Γ: ἐκληρονόμησαν Y(L)   11 ἀράχνη LXX: ἀράχνην Y
12 ὑφ' ΓN: ἐφ' Y, davor τουτέστιν N / δαπανωμένων: δαπανηθήσονται N
/ καταδαπανᾷ: καταναλίσκει Γ, δαπανᾷ N   14 ὀφθαλμοὺς LXX: ὀφθαλ-
μός Y   16 τῆς ἀπολαύσεως Hag: τῆς ἀπωλείας Y(P), φησιν τοῦ βίου Γ,
vgl. οὕτως .. ὀξύρροπος ἡ τοῦ πλούτου ἀπόλαυσις (N)   17 ἐκτήσων Y

27,20 νυκτὶ δὲ ὑφείλετο αὐτὸν γνόφος.

ἔσται δὲ ὡς ἐν νυκτὶ τὰ κατ' αὐτὸν ἀνάμεστα σκότους, καὶ
κυκλοτερῶς ὡς γνόφος περιστήσονται αὐτὸν τὰ κακά.

27,21 ἀναλήψεται αὐτὸν καύσων, καὶ ἀπελεύσεται καὶ λικμήσει
5 αὐτὸν ἐκ τοῦ τόπου αὐτοῦ.

οἰχήσεται δέ, φησίν, ὥσπερ ὑπὸ ἀνέμου καύσωνος ἀποφυσώμενος
καὶ ἀναρριπιζόμενος. καλῶς δὲ εἶπε κ α ύ σ ω ν ο ς, πῦρ γὰρ αὐτὸν
ἄσβεστον διαδέχεται. λικμῆσαι δέ ἐστι τὸ τῷ πτύῳ τὸν σῖτον
ἀναρριπτοῦντα τὸ χνοῶδες καὶ ἐλαφρὸν ταῖς τῶν ἀνέμων αὔραις
10 ἀπομερίζειν τοῦ σίτου. διακαθαριζομένης τοίνυν τῆς ἅλωνος ὁ μὲν
σῖτος ἀποκαθίσταται εἰς τὰς ἀποθήκας, τ ὸ δ ὲ ἄ χ υ ρ ο ν κ α τ α -
κ α ί ε τ α ι π υ ρ ὶ ἀ σ β έ σ τ ῳ, ὡς ἡ εὐαγγελική φησιν παραβολή.

27,22 καὶ ἐπιρρίψει ἐπ' αὐτὸν καὶ οὐ φείσεται.

ὡς λῃστὴς δηλονότι καὶ ἡ τιμωρία καὶ ὁ καύσων ἄνεμος ἐπιπίπ-
15 των ἐπὶ τὸν ἀσεβῆ.

27,22-23 ἐκ χειρὸς αὐτοῦ φυγῇ φεύξεται. κροτήσει ἐπ' αὐτῷ χεῖ-
ρας αὐτοῦ, καὶ συριεῖ αὐτὸν ἐκ τοῦ τόπου αὐτοῦ.

πέφυκεν ἡ γραφὴ σχηματίζειν ὡς πολέμιον τὸν θεόν, ὅταν βού-
ληται τὴν κατὰ τῶν ἀσεβῶν θείαν ἐνδείκνυσθαι τιμωρίαν. αὐτίκα
20 γοῦν ὁ Δαυὶδ καὶ ὅπλον αὐτῷ περιτίθησι καὶ ἀκόντιον ποιεῖ κρα-
τοῦντα, ἐν οἷς ψάλλων φησίν· ἐπιλαβοῦ ὅπλου καὶ θυρεοῦ

11-12 Matthäus 3,12   21-230,3 Psalm 34,2-3
Υ Γ(βΟFPL ≠ 2 καὶ - 3; 6-12; 14-15; 18-) P(2 ὡς - σκότους) Ν(6 -
7 ἀναρρ.; ≠ 14-15; 18-)

2 κυκλωτέρως Υ   6 οἰχ.: ἠχήσεται Υ, οἴχεται Ν/ δὲ > ΓΝ/ φησὶν > Ν/
ὥσπερ ΓΝ: > Υ   6/7 ἀποφ. καὶ > ΓΝ   7 ἀναρριπιζόμενος ΓΝ:
ἀναρυπτούμενος Υ / αὐτοὺς Γ   8 τὸ Γ: > Υ   9 ἀναριπτοῦντα Υ
10-12 διακαθ. - ἀσβέστῳ > Γ   12 ἡ εὐ. φησιν: καὶ εὐ. φησί τις Γ
14 λῃστὴς + ἄφνω Γ / καὶ₁ > Γ   18 πέφυκεν Υ(Ρ): εἴωθεν ΓΝ / ὡς
πολ. σχημ. stellt Ν   18/19 βούλεται Υ   19 ἐνδείκν.: ἐνδεί-
ξασθαι Ν / τιμωρίαν: δίκην Γ, νίκησιν Ν   19-21 αὐτίκα - φησίν:
λέγει γοῦν ὁ Δαυὶδ Γ

καὶ ἀνάστηθι εἰς τὴν βοήθειάν μου. ἔκχεον ῥομ-
φαίαν καὶ σύγκλεισον ἐξ ἐναντίας τῶν καταδιω-
κόντων με. τοῦτο τοιγαροῦν κἀνταῦθα, ποιεῖ τὸν μὲν θεὸν δί-
κην πολεμίου καταδιώκοντα, φεύγοντα δὲ τὸν ἀσεβῆ, τὸν δὲ ὡς νι-
5 κήσαντα καὶ ἐπαγαλλόμενον τῇ νίκῃ ἐπικροτοῦντα τῶ χεῖρε καὶ
ἐξέλκοντα τὸν ἀσεβῆ ἐκ τοῦ τόπου αὐτοῦ, τουτέστιν· ἐκ
τῆς παλαιᾶς εὐδαιμονίας. φησὶν οὖν ὅτι· δίκην πολεμίου ὀργι-
ζόμενος ὁ θεὸς πάντων ἀπογυμνοῖ τῶν προσόντων τὸν ἀσεβείᾳ συζῶντα.

28,1-3 ἔστι γὰρ ἀργυρίῳ τόπος ὅθεν γίνεται, τόπος δὲ χρυσίῳ
10 ὅθεν διηθεῖται. σίδηρος μὲν γὰρ ἐκ τῆς γῆς γίνεται, χαλκὸς δὲ
<ἴσα> λίθῳ λατομεῖται. τάξιν ἔθετο σκότει, <καὶ> πᾶν πέρας αὐ-
τὸς ἐξακριβάζει.

τί οὖν φησιν; ἆρα εἰκῆ τὰς τιμωρίας ἐπάγει θεός, ἆρα ἀσόφως
ἢ ἀβούλως, καίτοιγε πάντα ὑπερφυῶς καὶ σοφῶς ἐξειργάσατο καὶ
15 τάξιν ἑκάστῳ δέδωκεν; εἶτα τοῦτο δεικνὺς ὁ μακάριος οὗτος ὁμοῦ
μὲν διδάσκει τοῦ δημιουργοῦ λόγου τὴν σοφίαν καὶ ἁρμονίαν, ἣν
τοῖς πᾶσιν ἔθηκεν, ὁμοῦ δὲ καί, ὅπως ἡμᾶς ἐτίμησε λογισμῷ κοσ-
μήσας.

παραπέμπει δὲ καὶ εἰς θεωρίαν· τοιαῦται γὰρ τῶν ἁγίων προφη-
20 τῶν αἱ ῥήσεις παραμιγνῦσαι τοῖς προχείρως νοουμένοις τὴν θεω-
ρίαν καὶ τοῖς καθ' ἱστορίαν ἀπαγγελλομένοις τῶν μυστηρίων τὴν
γνῶσιν.

ὅτι τοιγαροῦν οὐκ ἄκριτα τὰ παρὰ θεοῦ, κατανοήσωμεν αὐτοῦ
τὴν δημιουργίαν καὶ θαυμάσωμεν, ἐνθυμῶμεν τὴν δεδομένην ἀνθρώ-
25 ποις ἐκ θείας δωρεᾶς λογικὴν γνῶσιν καὶ καταπλαγῶμεν. ἔστι

Y Γ(βOFPL - 7 εὐδαιμονίας; βOFPLN 23 - 24 θαυμάσωμεν) P(13-18)
N(- 7 εὐδαιμονίας; ≠ 14 πάντα - 18)

1 καὶ - μου: καὶ πάλιν N / καὶ - 3 με > Γ   2 σύκλεισον Y
2-3 ἐξ - με: καὶ ἀλλαχοῦ τὸ τόξον αὐτοῦ ἐνέτεινε καὶ τὰ βέλη ἡτοίμα-
σεν N (Ps.7,13)   3 τοιγαροῦν: τοίνυν Γ, > N/ viell. κἀνταῦθα ποιεῖ
<σχηματίζουσα>   4-5 ὡς - νίκῃ > Γ   5 ἐπαγαλλόμενον N: ἐπαγγελό-
μενον Y / ἐπικρ. τῶ χεῖρε: ἐπικτυποῦντα τ. χ. Γ, τὰς χεῖρας ἐπικρο-
τοῦντα N / καὶ₂ + αὐτῷ πτοοῦντα τῷ ψόφῳ καὶ Γ   6 ἐξέλκ. nach αὐ-
τοῦ stellt N   13 ὁ θεὸς P   14 ἢ: καὶ P   15 οὗτος > P   17 λογισμῷ:
λόγῳ P   21 ἀπαγγελομ. Y   23 τὰ Γ: > Y(P)   24 δεδομένην Y

γὰρ ἀργυρίῳ τόπος ὅθεν γίνεται, τόπος δὲ χρυσίῳ
ὅθεν διηθεῖται. καὶ οὔτε ἡ χρυσῖτις γῆ ἄργυρον φέρει, οὔ-
τε ἡ ἀργυρῖτις χρυσόν· καὶ ἐξ ἄλλης μὲν σίδηρος μεταλλεύεται,
χαλκὸς δὲ ἐξ ἑτέρας. τὸ δὲ χαλκὸς ἴσα λίθῳ λατομεῖται
5 οὐχ ὅτι χαλκᾶ τυγχάνουσιν ὄρη, ἀλλ' ὅτι λατομούμενα κατὰ τὴν δο-
θεῖσαν ἀνθρώποις ὑπὸ θεοῦ μεταλλικὴν τέχνην χαλκὸν καὶ σίδηρον
φέρουσιν. καὶ τὸ μὲν τῆς νυκτὸς σκότος παραχωρεῖ τῷ φωτὶ πλησι-
άζοντι, ὥσπερ καὶ ἡ ἡμέρα ἀντιπαραχωρεῖ τῇ νυκτὶ τὸν δρόμον κα-
τὰ τὴν ἰδίαν τάξιν. πάντων δὲ τὰ πέρατα καὶ τὰς ἐκβάσεις σοφῶς
10 θεὸς ἐξακριβάζεται τῇ ἀπεριλήπτῳ προνοίᾳ τὰ πάντα συμπεριλαμβά-
νων. οὐκοῦν οὐδὲ τὰς τιμωρίας τὰς κατὰ τῶν ἀσεβῶν ἢ διὰ κενῆς
ὑπερτίθεται ἢ μάτην ἐπάγει ὁ πάντα μέτρῳ καὶ τάξει καὶ ἁρμονίᾳ
διαταξάμενος.

28,3 λίθος σκοτία καὶ σκιὰ θανάτου.

15 ναὶ μήν, φησίν, οὗτοι οἱ λίθοι οἱ μεταλλευόμενοι ἐν βάθει
που κεῖνται τῆς γῆς ὡς ὑπ' αὐτὴν τοῦ θανάτου τὴν σκιάν, ἵνα
εἴπῃ ὅτι· καὶ ἐν τοῖς κατωτάτω καὶ ἐν σκοτίᾳ βαθείᾳ.

28,4 διακοπὴ χειμάρρου ἀπὸ κονίας, οἱ δὲ ἐπιλανθανόμενοι ὁδὸν
δικαίαν ἠσθένησαν.

20 ἡ δὲ τῆς γῆς κόνις, φησίν, εἰς τὴν χωνείαν ἐμβληθεῖσα τῷ
πυρὶ ποταμηδὸν ἐκρεῖ εἴτε τὸν χρυσὸν εἴτε τὸν ἄργυρον εἴτε τὸν
χαλκὸν εἴτε τὸν σίδηρον.

Υ Γ(βOFPLN 2 καὶ - 13; βOFL 15-17; βOFPL 20-22) P(15-17) N(15-17)
Syr(15-17)

2 καὶ οὔτε: οὔτε γὰρ Γ   4 ἐξ – χαλκὸς₂ > Γ   5/6 δωθεῖσᾶν Υ
6 καὶ σίδηρον > Γ (hat N)   7 φέρουσι + τῶν προειρημένων ὑλῶν ὑπὸ
γῆς εὑρισκομένων Γ   8 ˋκαὶˋ Υ   9 ἰδίαν τάξιν: θείαν διάταξιν Γ
10 ὁ θεὸς Γ   11 τιμωρίας + φησίν Γ / τὰς₂ Γ: τῶν Υ   14 σκο-
τεία Υ   15 ναὶ – λίθοι: λίθοι μέν φησιν Ν / ναὶ μήν Γ Syr: καὶ
μὲν Υ, καὶ μὴν P   16 τῆς γῆς Υ Syr: > ΓΝ / ὡς: καὶ Ν   17 ὅτι
> Ν / τοῖς: τῷ P / σκοτείᾳ Υ, (σκότει βαθεῖ L)   19 ἠσθένησαν + ἐκ
βροτῶν LXX   20 δὲ > Γ / κόνις φησίν: φησιν τοιάδε κόνις Γ / τὴν
χωνείαν Hag: τὴν κονίαν Υ, χωνευτήριον Γ / ἐμβληθεῖσα Γ: ἐκβληθ. Υ /
ἐμβληθεῖσα + καὶ διυλισθεῖσα Γ

ἢ καὶ οὕτως νοήσεις· ὥσπερ ὁ χείμαρρος διακόπτει τὴν γῆν, ἐὰν
εὕρῃ αὐτὴν διὰ κονίαν {τουτέστι} σαθρὰν καὶ μὴ ἔχουσαν ἑδραίωμα,
οὕτως ἡ θεία δίκη ἐπερχομένη τοῖς ἀδίκοις ἀσθενεῖν αὐτοὺς παρα-
σκευάζει ὡς χειμάρρους διακόπτων σαθρὰν γῆν ἐκκόπτουσα τῶν ἀσεβῶν
5 τὴν εὐθηνίαν.

**28,5 γῆ ἐξ αὐτῆς ἐξελεύσεται ἄρτος, ὑποκάτωθεν αὐτῆς ἐστράφη
ὡσεὶ πῦρ.**

ἀλλὰ καὶ ἑτέρα, φησίν, γῆ τῇ τοῦ θεοῦ συνεργίᾳ καὶ γεωργικῇ
τέχνῃ κατασπειρομένη καὶ κάτωθεν ἐν ταῖς ἰδίαις λαγόσιν ὑποδεξα-
10 μένη τὰ σπέρματα, εἶτα ὥσπερ πυρὶ τῇ οἰκείᾳ θέρμῃ διαλύσασα τὸ
καταβληθὲν καὶ τοῦτο τῇ ἐνούσῃ αὐτῷ σπερματικῇ δυνάμει πολυπλα-
σιάσασα ἀναδίδωσι τὸν ἄσταχυν εἰς ἄρτου ποίησιν.

κατὰ δὲ τὴν θεωρίαν γῆ ἐστιν ἡ ἐκκλησία τοῖς μὲν ἀξίοις τὸν
ζῶντα ἄρτον ὀρέγουσα, τοῖς δὲ ἀναξίοις τὸ κάτωθεν, τουτέστι τὸ
15 ἐν ᾅδου καὶ αἰώνιον, εὐτρεπίζουσα πῦρ.

28,6 τόπος σαπφείρου οἱ λίθοι αὐτῆς.

ἡ μὲν αἰσθητὴ γῆ τοὺς τιμίους ἀναδίδωσι λίθους, ἡ δὲ νοηθεῖσα
τοὺς ἀποστόλους καὶ λοιποὺς ἁγίους, περὶ ὧν γέγραπται· λίθοι
ἅγιοι κυλίονται ἐπὶ τῆς γῆς. <τόπος> σαπφείρου δέ
20 εἰσιν οἱ λίθοι, ἐπειδήπερ ἐν γῇ τυγχάνοντες ἐν οὐρανῷ ἔχουσι τὸ
πολίτευμα· ὁ γὰρ σάπφειρος λίθος οὐράνιον δείκνυσι χρῶμα.

28,6 καὶ χῶμα χρυσίον αὐτῆς.

τῆς μὲν αἰσθητῆς γῆς, ὡς καὶ ἐν τοῖς ἔμπροσθεν εἴπαμεν, ἔστι
τι χῶμα, ὅπερ ἑψόμενον εἰς χρυσοῦ συμβάλλεται γένεσιν. τῆς δὲ

18-19 Zacharias 9,16   20-21 vgl. Philipper 3,20

Υ Γ(βOF ≠ 1 - 3/4 παρασκ.; βOFPLN 8-12; βOFPL 13-15; 17 - 19 γῆς;
≠ 19 τόπος- 21; 23-) P(≠ 1-5) N(23 ἔστι - 24 γένεσιν)

1 χειμάρρους (ΓΡ)   8 τῇ τοῦ > Γ   9 κατασπειρωμένη Υ / λαγῶ-
σιν Υ   11 ἐνούσῃ αὐτῷ Γ: > Υ / δυνάμει Γ: οὐσίᾳ Υ   11/12 πο-
λυπλασιάσασα Γ: πολυπλασιάσασθαι Υ   13 τὴν > Γ / θεωρίαν + ἁγία Γ
14 ζῶντα: ζῳοποιῶν Γ   16 τόπος LXX: τόποι Υ   18 ἀποστ. καὶ
λοιποὺς > Γ   23 εἴπαμεν: εἴρηται Γ   24 συμβάλεται Υ

ἁγίας ἐκκλησίας καὶ τὰ δοκοῦντα εἶναι εὐτελῆ ὡς χῶμα τίμια τυγ-
χάνουσιν.

28,7 τρίβος, οὐκ ἔγνω αὐτὴν πετεινόν, καὶ οὐ παρέβλεψεν αὐτὴν
ὀφθαλμὸς γυπός.

5   πρὸς μὲν ῥητὸν τοῦτο λέγει, ὅτι ταύτην τὴν ὁδὸν τῆς μεταλλι-
κῆς τέχνης οὐ γυψὶ τοῖς ὀξυωπεστάτοις καὶ ἐξ ὕψους τὰ ἐν βάθει
κείμενα καθορῶσιν οὐδὲ τοῖς λοιποῖς πετεινοῖς ὁ θεὸς ἐδωρήσατο,
ἀλλὰ τῇ λογικῇ τῶν ἀνθρώπων οὐσίᾳ.

       πρὸς δὲ διάνοιαν τῆς ἁγίας ἐκκλησίας οὐκ ἔγνω τὴν ὁδὸν δαί-
10 μων πετεινὸν λεγόμενος διὰ τὸ ἀέριος εἶναι, οὐδὲ ἠδυνήθη αὐτὴν
κατανοῆσαι ὀφθαλμὸς γυπός, τουτέστι φιλοσώματος· σαρκοβόρον
γὰρ πετεινὸν ὁ γύψ.

28,8 <οὐκ ἐπάτησαν> αὐτὴν υἱοὶ ἀλαζόνων, οὐ παρῆλθεν ἐπ' αὐτῆς
λέων.

15   πρὸς μὲν ῥητόν· ἀλλ' οὐδὲ δράκοντες, φησίν, ἢ τὰ ἕτερα μεγά-
λα θηρία - ταῦτα γὰρ υἱοὺς ἀλαζόνων καλεῖ - ἢ λέοντες ταύτην
εἰλήφασι παρὰ θεοῦ τὴν τέχνην.

       πρὸς δὲ διάνοιαν· οὐ δύνανται πατεῖν τὴν θεωρηθεῖσαν γῆν οἱ
τοῖς δαίμοσι μαθητευόμενοι καὶ υἱοὶ τούτων ἐνδίκως καλούμενοι,
20 ἀλλ' οὐδὲ αὐτὸς ὁ νοητὸς λέων, τουτέστιν ὁ διάβολος.

28,9 - 10 ἐν ἀκροτόμῳ ἐξέτεινε χεῖρα αὐτοῦ, κατέστρεψε δὲ ἐκ
ῥιζῶν ὄρη, θῖνας δὲ ποταμῶν ἔρρηξεν.

Υ Γ(βOFPL -2; 5-12; 15 ἀλλ' - 20) Ν(5-7; 15 οὐδὲ - 17)

1/2 τυγχάνει Γ   3 πετεινῶν Υ/ αὐτὴν LXX: αὐτὸν Υ   5 πρὸς - ταύ-
την: ταύτην φησὶ Ν   5/6 μεταλικῆς Υ   6 ὀξυοπ. Υ/ καὶ - 7 καθορῶ-
σιν > Γ/ καὶ + ἄνωθεν Ν/ ἐξ ὕψ. τὰ Ν: τὰ ἐξ ὕψ. Υ   7 οὐδὲ ΓΝ: οὐ Υ
/ ἐδωρήσατο θεός Γ   8 οὐσίᾳ: φύσει Γ, + βροτῷ γὰρ διδοῖ μέταλλον
οὐ κτήνει θεός (Ρ; ohne γὰρ jambischer Trimeter; Quelle?)   10 λε-
γόμενος: κληθεὶς Γ/ ἐναέριος Γ   10-11 οὐδὲ - γυπός: οὐ γύψ Γ
11 φιλοσώματος + τὶς Γ   12 πετεινὸν > Γ   13 ἀλλαζόνων Γ
15 δράκοντες: λέοντες Ν/ φησίν > Ν   16 ἀλλαζόνων Υ/ ἢ λέοντες > Ν
17 τὴν > Ν/ τέχνην: σοφίαν ΓΝ   20 λέων Γ: δαίμων Υ   22 θῖνας Υ/
ποταμῶν LXX: ποταμοὺς Υ/ ἔρηξεν Υ

πρὸς μὲν ῥητόν· ὑπὸ θεοῦ συνετισθεὶς ἄνθρωπος οὐδὲ τὰς τῶν
ὀρῶν κορυφὰς ἀνεπάφους εἴασεν, ἀλλὰ τὰς ἀκροτόμους ἀναστομώσας
καὶ ἀναρρήξας ποταμηδὸν ἐκεῖθεν πηγὰς ἀναβλῦσαι παρεσκεύασε, καὶ
ὑψηλὰ δέ τινα ἀναστήματα πολλάκις ἐξέκοψεν, ἃ δὴ ὄρη καλεῖ,
5 πρὸς τὴν λοιπὴν ἐξομαλίζων γῆν.

πρὸς δὲ διάνοιαν· ὁ θεὸς τὴν ἀκρότομον ἔστρεψεν εἰς πηγὰς
ὑδάτων, τὴν πάλαι ἄγονον τῶν ἐθνῶν ἐκκλησίαν ἐξομβρῆσαι ποταμη-
δὸν τὰ πνευματικὰ χαρίσματα παρασκευάσας. κ α τ έ σ τ ρ ε ψ ε δ ὲ ἐ κ
ῥ ι ζ ῶ ν ὄ ρ η, τὰς ἀντικειμένας δυνάμεις ἐκ θεμελιῶν κατασείσας,
10 περὶ ὧν γέγραπται· ἐ ὰ ν ἔ χ η τ ε π ί σ τ ι ν ὡ ς κ ό κ κ ο ν σ ι ν ή -
π ε ω ς, ἐ ρ ε ῖ τ ε τ ῷ ὄ ρ ε ι τ ο ύ τ ῳ· ἄ ρ θ η τ ι κ α ὶ β λ ή θ η τ ι
ε ἰ ς τ ὴ ν θ ά λ α σ σ α ν, κ α ὶ γ ε ν ή σ ε τ α ι. δυνατὸν δὲ καὶ ἄλ-
λως θ ῖ ν α ς π ο τ α μ ῶ ν ὑπὸ θεοῦ ῥηγνυμένας νοῆσαι τὰς ἐπισυστά-
σεις τῶν πειρασμῶν.

15 28,10 π ᾶ ν δ ὲ τ ί μ ι ο ν ε ἶ δ έ μ ο υ ὁ ὀ φ θ α λ μ ό ς.

ὡς μὲν ἅγιος καὶ προφητὴς τὰ τίμια ταῦτα μυστήρια πεπληροφο-
ρῆσθαι λέγει, ὡς δὲ τὸ κοινὸν τῶν ἀνθρώπων ἀναδεχόμενος πρόσω-
πόν φησιν, ὅτι πᾶν τίμιον ἐσοφίσθη ὁ ἄνθρωπος ὑπὸ θεοῦ.

28,11 β ά θ η δ ὲ π ο τ α μ ῶ ν ἀ ν ε κ ά λ υ ψ ε ν, ἔ δ ε ι ξ ε ν δ ὲ α ὐ τ ο ῦ δ ύ ν α μ ι ν ε ἰ ς
20 φ ῶ ς.

πρὸς μὲν ῥητόν· ἄνθρωπος, φησίν, ἀνατέμνων τὴν γῆν καὶ ἐξά-
γων τὰ ὕδατα, τῆς οἰκείας ἐπιστήμης, ἧς εἴληφε παρὰ θεοῦ, τὴν
δύναμιν εἰς τὸ φανερὸν προεκόμισεν. λέγει δέ, ὅτι δι' ὧν ἐργά-

---

10-12 Matthäus 17,20 + 21,21

Y Γ(βOFPL 1-14; 17 τὸ κοινὸν - 18; 21-) N(≠ 1-5)

1 πρὸς - θεοῦ: ὁ δὲ ὑπὸ θ. φησιν Γ/ συνετισθεὶς Γ: συνετισθήσονται Υ
2 ἴασεν Υ   2-3 ἀναστομώσας καὶ Υ(PN): > Γ   3 ποταμηδὸν:
ῥοιζηδὸν Γ(N)/ ἐκεῖθεν Γ(N): > Υ/ πηγὰς ἀναβλ. παρεσκ. Γ: πηγὰς παρ-
εσκ. Υ, πηγὰς ὑδάτων ἐξεκαλέσατο N   4 καλεῖ Γ: λέγει Υ
7 ἐξομβρῦσαι Υ   8 παρεσκεύασεν (P)   9 ῥιζῶν + τὰ Υ
10 - 12 γενήσεται > Γ / ἔχετε Υ   13 θείνας Υ   17 πεπληροφο-
ρεῖσθαι Υ / ἀνθρώπων + πρόσωπον Υ   18 ὑπὸ θεοῦ ἐσοφίσθη ὁ ἄνθρ.
stellt Γ (nicht P) / ὑπὸ + τοῦ Υ   21 πρὸς - φησίν: ὃς Γ (An-
schluß an ὁ ἄνθρ. Z.18)   22 τῆς - 23 ὅτι > Γ

ζεται δείκνυσιν, ὅσην εἴληφε παρὰ θεοῦ δύναμιν καὶ ἐξουσίαν.

πρὸς δὲ διάνοιαν· ὁ ἐνανθρωπήσας λόγος τὰ πλήθη τῶν πνευματικῶν χαρισμάτων ἀνεκάλυψεν, ὡς καὶ ὁ ἀπόστολος εἶπε περὶ τοῦ μυστηρίου τοῦ Χριστοῦ· ὃ ἑτέραις γενεαῖς οὐκ ἐγνωρίσθη τοῖς υἱοῖς
5 τῶν ἀνθρώπων. ἀλλὰ καὶ ἔδειξεν ἑαυτοῦ τὴν δύναμιν εἰς φῶς κατὰ τὸν φήσαντα προφήτην· ὁ θεὸς ἐμφανῶς ἥξει, ὁ θεὸς ἡμῶν καὶ οὐ παρασιωπήσεται.

__28,12-14__ ἡ δὲ σοφία αὐτοῦ πόθεν εὑρέθη; ποῖος δὲ τόπος ἐστὶ τῆς ἐπιστήμης; οὐκ οἶδε βροτὸς τὴν ὁδὸν αὐτῆς οὐδὲ μὴ εὑρεθῇ
10 ἐν ἀνθρώποις. ἄβυσσος εἶπεν· οὐκ ἔστιν ἐν ἐμοί, καὶ θάλασσα εἶπεν· οὐκ ἔστιν μετ' ἐμοῦ.

σοφίαν ἐνταῦθα τὴν τελείαν εὐσέβειαν λέγει, πρᾶγμα θεῖον ἀόρατον ὑπὸ μόνου θεοῦ τοῖς ἀνθρώποις δωρούμενον. ὁ δὲ νοῦς τῶν ῥημάτων οὗτος· μεγάλα, φησίν, ὁ θεὸς τοῖς ἀνθρώποις ἐδωρήσατο ἐν
15 τῇ φύσει κατασπείρας αὐτῶν τὸ διαιρετικὸν καὶ σοφὸν καὶ τεχνικόν, ὅπερ λαβόντες ἄνθρωποι γῆν μεταλλεύουσι καὶ γεωργοῦσι καὶ ὑδάτων φορὰς ἐξομβρεῖν παρασκευάζουσιν. τὴν δὲ κατὰ θεοσέβειαν σοφίαν οὐκ ἐν τόπῳ τινὶ δυνατὸν εὑρεῖν, οὐκ ἐν ἀβύσσοις, οὐκ ἐν θαλάσσῃ. οὐκ οἴκοθεν ταύτην ἄνθρωπος ἀναλαβεῖν δύναται, οὐκ ἄλλοις παρα
20 δοῦναι, ἀλλ' ἰδικῶς θεοῦ πρὸς τοῦτο διδασκάλου δεόμεθα καὶ τῶν ὑπὸ θεοῦ δεδειγμένων ἱερῶν ἀνδρῶν. διὰ τοῦτό τοι καὶ οἱ τῶν Ἑλλήνων σοφοὶ ἰδίᾳ δυνάμει τὴν θεοσέβειαν ζητήσαντες ἠστόχησαν. τὸ γὰρ πρᾶγμα οὐκ ἀνθρώποις ἐστὶν ἐφικτόν, ἀλλὰ τῆς θείας δωρεᾶς τε καὶ χάριτος <δέονται>, ὅθεν καὶ ἐξ ἀρχῆς ὁ θεὸς τὰ μὲν δι' ὀπτα

4-5 Epheser 3,5   6-7 Psalm 49,2-3

Y Γ(ρOFPL -7; ≠ 12 σοφίαν - λέγει; 17 σοφίαν - 18 θαλάσσῃ; 20 ἀλλ' -
δεόμεθα) P(19 οὐκ₁ - 22 ἠστόχησαν) N(≠ 12 - 20 δεόμεθα; 21 διὰ -)
1 δείκν. + φανερῶς Γ   3 ὡς - 5 ἀλλὰ > Γ   5 ἑαυτοῦ Γ: αὐτοῦ Y
6 κατά + γε Γ   6 ὁ θεὸς -7: καὶ ἐξαγαγὼν ἡμᾶς ἐκ σκότους εἰς φῶς Γ
(Ps.106,14)   12/13 ἀόρατον > N; vgl.239,2   15 διαιρ.: ἐρευνητι
κόν (N)   16 καὶ₂ - 17 παρασκ. > (N)   17 σοφίαν + ἀχώρητον οὖσαν
τοῖς ἀπὸ γῆς Γ (nicht N)   18 εὑρεῖν + τὰς προρρηθείσας ὕλας τυχὸν
Γ (nicht N)/ οὐκ₂ - θαλ.> Γ(N)   19 οἴκωθεν Y/ οὐκ ἄλλ. παραδ.: Katenentext P   20 πρὸς τοῦτο θεοῦ stellt P, πρὸς τοῦτο > Γ(N)/ καὶ -21
ἀνδρῶν: Katenentext P   21 διὰ - τοι: διὰ τοῦτο P, ὅθεν N   23
πρᾶγμα + ὡς ἔφημεν N   24 < > Hag (vgl.236,11): > YN

σιῶν, τὰ δὲ δι' ἀγγέλων ἐπιφοιτήσεως, τὰ δὲ διὰ τῶν θεοφορουμέ-
νων ἁγίων προφητῶν τὴν θεοσέβειαν τοὺς ἀνθρώπους ἐξεπαίδευσεν.
ὥστε κεῖται μὲν ἐν τῇ φύσει σοφία τις καὶ τῶν ἀλόγων ὡς καὶ παρὰ
τῇ μελίσσῃ, διαφερόντως δὲ ἐν τοῖς λογικοῖς, ἐξ ἧς κινούμεθα πε-
5 ρὶ τὰς τέχνας καὶ ἐπιτηδεύματα, τοῦ θεοῦ λόγῳ καὶ συνέσει παρὰ
τὰ λοιπὰ ζῷα τετιμηκότος τὸν ἄνθρωπον, καὶ ταύτην ἔχομεν κοινῶς
πάντες, ἄδικοί τε καὶ δίκαιοι, θεοσεβεῖς καὶ ἄθεοι. ἦ γὰρ ζῷα
λογικὰ γεγόναμεν, ὑπὸ θεοῦ ταύτην εἰλήφαμεν. τὴν δὲ τελείαν θεο-
σέβειαν, εἰ καὶ ταύτης τὰ σπέρματα κατὰ φύσιν ἔχομεν, πλὴν εἰς
10 ἄκρον αὐτὴν κατορθῶσαι ἢ οἴκοθεν εὑρεῖν ἢ ἐν τόπῳ καταλαβεῖν
ἀδύνατον, ἀλλὰ τῆς θείας καὶ μόνης πρὸς τοῦτο χρήζομεν χάριτος,
ἐφ' ᾧ πρὸς αὐτὴν ἡμᾶς ἀσφαλῶς χειραγωγῆσαι. διὰ τοῦτο καὶ ἐν
τοῖς ἔμπροσθεν ἐλέγετο· πότερον οὐχὶ ὁ κύριός ἐστιν ὁ
διδάσκων σύνεσιν καὶ ἐπιστήμην ὡς τοῦ κτήματος θεοδω-
15 ρήτου τυγχάνοντος. δεῖ οὖν ἡμᾶς μὲν ζητεῖν ἐκ τῶν φυσικῶν κινου-
μένους ἐννοιῶν, θεὸν δὲ ἐξαιτεῖν ἐπὶ ταύτην ἡμᾶς ἀπλανῶς καθοδη-
γῆσαι. κἀκεῖνο δὲ εἰδέναι προσήκει, ὅτι ὡς δεῖ εἰδέναι οὐκ οἶ-
δεν βροτὸς τὴν ὁδὸν αὐτῆς.

28,15 οὐ δώσει συγκλεισμὸν ἀντ' αὐτῆς.

20 συγκλεισμὸν ἔοικε λέγειν χρημάτων θησαυρὸν διὰ τὸ ταῦτα
ἀσφαλῶς ἡμᾶς συγκλείειν. οὐκ ἔστιν οὖν, φησίν, πρᾶγμα ὤνιον ἡ
τοιαύτη σοφία.

28,15-16 καὶ οὐ σταθήσεται ἀργύριον ἀντάλλαγμα αὐτῆς· καὶ οὐ
συμβασταχθήσεται χρυσίῳ Σουφείρ.

25 οὐδέν, φησίν, τούτου τοῦ κτήματος ἴσον εὑρίσκεται, οὐδὲ ἀντι-

---

13-14 Hiob 21,22

Y Γ(βOFPL 17 ὡς - 18; βOFP 20-22; βOF ≠ 25 οὐδὲ -) P(≠ 25-) N(-2;
≠ 3 - 8 εἰλήφαμεν; ≠ 12 διὰ - 15 τυγχ.; ≠ 20-22; 25 οὐδὲν - ἴσον)
6 τετιμηκότως Υ   7 ἦ: εἰ Υ(Ν)   10 οἴκωθεν Υ   12 χειραγωγῆ-
σαι Hag: χειραγωγήσας Υ   15/16 κινουμένους Hag: κινουμένοις Υ
17 κάκεινω Υ   20 συγκλ. + δὲ Γ / διὰ τὸ Γ: διὸ Υ   21 οὖν φη-
σιν Γ: > Υ / πρᾶγμα ὤνιον (P; ὤνιον auch Ν): πρᾶγμα αἰώνιον Γ, πραγ-
μάτων ἴσων Υ   24 συμβασταχθήσεται LXX: συμβασταχθήσονται Υ /
χρυσίῳ LXX: χρυσίον Υ   25 φησίν: γὰρ Ν

σταθμίζεσθαι δύναται τῇ σοφίᾳ - τοῦτο γὰρ λέγει τὸ οὐ συμβα-
σταχθήσεται -, οὐκ ἄριστος χρυσός, οὐκ ἀργυρίου πλῆθος. τὸ
δὲ Σουφεὶρ ἐν τοῖς ἔμπροσθεν ἑρμηνεύσαμεν, ὅτι ἐπὶ πλούτου
κεῖται ἡ λέξις.

5 28,16-17 ἐν ὄνυχι τιμίῳ καὶ σαπφείρῳ· οὐκ ἰσωθήσεται αὐτῇ χρυ-
σίον καὶ ὕαλος.

ἀλλ᾽ οὐδὲ τῶν λίθων οἱ τιμιώτατοι, σαρδόνυξ καὶ σάπφειρος,
οὐχ ἡ διαφανὴς ὕαλος τούτῳ τῷ κτήματι παρισωθήσεται. ταῦτα δὲ
διεξέρχεται ὁ μακάριος Ἰὼβ πείθων τοὺς φίλους ὡς πάντων μᾶλλον
10 καὶ ἐπίσταται τῆς θεοσεβείας τὸ ὑπερφυὲς καὶ διαφερόντως αὐτῆς
περιέχεται.

28,17 καὶ τὸ ἄλλαγμα αὐτῆς σκεύη χρυσᾶ.

ἀλλ᾽ οὐδὲ δυνατὸν εἰπεῖν, ὡς πολλὰ κατ᾽ αὐτὸν σκεύη χρυσᾶ
ἀντάλλαγμα δύνανται τῆς σοφίας εἶναι.

15 28,18 μετέωρα γὰρ καὶ γάβις οὐ μνησθήσεται.

τὸ γάβις τὰ ἐπηρμένα ἔοικε σημαίνειν· ὁ γὰρ Σύμμαχος οὕτως
ἐκδέδωκεν· ὕψη καὶ ἐπηρμένα οὐ μνησθήσεται. λέγει δέ, ὅτι πρὸς
σύγκρισιν τῆς σοφίας οὐδὲ μνήμης ἄξια τυγχάνουσι πάντα τὰ παρὰ
ἀνθρώποις εἶναι δοκοῦντα ὑψηλὰ καὶ ἐπηρμένα.

20 28,18 καὶ ἕλκυσον σοφίαν ὑπὲρ τὰ ἐσώτατα.

ἐσώτατα ἢ τὰ ἐν τοῖς ταμείοις ἐναποκείμενα χρήματά φησιν

Υ Γ(βOF ≠ -4; βOFP 7-11; βOFPL 17 λέγει - 19; βOFL 21-) P(≠ -4;
≠ 16 - 17 μνησθ.; 21-) N(16-19; ≠ 21)
1 τὸ οὐ (ΓΡ): > Υ   5 οὐκ ἰσωθ.: οὐχὶ ἀωθήσεται Υ   7 τιμ. +
φησιν Γ   8 διαφανὴς > Γ / ὕαλος + λέγει δὲ ἡ τοὺς διαφανεῖς μαρ-
γαρίτας ἤτοι τὸν διαυγῆ κρύσταλλον Γ / τούτῳ τῷ κτήμ.: τῇ κατὰ θεὸν
σοφίᾳ Γ   9 μακάριος: δίκαιος Γ   10 θεοσεβείας: θεογνωσίας Γ
15 + 16 γάβεις Υ   16 σημαίνειν + οὕτω γοῦν λέγεται καὶ τὸ ὑπερέχον
τοῦ χείλους τοῦ μεδίμνου Ν   17 ὕψη καὶ ἐπηρμ. Υ(Ρ): ὑψηλὰ καὶ
ὑπερηρμένα Ν / λέγει δὲ: ἵνα εἴπῃ Ν   17-18 λέγει - σύγκρ.: πρὸς
σύγκρ. φησιν Γ   18 ἄξια τυγχάνουσι: ἄξια τυγχάνει Γ, εἰσὶν ἄξια Ν
19 ἀνθρώποις ΓΝ: θεῷ Υ / εἶναι > Γ / εἶναι - ἐπηρμ.: δοκ. ὑψηλά τε
εἶναι καὶ τίμια Ν   21 vor ἐσώτατα: ὑπὲρ τὰ Υ / ἐσώτατα: ἐστῶτα
Ρ / ταμιείοις Γ / ἐναποκ.: ἀποτιθέμενα Γ

ἢ τοὺς τιμίους λίθους τοὺς ἐκ τῶν ἐσωτέρων Ἰνδῶν ὡς ἡμᾶς κο-
μιζομένους. πάντων οὖν, φησίν, κειμηλίων προτίμησον τὴν σοφίαν.
καλῶς δὲ εἶπε· ἕλκυσον, οἱονεί· σπάσον ἐκ τῆς ἀληθινῆς σο-
φίας διὰ τῆς εὐσεβείας, κατὰ τὸ ἐν Ψαλμοῖς· τὸ στόμα μου
5 ἤνοιξα καὶ εἵλκυσα πνεῦμα. ἐκεῖθεν γὰρ ἡμᾶς ἑλκύσαι
ταύτην τὴν σοφίαν προσήκει, ἐκ τῆς χάριτος τοῦ κυρίου ἡμῶν Ἰη-
σοῦ Χριστοῦ. εἰ μὴ γὰρ κατὰ μετοχὴν καὶ μετάληψιν τῆς ἀληθινῆς
σοφίας τοῦ λόγου τοῦ πατρικοῦ, τὴν κατὰ θεοσέβειαν σοφίαν ἀνα-
λαβεῖν ἀδύνατον. ἕλκυσον, οὖν φησιν, σοφίαν, ἀντὶ τοῦ·
10 πνεῦμα σοφίας, ὃ κατὰ μόνην τὴν χάριν τῆς θείας χορηγεῖται δωρεᾶς.

28,19 οὐκ ἰσωθήσεται αὐτῇ τοπάζιον Αἰθιοπίας.

τὸ το οὐκ ἔστιν ἄρθρον, ἀλλὰ μία λέξις ἐστὶ τοπάζιον. λέγε-
ται δὲ ὁ λίθος εὑρίσκεσθαι παρ' Ἰνδοῖς καὶ εἶναι διαυγέστατος.

28,19 χρυσίῳ καθαρῷ οὐ συμβασταχθήσεται.

15 τὰ ἀλλήλοις ἀντισταθμιζόμενα εἰς ἑκατέρας κείμενα τὰς πλά-
στιγγας διὰ τῆς τρυτάνης ὁμοῦ συμβαστάζεται. οὐ συμβασταχ-
θήσεται οὖν ἀντὶ τοῦ· οὐκ ἀντισταθμισθήσεται.

28,20-22 ἡ δὲ σοφία πόθεν εὑρέθη; ποῖος δὲ τόπος <ἐστὶ> τῆς συν-
έσεως; λέληθε πάντα ἄνθρωπον, καὶ ἀπὸ πετεινῶν τοῦ οὐρανοῦ ἐκρύβη·
20 ἡ ἀπώλεια καὶ ὁ θάνατος εἶπαν· ἀκηκόαμεν δὲ αὐτῆς τὸ κλέος.

αἱ μὲν οὖν, φησίν, μεταλλικαὶ ὗλαι καὶ τὸ χρυσίον καί, εἴ τι
παρὰ ἀνθρώποις τίμιον, ἐν τόποις τισὶν εὑρίσκεται· τὸ δὲ τῆς σο-

─────────────────────────────
4-5 Psalm 118,131

Υ Γ(βOFL - 5 πνεῦμα; 12-13; βOFPLN 15 - 16 συμβαστάζεται) P(- 5
πνεῦμα; 12-13; 21-) N(16 οὐ - 17; 21-)

1 τοὺς₂ ΓΡ: τῶν Υ/ ὡς ἡμᾶς κομ. > Γ   2 οὖν φησιν ΓΡ: τοιγαροῦν Υ/
προτ. ΓΡ: προστ. Υ/ σοφίαν + φησίν Υ   4 διὰ τῆς εὐσεβ. ΓΡ: > Υ/ τὸ
ἐν ψ. ΓΡ: > Υ   5 ἥλκυσα Υ   11 οὐχ Υ/ αὐτῇ LXX: αὐγὴ Υ   12 τὸ
τὸ Ρ: τοῦτο ΥΓ   12-13 λέγ.- εἶναι Hag: λέγ. δὲ ὁ λίθος εὑρίσκεται
παρὰ Ἰνδῶν καὶ εἶναι Υ, λέγ. δὲ λίθος Γ, ἔστι δὲ παρ' Ἰνδοῖς οὗτος
λίθος Ρ   15 ἀλλήλ. > Γ   15/16 τὰς πλάστ. κείμ. stellt Γ   16 διὰ
- ὁμοῦ > Γ   17 οὖν > Ν/ ἀντισταθμηθήσεται Ν   21 αἱ - μεταλλ.: αἱ
μεταλλ. Ρ, αἱ μεταλλικ. φησιν Ν/ ὗλαι: τέχναι Ρ/ καὶ τὸ χρυσίον > ΡΝ
21/22 εἰ - τίμιον: πάντα τὰ ἀπηριθμημένα Ν   22 εὑρίσκονται Ν

φίας κλέος ἔφθασε μὲν καὶ μέχρι τῶν καταχθονίων, αὐτὴν δὲ τὴν σοφί-
αν, πρᾶγμα θεῖον καὶ ἀόρατον καὶ ἐκ μόνης θείας δωρεᾶς ἀνθρώποις χο-
ρηγούμενον, ζητῆσαι καὶ ἔν τινι τόπῳ καταλαβεῖν παντελῶς ἀδύνα-
τον. εἰ δὲ ἀνθρώποις τοῖς λογικοῖς κατ' εἰκόνα θεοῦ γενομένοις
5 ταύτην ἐν τόποις καταλαβεῖν οὐ δυνατόν, πολλῷ γε δήπουθεν τῇ ἀ-
λόγῳ φύσει· τοῦτο γὰρ σημαίνων π ε τ ε ι ν ῶ ν ἐμνημόνευσεν.

28,23 ὁ κύριος εὖ συνέστησεν αὐτῆς τὴν ὁδόν, αὐτὸς δὲ οἶδε τὸν
τόπον αὐτῆς.

τοῦτο οὖν τὸ ἀόρατον καὶ ἀκατάληπτον· σοφία, πόθεν τε καὶ
10 πῶς εἰς ἀνθρώπους ἔρχεται, θεῷ μόνῳ τυγχάνει γνώριμον.

28,24 αὐτὸς γὰρ τὴν ὑπ' οὐρανὸν πᾶσαν ἐφορᾷ εἰδὼς τὰ ἐν τῇ γῇ
πάντα τε ἃ ἐποίησεν.

μόνος οὖν ὁ παντεπόπτης θεὸς καὶ πανεπίσκοπος πᾶσαν τὴν κτίσιν
ἐφορῶν τῆς σοφίας ἐπίσταται τὴν ὁδόν.

15 28,25 - 26 ἀνέμων σταθμὸν ὕδατός τε μέτρα· ὅτε ἐποίησεν οὕτως,
ἰδὼν ἠρίθμησε καὶ ὁδὸν ἐν τινάγματι φωνάς.

ὁ τοίνυν πάντα τὰ ποιήματα συμμέτρως καὶ ἀναλόγως δημιουργή-
σας, ὡς μήτε ἀνέμους τῇ ἀμετρίᾳ τοὺς ἐπὶ τῆς γῆς λυμαίνεσθαι,
μήτε τῶν ὑδάτων τὴν φορὰν ἐκ τῆς ὁμοίας ἀμετρίας ἢ διαλύειν ἢ
20 ἐπικλύζειν τὴν γῆν, καὶ τὰς βροντάς, ἃς τινασσόμενος ὁ ἀὴρ ἀπο-
τελεῖ, χρησίμως κατεσκεύασεν· ταύτας γὰρ καλεῖ τὰς ἐν τ ι ν ά γ-
μ α τ ι φ ω ν ά ς. μάλιστα μὲν γὰρ εἰς δέος ἡμᾶς καὶ θεῖον ἐνάγουσι φό-
βον οἱ τῶν βροντῶν κτύποι. ὡς δέ φασιν, κατά τινα ἀντιπαθείας
λόγον καταστέλλουσι κορυφούμενα τῆς θαλάσσης τὰ κύματα ὡς καὶ

Υ Γ(βOFLN 17 - 22 φωνάς) P(≠ - 3/4 ἀδύνατον; 17-) N(- 3 χορηγούμε-
νον; ≠ 3 ζητῆσαι - 6; ≠ 13-14)

3 ζητῆσαι + δέ τινα Υ (haben nicht PN)   10 τυγχάνει Hag: τυγχά-
νων Υ   15/16 οὕτως ἰδὼν LXX: οὐ τῶν ἰνδῶν Υ   17 ὁ τοίνυν
πάντα ΓΡ: πάντα οὖν Υ   18 τῇ - λυμ. ΓΡ: λιμαίνεσθαι τῇ ἀμ. τοὺς
ἐπὶ τῆς γῆς δύνασθαι Υ   19 ἢ (2x): εἰ Υ   21 κατασκευάσας ΓΡ
22 μὲν - καὶ: εἰς Ρ/ εἰς δέος Hag: ἡδέως Υ/θεῖον Υ: ἴδιον Ρ / φόβ.
ἐνάγ. stellt Ρ   23 οἱ - κτύποι: οἱ κτύποι οὗτοι Ρ / ὡς δὲ: καὶ
τινες Ρ / φασιν + ὅτι Υ

τὸν ψαλμῳδὸν λέγειν περὶ αὐτῶν· ἀπὸ ἐπιτιμήσεώς σου φεύ-
ξονται, ἀπὸ φωνῆς βροντῆς σου δειλιάσουσιν.

28,27 τότε εἶδεν αὐτὴν καὶ ἐξηγήσατο αὐτήν, ἑτοιμάσας ἐξιχνίασεν.

ταῦτα σοφῶς ἑτοιμάσας καὶ ἀκριβῶς ἐξιχνιάσας - ἀντὶ τοῦ· εἰ-
5 δὼς αὐτά - κατὰ <τοὺς> τῆς οἰκείας προγνώσεως καὶ προνοίας λό-
γους, εἶτα καὶ δημιουργήσας καὶ πάντα εἰς φανερὸν ἀγαγὼν καὶ τὴν
θαυμαστὴν ταύτην ἁρμονίαν τῶν οἰκείων ποιημάτων τεκτηνάμενος,
τότε πάντα θεωρήσας καὶ ἰδών, ὅτι καλὰ λίαν, τότε καὶ ἡμῖν ἐξηγή-
σατο τὴν σοφίαν. πῶς ἐξηγήσατο; πίνακά τινα προθεὶς τῆς οἰκείας σο-
10 φίας τὰ δημιουργήματα, ἵνα ἀπὸ καλλονῆς καὶ μεγέθους τῶν
κτισμάτων τὰ ἀόρατα τῆς σοφίας αὐτοῦ καταλαμβάνωμεν. τὰ γὰρ
ἀόρατα αὐτοῦ ἀπὸ κτίσεως κόσμου τοῖς ποιήμασι
νοούμενα καθορᾶται, ἥ τε ἀίδιος αὐτοῦ δύναμις
καὶ θειότης εἰς τὸ εἶναι αὐτοὺς ἀναπολογήτους,
15 φησί που ὁ θεῖος ἀπόστολος.

τὸ δὲ ἑτοιμάσας ἐξιχνίασεν οὐ λέγει, ὅτι προεβουλεύ-
σατο περὶ τῶν ποιημάτων ὁ θεὸς ὡς προβουλιῶν εἰς τὸ δημιουργεῖν
δεόμενος· ὁμοῦ γὰρ ὃ θέλει καὶ παράγει, ὁμοῦ βούλεται καὶ εἰς
ἔργον χωρεῖ τὸ βούλευμα. ἀλλὰ ἃ ἔδει παραγαγεῖν ἔτοιμα πάντα
20 καὶ ἑδραῖα καὶ μετὰ πάσης ἀναλογίας ἐξιχνιασθέντα ἐκ τοῦ μὴ ὄν-
τος εἰς τὸ εἶναι παρήγαγεν.

28,28 εἶπεν δὲ ἀνθρώπῳ· ἰδοὺ ἡ θεοσέβειά ἐστι σοφία, τὸ δὲ

1f Ps.103,7   8 vgl.Gen.1,31   10f Weish.13,5   11-14 Röm.1,20
Y P(6 καὶ τὴν - 11 καταλαμβάνωμεν) N(≠ 4 - 11 καταλαμβ.; 16-21)
5 <τοὺς> Hag: > Y (N entfällt)   6 ἀγαγὼν (N): γεγονότα Y / καὶ
ὁ οὖν P   7 τεκτεινάμενος Y   8 τότε₂ > P   9 τὴν - ἐξηγήσα
> P, πῶς ἐξηγ. > (N)   10 καλλωνῆς Y   10-11 ἵνα - καταλαμβά
νωμεν nachgetragen, nur τὰ ἀόρατα unmittelbar nach δημιουργήματα im
Text Y, rekonstruiert nach P(N)   11-12 τὰ₂ - αὐτοῦ: τὰ γὰρ ἀόρατα
τῆς σοφίας αὐτοῦ [[καταλαμβάνομεν]] Y   13 ἥ: εἴ Y   14 εἰ
τὸ: ʽτ(ον)ʼ εἰς Y   17 προβουλιῶν N: προβουλεύων Y   17-1
ὁ θεὸς - δεόμενος: οὐ γὰρ δεῖται προβ. ὁ θ. εἰς τὸ δημιουργεῖν N
18 γὰρ: δὲ N / ὃ > N   18-19 ὁμοῦ₂ - βούλευμα > N   19 ἀλλὰ
παραγ.: ἀλλ' ἤδει μὲν ἃ πράττειν ἔμελλεν N / ἔτοιμα N: ἑτοιμάσας Y,
+ δὲ N

ἀπέχεσθαι ἀπὸ κακῶν ἐστιν ἐπιστήμη.

ἔδει τοιγαροῦν τὸν ἄνθρωπον κατ' εἰκόνα θεοῦ γενόμενον μέτο-
χον γενέσθαι τῆς σοφίας. ταύτην αὐτῷ δωρούμενος ἔφησε πρὸς αὐ-
τὸν θεός· σύντομόν σου καὶ ἀπερίσπαστον παρέχω τὸ δῶρον, θεοσε-
5 βὴς γὰρ ἔσο καὶ ἄκακος. αὕτη γὰρ ἡ τῆς σοφίας καὶ ἐπιστήμης
ἀνάληψις.

ταῦτα μὲν οὖν ὁ μακάριος 'Ιὼβ εἶπεν θεοῦ δύναμιν καὶ σοφίαν
ἀποθαυμάζων καὶ πείθων τοὺς φίλους, ὡς οὐδὲν θεοσεβείας ἄμεινον.
ὁ δὲ νοῦς ἁπάντων τῶν γεγραμμένων οὗτος· εἰ βούλεσθε θεοῦ σοφί-
10 αν ἀποθαυμάσαι, κατανοήσατε πρῶτα μέν, πῶς σοφῶς τὴν ἀνθρώπου
κατεσκεύασε φύσιν ὡς δύνασθαι καὶ γῆν μεταλλεύειν καὶ ἐξ ἀφανοῦς
εἰς τὸ φανερὸν τὰς τιμίας παράγειν ὕλας, καὶ ἀροῦν καὶ σπείρειν
καὶ τοὺς ἐκ τῆς γῆς καρποὺς ἀποδρέπεσθαι πηγάς τε ὑδάτων ἀναστο-
μοῦν. κατανοήσατε δὲ καὶ τὰ τοῦ θεοῦ ποιήματα, ὡς ἅπαντα ἐν ἁρ-
15 μονίᾳ καὶ σταθμοῖς καὶ μέτροις καὶ ἀναλογίᾳ τινὶ θαυμασίᾳ πρὸς
ἄλληλα συνεκεράσθησαν. ἐκ δὲ ταύτης τῆς κατανοήσεως ἐπὶ τὴν θε-
οσέβειαν ὁδεύοντες πάντων αὐτὴν προτιμήσωμεν πεπεισμένοι σαφῶς,
ὡς οὐδὲν μὲν αὐτῇ τῶν τιμίων ἀντιπαραβάλλεται, αὐτὴ δέ ἐστιν ἡ
ὄντως σοφία καὶ ἐπιστήμη ἐκ θεοῦ χορηγουμένη ἀνθρώποις.
20 εἰ δὲ ταῦτα θαυμαστὰ καὶ ἀξιάγαστα, τί ἄν τις νοῆσαι {δύναται}
περὶ τῆς οὐσιώδους σοφίας, τοῦ μονογενοῦς υἱοῦ τοῦ θεοῦ, τοῦ ἐκ
τῶν πατρικῶν ἀχρόνως ἀναλάμψαντος κόλπων, τοῦ κυρίου ἡμῶν 'Ιησοῦ
Χριστοῦ; Χ ρ ι σ τ ὸ ς γὰρ θ ε ο ῦ δ ύ ν α μ ι ς κ α ὶ θ ε ο ῦ σ ο φ ί α,
ὡς ὁ ἱερὸς ἀπόστολος ἔφη.

---

23 1.Korinther 1,24

Υ P(≠ 4 θεοσεβὴς - 6)

4 σοι Hag: σου Υ   12 ἀροῦν: ἀρ' οὖν Υ   14 τὰ τοῦ θεοῦ ποιή-
ματα Hag: τοῖς τοῦ θεοῦ ποιήμασιν Υ   17 ὁδεύοντες Hag: ὁδεύων Υ
18 αὐτῇ Hag: αὐτῶν Υ   19 ἀνθρώποις vor σοφία stellt Υ

ΚΕΦΑΛΑΙΟΝ ΕΙΚΟΣΤΟΝ

'Αρχὴ τοῦ ῥητοῦ· ἔτι δὲ προσθεὶς 'Ιὼβ εἶπε τῷ προοιμίῳ·
τίς ἄν με θείη κατὰ μῆνα ἔμπροσθεν ἡμερῶν, ὧν με ὁ θεὸς ἐφύλαξεν;

Προθεωρία τοῦ κεφαλαίου

5 θαυμασίως τοῦ 'Ιὼβ τὰ περὶ δυνάμεως θεοῦ καὶ σοφίας ἐξηγησαμέ-
νου καὶ διδάξαντος, ὡς πάντων τιμίων ἡ σοφία τιμιωτέρα καὶ σοφὸς
ἐκεῖνος ὁ θεοσεβὴς καὶ ἄκακος, οἱ μὲν φίλοι πάλιν ἡσύχασαν οὐδὲν
ἀντιλέγειν ἔχοντες πρὸς τὰ εἰρημένα. διὸ πάλιν ὁ 'Ιὼβ ἐξ ἑτέρας
ἀρχῆς ποιεῖται τὸν λόγον ἐρῶν μὲν γενέσθαι ἐν τῇ πρώην εὐδαιμονίᾳ
10 καὶ ὑπὸ τὴν ἐπισκοπὴν καὶ ἐποπτικὴν τοῦ θεοῦ δύναμιν, ἐκδιδάσκων
δέ, ὡς ἀξιέραστον ὁ θεόσδοτος πλοῦτος ἐλεημοσύνη συμπεπλεγμένος
καὶ ἐπαινετὸν ἡ περιφάνεια δικαιοσύνη συγκεκραμένη. ὕλη γὰρ τὰ
πράγματα τῷ φιλοσόφῳ πρόκεινται λογισμῷ, οἷς ἐάν τις κέχρηται κα-
τὰ τὸ τοῦ λόγου βούλημα, θεοσεβὴς ὁμοῦ καὶ φιλόθεος καὶ μακαριστὸς
15 ἀναδείκνυται.

πολλὰ δὲ τῶν φίλων αὐτὸν ἐπ' ἀσεβείᾳ καὶ ἀδικίᾳ διαβεβληκότων
τῶν ἰδίων ἀνδραγαθημάτων ποιεῖται κατάλογον μονονουχὶ λέγων, ὅπερ
ὕστερον ὁ ἀπόστολος ἔφη· γ έ γ ο ν α ἄ φ ρ ω ν κ α υ χ ώ μ ε ν ο ς, ὑ μ ε ῖ ς
μ ε ἠ ν α γ κ ά σ α τ ε. ε ἰ γ ὰ ρ κ α ὶ γ έ γ ρ α π τ α ι· ἐ γ κ ω μ ι α ζ έ τ ω σ ε ὁ
20 π έ λ α ς κ α ὶ μ ὴ τ ὰ σ ὰ χ ε ί λ η, ἀ λ λ ὰ μάλιστα μὲν τοὺς τελείους

18-19 2.Korinther 12,11   19-20 Proverbien 27,2
Υ Γ(βOF 5-) Γ'(FP 5 - 9 λόγον; 16-) N(5 - 10 δύναμιν; 16-)
2 ἀρχὴ - ῥητοῦ nach προοιμίῳ Υ   5 δυνάμεως + τοῦ Υ   6-7 καὶ₂ -
ἄκακος > Γ'   7 ὁ Γ: > Υ / οἱ - πάλιν: πάλιν οἱ φίλοι Ν   8 πρὸς
τὰ εἰρημένα > Ν   9 ποιεῖται ΓΓ'Ν: ποιεῖ Υ / ἐρῶν - τῇ ΓΝ: αἴρων
μὲν τὸν λόγον Υ/ πρώην: πρώτῃ ΓΝ   10 ἐπισκοπικὴν Γ/ καὶ₂: `καὶ' Ν
/ καὶ₂ - δύναμιν: τοῦ θεοῦ Ν / ἐποπτικὴν Γ: ὀπτικὴν Υ   11 συμπε-
πλεγμένος Υ   12 ἡ Γ: > Υ / συγκεκραμ`μ´ένη Υ   13 πρόσκειται Γ
14 ὁμοῦ: ἔστι Γ   16 πολλὰ - διαβεβληκότων ≠ Γ' / αὐτῶν ΓΝ: αὐ-
τῶν Υ/ διαβεβληκότων ΓΝ: βεβληκότων Υ, (διέβαλλον Γ')   17 ὅπερ ΓΝ:
ὥσπερ Υ / ὅπερ - 18 ἔφη: τὸ ἀποστολικὸν Γ'   18 γέγονα ΥΓ': ἐγενό-
μην ΓΝ / καυχώμενος ΥΓ'Νy: >ΓΝp   20 ἀλλὰ + καὶ Υ

πρὸς τοὺς τοιούτους ἐξάγει λόγους ἡ ἀνάγκη πολλάκις ἀπαθῶς καὶ
ἀτύφως τὰ καθ' ἑαυτοὺς ἐξηγουμένους. οἰκονομεῖ δὲ καὶ θεὸς ταῦτα οὕ-
τω γίνεσθαι πρὸς οἰκοδομὴν ἡμετέραν, ἵνα τῶν ἁγίων ἀνδρῶν τοὺς βίους
ἀπεξεσμένας εἰκόνας ἀρετῆς ἔχοντες καὶ πρὸς αὐτὰς ἐνατενίζοντες τὸν
5 ἡμέτερον ῥυθμίζωμεν βίον. ἐκτραγῳδεῖ δὲ καὶ τὰ καθ' ἑαυτόν, ἵνα ἡ-
μεῖς ἐν ταῖς περιστάσεσι πρὸς τὰ τοῦ Ἰὼβ παθήματα βλέποντες πα-
ραμυθώμεθα.

διδάσκει δὲ καὶ δόγμα κάλλιστον τὸ μὴ δεῖν ἑαυτὸν ἐξάγειν τοῦ
σώματος διὰ τὸν συνδήσαντα θεὸν τὴν ψυχὴν τῷ σώματι. πάλιν δὲ οὐχ,
10 ὅτι δίκαιός ἐστι καὶ πάσχει, προστίθεται τῇ μερίδι τῶν ἀσεβῶν, ἀλ-
λὰ καὶ ταλανίζει τούτους· καὶ ἐφεξῆς κατάλογον ποιεῖται τῶν οἰκείων
κατορθωμάτων εἰς ἡμετέραν διδασκαλίαν τε καὶ ὠφέλειαν.

ταῦτα εἰρηκὼς ὁ Ἰὼβ τὸν λόγον κατέλυσεν· ἡσύχασαν δὲ καὶ οἱ
φίλοι μηδὲν ἀντιλέγειν ἔχοντες πρὸς τὰ εἰρημένα. συνηπίσταντο γὰρ
15 καὶ αὐτοὶ τῷ δικαίῳ τὰ κατορθώματα. ἦν γάρ, φησίν, Ἰὼβ δί-
καιος ἐναντίον αὐτῶν.

Αἱ λέξεις

29,2 τίς ἄν με θείη κατὰ μῆνα ἔμπροσθεν ἡμερῶν, ὧν με <ὁ> θεὸς
ἐφύλαξεν;

20 θείαν ἐπισκοπὴν λέγει καὶ φυλακὴν οὐ μόνον τὴν εὐπαιδίαν καὶ
τοῦ πλούτου τὴν περιουσίαν, ἀλλ' ὅτι καὶ ἐν τοσαύτῃ περιφανείᾳ τὸ
δίκαιον ἄκρως ἐφύλαξεν ὑπὸ τῆς ἐπισκοπῆς τοῦ θεοῦ φρουρούμενος.
διὸ καὶ ἐν ἐκείνοις εὔχεται γενέσθαι οἷα φιλόθεος ὑπὸ τὴν τοῦ θε-
οῦ σκέπην εἶναι ποθῶν.

15-16 Hiob 32,1

Y Γ(βOF -16; βOFSP 20-24) Γ'(FP -7) N(-16; 20-24)

1 τοὺς > Γ   2/3 οὕτω > N   3 ἵνα YN: ὅπως ΓΓ' / ἀνδρῶν ΓΓ'N:
> Y   4 αὐτὰς: ταύτας Γ   5 ῥυθμίζομεν Y / καὶ ΓΓ'N: > Y
6 τοῦ Ἰὼβ: αὐτοῦ N   6/7 παραμυθούμεθα Y   9 θεὸν – σώματι > N
/ ψυχὴν Γ: > Y   10 ἐστι καὶ: ὧν N   11 τῶν οἰκείων ποιεῖται
stellt Γ   13 καὶ ΓN: > Y   14 μηδὲν – εἰρημένα: δι' ἀπορίαν
ἀντιρρήσεως N   15 τὰ > ΓN   20 ἐπισκοπὴν – φυλακὴν: φυλακὴν
λέγει καὶ ἀντίληψιν N / εὐπαιδείαν Y

29,3 ὡς ὅτε ἤυγει ὁ λύχνος αὐτοῦ ὑπὲρ κεφαλῆς μου, ὅτε τῷ φωτὶ
αὐτοῦ ἐπορευόμην ἐν σκότει.

λύχνος τοῖς ποσί μου ὁ νόμος σου, ἔφη που ψάλλων ὁ
μελῳδός. ὁ θεῖος οὖν νόμος καὶ λόγος ἐν διανοίᾳ τοῦ 'Ιὼβ ὑπὸ τοῦ
5 θεοῦ λαλούμενος - οὔπω γὰρ ἦν ὁ γραπτὸς νόμος - παρεσκεύασεν αὐ-
τὸν ἐν τῇ σκοτομήνῃ τοῦδε τοῦ βίου ὡς ἐν φωτὶ πορεύεσθαι καὶ τὰς
κατ' ἀρετὴν ἐκτελεῖν πράξεις οἷά τις λύχνος ὑπὲρ κεφαλῆς -
τουτέστιν ἄνωθεν - λάμπων καὶ ἀσφαλῆ τὴν πορείαν παρέχων ποιεῖ-
σθαι τοῖς διοδεύουσιν. φησὶν οὖν ὅτι· καὶ πᾶσι τοῖς ἀνθρωπίνοις
10 ἐκόμων ἀγαθοῖς καὶ ἀσφαλῶς τὰς κατ' εὐσέβειαν ὥδευον τρίβους τῷ
θείῳ φωτὶ καταλαμπόμενος.

29,4 ὅτε ἤμην ἐπιβρίθων ὁδοῖς.

ὅτε πανταχόθεν ἔβριθον καὶ ὥσπερ τὰ εὔκαρπα φυτὰ κατεβαρούμην
τοῖς ἀγαθοῖς διὰ πάσης ὁδοῦ, τοῦτο μὲν τοῖς ἔξωθεν, τοῦτο δὲ καὶ
15 ταῖς κατ' εὐσέβειαν πράξεσιν, οὐ κοῦφός τις ὢν καὶ εὐρίπιστος,
ἀλλ' ἐμβριθὴς καὶ στερεὸς τὸ ἦθος καὶ ἀκλονήτως τὸ καλὸν μετερχό-
μενος.

29,4 - 5 ὅτε ὁ κύριος ἐπισκοπὴν ἐποιεῖτο τοῦ οἴκου μου, ὅτε ἤμην
ὑλώδης λίαν, κύκλῳ δέ μου οἱ παῖδες.

20 ὅτε τοῦ θεοῦ τῆς οἰκείας ἐπισκοπῆς ἀξιοῦντος τὰ κατ' ἐμὲ ὕλην εἶ-
χον ἀρετῆς τὸν πλοῦτον καὶ τὴν εὐπαιδίαν, τοὺς μὲν παῖδας κατὰ τὸ
θεῖον ἐκτρέφων βούλημα, κοινωνῶν δὲ τοῦ πλούτου τοῖς πένησιν.

---

3 Psalm 118,105

Υ Γ(βOFPLN 4 ὁ θεῖος - 11; βOFPL 13 - 16 στερεός) Ρ(3 - 4 μελῳδός;
≠ 20 ὕλην - 22) Ν(13-17; ≠ 20-22)

4 μελλῳδός Υ / οὖν > Γ (nicht P) / λόγος + ὁ Γ (nicht N)/ τοῦ₂ > Γ
5 οὔπω - νόμος > Γ (nicht P) / παρεσκεύαζεν Γ   6 τοῦδε Γ: > Υ
8 καὶ - 9 διοδεύουσιν > Γ/ πορίαν Υ   13 τουτέστιν ὅτε Ν/ ἔβριθον
καὶ > Ν/ καὶ > Γ/ φυτά: τῶν δένδρων Ν   13/14 τοῖς ἀγαθοῖς vor
ὥσπερ stellt Γ   14 διὰ πάσης ὁδοῦ Ν: διὰ πᾶσαν ὁδοῦ Υ, > Γ/ τοῦ-
το₁ - δὲ: τῇ τε περιουσίᾳ τοῦ πλούτου ΓΝ   16 στερεός: στεῤέμ-
νιος Γ   21 εὐπαιδείᾳ Υ   22 κοινωνῶν (PN): ἐκοινώνουν Υ

29,6 ὅτε ἐχέοντό μου αἱ ὁδοὶ βουτύρῳ, τὰ δὲ ὅρη μου ἐχέοντο γάλακτι.

διὰ τούτων τῶν βοσκημάτων σημαίνει τὸ πλῆθος ὡς πανταχοῦ νεμομένων
ἔν τε ὄρεσι καὶ ἐν τοῖς πεδίοις· ἀπὸ γὰρ βουτύρου καὶ γάλακτος τῶν τε
βουκολίων τὸ πλῆθος καὶ θρεμμάτων τὰς ἀγέλας ἐμήνυσεν.

5 29,7 ὅτε ἐξεπορευόμην ὄρθριος ἐν πόλει, ἐν δὲ πλατείαις ἐτίθετό
μου ὁ δίφρος.

οἷά τις ἄρχων καὶ διδάσκαλος ἀρετῆς οὐχ ὕπνῳ καὶ μέθαις ἐσχό-
λαζεν, ἀλλ᾽ ἑωθινὸς ἐν ταῖς πλατείαις καθῆστο νόμος καὶ τύπος
τοῖς ἐν τῇ πόλει γινόμενος.

10 29,8 ἰδόντες με νεανίσκοι ἐκρύβησαν.

οἱ τὸ νεωτερικὸν ἦθος ἔχοντες αἰδούμενοι τοῦ μεγάλου Ἰὼβ τὴν ἀ-
ρετὴν ἀπεκρύπτοντο.

29,8 πρεσβύτεροι δὲ πάντες ἔστησαν.

πρὸς μὲν τὸ ῥητὸν οἱ μὲν νέοι ἀπεκρύπτοντο, οἱ δὲ καθ᾽ ἡλικίαν
15 πρεσβῦται ἵσταντο τιμῶντες. πρὸς δὲ διάνοιαν πρεσβυτικὴν ἔχοντες
φρόνησιν ἵσταντο τῶν αὐτοῦ λόγων ἐπακρούμενοι.

29,9 ἁδροὶ δὲ ἐπαύσαντο λαλοῦντες δάκτυλον ἐπιθέντες ἐπὶ στόματι.

πρὸς μὲν ῥητὸν ἁδροὺς τοὺς πλουσίους λέγει εὐλαβουμένους αὐτὸν
καὶ σιωπῶντας καὶ διὰ τοῦ τὸν δάκτυλον ἐπιτιθέναι τῷ στόματι ἀλλήλοις
20 διανεύοντας καὶ τὴν σιωπὴν ἐγκελευομένους. πρὸς δὲ διάνοιαν καὶ οἱ
τῷ λόγῳ καὶ τῇ διδασκαλίᾳ πλούσιοι παρεχώρουν τῇ τοῦ Ἰὼβ διδαχῇ καὶ
εἰς μαθητῶν καθίσταντο χώραν σιωπῇ τῶν λεγομένων ἐπακρούμενοι.

Υ Γ(βOFPL 2 διὰ - νεμομένων; βOFPLN 7-9; 11-12; βOFPL 15 πρεσβυτι-
κὴν - 16; 20 οἱ - 22 χώραν) Ν(2-4; ≠ 14-16; ≠ 18 ἁδροὺς - λέγει)
2 σημαίνει τῶν βοσκημάτων τὰ πλῆθος stellt Γ, τὸ πλῆθ. σημαίνει τῶν
βοσκημάτων stellt Ν / νεμωμένων Υ   3 τε₂ > Ν   4 καὶ + τῶν Ν
8 ἀλλ᾽ + ἐξ ἀγάπης Γ / καθῆστο Γ: καθιστῶν Υ   11 τὸ: μὲν Γ / με-
γάλου Ἰὼβ: δικαίου Γ   15 πρ.: οἱ δὲ πρεσβυτικὴν Γ (Anschluß an 12)
19 τοῦ τὸν Hag: τοῦτο Υ   20 ἐγκελευομένους Hag: ἐγκελευομένοις Υ
22 ἐπακρούμενοι Hag: ἐπακρωμένων Υ

29,10-11 οἱ δὲ ἀκούσαντες ἐμακάρισάν με καὶ ἡ γλῶσσα αὐτῶν τῷ λά-
ρυγγι αὐτῶν ἐκολλήθη, ὅτι ὠτίον ἤκουσε καὶ ἐμακάρισέ με.

τὸ καὶ ἡ γλῶσσα αὐτῶν τῷ λάρυγγι αὐτῶν ἐκολλήθη
συνῆπται τῷ δάκτυλον ἐπιθέντες ἐπὶ στόματι, ἵνα εἴπῃ ὅτι·
5 ἀχανεῖς ἔμενον. ἐμακάριζον δὲ αὐτὸν οἱ τὰ κατ᾽ αὐτὸν ἀκούοντες καὶ
οἱ ἔχοντες ὠτίον ἐπιτήδειον εἰς συνετῶν λόγων ἀκρόασιν καὶ τῆς αὐτοῦ
διδασκαλίας ἀπολαύοντες.

29,11 ὀφθαλμὸν δὲ ἰδών με ἐξέκλινεν.

οὐκ ἰσχύων ἀντειπεῖν.

10 29,12 διέσωσα γὰρ πτωχὸν ἐκ χειρὸς δυνάστου καὶ ὀρφανῷ ᾧ οὐκ ἦν
βοηθὸς ἐβοήθησα.

τὰς αἰτίας εἴπαμεν, δι᾽ ἃς τῶν οἰκείων κατορθωμάτων οἱ δίκαιοι
ποιοῦνται τὸν κατάλογον, ἐν τῇ προθεωρίᾳ.

29,13 εὐλογία ἀπολλυμένου ἐπ᾽ ἐμὲ ἐπέλθοι, στόμα δὲ χήρας με εὐ-
15 λόγησεν.

ὁ μέλλων ἀπόλλυσθαι καὶ μὴ ἀπολόμενος διὰ τὸ τῆς αὐτοῦ τυχεῖν
ἐπικουρίας καὶ ἡ χήρα δὲ ἡ ἀπροστάτητος προστάτην αὐτὸν κτησαμένη
δικαίως αὐτὸν ηὐλόγουν.

29,14 δικαιοσύνην δὲ ἐνδεδύκειν, ἠμφιασάμην δὲ κρίμα ἴσα διπλοΐδι.

20 κρίμα λέγει τὴν δικαιοκρισίαν, καὶ ταῦτα μὲν τὰ θαυμαστὰ τοῦ
Ἰὼβ ἄμφια. ἐξ ἐναντίας δὲ τὰ τῶν ἀσεβῶν· ἐνδύονται γὰρ κατά-
ραν ὡς ἱμάτιον καὶ περιβάλλονται ὡσεὶ διπλοΐδα αἰ-

21-22 Psalm 108,18   22-1 Psalm 108,29

Y Γ(βOFPL 3 - 6 ἄκρ.; 9; βOF 12 - 13 κατάλογον; βOFPN 16-18)
N(9; 20 καὶ ταῦτα -)

3 τὸ + δὲ Γ / τῷ λάρυγγι αὐτῶν Γ: > Y   4 τῷ Γ: τὸ Y   4-5 ἵνα
- ἔμενον > Γ   9 ἰσχύων + δηλαδὴ Ν   12 προείπαμεν Γ
12/13 οἱ δίκαιοι ποιοῦνται: ποιεῖται Γ   14 χείρας Υ   15 ὁ
μέλλων Γ: ἐμέλλων Υ / ἀπόλλυσθαι Γ: ἀπολλύεσθαι Υ / ἀπολόμενος Γ:
ἀπολλώμενος Υ   17 ᾗ₂ Γ: > Υ / ἀπροστάτευτος Γ / κτησαμένη: εὑρα-
μένη Γ   19 δικαιοσύνην LXX: δικαιοσύνη Υ

σχύνην αὐτῶν, ὡς τὸν ἑκατοστὸν ὄγδοον ὕμνον ἀναβαλλόμενος ὁ
μεγαλογράφος ἐδίδαξεν.

29,15 ὀφθαλμὸς ἤμην τυφλῶν, ποὺς δὲ χωλῶν.

τὰ λείποντα τοῦ σώματος μέλη προσανεπλήρου τοῖς δεομένοις τῇ τῶν
5 ἀναγκαίων ἐπιχορηγίᾳ. καὶ τὰς τυφλὰς δὲ διανοίας διήνοιγε καὶ τῶν
ποδῶν τῆς ψυχῆς ἰσχυροποίει τὰς βάσεις τῷ διδασκαλικῷ λόγῳ χρώμενος.

29,16 ἐγὼ ἤμην πατὴρ ἀδυνάτων· δίκην δέ, ἣν οὐκ ᾔδειν, ἐξιχνίασα.

διαγνωστικῶς τῶν δικαζομένων ἀκούων οὐδὲν προακηκοὼς οὐδὲ προ-
μεμαθηκὼς ἔκ τινος τῶν μερῶν οὐδὲ προδιαφθαρεὶς τὴν ἀκοὴν ἐξιχνί-
10 ασα καὶ ἐπιμελῶς ἀναζητήσας κατείληφα τὸ δίκαιον.

29,17 συνέτριψα δὲ μύλας ἀδίκων, ἐκ δὲ μέσου τῶν ὀδόντων αὐτῶν
ἅρπαγμα ἐξέσπασα.

ὅτε, φησίν, οἱ ἀδικήσαντες ἔδοξαν ἐν βεβαίῳ ἔχειν τὰ ἀφαιρεθέν-
τα, ὡσπερεί τινων θηρίων ἐκ μέσων τῶν ὀδόντων ἐκσπάσας τὰ ἁρπα-
15 σθέντα τοῖς ἀδικηθεῖσιν ἀπεκατέστησα.

29,18 εἶπα δέ· ἡ ἡλικία μου γηράσει.

ταῦτα ποιῶν μέχρι τέλους ἔχειν ἤλπισα τὰ ἀγαθά.

29,18-19 ὥσπερ στέλεχος φοίνικος πολὺν χρόνον βιώσω. ἡ ῥίζα μου
διήνοικται ἐπὶ ὕδατος καὶ δρόσος αὐλισθήσεται ἐν τῷ θερισμῷ μου.

20   ταῦτα, φησίν, ἔλεγον κατ' ἐμαυτόν, ὅτι δικαιοσύνῃ συζῶν καὶ τῆς
θείας ἀπολαύων ἐπικουρίας ἀειθαλὴς ἔσομαι καὶ πολυχρόνιος· τοιοῦ-
τον γὰρ ὁ φοῖνιξ. καὶ ὥσπερ τὰ δένδρα τὰ ἐπὶ ὑδάτων τὰς ῥίζας ἔ-

3 χολῶν Y   4 τὰ + γὰρ N/ προσανεπλήρου Np: προσανεπλήρουν YNy
5 ἐπιχορ. Y, + καὶ τῇ πολλῇ προμηθείᾳ N/ καὶ - δὲ: πρὸς δὲ νοῦν τυφ-
λὰς N   8 διαγν.: ἐν δὲ τῷ δικάζειν φησίν Γ(N)/ προακ. οὐδὲ > Γ(N)
9/10 ἐξιχν. καὶ > Γ   14 ὡσπερεὶ Hag: ὥσπερ ἐκ Y   16 ἡ ἡλικία
LXX: εἰ ἡ κοιλία Y   20 ἔλεγ. - ἐμ.: ἔλεγ. καθ' ἐμ. Y, κατ' ἐμ.
ἐλογιζόμην καὶ ἤλπιζον N/ καὶ - 21 ἐπικ. > Γ, nach 17 ἀγαθά stellt N
22 γὰρ + τὸ φυτὸν Y/ καὶ ὥσπερ: ὥσπερ γάρ φησιν N/ τὰ₂ > Γ

χοντα, οὕτως ἤλπιζον ἀνθηρὸς εἶναι καὶ κατάκαρπος. καὶ ὡς καρποὶ
δρόσου καὶ ὑετῶν ἀπολαύσαντες καὶ πλήρεις γενόμενοι καθ' ὥραν θερί-
ζονται, οὕτως ἤλπιζον καταγηράσας τοῖς ἀγαθοῖς μεταλλάξειν τὸν βίον.

29,20   ἡ δόξα μου κενὴ μετ' ἐμοῦ καὶ τὸ τόξον μου ἐν τῇ χειρὶ αὐ-
5 τοῦ πορεύσεται.

ἔλεγον δέ, φησίν, ὅτι καὶ τὸ τόξον μου ἐν τῇ τοῦ θεοῦ χειρὶ
πορεύσεται καὶ κατὰ σκοπὸν πάντα μοι ἐκβήσεται, ὡς βέλος ὑπὸ εὐ-
φυοῦς τοξότου πεμπόμενον εὐθὺ τοῦ σκοποῦ φέρεται. λέγει οὖν ὅτι·
ὑπὸ μὲν τῆς θείας χειρὸς ὑπενόουν ὁδηγεῖσθαι τὰ κατ' ἐμέ, νῦν δὲ
10 κενή μου γέγονεν ἡ δόξα καὶ ἡ ἐλπίς, τουτέστι ματαία, εἰς τοὐ-
ναντίον μοι τῶν πραγμάτων περιτραπέντων.

29,21-22   ἐμοῦ ἀκούσαντες προσέσχον, ἐσιώπησαν δὲ ἐπὶ τῇ ἐμῇ
βουλῇ, ἐπὶ δὲ τῷ ἐμῷ ῥήματι οὐ προσέθεντο.

νόμον ἡγούμενοι καὶ κανόνα καὶ στάθμην τὰ ἐμὰ ῥήματα, καὶ οὔ-
15 τε προσθεῖναί τι τούτοις οὔτε ἀφελέσθαι δυνάμενοι.

29,22-23   περιχαρεῖς δὲ ἐγένοντο, ὁπόταν αὐτοῖς ἐλάλουν, ὥσπερ γῆ
διψῶσα προσδεχομένη τὸν ὑετόν, οὕτως οὗτοι τὴν ἐμὴν λαλιὰν προσεδέ-
χοντο.

ἔγκαρπα γὰρ ἦν αὐτοῦ τὰ ῥήματα καὶ δραστήριον εἶχον δύναμιν ἐν
20 ταῖς τῶν ἀκουόντων ψυχαῖς· πρῶτον γὰρ ἐποίει, εἶτα ἐδίδασκεν. ἔπαι-
νος δὲ καὶ τοῦ λέγοντος, ὅταν ἐμπράκτους ἔχῃ τοὺς λόγους, καὶ τοῦ ἀ-
κούοντος, ὅταν μετὰ δίψης ἀκούσῃ καὶ πόθου.

29,24   ἐὰν γελάσω πρὸς αὐτούς, οὐ μὴ πιστεύσωσιν.

Υ Γ(βOF -3; βOFPL 6-11) P(-3) N(-3; ≠ 7 καὶ - 11; 14-15; 19-22)
1 ἔχοντα + καὶ παρὰ τὰς διεξόδους τούτων πεφυτευμένα Ν   2 καὶ₂ >
ΓΡ   3 ἤλπιζον: προσεδόκων ΓΡΝ   4 τῇ > LXX; vgl.Z.6   6 φη-
σίν > Γ   7 πορεύσεται + τουτέστιν ἡ δυναστεία μου εὐοδουμένη ἔ-
σται Γ   7-8 ὡς - φέρεται > Γ   8 ὅτι Γ: > Υ   9 δὲ + ὡς ἔοι-
κε Γ   10 κενή: ματαία Γ(Ν) / τουτέστι ματαία > Γ(Ν)   14 vor
νόμον: οὐ προσετίθεσαν δὲ Ν / καὶ₃ + διὰ τοῦτο Ν   21 ἔχει Υ
22 δίψης Ν: ψυχῆς Υ / ἀκούσει Υ, ἀκούῃ Ν

διὰ τὸ ἀσύνηθες πεῖραν εἶναι τὸ πρᾶγμα νομίζοντες. ἐν τούτοις
δὲ ἦθος ὑπέγραψε διδασκαλικόν· οὕτω γὰρ ἐμβριθῆ καὶ ἀμείλικτον εἶ-
ναι εἰς πᾶσαν γλυκυθυμίαν προσήκει τὸν θεῖον διδάσκαλον ὡς καὶ
προσγελῶντα μὴ πιστεύεσθαι.

5 29,24 καὶ φῶς τοῦ προσώπου μου οὐ κατέπιπτεν.

ἀλλὰ καὶ θεία χάρις, φησίν, τοῦ προσώπου μου ἀπέλαμπε τῆς κατὰ
ψυχὴν εἰρήνης προφαίνουσα τὸ κάλλος διὰ τῶν παρειῶν. ἢ καὶ τοῦτο λέ-
γει ὅτι· τῶν ἐμῶν λόγων οὐδὲ εἷς ἦν σκοτεινὸς οὐδὲ ἀφεγγής, ἀλλὰ πάν-
τες φωτὸς πεπληρωμένοι· πρόσωπον γὰρ διδασκάλων ἡ αὐτῶν διδαχή· διὰ
10 γὰρ τοῦ χαρακτῆρος τὸν πατέρα τοῦ λόγου γνωρίζομεν.

29,25 ἐξελεξάμην ὁδὸν αὐτῶν καὶ ἐκάθισα ἄρχων καὶ κατεσκήνουν
ὡσεὶ βασιλεὺς ἐν μονοζώνοις.

οὐ βίᾳ δὲ τὴν αὐτῶν ἀρχὴν ἥρπασα, ἀλλ᾽ ἐπειδὴ τὰ συμφέροντα αὐ-
τοῖς ἐκλεγόμενος εἰσηγούμην καὶ τὴν κατ᾽ ἀρετὴν αὐτοῖς ὁδὸν ὑπε-
15 δείκνυον, ἄρχοντά με ἑαυτῶν ἀνέδειξαν, καὶ οὕτως ὑπετάγησάν μοι
ὥσπερ στρατιῶται βασιλεῖ. εἴληπται δὲ τὸ ὄνομα αὐτῶν μονοζώνων ἔκ
τινος κατὰ τὴν ὅπλισιν ἰδιότητος.

29,25 ὃν τρόπον παθεινοὺς παρεκάλουν.

ἀλλὰ καὶ ἐν πάθεσιν αὐτοὺς ὄντας, ἢ τοῖς κατὰ ψυχὴν ἢ τοῖς ἔξω-
20 θεν, λόγοις τε καὶ ἔργοις παρεμυθούμην.

Υ Γ(βOF 1 - 2 διδασκαλικόν; βOFP 6 - 7 κάλλος; 13 - 16 βασιλεῖ; ≠ 19
-20) P(1-4; ≠ 16 εἴληπται - 17) N(1 πεῖραν - 4; 6-10; 13 - 16 βα-
σιλεῖ; ≠ 19-20)

2 ἐμβριθῆ: vgl. διὰ τὸ ἐμβριθὲς τοῦ ἤθους Γ(N); aus anderer Quelle ?
/ ἀμίλικτον Υ   2-3 καὶ - γλυκυθυμίαν > N   3 θεῖον + εἶναι N
4 προσγελῶντα + καὶ χαριεντιζόμενον N   6 θεία + τις Γ / τοῦ
προσώπου ΓN: τὸ πρόσωπον Υ / ἀπέλαμπε ΓN: ἐπέλαμψε Υ   6/7 κατὰ
ψυχὴν εἰρήνης: ψυχῆς Γ   8 οὐδὲ εἷς: οὐδεὶς N / οὐδὲ₂: καὶ N
9 πεπληρωμένοι + τῷ σαφεῖ λευκαινόμενοι N   9/10 διὰ γὰρ: εἰκόνες
γὰρ τῶν ψυχῶν οἱ λόγοι καὶ διὰ N   11 ἐκάθησα Υ   13 οὐ - ἥρπα-
σα: οὐ τυραννικῶς δέ φησιν τὴν αὐτῶν ἀρχὴν ἥρπασα Γ, οὐ γὰρ βίᾳ τὴν
αὐτῶν ἀρχὴν ἥρπασα οὐδὲ τυραννικῶς N   13/14 ἐκλεγόμενος αὐτοῖς
stellt N   14 αὐτοῖς ὁδόν: ὁδὸν αὐτοῖς Γ, ὁδὸν αὐτῶν N   15 με ἑαυ-
τῶν ΓN: μὲν αὐτῶν Υ / ὑπετάγησαν ΓN: ἐπετάγησαν Υ   20 λόγοις τε
καὶ ἔργοις (ΓN): ἔργοις καὶ λόγοις Υ

30,1　νυνὶ δὲ κατεγέλασάν μου, ἐλάχιστοι νῦν νουθετοῦσί με ἐν μέ-
ρει, ὧν ἐξουδένουν πατέρας αὐτῶν, οὓς οὐχ ἡγησάμην εἶναι ἀξίους
κυνῶν τῶν ἐμῶν νομάδων.

　　ἀλλ' εἰς τοσαύτην περιετράπη μεταβολὴν τὰ κατ' ἐμέ, ὡς τοὺς ἐλα-
5 χίστους δι' ἀπορίαν καὶ δυσγένειαν καὶ τὸ τῆς ἡλικίας νεώτερον καὶ
τὸ παντάπασιν ἀχρείους εἶναι διὰ τὸ εἶναι πονηροὺς νουθετεῖν με
ἐν μέρει, τουτέστιν οἴεσθαι διὰ τῆς νουθεσίας μέρος τι ἀνταποδι-
δόναι μοι τῶν εὐεργεσιῶν ὧν εἰς αὐτοὺς προεισήνεγκα. τὸ οὖν μηδὲ
κυσὶν αὐτοὺς παραβάλλειν οὐκ ἀλαζονείας ῥῆμα, ἀλλὰ δεῖγμα τῆς ἐ-
10 κείνων παντελοῦς ἀχρειότητος.

　　κατὰ μὲν οὖν τὸ πρόχειρον περὶ ἑταίρων τινῶν ἔοικε λέγειν πτω-
χῶν καὶ εὐτελῶν ἀνδρῶν· ὡς δὲ πτωχούς τινας ἐθελοδιδασκάλους αἰ-
νίττεται, δῆθεν περὶ ἄλλων λέγων καὶ περὶ ἐκείνων τὸν λόγον μηκύ-
νων, νῦν οὖν, φησίν, νουθετοῦσί με οὐκ ἄξιοι ὄντες λόγους μοι εἰς
15 συμβουλὴν εἰσφέρειν, ἐπειδὴ οὐδὲ οἱ πατέρες αὐτῶν τοιαύτην τινὰ
δύναμιν ἀρετῆς κέκτηνται, ὡς ἄξιοι φαίνεσθαι τοῦ πιστευθῆναι τῶν
λογικῶν θρεμμάτων τὴν φυλακήν, ἵνα εἴπῃ ὅτι· οὐδὲ οἱ πατέρες αὐ-
τῶν τοὺς ἐμοὺς μαθητὰς νουθετεῖν ἄξιοι, καὶ νῦν οὗτοι νουθετεῖν
ἐπιχειροῦσιν ἐμέ.

20　　ἢ οὖν τοῦτο λέγει καὶ οὐ κυσὶν ἀνθρώπους παραβάλλει, ἀλλὰ τὴν
ἑαυτοῦ διδασκαλίαν καὶ φυλακὴν τῶν λογικῶν θρεμμάτων τῇ ἐκείνων
παρεξετάζει - κυνῶν γὰρ ἡ γραφὴ ἐπὶ ἐπαίνου μέμνηται διὰ τὸ φυ-
λακτικὸν καὶ εὔνουν καὶ ἐπάγρυπνον ὡς ἡ γλῶσσα τῶν κυνῶν
σου ἐξ ἐχθρῶν αὐτῶν -, ἢ καὶ εὐτελεῖς τινες καὶ πονηροὶ αὐ-
25 τὸν ἄνδρες ἐκερτόμουν, περὶ ὧν ἐπάγει καὶ τὰ ἐφεξῆς·

23-24　Psalm 67,24

Y　Γ(βOFPL 4-10)　N(4 - 7 μέρει; 8 τὸ οὖν - 10)

2 οὐκ Y　　4 ἀλλ': νῦν δὲ N/ μεταβολὴν nach ἐμὲ stellt Γ　　5 ἐλα-
χίστους + καὶ εὐτελεῖς N / ἀπορείαν Y / καὶ₃ - 7 τουτέστιν > Γ　　6
εἶναι + καὶ οὐδενὸς ἀξίους N / πονηροὺς εἶναι stellt N　　7 τῆς +
εἰς γέλωτα Γ　　7/8 ἀνταποδιδόναι Γ: ἀνταποδιδοῦναι Υ, ἀνταποδοῦ-
ναι (L)　　8 εἰσήνεγκα Γ/ οὖν: μέντοι N　　9 αὐτοὺς ΓN: αὐτοῖς Y
/ ἀλαζονίας Y　　11 ἑταίρων Hag: ἑτέρων Y　　12 ὡς <ἀληθῶς> ?
vielleicht auch noch stärkere Korruptel zwischen 11 und 13　　20 ἀν-
θρώπους Hag: ἀνθρώποις Y　　22 ἢ Hag: καὶ Y　　24 ἢ Hag: εἰ Y

30,2 καί γε ἰσχὺς χειρῶν αὐτῶν ἵνα τί μοι;

ἀλλ' οὐδὲ ἤτησα ἐπικουρίαν παρ' αὐτῶν, ἵνα διὰ τοῦτο τοιούτοις
πρὸς ἐμὲ χρήσωνται ῥήμασιν.

30,2 ἐπ' αὐτοὺς ἀπώλετο συντέλεια.

5   ἢ τοῦτο λέγει, ὅτι οὐκ ἔσχον γνώμην συνεσταλμένην, ἀλλὰ θρα-
σεῖαν· ἢ ὅτι πάλαι δίκην ἐχρεώστουν πονηροὶ ὄντες καὶ τρόπον τινὰ
ἀπέπτη αὐτῶν ἡ τιμωρία· ἢ ὅτι θανάτου ἐπιθυμοῦντες διὰ τὸ ἐνδεὲς
καὶ τὴν ἄκραν πενίαν οὐ τυγχάνουσιν.

30,3 ἐν ἐνδείᾳ καὶ λιμῷ ἄγονος.

10   ἀλλὰ καὶ ἐνδεεῖς εἰσιν, καὶ λιμώττοντες τρόπον ἐφευρεῖν καὶ
γεννῆσαι ποριστικὸν οὐκ ἠδύναντο· τοῦτο γὰρ ἔοικε σημαίνειν τὸ
ἄγονος. ἢ καὶ τοῦτο λέγει, ὅτι οὐδὲ ὑπὸ τῆς ἐνδείας ἐσωφρονί-
σθησαν γεννητικοὶ γενέσθαι τοῦ καλοῦ, ἀλλ' ἔμειναν ἄγονοι, γεννῆ-
σαί τι ἀγαθὸν οὐ δυνάμενοι.

15   δύναται δὲ καὶ καθ' ἑαυτὸν ὁ στίχος νοούμενος {εἶναι} - πολλὰ
γὰρ τῶν στιχηρῶν καθ' αὐτὰ νοοῦνται - σημαίνειν τοὺς μὴ ἀπολαύ-
σαντας λόγου διδασκαλικοῦ τροφῆς καὶ διὰ τοῦτο μηδὲν δυνηθέντας
μαθεῖν ἀγαθόν.

        ἢ καὶ περὶ αὐτοῦ λέγει ὡς περὶ πενήτων μὴ διδασκαλίας ἀγαθῆς
20 ἀπολαυσάντων.

30,3 οἱ φεύγοντες ἄνυδρον ἐχθὲς συνοχὴν καὶ ταλαιπωρίαν.

        οἱ ἀπὸ χέρσου καὶ ἐρήμου χθές - ἀντὶ τοῦ· ἐν τῷ παρεληλυθότι
χρόνῳ - ἐν συνοχῇ καὶ ταλαιπωρίᾳ ὄντες. ἔοικε δὲ ὡς ἀγενεῖς αὐ-

Υ Γ(βΟFΡ 2-3; βΟFΡΝ 6 πάλαι - 8; βΟFΡ 12 οὐδὲ - 13 ἄγονοι; ≠ 22-)
Ν(≠ 2-3; ≠ 10 - 12 ἄγονοι; ≠ 23 ἔοικε -)

2 οὐδὲ Γ: οὐδὲν Υ / ἤτησά + τινα Γ / ἐπικουρίαν + φησὶν Γ (nicht Ρ)
3 χρήσονται Υ   5 ἢ Hag: ε Υ   6 πάλαι Γ: πάλιν Υ(γ)/ δίκην Γ:
τὴν δίκην Υ   7 ἀπέπτει Υ, ἀπέστη (Νδ) / ἀπέπτη + ἀπ' Γ (nicht F)
7-8 τὸ - καὶ > Γ   8 οὐ τυγχάνουσιν: οὐκ ἔτυχον Γ   9 καὶ + ἐν
Υ / ἄγωνος Υ   11 γεννῆσαι + θεῖον (für <ἐπιτη>δείων ?) Υ (nicht Ν)
12 ἄγωνος Υ / ἐσωφρονήσθησαν Υ   19 ὡς περὶ Hag: ὥστε καὶ Υ;
vielleicht ὥστε <...> καὶ   21 ἄνυδρον LXX: ἄγονον Υ

τοὺς διαβάλλειν καὶ ἐξ ἀδόξων ὄντας χωρίων καὶ πατέρων πενήτων.

καὶ ταῦτα δὲ ὁ μακάριος οὗτος ἐξηγεῖται, ἵνα ἐὰν καὶ ἡμεῖς

ὑπὸ εὐτελῶν καὶ ἀτίμων τινῶν ὑβρισθῶμεν, μὴ ὡς μόνοι ταῦτα πεπον-

θότες δυσχεράνωμεν, ὅπουγε ὁ τοιοῦτος τὴν ἀρετήν, τοσοῦτος δὲ τὴν

5 περιουσίαν καὶ περιφάνειαν τὰ αὐτὰ ἡμῖν καὶ τὰ χείρονα πέπονθεν.

30,4 οἱ περικυκλοῦντες ἅλιμα ἐπὶ ἠχοῦντι, οἵτινες ἅλιμα ἦν αὐτῶν

τὰ σῖτα, ἄτιμοι δὲ καὶ πεφαυλισμένοι, ἐνδεεῖς παντὸς ἀγαθοῦ, οἳ

καὶ ῥίζας ξύλων ἐμασῶντο ὑπὸ λιμοῦ μεγάλου.

ἅλιμα βοτάνη τίς ἐστιν, ὥς φασιν, ταχὺ πληροῦσα τὸν ἐσθίοντα

10 καὶ κόρον ἐμποιοῦσα. ἐπὶ ἠχοῦντι δέ, ἐπὶ φάραγξι καὶ πετρώδε-

σιν· εὔηχοι γὰρ οἱ τοιοῦτοι τόποι καὶ τοῖς φθεγγομένοις ἀντιφθέγ-

γονται. ἢ καὶ ἠχοῦντα λέγει τὸν ὕλην ἔχοντα τόπον, ἐν ᾧπερ ἡ πνοὴ

τῶν ἀνέμων κινοῦσα τὴν ὕλην ἦχον ἐργάζεται.

λέγει οὖν, ὅτι περιενόστουν οὗτοι τὰς ὕλας καὶ τὰς φάραγγας

15 ὑπὸ τῆς ἄγαν ἐνδείας τὰς βοτάνας ἀνερευνώμενοι καὶ τὰς ῥίζας τῶν

ξύλων περιξέοντες εἰς τροφῆς παραμυθίαν.

30,5-8 ἐπανέστησάν μοι κλέπται, ὧν οἱ οἶκοι αὐτῶν ἦσαν τρῶγλαι

πετρῶν. ἀνὰ μέσον εὐήχων βοήσονται, οἳ ὑπὸ φρύγανα ἄγρια διῃτῶντο.

ἀφρόνων υἱοὶ καὶ ἀτίμων ὄνομα καὶ κλέος ἐσβεσμένον ἀπὸ γῆς.

20 οἱ δὲ τοιοῦτοι καὶ εἰς λῃστείαν ἐτρέποντο οἴκους ἔχοντες τῶν

πετρῶν τὰ κοῖλα καὶ τὰ αὐτόγλυφα σπήλαια, ἐν ἐρήμοις διαιτώμενοι

καὶ ὑπὸ φρυγάνων σκεπόμενοι, ἐξ ἀφρόνων ἄφρονες, ἐξ ἀτίμων ἄτιμοι,

ἀνώνυμοι καὶ ἄδοξοι <ἐπὶ τῆς γῆς.

Υ(-23 ἄδοξοι) Γ(βΟFP ≠ -1 χωρίων; 9-16; βΟFPN 20-23) Ν(≠ -5; 9-16)
Syr (9-16)
2 διηγεῖται (N)   4 δυσχεράνωμεν (N): δυσχεραίνομεν Υ   5 πε-
ριφάνειαν (N): ἐπιφάνειαν Υ / χείρωνα Υ   6 ἄλειμμα Υ (2x)
7 ἐνδεὴς Υ / οἳ LXX: ἢ Υ   8 ἐμασοῦντο Υ   9 ἄλειμμα Υ Syr
10 καὶ - ἐμποιοῦσα > Γ / δὲ + τουτέστιν Ν   11 τοιοῦτοι > Γ/ τοῖς
- ἀντιφθέγγονται: ἀντηχοῦσι τοῖς φθεγγομένοις ΓΝ   12 ὕλην ἔχοντα:
ἀλσώδη ΓΝ / τόπου ΓΝ: τοῦτον Υ   13 ἐργάζεται: ἀποτελεῖ ΓΝ
14 λέγει: φησίν ΓΝ / οὗτοι ΓΝ: οὗτος Υ / φάραγγας + καὶ τοὺς τόπους
παρ' οὓς ὕδατα ῥέοντα ἠχεῖ τε καὶ κελαρύζει Ν   15 ἀνερευνόμε-
νοι Υ, + οἱ Υ   18 διῃττῶντο Υ   19 ἀφρόνων LXX: ἀνόμων Υ; vgl.
22   20 τοιοῦτοί + φησιν Γ / λῃστίαν Υ   21 καὶ - σπήλαια > Γ
22 σκεπόμενοι + ἵνα λάθωσιν τοὺς παροδεύοντας (N)

30,9 νυνὶ δὲ κιθάρα ἐγώ εἰμι αὐτῶν, καὶ ἐμὲ θρύλημα ἔχουσιν.

ᾠδή, φησίν, αὐτοῖς ἐγενόμην καὶ παρῴδημα, καὶ τὰς ἐμὰς συμφο-
ρὰς ἀντ' ἄλλης τινὸς ὁμιλίας ἀνὰ στόμα ἔχουσιν.

30,10 ἐβδελύξαντο δέ με ἀποστάντες μακράν, ἀπὸ δὲ προσώπου μου
5 οὐκ ἐφείσαντο πτύελον.

ἐπὰν δέ μοι πλησιάσωσιν, φησίν, ἐμπτύοντές μοι μακρὰν ἀφίσταν-
ται βδέλυγμά με καὶ ἀηδίαν> ἡγούμενοι.

30,11 ἀνοίξας γὰρ φαρέτραν αὐτοῦ ἐκάκωσέ με θεός.

δηλονότι πανταχόθεν κατατοξεύσας.

10 30,11 καὶ χαλινὸν τῷ προσώπῳ μου ἐξαπέστειλε <δεσμοῦντα.

πλήττει μὲν κἂν τούτῳ τὸν διάβολον ὁ δίκαιος Ἰὼβ μὴ φάσκων
αὐτὸν δύνασθαί τι κατ' αὐτοῦ, τὸν δὲ θεὸν ἐπενηνοχέναι αὐτῷ τὰς
πληγάς. λέγει δέ, ὅτι καὶ χαλινόν μοι ἐξαπέστειλεν οἱ-
ονεὶ> δεσμοῦντα τὸ πρόσωπόν μου, ἵνα εἴπῃ, ὅτι ἀναπολόγητόν με
15 πεποίηκε διὰ τῶν ἐλεγμῶν πάντων τὰς συμφορὰς εἰς ἀπόδειξιν ἀσε-
βείας μοι προφερόντων.

30,12 ἐπὶ δεξιῶν βλαστοῦ ἐπανέστησαν.

ἢ τοῦτο λέγει, ὅτι τῷ πρότερον βλαστοῦντι καὶ εὐθαλοῦντι ἐξ ὑ-
περδεξίων ἐπανέστησαν ἐπεμβαίνοντές μοι, ἢ ὅτι τοῖς βλαστοῖς μου
20 τοῖς δεξιοῖς, τουτέστι τοῖς δικαιώμασιν, ἐπανέστησαν λέγοντες, ὡς
οὐ καθαρῶς τὴν εὐσέβειαν μετῆειν.

Y(7 ἡγούμενοι - 10 ἐξαπέστειλε; 14 δεσμοῦντα -) Γ(βOFPLN 6-7;
βOFPL 11-16; 18-21) N(2-3; 11-16; ≠ 18-21)

1-7 Lücke durch Textausfall Y   7 ἡγούμενοι Γ: γενόμενοι Y
10 χαληνὸν Y   10-14 Lücke durch Haplographie Y   11 μὲν Γ:
μέντοι (P) / Ἰὼβ > (P)N   12 δύνασθαί τι αὐτὸν stellt (P)
14 δεσμοῦντα + ἢ Y (Rubrificator)   14-15 ἀναπολόγητόν με πεποίη-
κε: ἐπεστόμισέ με, ἀφείλετό μου τὴν παρρησίαν N   15 διὰ τῶν ἐλεγ-
μῶν > ΓN   18 τῷ Y(PL): τὸ Γ, ἐμοὶ τῷ (N)   18/19 ἐξ ὑπερδεξί-
ων Γ: ἐκ δεξιῶν Y   21 οὐ καθαρῶς Γ(N): οὐκ ἀκαίρως Y / μετῆ-
ειν Γ(N): με τηρεῖν Y

30,12 πόδας αὐτοῦ ἐξέτεινε καὶ ὡδοποίησεν ἐπ᾽ ἐμὲ τρίβους ἀπωλείας.

κινήσαντος ἑαυτὸν τοῦ θεοῦ κατ᾽ ἐμοῦ ἔσχον καὶ αὐτοὶ ὁδὸν ἐφόδου.

30,13 ἐξετρίβησαν τρίβοι μου, ἐξέδυσαν γάρ μου τὴν στολήν.

πᾶσαι αἱ ὁδοί μου ἐξηφανίσθησαν τοῦ θεοῦ περιδύσαντός με τῆς εὐ-
5 πρεπείας τὴν στολήν, ἀντὶ τοῦ· περιελόντος τὴν οἰκείαν βοήθειαν.

30,14 βέλεσιν αὐτοῦ κατηκόντισέ με, κέχρηται δέ μοι ὡς βούλεται.

τὸ σφοδρὸν τοῦ ἐτασμοῦ διὰ τούτων ἔδειξεν.

30,14-15 ἐν ὀδύναις περιφέρομαι, ἐπιστρέφονται δέ μου αἱ ὀδύναι.

ἵνα εἴπῃ ὅτι· ἐπιστρόφως ὀδυνῶμαι, τουτέστι μετ᾽ ἐπιτάσεως καὶ
10 κατὰ αὔξησιν.

30,15 ὤχετό μου ἡ ἐλπὶς ὥσπερ πνεῦμα καὶ ὥσπερ νέφος ἡ σωτηρία μου.

ἀπέπτη δέ μου πᾶσά τις ἐλπὶς χρηστοτέρα δίκην ἀνέμου παρεληλυ-
θότος καὶ νέφους διαλυθέντος.

30,16 καὶ νῦν ἐπ᾽ ἐμὲ ἐκχυθήσεται ἡ ψυχή μου.

15 διαλέλυνταί μου οἱ τόνοι τῆς ψυχῆς ὑπὸ τῶν ἐπελθόντων μοι κακῶν.

30,16-17 ἔχουσι δέ με ἡμέραι ὀδυνῶν, νυκτὶ δὲ τὰ ὀστᾶ μου συγκέ-
καυται, τὰ δὲ νεῦρά μου διαλέλυνται.

τὰς δὲ νύκτας καὶ τὰς ἡμέρας ὀδυνῶμαι, ὡς καὶ τὰ ὀστᾶ μου φρυ-
γῆναι καὶ τὰ νεῦρα διαλελῦσθαι ὑπὸ τῆς ἄγαν κακοπαθείας.

Υ Γ(βΟFPL 2; 4-5; 7; 12-13; 18 - 19 φρυγῆναι) Ρ(15) Ν(2; 4-5; 7;
9-10; 12-13; ≠ 15; ≠ 18-19)

1 ἀπωλείας + αὐτῶν LXX   2 ἐμοῦ + φησιν Ν   4 πᾶσαί + φησιν Γ/ μου
+ αἱ τῆς εὐπραγίας Ν/ με ΓΝ: > Υ   5 ἀντὶ τοῦ: ἤγουν Ν   7 ἔδειξεν:
δηλοῖ ΓΝ   8 περιφέρομαι: πέφυρμαι LXX   9 ἵνα - ὅτι: εἶτ᾽οὖν Ν/ ἐ-
πιστρόφως: ἐπιστρεφῶς Νy, ἐπιστραφῶς Νp / ὀδυνῶμαι Ν: οὐ δύναμαι Υ
10 κατ᾽ Ν   12 ἀπέπτη Γ: ἀπέστη ΥΝ; vgl.251,7 mit App./ χρηστὴ Ν, +
Symmachuszitat Ν   12/13 παρεληλυθότος > Γ   13 διαλυθέντος:
παραδραμόντος Γ   15 διαλέλυνται stellt nach κακῶν und μου > Ρ /
κακῶν: δεινῶν Ρ   18 τὰς₁ - ἡμέρας: τὰς ἡμέρας τε καὶ νύκτας Γ/
ὀδυνῶμαί + φησιν Γ / μου + καὶ τὸ δέρμα Υ

30,18 ἐν πολλῇ ἰσχύι ἐπελάβετό μου τῆς στολῆς, ὥσπερ <τὸ> περι-
στόμιον τοῦ χιτῶνός μου περιέσχε με.

πολλοὶ πολλάκις περισφίγγοντες τὸ περιστόμιον τοῦ ἱματίου περὶ
τὸν τράχηλον ἀποπνίγουσί τινα. λέγει οὖν ὅτι· ἰσχυρῶς μου περι-
5 δραξάμενος πιέζει καὶ ἀποπνίγει με.

30,19-20 ἥγησαι δέ με ἴσα πηλῷ, ἐν γῇ καὶ σποδῷ μου ἡ μερίς.
κέκραγα δὲ πρὸς σὲ καὶ οὐκ εἰσακούσῃ μου.

ὡς υἱὸς πρὸς πατέρα πρὸς θεὸν ἀποδύρεται καὶ τὸ εὐτελὲς τῆς
φύσεως εἰς δέησιν προτείνει. λόγισαι, γάρ φησιν, δέσποτα, ὅτι γῆ
10 τέ εἰμι καὶ εἰς γῆν ἀναλύομαι. εἰσάκουσόν μου τῆς κραυγῆς καὶ μὴ
ἀποστρέψῃς τὴν δέησίν μου. τὸ δὲ οὐκ εἰσακούσῃ μου πολλὴν ἔμφα-
σιν τῆς εἰς θεὸν ἀγάπης ἔχει· ὡς γὰρ ἀκούεσθαι πιστεύων οὕτως ἔφη.

30,20 ἔστησαν καὶ κατενόησάν με.

ἢ χλευάζοντες ἢ καὶ τὸ τῆς συμφορᾶς θαυμάζοντες μέγεθος.

15 30,21-22 ἐπέβης δέ μοι ἀνελεημόνως, χειρὶ κραταιᾷ με ἐμαστίγωσας.
ἔταξας δέ με ἐν ὀδύναις καὶ ἀπέρριψάς με ἀπὸ σωτηρίας.

ἴσασιν οἱ ἅγιοι τὸ μέγα τοῦ θεοῦ ἔλεος, διὸ καὶ ἔλεγεν ὁ Δα-
υίδ· ἐλέησόν με, ὁ θεός, κατὰ τὸ μέγα ἔλεός σου·
πρὸς τοῦτο τὸ ἄφατον ἔλεος τοῦ θεοῦ ἀποβλέπων λέγει· ἐπέβης δέ
20 μοι ἀνελεημόνως. εἰ γὰρ ἐτύγχανον τοῦ μεγάλου σου ἐλέους,
οὐκ ἂν ἐν ταῖς παρούσαις ὀδύναις ἐξηταζόμην. αἰτοῦντός εἰσι τοι-
γαροῦν καὶ ἀξιοῦντος ἐλέους τυχεῖν τὰ ῥήματα.

18 Psalm 50,3

Y Γ(βOF ≠ 3-5; βOFL 8-12; βOFPLN 14; βOFPL 17-22) P(3-5; 8-12)
N(≠ 3-5; 8-12; ≠ 17-22)

2 με LXX: μοι Y   5 πνίγει (N)   7 εἰσακούσει Y   8 πρὸς +
τὸν N   9 προτείνει ΓΡΝ: προστείνει Y / ὦ δέσπ. ΓΡΝ   10 εἰσά-
κουσον - κραυγῆς > N/ καὶ₂ - 11 μου₁ > Γ   11 δέησιν: ἱκετηρίαν N/
εἰσακούσῃ Hag: εἰσακούσεις Y, ἀκούεις ΓΡΝ   12 τῆς - ἔχει ΓΝ: ἔχει
τῆς εἰς θεὸν ἀγάπης P, ἀγάπης ἔχει Y / ἀκούσεσθαι Γ / πιστεύων + διὰ
τὴν εἰς θεὸν ἀγάπην Y   17 ἴσασιν - ἔλεος Γ(Ν): τὸ μέγα τοῦτο Y
20 ἐτύγχανόν + φησιν Γ   21 ἐν Γ: > Y/ ἐξεταζόμην Y   21/22 τοι-
γαροῦν εἰσι stellt Γ   22 τυχεῖν ἐλέους stellt Γ

30,23-24 οἶδα γάρ, ὅτι θάνατός με ἐκτρίψει, οἰκία γὰρ παντὶ
θνητῷ γῆ. εἰ γὰρ ὤφελον δυναίμην ἐμαυτὸν διαχειρώσασθαι ἢ δεη-
θείς γε ἑτέρου καὶ ποιήσει μοι τοῦτο.

οἶδα, φησίν, θνητὸς γεγονὼς καὶ πάντως τελευτήσειν μέλλων,
5 ὥστε ἡδέως συντομώτερον τῶν συμφορῶν ἀπηλλαττόμην ἢ αὐθεντῆσαι
ἐμαυτὸν δίχα ἁμαρτίας καθιστάμενος ἢ ἕτερον ἱκετεύων ἐπὶ τὴν ἀν-
αίρεσιν τὴν ἐμήν.

ἆρα οὖν ὡς κάλλιστον ἡμᾶς διδάσκει δόγμα τὸ μὴ χρῆναι ἑαυτὸν
ἐξαγαγεῖν τοῦ σώματος; καίτοιγε ἠδύνατο, ὅπουγε καὶ ἡ γυνὴ κατέ-
10 σπευδεν αὐτῷ τὸν θάνατον· ἀλλ' οὐκ ἠδύνατο δίκαιος ὢν διὰ τὸν θε-
ὸν τὸν συνδήσαντα τὴν ψυχὴν τῷ σώματι.

30,25 ἐγὼ δὲ ἐπὶ παντὶ ἀδυνάτῳ ἔκλαυσα, ἐστέναξα δὲ ἄνδρα ἰδὼν
ἐν ἀνάγκαις.

πάλιν τὴν ἑαυτοῦ πολιτείαν ἐξηγεῖται. <...> οὕτως οἰκονομή-
15 σαντος τοῦ θεοῦ διὰ τὴν ἐμὴν ὠφέλειαν.

30,26 ἐγὼ δὲ ἐπέσχον ἀγαθοῖς.

τοῦτο λέγει ὅτι· ἐπεῖχον καὶ προσεδόκων ἀγαθὰ ὑπὸ θεοῦ σκεπό-
μενος· διὸ καὶ ἐπάγει·

30,26 ἰδοὺ συνήντησάν μοι μᾶλλον ἡμέραι κακῶν.

20 τοὐναντίον μοι τὰ τῶν ἐλπίδων ἐξέβη.

30,27 ἡ κοιλία μου ἐξέζεσε καὶ οὐ σιωπήσεται.

αἰτίαν λέγει τοῦ τὰς συμφορὰς ἐκτραγῳδεῖν καὶ τὰ οἰκεῖα κατα-
λέγειν ἀνδραγαθήματα. ἔχω γάρ, φησίν, καιρὸν τοῦ λέγειν τῷ πεπλη-

Y Γ(βOFPL 4 - 5 ἀπηλλαττόμην; ≠ 5 ἢ - 11) P(≠ 8-11; 22-) N(≠ 4-
7; ≠ 17-18; 20; 22-)

4 φησίν + ὅτι (βO)   5 ὥστε Γ(N): > Y/ συντ. Γ(N): ἐπὶ τὸ ἕτερον Y
5-6 αὐθεντ. ἐμαυτὸν .. καθιστάμ.: αὐτόχειρ ἐμαυτοῦ .. γινόμενος Γ(N)
6 ἀν. - 7: ἐμὴν ἀν. ἐλθεῖν Γ   10 οὐκ (ΓΡ): οὐχ Y   20 τοὐν.:
εἰς τοὐν. δὲ N   22 αἰτίαν PN: τί ἂν Y / λέγει: δὲ παρατίθεται N
/ ἀνατραγῳδεῖν P   22-23 καὶ - ἀνδραγαθήματα > P   23 ἔχω
λέγειν > N / τῷ P: τὸ YN

ρῶσθαί μου τὴν ψυχὴν τῶν κακῶν. ἐκζέσαι γάρ ἐστι τὸ ὑπὸ πυρὸς ἐκ-
βράζειν καὶ ἀναβλύζειν τὸ ἐν τοῖς χαλκείοις ὕδωρ, κοιλία δὲ ἡ ψυχὴ
διὰ τὸ ἀόρατον καὶ ἀπόκρυφον ἢ τοῦ λόγου χωρητικὸν καὶ ἀναδοτικόν.

30,27 - 28 προέφθασάν με ἡμέραι πτωχείας. στένων πορεύομαι ἄνευ
5 φιμοῦ, ἔστηκα δὲ ἐν ἐκκλησίᾳ κεκραγώς.

προκατέλαβέ με ἡ πτωχεία, καὶ ἄνευ φιμοῦ αἰσθητοῦ ὑπὸ τῶν ὀδυ-
νῶν πιεζόμενος λαλεῖν οὐ δύναμαι· ποτὲ δὲ καὶ πλήθους περιεστηκό-
τος ἀναγκάζομαι κράζειν. ταῦτα δὲ φιλεῖ συμβαίνειν τοῖς ὀδυνωμέ-
νοις, τὸ καὶ ἐπέχεσθαι τὴν φωνὴν ὑπὸ τῆς ἀνίας καὶ αὖ πάλιν ἀνα-
10 βοᾶν νυττομένους ὑπὸ τῶν ἀλγηδόνων.

τὸ δὲ ἔστηκα ἐν ἐκκλησίᾳ κεκραγὼς δύναται νοεῖσθαι
κατὰ τὸ εἰρημένον τῷ ἀποστόλῳ ὅτι· θέατρον ἐγενήθημεν τῷ
κόσμῳ καὶ ἀγγέλοις καὶ ἀνθρώποις.

30,29 ἀδελφὸς γέγονα σειρήνων, ἑταῖρος δὲ στρουθῶν.

15 ὁ Σύμμαχος στρουθοκαμήλων ἐκδέδωκεν.
σειρῆνας δὲ λέγει ἢ ᾠδικοὺς ὄρνεις ἢ ἀνθρωπόμορφα δαιμόνια.
φησὶ δὲ ταῦτα ὡς ἔξω πόλεως καὶ αἴθριος κείμενος.

30,30 τὸ δέρμα μου ἐσκότωται μεγάλως.

μελανθὲν ὑπὸ τῆς νόσου ἢ καὶ τοῦ ἡλίου.

12-13 1.Korinther 4,9

Y Γ(βOFPL 2 κοιλία - 3; 6-13; βOFP ≠ 15-17; βOF ≠ 19) P(- 1 κακῶν;
≠ 1 ἐκζέσαι - 2 ὕδωρ; ≠ 19) N(- 2 ὕδωρ; ≠ 15-17)

1 μου τὴν ψυχὴν: τὴν ψυχὴν αὐτοῦ N / τῶν > N / κακῶν + ταύτην γὰρ
κοιλίαν καλεῖ N/ γὰρ: δὲ N   2 ἀναβλύζειν: ἀνακαχλάζειν N (καχλά-
ζοντος P) / ἐν τοῖς χαλκείοις Y: θερμαινόμενον N, ἐν λέβητι (P)   3
ἀόρατον καὶ > Γ / ἢ + τὸ Γ / καὶ ἀναδοτικόν Γ: > Y   4-5
δὲ vor πορεύομαι stellt Y   5 φιμοῦ Y   6 πτωχεία + φησίν Γ
/ φιμοῦ Y   6 ὑπὸ - 8 κράζειν: ἐπιστομίζει με τὰ πάθη πιεζόντα
καὶ σιγᾶν ἀναγκάζει πολλάκις πῇ δὲ καὶ ὑπὸ ταῖς πάντων ὄψεσιν ἀναβο-
ῶ Γ   7 πλήθους Hag: ψύχους Y   8 φιλεῖ Γ: φημι Y
9 ἀνίας: ἀτονίας Γ   10 νυττομένους Γ: νυττόμενος Y   12 εἰ-
ρημένον - ὅτι: ἀποστολικόν Γ / θέατρον - 13: ὡς περικαθάρματα ἐγε-
νήθημεν ἐν τῷ κόσμῳ (1.Kor.4,13) Γ   14 ἑταῖρος LXX: ἕτερος Y
15 στρουθωκαμήλων Y   16 ὄρνεις: τινας ὄρνιθας (ΓN) / ἢ₂ - δαι-
μόνια: φιλέρημα δὲ τὰ ζῷα (ΓN)

30,30 τὰ δὲ ὀστᾶ μου ἀπὸ καύματος.

συνεφρύγησαν δηλονότι.

30,31 ἀπέβη δὲ εἰς πένθος μοῦ ἡ κιθάρα, ὁ δὲ ψαλμός μου εἰς
κλαυθμὸν ἐμοί.

5 ἐστράφη δέ μοι τὰ τῆς εὐφροσύνης εἰς πένθος. ταῦτα δέ φησιν
εἰς οἶκτον τὸν θεὸν ἐκκαλούμενος.

31,1 διαθήκην δὲ διεθέμην τοῖς ὀφθαλμοῖς μου καὶ οὐ συνήσω ἐπὶ
παρθένον.

εὐαγγελικὴν ἀκρίβειαν ἐφύλαττε πρὸ νόμου τυγχάνων. ἐπειδὴ γὰρ
10 ὁ ἐμβλέψας εἰς γυναῖκα π ρ ὸ ς τ ὸ ἐ π ι θ υ μ ῆ σ α ι α ὐ τ ῆ ς ἤ δ η ἐ-
μ ο ί χ ε υ σ ε ν, ἐπαιδαγώγει τὸν ὀφθαλμὸν εἰς τὸ μὴ τὰς ὥρας τῶν
παρθένων περιεργάζεσθαι.

31,2 καὶ τί ἐμέρισεν ὁ θεὸς ἐπάνωθεν καὶ κληρονομία ἱκανοῦ ἐξ ὑψί-
στου;

15 διὰ τί οὖν, φησίν, μετὰ τοσαύτην ἀκρίβειαν τοιαύτην μοι μερίδα
καὶ κληρονομίαν ὁ δυνατὸς καὶ ὕψιστος θεὸς ἐπεμέρισε, τοὺς λόγους
ἀγνοῶ.

31,3 οὐαί, ἀπώλεια τῷ ἀδίκῳ καὶ ἀλλοτρίωσις τῷ ποιοῦντι ἀνομίαν.

ὅτι μὲν οἶδεν οὐ δι᾽ ἁμαρτίας πάσχων ὁ Ἰώβ, πρόδηλον, καὶ ἀλη-
20 θής γε ἡ ὑπόνοια· πεῖρα γὰρ ἦν ἀρετῆς, οὐ κακῶν ἀνταπόδοσις. πλὴν
οὐ διὰ τοῦτο προστίθεται τῇ μερίδι τῶν ἀσεβῶν, ἀλλὰ καὶ ταλανίζει
τούτους τὸ ο ὐ α ὶ αὐτοῖς ἐπιλέγων, τὴν ἀπώλειαν καὶ τὴν ἐκ θεοῦ ἀλ-
λοτρίωσιν.

10-11 Matthäus 5,28

Υ Γ(βOF 5-6; βOFPL 9-12; 15-17; βOFPLN 19-23) N(5-6; ≠ 9-12;≠ 15-17)
5 δὲ > N   6 ἐκκαλούμενος ΓN: ἐγκ. Υ   10 εἰς γυναῖκα: γυναι-
κὶ Γ, > (N) / αὐτῆς Υ(F): αὐτὴν Γ, > (N)   11 ἐμοίχευσεν + αὐτὴν
ἐν τῇ καρδίᾳ αὐτοῦ Γ / ὀφθαλμὸν + αὐτοῦ Γ   16 κληρονομίαν: κλή-
ρον Γ(N)   16/17 ἀγνοῶ vor τοὺς Γ(N)   19 οἶδεν .. πάσχων:
ᾤετο .. πάσχειν Γ   19/20 ἀληθής Γ: ἀληθές Υ   20 γε > Γ
22 τούτους Γ: τοὺς τοῦ Υ / ἐπιλέγων + καὶ Υ

31,4 οὐχὶ αὐτὸς ὄψεται ὁδόν μου, καὶ πάντα τὰ διαβήματά μου ἐξα-
ριθμήσεται;

καίτοιγε οὐδὲν τῶν κατ' ἐμὲ θεὸς ἠγνόησεν οὐδὲ μέχρι τῶν ψιλῶν κι-
νημάτων.

5 31,5 εἰ δὲ ἤμην πεπορευμένος μετὰ γελοιαστῶν.

σημείωσαι, ὡς ἁμαρτίαν λέγει εἶναι τὸ συνεῖναι γελοιασταῖς. διὸ
καὶ τὴν εὐτραπελίαν αἴρεσθαι ἀφ' ἡμῶν ὁ θεῖος ἀπόστολος παραινεῖ.

31,5 εἰ δὲ καὶ ἐσπούδασεν ὁ πούς μου εἰς δόλον.

ὁ πούς ὁ τῆς ψυχῆς. λέγει δὲ ὅτι· οὐκ ἐκινήθην ποτὲ εἰς τὸ δό-
10 λῳ χρήσασθαι κατά τινος.

31,6 ἵσταμαι γὰρ ἐν ζυγῷ δικαίῳ, {καὶ} εἶδεν δὲ κύριος τὴν ἀκακίαν
μου.

ταῦτα καὶ ἡ γραφὴ προσεμαρτύρησεν αὐτῷ λέγουσα· καὶ ἦν ὁ
ἄνθρωπος ἐκεῖνος ἄκακος δίκαιος θεοσεβής.

15 31,7 εἰ ἐξέκλινεν ὁ πούς μου ἐκ τῆς ὁδοῦ αὐτοῦ.

τῆς κατ' εὐσέβειαν δηλονότι.

31,7 εἰ δὲ καὶ τῷ ὀφθαλμῷ μου ἐπηκολούθησεν ἡ καρδία μου.

φησὶν ὁ Ἰωάννης ὅτι· πᾶν τὸ ἐν κόσμῳ, ἡ ἐπιθυμία τῆς
σαρκὸς καὶ ἡ ἐπιθυμία τῶν ὀφθαλμῶν καὶ ἡ ἀλαζο-
20 νεία τοῦ βίου. λέγει οὖν ὅτι· οὐδέποτε προσσχὼν καὶ ἐπαινέ-
σας ἐπεθύμησα. ἀπαθείας δὲ τοῦτο, ἐπαινεῖν μὲν τὰ ἐν κόσμῳ ἐπαί-

7 vgl. Epheser 4,31; 5,4   13/14 Hiob 1,1   18-20 1.Johannes 2,16

Υ Γ(βΟFPLN 3-4; βΟFP ≠ 6 διὸ - 7; 9-10; 13-14; 16) Ρ(21 ἀπαθείας
-) Ν(6-7; 9-10; 13-14; 16; 18-)

6 καὶ σημείωσαι Ν / εἶναι > Ν / συνῆναι Υ   7 αἴρεσθαι (Γ)Ν: αἱ-
ρεῖσθαι Υ   9/10 δόλῳ (Ρ)Ν (aus Konjektur?): δολίως ΥΓ   13
προσεμαρτ. αὐτῷ: τῷ Ἰὼβ προσεμαρτ. Ν   13-14 λέγουσα - ἐκεῖνος:
ὅτι ἦν Ν   14 δίκαιος + καὶ Υ   15 εἰ: ἰ Υ (Initiale fehlt)
16 εὐσέβειαν Γ: εὐσέβειαν καὶ ἀρετὴν Ν, εὐθεῖαν Υ   18 ὁ + θεῖος Ν
/ Ἰω(άννης) Υ   19/20 ἀλαζωνία Υ   20 οὖν + ὁ Ἰὼβ Ν /
προσχῶν Υ   21 ἐπεθύμησας Ν / τοῦτο + ἂν εἴη καὶ Ρ

νου ἄξια οἷον συμμετρίαν σωμάτων καὶ ἀναλογίας καὶ μίξεις χρωμά-
των καὶ λίθων αὐγὰς καὶ χάριτας, μὴ πίπτειν δὲ αὐτῶν εἰς ἐπιθυμίαν.

31,7-8 εἰ δὲ καὶ ταῖς χερσί μου ἡψάμην δώρων, σπείραιμι ἄρα καὶ
ἄλλοι φάγοισαν, ἄρριζος δὲ γενοίμην ἐπὶ γῆς.

5   ταῦτα νῦν ὁ 'Ιὼβ λέγειν οὐ δύναται πένης ὢν καὶ τὰ τέκνα ἀπο-
βεβληκώς. ἢ οὖν τοῦτο λέγει, ὅτι πρὸ τῆς συμφορᾶς ταῦτα εἶχεν, ἢ
πρὸς διδασκαλίαν ἡμετέραν οὕτως εἶπεν, ἵνα ἡμεῖς ἀναγινώσκοντες
ἑαυτοῖς ἐπαρώμεθα λέγοντες· εἰ ἐδωροδοκήσαμεν ἢ τόδε ἐποιήσαμεν,
τόδε πεισόμεθα. χερσὶ δὲ ταῖς πράξεσι λέγει, ἀντὶ τοῦ· οὐδὲν
10   διὰ δωροδοκίαν ἔπραξα.

31,9-10 εἰ δὲ καὶ ἐξηκολούθησεν ἡ καρδία μου γυναικὶ ἀνδρὸς ἑτέ-
ρου, εἰ καὶ ἐγκάθετος ἐγενόμην ἐπὶ θύραις αὐτῆς, ἀρέσαι ἄρα καὶ
ἡ γυνή μου ἑτέρῳ, τὰ δὲ νήπιά μου ταπεινωθείη.

ἐπειδὴ ἡ ἐπιθυμία συλλαβοῦσα τίκτει τὴν ἁμαρτίαν, καὶ αὐτήν,
15   φησίν, τὴν ἐπιθυμίαν ἐκ τῆς καρδίας μου ἐξέκοπτον, ἐφ' ᾧ μὴ λαβεῖν
ὁδὸν τὴν ἁμαρτίαν. τὸ δὲ ἀρέσαι ἄρα καὶ ἡ γυνή μου ἑτέ-
ρῳ ὑπὲρ δικαιοσύνης λέγει, ἀντὶ τοῦ· εἴθε ἤρεσε πρὸ τῆς συμφορᾶς
καὶ πρὸς ἃ ἔπραξα ἀπείληφα κατὰ τὸν ἰσότητος λόγον. ὅτι γὰρ περὶ
τῶν πρὸ τῆς νόσου καὶ πενίας λέγει, δῆλον ἐξ ὧν φησιν· τὰ δὲ
20   νήπιά μου ταπεινωθείη· καὶ γὰρ ἦσαν ἤδη τεθνηκότες οἱ παῖ-
δες αὐτῷ.

31,11-12 θυμὸς γὰρ ὀργῆς ἀκατάσχετος τὸ μιᾶναι ἀνδρὸς γυναῖκα·

Y Γ(βOFPN 5-10; βOFPLN 14-21) P(-2) N(-2)

2 καὶ χάριτας > P / αὐτῶν PN: αὐτὸν Y   3 δῶρον Y / σπείραιμι ἄρα
LXX: ἀλλὰ Y   4 φάγεισαν Y / ἄριζος Y / γενήμην Y   5 τὰ Γ: > Y
6 ἢ - λέγει: τί οὖν ἵνα εἴπῃ Γ, τί οὖν ἐστιν εἰπεῖν (N)/ εἶχεν: ἔλε-
γον Γ, ἔλεγεν (N) / ἢ₂ + καὶ ὡς δίκαιος ἤλπιζέ πως τὴν εὐθηνίαν (εὐ-
θυμίαν N) Γ   7 πρὸς διδασκαλίαν ἡμετέραν Γ: περὶ διδασκαλίας ἡμε-
τέρας Y   9 πεισώμεθα Y / χερσὶ - 10 > (N)   11 ἐξηκολούθησεν
LXX: ἠκολούθησεν Y   14 τὴν > Γ   15 τὴν ἐπιθ. nach καρδίας
stellt Γ (nicht P) / μου > Γ   16 ἄρα Γ: > Y   17 ὑπὲρ δικαιο-
σύνης Hag: περὶ δικαιοσύνης Y, ἰσότητος ἕνεκεν Γ   18 κατὰ - λόγον
> Γ   18-19 ὅτι - πρὸ Γ: > Y   19 καὶ πενίας > Γ / ΅λέγ(ει)΅ Y
21 αὐτῷ Γ: αὐτοῦ Y

πῦρ γάρ ἐστι καιόμενον ἐπὶ πάντων τῶν μερῶν, οὐδ' ἂν ἐπέλθῃ, ἐκ
ῥιζῶν ἀπώλεσεν.

ἡ γὰρ μοιχεία τὸν θεὸν παροργίζει καὶ ἄφυκτον ἐπάγει τιμωρίαν
τῷ δεδρακότι. ὅπου γὰρ ἐὰν στραφῇ, ἀναπολόγητός ἐστιν. τοῦτο γάρ
5 ἐστι τὸ πῦρ τὸ κ α ι ό μ ε ν ο ν ἐ π ὶ π ά ν τ ω ν τ ῶ ν μ ε ρ ῶ ν, πρόρρι-
ζον καταφλέγον τὸν δεδρακότα.

31,13-15 ε ἰ δ ὲ κ α ὶ ἐ φ α ύ λ ι σ α ῥ ῆ μ α θ ε ρ ά π ο ν τ ό ς μ ο υ ἢ θ ε ρ α π α ί ν η ς
κ ρ ι ν ο μ έ ν ω ν α ὐ τ ῶ ν π ρ ό ς μ έ, τ ί γ ὰ ρ π ο ι ή σ ω, ἐ ὰ ν ἔ τ α σ ί ν μ ο υ π ο ι ή σ ῃ ὁ
κ ύ ρ ι ο ς; ἐ ὰ ν δ ὲ κ α ὶ ἐ π ι σ κ ο π ή ν, τ ί ν α ἀ π ό κ ρ ι σ ι ν π ο ι ή σ ο μ α ι; π ό τ ε ρ ο ν
10 ο ὐ χ, ὡ ς ἐ γ ὼ ἐ γ ε ν ό μ η ν ἐ ν γ α σ τ ρ ί, κ α ὶ ἐ κ ε ῖ ν ο ι γ ε γ ό ν α σ ι ν; γ ε γ ό ν α μ ε ν
δ ὲ ἐ ν τ ῇ α ὐ τ ῇ κ ο ι λ ί ᾳ.

ἑτέραν ἰσότητα καὶ δικαιοσύνην ἑαυτοῦ θαυμασίαν λέγει. καὶ γὰρ
καὶ τοῖς οἰκέταις μου, φησίν, παρρησίαν παρεῖχον δικάζεσθαι πρός μέ,
εἴ τι ὑπώπτευον μὴ δίκαιον πάσχειν ὑπ' ἐμοῦ. ἐνηγόμην δὲ εἰς τὸν
15 τοῦ δικαίου λόγον ὑπὸ τῆς φύσεως κατ' ἐμαυτὸν ἐκλογιζόμενος, ὡς
πάντες ἄνθρωποι, εἴτε δοῦλοι εἴ τε δεσπόται, μίαν ἔχομεν γενέ-
σεως ἀρχὴν καὶ ἕνα πάντες δεσπότην ἐν οὐρανοῖς, π α ρ ' ᾧ ο ὐ κ ἔ-
σ τ ι δ ο ῦ λ ο ς ο ὐ δ ὲ ἐ λ ε ύ θ ε ρ ο ς, ἀλλ' ὃς ἀπροσωπόληπτος ὢν ἕκα-
στον ἀπαιτεῖ τὴν πρὸς τὸν ἕτερον ἰσότητα. ἔτασιν οὖν φησιν τὴν
20 ἐξέτασιν, ἐπισκοπὴν δὲ θείαν ἡγεῖται τοὺς ἐλεγμούς· ἐκ ταύτης
τῆς ἰσότητος ὁρμώμενος ἐπὶ θεοῦ κρίνεσθαι ἐπόθει τῇ τοῦ θεοῦ πε-
ποιθὼς δικαιοκρισίᾳ.

17-18 Galater 3,28

Y Γ(βOFPL 3-6; βOFPLN 12 καὶ γὰρ - 22) P(12 ἕτερον - λέγει) N(3 -
4 δεδρακότι; ≠ 12 ἑτέραν - θαυμασίαν)

3 μοιχεία + φησίν N / ἄφικτον Y   4 ἐστι + καὶ ἀπροφάσιστος Γ
5 τὸ₂ > Γ   5/6 πρόρριζον (FP): πρὸ ῥιζῶν Y(βOL)   6 καταφλέ-
γων Y / δεδρακότα Y(P): πεπραχότα Γ   12 καὶ γὰρ: ἀλλὰ Γ
13 μου φησ.: φησὶ τοῖς ἐμοῖς Γ / παρεῖχον: ἐδίδουν Γ / δικάζεσθαι:
δικαιολογεῖσθαι (N)   14 ὑπόπτευον Y / ὑπ' ἐμοῦ πάσχειν stellt Γ
(nicht N)   15 καθ' ἐμ. Y / ὡς Y(N): ὥστε Γ, ὅτι (P)   16 ἔχο-
μεν Γ: ἔχοντες Y   17 δεσπότην: κύριον Γ   17-18 παρ' - ἐλεύ-
θερος > Γ   18 οὐδὲ (NT): ἀλλὰ Y / ἀλλ' ὃς Hag: ἀλλ' ἃ Y, ὅς γε Γ
19 ἕτερον: πέλας Γ / οὖν + τὸν ἐλεγμὸν Y / φησιν + καὶ Y   20 ἐ-
λεγμοὺς Γ: ἐλέγχους Y   21 ἐπόθει Γ: ἐπεποίθη Y

31,16-18 ἀδύνατοι δὲ χρείαν, εἴ ποτε εἶχον, οὐκ ἀπέτυχον. χήρας
δὲ τὸν ὀφθαλμὸν {μου} οὐκ ἐξέτηξα. εἰ δὲ καὶ τὸν ψωμόν μου ἔφαγον
μόνος καὶ οὐχὶ ὀρφανῷ μετέδωκα ἐξ αὐτοῦ, ὅτι ἐκ νεότητος ἐξέτρε-
φον ὡς πατὴρ καὶ ἐκ γαστρὸς μητρὸς ὡδήγησα.

5   περὶ θεοῦ ὑμνοῦντες λέγομεν· τοῦ πατρὸς τῶν ὀρφανῶν
καὶ κριτοῦ τῶν χηρῶν καὶ ὀρφανῷ σὺ ἦσθα βοηθός. οἷα
τοίνυν τὴν εἰκόνα σῴζων ἀκέραιον ἀπεμιμεῖτο τὸ ἀρχέτυπον. τὸ δὲ
οὐκ ἐξέτηξα ἀντὶ τοῦ· οὐκ εἴασα ἀπὸ πενίας ἐκτήκεσθαι. τὸ δὲ
ἐπιμερίζειν τὴν τροφὴν τοῖς δεομένοις ὄντως θαυμάσιον. τὸ δὲ ἐκ
10 γαστρὸς ὡδήγησα, ἵνα εἴπῃ ὅτι· κομιδῇ νήπια τὰ ἀπορφανισθέν-
τα παραλαμβάνων μέχρις ἡλικίας ἐξέτρεφον καὶ τέχνας ἐπαίδευον,
μέχρι τοσούτου χειραγωγῶν, ἕως ὅτε τῆς ἐμῆς ἐπικουρίας μὴ σφόδρα
δέοιντο.

31,19-20 εἰ δὲ καὶ ὑπερεῖδον γυμνὸν ἀπολλύμενον καὶ οὐκ ἠμφίασα,
15 ἀδύνατοι δὲ εἰ μὴ ηὐλόγησάν με, ἀπὸ δὲ κουρᾶς ἀμνῶν μου ἐθερμάν-
θησαν οἱ ὦμοι αὐτῶν.

    ἀπὸ τῶν ὤμων τὸ πᾶν ἐσήμανε σῶμα· ἐξ αὐτῶν γὰρ τὸ ὅλον ἱμάτιον
ἐξήρτηται. ἐοίκασι δέ πως καὶ εὐπαθέστεροι πρὸς τὰ κρύα τυγχά-
νειν οἱ ὦμοι· διὰ τοῦτο αὐτῶν ἐμνημόνευσεν.

20 31,21-22 εἰ ἐπῆρα ὀρφανῷ χεῖρα πεποιθώς, ὅτι πολλή βοήθειά μοι
περίεστιν, ἀποσταίη ἄρα ὁ ὦμός μου ἀπὸ τῆς κλειδός μου, ὁ δὲ βρα-
χίων μου ἀπὸ τοῦ ἀγκῶνός μου συντριβείη.

    ὅπερ καὶ ἀνωτέρω ἐλέγομεν, μνημονεύειν χρεών, ὅτι τὸ μὴ εὐερ-
γετεῖν μετὰ τοῦ ἀδικεῖν τάττει, καὶ δεῖ μὴ μόνον κακίας ἀπέχεσθαι,
25 ἀλλὰ καὶ ἀρετῆς ἐπιμελεῖσθαι. οὐ γὰρ μόνον εἶπεν ὅτι· οὐκ ἠδίκουν

5-6 Psalm 67,6   6 Psalm 9,35

Υ Γ(βOFPLN 5-13; βOFPL 17-18 ἐξήρτηται; .23-24 τάττει) Ν(17-19; 23-)
5 περὶ - λέγ.: ἔφη που περὶ θεοῦ ψάλλων ὁ μελωδός Γ   6 καὶ + αὖθις
Γ (πάλιν Ν)   7 ἀκαίρεον Υ/ ἀκ. + ὁ 'Ιὼβ Γ   8 ἀπὸ Υ(Ν): ὑπὸ Γ/ τὸ
- 9 θαυμ. > Γ   10 τὰ + βρέφη Υ   12 μέχρι: ἄχρι Γ   17 ἀπὸ ΓΝ: ἐκ Υ
18 ἤρτηται ΓΝ/ τὸ κρύος Ν   22 συντριβῇ Υ   23 ὅπερ: ὅρα δὲ ὅπερ Γ,
ὁ δὲ Ν/ μνημ. χρ.: ἐπισημαίνεσθαι χρ.Ν, > Γ/ ὅτι: ὡς Γ/ μὴ ΓΝ: μὲν Υ
24 δεῖ Ν: δὴ Υ   25 ἐπιμελεῖσθαι: ἀντέχεσθαι Ν/ ὅτι Ν: > Υ

τοὺς ὀρφανούς, ἀλλὰ καὶ ὅτι· δίκην πατρὸς τὴν αὐτῶν κηδεμονίαν
ἐλάμβανον. κλεῖδα δέ φησιν τὸν σύνδεσμον τοῦ ὤμου πρὸς τὸν τράχη-
λον.

31,23   φόβος γὰρ κυρίου συνέσχε με, καὶ ἀπὸ τοῦ λήμματος αὐτοῦ
5 οὐχ ὑποίσω.

ταῦτα δὲ ἔπραττον τῷ θείῳ συνεχόμενος φόβῳ ἐννοῶν ὡς, εἰ ἐπι-
λάβοιτό μου ὁ θεὸς ἢ ἀδικήσαντος ἢ μὴ εὐεργετήσαντος, ἀνύποιστον
ἔξω τὴν τιμωρίαν.

31,24-25   εἰ ἔταξα χρυσίον ἰσχύν μου, εἰ δὲ καὶ λίθῳ πολυτελεῖ
10 ἐπεποίθησα, εἰ δὲ καὶ ηὐφράνθην πολλοῦ πλούτου γενομένου μοι, εἰ
καὶ ἐπ’ ἀναριθμήτοις ἐθέμην χεῖρά μου.

διαβάλλων τὸν μὴ εἰς τὴν θείαν βοήθειαν, ἀλλ’ εἰς τὴν ἰδίαν
πεποιθότα περιουσίαν ὁ ψαλμῳδὸς ἔφη· ὃς οὐκ ἔθετο τὸν θε-
ὸν βοηθὸν αὐτοῦ, ἀλλ’ ἐπήλπισεν ἐπὶ τὸ πλῆθος τοῦ
15 πλούτου αὐτοῦ. ἐξ ἐναντίας οὖν ὁ δίκαιος εἰς θεὸν τὴν ἐλπίδα
κέκτηται. καὶ ὅρα, ὡς ὁ δίκαιος οὐκ εὐφραίνεται ἐπὶ πλούτῳ· εἰ γὰρ
καὶ ἐσθότε ὡς παρακολουθήματα ταῦτα τοῖς ἁγίοις δέδοται, πλοῦτος
καὶ δόξα, ἀλλ’ οὐ πρωτοτύπως ἐπὶ τούτοις χαίρουσιν· ἑτέρα γὰρ αὐ-
τῶν ἐστιν ἡ πρωτότυπος χαρά, ἡ πνευματική. ἀλλ’ οὐδὲ ἀπέραντον,
20 φησίν, ἔσχον τῆς κτήσεως τὴν ἐπίδοσιν. ἴσως τοιγαροῦν διὰ τοῦτο
ἀριθμῷ αὐτῷ ἦσαν περικλειόμενα τά τε πρόβατα καὶ αἱ κάμηλοι καὶ

13-15 Psalm 51,9

Υ Γ(βOFPL 2 κλεῖδα - 3; βOFPLN 6-8; βOFP ≠ 12 - 16 πλούτῳ; 16 εἰ γὰρ
-) P(≠ 12 - 13 ἔφη; 13 ὃς - 16 κέκτηται) N(-3; 16 εἰ γὰρ -)

1 ὀρφανοὺς + ὅπερ ἐστὶν ἀποχὴ κακῶν Ν / ἀλλ’ ὅτι καὶ stellt Ν / κη-
δαιμονίαν Υ   2 ἀνελάμβανον Ν + ὅπερ ἐστὶν ἀνάληψις τοῦ ἀγαθοῦ Ν
/ δὲ > Ν / τὸν₂ PN: > Υ   4 με LXX: μοι Υ   6 ἔπραττόν + φησιν
Γ / εἰ (PLN, durch Konjektur?): > ΥΓ   6/7 ἐπιλάβοιτό Γ: ἐπελά-
βετο Υ   7 ὃ > Γ   8 ὠφέξω Γ   9 ἰσχεῖν Υ / μου LXX: μοι Υ
/ πολυτελῆ Υ   12 θείαν βοήθειαν Hag: βοήθειαν βοήθειαν Υ, θεὸν (Ρ)
14 τῷ πλήθει Ρ   16 οὐκ (Γ): > Ρ   17 δέδωται Υ, ἐδίδοτο Γ
18/19 ἑτέρα - ἐστιν (Ρ): ἔστιν Υ, εἴτε γὰρ αὐτῶν ἐστιν Γ, ἑτέρα γάρ
ἐστιν αὐτῶν Ν   19 ἀλλ’: τουτέστιν Ν   20 φησιν > Ν / κτίσε-
ως ΥΝ / ἐπίδωσιν Υ / τοιγαροῦν: οὖν Ν   21 ἦσαν αὐτῷ stellen ΓΝ /
εἶσαν Υ / τὰ πρόβατα περικλειόμενα Ν

τὰ λοιπὰ ὡς τῶν περιττῶν ἀεὶ πιπρασκομένων καὶ τοῖς πένησι διαδιδομένων. εἰ γὰρ καὶ πλούσιος ἦν κατὰ θείαν χάριν, ἀλλὰ τὴν ἄμετρον ἐπιθυμίαν ἐνέκοπτεν, ὅπουγε οὐδὲ τοῖς οὖσιν ὡς πρωτοτύποις ἀγαθοῖς ἔχαιρεν.

5 31,26 ἢ οὐχ ὁρῶ μὲν ἥλιον τὸν ἐπιφαύσκοντα καὶ ἐκλείποντα, σελήνην δὲ φθίνουσαν; οὐ γὰρ ἐπ' αὐτοῖς ἐστιν.

ταῦτα δὲ ἔπραττε διαλογιζόμενος ὅτι· εἰ ὁ ἥλιος ἐκλείπει καὶ νὺξ ἡμέραν διαδέχεται, ἡ <δὲ> σελήνη λήγει κατὰ θείαν πρόσταξιν, ποία ὠφέλεια, κἂν πλουτήσω; εἰ γὰρ τὰ μεγάλα στοιχεῖα ταῦτα λή-
10 γουσιν, δεῖ πάντως τὸν πλοῦτον ἐξ ἡμῶν ἀπελθεῖν ἢ τῶν χρημάτων ἡμᾶς καταλιμπανόντων κατὰ θεοῦ βουλὴν ἢ ἡμῶν τὸν βίον μεταλλαττόντων καὶ εἰς ἑτέρους ταῦτα παραπεμπόντων.

31,27-28 καὶ εἰ ἠπατήθη λάθρᾳ ἡ καρδία μου, εἰ δὲ καὶ χεῖρά μου ἐπιθεὶς ἐπὶ στόματί μου ἐφίλησα, καὶ τοῦτό μοι ἄρα ἀνομία ἡ μεγίστη
15 λογισθείη, ὅτι ἐψευσάμην ἔναντι κυρίου τοῦ ὑψίστου.

πολλοὶ πολλάκις τὰς οἰκείας ἐπαινοῦντες πράξεις τὴν ἰδίαν καταφιλοῦσι χεῖρα. φησὶν οὖν ὅτι· εἰ ἐπὶ τῇ ἐμῇ δυναστείᾳ καὶ ταῖς ἐμαῖς πράξεσιν ἐθάρρησα καὶ μὴ ἐπὶ τῷ θεῷ, ἐψευσάμην τὸ ἀληθές· οὐ γὰρ ἐξ ἡμῶν ἡ ἡμετέρα βοήθεια, ἀλλ' ἐκ τῆς θείας χάριτος. εἰ
20 οὖν ἀπατηθεὶς πέπονθά τι τοιοῦτον, λογιζέσθω μοι τοῦτο εἰς ἀνομίας μεγάλης ἰσότητα. διὰ δὲ τοῦ λάθρᾳ ἔοικε σημαίνειν, ὅτι οὐδὲ κατὰ συναρπαγὴν τοιοῦτόν τι πέπονθεν.

ἄλλοι δὲ οὕτως ἐξειλήφασιν· εἰ προσεκύνησα ἡλίῳ καὶ σελήνῃ ἀπατηθεὶς τοῖς αὐτῶν φέγγεσι καὶ μὴ ἐλογισάμην, ὅτι καὶ ἐκλείπουσι

Υ Γ(ϸOFP - 2 διαδιδομένων; ϸOFPN ≠ 7-12; ϸOFPL 16-) Ν(-4; 16-)
1 πιπρασκομένων - διαδιδ.: τὴν τῶν πενήτων χρείαν ἀποπληρούντων καὶ εἰς ταύτην δαπανωμένων Ν   1/2 διαδιδομένων Γ: διαδεδομένων Υ
3 ὅπουγε Ν: ὁπότε Υ / πρωτοτύποις: προηγουμένοις Ν   5 ἐπιφαύσκοντα LXX: ἐπιφάσκοντα Υ   6 φθείνουσαν Υ   7 ὅτι εἰ (danach 9 γὰρ - λήγουσιν) (Γ): ὅτι Υ   7-8 ὁ - λήγει > (Γ)   9 κἂν + πάνυ (Γ)
11 ἢ (Γ): > Υ   16 πολλοὶ πολλάκις: πολλάκις τινὲς ΓΝ / οἰκείας: ἰδίας Ν   19 οὐ - χάριτος > Γ / ἡμῶν: ἑαυτῶν Ν   20/21 ἀνομίας μεγάλης ἰσότητα: ἀνομίαν μεγίστην ΓΝ   21 διὰ - 22 > Ν   23 ἐξειλήφασιν: ἐξέλαβον Γ, ἐξεδέξαντο τὸ ῥητόν Ν / προσεκύν. + φησιν Ν
23/24 τοῖς αὐτῶν ἀπατηθεὶς stellt Ν   24 φέγγεσι ΓΝ: φθέγγεσιν Υ

καὶ δεσποτικοῖς προστάγμασιν ὑπηρετοῦνται, ἀλλ' ἐπὶ τῷ τούτων
θαύματι τὴν ἐμὴν κατεφίλησα χεῖρα, ἀνομία μοι ἡ μεγίστη λογισθεί-
η. ἄμεινον δὲ οἶμαι τὸ πρῶτον.

31,29-30 εἰ δὲ καὶ ἐπιχαρὴς ἐγενόμην πτώματι ἐχθρῶν μου καὶ εἶ-
5   πεν ἡ καρδία μου· εὖγε, ἀκοῦσαι <ἄρα> τὸ οὖς μου τὴν κατάραν μου,
θρυληθείην δὲ {καὶ} ἄρα ὑπὸ λαοῦ μου κακούμενος.

τὸ εὖγε εἶπε γελαστικὸν ἐπίρρημα, ὡς καὶ ὁ ψαλμῳδὸς λέγει·
εἶπον· εὖγε εὖγε, εἶδον οἱ ὀφθαλμοὶ ἡμῶν. εἴ ποτε οὖν
περιεχάρην πτώμασιν ἐχθρῶν, ἀκούσαιμι κἀγὼ ἑτέρων καταρωμένων με
10 καὶ κακούμενος θρυληθείην ὡς πρὸς ἃ ἔπραξα ἀπειληφώς.

31,31 εἰ δὲ καὶ πολλάκις εἶπον αἱ θεράπαιναί μου· τίς ἂν δῴη ἡ-
μῖν τῶν σαρκῶν αὐτοῦ πλησθῆναι; λίαν μου χρηστοῦ ὄντος.

οὐδὲ ἐπαχθής, φησίν, ταῖς θεραπαίναις γέγονα, ὡς διὰ τὴν ἐμὴν
ὠμότητα καὶ αὐτὰς ἐξαγριωθείσας τῶν ἐμῶν ἐπιθυμεῖν ἀπογεύσασθαι
15 σαρκῶν. τὸ δὲ ἐναντίον ἅπαν καὶ λίαν αὐταῖς χρηστὸς ἐγενόμην.

ἕτεροι δὲ οὕτως ἑρμήνευσαν· οὕτως, φησίν, ἤμην λίαν ταῖς θερα-
παίναις χρηστὸς καὶ γλυκύς, ὡς, εἰ οἷόντε ἦν καὶ αὐτῶν τῶν σαρκῶν
μου ἐμφορηθῆναι, ἡδέως ἂν τοῦτο ἐποίουν.

31,32 <ἔξω δὲ οὐκ ηὐλίζετο ξένος,> ἡ δὲ θύρα μου παντὶ ἐλθόντι
20 ἠνέῳκτο.

τοῦτο τῆς Ἀβραμιαίας καὶ φιλοξένου εὐγενείας ἐπίσημον.

---

8 Psalm 34,21

Y Γ(βOFPL -2 λογισθ.; 13-18; 21) N(-2 λογισθ.; ≠ 7-10; 13-18; 21)

1 ὑπηρετοῦνται προστάγμασιν stellt N   6 θρυλιθείην Y   7 εἶ-
πε: ἔστι (N)   8 εἶδον N: εἶπον Y / εἴ ποτε οὖν: ἀλλ' ἐγώ φησιν
εἴ ποτε (N)   9 ἐπεχάρην (N richtig?) / ἀκούσαιμι (N): ἀκούσωμαι Y
10 θρυλιθείην Y   13 ἐπαχθείς Y / θεραπαίναις N: θεραπαίναισι Y,
θεραπαινίσι Γ   15 ἐναντίον ΓN: αἴτιον Y / καὶ ΓN: ὅτι Y   16
ἡρμήνευσαν N / φησίν > N / λίαν ἤμην stellen ΓN   16/17 θεραπαί-
ναις ΓN: θεραπαινίδαις Y   17 εἰ ΓN: > Y / `καὶ' Y   17/18 μου
τῶν σαρκῶν stellen ΓN   18 ἐμφορηθῆναι N: ἐμφορισθῆναι Y / ἐμφ. -
ἐποίουν: ἥδιστα ἐνεφοροῦντα Γ   21 φιλοξένου καὶ Ἀβραμιαίας
stellt Γ, φιλοξενίας καὶ Ἀβρααμιαίας N / εὐγενείας ΓN: συγγενείας Y
/ τὸ ἐπίσημον ΓN

31,33-34 εἰ δὲ καὶ ἁμαρτὼν ἑκουσίως ἔκρυψα τὴν ἁμαρτίαν μου, οὐ
γὰρ διετράπην πολυοχλίαν πλήθους τοῦ μὴ ἐξαγορεῦσαι ἐνώπιον αὐτοῦ.

ἑκούσιον μὲν οὐδὲν ἑαυτῷ συνῄδει πλημμέλημα, οὕτως ἄκρως τὸν
κατ' ἀρετὴν ἐξήσκει βίον. ἐπειδὴ δὲ ἄνθρωπον ὄντα οὐκ ἦν μὴ ἄκον-
5 τα παραπίπτειν - π α ρ α π τ ώ μ α τ α γὰρ τ ί ς σ υ ν ή σ ε ι; φησὶν ὁ
μελῳδός -, μετανοίᾳ καὶ ἐξομολογήσει ἐξιᾶτο γνωσθὲν τὸ ἁμάρτημα
οὐκ αἰσχυνόμενος τὸ μὴ κατὰ τὸν ὀρθὸν λόγον πεπραγμένον ἐξαγορεύ-
ειν.

31,34-35 εἰ δὲ καὶ εἴασα ἀδύνατον ἐξελθεῖν τὴν θύραν μου κόλπῳ
10 κενῷ, τίς δῴη ἀκούοντά μου;

δοκεῖ μὲν λέγειν, ὅτι <εἰ> εἰς κρίσιν ἦλθον καὶ εἶχον τὸν ἀκούοντα,
ὅσον ἐπ' ἀνθρωπίνῳ κρίματι, οὐδὲν ἂν ὑπέμενον τῶν δεινῶν. ἐμοὶ δὲ
δοκεῖ ἀκροατὰς ἐπιζητεῖν συνετοὺς δυναμένους χωρῆσαι τὴν ἀκρότητα
τῆς πολιτείας, ἧς ἐξηγήσατο. οὐ γὰρ ταῦτα εἶπεν ἐπαιρόμενος ἐπὶ
15 τοῖς ἑαυτοῦ κατορθώμασιν, ἀλλ' ἡμῖν καταλιμπάνων ὑπογραμμόν, ὅπως
βιῶναι χρή. προεγράφη γὰρ ταῦτα εἰς νουθεσίαν ἡμετέραν, οὕτω τοῦ
ἁγίου πνεύματος οἰκονομήσαντος. τὸ δὲ κ ό λ π ῳ κ ε ν ῷ σημαίνει, ὅτι
πρὸς τῷ τρέφειν τὰ ἐφόδια παρεῖχε, πλουσίως καὶ ἱλαρῶς μετιὼν τὸ
ἐλεημονιτικὸν καὶ φιλόπτωχον.

20 31,35 χεῖρα δὲ κυρίου εἰ μὴ ἐδεδοίκειν.

ἀλλὰ καὶ τὰ πρὸς θεόν, φησίν, εὐλαβῶς διεκείμην.

---

5 Psalm 18,13

Υ Γ(βOFPL 3-8; 12 ἐμοὶ - 19; 21) Ν(3-8; ≠ 12 ἐμοὶ - 19; ≠ 21)

2 διετράπην LXX: ἐνετράπην Υ   3 συνείδη Υ   4 μὴ + καὶ Ν
5 παραπίπτειν Υ(F): περιπίπτειν ΓΝ / συνοίσει Υ   5-6 παραπτώματα
- μελῳδός: παραπτώματι Ν   6 μελῳδός: ψαλμῳδός Γ / ἐξιᾶτο - ἁμάρ-
τημα ΓΝ: ἀξιοῖ τὰ ἁμαρτήματα Υ   7 ἐπαισχυνόμενος ΓΝ   9 ἴασα Υ
/ θύρα Υ   10 καινῷ Υ   11 <εἰ>: vgl.264,7.11;265,17
12/13 ἐμοὶ δὲ δοκεῖ: ἔοικεν Γ(Ν)   13 χωρῆσαι Γ(Ν): ἐπιχωρῆσαι Υ
13-14 τὴν - ἐξηγήσατο Γ: τὰ τῆς ἀκροτάτης πολιτείας ἐξηγήσατο Υ, τὰ
παρ' αὐτοῦ λεγόμενα δι' ὧν ἡ τῆς πολιτείας ἀκρότης παρεδείκνυτο (Ν)
14 ἐπαιρόμενος: σοβαρευόμενος Γ(Ν) / ἐπὶ Γ(Ν): > Υ   15/16 ὅπως
βιῶναι Γ(Ν): οὕτως βιῶναι ὣς Υ   16 προεγράφη - ἡμετέραν > Γ
17 τὸ Γ: τῷ Υ / καινῷ Υ   18 τῷ: τὸ Υ / τὰ: καὶ Γ / παρεῖχε Γ:
παρέχειν Υ / μετιὼν - 19 > Γ(Ν)   20 ἐδεδοίκειν LXX: ἐκδεδοίκειν Υ

31,35-37 συγγραφὴν δέ, ἣν εἶχον κατά τινος, ἐπ' ὤμοις ἂν περι-
θέμενος στέφανον ἀνεγίνωσκον, καὶ εἰ μὴ ῥήξας αὐτὴν ἀπέδωκα οὐ-
δὲν λαβὼν παρὰ χρεωφειλέτου.

   ἢ τοῦτο λέγει ὅτι· οὐχ οἷά τις ἐγκαυχώμενος ἐπὶ τοῖς δανείοις
5 ἀνελίττων ἀμφοτέραις χερσὶ τὰς συγγραφὰς δημοσίᾳ ὑπανεγίνωσκον -
<τὸ γὰρ ἐπ' ὤμοις τοῦτο σημαίνει, ὡς διὰ τῶν ὤμων τῶν χειρῶν
κινουμένων -, ἢ ὅτι διαρρηγνὺς τῶν χρεωφειλετῶν τὰς συγγραφὰς καὶ
συγχωρῶν τὰ ὀφλήματα πρότερον ἀναγινώσκων> αὐτοῖς, εἶτα διαρρήσ-
σων τὸν χάρτην στέφανον καὶ ἰδίαν εὐπρέπειαν ἐποιούμην τὴν συγ-
10 χώρησιν.

31,38 εἰ ἐπ' ἐμοί ποτε ἡ γῆ ἐστέναζεν, εἰ δὲ καὶ οἱ αὔλακες αὐ-
τῆς ἔκλαυσαν ὁμοθυμαδόν.

   ἐπὶ τῇ ἁρπαγῇ τῶν ἀλλοτρίων δηλονότι ἢ καὶ τῷ ἀμισθὶ τὴν γῆν ἐρ-
γάζεσθαι.

15 31,39 εἰ δὲ καὶ τὴν ἰσχὺν αὐτῆς ἔφαγον μόνος ἄνευ τιμῆς.

   δύο ἐνταῦθα σημαίνει, ὅτι καὶ τὰ τιμήματα τῶν καρπῶν κατεβάλ-
λετο καὶ οὐδὲ μόνος ἤσθιεν, ἀλλ' ἐκοινοποίει τοῖς δεομένοις τὰς
τροφάς.

31,39 εἰ δὲ καὶ ψυχὴν κυρίου τῆς γῆς ἐκβαλὼν ἐλύπησα.

20   ὡς κατὰ δυναστείαν ἁρπάσας τι τοῦ κτήτορος τῆς γῆς.

31,40 ἀντὶ πυροῦ ἄρα ἐξέλθοι μοι κνίδη, ἀντὶ δὲ κριθῆς βάτος.

   ὁ Σύμμαχος οὕτως ἐκδέδωκεν· ἀντὶ σίτου βλαστῆσαι ἄκανος. ἀνέ-
γνωμεν δὲ ἐν ταῖς Βασιλείαις τὸ φυτὸν τὸν ἄκανον. καὶ ἡ βάτος δὲ

23 vgl. 4.Könige 14,9

Y Γ(βOFP 4-10; βOFPLN 16-18; 20; βOFPL ≠ 23 καὶ -) P(13-14)
N(≠ 4-10; ≠ 22-)

2 ῥίξας Y   5 ἀνέλειττον Y   6-8 Lücke durch Haplographie Y
8 ὀφειλήματα (P)   8/9 διαρρήσων Y   11 εἰ₂: οἱ Y   13 ἀλ-
λοτρίων P: + σωμάτων Y/ τῷ P: > Y/ ἀμισθῆ Y   17 ἐκοινοποιεῖτο Γ
21 ἐξέλθοι μοι: ἐξέλθοιμι Y   23 τὸν Hag: τὸ Y

καὶ ὁ ἄκανος ἀκανθώδη φυτά· ἔοικε δὲ καὶ ἡ κνίδη τοιοῦτόν τι εἶ-
ναι.

λέγει οὖν ὅτι· εἴ τι τῶν προειρημένων ἔπραξα, ἢ ἀλλοτρίαν γῆν
παραιρούμενος ἢ ἀμισθὶ τὴν γῆν ἀνατέμνων καὶ ἐργαζόμενος, ἀκάνθας
5 ἀντὶ τῶν ἡμέρων ἀντιδῴη μοι καρπῶν.

31,40-32,1 καὶ ἐπαύσατο Ἰὼβ ῥήμασιν, ἡσύχασαν δὲ καὶ οἱ τρεῖς
φίλοι αὐτοῦ, ἔτι δὲ ἀντειπεῖν Ἰώβ· ἦν γὰρ δίκαιος ἐναντίον αὐτῶν.

ἐνταῦθα τὸν λόγον ἔστησαν συμπεράναντες τὸν διάλογον ὅ τε Ἰὼβ
καὶ οἱ φίλοι. ἡσύχασαν δὲ οὐ προαιρετικῶς, ἀλλ' ἐπειδὴ πᾶσαν αὐ-
10 τοῖς δικαιολογίαν ἀπέκλεισεν Ἰὼβ καὶ οὐκ ἦν αὐτοῖς ἀντειπεῖν πρὸς
τὰ εἰρημένα. συνηπίσταντο γὰρ τῷ δικαίῳ τὰ κατορθώματα καὶ ὡς ἐκ
διαθέσεως ἐμίσει μὲν τὸ κακόν, εἰλικρινεῖ δὲ τῇ πρὸς θεὸν ἀγάπῃ
μετῄει τὸ καλόν. ἔδειξε γὰρ ὁ Ἰώβ, ὅτι καὶ τὰ πρὸς τοὺς ἀνθρώ-
πους δίκαια καὶ τὸ πρὸς θεὸν σέβας ἄκρως ἐφύλαξε μετὰ τῆς θαυμα-
15 στῆς ταπεινοφροσύνης, ἣν παρίστησι τὸ ἐξαγορεύειν τὰ ἁμαρτήματα.

Υ Γ(βΟFPL ≠ -5; 8 - 11 κατορθώματα) Ν(≠ -5; 9 ἡσύχασαν - 15)

1 ἀκανθώδει Υ   3 ἤ: εἰ Υ   4 ἀμισθῇ Υ / ἀνατέμνων Hag: ἀνέτεμνον Υ
6 ἀντειπεῖν LXX: ἀντεῖπε`ν´ Υ   9 ἡσύχασαν δὲ: καὶ ἡσύχασαν Ν
10 Ἰὼβ: ὁ Ἰὼβ Γ, > Ν / ἦν αὐτοῖς: εἶχον ΓΝ   11 συνηπίσταντο
ΓΝ: συνεπίσταντο Υ   12 μὲν ἐμίσει stellt Ν / εἰλικρινῇ Υ / τῇ
πρὸς θεὸν > Ν   13 μετοίει Υ / τοὺς > Ν   15 παρίστησιν + ἄλλα
τε πολλὰ καὶ Ν

ΚΕΦΑΛΑΙΟΝ ΕΙΚΟΣΤΟΝ ΠΡΩΤΟΝ

Ἀρχὴ τοῦ ῥητοῦ· {περὶ τοῦ Ἐλιούς} ὠργίσθη δὲ Ἐλιοὺς ὁ
τοῦ Βαραχιὴλ ὁ Βουζίτης ἐκ τῆς συγγενείας Ῥὰμ τῆς Αὐσίτιδος χώρας.

Προθεωρία τοῦ κεφαλαίου

5   τῶν φίλων τοῦ Ἰὼβ ἐπὶ παράκλησιν ἀφικομένων, ἔξω δὲ τοῦ σκοποῦ
γεγενημένων τῆς ἀφίξεως καὶ τῇ βαρύτητι τῶν λόγων ἐπιτριβόντων τῷ
δικαίῳ τὰ τραύματα - ἔφασκον γὰρ δι' ἁμαρτίας αὐτὸν πεπονθέναι καὶ
μὴ ἄλλως τὸν θεὸν αὐτῷ ἐπάγειν τὰς κολάσεις, εἰ μὴ κατὰ ἀνταπόδο-
σιν· ἕπεσθαι γὰρ ἀεὶ ταῖς ἁμαρτίαις τὰς κακώσεις - τοὺς αὐτῶν λό-
10 γους ὁ Ἰὼβ ἀμυνόμενος ἐπηπόρησε λέγων· εἰ ταῦτα οὕτως ἔχει, ὥσπερ
ὑμεῖς φατε, πῶς πολλοὺς ὁρῶμεν ἀδίκους τιμωρίαν οὐ δεδωκότας μέ-
χρι τέλους, πολλοὺς δὲ δικαίους πάσχοντας; εἶτα ὡς ἐσφαλμένας τῶν
φίλων ἀποφεύγων τὰς κρίσεις αἰτεῖ θεὸν ἀπαλλαγῆναι τῶν βασάνων καὶ
ἐπὶ αὐτοῦ τὴν δίκην εἰπεῖν καὶ παραθέσθαι τὰ ἑαυτοῦ δίκαια, ἵνα
15 ἐπιδείξῃ, ὡς ἄδικον εἰργάσατο οὐδὲν τῆς τηλικαύτης μάστιγος ἄξιον.
ταῦτα δὲ ἔλεγεν οὐ θεοῦ καταψηφιζόμενος ὡς ἄδικα πράττοντος, ἀλλὰ
καὶ σφόδρα θαρρῶν τῇ αὐτοῦ δικαιοκρισίᾳ, τοὺς δὲ φίλους διελέγξαι
θέλων, ὡς οὐ δικαίας κατ' αὐτοῦ ποιοῦνται τὰς κρίσεις. ὁ μὲν οὖν
σκοπὸς τοῦ Ἰὼβ πρὸς τοὺς φίλους ὅλως ἀποτείνεται βουλομένου δεῖ-

Υ Γ(βOFL 5-) N(5-) P(18 ὁ μὲν -)

1 κεφάλαιον κα Υ   2 { } in den Text gedrungene Randnotiz; vgl.
die Einl.   3 Βουζήτης Υ   7 δι' ἁμαρτίας N: διὰ Υ, δι'
ἀσεβείας Γ   8 τὸν θεὸν ΓΝ: > Υ/ αὐτῷ > Γ   9 ἕπεσθαι - κακώσεις
> Ν   10-11 λέγων - φατε > Ν   11 ἀδίκους Γ: ἀτίμους Υ, ἀδίκως Ν
/ οὐ δεδωκότας ΓΝ: ἐκδεδωκότας Υ   12 πολλοὺς δὲ δικαίους: δικαίους
δὲ Ν   13 αἰτεῖ - 14 αὐτοῦ: ἐπὶ θεοῦ βούλεται Ν / αὐτεῖ + τὸν Γ /
ἀπαλλαγῆναι .. καὶ Γ: εἶναι .. κριτὴν Υ   14 αὐτοῦ: θεοῦ Γ / καὶ -
δίκαια > Ν   15 ἄδικον εἰργ. οὐδὲν: οὐδὲν ἄδ. εἰογ. οὐδὲ Γ / ἄ-
δικον > Ν / εἰργάσατο nach μάστιγος stellt Ν   16 οὐ + τοῦ ΓΝ
17 αὐτοῦ ΓΝ: ἑαυτοῦ Υ   19 Ἰὼβ + ὡς ΓΝ / ἀποτείνεται ΓΝ: ὑποτεί-
νεται Υ, ἀπετείνετο Ρ / βουλομένου ΓΡΝ: βουλόμενον Υ

ξαι, ὅτι ἐπὶ θεοῦ δικάζοντος δίκαιος ἀναφανεῖται τοῦ ἀληθινοῦ καὶ
ἀπροσωπολήπτου, οἱ δὲ μάτην αὐτοῦ κατηγοροῦντες οὐκ ἀληθεῖς ἔχου-
σι τοῦ δικαίου τὰς κρίσεις.

τούτων ἐπακροώμενος ὁ Ἑλιοὺς καὶ οὐ νενοηκὼς τοῦ δικαίου τὴν
5 διάνοιαν ᾠήθη λέγειν αὐτόν, ὡς ἄδικα πάσχει παρὰ θεοῦ δίκαιος ὤν.
διὰ τοῦτο ζηλῶν ἐζήλωσε τῷ κυρίῳ καὶ ὠργίσθη κατὰ τοῦ Ἰὼβ· οὐδὲν
δὲ ἔχων ἀδίκημα τοῦ δικαίου κατηγορεῖν ἐνδίκως, ὠργίσθη καὶ κατὰ
τῶν τριῶν φίλων, ὅτι τὸν δίκαιον ἀσεβείας κατεδίκασαν, ὡς δι' ἁ-
μαρτήματα τὰς τιμωρίας ὑπομένοντα. ἐντεῦθεν ἀνακύπτει ζήτημα τοι-
10 όνδε· εἰ ὀργίζεται κατὰ τῶν φίλων ὁ Ἑλιούς, ὅτι ἀσεβῆ τὸν Ἰὼβ ἔ-
κριναν, δίκαιος ἄρα ὁ Ἰώβ. εἰ δὲ δίκαιος, πῶς καὶ κατ' αὐτοῦ ποι-
εῖται τὴν ἐπιτίμησιν; ἀλλ' ἐρεῖ πρὸς ταῦτα ὁ Ἑλιούς, ὡς εὐσεβὴς
μὲν καὶ δίκαιος ὁ Ἰώβ, καὶ οὐδεὶς ἀντερεῖ· αἰτίαν δὲ δέδωκε κατ'
αὐτοῦ τὸ θέλειν πρὸς θεὸν δικάζεσθαι. ὁ μὲν οὖν σκοπὸς τοῦ Ἑλι-
15 οὺς οὐ ψεκτός· οὐ γὰρ σφοδρῶς ἔπληξε τὸν Ἰὼβ ὥσπερ ἐκεῖνοι ἀσέ-
βειαν αὐτοῦ καταψηφιζόμενοι, πλὴν οὐκ ἐνόησεν, ὥσπερ ἔφημεν, τοῦ
δικαίου τὴν διάνοιαν καὶ ἐξ οἵας ἀγάπης καὶ πεποιθήσεως τῆς πρὸς
τὸν θεὸν ἐπ' αὐτοῦ τὴν δίκην λέγειν ἐπόθει. ὅθεν λογιζόμεθα καὶ
τὸν θεὸν μήτε ἐπαινέσαι τὸν Ἑλιούς, ἐπειδὴ μὴ νενόηκε τοῦ Ἰὼβ
20 τοὺς λόγους, μήτε μὴν καταδικάσαι, ἐπειδὴ μὴ ἀσεβείας κατέκρινε
τὸν Ἰὼβ μηδὲ ἀπεφήνατο δι' ἀδικίας αὐτὸν πάσχειν ὥσπερ οἱ φίλοι·
διὰ γὰρ τοῦτο τὴν κατ' ἐκείνων ἐπιτίμησιν θεὸς εἰργάσατο.

Y Γ(βOFL) P N

1 δικάζοντος ΓΡΝ: δοκιμάζοντος Υ   2 μάτην + ἄρα Ρ   5 διάνοι-
αν: μετάνοιαν Ρ / ᾠήθει Υ / αὐτὸν ΓΡΝ: αὐτῷ Υ / πάσχω (FL)ΡΝ, πάσχων
Γ / θεοῦ ΓΡΝ: θεῷ Υ   6 ἐζήλωκε ΓΡΝ   7 ἐνδί-
κως nach 8 φίλων stellen ΡΝ / καὶ > Ν   8 ἀσεβείᾳ Γ / δι' ΓΡ: διὰ
ΥΝ   8/9 ἁμαρτίαν Ν   9 ζήτημά + τι Ν   10/11 ἔκρινε Ρ
11 εἰ - δίκαιος₂ > Ν / καὶ Γ: οὖν καὶ Ν, > ΥΡ/ κατ' αὐτοῦ: κατὰ τού-
του Ν   12 ταῦτα: τοῦτο Ν / ὁ > Ρ / ὡς > Ν   13 ὁ Ἰὼβ καὶ δί-
καιος stellen ΓΡΝ / καὶ οὐδεὶς ΓΡΝ: οὐδὲν Υ / αἰτίαν: ἔτι ἃ Ρ / ἔδω-
κε Ρ   13/14 καθ' ἑαυτοῦ ΓΡΝ   14 θέλειν ΓΡΝ: θέλει Υ / οὖν > Ρ
16 καταψηφισάμενοι Ν / ἐννόησεν Υ / ὥσπερ ἔφημεν > Ν   18 τὸν > ΡΝ
19 μήτε ΓΡΝ: μὴ Υ   20/21 κατέκρινε τὸν Ἰὼβ: αὐτὸν κατέκρινε Ν
21 δι' ἀδικίας: δι' ἁμαρτίας ΡΝ   22 ὁ θεὸς Ν

Αἱ λέξεις

32,2 ὠργίσθη δὲ Ἐλιοὺς ὁ τοῦ Βαραχιὴλ ὁ Βουζίτης ἐκ τῆς συγγε-
νείας Ῥὰμ τῆς Αὐσίτιδος χώρας.

τοῦ μὲν Βαραχιὴλ υἱὸς ἦν ὁ Ἐλιούς, τὸ δὲ Βουζίτης ἀπὸ συγ-
5 γενείας τῆς τοῦ Βουζί, ὅθεν ἦν καὶ Ἡράμ, ἢ καὶ ἀπό τινος πόλεως
τῆς Αὐσίτιδος χώρας. Ἰουδαῖοι μὲν οὖν φασιν αὐτὸν εἶναι ἐκ τῆς
συγγενείας τοῦ Ἰουδά. ἔστι δὲ οὐ πιθανὸς ὁ λόγος· τῆς γὰρ Αὐσί-
τιδος χώρας ἡ γραφὴ αὐτὸν λέγει. πλὴν οὐ σφόδρα ἀναγκαῖον τὰ τοι-
αῦτα λεπτολογεῖν.

10 32,2 ὠργίσθη δὲ τῷ Ἰὼβ σφόδρα, ὅτι ἀπέφηνεν ἑαυτὸν δίκαιον ἔναν-
τι κυρίου.

κατὰ τὸ εὔλογον μὲν ἐκινεῖτο, ὡς ἐνόμιζεν, ὁ Ἐλιούς, οὐχ ὅτι
δίκαιον ἑαυτὸν ἔλεγεν ὁ Ἰώβ, - συνηπίστατο γὰρ ὅτι δίκαιος ἦν ὁ
Ἰώβ -, ἀλλ' ὅτι ἔναντι κυρίου ὡς ἀδικίαν θεοῦ καταψηφιζόμενος,
15 ὅτι μὴ δικαίως αὐτῷ τὰς τιμωρίας ἐπάγει. οὐ νενόηκεν δέ, ὡς ἔφη-
μεν, τὴν εὐσεβῆ καὶ φιλόθεον τοῦ Ἰὼβ διάνοιαν. οὐ γὰρ θεὸν κατη-
γορῶν, ἀλλὰ τοὺς φίλους διελέγχων πρὸς θεὸν ἤθελε κρίνεσθαι, ἀρ-
ραγεῖ πίστει πεποιθὼς τῇ τοῦ θεοῦ δικαιοκρισίᾳ.

32,3 καὶ κατὰ τῶν τριῶν δὲ φίλων ὠργίσθη σφόδρα, ὅτι οὐκ ἠδυνή-
20 θησαν ἀποκριθῆναι ἀντίθετα Ἰὼβ καὶ ἔθεντο αὐτὸν εἶναι ἀσεβῆ.

διπλῆ κατὰ τῶν φίλων ὠργίσθη Ἐλιούς, πρῶτα μέν, ὅτι ἀσεβείας
ἔκριναν τὸν δίκαιον, λέγοντες, ὡς πάντως κατὰ ἀνταπόδοσιν αἱ τι-

Y Γ(βOFL 4 τὸ δὲ - 6 χώρας; βOFPL 12 - 16 διάνοιαν; βOFPLN 21-)
P(≠ 4 - 8 λέγει) N(12 - 14 κυρίου)

2 Βουζήτης Y   4 τὸ δὲ Βουζ.: Βουζ. εἴρηται ἢ Γ/ Βουζήτης Y   5 Βού-
ζη Y/ Ἀράμ (P)   7 ἔστι δὲ: πλὴν (P)/ πειθανὸς Y/ τῆς
γὰρ: ἐκ γὰρ τῆς (P)   12 δ > N/ Ἐλιούς + ὠργίσθη γὰρ N   13 ἔλεγεν:
ἀπέφηνεν N/ συνηπίστατο ΓN: συνεπίστατο Y   13-14 ὅτι - Ἰώβ > ΓN
14 ὅτι ΓN: > Y   14-15 ὡς ἀδικίαν - ἐπάγει > Γ   15 οὐ νενόηκεν:
νε in Korrektur Y, ἠγνόησεν Γ.   16 ἔφημεν + καὶ αὐτὸς Γ/ καὶ φιλό-
θεον > Γ/ Ἰώβ: δικαίου Γ   17/18 ἀρραγῇ Y   21 διπλῆ (N): διπλᾶ Y,
διχῇ Γ/ ὠργίσθη + ὁ Γ (nicht N)/ πρῶτα μὲν ὅτι: ὅτι τε Γ   22 ἔκρι-
ναν τὸν: ἐὰν κριτὸν Y/ τὸν δίκαιον ἔκριναν stellt Γ   22-1 λέγοντες
- ἐπάγονται: δι' ἁμαρτ( ) αὐτὸν πάσχειν φήσαντες (P), > Γ

μωρίαι τοῖς ἀδίκοις ἐπάγονται, καὶ ὅτι τὴν ὑπὲρ θεοῦ συνηγορίαν
ἀνειληφότες ἡττήθησαν τοῖς τοῦ 'Ιὼβ λόγοις καὶ ἐσιώπησαν, τὸν
ὑπ' αὐτῶν συνηγορούμενον καταπροδεδωκότες καὶ τῇ σιωπῇ τῷ 'Ιὼβ δε-
δωκότες κατὰ θεοῦ τὰ νικητήρια.

5   32,4-5   'Ελιοὺς δὲ ὑπέμεινε δοῦναι ἀπόκρισιν τῷ 'Ιὼβ, ὅτι πρεσβύ-
τεροί εἰσιν αὐτοῦ ἡμέραις. καὶ εἶδεν 'Ελιούς, ὅτι οὐκ ἔστιν ἀπό-
κρισις ἐν στόματι τῶν τριῶν ἀνδρῶν, καὶ ἐθυμώθη ὀργῇ αὐτοῦ.

ἐπαινετὸν τὸ ἦθος τοῦ 'Ελιοὺς ἐν καιρῷ μὲν σιωπήσαντος - ἔδει
γὰρ πρώτους τοὺς πρεσβυτέρους καθ' ἡλικίαν λαλεῖν -, ἐν καιρῷ δὲ
10   ἀποκριναμένου τῶν παλαιωτέρων ἀπορίᾳ συσχεθέντων. τό τε γὰρ δια-
κόπτειν τῶν πρεσβυτέρων τὸν νοῦν προπετείας ἔφερεν ἔγκλημα, τό τε
σιωπᾶν, ἐν οἷς ἀδικεῖσθαι τὸ δίκαιον ἐνόμιζε, οὐ καλὸν εἶναι δι-
καίως ὑπέλαβεν. τὸ ὑπέμεινεν οὖν ἀντὶ τοῦ· ἀνέμεινεν, τὸ δὲ
ἐθυμώθη ἀντὶ τοῦ· ἐζήλωσεν. κατὰ τὸ εὔλογον ἐκινήθη· ἔστι γὰρ
15   ψεκτὴ ὀργὴ <ἢ> ἄλογος κίνησις καὶ ἐπαινετὴ ἡ τῷ δικαίῳ συμβαίνου-
σα, ἥτις κατὰ φύσιν ἐστι κατὰ τῶν ἀδίκων εἰς ἀνδρείαν τὴν ψυχὴν
ἐπαλείφουσα.

32,6   ὑπολαβὼν δὲ 'Ελιοὺς ὁ τοῦ Βαραχιὴλ ὁ Βουζίτης εἶπεν.

ὑπολαβὼν ἀντὶ τοῦ· τῶν εἰρημένων λόγων διαδεξάμενος.

20   32,6   νεώτερος μέν εἰμι τῷ χρόνῳ, ὑμεῖς δέ ἐστε πρεσβύτεροι· διὸ
ἡσύχασα φοβηθεὶς τοῦ <ὑμῖν> ἀναγγεῖλαι τὴν ἐμαυτοῦ ἐπιστήμην.

καλῶς προσέθηκε· τῷ χρόνῳ. ἔστι γάρ τις νεώτερος μὲν καθ' ἡ-
λικίαν, πολιὰν δὲ ἔχων φρόνησιν, καὶ ἄλλος γέρων μὲν τὸν χρόνον,
νεώτερος δὲ τὴν διάνοιαν. ὅρα δέ, ὅπως οὐ μόνον αἰδοῖ, ἀλλὰ καὶ

Υ   Γ(βΟFPLN - 3 καταπροδεδωκότες; 8 - 10 συσχεθέντων; 13 τὸ₁ - 14 ἐ-
ζήλωσε; βΟF 22-)   P(22-)   N(≠ 3 καὶ - 4; 22-)

2 ἀνειληφότες Γ: εἰληφότες Υ(F)   3 συνηγορούμενον + ὥσπερ Γ /
καταπρ. + θεόν Γ   8-9 τὸ - γὰρ Γ: μὲν τὸ ἦθος τ. 'Ε. ἐν καιρῷ σι-
ωπήσαντος ἐν ᾧ ἔδει Υ   9 καθ' ἡλικίαν > Γ   13 ὑπέμεινεν -
τοῦ: οὖν ὑπέμεινε τουτέστιν Γ   15 ψεκτὴ Hag: ψεκτὸν Υ / <ἢ> Hag:
> Υ   18 'τοῦ' Υ / Βουζήτης Υ   22 προσέθηκε ΓΡΝ: ἔθηκε Υ /
προσέθηκε + ὅτι νεώτερός εἰμι Ν / καθ': τὴν Ν   23 ἄλλος: ἕτερος
ΓΝ, ἔστι Ρ / γέρων - χρόνον: τῷ μὲν χρόνῳ προβεβηκώς Ν   24 δὲ₂ > Ρ

φόβῳ καὶ εὐλαβείᾳ τῶν πρεσβυτέρων τὴν διάλεξιν περιέμεινεν, καὶ εἰ
μὴ πρότερον ἐπαύσαντο, οὐκ εἶπεν αὐτός, ἃ καλῶς ἔχειν ἐλογίζετο
καὶ ἠπίστατο.

32,7-8 εἶπα δέ· οὐχ ὁ χρόνος ἐστὶν ὁ λαλῶν, ἐν πολλοῖς δὲ ἔτε-
5 σιν οὐκ οἴδασι σοφίαν. ἀλλὰ πνεῦμά ἐστιν ἐν βροτοῖς, πνοὴ δὲ παν-
τοκράτορος ἡ διδάσκουσα.

πάλαι, φησίν, καθήμενος καὶ τῶν λεγομένων ἐπακροώμενος καὶ οὐκ
ἀξίους ἀκούων τῆς ἡλικίας τοὺς λόγους κατ' ἐμαυτὸν ἔλεγον· οὐ
πάντως οὐδὲ ἁπλῶς οἱ ἐν πολλοῖς ἔτεσι βιώσαντές εἰσι σοφοί, ἀλλὰ
10 χρεία τῆς τοῦ ἁγίου πνεύματος χάριτος τῆς οὐκ ἀναμενούσης χρόνου
μῆκος, ἀλλ' ἀθρόως σοφιζούσης τὸν ἄνθρωπον. καὶ <οὐ> θαυμασίως δὲ
εἶπεν Ἐλιούς· ὁ γὰρ νεώτερος καθ' ἡλικίαν Δανιὴλ τῇ θείᾳ χάριτι
φρενωθεὶς τοὺς π ε π α λ α ι ω μ έ ν ο υ ς ἡ μ ε ρ ῶ ν κ α κ ῶ ν πρεσβυτέρους
διήλεγξεν. διδάσκει δὲ ἡ χάρις οὐκ ἀκρίτως, ἀλλ' ἐὰν εὕρῃ ψυχὴν
15 καθαράν.

32,9 οὐχ οἱ πολυχρόνιοί εἰσι σοφοί, οὐδὲ οἱ γέροντες οἴδασι κρίμα.

καθ' ἑαυτὸν μὲν οὖν ὁ χρόνος δίχα τῆς χάριτος σοφίαν παρέχειν
ἀδύνατος. ἔοικε δὲ κ ρ ί μ α λέγειν μέρος ὁδῶν τοῦ θεοῦ· κρίσις γάρ
ἐστι κυρίως ἡ καθόλου, κρίμα δὲ τὸ μερικόν. τοῦτο οὖν φησιν, ὅτι

12-14 vgl. Susanna 45ff   13 Susanna 52

Υ Γ(βOF -3; 7 οὐκ - 11 ἄνθρωπον; 14 διδάσκει - 15) P(-3; 7-15; 17
ὁ χρόνος - 19 μερικόν) N(-3; 7 - 11 ἄνθρωπον; 14 διδάσκει - 15; 17
- 18 ἀδύνατος; 19 ὅτι -)

1 περιέμεινε N: ἔμεινε Υ, περιέμενε Γ, ἀνέμεινε P   2 ἐπαύσα`ν΄-
το Υ   2/3 ἠπίστατο καὶ ἐλογίζετο stellt Υ, καὶ ἠπίστατο > ΓPN
7 πάλαι - ἐπακροώμενος nach 8 λόγους stellt P / φησίν > P / ἀκροώμε-
νος P / καὶ > P   8 ἀξίους + φησίν Γ / ἀκούων: συνορῶν N / κατ'
ΓPN: καθ' Υ   8/9 οὐ - ἁπλῶς ΓP: οὐ πάντες Υ, οὐχ ἁπλῶς N
9 ἐν - βιώσαντες: χρόνῳ προβεβηκότες ΓPN   10/11 χρόνου μῆκος:
χρόνον ΓPN   11 ἀθρόως ΓPN: ἀθρόας Υ   11-12 καὶ - 'Ελιοὺς
> P   12 καθ' ὁλικ( ) νεώτερος P / τῇ - 13: τοὺς πλήρεις κα-
κῶν πρεσβύτας P   14 διδάσκει - ἀκρίτως: δῆλον δὲ ὅτι οὐκ ἀκρί-
τως διδάσκει ἡ χάρις ΓN, οὐκ ἀκρίτως δὲ διδάσκει καὶ σοφίζει ἡ χάρις
P   17 καθ' ἑαυτὸν N: καθέσκαστον Υ / μὲν οὖν: γε μὴν N / ὁ
χρόνος nach χάριτος stellt P / παρασχεῖν N   18 ἀδύνατος PN: ἀ-
δύνατον Υ / δὲ P: > Υ / λέγειν κρίμα stellt P   19 κυρίως P:
κυρίου Υ / ὅτι: ὅθεν N

οὐδὲ μέρος τῶν κριμάτων τοῦ θεοῦ δύναταί τις καταλαβεῖν ὑπὸ τοῦ
χρόνου σοφιζόμενος, εἰ μὴ ἡ θεία προσγένηται χάρις.

32,10-11 διὸ εἶπον· ἀκούσατέ μου καὶ ἀναγγελῶ ὑμῖν, ἃ οἶδα.
ἐνωτίζεσθέ μου τὰ ῥήματα, ἐρῶ γὰρ ὑμῶν ἀκουόντων, <ἄχρις οὗ ἐτά-
5 σητε λόγους, καὶ μέχρι ὑμῶν συνήσω.

ἕτερα ἀντίγραφα μετὰ τὸ ἐρῶ γὰρ ὑμῶν ἀκουόντων> ἔχουσι καὶ
τούτους τοὺς στίχους· ἰδοὺ ἤκουσα τοὺς λόγους ὑμῶν, ἐνωτισάμην ἄ-
χρι συνέσεως ὑμῶν. οἱ δὲ ἕτεροι ἑρμηνευταὶ οὕτως ἐκδεδώκασιν· ἰδοὺ
ἐξεδεξάμην τοὺς λόγους ὑμῶν, ἠκροασάμην ἐφ' ὅσον ἐφρονεῖτε, ἐφ' ὅ-
10 σον ἐξητάζετε λόγους καὶ μέχρι τοῦ ἐφικέσθαι ὑμῶν ἐνενόουν.
κατὰ μὲν οὖν ταύτην τὴν ἔκδοσιν καὶ τὰ ἕτερα τῶν ἀντιγράφων πρό-
δηλος ἡ διάνοια. ὥσπερ ἐγὼ μεθ' ἡσυχίας, φησίν, ἤκουσα πάντων τῶν
λεχθέντων καὶ ἀνέμεινα μέχρι τοῦ συμπεράσματος τῶν ὑμετέρων λόγων
καὶ ἕως ὅτε πᾶσαν ἑαυτῶν τὴν φρόνησιν κενώσητε, καὶ ὑμεῖς τῶν ἐμῶν ἀ-
15 κούσατε λόγων, διὰ τῶν ὤτων ἐγκατάθεσθε τῇ διανοίᾳ τὰ ῥήματα.
κατὰ δὲ τὰ παρ' ἡμῖν ἀντίγραφα οὕτω περιέχοντα· ἐρῶ γὰρ ὑ-
μῶν ἀκουόντων, εἶτα συνημμένα· ἄχρις οὗ ἐτάσητε λόγους,
καὶ μέχρι ὑμῶν συνήσω, ὁ νοῦς οὗτος· λέγω οὐδὲν ὑπέρογκον,
ἀλλὰ ἃ δύνασθε δοκιμάσαι καὶ μέχρις ὑμῶν συνήσω, ἀντὶ τοῦ· οὐ κε-
20 νοφωνίαις χρήσομαι, ἀλλὰ ἃ δύνασθε συνιέναι λαλήσω καὶ ἃ δύνασθε
νοῆσαι.

32,12-14 καὶ ἰδοὺ οὐκ ἦν τῷ Ἰὼβ ἐλέγχων ἀνταποκρινόμενος αὐτῷ

Υ Γ(βΟFPN 6 - 20 λαλήσω) Ν(-2)
4-6 Lücke durch Haplographie Υ   6 γὰρ > Γ; vgl. 4 und 16 /
ἔχουσι: ἔχει Γ   7 ἠνωτισάμην Γ   8 ἐκδεδώκασιν + Θ(εοδο-
τίων) (FP)   9 ἐξεδεξάμην Γ: ἐξελεξάμην Υ(Ρ)/ ὁμῶν + καὶ (Ρ),
+ Σ(ύμμαχος) (F)   10 ἐξητάζετε Γ: ἐξετάζετε Υ / ἡμῶν Υ
11/12 πρόδηλος ἡ διάνοια > Γ   12 φησίν vor ἐγὼ stellt Γ / ἡσυ-
χίας Γ: ἡσυχίαν Υ   13 τοῦ > Γ   14 κενώσηται Υ
15 διὰ + ῥήματα > Γ / ἐγκατάθεσθαι Υ   16 οὕτω - 18 συνήσω > Γ
18 λέγω: ἀκούσατέ μού φησιν ἐρῶ γὰρ Γ / ὑπέρογκον Γ: ὑπέρογκα Υ
19 δύνασθαι Υ / μέχρι Γ (nicht Ν)   19/20 καινοφωνίαις Υ
20 ἀλλὰ ἃ: ἀλλ' ὡς Γ / συνιέναι Γ: συνεῖναι Υ, συνῆναι (Ρ)

ῥήματα ἐξ ὑμῶν, ἵνα μὴ εἴπητε· εὕρομεν σοφίαν {τῷ} κυρίῳ προσθέ-
μενοι· ἀνθρώπῳ δὲ ἐπετρέψατε λαλῆσαι τοιαῦτα ῥήματα.

διὰ τοῦτο δέ, φησίν, εἰς τὸ λέγειν προήχθην, ἐπειδὴ μηδεὶς ὑ-
μῶν ἐλέγχειν τοὺς λόγους τοῦ 'Ἰὼβ δεδύνηται, ἀλλ' ἀπεσιωπήσατε ἀν-
5 θρώπου τοιαῦτα πρὸς θεὸν λαλήσαντος. τὸ δὲ ἵνα μὴ εἴπητε·
εὕρομεν σοφίαν κυρίῳ προσθέμενοι τοιοῦτόν τινα ὑπο-
βάλλει νοῦν· καὶ ἵνα μὴ νομίσητε, ὅτι τὸ ἁπλῶς προστίθεσθαι τῇ
τοῦ θεοῦ μερίδι καὶ θεῷ συνηγορεῖν τοῦτο σοφίας ἐστιν, ἀναγκαίως
τοὺς λόγους ποιοῦμαι. ὁ δὲ ὅλος νοῦς τοιοῦτός τις φαίνεται· προ-
10 ῆλθον, φησίν, εἰς τὸ λέγειν δι' αἰτίαν διττήν, πρῶτον μέν, ἵνα μὴ
νομίζοντες τῷ θεῷ συνηγορεῖν καὶ τοῦτο εἶναι σοφίαν καταδικάζητε
τὸν 'Ἰὼβ τὰς αἰτίας οὐκ εἰδότες τῆς κακώσεως - εἰ γὰρ καὶ θεοσε-
βεῖς ἦτε, ἀλλ' οὔπω τῆς σοφίας κατελάβετε τὰ μέτρα -, καὶ ὅτι οὐκ
ἰσχύσαντες ἀντειπεῖν τῷ 'Ἰὼβ τρόπον τινὰ καὶ ἐπετρέψατε διὰ τῆς
15 σιωπῆς ἀνθρώπῳ γε ὄντι τοιαῦτα λαλῆσαι κατὰ θεοῦ.

32,15 ἐπτοήθησαν καὶ οὐκ ἀπεκρίθησαν, ὅτι ἐπαλαίωσαν ἐξ αὐτῶν
λόγους.

φασὶ μέν τινες μὴ εἶναι τοὺς στίχους τούτους τοῦ 'Ἐλιούς, ἀλλὰ
τοῦ συγγραφέως διὰ μέσου παρενθέντος τῶν φίλων τὴν ἀποσιώπησιν.
20 ἐγὼ δέ φημι καὶ τούτους εἶναι τοῦ 'Ἐλιούς. σχῆμα δέ ἐστι τοῦτο τὸ
καλούμενον κατὰ ἀποστροφήν· ὡς γὰρ πρὸς ἕτερον διαλεγόμενος περὶ
αὐτῶν φησιν, ὅτι· διὰ τοῦτο λαλῶ, ἐπειδήπερ κατεπλάγησαν τοῦ 'Ἰὼβ

Υ Γ(βΟFP 3-15; 20 σχῆμα -) Ν(3 - 4 δεδύνηται; 13 οὐκ - 15; 18-)
1 ὑμῶν Υ / εὕρωμεν Υ / {τῷ}, vgl. 6   3 δὲ > Ν   4 ἀλλ'
ἀπεσιωπήσατε: ἀλλὰ καὶ ἠνέσχεσθε Γ   6 εὕρομεν Γ: εὕραμεν Υ,
vgl. 1 / τινὰ > Γ   8 ἀναγκαίως Γ: ἀναγκαίους Υ   9 ὅλος:
πᾶς Γ / τις φαίνεται > Γ   10 πρῶτον μὲν > Γ (richtig?) / μὴ:
μήτε Γ   11 νομίζοντες + ἁπλῶς Γ / τῷ > Γ / καταδικάζητε Γ: κα-
ταδικάζετε Υ   12 εἰ - 13 μέτρα > Γ   13 οὐκ: μὴ Ν   14 ἰ-
σχύσαντες + δὲ Ν   15 λαλῆσαι κατὰ θεοῦ: ἀλαζονεύεσθαι Γ, ἀλαζο-
νεύεσθαι καὶ ταῦτα λαλῆσαι κατὰ θεοῦ Ν   18 μὲν > Ν / τοὺς + δύο Ν
19 παραθέντος Ν   20 σχῆμα - τοῦτο: ἐνταῦθα σχῆμά ἐστι λόγου Γ,
σχῆμα δὲ ἐνταῦθά ἐστι λόγου Ν   21 ἕτερον + μεταξὺ ΓΝ / περὶ ΓΝ:
πρὸ Υ   22 ἐπειδήπερ ΓΝ: ἐπειδὴ γὰρ Υ, + οὗτοι Ν

τὰ ῥήματα καὶ τοὺς ἑαυτῶν λόγους παλαιοὺς καὶ σαθροὺς καὶ ἀχρεί-
ους ἔδειξαν διὰ τῆς σιωπῆς. διὰ τοῦτο καὶ ἐπάγει·

32,16 ὑπέμεινα, καὶ γὰρ οὐκ ἐλάλησα, ὅτι ἔστησαν, οὐκ ἀπεκρίθησαν.

ἀντὶ τοῦ· περιέμεινα καὶ οὐκ ἐλάλησα, οἰόμενος αὐτοὺς δύνασθαι
5 ἀντιλέγειν πρὸς τὰ εἰρημένα, καὶ {ὡς} εἴ γε ἠπόρησαν ἀμυντικῶν
λόγων, οὐκ ἂν ἐφθεγξάμην. ἐπειδὴ δὲ ἔστησαν καὶ περαιτέρω προελ-
θεῖν οὐκ ἠδυνήθησαν τοῖς τοῦ Ἰὼβ ἀνακοπέντες λόγοις, ἐγὼ παρῆλθον
διελέγξων τὰ εἰρημένα.

Y   Γ(βOFP -2; 4-8)   N(-2; 4-8)

1 σαθροὺς: σαπροὺς N   2 διὰ - ἐπάγει > Γ / διὰ τοῦτο: ὅθεν N
3 καὶ γὰρ οὐκ: οὐ γὰρ LXX   4 ἀντὶ τοῦ: ἐγὼ δὲ N, ἐγὼ δέ φησιν
Γ / ὑπέμεινα N   5 ἀντιλέγειν: ἀντειπεῖν ΓN   5-6 πρὸς -
ἐφθεγξάμην > ΓN   6 ἐπειδὴ δὲ: ἐπεὶ οὖν Γ, ἐπεὶ δὲ N / περετέρω Υ
7 ἐγὼ > ΓN   8 διελέγξων ΓN: διελέγξειν Υ

ΚΕΦΑΛΑΙΟΝ ΕΙΚΟΣΤΟΝ ΔΕΥΤΕΡΟΝ

Ἀρχὴ τοῦ ῥητοῦ· ὑπολαβὼν δὲ Ἐλιοὺς λέγει· πάλιν λαλήσω,
πλήρης γάρ εἰμι ῥημάτων· ὀλέκει γάρ με τὸ πνεῦμα τῆς γαστρός.

Προθεωρία τοῦ κεφαλαίου

5   εἰρηκὼς ὁ Ἐλιοὺς τὴν αἰτίαν, ὅθεν εἰς τὸ λέγειν προήχθη, βα-
θείας αὐτῷ γενομένης σιγῆς αὐτὸς τοὺς ἑαυτοῦ λόγους ἀναπληρῶν
πλήρης εἶναι λέγει ῥημάτων, τῶν ὑπὲρ θεοῦ δηλονότι καὶ τῶν πρὸς
τὸν Ἰὼβ εἰς τὴν ὁμοίαν ἀντεξέτασιν θεῷ καταστῆναι θελήσαντα. λα-
λήσειν οὖν φησιν, τὸ δίκαιον πάσης ἀνθρωπίνης αἰδοῦς προτιμῶν.
10 προκαλεῖται δὲ τὸν Ἰὼβ εἰς τὴν διάγνωσιν μηδὲν εὐλαβούμενον· οὐ
γὰρ πρὸς θεόν σοι, φησίν, ὁ ἀγών, μὴ δείσῃς, ἀλλὰ πρὸς ἄνθρωπον
ὁμοιοπαθῆ. τοῦτο γὰρ ἔφασκες, ὡς ἕτοιμος εἶ δικάσασθαι πρὸς θεόν,
ἐὰν ἀφόβως τοῦτο ποιεῖν ἐπιτραπῇς, καὶ ἔλεγες μὲν ἄμεμπτος εἶναι,
ᾐτιῶ δὲ θεὸν ὡς ἀκριβῶς ἀναζητήσαντα τὰ κατὰ σέ. ἐγὼ δέ σε διδάξω,
15 ὅτι παιδευτικῶς ὁ θεὸς καὶ πρὸς τὸ συμφέρον τοῖς ἁμαρτάνουσι τούς
τε δι' ἐνυπνίων φόβους ἐπάγει καὶ τὰς διὰ τῶν νόσων μάστιγας καὶ
σῴζει τοὺς παιδευομένους καὶ μετανοοῦντας.

καὶ ἀληθῆ μέν φησιν ὁ Ἐλιοὺς περὶ τῆς παιδευτικῆς καὶ κηδεμονικῆς
τοῦ θεοῦ περὶ ἡμᾶς προνοίας. οὐ τοιαύτη δὲ ἦν ἡ κατὰ τὸν Ἰὼβ ὑπόθεσις·
20 ἀγὼν γὰρ ὑπῆρχεν ἀρετῆς πρὸς κακίαν καὶ ἀνθρώπου θεοσεβοῦς πρὸς
ὠμότητα διαβολικήν, ὥστε ὁ Ἐλιοὺς <οὐ> τῆς κατὰ τὸν Ἰὼβ ὑποθέσε-
ως ἁψάμενος οὐ νενόηκε τῆς ἐπενεχθείσης πληγῆς τὴν αἰτίαν.

Υ Γ₁(βOFL 5-22)   Γ₂(βOFPN 5 - 6 ἀναπληρῶν; 21 ὥστε - 22) Ν(7 ὑπὲρ
- 8 θελήσαντα)

1 κεφάλαιον κβ Υ   2 ἀρχὴ τοῦ ῥητοῦ nach λέγει stellt Υ   5 ὁ
> Γ₁   6 ἀναπληροῖ Γ₂   7 ὑπὲρ Γ₁: ὑπὸ Υ   8 ἐξέτασιν Γ₁Ν
10 προκαλεῖται Γ₁: προσκαλεῖται Υ / δὲ Γ₁: > Υ   11 δείσῃς Γ₁:
δόσῃς Υ / ἄνθρωπον Γ : οὐρανὸν Υ   12 εἶ Γ : ὢν Υ   13 ἐπιτρα-
πῇς Γ₁: ἐπιτρέπει Υ / ἄμεμπτος Γ₁: μεμπτὸς Υ   14 ἀναζητήσαντα Γ₁:
ζητήσαντα Υ   16 δι' Γ₁: > Υ   19 προνοίας περὶ ἡμᾶς stellt Υ
21 ὥστε: πλὴν Γ₂, + οὐδὲ Γ₁Γ₂   22 ἁψάμενος οὐ νενόηκε: ἥψατο
οὐδὲ νενόηκε Γ₁, ἥψατο ἀλλ' ἠγνόησε Γ₂ / ἐπενεχθείσης + αὐτῷ Γ₂

                         <Αἱ λέξεις>

32,18 πάλιν λαλήσω, πλήρης γάρ εἰμι ῥημάτων.

πλήρης εἶναι λέγει ῥημάτων τῶν τε ὑπὲρ θεοῦ καὶ τῶν πρὸς ἄν-
θρωπον εἰς τοσοῦτον ἐπαιρόμενον, ὡς θέλειν πρὸς θεὸν κριθῆναι καὶ
5 ἐλπίζειν λήψεσθαι τὰ νικητήρια.

32,18 ὀλέκει γάρ με τὸ πνεῦμα τῆς γαστρός.

οὐ γὰρ φέρω, φησίν, τὴν σιωπὴν ὑπὸ τῶν εἰρημένων κεντούμενος
οὐδὲ ἐχεμυθεῖν ἔτι δύναμαι, ἀπόλλυμαι δὲ τὴν ψυχὴν ὅλως συγκεκι-
νημένος καὶ διαθερμανθεὶς καὶ ἀποπνιγόμενος, εἰ μὴ λαλήσω. πνεῦ-
10 μα δὲ γαστρὸς ἢ περιφραστικῶς τὴν ψυχὴν λέγει ἢ τὸ θυμικὸν
τῆς ψυχῆς μέρος εὐλόγως καὶ ἀνδρείως ὡς ὑπὲρ θεοῦ κινούμενον.

32,19 ἡ δὲ γαστήρ μου ὥσπερ ἀσκὸς γλεύκους ζέων δεδεμένος ἢ ὥσ-
περ φυσητὴρ χαλκέως ἐρρηγώς.

μικροῦ μέν, φησίν, διαρρήγνυμαι ὑπὸ τοῦ πλήθους τῶν ἐννοιῶν
15 τῶν ἐπελθουσῶν μοι πρὸς τὴν ἀντιλογίαν στενοχωρούμενος, ὥσπερ τις
ἀσκὸς οἴνου νέου καὶ θερμοῦ πεπληρωμένος ὑπὸ τοῦ ἀναβρασμοῦ καὶ
τῆς ζέσεως ἐκραγῆναι μέλλων ἢ ὥσπερ φυσητὴρ χαλκέως. τὸ δὲ ἐρρη-
γὼς εἶπεν, ἐπειδὴ λαλεῖν ἤρξατο καὶ ὥσπερ ἀφιέναι τὸ ἔνδον πνεῦ-
μα. ὁ γὰρ διαρραγεὶς φυσητὴρ τοῦ χαλκέως ἀφίησι τὸ πνεῦμα. διὸ
20 καὶ ἐπάγει·

32,2 -22 λαλήσω, ἵνα ἀναπαύσωμαι ἀνοίξας τὰ χείλη· ἄνθρωπον γὰρ

Υ Γ(βΟFP 7-11; 14 - 18 πνεῦμα) P(3-5) N(≠ 3-5; ≠ 7-11; 14 - 19
πνεῦμα)

3 πλήρης - λέγει: λέ(γει) γεγονυίας πλήρης εἶναι φορᾶς P, πλήρης φη-
σίν εἰμι (N) / ὑπὲρ P(N): ὑπὸ Υ   5 λήψεσθαι P(N): > Υ   7 γὰρ
> Γ(N)   8 οὐδὲ - δύναμαι Γ(N): > Υ / ἀπόλλυμαι Γ(N): ἀπόλλομαι Υ
/ δὲ: γὰρ Γ   8/9 συγκεκινημένος καὶ > Γ   10 ᾗ₂: εἰ Υ
11 μέρος - καὶ > Γ / ὡς Γ(N): > Υ   13 φυσιτὴρ Υ   14 μὲν: +
οὖν Γ, > N / διαρήγνυμαι Υ / διαρρ. + ὑπὸ τῶν εἰρημένων καὶ > Υ   14
- 15 ἐννοιῶν - ἀντιλογίαν: ὑπελθουσῶν μοι πρὸς τὴν ἀντιλογίαν ἐννοι-
ῶν Γ (ähnlich N)   17 ἐκραγῆναι Υ / φυσιτὴρ Υ   17/18 ἐρρη-
γὸς Υ   18 ὥσπερ Γ(N): ὡς Υ / τὸ .. πνεῦμα Hag: τοῦ .. πνεύματος
ΥΓ(N); viell. <τι> τοῦ .. πνεύματος   19 διαρραγῆς Υ / φυσιτὴρ Υ

οὐ μὴ αἰσχυνθῶ, ἀλλὰ μὴν οὐδὲ βροτὸν οὐ μὴ ἐντραπῶ· οὐ γὰρ ἐπί-
σταμαι θαυμάσαι πρόσωπα· εἰ δὲ μή, καὶ ἐμὲ σῆτες ἔδονται.

λαλήσω τοιγαροῦν ἀνεπαισχύντως καὶ δίχα πάσης ἀνθρωπαρεσκίας.
εἰ δέ τι παρὰ τὸ δίκαιον φθέγξομαι πρόσωπον αἰδούμενος ἤ τινι χα-
5 ριζόμενος, ὥσπερ τὰ ἱμάτια σῆτες δαπανῶσιν, οὕτω κἀμὲ δαπανήσου-
σιν οἱ τῆς ψυχῆς σῆτες, ἡ κενοδοξία καὶ ἀνθρωπαρεσκία, τὰς ἐκ
θεοῦ τιμωρίας ἐπάγουσαι.

33,1-3 οὐ μὴν δέ, ἀλλὰ ἄκουσον, Ἰώβ, τὰ ῥήματά μου καὶ λαλιὰν
ἐνωτίζου μου· ἰδοῦ γὰρ ἤνοιξα τὸ στόμα μου, καὶ ἐλάλησεν ἡ γλῶσ-
10 σά μου. καθαρά μου ἡ καρδία ῥήμασιν, σύνεσις δὲ χειλέων μου κα-
θαρὰ νοήσει.

ἄκουσον τοιγαροῦν, ὦ Ἰώβ· ἄρχομαι γὰρ λοιπὸν τῶν πρὸς σὲ λόγων,
καθαρὰν μὲν καὶ παντὸς πάθους ἀνενόχλητον ἔχων τὴν ψυχήν, συνετὴν
δὲ ἔχων γνῶσιν καὶ ἀπλανῆ καὶ κεκαθαρμένην. καθαρὰν δὲ λέγει γνῶ-
15 σιν τὴν ὑπὲρ θεοῦ καὶ πρὸς ἄνθρωπον ἐξ ἰσοτιμίας θέλοντα πρὸς θε-
ὸν δικάσασθαι.

33,4 πνεῦμα θεῖον τὸ ποιῆσάν με, πνοὴ δὲ παντοκράτορος ἡ διδάσκου-
σά με.

ἀρχόμενος τῶν πρὸς τὸν Ἰώβ λόγων ὁ Ἐλιοῦς εὐχαριστήριον ὕμνον
20 ἀναπέμπει θεῷ αὐτὸν εἶναι λέγων αἴτιον αὐτοῦ καὶ τῆς ποιήσεως καὶ
τῆς συνέσεως καὶ τῆς γνώσεως, ᾧτινι πεποιθὼς ἐπὶ τὸ λέγειν προήχ-
θη. σημειοῦ δὲ πάλιν, ὡς τὸ ἅγιον πνεῦμα αἴτιον εἶναι λέγει τῆς
ἀνθρώπου ποιήσεως. εἰ γὰρ καὶ δι᾽ οὗ τὰ πάντα † ὁ πατήρ, τὸ

23 1.Korinther 8,6

Υ Γ(βOFP 3-7) Ν(3 - 4 φθέγξομαι; 12-16; 19-)

3 λαλήσω + φησίν Ν   4/5 πρόσωπον - χαριζόμενος > Γ   5 οὕτως
Υ / δαπανήσουσιν Γ: δαπανήσωσιν Υ(Ρ)   6 οἱ Γ: αἱ Υ / καὶ + ἡ Γ
7 ἐπάγουσαι Γ: ἐπάγουσιν Υ   11 νοήσει LXX: νόησις Υ   13 ἔ-
χων: φέρων Ν / ψυχὴν + ἡ κατὰ τοὺς λοιποὺς εὐθεῖαν ἀπλῆν μηδὲν κατὰ
πρόκριμα φέρουσαν Ν   19 τῶν - λόγων > Ν   20 ἑαυτοῦ Ν
21 τῆς₂ > Ν / ᾧτινι Ν   22-23 σημειοῦ - ποιήσεως > Ν   23 οὗ
Υ(Νp): υἱοῦ (Νy) / πατήρ + ἐδημιούργησεν Ν   23-1 † - †: z.B. ὁ
Χ(ριστὸ)ς τὸ αὐτὸ καὶ περὶ τοῦ ἁγίου πν(εύματο)ς λεκτέον πν(εῦμ)α
γὰρ ἐστιν τοῦ υἱ(ο)ῦ / τὸ αὐτὸ - καὶ₂: ἀλλ᾽ ἐν ἁγίῳ πνεύματι δ Ν

αὐτὸ καὶ τοῦ υἱοῦ † ἀχώριστον αὐτοῦ τυγχάνον, ἐπειδὴ καὶ κατὰ φύσιν ἴδιόν ἐστι τοῦ μονογενοῦς.

33,5 ἐὰν δὲ δύνῃ, δός μοι ἀπόκρισιν πρὸς ταῦτα, ὑπόμεινον.

ὑπόμεινον τοιγαροῦν ἀκοῦσαι τὰ παρ' ἐμοῦ καί, εἰ ἔστι σοι λό-
5 γος ἀντιλογίας, ἀπόκριναι.

33,5-6 στῆθι κατ' ἐμὲ καὶ ἐγὼ κατὰ σέ. ἐκ πηλοῦ διήρτισαι σὺ ὡς καὶ ἐγώ, ἐκ τοῦ αὐτοῦ διηρτίσμεθα.

μηδὲν οὖν εὐλαβηθῇς πρὸς τὸ ἀποκρίνασθαι, ἰσοπαλὴς γάρ ἐστιν ὁ ἀγών· τῆς γὰρ αὐτῆς ἄμφω τυγχάνομεν φύσεως τῆς ἐκ πηλοῦ καὶ γῆς
10 καὶ οὐδὲν ἐχούσης ὑπέρογκον. ταῦτα δὲ λέγει ἐντρέπων αὐτὸν ὡς θελήσαντα πρὸς θεὸν δικάσασθαι. διὸ καὶ ἐπάγει·

33,7 οὐχ ὁ φόβος μού σε στροβήσει, οὐδὲ ἡ χείρ μου βαρεία ἔσται ἐπὶ σοί.

ἐπειδὴ ἔλεγεν ὁ 'Ιώβ· καὶ ὁ φόβος αὐτοῦ μή με στρο-
15 βείτω, ἰδού, φησίν, οὐδὲν φοβερὸν οὐδὲ δυνατὸν παρ' ἐμοὶ ὥσπερ παρὰ θεῷ, οὐδὲ ὑπὸ τοῦ φόβου μου περιστρέφῃ καὶ περιτρέπῃ τὴν διάνοιαν, οὐδέ, ἐὰν ἀντείπῃς, δυναμαί σοί τινα πληγὴν ἐπαγαγεῖν βαρύνων κατὰ σοῦ τὴν ἐμὴν χεῖρα. ἔφασκες γάρ, ὡς, εἰ μὴ ταῦτα ἐδεδοίκεις, διαγωνίζεσθαι πρὸς θεὸν ἤθελες.
20 ταῦτα δὲ λέγει ὁ Ἑλιούς, ὡς ἤδη φθάσαντες εἴπαμεν, οὐ καθήκοντα τῆς ἐννοίας, ἐξ ἧς τοὺς λόγους προέφερεν ὁ 'Ιώβ.

14-15 Hiob 9,34

Y Γ(βOFPL 4-5; βOFL 9 τῆς γὰρ - φύσεως; βOF 14-19) P(8 - 9 φύσεως; 14-19) N(-2; ≠ 4-5; 8 - 11 δικάσασθαι; ≠ 14-21)
4 ὑπόμεινον Γ: ἀνάμεινον (N), > Y/ τοιγαροῦν: τοίνυν Γ, > (N) / ἄκουσε Y / εἰ (N): ἐὰν ΥΓ   5 ἀπόκριναι Γ: ἀπόκρινου Υ, ἀντίφθεγξαι (N)
6 διήρτισαι Υ   8 οὖν: φησίν N, > P / πρὸς ἀπόκρισιν P / ἰσοπαλὴς PN: ἰσοπηλὴς Υ / ἐστιν > PN   9 τῆς γὰο ΓN: τῆς παρ' Υ, ὅτι τῆς P
10/11 πρὸς θεὸν θελήσαντα stellt N   11 δικάζεσθαι N   14 καὶ > Γ   14/15 στροβήτω Υ   15 οὐδὲ δυνατὸν > (N) / ὥσπερ: ὡς Γ
16-17 οὐδὲ - διάνοιαν > Γ, οὐδὲ - περιτρέπῃ nach 18 χεῖρα stellt und τὴν διάνοιαν > P   16 περιστρέφει Υ / περιτρέπει Υ   17/18 βαρύνων - χεῖρα > Γ   18 vor ἔφασκες fügt ein λοιπὸν ἀποκρίθητι P
19 διαγωνίζεσθαι πρ. θ. ἤθελες: διηγωνίζου πρ. θ. ΓΡ   20/21 καθήκοντα Hag: καθῆκον Υ, καθηκόμενος (N)

33,8 πλὴν εἶπας ἐν ὠσί μου, φωνὴν ῥημάτων σου ἀκήκοα.

ἐτόλμησας δὲ εἰπεῖν τοιαῦτα ῥήματα, ὧν αὐτήκοος γέγονα.

33,9-11 διότι λέγεις· καθαρός εἰμι οὐχ ἁμαρτών, ἄμεμπτος δέ εἰ-
μι, οὐ γὰρ ἠνόμησα· μέμψιν δὲ κατ' ἐμοῦ εὗρεν, ἥγηται δέ με ὥσπερ
5 ὑπεναντίον. ἔθετο δὲ ἐν ξύλῳ μου τὸν πόδα, ἐφύλαξε δὲ τὰς ὁδούς
μου πάσας.

ἐθάρρησας δὲ εἰπεῖν· καθαρὸς μέν εἰμι καὶ ἄμεμπτος, ὁ δὲ θεὸς
ὥσπερ τις ἐχθρὸς ἀκριβῶς ἀναζητήσας τὰ κατ' ἐμέ, εἴ τι ἄκων παρ-
έβην, εἴ τι ἐν νεότητι ἥμαρτον, ἀνιχνεύσας εὗρεν κατ' ἐμοῦ μέμψιν,
10 ὅπως με τιμωρήσηται. τὸ δὲ ἔθετο ἐν ξύλῳ τὸν πόδα μου ἢ
τοῦτο λέγει, ὡς τοῦ Ἰὼβ εἰρηκότος ὅτι· ὥσπερ τῷ καλουμένῳ καλοπο-
δίῳ διεμέτρησέ μου τὸν πόδα, ἵνα εἴπῃ ὅτι· καὶ μέτρα τῶν ἐμῶν ῥη-
μάτων ἀκριβῶς ἐξηριθμήσατο· ἢ ὅτι συνέκλεισε πάσας τὰς πορείας
ὥσπερ οἱ ἐν τετρυπημένῳ ξύλῳ τὸν πόδα δεσμοῦντες, τὸ ἀδιεξίτητον
15 τῆς τιμωρίας αἰνιττόμενος.

33,12-13 πῶς γὰρ λέγεις· δίκαιός εἰμι καὶ οὐκ ἐπακήκοέ μου; αἰ-
ώνιος γάρ ἐστιν ὁ ἐπάνω βροτῶν. λέγεις δέ· διὰ τί τῆς δικαιοσύνης
μου οὐκ ἐπακήκοε πᾶν ῥῆμα;

ἀλλὰ καὶ ἀπετόλμησας εἰπεῖν ὅτι· ἐγὼ μέν εἰμι δίκαιος καὶ δι-
20 καίαν ἐποιησάμην πρὸς θεὸν τὴν δέησιν, ὁ δὲ οὐ κατένευσεν οὐδὲ
τῶν ἐμῶν ἐπήκουσε λόγων. καίτοιγε ἐχρῆν σε ἐννοεῖν, ὡς ὁ αἰώνιος
καὶ ἄναρχος θεὸς ἄριστα <τὰ> κατὰ τὸν κόσμον ἡνιοχῶν οὐδὲν τοῦ δι-
καίου παρόψεται.

8-9 Hiob 14,17
Υ Γ(βΟFP 2; 7-15; 19-23) Ν(7 καθαρὸς - 15)
1 ἐν ὠσί LXX: ἐνώπιον Υ   2 ἐτόλμησας: ἐθάρρησας Γ / ῥήματα + φη-
σίν Γ   3 διότι LXX: διὰ τί δὲ Υ   4 ἡγεῖται Υ   7 ἐθάρρη-
σας δὲ εἰπεῖν: ὅτι τε Γ (vgl.2 App.)/ μὲν > ΓΝ   8 ἄκων + ἢ ἀγνο-
ῶν Ν   9 εἴ - ἀνιχνεύσας > Ν   10 ὅπως ΓΝ: πῶς Υ / τιμωρήσηται
ΓΝ: τιμωρήσεται Υ / τὸ δὲ - 13 ἢ > Ν / ἢ - 14 δεσμοῦντες > Γ   13
ὅτι: καὶ Ν / συνέκλεισε nach πορείας stellt Ν / πάσας + μου Ν / πο-
ρίας Υ   14 τετρυπημένῳ Ν: τῷ τρυπιμένῳ Υ / τοὺς πόδας Ν / τὸ +
δὲ Ν / ἀδιεξήτητον Υ, ἀδιεξόδευτον ΓΝ   15 αἰνιττόμενος: ἐν τού-
τοις αἰνίττεται Ν   17 λέγεις LXX: λέγει Υ / τί LXX: τὸ Υ
21 ἐπήκουσε Γ / καίτοιγε + φησίν Γ   22 <τὰ> Hag, τὰ κατὰ > Γ

33,14 ἐν γὰρ τῷ ἅπαξ λαλῆσαι ὁ κύριος.

καὶ πάντα,ἃ ὥρισε καὶ διετάξατο ὁ θεός, οὐχ ὡς ἄνθρωπος μετα-
μελόμενος ἢ ἐπιλογιζόμενός τι κρεῖττον ἐνομοθέτησεν, ἀλλὰ πάντα,
ἃ διωρίσατο, ἄμεμπτα καὶ ἐπαινετά. τοῦτο γὰρ σημαίνει τὸ ἅπαξ
5 λαλῆσαι ὁ κύριος ὡς τῶν μὲν ἀνθρώπων πολλάκις ἐφ᾽ οἷς λέγου-
σιν ἢ πράττουσι μεταμελομένων, θεοῦ δὲ τοῦτο οὐχ ὑπομένοντος.

33,14-16 ἐν δὲ τῷ δευτέρῳ ἐνύπνιον, ὡς φάσμα ἐν μελέτῃ νυκτερι-
νῇ, ὡς ὅταν ἐπιπίπτῃ δεινὸς φόβος ἐπ᾽ ἀνθρώπους ἐπὶ νυσταγμάτων
ἐπὶ κοίτης· τότε ἀνακαλύπτει νοῦν ἀνθρώπων.

10   ὁ μὲν οὖν, φησίν, κηδεμὼν τῶν ἡμετέρων θεὸς ὥρισε μέν τινα, ἃ
κατὰ φύσιν φυλάττειν ὀφείλομεν οἷον τὸ ἀγαπᾶν θεὸν καὶ τὸν
πλησίον ὡς ἑαυτόν· οὗτος γὰρ τῆς κατὰ φύσιν ἰσότητος νόμος.
ἐὰν δὲ ἔν τινι παρατραπῶμεν, οἷα πατὴρ φιλόστοργος πολλάκις ἡμᾶς
δι᾽ ὀνειράτων παιδεύει καὶ φασμάτων νυκτερινῶν. ἐπειδὴ γὰρ τὸν
15 φυσικὸν οὐκ ἐφυλάξαμεν νόμον, τὸν παιδευτικὸν ἐσθότε φόβον ἐπιφέ-
ρει δι᾽ ἐνυπνίων, ὡς ἐν μελέτῃ, τουτέστιν· διαλέξει, ποιῶν τι-
να κατ᾽ ὄναρ <φάσματα> καὶ ἐκδειματῶν τὴν ψυχήν, ὅταν ἐπὶ κοί-
της ἀφυπνώσῃ· καὶ διὰ τούτων τῶν δειμάτων ἐπιστρέφων ἀνακα-
λύπτει νοῦν ἀνθρώπων, ἀντὶ τοῦ· εἰς συναίσθησιν ἄγει τοῦ
20 θεοῦ, ἵνα τῷ φόβῳ συνελαυνόμενοι πρὸς αὐτὸν ἐπιστρέφωμεν τὸν οἰ-
κεῖον ἐπανορθοῦντες βίον. οὕτω γὰρ καὶ τὸν Ἀβιμέλεχ ἐπαίδευσε πε-
ρὶ τῆς ἁγίας τοῦ Ἀβραὰμ συνεύνου, ἐφ᾽ ᾧ ταύτῃ μὴ πλησιάσαι.

11-12 Matthäus 22,37.39 u.a.   21-22 vgl. Genesis 20,3-7
Υ Γ(βOFP ≠ 2-6; 10 - 21 βίον) Ν(≠ 2-6)
1 τῷ: τὸ Υ   2 ἃ (ΓΝ): > Υ / καὶ₂ - θεὸς > (Ν) / ὁ - 4 διωρίσατο
> (Γ)   2/3 μεταμελώμενος Υ   4-5 καὶ - ὡς > (Ν)   5 λαλῆ-
σαι (Γ): λαλήσας Υ   6 μεταμελομένων (Γ): μεταβαλλομένων Υ (με-
ταμέλεσθαι Ν)   8 ἐπιπίπτει Υ / ἀνθρώπους LXX: ἀνθρώποις Υ / νυ-
σταγμ(ῶν) Υ   10/11 ἃ κατὰ φύσιν: καὶ ἐνέσπειρε τῇ φύσει ἄπερ Γ
11 ὀφείλομεν Υ / ἀγαπᾶν + τὸν Γ / θεὸν Γ: θεοῦ Υ   12 οὗτος - νό-
μος > Γ   13 ἐὰν: εἰ Γ   14 παιδεύει Γ: παιδεύσει Υ
16 διαλέξει Γ: διαλέξεις Υ   16/17 τινα Γ: τινας Υ   17 <φασ-
ματα> oder ähnlich; vgl.283,10/ καὶ ἐκδειματῶν: καὶ ἐκδηματῶν Υ, ἐκ-
δειματοῦντα Γ   17/18 ὅταν - ἀφυπνώσῃ > Γ (hat P)   18 ἀφυπ-
νώσει Υ / δημάτων Υ   19 τοῦ + διεγείρει καὶ Γ   20 ἐπιστρέφο-
μεν Υ   20-21 πρὸς - ἐπανορθοῦντες: τὸν οἰκεῖον ἐπανορθῶμεν Γ
21 οὕτω - 22 nach 283,4 Υ; als Leserzusatz zu tilgen?

τὸ δὲ ὡς οὐκ ἔστι νῦν ὁμοιωματικόν, ἀλλ' αὐτὸ τὸ ὂν μετ' ἐπι-
τάσεως σημαίνει. οὕτω καὶ ὁ ψάλλων ᾄδει ἔνθεον ὕμνον ἀναβαλλόμε-
νος· ὡς ἀγαπητὰ τὰ σκηνώματά σου, κύριε τῶν δυνά-
μεων, ἀντὶ τοῦ· σφόδρα ἀγαπητά.

5   33,16-18   ἐν εἴδεσι φόβου τοιούτοις αὐτοῖς ἐξεφόβησεν, ἀποστρέψαι
ἄνθρωπον ἐξ ἀδικίας, τὸ δὲ σῶμα αὐτοῦ ἀπὸ πτώματος ἐρρύσατο. ἐ-
φείσατο δὲ τῆς ψυχῆς αὐτοῦ ἀπὸ θανάτου τοῦ μὴ πεσεῖν αὐτὸν ἐν πο-
λέμῳ.

οὕτω τοιγαροῦν χρήσιμος ὁ παιδευτικὸς οὗτος φόβος ὁ διὰ τῶν
10 τοιούτων φασμάτων καὶ ἰνδαλμάτων ἐπαγόμενος, ὅτι καὶ μέλλουσαν
ἐπάγεσθαι τιμωρίαν δυσωπεῖ, ὡς τὸν ἐκ τοῦ φόβου καλλίονα γενόμε-
νον ὑγιὲς ἔχειν καὶ σῶμα καὶ ψυχὴν ἀναρπασθῆναί τε καὶ ἐκ πολεμί-
ων χειρός. ἴσως γάρ, εἰ μὴ ἐπέστρεψεν, ἢ θεηλάτῳ πληγῇ ἢ πολεμίων
ἐφόδῳ ὧν ἐξήμαρτεν τὴν δίκην ἐδίδου· ἀλλ' ὁ μελλητὴς εἰς τιμωρίας
15 καὶ φιλάνθρωπος θεὸς διὰ τῶν φόβων ἀνακαλεῖται πρὸς μετάνοιαν καὶ
διὰ τῆς ἀπειλῆς τιμωρίαν ἐπέχει προσδοκωμένην.

33,19-22   πάλιν δὲ ἤλεγξεν αὐτὸν ἐν μαλακίᾳ ἐπὶ κοίτης καὶ πλῆ-
θος ὀστέων αὐτοῦ ἐνάρκησεν, πᾶν δὲ βρωτὸν σίτου οὐ μὴ δύναται
προσδέξασθαι καὶ ἡ ψυχὴ αὐτοῦ βρῶσιν ἐπιθυμεῖ, ἕως ἂν σαπῶσιν αὐ-
20 τοῦ αἱ σάρκες καὶ ἀποδείξῃ τὰ ὀστᾶ αὐτοῦ κενά· ἤγγισε δὲ ἡ ψυχὴ
αὐτοῦ ἕως θανάτου καὶ ἡ ζωὴ αὐτοῦ ἐν ᾅδῃ.

ἕτερον δὲ ἢ καὶ τὸν αὐτὸν μὴ μετανοοῦντα διὰ κλινοπετοῦς ἐλέγ-
χει νόσου φρίκην τοῖς ὀστέοις ἐνιείς, ὡς ἐθέλειν μὲν τροφῆς ὀρέ-

3-4 Psalm 83,2

Y   Γ(βOFPL 9 - 14 ἐδίδου; βOFPN 22-)   N(9-16)

5 ἀποστρέψαι LXX: ἀποστρέψας Y   6/7 ἐφήσατο Y   7 τοῦ LXX:
τὸ Y   9 τοιγαροῦν: δὲ N   10 τοιούτων > ΓN (zu Recht?) / ἐπα-
γόμενος > ΓN   11 ἐπάγεσθαι τιμ. δυσωπεῖ: τιμ. ἐπέχει ΓN (vgl.16)
/ καλλίονα: βελτίω ΓN (vgl.285,14)   12 ὑγιὲς: ἀβλαβὲς ΓN / τε ΓN:
δὲ Y / καὶ₃ > N   13 ἐπέστρεψεν + πρὸ τῆς τιμωρίας N / πληγῇ ΓN:
ὀργῇ Y   14 ὧν ΓN: ὡς Y / μελλητὴς N: μελητὸς Y / τιμωρίαν N
15 καὶ₁ - θεὸς > N   20 ἀποδείξει Y / κενά: καινά Y   21 ἕως -
ᾅ: εἰς θάνατον ᾅ δὲ LXX   22 δὲ ἢ (P): δὲ Y, ἢ Γ / αὐτὸν + φησιν
Γ / μὴ Γ: > Y / κλινοπετοῦς Γ: καινοπετοῦς Y   23 νόσου Γ: νόσον Y
/ ὡς + καὶ Γ / ἐθέλειν Γ: θέλει Y / τροφῆς Γ: τροφὴν Y, + καὶ Y

γεσθαι, μὴ δύνασθαι δὲ ὑπὸ τῆς νόσου προσίεσθαι βρώματα, ὡς ἐν-
τεῦθεν τὰς μὲν σάρκας ἀποτηκομένας δαπανᾶσθαι, τῶν δὲ ὀστέων τὴν
ἰσχὺν ἐκλείπειν, ἐγγὺς δὲ εἶναι λοιπὸν τοῦ θανάτου τὴν ψυχὴν τὰς
τελευταίας ἀφιεῖσαν ἀναπνοὰς καὶ τὰ ἐν ᾅδου φανταζομένην.

5   33,23 ἐὰν ὦσι χίλιοι ἄγγελοι θανατηφόροι, εἷς αὐτῶν οὐ μὴ τρώσῃ
αὐτόν, ἐὰν νοήσῃ τῇ καρδίᾳ ἐπιστραφῆναι πρὸς κύριον· ἀναγγείλῃ δὲ
ἀνθρώπῳ τὴν ἑαυτοῦ μέμψιν, τὴν δὲ ἀνομίαν αὐτοῦ δείξῃ.

οὗτος δέ, φησίν, ὁ ἐν τοῖς ἐσχάτοις ἐξεταζόμενος, ἐὰν τὸ αἴ-
τιον τῆς νόσου νοήσας τὴν ἁμαρτίαν ἐπιστραφῇ πρὸς θεὸν δι' ἐξομο-
10 λογήσεως τὰς ἰδίας μέμψεις καὶ ἁμαρτίας ἐξαγορεύων, ἐπὶ τῶν παρ-
όντων ἵστησι προσδοκηθέντα τὸν θάνατον, κἂν πολλοὶ ὦσιν ἄγγελοι
περὶ αὐτὸν οἱ ἐπ' ἐξαγωγῇ τῶν ψυχῶν τεταγμένοι, ἀπαλειφούσης μὲν
τῆς μετανοίας τὴν ἁμαρτίαν, δυσωπούσης δὲ θεόν, ἐφ' ᾧ τὴν ἀπόφα-
σιν ἀνακαλέσασθαι. οἷον δὴ καὶ Νινευῖται δεδράκασι τῆς πανωλε-
15 θρίας τὴν ἀπόφασιν διὰ μετανοίας ἀνακόψαντες.

33,24-25 ἀνθέξεται τοῦ μὴ πεσεῖν αὐτὸν εἰς θάνατον, ἀνανεώσει
δὲ αὐτοῦ τὸ σῶμα ὥσπερ ἀλοιφὴν ἐπὶ τοίχου, τὰ δὲ ὀστᾶ αὐτοῦ ἐμ-
πλήσει μυελοῦ· ἀπαλυνεῖ δὲ αὐτοῦ τὰς σάρκας ὥσπερ νηπίου, ἀποκα-
ταστήσει δὲ αὐτὸν ἀνδρωθέντα ἐν ἀνθρώποις.

20   ὁ δὲ θεὸς ἀντιλαμβανόμενος αὐτοῦ κειμένου, ὥσπερ οἱ τεῖχον

14-15 vgl. Jonas 3

Υ Γ(βOFPN -4; βOF 8 - 14 Νινευῖται; βOFPN 20-) P(8-15) N(8 - 14
ἀνακαλέσασθαι)

1 ὑπὸ Γ: ἀπὸ Υ/ προσίεσθαι (Ν): προίεσθαι ΥΓ/ βρώματα > Γ   1/2 ὡς
ἐντεῦθεν Υ(Ν): κἀντεῦθεν Γ   2 ὀστῶν Γ   3-4 τὰς - ἀναπνοὰς > Γ
4 φαντάζεσθαι Γ   5 τρώσει Υ   6 τῇ καρδίᾳ LXX: τὴν καρδίαν Υ
/ ἀναγγείλει Υ   7 δείξει Υ   8 δὲ > Ν   9 ἐπιστραφῇς P
10/11 ἐπὶ τῶν παρόντων > ΓΝ   11 ἵστησι: ἥττησε P/ προσδοκηθέν-
τα: ἐπηρτημένον ΓΝ, προσδοκηθέντα καὶ ἐπηρτημένον P   11/12 κἂν
- τεταγμένοι ΓP (τῶν ψυχῶν Γ: αὐτοῦ P): κἂν μυρία ὦσι τὴν τελευτὴν
προκαλούμενα Ν, > Υ   12 ἀπαλειφούσης ΓP: ἀπειληφούσης Υ
12/13 ἀπαλειφούσης - δυσωπούσης: ἡ γὰρ μετάνοια ἀπαλείφει μὲν τὴν
ἁμαρτίαν δυσωπεῖ Ν   13 δὲ + τὸν ΓΡΝ   14 οἷον: καθὰ ΓP/
δὴ ΓP: δὲ Υ/ Νινευῖται: ἐπὶ Νινευιτῶν ΓP/ δεδράκασι > P   15 διὰ
+ τῆς P/ ἀνακοψάντων P   20 δὲ: γοῦν Γ/ θεός + φησιν Γ/ ὥσπερ:
καθάπερ Γ/ οἱ Γ: εἱ Υ/ τοῖχον Γ

κατερραγότα καὶ ἐκρεύσαντα διὰ τῆς ἐπαλείψεως τῆς κόνεως τυχὸν ἢ
τοῦ πηλοῦ ἀνανεούμενοι, οὕτως ἀνανεοῖ τὸ διεφθορὸς αὐτοῦ σῶμα·
καὶ ὥσπερ ἐξ ἀρχῆς τὴν ἀνάπλασιν αὐτῷ χαριζόμενος τὰ μὲν ὀστᾶ
πλήρης μυελοῦ, νεοπαγεῖς δὲ χαρίζεται σάρκας ὥσπερ τοῖς νηπίοις,
5 καὶ τὸ δὴ τέλος ἀνδρώσας αὐτὸν καὶ ἐπιρρώσας, ὡσπεροῦν ἐτύγχανε
πρὸ τοῦ νοσήματος, ταῖς ἐν ἀνθρώποις καὶ συνήθεσι διατριβαῖς ἀπο-
καθίστησιν.

33,26   εὐξάμενος δὲ πρὸς κύριον καὶ δεκτὰ αὐτῷ ἔσται, εἰσελεύσε-
ται δὲ προσώπῳ καθαρῷ σὺν ἐξηγορίᾳ.

10   τότε ὁ διασωθεὶς εὐχαριστήριον ᾠδὴν καὶ ἐξομολόγησιν εὐπρόσ-
δεκτον ἀνοίσει θεῷ, προσώπῳ δὲ καθαρῷ, τῷ τῆς ψυχῆς δηλονότι·
καθαίρεται γὰρ ἡ ψυχὴ διὰ παιδείας καὶ ἐξομολογήσεως.

33,26   ἀποδώσει δὲ ἀνθρώπῳ τὴν δικαιοσύνην αὐτοῦ.

ἢ ὁ ἐξομολογησάμενος τιμῶν λοιπὸν τὸ δίκαιον καὶ καλλίων διὰ
15 τῆς παιδεύσεως γεγονώς, ἢ ὁ θεὸς κατὰ τὸ δίκαιον λοιπὸν ἐπαμύνων
τῷ μετανοήσαντι.

33,27   εἶτα τότε ἀποπέμψεται ἄνθρωπος αὐτὸς ἑαυτῷ λέγων· οἷα συνε-
τέλουν καὶ οὐκ ἄξια ἤτασέ με ὧν ἥμαρτον.

γνοὺς δ' ὁ σωθεὶς τῆς σοφῆς τοῦ θεοῦ παιδείας τὸ κέρδος τὸν εὐ-
20 χαριστήριον ἀνοίσει <ὕμνον> λέγων οὐκ ἄξια πεπονθέναι ὧν πρὸ τῆς
ἐτάσεως δέδρακεν.

Υ Γ(βOFPN -7; βOFPL 10-12; βOFP 14-16; βOFPN ≠ 19-21) N(≠ 10 - 11
θεῷ; 14 τιμῶν - 15 γεγονώς)

1 κατερραγότα καὶ: κατερρωγότα καὶ (N), > Γ / ἐπαλείψεως Γ: ἀπαλεί-
ψεως Υ   2 ἀνανεοῖ Γ: ἀνανεώσει Υ   3 τὴν - χαριζόμενος: ἀνα-
πλάττων Γ   4 δὲ + αὐτῷ Γ / ὥσπερ τοῖς νηπίοις > Γ   5-6 ἀσ-
περοῦν - νοσήματος > Γ   10 τότε + φησίν Γ / ᾠδὴν: εὐχὴν Γ
11 τῷ - δηλονότι: τὸ δὲ εἰσελεύσεται προσώπῳ καθαρῷ ἀντὶ τοῦ μετὰ
παρρησίας προσελεύσεται θεῷ Γ / ψυχῆς + [[καθαρῷ]] Υ   12 καθαί-
ρεται - ψυχή: καθαρθεὶς τὴν ψυχήν Υ   14 δ Γ: > Υ / καὶ ΓΝ: > Υ /
κάλλιον Υ   14/15 γεγονώς vor διὰ stellt N   18 ἤτασε LXX:
ἤτασαν Υ   19-20 τὸν - λέγων: εὐχαρίστως ἐρεῖ (Γ)   20 <ὕμνον>;
vgl. 286,3   21 ἐτάσεως Hag: αἰτίας Υ (> Γ)

33,28 σῶσον τὴν ψυχήν μου τοῦ μὴ ἐλθεῖν εἰς διαφθοράν, καὶ ἡ
ζωή μου φῶς ὄψεται.

καὶ ταῦτα τοῦ ὕμνου τὰ ῥήματα. αἰτεῖ γὰρ μὴ τῆς τῶν ἀδίκων με-
ρίδος μετὰ τόνδε τὸν βίον ἐν τῇ διαφθορᾷ γενέσθαι, ἀλλὰ τῆς τῶν
5 δικαίων. φῶς γὰρ δικαίοις διὰ παντὸς εἶναι ἡ γραφὴ κατεπ-
αγγέλλεται πανταχοῦ.

33,29 - 30 ἰδοὺ ταῦτα πάντα ἐργάζεται ὁ ἰσχυρὸς ὁδοὺς τρεῖς μετὰ
ἀνδρός. ἀλλ' ἐρρύσατο τὴν ψυχήν μου ἐκ θανάτου, ἵνα ἡ ψυχή μου
ἐν φωτὶ αἰνῇ αὐτόν.

10   ταῦτα τοῦ ἰσχυροῦ καὶ σοφοῦ θεοῦ τὰ ἔργα ποικίλως ἡμᾶς εὐερ-
γετοῦντος, ἐφ' ᾧ τὸν μὲν ψυχικὸν διαφυγεῖν θάνατον, ἐν ἀμυθήτῳ δὲ
ζωῇ καὶ φωτὶ διηνεκεῖ δοξολογίας ἀναπέμπειν αὐτῷ. τὸ γὰρ ὁδοὺς
τρεῖς ἀντὶ τοῦ· πολυμερῶς· ἢ τὸ τρεῖς διὰ τὸ τὴν θείαν παι-
δείαν τριπλῆν ἄγειν ὠφέλειαν, ἀποχὴν κακίας, ἀνάληψιν ἀρετῆς καὶ
15 τὰ ἐπὶ ταύτῃ τοῖς ἁγίοις ἐπηγγελμένα· ἢ ὁδοὺς τρεῖς διὰ τὸ
ἔλεγξον, ἐπιτίμησον, παρακάλεσον - ταῦτα δὲ θεοῦ καὶ
θείων διδασκάλων ἔργα -· ἢ ὁδοὺς τρεῖς, ἵνα ὁλόκληρος ἡμῶν
διασωθῇ ἡ ψυχὴ καὶ τὸ σῶμα καὶ τὸ πνεῦμα.

33,31 - 33 ἐνωτίζου, 'Ιώβ, καὶ ἄκουέ μου· κώφευσον, καὶ ἐγώ εἰμι
20 λαλήσω. εἰ ἔστι σοι λόγος, ἀποκρίθητί μοι· λάλησον, θέλω γάρ σε
δικαιωθῆναι. εἰ μή, σὺ ἄκουσόν μου· κώφευσον, καὶ διδάξω σε σοφί-
αν.

εἴ τι τοιγαροῦν πρὸς ταῦτα λέγειν ἔχεις καὶ διελέγξαί με μὴ δί-

---

5 Proverbien 13,9   16 2.Timotheus 4,2
Υ Γ(βOF 3 - 5 παντός; βOFP 10-18; 23-) P(3-6) N(≠ 3-6; ≠ 10-18)
3 καὶ - γὰρ: εἶτα καὶ εὔξεταί φησιν ΓΡ / ταῦτα + τῆς εὐχῆς καὶ (Ν)
5 γὰρ + εἴρηται Γ   5/6 κατεπαγγέλεται Υ   7 ἐργάζεται: ἐργᾶ-
ται LXX   9 αἰνεῖ Υ   10 ταῦτα + φησιν Γ   11 θάνατον + τὴν
ἁμαρτίαν Γ / ἀμυθήτῳ: ἀϊδίῳ Γ   12 διηνεκεῖ > Γ   13 πολυμε-
ρῶς: πολυτρόπως Γ   15 διὰ - 17 τρεῖς > Γ   17 ὁλόκληρον Γ
18 τὸ σῶμα καὶ ἡ ψυχὴ stellt Γ   20 σε LXX: σοι Υ   23 τι Γ:
τε Υ / διελλέγξαι Υ, ἐλέγξαι Γ

καια περὶ τῆς τοῦ θεοῦ δικαιοσύνης λέγοντα, λάλησον, ἡδέως γὰρ
ἔχω τῆς σῆς ἐπακροάσασθαι δικαιολογίας. τὸ δὲ καὶ ἐγώ εἰμι
ἀντὶ τοῦ· μὴ δείσῃς, ἐγώ εἰμι ὁ ἰσοφυής σοι, ὁ ἐκ τοῦ αὐτοῦ πηλοῦ
διηρτισμένος, οὐ φοβερός τις καὶ καταπληκτικός, ἀλλ᾽ ἐγώ εἰμι ὁ
5 προτρέπων ἀποκριθῆναι. εἰ δὲ μηδὲν ἔχεις ἀποκρίνασθαι, μεθ᾽ ἡσυ-
χίας ἄκουσον καὶ ἑτέρας σοφίας ῥήματα.

3-4 vgl. Hiob 33,6

Υ Γ(βOFP)

3 τοῦ₁ + οὐ πρὸς θεόν σοι ὁ ἀγών Γ (zu Recht? vgl. S.277,10f) / δεί-
σῃς + ὡς ἔφασκες Γ / ἰσοφυής Γ: ἴσως φυείς Υ   3-4 ὁ ἐκ
- διηρτισμένος > Γ (hat P)   4-5 οὐ - ἀποκριθῆναι > Γ

ΚΕΦΑΛΑΙΟΝ ΕΙΚΟΣΤΟΝ ΤΡΙΤΟΝ

<'Αρχὴ τοῦ ῥητοῦ·> ὑπολαβὼν δὲ 'Ελιοὺς λέγει· ἀκούσατέ
μου, σοφοί, ἐπιστάμενοι ἐνωτίζεσθε τὸ καλόν.

Προθεωρία τοῦ κεφαλαίου

5   εἰρηκὼς ὁ 'Ελιοὺς τρόπον κηδεμονικῆς παιδεύσεως θεοῦ καὶ ὅτι
δι' ἐνυπνίων φοβῶν καὶ διὰ νόσων παιδεύων ἐπὶ τὸ κάλλιον ἡμᾶς ἐπ-
ανάγει, πάλιν ἐξ ἑτέρας ἀρχῆς ποιεῖται τὸν λόγον καὶ προοιμιαζό-
μενος παρακαλεῖ τοὺς ἀκροατὰς εἰς τὴν τῶν λεγομένων κατανόησιν.
προστίθεται δὲ διδάσκειν περὶ κολάσεως ὀλοθρευούσης ἀδίκους καὶ
10 ἀξιοῖ τοὺς ἀκροατὰς διακρῖναι, εἰ καλῶς εἴρηται τῷ 'Ιώβ, ὡς αὐτὸς
μὲν δίκαιός ἐστιν, οὐ δίκαια δὲ πάσχει παρὰ θεοῦ. εἶτα καί φησιν,
ὅτι ἑκάστῳ ὁ θεὸς τὸ κατ' ἀξίαν ἀπονέμων κολάζει τοὺς ἀδίκους, καὶ
λογισμοὺς τούτου τίθησιν· πρῶτα μὲν γὰρ ὁ δημιουργὸς οὐκ ἂν ἀνά-
σχοιτο, φησίν, ἀδικῆσαι τὰ ἴδια ποιήματα, ἀλλ' οὐδ' ἂν κηδεμὼν ὢν
15 καὶ εὐεργέτης ἀνθρώπων ὁ κύριος παρὰ τὸ δίκαιον ἐπάξει τινὶ κό-
λασιν.
    περὶ μὲν οὖν δικαίας κρίσεως τοῦ θεοῦ ὀρθῶς εἴρηται τῷ 'Ελιούς,
τὴν δὲ αἰτίαν, δι' ἣν ὁ 'Ιὼβ πάσχει, οὔτε αὐτὸς ἐνόησεν, οὔτε οἱ
φίλοι. οἱ μὲν γὰρ ἔλεγον, ὅτι κατὰ ἀντίδοσιν ὧν δέδρακε πέπονθεν,
20 ὁ δὲ 'Ελιοὺς δοξάζει μὲν ὀρθῶς περὶ θεοῦ, οὐχ εὑρίσκει δὲ τὴν αἰ-
τίαν τῆς κατὰ τὸν 'Ιὼβ ἐπαγωγῆς. πλὴν διαφέρει τῶν φίλων, ὅτι μὴ

Υ Γ(βOF 5-) N(5 - 14 ποιήματα; 17 περὶ - 'Ελιούς)

1-2 κεφάλαιον κγ nach λέγει stellt Υ   3 ἐπιστάμενοι - καλόν LXX:
ὅτι εἴρηκεν 'Ιὼβ δίκαιος εἶναι Υ; vgl.289,11   6 φοβῶν ΓΝ: θειῶν Υ
/ παιδεύων ἐπὶ τὸ κάλλιον ΓΝ: ἐπὶ τὸ κάλλιστον παιδεύων Υ   9 προο-
τίθεται ΓΝ   11 δίκαια ΓΝ: δία. Υ / καὶ > Ν   12 τὰ κατ' ἀξίαν
ὁ θεός Ν   13 τούτου ΓΝ: τούτους Υ / πρῶτα - δ: ὁ γὰρ Ν / ἂν ΓΝ:
> Υ   15 κύριος: θεός Γ   18 ἐννόησεν Υ   19 ἀντίδωσιν Υ
20 οὐκ Υ

καταδικάζει τὸν δίκαιον. ἀλλ' οὐδὲ αὐτὸς ὁ μέγας 'Ιὼβ οὔπω πεπλη-
ροφορημένος ἦν, δι' ἣν αἰτίαν πέπονθεν. ὅθεν διάφοροι μὲν πάντων
οἱ λόγοι καλῶς μὲν καὶ ὀρθοδοξαστικῶς περὶ θεοῦ λαλούντων, ἡ δὲ
τῆς πληγῆς ὑπόθεσις οὐδενὶ γνώριμος ἐτύγχανεν. τοῦτο δὲ μόνον
5 μέμφεται τῷ 'Ιὼβ ὁ 'Ελιούς, ὅτι πρὸς θεὸν ὁμοτίμως ἤθελε κρίνεσθαι,
τῇ μὲν προφορᾷ τῶν ῥημάτων προσέχων, νοῆσαι δὲ ἀμηχανήσας, ἐξ
οἵας ἀγάπης καὶ πίστεως τῆς περὶ θεοῦ δικαιοκρισίας ὁ ἅγιος
ἀνὴρ τοὺς λόγους προέφερεν, καὶ ὡς οὐ θεοῦ κατηγορῶν, ἀλλὰ τοὺς
φίλους διελέγξαι θέλων τὴν πρὸς θεὸν ἐπόθει διαδικασίαν.

10   Αἱ λέξεις

34,2-3 ἀκούσατέ μου, σοφοί, ἐπιστάμενοι ἐνωτίζεσθε τὸ καλόν,
ὅτι οὓς λόγους δοκιμάζει, καὶ λάρυγξ γεύεται βρῶσιν.

ἄνδρες, φησίν, σοφοί, κατανοήσατε τὰ εἰρημένα· λόγων μὲν γὰρ
ἀκοὴ κριτική, ὥσπερ διακριτικὸς βρωμάτων ὁ λάρυγξ.

15 34,4-6 κρίσιν ἑλώμεθα ἑαυτοῖς, γνῶμεν ἀνὰ μέσον ἑαυτῶν, τί κα-
λόν, ὅτι εἴρηκεν 'Ιὼβ· δίκαιός εἰμι, ὁ κύριος ἀπήλλαξέ μου τὸ κρί-
μα. ἐψεύσατο δὲ τῷ κρίματί μου, βίαιον τὸ βέλος αὐτοῦ ἄνευ ἀδικίας.

ἡμεῖς δὲ αὐτοὶ κριταὶ γενώμεθα, εἰ καλῶς ὁ 'Ιὼβ λελάληκε λέγων·
δίκαιος μέν εἰμι, ἀλλ' ὁ θεός μοι τὸ κριτικὸν οὐκ ἐφύλαξεν, ἀλλ'
20 ἐψεύσατο τῷ κρίματί μου οὐ πρὸς ἀξίαν κρίνας τὰ κατ' ἐμέ,
καὶ ὡς δυνατὸς μᾶλλον ἢ δίκαιος βίᾳ τὴν πληγὴν ἐπήγαγε κατὰ τοῦ
μηδὲν ἀδικήσαντος.

Y Γ(βOF -9; βOFPN ≠ 13-14; 18-) N(4 τοῦτο - 9)

1 οὔπω Γ: οὕτω Υ   2 ἀπάντων Γ   3 ὀρθοδοξαστικῶς Γ: ὀοθοδόξως
Υ   4 οὐδενὶ Γ: οὐδὲ Υ   4-5 τοῦτο - μέμφεται: μέμφεται δὲ Ν
5 ὁ 'Ελιούς > Ν   6 νοῆσαι δὲ ἀμηχανήσας: μὴ συνεὶς δὲ Ν / ἐξ - 8
καὶ > Ν   7 τῆς: η Υ / θεοῦ + καὶ Υ   8 ὡς ΓΝ: > Υ / θεοῦ ΓΝ:
θεῷ Υ / κατηγορῶν + ὁ δίκαιος Ν   9 διελλέγξαι Υ / πρὸς ΓΝ: εἰς
τὸν Υ / ἐπόθει ΓΝ: ἐπεποίθει Υ   11 ἐνωτίζεσθαι Υ   12 βρῶσιν
LXX: γνῶσιν Υ   13 τὰ εἰρημένα Hag: τοῖς ἐργαζομένοις Υ (> Γ)
15 μέσων Υ   18 ἡμεῖς - γενώμεθα: εἰς κοινὴν τοίνυν προκείσθω
σκέψιν τοῦ ἀληθοῦς ἡ ἔρευνα Γ (εἰς - ἔρευνα + ἡμεῖς - γενώμεθα Ρ) /
ἐλάλησε Γ   19 ἀλλ' ὁ: ὁ δὲ Γ / μοι Γ: μου Υ

ὁ μὲν οὖν Ἐλιοὺς οὕτως ἐνόησε τὰ εἰρημένα, ὁ δὲ Ἰὼβ τοῦτο ἔλε-
γεν ὅτι· ὑπερέθετο ὁ θεὸς κρῖναι τὰ κατ' ἐμέ. εἰ γὰρ ἐβούλετό με
ἀκοῦσαι, δίκαιος ὢν ἐρρύετο ἄν με τῶν ἀναγκῶν. τοῦτο γὰρ λέγει τὸ
ἀ π ή λ λ α ξ έ   μ ο υ   τ ὸ   κ ρ ί μ α, τὸ δὲ ἐ ψ ε ύ σ α τ ο   δ ὲ   τ ῷ   κ ρ ί μ α-
5 τ ί   μ ο υ, ὡς ὁ ἅγιος πληροφορηθείς, ὅτι ὁ θεὸς ἐμαρτύρησεν αὐτῷ,
πῶς, φησίν, μαρτυρήσας μοι τοιαύταις <με> βασάνοις περιέβαλεν; περι-
ξέει δὲ ὁ Ἐλιοὺς τοῦ Ἰὼβ τὰ ῥήματα ἀγνοήσας, ὡς πολλάκις ἔφημεν,
ἐξ οἵας ἀγάπης τοὺς λόγους προέφερεν.

34,7-8 τ ί ς   ἀ ν ὴ ρ   ὥ σ π ε ρ   Ἰ ὼ β   π ί ν ω ν   μ υ κ τ η ρ ι σ μ ὸ ν   ὥ σ π ε ρ   ὕ δ ω ρ,   ο ὐ χ   ἁ μ α ρ τ ὼ ν
10 ο ὐ δ ὲ   ἀ σ ε β ή σ α ς   ο ὐ δ ὲ   ὅ λ ω ς   κ ο ι ν ω ν ή σ α ς   μ ε τ ὰ   π ο ι ο ύ ν τ ω ν   τ ὰ   ἄ ν ο μ α   τ ο ῦ   π ο-
ρ ε υ θ ῆ ν α ι   μ ε τ ὰ   ἀ σ ε β ῶ ν;

κἀγὼ μὲν οὖν, φησίν, ἐπίσταμαι τοῦ Ἰὼβ τὴν ἀρετήν, ὡς τὰς μὲν
ὕβρεις ἐκ προαιρέσεως ὑποδέχεται ὥσπερ οἱ ὕδωρ ἐκπίνοντες· τοῦτο
δὲ δεῖγμα μεγίστης ἀρετῆς, τὸ φέρειν ὕβριν ἀλύπως. οἶδα δὲ καί,
15 ὅτι οὔτε πρὸς ἀνθρώπους ἥμαρτεν οὔτε πρὸς θεὸν ἠσέβησεν, ἀλλ' οὐ-
δὲ τὴν μετὰ ἀνόμων ἢ ἀσεβῶν κοινωνίαν ποτὲ ἢ διατριβὴν κατησπάσατο.

34,9 μ ὴ   γ ὰ ρ   ε ἴ π ῃ ς   ὅ τ ι·   ο ὐ κ   ἔ σ τ α ι   ἐ π ι σ κ ο π ὴ   ἀ ν δ ρ ό ς·   κ α ὶ   ἐ π ι σ κ ο π ὴ
α ὐ τ ῷ   π α ρ ὰ   κ υ ρ ί ο υ.

πρὸς τοὺς φίλους εἰρηκὼς τὰ περὶ τοῦ Ἰὼβ πρὸς αὐτὸν ἔτρεψε τὸν
20 λόγον· μέμφομαι γάρ σοι, φησίν, οὐχ ὡς ἀδίκῳ, ἀλλ' ὡς ἀνεπισκόπητα
καὶ ἀπρονόητα νομίζοντι τὰ καθ' ἡμᾶς ὡς τοῦ θεοῦ μὴ κηδεμονικῶς
ἐπισκεπτομένου τοὺς ἀνθρώπους.

34,10-11 δ ι ό,   σ υ ν ε τ ο ὶ   κ α ρ δ ί α ς,   ἀ κ ο ύ σ α τ έ   μ ο υ·   μ ή   μ ο ι   ε ἴ η   ἐ ν α ν τ ί-

Υ Γ(βΟFPΝ - 4 κρίμα₁; 6/7 περιξέει - 8; βΟFP 12-16; βΟFPΝ 19 - 21
ἡμᾶς) Ν(≠ 12-16)

2 ὁ > Γ (haben ΡΝ) / γὰρ: δὲ Γ   3 ἄν Γ: > Υ / λέγει: δηλοῖ Γ
4 ἀπήλλαξέ μου τό: κεκράξομαι καὶ οὐδαμοῦ Γ (Hiob 19,7)   6/7 πε-
ριξέει Γ: περιξέει Υ   7 Ἐλιοὺς + καὶ παρατρέπει Γ (richtig?) /
τὰ Γ: > Υ   8 οἵας + δὲ Υ / ἀγάπης + τῆς πρὸς θεὸν Γ (nicht Ν) /
προέφερεν Γ: προσέφερεν Υ   13 ὑποδέχεται Γ(Ν): ἐπιδέχεται Υ
14/15 καὶ ὅτι Γ: ὅτι καὶ stellt Υ   15 οὔτε₁ Γ: οὐ Υ   16 ποτὲ
Γ: > Υ   19 τὰ περὶ τοῦ Γ: τοῦ περὶ τὸν Υ   20 ἀνεπισκόπητα Γ:
ἀπροσκόπητα Υ   22 τοὺς ἀνθρώπους Hag: τοῦ ἀνθρώπου Υ

ον κυρίου ἀσεβῆσαι καὶ ἐναντίον παντοκράτορος ταράξαι τὸ δίκαιον,
ἀλλὰ ἀποδιδοῖ ἀνθρώπῳ καθὰ ποιεῖ ἕκαστος αὐτῶν καὶ ἐν τρίβῳ ἀν-
δρὸς εὑρήσει αὐτόν.

ἀξιῶ τοίνυν· ἀκούσατε ὡς συνιέναι δυνάμενοι τὰ λεγόμενα. μὴ
5 γὰρ δὴ γένοιτό με εἰς ἀσεβεῖς ἐκπεσεῖν λόγους μηδὲ ἐπὶ παντοκρά-
τορος θεοῦ λαλοῦντα φθέγξασθαί τι παρὰ τὸ δίκαιον. οἶδα γάρ, ὅτι
ὁ θεὸς ἑκάστῳ τὰ κατ᾽ ἀξίαν ἀπονέμων, ἐν ᾧ περιπατεῖ, ἐν τούτῳ
δράσσεται αὐτοῦ, τουτέστιν· ὡς εὑρίσκει αὐτὸν πορευόμενον, οὕτως
αὐτὸν κρίνει.

10 34,12-13 οἴει δὲ τὸν κύριον ἄτοπα ποιήσειν; ἢ ὁ παντοκράτωρ τα-
ράξει τὸ δίκαιον, ὃς ἐποίησε τὴν γῆν; τίς δέ ἐστιν ὁ ποιῶν τὴν
ὑπ᾽ οὐρανὸν καὶ τὰ ἐνόντα πάντα;

κύριος γάρ ἐστιν ὁ θεὸς καὶ παντοκράτωρ καὶ πάντων τῶν ὄντων
δημιουργός. οὐκ ἂν οὖν, φησίν, ὁ δεσπότης ἄτοπόν τι πράξειε περὶ
15 τὸ ὑπήκοον, οὐδὲ ὁ κατὰ πάντων τὸ κράτος ἔχων τοῦ δικαίου σύγχυ-
σιν ἐργάσαιτο, οὐδὲ ὁ πάντων ποιητὴς τὸ οἰκεῖον ἀδικήσοι δημιούρ-
γημα.

34,14-15 εἰ γὰρ βούλοιτο συσχεῖν καὶ τὸ πνεῦμα κατασχεῖν παρ᾽
αὐτῷ, τελευτήσει πᾶσα σάρξ ὁμοθυμαδόν· πᾶς γὰρ βροτὸς εἰς γῆν
20 ἀπελεύσεται, ὅθεν καὶ ἐπλάσθη.

εἰ γὰρ μόνον θελήσει ἀνασχεῖν τὴν πνοήν, ἣν τοῖς ζῴοις ἐχαρί-
σατο, πανωλεθρίᾳ πάντα διαφθαρήσεται, καὶ οὐκ ἔστιν ἄνθρωπον τὸν
ἀπὸ γῆς μὴ εἰς τὸ συγγενὲς ἀναλυθῆναι στοιχεῖον τὴν γῆν. ταῦτα

Υ Γ(βOFPN 4-9; βOFP 14 οὐκ ἂν -17; βOFPL 21-) N(13-17; ≠ 21-23 γῆν)
1 κυρίου LXX: θεοῦ Υ / τὸ LXX: τὸν Υ   2 ἀποδιδοῖ LXX: ἀποδιδόναι
Υ   4 ἀξιῶ τοίνυν > Γ / ἀκούσηται Γ, + ᾧ φίλοι Γ / ὡς: ὅτι καὶ Γ /
συνιέναι Γ: συνεῖναι Υ(Ρ) / δυνάμενοι: δύνασθε Γ   5 δὴ Γ (> Ν):
ἰχ( ) Υ / με Γ: μοι Υ   6 γὰρ Υ(Ν): τοιγαροῦν Γ / ὅτι: ὡς Γ
7 ὁ > Γ   / τὰ: τὸ Γ   8 αὐτοῦ Γ: αὐτῷ Υ   10 ἢ LXX: καὶ Υ
13 γὰρ   Ν   14 δημιουργός + αὐτὸς γὰρ ἐποίησε τὸν οὐρανὸν καὶ τὴν
γῆν καὶ τὰ μεταξύ Ν / οὖν: τοίνυν Γ / πράξειε Γ: πράξει Υ, πράξῃ Ν
16 ἐργάσαιτο ΓΝ: ἐργάσηται Υ / πάντων ποιητὴς: δι᾽ ἀγαθότητα τὸ πᾶν
συστησάμενος ἀλλ᾽ οὐχ ὑπό τινος ἀναγκασθεὶς Ν / ἀδικήσει Υ   18 συ-
σχεῖν LXX: συγχεῖν Υ   21 θελήσει: ἐθέλοι θεός Γ(Ν) / πνοήν: ζω-
ήν Γ, πνοὴν καὶ ζωήν (Ν) / ζῴοις Υ(Ρ): ζῶσιν Γ(Ν)   23 τὴν γῆν > Γ

δέ φησιν ὁμοῦ καὶ δεικνύς, ὡς ὅτι ὁ ποιητὴς οὐκ ἀδικεῖ τὰ ποιήμα-
τα, καὶ τὸν Ἰὼβ εἰς φόβον ἐνάγων ὡς θελήσαντα πρὸς θεὸν ὁμοτίμως
διαδικάσασθαι.

34,16 εἰ δὲ μὴ νουθετεῖ, ἄκουε ταῦτα, ἐνωτίζου φωνὴν ῥημάτων.

5   εἰ μὴ πείθει ταῦτα, ἐπί τί γε καὶ τῶν ἐφεξῆς ῥημάτων ἄκουσον.

34,17 ἰδὲ σὺ τὸν μισοῦντα ἄνομα καὶ τὸν ὀλλύντα τοὺς πονηροὺς
ὄντα αἰώνιον δίκαιον.

      κατανόησον, ὡς αἰώνιος καὶ ἄναρχος καὶ δίκαιος ὢν θεὸς μισεῖ
μὲν τὰ ἄνομα, τιμωρεῖται δὲ τοὺς πονηρούς. συλλογισμῷ δὲ πείθει
10 τὸν Ἰώβ· εἰ γὰρ αὐτὸς μισεῖ τὰ ἄνομα καὶ τιμωρεῖται τὴν πονηρίαν
δίκαιος ὤν, οὐκ ἄν τι πράξοι παρὰ τὸ δίκαιον.

34,18 ἀσεβὴς ὁ λέγων βασιλεῖ· παρανομεῖς, ἀσεβέστατος τοῖς ἄρχουσιν.

      εἰ γὰρ κατὰ ἀνθρωπίνην ἀκολουθίαν καὶ νομοθεσίαν ὁ λέγων τῷ βα-
σιλεῖ· παρανομεῖς ὡς ἀσεβέστατος κρίνεται παρὰ τῶν ἀρχόντων, τί
15 ἂν πάθοιεν οἱ πρὸς θεὸν τολμῶντες εἰπεῖν· παρανομεῖς; καλῶς δὲ
εἶπεν· τοῖς ἄρχουσιν, οὐ γὰρ πάντως καὶ παρὰ θεῷ ἀσεβὴς
κρίνεται ὁ τῷ ἐπιγείῳ βασιλεῖ λέγων· παρανομεῖς.

34,19 ὃς οὐκ ἐπαισχυνθῇ πρόσωπον ἐντίμου οὐδὲ οἶδε τιμὴν θέσθαι
ἀνδρὸς θαυμασθῆναι πρόσωπα αὐτῶν.

20   κρίνεται δὲ ἀσεβείας ὁ τοιοῦτος κατὰ τὴν ἀνθρωπίνην ἀκολουθίαν,
ὡς ἔφημεν, ὡς μὴ αἰσχυνθεὶς τὸν ἔντιμον καὶ πλούσιον μηδὲ θαυμά-

---

Υ Γ(βOFPL -3; βOFPN 5; 8-11; βOFN 13-17; βOFPN 20-)   P(13-17)

1 φησιν: λέγει Γ / καὶ: τε Γ / ὅτι > Γ / ἀδικεῖ + ποτὲ Γ (richtig?)
5 μὴ Hag: μὲν Υ(Ν), μὲν οὖν Γ / πείθει + σε (Ν) / ταῦτα + φησίν Γ, +
καὶ σωφρονέστερος γένῃ εὖ ἂν ἔχοι (Ν, Konjektur) / ἐπί τί γε Hag:
ἐπεὶ τοίγε ΥΓ, εἰ δὲ μὴ (Ν, Konjektur), viell. ἐπίστησον / ἄκουε Γ
6 ἰδὲ: εἰ δὲ Υ / ὀλύντα Υ   8 κατανόησον + γάρ Γ / αἰώνιος - καὶ₂:
ἀεὶ Γ / ὢν Γ: > Υ / ὁ θεὸς Υ   9 τιμωρεῖται Γ: τιμωρεῖ Υ / πεί-
θει: χρῆται πρὸς Γ   10 τιμωρεῖται Υ(Ρ): τιμωρεῖ Γ   11 ὤν:
ἄρα καὶ Γ / πράξει Υ   13 ἀνθρωπίνην + φησιν ΓΡ / καὶ νομοθε-
σίαν > Γ / τῷ > Γ   14 ὡς + ἀσεβὴς καὶ Υ   15 πρὸς + τὸν Ρ
/ εἶπεν + ὅτι ΓΡ (nicht Ν)   16 ʽγάρʼ Υ   17 ἐπιγείῳ: ἐπὶ γῆς Γ
21 ὡς₂ (Ρ): καὶ ὡς Γ, > Υ

σας τὴν προσοῦσαν αὐτῷ δυναστείαν.

34,20 κενὰ δὲ αὐτοῖς ἀποβήσεται τὸ κεκραγέναι καὶ δεῖσθαι ἀνδρός.

τοῖς δὲ θαυμάζουσι τὰ πρόσωπα τῶν ἐντίμων κενὰ ἀποβήσεται διὰ τὸ μὴ ἐπὶ θεῷ, ἀλλ᾽ ἐπ᾽ ἀνθρώπῳ πεποιθέναι.

5 **34,20** ἐχρήσαντο γὰρ παρανόμως ἐκκλινομένων ἀδυνάτων.

ἐκκλίνονται τοῦ ἰδίου δικαίου οἱ ἀδύνατοι ὑπὸ τῶν παρανόμως θελόντων χαρίζεσθαι τῷ βασιλεῖ καὶ τοῖς ἄρχουσιν. διὰ τοῦτο γοῦν κενὰ ἀποβήσεται αὐτοῖς, ὅτι πρὸς χάριν ἀνθρώπων παρεῖδον τὸ δίκαιον.

10 **34,21-22** αὐτὸς γὰρ ὁρατής ἐστιν ἔργων ἀνθρώπων, λέληθε δὲ αὐτὸν οὐδὲν ὧν πράττουσιν, οὐδὲ ἔστι τόπος τοῦ κρυβῆναι τοὺς ποιοῦντας τὰ ἄνομα.

ἀλλ᾽ ὁ πάντα ὁρῶν ὀφθαλμὸς τοῦ θεοῦ τὰ πάντα βλέπει καὶ οὐκ ἔστι τόπος, εἰς ὃν οὐκ ἀφικνεῖται ἡ πανεπόπτικὴ δύναμις τοῦ θεοῦ.

15 **34,23** ὅτι οὐκ ἐπ᾽ ἄνδρα θήσει ἔτι.

καὶ οὐκ ἐᾷ ὁ θεὸς τοὺς ἁγίους εἰς ἄνδρα τίθεσθαι τὴν ἐλπίδα, ἀλλ᾽ ἐφ᾽ ἑαυτόν, ὅτι οἱ ἄδικοι ἐπ᾽ ἄνθρωπον ἐλπίζουσιν.

34,23-25 ὁ γὰρ κύριος πάντας ἐφορᾷ, ὁ καταλαμβάνων ἀνεξιχνίαστα, ἔνδοξά τε καὶ ἐξαίσια, ὧν οὐκ ἔστιν ἀριθμός, ὁ γνωρίζων αὐτῶν τὰ 20 ἔργα.

πανεπίσκοπος οὖν τυγχάνων ὁ θεὸς καταλαμβάνει μὲν τὰ ἀνεξιχνίαστα, ἐργάζεται δὲ ἔνδοξα καὶ ἐξαίσια καὶ ἀνάριθμα, πάντα γνω-

Υ Γ(βOFPN -1; 3-4; βOFP 6-9; ≠ 13-14; 21-) P(16-17) N(8 ὅτι -9; 21-) Syr(6-9)

3 τοῖς δὲ: πλήν φησι τοῖς Γ / διὰ Γ: διὸ Υ   4 πεποιθέναι + καὶ ἐπελπίζειν Γ   6 ἐκκλίνονται Υ Syr: ἐκκλείονται Γ / παρανόμως Γ Syr: παρανόμων Υ   7 γοῦν Γ: οὖν Υ(P)   8 ἀποβήσεται αὐτοῖς: αὐτοῖς ἀποβήσεταί φησιν Γ   11 κριβῆναι Υ 16 καὶ > P   17 ὅτι οἱ: οἱ γὰρ P   21 οὖν τυγχάνων: γάρ φησιν τυγχ. Γ, ὧν φησιν Ν   21/22 ἀνεξιχνίαστα: πᾶσιν ἀκατάληπτα ΓΝ 22 ἔνδοξα - ἀνάριθμητα: τὰ παράδοξα Ν   22/1 γνωρίζων: εἰδὼς Ν

ρίζων τὰ παρὰ ἀνθρώποις πραττόμενα. τὸ καταλαμβάνων οὖν ἐφ' ἑ-
κατέρου κεῖται, ἐπί τε τοῦ ἐξιχνιάζειν καὶ διαπράττεσθαι.

34,25 καὶ στρέψει νύκτα καὶ ταπεινωθήσονται.

ἀντὶ τοῦ· τὴν εὐπραγίαν αὐτῶν εἰς νύκτα μεταθήσει. ἢ καὶ οὕ-
5 τως· τὰ δοκοῦντα εἶναι δικαιώματα τῶν ἀσεβῶν στρέφων δείκνυσιν
εἶναι νύκτα τὴν ἄντοψιν αὐτῶν· διὸ καὶ ταπεινοῖ αὐτούς. ὃ δὲ λέ-
γει, τοιοῦτόν ἐστιν· αὐτοὶ μὲν ὡς ἐκ δικαιωμάτων ποιοῦσί τινα,
σκότους δέ ἐστιν ἔργα ἃ διαπράττονται, καὶ ταπεινοῦνται παρὰ θεῷ.

34,26 ἔσβεσε δὲ ἀσεβεῖς.

10   μετὰ τὸ ἐλεγχθῆναι αὐτοὺς δηλονότι.

34,26 ὁρατοὶ δὲ ἐναντίον αὐτοῦ.

ὁρᾷ τοὺς ἀσεβεῖς ὁ θεὸς οὐ κατ' ἐπισκοπήν, ἀλλ' ἐπὶ τῷ αὐτοὺς
τιμωρεῖσθαι κατὰ τὸ ἐν Ψαλμοῖς· πρόσωπον δὲ κυρίου ἐπὶ
ποιοῦντας κακὰ τοῦ ἐξολοθρεῦσαι.

15 34,27-28 ὅτι ἐξέκλιναν ἐκ νόμου θεοῦ, δικαιώματα δὲ αὐτοῦ οὐκ
ἐπέγνωσαν τοῦ ἐπαγαγεῖν ἐπ' αὐτὸν κραυγὴν πένητος, καὶ κραυγὴν
πτωχῶν εἰσακούσεται.

αἰτίας εἶπεν, δι' ἃς οἱ ἀσεβεῖς κολάζονται. ἐπάγεσθαι δέ φησιν
τὴν τῶν πενήτων κραυγὴν εἰς θεόν, ὅτιπερ ἀδικούμενοι εἰς αὐτὸν
20 καταφεύγουσι βοῶντες καὶ τὴν θεόθεν ἐκδίκησιν ἐπικαλούμενοι.

34,29 καὶ αὐτὸς ἡσυχίαν παρέξεται, καὶ τίς καταδικάσεται;

13-14 Psalm 33,17

Υ Γ(βOFP -2; ≠ 4 - 6 αὐτούς; 10; 12-14; βOFPN 18-20) Ν(- 1 ·πραττό-
μενα; ≠ 12-14)

1 καταλαμβάνον Υ / ἐφ' Γ: ἐπὶ Υ   4 μεταθήσει: μεταβάλλει (Γ)
6 ἄντοψιν Υ(Γ) addendum lexicis   6 αὐτοὺς + ἄτε ἐπιπλάστους καὶ
ἐσχηματισμένους (Γ)   10 αὐτοὺς > Γ   12 ὁρᾷ + φησιν Γ(Ν) /
θεὸς + καὶ Γ (nicht PN) / τῷ: τὸ Υ   13 κατὰ - 14 Γ(Ν): > Υ
18 ἐτίας Υ   19 ὅτιπερ Γ: ὅπερ Υ   19/20 εἰς - βοῶντες: βοῶσι Γ
20 θεόθεν: ἄνωθεν Γ / ἐκδίκησιν ἐπικαλούμενοι: ἐπισπῶνται βοήθειαν Γ

εἰ δὲ καὶ θεὸς ἀνεξικακῶν ἐν ἡσυχίᾳ τέως ἐᾷ τοὺς ἀσεβεῖς εἶναι,
τίς δύναται καταδικάσαι, ὃν ὁ θεὸς οὐ κατεδίκασεν;

34,29 καὶ κρύψει πρόσωπον, καὶ τίς ὄψεται αὐτόν;

τοῦτο λέγει, ὅτι ἀφανὴς ὢν τὰς κρίσεις ἐκφέρει.

5 34,29 καὶ κατὰ ἔθνους καὶ κατὰ ἀνθρώπου <ὁμοῦ>.

τιμωρεῖται δὲ οὐ μόνον τὸν καθ’ ἕκαστον, ἀλλὰ καὶ ἐθνηδὸν ἅ-
παντας, καθ’ οὓς οἶδεν αὐτὸς λόγους τὰς πανωλεθρίας ἐργαζόμενος.

34,30 βασιλεύων ἄνθρωπον ὑποκριτὴν ἀπὸ δυσκολίας λαοῦ.

καθὼς γέγραπται· καὶ ἔδωκα αὐτοῖς βασιλέα ἐν ὀργῇ
10 τοῦ θυμοῦ μου. πολλάκις γὰρ τὸν σχήματι φαινόμενον ἀγαθὸν
συγχωρεῖ εἰς βασιλέα ἀναγορευθῆναι, ἐφ’ ᾧ κακωθῆναι δι’ αὐτοῦ τοὺς
ὑπηκόους διὰ τὴν αὐτῶν δυσκολίαν καὶ κακοπραγίαν.

34,31 - 32 ὅτι πρὸς τὸν ἰσχυρὸν ὁ λέγων· εἴληφα, οὐκ ἐνεχυράσω·
ἄνευ ἐμαυτοῦ ὄψομαι, σὺ δεῖξόν μοι.

15 ὅσα τοῖς παλαιοτέροις εἰς τὸν τόπον εἴρηται, παραθήσομαι.
οἱ μέν φασιν, ὅτι τοῦτο λέγει, ὅτι μὴ τολμᾷ τις εἰπεῖν τῷ ἰσ-
χυροτέρῳ ὅτι· ἀκαίρως εἴληφας τὰ ἐμὰ καὶ οὐκ ἐνεχύρου χάριν ὡς
ἐποφειλόμενος, καὶ παρὰ γνώμην ἐμὴν εἴληφας· ἐπίδειξον, ὅτι εὐλό-
γως τοῦτο δέδρακας. εἰ δὲ τῷ δυνατῷ ταῦτα οὐδεὶς εἰπεῖν τολμᾷ,
20 πῶς σὺ θρασύνῃ κατὰ θεοῦ; καί φασι μὲν ταύτην εἶναι τὴν ἔννοιαν,
ἀσαφίας δὲ πεπληρῶσθαι τὸ ῥητόν.

9-10 Hosea 13,11

Y Γ(βOFP 1-2; βOFP 4; 6 - 7 λόγους; βOFP 9-12; βOFPN 16 - 20 θεοῦ)
N(≠ 9-12) Anastasius Sinaita, Quaestiones, Kap.16 [PG 89,480B] (9
καὶ - 12)

4 ἀφανής: ἀόρατος Γ / ὢν + ὁ θεὸς ἀοράτως (ἀοράτους PN) Γ   5 ἀν-
θρώπου LXX: ἀνθρώπους Y   8 am Rand nachgetragen in Y   9 καθὼς
γέγραπται: καθὰ εἶπεν Γ / αὐτοῖς: σοι Anast.   10 τὸν (P):
τῷ ΥΓ Anast.   11 κακοῦσθαι Γ, + βούλεται Anast.   12 κακοπρα-
γίαν: πονηρίαν Γ   13 ἐνεχυράσω LXX: ἐνεχειρά σου Υ   16 οἱ -
λέγει: τινὲς οὕτως ἡρμήνευσαν Γ   17 ἀκαίρως: ἀδίκως Γ / καὶ > Γ
/ ἐνεχείρου Υ   18 ἐπίδειξον vermutet Young: ἐπεὶ δεῖξον ΥΓ
20 σὺ + φησιν τοιαῦτα Γ

ἕτεροι δὲ οὕτως ἐνόησαν· ὁ πιστεύων, φησίν, οὐ λαμβάνει ἐνέχυ-
ρα, ὁ εἰς τὸν θεὸν ἐλπίζων οὐκ ἀπαιτεῖ αὐτὸν ἐνέχυρα, καθὼς οἱ Ἰου-
δαῖοι ἐνεχυράζοντες ἔφασκον· ποίησον σημεῖον καὶ πιστεύ-
σομέν σοι, ἤ· κατάβηθι ἀπὸ τοῦ σταυροῦ· ἀλλ᾽ ὁ πεποιθὼς
5 αὐτῷ λέγει ὅτι· χωρὶς τῆς ἐμῆς δυνάμενώς σοι πιστεύων ἐλπίζω ὄψε-
σθαι, δηλονότι τὰ ἀγαθά.

ὁ δὲ Σύμμαχος οὕτως ἐκδέδωκεν· ὅτι πρὸς θεὸν ῥῆσιν ἀνέλαβον,
οὐκ ἐφέξω ἀκωλύτως, σὺ διασάφησόν μοι. ὃ δὲ ἐνόησεν ὁ Σύμμαχος,
τοῦτό ἐστιν· ἐπειδὴ τὴν ὑπὲρ θεοῦ ῥῆσιν ἀνέλαβον, φησὶν ὁ Ἐλιούς,
10 οὐκ ἐπέχω, ἀλλὰ ἀκωλύτως ἐπεξέρχομαι τῷ λόγῳ. εἰ δὲ μὴ καλῶς λέ-
γω, σὺ διασάφησον, ἀντὶ τοῦ· ἔλεγξον τὸν λόγον.

34,32 εἰ ἀδικίαν εἰργασάμην, οὐ μὴ προσθήσω.

εἰπὲ οὖν, φησίν, Ἰώβ, <εἰ> ἀδίκως λαλῶ, καὶ οὐ προσθήσω τοῖς εἰ-
ρημένοις.

15 34,33 μὴ παρὰ σοῦ ἀποτίσει αὐτήν, ὅτι σὺ ἀπώσῃ;

μὴ τῶν ἐμῶν λόγων σὺ τὰς δίκας ἀποτῖσαι μέλλεις; οὐκοῦν μὴ
ἀπώσῃ, ἀλλὰ διέλεγξον τὰ εἰρημένα.

34,33 ὅτι σὺ ἐκλέξῃ καὶ οὐκ ἐγώ.

σὸν γάρ ἐστιν ἐκλέξασθαι καὶ διευκρινῆσαι, πότερον καλῶς ἢ κα-
20 κῶς ἐλάλησα, οὐκ ἐμοῦ τοῦ εἰρηκότος.

34,33 καὶ τί ἔγνως, λάλησον.

εἰ οὖν τι πλέον γνωρίζεις, ἀπόκριναι.

3-4 vgl. Johannes 6,30   4 Matthäus 27,40

Υ Γ(βΟFPN 7-11; 16-17; 19-20; 22) P(1 ὁ πιστεύων - 6) N(≠ 13-14)

1/2 ἐνέχειρα Υ   2 θεὸν + φησίν Υ/ ἐνέχειρα Υ/ οἱ P: > Υ   3 ἐνε-
χυράζοντες P, ἐνεχειριάζοντες Υ   5 λέγει: φησιν P   7 ῥῆσιν Γ:
ῥήμασιν Υ   8 οὐκ ἐφέξω Γ: οὐκ ἐφθέγξω Υ, οὐχ ἕξω (Ν), > (P); vgl.
10/ ὁ Σύμμαχος: οὗτος Γ   10 ἐπέχω Γ: ἔχω Υ/ ἐπεξέρχομαι Γ: ἐξέρχο-
μαι Υ   13 εἰπὲ .. <εἰ>: δεῖξον .. ὅτι (Ν)   15 ἀποτίσει: vgl.16,
ἀποτιεῖς Υ/ αὐτήν LXX: αὐτόν Υ   16 σὺ Γ: οὐ Υ, + φησίν Γ   18 ἐκ-
λέξει Υ   20 ἐμοῦ τοῦ Γ: ἐμαυτοῦ Υ   22 γνωρίζεις: γινώσκεις Γ

34,34 διὸ συνετοὶ καρδίας ἐροῦσι ταῦτα, ἀνὴρ δὲ σοφὸς ἀκήκοέ μου
τὸ ῥῆμα.

ὡς τοῦ Ἰὼβ σιωπήσαντος κυροῖ τοὺς ἑαυτοῦ λόγους ὁ Ἐλιοὺς καί
φησιν ὅτι· ταῦτα, ἅπερ εἶπον πρὸς σέ, καὶ ἄλλοι συνετοὶ λέξουσί
5 σοι καί, εἴ τις ἀνὴρ σοφὸς ἐπαινετός, τῶν ἐμῶν ἀκούει λόγων.

34,35 Ἰὼβ δὲ οὐκ ἐν συνέσει ἐλάλησε τὰ ῥήματα αὐτοῦ, οὐκ ἐν ἐπιστή-
μῃ.

ἔστιν ἐν λόγοις ἐπιστήμη, ὅταν τις ἐφιστὰς οἷς μέλλει λέγειν
μετὰ συνέσεως προφέρῃ τοὺς λόγους, ἐπαινετῶς τὰς πεύσεις καὶ
10 ἀποκρίσεις ποιούμενος. σὺ οὖν, φησίν, ἀσυνέτως καὶ ἀνεπιστημόνως,
εἰκῇ καὶ ὡς ἔτυχε λελάληκας.

34,36-37 οὐ μὴν δὲ ἀλλὰ μάθε, Ἰώβ, μὴ δῷς ἔτι ἀνταπόκρισιν <ὥσ-
περ οἱ ἄφρονες>, ἵνα μὴ προσθῶμεν ἐφ᾽ ἁμαρτίαις ἡμῶν, ἀνομία δὲ
ἐφ᾽ ἡμῖν λογισθήσεται πολλὰ λαλούντων ῥήματα ἐναντίον κυρίου.

15 ἐπειδὴ ἐκ πολυλογίας οὐκ ἐκφεύξεται ἁμαρτία, συμβουλεύει τῷ
Ἰὼβ ὁ Ἐλιοὺς μὴ πολυλογεῖν μηδὲ ὥσπερ οἱ φίλοι ποτὲ μὲν ἀντιλέ-
γειν, ποτὲ δὲ συντίθεσθαι καὶ περὶ τῶν αὐτῶν πολλὰς ποιήσασθαι
τὰς διαλέξεις καὶ πεπλανημένας. τοῦτο γὰρ ἀφρόνων ἴδιον, καὶ μά-
λιστα οὐ χρὴ ταῦτα εἰπεῖν, ὅταν περὶ θεοῦ τις λαλῇ. ἐγὼ γάρ, φη-
20 σίν, εὐλαβοῦμαι ἐν τοῖς λόγοις, μὴ καὶ περὶ ὧν λαλοῦμεν λόγον

Υ Γ(βOF 3-5; βOFP 10 σὺ - 11; 19 ἐγὼ -) P(3-5; 8-11; 15 συμβουλεύ-
ει - 19 λαλῇ) N(3-5; ≠ 10 σὺ - 11; 19 ἐγὼ -)

4 λέξουσι: δὲ ἔξουσι P   5 σοφὸς > N / ἐπαινετῶς P, ἐπαινετέος Γ,
συνετός N / λόγων + καὶ τούτοις συντίθεται N   8 ἐν λόγῳ ἐπιστή-
μη ἐστίν P/ οἷς: οἱ P   9 προφέρει Υ, προσφέρῃ P   9/10 καὶ ἀπο-
κρίσεις doppelt Υ   10 σὺ - φησίν: σὺ οὖν P, καὶ γὰρ σύ γε Γ, σὺ
δὲ(Ν)   10/11 ἀσυνέτως nach ἔτυχε stellt und καὶ > P   11 εἰκῇ
Hag: εἰ μὴ Υ, > ΓP(Ν) / καὶ ὡς ἔτυχε > Γ(Ν) / λελάληκας + πρὸς θεὸν
κρίνεσθαι βουληθείς Γ(Ν)   12 μὴν LXX: μὴ Υ   17 ποιεῖσθαι P
18 ἀφρόνων - καὶ₂: δίκαιον P   19 χρὴ + πολλὰ οὐδὲ P / εἰπεῖν:
λαλεῖν P / λαλεῖ Υ   19-20 ἐγὼ - λόγοις: εὐλαβοῦμαι γὰρ ἐν τού-
τοις ἔγωγε ΓΝ   20 ὧν λαλοῦμεν: τῶν ψιλῶν ῥημάτων Γ, τῶν ψυχικῶν
ῥημάτων Ν

ὑφέξωμεν τῷ δικαίῳ κριτῇ καὶ πρὸς τὰς ἐξ ἔργων <ἁμαρτίας τὰς ἐκ
λόγων> προσθήσωμεν· εἰ δὲ καὶ ἐν λόγοις ἐπλημμελήσαμεν, μὴ πάλιν
τὰ αὐτὰ φθεγξώμεθα, ἵνα μὴ ταῖς προτέραις καὶ δευτέρας προσθήσω-
μεν ἁμαρτίας. τοῦτο γὰρ ἔοικε λέγειν τῷ Ἰὼβ ὅτι· ἅπαξ οὐκ ὀρθῶς
5 ἐλάλησας· μὴ καὶ εἰσαῦθις τοιούτους ἐπαγάγῃς λόγους, ἵνα μὴ
προσθήσωμεν ἐφ' ἁμαρτίαις ἡμῶν.

Y Γ(βOFP - 1 κριτῇ) N(- 1 κριτῇ)

1 ὑφέξομεν Y / δικαιοκριτῇ N   1/2 < >: vgl.3-4   2 προσθή-
σομεν Y   3 φθεγξόμεθα Y   3-4 δευτέρας .. ἁμαρτίας Hag:
δευτέραις .. ἁμαρτίαις Y   5 τοιούτους Hag: τοῦ Y / ἐπαγάγεις Y

ΚΕΦΑΛΑΙΟΝ ΕΙΚΟΣΤΟΝ ΤΕΤΑΡΤΟΝ

'Αρχὴ τοῦ ῥητοῦ· ὑπολαβὼν δὲ 'Ελιοῦς λέγει· τί τοῦτο ἡγή-
σω ἐν κρίσει; σὺ τίς εἶ ὅτι εἶπας· δίκαιός εἰμι ἔναντι τοῦ θεοῦ;

Προθεωρία τοῦ κεφαλαίου

5 προδιεξελθὼν ὁ 'Ελιοῦς περὶ παιδείας θεοῦ τοὺς ἁμαρτάνοντας
ἐπιστρεφούσης, εἶτα καὶ κολάσεως ὀλοθρευούσης τοὺς ἀδίκους, νῦν
τὸν περὶ μακροθυμίας τοῦ θεοῦ λόγον εἰσάγει καὶ μεγαλοπρεπείας
μεμφόμενος τῷ 'Ιὼβ ἐφ' οἷς ἔλεγεν· εἰ ἐγὼ ἥμαρτον, τί σοι
δύναμαι ποιῆσαι καὶ ἐφ' οἷς ἠθέλησε κριθῆναι πρὸς θεόν.

10   Αἱ λέξεις

35,2 τί τοῦτο ἡγήσω ἐν κρίσει;

ἢ τοῦτο λέγει ὅτι· τί ἐλογίσω περὶ τῶν κριμάτων τοῦ θεοῦ; ἆρα
ὡς δυνάμενος ταῦτα καταλαβεῖν; ἢ ὅτι· τί ἐλογίσω πρὸς θεὸν θέλων
κριθῆναι;

15 35,2 σὺ τίς εἶ ὅτι εἶπας· δίκαιός εἰμι ἔναντι κυρίου;

πῶς ἐτόλμησας δίκαιον σαυτὸν ἀποφῆναι ἐναντίον τοῦ θεοῦ; ὁ μὲν
οὖν 'Ελιοῦς οὕτως ὑπέλαβεν εἰρηκέναι τὸν 'Ιὼβ· οὐδαμῶς δὲ ἀπεφήνα-
το ἑαυτὸν ἀναμάρτητον, ἀλλ' ὅτι κατὰ δύναμιν πᾶσαν δικαιοσύνην ἐ-
φύλαξεν. περὶ γὰρ τῶν ἐν παραπτώμασιν ἁμαρτημάτων καὶ ἀκουσίων

8-9 Hiob 7,20
Υ Γ(βOFP 5-9; βOFPN 12-14; 16 πῶς - θεοῦ) N(5-9)

1 κεφάλαιον κδ Υ   2 ἀρχὴ - ῥητοῦ nach λέγει stellt Υ   3 ὅ-
τι Υ   5 τοὺς - 6 ἀδίκους > N   7 τοῦ - μεγαλοπρεπείας: κινεῖ
λόγον N   9 καὶ ΓN: > Υ   12 ὅτι τί Hag: ὅτι Υ, τί Γ
13 ὡς δυνάμενος: ὅτι δύνασαι Γ / τί Γ: τὸ Υ   16 πῶς + δὲ Γ / σε-
αυτὸν δίκαιον Γ / ἐναντίον τοῦ θεοῦ: ὡς πρὸς θεόν Γ

καὶ αὐτὸς ὁμολογεῖ τούτοις ἔνοχος εἶναι, ποῖ μὲν λέγων· ἐπεση-
μήνω δέ, εἴ τι ἄκων παρέβην, ποῖ δέ· εἰ δὲ ἁμαρτὼν
ἑκουσίως ἔκρυψα τὴν ἁμαρτίαν μου.

35,3 ἢ ἐρεῖς· τί ποιήσω ἁμαρτών;

5 ἀλλ' οὐδὲ ὤφειλες, φησίν, εἰπεῖν· τί ποιήσω ἁμαρτών; οἶ-
δας γάρ, ὃ ποιεῖν ὤφειλες· ἀπέχεσθαι τῆς ἁμαρτίας, δακρύειν, με-
τανοεῖν, ἱκετεύειν τὸν θεὸν ἀμνηστίαν σοι τῶν παραπτωμάτων παρα-
σχεῖν. ὁ μὲν οὖν Ἐλιοὺς πρὸς τὴν διάνοιαν ἑαυτοῦ καλῶς συμβουλεύ-
ει τῷ Ἰώβ, ὁ δὲ μακάριος Ἰὼβ κρείττονι διανοίᾳ ἔλεγεν· εἰ δὲ
10 καὶ ἥμαρτον, τί σοι δύναμαι ποιῆσαι; - ἀντὶ τοῦ· οὐδὲν
τοσοῦτον δύναμαι ποιῆσαι ὥστε ἐξαλεῖψαι τὴν ἁμαρτίαν, εἰ μὴ τῆς σῆς
τύχω φιλανθρωπίας. εὐλαβέστερον οὖν ἔλεγεν ὁ Ἰὼβ ὅτι· κἂν πᾶσάν μου
δύναμιν εἰσαγάγω πρὸς τὸ τὴν ἁμαρτίαν μου ἀπαλεῖψαι, ἀμηχανῶ τοῦ-
το πρᾶξαι· τὸ γὰρ πρᾶγμα τῶν σῶν οἰκτιρμῶν ἐπιδέεται.

15 35,4 ἐγὼ δέ σοι δώσω ἀπόκρισιν καὶ τοῖς τρισὶ φίλοις.

ὡς καὶ τῶν τριῶν φίλων πεπλανημένων καὶ τοῦ Ἰὼβ οὐκ ἐν συνέσει
λαλήσαντος αὐτὸς ὑπισχνεῖται κρείττονας ἁπάντων προφέρειν λόγους.

35,5 ἀνάβλεψον εἰς τὸν οὐρανὸν καὶ ἰδέ, κατάμαθε νέφη ὡς ὑψηλὰ
ἀπὸ σοῦ.

20 ἆρον, φησίν, τοὺς ὀφθαλμούς, τούς τε σωματικοὺς καὶ τοὺς τῆς
διανοίας, καὶ θεωρήσας, πόσον ὑπερέχει ὁ οὐρανὸς ἀνθρώπων, παρα-

---

1-2 Hiob 14,17   2-3 Hiob 31,33   9-10 Hiob 7,20
Υ Γ(βOFPN 5 - 12 φιλανθρωπίας; 16-17) P(≠ 20 - 21 ἀνθρώπων; 21/1
παραχώρει -)
1 ἐπισημήνω Υ   5/6 οἶδας Γ: οἶδα Υ   6 ὤφειλες: ἔδει Γ
6/7 δακρύειν μετανοεῖν: καὶ Γ (μετανοεῖν δακρύειν nach 7 θεὸν hat P)
7 τὸν > Γ   7/8 ἀμνηστίαν - παρασχεῖν > Γ   8 ἑαυτοῦ διάνοιαν
stellt Γ   9 τῷ Ἰὼβ > Γ / διανοίᾳ + καὶ εὐλαβέστερον (vgl.12) Γ
10-11 ἀντὶ - ποιῆσαι Γ: > Υ(F)   16 - 17 λαλήσαντος Hag:
ὡς καὶ τῶν τριῶν φίλων πεπλανημένων οὐκ ἐν συνέσει λαλήσαντα Υ, ὡς
καὶ τοῦ Ἰὼβ οὐκ ἐν συνέσει λαλήσαντος καὶ τῶν τριῶν φίλων μὴ εὑρόν-
των ἔτι ἀπόκρισιν Γ   17 προφέρειν Γ: προσφέρειν Υ, + τοὺς Υ

χώρει τῇ τοῦ θεοῦ μεγαλειότητι καὶ τοῖς ἀνεφίκτοις αὐτοῦ κρίμασιν.

35,6 εἰ ἥμαρτες, τί πράξεις; εἰ δὲ καὶ πολλὰ ἠνόμησας, τί δύνα-
σαι ποιῆσαι;

   τῷ οὕτως θαυμαστῷ;

5 35,7 ἐπειδὴ οὖν δίκαιος εἶ, τί δώσεις αὐτῷ; ἢ τί ἐκ χειρός σου
λήψεται;

   εἰ δὲ καὶ δίκαιος εἶ, ποίαν δικαιοσύνην σου πράξεις, ἵνα ἀρέ-
σῃς αὐτῷ;

35,8 ἀνδρὶ τῷ ὁμοίῳ σου ἡ ἀσέβειά σου καὶ υἱῷ ἀνθρώπου ἡ δικαιο-
10 σύνη σου.

   κατὰ τὴν εἰρημένην ἔννοιαν τοῦτο λέγει ὅτι· μόγις, εἰς ἄνθρωπον
ἁμαρτών, εἶτα πᾶσαν αὐτῷ θεραπείαν προσαγαγών, δύνῃ ἐξισῶσαι τὴν
δικαιοσύνην σου εἰς τὸ ἀπολυτρώσασθαι τὴν ἁμαρτίαν. ὁ δὲ εἰς θεόν
τι ἁμαρτήσας, τί δύναται τοιοῦτον πρᾶξαι, ἢ ποίαν δικαιοσύνην
15 ἀντεισαγαγεῖν εἰς ἀπολύτρωσιν;

   ἔστι δὲ καὶ ἑτέρως νοῆσαι τὰ προκείμενα. ὡς γὰρ τοῦ Ἰὼβ εἰρη-
κότος· εἰ ἥμαρτον, τί σοι δύναμαι ποιῆσαι; καὶ λέγον-
τος ἑαυτὸν εἶναι δίκαιον, φησὶν ὁ Ἐλιοὺς ὅτι· κἂν ἥμαρτες κἂν δί-
καιος ᾖς, οὐδὲν ἐκ τούτου θεὸς ἢ βλαβήσεται ἢ ὠφεληθήσεται. μὴ
20 οὖν ἐπαίρου ἐπὶ τῇ σῇ δικαιοσύνῃ.

35,9 ἀπὸ πλήθους συκοφαντούμενοι κεκράξονται.

   ἄνθρωποι μὲν γάρ, φησίν, συκοφαντούμενοι κεκράξονται ἀπὸ τοῦ
πλήθους τῶν κακῶν.

35,9 βοήσονται ἀπὸ βραχίονος πολλῶν.

17 Hiob 7,20

Υ Γ(βOFP ≠ 4; βOFPN 19 μὴ - 20; ≠ 22-23) P(-4; 7-8; ≠ 11 μόγις - 15)
2 εἰ - πράξεις > P   7 καὶ P: > Υ / εἶ > P / ποίαν: πᾶσαν P / σου
> P   9 ἀνθρώπου LXX: ἀνθρώπῳ Υ   12 προσαγαγών Hag: ἀγαγὼν ΥP
14 τι > P   16 δὲ Hag: γὰρ Υ   20 οὖν: τοίνυν Γ / ἐπαίρου +
φησίν Γ / τῇ Γ: > Υ / σῇ: σαυτοῦ Γ

καὶ ἀπὸ τῶν πολλῶν ὧν πάσχουσι δεινῶν ἐκ τῆς ἰσχύος - τοῦτο
γὰρ δηλοῖ ὁ βραχίων - τῶν δυνατῶν {οἳ} πρὸς θεὸν βοῶσιν.

35,10 καὶ οὐκ εἶπεν· ποῦ ἐστιν ὁ θεὸς ὁ ποιήσας με;

κατ᾽ ἐκείνων δὲ προσέρχονται κράζοντες οἱ ἀδικούμενοι, κατὰ τῶν
5 μὴ λογιζομένων, ὅτι τὸν θεὸν ἔχουσι ποιητήν.

35,10 ὁ κατατάσσων φυλακὰς νυκτερινάς.

μὴ λογιζομένων, ὅτι αὐτὸς ἔταξε μέτρα νυκτί. ἐπειδὴ γὰρ εἰς
τέσσαρας φυλακὰς ἡ νὺξ διῄρηται, ἀπὸ τούτων τὰ μέτρα τῆς νυκτὸς
ἐσήμανε καὶ ὁ διδάξας ἀνθρώπους αἰνεῖν τὸν θεὸν ἐν ταῖς νυκτερι-
10 ναῖς φυλακαῖς. μεσονύκτιον, γάρ φησιν ὁ Δαυίδ, ἐξεγειρόμην
τοῦ ἐξομολογήσασθαί σοι ἐπὶ τὰ κρίματα τῆς δικαι-
οσύνης σου. κατὰ δὲ ταύτην τὴν ἔννοιαν καὶ Θεοδοτίων οὕτως ἐκ-
δέδωκεν· ὁ διδοὺς αἰνέσεις ἐν νυκτί.

κατὰ δὲ βαθυτέραν διάνοιαν νυκτὸς ὄντος τοῦ παρόντος βίου διὰ τὴν
15 σύγχυσιν τῆς ἁμαρτίας φύλακας ἡμῖν ἔταξεν ὁ θεός, οἷον ἐντολὰς
καὶ ἀγγέλους τοὺς ἡμᾶς φυλάττοντας. {καὶ αὐτός ἐστιν ὁ κατατάσ-
σων φύλακας νυκτερινάς.}

35,11 ὁ διορίζων με ἀπὸ τετραπόδων γῆς, ἀπὸ δὲ πτηνῶν οὐρανοῦ.

οὐ διελογίσαντο οἱ ἄδικοι, ὡς ἐτιμήθησαν ὑπὲρ τὰ ἐπὶ γῆς ἄλογα
20 καὶ κατὰ ἀέρα διιπτάμενα πετεινά.

35,12 ἐκεῖ κεκράξονται καὶ οὐ μὴ εἰσακούσῃ καὶ ἀπὸ ὕβρεως πονηρῶν.

ἢ οἱ ἀδικούμενοι ἐκεῖ - ἀντὶ τοῦ· πρὸς θεόν - ἀπὸ τῆς ὕβρεως
τῶν πονηρῶν κεκράξονται, ἵνα ᾖ κατ᾽ ἐρώτησιν τὸ καὶ οὐ μὴ

10-12 Psalm 118,62

Υ Γ(βOFP ≠ 1-2; βOFPN 4-5; ≠ 7 - 8 διῄρηται; βOFP 14 - 16 φυλάττον-
τας; 19-20; 22-) Ν(≠ 1-2; ≠ 19-20)

1 ὧν (ΓΝ): > Υ   4 οἱ - κατὰ > Γ   10 ἐξεγειρόμην ὁ Δαυίδ stellt Υ
13 αἰνέσεις die anderen Zeugen (s. Field z.Stelle): ἀνέσεις Υ   14 βαθυ-
τέραν Γ: ἑτέραν Υ   15 οἷον ἐντολὰς Γ: > Υ   19 οὐ: ἀλλ᾽ οὐδὲ Γ/ ἐλο-
γίσαντο Γ, + φησιν Γ/οἱ ἄδικοι ὡς ἐτιμήθησαν Γ: ὡς ἐτιμ. οἱ δίκαιοι Υ/
ἐτιμ. + θεόθεν Γ   20 καὶ > Γ(hat P)/ κατὰ + τὸν Γ   22 ᾖ Γ: > Υ

εἰσακούσῃ, ἀντὶ τοῦ· καὶ ἀκούσει αὐτῶν βοώντων ὁ θεός.

ἢ οἱ ἄδικοι καὶ ὑπερήφανοι ὑπὸ ἑτέρων πονηρῶν ἀδικούμενοι ἐὰν κράξωσι πρὸς θεόν, οὐκ εἰσακούονται· πρὸς γὰρ τοὺς τοιούτους, φησίν, ἀνεπιστρέπτως ἔχει ὁ θεός.

5   πρὸς ἑκατέραν δὲ ἔννοιαν ἁρμόζει τὰ ἐπαγόμενα.

35,13-14 ἄτοπα γὰρ ἰδεῖν οὐ βούλεται ὁ κύριος, αὐτὸς γὰρ ὁ παντοκράτωρ ὁρατής ἐστι τῶν συντελούντων τὰ ἄνομα καὶ σώσει με.

εἰρηκὼς τοῦ θεοῦ τὸ μισοπόνηρον καὶ ὡς οὐδὲν διαλανθάνει <αὐτὸν> τῶν παρὰ ἀνθρώποις πραττομένων, ἀλλὰ καὶ ἐφορᾷ κολαστικῶς
10 τοὺς ἀνόμους, εὐχὴν ἐπέπλεξε τῷ λόγῳ φήσας· καὶ σώσει με.

35,14 κρίθητι δὲ ἐναντίον αὐτοῦ, εἰ δύνασαι αὐτὸν αἰνέσαι ὡς ἔστιν.

τί οὖν πρὸς τὸν τοσοῦτον καὶ τηλικοῦτον θέλεις, φησίν, κριθῆναι, ὅπουγε μηδὲ πρὸς ἀξίαν αὐτὸν ὑμνολογῆσαι οἷός τε εἶ;

35,15 καὶ νῦν οὐκ ἔστιν ἐπισκεπτόμενος ὀργὴν αὐτοῦ καὶ οὐκ ἔγνω
15 παραπτώματι σφόδρα.

διὰ τοῦτο τοιγαροῦν, ἐπειδὴ μὴ συνεχῶς ἐπισκέπτεται τῇ ἐποφειλομένῃ ἀδίκοις ὀργῇ, ἀλλ’ ὥσπερ τις ἀγνοῶν οὐ σφόδρα τιμωρεῖται τὰ ἡμέτερα παραπτώματα, τὴν ἀνοχὴν αὐτοῦ καὶ μακροθυμίαν οἱ ἄνθρωποι εἰς καταφρόνησιν λαμβάνουσιν. τὸ δὲ εἰπεῖν καὶ νῦν ἔδει-
20 ξεν, ὅτι κἂν παραχρῆμα μὴ τιμωρῆται, ἀλλ’ οὖν ἀποδώσει ποτὲ ἑκάστῳ τὰ κατ’ ἀξίαν.

35,16 καὶ ’Ιὼβ ματαίως ἀνοίγει τὸ στόμα αὐτοῦ, ἐν ἀγνωσίᾳ ῥήματα βαρύνει.

Y Γ(βOFP -5; 8-10; βOFPN 12-13; βOFP 16-21)

3 κράξωσι Γ: κράξονται Υ / εἰσακούονται Γ: εἰσακούσονται Υ   4 δ
> Γ   8-9 καὶ - ἀλλὰ > Γ   10 ἐπέπλεξε Hag: ἔπλεξε ΥΓ (ἐπε-
λέξατο καὶ ἔπλεξε P)   12 τὸν > Γ / ἐθέλεις Γ / φησιν > Γ
16 διὰ: ἀλλὰ διὰ Γ / τοῦτο + φησίν Γ / τοιγαροῦν > Γ / ἐπισκέπτεται
+ καὶ ἐπεξέρχεται θεός Γ   16/17 ἐπιφειλομένῃ Υ, ὀφειλομένῃ Γ
17 ἀλλ’ ὥσπερ: ὥσπερ δὲ Γ / οὐ Γ: > Υ   20 τιμωρεῖται Υ
21 τὰ: τὸ Γ   22 βαρύνει LXX: βρύει Υ; vgl.304,3-4

μὴ κατανοῶν, φησίν, ὁ Ἰὼβ τὸ μεγαλεῖον τοῦ θεοῦ καὶ τὸ μακρό-
θυμον καὶ τὰ ἀκατάληπτα αὐτοῦ κρίματα, καὶ ὅτι ἄνθρωπος οὐδὲ αἰνέ-
σαι κατ' ἀξίαν τὸν θεὸν δύναται, μήτιγε κριθῆναι πρὸς αὐτόν, βα-
ρέα καὶ ἀπρεπῆ φθέγγεται ῥήματα. καὶ καλῶς μὲν ὁ Ἐλιοὺς οὐδὲ
5 τὸν Ἰὼβ ὡς δι' ἀσεβείας πάσχοντα {μὲν} καταδικάζει, ἀλλὰ καὶ τὰ
περὶ τῆς θεοῦ μεγαλοπρεπείας καὶ ἀνοχῆς ὀρθῶς δοξάζει, οὔτε δὲ
τὴν γνώμην, ἐξ ἧς τοὺς λόγους προέφερεν ὁ Ἰὼβ, κατενόησεν οὔτε
τὴν αἰτίαν ἐγνώρισε τῶν ἀνηκέστων κακῶν, οἷς περιπέπτωκεν ὁ δίκαι-
ος.

Y Γ(βOFPN 1 - 4 ῥήματα)

1 φησίν + τοιγαροῦν Γ   1-2 τὸ μεγαλεῖον τοῦ θεοῦ καὶ τὸ μακρόθυ-
μον καὶ τὰ ἀκατάληπτα αὐτοῦ κρίματα Hag: τῷ μεγαλείῳ τοῦ θεοῦ καὶ τῷ
μακροθύμῳ καὶ τοῖς ἀκαταλήπτοις αὐτοῦ κρίμασι Υ, τῇ τοῦ θεοῦ μεγα-
λειότητι καὶ μακροθυμίᾳ καὶ τοῖς ἀκαταλήπτοις αὐτοῦ κρίμασι Γ, τὴν
τοῦ θεοῦ μεγαλειότητα καὶ τὴν μακροθυμίαν καὶ τὰ ἀκατάληπτα αὐτοῦ
κρίματα (Ν, Konjektur); Fehler im Archetyp, entweder hier oder in 1
κατανοῶν   2/3 πρὸς ἀξίαν αἰνέσαι Γ   3 μήτιγε + καὶ Γ
3/4 βαρέα – φθέγγεται Γ: > Ν   5 `τὰ´ Υ   6 περὶ τῆς Hag: τῆς
περὶ Υ   7 προέφερεν Hag: προσέφερεν Υ

ΚΕΦΑΛΑΙΟΝ ΕΙΚΟΣΤΟΝ ΠΕΜΠΤΟΝ

'Αρχὴ τοῦ ῥητοῦ· προσθεὶς δὲ 'Ελιοῦς ἔτι λέγει· μεῖνόν
<με> μικρὸν ἔτι, ἵνα διδάξω σε· ἔτι γὰρ ἐν ἐμοί ἐστι λέξις.

Προθεωρία τοῦ κεφαλαίου

5 ἐνταῦθα περὶ δικαιοσύνης θεοῦ διδάσκει ὁ 'Ελιοῦς τὸ κατ' ἀξίαν
ἑκάστῳ ἀπονεμούσης καὶ περὶ δυνάμεως μεγαλοπρεποῦς καὶ σοφίας ἀ-
καταλήπτου· συνίστησι δὲ τὸν περὶ τῆς ἀκαταλήπτου σοφίας αὐτοῦ
λόγον ἐκ τῶν περὶ τὸν ἀέρα γινομένων χειμώνων τε καὶ βροντῶν καὶ
τῶν θηρίων καὶ τῶν κτηνῶν, πῶς τὰ μὲν μεθ' ἡμέραν ἐργάζεται, τὴν
10 δὲ νύκτα εἰς ἀνάπαυσιν ἔχει, τὰ δὲ τὴν μὲν ἡμέραν εἰς τὸ ἡσυχά-
ζειν ἀπεκληρώσατο, ἵνα μὴ τοῖς ἀνθρώποις ἐπιτρέχωσι, τὴν δὲ νύκ-
τα περινοστοῦντα ζητοῦσι τροφήν· καὶ ὅτι τοῖς ὕδασιν ὁ θεὸς ποτὲ
μὲν εἰς ἀνθρώπων παιδείαν, ποτὲ δὲ εἰς εὐεργεσίαν χρῆται· καὶ ὅτι
ἐκ μὲν σκότους φῶς, ἐκ δὲ τῆς τοῦ φωτὸς ἀναχωρήσεως νύκτα ἐργάζεται.
15 φησὶ δέ, ὅτι πᾶσίν ἐστιν εὔληπτον τὸ ἐκ τῆς δημιουργίας καταλαμ-
βάνειν, ὡς ἀκατάληπτός ἐστιν ἡ σοφία τοῦ θεοῦ· μεγαλοπρεπῶς δὲ
διεξελθὼν τὰ περὶ τῆς ἀκαταλήπτου σοφίας τε καὶ προνοίας τοῦ θε-
οῦ συμπεραίνει τὸν λόγον εἰς τὸ δεῖν φοβεῖσθαι τὸν θεόν. διὰ μὲν
οὖν τοῦ δίκαιον ἀποφῆναι θεὸν καὶ τοῖς δικαίοις ἐπαμύνοντα παρά-
20 κλησιν εἰργάσατο τῷ 'Ιὼβ, ἵνα ὡς δίκαιος ἀγαθοῦ καὶ δικαίου θεοῦ
τεύξεσθαι προσδοκῶν ἑαυτὸν ἀνακτήσηται, διὰ δὲ τοῦ μέγαν καὶ ἰσ-

---

Υ Γ(βOF 5-) Γ'(βOF 5-6 ἀπον.) Ρ(5-7 ἀκαταλ.; 18 διὰ -) Ν(5-18 θεόν)

1 κεφάλαιον κε Υ   2 ἀρχὴ τοῦ ῥητοῦ nach λέγει stellt Υ / ἔτι λέ-
γει LXX: εἶπεν Υ   5 ἐνταῦθα: ἐν τούτοις Γ'Ρ   7 συνίστησι -
σοφίας Γ: > Υ / περὶ - αὐτοῦ > Ν   8 λόγον ΓΝ: λέγων Υ / χειμώ-
νων τε ΓΝ: > Υ   9 τῶν₂ > Γ   11 ἀπεκληρώσαντο ΓΝ   12 πε-
ρινοστοῦσι ζητοῦντα Γ   13 χρεῖται Υ   15-16 φησὶ - ὡς: καὶ
ὅτι Ν   16 τοῦ θεοῦ σοφία stellt Ν/ μεγαλοπρεπῶς · - 17/18 θεοῦ Γ:
ähnlich Ν, > Υ / δὲ + περὶ ταύτης Ν   17 τὰ - θεοῦ > Ν   19 τοῦ
ΓΡ: τὸ Υ / τὸν θεόν Ρ   21 τεύξεσθαι ΓΡ: τεύξεται Υ / ἀνακτήσηται
ΓΡ: ἀνακτήσεται Υ

χυρὸν καὶ ἀκατάληπτον εἰς φόβον ἐνάγειν ἐπειράθη τὸν δίκαιον, ἵνα
μηκέτι μηδὲν ἀντείπῃ, ἀλλὰ τῇ σιωπῇ παραχωρήσῃ τοῖς ἀκαταλήπτοις
τοῦ θεοῦ κρίμασιν.

θαυμασίως οὖν τοῦ Ἐλιοὺς μάλιστα πρὸς τῷ τέλει περὶ τῆς τοῦ θεοῦ
5 σοφίας τε καὶ μεγαλοπρεπείας ἐξηγησαμένου ὁ μὲν Ἰὼβ οὐδὲν ἀντεῖ-
πεν, σύμψηφος δὲ θεὸς τοῖς τοιούτοις αὐτοῦ γέγονε λόγοις, ὡς ἐφε-
ξῆς ἔστιν ἐκ τῆς θείας ῥήσεως καταμαθεῖν.

A ἱ   λ έ ξ ε ι ς

36,2-3 μεῖνόν με μικρὸν <ἔτι>, ἵνα διδάξω σε· ἔτι γὰρ ἐν ἐμοί
10 ἔστι λέξις. ἀναλαβὼν τὴν ἐπιστήμην μου μακράν.

ἐπειδήπερ ἔτι περὶ θεοῦ λέγειν ἔχω καὶ βούλομαι μακρότερον
ἀναλαβὼν τὸν λόγον μετ᾽ ἐπιστήμης καὶ γνώσεως διεξελθεῖν, ἔκδεξαι
καὶ τὰ νῦν ὑπ᾽ ἐμοῦ λεγόμενα.

36,3-4 ἔργοις δέ μου δίκαια ἐρῶ ἐπ᾽ ἀληθείας καὶ οὐκ ἄδικα ῥή-
15 ματα ἀδίκως συνιείς.

τὸ μ ο υ πρὸς τὸ δ ί κ α ι α, ἵνα εἴπῃ ὅτι· τὴν δικαιολογίαν μου,
ἣν νῦν ἐρῶ, τοῖς ἔργοις τοῦ θεοῦ πιστοῦμαι δεικνύς, ὡς ἃ γινώσκω
μετὰ ἀληθείας συνίημι καὶ οὐκ ἄδικόν τι νοήσας ἄδικα φθέγγομαι
ῥήματα.

20 36,5 γίνωσκε <δέ>, ὅτι ὁ κύριος οὐ μὴ ἀποποιήσηται τὸν ἄκακον.

ἴσθι τοιγαροῦν, ὡς οὐδέποτε θεὸς ἔξω τῆς οἰκείας ἐπισκοπῆς τὸν
ἀκακίᾳ συζῶντα καταλιμπάνει.

Υ Γ(βOF -7; 11-13; βOFP 16-19) P(-3; 11-13) N(1 ἵνα - 7; 11-13;
16 τὴν - 19; 21-22)

1 τὸν ΓΡ: τὸ Υ   2 ἀντείπῃ + ὁ δίκαιος Ν / παραχωρήσει Υ
3 μάλιστα + τὰ Υ   6 δὲ + ὁ ΓΝ   11 βούλομαι + φησιν Γ / μα-
κρότερον: ὑψηλότερον Γ, μακρότερον καὶ ὑψηλότερον Ρ   12 ἔκ-
δεξαι + μαθεῖν ΓΡΝ   13 λεγόμενα: ῥηθησόμενα Ν   16 τὸ μοῦ Γ:
> Υ / τὸ₂ Γ: τὰ Υ / ὅτι Γ: ἔτι Υ / μου + φησιν Ν   17 τοῦ θεοῦ
ἔργοις stellen ΓΝ / ἃ γινώσκω ΓΝ: ἀναγινώσκω Υ   18 συνίειμι Υ
18/19 ἄδικα .. ῥήματα: ἄδικα Ρ, ἄδικον ΓΝ   22 ἀκακίᾳ Ν: ἐν ἀκ. Υ

36,5 δυνατὸς ἰσχύι καρδίας ἀσεβῶν οὐ μὴ ζωοποιήσει.

ζωοποιεῖται ψυχὴ θείας γνώσεως μεταλαμβάνουσα, θάνατος δὲ λο-
γικῆς ψυχῆς ἡ ἀγνωσία {καὶ αἱ κολάσεις}. ὁ δυνατὸς οὖν, φησίν, θε-
ὸς καὶ ἰσχυρὸς τὰς ψυχὰς τῶν ἀσεβῶν οὐ μὴ ζωοποιήσει διὰ τὸ ἑλέ-
5 σθαι αὐτοὺς ἐν ἀγνωσίᾳ διάγειν.

36,6 καὶ κρίματα πτωχῶν δώσει.

κολάζων δὲ τοὺς ἀσεβεῖς κατὰ τὰ κρίματα αὐτοῦ τὰ δίκαια τοῖς
πένησιν ἀδικουμένοις ἐπαμύνει.

36,7 οὐκ ἀφελεῖ ἀπὸ δικαίου ὀφθαλμοὺς αὐτοῦ.

10 ὅμοιον ἐν Ψαλμοῖς ὅτι· ὀφθαλμοὶ κυρίου ἐπὶ δικαίους
καὶ ὦτα αὐτοῦ εἰς δέησιν αὐτῶν.

36,7 καὶ μετὰ βασιλέων εἰς θρόνον, καθιεῖ αὐτοὺς εἰς νῖκος καὶ
ὑψωθήσονται.

κατὰ μὲν τὸ πρόχειρον ἐσθότε τοὺς δικαίους ὁ θεὸς τοσαύτης
15 ἀξιοῖ καὶ παρὰ ἀνθρώποις τιμῆς, ὡς καὶ συγκαθίζειν αὐτοὺς βασι-
λεῦσι καὶ νῖκος αὐτοῖς χαρίζεσθαι κατὰ τῶν ἐχθρῶν καὶ εἰς ὕψος
ἐπαίρειν.

κατὰ δὲ βαθυτέραν διάνοιαν οἱ κατὰ θεὸν πτωχοὶ καὶ δίκαιοι με-
τὰ τῶν κατ' ἀρετὴν μεγάλων σύνθρονοι τῷ βασιλεῖ τῶν οὐρανῶν ἔσον-
20 ται νικήσαντες τοὺς νοητοὺς ἐχθροὺς καὶ ὑψωθέντες.

36,8-9 καὶ οἱ πεπεδημένοι ἐν χειροπέδαις συσχεθήσονται ἐν σχοινίῳ πε-
νίας, καὶ ἀναγγελεῖ αὐτοῖς τὰ ἔργα αὐτῶν καὶ τὰ παραπτώματα αὐτῶν, ὅτι
ἰσχύσουσιν.

10-11 Psalm 33,16

Υ Γ(βΟΕΡ 2-5; 7-8; 14-20) Ν(7-8; 10-11)

3 καὶ αἱ κολάσεις ΥΓ, getilgt Hag   4 καὶ ἰσχυρὸς > Γ   7 δὲ +
ὁ δυνατὸς Ν / τὰ δίκαια ἑαυτοῦ κρίματα ΓΝ   10 ὅμοιον – ὀφθαλμοὶ:
ὀφθαλμοὶ γὰρ Ν   11 καὶ – αὐτῶν > Ν   12 νῖκος LXX: μῆκος Υ
15 τιμῆς ὡς Γ: τιμήσεως Υ   17 ἐπαίρειν Γ: ἐπαίρεσθαι Υ   19 μεγά-
λων: ὑψηλῶν Γ   21 συσχεθήσονται LXX: [[σιδηραῖς]] ὄντες Υ

τοὺς δὲ ἀδίκους δεσμώτας ἐργασάμενος καὶ καταδήσας πενίᾳ διὰ
τῶν συμφορῶν εἰς ἀνάμνησιν ἄγει τῶν οἰκείων ἔργων καὶ παραπτωμά-
των, ἅπερ ἔπραξαν διὰ τῆς ἰδίας ἰσχύος.

36,10 ἀλλὰ τοῦ δικαίου εἰσακούσεται.

5　τοῦτο τῷ ἀνωτέρω εἰρημένῳ συνῆπται, ἵνα ᾖ οὕτως· οὐκ ἀφελεῖ
ἀπὸ δικαίου ὀφθαλμοὺς αὐτοῦ, ἀλλὰ τοῦ δικαίου
εἰσακούσεται.

36,10 καὶ εἶπεν, ὅτι ἀποστραφήσονται ἐξ ἀδικίας.

κηδόμενος δέ, φησίν, καὶ τῶν ἀδίκων ὁ θεὸς δεσμοῖς αὐτοὺς καὶ
10　πενίᾳ πιέζει, ὡς ἂν εἰς συναίσθησιν ἐλθόντες τῶν ἡμαρτημένων ἀπο-
στρέψωσιν ἐκ τῆς ἀδικίας.

36,11 ἐὰν ἀκούσωσι καὶ δουλεύσωσιν, συντελέσουσι τὰς ἡμέρας αὐ-
τῶν ἐν ἀγαθοῖς ‹καὶ τὰ ἔτη αὐτῶν ἐν εὐπραγίαις›.

τὴν διὰ τῶν ἔργων ἐπιστρεπτικὴν παιδείαν τοῦ θεοῦ λέγει ὥσπερ
15　τινὰ νουθεσίαν ἀκουστὴν εἰς συναίσθησιν ἄγουσαν τοὺς παιδευομέ-
νους. ἐὰν οὖν, φησίν, ἀκούσαντες τοῦ ψυχωφελοῦς τούτου μαθήματος
δουλεύσωσι θεῷ, ἐν εὐπραγίᾳ καὶ ἀγαθῶν ἀφθονίᾳ βιοτεύσουσιν.

32,12 ἀσεβεῖς δὲ οὐ διασῴζει παρὰ τὸ μὴ βούλεσθαι αὐτοὺς εἰδέναι
τὸν κύριον καὶ διότι νουθετούμενοι ἀνήκοοι ἦσαν.

20　τοὺς δὲ ἀσεβεῖς οὐ διασῴζει θεὸς οὐκ αὐτὸς αὐτοῖς τῆς ἀπωλείας

5-6　Hiob 36,7

Y　Γ(βOFP 1-3; 5-7; 9-11; 14-17; 20-)　N(5-7; 14-17; 20-)

1 ἀδίκους + φησίν Γ　　3 ἔπραξαν Γ: ἔπραξεν Υ　　6-7 ἀλλὰ - εἰσα-
κούσεται Γ: ὀφθαλμοὶ γὰρ κυρίου ἐπὶ δικαίους καὶ ὦτα αὐτοῦ εἰς δέη-
σιν αὐτῶν Υ (vgl.307,10f), τὴν ἐποπτικὴν καὶ προνοητικὴν δύναμιν ἀλλ'
εἰσακούσεται αὐτοῦ N　　9 κηδόμενος Γ: φηδόμενος Υ / δέ Γ: μὲν Υ /
αὐτοὺς Γ: αὐτοῖς Υ　　10 συναίσθησιν Γ: σύνεσιν Υ　　　10/11 ἀπο-
στρέψωσιν: ἐπιστρέψωσιν Γ　　　12 συντελέσουσι LXX: συντελέσωσι Υ
13 ‹ ›; vgl.17　　14 λέγει ΓN: > Υ　　　15 ἀκουστὴν + φησίν Υ /
συναίσθησιν ΓN: σὴν αἴσθησιν Υ / ἄγουσαν: ἄγειν N　　16 οὖν ΓN: > Υ
/ τοῦ - μαθήματος > N　　17 βιοτεύσουσιν Υ, + καὶ μετ' εὐδοξίας τὸν
βίον παλαιώσουσιν N　　19 διότι LXX: διὰ τί Υ　　20 δὲ ΓN: > Υ
/ ἀσεβεῖς + φησίν ΓN

αἴτιος γενόμενος, ἀλλ' ἐπειδήπερ αὐτοὶ ἑαυτοῖς τούτου κατέστησαν
αἴτιοι μήτε τῷ ἐμφύτῳ καὶ φυσικῷ λόγῳ τὸν θεὸν ἐπιγνῶναι θελή-
σαντες, μήτε τῇ ἐπιστρεπτικῇ παιδείᾳ καὶ νουθεσίᾳ κατήκοοι γενέ-
σθαι θεοῦ βουληθέντες.

5   36,13 καὶ ὑποκριταὶ καρδίας τάξουσι θυμόν.

οἱ δὲ τὰς καρδίας ὑποκριταὶ σχῆμα μὲν εὐσεβείας περικείμενοι,
ἔσωθεν δὲ ὄντες λύκοι ἅρπαγες αὐτοὶ ἑαυτῶν κατατάσσουσι
καὶ καθορίζουσι τὴν θείαν ὀργήν.

36,13 οὐ βοήσονται, ὅτι ἔδησεν αὐτούς.

10 οὗτοι δὲ οἱ ὑποκριταὶ οὐκ ἀναβλέπουσι πρὸς θεὸν καὶ ἐπιστρέφου-
σιν, ἐπειδὴ κατέδησεν αὐτοὺς ἡ ὑπόκρισις.

36,14-15 ἀποθάνοι τοίνυν ἐν νεότητι ἡ ψυχὴ αὐτῶν, ἡ δὲ ζωὴ αὐτῶν
τιτρωσκομένη ὑπὸ ἀγγέλων, ἀνθ' ὧν ἔθλιψαν ἀσθενῆ καὶ ἀδύνατον.

διὰ τοῦτο, φησίν, καὶ ἄωροι ἀποθνήσκουσιν ὑπὸ τῶν θανατηφόρων
15 ἀγγέλων τιτρωσκόμενοι· ἢ καὶ συναποθνήσκουσι ταῖς νεωτερικαῖς
ἐπιθυμίαις ὑπὸ τῶν τιμωρῶν ἀγγέλων αἰκισθησόμενοι. ἡ δὲ αἰτία·
δι' ἃς εἰργάσαντο κατὰ τῶν ὑποδεεστέρων θλίψεις καὶ ἀδικίας.

36,15 κρίμα δὲ πραέων ἐκθήσει.

τῶν δὲ πραέων τὸ κρίμα ὁρίσει ὁ θεός· τοῦτο γὰρ σημαίνει τὸ

7 Matthäus 7,15

Y Γ(βOFP -4; βOFL 6-8; 10-11; βOFP 14-17; 19-) P(6-8; 10-11)
N(-4; 6-8; ≠ 10-11; 14-17; 19-)

1 γινόμενος αἴτιος ΓΝ / ἐπειδήπερ > Ν   1-2 τούτου – αἴτιοι > Ν
3 μήτε τῇ ΓΝ: τῇ τε Υ / κατήκοοι ΓΝ: κατοίκοοι Υ   3/4 θεοῦ γε-
νέσθαι stellen ΓΝ   4 βουληθέντες ΓΝ: μὴ θελήσαντες Υ   6 τὰς
καρδίας ΥΡ(FL): τῇ καρδίᾳ Ν(βO) / ὑποκριταί + φησιν οἱ ΓΡΝ/ μὲν: μό-
νον ΓΝ, + εὐπρεπείας καὶ Ρ   7 ἔσωθεν – ἅρπαγες > ΓΝ/ ἑαυτῶν ΥΓΡ:
ἑαυτοῖς Ν   8 καθορίζουσι ΓΡΝ: καθαιρίζουσι Υ   10 οὗτοι –
ὑποκριταί: καὶ ΓΡ   10/11 ἐπιστρεφουσιν: ἐξομολογοῦνται Γ, ἐπι-
στρέφουσι καὶ ἐξομολογοῦνται Ρ   13 ἀνθ' – ἀδύνατον nach 16 αἰ-
τία stellt Υ / ὧν: ὃν Υ   14 ἄωροι Υ   15-16 ἢ καὶ – αἰκισθη-
σόμενοι > Ν   16 ἡ δὲ: καὶ ἑτέρα Γ   17 κατὰ τῶν ὑποδεεστέραν
nach ἀδικίας stellt Ν   19 κρίμα + καὶ τὴν ἐκδίκησιν Ν / ὁ > Γ /
σημαίνει > Ν

ἐκθήσει, ἀντὶ τοῦ· οὐ περιόψεται αὐτοὺς ἀδικουμένους. πραεῖς δὲ
ἢ τοὺς κατὰ προαίρεσιν δικαίους νοήσεις, ἢ καὶ πάντας τοὺς ἀδι-
κουμένους καὶ δι' ἀσθένειαν ἡσυχίαν ἄγοντας.

36,16 καὶ ἠπάτησέ σε ἐκ στόματος ἐχθροῦ.

5   διὰ μέσου τεθηκὼς τὸ κρίμα δὲ πραέων ἐκθήσει ὡς πρὸς
τὸ τῶν ὑποκριτῶν πρόσωπον ἐπήγαγεν, ὅτι τιμωροῦνται οἱ ὑποκριταὶ
ὡς ἀπατῶντες τοὺς ἀνθρώπους διὰ τοῦ ἑαυτῶν ἐχθροῦ στόματος ἕτερα
μὲν διὰ γλώσσης προφέροντες, ἕτερα δὲ κατὰ διάνοιαν ἔχοντες. τὸ
δὲ κοινὸν ὡς ἐπὶ ἰδικοῦ προσώπου τεθηκὼς εἶπεν· ἠπάτησέ σε,
10   ἀντὶ τοῦ· ἐπειδὴ πεφύκασιν ἀπατᾶν οἱ ὑποκριταί.

36,16 ἄβυσσος, κατάχυσις ὑποκάτω αὐτῆς.

       εἰ μὲν περὶ τῶν ὑποκριτῶν ὁ λόγος, ἐοίκασιν, φησίν, ἀβύσσοις
βαθέως καὶ ἐγκαθέτως βουλευόμενοι· καὶ ὥσπερ ἡ τῶν ὑδάτων κατάχυ-
σις ὑποκάτω ἑαυτῆς τὰς ὑφάλους ἐπικρύπτει πέτρας καὶ λανθάνοντα
15   τοῖς πλέουσι φέρει τὸν κίνδυνον, οὕτω δὴ καὶ ἡ τούτων γνώμη τῷ
προσχήματι τῆς ὑποκρίσεως ἐπισκιαζομένη ναυαγεῖν παρασκευάζει τοὺς
αὐτῇ καταπιστεύοντας.
       εἰ δὲ περὶ τῆς θαυματουργίας τοῦ θεοῦ διὰ μέσου παρεντέθηται
τὸ ῥητόν, ὑποκάτω, φησίν, τῆς ἀβύσσου οὐδέν ἐστιν ἡ κατάχυσις·
20   θαυμαστὸν δὲ ὄντως τὸ ἐπὶ χύματος ἡδράσθαι.

36,16-17 καὶ κατέβη τράπεζά σου πλήρης πιότητος, καὶ οὐχ ὑστερή-
σει δὲ ἀπὸ δικαίων κρίμα.

5 Hiob 36,15

Υ Γ(βOFP - 1 ἀδικουμένους; βOFPN 5 - 7 στόματος; βOFP 8 τὸ - 9 σε;
βOFPN 12-20) Ν(-3)

1 ἀντὶ - ἀδικουμένους > Ν   2 πάντας > Ν   3 καὶ Ν: ἢ Υ / ἡσυ-
χίαν Ν: τὴν ἡσυχίαν Υ   4 ἠπάτησέ σε (vgl.Ζ.9): ἠπάτησέ με Υ
(προσεπηπάτησέ σε, προσεπιηπάτησέ με, προσέτι ἠπάτησέ σε u.a. LXX)
7 ὡς ἀπατῶντες: οὐ μόνον φησὶ δι' ἃς προεῖπον αἰτίας ἀλλ' ἐπειδὴ καὶ
ἀπατῶσι Γ   8 προφέροντες Hag: προσφέροντες Υ   10 ἀπατᾶν Hag:
ἀπαντᾶν Υ   13 βουλευόμενοι Γ: βουλόμενοι Υ   14 ὑποκάτω ἑαυ-
τῆς Γ: > Υ   14-15 καὶ - κίνδυνον Γ: > Υ   15 δὴ Γ: > Υ
16 ναυαγὴν Υ   17 αὐτῇ: αὐτοῖς Γ   18 παρεντέθηται Γ: παρεντί-
θεται Υ

τῶν δὲ δικαίων, φησίν, οὐχ ὑστερεῖ τὸ κρίμα, τουτέστιν· ἀπονέ-
μει αὐτοῖς τὸ κατ' ἀξίαν ὁ θεός, ὡς καὶ ἐφαπλοῦν αὐτοῖς τράπεζαν
πλήρης πιότητος, πρωτοτύπως μὲν τὴν τῆς γνώσεως, τὴν πνευματικήν,
κατά τι δὲ παρακολούθημα ἴσως που καὶ τὴν ἐν αἰσθητοῖς ἀγαθοῖς.

5   36,18   θυμὸς δὲ ἐπ' ἀσεβεῖς ἔσται δι' ἀσεβείας δώρων, ὧν ἐδέχοντο
ἐπ' ἀσεβείας.

τοὺς δὲ δωροδέκτας ἡ θεία ἐκδέξεται ὀργή. θυμὸν δὲ καὶ ὀργήν,
ὅταν ἀκούσῃς περὶ θεοῦ, μὴ πάθος ἐννοήσῃς περὶ τὴν θείαν ἵστασθαι
φύσιν - ἀπαθῶς γὰρ ὁ θεὸς καὶ ἀοργήτως τιμωρεῖται -, ἀλλ' ἐπειδή-
10 περ ἀντιπαθῶς ἔχουσιν ἡ ὀργὴ καὶ ὁ θυμὸς πρὸς τὸν φόβον καὶ δέδοι-
κέ τις τὸν ἰσχυρότερον ἑαυτοῦ θυμούμενον καὶ ὀργιζόμενον, τούτοις
ἡ γραφὴ κέχρηται τοῖς ὀνόμασι πρὸς τὸν θεῖον ἡμᾶς ἐνάγουσα φόβον.

36,19   μή σε ἐκκλινάτω ἑκὼν ὁ νοῦς δεήσεως ἐν ἀνάγκῃ ὄντων ἀδυνάτων.

μὴ ἑκὼν τῆς εὐθείας ὁδοῦ παρατραπῇς, ὅταν τῆς σῆς ἐπικουρίας
15 δέωνται οἱ ἐν ἀνάγκῃ ὄντες ἀδύνατοι, ἀλλ' ἐπάμυνον κατὰ δύναμιν.

36,19-21   καὶ πάντας τοὺς κραταιοῦντας ἰσχύν· μὴ ἐξελκύσῃς τὴν
νύκτα τοῦ ἀναβῆναι λαοὺς ἀντ' αὐτῶν· ἀλλὰ φύλαξαι, μὴ πράξῃς ἄτο-
πα· <ἐπὶ τοῦτον γὰρ ἐξείλω ἀπὸ πτωχείας>.

ὥσπερ δή, φησίν, οὐ χρὴ τοὺς ἀδυνάτους περιορᾶν, οὕτως οὐδὲ
20 τοῖς δυνατοῖς ἐφεδρεύειν ἐν νυκτὶ μετὰ πλήθους καὶ λαῶν πλειόνων
καὶ τῶν οἰκείων ἐκβάλλειν. διδάσκει δέ, ὅτι καὶ δυνατῷ καὶ ἀδυνά-
τῳ τὴν ἰσότητα καὶ τὸ δίκαιον προσήκει φυλάττειν καὶ μήτε τοὺς ἀ-

Υ Γ(βOFP 1-4; 14-15; 19 - 22 φυλάττειν)   N(≠ 14-15; 21 διδάσκει -
22 φυλάττειν)

1 τῶν Γ: κριμάτων Υ / τὸ Γ: > Υ   2 ἀξίαν + καὶ κριτικὸν Υ
3 πλήρη Γ / τὴν₁ Γ: > Υ / τὴν₂: καὶ Γ   4 τι δὲ: τῇδε Υ
14 ἑκών + φησίν Γ / παρατραπεὶς Υ   15 δέονται Υ   17 ἀναβῆναι
LXX: ἀναλαβῆναι Υ / ἀλλὰ - 18 nach 312,2 ἐκβάλλειν stellt Υ   18
<..>; vgl.312,9-10   19 δὴ Γ: δὲ Υ(P)   20 τοῖς
δυνατοῖς Hag: τοὺς δυνατοὺς ΥΓ / καὶ λαῶν πλειόνων > Γ   21 καὶ
δυνατῷ καὶ ἀδυνάτῳ > ΓN   22 δίκαιον + πρὸς πάντας ΓN / φυλάτ-
τειν προσήκει stellt Γ

δυνάτους περιορᾶν ἀδικουμένους μήτε τοὺς δυνατοὺς βίᾳ τῶν οἰκεί-
ων ἐκβάλλειν. πάσῃ οὖν φυλακῇ τῶν ἀτόπων ἀπέχεσθαι προσήκει.

ἄλλοι δὲ οὕτως ἡρμήνευσαν· μὴ παρελκύσῃς, φησίν, ὅλην τὴν νύκ-
τα καθεύδων, ἵνα μὴ ἐκβαλὼν τοὺς ἀγαθοὺς λογισμοὺς τοὺς κραται-
5 οῦντας τὴν ἰσχὺν τῆς ψυχῆς ἑτέρους φαύλους καὶ ἀτόπους ἀντεισα-
γάγῃς σαυτῷ. φύλαξαι οὖν τοῦ μὴ ποιῆσαι ἄτοπα.

κατὰ μὲν οὖν τὸ ῥητὸν τὸ πρῶτον, κατὰ <δὲ> διάνοιαν τὸ δεύτε-
ρον· ἀπὸ δὲ τῶν τοιούτων πράξεων, τῶν κατὰ δικαιοσύνην, φησίν,
εἰς ὕψος ἀναχθήσῃ διανοίας μηδὲν ἔτι ταπεινὸν ἢ πτωχὸν ἢ χαμαιπε-
10 τὲς φρονῶν.

36,22 ἰδοὺ ὁ ἰσχυρὸς κραταιώσει ἐν ἰσχύι αὐτοῦ. τίς γάρ ἐστι
κατ' αὐτὸν δυνάστης;

ἀπὸ τοῦ περὶ δικαιοσύνης ἀνθρώπων λόγου εἰς τὸν περὶ ἰσχύος
θεοῦ καὶ δικαιοσύνης ἐκβαίνει λόγον, ἐπισυνάπτων καὶ τὸν τῆς με-
15 γαλοπρεπείας αὐτοῦ καὶ σοφίας καὶ τῶν ἀνεξιχνιάστων τῆς θείας
προνοίας ἔργων. θεώρησον οὖν, φησίν, ὡς ὁ ἰσχυρὸς θεὸς κραταιῶς
πάντα καὶ μετὰ θεϊκῆς δυνάμεως ἐργάζεται, καὶ οὐκ ἔστιν ὁ τῇ αὐ-
τοῦ δυνάμει παραβαλλόμενος.

36,23 τίς δέ ἐστιν ὁ ἐτάζων ἀπ' αὐτοῦ τὰ ἔργα, ἢ τίς ὁ εἰπών·
20 ἔπραξεν ἄδικα;

ἀλλ' εἰ καὶ τοσοῦτός ἐστι τὴν ἰσχύν, οὐχ ὡς ἐξουσίαν ἔχων ἄ-
τοπόν τι πράττει οὐδὲ δύναταί τις ἀναζητῶν αὐτοῦ τὰ ἔργα ἐπιδεῖ-
ξαί τι πεπραγμένον ἀδίκως, ὥστε εἰ καὶ μὴ δυνατὸν ἐτάζειν καὶ

Υ Γ(βΟFP 3-10; 13-18; 21-) Ν(13 - 14 λόγον; 16 θεώρησον - 18)
3 ἡρμήνευσαν Γ: ἐκδεδώκασι τὸ μὴ ἐξελκύσῃς τὴν νύκτα Υ   5 ἀτό-
πους: ἀτόνους Γ   5/6 ἀντεισαγάγεις Υ   6 σαυτῷ (βΟΡ): αὐ-
τῷ Υ(F)/ φύλαξαι - ἄτοπα: πάσῃ οὖν φυλακῇ τῶν ἀτόπων ἀπέχεσθαι δεῖ
(vgl.Z.2) Γ   7-8 κατὰ₁ - δεύτερον > Γ   8 δὲ: γὰρ Γ / τῶν
- δικαιοσύνην > Γ / φησίν Γ: φημί Υ   9 ἢ πτωχὸν > Γ
9/10 χαμεπετὲς Υ   13 λόγου ΓΝ: λόγους Υ   16 θεώρησον οὖν:
καὶ θεώρησον Ν   17 ἅπαντα Ν / δυνάμεως + καὶ Υ   21 τοσοῦ-
τος Γ: τοιοῦτος Υ(Ρ) / ἐστι + φησίν Γ   23 ἀδίκως: ἀτόπως Γ
/ ἐτάζειν Γ: ἀνεξετάζειν Υ

ἀναζητεῖν τοῦ θεοῦ τὰς πράξεις - ἀνεξιχνίαστοι γὰρ καὶ ἀκατάληπ-

τοι -, ἀλλ' οὖν εὐσεβεῖ διανοίᾳ προσήκει πιστεύειν, ὡς οὐδὲν ἄδι-

κον παρὰ τῷ δικαίῳ θεῷ.

36,24 μνήσθητι, ὅτι μεγάλα τὰ ἔργα αὐτοῦ ἐστιν, <ὧν ἦρξαν ἄνδρες>.

5   ἀναλόγισαι δὴ τῶν περὶ τὴν κτίσιν ἔργων τοῦ θεοῦ τὸ μεγαλεῖον,

τετραπόδων, ἑρπετῶν, ἐναλίων, πετεινῶν, ὧν ἡ γῆ ποικίλως ἐκφύει,

τούτων ἁπάντων, ὧν ἄρχειν ἄνθρωποι κατ' ἀρχὰς ἐτάγησαν. διὰ Μωυ-

σέως μὲν λέγει· π ο ι ή σ ω μ ε ν ἄ ν θ ρ ω π ο ν κ α τ ' ε ἰ κ ό ν α ἡ μ ε τ έ-

ρ α ν κ α ὶ κ α θ ' ὁ μ ο ί ω σ ι ν, κ α ὶ ἀ ρ χ έ τ ω σ α ν τ ῶ ν ἰ χ θ ύ ω ν

10 τ ῆ ς θ α λ ά σ σ η ς κ α ὶ τ ῶ ν π ε τ ε ι ν ῶ ν τ ο ῦ ο ὐ ρ α ν ο ῦ. ὁ δὲ με-

γαλογράφος· π ά ν τ α ὑ π έ τ α ξ α ς ὑ π ο κ ά τ ω τ ῶ ν π ο δ ῶ ν α ὐ τ ο ῦ,

π ρ ό β α τ α κ α ὶ β ό α ς ἁ π ά σ α ς κ α ὶ τ ὰ ἑ ξ ῆ ς. διὰ δὲ ἄνθρωπον καὶ

τὴν κτίσιν τὴν ὑπὸ τὴν αὐτοῦ τεταγμένην ἀρχὴν τῶν ὑετῶν γέγονε

χρεία, ὧν διὰ τῶν ἑξῆς μνημονεύει.

15 36,25 πᾶς ἄνθρωπος εἶδεν ἐν αὐτῷ.

τὴν γὰρ περὶ θεοῦ γνῶσιν πᾶς ἄνθρωπος ἔχει, εἰ καὶ ὀλίγοις ἐκ

μέρους οἱ λόγοι τῶν ἔργων αὐτοῦ γεγόνασι γνώριμοι.

36,25 ὅσοι τιτρωσκόμενοί εἰσι βροτοί.

ἀντὶ τοῦ· πάντες. τῷ γὰρ κέντρῳ τῆς ἁμαρτίας, τουτέστι τῷ θα-

20 νάτῳ, πάντες τιτρώσκονται.

36,26 ἰδοὺ ὁ ἰσχυρὸς πολὺς καὶ οὐ γνωσόμεθα.

οὐδεὶς γὰρ οἶδε τ ὰ τ ο ῦ θ ε ο ῦ, ε ἰ μ ὴ τ ὸ π ν ε ῦ μ α τ ο ῦ

θ ε ο ῦ τ ὸ ἐ ν α ὐ τ ῷ.

8-10 Genesis 1,26   11-12 Psalm 8,7   19-20 vgl.
1.Korinther 15,56   22-23 vgl. 1.Korinther 2,11

Υ Γ(βΟFP -3; βΟFPN ≠ 5 - 10 οὐρανοῦ; βΟFP 16-17; βΟFPL 19-20) Ν(≠
16 τὴν - ἔχει; 19 ἀντὶ - πάντες)

4 <..>; vgl.Ζ.7   5 ἀναλόγησαι Υ / πετεινῶν Hag: κτηνῶν Υ
8 λέγει <θεός>?   12 ἄνθρωπον Hag: ἀνθρώπους Υ   13 κτίσιν Hag:
χρείαν Υ   14 ὧν διὰ τῶν Hag: διὰ τούτων Υ   19 vor ἀντὶ: ὅσοι
Γ, τὸ ὅσοι Ν / κέντρῳ Γ: μέτρῳ Υ

36,26 ἀριθμὸς ὁδῶν αὐτοῦ καὶ ἀπέραντος.

ἀλλὰ καὶ ὁ ἀριθμὸς τῶν ὁδῶν αὐτοῦ ἀπέραντος ἡμῖν ἐστι καὶ ἀκατά-
ληπτος.

36,27 ἀριθμηταὶ δὲ αὐτῷ σταγόνες ὑετοῦ.

5 τὴν μὲν θεοῦ γνῶσιν οὐδὲν ἐκφεύγει, ἀλλὰ καὶ τὸν ἀριθμὸν τῶν
ὑετίων σταγόνων ἐπίσταται.

36,27 καὶ ἐπιχυθήσονται ὑετῷ εἰς νεφέλην.

καὶ οὐκ ἀμέτρως, ἀλλ' ἐναριθμίως διὰ τῶν νεφελῶν χέεται ὁ ὑετός.

36,28 ῥυήσονται παλαιώματα.

10 ἐκρέουσι δὲ ἐκ τῶν νεφελῶν τὰ τήγματα, οἱ σταλαγμοί. ταῦτα
γὰρ λέγει παλαιώματα ἐκ τοῦ τὰ παλαιὰ τήκεσθαι. ἢ καὶ παλαιώματα
λέγει διὰ τὸ ἐξ ἀρχῆς καὶ ἐκ παλαιοῦ ταῦτα οὕτω γενέσθαι κατὰ τὴν
θείαν διάταξιν.

36,28 ἐσκίασε δὲ νέφη ἐπὶ ἀμυθήτων βροντῶν.

15 γίνονται οἱ χειμῶνες περὶ τὸν ἀέρα συννεφείας γενομένης.

36,29 - 30 καὶ ἐὰν συνῇ ἀπέκτασιν νεφέλης, ἰσότητα σκηνῆς αὐτοῦ,
ἰδοὺ ἐκτείνει ἐπ' αὐτὴν ἠδώ.

ἐὰν δοθῇ εἰς σύνεσιν ἐλθεῖν ἀνθρώποις, πῶς μικρᾶς προφανείσης
νεφέλης περὶ ὅλον τὸν οὐρανὸν ἡ καταπύκνωσις ἐκτείνεται τῶν νε-
20 φῶν - σκηνὴν γὰρ λέγει τὸν οὐρανόν, ὡς καὶ Ἡσαίας φησίν· ὁ στή-

20-2 Jesaias 40,22

Υ Γ(βOFP 5 τὴν - ἐκφεύγει; 8; βOFPLN ≠ 10-13; βOFP 18-) Ν(5-6; 8;
≠ 18 - 19 οὐρανόν)

5 vor τὴν: ἵνα εἴπῃ ὅτι Γ/ μὲν: δὲ Γ, > Ν(Ρ)/ τοῦ θεοῦ ΓΝ   6 στα-
γόνων Υ   7 ὑετῷ LXX: ὑετῶν Υ   8 καὶ: ἐνταῦθα τὴν γνῶσίν φησι
καὶ τὴν πρόνοιαν καὶ ὅτι Ν / ἀμέτρως + φησίν Γ / χέει τὸν ὑετὸν ΓΝ
9 <ῥ>υήσονται Υ   10 τήγματα Hag (vgl.325,23): στίγματα Υ, (> Γ)
11 τήκεσθαι (Γ): τίκεσθαι Υ   14 ἐσκίασε LXX: οὐκ ἴασε Υ   15 συν-
νεφείας Hag: συναφείας Υ   16 συνεῖ Υ / νεφέλης LXX: νεφέλη Υ
18 ἐὰν + οὖν Γ (nicht F) / δοθῇ + φησίν Γ / προφανείσης Γ(Ν): προφα-
νούσης Υ   19 καταπύκνωσις: πύκνωσις Γ(Ν)

σας τὸν οὐρανὸν ὡς καμάραν καὶ διατείνας ὡς σκη-
νὴν κατοικεῖν -, πῶς δὲ καὶ ἐπὶ ταύτης τῆς καταπυκνώσεως ἐκ-
τείνει τὴν ἡδώ - ἡδὼ δὲ ἑρμηνεύεται· φῶς αὐτοῦ, οὕτως γὰρ ὁ Σύμ-
μαχος ἐκδέδωκεν, ἕτερα δὲ ἀντίγραφα ἀντὶ τοῦ ἡδὼ τόξον ἔχουσιν -,
5 ἐὰν οὖν συννοήσῃ ὁ ἄνθρωπος, πῶς συννεφείας οὔσης αἱ ἡλιακαὶ ἀκ-
τῖνες εἰς τὴν τῶν νεφῶν ἀραίωσιν προσβάλλουσαι ποιοῦσι τὸ τόξον,
ὃ παρὰ τοῖς πολλοῖς ἶρις καλεῖται, περὶ οὗ καὶ Μωυσῆς εἶπεν· ἰ-
δοὺ τίθημι τὸ τόξον μου ἐν τῇ νεφέλῃ εἰς σημεῖον
τοῦ μὴ γίνεσθαι κατακλυσμόν, θαυμάσεται τοῦ δημιουργοῦ
10 τὴν σοφίαν, πῶς ἐν μὲν τῇ τῶν νεφῶν πυκνότητι τὴν ὠφέλιμον τοῦ
ὑετοῦ τοῖς ἀνθρώποις χρείαν ἐργάζεται, ἐν δὲ τῇ ἀραιότητι φαίνε-
σθαι τὸ τόξον παρασκευάζει παραμυθούμενος τοὺς ἐπὶ τῆς γῆς, ὅτι
δῆτα οὐ τῇ ἐπομβρίᾳ τούτους κατακλύζει, ἀλλ᾽ ἀνέχει τῶν ὑδάτων
τὴν ἄμετρον φορὰν κατὰ τὴν οἰκείαν ἐπαγγελίαν.

15 36,30 - 31 καὶ ῥιζώματα τῆς θαλάσσης ἐκάλυψεν· ⟦οὐδεὶς γὰρ οἶδεν⟧
ἐν γὰρ αὐτοῖς κρινεῖ λαούς.

ἢ τοῦτο λέγει, ὅτι τὸ τόξον μέχρι τῆς θαλάσσης διήκει, ἢ ὅτι
ὁ θεὸς τὰ ῥιζώματα τῆς θαλάσσης ἐκάλυψεν. οὐδεὶς γὰρ οἶδεν, ὑπὸ
τίνος βαστάζεται ἡ θάλασσα ἢ ἐπὶ τίνος οἱ κρίκοι αὐτῆς
20 πεπήγασιν· ῥιζώματα δὲ καλοῦνται τὰ τοὺς κρίκους βαστάζοντα. ἐν
δὲ τούτοις τοῖς θαυμασίοις κρίνει καὶ τιμωρεῖται τοὺς ἀνθρώπους ὁ
θεὸς δι᾽ ἐπαγωγῆς θαλάσσης τυχὸν ἢ χαλάζης καὶ τῶν τοιούτων.

36,31 δώσει τροφὴν τῷ ἰσχύοντι.

1-2 Jesaias 40,22   7-9 Genesis 9,13   19-20 Hiob 38,6
Y Γ(βOFP -14; βOFPN 17-22) N(4 ἕτερα -7 καλεῖται; 9 θαυμάσεται -14)
5 οὖν + φησίν Γ / συννοήσῃ: ἐννόησῃ καὶ συνῇ Γ, νοήσῃ Ν / δ > ΓΝ/
συνεφείας Υ   5/6 ἀκτῖνες ΓΝ: ἀκτῖναι Υ   6 ἀραίωσιν ΓΝ: αἱοέ-
ωσιν Υ / τὸ ΓΝ: > Υ   7 πολλοῖς ΓΝ: παλαιοῖς Υ / ἶοις: ἥρης Υ /
Μωσῆς Υ, ἐν τῇ Γενέσει Γ / εἶπεν: λέγει Γ   9 θαυμάσαιτε Υ
11 τῇ + μανότητι καὶ ΓΝ/ ἀραιότητι + τῶν νεφῶν Ν   11/12 προφαίνε-
σθαι Γ, προσφαίνεσθαι Ν   13 δῆτα - τούτους: οὐκέτι αὐτοὺς Ν /
κατακλύζει Γ: κατασκευάζει Υ, κατακλύσει Ν / ἀλλ᾽ - ὑδάτων: ἀλλὰ τῶν
ὑδάτων ἀνέχει Ν / ἀνέχοι Υ   15 ⟦[..]⟧; vgl.Z.18   17 τόξον + μου
Υ / μέχρι + καὶ Γ   19-20 ἢ ἐπὶ - βαστάζοντα > Γ   22 τυχὸν ἢ
χαλάζης Γ: ἢ χαλάζῃ τυχὸν Υ

ὁ Σύμμαχος παρέξει τροφὴν παμπόλλην ἐκδέδωκεν. κατὰ μὲν οὖν τὸ
πρόχειρον λέγει, ὅτι τροφὴν ἰσχυρὰν καὶ πολλήν - ἀντὶ τοῦ· καρ-
πῶν ἀφθονίαν - ἡ τῶν ὑετῶν ἐργάζεται χρεία. πρὸς δὲ διάνοιαν τρο-
φῇ ἔσται ἡ γνῶσις τοῦ θεοῦ τῷ ἰσχύοντι καὶ δυναμένῳ γνῶναι τὴν
5 αὐτοῦ θαυματουργίαν.

36,32 ἐπὶ χειρῶν ἐκάλυψε φῶς.

ἐν τῇ ἑαυτοῦ δυνάμει· οὐ γὰρ ἔχει τόπον τό που κρυβῆναι τὸ φῶς.

36,32 καὶ ἐνετείλατο περὶ αὐτῆς ἐν ἀπαντῶντι.

ὁ Σύμμαχος· καὶ ἐπιτάξει αὐτῷ ὥστε ἀπαντῆσαι ἡρμήνευσεν. κα-
10 λύπτων γάρ, φησίν, τὸ φῶς καὶ νύκτα ἐργαζόμενος ἐντέλλεται αὐτῷ
ὥστε ἀπαντῆσαι, ἵνα εἴπῃ, ὅτι καὶ ἡ νὺξ καὶ ἡ ἡμέρα τῷ αὐτοῦ
βουλήματι ἀλλήλας διαδέχονται.

36,33 ἀναγγελεῖ περὶ αὐτοῦ φίλον αὐτοῦ.

ὁ Σύμμαχος· ἀπαγγελεῖ περὶ τούτου ἑτέρῳ αὐτοῦ; ἐκδέδωκεν, ἀντὶ
15 τοῦ· μὴ περὶ τῆς τούτων δημιουργίας μετά τινος βουλεύεται ἢ ἑτέ-
ρῳ αὐτοῦ ἀνακοινοῦται τὰ τοιαῦτα † σκεπάσματα†; ἵνα κατ' ἐρώτησιν
ᾖ ἡ ἀνάγνωσις.

δυνατὸν δὲ καὶ οὕτω νοῆσαι, ὅτι ἐάν τινι ὁ θεὸς τὴν περὶ τού-
των χαρίσηται γνῶσιν, τοῦτον λοιπὸν φίλον ἑαυτοῦ καλεῖ καὶ οὐκέτι
20 δοῦλον, ὡς καὶ πρὸς τοὺς μαθητὰς ἔλεγεν ὁ σωτήρ· ὑμεῖς φίλοι

20-1 Johannes 15,14

Υ Γ(βΟFP 1-5; ≠ 7; βΟFPN 9-12; βΟFP 14-)   Ν(≠ 1 - 3 χρεία; ≠ 7;
14-19 γνῶσιν)

1 δ > Υ   7 τό₁ > (Ν), (anders Γ) / κριβῆναι Υ
9 καὶ ἐπιτάξει αὐτῷ Γ: οὕτως Υ / ἀπαντῆσαι Υ(Ρ): ἀπατῆσαι Γ / ἑρμή-
νευσεν Γ (nicht Ν)   11 ἀπαντῆσαι Υ(ΡΝ): ἀμαρτίσαι Γ   12 δια-
δέχονται + τὸ οὖν περὶ αὐτῆς τῆς ἡμέρας φησὶν ἐν ἀπαντῶντι δὲ τῷ ἡ-
λίῳ Γ   14 δ + δὲ Β / ἑτέρῳ Γ: ἑτέρως Υ, ἑταίρῳ Ν(Ρ); vgl.15/16
und 317,5 / αὐτοῦ > Υ / ἐκδέδωκεν > Ν   15 τοῦ ΓΝ: > Υ(Ρ) / μὴ πε-
ρὶ τῆς ΓΝ: τῆς περὶ Υ / τούτων: τούτου Ν / βουλεύεται ΓΝ: βούλεται Υ
15/16 ἑτέρῳ αὐτοῦ Γ: ἑτέρου αὐτοῦ Υ, ἑταίρῳ ἑαυτοῦ (Ρ), > Ν   16
τὰ - σκεπάσματα: ταῦτα Γ, > Ν; viell. παρασκευάσματα?   16/17 ἢ
vor κατ' stellt ΓΝ   18 οὕτως Υ / ἐάν τινι Γ: ἐάν τισιν Υ, > Ν /
δ > Γ (hat Ρ)   18/19 τὴν περὶ τούτων γνῶσιν ὁ θεὸς χαρίζεται Ν
20 δ σωτήρ > Γ

μού ἐστε.

36,33 κτῆσις καὶ περὶ ἀδικίας.

ἔτερα ἀντίγραφα κυρίου κτίσις ἔχουσιν, ὁ δὲ Σύμμαχος ζῆλον περὶ ἀδικίας ἐκδέδωκεν. ὁ δὲ νοῦς οὗτος· μὴ ἀνακοινοῦται θεὸς
5 ἑτέρῳ τινὶ περὶ τῆς ἑαυτοῦ κτίσεως καὶ πῶς εἰς ζῆλον κινεῖται καὶ τιμωρεῖται τοὺς ἀδίκους;

ἢ καὶ οὕτως· κτῆσις καὶ περὶ ἀδικίας, ἀντὶ τοῦ· ἀναγ-γελεῖ ὁ θεὸς τοῖς ἑαυτοῦ φίλοις ὥστε κτήσασθαι αὐτοῦ τὴν σοφίαν καὶ μὴ τὰ ἄδικα· κτήσασθε, γάρ φησιν, σοφίαν καὶ μὴ ἀρ-
10 γύριον.

37,1 καὶ ὑπὲρ ταύτης ἐταράχθη ἡ καρδία μου καὶ ἀπερρύη ἐκ τοῦ τόπου αὐτῆς.

διὸ ἀπὸ ταύτης τῆς θεωρίας οὐ δυναμένη ἡ ψυχή μου εἰς τὸ ἀκατά-ληπτον τῆς τοῦ θεοῦ σοφίας ἐνατενίσαι ἐταράχθη καὶ κλόνον ὑπέστη
15 καὶ τῆς οἰκείας στάσεως παρερρύη καὶ παρεκινήθη. τοιοῦτόν τι καὶ ὁ θεσπέσιος Παῦλος πεπονθὼς θαυμαστικὴν ἀφῆκε φωνήν· ὦ βάθος πλούτου καὶ σοφίας καὶ γνώσεως θεοῦ, ὡς ἀνεξερεύ-νητα τὰ κρίματα αὐτοῦ καὶ ἀνεξιχνίαστοι αἱ ὁδοὶ αὐτοῦ.

20 37,2 ἄκουε ἀκοήν, Ἰώβ, ἐν ὀργῇ θυμοῦ κυρίου, καὶ μελέτη ἐκ στόμα-τος αὐτοῦ ἐξελεύσεται.

ἄκουε ἀκοήν, ἀντὶ τοῦ· εἰς συναίσθησιν ἐλθέ, διάνοιξόν σου

9-10 Proverbien 17,16 + 8,10   16-19 Römer 11,33
Υ Γ(βΟFP -1; 3-10; βΟFPN 13-19; 22-) Ν(3-10)
2 κτῆσις: κτίσεις Υ; vgl.7-10   3 κτίσις Ν(Ρ): κτίσεις Υ, κτῆ-σις Γ / ὁ δὲ Σύμμαχος: Σύμμαχος δὲ ΓΝ   5 κτήσεως Γ / καὶ πῶς: πῶς τε ΓΝ   6 τιμωρεῖται: κολάζει Ν   7 ἢ: εἰ Υ / κτῆσις - τοῦ > Ν / κτῆσις Γ: κτίσεις Υ   8 ὁ Ν: καὶ ὁ Υ, > Γ   9 τὰ - 10 Γ: ἀργύριον Υ, τὰ ἄδικα Ν   11 ἀπερρύη LXX: ὑπερρύει Υ 13 διὸ > (Ν)/ ἀπὸ ταύτης Γ: ἀπ᾽ αὐτῆς Υ / θεωρίας + φησίν Γ / μου ἡ ψυ-χὴ stellt Γ   14 ἐταράχθη καὶ > Γ   15 παρερύει Υ / καὶ παρε-κινήθη: μονονουχὶ καὶ ἐκπηδῶσα ἀπὸ τοῦ θαύματος Γ   17 ὡς - 19: καὶ τὰ ἐξῆς Γ (> Ν)   22 συναίσθησιν Γ: σὴν αἴσθησιν Υ

τὴν ἀκουστικὴν τῆς ψυχῆς δύναμιν καὶ ὡσανεὶ φωνῆς αἰσθητῆς ἀκούων

κατάμαθε τὰ ἐξ ὀργῆς τοῦ θεοῦ τοῖς ἀνθρώποις γινόμενα. ἐξὸν γὰρ

ἐκ τῶν πραγμάτων ὥσπερ ἔκ τινος θείας διδασκαλίας καὶ μελέτης ἐκ

στόματος θεοῦ ἐκπορευομένης ἐκδιδάχθαι τὰ ἐκ θείας κινήσεως ἐπι-

5   φερόμενα, οἷον τὰς ἀπὸ τῆς χαλάζης βλάβας, τὰς ἐπομβρίας, τοὺς

αὐχμούς,   τῶν καρπῶν τὴν φθοράν. διὰ γὰρ τῶν τοιούτων ὁ θεὸς μο-

νονουχὶ φωνὴν ἀφιεὶς ἐκδιδάσκει ἡμᾶς τὴν ἑαυτοῦ δύναμιν καὶ σοφί-

αν καὶ πρὸς φόβον ἡμᾶς ἐνάγει. μελέτη οὖν ἡμῖν ἐστι τὰ τοιαῦτα

καὶ ὑπογραμμὸς καὶ διδαχὴ φοβεῖσθαι παρασκευάζουσα τὸν ταῦτα

10 κατεργαζόμενον.

37,3   ὑποκάτω παντὸς τοῦ οὐρανοῦ ἡ ἀρχὴ αὐτοῦ.

διήκει δὲ ἡ ἀρχὴ τοῦ θεοῦ μέχρι τῶν ὑποκάτω παντὸς τοῦ οὐρανοῦ,

τουτέστι καὶ μέχρις αὐτῶν τῶν καταχθονίων, καὶ οὐκ ἄναρχα καὶ ἀ-

κυβέρνητα καὶ ἀνεπισκόπητα τυγχάνουσι τὰ καθ᾽ ἡμᾶς.

15 37,3   καὶ τὸ φῶς <αὐτοῦ> ἐπὶ πτερύγων τῆς γῆς.

πτερύγων, τῶν ἄκρων· ἅμα τε γὰρ ἡμέρα διαυγάσῃ, τῆς γῆς τὰ

ἄκρα καταφωτίζονται.

37,4   ὀπίσω αὐτοῦ βοήσεται φωνή, βροντήσει ἐν φωνῇ ὕβρεως αὐτοῦ.

ἀντὶ τοῦ ὕβρεως αὐτοῦ ὁ Ἀκύλας ὑπερφερείας αὐτοῦ ἐκδέδωκεν,

20 τουτέστιν· ὑπεροχῆς ἢ ἀπειλῆς. τὸ μεγαλεῖον δὲ τοῦ θεοῦ παραστῆ-

σαι θέλων ὥσπερ τινὶ στρατηγῷ ἢ καὶ βασιλεῖ μεγάλους τινὰς καὶ

φοβεροὺς ἑπομένους ἔταξε τῆς βροντῆς τοὺς ἤχους. ὅταν οὖν, φησίν,

θελήσῃ θεὸς κελεῦσαι τοῖς ἑπομένοις αὐτῷ, εὐθὺς αἱ διὰ τῆς βρον-

Υ Γ(βΟFΡΝ -10; 12-14; ≠ 16-17; βΟFΡ 19-) Ν(19-)

1 ὡσανεὶ - ἀκούων > Γ   2 γινόμενα - 4 κινήσεως > Γ   6 ἀχμοὺς Υ
/ καρπῶν + ἢ Υ / τῶν τοιούτων Γ: τούτων Υ(Ρ) / ὁ > Γ   8 ἐστι > Ρ
9 ὑπογραμμὸς Γ: ὑπογραμμοὶ Υ / παρασκευάζουσα Γ: παρασκευάζουσι Υ
12 δέ + φησίν Γ   12-13 μέχρι - καὶ₁ > Γ   13 μέχρις + καὶ Γ /
τῶν Γ: > Υ / καὶ₂ - 14 καὶ: οὐδὲ Γ   14 ἀνεπισκόπητα Γ: ἀνεπισκο-
πα Υ / τυγχάνει Γ   16 διαυγάσει Υ   18 βροντήσει LXX: φροντί-
σει Υ; vgl.22   19 ἀντὶ - αὐτοῦ₁ ΓΝ: > Υ   20 ὑπεροχῆς ἢ ΓΝ:
ὑπερηχήθη Υ, ὑπεροχὴν τῆς (Ρ)   20/21 παραστῆσαι ΓΝ: παραστήσα-
σθαι Υ   22 ἑπομένους > Γ   23 θελήσει Υ, ἐθέλῃ ΓΝ / θεὸς: κύ-
ριος Ν / αἱ > Ν

τῆς καταρρήγνυνται φωναί, ἢ βουλομένου αὐτοῦ τινας ἀδίκους ἐξυβρί-
σαι παραδηλοῦσαι τὴν ἀπειλὴν ἢ τὴν ὑπερφέρειαν αὐτοῦ καὶ ὑπεροχὴν
κατασημαίνουσαι.

κατὰ δὲ ὑψηλοτέραν διάνοιαν ὀπίσω τοῦ θεοῦ λέγονται εἶναι πάν-
5 τα τὰ περὶ τὸν ἀέρα καὶ περὶ ἡμᾶς ἀποτελούμενα, ἔτι τε οὐρανὸς
καὶ γῆ καὶ πάντα τὰ ὁρώμενα, ὧν τοὺς λόγους καὶ τὰς αἰτίας, πῶς τε
γεγόνασιν, ὑπὸ θεοῦ διδαχθεὶς ὁ ἱεροφάντης Μωυσῆς ὀπίσθια θεοῦ
λέγεται ἑωρακέναι. τοὺς γὰρ περὶ τῶν ἀσωμάτων λόγους καὶ εἴ τι ἕ-
τερον τῆς σοφίας βαθύτερον, πρόσωπον θεοῦ καλούμενα, ἐν τῇ
10 ζωῇ ταύτῃ <ὁρᾶν> ἄνθρωπος οὐ δύναται. διὸ καὶ πρὸς τὸν Μωυσῆν ἐ-
λέγετο· οὐδεὶς ὄψεταί μου τὸ πρόσωπον καὶ ζήσεται.

δυνατὸν δὲ καὶ κατὰ ἁπλουστέραν ἔννοιαν τὸ ὀπίσω αὐτοῦ νο-
ῆσαι, ἀντὶ τοῦ· θελήσαντος αὐτοῦ. ἅμα τε γὰρ θελήσῃ ἕπεται τῷ θέ-
λειν τὸ ἔργον.

15 37,4 καὶ οὐκ ἀνταλλάξει αὐτούς, ὅτι ἀκούσει φωνὴν αὐτοῦ.

ἐπειδὴ γὰρ πολλάκις αἱ βρονταὶ ἢ προηγουμένου ὑετοῦ ἢ μετὰ τὸν
ὑετὸν γίνονται, καταρρήγνυται δὲ πολλάκις ἄμετρος ὑετὸς ἐπὶ παι-
δείαν ἀνθρώπων, φησίν, ὅτι οὐκ ἔχουσιν, τί παράσχωσιν ἀντάλλαγμα
οἱ ὑπὸ τῆς ἐπομβρίας μέλλοντες βλάπτεσθαι εἰς τὸ μὴ γενέσθαι καὶ
20 ἀκουσθῆναι τὰς ἐκ τῶν βροντῶν φωνάς, ἵνα εἴπῃ, ὅτι οὐχ οἷός τε
ἐστιν ἄνθρωπος ἀντιστῆναι τῷ θείῳ κελεύσματι.

ὁ δὲ Σύμμαχος οὕτως ἐκδέδωκεν· <u>καὶ οὐκ ἐξιχνευθήσεται ἀκου-</u>
<u>σθέντος τοῦ ψόφου αὐτῆς,</u> ἀντὶ τοῦ· οὐδεὶς δύναται ἐξιχνιάσαι τε
<u>καὶ καταλαβεῖν, πῶς ἢ διὰ τί γέγονε τῆς βροντῆς ὁ ἦχος.</u>

7-11 vgl. Exodus 33,20-23

Υ Γ(βΟFP - 2 αὐτοῦ; ≠ 7 ὑπὸ - 8 ἑωρακέναι; ≠ 11 οὐδεὶς - ζήσεται;
βΟFPN 12-14; βΟFP ≠ 18 φησίν - 24) Ρ(≠ 18 φησίν - 19 βλάπτεσθαι)
Ν(- 2 αὐτοῦ; 22-24)

1 καταρήγνυνται Υ/ ἢ - ἐξυβρίσαι > Ν   2 ὑπερφέρειαν ΓΝ: ὑπερηφερίαν Υ
7 Μωσῆς Υ   10 ταύτῃ <ὁρᾶν> Hag: ταῦτα Υ   12 κατὰ - ἔννοιαν: οὕ-
τω Γ   13 θελήσῃ: θελήσει Υ, ἐθέλει Γ / τῷ: τὸ Υ   15 ἀνταλ-
λάξῃ Υ   17 καταρήγνυται Υ   18 παράσχωσιν Hag: παράσχου-
σιν Υ(Ρ), (παρασχεῖν Γ) / ἀντάλαγμα Υ   19 καὶ: ἢ (Γ)   20 τὰς
.. φωνάς: τοὺς .. ἤχους (Γ) / ὅτι (Γ): > Υ / οἷός τε (Γ): ἕως τε Υ
21 ἀντιστῆναι Hag: ἀνθιστῆναι Υ   22 οὕτως ἐκδέδωκεν > Ν / ἐξι-
χνευθήσεται: ἐξιχνιασθήσεται (Γ)Ν   23 τε > (Γ)Ν

37,5 βροντήσει ὁ ἰσχυρὸς ἐν φωνῇ αὐτοῦ θαυμάσια.

ὥσπερ δέ τινα φωνὴν ἐκπέμπων τὴν βροντὴν γενέσθαι παρασκευάζει ὁ θεὸς εἰς τὴν τῶν ἀκουόντων κατάπληξιν. φωνὴν δὲ θεοῦ τὴν βροντὴν ἐκάλεσε διὰ τὸ ἐκ κελεύσματος αὐτοῦ γίνεσθαι.

5 36,28a ὥραν ἔθετο κτήνεσιν.

μέτρα, ὅρους, ὥστε τὰ μὲν ὑπουργεῖν ἀνθρώποις, τὰ δὲ μὴ ὑποτάττεσθαι.

36,28a οἴδασι δὲ κοίτης τάξιν.

τὰ μὲν νυκτός, τὰ δὲ ἡμέρας ἡσυχάζειν οἰκονομικῶς, ἵνα τῆς κα-
10 τὰ ἀνθρώπων ἐφόδου παύοιντο.

36,28b ἐπὶ τούτοις πᾶσιν οὐκ ἐξίσταταί σου ἡ διάνοια, οὐδὲ διαλλάσσεταί σου ἡ καρδία ἀπὸ σώματος.

ἆρ᾽ οὖν, φησίν, οὐχ ἱκανὰ ταῦτα ἐκστῆσαι διάνοιαν καὶ διαλλάξαι; - ἀντὶ τοῦ· διαχωρίσαι ψυχὴν ἀπὸ σώματος.

15 37,5 ἐποίησε δὲ μεγάλα, ἃ οὐκ ᾔδειμεν.

ὁ Σύμμαχος ποιῶν μεγάλα καὶ οὐ γνωσόμεθα ἑρμήνευσεν. ἃ οὐκ ᾔδειμεν οὖν ἀντὶ τοῦ· μεγάλα μέν εἰσι τὰ ἔργα τοῦ θεοῦ, τοὺς δὲ λόγους αὐτῶν γνῶναι οὐ δυνάμεθα.

37,6 συντάσσων χιόνι· γενοῦ ἐπὶ γῆς. καὶ χειμών, ἵνα ᾖ ὑετός,
20 καὶ χειμὼν ὑετοῦ δυναστείας αὐτοῦ.

δείκνυσι δέ, φησίν, τοῦ θεοῦ τὴν δυναστείαν ἡ ἐν χειμῶνι τῶν

Υ Γ(βOFPN 2-4; 6-7; 9-10; 13-14; 17 ἀντὶ - 18; βOFP 21-) Ν(≠ 21-)
2 δέ + φησίν Γ / γενέσθαι Υ(P): γίνεσθαι Γ 3 ὁ > Γ 4 ἐκάλεσε: εἶπε Γ / κελεύσματος: προστάγματος Γ 6 ὅοους Γ: ὡρῶν Υ
6-7 ὑπουργεῖν - ὑποτάττεσθαι Γ: ὑποτάσσεσθαι τὸ δὲ ἐογάζεσθαι Υ
9 νor τὰ₁: καὶ Γ 11/12 διαλλάσσεται LXX: διαλλάσσηται Υ
13 ἄρα Γ 13-14 διαλλάξαι - τοῦ: τρόπον τινὰ Γ 15 ᾔδειμεν LXX
(vgl.17): εἴδομεν Υ 17 μεγάλα Υ(Ν): μεγαλεῖα Γ 18 αὐτῶν Γ: αὐτοῦ Υ

ὑετῶν ἐπίχυσις καὶ τῆς χιόνος ἡ ἀποστολή. συντάσσων οὖν ἀντὶ
τοῦ· κελεύων.

37,7 ἐν χειρὶ παντὸς ἀνθρώπου κατασφραγίζει, ἵνα γνῷ πᾶς ἄνθρω-
πος τὴν ἑαυτοῦ ἀσθένειαν.

5 ὁ δὲ ἄκρος χειμὼν κατασφραγίζει καὶ οἱονεὶ καταδεσμεύει τῶν
ἀνθρώπων τὰς χεῖρας καὶ τῶν ἔργων ἀποκωλύει πρὸς τὸ ἕκαστον ἡμῶν
τῆς ἀνθρωπίνης ἀσθενείας ἐπιγνώμονα γενέσθαι.

κατὰ δὲ βαθυτέραν ἔννοιάν φησιν, ὅτι κατὰ τὴν δύναμιν ἑκάστου
κατασφαλίζεται τὴν γνῶσιν ὁ θεός, ἵνα καὶ ὁ πολλὴν καὶ <ὁ> ὀλί-
10 γην λαβὼν γνῶσιν κατανοοῦντες, ὡς οὐ πάντες ὁμοίως γινώσκουσι καὶ
ταῦτα ὁμοφυεῖς ὄντες, τὴν μὲν τῆς φύσεως καταμάθωσιν ἀσθένειαν,
διδαχθῶσι δέ, ὅτι θεός ἐστιν ὁ ἐπιχορηγῶν ἑκάστῳ κατὰ τὸ μέτρον
καὶ κατὰ τὸ ἡμῖν συμφέρον· εἰ γὰρ φυσικὴ ἦν ἡ γνῶσις, ὁμοίως ἐ-
γινώσκομεν διὰ τὴν ὁμοουσιότητα. ἐκ χειρὸς οὖν θεοῦ ἡ τοιαύτη
15 γνῶσις ἐπιγίνεται.

37,8 εἰσῆλθε δὲ θηρία ὑπὸ σκέπην, ἡσύχασαν δὲ ἐπὶ κοίτης.

ἀπὸ δὲ τῆς τοῦ ἀέρος ψυχρότητος ὑπὸ λόχμαις καὶ ἄντροις τὰ θη-
ρία κατακρύπτονται.

37,9 ἐκ ταμείων ἐπέρχονται ὀδύναι, ἀπὸ δὲ ἀκρωτηρίων ψῦχος.

20 ταμείων τῶν ἐνδοτάτω, τῶν ἀποκρύφων. ὀδύνας δὲ λέγει τὰς ἐκ
τοῦ κρύους καὶ ψύχους. ἐκ τῶν ἐνδοτάτω οὖν καὶ ἀποκρύφων τὸ ὀδυ-
νηρὸν γίνεται ψῦχος.

37,10 καὶ ἀπὸ πνοῆς ἰσχυροῦ δώσει πάγος.

Υ Γ(ρΟFP - 1 ἀποστολή; 5-7; ≠ 17-18; 20-22) Ν(≠ -2; 5 - 6 ἀποκωλύ-
ει; 17-18)

1 ἐπίχυσις Υ(Ν): ἐπομβρία Γ, ἐπομβρία καὶ ἐπίχυσις (Ρ)/ τὸ συντάσσων
(Ν)   2 κατασφραγίζει LXX: καταφραγίζει Υ   5 δὲ: οὖν Γ, > Ν /
ἄκρος > Ν / χειμὼν + καὶ ἡ χιὼν Γ, + φησίν Ν / κατασφραγίζει ΓΝ: κα-
τασφραγίζεται Υ / καταδεσμεύει Γ: καταδεσμεύσει Υ, καταδεσμεῖ Ν
17 δὲ > Ν   19 ἀκρωτηρίων Υ   20 <τ>αμείων Υ / ἐνδοτάτω τῶν Γ:
ἐνδοτάτων τῶν (F), ἐνδοτάτων Υ(Ρ)   21 κρύους: κρυμοῦ Γ / ἐκ Γ:
καὶ Υ / ἐνδοτάτω (VΟ): ἐνδοτάτων Υ(γFP)

πάγος δέ, φησίν, διὰ πνεύματος συνίσταται· πνοὴν δὲ ἰσχυροῦ τὸ πνεῦμα ἐκάλεσεν, ἐπειδὴ προστάξει γίνεται θεοῦ.

37,10 οἰακίζει δὲ τὸ ὕδωρ, ὡς ἐὰν βούληται.

χρῆται τῷ ὕδατι, ὡς ἐὰν θελήσῃ, κατὰ τὴν ἰδίαν σοφίαν ὥσπερ τις
5 κυβερνητικῆς ἐπιστήμης ἔμπειρος ἐπὶ τῶν οἰάκων καθήμενος.

37,11 καὶ ἐκλεκτὸν καταπλάσσει νεφέλη.

ἕτερα ἀντίγραφα ἀντὶ τοῦ κ α τ α π λ ά σ σ ε ι κ α τ α π λ ή τ τ ε ι ἔχουσιν. εἴτε δὲ καὶ καταπλάσσει εἴτε καὶ καταπλήττει, φησίν, ὅτι σκοτοδινιᾶν καὶ ἐκπλήττεσθαι ἐπὶ τοῖς τοιούτοις θαύμασι τὸν ἐκλεκτόν -
10 τουτέστι τὸν συνετόν - παρασκευάζει ἡ τοῦ ἀέρος συστροφὴ καὶ πύκνωσις καὶ τῶν νεφελῶν ἡ σύστασις.

ὁ δὲ Σύμμαχος οὕτως ἐκδέδωκεν· ἀλλὰ καὶ καρπῷ ἐπιβρίσει νεφέλη ἀντὶ τοῦ· ταῦτα γίνεται, ὅτε τοῖς καρποῖς τῆς γῆς ἐπισκιάζει νεφέλη. ἐκλεκτὸν οὖν τὸν καρπὸν λέγει, καταπλάσσει δὲ ἀντὶ
15 τοῦ ἐπισκιάζει κατὰ τὴν Συμμάχου διάνοιαν.

37,11 διασκορπιεῖ νέφος φῶς αὐτοῦ.

ἢ τοῦτο λέγει, ὅτι νεφελῶν πληρούμενος ὁ ἀὴρ διασκορπίζει καὶ κρύπτει τὸ φῶς· ἢ ὅτι τὸ φῶς τὸ ἡλιακὸν ἐπιλάμπον διασκορπίζει τὴν ἐκ τῶν νεφῶν τοῦ ἀέρος κατήφειαν· ἢ ὅτι ἀλλήλαις αἱ νεφέλαι
20 συρρηγνύμεναι φῶς ἐκπέμπουσιν, ἵνα εἴπῃ, ὅτι καὶ τῶν ἀστραπῶν αἴτια τὰ νέφη γίνονται.

Υ Γ(βΟFP 1-2; 4-5; 9 ἐκπλήττεσθαι - 15; 17-21) Ν(1-2; 4-5; 7 - 12 νεφέλη; ≠ 13-15; 17-21)

1 πάγος - φησίν: τὸ δὲ πάγος ΓΝ / πνεύματος + ἀνεμιαίου ΓΝ/ δὲ: γὰο Ν
2 θεοῦ γίνεται stellt Ν　　　3 ὀακίζει Υ / βούλεται Υ　　　4 χρῆται
+ δὲ ΓΝ / ἐὰν θελήσῃ: ἂν ἐθέλῃ θεός ΓΝ / τις ΓΝ: τῆς Υ　　　5 κυβερνητικῆς ἐπιστήμης: κυβερνήτης Γ　　　7 ἕτερα + δὲ Ν / καταπλήσσει Ν
8 εἴτε₁ - φησίν: φησὶν οὖν Ν / ἐκπλήττεσθαί + φησιν Γ (Neuanfang)
11 καὶ - σύστασις > Γ / νεφελῶν: νεφῶν Ν　　　12 ἐπίβρυσι Υ
13 ἀντὶ - 13/14 νεφέλη Γ: > Υ(ΡΝ)　　　14 λέγει + καὶ Υ　　　18 τὸ₂
> Ν / ἐπιλάμψαν ΓΝ / διασκορπίζει: διασκεδάζει Ν　　　19 κατήφιαν Υ
/ ἀλλήλαις ΓΝ: ἀλλήλαι Υ　　　20 συρηγνύμεναι Υ / ἐκπέμπουσιν: ἀφιᾶσιν Ν / καὶ ΥΝ(Ρ): ἐκ Γ　　　21 γίνεται Γ (nicht Ρ)

37,12 καὶ αὐτὸς κυκλώματα διαστρέφει.

αὐτὸς δέ, φησίν, ὁ θεὸς ἐν κύκλῳ ταῦτα περιγράφει, καὶ κατὰ καιρὸν
γίνεται ὡς προστάττει· ἢ καὶ περὶ αὐτὰ ὁ θεὸς κυκληδὸν ἀναστρέφεται,
ἀντὶ τοῦ· πάντα ἐφοδεύει πανταχοῦ παρὼν διὰ τὸ περιεκτικὸν τῆς οὐσί-
5 ας· ἢ καὶ αὐτὸς ὁ θεὸς κυκληδὸν πανταχῇ τὰ νέφη περιάγει.

37,12 ἐν θεεβουλαθὼθ εἰς ἔργα αὐτοῦ.

ὁ Σύμμαχος οὕτως ἑρμήνευσεν· αὐτὸς δὲ κυκληδὸν ἀναστρέφεται ἐν τῇ
κυβερνήσει αὐτοῦ εἰς τὸ ἐργάζεσθαι αὐτά, ἵνα εἴπῃ ὅτι· οἰακίζει
τὸ ὕδωρ ὡς βούλεται εἰς ἡμετέραν κυβέρνησιν καὶ διοίκησιν.
10   ἐν δὲ ἑτέροις ἀντιγράφοις οὕτως ηὕραμεν· ἐν τοῖς κατωτάτω
θεὶς ἔργα αὐτοῦ. σημαίνει δὲ ἡ τοιαύτη γραφή, ὅτι ταῦτα ἐργάζε-
ται θεὸς διὰ τοὺς κάτω, τουτέστιν· τοὺς ἐπὶ γῆς ἀνθρώπους.

37,12 πάντα <ὅσα> ἂν ἐντείληται αὐτοῖς, ταῦτα συντέτακται παρ᾽
αὐτοῦ ἐπὶ τῆς γῆς.

15   γίνονται δὲ τὰ ἐκ τοῦ ἀέρος ἐπὶ τῆς γῆς κατὰ ἐντολὰς καὶ
προστάγματα θεοῦ. ἢ καὶ τοῦτο λέγει, ὅτι πάντα τὰ παρ᾽ αὐτοῦ οὐ
καινά εἰσι καὶ πρόσφατα, ἀλλ᾽ ἐξ ἀρχῆς οὕτω γινόμενα παρ᾽ αὐτοῦ·
ἢ ὅτι κατάδηλα ἦσαν αὐτῷ καὶ πρὶν γενέσθαι κατὰ τοὺς τῆς προγνώ-
σεως λόγους.

20 37,13 ἐάν τε εἰς παιδείαν, ἐάν τε εἰς τὴν γῆν αὐτοῦ, ἐὰν εἰς ἔ-
λεος εὑρήσει αὐτόν.

καὶ γίνονται ταῦτα ἢ εἰς τὸ παιδεῦσαι καὶ ἐπιστρέψαι ἀνθρώπους

8-9 Hiob 37,10

Υ Γ(βΟFP ≠ 2-5; ≠ 7-12; 15 - 17 γινόμενα; 22-)   Ν(≠ 2 - 4 παρών;
≠ 7-12; 15 - 16 θεοῦ; ≠ 22-)

3 περὶ αὐτὰ: αὐτὸς (Γ)   4 πάντα: πᾶσιν (Γ)   6 ἐν θεεβουλαθὼθ
LXX: ἔνθεν ἐβουλαθὼθ Υ   7 αὐτὸς - ἀναστρέφεται > (ΓΝ)   8 εἰς
- αὐτά (ΓΝ): > Υ   8/9 οἰακίζει τὸ (Ν): οἰακίζεται Υ   10 ηὕραμεν
Ηag: ἥραμεν Υ/ κατωτάτω (ΓΝ): κατωτάτοις Υ(Ρ)   12 τοὺς₂ (Γ): > Υ
13 ἐντείληται LXX: ἐντελεῖται Υ / αὐτοῖς LXX: ἑαυτοῖς Υ / ταῦτα LXX:
πάντα Υ   15 δὲ: φησίν Ν, δέ φησιν Γ   16 πρόσταγμα ΓΝ/ ἢ: εἰ Υ
17 καινά: κενά Υ / καινά - πρόσφατα: πρόσφατά εἰσιν Γ /   οὕτως Υ
20/21 ἔλεος LXX: ἔλεον Υ   22 καὶ γίνονται Γ(Ν): > Υ / πεδεῦσαι Υ

ἁμαρτάνοντας ἢ εἰς καρπογονίαν τῆς γῆς - {διὰ δὲ ἐλέους} πολλάκις
<δὲ> ὁ θεὸς ἐλεῶν ἀνθρώπους καύσωνα καὶ φλογμὸν διέλυσεν ὑετὸν
ἐπαφεὶς οὐ διὰ τὴν τῆς γῆς χρείαν, ἀλλ᾽ ἵνα λύσῃ τοῦ ἀέρος τὸ
θερμόν - ἢ καὶ ὁπωσδηποτοῦν, ἵνα ἀνθρώπους ἐλεήσῃ.

5   εὑρήσει οὖν τις αὐτὸν διὰ ταύτας τὰς αἰτίας ταῦτα ποιοῦντα· ἢ
διὰ παιδείαν καὶ ἐπιστροφήν, ἢ διὰ καρποὺς γῆς καὶ βλαστήματα, ἢ
δι᾽ ἄλλας αἰτίας, ἀγνώστους μὲν ἡμῖν, πάντως δὲ δι᾽ ἀνθρώπων ἔλεος.

ἔστι δὲ καὶ οὕτω νοῆσαι, ὅτι γίνεται ταῦτα ἢ εἰς τὸ παιδεύεσθαι
τοὺς τῆς γνώσεως ἀξιουμένους, ἢ εἰς τὸ ὑπάρχειν καὶ διαμένειν αὐτὰ τὰ
10 παρ᾽ αὐτοῦ κτισθέντα. καὶ διὰ τῶν τοιούτων γνωρίζομεν καὶ εὑρίσκομεν
τὸν θεόν· πολλάκις δὲ καί τινες χάριτι ἐλέους εὗρον αὐτὸν μὴ ἔχοντες
τὴν γνῶσιν, ἀλλὰ ἀπὸ μόνης χάριτος ὡς ὁ λῃστὴς τυχόντες.

37,14 ἐνωτίζου ταῦτα, ᾽Ιώβ, στῆθι, νουθετοῦ δύναμιν κυρίου.

ἀντὶ τοῦ· πρόσεχε ἐπιπόνως, ἐγκατάθου τῇ διανοίᾳ τὰ εἰρημένα
15 διὰ τῶν ὤτων τοὺς λόγους εἰσδεξάμενος.

37,15-16 οἶδα μέν, ὅτι κύριος ἔθετο ἔργα αὐτοῦ φῶς ποιήσας ἐκ
σκότους. ἐπίσταται δὲ διάκρισιν νεφῶν.

οἶδα μὲν οὖν, φησίν, ὅτι θεός ἐστιν ὁ ταῦτα ἐργαζόμενος καὶ ὁ
τὰ νέφη διακρίνων ὡς ἂν θελήσῃ κατὰ τὴν ἰδίαν ἐπιστήμην. ἕτερα
20 δὲ ἀντίγραφα οὕτως ἔχουσιν· οἶδας, ὅτε ἔθετο θεὸς ἔργα αὐτοῦ ποι-
ῆσαι φῶς ἐκ σκότους, ἐπίστασαι δὲ καὶ διάκρισιν νεφῶν; ὁ δὲ Σύμ-
μαχος οὕτως ἐκδέδωκεν· ἆρα γνώσῃ, ὁπότε ἔταξεν ὁ θεὸς περὶ αὐτῶν φῶς
ποιήσας ἐκ σκότους; ὁ δὲ νοῦς οὗτος· μὴ συμπαρῇς δημιουργοῦντι θεῷ
τὸν κόσμον, ὅτε σκότος ἐπεφέρετο ἐπάνω τοῦ ὕδατος καὶ πρώ-

---

12 vgl. Lukas 23,40-43   24 Genesis 1,2

Y Γ(βOFP -7; ≠14-15; ≠18-19 ἐπιστ.; ≠24 πρώτη ⌐) P(5-7) N(≠ -7; 23 μὴ-)
1 ἢ - γῆς Γ: > Y / διὰ -6 βλαστήματα >Γ (vgl.7 App.), διὰ - 4 > (N)
3 ἐπ᾽ ἀφῆς Y   5 οὖν + φησίν P   6 ἐπιστροφὴν + ἀνθρώπων ἁμαρτα-
νόντων P / διὰ καρποὺς: εἰς καρπογονίαν τῆς P / καὶ βλαστήματα > P
/ ἢ₂ + καὶ ΓP(N)   7 δὲ + δήπου ΓP(N)/ ἔλεον ΓP(N), + 5 εὑρήσει -
ποιοῦντα + φησίν Γ   8 οὕτως Y   11 viell. <δι᾽> ἐλέους
12 τυχόντες: viell. τυχὸν oder τυχόντες <αὐτοῦ>   19 θελήσει Y,
ἐθέλῃ (Γ)   23 οὕτως Y   24 τῷ θεῷ N / ἐπεφέρετο - ὕδατος:
ἦν ἐπὶ τῶν ὑδάτων N / καὶ - 1 φῶς > N

τη φωνῇ θεοῦ κατηνέχθη λέγουσα· γ ε ν η θ ή τ ω   φ ῶ ς , ὅτε πάντα τὰ
ἔργα αὐτοῦ ὡς ἠθέλησε διετάξατο; οὐκοῦν παραχώρει τῇ τοῦ θεοῦ σο-
φίᾳ καὶ τοῖς ἀνεφίκτοις αὐτοῦ κρίμασιν.

ταῦτα δὲ λέγει πρὸς φόβον, ὡς νομίζει, τὸν 'Ιὼβ ἐνάγων τὸν μη-
5 δέποτε τὸν ἁγιοποιὸν τοῦ θεοῦ καταλείψαντα φόβον τὸν ἰσοδυνα-
μοῦντα τῇ ἀγάπῃ τῷ οἰκείῳ στόματι λέγοντα· χ ε ῖ ρ α   δ ὲ   κ υ ρ ί ο υ
ε ἰ   μ ὴ   ἐ δ ε δ ο ί κ ε ι ν .

37,16 - 17 ἐ ξ α ί σ ι α   δ ὲ   π τ ώ μ α τ α   π ο ν η ρ ῶ ν ,   σ ο ῦ   δ ὲ   ἡ   σ τ ο λ ὴ   θ ε ρ μ ή .

θαυμάσαι οὖν, φησίν, ἄξιον, πῶς δι' ἀέρος τιμωρεῖται θεὸς τοὺς
10 πονηροὺς καὶ πῶς μετὰ τοὺς κρυμούς, μετὰ τοὺς ὄμβρους θέρος γίνε-
ται, ὡς δεῖσθαι στολῆς θερινῆς προσφυοῦς τῷ καιρῷ πρὸς τὸ μὴ
ἐνοχλεῖσθαι.

δυνατὸν δὲ καὶ οὕτω νοῆσαι κατὰ ὑψηλοτέραν ἔννοιαν· ἐπειδὴ
τὰ περὶ δυνάμεως θεοῦ καὶ σοφίας ἐξηγησάμεθα, μάνθανε, ὡς τῶν μὲν
15 πονηρῶν μεγάλα εἰσὶ τὰ παραπτώματα, σοῦ δὲ τοῦ δικαίου ἡ στολή -
τουτέστιν· ἡ τῶν ἀρετῶν ἔνδυσις - οὐκ ἀπὸ παθῶν <δεδαπανημένη>
οὐδὲ παλαιά, ἀλλὰ θερμή, τουτέστι καινὴ καὶ ἐρρωμένη.

τὸ μὲν οὖν πρῶτον κατὰ τὸ ῥητόν, τὸ δὲ δεύτερον κατὰ διάνοιαν.

37,17 - 18 ἡ σ υ χ ά ζ ε τ α ι   δ ὲ   ἐ π ὶ   <τ ῆ ς >   γ ῆ ς ,   ἀ π ὸ   ν ό τ ο υ   σ τ ε ρ ε ώ σ ε ι ς   μ ε τ '
20 α ὐ τ ο ῦ   ε ἰ ς   π α λ α ι ώ μ α τ α ,   ἰ σ χ υ ρ α ὶ   <ὡ ς >   ὁ ρ ά σ ε ι ς   ἐ π ι χ ύ σ ε ω ς .

ἡσυχάζει δὲ ἡ περὶ τούτων γνῶσις ἐπὶ τῆς γῆς. καὶ γὰρ ἀγνοοῦ-
μεν τούτων τοὺς λόγους καὶ πῶς νότου φυσῶντος παλαιώματα, τουτέ-
στι τήγματα καὶ σταγόνες στερεαί, καταφέρονται, ὡς ὁρᾶσθαι αὐτῶν
τὴν ἐπίχυσιν. ψεκάζοντος μὲν γὰρ ἴσως διὰ τὴν λεπτότητα οὐχ ὁρῶ-

---

1 Genesis 1,3   6-7 Hiob 31,35
Υ Γ(βΟFP ≠ - 1 φῶς; ≠ 4-7; 9-17; 21-) N(-7)
2/3 σοφίᾳ: δυνάμει N   4 νομίζει: οἴεται N   5 ἁγνοποιὸν N
5-6 ἰσοδυναμοῦντα - στόματι > N   8 πονηρῶν LXX: πονηροῦ Υ
9 οὖν: τοίνυν Γ   10 κρυμμούς Υ   11 πρὸς - 12 Γ: > Υ   13 δυνατὸν - νο-
ῆσαι > Γ/ οὕτως Υ/ κατὰ + δὲ Γ   14 μὲν Γ: μὴ Υ   15 εἰσι > Γ
/ πτώματα Γ   16 οὐκ - 17 ἀλλὰ > Γ / <δεδαπανημένη> oder ähnlich
17 τουτέστι: ἀντὶ τοῦ Γ   19 ἡσυχάζετε Υ/ στερέωσις Υ   21 δὲ + φησίν Γ
22 φυσόντος Υ, + ἐκ τῶν νεφῶν Γ   23 καταφέρονται: καταροέουσιν Γ

μεν τὸν ὑετόν, σταλαγμῶν δὲ καταφερομένων πάντες ὁρῶσι τὴν αὐτῶν
ἐπίχυσιν.

ἔστι δὲ καὶ οὕτω νοῆσαι· ἡσυχάζει δέ, φησίν, τὰ ἐκ τοῦ ἀέρος
ἐπὶ τῆς γῆς, ὡς καὶ νότον καὶ θέρμην ἐγγίνεσθαι· καὶ ἴσως τούτων
5 ἐρεῖ τις τοὺς ὁποιουσδήποτε λόγους. τί δὲ λέγωμεν περὶ τοῦ οὐρα-
νοῦ τοῦ ἐξ ἀρχῆς καὶ ἐκ παλαιοῦ στερεμνίως κατασκευασθέντος, ὄν-
τος δὲ ἰσχυροῦ τὴν φύσιν καὶ ὥσπερ τὰ ἐπιχύματα κατὰ τῶν ὀφθαλμῶν,
οὕτως ἡμῶν ὑπερκεχυμένου καὶ μὴ συγχωροῦντος ἡμᾶς ὁρᾶν τὰ ὑπὲρ
αὐτόν.
10 ἄλλοι δὲ οὕτως ἑρμήνευσαν· αὐτός ἐστιν, φησίν, ὁ ἐκ παλαιοῦ τὸ
στερέωμα κατεργασάμενος ἰσχυρὸν καὶ στερεὸν ἐκ τῆς ῥευστῆς καὶ
κεχυμένης φύσεως τῶν ὑδάτων. ἀλλ᾽ οὐκ εὐπαράδεκτος ἡ τοιαύτη ἑρ-
μηνεία· οὐδὲ γὰρ ἀποφαινόμεθα, ὅτι ἐξ ὑδάτων θεὸς τὸν οὐρανόν,
ἀλλ᾽ ὡς αὐτὸς οἶδε καὶ ὡς ἠθέλησεν. ὡς γὰρ καὶ τούτου ἀγνώστου
15 ὄντος Ἐλιοὺς διαλέγεται.

37,19 διὰ τί δίδαξόν με, τί ἐροῦμεν αὐτῷ καὶ παυσώμεθα πολλὰ λέ-
γοντες.

τί οὖν ἐροῦμεν περὶ τούτων; τί συνιέναι δυνάμεθα; ἆρα τολμῶμεν
λέγειν θεῷ· διὰ τί ταῦτα οὕτως ἐποίησας ἢ διὰ τί ἀπροσδεὴς ὢν
20 τόνδε τὸν κόσμον σαυτῷ κατεσκεύασας; οὐ σιωπῇ θαυμάζομεν αὐτοῦ
τὴν ἀγαθότητα καὶ σοφίαν; οὐκοῦν τοῦ πολλὰ λέγειν ἐπισχῶμεν παρα-
χωροῦντες αὐτῷ σοφίας τῆς ὑπὲρ ἡμᾶς.

37,20 μὴ βίβλος ἢ γραμματεύς μοι παρέστηκεν, ἵνα ἄνθρωπον ἑστηκὼς
κατασιωπήσω;

Υ Γ(βΟFP -9; βOF 18-22) Ρ(18-22) L(18 - 19 ἐποίησας) Ν(10 αὐτὸς
- 12 ὑδάτων)

3-4 τὰ - γῆς Γ: > Υ   4 νῶτον Υ/ ἐγγίνεσθαι Γ: γενέσθαι Υ   5 τοὺς
> Γ/ λέγομεν Υ   6 ἐκ Γ: > Υ   6-7 ὄντος - φύσιν > Γ   7 τὰ -
κατὰ Γ: > Υ   8 ἡμῶν Γ: ἡμῖν Υ / συγχωροῦντος Γ: συγχωροῦντες Υ
10 ἐστί φησιν ὁ > Ν   11 κατειργάσατο Ν   16 τί₂ LXX: ὅτι Υ
18 ἐροῦμεν - τούτων: φήσομεν περὶ τούτων ΓL, φησιν περὶ τούτων ἐροῦ-
μεν Ρ / συνιέναι L: συνεῖναι ΓΡ, οὖν εἶναι Υ   19 ἢ - 20 κατε-
σκεύασας > Γ/ ἀπροσδεὴς Ρ: προσδεὴς Υ   20 σαυτῷ Hag: ἑαυτῷ Υ, > Ρ
21 ἀγαθότητα καὶ > ΓΡ/ τοῦ: τὰ Ρ   23 ἢ LXX: μὴ Υ/ μοι LXX: μου Υ

μὴ ἀπὸ βιβλίου ταῦτα λαλῶ ἢ φιλονεικία μοί τίς ἐστιν, ἵνα σε

νικήσω; οὐδαμῶς, ἀλλὰ ἀπὸ γνώσεως θεοῦ ταῦτα λέγω καὶ δύναμιν

θεοῦ ἐξαγγέλλω, ἀντὶ τοῦ· οὐκ ἐδεήθην παρ' ἑτέρου μαθεῖν ταῦτα·

πᾶσι γὰρ πρόδηλα τυγχάνουσι τοῖς γε νοῦν ἔχουσιν. διὸ καὶ ἐπιφέρει·

5 37,21 πᾶσι δὲ οὐχ ὁρατὸν τὸ φῶς, τηλαυγές ἐστιν ἐν τοῖς παλαιώμασιν.

ὥσπερ γὰρ τὸ φῶς πᾶσίν ἐστι πρόδηλον, οὕτω καὶ ταῦτα κατάδηλα

τυγχάνουσι θεοῦ ἔργα ὄντα, καὶ δῆλός ἐστιν ἐκ παλαιοῦ καὶ ἀρχαίου

ταῦτα οὕτω θεὸς διοικούμενος.

37,21-22 ὥσπερ τὸ παρ' αὐτοῦ ἐπὶ νεφῶν ἐξῆλθεν, ἀπὸ βορρᾶ νέφη

10 χρυσαυγοῦντα.

ὥσπερ ἀμέλει καὶ τοῦτο τὸ ἔργον παρ' αὐτοῦ διαπράττεται, καὶ ὁ

ἀὴρ ἐκ συννεφείας καὶ σκυθρωπότητος πνεύματι καθαίρεται. βορρᾶς

δὲ αὐτὸν ἀποκαθαίρει χρυσαυγεῖς καὶ ὑπερύθρους νεφέλας ἀνάγων

θεοῦ προστάγματι.

15 37,22-23 ἐπὶ τούτοις μεγάλη ἡ δόξα καὶ {ἡ} τιμὴ παρὰ παντοκράτο-

ρος καὶ οὐχ εὑρίσκομεν ἄλλον ὅμοιον τῇ ἰσχύι αὐτοῦ.

ἐκ τῶν τοσούτων ἔστιν ἀναλογίσασθαι, ὡς μεγάλην ὀφείλομεν ἀνα-

πέμπειν τῷ θεῷ τὴν δοξολογίαν, ἐφ' οἷς ἡμῶν τὸ γένος ἐτίμησε καὶ

διὰ τὴν ἡμῶν κυβέρνησιν ταῦτα οὕτω διαπράττεται ὁ ἀσύγκριτον ἔχων

20 σοφίαν καὶ δύναμιν.

ἕτερα δὲ ἀντίγραφα καὶ τιμὴ παντοκράτορος περιέχουσιν, ἀντὶ

τοῦ· μεγάλη ἡ δόξα καὶ ἡ τιμὴ τοῦ παντοκράτορος, ἣν αὐτῷ προσο-

φείλομεν.

Υ Γ(βOFPL 1-4; 6-8; βOF 11-14; βOFPL 17-20) P(11-14) N(17-20)

1 ἀπὸ + τινός φησιν Γ / μοι Γ: > Υ   2-3 καὶ - ἐξαγγέλλω > Γ
3 ἐξαγγέλω Υ / ταῦτα > Γ   4 τυγχάνει Γ / ἐπιφέρει Υ(P): ἐπάγει Γ
6 γάρ + φησίν Γ / ἅπασιν Γ / ἐστι πόδηλον: πρόκειται Γ   7 τυγ-
χάνει Γ / καὶ ἀρχαίου > Γ (hat P)   9 βοροᾶ LXX: βορρὰν Υ
11 ὥσπερ Γ: > ΥΡ / τὸ Γ: > ΥΡ / ἔργον + φησίν ΓΡ / διαπράττεται· γί-
νεται ΓΡ   12 συνεφείας Υ / καθαίρεται + ἐκ τῶν νεφῶν Υ   13 καὶ
ὑπερύθρους ΓΡ: > Υ   14 θεοῦ προστάγματι > Γ   17 τοσούτων Υ(Ρ):
τοιούτων ΓΝ, + φησίν Ν   17/18 ἀναπέμπειν ΓΝ: ἀναπέμπομεν Υ
18-19 καὶ - διαπράττεται > ΓΝ (καὶ - κυβέονησιν nach 20 P)

37,23   ὁ τὰ δίκαια κρίνων, οὐκ οἴει εἰσακούειν αὐτόν;

τοῦ ᾿Ιὼβ εἰρηκότος· κεκράξομαι καὶ οὐδαμοῦ κρίμα κατὰ
τὴν ἔννοιαν τὴν ἡμῖν ἐν τοῖς τόποις ἀποδοθεῖσαν, ὁ ᾿Ελιοὺς ὡς τῆς
λέξεως ἐπιλαμβανόμενός φησιν ὅτι· μὴ οἴου τὸν δίκαιον κριτὴν καὶ
5 κηδεμόνα τῶν ἡμετέρων παραμελεῖν ἡμῶν. καὶ γὰρ πάντα ἐφορᾷ καὶ
πάντων ἀκούει καὶ τὸ κατ᾿ ἀξίαν ἑκάστῳ ἀπονέμει κατὰ τὴν οἰκείαν
δικαιοκρισίαν.

37,24   διὸ φοβηθήσονται αὐτὸν οἱ ἄνθρωποι, φοβηθήσονται αὐτὸν καὶ
οἱ σοφοὶ καρδίᾳ.

10   τούτου τοῦ συμπεράσματος χάριν ἅπασι διεξοδικῶς ἐξῆλθε τοῖς
προειρημένοις εἰς φόβον βουλόμενος ἐνάγειν τὸν ᾿Ιώβ. διὰ γὰρ πάν-
τα ταῦτα, φησίν, καὶ ὁ πολὺς καὶ ἀγελαῖος ἄνθρωπος δεδοικέναι τὸν
θεὸν ὀφείλει, καὶ οἱ σοφοὶ δὲ καὶ συνετοὶ μᾶλλον τοῦτο ποιεῖν ὀ-
φείλουσιν. καὶ γὰρ οὐδὲ οἱ κατὰ σοφίαν ἄκροι κατέλαβον τὸ τέλει-
15 ον, ἀλλὰ κἄν τινος ἀξιωθῶσι παρὰ θεοῦ γνώσεως, ἐκ μέρους γι-
νώσκουσιν, ὡς ὁ ἱερὸς ἡμᾶς ἀπόστολος ἐδίδαξεν.

ἐγὼ δέ φημι, ὅτι καὶ πλεῖον αὐτῶν ὀφείλουσι φοβεῖσθαι τὸν ἀπα-
θῆ φόβον οἱ πλείονος γνώσεως ἀξιωθέντες· μέγας γὰρ καὶ φο-
βερός ἐστιν ἐπὶ πάντας τοὺς κύκλῳ αὐτοῦ. κύκλῳ δὲ αὐ-
20 τοῦ τυγχάνουσιν οἱ ἐπὶ πλεῖον τῆς αὐτοῦ κατανοήσεως ἀξιούμενοι.

---

2 Hiob 19,7   15-16 1.Korinther 13,9 + 12   18-19 Psalm 88,8
Υ Γ(βOF ≠ 2 τοῦ - κρίμα; ≠ 4 μὴ - 5 ἡμῶν; βOFP 10 - 14 ὀφείλουσιν)
P(2 τοῦ - κρίμα; ≠ 3 ὁ - 6 ἀκούει) Ν(2-7)

1 αὐτόν LXX: αὐτῷ Υ   2 ᾿Ιὼβ + πρότερον Ν / οὐδαμοῦ (Γ)PΝ: οὐ δεῖ
μου Υ   2-3 κατὰ - ἀποδοθεῖσαν: νῦν Ν   4 ἐπιλαμβανόμενος Ν:
ἐπιλαμβανομένοις Υ / ὅτι > Ν   5 ἡμῶν > Ν / καὶ γὰρ πάντα: πάντα
γὰρ (Ρ)Ν   6 τὸ Ν: τῷ Υ / ἀπονέμει: προσνέμει Ν   9 ἡ σοφὴ Υ
10 διεξοδικῶς ἅπασιν stellt Γ   11 βουλόμενος ἐνάγειν: ἐνάγειν
οἰόμενος Γ / ᾿Ιὼβ + τὸν μηδέποτε τὸν τοῦ θεοῦ καταλιπόντα φόβον τῷ
οἰκείῳ στόματι λέγοντα χεῖρα δὲ κυρίου εἰ μὴ ἐδεδοίκειν (Hiob 31,35;
vgl.325,6-7) Γ   11/12 ταῦτα πάντα stellt Γ   13 καὶ₂ + οἱ Υ
/ μᾶλλον Γ: > Υ   14 nach ὀφείλουσιν: ὅσῳ καὶ πλείονος ἀξιοῦνται
τῆς γνώσεως Γ; vgl. Ζ.18   17 αὐτῶν Hag: αὐτὸν Υ

ΚΕΦΑΛΑΙΟΝ ΕΙΚΟΣΤΟΝ ΕΚΤΟΝ

Ἀρχὴ τοῦ ῥητοῦ· μετὰ δὲ τὸ παύσασθαι Ἐλιοῦς τῆς λέξεως
εἶπεν ὁ κύριος τῷ Ἰὼβ διὰ λαίλαπος καὶ νεφῶν· τίς οὗτος ὁ κρύπ-
των με βουλήν, συνέχων δὲ ῥήματα ἐν καρδίᾳ ἐμὲ οἴεται κρύπτειν;

5   Προθεωρία τοῦ κεφαλαίου

πλοῦτος καὶ πενία, ὑγεία καὶ νόσος, τιμὴ καὶ ἀτιμία, καὶ ἁπλῶς
εἰπεῖν τῶν ἀνθρώπων ὅλος ὁ βίος πειρατήριόν ἐστιν, ὡς αὐτὸς ἡμᾶς
ὁ μέγας Ἰὼβ ἐπαίδευσε διὰ πάντων τῶν ἀγωνισμάτων ἐγγεγυμνασμένος,
διὰ τῶν ὅπλων τῆς δικαιοσύνης, τῶν δεξιῶν καὶ ἀ-
10 ριστερῶν, διὰ δόξης καὶ ἀτιμίας, ὥς που ὁ ἱερὸς ἀπό-
στολος ἔφη. καὶ πλούσιος μὲν ὢν κοινὸς ὑπῆρχε τῶν δεομένων θησαυ-
ρός, ἔνδοξός δὲ καὶ δύναμιν περιβεβλημένος τῶν ἀδυνάτων ἐπίκου-
ρος. οὐχ ὁ πλοῦτος αὐτὸν εἰς ἐξιτηλίαν ἐκίνησεν, οὐχ ἡ περιφάνεια
τὴν ἀλαζονείαν ἔτεκεν. οὕτως ἀνδρείως τὰ πρῶτα πηδήσας σκάμματα
15 ἐπὶ τοὺς δευτέρους καὶ χαλεπωτέρους ἀγῶνας ἐπαπεδύσατο συγχωρήσει
θεοῦ πρὸς ὅλην ἀθρόως τοῦ διαβόλου τὴν κακουργίαν γενικῶς ἀντι-
ταξάμενος· καὶ βασιλεύσας ἐν μονοζώνοις ὁ πολύπαις καὶ ἔνδοξος
καὶ τῷ πλούτῳ πανταχόθεν περιρρεόμενος ἐπὶ τῆς κοπρίας παέρριπτο,
πένης, ἄδοξος, εὐτελής, καταγελώμενος, εἰλκωμένος, ἰχῶρας ῥέων,
20 πάντας νικήσας τῇ ταλαιπωρίᾳ τοὺς πρότερον γεγενημένους καὶ ὅσους

---

7 vgl. Hiob 7,1   9-10 2.Korinther 6,7-8   11-14 vgl. Hiob 29,12ff.;
31,16ff.   17 vgl. Hiob 29,25   18-19 vgl. Hiob 2,8; 30,1ff.
Υ Γ(βOF 6-) Ν(6-)

1 κεφάλαιον κς Υ   2 ἀρχὴ τοῦ ῥητοῦ nach 3 νεφῶν Υ/ Ἐλιοῦς: Ἐλιου
Υ; vgl.332,14   8 τῶν ΓΝ: > Υ   10 διὰ – 11 ἔφη > Ν / που + καὶ Υ
11 κοινὸς ΓΝ: κενὸς Υ   12 δὲ ΓΝ: τε Υ/ ἀδυνάτων ΓΝ: δυνατῶν Υ
13 αὐτοῦ Γ / ἡ περιφάνεια ΓΝ: ὑπερηφανία Υ(β)   15 καὶ χαλεπωτέ-
ρους ΓΝ: > Υ   17 βασιλεὺς ΓΝ / ὡς ἐν μονοζώνοις Γ, > Ν   18 τῷ
πλούτῳ ΓΝ: τὸν πλοῦτον Υ   18 περιρεόμενος Υ / παέρριπτο Ν: παρη-
ρίπτετο Υ, περίρριπτο Γ (περιρριπτόμενος und ähnl. β)   19 εἱλκό-
μενος Υ   20 νικήσας: ὑπερβάλλων Ν / τούς + τε Ν

ὕστερον εἶδεν ὁ βίος ἐν συμφοραῖς ἐξεταζομένους. προσθήκη δὲ
αὐτῷ γέγονε τῶν κακῶν καὶ ἡ τῶν φίλων διάλεξις ἀντὶ λόγων πα-
ρακλητικῶν ἀθυμίας αὐτῷ καὶ ὀδύνης ἐπίτασιν ἀπεργασαμένη.

ἐπειδὴ δὲ ὁ μέγας ἀθλητὴς ἅπαντα νομίμως διεξῆλθε τὰ παλαίσμα-
5 τα, καὶ τὴν περὶ τοῦ στεφάνου δίκην ἐνθέσμως ἀνεδήσατο. τότε δὴ
τότε τῆς θείας ἀκροᾶται φωνῆς ἀναγορευούσης μὲν αὐτοῦ τοὺς καλοὺς
ἀγῶνας - ἐπὶ τούτῳ γάρ, φησίν, συνεχώρουν σε τῷ θηρίῳ πυκτεύειν,
ἵνα ἀναφανῆς δίκαιος -, ἀνδριάντα δὲ αὐτὸν ὑπομονῆς καὶ παρα-
κλήσεως τῷ παντὶ τῶν ἀνθρώπων ἀνιστώσης γένει. εἴτε γάρ τις ἐκ
10 πλουσίου γεγένηται πένης, τὸν Ἰὼβ ἔχει παράκλησιν, εἴτε καὶ ἀφα-
νὴς ἐκ περιφανείας, πρὸς αὐτὸν βλέπων ἐπικουφίζεται τὰ λυπηρά, εἰ
δὲ καὶ ἄπαις ἐκ καλλίπαιδος ὁμοῦ καὶ πολύπαιδος, διδάσκεται λέ-
γειν· ὁ κύριος ἔδωκεν, ὁ κύριος ἀφείλατο. εἰ δὲ καὶ
εἰλκωμένος εἴη καὶ ὑπ' ἀνοίας γυναικὸς εἰς ἀτόπους ἐρεθίζοιτο
15 λόγους, ἐπιτιμήσει μὲν τῇ ταῦτα συμβουλευούσῃ, καρτερικῶς δὲ ὁμοῦ
καὶ ἀνεξικάκως ἐρεῖ· ἀναμένω χρόνον ἔτι μικρὸν προσδε-
χόμενος τὴν ἐλπίδα τῆς σωτηρίας μου.

ἔστιν οὖν παρακλήσεως φάρμακον πρὸς παντοδαπὴν ἀθυμίαν ἡ κατὰ
τὸν Ἰὼβ ὑπόθεσις· καὶ οὐ ξενίζεταί τις ἀνηκέστῳ περιπίπτων συμφο-
20 ρᾷ, οὐδ' ἂν οἱ ἄκρως αὐτῷ πρὸς φιλίαν συνηρμοσμένοι ἐπεμβαίνωσι
κειμένῳ καὶ ὀνειδίζωσιν. ἐνθυμούμενοι καὶ ἡμεῖς τοιγαροῦν, ὡς οἱ
καλῶς ἀγωνιζόμενοι ἐσθότε καὶ θείας ἀξιοῦνται προσρήσεως, μὴ διὰ
τὸν κόρον πλουτοῦντες ὑβρίσωμεν, μὴ καταπέσωμεν ἐν συμφοραῖς, ἀλ-
λὰ πάντα ἡμῖν τὰ συμβαίνοντα, ὁποῖα ποτὲ ἂν ὦσιν, ὕλην ἀρετῆς ἐκ-

---

8 Hiob 40,8   13 Hiob 1,21   16-17 Hiob 2,9a

Y Γ(βOF) N

1 εἶδεν ΓΝ: ἰδεῖν Υ / ἐν ΓΝ: > Υ   3 ἐπίτασιν ΓΝ: ἐπὶ πᾶσιν Υ /
ἀπεργαζομένη ἐπίτασιν Ν   5 καὶ - ἀνεδήσατο > Ν / δίκην > Γ
6 τότε >Ν/ αὐτοῦ ΓΝ: αὐτῷ Υ   7 ἐπὶ τούτου Νy, ἐπὶ τοῦτο Νρ, οὕτω Γ /
τῷ > Γ   9/10 ἐκ πλουσίου τις stellt Υ   10 γεγένηται Γ: γένη-
ται Ν(F) / καὶ > Ν   11 ἐπικουφίζει ΓΝ   12 πολύπαιδος ὁμοῦ
καὶ καλλίπαιδος stellen ΓΝ   13 εἰ - 15 συμβουλευούσῃ: κἂν γυνὴ
ἐρεθίζοι ἐπιτιμηθήσεται Ν / καὶ Γ: > Υ / εἰλκόμενος Υ, εἰλκωμένον Γ
14 εἴη Hag: εἰ δὲ ΥΓ/ ὑπὸ Γ   15 καρτερικῶς - 17 > Ν   21ὀνειδί-
ζωσιν Ν: ὀνειδίζουσιν ΥΓ/ ἐνθυμούμενοι - 24/1 ἐκδεξώμεθα > Ν/ ὑμεῖς Υ
22 προσρήσεως Γ: προρρήσεως Υ   23 ἐν Γ: > Υ

δεξώμεθα.

ἀλλ' ἤδη λοιπὸν τῆς θείας ἀκροάσεως ἐπακούσωμεν διὰ βραχέων ἐπι-
σκεψάμενοι κατὰ τὴν ἐκ τῆς θείας δωρεᾶς ἐπιμετρουμένην ἡμῖν δύναμιν,
δι' ἣν αἰτίαν τοιούτοις θεὸς πρὸς τὸν Ἰὼβ κέχρηται ῥήμασιν.

5 τῶν φίλων τοιγαροῦν ἄριστα μὲν τὰ περὶ θεοῦ δοξαζόντων καὶ τῆς
αὐτοῦ σοφίας καὶ δυνάμεως καὶ μεγαλοπρεπείας, ἀποφαινομένων δέ,
ὡς πάντως δι' ἁμαρτίας πάσχουσιν ἄνθρωποι, καὶ ἀγνοούντων τὸν τρό-
πον τῆς γυμναστικῆς τῶν πειρασμῶν ἐπαγωγῆς, οὐκ ἐν καιρῷ δὲ οὐδὲ
ἐπὶ τοιούτου προσώπου τοῖς λόγοις χρωμένων ὁ μακάριος Ἰὼβ ἄριστα
10 μὲν καὶ αὐτὸς καὶ τελεώτατα περὶ θεοῦ σοφίας καὶ δυνάμεως μεγαλο-
πρεπῶς ἐξαγγέλλει, ἀληθινὸς δὲ ὢν καὶ ἄκακος καὶ οὐδὲν ἑαυτῷ συν-
ειδὼς τῶν τοσούτων πληγῶν ἄξιον οὐ συνετίθετο τοῖς φίλοις λέγου-
σιν, ὅτι δῆτα δι' ἁμαρτίας κολάζεται. πλὴν ἀλλὰ καὶ αὐτὸς ἠγνόει
τοῦ καθ' ἑαυτὸν ἀγῶνος τὴν ὑπόθεσιν· ὅθεν ὁ Ἐλιοὺς εἰς μέσον παρ-
15 ελθὼν οὐ καταδικάζει μὲν τὸν δίκαιον, οὐδὲ ἀποφαίνεται δι' ἁμαρ-
τίας αὐτῷ τὰς κακώσεις ἐπενηνέχθαι - κατὰ τοῦτο μὲν τῶν φίλων καλ-
λίων γενόμενος -, οὐ νοήσας δὲ τοῦ Ἰὼβ τὴν ἔννοιαν, ἐξ' ἧς τοὺς
δοκοῦντας εἶναι κατηγορικοὺς {κατὰ θεοῦ} προέφερε λόγους, κατα-
μέμφεται τὸν Ἰὼβ ὡς ἀσύνετα ῥήματα λαλοῦντα· καλῶς δὲ καὶ ὁ Ἐλι-
20 οὺς καὶ θαυμασίως τὰ περὶ θεοῦ σοφίας καὶ δυνάμεως ἀπήγγειλεν.

πάντων οὖν ὁμοίως καλῶς καὶ ὀρθοδοξαστικῶς τὴν θείαν πρόνοιαν
καὶ δύναμιν ἀποθαυμαζόντων, ἀγνοούντων δὲ τὴν κατὰ τὸν Ἰὼβ ὑπό-

Y   Γ(βOF)   P(≠ 5-)   N

24/1 ἐκδεξόμεθα Y   2 ἤδη: ἡδέως Γ / ἀκροάσεως: φωνῆς N   3 κα-
τὰ - δύναμιν > N / ἐπιμετρουμένην Γ: ἐπιμαρτυρουμένην Y   4 ὁ
θεὸς N   5 ἄριστα μὲν nach θεοῦ stellt Y   9 ἐπὶ + τοῦ Γ / μα-
κάριος Ἰὼβ: δίκαιος N   10/11 καὶ - μεγαλοπρεπῶς > N, vgl.6
11 ἐξαγγέλει Y / ἀληθινὸς - καὶ₂ > N / οὐδὲν + δὲ N   11/12 συνει-
δὼς ΓN: συνειδῶν Y   12 τοσούτων ΓN: τοιούτων Y/ συνετίθετο Γ(P):
συνεπιτίθετο Y, συνέθετο N   13 δῆτα > ΓN (hat P)   14 ἑαυτὸν
ΓN: ἑαυτοῦ Y / ὑπόθεσιν Γ(P)N: πρόθεσιν Y   15 διὰ Y   16 κα-
κώσεις Γ(P)N: κολάσεις Y / ἐπενηνέχθαι ΓN: ἐπενεχθῆναι Y / καὶ κατὰ N
/ μὲν > N   16/17 καλλίων τῶν φίλων stellt N / κάλλιον Y
17 γενόμενος: φαινόμενος Γ, φαίνεται N / τοῦ ΓN: τῷ Y   18 κατη-
γορικοὺς {κατὰ θεοῦ}: κατὰ θεοῦ κατηγορικοὺς N, κατὰ θεοῦ Γ, (ἀσε-
βεῖς P), κατὰ θεοῦ vor 17 ob stellt Y (Glosse zu κατηγορικοὺς)
18/19 καὶ κατεμέμφετο Γ, αἰτιᾶται N   19 ῥήματα / λαλοῦντα
ῥήματα stellen Γ(P)   21 ὁμοίως Y(P): ἅπαντα ὡς Γ, > N / καλῶς καὶ
> N   21/22 ἀποθαυμαζόντων vor πρόνοιαν stellt und καὶ δύναμιν > N

θέσιν καὶ ὅτι γυμνάσιον ἀρετῆς ὑπῆρχεν ἡ πληγὴ καὶ οὐχ ἁμαρτημά-
των ἀντίδοσις, τῶν εἰρημένων πάντων ὁ κύριος ποιούμενος τὴν ἐπί-
κρισιν τὰ μὲν περὶ τῆς θείας προνοίας καὶ δυνάμεως καὶ σοφίας πα-
ρὰ πάντων εἰρημένα ὡς καλῶς λεχθέντα ἀποδέχεται - διὸ καὶ αὐτὸς
5 περιμηκέστερον τὰ περὶ τούτων ἐπεξέρχεται πρὸς μὲν τὸν ἑαυτοῦ φί-
λον, τὸν δίκαιον Ἰώβ, ἡμέρως καὶ πράως διαλεγόμενος καὶ ἐπικυρῶν
μὲν τὰ παρὰ πάντων εἰρημένα περὶ θεοῦ δι' ὧν καὶ αὐτὸς ἐκδιδάσκει
περὶ ἑαυτοῦ τὰ ὅμοια, διδάσκων δὲ ἡμᾶς ὡς ἀκατάληπτα τῆς θείας
προνοίας τὰ κρίματα καὶ ἀνεξιχνίαστοι αἱ ὁδοὶ τῆς τοῦ θεοῦ σοφί-
10 ας -, τοῖς δὲ φίλοις ἐπιτιμᾷ ὡς ἀποφηναμένοις περὶ ὧν οὐκ ᾔδεισαν
- μὴ γὰρ πρὸ καιροῦ τι κρίνετε, φησὶν ὁ θεῖος ἀπόστολος,
ἕως ἂν ἔλθῃ ὁ κύριος, ὃς καὶ φωτίσει τὰ κρυπτὰ
τοῦ σκότους καὶ φανερώσει τὰς βουλὰς τῶν καρδιῶν
καὶ τὰ ἑξῆς - τόν τε Ἐλιοὺς οὔτ' ἐπαινεῖ - οὐ γὰρ ἔγνω τοῦ Ἰὼβ
15 τὴν διάνοιαν, ἐξ ἧς τοὺς λόγους προέφερεν, ἀλλ' οὐδὲ τοῦ ἀγῶνος
τὴν ὑπόθεσιν -, οὔτε ψέγει δέ, ἐπεὶ μὴ κατεδίκασε τὸν ἅγιον. τὸν
δὲ δίκαιον Ἰὼβ στεφανοῖ καὶ ἀναγορεύει καὶ ἀνακαλεῖται τοῖς λό-
γοις ὡς οὐδαμοῦ μὲν ἐκπαλαίσαντα, πάντα δὲ νομίμως ἀγωνισάμενον
τὰ παλαίσματα, καὶ τὸ ἀπόρρητον ἀναπτύσσει καὶ δημοσιεύει τοῦ
20 πειρασμοῦ τὴν αἰτίαν. οὐ γὰρ ὡς ἄδικος πέπονθεν, φησίν, ὁ δίκαι-
ος, ἀλλ' ἵνα δίκαιος ἀναφανῇ καὶ ἀπὸ θείας ψήφου ἀναγορευ-
θῇ τὰ κατὰ τὴν ἀρετὴν τοῦ Ἰώβ.

ἐπαλείφων δὲ αὐτὸν τοῖς λόγοις καὶ ἀναρρωννὺς καὶ παρατείνων
αὐτῷ τὴν διάλεξιν - δίκαιος γὰρ ἦν παρὰ τοὺς ἄλλους πλείονος ὁμι-
25 λίας ἀπολαῦσαι θεοῦ, ὅσῳ καὶ πλείονα χρόνον τοῖς πάθεσιν ἐνεκαρ-

11-13 1.Korinther 4,5   21 Hiob 40,8

Y   Γ(βOF)   P(≠ - 20 αἰτίαν)   N

1 ὑπῆρχεν: ἦν N / οὐκ Y   3-4 καὶ₁ - ὡς > N   5 περιμηκέστερον
- τούτων: περὶ τούτων πλατύτερον N/ ἐπεξέρχεται ΓN: ὑπεξέρχεται Y(F),
ἐπέρχεται (P)   5-6 ἑαυτοῦ - δίκαιον > N   6 καὶ πράως Y(FP):
καὶ πραέως Γ, > N   8 τῆς - 9/10 σοφίας: τὰ κρίματα αὐτοῦ N
11 - 14 ἑξῆς > N(P)   14 τε: δὲ N / Ἐλιοῦν N / οὔτε ΓN
15 προέφερεν ΓN: προσέφερεν Y   16 δὲ > ΓN   16-17 τὸν₁ - δί-
καιον: τὸν δίκαιον Γ   17 Ἰὼβ > ΓN   18 μὲν + μὴ Y
21 καὶ - 22 > N   23 ἀναρρωννὺς ΓN: ἀναρώννυσι Y / καὶ - 25 ἐνε-
καρτέρησε > N   25 ὅσῳ Γ: ὅσον Y

τέρησε - διδάσκει καὶ τὰ περὶ τῆς ἐνανθρωπήσεως τοῦ μονογενοῦς
μυστήρια καὶ δημοσιεύει διὰ λόγων μυστικῶν καὶ ἐπικεκαλυμμένων
τοῦ κοινοῦ τῆς ἀνθρωπότητος ἐχθροῦ, τοῦ δράκοντος καὶ ἀποστάτου,
ὃν δὴ κῆτος προσαγορεύει, τήν τε ἰσχὺν καὶ ἰταμότητα καὶ κακόνοι-
5 αν, ἡμῖν μὲν τὰ κατ' αὐτὸν ἀπογυμνῶν, τὸν δὲ δίκαιον καὶ πλέον
ἀναγορεύων καὶ θαρσαλεώτερον γενέσθαι παρασκευάζων, μονονουχὶ με-
γάλῃ τῇ φωνῇ πρὸς τοὺς συνιέναι δυναμένους λέγων, ὅτι πρὸς τοσοῦ-
τον ἔσχεν ἀντίπαλον καὶ δι' ὅλων ἄρρηκτος ἔμεινεν.

μετὰ δὲ τοὺς πολλοὺς ἀγῶνας καὶ τὴν ἐκ τῆς θείας φωνῆς παρά-
10 κλησιν ὑγεία μὲν εὐθὺς συνέτρεχε καὶ ἀθρόως ἦν ἐν τοῖς συνήθεσιν
ὁ τοὺς ἰχῶρας ἀναβλύζων καὶ τοὺς σκώληκας ἐξομβρῶν. συνέτρεχον δὲ
πάντοθεν οἱ γνώριμοι καὶ ξενίοις ἐδεξιοῦντο. καὶ τὰ μὲν οὖν τῆς
περιουσίας διπλᾶ ἠκολούθει πάντα, οἱ δὲ παῖδες ἰσάριθμοι· οὐ γὰρ
εἰς ἀνυπαρξίαν ἐχώρησαν οἱ τοῦ σώματος ἐκδεδημηκότες, ὥστε καὶ
15 αὐτοὶ διπλοῖ τὸν ἀριθμὸν ἐτύγχανον, ζώντων μὲν τῶν προαπελθόντων,
προστεθέντων δὲ τῶν ὕστερον ἐπιγενομένων. ὥσπερ γὰρ πρότερον ὑπὸ
τῆς θείας ἐγκαταλείψεως πρὸς γυμνασίαν γεγενημένης ἅπαντα ἦν σκυ-
θρωπά, πενία καὶ ἀπαιδία, ἕλκη καὶ ἰχῶρες καὶ ἀτιμία, οὕτως ὕστε-
ρον ὑπὸ τῆς θείας ἐπιλάμψεως φαιδρὰ πάντα καὶ ἱλαρὰ καὶ θυμηδίας
20 ἀνάμεστα, καὶ διπλασίονα μὲν ἐν τῷ παρόντι, παραπεμπτέα δὲ πρὸς
τὰ τοῖς δικαίοις ἐπηγγελμένα τὰ μήτε ὀφθαλμοῖς ὁρατὰ μήτε ἀνθρω-
πίνῃ διανοίᾳ καταληπτά.

ἐπειδὴ δὲ ὁ μακάριος Ἰὼβ εὐσεβεῖ μὲν καὶ φιλοθέῳ διανοίᾳ, σκο-

3 vgl. Hiob 26,13; 40,25   11 vgl. Hiob 2,8; 7,5

Y Γ(βOF) P(≠ 23-) N(- 4 ἰταμότητα; 9 - 14 ἐκδεδημηκότες; 23-)

1-2 τὰ .. μυστήρια: τὸ .. μυστήριον N   1 τοῦ μονογενοῦς > N   2 διὰ
- 4 κῆτος: längeres Spatium und καὶ (F), δὲ ἀπὸ τῶν μνηστικῶν καὶ ἐπι-
κεκοιμημένων τοῦ κοινοῦ βίου τῆς ἀνθρωπότητος ἐχθίστου δράκοντος καὶ
ἀπὸ τούτου δέοντος Γ/ μυστικῶν καὶ > N   3 τοῦ₂ - ἀποστάτου > N/
viell. {καὶ}; vgl. Hiob 26,13   4 δὴ: καὶ N/ κῆτος: viell. θηρίον
(vgl. Hiob 40,15ff.) oder κῆτος <ὁ Ἰὼβ> (vgl. Hiob 3,8; 9,13; 26,12)/
προσαγορεύει: καλεῖ N   4/5 κακόνοιαν Γ: διάνοιαν Y   5 τὰ Γ: τὸ Y
καὶ > Γ   7 λέγων Γ: λέγειν Y/ τοσοῦτον Γ: τοιοῦτον Y   12 πανταχό-
θεν ΓN/ καὶ τὰ ΓN: κατὰ Y/ οὖν > Γ   12f διπλᾶ τῆς περιουσίας stel-
len YΓ   13 διπλᾶ ΓN: διπλᾶς Y/ ἠκολούθη Y   14 ἐχώρισαν Y/ ἐκδεδη-
μικότες Y   16 ὑστέρων Y   17 ἐγκαταλήψεως Y/ γεγεννημ. Y   18 ἕλ-
κοι Y/ ἰχῶρες Γ: ἰχῶραι Y   19 ὑπὸ Γ: ἐπὶ Y   20 παραπεμπτέα Hag:
παραπέμπονται YΓ   23 μακάριος > N/ εὐσεβεῖ - φιλοθέῳ: φιλοθέῳ μὲν N

τεινοτέρᾳ δὲ τῇ ἀπαγγελίᾳ τῶν λόγων ἐχρήσατο, καὶ δῆλος μέν ἐστιν
ἄριστα τὰ περὶ θεοῦ δοξάζων, ἀσαφὴς δὲ ἐν οἷς ἔδοξε τοῖς οὐκ εἰ-
δόσιν αὐτοῦ τὴν διάνοιαν ὀλιγωρίας φθέγγεσθαι ῥήματα, καὶ ἐπειδή-
περ συνετίθετο μὲν τοῖς τοῦ Ἐλιοὺς καλῶς δοξάσαντος τὰ περὶ θεοῦ,
5 ἐσιώπα δὲ καὶ οὐκ ἀπεκρίνετο, ἐντεῦθεν ὁ κύριος τῶν πρὸς αὐτὸν
ἄρχεται λόγων οἷα σιωπῶντος καὶ τὴν οἰκείαν βουλὴν ἐπικρύπτοντος.
ἔρχεται δὲ διὰ τοῦ ἀέρος ἡ θεία φωνὴ πρὸς τὴν ἡμετέραν ἀκρόα-
σιν κατὰ θείαν δημιουργίαν· οὐ γὰρ δὴ θεὸς ἀνθρωπίνως φθέγγεται,
ἀλλ' ὁμοῦ τε θέλει καὶ ὁ λόγος εἰς ἔργον χωρεῖ καὶ θείων ἡμεῖς
10 ῥημάτων ἀκούομεν. φθέγγεται δὲ δ ι ὰ λ α ί λ α π ο ς κ α ὶ ν ε φ ῶ ν -
λαῖλαψ δέ ἐστιν ἡ τῶν ἀνέμων συστροφή - διὰ ταύτης μέν, οἶμαι,
καταπλήττων τοὺς περιεστῶτας καὶ εἰς φόβον ἐνάγων, διὰ δὲ τοῦ νέ-
φους πρὸς τὸν δίκαιον διαλεγόμενος ὥσπερ καὶ Μωυσεῖ καὶ Ἀαρών·
ἐ ν σ τ ύ λ ῳ γ ὰ ρ ν ε φ έ λ η ς ἐ λ ά λ ε ι π ρ ὸ ς α ὐ τ ο ύ ς, φησὶν ὁ
15 μελῳδός.
αὐτῆς δὲ λοιπὸν σεβασμίως τῆς τοῦ κυρίου ῥήσεως ἐπακουσόμεθα.

Α ἱ   λ έ ξ ε ι ς

38,2 τίς οὗτος ὁ κρύπτων με βουλήν, συνέχων δὲ ῥήματα ἐν καρδίᾳ
ἐμὲ οἴεται κρύπτειν;

20   οὐ τὸν εἰδότα τὰς βουλὰς τῶν καρδιῶν ἔκρυψεν Ἰώβ· ἠκούσαμεν
γὰρ αὐτοῦ λέγοντος ἔμπροσθεν θεοῦ· ὁ ἐ π ι σ τ ά μ ε ν ο ς τ ὸ ν ν ο ῦ ν
τ ῶ ν ἀ ν θ ρ ώ π ω ν. ἀλλ' ἐπειδήπερ τὰ μὲν ἀσαφῶς διελέχθη, εὐσεβεῖ
μὲν τῇ διανοίᾳ χρώμενος, τραχυτέρᾳ δὲ τῇ ἀπαγγελίᾳ, καὶ ἐπειδήπερ

---

14 Psalm 98,7   21-22 Hiob 7,20

Υ Γ(βOF -16; βOFPL 22 ἐπειδήπ.-) Γ'(BC zu Hiob 1,6 7 - 9 χωρ.) P(≠ -15) N(-15)

1 ἀπαγγελίᾳ Γ(P): ἐπαγγελίᾳ ΥΝ   2 τὰ ΓΝ: >Υ   3 ὀλιγωρίας Γ(P)Ν: ὀλι-
γωρεῖ δὲ Υ   4 Ἐλιοὺς <λόγοις>?   5 ἀπεκρίνατο Γ   7 davor ἐλάλησεν
ὁ θεὸς τῷ Ἰὼβ διὰ λαίλαπος καὶ νεφῶν Γ'/ δὲ >ΓΓ'Ρ   8 ἀπὸ θείας δη-
μιουργίας Γ', + αὐλοποιηθέντος τοῦ ἀέρος Γ'/ δὴ: δεῖ Υ/ φθέγγεται ΓΝ:
φθέγγεσθαι Υ   9 θέλει Γ(P)Ν: λέγει Υ   10 νεφῶν Γ(P)Ν: νεφέλης Γ.
11 ἀνέμων Γ(P)Ν: ὑδάτων Υ   12 περιεστῶτας: περιεστηκότας Γ(P)Ν
13 Μωσῆ Υ   22 ἀσαφ. + ὁ Ἰὼβ Γ/ εὐσεβῆ Υ   23 μὲν
Γ: δὲ Υ/ τραχυτέρᾳ Γ: ταχυτέρᾳ Υ/ ἀπαγγελίᾳ (L): ἐπαγγελίᾳ ΥΓ/ ἐπειδὴ Γ

συνετίθετο μὲν τοῖς τοῦ Ἐλιοῦς λόγοις ὀρθοδοξαστικῶς τὰ περὶ θε-
οῦ λέγοντος, ἐσιώπα δὲ καὶ οὐκ ἀπεκρίνατο, φησὶν ὁ θεός· τίς οὗ-
τος ὁ κρύπτων με βουλήν; ἀντὶ τοῦ· οὐδεὶς ἀποκρύψαι με δύ-
ναται, ἀλλὰ καὶ τὰ τῶν καρδιῶν οἶδα κινήματα, κἂν διὰ λόγων μὴ
5 ἐξαγγέλλωνται.

ἆρα οὖν, φησίν, ὑπολαμβάνεις, Ἰώβ, ὅτι λέληθάς με; οἶδά σου
τοὺς καλοὺς ἀγῶνας παρ᾽ ἡμῖν ἀγωνιζομένου, οὐδέν με λέληθε τῶν κα-
τὰ σέ. οὐχ ὅτι Ἰὼβ τοιοῦτόν τι ὑπελάμβανεν, ὅτι θεόν τι τῶν κατ᾽
αὐτὸν διελάνθανεν, ἀλλ᾽ ἐπιρρωννὺς αὐτὸν ὡς πρὸς φίλον φησίν· ἐμὲ
10 νομίζεις κρύπτειν; ἢ ὑπονοεῖς, ὅτι ἠγνόουν σου τὰ παλαίσματα; οὐκ
ἀγνοῶ σου τὴν εἰλικρινῆ διάθεσιν, κἂν σιωπᾷς, κἂν ἀσαφεστέροις
κέχρησαι τοῖς λόγοις.

ἰστέον δέ, ὡς οἱ μέν φασι τὸν ἐπὶ πάντων θεὸν καὶ πατέρα εἶναι
τὸν διαλεγόμενον διὰ τοῦ ἁγίου πνεύματος, οἱ δὲ αὐτὸν τὸν μονογε-
15 νῆ τοῦ θεοῦ λόγον, περὶ οὗ λέγεται· πυλωροὶ δὲ ᾅδου ἰδόν-
τες σε ἔπτηξαν. εἴτε δὲ ἐκ προσώπου τοῦ πατρὸς οἱ λόγοι<προ>-
φέρονται - ὡς ὅταν λέγῃ Μωυσῆς· ποιήσωμεν ἄνθρωπον κατ᾽
εἰκόνα ἰδίαν καὶ καθ᾽ ὁμοίωσιν ἡμετέραν -, εἴτε ἐκ
προσώπου τοῦ μονογενοῦς - ὡς ὅταν αὐτὸς περὶ αὐτοῦ λέγῃ· πρὶν
20 Ἀβραὰμ γενέσθαι ἐγὼ ἤμην-, εἴτε ἐκ προσώπου τοῦ ἁγίου
πνεύματος - εἶπε, γάρ φησιν, τὸ πνεῦμα τὸ ἅγιον· ἀφορί-
σατε δή μοι τὸν Παῦλον καὶ τὸν Βαρναβᾶν εἰς τὸ
ἔργον, ὃ προσκέκλημαι αὐτούς, ὡς ἐν τοῖς Πράξεσι τῶν ἀπο-
στόλων εἴρηται -, μία μέν ἐστιν ἡ βουλὴ τῆς θεότητος ἐν μονάδι τριά-
25 δος, ἓν δὲ θέλημα, μία οὐσία ἐν τρισὶ γνωριζομένη ταῖς ὑποστάσεσιν.

15-16 Hiob 38,17   17-18 Genesis 1,26   19-20 Johannes
8,58   21-23 Apostelgeschichte 13,2

Y Γ(βOFPL -5; ≠ 9 ἀλλ᾽ - 12) N(3 οὐδεὶς - 5)
1 ὀρθοδοξαστικῶς + μὲν Y   2 ἀπεκρίνετο Γ, + καὶ οἱ φίλοι γε μὴν
ἐξ ἀρχῆς καίτοι εὐσέβειαν τῷ Ἰὼβ συνειδότες ὅμως ὡς ἁμαρτωλὸν κατέ-
κρινον Γ   3 οὐδεὶς + οὐδὲν Γ, + φησίν N   5 ἐξαγγέλωνται Y
7 ἀγωνιζομένου Hag: ἀγωνιζομένῳ Y   9 αὐτῶν₁: αὐτῶν Y/ ἐπιρρωνὺς Y
9f ἐμὲ - παλαίσματα > (Γ)   10f οὐκ ἀγνοῶ (Γ): ἢ ἀγνῶν Y, davor
ἵνα εἴπῃ ὅτι (Γ)   11 διάθεσιν + ὦ Ἰώβ (Γ)   12 λόγοις + οἶδα καὶ
τῶν σῶν φίλων ἐν τοῖς περὶ σοῦ λόγοις τὴν τοῦ δικαίου παρατροπὴν (Γ)
16f προφέρονται Hag: φέρονται Y   17 Μωσῆς Y   18 εἴτε Hag: εἰ
δὲ Y   21/22 ἀφορήσατε Y

38,3 ζῶσαι ὥσπερ ἀνὴρ τὴν ὀσφύν σου, ἐρωτήσω δέ σε, σὺ δέ μοι
ἀποκρίθητι.

ἄνδρισαι τοιγαροῦν, ἀπόρριψον τὴν ἀθυμίαν, καὶ ἐπειδήπερ ἐπε-
θύμεις εἰς ἐμὴν ὁμιλίαν ἐλθεῖν, ἰδού σοι διαλέγομαι, ἰδοὺ πληρῶ
5 σου τὴν αἴτησιν, ἀποκρίθητι πρὸς τὰ λεγόμενα.

38,4 ποῦ ἦς ἐν τῷ θεμελιοῦν με τὴν γῆν; ἀνάγγειλόν μοι, εἰ ἐπί-
στασαι σύνεσιν.

ἐπειδὴ ἠθύμεις, φησίν, ὅτι ἠγνόεις τῶν ἐπαγομένων σοι τὴν ἔκ-
βασιν καὶ τῶν σῶν ἀγώνων τὴν ὑπόθεσιν, ἰδοὺ ἐρωτῶ σε καὶ ἄλλα
10 μυρία, ὧν τοὺς λόγους ἀγνοεῖς. διδάσκει δὲ ἡμᾶς ὁ θεὸς πρὸς τὸν
ἑαυτοῦ φίλον διαλεγόμενος, ὅτι τε ποιητὴς τῶν ὅλων ἐστὶ καὶ ὅτι
ἀνέφικτα τὰ βάθη τῆς ἑαυτοῦ σοφίας.

ἰστέον δέ, ὅτι νῦν πρῶτον ἐκ θείας φωνῆς ὁ περὶ τῆς δημιουρ-
γίας τῆς κτίσεως εἰσάγεται λόγος· ἔφημεν γάρ, ὡς πρὸ τοῦ νόμου ὁ
15 Ἰὼβ ἐτύγχανεν. εἰ γὰρ καὶ ἀπὸ μεγέθους καὶ καλλονῆς τῶν
κτισμάτων ἀναλόγως ὁ γενεσιουργὸς αὐτῶν θεωρεῖ-
ται, καὶ τοῦτο ᾔδεσαν οἱ φιλόθεοι, ἀλλ' ἐκ θείας φωνῆς νῦν πρῶ-
τον τοῦτο ἀκούομεν. εἰ οὖν ἔχεις, φησίν, σύνεσιν τῆς ποιήσεως τῶν
κτισμάτων, ἀποκρίθητί μοι.

20 38,5-6 τίς ἔθετο μέτρα αὐτῆς εἰ οἶδας; ἢ τίς ὁ ἐπαγαγὼν σπαρτίον
ἐπ' αὐτῆς; ἐπὶ τίνος οἱ κρίκοι αὐτῆς πεπήγασιν; τίς δέ ἐστιν ὁ
βαλὼν λίθον γωνιαῖον ἐπ' αὐτῆς;

ἐξ ὁμοιώματος τῶν παρ' ἡμῖν οἰκοδομῶν μέτρα ἔφη καὶ σπαρ-
τίον ἐπ' ἰσότητι τῶν οἰκοδομημάτων ἀποτεινόμενον καὶ λίθον γω-

---

15-17 Weisheit Salomos 13,5

Υ Γ(βOFP 3-5; 8-19; 23-) Ν(≠ 3-5; ≠ 8 - 14 λόγος; 23-)

3 ἐπειδήπερ + φησίν Γ/ ἐπεθύμεις Γ(Ν): ἐπιθυμεῖς Υ   12 τὰ Γ: > Υ
/ αὐτοῦ Γ   14 ἔφημεν γάρ: καὶ γὰρ ἔφημεν Γ   15 εἰ Γ: η Υ /
καὶ > Υ(Ρ)   17 ᾔδεσαν Γ: εἴδησαν Υ / ἐκ θείας Γ: εὐθείας Υ
17/18 νῦν πρῶτον Γ: > Υ   23 ὁμοιώματος + δὲ Ν / οἰκοδομιῶν Γ /
μέτρα ΓΝ: θεμέλιον Υ   24 ἐπὶ Υ

νιαῖον ἑκατέρους συνδέοντα τοὺς τοίχους· κρίκους δὲ λέγει τοὺς
ἀναβασταχτῆρας.

εἰπὲ οὖν, εἰ οἶσθα τὰ τῆς γῆς μέτρα, εἰπέ, τίς αὐτῇ ὑποβάθρα,
ἐπὶ τίνος ὀχεῖται τὸ βαρὺ τοῦτο καὶ μέγα στοιχεῖον· ταῦτα δὲ ἀν-
5 θρώποις παντελῶς ἀκατάληπτα. τίς οὖν ὁ ταῦτα δημιουργήσας; ἀντὶ
τοῦ· οὐδεὶς ἕτερος πλὴν ἐμοῦ· ἔργα γάρ εἰσιν ἀπορρήτου σοφίας τοῦ
θεοῦ.

38,7 ὅτε ἐγενήθησαν ἄστρα, ᾔνεσάν με φωνῇ μεγάλῃ πάντες ἄγγελοί
μου καὶ ὕμνησαν.

10 ἐνταῦθα διδασκόμεθα πρὸ τοῦ αἰσθητοῦ κόσμου τοὺς ἁγίους ἀγγέ-
λους εἶναι, ἐκπληττομένους ἐφ' ἑκάστῳ τῶν δημιουργημάτων καὶ ὑμνο-
λογοῦντας τὸν τούτων ποιητήν.

ἐντεῦθεν δὲ καὶ οἱ μακάριοι ἄγγελοι, δι' ὧν ἔβλεπον τὰ μὴ ὄντα
εἰς γένεσιν παραγόμενα, ἐγνώριζον καὶ ἑαυτῶν εἶναι δημιουργὸν τὸν
15 θεόν. εἰ δὲ καὶ καθ' ἑτέρους λόγους καὶ ὑψηλοτέραν τινὰ θεωρίαν
τοῦτο ἠπίσταντο, ἀλλ' οὖν γε καὶ ἡ κατὰ τὴν κτίσιν δημιουργία ἱκα-
νὴ πληροφορεῖν ἐτύγχανε τὸν νοητὸν κόσμον, ὡς καὶ αὐτοῦ τίς ἐστι
ποιητής, <τουτέστιν> ὁ τὰ ὄντα ἐξ οὐκ ὄντων εἰς γένεσιν παράγων.

38,8 ἔφραξα δὲ θάλασσαν πύλαις.

20 πύλαις - ἀντὶ τοῦ· ὅροις τισίν - περιέκλεισα τῷ προστάγματι
εἰρηκὼς πρὸς αὐτήν· μ έ χ ρ ι τούτου ἐλεύσῃ καὶ οὐχ ὑπερ-
βήσῃ.

13f; 18 vgl. z.B. Hirt des Hermas, 1.Vision 1,6   21f Hiob 38,11

Υ Γ(βOFP -2; ≠3-7; 10-12; βOFL 20) P(13-15 θεόν; 20-22) N(-4 στοιχ.)
1 τείχους Υ / ·τοὺς τοίχους συνδέοντα stellt N / κρίκους - 2 an spä-
terer Stelle N / δὲ λέγει Γ: δὲ Υ, λέγει δὲ N   (3-7 εἰπὲ οὖν
φησιν εἰ τούτων τοὺς λόγους ἐπίστασαι Γ)   3 τῆς γῆς τὰ stellt N
/ εἰπέ₂ > N / ὑποβάθρα N: ἀποβάθρα Υ   10 ἐντεῦθεν Γ   12 τού-
των + τε καὶ ἑαυτῶν Γ   13 ἐντεῦθεν - ἄγγελοι > P / ὧν + γὰρ P
14 παραγόμενα P: παραγενόμενα Υ / ἐγνώριζον - εἶναι: ἑαυτῶν ᾔδεσαν P
/ ἑαυτῶν P: αὐτῶν Υ   16 ἠπίσταντο Hag: ἠπίστατο Υ / κτῆσιν Υ
17 αὐτοῦ Hag: αὐτ(όν) oder αὐτ(ός) Υ   17-18 <τουτέστιν> oder
{τίς}   20 περιέκλεισα τῷ προστάγματι ΓΡ: > Υ / περιέκλεισα + <τὴν
θάλασσαν>?

38,8 ὅτε ἐμαίμασσεν ἐκ κοιλίας μητρὸς αὐτῆς ἐκπορευομένη.

ἐμαίμασσεν ἀντὶ τοῦ· ὁρμητικῶς εἶχε καὶ πρὸς τὰ κοῖλα καὶ σύμμετρα αὐτῇ χωρία κατηπείγετο ἀκούουσα τοῦ θείου προστάγματος· συναχθήτω τὸ ὕδωρ εἰς συναγωγὴν μίαν. μητέρα δὲ αὐτῆς 5 τὴν ἄβυσσον λέγει ἢ καὶ τὴν ἑαυτοῦ δύναμιν ὡς αἰτίαν αὐτῇ τῆς ὑπάρξεως.

38,9 ἐθέμην δὲ αὐτῇ νέφος ἀμφίασιν, ὀμίχλῃ δὲ αὐτὴν ἐσπαργάνωσα.

ἐπειδὴ κοιλίας μητρὸς ἐμνήσθη, ἐπέμεινε τῇ τροπῇ. ὥσπερ γάρ, φησίν, ἔμβρυον ὀμίχλῃ καὶ νέφεσιν αὐτὴν ἐσπαργάνωσα, τουτέστιν· 10 περιεσκέπασα.

38,10-11 ἐθέμην δὲ αὐτῇ ὅρια περιθεὶς κλεῖθρα καὶ πύλας. εἶπα δὲ αὐτῇ· μέχρι τούτου ἐλεύσῃ καὶ οὐχ ὑπερβήσῃ, ἀλλ' ἐν σεαυτῇ συντριβήσονταί σου τὰ κύματα.

κλεῖθρα καὶ πύλας τὴν διὰ τοῦ ἰδίου προστάγματος ὁροθεσίαν καὶ 15 ἀσφάλειαν λέγει. περιώρισα γάρ, φησίν, τῆς θαλάσσης τὰ κύματα, ἵνα μὴ τοὺς ὅρους ἐκβαίνοντα τὴν γείτονα λυμαίνωνται χέρσον.

38,12-13 ἢ ἐπὶ σοῦ συντέταχα φέγγος πρωινόν; ἑωσφόρος δὲ εἶδε τὴν ἑαυτοῦ τάξιν, ἐπιλαβέσθαι πτερύγων γῆς.

παρῆς δέ, φησίν, ὅτε εἶπον· γενηθήτω φῶς καὶ τῷ λόγῳ τὸ 20 ἔργον παρηκολούθησεν, ἢ ὅτε ὁ ἑωσφόρος γεγονὼς τὰ ἄκρα τῆς γῆς κατεφώτισε; λέγεται δὲ οὗτος ὁ ἑωσφόρος καὶ ἐν μιᾷ νυκτὶ καταλαμ-

---

4 Genesis 1,9　　　　19 Genesis 1,3

Υ Γ(βΟFΡ 2-6; 15 περιώρισα - 16; 19-) Ρ(8-10) Ν(4 μητέρα - 6; 14-16; 19 - 20 παρηκολούθησεν; ≠ 20 ὁ -)

1 ἐμέμασεν Υ　　2 <ἐ>μέμασεν Υ　　3 αὐτῆς (βΡ) / χωρεία Υ/ κατηπήγετο Υ/ ἀκούουσα Γ: ἀκούοντα Υ　　5 ἑαυτοῦ ΓΝ: τοῦ θεοῦ Υ　　6 ὑπάρξεως + γενομένην Ν　　7 αὐτῇ LΧΧ: αὐτὴν Υ　　8 ὥσπερ: ὡς Ρ 9 ἔμβρυόν φησιν stellt Ρ/ τουτέστιν: ἀντὶ τοῦ Ρ　　14-15 καὶ₂ - λέγει: καλεῖ καὶ ἀσφάλειαν Ν　　15 vor περιώρισα: ὅμοιον τῷ ἀνωτέρω ἔφραξα δὲ θάλασσαν πύλαις Γ/ γὰρ > Ν　　16 τοὺς ὅρους: τὴν ὁροθεσίαν Γ; vgl. 14 / λυμαίνονται Υ/ χέρσον λυμαίνωνται stellt Ν　　17 ἦ: εἰ Υ/ ἑωσφόρος - 18 nach 20 παρηκολούθησεν Υ　　19 παρῆς δέ: καὶ παρῆς Ν　　20 ἐπηκολούθησεν Ν(γ)/ γεγονὼς + καὶ Υ　　21 οὕτως Υ

βάνειν τὸ ἄκρον τῆς γῆς.

κατὰ δὲ ἀλληγορίαν ὁ ἑωσφόρος, ὁ τοῦ κυρίου λόγος, κατὰ τὸν ἴδιον καιρὸν ἐπ' ἐσχάτου τῶν ἡμερῶν κηρυχθεὶς μέχρι τῶν ἄκρων ἐξετάθη τῆς γῆς. εἰς πᾶσαν γὰρ τὴν γῆν ἐξῆλθεν ὁ φθόγγος αὐτοῦ.

5 38,13 ἐκτινάξαι ἀσεβεῖς ἐξ αὐτῆς.

ἐπειδὴ φωτὸς ἀνατολῆς ἐμνήσθη, εὐκαίρως εἶπεν ὅτι· ἐποίησα τὸ φῶς, ἐξ οὗπερ ὕστερον οἱ ἀσεβεῖς ἐκτινασσόμενοι εἰς ἀφεγγῆ καὶ σκοτεινὰ χωρία παραπέμπονται.

κατὰ δὲ τὴν θεωρίαν τοὺς ἀσεβεῖς δαίμονας ἐξετίναξεν ὁ λόγος τῆς
10 διδασκαλίας ὁ εὐαγγελικὸς ἐπὶ τῆς ἐνσάρκου τοῦ κυρίου παρουσίας.

38,14 ἢ σὺ λαβὼν γῆς πηλὸν ἔπλασας ζῶον καὶ λαλητὸν αὐτὸ ἔθου ἐπὶ τῆς γῆς;

ἀλλὰ σύ, φησίν, ὦ 'Ιώβ, λαβὼν χοῦν ἀπὸ τῆς γῆς ἔπλα-
σας ἄνθρωπον καὶ λόγῳ τοῦτον κατεκόσμησας ὥσπερ ἐγώ; ἐπιση-
15 μειοῦ δὲ ἐνταῦθα, ὅτι οὐκ εἶπε χοῦν, ἀλλὰ πηλὸν ὡς τοῦ χοὸς ὕδατι συμπεφυρμένου.

38,15 ἀφεῖλες δὲ ἀπὸ ἀσεβῶν τὸ φῶς, βραχίονα δὲ ὑπερηφάνων συνέτρι-
ψας;

τοῦτο καὶ περὶ ἀνθρώπων ἀσεβῶν καὶ περὶ δαιμόνων ἔστιν ἐκλαβεῖν.
20 ἀφῃρέθη γὰρ ἀπ' αὐτῶν ἡ γνῶσις τῆς ἀληθείας καὶ ἡ δύναμις συνετρίβη.

ἐνταῦθα δὲ ἔδειξε τὰ τοῖς ἀσεβέσιν ὕστερον ἀπαντησόμενα καὶ
ἔλυσε τὴν ἀπορίαν, ἣν ἀποροῦσιν οἱ ἄνθρωποι διὰ τὸ πολλάκις ὁρᾶν
τοὺς ἀσεβεῖς οὐδὲν ἐν τῷδε τῷ βίῳ πάσχοντας δυσχερές.

4 Psalm 18,5   13-14 Genesis 2,7

Υ Γ(βOFP -4; 6-10; 13 - 14 ἐγώ; 19-20; ≠ 21-23) Ν(≠ -1; 13 - 14 ἐγώ)
2 ἀλληγορίαν Υ / τοῦ κυρίου ὁ λόγος stellt Γ   4 γὰρ + φησίν Γ /
αὐτῶν Γ   5 ἐκτειναξαι Υ   6 ἀνατολῆς Γ: ἀνατολὴν Υ/ ἐμνήσθη Γ:
ἐμνημόνευσεν Υ   7 ὕστερον > Γ   9 δὲ - θεωρίαν: θεωρίαν δὲ Γ
/ ἐξετείναξεν Υ   10 ἐπὶ - παρουσίας > Γ   11 σὺ λαβὼν: συλλα-
βὼν Υ; vgl. 13 / αὐτὸ LXX: αὐτῷ Υ   13 ὦ 'Ιώβ ΓΝ: > Υ / χοῦν +
ὕδατι βεβρεγμένον Ν / τῆς > ΓΝ (hat P)   14 ἔπλασας + τὸν Γ /
ὥσπερ ἐγώ Ν: ὅπερ ἐγώ Γ, > Υ   20 ἀπ' Γ: > Υ / συντριβήσεται Γ

38,16 ἦλθες δὲ ἐπὶ πηγὴν θαλάσσης, ἐν δὲ ἴχνεσιν ἀβύσσου περιε-
πάτησας;

ἔγνως δέ, πόθεν ἡ θάλασσα ἔσχε τὴν ἀρχήν; ἢ τὰ ἴχνη, τουτέστι
τὰ ἔσχατα, τῆς ἀβύσσου κατείληφας; ἢ ὅπερ ἐποίησεν ὁ κύριος σαρ-
5 κωθείς - ὡς καὶ τὰ ἑξῆς μαρτυροῦσιν - <ἐποίησας>;

38,17 ἀνοίγονται δέ σοι φόβῳ πύλαι θανάτου, πυλωροὶ δὲ ᾅδου
ἰδόντες σε ἔπτηξαν;

ταῦτα γέγονεν, ὅτε ὁ κύριος εἰς ᾅδου κατέβη κηρύξαι τοῖς ἐκεῖ
πνεύμασιν.

10 38,18 νενουθέτησαι δὲ τὸ εὖρος τῆς ὑπ' οὐρανόν; ἀνάγγειλον δέ
μοι, πῶς ἢ τίς ἐστιν.

νενουθέτησαι - ἀντὶ τοῦ· ἠκριβώθης - τῆς γῆς τὸ πλάτος; φράσον
αὐτῆς τὴν διάμετρον.

38,19-20 ποίᾳ δὲ γῇ αὐλίζεται τὸ φῶς; σκότους δὲ ποῖος ὁ τόπος;
15 εἰ ἀγάγοις με εἰς ὅρια αὐτῶν;

εἰπὲ. καὶ περὶ φωτὸς καὶ σκότους· ποῦ ἀποκλείονται καὶ πόθεν
ἐκπορεύονται;

38,20-21 εἰ δὲ καὶ ἐπίστασαι τρίβους αὐτῶν, <οἶδας ἄρα, ὅτι τότε
γεγέννησαι;>

20 εἰ δὲ τούτων τὰς ὁδοὺς εἰδέναι φαίης, λέγε, ὅτι καὶ τότε ἐγεννή-
θης ὅτε ταῦτα ὡροθετήθησαν.

38,21 ἀριθμὸς δὲ ἐτῶν σου πολύς;

καὶ εἰ ταῦτα ἐπίστασαι, ἴσθι καὶ πολυετής τις ὑπάρχων ὡς ἕκτο-

---

Υ Γ(βΟFPΝ 3 - 4 κατείληφας; 8-9; 16-17; 20-21) Ν(12-13; 23-)

2 δέ + φησίν Γ   4 κατείληφας Γ: ἔγνως Υ   8 κυρύξαι Υ
12 νενουθέτησαι - τοῦ > Ν   15 εἰ ἀγάγοις LXX: εἰσαγάγεις Υ
16 εἰπὲ + δέ μοί φησιν Γ   20 δὲ τούτων Γ: > Υ / φαίης Γ: λέ-
γεις Υ   20/21 ἐγεννήθην Γ (nicht Ν)   21 ὁρωθετήθησαν Υ

τε γεγονώς. διδάσκει δὲ ἐνταῦθα, ὅτι καὶ τὸ τοῦ ἀνθρώπου ὀλιγό-
βιον οὐδὲ γνῶναι αὐτῷ τὰ πολλὰ ἐπιτρέπει.

38,22 ἦλθες δὲ ἐπὶ θησαυροὺς χιόνος, θησαυροὺς δὲ χαλάζης ἑώρακας;

θησαυροὺς λέγει τὰ ἀπόκρυφα. οἶσθα οὖν, φησίν, πῶς τὴν μὴ φαι-
5 νομένην χιόνα καὶ χάλαζαν ἐκφαίνεσθαι παρασκευάζω;

38,23 ἀπόκειται δέ σοι εἰς ὥραν ἐχθρῶν, εἰς ἡμέραν πολέμου καὶ
μάχης;

δυνατὸς εἶ τῇ χιόνι καὶ τῇ χαλάζῃ κατὰ πολεμίων χρήσασθαι,
ὅπερ θεὸς ποιεῖ πολλάκις ἀνθρώπους τιμωρούμενος καὶ καρποὺς δια-
10 φθείρων;

38,24-26 πόθεν δὲ ἐκπορεύεται πάχνη ἢ διασκεδάννυται νότος εἰς
τὴν ὑπ' οὐρανόν; τίς δὲ ἡτοίμασεν ὑετῷ λάβρῳ <ῥύσιν>, ὁδὸν δὲ κυ-
δοιμῶν τοῦ ὑετίσαι ἐπὶ τὴν γῆν, οὗ οὐκ ἀνήρ;

πόθεν δὲ ἡ πάχνη ἢ πῶς ὁ νότος καθ' ὅλην πνεῖ τὴν ὑπ' οὐρανόν;
15 πῶς λάβρως ὁ ὑετὸς καταρρεῖ; πόθεν αἱ βρονταί; κυδοιμὸν γὰρ τὴν
βροντὴν καλεῖ. μὴ ἀνθρωπείας ἔργα ταῦτα τέχνης, οὐ θεοῦ σοφίας
δημιουργήματα;

38,26-27 ἔρημον οὗ οὐχ ὑπάρχει ἄνθρωπος ἐν αὐτῇ τοῦ χορτάσαι
ἄβατον καὶ ἀοίκητον καὶ τοῦ ἐκβλαστῆσαι ἔξοδον χλόης;

20 χεῖται, φησίν, ὁ ὑετὸς καὶ εἰς τὴν ἀοίκητον - τῶν θηρίων δὲ δη-

9-10 vgl. Exodus 9,18

Y Γ(βOFP 1 διδάσκει - 2; βOFPN 4-5; ≠ 8 - 9 πολλάκις; 14-17; βOFP
20-) N(-2; 20-)

1/2 ὀλιγόβιον: ὀλιγοχρόνιον Γ   4 οὖν Γ: > Y   8 κατὰ πολεμίων
(Γ): καταπολεμῶν Y   9 τιμωρούμενος Hag: τιμωρουμένους Y
9f διαφθείρων Hag: διαφθείροντος Y   11 ἢ nach 12 οὐρανόν stellt Y
12/13 κυδίμων Y   13 ἀνήρ LXX: ἀήρ Y   14 ἢ Γ: > Y/ νότος + πολλά-
κις Γ (nicht N)/ ὅλης .. τῆς Γ/ πνεῖ Γ: τείνει Y   15 λάβρος Y
/ καταρεῖ Y / βρονταί + πόθεν οἱ ὑετοί Y / κυδίμων Y   16 μὴ Γ:
> Y / ταῦτα + φησίν und vor ἀνθρωπείας stellt Γ / ἀνθωπίας Y   19
nach ἀοίκητον: [[τῶν θηρίων δὲ δηλονότι]] Y, vgl.20f   20 χεῖται +
δὲ Γ, + γὰρ N   20/1 τῶν - δηλονότι: δῆλον δὲ ὅτι καὶ τῶν θη-
ρίων Γ, δηλονότι καὶ τῶν θηρίων N

λονότι προνοοῦντος θεοῦ -, καὶ ἡ ἔρημος ποάζει καὶ χλοηφορεῖ δίχα τινὸς ἀνθρωπίνης ἐπιμελείας.

38,28-30 τίς ἐστιν ὑετοῦ πατήρ; τίς δέ ἐστιν ὁ τετοκὼς βώλους δρόσου; ἐκ γαστρὸς δὲ τίνος ἐκπορεύεται ὁ κρύσταλλος; πάχνην δὲ
5 ἐν οὐρανῷ τίς τέτοκεν, ἢ καταβαίνει ὥσπερ ὕδωρ ῥέον;

ἔχεις δὲ εἰπεῖν ὑετοῦ πατέρα ἢ δρόσου - βώλους δὲ δρόσου τὰς συστάσεις φησὶ τοῦ δρόσου - ἢ κρυστάλλου ἢ πάχνης, ἥτις συνισταμένη περὶ τὸ στερέωμα - οὐρανὸν γὰρ ἐνταῦθα τὸν εἰς ὕψος ἀέρα λέγει - ὥσπερ ὕδωρ καταρρεῖ; οὐ θεοῦ ταῦτα καὶ θεοῦ σοφίας ἔργα;

10 38,30 πρόσωπον δὲ ἀσεβοῦς τίς ἔτηξεν;

κατὰ μὲν τὸ ῥητὸν ἐπὶ παντὸς ἀσεβοῦς τοῦτο νοητέον. πρὸς δὲ διάνοιαν· τὴν ὡραιότητα τοῦ ἐχθροῦ, ἢν δὴ σημαίνει τὸ πρόσωπον, τίς ταύτην ἠφάνισεν; οὐχ ὁ μονογενὴς τοῦ θεοῦ υἱὸς καὶ τῆς κτίσεως δημιουργός;

15 38,31 συνῆκας δὲ δεσμὸν Πλειάδος;

τῆς δὲ σῆς συνέσεως ἔργον τὸ ὥσπερ δεδέσθαι καὶ τοιῶσδε συγκεῖσθαι τοὺς συμπληροῦντας τὴν Πλειάδα ἀστέρας; ἢ τὴν αἰτίαν οἶσθα, διὰ τί οὕτως ἀλλήλοις συνηρμόσθησαν;

38,31 καὶ φραγμὸν Ὠρίωνος ἤνοιξας;

20 ἐπειδὴ κατὰ καιρὸν ὁ Ὠρίων φαίνεται, σύ, φησίν, παρασκευάζεις αὐτὸν ὥσπερ τινὶ διαφράγματι ἀποκρύπτεσθαι καὶ πάλιν φαίνεσθαι;

Y Γ(βOFP -2; 6-9; 11-14; 16-18; 20-21) N(-2; ≠ 6-9; 11-14; 16-18; 20-21)

1 τοῦ θεοῦ ΓΝ / χλοηφορεῖ ΓΝ: χλόην φέρει Υ   3 τετοκὼς LXX: τετηκὼς Υ / βόλους Υ   4 κρύσταλος Υ   6 βόλους Υ / δὲ δρόσου Γ: > Υ   7 κρυστάλου Υ   9 ὥσπερ + γὰρ Υ / καταρεῖ Υ / καὶ θεοῦ > Γ(Ν)   11 νοητέον: νοήσεις Γ   12-13 ἢν - τίς Γ: > Υ / τὴν - οὐχ: ἐπὶ τοῦ διαβόλου ὃν ἠφάνισεν Ν   13 υἱὸς: λόγος Γ / ὁ καὶ ΓΝ   14 δημιουργός: ποιητής Γ   16 τῆς δὲ: μή τι ἄρα τῆς Ν / σῆς + φησίν Γ   16/17 συγκεῖσθαι ΓΝ: συγκεκλεῖσθαι Υ   19 Ὠρείονος Υ   20 Ὠρείων Υ / ἢ σὺ ΓΝ

38,32   ἢ διανοίξεις μαζουρὼθ ἐν καιρῷ αὐτοῦ;

μαζουρὼθ τὰ συστήματα λέγει τῶν ἀστέρων, ἃ ἐν τῇ συνηθείᾳ
ζῴδια καλοῦνται. ποῦ οὖν, φησίν, ἀποκεκλεισμένα εἰσὶ ταῦτα καὶ
κατὰ καιρὸν φαίνονται; ἄλλοι δέ φασι μαζουρὼθ Ἑβραικὴν μὲν εἶ-
5 ναι λέξιν, εἰς Ἑλλάδα δὲ μεταφερομένην φωνὴν τὸν οὐράνιον κύνα
σημαίνειν.

38,32   καὶ Ἕσπερον, ἐπὶ κόμης αὐτοῦ ἄξεις αὐτόν;

κόμην τὴν ὑπερβολὴν τῆς λάμψεως λέγει καὶ τὴν εὐπρέπειαν. μὴ
σύ, οὖν φησιν, τοῦτον παράγεις οὕτω διαφανῶς ἐκλάμποντα;

10 38,33   ἐπίστασι δὲ τροπὰς οὐρανοῦ ἢ τὰ ὑπ' οὐρανὸν ὁμοθυμαδὸν γινό-
μενα;

τὰς δὲ τοῦ ἀέρος ἐπίστασαι τροπὰς ἢ ἀπαξαπλῶς πάντα τὰ ὑπ' οὐ-
ρανὸν γινόμενα, ὅπως γίνεται;

38,34   καλέσεις δὲ νέφος φωνῇ, καὶ τρόμῳ ὕδατος λάβρου ὑπακούσε-
15 ταί σου;

δύνῃ δὲ ἐπιτάξαι γενέσθαι νέφη, καὶ ὥσπερ τις ἔμψυχος ὁ ὑετὸς
ὑπακούσεται μετὰ τρόμου τῷ σῷ προστάγματι;

38,35   ἀποστελεῖς δὲ κεραυνοὺς καὶ πορεύσονται; ἐροῦσι δέ σοι, τί
ἔστιν;

20   ὥσπερ δέ τινες οἰκέται οἱ κεραυνοὶ ἐπιτάττονται παρὰ σοῦ πο-
ρεύεσθαι, καὶ καθ' ὧν ἂν ἐκπέμπωνται, ἕτοιμοι ὄντες πρὸς τὸ ἐπί-
ταγμα μονονουχὶ φωνὴν ἀφιέντες ἐροῦσιν· τί ἐστιν, ὃ ποιεῖν ἡμᾶς
προστάττεις;

Υ Γ(βΟFP 2-6; 8-9; βΟFPN 12-13; βΟFP ≠ 16-17; 20-23) Ν(2-6;
≠ 8-9; ≠ 16-17; 20-23)
1 διανοίξεις LXX: διανοίξει Υ   2 λέγει ΓΝ: > Υ   3 ποῦ: πῶς Ν
/ ἀποκεχλ. εἰσὶ: ἀποκέχλεισται Γ   4 φαίνεται Γ   5 τὴν λέξιν ΓΝ/
εἰς -6: σημαίνειν δὲ τὸν ἀστρῷον κύνα ΓΝ/ δὲ ΓΝ: > Υ   6 σημαίνειν
ΓΝ: σημαίνει Υ   12 ἀέρος + φησίν Γ/ τὰ Γ: > Υ   13 ὅπως γιν. Γ: > Υ
16 δύνει Υ   20 ὥσπερ δὲ: ἢ ὥσπερ φησίν Γ   21 καὶ Hag: nach
ἐκπ. stellen ΥΓΝ/ καθ' ὧν ἂν Γ: καθ' ὃν καὶ Υ, καθ' ὧν καὶ Ν/ ἐκπέμ-
πονται Υ   22 ἐροῦσιν: λέγουσιν Γ, + ἰδοὺ ἡμεῖς πάρεσμεν Ν

38,36 τίς δὲ δέδωκε γυναιξὶν ὑφάσματος σοφίαν ἢ ποικιλτικὴν ἐπι-
στήμην;

τίς δὲ γυναῖκας ἐσόφισεν εἰς ὑφασμάτων κατασκευὴν καὶ εἰς τὸ
ταῦτα καταποικίλλειν ταῖς τῶν ἐρίων βαφαῖς καὶ χρώμασιν; δείκνυσι
5 δὲ διὰ τούτων, ὅτι καὶ ἡ τεχνικὴ σοφία τοῖς ἀνθρώποις παρὰ θεοῦ
δέδοται.

38,37 τίς δὲ ὁ ἀριθμῶν νέφη σοφίᾳ, οὐρανὸν δὲ εἰς γῆν ἔκλινεν;

τίς δὲ ὁ ὑπ' ἀριθμὸν καὶ οὐκ ἀμέτρως, ἀλλὰ πρὸς τὴν χρείαν τὰ
νέφη συνίστασθαι παρασκευάζων; τίς δὲ ὁ τὸν οὐρανὸν κυκλοφορικὸν
10 ἀπεργασάμενος, ὡς δοκεῖν τοῖς πόρρωθεν ἀτενίζουσιν, ὅτι τῶν ἄκρων
τῆς γῆς ἐφάπτεται;

38,38 κέχυται δὲ ὥσπερ γῆς κονία.

περικέχυται δὲ τῇ γῇ μελαίνῃ οὔσῃ ὁ οὐρανὸς ὥσπερ τις κονία
διὰ τὸ διαυγές.

15 38,38 κεκόλληκα δὲ αὐτὸν ὥσπερ κύβον λίθῳ.

τὴν δὲ λεπτοτάτην τοῦ οὐρανοῦ φύσιν οὕτω στερέμνιον ἀπειργασά-
μην, ὡσπερανεί τις λίθῳ κύβον ἐναρμόσοι. κύβος δέ ἐστιν ὁ ἐκ
τετραγώνου κατὰ τὴν βάσιν ἢ κυκλοτεροῦς εἰς ὀξὺ λήγων, ἵνα εἴπῃ
ὅτι· σταθερὸν αὐτὸν καὶ ἑδραῖον ἀπειργασάμην.

20 38,39-40 θηρεύσεις δὲ λέουσι βοράν, ψυχὰς δὲ δρακόντων ἐμπλήσεις;

Υ Γ(βOFP 3-6; 8-11; 13-14; 16 - 19 λήγων)   Ν(3 - 4 χρώμασιν; 8-11;
13-14; 16 - 19 λήγων)
3 δὲ: φησίν Ν / γυναῖκας + καίτοι τὰ ἄλλα ἀσθενεῖς οὔσας Ν   4 ἐ-
ρίων ΓΝ: ἀερίων Υ / βαφαῖς + τε Ν / δείκνυται Γ   5 ἡ τεχνικὴ Γ:
φυσικὴ Υ   6 δέδοται > Γ   7 ἀριθμῶν LXX: ἀριμῶν Υ/ ἔκκλεινε Υ
8 δὲ: φησίν Ν / ὑπὸ ΓΝ / ἀμέτρως + φησίν Γ   13 τις > Ν
15 κεκόλληκα LXX: κεκώλλυκα Υ / κύβον λίθῳ LXX: κύβων λίθον Υ   16
δὲ: οὖν Ν / λεπτοτάτην + φησίν Ν/ τοῦ οὐρανοῦ: αὐτοῦ Γ (anschließend
an 14)   16/17 ἀπεργασάμην Υ, + φησίν Γ   17 ὥσπερ: καθά-
περ ΓΝ / εἰ ΓΝ: > Υ / λίθῳ κύβον ΓΝ: λίθον κύβων Υ / ἐναρμόσοι Ν:
ἐναρμόσει Υ, ἐναρμόσῃ Γ   18 κατὰ τὴν βάσιν ΓΝ: > Υ / λῆγον Υ, +
οἱ (ἔνιοι Ν) δὲ τὸ σχῆμα σκυφοειδές φασιν ΓΝ

δεδοίκασι γὰρ ἐν κοίταις αὐτῶν, κάθηνται δὲ ἐν ὕλαις ἐνεδρεύοντες.

τίς δὲ τῷ λέοντι τὴν θηρατικὴν ἐχαρίσατο φύσιν; τίς τοὺς δρά-
κοντας τροφῆς ἐμπίπλησιν; τίς ἐδίδαξε τὰ θηρία ἐνεδρεύειν καὶ
ἐπιτίθεσθαι πρὸς τροφῆς εὐπορίαν; τὸ <δὲ> δεδοίκασι γὰρ ἐν
5 κοίταις αὐτῶν ἢ ὅτι τὰ θηρία δεδοικότα τοὺς ἀνθρώπους, τὴν
κατ' εἰκόνα θεοῦ δημιουργίαν, ἐπὶ λόχμας καὶ ὕλας καὶ ἀβάτους ἀνα-
χωροῦσι τόπους, ἢ ὅτι τὰ κτήνη βρυχομένου λέοντος ἐπακούσαντα
φρίττουσιν· φασὶ γὰρ τὸν λέοντα πρότερον τῇ βοῇ καταπλήξαντα οὕ-
τως ἐφορμᾶν τῷ θηράματι.

10 38,41 τίς δὲ ἡτοίμασε κόρακι βοράν; νεοσσοὶ γὰρ αὐτοῦ πρὸς κύ-
ριον κεκράγασι πλανώμενοι τὰ σῖτα ζητοῦντες.

ἀλλὰ καὶ τῶν πτηνῶν ὁ θεὸς προνοεῖ· ἀπὸ γὰρ τοῦ μέρους τὸ πᾶν
ἐσήμανεν. λόγος δὲ τὸν κόρακα ἀφιλόστοργον εἶναι καὶ ἀτημελήτους
ἐᾶν τοὺς νεοττούς, τοὺς δὲ ὑπὸ τῆς ἐνδείας πιεζομένους φυσικῇ τι-
15 νι κεχρῆσθαι πρὸς θεὸν τῇ βοῇ, τὸν δὲ φιλάγαθον διαφυλάττειν καὶ
τρέφειν αὐτοὺς τῇ ἀπορρήτῳ ἑαυτοῦ σοφίᾳ, ὃ καὶ Δαυὶδ ἐξυμνῶν ἔλε-
γεν· κ α ὶ τ ο ῖ ς ν ε ο σ σ ο ῖ ς τ ῶ ν κ ο ρ ά κ ω ν τ ο ῖ ς ἐ π ι κ α λ ο υ -
μ έ ν ο ι ς α ὐ τ ό ν.

39,1-3 ε ἰ ἔ γ ν ω ς κ α ι ρ ὸ ν τ ο κ ε τ ο ῦ τ ρ α γ ε λ ά φ ω ν π έ τ ρ α ς, ἐ φ ύ λ α ξ α ς δ ὲ
20 ὠ δ ῖ ν α ς ἐ λ ά φ ω ν; ἠ ρ ί θ μ η σ α ς δ ὲ μ ῆ ν α ς α ὐ τ ῶ ν π λ ή ρ η ς τοκετοῦ, ὠδῖνας
δ ὲ α ὐ τ ῶ ν ἔ λ υ σ α ς; ἐ ξ έ θ ρ ε ψ α ς δ ὲ α ὐ τ ῶ ν τ ὰ π α ι δ ί α ἄ ν ε υ φ ό β ο υ, ὠ δ ῖ ν α ς
δ ὲ α ὐ τ ῶ ν ἐ ξ α π ο σ τ ε λ ε ῖ ς;

ἀλλ' οὐδὲ τὰ εὐτελέστατα, φησίν, οἶσθα, πῶς κατὰ καιρὸν ἔλαφος
καὶ τραγέλαφος ὑπὸ αὐτορόφοις σπηλαίοις ἐν πέτραις ἀποκυΐσκουσιν

6 vgl. Genesis 1,27; 5,1   17-18 Psalm 146,9
Υ Γ(βOFPN 2 - 4 εὐπορίαν; 12-18; βOFP 23-) P(≠ 5 ἢ ὅτι - 9) N(23-)
3 τὰ θηρία Γ: λέοντας Υ   4 τροφῆς Γ: τροφὴν Υ   5 τὰ θηρία und
τοὺς ἀνθρώπους > (P)   6 λόχμας Hag: λόγχας Υ, (> P)   8 κατα-
πλήξαντα: ἐμπλήξαντα (P)   9 ἐφορμᾶν (P): ἐπιορμᾶν Υ   12 πτη-
νῶν + φησι Γ   13-14 ἀτημελήτους - νεοττούς Γ: ἀνεπιμέλητον ἐν
τοῖς νεοττοῖς Υ   15 κεχρῆσθαι Γ: κινεῖσθαι Υ   15-16 διαφυ-
λάττειν καὶ τρέφειν: διατρέφειν Γ   18 αὐτόν + οὐ λόγῳ ἀλλὰ τῇ
χρείᾳ Γ (vgl. Julian S.275,10)   24 τραγέλαφος +
ἤτοι αἴγαγρος Ν / ἀποκυΐσκουσιν ΓΝ: ὑποκυΐσκουσιν Υ

- διαφερόντως δὲ οἱ τραγέλαφοι πρὸς τὰς πέτρας ἀναπηδῶσιν -, καὶ
τίς αὐτοῖς ἀριθμὸς μηνῶν εἰς τὴν κύησιν δέδοται, πῶς δὲ ἀποτίκ-
τουσι λυθεισῶν τῶν ὠδίνων, πῶς τὸ γάλα τοῖς νεογνοῖς ἐνδιδόασιν,
τὰ δὲ τρέφεται ἄνευ φόβου. τὸ δὲ ἐξαποστελεῖς ἀντὶ τοῦ· παύ-
5 σεις, ὥστε μὴ ἀεὶ ἐν ὠδῖσιν εἶναι. εἰ δὲ μὴ ταῦτα σὰ μηδὲ τὴν τού-
των γνῶσιν ἐπίστασαι, πῶς θεοῦ κρίματα γνῶναι θέλεις; τοῦτο γὰρ
μηνύει τὸ ἐκ τούτων δηλούμενον.

39,4 ἀπορρήξουσι τὰ τέκνα αὐτῶν, πληθυνθήσονται ἐν γενήματι,
ἐξελεύσονται καὶ οὐ μὴ ἀνακάμψουσιν αὐτοῖς.

10   καὶ πῶς, φησίν, αἱ μητέρες ἀνδρυνθέντα τὰ τέκνα καταλιμπάνου-
σιν εἰς λήθην ἐλθοῦσαι τῆς φυσικῆς στοργῆς; τὰ δὲ ἐξελθόντα καὶ
νεμόμενα ἐν τοῖς γενήμασι τῆς γῆς οὐκέτι αὐτοῖς τοῖς γονεῦσιν ἐπ-
αναστρέφουσιν, ἀλλ' αὔξονται καὶ πληθύνονται τὰ ἐκ γῆς νεμόμενα,
τῶν αὐτὰ τεκόντων μνείαν οὐκ ἔχοντα.

15 **39,5-6 τίς δέ ἐστιν ὁ ἀφεὶς ὄνον ἄγριον ἐλεύθερον; δεσμοὺς δὲ αὐτοῦ**
τίς ἔλυσεν; ἐθέμην δὲ τὴν δίαιταν αὐτοῦ ἔρημον καὶ τὰ σκηνώματα
αὐτοῦ ἁλμυρίδα.

κατὰ μὲν τὸ ῥητόν· πόθεν, φησίν, τῷ ὀνάγρῳ ἡ αὐτονομία; πόθεν
ἀνθρώπων ἐπιτάγμασιν οὐ πείθεται, ἀλλ' οἴκησιν καὶ διατριβὴν ἔρη-
20 μον ἔχει, κατασκηνοῖ δὲ ἐν ἁλμυροῖς τόποις, ἀντὶ τοῦ· ἐν ἀκάρ-
ποις καὶ παντελῶς ἐρήμοις;

πρὸς δὲ διάνοιαν ὁ μοναχικὸς διαγράφεται βίος, ὁ ἔξω τῶν κοσ-
μικῶν καὶ τούτοις μὴ ὑποταττόμενος, ὁ καὶ τὸν δεσμὸν τῆς συζυγίας
ἐκκλίνων· δι' ὧν γὰρ εἶπεν ὁ σωτήρ· ὁ δυνάμενος χωρεῖν χω-

24f Matthäus 19,12

Y Γ(βOFP -7; βOFPN 10 - 12 ἐπαναστρέφουσιν; 18 - 22/23 κοσμικῶν)
N(- 4 φόβου)

1 διαφ. -ἀναπ. > ΓΝ   3 λυθεισῶν τῶν ΓΝ: λυθησάντων Υ/ νεογνοῖς ΥΝ:
νεοσσοῖς Γ, νεογόνοις (Ρ)   4/5 παύεις Υ   5 ἀεὶ Γ: ἂν Υ   6 ἐπί-
στασαι Hag: ἐπίστασθαι Υ, ἔχεις Γ   7 μηνύει - δηλ.: ἐντεῦθεν συνά-
γεται Γ   8 ἀπορρίξουσι Υ   12 γῆς + πληθύνεται Γ (vgl.13)
12/13 ἐπαναστρέφοντα Γ   18 τὸ: > Γ (οὖν τὸ Ν)   19/20 ἔρημον
ἔχει: ἔχει τὴν ἔρημον Γ   22 μοναδικὸς Γ/ διαγράφεται Υ(Ν): ὁπογρά-
φεται Γ/ ὁ: ὡς Γ   22/23 κοσμικῶν + καὶ σαινόντων τὴν αἴσθησιν Γ

ρείτω, ἔλυσε τῆς συζυγίας τὴν ἀνάγκην, ἐφ' ᾗ ἄρσεν καὶ θῆλυ
ἐγεγόνει. ἁλμυρίδες δέ εἰσι τὰ σκηνώματα τοῦ τοιούτου, ὅτι πνευ-
ματικὰ πράγματα ἀμέτοχά εἰσι φθορᾶς. οἱ γὰρ ἁλμυροὶ ἅλες τῆς φθο-
ρᾶς εἰσιν ἀναιρετικοί.

5 39,7 <καταγελῶν πολυοχλίας πόλεως>, μέμψιν δὲ φορολόγου οὐκ
ἀκούων.

    ἐκ τούτου δῆλον, ὡς εἰς ἀλληγορίαν ἡμᾶς ὁ λόγος παραπέμπει· οὐδὲ
γὰρ ὁ ἥμερος ὄνος οὑτοσὶ ὁ κανθήλιος μέμψιν ἀκούει φορολόγου. εὔ-
δηλον οὖν, ὅτι περὶ τοῦ πνευματικοῦ ἀνθρώπου λέγει τοῦ μὴ ἀνεχομέ-
10 νου τοῦ νοητοῦ πράκτορος, ὃς ὥσπερ τινὰ δασμὸν ἀπαιτῶν τοὺς ὑφ' ἑαυ-
τὸν καταναγκάζει δουλεύειν ταῖς ἡδοναῖς καὶ τοῖς πάθεσιν.

39,8 κατασκέψεται ὄρη νομὴν αὐτοῦ καὶ ὀπίσω παντὸς χλωροῦ ζητεῖ.

    κατὰ μὲν τὴν ἱστορίαν ὁ ἄγριος ὄνος τὰ ὄρη περινοστῶν τὰς βο-
τάνας ἀνιχνεύει πρὸς διατροφήν. κατὰ δὲ τὴν θεωρίαν ὁ πνευματικὸς
15 ἄνθρωπος τῶν οὐρανίων τὰς πολιτείας κατασκέπτεται καὶ ἐπιζητεῖ
οὐ τὰ παρόντα, ἀλλὰ τὰ ἐν τῷ ἀμερίμνῳ αἰῶνι.

39,9 - 12 βουλήσεται δέ σοι μονόκερως δουλεῦσαι ἢ κοιμηθῆναι ἐπὶ
φάτνης σου; δήσεις δὲ ἐν ἱμᾶσι ζυγὸν αὐτοῦ ἢ ἑλκύσει σου αὔλακας
ἐν τῷ πεδίῳ; πέποιθάς τε ἐπ' αὐτῷ, ὅτι πολλὴ ἡ ἰσχὺς αὐτοῦ, ἐπαφή-
20 σεις δὲ αὐτῷ τὰ ἔργα σου; πιστεύσεις δέ, ὅτι ἀποδώσει σοι τὸν
σπόρον, εἰσοίσει δέ σοι τὴν ἅλωνα;

    καθ' ἱστορίαν ὁ μονόκερως, ὃν δὴ ἕτερος τῶν ἑρμηνευτῶν ῥινοκέρωτα

1 Genesis 1,27; 5,2

Υ Γ(ϸOFPN 7-11; 13-16; ϸOFP 22-) N(22-)

5 <..> aus LXX; wird nicht erklärt, auch nicht in ΓN   7 ἀλληγορί-
αν Υ   8 ἥμερος Hag: ἡμέτερος Υ, > Γ / οὑτοσὶ Γ: οὕτως δὴ Υ / ὁ
κανθήλιος Hag: τῷ ἀκανθώδει λίως Υ, > Γ   9 ἀνθρώπου τοῦ πνευμα-
τικοῦ stellt Υ   10 ὃς Γ: > Υ / δασμὸν: φόρον Γ   11 ἐπαναγ-
κάζει Γ (ἀναγκάζει N)   12 χλοροῦ Υ   16 ἀμερίμνῳ αἰ-
ῶνι: μέλλοντι αἰῶνι τῷ καρποφόρῳ Γ (ἐαρινῷ αἰῶνι τῷ μέλλοντι τῷ ἐλ-
πιδηφόρῳ N)   17 μονόκερος Υ   18 σου₁ LXX: οὗ Υ / εὔμασι Υ /
ἑλκύσει σου LXX: ἑλκύσεις Υ   19 ἐπαφίσεις Υ   20 αὐτὸ Υ
21 εἰσήσοι Υ   22 ἱστορίαν + μὲν οὖν N / μονόκερος Υ / ἕτερος τῶν
ἑρμηνευτῶν: 'Ακύλας ΓN/ ῥινοκέρωτα ΓN: ῥινοκέρωτον Υ, (ῥινοκέρατα Ρ)

ἔφη διὰ τὸ κατὰ μέσου τῆς κεφαλῆς τὸ κέρας ἔχειν, ἀλκιμώτατος ὢν
ἀνυπότακτός ἐστι τῇ ἰσχύι καὶ τῇ ὀξύτητι τοῦ κέρατος πεποιθώς. μὴ
ἀνέχεται οὖν, φησίν, ὁ μονόκερως ἐπὶ φάτνης καταδεῖσθαι καὶ αὔλα-
κας τέμνειν καὶ ἀροῦν καὶ γεηπονεῖν καὶ εἰς ἅλωνα συνάγειν τὰ γε-
5 νήματα;
     πρὸς δὲ διάνοιαν μονόκερώς ἐστιν ὁ ἅγιος, ὅτι πρὸς θεὸν μόνον
ὁρᾷ καὶ αὐτὸν μόνον ἔχει κέρας καὶ ἰσχὺν καὶ ἀντίληψιν, ἢ ὅτι μό-
να τὰ κοσμικὰ κερατίζει, δίκερως δὲ ὁ καὶ πρὸς τὰ τοῦ κόσμου βλέ-
πων καὶ ἔχων πράξεις καὶ δεξιὰς καὶ ἀριστερὰς καὶ ποτὲ μὲν τοῦτο,
10 ποτὲ <δὲ> ἐκεῖνο κερατίζων. ὁ δὲ θεωρηθεὶς μονόκερως οὐκ ἀνθρωπί-
νοις πράγμασιν, ἀλλὰ μόνῳ θεῷ δουλεύει.

39,13-15 πτέρυξ τερπομένων νεέλασσα, ἐὰν συλλάβῃ ἀσίδα καὶ νέσ-
σα, ὅτι ἀφήσει εἰς γῆν τὰ ᾠὰ αὐτῆς καὶ ἐπὶ χοῦν θάλψει καὶ ἐπελά-
θετο, ὅτι πούς σκορπιεῖ καὶ θηρία ἀγροῦ καταπατήσει.

15 βούλεται εἰπεῖν διαφορὰν ὀρνέων καὶ ὅτι τινὰ μὲν ὑπὸ θεοῦ συνη-
τίσθησαν, τινὰ δὲ ἀσυνετώτερά εἰσιν· καί φησιν, ὅτι τερπνὸν μέν ἐστιν
τῇ θέᾳ ἡ νεέλασσα, τὴν δὲ ἀσίδαν καὶ νέσσαν ἀσύνετα θεὸς ἐποίησεν.
καὶ ἀσίδαν μὲν ἔφασάν τινες τὸν πελαργόν, κακῶς νοήσαντες· οὔτε
γὰρ εἰς γῆν τίκτει ὁ πελαργός, ἀλλὰ εἰς τὰ ὑψηλὰ τῶν δένδρων, καὶ
20 οἱ τὰ ὀρνιθιακὰ γράψαντες ἕτερον γένος ἔφησαν εἶναι παρὰ τὴν
ἀσίδαν τὸν πελαργόν. ἀσύνετα οὖν, φησίν, ὄρνεα ἡ νέσσα καὶ ἡ ἀσί-

---

Υ Γ(βΟFP - 7 ὁρᾷ; 15-17)   P(≠ 7 καὶ₁ - 8/9 βλέπων) Ν(- 7 ὁρᾷ; 15
- 21 πελαργόν) Syr(15-)
2 ἀνυποτακτικός Γ (ohne P) / τῇ ἰσχύι καὶ > Γ / κέρως Γ   2-3 μὴ
- οὖν: οὐ γὰρ ἀνέχεται Ν   3 ὁ μονόκεοος Υ, > Ν / ἐν φάτνῃ Ν
3/4 αὔλακα ΓΝ   4 γεηπονεῖν ΓΝ   6 μονόκεερος Υ   7 ὁρᾷ + καὶ
ἐπ' αὐτῷ πέποιθεν τῶν γηίνων ἁπάντων καταφρονῶν ΓΝ   10 μονόκε-
ρος Υ   10/11 ἀνθρωπίνοις Hag: ἀνθρώποις Υ   14 πούς LXX: ποῦ Υ
15 διαφορὰν ΓΝ(Syr): διαφθορὰν Υ, + τινων ΓΝ   15/16 συνητίσθησαν
Hag: συνετίσθησαν ΥΓ, συνετίζονται Ν   16 εἰσιν ΓΝ: > Υ   17 τὴν
- ἐποίησεν: ἡ δὲ ἀσίδα καὶ ἡ νέσσα ἀσύνετα πεποίηνται Ν/ ἀσίδαν (vgl.
349,1.5): ἀσῆδα Υ, ἀσίδα Γ/ νέσσαν (P): νῆσαν Υ, νέσσαν Γ / ἀσύνετα
ΓΝ(Syr): οὐ πᾶν Υ   18 καὶ - κακῶς: ἡ ἀσίδα δὲ ὁ ἐρωδιός ἐστι κατὰ
'Ακύλαν (vgl. 349,12) ἢ ὁ πελαργὸς ὥς τινες ἔφασαν οὐ καλῶς Ν/ ἀσίδαν
Hag: ἀσίδα Υ; vgl. 17 App.   20 ὀρνιθιακὰ Ν: ὀρνιακὰ δὲ Υ / ἔφη-
σαν Υ: ἔφασαν Ν   21 ἀσίδαν Ν: ἀσίδα Υ / νέσσα (Syr): νεέλασσα Υ

δα - οὕτω γὰρ καὶ Ἱερεμίας τὴν εὐθεῖαν προσηνέγκατο· ἡ ἀσίδα {καὶ
ἡ νεέλασσα} -· ἐπὰν γὰρ συλλαβόντα τέκωσιν, ὑπὸ τὴν γῆν θάλπουσι
τὰ ᾠὰ καὶ ἀφίπτανται ὥσπερ ἐπιλαθόμενα, ὅτι καὶ ποσὶν ἀνθρώπων
σκορπίζονται ταῦτα καὶ θηρία καταπατοῦσιν αὐτά.

5   λόγος δέ, τὴν ἀσίδαν οἰκονομικῶς ἀνόητον ὑπὸ θεοῦ γενέσθαι·
καὶ γὰρ ὑπεραίρει μεγέθει καὶ ἰσχύι ὡς δύνασθαι καταφρονεῖν καὶ
ἱππέως, ἀλλὰ πρὸς τὴν ἰσχὺν οὐκ ἔσχε σύνεσιν, ὥστε μὴ πάντως σώ-
ζεσθαι τοὺς νεοττοὺς καὶ ἐκ τούτου πληθύνεσθαι τὸ εἶδος.

ἔστι δὲ καὶ οὕτω νοῆσαι· τοῖς τερπομένοις τοῖς ὄρνισιν ὡραῖον
10 θέαμα ἡ νεέλασσα, μάλιστα ὅταν εὑρίσκηται μετὰ ἀσίδης καὶ νέσσας
καὶ συλλαβῶσιν ἀλλήλοις. ἔστι δὲ ἡ ἀσίδα εὐηθὲς ὄρνεον.

ὁ δὲ Ἀκύλας ἐρωδιοῦ καὶ ἱέρακος ἐκδέδωκεν ὡς καὶ τούτων ὑπὸ
χοῦν θαλπόντων τὰ ᾠά. ἐγὼ δὲ τέως οὐκ ἔχω πείθεσθαι, ὅτι ἐρωδιὸς
ἐν γῇ τίκτει διὰ τὸ λέγειν τὸν ψαλμῳδόν· τοῦ ἐρωδιοῦ ἡ κατ-
15 οικία ἡγεῖται αὐτῶν ὡς τῶν δένδρων τῶν ὑψηλοτάτων τὰς κό-
μας οἰκοῦντος τοῦ ὄρνιθος. οἱ δὲ τὰ περὶ τούτων ζητήσαντες καὶ
αὐτοπτήσαντες τὸ ἀκριβὲς ἴσασιν, ἡμῖν δὲ οὐ σχολή, τὰ τοιαῦτα
λεπτολογεῖν ἅπαξ τὸν νοῦν ἐγνωκόσι τῆς γραφῆς, ὅτι βούλεται εἰ-
πεῖν ὀρνέων διαφοράν.

20 τινὲς δὲ ἔφασαν τὴν νεέλασσαν τὴν Ἀραβίδα εἶναι τὴν ὄρνιν,
ἥτις ἐν τῇ Μεσοποταμίᾳ εὑρίσκεται.

39,16 ἀπεσκλήρυνε τὰ τέκνα αὐτῆς ὥστε μὴ ἑαυτήν.

αὕτη οὖν, φησίν, ἡ ὄρνις ἡ τὸ ᾠὸν μεθεῖσα καὶ ἀμελήσασα ἀπε-
σκλήρυνεν - ἀντὶ τοῦ· εἴασε καταπονεῖσθαι - τοὺς νεοττούς, ἵνα μὴ

1 Jeremias 8,7   6-7 vgl. Hiob 39,18   14-15 Psalm 103,17

Y Γ(βOFP 2 ἐπὰν - 8; 20-21; 23-) N(2 ἐπὰν - 10 νεέλασσα; ≠ 11 ἔστι
- 16 ὄρνιθος; 20-21; 23-) Syr(-21)

1-2 οὕτω - νεέλασσα > (Syr)   2 θάλπουσι N: θάλπωσι Y   3 καὶ
ἀφίπτανται > N / ὅτι > (FP)   4 ταῦτα > Γ(Syr) / θηρία - αὐτά:
θηρία καταπατοῦσι ταῦτα Γ, θηρίοις καταπατήσονται N   5 vor λόγος
Text von 348,18-21 N   5 ἀσίδα Γ   7 πάντως ΓN(Syr): πάντα Y
9 οὕτως Y / νοῆσαι + τὸν στίχον N / τῶν τερπομένων N / ὄρνησιν Y
10 εὑρίσκηται Hag: εὑρίσκεται Y   11 καί: αἴ (Syr) / συλλαβοῦσι Y
/ ἀσίδα N(Syr): νεέλασσα Y   12 ἐρωδιὸν καὶ ἱέρακα N   22 ἀπε-
σκλήρυνε LXX: ἐπεσκλήρυνε Y   23 αὕτη - ὄρνις: ἡ οὖν ὄρνις φησίν Γ
/ οὖν > N   23-24 καὶ - νεοττούς: εἴασε καταπονεῖσθαι τοὺς νεοτ-
τοὺς ἀποσκληρύνασα τὴν περὶ τὰ τέκνα φυσικὴν στοργήν N

ἑαυτὴν κατατ:ονήσῃ νεοττοτροφοῦσα.

39,16 εἰς κενὸν ἐκοπίασεν ἄνευ φόβου.

μὴ φοβηθεῖσα οὖν τὴν τῶν νεοττῶν ἀπώλειαν, ἀλλὰ ἀμελήσασα εἰς
κενὸν ἐκοπίασε συλλαβοῦσα καὶ ἀποτεκοῦσα οὐ πάντως περισῳζομένων
5 τῶν νεοττῶν.

39,17 ὅτι κατεσιώπησεν αὐτῇ ὁ θεὸς σοφίαν καὶ οὐκ ἐμέρισεν αὐτῇ
ἐν τῇ συνέσει.

τοῦτο δὲ ἡ ὄρνις ὑφίσταται, ἐπειδὴ ἀπεσιώπησεν - ἀντὶ τοῦ·
ἀνέσχεν - καὶ οὐκ ἐπεμέτρησεν αὐτῇ ὁ θεὸς σύνεσιν.

10 39,18 κατὰ καιρὸν <ἐν> ὕψει ὑψώσει, καταγελάσεται ἵππου καὶ τοῦ
ἐπιβάτου <αὐτοῦ>.

μετὰ δὲ τὸν καιρόν, φησίν, τοῦ ἀποτεκεῖν εἰς τὸν ἀέρα ἀφίπταν-
ται, κατὰ μὲν τὸν Ἀκύλαν ὁ ἐρωδιὸς καὶ ἱέραξ, ἐν τῇ πτήσει τὸ
θαρρεῖν ἔχοντες καὶ περιφρονοῦντες ἵππου σὺν τῷ ἀναβάτῃ. εἰ δὲ
15 περὶ τῆς ἀσίδης ὁ λόγος, διὰ τὴν ἰσχύν, ὥς φασιν, καὶ τὸ μέγεθος
οὐδὲν εἶναι τὸν ἱππέα νομίζει.

39,19 ἢ σὺ περιέθηκας ἵππῳ δύναμιν, ἐνέδυσας δὲ τραχήλῳ αὐτοῦ
φόβον;

σὺ δὲ τὸν ἵππον δυνατὸν εἰργάσω καὶ ὑψαύχενα ὡς φοβερὸν τῇ τοῦ
20 αὐχένος ἀνατάσει φαίνεσθαι ἢ καὶ τῷ χρεμετισμῷ τῷ διὰ τοῦ αὐχένος
ἐξερχομένῳ;

Υ Γ(βΟFΡ -1; 3-5; 8-9; 12 μετὰ - ἀφίπταται; 14 περιφρονοῦντες - 15
μέγεθος; 19-21) Ν(-1; 3-5; ≠ 8-9; ≠ 13 ἐν - 15 μέγεθος; 19-21)

1 ἑαυτὴν ΓΝ: αὐτὴν Υ / καταπονήσῃ ΓΝ: καταπονέσει Υ / νεοττοτροφοῦσα
ΓΝ: νεοττοτροφοῦσαν Υ   3 μὴ: οὐ Ν / οὖν: τοίνυν ΓΝ / ἀλλ' Ν
4 συλλαβοῦσα καὶ ἀποτεκοῦσα > Ν / οὐ πάντως Ν: οὐ πάντας Υ, μὴ πάν-
τως Γ   6 κατεσιώπησεν LXX: οὐκ ἀπεσιώπησεν Υ   8 ἐπειδή + φησιν Γ
9 ἐπεμέτρησεν Γ(Ν): ἐμέτρησεν Υ   10 ἵππου LXX: ἵππον Υ
12/13 ἀφίπταται Γ   13 Ἀκύλαν Hag: Ἀκύλας Υ
/ πτήσσει Υ   14 περιφρονοῦντες Hag: περιφρονοῦντος Υ, περιφρονοῦ-
σα Γ (Anschluß an 12), (καταφρονοῦσα Ν)   14-15 εἰ - λόγος > Γ(Ν)
15 ἀσίδας Υ   16 ἱππέαν Υ   17 ἐνέδησας Υ   19 σὺ δὲ: ἀλλὰ σύ
φησιν Γ, σύ φησιν Ν/ ὡς: ὥστε ΓΝ   21 ἐξερχομένῳ ΓΝ: ἐξερχομένου Υ

39,20 περιέθηκας δὲ αὐτῷ πανοπλίαν, δόξαν δὲ στηθέων αὐτοῦ τόλμαν;

παρὰ σοῦ δὲ ὥσπερ καθοπλισθεὶς θαρρεῖ καὶ τολμᾷ ἔνδοξα ἔχων καὶ ὡ-
ραῖα τὰ στέρνα καὶ εὐθαρσῆ καρδίαν ἐν τοῖς στήθεσιν {ἔχων}, ἀντὶ τοῦ·
εὔτολμος ὤν.

5 39,21 ἀνορύσσων ἐν πεδίῳ γαυριᾷ.

τῷ δὲ ποδὶ κατακροαίνων τὴν γῆν γαυριᾷ καὶ φρυάττεται.

39,21-22 ἐκπορεύεται δὲ εἰς πεδίον ἐν ἰσχύι, συναντᾷ βέλει, κα-
ταγελᾷ καὶ οὐ μὴ ἀποστραφῇ ἀπὸ σιδήρου.

ἐκπορεύεται δὲ διὰ τοῦ πεδίου εἰς πόλεμον μὴ βέλος δεδοικὼς
10 μηδὲ σιδήρου ἀκμήν.

39,23-24 ἐπ' αὐτῷ γαυριᾷ τόξον καὶ μάχαιρα, καὶ ὀργῇ ἀφανιεῖ τὴν γῆν.

διὰ τοῦ ἐπιβάτου δηλονότι τόξον μὲν ἔχοντος καὶ μάχαιραν, ὀργῇ
δὲ τὴν τῶν πολεμίων γῆν ἐξαφανίζοντος.

39,24-25 <καὶ> οὐ μὴ πιστεύσει, ἕως ἂν σημάνῃ σάλπιγξ, σάλπιγ-
15 γος δὲ σημαινούσης λέγει· εὖγε. πόρρωθεν δὲ ὀσφραίνεται πολέμου,
σὺν ἅρματι καὶ κραυγῇ ἐκπορεύεται.

καὶ ἕως μὲν οὔπω τὸ σύνθημα τοῦ πολέμου, σφαδάζει καὶ ὁρμητι-
κῶς ἔχει, οὔπω δὲ καὶ ἀναπηδᾷ καὶ ἐξάλλεται· τοῦτο γὰρ σημαίνει
τὸ καὶ οὐ μὴ πιστεύσει. φοβερὸν δὲ ἠχησάσης τῆς σάλπιγγος
20 αἰσθάνεται, ὅτι πολέμου καιρός, καὶ χαίρει τῷ συνθήματι· τοῦτο
γὰρ σημαίνει τὸ λέγει· εὖγε. καὶ ὁμοῦ τῇ κραυγῇ τοῦ στρατοπέ-
δου ἐξαλλόμενος ἐπιτρέχει τοῖς πολεμίοις.

Υ   Γ(βOFPN 2 - 3 στήθεσιν; 6; βOFP 9-10; βOFPN 12-13; 17-) N(9-10)
5 ἀνορύσσων Υ   6 τῷ δὲ: ὅς γέ φησιν τῷ Γ   7 βέλη Υ   9 ἐκ-
πορεύεται δὲ: καὶ ἐκπορεύεται Γ / πόλεμον + ἢ κατὰ τοὺς λοιποὺς εἰς
ἀπάντησιν ὅπλου καὶ εἰς ἀπάντησιν καταφράκτων Ν   10 μηδὲ: μὴ
(VOF) / ἀκμήν ΓΝ: αἰχμήν Υ   11 ἀφανεῖ Υ   12 μὲν Γ: > Υ
13 ἐξαφανίζοντος Γ: ἀφανίζοντος Υ   14 <καὶ>; vgl. 19   18 ἔχει
+ τὸ ζῷον Γ / δὲ: μέντοι Γ   20 χαίρει Γ: συγχαίρει Υ   21 ση-
μαίνει: δηλοῖ Γ / λέγει Γ: λέγειν Υ   22 ἐξαλλόμενον Γ

εἰ δὲ λέγει τις μὴ ταῦτα τῆς φύσεως εἶναι τοῦ ἵππου, ἀλλὰ τῆς

διδαχῆς, ἴστω μὴ ἄλλως τοὺς ἀνθρώπους δύνασθαι διδάσκειν, εἰ μὴ

τὸ ζῷον ἐπιτηδείως ἔχον εἰς τοῦτο ὑπὸ θεοῦ κατεσκεύαστο, ἐπεὶ μηδὲ

ἄνθρωποι διδασκόμεθά τι μὴ ἐπιτηδείως ἔχοντες πρὸς τὰ μαθήματα.

5   ἐνδείκνυται οὖν ὁ θεὸς διὰ τῶν μικρῶν τούτων τὴν ἄφατον ἑαυτοῦ

σοφίαν, ὡς ἂν διδαχθῶμεν τὰ μεγάλα καὶ ὑπέρογκα καὶ ἀπόκρυφα μὴ

πολυπραγμονεῖν.

39,26 ἐκ δὲ τῆς σῆς ἐπιστήμης ἔστηκεν ἱέραξ ἀναπετάσας τὰς πτέ-
ρυγας ἀκίνητος καθορῶν τὰ πρὸς νότον;

10   ἡ δὲ σὴ σύνεσις καὶ ἐπιστήμη τὸν ἱέρακα ἐξεπαίδευσεν ἁπλώσαντα

τὸ πτερὸν ἀκίνητον τῷ ἀέρι φέρεσθαι; λέγεται δὲ ὁ ἱέραξ ἐπὶ τὰ

νότια μέρη ἁπλοῦν τὸ πτερὸν καὶ ὥσπερ ὄρθιος ἵστασθαι ἐν τῷ ἀέρι

καὶ ἀποσκοπεῖν τὸ θήραμα καὶ οὕτως αὐτοῦ καθίπτασθαι. φασὶ δὲ

τοῦτο τὸ πτηνὸν δύνασθαι στρέφεσθαι καὶ ὁρᾶν τὰ ὀπίσθια αὐτοῦ.

15 39,27 ἐπὶ δὲ τῷ σῷ προστάγματι ὑψοῦται ἀετός;

τὴν δὲ ὑψιπετῆ πτῆσιν σὺ τῷ ἀετῷ προσέταξας ἔχειν;

39,27-30 γὺψ δὲ ἐπὶ νοσσιᾶς ἑαυτοῦ καθεσθεὶς αὐλίζεται, ἐπ' ἐξο-
χῇ πέτρας καὶ ἀποκρύφῳ· ἐκεῖσε ὢν ζητεῖ τὰ σῖτα, πόρρωθεν οἱ ὀφ-
θαλμοὶ αὐτοῦ σκοπεύουσιν· νεοσσοὶ δὲ αὐτοῦ φύρονται ἐν αἵματι,

20 οὐδ' ἂν ὦσι τεθνεῶτες, παραχρῆμα εὑρίσκονται.

ἀπὸ κοινοῦ τὸ ἐπὶ δὲ τῷ σῷ προστάγματι· εἰς ἀκροτό-
μων ὁ γὺψ καθεζόμενος πετρῶν ἐξοχὰς ἀκραιφνεῖς ἔχων τὰς αἰσθή-

---

Υ Γ(βOFPN -7; 10 - 13 καθίπτασθαι; βOF 16; βOFP 21-) P(16) N(16;
21-)

3-4 ἐπιτηδείως - μὴ Γ: > Υ   5 σμικρῶν Γ / τούτων Γ: > Υ   6 καὶ
ὑπέρογκα > Γ   8 ἥέραξ Υ   10 σὴ Γ: > Υ / σύνεσίς + φησιν Γ/
ἥέρακα Υ / ἐξεπαίδευσεν Γ: ἐπαίδευσεν Υ   11 φέρεσθαι Γ: συμφέ-
ρεσθαι Υ / ἥέραξ Υ / ἐπὶ Υ: περὶ Γ   12 ἐξαπλοῦν Γ / ἵστασθαι
ἐν Γ: εἰέναι Υ   14 στρέφεσθαι Hag: τοέφεσθαι Υ   16 ὑψιπετῆ
πτῆσιν PN: ὑψηπετῆ κτίσιν Υ, ὑψιπέτησιν Γ   17 νοσιᾶς Υ
18 σῖτα LXX: σιτεῖα Υ   19 αἵματι LXX: αἵμασιν Υ   10 ὦσι
LXX: ὡς Υ   21 ἀπὸ (P)Young: κατὰ ΥΓΝ / τὸ: τῷ Υ   21/22 ἀκρό-
τομον ΥΝ, > Γ   22 πετρῶν ἐξοχὰς vor ὁ stellt Γ, > Ν

σεις συναισθάνεται, ποῦ τεθνηκότα σώματα, ἵνα τροφὴν ἑαυτῷ πορί-
σηται· σὺ δὲ τοὺς αὐτοῦ νεοττοὺς ἐδίδαξας ἔτι μικροὺς ὄντας σαρ-
κοβορεῖν καὶ αἱμάτων ἐρᾶν; κατὰ μὲν οὖν τὸ ῥητὸν ταῦτα.

διαγράφει δὲ ὁ λόγος κατὰ τὴν ἀλληγορίαν γῦπα τὸν ἀκάθαρτον
5 καὶ φιλόσαρκον ἄνθρωπον καὶ ὀκνηρὸν πρὸς ἀρετήν· γῦψ, γάρ φησιν,
ἐπὶ νοσσιᾶς αὐτοῦ καθεσθεὶς αὐλίζεται, τοῦ δὲ θεωρηθέντος ὀκνηροῦ
καὶ ἀκαθάρτου πόρρωθεν οἱ ὀφθαλμοὶ σκοπεύουσιν· ἐῶν γὰρ τὰ ἐγγὺς
καὶ τοῖς παροῦσι καθ' ἡδονὴν χρώμενος καὶ ὑπερτιθέμενος τὸ τὴν ἀ-
ρετὴν ἐργάζεσθαι τὰ πνευματικὰ ὕστερον ὑπάρξαι ἑαυτῷ φαντάζεται.
10 εἰσὶ γὰρ ἄνθρωποι λέγοντες· τέως ἀπολαύω καὶ μετὰ ταῦτα σωφρονῶ
καὶ ἐλεῶ καὶ νηστεύω. οἱ δὲ νεοσσοὶ τοῦ τοιοῦδε - τουτέστιν· οἱ
τρόποι - ἀεὶ τοῖς νεκροῖς καὶ ἀκαθάρτοις ἐφιζάνουσι πράγμασιν.

40,1 καὶ ἀπεκρίθη ὁ θεὸς τῷ Ἰὼβ καὶ εἶπεν· μὴ κρίσιν μετὰ ἱκα-
νοῦ κρινεῖς; ἐλέγχων θεὸν ἀποκριθήσεται αὐτήν.

15   οἱ μὲν πρῶτοι λόγοι θεοῦ σοφίαν καὶ δύναμιν παρίστων τῷ Ἰώβ, νῦν δὲ
πρὸς αὐτὸν στρέφει τὸν λόγον καί φησιν· μὴ κρίσιν μετὰ ἱκανοῦ
κρινεῖς; ἀντὶ τοῦ· μὴ μετ' ἐμοῦ ταῦτα διακρινεῖς; μὴ οἶσθα, πῶς γί-
νονται; μὴ τούτων ἔχεις τοὺς λόγους; ἐλέγχων θεὸν ἀποκριθή-
σεται αὐτήν, τουτέστιν· εἰ νομίζεις δύνασθαί με ἐλέγχειν ὡς οὐκ
20 εὖ εἰρηκότα, ἀποκρίθητι τὴν κρίσιν, ἣν προέτεινά σοι, τουτέστιν·
ὧν εἶπον, τούτων τὴν θαυματουργίαν ἀποκρίθητι.

λέγει δὲ ταῦτα οὐχ ὡς ἀγνοῶν τοῦ Ἰὼβ τὴν εὐσεβῆ γνώμην, ἀλλὰ τοῖς
φίλοις δεῖξαι βουλόμενος, οἷος ἦν τὰ πρὸς θεόν, δι' ὧν ἀνταποκρίνεται.

Υ Γ(βOFP - 3 ἐρᾶν; ≠ 4 - 11 νηστεύω; βOF 15-23) P(15-23) N(-3;
≠ 4-12; 17 μετ' - 23)

1 συναισθάνεται ΓΝ: συναισθάνεσθαι Υ   2 σὺ δὲ Ν: ὁ
δὲ Υ, ἢ σὺ Γ / αὐτοῦ Hag: αὐτοὺς Υ, ἑαυτῶν Γ (αὐτῶν FP), τῶν γυπῶν Ν
/ νεοσσοὺς Ν / ἐδίδαξας ΓΝ: ἐδίδαξεν Υ   4 κατὰ (FN): καὶ Υ
5 πρὸς: εἰς (ΓΝ)/ γῦψ - 6 αὐλίζεται > (ΓΝ)   6 νοσιᾶς Υ   8 καὶ₁
- 9 > (ΓΝ)   9 ὑπάρξαι Hag: ὑπάρξει Υ   10 ἀπολαύω Hag: ἀπολάβω Υ,
ἀπολαύσω (ΓΝ)   12 τρόποι: λογισμοὶ (Ν)   15 σοφίαν θεοῦ stellen
ΓΡ   16 πρὸς αὐτὸν nach φησιν stellt Γ   17 μὴ Ν: > Υ   18-19 ἐ-
λέγχων - τουτέστιν > Ν   20 εὖ εἰρηκότα ΓΡΝ: εϑοικότα Υ, + λαν-
θάνειν σε τὰ πολλὰ τῶν παρ' ἐμοῦ γινομένων ΓΡ / ἣν: ὧν ΓΡ/ προέτεινα
ΓΡΝΥ: προέκρινα ΥΝp   20-21 τουτέστιν - ἀπόκρ.: τουτέστιν τούτων ὧν
εἶπον τὴν θαυματ. ἀποκρ. Ρ, τουτέστιν τὴν διάκρισιν καὶ τὴν αἰτιολο-
γίαν Ν, > Γ   22-23 ΓΡΝ: > Υ   23 ἀποκρίνεται ΡΝ

354

KEΦΑΛΑΙΟΝ ΕΙΚΟΣΤΟΝ ΕΒΔΟΜΟΝ

<'Αρχὴ τοῦ ῥητοῦ·> ὑπολαβὼν δὲ 'Ιὼβ λέγει τῷ κυρίῳ· τί
ἔτι ἐγὼ κρίνομαι νουθετούμενος καὶ ἐλέγχων {τὸν} κύριον, ἀκούων
τοιαῦτα οὐδὲν ὤν;

5   Προθεωρία τοῦ κεφαλαίου

ὁ φιλόθεος καὶ τῶν οἰκείων μέτρων ἐπιστήμων 'Ιὼβ θείας ἀδοκήτως
φωνῆς ἀκροασάμενος προσκαλουμένης αὐτὸν εἰς ὁμιλίαν καὶ τῶν λεγο-
μένων ἔλεγχον περιχαρὴς μὲν γέγονεν, ὡς εἰκός, ὁμολογεῖ δὲ ἐκ προ-
οιμίων τὴν οἰκείαν ἀσθένειαν καὶ δίδωσι θεῷ τὰ νικητήρια. πρὸς
10 γὰρ θεοῦ σοφίαν, φησίν, οὐδὲν ἕτερον δεῖ ποιεῖν ἢ τῇ σιωπῇ δεικνύ-
ναι τὸ θαῦμα καὶ τῷ ἀρρήτῳ θαυμάζειν τὸ ἀκατάληπτον.

Αἱ λέξεις

40,4 τί ἔτι ἐγὼ κρίνομαι νουθετούμενος καὶ ἐλέγχων κύριον, ἀκού-
ων τοιαῦτα οὐδὲν ὤν;

15 εἰς τί ἐγὼ κρίνομαι, δέσποτα, εἰς τί ἐγὼ ταῦτα ἀκούω καὶ νου-
θετοῦμαι ὡς μέλλων ἐλέγχειν θεόν, ὁ μηδεὶς ὢν καὶ μηδὲ λόγου τινὸς
ἄξιος;

Υ Γ(βOFPN 6-11) P(15-17) N(15-17)

1 κεφάλαιον κζ Υ   3 {τὸν}, vgl. 13   6 ἐπιστήμων: ἐπιγνώμων Γ
7 προκαλουμένης Γ (nicht N)   8 ἐλέγχων Υ   10 φησὶν σοφίαν
stellt Γ   15 ἐγὼ: οὖν Ν / δέσποτα κρίνομαι stellt P / ἐγὼ₂ > P
16 ἐλλέγχειν Υ / ὁ > P   16-17 καὶ - ἄξιος > P

40,4 ἐγὼ δὲ τίνα ἀπόκρισιν δώσω πρὸς ταῦτα; χεῖρα θήσω ἐπὶ στό-
ματί μου.

ἐγὼ δὲ τί πρὸς τὰ εἰρημένα φθέγξομαι; ἄμεινον κρίνω τῇ σιωπῇ
τὴν ἀκατάληπτόν σου θαυμάζειν σοφίαν. ταῦτα καὶ τῷ 'Ἰὼβ πρέπον-
5 τα ῥήματα καὶ ἡμῖν εἰς διδασκαλίαν ὠφέλιμα πρὸς τὸ μὴ χρῆναι τοῖς
θείοις ἀντιφθέγγεσθαι λόγοις μηδὲ πολυπραγμονεῖν τὰ ὑπὸ θεοῦ λε-
γόμενα, ἀλλὰ τῇ πίστει συγκατατίθεσθαι καὶ τῇ σιωπῇ θαυμάζειν τὴν
ἄρρητον τοῦ θεοῦ σοφίαν.

40,5 ἅπαξ ἐλάλησα, ἐπὶ δὲ τῷ δευτέρῳ οὐ προσθήσω.

10   ἐλάλουν, φησίν, ὅτε πρὸς ἀνθρώπους ἦν ἡ διάλεξις, ὅτε κατεδι-
καζόμην ὡς ἁμαρτίας ἐκτίνων δίκας, πρὸς δὲ τὰ δεύτερα, τουτέστι
τὰ περὶ θεοῦ σοφίας τε καὶ δυνάμεως, οὐδέν ἐστι προσθεῖναι, οὐ
φθέγγεσθαι, οὐκ ἀντειπεῖν.

Υ Γ(βOFP 3 - 4 σοφίαν; βOFPLN 10-13) N(≠ 3 - 6/7 λεγόμενα)

3 δὲ + φησιν Γ(N)   4 καὶ - 5 ῥήματα > (N) / ποέποντα: πρέπων
τὰ Υ   11 ἐκτείνων Υ   12 τε Γ: > Υ / προσθῆναι Υ / οὐ Γ: ἢ Υ
13 φθέγξασθαι Γ / ἀντειπεῖν + ἀλλ' ἄμεινον σιωπᾶν καὶ θαυμάζειν (Ρ)

ΚΕΦΑΛΑΙΟΝ ΕΙΚΟΣΤΟΝ ΟΓΔΟΟΝ

Ἀρχὴ τοῦ ῥητοῦ· ἔτι δὲ ὑπολαβὼν ὁ κύριος εἶπε τῷ Ἰὼβ ἐκ τοῦ νέφους· μή, ἀλλὰ ζῶσαι ὥσπερ ἀνὴρ τὴν ὀσφύν σου· ἐρωτήσω δέ σε, σὺ δέ μοι ἀποκρίθητι.

5   Προθεωρία τοῦ κεφαλαίου

ὑπερβολὴ φιλανθρωπίας κἀνταῦθα τοῦ θεοῦ δείκνυται. ἁγιοπρεπῶς γὰρ τοῦ Ἰὼβ τὴν πρὸς θεὸν ἀναδυομένου διάλεξιν καὶ τὸ μηδὲν εἶ- ναι ὁμολογοῦντος ὁ φιλάνθρωπος θεὸς καὶ φιλοδίκαιος πράως ὁμοῦ καὶ φιλικῶς φησι πρὸς αὐτόν· μὴ σιωπήσῃς, ἀλλὰ λάλει. οὐ γὰρ δι᾽

10 ἄλλο τί σοι κεχρημάτικα, ἀλλ᾽ ἵνα τὴν σὴν δημοσιεύσω δικαιοσύνην.

πάλιν δὲ ἐκ τῆς πρὸς τὸν δίκαιον διαλέξεως ἡμᾶς τὴν ἑαυτοῦ δύ- ναμιν καὶ ὑπεροχὴν ὁ θεὸς ἐκδιδάσκει. καὶ περὶ θηρίων διαλεγόμε- νος εἰσάγει καὶ τὸν περὶ τοῦ δράκοντος λόγον, ὃν δή τινες μὲν ζῶον εἶναι καθ᾽ ἱστορίαν ὑπειλήφασιν ὑπερφερὲς ἰσχύι καὶ μεγέθει, ἕτεροι

15 δὲ τοῦτον ἔφασαν εἶναι τὸν λευιαθὰν τὸν τῷ διαβόλῳ τὴν ἀρχὴν ὑπη- ρετησάμενον καὶ τὴν Εὔαν ἐξαπατήσαντα - λευιαθὰν δὲ οἱ Ἑβραῖοι τὰ μεγάλα κήτη προσαγορεύουσιν -, οἱ δὲ πλείονες τῶν ἐν ἐκκλησίᾳ διαλαμψάντων ἐν οἰκείαις ἐξηγήσεσι καὶ λογογραφίαις εἰς τὸν διά- βολον ἀλληγορικῶς ἀνήνεγκαν τὰ ἀναγεγραμμένα. ἐγὼ δέ, εἰ μὲν καὶ

20 ζῶόν ἐστι τοιοῦτον, οὐκ ἔχω λέγειν· οὔτε γὰρ αὐτὸς εἶδον, οὔτε ἑτέρων ἱστορησάντων ἤκουσα. ὅτι δὲ εἰς τὸν ἀποστάτην δράκοντα,

---

Y   Γ(βOFPN 6-)   Γ'(βOF 6 ἁγιοπρεπῶς - 9 σιωπήσῃς)

1 κεφάλαιον κη Υ   2-3 ἀρχὴ τοῦ ῥητοῦ nach νέφους stellt Υ
3-4 ἐρωτήσω δέ σε LXX: ἐρῶ δέ σοι Υ   7 γὰρ > Γ'   8 καὶ -
ὁμοῦ ΓΓ': > Υ   10 κεχρημάτηκα Υ   13 ζῷον μὲν stellt Υ
14 ὑπερφερῇ Γ: ὑπερφερὴ Υ / ἕτεροι Γ: ἔτι Υ   15 ἔφησαν Γ/ λευια-
θὰν Γ (ohne PN)   15/16 ὑπειρετησάμενον Υ   16 λευιθὰν Γ (ohne
FPN)   19 ἀλληγορικῶς Υ / καὶ μὲν stellt Υ   20 ἔστι + τὸ Υ

τὸν νοῦν τὸν μέγαν τῶν Ἀσσυρίων, τουτέστι τὸν Σατανᾶν,
καλῶς ἀναφέρεται τὰ γεγραμμένα καὶ τῇ θείᾳ ῥήσει πρέπουσα ἡ τοι-
αύτη θεωρία, σφόδρα συντίθεμαι. τίνι γὰρ ἔπρεπεν ἡ μόνῳ τῷ θεῷ·
τοῦ ἀρχεκάκου δράκοντος διαγράψαι ὡς ἐν σωματοποιίᾳ τήν τε κακίαν
5 καὶ ἰταμότητα, ἵνα τῷ δέει τοῦ θηρίου βαλλόμενοι πρὸς τὸν αὐτὸν
χειρωσάμενον καταφύγωμεν κύριον; ὅτι δὲ πολλάκις ἡ γραφὴ ὡς περὶ
σωματικῶν διαλεγομένη ἐπὶ νοητὰ ἡμᾶς παραπέμπει πράγματα διὰ τὸ
μὴ προδήλως, ἀλλὰ μετ᾽ ἐπικρύψεως τὰ μυστηριώδη διαλέγεσθαι, παν-
τί που πρόδηλον τῷ καὶ κατὰ βραχὺ τῇ διανοίᾳ τῆς θεοπνεύστου γρα-
10 φῆς ἐπιστήσαντι, ὅπουγε τὸ Ἆισμα τῶν ᾀσμάτων σωματικὰ μὲν διαλέγεται
πάντα, μυστικὴ δέ ἐστιν ἡ βίβλος καὶ ὅλη πρὸς ἀλληγορίαν βλέπει.

εἰ μὲν οὖν ἔστι τι καὶ τοιοῦτον θηρίον καθ᾽ ἱστορίαν, οὔπω μὲν
πείθομαι, πλὴν οὐ φιλονεικῶ. ὅτι δὲ τὸν διάβολον αἰνίττεται ἡ γραφή,
πολλοῖς ἁγίοις ἀνδράσι καὶ ἐν ἐκκλησίᾳ διαπρέψασιν ἔδοξεν. διὸ κατὰ
15 ταύτην τὴν ἔννοιαν τὴν περὶ τούτου λέξιν ἑρμηνεῦσαι πειρασώμεθα.

Αἱ λέξεις

**40,7 μή, ἀλλὰ ζῶσαι ὥσπερ ἀνὴρ τὴν ὀσφύν σου, ἐρωτήσω δέ σε, σὺ
δέ μοι ἀποκρίθητι.**

μὴ σιωπήσῃς, ἀλλὰ ζῶσαι ὥσπερ ἀνὴρ τὴν ὀσφύν σου,
20 τουτέστιν· ἀνάλαβε σαυτόν, ἄνδρισαι, ἀπόσεισαι τὴν ἀθυμίαν.

πρὸς δὲ διάνοιαν ζώννυται τὴν ὀσφὺν ὁ σώφρων διὰ τὸ τὰ σπέρματα
ἐν τῇ ὀσφύι εἶναι λέγεσθαι· διὸ καὶ Λευὶ ἐλέγετο ἐν τῇ ὀσφύι τοῦ
πατρὸς εἶναι, ὅτε τὰς δεκάτας προσήνεγκε τῷ Μελχισεδὲκ ὁ Ἀβραάμ.
ζώννυται δὲ τὴν ὀσφὺν ὡς ἀνὴρ ὁ ἀληθείᾳ δογμάτων τὴν ὀσφὺν περιεζωσ-

---

1 Jesaias 10,12   6 vgl. Hiob 3,8   22-23 Hebräer 7,10
Υ Γ(βΟFΡΝ -15; βΟFΡ 19-20)   Ν(19-)
1 μέγαν τῶν Ἀσσυρίων Γ: μέγα τὸν Ἀσύριον Υ   2 καλῶς Υ   3 ῾τῷ
θεῷ᾽ Υ, τῷ > Γ   4 δράκοντος Υ(Ρ): δαίμονος Γ   6 καταφύγωμεν Υ
9 τῷ: τὸ Υ/ κατὰ + τὸ Υ   9/10 τῇ - γραφῆς Γ: τῆς διανοίας τῇ θεο-
πνεύστῳ γραφῇ Υ   11 ἀλληγορίαν Υ   15 ταύτην Γ: > Υ/ πειρασώμε-
θα Γ: πεισόμεθα Υ   20 nach ἀθυμίαν: 358,4-5 ἐννοήσας - ἀποκρ. Ν
(vgl. Γ)   22 καὶ + ὁ Ν   24 ὡς: ὥσπερ Ν/ δογμάτων Ν: δομματίζων Υ

μένος, ὁ μετὰ σωφροσύνης καὶ ὀρθοδόξοις πλουτῶν δόγμασιν, ὁ κατ-
αργήσας τὰ τοῦ νηπίου καὶ γενόμενος ἀνὴρ ἐν τῇ γνώσει
δεξάμενος αὔξησιν.

ἐρωτήσω δέ σε, σὺ δέ μοι ἀποκρίθητι· ἐννοήσας, τίς
5 ὁ τὴν ἐρώτησιν ποιούμενος, οὕτως ἀποκρίνου.

40,8 ἦ ἀποποιῇ μου τὸ κρίμα;

μὴ παραιτοῦ δικάσασθαι μηδὲ ἔκφευγε τὴν ἐμὴν κρίσιν.

40,8 οἴει δὲ μὴ ἄλλως σοι κεχρηματικέναι ἢ ἵνα ἀναφανῇς δίκαιος;

θέλω, φησίν, ἵνα παραθῇ τὰ σὰ δίκαια. ἐπειδὴ γὰρ ὁ ᾿Ιὼβ ἐπόθει
10 ἐπὶ θεοῦ λέγειν τὰ προσόντα θαρρῶν τῇ αὐτοῦ δικαιοκρισίᾳ καὶ ἔ-
λεγεν ὅτι· θεοῦ κρίνοντος οἶδα ὅτι ἀναφανοῦμαι δίκαιος,
τούτων αὐτὸν εἰς ἔννοιαν ὁ θεὸς ἄγει, δίκασαι, λέγων, κρίθητι παρ᾿
ἐμοί, καλῶς ἐπίστευες, καλῶς ἤλπιζες ἀναφανήσεσθαι δίκαιος· καὶ
γὰρ διὰ τοῦτο συνεχώρησα τοὺς πειρασμούς, ἵνα ἐπὶ τέλει χρηματί-
15 σω σοι καὶ πάσαις δημοσιεύω ταῖς γενεαῖς τὴν σὴν δικαιοσύνην.
ὅρα δέ, ὡς οὐκ εἶπεν· ἵνα γένῃ δίκαιος - ἦν γὰρ ἀκριβῶς τὴν δι-
καιοσύνην ἀσκήσας -, ἀλλ᾿· ἵνα ἀναφανῇς, τουτέστιν· ἵνα δημοσιευ-
θῇ τὰ κατὰ σὲ εἴς τε σὴν εὔκλειαν καὶ τῆς οἰκουμένης ὠφέλειαν.

40,9 ἦ βραχίων σοί ἐστι κατὰ τοῦ κυρίου ἢ φωνῇ κατ᾿ αὐτὸν βροντᾷς;

20   ἐνταῦθα θεὸς τὴν ἑαυτοῦ δύναμιν ἐνδείκνυται τῷ ᾿Ιὼβ δύο τούτων
αἰτιῶν χάριν. συνεχώρησά σε, γάρ φησιν, πληγῆναι οὐχ ὡς πολεμῶν

1-2 1.Korinther 13,11   11 Hiob 13,18

Υ Γ(βOFP 4-5; 7; 9-18; 20-)   N(-5; 7; ≠ 9-18; 20-)

4 ἐρωτ. - ἀποκρ. > Ν/ σὲ δὲ stellt Υ/ καὶ ἐννοήσας Ν, Anschluß an 357,
20/ τίς ΓΝ: > Υ   5 οὕτως ἀπόκριναι Γ, δὸς ἀνδρικὴν τὴν ἀπόκρισιν Ν
6 ἀποποιεῖ Υ   7 ἔκφευγε Γ: ἔκφυγε Υ, φεῦγε Ν/ nach κρίσιν 12-13
κριθ. - ἐμοί Ν   8 σοι: σὺ Υ/ κεχρηματηκέναι Υ   9 θέ-
λω - δίκαια > Γ(Ν)   10 λέγειν ἐπὶ θεοῦ stellen Γ(Ν)/ αὐτοῦ Γ: ἑαυτοῦ Υ
12 τούτων - ἔννοιαν: τοῦτον αὐτὸν εἰς ἔνοιαν Υ, τούτων αὐτῶν εἰς ἔν-
νοιαν αὐτὸν Γ/ λέγων Γ(Ν): λέγω Υ   12-13 κρίθητι - ἐμοί nach 7 Ν
13 ἐπίστευες Γ: ἐπίστευσ(ες) Υ   16-18 Hag: ἀσκήσας - ὠφέλειαν (ὅρα
- δικαιοσύνην >) Υ, εἴς τε σὴν εὔκλειαν καὶ τῆς οἰκουμένης ὠφέλειαν
ὅρα δὲ πῶς εἶπεν ἵνα ἀναφανῇς οὐκ εἶπεν ἵνα γένῃ δίκαιος - ἦν γὰρ ἀ-
κριβῶς τὴν δικαιοσύνην ἀσκήσας - ἀλλ᾿ ἵνα δειχθῇς Γ   20 ὁ θεὸς Ν,
ὁ κύριος Γ/ δύο ΓΝ: διὰ Υ   21 γάρ > Γ/ πληγῆναί φησιν stellt Γ

σοι οὐδὲ ὡς ὀργιζόμενος, ἀλλ' ἵνα ἀναφανῆς δίκαιος· ἐπεὶ

ποία σοί ἐστιν ἰσχύς, ἵνα καὶ εἰς πόλεμον ἀντικαταστῶ σοι;

καὶ ἄλλως δέ· ἐπειδὴ εἶπεν αὐτῷ ὁ θεός· διὰ τοῦτό σοι κεχρημάτικα,

ἵνα ἀναφανῆς δίκαιος, ἵνα μὴ ἐντεῦθεν μέγα φρονήσῃ, εὐθὺς αὐτῷ

5 τὴν οἰκείαν ἐνδείκνυται δύναμιν καταστέλλων τὴν ὡς τὰ πολλὰ παρεπο-

μένην τοῖς κατορθοῦσιν ὑπεροψίαν, εἰ δὲ καὶ ὁ μακάριος 'Ιὼβ τοῦτο οὐκ

ἂν ἔπαθεν. ἀλλ' ἐπειδὴ κοινωφελεῖς εἰσιν οἱ λόγοι, ἡμᾶς ἀεὶ καταστέλ-

λεσθαι προσήκει, κἂν εἰς τὸ ἀκρότατον ὕψος τῆς ἀρετῆς φθάσωμεν, τοῦ

θεοῦ τὴν ἄφατον ἐνθυμουμένους μεγαλειότητα. μὴ ἔστι σοι, φησίν, τοι-

10 γαροῦν δύναμις ὥστε ἀντιτάξασθαι θεῷ, ἢ δύνῃ βροντῆσαι κατ' αὐτόν;

40,10   ἀνάλαβε δὲ ὕψος καὶ δύναμιν, δόξαν <δὲ> καὶ τιμὴν ἀμφίασαι.

ἃ δὴ κατὰ φύσιν ὑπάρχει τῷ θεῷ.

40,11-12   ἀπόστειλον δὲ ἀγγέλους ἐν ὀργῇ· πᾶν δὲ ὑβριστὴν ταπεί-

νωσον, ὑπερήφανον δὲ σβέσον.

15   χρῆσαι δὲ τοῖς ἀγγέλοις, εἰ δύνῃ, εἰς τιμωρίαν τῶν ὑβριστῶν

καὶ ὑπερηφάνων.

40,12-13   ἀσεβεῖς δὲ παραχρῆμα κρύψον, σῆψον δὲ ὁμοθυμαδὸν εἰς

γῆν ἔξω.

ἔργασαι δὲ τοὺς ἀσεβεῖς ἀφανεῖς καὶ εἰς τὰ κατώτατα τῆς γῆς

20 καὶ εἰς τὸ ἐξώτερον ἔκπεμψον σκότος σήπεσθαι - ἀντὶ τοῦ τιμωρεῖ-

σθαι - αὐτοὺς παρασκευάζων· τὸ δὲ παραχρῆμα ἀντὶ τοῦ· ἀκωλύ-

τως, ὅτε ἂν βουληθῇς.

1.4 Hiob 40,8

Y Γ(βOFP - 8 φθάσωμεν; 12; 15-16; 19-22) N(-10; 12; 15-16; ≠ 19-22)

1 ὡς > N   2 ἀντικαταστῶ Γ: ἀποκαταστῶ Y, ἀντικατασταθῶ N   3 ὁ
θεὸς > N   4 φρονήσει Y   5 ἐνδείκνυται ΓN: δείκνυται Y / δύ-
ναμιν ἐνδείκνυται stellt N   5-6 καταστέλλων - ὑπεροψίαν > Γ
6 μακάριος > Γ / 'Ιὼβ > N/ τοῦτο 'Ιὼβ stellt Y   7 κοινοφελεῖς Y
9 ἐνθυμουμένους N: ἐνθυμούμενοι Y   9-10 τοιγαροῦν vor ἔστι N
12 davor: ἐπεί τοί φησιν ἀνάλαβε ταῦτα ΓN / θεῷ + ἔνδυσαι δόξαν ἔν-
δυσαι τιμήν N   13 δὲ LXX: δὴ Y   15 δύνει Y, δύνασαι Γ
19 ἀφανεῖς + εἴτε ἀνθρώπους εἴτε δαίμονας Γ / εἰς Γ: > Y   21 αὐ-
τοὺς Γ: αὐτοῦ Y / ἀντὶ τοῦ: τουτέστιν Γ(N)

40,13 τὰ δὲ πρόσωπα αὐτῶν ἀτιμίας πλήρωσον. {κρύψον δὲ εἰς γῆν
ὁμοθυμαδὸν μετὰ τῶν ἀσεβῶν.}

πρόσωπα νόει μοι καὶ τὰ τῶν δαιμόνων, δι' ὧν πάλαι τοὺς ἀνθρώ-
πους ἠπάτων.

5 40,14 ὁμολογήσω ἄρα, ὅτι δύναται ἡ δεξιά σου.

ἐὰν ταῦτα δυνατὸς ἦς ἀπεργάσασθαι, ἕξεις με συνομολογοῦντα τῇ
σῇ δυνάμει.

40,15 ἀλλὰ δὴ ἰδοὺ θηρία παρὰ σοὶ χόρτον ἴσα βουσὶν ἐσθίει.

ἐντεῦθεν τὸν περὶ τῶν νοητῶν θηρίων εἰσάγει λόγον καὶ αὐτοῦ
10 τοῦ Σατανᾶ. ἰδοὺ δή, οὖν φησιν, θηρία εἰσὶ παρὰ σοὶ ἄγρια καὶ
ἀνήμερα, ἅτινα τῇ ἐμῇ ἰσχύι κρατοῦνται καὶ χαλινοῦνται ὡς οἱ βοῦς
οἱ τὸν χόρτον ἐσθίοντες. εἰ μὴ γὰρ θεὸς ἐχαλίνου αὐτῶν τὴν ἀγρι-
ότητα, ἄρα ζῶντας ἂν κατέπιον ἡμᾶς κατὰ τὴν τοῦ μεγαλο-
γράφου φωνήν. χόρτον δὲ ἐσθίειν λέγονται διὰ τὸ τοῖς φθαρτοῖς καὶ
15 προσκαίροις τοῦδε τοῦ βίου ἐνηδύνεσθαι καὶ διὰ τούτων τοὺς ἀνθρώ-
πους ἐξαπατᾶν, ἅτινα ὡσεὶ χόρτος ταχὺ ἀποξηρανθήσονται
καὶ ὡσεὶ λάχανα χλόης ταχὺ ἀποπεσοῦνται.

40,16 ἰδοὺ δὴ ἡ ἰσχὺς αὐτοῦ ἐπ' ὀσφύι.

τοῦ θηρίου, φησίν, ἡ δύναμις ἐν τῇ πορνείᾳ· τὸ πρόσωπον δὲ σωματο-
20 ποιῶν τοῦ Σατανᾶ ἐκ τῶν δυνάμεων αὐτοῦ διαγράφει τοῦτον· ἐπειδὴ οὖν
ἐν τῇ ὀσφύι τὰ σπέρματα, ἐν τῇ πορνείᾳ, φησίν, ἡ ἰσχὺς αὐτοῦ.

40,16 ἡ δὲ δύναμις αὐτοῦ ἐπ' ὀμφαλοῦ γαστρός.

ὅτι ἀπὸ πορνείας ἡ γυνὴ κατὰ γαστρὸς φέρει, καὶ ὅτι εἰς γα-

13 Psalm 123,3   16-17 Psalm 36,2

Υ Γ(βOFPN 6-7; βOF 9 - 15 ἐξαπατᾶν; βOFPN ≠ 19-21; βOFP 23 καὶ -)
P(9 - 15 ἐξαπατᾶν; 23 ὅτι - φέρει) N(23 εἰς -)

8 θηρία ἰδοὺ stellt Υ   9 τὸν: τῶν Υ   9-10 αὐτοῦ τοῦ Σατανᾶ:
αὐτὸν τὸν Σατανᾶν Υ, αὐτοῦ τε τοῦ Σατανᾶ Γ, αὐτοῦ γε τοῦ Σατανᾶ P
10 εἰσὶ θηρία stellen ΓP   11 χαλινοῦνται Υ   12 εἰ - 14 φωνήν
> Γ/ ὁ θεὸς P/ ἐχαλήνου Υ/ αὐτῶν ἐχαλίνου stellt P   13-14 κατὰ - φω-
νήν > P   18 ὀσφύει Υ   19-20 σωματοποιὸν Υ   23 καὶ ὅτι: ἀλλὰ καὶ Γ

στριμαργίαν ἐκμαίνει.

ἤκουσα δὲ καὶ ἄλλου τινὸς ἐξηγουμένου· ὁ ὀμφαλός, φησίν, ἐν μέ-
σῳ κεῖται τοῦ παντὸς σώματος· ἐν μέσῳ οὖν αὐτοῦ πέπηκται ἡ ἰσχὺς
αὐτοῦ, καὶ ἀκλινής ἐστι πανταχόθεν μόνον κακὸς ὢν καὶ μηδέποτε
5 ῥέπων εἰς ἀγαθόν.

40,17 ἔστησεν οὐρὰν ὡς κυπάρισσον.

οὐρὰ τὸ τέλος, κυπάρισσος δὲ ξύλον ἰταμόν. ἐπιμένει, οὖν φη-
σιν, μέχρι τέλους ἰταμευόμενος.

καὶ ἄλλως δὲ οἱ διάκονοι αὐτοῦ οὐρὰ καλοῦνται. εἴρηται γὰρ ἐν
10 τῷ Νόμῳ· ἔσῃ οὖν εἰς οὐρὰν καὶ οὐκ εἰς κεφαλήν. καὶ
αὐτοὶ οὖν οὗτοι ἑπόμενοι αὐτῷ μετασχηματίζονται εἰς ἀγ-
γέλους φωτός· οἱ γὰρ ἅγιοι κυπάρισσοι λέγονται διὰ τὸ εὐῶδες
ὡς ἐν τῷ Ἄισματι· φατνώματα ἡμῶν κυπάρισσοι. προσποιεῖται
οὖν ἡ οὐραγία τοῦ Σατανᾶ εἶναι κυπάρισσος οὐκ οὖσα.

15 40,17 τὰ δὲ νεῦρα αὐτοῦ συμπέπλεκται.

νεῦρα αὐτοῦ ἡ πανουργία αὐτοῦ· συμπλοκῆς γέμει καὶ δυσδιάλυτός
ἐστιν.

εἰσὶ δὲ καί τινες ἄνθρωποι ὥσπερ μέλη ὄντες τοῦ Σατανᾶ καὶ νεῦ-
ρα αὐτοῦ συμπεπλεγμένα. ὁ τοὺς τούτων τῶν ἀνθρώπων δόλους διαλύων
20 ἐπλήρωσε τὰ τοῦ Ἠσαίου λέγοντος· λύε πάντα σύνδεσμον ἀδι-
κίας καὶ διάλυε στραγγαλιὰς βιαίων συναλλαγμάτων.

40,18 αἱ πλευραὶ αὐτοῦ πλευραὶ χάλκειαι.

10 Deuteronomium 28,13 + 44   11-12 2.Korinther 11,14   13 Hohes
Lied 1,17   20-21 Jesaias 58,6

Υ Γ(βΟFP -5; 7-8; ≠ 9-14; ≠ 16-17) Ν(-1; 2 δ - 5; ≠ 7-14; 16 - 20
ἀδικίας)

1 ἐκμαίνει Γ: ἐμμαίνει Υ, ἐκβαίνει Ν   2 ἤκουσα – ἐξηγουμένου:
ἦ (> FP) καὶ ἐπειδὴ Γ / φησιν > ΓΝ / ἐν ΓΝ: ἐμ Υ   3 ἐν + τῷ Ν /
οὖν: φησίν ΓΝ / αὐτοῦ > ΓΝ (nicht P)   3-4 ἡ – αὐτοῦ: αὐτῷ ἡ ἰσ-
χύς Ν   4 μόνον ΓΝ: μόνος Υ / μηδέποτε Γ: μηδέπω Υ, οὐδέποτε Ν
5 ῥέπων ΓΝ: τέρπων Υ   7 οὐρὰ Γ(Ν): οὐρὰν Υ / κυπάρισσος Γ(Ν): κυ-
πάρισσον Υ   14 οὐραγία Νp: οὐρὰ Νy, οὐρὰ ἁγία Υ   16 τὰ νεῦ-
ρα Ν(Γ) / αὐτοῦ₁ + τουτέστιν Ν(Γ)   18 τοῦ Ν: τῷ Υ   19 ὁ –
διαλύων: ὧν ὁ διαλύων τοὺς δόλους Ν   20 τὰ: τὸ Ν / λέγοντος > Ν

πλευραὶ οἱ δόλοι, αἱ πανουργίαι, αἱ μηχαναί, ὅτι πλάγιαί εἰσιν αἱ
πλευραὶ ὥσπερ αὐτοῦ τὰ νοήματα σκολιὰ καὶ πλάγια.

καὶ ἄλλως δέ, ὥσπερ ἐκ τῆς πλευρᾶς τοῦ Ἀδὰμ ἡ γυνὴ γέγονε καὶ
ἐθεώρησεν αὐτὴν ὁ μυσταγωγὸς ἀπόστολος εἰς τὴν ἐκκλησίαν εἰρηκώς·
5 τὸ μυστήριον τοῦτο μέγα ἐστιν, ἐγὼ δὲ λέγω εἰς Χρι-
στὸν καὶ εἰς τὴν ἐκκλησίαν, οὕτω πλευραὶ νοοῦνται τοῦ Σα-
τανᾶ αἱ πάντων τῶν αἱρετικῶν συναγωγαί.

χάλκειαι δὲ ἡ διὰ τὸ ἰταμῶς ἀνθίστασθαι τῇ ἀληθείᾳ, ἡ ἐπειδή-
περ ὁ χαλκὸς στίλβων ἔοικε τῷ χρυσῷ, νοῦς δὲ ὁ χρυσὸς θεωρεῖται.
10 δοκοῦσι δὲ καὶ οἱ αἱρετικοὶ ἔχειν τινὰ νοῦν, ἀλλ' οὐκ ἀληθινὸν
οὐδὲ νοῦν κυρίου, γνῶσιν δὲ μᾶλλον ψευδώνυμον.

40,18 ἡ δὲ ῥάχις αὐτοῦ σίδηρος χυτός.

τὰ ἀπορρινήματα τοῦ σιδήρου χωνευόμενα γίνονται σκεῦος ἀήττη-
τον. ἔστι δὲ ἡ ῥάχις σύνδεσμος πάντων τῶν μελῶν. σημαίνεται τοί-
15 νυν διὰ ταύτης τὸ περιεκτικὸν πάντων τῶν παθῶν, ἐξ ἧς τὰ πάντα
φύονται.

καὶ ἄλλως δέ, ἐπειδήπερ τὰ ζῷα ἐπὶ τοῦ νώτου ἀχθοφοροῦσιν, τὸ
ἰσχυρὸν αὐτοῦ διὰ τῆς ῥάχεως ἐσήμανεν. ὥσπερ δὲ μέλη Χριστοῦ
λέγονται οἱ τοιοίδε τῆς ἐκκλησίας ἄνδρες κατὰ τὴν ἑκάστου ἀναλο-
20 γίαν, καὶ ὁ μέν τίς ἐστιν ὀφθαλμός, ὁ δὲ πούς καὶ τὰ λοιπά, οὕτω
καὶ οἱ τὰ τοῦ Σατανᾶ πράττοντες ἀναλόγως τῇ ἑαυτῶν πανουργίᾳ μέ-

5-6 Epheser 5,32   11 vgl. Jesaias 40,13; 1. Timotheus 6,20
18 1. Korinther 6,15

Υ Γ(βOFPN 1-2; 8 - 9 χρυσῷ; βOFP 13-16) P(9 νοῦς - 11; ≠ 17 - 18
ἐσήμανεν) N(3-7; ≠ 10-11; 13-)

1 οἱ δόλοι Γ: αἱ ὁδοί Υ / αἱ πανουργίαι > Γ (nicht N) / μηχαναὶ + ἤ-
τοι αἱ αἱρέσεις Γ/ ὅτι - 2 πλευραὶ Γ: > Υ   3 καὶ > Ν
4 ἐθεώρισεν Υ / αὐτὴν: τὴν ἱστορίαν Ν   4-5 ἀπόστολος - λέγω > Ν
7 πάντων > Ν   8 χαλκαῖ Γ   9 στίλβων ὁ χαλκὸς stellt Γ / ἔοι-
κε τῷ χρυσῷ Υ(Ν): μιμεῖται τὸν χρυσόν Γ   10 δὲ καὶ > P/ αἱρ.: αὐτοῦ P
11 οὐδὲ - κυρίου > P, (νοῦν Χριστοῦ Ν) / γνῶσιν - ψευδώνυμον Υ(Ν):
ψευδώνυμον δέ P, + γέγραπται γὰρ (δὲ Γ) ὅτι (+ καὶ Γ) αὐτὸς ὁ Σατα-
νᾶς μετασχηματίζεται εἰς ἄγγελον φωτός P(Γ)   13 ἀπορινήματα Υ /
χονευόμενα Υ / γίνεται ΓΝ   14 ἐστι - ῥάχις: ῥάχις δέ ἐστιν ὁ Γ
15 τῶν > Γ (hat P) / τὰ > Γ   17 νότου Υ   19 οἱ τοιοίδε Ν:
οὗτοι οἱ δὲ Υ   21 κακουργίᾳ Ν

λη νοοῦνται τοῦ δράκοντος.

40,19 τοῦτό ἐστιν ἀρχὴ πλάσματος κυρίου.

οἱ μέν φασιν, ὅτι πρῶτον τοῦτον ἔκτισεν ὁ θεός· οἱ δὲ φεύγον-
τες εἰπεῖν, ὅτι τὸ πρῶτον ποίημα τοῦ θεοῦ τὴν τροπὴν ὑπέμεινεν,
5 φασίν, ὅτι οὐ πρῶτος μὲν γέγονεν, τὴν πρώτην δὲ ἀρχὴν παρ' ἀγγέ-
λοις εἶχεν εἰς τῶν πρώτων ἀρχόντων τυγχάνων κατὰ τὸ ἐν Ψαλμοῖς
εἰρημένον· καὶ ὡς εἷς τῶν ἀρχόντων πίπτετε, καὶ ἐξώσθη
ὡς χεῖρας ἀντάρας τῷ θεῷ.

ἄλλοι δὲ λέγουσι πλάσμα εἶναι θεοῦ τὸν ἄνθρωπον, ἄρχειν δὲ τῶν
10 ἀνθρώπων ὑπὸ τοῦ θεοῦ τετάχθαι τὸν διάβολον, μὴ εἰς δέον δὲ χρη-
σάμενον τῇ ἀρχῇ αὐτόν τε ἀποστῆναι θεοῦ καὶ τοὺς ἀνθρώπους πεῖ-
σαι τὸ αὐτὸ τοῦτο ποιεῖν· καὶ συγκέχρηνται τῷ ἀποστόλῳ λέγοντι·
κατὰ τὸν ἄρχοντα τοῦ ἀέρος τούτου.

ἕτεροι δὲ λέγουσι μὴ ὑπὸ θεοῦ αὐτὸν τῶν ἀνθρώπων τὴν ἡγεμονίαν
15 εἰληφέναι, ἀλλὰ τοὺς ἀνθρώπους προαιρετικῶς διὰ τὰ πάθη καὶ τὰς
ἡδονὰς ἑαυτοὺς ὑπαγαγεῖν τῷ τυραννικῷ τοῦ διαβόλου ζυγῷ, ὃ δή, φη-
μί, καὶ κάλλιον. ἀρχή, φασίν, τοῦ πλάσματος τοῦ κυρίου, τουτέ-
στιν· τῶν ἀνθρώπων ἑκοντὶ τοῦτο παθεῖν ἑλομένων.

ἄλλοι δὲ τὸ πλάσματος ἀντὶ τοῦ πλανήματος ἐνόησαν, ὅτι, φα-
20 σίν, ἐνανθρωπήσας ὁ κύριος ἐπλάνησεν αὐτόν, καὶ ποιήσας αὐτὸν
ἐπελθεῖν αὐτῷ ἔδησεν αὐτὸν διὰ τοῦ σταυροῦ.

οἱ δὲ προϋπεῖναι τὰς ψυχὰς τοῦ σώματος δοξάζοντες, οἱ μυθολο-
γοῦντες, ὅτι σωμάτων ἐρασθεῖσαι αἱ ψυχαὶ σώματα ἐνεδύσαντο, φασίν,

---

7 Psalm 81,7   13 vgl. Epheser 2,2

Y Γ(βOFP 5 τὴν - 6 εἶχεν; ≠ 15 διὰ - 18) P(≠ 3 - 5 γέγονεν; ≠ 9 -
10 διάβολον) N(-1; 3-19)

2 κυρίου LXX: θεοῦ Y; vgl. 17 u 364,6   3-4 ὅτι - εἰπεῖν N(P): > Y
4 ποίημα: κτίσμα (P)   5 φασίν N(P): φησίν Y / δὲ > Γ   6-7 ἐν
- εἰρημένον > N   7 πίπτεται Y/ καὶ₂: ἧς N   8 ὡς > N / τῷ > N
9-10 τῶν - θεοῦ: ὑπὸ θεοῦ τῶν ἀνθρώπων N(P)   10 διάβολον: ἑωσ-
φόρον N   11-12 καὶ - ποιεῖν N: > Y   13 ἀέρος: αἰῶνος N
14 δὲ + αὐτοὺς Y / αὐτὸν N: αὐτῶν Y   16 ὑπαγαγεῖν N: ἐπάγειν Y,
(ὑπαγαγόντων Γ)   16/17 ὃ - κάλλιον > N/ φημί Hag: φησίν Y; viell.
anderer Fehler, etwa Auslassung; vgl. 3-4 App., 11-12 App.   17 ἀρ-
χή + οὖν N / φασίν Hag: φησίν YN   18 ἐλωμένων Y   19 τὸ Hag:
τοῦ Y   19/20 φασίν Hag: φησίν Y   23 ἐνεδύσαντο Hag: ἐνεδύσατο Y

ὅτι αὐτὸς πρὸ πάντων γηίνων πραγμάτων ἐπεθύμησε καὶ ἐπλάσθη καὶ
ἐγένετο δράκων.

οἱ δὲ λέγοντες εἶναι καθ' ἱστορίαν τοῦτον ζῷον, τὸν δράκοντα,
εἶπον, ὅτι πρὸ πάντων ἐναλίων αὐτὸς ἐγένετο καὶ διὰ τοῦτο λέγεται
5 ἀρχὴ πλάσματος κυρίου τῶν ἐν τῇ θαλάσσῃ δηλονότι γενομένων.

40,19   πεποιημένον ἐγκαταπαίζεσθαι ὑπὸ τῶν ἀγγέλων αὐτοῦ.

ἐπειδὴ γὰρ ἀπέστη θεοῦ, καὶ ὑπὸ τῶν ἁγίων ἀγγέλων <ἐγκαταπαίζεται
καὶ ὑπὸ τῶν ἰσαγγέλων> ἀνθρώπων, τῶν εἰληφότων ἐξουσίαν παρὰ τοῦ
σωτῆρος πατεῖν ἐπάνω ὄφεων καὶ σκορπίων καὶ ἐπὶ πᾶ-
10 σαν τὴν δύναμιν τοῦ ἐχθροῦ.

40,20   ἐπελθὼν δὲ ἐπ' ὄρος ἀκρότομον ἐποίησε χαρμονὴν τετράποσιν
ἐν τῷ ταρτάρῳ.

ὄρος ἀκρότομον τὸν ἐνανθρωπήσαντα λόγον φησίν. ὅτε γὰρ
ἐπῆλθεν αὐτῷ καὶ παρεσκεύασε σταυρωθῆναι, ἐχάρησαν οἱ τοῦ ταρτά-
15 ρου ἄξιοι ἀνόητοι δαίμονες καὶ Ἰουδαῖοι καὶ Ἕλληνες, καὶ μέχρι
νῦν γελοιάζουσι καὶ χλευάζουσι τὸν σταυρόν.

40,21   ὑπὸ παντοδαπὰ δένδρα κοιμᾶται.

ἢ ὑπὸ πᾶν εἶδος ἀνθρώπων, ὅτι καὶ κατὰ δικαίων ἐπιχειρεῖ, ἢ ὑπὸ τὰ
δένδρα τὰ τῷ ταρτάρῳ τετηρημένα, περὶ ὧν γέγραπται· δένδρα φθιν-
20 οπωρινὰ ἄκαρπα δὶς ἀποθανόντα. κοιμᾶται δὲ ἀντὶ τοῦ
αὐλίζεται, ἐπαναπαύεται.

40,21   παρὰ κάλαμον καὶ πάπυρον καὶ βούτομον.

9-10 Lukas 10,19   19-20 Judas 12
Y Γ(βOFP 13-16; βOF 18-21) P(≠ 3 - 4 ἐγένετο; 18-21) N(3-5; ≠ 13-16)
3 λέγοντες - ζῷον: καθ' ἱστορίαν νοοῦντες ζῷον εἶναι N/ τοῦτον: τοῦ-
το τὸ (P)   4 πάντων + τῶν N(P)   7-8 <..>, vgl. S.379,1-2
11 τετράπωσιν Y   15 ἄξιοι + οἱ Γ/ καὶ₃ - 16: ἀγνοήσαντες τὴν διὰ
τοῦ σταυροῦ οἰκονομίαν Γ(N)   18 ἀνθρώπινον ΓΡ   19 τῷ - τετη-
ρημένα: οὐκ ἐπὶ μιᾶς ἑστηκότα γνώμης διὰ βεβαιότητα Γ, οὐκ ἐπὶ μιᾶς
ἑστηκότα γνώμης διὰ ἀβεβαιότητα καὶ ταρτάρῳ τετηρημένα Ρ
19/20 φθινοπωρηνὰ Y   20 δὶς ἀποθανόντα Γ: διὸ ἀποθανοῦνται Y,
διὸ ἀποθανόντα Ρ / κοιμᾶται δὲ ΓΡ: > Y

ταῦτα ὕλη καὶ τροφὴ πυρὸς τυγχάνουσιν. αὐλίζεται οὖν μάλιστα παρὰ τοῖς ἀξίοις τοῦ πυρός.

40,22 σκιάζονται δὲ αὐτῷ δένδρα μεγάλα σὺν ὁροδάμνοις.

ἢ τοῦτο λέγει, ὅτι συνδιαιτῶνται αὐτῷ μεγάλοι τινὲς δαίμονες καὶ
5 ὑποβεβηκότες τῇ κακίᾳ, ἢ ὅτι καὶ μικροὺς καὶ μεγάλους ἄνδρας ὑπέρχε-
ται πάντας ὁμοίως ὑποτρέχων. ὁρόδαμνοι γὰρ οἱ κλῶνες, αἱ παραφυάδες.
λέγει οὖν, ὅτι ὡς ὑπὸ σκιᾶς δένδρων καὶ παρὰ τούτοις ἐπαναπαύεται.

40,22 καὶ κλῶνες ἄγνου.

ἐπειδὴ πολλοὶ πολλάκις καὶ ἁγνείαν ἀσκήσαντες τῆς αὐτοῦ μερί-
10 δος γεγόνασιν, ὡς αἱ μωραὶ παρθένοι. εἰσὶ δὲ καὶ αἱρετικοὶ πολλά-
κις τὴν ἄκραν ἁγνείαν μετερχόμενοι.

40,23 ἐὰν γένηται πλημμύρα, οὐ μὴ αἰσθηθῇ.

ἀντὶ τοῦ· ἐὰν γένηται πλῆθος γνώσεως - τουτέστιν· κἂν ἡ σύμπασα
οἰκουμένη ἐπιγνῷ τὸν θεόν -, αὐτὸς μενεῖ ἐν τῇ πονηρίᾳ· καὶ τῆς εὐαγ-
15 γελικῆς διδασκαλίας δίκην ποταμίων ὑδάτων εὐφρανάσης τὴν οἰκουμένην
- ὁ ποταμὸς γὰρ τοῦ θεοῦ ἐπληρώθη ὑδάτων, φησὶν ὁ ψαλμῳ-
δός - αὐτὸς εἰς συναίσθησιν οὐκ ἦλθεν οὐδὲ κάλλιον αὐτῷ γέγονεν.

40,23 πέποιθεν, ὅτι προσκρούσει ὁ Ἰορδάνης εἰς τὸ στόμα αὐτοῦ.

πέποιθε τῇ ἑαυτοῦ συκοφαντίᾳ καὶ διασύρει τὸ θεῖον χάρισμα
20 κατευτελίζων αὐτὸ λόγοις χλευαστικοῖς.

---

10 vgl. Matthäus 25,1-13   16 Psalm 64,10

Υ Γ(βOFP 1-2; 4-7; βOFPN 9 - 10 παρθένοι; 13-17; βOFP 19-) Ν(≠ 4-
6 ὑποτρέχων; 19-)

1 καὶ Γ: > Υ / τυγχάνει Γ   3 σὺν LXX: συ Υ   4 αὐτῷ + καὶ Γ /
μεγάλοι τινὲς Γ(Ν): τινὲς μεγάλοι stellt Υ   6 ὁρόδαμνοι Γ: ὁό-
δαμνοι Υ / οἱ κλῶνες > Γ   7 σκιαῖς Γ   9 αὐτοῦ Υ(ΡΝ): αὐτῆς Γ
13 τουτέστι κἂν: καὶ Γ   14 τὸν - αὐτὸς Γ: αὐτοὺς Υ   15 εὐαγ-
γελικῆς + δὲ Γ/ τὴν οἰκουμένην: τὴν ὑπ' οὐρανὸν Γ   16 δ₁ - ψαλμῳ-
δός: κατὰ τὸ καὶ ἐκκλινῶ ἐπ' αὐτοὺς ὡς ποταμὸς εἰρήνης καθαίρων καὶ
ζωογονῶν τὴν γῆν (Jesaias 66,12) Γ   17 κάλλιον αὐτῷ: καλλίων ἑαυ-
τοῦ Γ   19 πέποιθε + φησίν Γ / ἑαυτοῦ: αὐτοῦ Ν / διασύρει ΓΝ: δια-
συρίζει Υ   20 κατευτελίζων αὐτὸ ΓΝ: κατευτελίζον αὐτῷ Υ

τοῦτο δὲ ἔστιν ἀκοῦσαι καὶ τῶν ὑπ' αὐτοῦ ἐνεργουμένων Ἑλλήνων
τε καὶ Ἰουδαίων καὶ τῶν ἀνόμων Μανιχαίων οὐ προσδεχομένων τὴν
διὰ τοῦ Ἰορδάνου ἀπολύτρωσιν. οὐ γὰρ βαπτίζονται Μανιχαῖοι ἀνάξι-
οι τυγχάνοντες.

5 **40,24 ἐν τῷ ὀφθαλμῷ αὐτοῦ δέξεται αὐτόν.**

ὡς γὰρ τὴν κατάληψιν αὐτοῦ ἐπιστάμενος δέχεται καὶ συκοφαντεῖ
τὴν δωρεάν.

καὶ ἄλλως δέ· ἐπειδὴ σφόδρα κατανοεῖ τοῖς τῇ χάριτι προσελθοῦ-
σι καὶ κατ' αὐτῶν μάλιστα μέμηνεν, ἐν τ ῷ ὀ φ θ α λ μ ῷ α ὐ τ ο ῦ, λέ-
10 γεται πολεμεῖν αὐτούς.

40,24 ἐνσκολιευόμενος τρήσει ῥῖνα.

ὁρμήσας καὶ ἐγκρούσας εἰς τὸν σταυρὸν ἐπλήγη τὴν ῥῖνα. δρακον-
τοειδῆ γὰρ ὁ λόγος αὐτὸν ὑποτιθέμενος τῇ κεφαλῇ πολεμοῦντα δεί-
κνυσιν. τῇ γὰρ ὅλῃ ἑαυτοῦ δυνάμει ἐπῆλθεν ἡμῶν τῷ σωτῆρι, καὶ ἡ ἄμα-
15 χος αὐτοῦ δύναμις τ ὰ ς μ ύ λ α ς τ ῶ ν λ ε ό ν τ ω ν σ υ ν έ θ λ α σ ε ν, αὐτοῦ
δὲ δηλονότι καὶ τῶν ὑπ' αὐτῷ τεταγμένων, ὥστε καὶ ἡ ῥὶν καὶ οἱ ὀδόν-
τες καὶ ὅλον τὸ πρόσωπον τοῦ δράκοντος συνετρίβη.

40,25 ἄξεις δὲ δράκοντα ἐν ἀγκίστρῳ;

δύνῃ δέ, φησίν, Ἰώβ, ποιῆσαι, ὅπερ ὁ μονογενὴς ὕστερον εἰργάσατο;
20 ὥσπερ γάρ τι δέλεαρ αὐτῷ τὴν οἰκείαν σάρκα προβαλλόμενος διὰ τῶν
οἰκείων ἥλων ὡς δι' ἀγκίστρων ἰχθὺν ἤγρευσεν.

---

15 Psalm 57,7
Υ Γ(βOFP - 3 ἀπολύτρωσιν; 8-10; 12-17; βOFPN 19-21) Ν(- 3 ἀπολύ-
τρωσιν; ≠ 8 σφόδρα - 9 μέμηνεν; 16 καὶ₂ - 17)
1 τοῦτο - καὶ: διὰ Ν   1/2 Ἑλλήνων - Ἰουδαίων Ν: Ἑλλήνων καὶ
Ἰουδαίων Υ, Ἰουδαίων τε καὶ Ἑλλήνων Γ   2 ἀνόμων: ἀνοσίων Γ,>Ν
3 διὰ ΓΝ: > Υ   8 καὶ - δὲ > Γ   8/9 προσεληλυθόσι Γ   9 μέ-
μεινεν Υ   10 αὐτοῖς Γ (nicht P)   11 ἐνσκωλιευόμενος Υ / τρή-
σει Υ   12 ἐνκρούσας Υ   13 αὐτὸν ὁ λόγος stellt Γ / ἐν τῇ Γ
15 αὐτοῦ₁: τοῦ σταυροῦ Γ   16 δὲ > Γ / αὐτῷ Γ: αὐτοῦ Υ / ῥὶς ΓΝ
18 ἀγκύστρῳ Υ   19 δύνει Υ, δύνασαι Γ / ὧ Ἰώβ Γ / ὅ-
περ Γ: ὥσπερ Υ   20 γὰρ Γ: > Υ / προβαλλόμενος + καὶ Υ   21 ἀγ-
κύστρων Υ

40,25-26 περιθήσεις δὲ φορβαίαν περὶ ῥῖνα αὐτοῦ; ἢ δήσεις κρίκον
ἐν τῷ μυκτῆρι αὐτοῦ, ψελίῳ δὲ τρυπήσεις τὸ χεῖλος αὐτοῦ;

ψελίῳ δὲ ἀντὶ τοῦ περιοχῇ. ὡσπεροῦν ψελίῳ καὶ περιοχῇ ἔδησε
τὸ στόμα αὐτοῦ, ἐφ' ᾧ μηκέτι μεγαλαυχεῖν. καθηλούμενος δὲ ἧλος καὶ
5 στρογγυλούμενος κρίκος γίνεται· καὶ τὸν μυκτῆρα οὖν αὐτοῦ κρίκῳ
ἔδησεν ὡς ταύρου γαυρίαμα ἀφαιρούμενος, καὶ φορβαίαν αὐτῷ περιέ-
θηκε καταπαίζεσθαι παρεχόμενος.

40,27 λαλήσει δέ σοι δεήσει, ἱκετηρίᾳ μαλακῶς;

τοῦτο γὰρ εἶπε διὰ τὸ παρακαλεῖν τοὺς δαίμονας τὸν κύριον μὴ
10 βαλεῖν αὐτοὺς εἰς τὴν ἄβυσσον.

40,28 θήσεται δὲ μετὰ σοῦ διαθήκην;

ἢ τοῦτο λέγει διὰ τὸ εἰρηκέναι αὐτὸν τῷ κυρίῳ· ταῦτά σοι
πάντα δώσω, ἢ ὅτι· δύνασαι οὕτως ὑποτάξαι αὐτὸν ὡς αἱρεῖσθαι
μηκέτι σοι πολεμεῖν;

15 40,28 λήψῃ δὲ αὐτὸν δοῦλον αἰώνιον;

ὁ δοῦλος ἢ προαιρετικῶς γίνεται δοῦλος, ὡς ὁ δουλεύειν θεῷ προ-
αιρούμενος· ἢ ἀναγκαστικῶς αἰχμαλωτιζόμενος καὶ καταδεσμούμενος,
ὃ δὴ πέπονθεν ὁ διάβολος.

40,29 παίξῃ δὲ ἐν αὐτῷ ὥσπερ ὀρνέῳ, ἢ δήσεις αὐτὸν ὥσπερ στρου-
20 θίον παιδίῳ;

δήσας τὸν ἐχθρὸν ὁ κύριος ἡμῶν δέδωκε τοῖς ἁγίοις ἐγκαταπαί-

9-10 vgl. Lukas 8,31   12-13 Matthäus 4,9

Υ Γ(βΟFP 3-7; ≠ 9-10; βΟFPN 12-14; 16-18; 21-) Ν(3-7; 9-10)

3 δὲ: εἶπεν Ν, > Γ / ἔδησε: συνέρραψε ΓΝ   4 τὸ στόμα αὐτοῦ: αὐ-
τοῦ τὰ χείλη Χριστός ΓΝ / καθηλούμενος - 5 γίνεται > Γ, nach 6 ἀφαι-
ρούμενος Ν / ἧλος Ν: ἤλοις Υ   5 οὖν > ΓΝ   6 ὡς - ἀφαιρούμε-
νος: καθά τις ταῦρον δαμάζων Γ, καθά τις ταῦρον δαμάζων καὶ τὸ γαυρί-
αμα αὐτοῦ ἀφαιρούμενος Ν   9 γὰρ > Ν(Γ)   11 διαθήκην LXX:
διαθήκη Υ   13 δώσω πάντα stellt Γ (nicht ΡΝ) / μὴ δύνασαι Γ /
οὕτω Υ   15 λήψει Υ   18 δὴ Γ: ἤδη Υ   19 παίξῃ LXX: παί-
ζει Υ / ἐν LXX: ἐπ' Υ

ζειν αὐτοῦ ὡσανεὶ στρουθίου, τοῖς στραφεῖσι καὶ γενομένοις ὡς
τὰ παιδία κατὰ τὴν αὐτοῦ τοῦ σωτῆρος διδασκαλίαν.

40,30 ἐνσιτοῦνται δὲ ἐν αὐτῷ ἔθνη.

ὥσπερ γὰρ τῶν δικαίων βρῶμα ὁ κύριος, οὕτως αὐτὸς τῶν ἀσεβῶν.

5 ἔδωκας αὐτὸν βρῶμα λαοῖς τοῖς Αἰθίοψιν, φησὶν ὁ ψαλ-
μῳδός, τουτέστι τοῖς υἱοῖς τοῦ σκότους, τοῖς ἐν ἀγνωσίᾳ.

40,30 μεριοῦνται δὲ αὐτὸν Φοινίκων γένη.

πραγματευτικοὶ οἱ Φοίνικες καὶ φιλοκερδεῖς. αἰνίττεται οὖν διὰ
τούτου τοὺς ἐν ἁμαρτίαις πεφυρμένους.

10 καὶ ἡ νῦν δὲ Φοινίκη Χαναναία τὸ πρότερον ἐκαλεῖτο, τὴν γὰρ Συ-
ροφοινίκισσαν Χαναναίαν καλοῦσι τὰ εὐαγγέλια· οἱ δὲ Χαναναῖοι εἰδω-
λολάτραι. λέγει οὖν, ὅτι μερίζονται τὸν δράκοντα οἱ εἰδωλολάτραι.

καὶ ἄλλως δὲ Φοίνικες καλῶς νοοῦνται οἱ τοῖς εἰδώλοις θύοντες
ὡς φοινισσόμενοι τοῖς ἐπιβωμίοις αἵμασιν, μερίζονται δὲ τὸν δρά-
15 κοντα ὁ μὲν τυχὸν θύων τῷ Δαγών, ὁ δὲ τῷ Βὴλ, ὁ δὲ τῇ Ἀστάρτῃ·
ἢ καὶ ὁ μέν τις πορνεύων, ὁ δὲ πλεονεκτῶν, καὶ ἄλλος ἄλλην ἄθεσ-
μον μετιὼν πρᾶξιν· <ἢ> καὶ ὁ μέν τις ψευδοδιδάσκαλος ὤν, ὁ δὲ
ψευδοπροφήτης· καὶ αἱ διάφοροι δὲ αἱρέσεις ποικίλως τὸν δράκοντα
κατεμέρισαν.

20 40,31 πᾶν δὲ πλωτὸν συνελθὸν οὐ μὴ ἐνέγκωσι βύρσαν οὐρᾶς αὐτοῦ.

βύρσα ἡ φολίς, ἡ λεπίς· ὡς ἐπὶ δράκοντος δὲ τοῦτο εἶπεν.
φησὶν οὖν, ὅτι πάντες ἄνθρωποι κατὰ ταὐτὸν συναγόμενοι, οἱ τόν-

---

1-2 vgl. Matthäus 18,3   5 Psalm 73,14   10-11 vgl.
Markus 7,26; Matthäus 15,22

Y Γ(βOFPN -2; 4-6; 10 - 17 πρᾶξιν; βOFP 21-) P(8-9) N(21-)

1 ὡσανεί: ὡσπερεὶ Γ (ὡς N) / στρουθίον Γ (nicht N) / στραφῆσι Y
2 κατὰ - διδασκαλίαν: κατὰ τὸν τοῦ κυρίου λόγον (P), > Γ/ αὐτοῦ Hag:
ἑαυτοῦ Y   4 γὰρ > Γ / δικαίων: πιστῶν Γ   5 ἔδωκας Γ: ἔθου Y
/ ἔδωκας + γὰρ Γ   7 μεριοῦνται (und μεριτεύονται) LXX: νεριοῦν-
ται Y   8-9 διὰ τούτου > P   10 καὶ - δὲ: ἡ Γ / Φοινίκη + Τύ-
ρος καὶ Σιδὼν Y   10/11 Συραφοινίκισαν Y   11 Χαναναῖοι Γ: Μα-
νιχαῖοι Y   12 οὖν Γ: > Y   13 καλῶς > Γ   15 δ₁ - 16 καὶ₂
> Γ   20 συνελθὸν LXX: συνεπελθὼν Y   21 λεπίς ΓN: λέπος Y /
ὡς - εἶπεν > Γ   22 κατὰ ταὐτὸν ΓN: κατ' αὐτὸν Y

δε τὸν βίον θάλατταν καλούμενον πλέοντες, οὐδὲ μικράν τινα αὐτοῦ
ἐπήρειαν τῶν ἐσχάτων καὶ τελευταίων δυνάμεων δύνανται ὑπενεγκεῖν.
ὁ δὲ κύριος ἡμῶν αὐτὰς συνέθλασε τὰς κεφαλὰς τοῦ δράκοντος.

40,31   καὶ ἐν πλοίοις ἁλιέων κεφαλὴν αὐτοῦ.

5   ἁλιεῖς οἱ τῆς ἐκκλησίας προεστῶτες διδάσκαλοι, πλοῖα δὲ αἱ
ἐκκλησίαι. κεφαλὴν δὲ αὐτοῦ τὴν ὑπερηφανίαν λέγει. φησὶ δέ, ὅτι
ὑπερηφανεύσεται καὶ κατὰ διδασκάλων καὶ κατὰ ἐκκλησιῶν, διωγμοὺς
δηλονότι κινῶν κατ' αὐτῶν.

καὶ ἄλλως· πλοῖά εἰσι τὰ σώματα, ἐφ' ὧν ὡς ἐπὶ πλοίων ἡμῶν ἐμ-
10 βέβηκεν ἡ ψυχή, διὸ καὶ ὁ νόμος ἐν αἰνίγματι ἔλεγεν· ἐπικατά-
ρατος ὁ κρεμάμενος ἐπὶ ξύλου, τουτέστιν ὁ ἀποκρεμάσας τὴν
ἑαυτοῦ ἐλπίδα τοῦ σώματος καὶ μόνοις τοῖς σωματικοῖς προσανέχων. οἱ
ἁλιεῖς οὖν, οἱ θεῖοι ἀπόστολοι, κατὰ μίμησιν τοῦ οἰκείου δεσπότου
τὴν κεφαλὴν ἐδέξαντο τοῦ δράκοντος, καὶ συνέθλασαν καὶ αὐτοὶ ταύ-
15 την, τῇ δυνάμει τοῦ Χριστοῦ τὸν ὑπὲρ αὐτοῦ θάνατον προθύμως κατα-
δεξάμενοι.

40,32   ἐπιθήσεις δὲ αὐτῷ χεῖρα μνησθεὶς πόλεμον τὸν γινόμενον ἐν
σώματι αὐτοῦ; καὶ μηκέτι γινέσθω.

δύνῃ δὲ αὐτὸν ἐπισφίγξαι τῇ σῇ δυνάμει καὶ καταδῆσαι, ἢ ὅλως
20 μνησθῆναι τὸν πόλεμον τὸν μέλλοντα γενέσθαι ἐν τῷ σώματι αὐτοῦ;
σῶμα δὲ αὐτοῦ τὰς πάσας ἀποστατικὰς δυνάμεις λέγει ὡς αὐτοῦ κεφα-
λῆς ὄντος. τοῦτον δὲ τὸν πόλεμον ἐπολέμησε καὶ ἐνίκησε διὰ τοῦ
τροπαιούχου σταυροῦ ὁ κύριος. τὸ δὲ μηκέτι γινέσθω, ἐπειδή-

3 Psalm 73,14   10-11 Deuteronomium 21,23

Υ Γ(βOFP -3; 5-8; 19-) N(-3; 5-8; ≠ 12 οἱ - 16)

2 καὶ τελευταίων > Γ/ ὑπενεγκεῖν: ὑπενεγκεῖν καθ' ἑαυτούς Ν, τὸ καθ'
ἑαυτοὺς ἐνεγκεῖν Γ   3 ἡμῶν αὐτὰς > Ν/ τὴν κεφαλὴν Ν   5 προεστῶ-
τες + οἱ Υ   6 κεφαλὴν - λέγει: κεφαλὴ δὲ τοῦ δράκοντος ἡ ὑπερηφα-
νία Ν/ ὑπερηφάνειαν Υ/ λέγει + ἤτοι τὰς ἀρχὰς καὶ ὑποθέσεις τῶν ἁμαρ-
τημάτων ὡς φόνου τυχὸν τὴν ἄκριτον ὀργὴν Γ/ δέ₂: οὖν Ν   7 ὑπερηφα-
νεύσατο Γ (nicht P)   8 κινῶν ΓΝ: ποιῶν Υ/ κατ' αὐτῶν > Γ   11 κρεμ-
μάμενος Υ   12 προσανέχων Hag: ἀνέχων Υ   19 δύνει Υ, δύνασαι Γ/
αὐτόν + φησιν Γ/ ἐπισφίξαι Υ, > Γ/ καὶ > Γ/ ὅλως Γ: ὅλον Υ   20 τὸν πό-
λεμον: καὶ ἐννοῆσαι Γ/ αὐτοῦ + πόλεμον ἡλίκος (ἡλίκος > Ρ, ἠνῖκος V) Γ
21 τὰς - δυνάμεις: τοὺς δαίμονας Γ   22 ἐπολέμησε καὶ > Γ

περ ἅπαξ γέγονε ὁ σταυρός, ὡς καὶ ὁ ἱερὸς ἀπόστολος ἔφη· ὃ γὰρ
ἀπέθανεν, τῇ ἁμαρτίᾳ ἀπέθανεν ἐφάπαξ.

41,1 οὐχ ἑώρακας αὐτὸν οὐδὲ ἐπὶ τοῖς λεγομένοις τεθαύμακας;

οὐκ ἐπληροφόρησά σε ὡς προφήτην; οὐκ εἶδες τοῖς νοητοῖς ὀφ-
5 θαλμοῖς τοῦτον τὸν πόλεμον; οὐ θαυμάζεις δὲ ἐπὶ τοῖς λεγομένοις;
ναί, δηλονότι φήσειεν ἂν ὁ Ἰώβ, διὸ καὶ κατ' ἀρχὰς ἔλεγεν· ὁ
μέλλων τὸ μέγα κῆτος χειρώσασθαι.

41,2 οὐ δέδοικας, ὅτι ἡτοίμασταί μοι;

κἂν τούτῳ πάλιν προσυπακουστέον τὸ ναί· κατ' ἐρώτησιν γάρ ἐ-
10 στιν ἡ ἀνάγνωσις. ἢ καὶ τοῦτο λέγει ὅτι· οὐκέτι αὐτὸν φοβηθήσῃ,
ἡτοίμασται γάρ μοι εἰς τὸ ὑπ' ἐμοῦ δεθῆναι καὶ ὑπὸ τῶν ἁγίων μου
ἐγκαταπαίζεσθαι.

41,2-3 τίς <γάρ> ἐστιν ὁ ἐμοὶ ἀντιστάς; ἢ τίς ἀντιστήσεταί μοι
καὶ ὑπομενεῖ;

15 ἀντὶ τοῦ· οὐδείς, διὰ τὸ ἄμαχον εἶναι τὴν τοῦ θεοῦ δύναμιν.

41,3-4 εἰ πᾶσα ἡ ὑπ' οὐρανὸν ἐμοί ἐστιν, οὐ σιωπήσομαι δι' αὐτόν.

ἐπειδὴ γὰρ δημιουργός εἰμι πάντων καὶ δεσπότης, οὐ σιωπήσομαι
διὰ τὸν σκυλεύσαντα τὴν ὑπ' οὐρανόν, ἀλλ' ἐπεξελεύσομαι καὶ ἀμυ-
νοῦμαι αὐτόν.

20 **41,4 καὶ λόγῳ δυνάμεως ἐλεήσει τὸν ἴσον αὐτοῦ.**

ἀλλὰ χρήσομαι κατ' αὐτοῦ τῷ λόγῳ τῆς ἐμῆς δυνάμεως, ὥστε πάν-
τας ἐλεεῖν τὸν ἴσον τῷ διαβόλῳ γεγονότα ἄνθρωπον τῇ ἀποστασίᾳ,

---

1-2 Römer 6,10   6-7 Hiob 3,8

Y Γ(βOFP -2; 4-7; βOFPL 9-12; 17-19; ≠ 21-)   N(11 ἡτοίμασται - δε-
θῆναι; 17-19)

1 ὡς - ἔφη > Γ   2 ἀπέθανεν + φησίν Γ   4 σε + φησίν Γ/ ὡς: ἄτε Γ
5 λεγομένοις + περὶ αὐτοῦ Γ   9 τοῦτο Y   11 δεθῆναι - μου Γ: > Y
17 γὰρ: γάρ φησιν Γ, φησιν N / οὐ σιωπήσομαι: οὐκέτι μακροθυμήσω N
18 ἐπεξελεύσομαι ΓN: ἐξελεύσομαι Y(P)   21 ὥστε (Γ): > Y
21/22 πάντας (Γ): πάντως Y   22 ἐλεεῖν (Γ): ἐλεῖν Y

ἐφ' οἷς καὶ αὐτὸς πείσεται. λέγει δὲ ὅτι· τιμωρήσομαι καὶ τὸν δι-
άβολον καὶ τὸν ὑπ' αὐτοῦ ἐνεργούμενον ἀντίχριστον.

41,5 τίς ἀποκαλύψει πρόσωπον ἐνδύσεως αὐτοῦ;

ἀντὶ τοῦ· οὐδεὶς πλὴν ἐμοῦ. πρόσωπον δὲ ἐνδύσεως λέγει
5 τὸ ἄλλοτε ἄλλο προσωπεῖον, ὃ μετενδύεται ὑποκρινόμενος· πλάττεται
γὰρ πρόσωπον προβάτου λύκος ὤν, καὶ φαίνεται ὡς ἄγγελος φωτὸς
σκότος τυγχάνων.

41,5 εἰς δὲ πτύξιν θώρακος αὐτοῦ τίς ἂν εἰσέλθοι;

κατεπτυγμένος ἐστὶν ὁ θώραξ αὐτοῦ, οὐδὲν φανερὸν ἔχει, ἀλλὰ πάντα
10 ἐπικεκρυμμένα. λέγει οὖν ὅτι· τίς ἱκανός ἐστιν εἰσελθεῖν εἰς τὰ
νοήματα τῆς καρδίας αὐτοῦ, διότι συγκεκαλυμμένα τυγχάνουσιν;

41,6 πύλας δὲ προσώπου αὐτοῦ τίς ἀνοίξει;

πύλαι προσώπου αὐτοῦ κεκλεισμέναι εἰσὶν ὡς ἀθέατα αὐτοῦ εἶναι
τὰ νοήματα. τὰς ἐπικαλύψεις οὖν αὐτοῦ τίς φανεροποιήσει; ἀντὶ
15 τοῦ· οὐδεὶς πλὴν ἐμοῦ.

41,6 κύκλῳ ὀδόντων αὐτοῦ φόβος.

τὰ ῥήματα τὰ πονηρά, οἱ ψευδοπροφῆται καὶ ψευδοδιδάσκαλοι, οἱ
δάκνοντες ὅλῳ τῷ στόματι.

ἔστι δὲ καὶ ἄλλως φοβερὸς τοῖς αὐτὸν ἀγνοοῦσιν ἐκφοβῶν καὶ
20 ἀπειλῶν, ἃ ποιεῖν οὐ δύναται μὴ συγχωροῦντος θεοῦ. αὐτίκα γοῦν τοῖς
ἐν τοῖς ἐρήμοις ἀσκηταῖς ἐκφοβεῖν αὐτοὺς πειρώμενος ἀπειλεῖ δαί-
μοσι παραδιδόναι καὶ λῃστὰς ἐπιπέμπειν κατ' αὐτῶν εἰς ἀναίρεσιν, ἄ-

6 vgl. 2.Korinther 11,14

Y Γ(βOFPL ≠ -2; βOFP 4 - 5 ὑποκρινόμενος; 10 τίς - 11; βOFPN ≠ 14
τὰς ἐπικαλύψεις - 15; 17 - 20 θεοῦ) N(4-7; 9-11)

1-2 (τιμωρ. - ἐνεργ. > Γ)   4 δὲ ΓN: > Y   6 φαίνεται ὡς ἄγγελος:
μετασχηματίζεται εἰς ἄγγελον N   8 εἰσέλθοι LXX: ἔλθοι Y   10 λέγει
- τίς: τίς οὖν N/ ἐστιν > ΓN   11 συγκεκαλυμμένα N: συγκαλυμμένα Y,
συνεπτυγμένα Γ   11 τυγχάνουσιν + ἀλλ' οἱ ἐν Χριστῷ φασιν· οὐ γὰρ
αὐτοῦ τὰ νοήματα ἀγνοοῦμεν (2.Kor.2,11) ΓN   14 ἐπικαλύψεις: ἐπι-
κρύψεις (Γ)   17 davor: ὀδόντες τοῦ δράκοντος (N)   19 ἄλλως Γ: > Y
/ ἄλλως + καὶ Γ (nicht N)   20 γοῦν Hag: οὖν Y   21 ἀπειλῇ Y

περ ἀδυνατεῖ εἰς ἔργον ἄγειν μὴ συγχωροῦντος θεοῦ. Χριστιανοὺς δὲ
οὐ προσήκει δεδοικέναι τοὺς κτύπους αὐτοῦ καὶ φόβητρα· κύριον
τὸν θεόν σου φοβήθητι καὶ πλὴν αὐτοῦ μὴ φοβοῦ ἄλλον.

41,7 τὰ ἔγκατα αὐτοῦ ἀσπίδες χαλκαῖ.

5   τὰ ἔγκατα αὐτοῦ, τουτέστιν οἱ διαλογισμοί. ὅλοι, φησίν, οἱ
διαλογισμοὶ αὐτοῦ ἰοῦ γέμουσι καὶ εἰσιν οὐχ ἁπαλοί τινες, ἀλλ᾽ ἰ-
ταμοὶ καὶ σκληροί.

41,7-8 σύνδεσμος <δὲ> αὐτοῦ ὥσπερ σμιρίτης λίθος, εἰς τοῦ ἑνὸς
κεκόλληται.

10   σύνδεσμος ὅλον τὸ σῶμα αὐτοῦ. αἱ γὰρ κακίαι, αἵτινες σύν-
δεσμός εἰσιν αὐτοῦ, μία τῆς μιᾶς ἤρτηνται. τοιαύτη γὰρ καὶ ἡ τοῦ
σμιρίτου φύσις, εἰς γὰρ τοῦ ἑνὸς κεκόλληται. λέγεται δὲ ὁ
σμιρίτης λίθος καὶ ἰταμώτατος εἶναι ἐγγὺς τοῦ ἀδάμαντος, καὶ σίδηρον
ἁρπάζειν, καὶ τραχύτατος δέ, ὡς καὶ τὴν ὕελον γλύφειν. ἱκαναὶ δὲ
15 καὶ αἱ κακίαι αἱ διαβολικαὶ καὶ τοὺς στερεοὺς εἰς ἑαυτὰς ἕλκειν.
ἔδειξε δὲ καὶ διὰ τούτων τοῦ διαβόλου τὸ ἰταμὸν καὶ τραχύ.

41,8 πνεῦμα δὲ οὐ μὴ διέλθῃ αὐτόν.

   οὐδεμία γὰρ ψυχὴ ἐκφεύγει αὐτὸν καὶ τὰς αὐτοῦ κακίας, καὶ γὰρ
καὶ τὰ νήπια τὴν πατροπαράδοτον ἕλκουσιν ἁμαρτίαν.

20   ἤκουσα δὲ καὶ οὕτως ἐξηγουμένου τινός· ἡ φλογίνη, φησίν,

2-3 Deuteronomium 6,13; 10,20   3 Proverbien 7,1a   20-2
vgl. Genesis 3,24

Υ Γ(βOFP 5-7; 10-15) P(≠ 18-) N(5-7; 10-16; ≠ 18-19)

5 τὰ - διαλογισμοί > Γ / τουτέστιν - διαλογισμοί Ν: > Υ / ὅλοι - 6
διαλογισμοί > Ν / φησίν Γ: > Υ   6 αὐτοῦ ΓΝ: > Υ / γέμουσι ΓΝ: γέ-
μωσι Υ/ οὐκ Υ(P)   6-7 ἰταμοὶ καὶ σκληροί ΓΝ: ἰσχυροὶ καὶ ἰταμοί Υ
8 σμηρίτης Υ   9 κεκόληται Υ (κολλῶνται LXX; vgl.12)   11 ἤρ-
τηνται ΓΝ: ἤρτηται Υ / ἤρτηνται + καθὸ κακίαι καὶ (κἂν P) ἐναντίαι
που δοκῶσιν Γ; vgl.15 App. / γὰρ Υ(P): δὲ ΓΝ   12 σμηρίτου Υ, +
λίθου Ν / κεκόληται Υ, κεκόλληνται Γ, ἔχεται Ν   12/13 ὁ σμηρίτης
Υ, οὗτος ὁ ΓΝ   13 ἰταμώτατος ΓΝ: ἰταμός Ν   14 τραχύτατος ΓΝ:
τραχύτητος Υ / ὕελον Ν: ἄυλον Υ   15 στερεοὺς + ἴσως Γ/ ἕλκειν +
αἵτινες καθὸ κακίαι ἀλλήλων ἐξέχονται κἂν ἐναντίαι που δοκῶσιν (vgl.
11 App.) Ν   16 δὲ - τούτων Ν: > Υ   17 διέλθει Υ / αὐτὸν LXX:
αὐτοῦ Υ

ῥομφαία αὐτός ἐστιν καὶ ἀντιπράττων κατέχει πᾶσαν τὴν ψυχήν,
ἐφ' ᾧ μὴ εἰσελθεῖν ε ἰ ς τ ὸ ν π α ρ ά δ ε ι σ ο ν. τὸ οὐ μὴ δ ι έ λ θ ῃ οὖν
οὐχ, ὅτι οὐκ εἰσέρχεται - χάριτι γὰρ εἰσέρχονται κυρίου, ὡς καὶ ὁ
λῃστὴς εἰσῆλθε μετ' αὐτοῦ -, ἀλλ' οὐ μὴ δ ι έ λ θ ῃ ἀντὶ τοῦ· οὐ
5 λανθάνει αὐτόν, ἀλλὰ πάντας τηρεῖ καὶ πᾶσι πειρᾶται τὴν εἴσοδον
ἀποκλείειν. ταῦτα ἐκείνου διηγουμένου ἤκουσα, οὔπω δὲ οὔτε ἐθέμην
οὔτε ἀπεῖπον τῇ ἐξηγήσει.

**41,9 ἀνὴρ τῷ ἀδελφῷ αὐτοῦ προσκολληθήσεται, συνέχονται καὶ οὐ μὴ
ἀποσπασθῶσιν.**

10 ἀ δ ε λ φ ὸ ς γ ὰ ρ ὑ π ὸ ἀ δ ε λ φ ο ῦ ὁ δ η γ ο ύ μ ε ν ο ς ὡ ς π ό λ ι ς ὀ-
χ υ ρ ά. κἂν σφόδρα οὖν τινες, φησίν, ὁμονοήσωσιν ὡς μὴ διασπασθῆ-
ναι, καὶ τούτοις ἐπιτίθεται.

ὅρα δέ, μὴ καὶ περὶ τῶν κακιῶν καὶ τῶν ἐνεργούντων αὐτὰς δαι-
μόνων τοῦτο λέγει. ὥσπερ γὰρ ἄνθρωπος ἀνθρώπῳ διὰ τὸ ὁμοφυὲς κολ-
15 λᾶται καὶ τὸ ὅμοιον τῷ ὁμοίῳ, οὕτω καὶ οἱ δαίμονες ἀλλήλων ἔχον-
ται, κἂν κατὰ τὰς ἐνεργείας ἑαυτοῖς ἐναντιῶνται - εἷς γὰρ σκοπὸς
αὐτοῖς ἡ τοῦ ἀνθρώπου ἀπώλεια, κἂν ἐναντία συμβουλεύειν δοκῶσιν,
τουτέστιν ὁ μὲν πορνείαν, ὁ δὲ ὑπερηφανίαν -, καὶ αἱ κακίαι μία τῇ
μιᾷ συγκεκόλληνται.

20 **41,10 ἐν πταρμῷ αὐτοῦ ἐπιφαύσκεται φέγγος.**

πταρμὸς εὐεξίας σημεῖον· ἐνηδύνεται οὖν, φησίν, τοῖς κακοῖς καὶ

-2 vgl. Genesis 3,24   2-4 vgl. Lukas 23,40-43   10-11 Pro-
verbien 18,19

Υ Γ(βOFP ≠ 4 οὐ₂- 6 ἀποκλείειν; βOFPN 11 κἂν - 19) Ρ(≠ -7) Ν(≠ 4
οὐ₂- 6 ἀποκλείειν; 21-)

1 καὶ - 2 παράδεισον > (Ρ) / πᾶσαν Hag: πᾶσα Υ   2 παράδεισσον Υ
/ διέλθει Υ   4 διέλθει Υ / οὐ: οὐδεμία γὰρ ψυχὴ (Γ); vgl.372,18
4-5 οὐ μὴ - πᾶσι > (Ρ)   5-6 τὴν - ἀποκλείειν: ἐπιβουλεύειν (ΓΝ)
8 προσκολληθήσεται Υ   11 οὖν > Γ / φησιν > Γ (hat Ν) / ὁμονοήσω-
σιν Γ: ὁμονο`ή´σουσιν Υ   11/12 διασπᾶσθαι Υ   13 καὶ₁ + τὸ Υ
/ αὐτὰς Γ: αὐταῖς Υ   15 καὶ₁ - ὁμοίῳ > Γ   16 ἑαυτοῖς (ΡΝ):
αὐτοῖς ΥΓ / ἐναντιῶνται (Ν): ἐναντιοῦνται ΥΓ   16-17 αὐτοῖς ὁ σκο-
πὸς Γ   17 ἡ .. ἀπώλεια Γ: τῆς .. ἀπωλείας Υ / κἂν - 19: ὁ μὲν
εἰς πορνείαν τυχὸν ὁ δὲ εἰς ὑπερηφανίαν ὠθῶν und vor 16 εἰς stellt Γ
18 ὑπερηφανείαν Υ   19 συγκεκόλληνται Υ   20 ἐπιφαύσκεται LXX:
ἐπιφάσκεται Υ

374 κεφ. κη

ἀναστράπτει ἐν αὐτοῖς.

καὶ ἄλλως δέ· πταρμὸς καθαρτικὸς ἐγκεφάλου. ἐπεὶ οὖν καὶ αὐτὸς μετασχηματίζεται εἰς φῶς, προσποιεῖται καὶ δύνασθαι καθαίρειν. αὐτίκα γοῦν καὶ οἱ γόητες ἔχουσί τινας καθαρμοὺς πάσης αὐτοὺς
5 πληρούσης ἀνοίας καὶ ἀκαθαρσίας. εἰσὶ δὲ καί τινες ἄνδρες μυκτῆρες αὐτοῦ, καθαίρειν ἐπαγγελλόμενοι ὡς οἱ ἀπὸ τῶν αἱρέσεων. προσποιοῦνται μὲν φωτὸς ἔχειν λόγους, ὅλοι δέ εἰσιν ἀκάθαρτοι.

41,10 οἱ δὲ ὀφθαλμοὶ αὐτοῦ εἶδος ἑωσφόρου.

κατὰ ἀπάτην· οὐ γὰρ ἔχουσι τὸ ἀληθινὸν φῶς. ὀφθαλμοὶ δέ εἰσι
10 τοῦ δράκοντος ἄνθρωποί τινες δοκοῦντες εἶναι γνωστικώτεροι ὡς οἱ ἀπὸ τῶν αἱρέσεων, οὐκ ὄντες μὲν ἑωσφόροι οὐδὲ φέγγος ἡμέρας ἔχοντες, ἀλλ᾽ εἶδος ἑωσφόρου, κατὰ ἀπάτην τοῦτο εἶναι ὑποκρινόμενοι.

41,11 ἐκ στόματος αὐτοῦ ἐκπορεύονται λαμπάδες καιόμεναι.

15 αἱ δυσφημίαι καὶ οἱ λόγοι τῶν ἀσεβῶν καὶ ἀθέων διδασκάλων.

41,11 καὶ διαρριπτοῦνται ἐσχάραι πυρός.

ἐδευτέρωσε τὸν λόγον.

41,12 ἐκ μυκτήρων αὐτοῦ ἐκπορεύεται καπνὸς καμίνου καιομένης πυρὶ ἀνθράκων.

20 ὁ καπνὸς ὀφθαλμῶν βλαπτικός· ἡ δὲ ἄνοια καὶ ψευδηγορία σκοτίζει τοὺς νοητοὺς ὀφθαλμοὺς τῆς ψυχῆς.

---

3 vgl. 2.Korinther 11,14

Υ Γ(βOFPL 2 πταρμὸς - 3 καθαίρειν; βOFP 9 - 11 αἱρέσεων; 15; ρOFPN 20-21) Ρ(17) Ν(- 4 καθαρμούς; ≠ 7; 9-13; 15; 17)
4 γοῦν Ν: οὖν Υ / γόητες + καὶ οἱ Ἕλληνες Υ / ἔχουσιν + ἑαυτῶν Υ
5 πληρούσης Hag: πληροῦντος Υ   6 μηκτῆρες Υ / ἐπαγγελόμενοι Υ
9 εἰσι: νοοῦνται Γ   10 ἄνθρωποι - εἶναι: οἱ δῆθεν Ν   10-11 ὡς
- αἱρέσεων ΓΝ: > Υ   11 οὐκ ὄντες Ν: ἀκούοντες Υ   12 τοῦτο Ν:
τοῦ Υ   15 αἱ - καὶ₁: αἱ βλασφημίαι καὶ Γ, > Ν   16 διαριπτοῦνται Υ   17 <ἐ>δευτέρωσε Υ, + δὲ Ν / λόγον + αὔξων αὐτοῦ τὰ κακά Ν
20 ὁ Γ: > Υ (Initiale?) / ἄνοια: ἁμαρτία Γ   21 τῆς ψυχῆς ὀφθαλμούς stellt Γ

ἔστι δὲ νοῆσαι καὶ τὰς μιαρὰς τῶν θυσιῶν καὶ καπνισμάτων ὀδμάς.

καὶ ἄλλως δέ· ἐπειδὴ τὰ σπλάγχνα αὐτοῦ κάμινός ἐστιν, οὐ καθα-

ρὰν ἔχει τὴν ἀναπνοήν. ἐπιτηρήσωμεν οὖν καὶ ἡμεῖς μηδὲν ἀναπνεῖν

τοῦ δράκοντος, ἵνα μὴ πυρὸς ἑαυτοῖς γενώμεθα πρόξενοι.

5 41,13 ἡ ψυχὴ αὐτοῦ ἄνθρακες, φλὸξ δὲ ἐκ στόματος αὐτοῦ ἐκπορεύε-

ται.

ψυχὴν αὐτοῦ ἔοικε λέγειν τὴν ἐσχάτην ὑπερηφανίαν· τὰ δὲ μεγά-

λαυχα καὶ ὑπεροπτικὰ ῥήματα ἐκ στόματος αὐτοῦ ἐκπορευόμενα οὐδὲν

ἕτερόν εἰσιν. εἰ μὴ φλὸξ κατακαίουσα τοὺς χρωμένους αὐτοῖς.

10 41,14 ἐν τραχήλῳ αὐτοῦ αὐλίζεται δύναμις.

τραχήλῳ· τῇ οἰήσει. αὐλίζεται δέ, ὅτι οὐ παύεται, ἀλλ᾽ ἀ-

εὶ ἐν οἰήσει τυγχάνει.

καὶ αἱ πορευόμεναι δὲ ὑψηλῷ τραχήλῳ, αἱ τοὺς χι-

τῶνας σύρουσαι καὶ μετὰ καλλωπισμοῦ προιοῦσαι πολύκοινοι γυ-

15 ναῖκες τράχηλος αὐτοῦ τυγχάνουσι δυνάμεις εἰς ἀπάτην ἔχουσαι.

41,14 ἔμπροσθεν αὐτοῦ τρέχει ἀπώλεια.

οἷον πρόδρομος αὐτοῦ τίς ἐστι καὶ δορυφορεῖ αὐτὸν ἡ ἀπώλεια·

εἰ μὴ γάρ τις πρότερον εἰσδέξηται τὰς φθαρτικὰς ἡδονὰς καὶ κακίας,

αἵτινες αὐτοῦ προτρέχουσιν. οὐδὲ εἰσοικίζεται τὸν διάβολον.

20 41,15 σάρκες δὲ σώματος αὐτοῦ κεκόλληνται.

13-14 Jesaias 3,16

Υ Γ(βΟFP 2 ἐπειδὴ - 3 ἀναπνοήν; 7-9; 11-12; βΟFN 18-19) P(≠ 13-15;
17-19) Ν(2 ἐπειδὴ - 4; 7-9; 11-15)

1 ὀδμάς Hag: ὀτμάς Υ   2 ἐπειδὴ: ἐπεὶ οὖν ΓΝ / αὐτοῦ: τοῦ νοηθέν-
τος δράκοντος Υ   3 nach ἀναπνοήν: νοήσεις δὲ πάλιν μυκτῆρας αὐ-
τοῦ τοὺς ἀπὸ τῶν αἱρέσεων Γ   4 πρόξενοι + ἵνα πνεῦμα σπάσωμεν μὴ
καπνὸν ὑφ᾽ οὗ πνιγησόμεθα Ν   7 ἔοικεν αὐτοῦ stellen ΓΝ / ὑπερη-
φανείαν Υ   7-8 μεγάλαυχα καὶ ὑπεροπτικὰ: ὑπέρογκα Γ   8 ἐκπο-
ρευόμενα + ἄτινα Υ   9 τοὺς χρωμ. κατακαίουσα stellt Ν / αὐτοῖς
> Ν   11 δὲ ὅτι ΓΝ: διότι Υ   13 αἱ πορευόμεναι Ν: ἐκπορευό-
μεναι Υ   13-14 αἱ₂ - γυναῖκες: ὥς φησιν Ἡσαίας Ν   14 καλλωπισ-
μοῦ Hag: καλλωπισμὸν Υ   15 τυγχάνουσι: εἰσί Ν, (> P) / ἀπάτην
(P)Ν: ἀγάπην Υ   18 εἰ - εἰσδέξηται: πρότερον γάρ τις εἰσδέχεται Γ
19 οὐδὲ: καὶ οὕτως αὐτὸν Γ   20 κεκόλληνται Υ

τὰ πάθη ἓν τοῦ ἑνὸς κεκόλληνται. σῶμα δὲ αὐτοῦ οἱ ἁμαρτωλοὶ
καὶ οἱ τὴν ἁμαρτίαν ἐνεργοῦντες δαίμονες, ὥσπερ τοῦ κυρίου ἡ ἐκ-
κλησία. οὐκ εἶπε δέ· ἥνωνται, ἀλλά· κεκόλληνται· τὸ γὰρ ἓν οὐκ
ἔστι παρ' ἐκείνῳ. οὐδὲ γὰρ συμφωνοῦσιν οἱ τῶν αὐτοῦ δογμάτων προ-
5 εστηκότες, εἰ καὶ δοκοῦσιν ὅμοια λέγειν.

41,15 καταχέει ἐπ' αὐτόν, οὐ σαλευθήσεται.

οἵαις γὰρ ἄν τις θεραπείαις καὶ καταντλήσεσιν αὐτῷ χρήσαιτο
καὶ εἴ δ' ἄν αὐτῷ προσαγάγοι, ἀναλγής ἐστι καὶ ἀθεράπευτος.

41,16 ἡ καρδία αὐτοῦ πέπηγεν ὥσπερ λίθος, ἔστηκεν δὲ ὥσπερ
10 ἄκμων ἀνήλατος.

ἀπελιθώθη, φησίν, ἡ καρδία αὐτοῦ καὶ οὐ δύναται ἐλασθῆναι, οὐ
λόγῳ πείθεται, οὐκ ἐπικάμπτεται, ἀλλ' ὅλος ἐστὶν ἀπεσκληκὼς καὶ
ἰταμὸς καὶ ἀμετάθετος.

41,17 στραφέντος δὲ αὐτοῦ φόβος θηρίοις τετράποσιν ἐπὶ γῆς ἀλλο-
15 μένοις.

ὅταν δὲ στραφῇ κατὰ τῶν πειθομένων αὐτῷ, τῶν θηριοτρόπων καὶ
δίκην τετραπόδων ἀνοήτων, τῶν τὰ γήινα φρονούντων, τρέμουσιν ἐκ-
δειματούμενοι παρ' αὐτοῦ.

41,18-21 ἐὰν συναντήσωσιν αὐτῷ λόγχαι, οὐθὲν οὐ μὴ ποιήσωσιν αὐτῷ,
20 δόρυ ἐπηρμένον καὶ θώραξ. ἡγεῖται μὲν γὰρ σίδηρον ἄχυρα, χαλκὸν δὲ
ὥσπερ ξύλον σαθρόν. οὐ μὴ τρώσει αὐτὸν τόξον χάλκειον, ἡγεῖται πετρο-

---

17 vgl. Philipper 3,19

Y Γ(βOFPL 1 - 4 ἐκείνῳ; βOFPN 7-8; 16-18) P(11 οὑ₂ - 13) N(1 σῶ-
μα - 5; 11-13)

1 τὰ πάθη Γ: ἀπαθῆ Y/ κεκόληνται Y/ δὲ > N   2 καὶ - δαίμονες > Γ
3 κεκόληνται Y   7 χρήσαιτο Γ: χρήσηται Y(N)   8 ἄν + τις Γ/ προσ-
αγάγοι Γ: προσαγάγει Y / ἀθεράπευτος + διὸ καὶ ἐπάγει παριστὰς αὐτοῦ
τὸ ἀπεσκληκὸς καὶ ἐπὶ κακίαν ἀνένδοτον (vgl.11-13) Γ   10 ἄκμων LXX:
ἄγμων Y   11 ἐλαθῆναι N   12 ὅλος N: ὡς Y, > P/ ἀπεσκληκὼς - 13:
σκληρὸς καὶ λιθώδης καὶ ἀμετακίνητος P   13 καὶ ἀμετάθετος > N
16 στραφῇ + καὶ Γ/ αὐτῷ πειθομ. stellt Γ/ θηριοτρόπων Γ: θηριοπότων Y
17 τῶν > Γ (hat N)/ φρονούντων + ἄλλονται καὶ Γ   17/18 ἐκδηματ. Y

βόλον μὲν χόρτον. ὥσπερ καλάμη ἐλογίσθησαν αὐτῷ σφῦραι.

διὰ τούτων τὸ ἰταμὸν ἐδήλωσε τοῦ θηρίου καὶ ὅτι, ὅσα ἂν οἱ ἅ-
γιοι διὰ πάντων τῶν πνευματικῶν {καὶ} πολεμίων τρόπων καταβάλω-
σιν αὐτόν, οὐκ αἰσθάνεται, ἀλλὰ πάλιν ὁ αὐτός ἐστιν. πετροβόλον
5 γάρ ἐστιν ἡ σφενδόνη.

41,21 καταγελᾷ δὲ σεισμοῦ πυρφόρου.

πυρφόρος ὁ θεοφιλὴς βίος ὡς ζέων τῷ πνεύματι. φησὶν οὖν,
ὅτι κἂν κατὰ πάντα βίῳ θεοφιλεῖ συσσείσῃ τις αὐτόν, οὐδὲν ἧττον
καταφρονεῖ καὶ καταπαίζει.

10 41,22 ἡ στρωμνὴ αὐτοῦ ὀβελίσκοι ὀξεῖς.

ἐπὶ γὰρ τοῖς ὀδυνηροῖς καὶ ἀνωμάλοις πράγμασιν ἐπαναπαύεται.

41,22 πᾶς δὲ χρυσὸς θαλάσσης ἐπ᾽ αὐτὸν ὥσπερ πηλὸς ἀμύθητος.

τοῦ κυρίου λέγοντος· ἐμόν ἐστι τὸ χρυσίον καὶ ἐμόν
ἐστι τὸ ἀργύριον οὗτος ψευδολογῶν ἐπαγγέλλεται ἴδια αὐτοῦ εἶ-
15 ναι ταῦτα· διὸ καὶ ἔλεγε τῷ σωτῆρι ψευδόμενος· ταῦτά σοι πάν-
τα δώσω, ἐὰν πεσὼν προσκυνήσῃς μοι. ἐπαγγέλλεται οὖν
ἔχειν χρυσὸν ὡς πηλὸν ἀμύθητον· θαλάσσης δὲ ἔοικε λέγειν· τοῦ
κόσμου. οὕτω δὲ ὁ κόσμος ἐκλαμβάνεται, ἵνα εἴπῃ, ὅτι συκοφαντεῖ ὡς
πάντα τὸν χρυσὸν τοῦ κόσμου περιβεβλημένος.

20 41,23 ἀναζεῖ τὴν θάλασσαν ὥσπερ χαλκεῖον.

ἐπειδὴ ἡ ψυχὴ αὐτοῦ πῦρ ἐστιν, πάντα τὸν βίον τοῦτον ἐκβράσσει

---

7 Apostelg.18,25; Römer 12,11   13f Haggai 2,8   15f Matthäus 4,9
Υ Γ(βOFP 2-5; 7-9; βOFPN 11; 13-16 μοι; 21-) N(2-4 ἐστιν; 7-9; 18 ὡς -19)
1 αὐτῷ LXX: αὐτοῦ Υ   2 τούτων + πάλιν Γ   3 πάντων > ΓΝ/ πολεμικῶν ΓΝ
3/4 καταβάλωσιν ΓΝ: καταβάλλουσιν Υ   5 γάρ: δὲ Γ   7 πυρ-
φόρος + ἂν εἴη Ν/ ὁ ΓΝ: > Υ   8 κἂν: καὶ ἐὰν ΓΝ/ κατὰ πάντα > ΓΝ/βίον
θεοφιλῇ Υ, τῷ ἁγιοπρεπεῖ βίῳ ΓΝ/ συσσείσῃ ΓΝ: συνήσει Υ/ οὐδὲν ἧττον
ΓΝ: > Υ   9 καταφρ. + κἂν θυρεὸν δέ τις αὐτῷ ἐπισείσῃ καὶ τοῦτου Ν /
καὶ καταπ. > Γ   13 davor: θαλάσσης λέγει τοῦδε τοῦ βίου Γ/ τοῦ + δὲ Γ
14 ἐστι > Γ/ οὗτος Γ: αὐτὸς Υ   15 ψευδόμ. > Γ   18 ὡς - 19 nach
15 καὶ stellt Ν   19 χρυσὸν nach περιβεβλ. stellt Ν   20 ἀνα-
ζεῖ LXX: ἀναζέειν Υ   21 ἐκβράσσει Γ: > Υ

ἀνακινῶν καὶ ἐκταράσσων.

41,23-24 ἡγεῖται δὲ τὴν θάλασσαν ὥσπερ ἐξάλειπτρον, τὸν δὲ τάρ-
ταρον τῆς ἀβύσσου <ὥσπερ αἰχμάλωτον>· ἐλογίσατο ἄβυσσον εἰς περί-
πατον.

5   ταῦτα κεναυχῶν νομίζει δύνασθαι. ἀμέλει καὶ διὰ Ἡσαΐου φαίνε-
ται λέγων· τὴν οἰκουμένην ὅλην καταλήψομαι τῇ χειρὶ
ὡς νοσσιάν, καὶ ὡς καταλελειμμένα ᾠὰ ἀρῶ. ἐπειδὴ γὰρ
ἐδόθη τις αὐτῷ μεγίστη δύναμις κατὰ φύσιν ὑπὸ τοῦ κτίσαντος αὐτὸν
κυρίου, ὑπερηφανεύσατο καὶ τοιαῦτα ἤρξατο διαλέγεσθαι, ὡς καὶ με-
10 γαλορρημονεῖν καὶ λέγειν· ἐπάνω τῶν ἄστρων τοῦ οὐρανοῦ
θήσω τὸν θρόνον μου, ἔσομαι ὅμοιος τῷ ὑψίστῳ.
διὰ τοῦτο πέπτωκε μὲν ἐκ τοῦ οὐρανοῦ· ἐθεώρουν γὰρ τὸν
Σατανᾶν, φησὶν ὁ κύριος, ὡς ἀστραπὴν πεπτωκότα ἐκ τοῦ
οὐρανοῦ. ἐξεβλήθη δὲ καὶ ἐκ τῆς γῆς ἐνανθρωπήσαντος τοῦ κυρίου.
15 ἀλλ' οὐδὲ τοῦ ἀέρος ἔτι τὴν ἐξουσίαν ἔσχεν τοῦ σωτῆρος ἡμῶν τὸν
ἀέρα καθαίροντος, ὅτε ἐπὶ τὸν κοσμοφύλακα σταυρὸν ἀνέδραμεν. ἀλλ'
οὐδὲ τοῦ ᾅδου τὴν ἐξουσίαν ἔχει λύσαντος τοῦ θεοῦ καὶ σωτῆρος ἡ-
μῶν τοῦ ᾅδου τὸ δεσμωτήριον. πάντων οὖν ἐξωσθεὶς τῶν τόπων, ὧν
κρατήσειν ὁ μάταιος ἤλπιζεν, οὐδένα ὑπολελειμμένον ἔχει τόπον, εἰ
20 μὴ τὸ σκότος τὸ ἐξώτερον, τὸ ἡτοιμασμένον αὐτῷ καὶ
τοῖς ἀγγέλοις αὐτοῦ.

41,25 οὐκ ἔστιν ἐπὶ τῆς γῆς ὅμοιον αὐτῷ οὐδέν.

καλῶς εἶπεν· ἐπὶ τῆς γῆς, ἐπειδὴ τῶν οὐρανίων ἀψίδων ἐκβέ-
βληται. τὸ δὲ ὅμοιον ἢ κατὰ τὴν ἰσχὺν ἢ κατὰ τὴν ἰταμότητα ἢ
25 τὴν κακίαν.

41,25 πεποιημένον ἐγκαταπαίζεσθαι ὑπὸ τῶν ἀγγέλων μου.

6-7 Jesaias 10,14   10-11 Jesaias 14,13-14   12-14 Lu-
kas 10,18   20 Matthäus 8,12   20-21 Matthäus 25,41
Υ Γ(βΟFPN -1; ≠ 5 - 7 νοσσιάν; ≠ 14 ἐξεβλήθη - 21; 23-25)
2 ἐξάληπτρον Υ   7 καταλελυμένα Υ   18 δεσμοτήριον Υ   19 οὐδένα
(Γ): οὐδὲν Υ   24-25 ἰταμότητα ἢ τὴν > Γ   26 πεποιημέν(ων) Υ

ἀλλ' ὅμως, φησίν, ὁ τοιοῦτος καὶ τηλικοῦτος ὑπὸ τῶν ἁγίων ἀγγέ-
λων καὶ τῶν τὸν ἰσάγγελον βίον ἑλομένων καταπαίζεται.

41,26 πᾶν ὑψηλὸν ὁρᾷ.

ὅλος γάρ ἐστιν ὑπερηφανία οὐδὲν ταπεινὸν λογιζόμενος.

5 41,26 αὐτὸς δὲ βασιλεὺς πάντων τῶν ἐν τοῖς ὕδασιν.

τῶν τὸν ὑγρὸν καὶ διαρρέοντα καὶ ἡδονικὸν μετιόντων βίον. διό-
περ ἡμεῖς εὐξώμεθα μὴ βασιλεύσειν ἡμῶν τὴν ἁμαρτίαν πρὸς τὸν ἡμῶν
θεὸν καὶ πατέρα μετὰ δακρύων λέγοντες· ἐ λ θ έ τ ω ἡ β α σ ι λ ε ί α
σ ο υ , γ ε ν η θ ή τ ω τ ὸ θ έ λ η μ ά σ ο υ , ἵνα τοῦ θεοῦ βασιλεύοντος ἐν
10 ἡμῖν μηδένα ἔχῃ τόπον ἡ τυραννικὴ δυναστεία.

ταῦτα μὲν οὖν εἰς τοὺς τόπους ἐθεωρήσαμεν ἐκ τῶν παλαιοτέρων
ὁδηγηθέντες. πρὸς δὲ τοὺς λέγοντας κῆτος αἰσθητὸν εἶναι τὸν ὑπὸ
τοῦ λόγου διαγραφέντα δράκοντα τοσαῦτα μὲν ἐροῦμεν· εἰ μὲν ὄντως
ἔστι κῆτος τοιοῦτον, μανθάνετε, ὡς ἐξ ὁμοιώσεως τῶν θηρίων θεω-
15 ροῦμεν πολλάκις καὶ αὐτὸν τὸν διάβολον καὶ τῶν ἀνθρώπων τοὺς πο-
νηρούς. καὶ περὶ μὲν τῶν δαιμόνων εἶπεν ὁ σωτήρ· ἰ δ ο ὺ δ έ δ ω κ α
ὑ μ ῖ ν ἐ ξ ο υ σ ί α ν π α τ ε ῖ ν ἐ π ά ν ω ὄ φ ε ω ν κ α ὶ σ κ ο ρ π ί ω ν κ α ὶ
ἐ π ὶ π ᾶ σ α ν τ ὴ ν δ ύ ν α μ ι ν τ ο ῦ ἐ χ θ ρ ο ῦ . πρὸς δὲ τὸν Ἡρώδην
ἐκπέμπων ἔλεγεν· ε ἴ π α τ ε τ ῇ ἀ λ ώ π ε κ ι τ α ύ τ ῃ τὸ δολερὸν τοῦ
20 ἤθους αὐτοῦ καὶ ἐπίκλοπον αἰνιττόμενος, ὥστε τύπον τινὰ ἔχουσι
τοῦ διαβόλου τὰ θηρία, καθάπερ καὶ τῶν πονηρῶν ἀνθρώπων.

εἰ δὲ μὴ ἔστι τοιοῦτον θηρίον, οὐκέτι ἐξ ὁμοιώσεως, ἀλλ' αὐτο-

8-9 Matthäus 6,10   16-18 Lukas 10,19   19 Lukas 13,32

Υ Γ(βOFPN 1-2; 4; βOFPN ≠ 6 - 8 πατέρα; βOFP 11-) N(11-)

1 τοιοῦτος Υ(PN): τοσοῦτος Γ   2 τὸν - ἑλομένων: ἰσαγγέλων ἀν-
θρώπων Γ/ ἑλωμένων Υ / ἐγκαταπαίζεται Γ   4 ὑπερηφανεία Υ/ οὐδὲν:
μηδὲν Γ   7 εὐξόμεθα Υ / βασιλεύειν (Γ)   8 θεὸν καὶ πατέρα:
δεσπότην (Γ)   11 ταῦτα μὲν οὖν: καὶ ταῦτα μὲν ΓN   11-12 εἰς -
ὁδηγηθέντες: εἰς τοὺς τόπους ἐθεωρήσαμεν N, οὕτω Γ   13 τοσοῦτον
ΓN / μὲν > ΓN   14 κῆτος τοιοῦτον: τι τοιοῦτον κῆτος ΓN / μανθά-
νεται Υ   14/15 πολλάκις θεωροῦμεν stellen ΓNy   16 μὲν τῶν
δαιμ. stellen ΓN: τῶν δαιμ. μὲν Υ   17 τὴν ἐξουσίαν N(P), > Γ /
τοῦ πατεῖν N   19 ἀλώπεκι ΓN: ἀλώπικι Υ   20 αὐτοῦ > N / ἐνηπτ-
τόμενος Υ   20/21 ἔχουσι nach θηρία stellen ΓN   21 καθάπερ:
καθὰ ΓN   22 ἔστι + τι ΓN (nicht P)

προσώπως περὶ τοῦ διαβόλου τὰ εἰρημένα νοοῦνται, καὶ ὁ ὑμέτερος εἰς

τὸ μηδὲν οἰχήσεται λόγος δοξαζόντων ὑφεστάναι τὸ μὴ ὑφεστηκός,

ὥστε ὁ μὲν τῶν θεωρούντων τὰ εἰρημένα περὶ τοῦ δράκοντος κατὰ

τοὺς τῆς ἀλληγορίας τρόπους καὶ εἰς τὸν διάβολον ἀναγόντων τὰ

5 γεγραμμένα πάντως ἔρρωται καὶ ἀκίνητός ἐστιν, εἴτε ἔστι τι τοιοῦ-

τον θηρίον αἰσθητόν, εἴτε καὶ μή, ὁ δὲ ὑμέτερος καὶ ἀμφίβολος καὶ

ἐσφαλμένος, ἕως ὅτε ἀποδειχθῇ, πότερον ἔστι τοιοῦτον θηρίον ἢ μή.

Y Γ(βOFP - 1 νοοῦνται) N(- 1 νοοῦνται)

1 νοεῖται τὰ εἰρημένα ΓΝ / ἡμέτερος Y   2 οἰχήσεται: ἠχήσεται Y /
ὑφεστηκώς Y   4 ἀληγορίας Y   5 ἡμέτερος Y

ΚΕΦΑΛΑΙΟΝ ΕΙΚΟΣΤΟΝ ΕΝΑΤΟΝ

Ἀρχὴ τοῦ ῥητοῦ· ὑπολαβὼν δὲ Ἰὼβ λέγει τῷ κυρίῳ· οἶδα, ὅτι πάντα δύνασαι, ἀδυνατεῖ δέ σοι οὐδέν.

Προθεωρία τοῦ κεφαλαίου

5 ἠκούσαμεν ἀνωτέρω τοῦ Ἰὼβ λέγοντος· ἅπαξ ἐλάλησα, ἐπὶ
δὲ τῷ δευτέρῳ οὐ προσθήσω. ζητῆσαι τοιγαροῦν ἄξιον, πῶς
πάλιν φθέγγεται ὁ μηκέτι λαλεῖν ἐπαγγειλάμενος. παρὰ πόδα δὲ ἡ
λύσις ἐστίν· ἐπειδὴ γὰρ σιωπήσειν ὑποσχόμενος ἀκήκοεν τοῦ θεοῦ
λέγοντος· μή, ἀλλὰ ζῶσαι ὥσπερ ἀνὴρ τὴν ὀσφύν σου,
10 ἄμεινον τίθεται τὸ θεῖον πρόσταγμα τῆς οἰκείας ὑποσχέσεως καὶ πά-
λιν διαλέγεται, ὥστε κάλλιον τοῖς θείοις πείθεσθαι νόμοις ἢ τὰς
οἰκείας πληροῦν ἐπαγγελίας, ὅταν δεσποτικὸν ἀντιπράττῃ βούλημα.
διὸ καὶ ὁ Ἡρώδης καλῶς ἂν ἐποίει τοὺς οἰκείους ἀθετήσας ὅρκους
καὶ μὴ τοῦ προδρόμου τὴν κεφαλὴν ἀφελόμενος· πλὴν τὸ πάντη κάλλι-
15 ον μὴ ῥᾳδίως ἐπαγγέλλεσθαι. μὴ ὅτι γε ὁ θεῖος Ἰὼβ καλῶς μὲν ὑπέ-
σχετο μὴ λαλήσειν τιμῶν τὴν θείαν ὑπεροχήν, καλῶς δὲ καὶ αὖθις
φθέγγεται λύσαντος αὐτῷ τοῦ θεοῦ τῆς σιωπῆς τὴν ὑπόσχεσιν.

5-6 Hiob 40,5   9 Hiob 40,7   13-14 vgl. Matthäus 14,7-10
Υ Γ(βOF 5-17) Γ'(βOFP 6 ζητῆσαι - 10 ὑποσχέσεως; 15 μὴ - 17) Ν(5-17)
1 κεφάλαιον κθ Υ   2 ἀρχὴ - ῥητοῦ nach κυρίῳ Υ   6 δὲ ΓΝ: > Υ
/ οὐ + μὴ Υ, vgl. S.355,9 / τοιγαροῦν > Γ   7 ὃ + Ἰὼβ Γ'
8 ἐστιν > Γ' / ὑποσχόμενος ΓΓ'Ν: ἐπαγγειλάμενος Υ / ἀκήκοεν ΓΓ'Ν: ἀ-
κηκόαμεν Υ   12 πληροῦν ΓΝ: πληροῖν Υ / ἐπαγγελίας + καὶ τοὺς
ἑαυτῶν λόγους ἱστάνων Ν / ὅταν + τὸ ΓΝ   13 ὃ > ΓΝ/ ἐποίῃ Υ/ τοὺς
- ὅρκους: τὸν ὅρκον ἀθετήσας Ν   14 τό: τῷ Γ / πάντῃ Hag: παντὶ ΥΓ
14-15 πλὴν - ἐπαγγέλλεσθαι: καὶ Πέτρος δὲ εἰπὼν οὐ μή μου νίψῃς τοὺς
πόδας μεταβαλλόμενος πάλιν ἔφη· μὴ τοὺς πόδας μόνον ἀλλὰ καὶ τὴν κε-
φαλήν (Joh. 13,8-9) Ν   15 μὴ - Ἰὼβ: καὶ ὁ Ἰὼβ οὖν Ν/ καλῶς μὲν ΓΝ:
καλὸς ὢν Υ   16 καλλῶς Υ

Αἱ λέξεις

42,2 οἶδα, ὅτι πάντα δύνασαι, ἀδυνατεῖ δέ σοι οὐδέν.

οὐ νῦν τοῦτο μεμαθηκέναι λέγει, ἀλλ' εἰδέναι τὴν ἄμαχον τοῦ
θεοῦ δύναμιν καὶ ὡς οὐδὲν ἀδύνατον τῇ παντοδυνάμῳ δυνάμει τοῦ θεοῦ.

5 42,3 τίς γάρ ἐστιν ὁ κρύπτων σε βουλήν; φειδόμενος δὲ ῥημάτων
καὶ σέ οἴεται κρύπτειν;

ἀλλὰ καὶ τοῦτο οἶδα, ὡς καὶ ταῖς βουλαῖς ἐμβατεύεις καὶ πάντων
τὰς ἐννοίας ἐπίστασαι καὶ οὐδείς ἐστιν, ὃς διαλαθεῖν σου δύναται
τὸν πανεπίσκοπον ὀφθαλμόν.

10 42,3 τίς δὲ ἀναγγελεῖ μοι, ἃ οὐκ ᾔδειν, μεγάλα καὶ θαυμαστά, ἃ
οὐκ ἠπιστάμην.

ἀντὶ τοῦ· οὐδεὶς πλὴν σοῦ. ποῖα δὲ ἦν, ἃ οὐκ ἠπίστατο ὁ δίκαι-
ος 'Ιὼβ ὁ τὰς περὶ θεοῦ δόξας θεοπρεπεῖς ἔχων;
ἠγνόει τοιγαροῦν τὴν καθ' ἑαυτὸν ὑπόθεσιν, καὶ ὅτι πεῖρά τις
15 ἦν ἀρετῆς ὁ ἀγών. ταύτην ἔμαθεν ἀκηκοώς· οἴει δὲ μὴ ἄλλως
σοι κεχρηματικέναι ἢ ἵνα ἀναφανῇς δίκαιος;
ἠγνόει τοῦ διαβόλου τὴν ἰταμωτάτην ἰσχύν, τὸ ἀμετάθετον, τοὺς
δόλους, τὰς πανουργίας, καὶ ὅσα τούτοις ὅλως διαγράφων ἐδίδαξεν·
οὐ, γάρ φησιν, ἑώρακας αὐτόν; ἔμαθε καὶ ταῦτα.
20 ἀμυδρῶς ἦν ἐλλαμφθεὶς τὰ περὶ τῆς τοῦ σωτῆρος οἰκονομίας· σα-
φέστατα ταύτην ἐδιδάχθη καὶ ἐπιστώθη διὰ τῆς θείας ῥήσεως.
ἔμαθε τοίνυν, ἅπερ οὐκ ᾔδει, πλείονα γνῶσιν προσειληφώς.

42,4 ἄκουσον δέ μου, κύριε, ἵνα κἀγὼ λαλήσω. ἐρωτήσω δέ σε, σὺ

15-16 Hiob 40,8   19 Hiob 41,1
Υ Γ(βΟFPN 3-4; 7-9; ≠ 12-22) P(≠ 12 ποῖα - 13)
3 ταῦτα Γ   4 καὶ - θεοῦ > Γ   7 ἀλλὰ - καὶ₂: καὶ ὅτι Γ (An-
schluß an 3 δύναμιν) / ἐμβατεύει Γ   8 ἐπίσταται Γ / καὶ + ὡς Γ /
σου: αὐτοῦ Γ   12 ποῖα - 13 > (Γ)   14 ἑαυτὸν Hag: ἑαυτοῦ Υ /
καὶ - 17 ἠγνόει > (Γ)   16 κεχρηματηκέναι Υ
17 ἰταμοτάτην Υ / τὸ - 19 αὐτὸν > (Γ)   18 τούτοις ὅλως: viell.
τοῦ θεοῦ ὁ λόγος   20 ἐλαμφθεὶς Υ   22 ᾔδει: ᾔδη Υ

δέ με δίδαξον.

ἄξιον ζητῆσαι, πῶς ἐρωτήσειν ἐπαγγειλάμενος οὐδὲν ἐπηρώτησε
τὸν θεόν, ἀλλὰ κατέπαυσε τὸν λόγον μήτε ἐρωτήσας, μήτε τινὰ ἀπό-
κρισιν δεξάμενος. φαίνεταί μοι τοιγαροῦν τοιοῦτόν τινα νοῦν ἔχειν
5 τὰ προκείμενα· ἐπειδὴ τοίνυν, φησίν, ἐδίδαξάς με, ἃ οὐκ ἠπιστάμην,
εἰσάκουσόν μου, κύριε, καὶ ἐάν τι τῶν ἀγνοουμένων μαθεῖν βουλόμε-
νος ἐρωτήσω σε, διδάσκειν με ἀξίωσον, ἵνα δυνηθῶ κἀγὼ λαλῆσαι καὶ
ἑτέροις γενέσθαι τῶν ἀγνοουμένων διδάσκαλος παρὰ σοῦ τὴν γνῶσιν
λαβών.

10 42,5 ἀκοῇ μὲν ὠτὸς ἤκουόν σου τὸ πρότερον, νυνὶ δ ὀφθαλμός μου ἑώ-
ρακέ σε.

πλείονα, φησίν, προσείληφα γνῶσιν περὶ σοῦ, ὅσον ὀφθαλμοὶ πλέ-
ον ἀκοῆς ἔχουσιν.

ἴσως δὲ καὶ τοῦτο λέγει διὰ τὸ τῆς ἐνανθρωπήσεως τοῦ μονογε-
15 νοῦς μυστήριον. ἀμυδρῶς γὰρ αὐτὸ πρότερον πληροφορούμενος τὴν τε-
λειοτέραν περὶ αὐτοῦ προσείληφε γνῶσιν.

42,6 διὸ ἐφαύλισα ἐμαυτὸν καὶ ἐτάκην, ἥγημαι δὲ ἐμαυτὸν γῆν καὶ
σποδόν.

ἐφαύλισα ἐμαυτὸν ὡς οἰηθέντα εἰδέναι τι, νῦν δὲ μαθὼν τὰ ὑπὲρ
20 ἐμαυτὸν τῆς εὐτελείας τῆς ἐμῆς φύσεως τὸ μικροπρεπὲς κατενόησα.

θεώρει δέ μοι τοὺς ἁγίους ἄνδρας, πῶς, ὅτε μειζόνων ἀξιοῦνται,
πλείονα κτῶνται ταπεινοφροσύνην.

Υ Γ(βΟFP 2-9; 12-16; 19-22) Ν(2-9; 12-16; ≠ 19 ἐφαύλισα - τι;
19 νῦν - 22)

1 με: μοι Υ   17·ἄξιον ζητῆσαι: ζητήσειεν ἄν τις Γ/ ζητῆσαι +ὧδε Ν/
ἐπαγγ.: ὑποσχόμενος Γ/ οὐδὲν Υ(Ρ): ὃ δὲ οὔτε Γ, οὔτε Ν   3 ἀλλὰ -
ἐρωτήσας > ΓΝ/ μήτε₁ Hag: μὴ Υ/ μήτε₂: οὔτε ΓΝ   4 ἐδέξατο ΓΝ/ μοι
> Γ   5 τοίνυν: γὰρ Γ, > Ν   6 ἠγνοημένων Ν   7 καταξιώσων ΓΝ
8 τῶν - διδάσκαλος ΓΝ: τοῖς ἀγνοουμένοις Υ   8 παρὰ - 9 > ΓΝ
12 πλείονα ΓΝ: πλεῖον Υ/ γνῶσιν - σου: τὴν περὶ σοῦ γνῶσιν Γ   12/13
πλέον ΓΝ: πλείονα Υ   14 ἴσως δὲ: ἢ Γ/ καὶ > Ν(Ρ)   14-15 τοῦ μο-
νογενοῦς > Ν   15/16 πλειοτέραν Γ (nicht Ρ), + νῦν Ν   16 προσεί-
ληφε ΓΝ: προείληφε Υ / γνῶσιν + διὰ τῆς ἐλλάμψεως τοῦ παναγίου πνεύ-
ματος Ν   19 ἐφαύλισα + φησίν Γ / δὲ: δὴ Γ, γὰρ Ν   20 ἐμαυτὸν:
ἐμὲ Ν, + καὶ ΓΝ / σμικροπρεπὲς Γ (nicht Ρ)   21 μοι > ΓΝ

ΚΕΦΑΛΑΙΟΝ ΤΡΙΑΚΟΣΤΟΝ

Ἀρχὴ τοῦ ῥητοῦ· ἐγένετο δὲ μετὰ τὸ λαλῆσαι τὸν κύριον
πάντα τὰ ῥήματα <ταῦτα> τῷ Ἰὼβ, εἶπεν ὁ θεὸς Ἐλιφὰζ τῷ Θαιμανί-
τῃ.

5   Προθεωρία τοῦ κεφαλαίου

μεγάλως ὁ θεὸς τοὺς οἰκείους τιμᾷ θεράποντας· ὅπουγε καὶ νῦν
τιμωρίας ἀξίων φανέντων τῶν ἀμφὶ τὸν Ἐλιφὰζ διὰ τὸ τοῦ δικαίου
καταψηφίσασθαι, ἀνῆκε τὴν ἀπειλὴν ὁ θεὸς καὶ τὴν τιμωρίαν συνεχώ-
ρησεν, αὐτῷ τῷ δικαίῳ τὴν συγχώρησιν χαριζόμενος.

10   εἰ δέ τις ἐρεῖ φιλομαθῶς κινούμενος· διὰ τί τὴν Μαριὰμ ἐλέ-
πρωσε κατὰ Μωυσέως λαλήσασαν - εἰ καὶ ὕστερον ἀποκατέστησεν αὐ-
τῆς τὸ σῶμα τιμῇ πάλιν τῇ πρὸς τὸν ἑαυτοῦ θεράποντα -, τοῖς δὲ
ἀμφὶ τὸν Ἐλιφὰζ εὐθὺς τὴν συγχώρησιν δέδωκε μηδὲν αὐτοὺς περιερ-
γασάμενος, φαμέν, ὅτι ἡ μὲν Μαριὰμ διὰ τῆς εἰς Μωυσέα λοιδορίας
15 καὶ κατὰ θεοῦ τὴν βλασφημίαν ἔφερεν τοῦ δοξάσαντος τοῦ ἱεροφάντου
τὸ πρόσωπον, οἱ δὲ φίλοι τοῦ Ἰὼβ τὴν ὑπὲρ θεοῦ συνηγορίαν ἀναδε-
ξάμενοι εἰς μόνον τὸν δίκαιον ἐξημάρτανον ἀδίκως αὐτοῦ τὴν ἀσέ-
βειαν καταλέγοντες. εἰ δὲ καὶ ζητήσεις· Ἀαρὼν δέ, διὰ τί μηδὲν
ὑπέστη δεινόν, φαμέν, ὅτι τοῦ θεοῦ τιμῶντος τὴν ἱερωσύνην. δύο
20 οὖν ἐντεῦθεν μανθάνομεν, ὅτι καὶ ἁμαρτίας ἔνοχον τὸ τῶν δικαίων
κατηγορεῖν καὶ ὁ θεὸς τιμῇ τῇ πρὸς αὐτοὺς συγχωρεῖ τὰ ἁμαρτήματα.

10-19 vgl. Numeri 12,1-15   15 vgl. Exodus 34,35
Υ Γ(βOF 6-21) Γ'(βOFP ≠ 10 διὰ - 18 καταλέγοντες) Ν(6-21)

1 κεφάλαιον λ Υ   3 <..>, vgl. S.385,2-3/ Θεμανίτῃ Υ   5 κεφαλαίου
Hag: ῥητοῦ Υ   6 θεράποντας ΓΝ: θεραπευτάς Υ   7 τῶν: τὸν Υ/ Ἐλι-
φὰς Γ   8/9 συνεχώρισεν Υ   10 Μαριὰμ Υ(Νγ): Μαρίαν Γ(Νρ)   11 ἐλέ-
πρωσε + ὁ θεὸς ΓΝ/ Μωυσέος Υ/ καὶ + ὅτι Υ / ἀποκατέστησεν (Νγ): ἀπε-
κατέστησεν ΥΓ(Νρ)   12 τὸ σῶμα τιμῇ ΓΝ: τῷ σώματι μὴ Υ/ τῇ > ΓΝ
13 Ἐλιφὰς Γ/ εὐθὺς ΓΝ: αὖθις Υ/ μηδὲν Υ(Νγ): μηδὲ Γ(Νρ)/ αὐτοὺς ΓΝ:
αὐτοῦ Υ   13/14 προεργασάμενος ΓΝ   15 δοξάσαντος ΓΝ: δοξάζοντος Υ
16 τὸ ΓΝ: > Υ   18 ζητήσειας Γ, ζητήσει (Νγ), ζητήσας (Νρ)
20 ἁμαρτίαις Γ(Νρ), + σε Υ/ τὸν δίκαιον Γ   21 καὶ + ὅτι ΓΝ/ ὁ > Γ

Αἱ λέξεις

42,7 ἐγένετο δὲ μετὰ τὸ λαλῆσαι τὸν κύριον πάντα τὰ ῥήματα ταῦ-
τα τῷ Ἰώβ, εἶπεν ὁ κύριος Ἐλιφὰζ τῷ Θαιμανίτῃ.

    ἔοικεν ὁ Ἐλιφὰζ αἰδεσιμώτερος τῶν ἄλλων τυγχάνειν· διὸ καὶ
5 πρότερος τῆς πρὸς τὸν Ἰώβ ἄρχεται διαλέξεως, καὶ νῦν ὁ κύριος
πρὸς αὐτὸν διαλέγεται, καὶ ταῦτα τῶν λόγων τοῖς τρισὶν ἁρμοζόντων
φίλοις. θεώρει δέ, ὡς εἰς ἐπήκοον ἁπάντων ὁ θεὸς ἐλάλει, ὡς ἂν
εἰς πάντας ἡ τοῦ Ἰώβ ἀρετὴ διὰ τῆς θείας μαρτυρίας κατάδηλος γέ-
νηται.

10 42,7 ἥμαρτες σὺ καὶ οἱ δύο φίλοι σου· οὐ γὰρ ἐλαλήσατε ἐνώπιόν
μου ἀληθὲς οὐδέν, ὡς ὁ θεράπων μου Ἰώβ.

    κατανόει τῆς θείας ῥήσεως τὴν ἀκρίβειαν· ὅσον μὲν γὰρ παρὰ ἀν-
θρώποις καλῶς μὲν ἐποίουν οἱ φίλοι θεῷ συνηγοροῦντες, οὐ καλῶς δὲ
ἐποίει ὁ Ἰώβ πρὸς θεὸν θέλων δικάσασθαι - ὅπουγέ τινες καὶ μέχρι
15 νῦν προσκόπτουσι τοῖς αὐτοῦ ῥήμασι τῇ τῶν λέξεων προφορᾷ μόνῃ
προσέχοντες -, παρὰ δὲ τῇ θείᾳ καὶ ἀδεκάστῳ καὶ ἀ-ροσωπολήπτῳ
κρίσει τὸ ἐναντίον ἐφάνη. διὸ καὶ εἶπεν· ἐνώπιόν μου· παρ' ἐ-
μοὶ γάρ, φησίν, κριτῇ ὑμεῖς μὲν οὐδὲν ἀληθὲς ἐλαλήσατε ἀδίκως κα-
τὰ τοῦ δικαίου τὰς ψήφους ἐκφέροντες, ὁ δὲ ἐμὸς θεράπων Ἰώβ μετὰ
20 τῆς ψιλῆς ἀληθείας πάντα ἐφθέγξατο. οὐ γὰρ διὰ ἁμαρτίας ἔπασχεν,
ἀλλ' ἵνα ἀναφανῇ δίκαιος. τίς οὖν δύναται λόγων κατηγορεῖν,
ὧν ὁ κύριος ἐπαινέτης κατέστη διὰ τῆς οἰκείας ἐπικρίσεως; καὶ

21 vgl. Hiob 40,8

Υ Γ(βOFP 4-9; 12 - 21 δίκαιος) Ν(4-9; 12-)

3 Θεμανίτῃ Υ   4 ἔοικε + μέντοι Ν   5 πρότερος ΓΝ: πρότερον Υ /
διαλέξεως ἄρχεται stellt Ν   6 ἁρμοζώντων Υ   7 εἰς ἐπήκοον Ν:
εἰς ὑπήκοον Υ, ὑπήκοον Γ / ἀπάντων: πάντων Ν   12/13 ἀνθρώποις:
τοῖς πολλοῖς Γ   13 μὲν > ΓΝ   14 ὁ Ἰώβ ἐποίει stellt Γ (nicht
P) / μέχρι καὶ stellen ΓΝ   15 προφορᾷ ΓΝ: προσφορᾷ Υ   16 καὶ
ἀδεκάστῳ > Γ / καὶ ἀπροσωπολήπτῳ > Ν   18 γὰρ ΓΝ: μὲν Υ
20 ψιλῆς Young: φίλης ΥΓΝ/ δι' Γ   21 λόγων Hag: λόγῳ ΥΝ   22 ὧν: οὗ Ν

ἐπιτήρει, πῶς οἰκεῖον θεράποντα τὸν Ἰὼβ καλεῖ κἀν τῇ προσηγορίᾳ
τιμῶν τὸν δίκαιον· καὶ οὐ μόνον ἅπαξ, ἀλλὰ καὶ πολλάκις τοῦτο
ποιεῖ.

42,8   νῦν δὲ λάβετε ἑπτὰ μόσχους καὶ ἑπτὰ κριούς, καὶ πορεύθητε
5   πρὸς τὸν θεράποντά μου Ἰώβ, καὶ ποιήσει κάρπωσιν περὶ ὑμῶν.

ὁ ἑπτὰ παρὰ τῇ γραφῇ τίμιος καὶ τέλειος ἀριθμός. τέλεια τοι-
γαροῦν θύματα κελεύονται προσφέρειν ὡς μεγάλα ἐξημαρτηκότες, αὐ-
τὸν δὲ τὸν Ἰὼβ ἱερέα κελεύει γενέσθαι καὶ τὰς ὁλοκαρπώσεις ἀνα-
φέρεσθαι δι' αὐτοῦ προστάττει· οὕτω γάρ, φησίν, δίκαιός ἐστιν, ὡς
10   καὶ ὑπὲρ ἑτέρων πρεσβεύειν· πρὸ δὲ τοῦ νόμου οἱ ἅγιοι δι' ἑαυτῶν
τὰς θυσίας προσέφερον ὥσπερ καὶ ὁ Ἀβὲλ καὶ ὁ Νῶε καὶ ὁ Ἀβραάμ.

42,8   Ἰὼβ δὲ ὁ θεράπων μου εὔξεται ὑπὲρ ὑμῶν, ὅτι εἰ μὴ πρόσωπον
αὐτοῦ λήψομαι· εἰ μὴ γὰρ δι' αὐτόν, ἀπώλεσα ἂν ὑμᾶς. οὐ γὰρ ἐλα-
λήσατε ἀληθὲς κατὰ τοῦ θεράποντός μου Ἰώβ.

15   βαβαὶ τιμῆς ὑπερβολῇ, ἣν τοῖς ἁγίοις ὁ κύριος ἀπονέμει. θανάτου
μὲν γὰρ ἔνοχον ἀποφαίνει τὸ τῶν δικαίων καταλαλεῖν, καὶ τὴν θανα-
τηφόρον δὲ τιμωρίαν συγχωρεῖ τιμῇ τῇ πρὸς αὐτούς.

Y Γ(βOFP 6-11) N(-3; 6-11; 15-17)

1 κἀν: καὶ N   1/2 τιμῶν nach καλεῖ stellt N   3 ποιῶν N
8-9 ἀναφέρεσθαι - προστάττει: ἀναφέρειν ΓN   9-10 φησὶν -
πρεσβεύειν ΓN: > Y   10 πρὸ - ἅγιοι Γ: οἱ ἅγιοι πρὸ τοῦ νόμου Y,
πρὸ μέντοι τοῦ νόμου οἱ ἅγιοι N   15 ὑπερβολῇ ἣν Hag: ὑπερβο-
λήν Y, ὑπερβολὴν ἣν N

KEΦAΛAION TPIAKOΣTON ΠPΩTON

<'Aρχὴ τοῦ ῥητοῦ·> ἐπορεύθη δὲ 'Eλιφὰζ ὁ Θαιμανίτης.

Προθεωρία τοῦ κεφαλαίου

ἤρξατο μέν, ἀφ' οὗ ὁ θεὸς ἐχρημάτισε πρὸς αὐτόν, τὰ ἔπαθλα τῷ
5 δικαίῳ δίδοσθαι. αὐτὸ γὰρ τὸ καταξιωθῆναι τῆς θείας ὁμιλίας καὶ
διδασκαλίας καὶ μαρτυρίας πρῶτον ἐδέξατο στέφανον, νῦν βραβεῖα
δέχεται δεύτερα τὸ ὑπὲρ τῶν φίλων εὔχεσθαι καὶ τῶν ἀγώνων δέχε-
σθαι γέρα τὴν αὐτῶν συγχώρησιν.

Aἱ λέξεις

10 42,9-10 ἐπορεύθη δὲ 'Eλιφὰζ ὁ Θαιμανίτης καὶ Βαλδὰδ ὁ Σαυχίτης
καὶ Σωφὰρ ὁ Μιναῖος, καὶ ἐποίησαν, καθὰ συνέταξεν αὐτοῖς ὁ κύρι-
ος. καὶ ἔλυσε τὴν ἁμαρτίαν αὐτοῖς διὰ 'Iώβ. ὁ δὲ κύριος ηὔξησε τὸν
'Iώβ, εὐξαμένου δὲ αὐτοῦ καὶ περὶ τῶν φίλων αὐτοῦ ἀφῆκεν αὐτοῖς
τὴν ἁμαρτίαν· ἔδωκε δὲ ὁ κύριος διπλᾶ, ὅσα ἦν ἔμπροσθεν τῷ 'Iώβ,
15 εἰς διπλασιασμόν.

ὄντως ἱκανὴ τιμὴ καὶ περιφάνεια τὸ εὐχῇ δυσωπῆσαι τὸν θεόν,
ἐφ' ᾧ λῦσαι τὴν ἁμαρτίαν. διὸ πρὶν εἰπεῖν τὰ διπλᾶ τῆς περιουσίας
εἶπεν· ὁ δὲ κύριος ηὔξησε τὸν 'Iώβ. καὶ ὁ εἰλκωμένος καὶ

Y Γ(βOFP 4-8; 16-) N(4-8; 16 - 17 ἁμαρτίαν; 18 ὁ εἰλκωμένος -)

1 κεφάλαιον λα Y   2 Θεμανίτης Y   4 ἤρξαντο Γ   4-5 αὐτὸν
- δικαίῳ: τὸν δίκαιον τὰ ἔπαθλα αὐτῷ N   5 αὐτὸ (und αὐτῷ) ΓN:
οὕτω Y / τῆς > ΓN   7 δεύτερα ΓN: δεύτερον Y / τὸ: τῷ Y
10 Θεμανίτης Y / Σαυχίτης: Aὐχίτης Y   11 Μηναῖος Y   16 τὸ:
τῷ Y / τὸν Y(P): > ΓN   18 εἶπεν + ὅτι Γ / εἰλκόμενος Y/ καὶ₂: ὁ N

πένης καὶ ἀπερριμμένος ὑπὲρ τῶν ὑγιαινόντων καὶ πλουσίων καὶ πε-
ριφανῶν ηὔχετο. ὥστε καὶ νῦν, ἐὰν ἴδωμεν ἄνθρωπον πένητα καὶ νο-
σοῦντα ὑπὲρ ἑτέρων εὐχόμενον καὶ προχωροῦσαν τὴν εὐχὴν εἰς ἔργον,
τὴν πλουσίαν τοῦ θεοῦ θαυμάσαντες χάριν καὶ ἡμεῖς ἐν τοῖς ὁμοί-
5 οις γενόμενοι μὴ δυσχεράνωμεν· ἴσως καὶ εἰς ἡμᾶς ἡ πλουσιόδωρος
τοῦ κυρίου ἐπιφοιτήσει δωρεά.

θεώρει δὲ ἐνταῦθα τοῦ Ἰὼβ τὸ ἀμνησίκακον· πρῶτος γὰρ οὗτος τὴν
θαυμαστὴν ταύτην ἀφῆκε φωνήν· κ ύ ρ ι ε , μ ὴ σ τ ή σ ῃ ς α ὐ τ ο ῖ ς τ ὴ ν
ἁ μ α ρ τ ί α ν τ α ύ τ η ν , ἣν καὶ ὁ πρωτομάρτυς ὕστερον ἐφθέγξατο Στέ-
10 φανος. περὶ γὰρ τοῦ κυρίου μου Ἰησοῦ τί δεῖ καὶ λέγειν, ὅπουγε
καὶ περὶ τῶν σταυρούντων αὐτὸν ἀπολογούμενος συμπαθῶς ἔλεγεν·
π ά τ ε ρ , ἄ φ ε ς α ὐ τ ο ῖ ς , ο ὐ γ ὰ ρ ο ἴ δ α σ ι τ ί π ο ι ο ῦ σ ι ν .

8-9 Apostelgeschichte 7,60   12 Lukas 23,34

Υ Γ(βOFP - 2 ηὔχετο; 7 θεώρει - ἀμνησίκακον) P(7 πρῶτος - 9 ταύ-
την) N(-6)

1 καί₁: ὃ Ν   1/2 καὶ περιφανῶν: ἀμνησικάκως Ν, > Γ   3 προχω-
ροῦσαν nach ἔργον stellt Ν   5 γινόμενοι Ν / πλουσιόδωρος: ἄφθο-
νος Ν   6 κυρίου: θεοῦ Ν / φοιτήσει Ν   7 δὲ ἐνταῦθα Γ: > Υ /
γὰρ > Ρ / οὗτος + ὁ θαυμάσιος Ρ

ΚΕΦΑΛΑΙΟΝ ΤΡΙΑΚΟΣΤΟΝ ΔΕΥΤΕΡΟΝ

'Αρχὴ τοῦ ῥητοῦ· ἤκουσαν δὲ πάντες οἱ ἀδελφοὶ αὐτοῦ καὶ
αἱ ἀδελφαὶ αὐτοῦ πάντα τὰ συμβεβηκότα αὐτῷ, καὶ ἦλθον πρὸς αὐτόν.

Προθεωρία τοῦ κεφαλαίου

5   ὥσπερ ἐν τῷ πειρασμῷ τοσαύτη τις γέγονεν αὐτῷ ἐγκατάλειψις ὡς
καὶ τὴν βασιλίδα αὐτοῦ γυναῖκα θητεύειν ἐπὶ μισθῷ, οὕτω τῆς θείας
ἐπιφοιτησάσης χάριτος πάντα λοιπὸν εὐοδοῦται τῷ μακαρίῳ Ἰώβ, καὶ
συντρέχουσι πρὸς αὐτὸν συγγενεῖς, φίλοι, δωροφοροῦσιν, ἐστιῶνται.
καὶ πάντα αὐτῷ λοιπὸν ὑπῆρχε θυμηδίας ἀνάμεστα.

10   Αἱ λέξεις

42,11 ἤκουσαν δὲ πάντες οἱ ἀδελφοὶ αὐτοῦ καὶ αἱ ἀδελφαὶ αὐτοῦ
πάντα τὰ συμβεβηκότα αὐτῷ, καὶ ἦλθον πρὸς αὐτόν, καὶ πάντες, ὅσοι
ᾔδεισαν αὐτὸν ἐκ πρώτου.

ἀδελφοὺς καὶ ἀδελφὰς πάντας τοὺς συγγενεῖς εἴωθεν ἡ θεία προσα-
15 γορεύειν γραφή. φήμη δὲ ἀγαθὴ κατὰ θεοῦ χάριν περιτρέχουσα καὶ τὰ
κατ' αὐτὸν περιαγγέλλουσα πάντας πρὸς αὐτὸν τοὺς γνωρίμους ἐκάλει.
τὸ δὲ ἤκουσαν πάντα τὰ συμβεβηκότα αὐτῷ οὐχ ὅτι
ἠγνόουν τὰ τῆς συμφορᾶς, ἀλλ' ὅτι ἕκαστος πρὸς τὸν πλησίον ἅπαντα
ἔλεγε τά τε τοῦ πειρασμοῦ καὶ τῆς θείας ἐπισκέψεως· καὶ ἡδὺ πᾶσι

5-6 vgl. Hiob 2,9d
Y   Γ(βOF 5-9; βOFP 14 - 15 γραφή; 17-)   P(15 φήμη - 16)   N(5-9; 14 -
15 γραφή; 17-)

1 κεφάλαιον λβ Y   5 αὐτῷ γέγονεν stellt Γ / ἐγκατάληψις Y
6 βασιλίδα + τὴν ΓΝ   7 μακαρίῳ: ἀγίῳ ΓΝ   8 δωροφοροῦσιν Ν:
δωρυφοροῦσιν Υ, δορυφοροῦσιν Γ   9 θυμιδίας Y   14 ἀδελφὰς καὶ
ἀδελφοὺς stellt Y   15 φήμη δὲ: καὶ φήμη P (hat den Satz nach 19
ἐπισκέψεως; korrekte Textanordnung?)   16 κατ' αὐτόν: κατὰ τὸν
μακάριον P / περιαγγέλουσα Y   17 ἤκουσαν - αὐτῷ: τὰ τῷ Ἰώβ συμ-
βεβηκότα εἴρηται Ν   18 ἅπαντα > Ν   19 καὶ τῆς: τά τε Ν

καὶ ἐπωφελὲς διήγημα τὰ κατὰ τὸν Ἰὼβ ἐτύγχανεν.

42,11 φαγόντες δὲ καὶ πιόντες παρ' αὐτῷ παρεκάλεσαν αὐτὸν <καὶ
ἐθαύμασαν> ἐπὶ πᾶσιν οἷς ἐπήγαγεν αὐτῷ ὁ κύριος. ἔδωκε δὲ αὐτῷ
ἕκαστος ἀμνάδα μίαν καὶ τετράδραχμον χρυσοῦν ἄσημον.

5   πάλιν ὁ ἀμνησίκακος καὶ ἀγαπητικὸς Ἰὼβ ἡδέως δέχεται τοὺς
προσιόντας, καὶ οὐκ ἀποσείεται τὰ παρ' αὐτῶν ἐπενεχθέντα οὐδὲ πέ-
πονθεν, ὅπερ πάσχουσιν οἱ πολλοί, οὐδὲ εἶπε τοῖς προσερχομένοις·
ἐπειδὴ παρὰ τὴν νόσον οὐκ ἐπεσκέψασθέ με οὐδὲ ἐπεκουρήσατέ μοι,
οὐδὲ νῦν ὑμᾶς προσίεμαι οὐδὲ τῶν παρ' ὑμῶν ἐπιδέομαι. ἀλλὰ καὶ
10   ἡδέως ἐδέξατο τοὺς συνελθόντας ὡς οὐδέν τι πεπονθὼς παρ' αὐτῶν,
καὶ συνευωχήθη καὶ παράκλησιν τὸ πρᾶγμα νενόμικεν. ἐπειδὴ γὰρ κατὰ
θεοῦ χάριν συνέτρεχον, οὐκ ἀπεσείσατο τὴν θείαν δωρεάν, ἀλλ' ἡδέ-
ως ἅπαντας περιεπτύξατο, ἐπεὶ καὶ ὁ μέγας Ἀβραὰμ ὁ τούτου πρόγο-
νος τὰ τοῦ Φαραὼ προσεδέξατο δῶρα θείαν εἶναι δωρεὰν τὸ πρᾶγμα
15   τιθέμενος.

13-15 vgl. Genesis 12,10-20

Υ Γ(βOFP -1) P(5 - 7 πολλοί; 13 καὶ ὁ μέγας - 15) N(-1; 5-15)

1 ἐπωφελὲς διήγημα ΓN: ἐπωφελῆ διηγήματα Υ / τὰ - ἐτύγχανεν: ἦν ὁ
Ἰὼβ Γ   4 ἄσιμον Υ   5 πάλιν > N   6 τὰ - ἐπενεχθέντα: οὐ-
δὲ ἄχθεται P / αὐτῶν N: αὐτὸν Υ / προσενεχθέντα N   6-7 πέπονθεν
- πολλοί: ὃ πάσχουσιν οἱ πολλοὶ πέπονθεν P   7 πάσχουσιν > N /
οὐδ' N   8 ἐπεκουρήσατε N: ἐπικουρήσατε Υ   9 οὐδὲ₁ + ἐγὼ N
10 τι > N   11 συνευωχήθη N: συνευωχῶν Υ   12 ʽοὐκʼ Υ / ἀπεσί-
σατο Υ   13 πάντας N / μέγας + δὲ P   14 δῶρα vor τοῦ stellt N
/ τοῦ: παρὰ P   14/15 τὸ πρᾶγμα τιθέμενος PN: τῷ προστάγματι θέ-
μενος Υ

ΚΕΦΑΛΑΙΟΝ ΤΡΙΑΚΟΣΤΟΝ ΤΡΙΤΟΝ

'Αρχὴ τοῦ ῥητοῦ· ὁ δὲ κύριος ηὐλόγησε τὰ ἔσχατα {τοῦ} 'Ιὼβ
ἢ τὰ ἔμπροσθεν.

Προθεωρία τοῦ κεφαλαίου

5   ἐντεῦθεν καταριθμεῖται τῆς περιουσίας τὸν διπλασιασμὸν καὶ
θείαν εὐλογίαν εἶναι λέγει τὰ σωματικὰ ἀγαθά. ἐπηγγέλλετο γὰρ
τοῖς παλαιοτέροις εἰς εὐλογιῶν μοῖραν ἥ τε παιδογονία καὶ ἡ
τῶν ὑπαρχόντων αὔξησις, ὥσπερ καὶ τοὐναντίον εἰς κατάραν αὐτοῖς
κατελογίζετο.

10   ἐπειδὴ τοίνυν πρὸ νόμου τυγχάνων νομικῶς ὁμοῦ καὶ εὐαγγελικῶς
ἐπολιτεύσατο, εἴληφε μὲν τὰς κατὰ νόμον εὐλογίας, ἀπόκειται δὲ
αὐτῷ καὶ τὰ τοῖς ἁγίοις ἐπηγγελμένα ἐν τῷ μέλλοντι αἰῶνι, ὅσα ὑ-
πὲρ λόγον καὶ ὑπὲρ τὴν ἡμετέραν ἔννοιαν.

     ἀπὸ δὲ τοῦ γέγραπται δὲ αὐτὸν πάλιν ἀναστήσεσθαι
15   ἕως τοῦ τέλους φασὶ μέν τινες μὴ εἶναι ταύτης τῆς ἱερᾶς γραφῆς,
ἀλλὰ παρεγγεγράφθαι τῷ βιβλίῳ τὰ ῥήματα. ἡμεῖς δὲ ἐν πᾶσι τοῖς
Ἑλληνικοῖς ἀντιγράφοις οὕτως εὑρηκότες γεγραμμένην τὴν βίβλον
πάντα τὰ ἐγγεγραμμένα οὕτω δεχόμεθα ὡς παρὰ τῶν πατέρων εἰλήφαμεν.

---

14 Hiob 42,17

Y Γ(βOF 5-18) Γ'(βOFP ≠ 6 ἐπηγγέλλετο - 9; 10 - 12 ἐπηγγελμένα)
N(5-18)

1 κεφάλαιον λγ Y   2 {τοῦ}; vgl. S.392,2   6 ἐπηγγέλλετο ΓΝ:
ἐπαγγέλετο Y, κατεπηγγέλλετο (Γ')   7 εἰς εὐλογιῶν μύραν Y, ἐν
εὐλογίας μέρει (Γ') / παιδογονεία Y   8 τοὐναντίον + ἡ τούτων
στέρησις (Γ')   10 τυγχάνων + ὁ 'Ιὼβ Γ' / νομικῶς: νομίμως Γ'
12 αὐτῷ ΓΓ'Ν: αὐτοῖς Y   13 τὴν ἡμετέραν: ἀνθρωπίνην ΓΝ
14 δὲ₂ ΓΝ: > Y   15 ταύτης τῆς ἱερᾶς: ταῦτα τῆς ἱε-
ρᾶς Y, τῆς ἱερᾶς ταύτης ΓΝ   16 παρεγγεγράφθαι ΓΝ: παραγε-
γράφθαι Y   17 οὕτω Y   18 παρειλήφαμεν ΓΝ

Αἱ λέξεις

42,12 ὁ δὲ κύριος ηὐλόγησε τὰ ἔσχατα 'Ιὼβ ἢ τὰ ἔμπροσθεν.

τὰ μὲν πρῶτα οὐκ ἆθλα ἀρετῆς ἐδέδοτο τῷ 'Ιὼβ, ἀλλ' ἵνα ἐν αὐ-
τοῖς ἐγγυμνασθῇ, καὶ ἦν ὁ πλοῦτος αὐτῷ τῶν ἀγωνισμάτων ὑπόθεσις.
5 ἐπειδὴ δὲ ἠγωνίσατο καὶ διδάσκαλος ἅπασι γέγονεν, ὅπως προσήκει
τῷ πλούτῳ χρήσασθαι, εἶτα καὶ ἀφαιρεθεὶς τῶν ὑπαρχόντων ἐν τοῖς τῆς
πενίας νομίμως ἠγωνίσατο σκάμμασιν, γέρα τῆς ἀρετῆς τὸν διπλασι-
ασμὸν τῶν ὑπαρχόντων ὁ μέγας ἀγωνοθέτης αὐτῷ δίδωσιν.

42,12-13 ἦν δὲ τὰ κτήνη αὐτοῦ πρόβατα μύρια τετρακισχίλια, κά-
10 μηλοι ἑξακισχίλιαι, ζεύγη βοῶν χίλια, ὄνοι θήλειαι νομάδες χίλιαι.
γεννῶνται δὲ αὐτῷ υἱοὶ ἑπτὰ καὶ θυγατέρες τρεῖς.

τὰ μὲν τῶν ἀλόγων ὡς ἀπολομένων διπλᾶ δέδοται. ἐπειδὴ δὲ οἱ
παῖδες οἱ ἀποθανόντες οὐκ ἀπώλοντο, ἀλλὰ ζῶσι θεῷ, οὗτοι τοῖς
προτέροις ἰσάριθμοι δέδονται, ὡς ἂν καὶ παῖδας ἀπολάβοι τῶν προτέρων
15 διπλοῦς ζώντων μὲν τῶν προαπελθόντων, τῶν δὲ δευτέρων ἐπιγενομένων.

42,14 καὶ ἐκάλεσε τὴν μὲν πρώτην Ἡμέραν.

οἶμαι τὸν μακάριον 'Ιὼβ εἰς ἔνδειξιν τῶν θεόθεν αὐτῷ δοθέντων
ἀγαθῶν ταῖς θυγατράσι τεθηκέναι τὰς προσηγορίας. διὸ τὴν πρώτην
Ἡμέραν ἐκάλεσεν ὡς ἀπό τινος βαθείας νυκτὸς τῶν περιστοιχισάντων
20 αὐτὸν κακῶν ἡμέρας αὐτῷ φωτεινῆς ἐπιλαμψάσης θεόθεν αὐτῷ δοθείσης
εὐημερίας.

42,14 τὴν δὲ δευτέραν Κασίαν.

Υ Γ(βOFPN 3-8; βOFP 12-15; 17-) N(≠ 12-15; 17-)
3 πρῶτα: πρότερον Γ/ ἀρετῆς + μόνον Υ/ ἐδέδοτο Γ: ἐδίδοτο Υ   4 αὐ-
τῷ Γ: αὐτοῦ Υ   6 καὶ Γ: > Υ   12 ἀπωλωμένων Υ/ δέδοται Γ(Ν):
δίδωται Υ / δὲ Γ: > Υ(Ν)   13 ἀποθανόντες: τεθνηκότες Γ(Ν)
14 ἀπολάβοι Γ: ἀπολαίωσι Υ, (ὥστε .. ἀπέλαβεν Ν)/ τῶν προτέρων > Γ(Ν)
17 'οἶμαι' τὸν μακάριον Υ, ἔοικεν ὁ μακάριος ΓΝ   18 διὸ τὴν πρώ-
την Ν: διότι Υ, τὴν μὲν οὖν πρώτην Γ   20 κακῶν: δεινῶν ΓΝ/ φωτι-
νῆς Υ/ δοθήσης Υ   22 haben ΓΝ im fortlaufenden Text

ὡς ἤδη λοιπὸν ἐν εὐωδίᾳ τινὶ καὶ ἀπολαύσει τῶν ἀγαθῶν γινόμε-
νος, οὕτω τὴν δευτέραν ἐκάλεσεν.

42,14 τὴν δὲ τρίτην Ἀμαλθείας κέρας.

ὡς πάντων λοιπὸν πανταχόθεν περιρρεόντων αὐτῷ τῶν ἀγαθῶν οὕτω
5 τὴν τρίτην ἐκάλεσεν. Ἀμαλθείας γὰρ κέρας οἱ παλαιοὶ τὴν τῶν ἀγα-
θῶν ἀφθονίαν ἐκάλουν.

ἐκ μὲν ποίας <αἰτίας> οὐκ ἔχω λέγειν· Ἕλληνες δὲ μύθους πλάτ-
τοντες λέγουσιν αἶγά τινα γεγενῆσθαι τὴν Ἀμάλθειαν, ῥεῖν δὲ ἀπὸ
τοῦ κέρατος τῆς αἰγὸς οἶνον, μέλι καὶ γάλα καὶ ὅτι ἂν ἐπιζητήσῃ.
10 ἐγὼ δὲ πιθανώτερον ἀναπλάττω μῦθον ὡς ἐοικέναι τῇ ἀληθείᾳ· φημὶ
γὰρ τὴν αἶγα τὴν λεγομένην Ἀμάλθειαν τὴν γῆν ἀνορύττουσαν τῷ κέ-
ρατι θησαυρὸν κεκρυμμένον ἀποκαλύψαι, τὸν δὲ αἰπόλον πλούσιον εὐ-
θὺς ἐκ πένητος ἀναφανῆναι καὶ οὕτω τῆς Ἀμαλθείας τὸ κέρας εἰς
παράστασιν εὐδαιμονίας πρὸς ἀνθρώπων ὀνομάζεσθαι.
15 ἔστι δὲ καὶ ἄλλους μυρίους ἀναπλάσαι μύθους τῶν Ἑλληνικῶν
πιθανωτέρους, ἀλλ᾽ οὐ σχολή γε τοῖς τῆς ἀληθείας ἐπιμεληταῖς
τούτοις προσέχειν τὸν νοῦν. ἴσμεν δὲ μόνον, ὅτι ἐκ παλαιοῦ τῆς
Ἀμαλθείας τὸ κέρας εἰς δήλωσιν ἀφθόνων ἀγαθῶν ἐκλαμβάνεται, ὥστε

Y Γ(βOFP -6; 10 φημὶ - 12 ἀποκαλύψαι) N

1/2 γενόμενος ΓΝ   2 οὕτω - ἐκάλεσεν > ΓΝ   3 haben ΓΝ / Ἀμαλ-
θαίας Γ   4 πάντων .. περιρρεόντων αὐτῷ τῶν ἀγαθῶν: ἅπασι .. τοῖς
ἀγαθοῖς περιρρεόμενος ΓΝ   4-5 οὕτω - ἐκάλεσεν > ΓΝ   5 Ἀμαλ-
θαίας Γ   7 ἐκ - λέγειν > Ν / <αἰτίας> Hag / Ἕλληνες - 9 οἶνον:
μυθολογοῦσι γὰρ ὅτι Ῥέα τεκοῦσα τὸν Δία ἔδωκεν Ἀμαλθείᾳ τρέφειν· ἡ
δὲ αἰγὶ αὐτὸν ὑπέβαλεν· ὁ τοίνυν Ζεὺς τὴν μὲν αἶγα κατηστέρισεν· τὸ
δὲ ἕτερον τῶν κεράτων αὐτῆς ἀφελὼν παρέσχε τῇ Ἀμαλθείᾳ παρασκευάσας
γίνεσθαι αὐτῇ διὰ τοῦ κέρατος ὃ ἂν αἰτήσῃ· οὐχ ὡς περὶ κερασφόρου
γοῦν τῆς Ἀμαλθείας εἴρηται κέρας Ἀμαλθείας ἀλλ᾽ ὅτι αὐτὴ αἰγὸς ἐκό-
μιζε κέρας ἀφ᾽ οὗ ἔρρει οἶνος Ν   8 γεγενεῖσθαι Y   9 οἶνον:
οἰονεὶ Y / ὅτι: ὃ Ν / ἂν Ν: ἐὰν Y / ἐπιζητεῖ Ν, + ὡς ὁ μῦθος βούλε-
ται Ν   10 πειθανώτερον Y/ ἐγὼ .. ἀναπλάττω μῦθον: ἄλλοι .. φασι Ν
/ ὡς - ἀληθείᾳ > Ν   10-11 φημὶ - ἀνορύττουσαν: περὶ τῆς Ἀμαλ-
θείας αἰγὸς οὕτω καλουμένης ὅτι τὴν γῆν αὐτὴ ἀνορύττουσα Ν, λέγοντες
ὡς ἦν αἰπόλῳ τινὶ αἲξ Ἀμάλθεια καλουμένη ἥτις ὀρύξασα Γ   11 λε-
γομένην + τὴν Y / ἀνορύττουσαν Y   11/12 κέρᾳ Μ   12 κεκρ.:
ἀποκεκρυμμένον Ν, > Γ / ἀποκαλύψαι: ἐξεκάλυψεν Ν, ἀνέδειξε τῷ δεσπό-
τῃ Γ / τὸν δὲ ἐπώλον Y, ὁ δὲ αἰπόλος Ν   12-13 πλούσιον .. ἀναφα-
νῆναι: πλούσιος .. ἀνεφάνη Ν   14 πρὸς ἀνθρώπων > Ν / ὀνομάζε-
σθαι: παρείληπται Ν   15 ἔστι - 17 νοῦν > Ν   16 πιθανοτέρους Y
/ σχολή γε Hag: σχολεῖται Y   17 ἴσμεν - 294,1 μέμνηται: πλὴν
κἂν τοῦ κέρως τοῦδε ἡ γραφὴ μνημονεύῃ κἂν σειρήνων Ν

κᾶν σειρήνων ἡ γραφὴ μέμνηται, κᾶν κοιλάδος Τιτάνων, κᾶν Γιγάντων
τῶν ἀπ' αἰῶνος ὀνομαστῶν, οὐκ, ἐπειδή τινα περὶ τούτων "Ελ-
ληνες μυθολογοῦσιν, τὰ τῆς ἱερᾶς ἀθετοῦμεν γραφῆς ῥήματα, ἀλλ'
ἐκείνοις μὲν τοὺς μύθους καὶ τὰ πλάσματα καὶ τὰ γραώδη σοφίσματα
5 καταλιμπάνομεν, ἡμεῖς δὲ πανταχοῦ τῆς ἀληθείας μεταποιούμεθα
πανταχόθεν ἑαυτοῖς ἐκ τῆς θεοπνεύστου γραφῆς τὰ ψυχωφελῆ ποριζό-
μενοι.

εἰ δὲ δεῖ τι καὶ πνευματικὸν θεωρῆσαι ἐν τοῖς τόποις· ὅταν ὁ
φωσφόρος τοῦ θεοῦ λόγος ἐν ταῖς καρδίαις ἡμῶν ἀνατεί-
10 λῃ, ἡμέρα ἡμῖν ἐπιλάμπει, προκόπτοντες δὲ Χριστοῦ εὐωδία
γινόμεθα, περὶ οὗ γέγραπται· σμύρνα καὶ στακτὴ καὶ κασία
ἀπὸ τῶν ἱματίων σου, αὐξανομένοις δὲ καὶ εἰς τελείωσιν ἐρ-
χομένοις τότε καὶ 'Αμαλθείας κέρας ἡμῖν ἐγγίνεται ἡ τῶν πνευματι-
κῶν χαρισμάτων ἀφθονία. εἰ δὲ καί τινα μυστικώτερον ἔχουσι λό-
15 γον τὰ γεγραμμένα, τοῖς διαβατικώτερον καὶ ὑψηλότερον θεωρεῖν δυ-
ναμένοις καταλιμπάνομεν.

42,15 καὶ οὐχ εὑρέθησαν κατὰ τὰς θυγατέρας Ἰὼβ βελτίους αὐτῶν
ἐν τῇ ὑπ' οὐρανόν.

καὶ τοῦτο πατέρων εὐδαιμονία, τὸ τέκνα ὡραῖα καὶ εὐπρόσωπα
20 κεκτῆσθαι. καὶ γὰρ καὶ τῆς Σάρας ἐπαινεῖ τὴν ὄψιν ἡ γραφὴ καὶ τοῦ

---

1 Σειρήνων: z.B. Hiob 30,29; Τιτάνων: 2.Könige 5,18.22   1-2
Genesis 6,4   9-10 2.Petrus 1,19   10 2.Korinther 2,15
11-12 Psalm 44,9   20 vgl. Genesis 12,11

Y Γ(βOFP 8 - 14 ἀφθονία) N(-16; 19-)

1 κᾶν₁ - μέμνηται, s. App. zu 393,17ff / κυλάδος Y/ κᾶν N: καὶ τῶν Y
2 τῶν - ὀνομαστῶν > N / τούτων + καὶ N   4 ἐκείνοις N: ἐκεί-
νους Y / μύθους - σοφίσματα: γραώδεις μύθους N   6 τῆς N: τε Y
8 θεωρῆσαι - τόποις: ἐν τῷ τόπῳ θεωρῆσαι ΓΝ / ὅταν + μὲν Ν   9 θεοῦ:
κυρίου ΓΝ   9-10 ἀνατείλει Y   10 ἡμέρα ἡμῖν Ν: ἡ ἡμέρα
ἡμῖν (P), ἡ ἡμέρα ἡμῶν Γ, ἡμέραν μὲν Y / προκόπτοντες ΓΝ: προκόπτον-
τος Y   11 περὶ - 12 σου > ΓΝ   12 αὐξανομένοις ΓΝ: αὐξανο-
μιοις Y   13 'Αμαλθείας - ἐγγίνεται > ΓΝ   13/14 πνευματικῶν +
καὶ Y   14 χαρισμάτων + ἡμῖν Γ / ἀφθονία + προσγίνεται ΓΝ
14/15 λόγον + ⟦ἔχουσι λόγον⟧ Y   15-16 διαβατικώτερον - δυναμέ-
νοις: διαβατικωτέροις ἐξετάζειν Ν   19 τοῦτο + δὲ Ν / τὸ Ν: > Y /
ὡραῖα καὶ > Ν   19/20 κεκτῆσθαι εὐπρόσωπα stellt Ν

Ἰωσὴφ καὶ τοῦ Δαυίδ. νόει μοι δὲ τὸ κάλλος καὶ κατὰ ψυχήν, ὥστε
τὸ βελτίους ἐπί τε ψυχῆς καὶ σώματος ἐκλαμβάνεσθαι.

πρὸς δὲ διάνοιαν τρεῖς τινες ἀριστεῖαι τῷ Ἰὼβ γεγόνασιν, καθ᾽
ἃς μέχρι τῶν καιρῶν ἐκείνων οὐχ εὑρέθησαν ἐν τῇ ὑπ᾽ οὐρανόν· ἡ πρὸ
5 τῶν πειρασμῶν ἐν τῷ πλούτῳ, ἡ ἐν αὐτοῖς μέσοις τοῖς ἀγωνίσμασιν,
ἡ μετὰ τοὺς πειρασμούς. ἐν γὰρ τοῖς τρισὶ τούτοις καιροῖς ἄριστα
ἀγωνισάμενος τρεῖς ὡραίας ἐσχηκέναι λέγεται θυγατέρας μενούσης
μὲν καὶ τῆς ἱστορίας, ἀναγομένου δὲ καὶ τοῦ λόγου ἐπὶ τοὺς τρεῖς
καιρούς, καθ᾽ οὓς ἄριστα ἀγωνισάμενος καρποὺς ὡραίους καὶ γεννήμα-
10 τα περιφανῆ καὶ πᾶσι γνώριμα προηνέγκατο.

42,15-17 ἔδωκε δὲ αὐταῖς ὁ πατὴρ κληρονομίαν ἐν τοῖς ἀδελφοῖς.
ἔζησε δὲ Ἰὼβ μετὰ τὴν πληγὴν ἔτη ἑκατὸν ἑβδομήκοντα, τὰ δὲ πάντα
ἔτη ἔζησε διακόσια τεσσαράκοντα ὀκτώ. καὶ εἶδεν Ἰὼβ τοὺς υἱοὺς
αὐτοῦ καὶ τοὺς υἱοὺς τῶν υἱῶν αὐτοῦ τετάρτην γενεάν. καὶ ἐτελεύ-
15 τησεν Ἰὼβ πρεσβύτερος καὶ πλήρης ἡμερῶν.

πάσας εἴληφε τὰς κατὰ νόμον ἐπαγγελίας ὁ τὸν νόμον γραπτὸν ἐν
τῇ διανοίᾳ περιφέρων πρὶν ἀκοῦσαι νόμου. ἦν γὰρ νόμου πληρωτής,
εἰ καὶ μὴ μαθητής.

42,17a γέγραπται δὲ αὐτὸν πάλιν ἀναστήσεσθαι μεθ᾽ ὧν ὁ κύριος
20 ἀνίστησιν.

τῶν δικαίων δηλονότι. οἱ γὰρ ἀσεβεῖς οὐκ ἀναστήσονται
ἐν κρίσει οὐδὲ οἱ ἁμαρτωλοὶ ἐν βουλῇ δικαίων.

42,17b οὗτος ἑρμηνεύεται ἐκ τῆς Συριακῆς βίβλου.

καὶ ταῦτα τὰ ῥήματα δεχόμεθα, εἰ καὶ μὴ ὡς τοῦ παντὸς ὕφους
25 ὄντα, ἀλλά γε ὡς τινος τῶν ἁγίων αὐτὰ συνυφάναντος τῇ βίβλῳ.

1 vgl. Genesis 39,6; 1.Könige 16,12   21-22 Psalm 1,5
Y Γ(βOFP ≠ 3 τρεῖς - 7 θυγατέρες; 21-22; 24-) N(-10; 16-18)
1 τὸ N: > Y   2 τε > N   3 τινες + ὡς εἴρηται N / Ἰὼβ: δικαίῳ N
7 λέγεται N: λέγουσι Y   9 ἄριστα - ὡραίους >N   10 προηνέγκατο N:
προσηνέγκατο Y   21 ἀσεβεῖς γὰρ stellt Y / ἀσεβεῖς + φησιν Γ
23 οὕτως Y   24 ταῦτα + δὲ Γ / εἰ καὶ Y(P): καὶ εἰ stellt Γ / ὕ-
φους Γ: ὕψους Y   25 γε ὡς τινος Γ: τινὲς Y

πλὴν ὅμως πάντα δεχόμεθα οὕτως ἐκ τῶν πατέρων τὸ βιβλίον παρειλη-
φότες.

42,17b ἐν μὲν γῇ κατοικῶν τῇ Αὐσίτιδι ἐπὶ τοῖς ὁρίοις τῆς Ἰδου-
μαίας καὶ Ἀραβίας. προυπῆρχε δὲ ὄνομα τῷ Ἰὼβ Ἰωβάβ, λαβὼν δὲ
5 γυναῖκα Ἀράβισσαν γεννᾷ υἱὸν ὄνομα Ἐννών.

τὰς μετονομασίας ἐπὶ τῶν ἁγίων εὑρίσκομεν, ὡς τὸν Ἀβρὰμ Ἀ-
βραὰμ ὀνομαζόμενον καὶ τὸν Πέτρον Κηφᾶν, ὥστε καὶ τοῦτο σημεῖον
τῆς τοῦ ἁγίου Ἀβραὰμ ῥίζης τὸ πρότερον καλεῖσθαι τὸν Ἰὼβ Ἰωβάβ.
ἐπειδὴ δὲ τῆς παλαιᾶς τοῦ Ἰὼβ ὀνομασίας ἐμνήσθη, καλῶς καὶ τῆς
10 αὐτοῦ γυναικὸς ἐμνημόνευσε τῆς Ἀραβίσσης. οὐ γὰρ ἑτέραν ἠγάγετο
γυναῖκα, ὥς γε νομίζω, ἀλλ' αὕτη ἦν ἡ πρώτη, ἐξ ἧς γέγονεν αὐτῷ ὁ
Ἐννών, εἴτε εἷς τῶν πρώτων παίδων, εἴτε καὶ τῶν δευτέρων. καὶ εἰ
μέν τις λέγει τὴν πρώτην τεθνηκέναι καὶ μὴ ἀπολαῦσαι τῶν ἀγαθῶν,
φαμέν, ὅτι τοῦτο ὑπέστη διὰ τὸ εἰρηκέναι τῷ Ἰώβ· εἰπόν τι ῥῆ-
15 μα πρὸς κύριον καὶ τελεύτα. εἰ δὲ αὕτη ἐστὶν ἡ περιοῦσα
καὶ τῶν ἀγαθῶν ἀπολαύσασα, λέγομεν, ὅτι διὰ τὸ σωφρονεστέραν αὐ-
τὴν γενέσθαι διὰ τῆς ἐπιτιμήσεως τοῦ δικαίου καὶ μὴ ἀντειπεῖν
πρὸς τὴν συμβουλὴν δέδοται αὐτῇ καὶ τῶν ἀγαθῶν ἡ ἀπόλαυσις. πλὴν
οὐκ ἀνάγκη τὰ τοιαῦτα λεπτολογεῖν.

20 42,17c ἦν δὲ αὐτὸς πατρὸς μὲν Ζαρὰ τῶν Ἡσαῦ υἱῶν υἱός, μητρὸς
Βοσώρας, ὥστε εἶναι αὐτὸν πέμπτον ἀπὸ Ἀβραάμ.

κεῖται δὲ ἡ γενεαλογία ἐν Παραλειπομέναις. ἀπὸ γὰρ Ἀβραὰμ
Ἰσαάκ, ἐκ δὲ τούτου Ἡσαύ, ἐξ οὗ Ῥαγουήλ, ἀπὸ δὲ τούτου Ζάρα ὁ

6-7 Genesis 17,5   7 vgl. Johannes 1,42   14-15 Hiob 2,9e
22-1 1.Chroniken 1,34-37.44

Υ Γ(βΟΡΡ -2; 6 - 12 δευτέρων; 22-) Ν(6-19; 22-)

1 πλὴν ὅμως Γ: > Υ   3 <ἐ>ν Υ, Initiale fehlt   6 εὑρίσκομεν +
γινομένας ΓΝ / τὸν: ἐπὶ τοῦ Ν   6/7 Ἀβραὰμ Ἀβρὰμ stellt Υ
7 ὀνομαζόμενον: τοῦ Ἰσραὴλ Ν, > Γ   7 τὸν Πέτρον Κηφᾶν: τὸν Πέ-
τρον Κιφᾶν Υ, τὸν Σίμωνα Πέτρον καὶ τὸν Σαῦλον Παῦλον Γ, τοῦ Σίμωνος
Πέτρου καὶ τοῦ Σαύλου Παύλου Ν / ὥστε - 8 > Γ / σημεῖον καὶ τοῦτο
stellt Ν   8 ἁγίου - Ἰωβάβ: Ἰὼβ ἀρετῆς ἢ τοῦ ὀνόματος μετάθε-
σις Ν / Ἰὼβ Hag: υἱὸν Υ   9 δὲ > Ν   10 οὐ - 11 πρώτη > ΓΝ
14 τῷ Ν: τὸν Υ   16 ἀπολαύουσα Ν   17 τῆς Ν: τοῦ Υ   18 ἡ Ν: > Υ
22 δὲ > ΓΝ   23 ὁ Ἰσαάκ ΓΝ / τούτου₁ ΓΝ: τοῦ Υ

τοῦ 'Ιὼβ πατήρ. πέμπτος οὖν ἀπὸ 'Αβραὰμ ὁ 'Ιὼβ μὴ συναριθμουμένου,
δηλονότι, τοῦ 'Αβραάμ, ὅθεν καὶ λέγομεν αὐτὸν πρὸ νόμου τυγχάνειν.
ὁ γὰρ Μωυσῆς ἕκτος ἀπὸ 'Αβραὰμ εὑρίσκεται οὕτως· 'Αβραὰμ 'Ισαὰκ
'Ιακὼβ Λευὶ Καὰθ 'Αμβρὰμ Μωυσῆς. ἢ οὖν πρὸ Μωυσέως εὑρίσκεται
5 προλαμβάνων γενεὰν μίαν, ἢ κἂν δῶμεν αὐτὸν συγχρονίσαι τῷ Μωυσεῖ,
οὔπω δὲ νόμου γέγονε μαθητής.

ἡμεῖς μὲν οὖν οὕτω φαμέν, ἐπεὶ καὶ πολλοῖς τῶν <ἐν> ἐκκλησίᾳ
διαπρεψάντων καὶ παλαιοτέροις ἐξηγηταῖς οὕτως ἐδόκει. εἰ δέ τις
φιλονεικῶν λέγει αὐτὸν ἀκηκοέναι τοῦ νόμου, καὶ οὕτως ὁ 'Ιὼβ θαυ-
10 μασιώτερος ἀναφανήσεται τῶν μὲν 'Ισραηλιτῶν μὴ φυλαξάντων τὸν νό-
μον, ἀλλὰ καὶ εἰδώλοις θυσάντων, τοῦ δὲ 'Ιὼβ νομικῶς ὁμοῦ καὶ εὐ-
αγγελικῶς ἐν 'Ιδουμαίᾳ πολιτευσαμένου.

42,17d καὶ οὗτοι οἱ βασιλεῖς οἱ βασιλεύσαντες ἐν 'Εδώμ, ἧς καὶ
αὐτὸς ἦρξε χώρας· πρῶτος Βαλὰκ ὁ τοῦ Βεώρ, καὶ ὄνομα τῇ πόλει αὐ-
15 τοῦ Δεναβά· μετὰ Βαλὰκ 'Ιωβὰβ ὁ καλούμενος 'Ιώβ· μετὰ τοῦτον 'Α-
σὼμ ὁ ὑπάρχων ἡγεμὼν ἐκ τῆς Αὐσίτιδος χώρας· μετὰ δὲ τοῦτον 'Αδὰδ
υἱὸς Βαράδης ὁ ἐκκόψας Μαδιὰμ ἐν τῷ πεδίῳ Μωάβ, καὶ ὄνομα τῇ
πόλει αὐτοῦ Γεθθαίμ.

οὕτω καὶ ἐν Παραλειπομέναις εὑρήσεις, ὥστε, ὅταν λέγῃ περὶ
20 ἑαυτοῦ ὅτι· ἤμην ἐν μέσῳ αὐτῶν ὡς βασιλεὺς ἐν μονο-
ζώνοις, ἢ ὅτι καὶ πρὸ τῆς βασιλείας διὰ τὴν ἀρετὴν ὡς βασιλεὺς
ἐτιμᾶτο, ἢ τὸ ὡς οὐχ ὁμοιωματικῶς εἴρηται, ἀλλ' ἐπ' αὐτῆς τῆς ἀ-
ληθείας, ὅτι βασιλεὺς ἐτύγχανεν.

42,17e οἱ δὲ ἐλθόντες πρὸς αὐτὸν φίλοι· 'Ελιφὰζ τῶν 'Ησαῦ υἱῶν
25 Θαιμανῶν βασιλεύς, Βαλδὰδ ὁ Σαυχαίων τύραννος, Σωφὰρ ὁ Μιναίων

19 vgl. 1.Chroniken 1,43-46   20-21 Hiob 29,25

Υ Γ(βOFP -6; 19-23) N(- 4 Μωυσῆς; 19-23)

1 πέμπτος - 2 'Αβραάμ ΓΝ: > Υ   2 αὐτὸν + καὶ Υ   3 Μωσῆς ΥΝ /
οὗτος Υ / 'Ισαὰκ + καὶ Υ   4 'Αμβρὰμ Ν: 'Αβρὰμ ΥΓ / Μωσῆς Υ, Μω-
σέως πατήρ Ν, ὁ Μωυσέως πατήρ Γ / Μωυσέος Υ   5 προλαμβάνων nach
μίαν stellt Γ (nicht P) / κἂν Γ: καὶ Υ / αὐτὸν Γ: αὐτῷ Υ / Μωυσῆ Υ
6 δὲ: καὶ Γ   7 <ἐν> Hag   8 ἐδόκει Hag: δοκεῖ Υ   19 καὶ:
πάλιν ΓΝ   22 ἐτιμᾶτο Υ / ἢ τὸ ὡς οὐχ ΓΝ: ἢ οὐχ ὡς Υ, τὸ οὐχ (Ρ)
22/23 ἀληθείας ΓΝ: βασιλείας Υ   25 Σαυχαίων: Αὐχέων Υ / Μηναίων Υ

βασιλεύς.

καλῶς πάλιν τῶν φίλων ἐμνημόνευσεν ὁ λόγος μονονουχὶ λέγων· ἐπὶ
τῶν περιφανῶν τούτων καὶ ἀπαραγράπτων προσώπων γέγονε τὰ κατὰ τὸν
'Ιώβ. ἐπὶ γὰρ δύο καὶ τριῶν μαρτύρων πᾶν ῥῆμα σταθή-
5 σεται, φησὶν ἡ γραφή.

τὸ μὲν οὖν πονημάτιον σύντομον, ὡς ἐπετάξατε, τετέλεσται, ὦ
'Ιωάννης καὶ 'Ιουλιανὲ οἱ θεοσεβέστατοι, ὥσπερ καὶ εἰς τὸν 'Εκκλη-
σιαστήν. ὑμεῖς δὲ τὸ ἀτελεύτητον μὴ παύσησθε ἡμῖν εἰσφέροντες χρέ-
ος, τὰς εὐχάς φημι καὶ τὴν ἀγάπην, μαθηταὶ γνήσιοι τοῦ τῆς ἀγά-
10 πης υἱοῦ τυγχάνοντες καὶ τῆς λεγούσης ἐντολῆς πληρωταί· μη-
δενὶ μηδὲν ὀφείλετε, εἰ μὴ τὸ ἀλλήλους ἀγαπᾶν, ὃ δὴ
καὶ ἄλλοις καὶ πᾶσιν ἡμῶν τοῖς ἀδελφοῖς εἰσφέροντες μὴ παυσώμεθα
εὐπροσδέκτοις εὐχαῖς τοῦ μακαρίου προφήτου καὶ ἀγωνιστοῦ καὶ καλ-
λιστεφάνου καὶ ἀμέμπτου 'Ιὼβ μόνῃ χάριτι τοῦ κυρίου καὶ σωτῆρος
15 ἡμῶν 'Ιησοῦ Χριστοῦ, μεθ' οὗ τῷ πατρὶ δόξα τιμὴ κράτος σὺν ἁγίῳ
πνεύματι εἰς τοὺς αἰῶνας τῶν αἰώνων. ἀμήν.

4-5 Deuteronomium 19,15 + Matthäus 18,16   9-10 vgl. Kolosser 1,13
10-11 Römer 13,8

Υ Γ(βOFP 2-5) N(2-5)

2 καλῶς + δὲ N   3 γέγονε τὰ ΓΝ: γεγονότα Υ   4-5 σταθήσεται
πᾶν ῥῆμα stellen ΓΝ   5 ἢ + θεία ΓΝ   6 τετέλεσται Hag: τε-
τελεσθαι Υ   7 'Ιω(   ) Υ   11 ὀφείλετε Υ   12 παυσώμεθα
Hag: παυσοίμεθα Υ   13/14 καλλιστεφάνου Hag: καλλοστεφάνου Υ

REGISTER

Vorbemerkung

Das Wortregister ist abgesehen von allzu häufigen Wörtern vollständig.
Bei der Indizierung wurde auch der Apparat berücksichtigt, doch sind
aus ihm nur die interessanteren Wörter aufgenommen worden, und nur
falls sich dasselbe Wort nicht auch in der entsprechenden Zeile des
Textes findet. Diese Angaben sind mit dem Zusatz A(= Apparat) ver-
sehen. Stellenangaben aus Zitaten tragen den Zusatz Z(= Zitat). Im
Register der Bibelstellen sind nur Seitenangaben zu finden; die ent-
sprechenden Zeilenangaben findet man auf der jeweiligen Seite im er-
sten Apparat.

Bibelzitate

Altes Testament

Genesis
1,2: 324
1,3: 325 338
1,9: 338
1,26: 313 335
1,27: 345 347
1,31: 240
2,7: 339
3,5: 38
3,9: 17
3,19: 175
3,24: 372-373
5,1: 345
5,2: 347
6,4: 394
8,21: 217
9,13: 315
12,10-20: 390
12,11: 394
15,15: 64
17,5: 396
19,24: 161
20,3-7: 282
39,6: 395

Exodus
3,6: 70
9,18: 341
33,20-23: 319
34,35: 384

Numeri
11,15: 37 79
12,1-15: 384
14,29-31: 123
23,7: 225

Deuteronomium
6,13: 372
10,20: 372
19,15: 398
21,23: 369
28,13 + 44: 361

Ruth
2,14: 193

1.Könige
16,12: 395

2.Könige
1,21: 38
5,18.21: 394
19,1: 23

3.Könige
20,10: 19

4.Könige
14,9: 267

1.Chroniken
1,34-37.44: 396
1,43-46: 397

Psalmen
1,5: 395
6,2: 68
7,15: 143
8,7: 313
9,22: 46
9,35: 262
10,6: 161
18,5: 339
18,13: 266
23,10: 224
25,6: 99
29,7: 48
29,8: 48
30,13: 71 166
32,10: 124
33,15: 212
33,16: 307
33,17: 294
34,2-3: 229-230
34,16: 147
34,21: 265
36,2: 213
36,27: 212
36,35-36: 175
37,2: 68
38,11: 79
38,14: 76
44,9: 394
49,2-3: 235
50,3: 255
51,9: 263
57,7: 366

Personen, Geographie, Buchtitel

Allgemeines Wörterverzeichnis

ἄβατος 345,6
ἀβεβαιότης 364,19A
ἀβιάστως 5,15
ἀβίωτος 71,1
ἀβλαβής 283,12A
ἀβοήθητος 194,5 212,14
ἀβούλητος 104,1 134,4
ἀβουλία 122,3A
ἀβούλως 230,14
ἄβρωτος 177,15
ἄβυσσος 235,18 310,12.19
338,5 340,4 367,10
ἀγαθοεργέω 191,1
ἀγαθοεργία 191,20
ἀγαθοποιέω 48,15
ἀγαθός
25,6.20 39,13 41,19 51,
19 76,20Z 101,1 105,20
133,15Z 168,5Z 187,13
191,3 212,7Z 251,14.18.
19 295,10 305,20 312,4
361,5 389,15
τὸ ἀγαθόν, das (sittlich)
Gute 16,7 19,22.23 192,
10 212,16Z 263,2A
τὰ ἀγαθά, Glück, Reichtum
14,20Z 27,12 30,16 59,
17 64,13 83,24 84,1
143,7.9 156,2 174,18
177,2.17 178,11.13 179,
17 180,18 181,21 182,4
184,21 185,9 195,23Z
196,4Z.22 244,10.14 247,
17 248,3 256,17Z 264,3
296,6 308,17Z 311,4 391,
6 392,18 393,1.4.5.18
396,13.16.18; s.a. κομάω
τοῖς ἀγαθοῖς
ἀγαθότης Gottes 105,11.12
291,16A 326,21
ἀγαλλιάομαι 87,5
ἄγαν 68,10 101,8 102,18
104,11 142,1 149,7 178,
6 252,15 254,19
ἀγανακτέω 50,10 68,10A
ἀγανάκτησις 20,4
ἀγαπάω 102,21 208,13 209,
13Z 282,11Z 398,11Z
ἀγάπη
von und zu Gott 4,30
5,2 35,17 70,4.6.21
71,3 88,16 89,21 99,18
100,12.18 104,9Z 124,18

150,14 204,7Z.13 245,8A
255,12 268,12 325,6 375,
15A 398,9.10
ἐξ οἵας ἀγάπης 5,4 118,15
270,17 289,7 290,8
der Freunde zu Hiob 34,4
36,8
ἀγάπησις 168,6Z
ἀγαπητικός 31,19 390,5
ἀγαπητός 283,3Z.4
ἀγγελία 21,5.12.18 22,1.
12A.19 23,8
ἀγγελιαφόρος 22,4
ἀγγελικός 20,15 (ἀ. δύναμις)
ἄγγελος
"Bote" 13,18 20,13 23,4
"Engel"
14,13 15,13 16,12.13 57,
13 58,7 135,15 139,23
140,5 177,1 223,23 224,
11Z 236,1 257,13Z 284,11
302,16 309,15.16 337,13
359,15 363,5 378,21Z
ἅγιος ἄγγελος 15,7.23 16,
7.19.23 17,1 25,19 57,20
59,5 337,10 364,7 379,1
ἄγγελος φωτός 20,21 39,13
361,11Z 362,11A 371,6
s.a. ἐξαγωγή
ἀγελαῖος 328,12
ἀγέλη 245,4
ἀγεληδόν 54,6
ἀγενής 251,23
ἀγεννής 14,4 (οὐδὲν ἀγεννές)
ἀγιοποιός 325,5
ἀγιοπρεπής 377,8A
ἀγιοπρεπῶς 356,6
ἅγιος
5,9.20 15,7 16,16Z 36,
17 65,13 70,3Z 139,23
140,4Z 169,17 226,2 230,
19 232,13A.19Z 233,1.9
236,2 282,22 396,8; s.a.
ἄγγελος, ἀποκαλέω, πνεῦμα
von Hiob
ἁ.'Ιώβ 5,14 (ἁγιώτατος)
11 Fr.10,5 36,20 (ἁγιώτα-
τος) 154,14 389,7A
ὡς ἁ. καὶ προφήτης 97,7
234,16
ὁ ἅγιος 1,3A 83,8A 104,
13A.18 107,15 110,6A 147,
4 204,3A 289,7(ὁ ἅ. ἀνήρ)

αἰκίζω 309,16
αἷμα 67,7 150,5 353,3
368,14
αἰνέω
α. τὸν θεόν 302,9 304,2
αἴνιγμα 133,9 369,10
αἰνίττομαι
62,4 85,22 158,12 180,3
250,12 357,13 368,8
αἰνιττόμενος λέγω, φημί
113,6 154,3 195,23 281,
15 379,20
αἴξ 393,7Α.8.9.11
αἰπόλος 393,10-11Α.12
αἵρεσις
10 Fr.6,5
αἱρέσεις,"Häresien" 362,
1Α 368,18 374,6.11 375,
3Α
αἱρετικός 362,7.10 365,10
αἱρετός
αἱρετώτερος ὁ θάνατος
46,15 47,19
αἱρέω
αἱρέομαι 35,19 63,20
101,17 200,13 307,4
363,18 367,13 379,2
αἴρω 139,16 152,23 158,
12 182,15Ζ 225,5Ζ 234,
11Ζ 259,7 300,20 378,7Ζ
αἰσθάνομαι 144,8 180,18
186,1 188,15 203,3Ζ.6
351,20 377,4
αἴσθησις 44,7 346,22-23Α
352,22
αἰσθητός 40,12.20 232,17.
23 257,6 311,4 318,1
337,10 379,12 380,6
αἰσχρός 143,13 200,6
αἰσχύνη
246,22Ζ
αἰσχύνην ὀφείλω 72,10
87,6(ὀωλήσω s.a. ὀφλισκάνω)
αἰσχύνω
αἰσχύνομαι Passiv 14,10
63,20 65,8Α 266,7 292,21
αἰτέω
5,20 14,11 40,7 44,20
66,3 70,13 73,4.11 74,7
79,1 89,3.8 94,19 100,11
109,19 111,14 118,12-13Α
129,14 144,9 170,11 251,
2 255,21 269,13 286,3
393,7Α
αἰτέομαι 118,9Α
αἴτησις 118,3 169,14.21

336,5
αἰτία
"Ursache"
36,15 37,14 65,14 74,18
81,2 104,23 128,12 150,
21 186,22 212,20 224,22
246,12 256,22 275,10
277,5 285,21Α 289,2 294,
18 310,7Α 319,6 324,5.7
331,4 332,20 338,5 342,
17 358,21 393,7
α. τοῦ ποθεῖν τὸν θάνατον
47,17 132,3 155,1 s.a.
ἀποδίδωμι
αἰτίαν ἀγνοέω, οὐκ οἶδα u.
ähnl. 95,4 96,18 109,21
129,6Α 144,9 163,15 166,
16 205,5.12 275,12 277,
22 288,18.20 304,8
"Vorwurf, Anklage" 82,16
270,13
αἰτιάομαι 46,11 117,15Α
163,6 277,14 331,18-19Α
αἰτιατικῶς 206,14
αἰτιολογία 353,20-21Α
αἰτιολογικῶς 104,4
αἴτιος
39,14.22 40,4 80,21 97,
6 265,15Α 279,20.22 284,
8 309,2
αἴτιός τινος γίνομαι
50,24 80,20 309,1 322,
20
αἰφνίδιος 47,13 159,23
228,4
αἰχμαλωτίζω 40,16 367,17
αἰχμή 351,10Α
αἰών
48,4Ζ 131,10 167,17Ζ
347,16 363,13Α 394,2Ζ
398,16
ἐξ αἰῶνος 45,5 174,7
ἐν τῷ μέλλοντι αἰῶνι
162,18 347,16Α 391,12
αἰώνιος 78,21 109,14 170,
5 184,14Ζ 195,15Ζ 224,9
232,15 281,21 292,8
ἀκαθαρσία 374,5
ἀκάθαρτος 99,5 135,16
139,25 140,1 167,20 353,
4.7.12 374,7
ἄκαιρος 34,2
ἀκαίρως 26,1 253,21Α
295,17
ἀκακία 25,24Ζ 191,19-20Α
226,16 306,22 s.a. ἁπλό-

της
ἄκακος 86,19.21 241,5
242,7 259,14Ζ 331,11
ἀκαμπής 14,16
ἄκανθα 268,4
ἀκανθώδης 268,1
ἄκανος 267,22Ζ.23Ζ 268,1
ἄκαρπος 161,11 189,1 211,
10 346,20 364,20Ζ
ἀκατάληπτος 56,9.11.14.23
59,3 88,11 93,9.12 182,
6 200,17 203,10.14 218,
12 239,9 293,21/22Α
304,2 305,6.7.16.17 306,
1.2 313,1 314,2 317,13
332,8 337,5 354,11 355,4
s.a. κρίμα
ἀκατάλληλος 199,11
ἀκατάποτος 177,16Ζ
ἀκατάσειστος 14,16
ἄκαυστος 179,22Ζ
ἀκενοδόξως 136,22
ἀκέραιος 262,7
ἀκίνδυνος
36,10
    ἀκινδυνότερος 19,16
ἀκίνητος 352,11 380,5
ἀκίς 147,20Ζ.23Ζ
ἀκλινής 361,4
ἀκλονήτως 244,16
ἀκμή 62,5 351,10
ἀκοή 1,21 21,17 31,13 121,8
162,13 247,9 289,14
317,22Ζ 383,13
ἀκολουθέω 2,21 4,29 82,
8.18 203,2Ζ 333,13
ἀκολουθία
    κατά .. ἀνθρωπίνην ἀκο-
λουθίαν 292,13.20
ἀκολούθως
52,21 203,2Α
    ἀ. ἐπάγω 97,3 174,7
ἀκόντιον 24,17 229,20
ἀκόρεστος 19,13
ἀκορέστως 168,20
ἀκούσιος 6,14 133,7.12
299,19
ἀκουσίως 133,11
ἀκουστέον 147,6
ἀκουστικός
    ἀ. τῆς ψυχῆς δύναμις
318,1
ἀκουστός 204,2 308,15
ἀκούω
2,15Ζ 3,12 4,16 6,7 14,
19.25 23,10 28,1 30,6.

15 31,11 36,3 37,17 38,
7.19 40,15.21 50,15 55,
15.19.23 67,23 90,18
93,1 99,21 100,19 120,
16 121,10 124,8 126,18
127,12 133,12 137,20Α
140,11 144,6Ζ.15 162,1
169,19Ζ.20 173,10Ζ.13.17
180,21 181,17Ζ 182,12Ζ
183,10.13 197,5 224,4.18
246,5 247,8 248,22 255,
12 265,9 274,6Ζ.7Ζ.12.14.
17Ζ 279,12Ζ 280,4 287,6
290,3 291,4 292,5 297,5
303,1 308,16 311,8 317,
22Ζ 318,1 319,20.22Ζ
320,3 328,6 334,10.20
336,18 338,3 347,8 354,
15Ζ 356,21 361,2 366,1
372,20 373,6 374,11Α
381,5.8 382,15 389,17Ζ
395,17 397,9
    ὁ ἀκούων, οἱ ἀκούοντες,
absolut 67,23 68,2 137,
20Α 183,10 248,20.22
266,11 320,3
ἀκραιφνής 352,22
ἀκρίβεια
2,19 103,4 105,6 258,15
385,12
    ἀ. εὐαγγελική 11 Fr.10,
4 258,9
    πρὸς τὴν θείαν, θεοῦ ἀ-
κρίβειαν 57,14.15 58,8
90,1.6 98,10 100,23.24
122,10
ἀκριβής
    ἀ. ἔλεγμοί 99,3 118,9
129,3
    τὸ ἀ. 84,7/8Α 349,17
ἀκριβόω 340,12
ἀκριβῶς 13,17 57,9 64,16
107,13 129,7 133,9 172,11
200,8.14Α 240,4 277,14
281,8.13 358,16
ἄκριτος 230,23 369,6Α
ἀκρίτως 58,17.19 273,14
ἀκροάομαι 3,13 273,7Α
274,9Ζ 330,6 354,7
ἀκρόασις 246,6 331,2
334,7
ἀκροατής 6,6 266,13 288,
8.10
ἄκρον
183,10Α 318,16
    εἰς ἀ. 236,10

52,3 71,18 93,5A 108,8
119,4 126,7 136,17Z
170,7 172,20 184,20
202,16A 215,18 231,3
253,3 272,23 324,7 332,
24 336,9 344,3A 356,10
361,2 368,16 371,5 372,
3Z 385,4 393,15 398,12
ἄλλα ἀντίγραφα, βιβλία
45,17 149,16 160,22 173,
10 193,18 201,14
ἄλλοι 2,4 4,5.6 137,20
208,12 235,19 250,13
297,4 398,12
ἄλλοι .. λέγουσιν, ἑρμή-
νευσαν u.ähnl. 7 Fr.1,6
264,23 312,3 326,10 343,
4 363,9.19 393,10A
ἄλλοτε ἄλλος 371,5
ἀλλότριος 26,16 145,9
152,1 183,3 207,10 267,
13 268,3
ἀλλοτρίωσις 258,22 (ἐκ θε-
οῦ)
ἀλλόφυλος 8 Fr.3,8
ἄλλως
26,18 72,18A 130,3 168,
21A 190,20 382,15Z
μὴ ἄλλως .. εἰ μή 269,
8 352,2
καὶ ἄ. δέ u.ähnl.
26,18 55,22 56,20 195,
25 204,15 216,19 359,3
361,9 362,3.17 366,8
368,13 369,9 371,19
374,2 375,2
ἔστι δὲ καὶ ἄ. νοῆσαι u.
ähnl. 26,22 72,11 179,
12 221,3 234,12
ἀλμυρίς 347,2Z
ἀλμυρός 346,20 347,3
ἄλογος
50,2 212,20 239,5 272,
15
ἄλογον, "Tier" 21,10
120,16.19 121,3 157,6.17
236,3 302,19 392,12
ἅλς 67,21A 68,1Z 347,3
ἀλσώδης 252,12A
ἀλύπως 290,14
ἀλυσιτελής 50,13A
ἄλων 64,10Z.12Z 229,10
348,4Z
ἀλώπηξ 379,19Z
ἅμα
Adverb 20,10 146,12

154,8A
ἅμα τε Konjunktion 77,7
318,16 319,13
ἁμαρτάνω
4,2Z.4Z 63,22Z 80,11Z
81,5 98,1.2.5 101,20
110,13 140,3 162,17 207,
9 277,15 290,15 299,5
300,2Z.5Z 301,12.14.18
324,1.6A
εἰ .. ἥμαρτον, -τεν
80,12 81,15 82,9 83,12
118,3 129,6.14 281,9
299,8Z 300,10Z 301,17Z
τὰ ἡμαρτημένα 200,20
308,10
ἁμάρτημα
1,23 11 Fr.9,9 Fr.10,6 81,14
82,16 89,23 111,24 139,
9.10 166,6 192,13.17
206,11 211,18A 266,6
268,15 299,19 332,1
369,6A 384,21
διὰ ἁμάρτημα, -τα 62,19
91,3 99,16 209,9 270,8
ἁμαρτία
6,14 38,12 39,4.12.19.21A
40,4.6.17.19 41,3.14.17.
21 42,4.12.14 48,14 57,
7A 80,12 81,5 82,7 97,
3.6 98,21 111,8 120,11A
129,21 130,1A 131,17.18
133,6.7 147,1.2 163,13
181,8 186,11 190,6 194,
4 213,18 216,18 223,14
225,21 256,6 259,6 260,
14.16 269,9 284,9.10.13
286,11A 297,15 298,1.4.6
300,3Z.6.11.13 301,13
302,15 313,19 355,11
368,9 370,2Z 372,19 374,
20A 376,2 379,7 384,20
387,17 388,9 s.a. πατρο-
παράδοτος, ἐξαλείφω
δι' ἁμαρτίας
44,14 136,2 172,19 187,
21 213,7 228,9 331,15
δι' ἁμ. κολάζω, τιμωρέω und
ähnl. 65,7 82,12 84,13
88,17 91,3A 95,16 100,26
101,21 113,18 116,1 135,18
136,5 146,13 167,21 (διὰ
πλῆθος ἁμαρτιῶν) 331,13
δι' ἁμ. πάσχω 4,1 50,4 51,
1 82,10 83,9 (ὑπομένω) 88,
17 99,6 (διὰ πλῆθος ἁμαρ-

14.15   222,2   225,16Z   330,
4   332,12Z   343,21   359,22
377,2   393,7A.9
ὡς ἄν   3,27   4,15   22,1
24,3   31,3   50,22   91,3.13
182,12   308,10   322,4A
324,19   352,6
m.Opt.
17,17   26,4   56,12   344,
17   376,7.8   392,14
ἄν = ἐάν   59,3   167,9.10
330,20
ἀνά
   ἀ. στόμα ἔχω   150,9
253,3
ἀναβάλλω
   ἀναβάλλομαι ὕμνον   247,1
283,2
ἀναβαστάζω   182,15A   222,18
ἀναβαστακτήρ   337,2
ἀναβάτης   350,14Z
ἀναβλαστάνω   86,20.22Z
130,16   131,16
ἀναβλέπω   33,4Z   199,7
309,10
ἀναβλύζω   234,3   257,2
333,11
ἀναβοάω   257,6-8A.9
ἀναβολή   31,23(ἀφίξεως)
ἀναβρασμός   278,16
ἀναγγέλλω   188,19Z   227,9Z
317,7
ἀναγινώσκω
192,4   260,7   267,8.22
306,17A
   ἀνάγνωθι   131,5   145,
11.22
ἀναγκάζω   34,2   102,22
242,19Z   257,6-8A.8   291,
16A   347,11A
ἀναγκαῖος
33,14   135,11   193,13
271,8
   τὰ ἀ.   27,21   247,5
ἀναγκαίως   275,8
ἀναγκαστικός   16,10 (ἀ. δύ-
ναμις)
ἀναγκαστικῶς   210,1   367,17
ἀνάγκη
   "Not"   49,13   77,16   103,
16A.22   141,13   178,13
227,4   243,1   290,3   311,15
   "Notwendigkeit, Zwang"
24,16   31,16   68,9   120,2
162,6   190,7   204,13   347,
1   396,19

ἀνάγνωσις
   κατ' ἐρώτησίν ἐστιν ἡ ἀ.
316,17   370,10
ἀναγόρευσις   150,11
ἀναγορεύω   13,15   32,2   295,
11   330,6   332,17.21   333,6
ἀναγράφω
169,16
   τὰ ἀναγεγραμμένα   100,19
169,9   356,19
ἀνάγω
6,12-13A   312,9   327,13
   ἀ. einen Text   380,4
395,8
ἀναγωγή   43,1A
ἀναδείκνυμι   4,15   19,17
29,4   242,15   249,15   393,12A
ἀναδέχομαι
17,15   234,17
   ἀ. συνηγορίαν ὑπὲρ θεοῦ
4,22   82,14   384,16
ἀναδέω
   ἀναδέομαι   7 Fr.1,2
330,5
ἀναδίδωμι   232,12.17
ἀναδοτικός
   ἀ. ἡ ψυχή der Nahrung
des Geistes   137,21   149,
14   257,3A
ἀναδύομαι   356,7
ἀναζητέω   37,5   125,20
163,21   247,10   277,14
281,8   312,22   313,1
ἀναιδής   14,10   18,8
ἀναίρεσις   21,10   22,5   23,
3   29,13   256,6   371,22
ἀναιρετικός   347,4
ἀναιρέω   4,6.28   29,23   38,7
59,8   60,7   126,24   141,9
167,14   175,12   177,9   224,8Z
ἀναίσθητος   35,5   61,1
ἀναισχυντέω   26,15
ἀναίσχυντος   26,13
ἀνακαλέω
   ἀνακαλέομαι   283,15
284,14   332,17
ἀνακαλύπτω   123,15Z   221,
14Z.15   235,3   282,18Z
ἀνακαχλάζω   257,2A
ἀνακεκαλυμμένος Adj.   145,21
ἀνακηρύττω   3,26
ἀνακινέω   378,1
ἀνακοινόω
   ἀνακοινόομαι   316,16   317,4
ἀνακόλουθος   103,15 (ἀνακό-
λουθόν τι φθέγγομαι)

ἀνατολή 339,6
ἀνατραγωδέω 256,22A
ἀνατρέπω 61,17 87,7 112,
18A 121,22 122,21 123,2
ἀνατρέφω 6,13
ἀνατρέχω 80,13 378,16
ἀναφαίνω
ἀναφαίνομαι (Pass.)
127,15 393,13 397,10
ἀ. δίκαιος s. δίκαιος
ἀναφέρω
"darbringen" (sc. θεῷ)
149,19 285,11.20(ὕμνον)
386,8
"beziehen auf" 356,19
357,2
ἀναφθέγγομαι 30,20
ἀναφοιτάω 224,1
ἀναχωρέω 345,6
ἀναχώρησις 305,14
ἀνάψυξις 89,8
ἀναψύχω 56,15 76,17Ζ
ἀνδραγάθημα 242,17 256,23
ἀνδραγαθία 13,7
ἀνδρεία 13,14 19,11 150,
10 272,16
ἀνδρεῖος
4,15 7 Fr.1,1 146,12
ὁ ἀνδρειότατος 'Ιώβ 3,
18 181,10
ἀνδρείως 278,11 329,14
ἀνδριάς
27,8
ἀ. ὑπομονῆς 4,14 330,8
ἀνδρίζω
ἀνδρίζομαι (ἄνδρισαι)
336,3 357,20
ἀνδρικός 358,5Α
ἀνδρικῶς 28,9
ἀνδρόω 285,5
ἀνδρύνω 346,10(ἀνδρυνθείς)
ἀνέγκλητος 92,22 132,2
ἀνείδεος sc. θεός 56,10.23
ἀνεῖπον s. ἀναγορεύω
ἀνέκλειπτος 169,7Α
ἀνελέγκτως 53,2
ἀνελεημόνως 255,20Ζ
ἀνελίττω 267,5
ἀνεμιαῖος 322,1Α
ἄνεμος 20,20 22,16Α 23,2
58,15 76,19 93,5.6Ζ.7.8
134,11 143,3 185,21
229,6.9.14 239,18 252,13
254,12 334,11
ἀνενδεής 219,24 (ὁ θεός)
ἀνένδοτος 376,8Α

ἀνενόχλητος 279,13 (ψυχή
ἀ. παντὸς πάθους)
ἀνεξάλειπτος 169,7
ἀνεξερεύνητος 219,1(τὰ ἀ.)
317,17Ζ
ἀνεξέταστος 120,11
ἀνεξικακέω
von Gott 200,22 295,1
ἀνεξικακία
Gottes 214,4 223,20
ἀνεξίκακος 89,6Α
ἀνεξικάκως 330,16
ἀνεξιχνίαστος 219,5 293,
21 312,15 313,1 317,18Ζ
332,9 s.a.κρίμα
ἀνεπαισχύντως 279,3
ἀνέπαφος 234,2
ἀνεπίγνωστος 86,8
ἀνεπικούρητος 31,12 212,22
ἀνεπίληπτος 180,24
ἀνεπίληστος 30,20Α
ἀνεπιμέλητος 345,13-14Α
ἀνεπισκόπητος 209,10.12
290,20 318,14
ἀνεπιστημόνως 297,10
ἀνεπιστρέπτως 303,4
ἀνερευνάω
84,5
ἀνερευνάομαι 252,15
ἀνερυθριάστως 146,21 164,
12 184,23
ἀνέρχομαι 56,12
ἄνεσις 67,4 78,8 109,20
302,13Ζ
ἄνευ 67,21Α 84,20 129,21
257,6 346,4
ἀνέφικτος 44,10 56,17
93,7 94,12 112,6 182,6
203,10 225,17 301,1 325,3
336,12 s.a. κρίμα
ἀνέχω
"zurückhalten" 206,14
291,21 315,13 350,9
ἀνέχομαι 4,25 23,14
26,13 69,15 88,19.22 91,15
126,13 181,13 182,16 212,
6 288,13 347,9 348,3
ἀνήκεστος
1,5 14,15 37,20 74,21 163,
7 181,5 200,6 304,8 330,19
ἀνήκεστα πράττω 200,21
206,13
ἀνηλεῶς 73,5 177,21 206,5
ἀνήμερος 360,11
ἀνήνυτος 28,18

άντιλογία 50,13   51,12   65,
9 67,16   69,14   82,5   164,
6 171,6   278,15   280,5
άντιμάχομαι 142,7
άντιμισθία 13,10   18,6
άντιπάθεια 239,23
άντιπαθῶς 311,10(ἔχω)
άντίπαλος 19,11   141,20
333,8
άντιπαραβάλλω 241,18
άντιπαραχωρέω 136,8   222,
13 231,8
άντιπίπτω
59,14 205,2
τὸ άντιπίπτον 59,16
82,8 206,3
άντιπράττω 16,1.2.4   18,8
115,21 132,15   221,7.15
373,1 381,12
άντίρρησις 111,5   243,14A
άντισταθμίζω 236,25   238,
15.17
άντίστασις 142,5   153,23
άντιτάττομαι 329,16 359,10
άντιτείνω 88,10(πρὸς θεόν)
άντίτυπος 196,20
άντιφθέγγομαι 30,16   53,9
91,14 145,2-3A   252,11
280,5A 355,6
άντιφθόγγως 224,3
άντίφρασις 111,7 (κατὰ άν-
τίφρασιν)
άντίχριστος 224,7A.12
371,2
άντλέω 75,17
άντοψις 294,6
άντρον 321,17
άνυπαρξία
161,5Z
εἰς ά. χωρέω 132,6   174,
21 333,14
άνυπέρβλητος 150,14
άνύποιστος 73,11   196,21A
263,7
άνύποπτος 3,6
άνυπόστατος 40,5   73,11A
196,21
άνυποτακτικός 348,2A
άνυπότακτος 113,6.7 348,2
άνύω 114,10
άνω
222,19
αἱ ά. δυνάμεις 223,23
άνωδύνως 67,8   95,12
άνωθεν 3,21 134,6 158,17
233,6A 244,8   294,20A

άνωμαλία 86,10   186,17
188,1 189,4
άνώμαλος 218,15A   377,11
άνώνυμος 252,23
άνωτέρω 36,14   104,4   212,
8 262,23 228,2   308,5
338,15A 381,5
άνωφελής 50,13   137,12
άνωφελῶς 137,17
άξία
κατ' άξίαν
303,21 304,3
τὸ, τὰ κατ' ά. άπονέμω τινι
110,10 111,23   188,16
288,12 291,7   305,5   311,2
328,6
παρὰ τὴν ά. κακόω 1,10
πρὸς άξίαν 289,20   303,
13 304,3A
ὑπὲρ τὴν ά. φθέγγομαι
59,1
άξιάγαστος 241,20
άξιέραστος 242,11 (ὁ θεόσ-
δοτος πλοῦτος)
άξιος
197,3 232,13
m.Gen. 2,13   30,20   57,2
74,16 172,24   210,8   219,
13 237,18   250,6A.16   260,
1 269,15 273,8   285,20
331,12 354,17   364,15
365,2 384,7 s.a. ἔπαινος
m. Inf.
250,14.18
άξιον sc. έστιν m.Inf. 118,
16 325,9   381,6   383,2
άξιόω
"bitten, fordern"   91,1
118,9 255,22   288,10 291,4
"wert achten" 2,17   17,1
42,5 56,21   76,12   79,16
195,7 209,13   244,20   307,
15 324,9 328,14A.15.18.20
330,22 383,7.21
άξίωμα 180,22
άξίως 118,19
άοίδιμος 150,19A
άοίκητος
85,7Z
ή ά. sc. γῆ 17,15   341,20
άορασία 165,20   205,19
άόρατος
18,24A 59,5 149,13 152,
21 221,17A 235,12   239,2.
9 240,11.12 257,3 s.a.
άπόκρυφος

12A
ἀποκρύπτομαι 245,12.14
ἀπόκρυφος
τὸ ἀ. καὶ ἀόρατον τῆς ψυ-
χῆς 149,13 257,3
τὰ ἀ. 148,19 321,20.21
341,4 352,6
ἀποκτείνω 22,20 37,19Z
79,4Z
ἀποκυέω 42,14
ἀποκυΐσκω 345,24
ἀποκωλύω 321,6
ἀπολαμβάνω
13,21 69,7 165,20 166,11
284,12A 392,14
ἀ. τὴν προτέραν u.ähnl.
εὐδαιμονίαν 110,14 113,22
190,17
ἀ. κατά τι 83,15 186,11
ἀ. πρὸς ἃ πράττω 260,18
265,10
ἀπολάμπω 249,6
ἀπόλαυσις 75,7 177,17 228,16
ἀ. τῶν ἀγαθῶν 84,1 96,
22 393,1 396,18
ἐν ἀ. τινὸς γίνομαι 177,
13 196,22 393,1
ἀπολαύω 1,14 30,12 81,6.
16 84,19 105,11 115,5
170,6 177,13A 246,7
247,21 248,2 251,16.20
332,25 252,10 396,13.16
ἀπολέγω 22,1 373,7
ἀπεῖπον πρὸς τὰς συμφο-
ράς 28,16 29,11 134,5
ἀπολέμητος 115,5
ἀπολιθόω 376,11
ἀπολιμπάνω 56,13 59,2
ἀπολισθαίνω 57,20 140,6
ἀπόλλυμι
18,19 26,1 54,3 77,9
95,8Z 96,10 119,7 134,5Z
ἀπόλλυμαι 29,17 38,11.
13 53,12 54,5.15 71,20.
23Z 77,8 85,7 102,13Z
151,16 161,20 166,25Z 174,
20 246,16 278,8 392,12.13
ἀπολογέομαι 65,9 66,2
103,1 154,22 156,10 388,11
ἀπολογία 65,9/10A 128,9
215,8
ἀπολοφύρομαι 188,15 202,6
ἀπολυτρόομαι 301,13
ἀπολύτρωσις 301,15 366,3
ἀπολύτως 33,18
ἀπομάχομαι 144,20A

ἀπομερίζω 229,10
ἀπομεριμνάω 48,14
ἀπομιμέομαι 262,7
ἀπονέμω 18,7 386,15
τό, τὰ κατ' ἀξίαν ἀ.
τινί s. ἀξία
ἀπονίπτομαι 98,21
ἄπονος
ἀπονώτερος 61,2
s.a. ἀμέριμνος
ἀποξέω 27,23
ἀπεξεσμένος 243,4
ἀποξηραίνω 58,14 85,
17 213,16Z 360,16Z
ἀποπέτομαι (ἀπέπτην)
251,7 254,12
ἀποπίπτω 9 Fr.5a,5
213,17Z.18Z 360,17Z
ἀποπληρόω 264,1A
ἀποπλύνω 129,21A
ἀποπνίγω 255,4.5
278,9
ἀποποιέομαι 167,17Z
ἀπορέω 129,6A 150,3
190,12 200,18 209,9
215,5 228,2 339,22
ἀπορία
27,20 160,5 181,16A 185,25
202,11A 212,21 339,22
ἀπορίᾳ συνέχομαι 151,18
272,10
δι' ἀπορίαν 211,6 243,
14A 250,5
ἀπόρρητος 15,7 332,19
ἀ. σοφία τοῦ θεοῦ 337,
6 345,16
ἀπορρινήματα 362,13
ἀπορρίπτω 89,10 336,3
ἀπερριμμένος 29,19 33,
1 49,7 388,1
ἀπορριφή 109,13
ἀπορροή 143,9
ἀπορφανίζω (-σθείς) 74,2
262,10
ἀποσβέννυμι 54,16 149,10
158,18 185,15
ἀποσείομαι 141,17-18A 357,
20 390,6.12
ἀποσημαίνομαι 129,5
ἀποσιωπάω 275,4 350,6A.8
ἀποσιώπησις 275,19
ἀποσκληρύνω 349,23
ἀποσκοπέω 159,15 352,13
ἄποσος 15,4 (θεός .. ἄπο-
σος, ἀμεγέθης)
ἀποστασία 370,22

διαλύομαι)
ἀργύριον 231,1Ζ 237,2
317,9Ζ 377,14Ζ
ἀργυρῖτις sc. γῆ 231,8
ἄργυρος 198,5 231,2.21
ἀρδεία 130,16
ἀρδεύω 84,20
ἀρέσκω 260,16Ζ.17 301,7
ἀρεστόν 104,6
ἀρετή
1,12 2,19 4,12 13,7.9
17,24 35,6 47,5.8 52,
3.12 103,4 215,16Α 243,
4 244,21 245,7.11 250,
16 252,4 290,12.14 325,
16 330,24 332,1.22 353,
5.8 359,8 385,8 392,3.7
396,8Α 397,21
κατ' ἀρετήν 18,6 244,7
249,14 259,16Α 266,4
307,19 s.a. ἐξασκέω
Hiob διδάσκαλος ἀρετῆς
8 Fr.3,8 245,7
sein Schicksal Prüfstein
der ἀ. 181,7 258,20 332,
1 382,15
ἀ. + Schlechtigkeit 4,7
38,11.14 39,5 41,16 154,
16 188,2 211,6 262,25
277,20 286,14
ἄρθρον 238,12
ἀριθμός 223,11Ζ 263,21
314,2.5 333,15 344,8
346,2 386,6
ἄριστα 281,22 331,5.9
334,2 395,6.9
ἀριστεία 395,3
ἀριστερός 329,9Ζ 348,9
ἄριστος 13,21 69,7 72,20
237,2
ἀρκέω
ἀρκεῖ 260,16 218,25
ἀρκέομαι 18,18
ἄρκυς 159,17
ἀρμόζω 303,5 385,6
ἁρμονία 55,17 230,16 231,
12 240,7 241,14
ἁρμονίως 83,7Α
ἀρνέομαι 35,5
ἀροτριάω 21,7Ζ 52,21
ἀρόω 241,12 348,4
ἁρπαγή 267,13
ἁρπάζω 177,22 178,1 211,
16 247,14 249,13 267,20
372,14
ἅρπαξ 183,2 309,7Ζ

ἀρραγής 271,17 (πίστις)
ἄρρηκτος 333,8
ἄρρην, ἄρσην 10 Fr.6,4.9
29,18 38,15Ζ.22 347,1Ζ
ἄρρητος 18,24 354,11
355,8
ἀρτάω 372,11 (ἤρτημαι)
ἄρτος 67,21.24 207,5
232,12.14
ἀρτύω 68,1
ἀρχάγγελος 132,15Ζ
ἀρχαῖος 327,7 (ἐκ παλαιοῦ
καὶ ἀ.)
ἀρχέκακος 357,4 (δράκων)
ἀρχέτυπος 262,7
ἀρχή
"Anfang"
58,20Ζ 105,7 203,13Α
215,15 216,1Ζ 261,17
340,3 364,5Ζ 369,6Α
τὴν ἀρχήν 9 Fr.5a,4 356,
15
ἀπ' ἀρχῆς 8 Fr.3,4 123,1
(τὰ) ἐξ ἀ. 20,15 54,8
102,13 106,10 121,4 151,
19 195,25 226,8 235,24
285,3 314,12 323,17 326,
6 335,2Α
ἐξ ἑτέρας ἀ. 242,9 288,7
κατ' ἀρχάς 313,7 370,6
"Herrschaft" 43,20 249,
13 313,13 318,12 363,5.
11.17
milit. "Formation" 22,3
ἄρχω
"herrschen"
3,25 313,7.9Ζ 363,9
οἱ ἀρχόμενοι 31,17
ἄρχομαι "anfangen" 74,15
126,24 176,4 278,18 279,
12.19 334,6 378,9 385,5
387,4
ἄρχων 16,21.22 122,3 124,
5Ζ 141,20 245,7 249,15
292,14.16Ζ 293,7 363,6.
7Ζ.13Ζ
ἀσαφής 334,2
ἀσαφέστερος 3,14 335,11
ἀσαφῶς 334,22
ἀσαφέστερον 81,18
ἀσαφία 295,21
ἄσβεστος (πῦρ ἀ.) 229,8.12Ζ
ἀσέβεια
45,1 60,7 87,9 98,13
101,2 103,16 143,12 157,
12 172,16 183,20 186,9

189,11 211,3.15 228,12
230,8 253,15 304,5
   wegen ἀ. denunzieren,
   verurteilen 98,15 181,16
195,2 200,19 212,15 214,
6A 227,15 242,16 270,8.
15.20 271,21 292,20 384,17
ἀσεβέω 105,9.14 200,7
290,15
ἀσεβής passim (ca.130 St.)
   ἀσεβέστατος 292,14
ἀσεβῶς 226,21A
ἄσειστος 21,6 28,12
ἀσθένεια 19,6 28,14 66,
3A 310,3 321,7.11 354,9
ἀσθενέω 66,10Z 130,1A
232,3
ἀσθενής
58,12 66,10 146,12 206,
8 344,3A
   τὸ τῆς φύσεως ἀ. 80,8
118,4 128,24A
   ἀσθενέστερος 118,6A
ἀσίδα 348,17.18.21 349,1.
5.10.11 350,15
ἄσιτος 34,1
ἀσκέω 358,17 365,9
ἀσκητής 371,21
ἀσκός 129,1 278,16
ἄσοφος 90,13 135,11
ἀσόφως 230,13
ἀσπάζομαι 206,19
ἀσπίς 141,19 176,18
ἀστάτως 17,14
ἄσταχυς 232,12
ἀστενακτί 47,17
ἀστήρ 39,2 41,9.13 93,3
342,17 343,2
ἀστοχέω 235,22
ἀστραπή 179,8Z 322,20
378,13Z
ἄστρον 41,8.14A 92,8 179,
6Z.12.16 217,11 378,10Z
ἀστρῷος 217,9 343,5A
ἀσύγκριτος (σοφία) 219,12
327,19
ἀσύγχυτος 136,15.20
ἀσυμπαθής 23,10
ἀσυμπαθῶς 29,13
ἀσύνετος 74,8 331,19 348,
17.21
   ἀσυνετώτερος 124,9 348,
16
ἀσυνέτως 297,10
ἀσυνήθης 249,1
ἀσφάλεια 197,15.17 338,15

ἀσφαλής 244,8
ἀσφαλίζομαι 31,1 91,12
102,10
ἀσφαλῶς 6,8 59,17A 85,11
197,16 200,14 236,12.21
244,10
ἀσχολέω 10 Fr.6,9
ἀσωτία 65,17A
ἀταράχως 140,17
ἄταφος 141,9
ἅτε 294,6A 370,4A
   ἅτε δή 218,19
ἀτελεύτητος 398,8
ἀτελής 184,11
ἀτενίζω 344,10
ἀτημέλητος 345,13
ἀτιμία 107,24 329,6.10Z
333,18
ἄτιμος 252,3.22 269,11A
ἀτιμώρητος 91,6 120,11
141,7
ἀτονία 257,9A
ἄτονος 312,5A
ἄτοπος 312,2.5.6 330,14
   οὐδὲν ἀ. u.ähnl. 65,9
102,10 181,6 218,18 291,
14 312,21
ἀτόπως 312,23A
ἀτραπός 72,7Z
ἄτρεπτος 57,19
ἀτύφως 243,2 (ἀπαθῶς καὶ ἀ)
αὖ 257,9(καὶ αὖ πάλιν)
αὔγασις 56,24A
αὐγή 260,2 (λίθων αὐγαί)
αὐθάδεια 54,4
αὐθεντέω 256,5
αὐθημερινός 75,14(μισθωτός)
αὖθις 221,6 225,2 384,13A
   καὶ α. 24,15 26,8 33,
16 66,2A 108,18 262,6A
381,16
αὖλαξ 348,3(αὔλακας τέμνω)
αὐλίζομαι 353,6 364,21
365,1 375,11Z
αὐλοποιέω 334,8A(αὐλοποιη-
θεὶς ὁ ἀήρ)
αὖλος 92,14
αὐξάνω, αὔξω 18,2 21,11
43,10 84,18 108,5 346,3
374,17A 387,18Z 394,12
αὔξησις 21,9.10A 167,13
358,3 391,8
   κατὰ αὔξησιν 21,5 254,
10
ἄϋπνος 34,1A
αὔρα 56,14.24 229,9

αὔριον 77,7
αὐτεξούσιος 153,6
τὸ ἀ. 16,8.9 153,3.5
210,2.6A
αὐτεξουσίως 153,3A
αὐτήκοος γίνομαι 281,2
αὐτίκα γοῦν 217,9 229,19
371,20 374,4
αὐτόγλυφος 252,21
αὐτοαλήθεια 99,16
αὐτολεξεί 147,10
αὐτομάτως 213,18Z
αὐτονομία 346,18
αὐτοπροσώπως 379,22
αὐτοπτέω 349,17
αὐτόπτης 181,6 186,6
αὐτόροφος 345,24
αὐτός passim
α. "selbst" ca.180 St.
αὐτοσοφία 90,11 219,14
αὐτόχειρ 151,20 256,5-6A
αὐχήν 141,17 350,20
αὐχμηρός 42,2Z
αὐχμός 318,6
ἀφαίρεσις 13,12 21,10
27,18
ἀφαιρέω
1,5 24,15 122,19Z 165,
22 247,13 308,5Z 339,20
392,6 393,7A
ἀφαιρέομαι 14,6Z 102,2
194,1 206,4 208,10 211,
15/16A 248,15 253,14-15A
330,13Z 367,6 381,14
ἀφανής 56,8 86,8 131,3
203,2Z.5 212,3 241,11
295,4 330,10 359,19
ἀφανίζω 85,6 94,24 131,
18 342,13 351,13A
ἀφανισμός 196,16
ἀφαρπάζω 208,6A
ἄφατος 255,19 352,5 359,9
ἀφεγγής 39,10 155,23 161,
1 249,8 339,7
ἀφέγγεια 161,1A 179,20
ἀφειδῶς 176,10
ἀφθονία 316,3 394,14
ἀ. ἀγαθῶν 308,17 393,6
ἄφθονος 388,5A
ἀ. ἀγαθά 196,4 393,18
ἀφθόνως 181,21
ἀφίημι
2,7 18,14 76,11 82,17 103,
16.18Z 278,18.19 284,4
318,7 322,20A 388,12Z
ἀ. φωνήν 14,5 24,21

36,3 317,16 343,22 388,8
ἀφικνέομαι 7 Fr.1,4 31,20
129,10Z 269,5 293,14
ἀφιλόσοφος 23,16 66,13.15A
ἀφιλόστοργος 345,13
ἄφιξις sc. der Freunde Hiobs
31,22 32,15 269,6
ἀφίπταμαι 349,3 350,12
ἀφίστημι
79,7Z 130,7 165,7 226,16
ἀφίσταμαι 46,7Z 128,3
184,22 191,1 253,6 363,
11 364,7
ἀφόβητος 71,2A
ἄφοβος 63,12 135,12
ἀφόβως 128,4 138,6 215,
16 277,13
ἀφοράω 151,17
ἀφόρητος 71,2
ἀφορίζω 153,5 335,21Z
ἀφορμή 206,6(τοῦ ζῆν)
ἀφροσύνη 30,8 52,14 187,10
ἄφρων 25,5 30,7 59,6.8.9
187,10 242,18Z 252,22 297,
18
ἀφυγιάζω 212,12
ἄφυκτος 261,3 (τιμωρία)
ἀφυπνόω 282,18
ἀχανής 246,5
ἀχαριστέω 196,5A
ἀχαριστία 196,5
ἀχάριστος 196,6
ἄχθομαι 119,9 390,6A
ἀχθοφορέω 362,17
ἀχλύς 39,10
ἀχρεῖος 167,23 250,6
276,1
ἀχρειότης 250,10
ἄχρηστος 62,1A
ἄχρις 112,7 225,18A 262,
12A 274,7Z.17Z
ἀχρόνως 241,22
ἄχυρον 185,21 229,11Z
ἀχώρητος 235,17A
ἀχώριστος 170,16.17 280,1
ἀψευδής 91,2 99,12A.15
100,2 193,7
ἀψευδῶς 99,21
ἀψίς 378,23(οὐράνιαι ἀ.)
ἄψυχος (τὰ ἀ.) 120,17.19
ἀωρί 56,5 195,18A
ἀωρία 195,18 (ἐν ἀ.)
ἄωρος 143,5.8 196,2 228,
4 309,14

τὸν βίον μεταλλάττω u.
sinngemäß 24,13 45,11
50,2 64,9.13 74,17 97,
14 109,7 182,3 187,14
190,10 195,18 196,2 248,
3 264,11 s.a. ἔξειμι,
ἐξέρχομαι
  β. μοναχικός 346,22
Lebenswandel, Lebenslauf
44,17 180,23 207,11 208,
1 243,3.5 266,4 377,7.8
379,2.6
βιοτεύω 308,17
βιόω 202,8(τά τινι βεβιω-
μένα) 266,16(ὅπως βιῶναι
χρή) 273,9
βλάβη 25,25A 50,18.24
216,10A 318,5
βλαπτικός 374,20
βλάπτω (stets passiv) 26,
18A 27,2.4 38,3 301,19
319,19
βλαστέω 253,18 267,22Z
βλάστημα 160,12 324,6
βλάστησις 161,16
βλαστός 143,3 253,19
βλασφημέω 19,2.3 35,15
36,11 80,19
βλασφημία 4,20 13,13 16,
17Z 20,4 23,5 29,12 30,
8 50,1 80,20 102,12
104,7A 384,15
βλάσφημος 30,9 38,2A
βλέμμα 30,6.10
βλεπτικός 142,5A (τὸ β. τῆς
ψυχῆς)
βλέπω
68,9 77,7 124,18 175,3
199,6 293,13 337,13
  β. πρός, εἴς τι 9 Fr.5a,
8 11 Fr.10,3 25,4 65,19
243,6 330,11 348,8
  β. πρὸς ἀλληγορίαν 5,8
357,11
βοάω 94,17A 294,20 302,2
303,1
βοή 345,8.15
βοήθεια 230,1Z 264,19
  β. Gottes 28,9 61,10
74,2 134,6 165,7 186,7
195,20.24 198,10 230,1Z
254,5 263,12 264,19
294,20A
βοηθέω 114,19
βοήθημα 213,5Z
βοηθός 262,6Z 263,14Z

βολή 157,22 147,18
βορά 97,19
βορέας, βορρᾶς 221,17A
327,12
βόρειος 221,17A
βόσκημα 245,2
βόσκομαι 54,7A
βοτάνη 64,5 84,19 86,22
177,15 252,9.15 347,13
βουκόλιον 245,4
βούλευμα 196,9
  β. Gottes 112,7 204,14
220,3 240,19
βουλεύομαι 138,20 143,20
196,10.20 207,2 310,13
316,15 s.a. ἀντίτυπος
βουλευτής 43,18 122,1A
βουλευτικός 122,3A
βουλή
29,14 61,15 122,3.16
124,5Z 152,9 159,6 196,
15 221,8A 332,13Z 334,6.
20 335,3 382,7 395,22Z
  β. Gottes 105,15.16
264,11 335,24
  οἱ ἐπὶ β. μέγα φρονοῦν-
τες 43,19 122,1
βούλημα (Gottes) 221,18
242,14 244,22 316,12
381,12
βούλομαι 3,2 8 Fr.2,2
13,14 14,14 18,20
19,22A 20,4 26,15 73,18
75,19 84,8A 90,18 98,20
99,12 101,18 112,18 117,
9 124,13 141,10 152,7
168,20 169,8 184,24 202,
13 207,2/3A 229,18 241,
9 269,13A.19 290,2 295,
11A 297,11A 306,11 309,
4 310,13A 319,1 348,15
349,18 353,23 383,6
  β. absolut 3,2 19,12.
14 100,3Z 120,8 121,21
124,17Z 182,15A 210,3.6
240,18 323,9Z 359,22 393,9A
  ὁ βουλόμενος 201,7 214,5
βοῦς 21,7Z 67,18 177,15
184,11 206,7 313,12 360,11
βούτομον 84,18 85,16
βούτυρον 245,3
βραβεῖον 150,11 387,6
βραδύνω 28,10
βραχίων 302,2
βραχύς 228,16(πρὸς βραχύ)
331,2(διὰ βραχέων) 357,9

(κατὰ βραχύ)
βρέωος 129,21Α 262,10Α
βρέχω 339,13Α
βρίθω 244,13
βροντέω 359,10
βροντή 224,21 239,20.23
240,2Ζ 305,8 318,22.23
319,16.20.24 320,2.3
341,15.16
βροτός 233,8Α 236,17Ζ
βρύχω 147,11Ζ
  βρύχομαι 147,13 345,7
βρύω 6,9 45,22
βρῶμα 67,18 121,14 178,6
284,1 289,14 368,4.5Ζ
βρώσιμος 67,21
βύρσα 368,21Ζ
βῶλος 76,4 342,6Ζ

γάβις 237,16Ζ
γάλα 43,6 177,7 245,3
346,3 393,9
γαλακτώδης 107,1
γαληναῖος 115,2
γάρ passim
γαστήρ
44,6 137,12.17Ζ 178,14Ζ
262,10Ζ 278,10Ζ
  κατὰ γαστρὸς φέρω 360,23
  γ. bedeutet ψυχή 137,20
149,13
γαστριμαργία 360,23
γαυρίαμα 54,4 367,6
γαυριάω 43,19 351,6
γε
1,16Ζ 20,20 28,2 31,19
46,15Α 70,20 105,14 135,
10 163,20 186,19 203,
17-18Α 217,1 239,5 258,
20 275,15 276,5 292,5
297,10Α 327,4 396,11
  ἀλλά γε, ἀλλ᾽ οὖν γε
216,20 337,16 395,25
  μὴ ὅτι γε 381,15
  γε μήν 273,17Α 353,2Α
γεηπονέω 348,4
γείτων 220,21 221,6Α.12
222,11 338,16
γελαστικός 265,7
γελάω 63,18 120,7 165,10
182,16
γελοιάζω 364,16
γελοιαστής 259,6
γέλως 250,7Α

γέμω 56,18 361,16 372,6
γενεά 162,11 163,19 235,
4Ζ 358,15 397,5
γενεαλογία 3,20 396,22
γενεσιουργός 336,16Ζ
γένεσις 232,24 261,16
337,14.18
γενετή 4,3Α
γένημα 346,12 348,4
γενητός 15,4
γενικός 74,20 157,10
γενικῶς 329,16
γενναῖος 21,17 28,7 30,
17 101,3 150,19/20Α
201,1
γεννάω 37,18Ζ.21Ζ 42,9.12
43,2 44,9 98,14Ζ 102,
14Ζ 161,21 251,11.13
340,20
γέννημα 70,3 395,9
γέννησις 36,14 38,9 39,
11.17 40,2 44,1.9 129,
21 130,1Α
γεννητή (ἐκ γ.) 4,3 130,6
γεννητικός 251,13
γεννητός 224,19
γένος 17,18 71,17 167,1.
13 327,18 330,9 348,20
γέρας 140,18Α 387,8
392,7
γέρων 122,19Ζ 272,23
γεῦμα 67,23
γεύομαι 42,14 43,7 s.a.
ἀπαγορεύω
γευστός 121,7
γεωργέω 235,16
γεωργικός 184,10 232,8
γῆ
21,8 58,8 60,6 86,3.5
92,2Α.3Ζ.9Α 107,1 112,15
131,14 134,2 140,17 143,
1Ζ 148,21Ζ 150,3.4 159,
14 161,10 167,23 175,
22Ζ.23Ζ 180,11 189,1
197,16 220,20.21 221,3.
17.16-17Α 222,2.11 231,2.
7Α.16.20 232,1.4.8.13.17.
20.23 233,18 234,5.21
235,16 239,20 241,11
255,9.10 267,13.20 268,
3.4 280,9 291,14Α.23
313,6 319,6 324,1.3 339,
13Ζ 340,12 344,13 346,
12.13 348,19 349,14 351,
6.13 359,19 360,1 365,
16Α 378,14 393,11

ἐπὶ γῆς, ἐπὶ τῆς γ. 43,
18 65,21 174,4Z 193,18Z.
20 195,4.5.8 197,15 209,
11 232,19Z 239,18 252,
23 292,17A 302,19 315,
12 323,12.15 325,21 326,
4 378,23Z
ἄκρον τῆς γ. 318,17 338,
20 339,1.3 344,10
γῆ τῆς ἐπαγγελίας 60,6
123,21
καρποὶ ἐκ τῆς, τῆς γ.
241,13 322,13 324,6
γήινος 58,8 348,7A 364,1
376,17
γηπονέω 348,4A
γῆρας 64,9Z
γηράσκω 142,19
γίνομαι
γ. mit Präposition
γ. εἰς 146,10Z.13.16Z
γ. ἐκτός 45,7 48,9
γ. ἐν 44,2 47,23 49,19
56,8 59,15.16 86,19 109,
13 131,13.14 177,13 196,
22 217,1 242,9 243,23 s.
a. ἀπόλαυσις
γ. ἐντός 57,18
γ. ἔξω 49,9 63,23 110,
14 165,21 172,9 203,13
γ. ἐπί τινος 36,18
γ. ἐπί τινι 111,11A
γ. περί τι 159,15 305,8
γ. ὑπό τινι 45,10
γ. ὑπό τι 159,2
γ. "werden" mit Nomen oder
Adj. passim (ca.75 St.)
γ. "geschehen" passim
(ca. 90 Stellen)
γένοιτο m.AcI oder Inf.
69,7 124,23 128,3 145,
21 151,2 154,9 170,2
225,21
μὴ γένοιτο Interjektion
15,11 35,14 102,17 120,
2 130,1A 210,2 291,3
γ. "entstehen" 1,3.13
2,9.11 3,1 43,2 47,22 84,6
108,19 135,12 138,19
169,21 181,15 191,14
197,20 314,15 321,22
325,1Z 338,19Z.20 343,16
347,2 353,17 362,3 363,
5 364,4.5 365,13 396,11
γινώσκω 11 Fr.10,2 26,6
27,9 31,15 39,21 41,17

63,17 84,8 91,7 93,7
100,18 110,10 111,23
122,4.22Z 123,1 124,8
128,8 145,8 163,7.8 171,
12 172,19 174,4 181,17
182,12 186,1 195,3.25
233,9 266,6 285,19 296,
22A 306,17 316,4 320,
16Z.18 321,10.14 342,22Z
328,15Z 332,14 340,3.4A
341,2 346,6 349,18
γλαφυρώτερον 24,1
γλυκαίνω 187,12
γλυκυθυμία 249,3
γλυκύς 226,12 265,17Z
γλύφω 372,14
γλῶσσα, γλῶττα 2,27 3,4
63,10.11Z 145,21 176,4Z
246,3Z 250,23Z 310,8 s.
a. προφέρω
γνήσιος 25,4.21 30,14
57,13 70,2 398,9
γνησιώτατος 33,17
γνησίως 24,10
γνόφος 39,10 94,24 155,
22Z 195,4 205,17Z 229,3
γνοφώδης 39,6A
γνώμη
18,8 61,16 69,15 91,12 251,
5 295,18 310,15 364,19A
γ. θεοῦ 16,13 168,18
169,14A
γ. Hiobs 5,4 30,4 69,
17 81,18 101,1 108,13A
304,7 353,22
γνωρίζω 27,10 39,5.14
226,11 235,4Z 249,10
293,22 296,22 304,8 324,
10 335,25 337,14
γνώριμος 169,13 182,7
188,4.7 201,21 239,10
289,4 313,17 333,12 389,
16 395,10
γνώρισμα 10 Fr.6,3 194,5
γνῶσις 97,4 105,14 137,8.
10 188,15A 230,22.25 279,
14.21 306,12 307,2 311,
3 313,16 314,5.8A 316,4.
19 317,17Z 321,9.10.13.
15 324,9.12 325,21 327,
2 328,14A.15.18 339,20
346,6 358,2 362,11Z 365,
13.15 382,22 383,8.12.16
γνωστικώτερος 374,10
γόης 374,4
γονεῖς 4,4Z 209,6 346,12

4Z.5   351,9   372,2
δείκνυμι   8 Fr.4,1   11 Fr.
9,4   18,8.22   19,21   23,
16.18   28,18   31,4   39,13
49,8.9A   51,1.21A(δεικνύω)
52,11   53,21   66,14   67,15
74,16   75,6.9   78,14   81,
2.5.17   82,17   87,8 · 89,15
96,1   98,20   99,5A(δεικνύ-
ω).11   100,24   101,19A   102,
14.19   103,6   109,20   110,
11   117,7A.12   118,6   123,
4   131,11A   135,12   139,10
143,13   147,15   152,13
165,12   182,6   203,9   218,
9.10   220,16   230,15   232,
21   235,1.5Z.21   254,7
268,13   269,19   276,2   292,
1   294,5   296,13A   303,19
306,17   320,21   339,21
344,4   353,23   354,
10   356,6   359,5A   366,13
372,16   s.a.   παράθεσις
δειλιάω   240,2Z
δεῖμα   282,18
δεινός
    δεινὸν πάσχω u.ähnl.   24,
13   43,22   384,19
    τὰ δ.   20,3   24,16   28,10
43,13   69,12   70,13   104,
22   108,5   110,14   144,9
163,13   170,14   205,19
254,15A   266,12   302,1
392,20A
    δεινότερος   3,29   225,19
δεῖπνον   11 Fr.10,1
δεκάς   13,21
δεκατέσσαρες   33,20
δεκάτη   357,23
δεκτός   87,4
δέλεαρ   366,20
δένδρον   131,12Z   142,19
143,1   166,1Z   247,22
348,19   349,15   364,19Z
365,7
δεξιά   190,18
δεξιόομαι   333,12
δεξιός
253,20   329,9Z   343,9
    ἐκ δεξιῶν   203,7   253,
18/19A
δέομαι   s.   δέω¹
δέον
    δ.   m.Inf.   4,17   196,5
    εἰς δ.   363,10
    κατὰ τὸ δ.   50,14.19   164,

19
δέος   134,3   141,1   168,14
207,19   224,2   239,22
357,5
δέρμα   14,11   26,8.20Z   27,
1Z   149,4   170,2   254,18A
δέρρις   223,4A
δεσμεύω   211,14
δεσμέω   129,8   253,14   281,
14
δεσμός   123,14Z   308,9
346,23
δεσμωτήριον   378,18
δεσμώτης   308,1
δεσποτεία (Gottes)   15,6.14
19,20
δεσπότης
45,9.16.17   75,3   261,16
393,12A
    δ. = Gott   30,14   36,4
261,17   291,14   369,13
370,17   379,8A
    δέσποτα   33,5   35,15   77,
20   79,1   80,17   89,4
103,14   104,1.5   128,13
129,3   130,6   133,4.7
255,9   354,15
δεσποτικός   16,19   265,1
381,12
δεύτερος   14,27A   25,20
41,24   193,22   298,3   312,
7   325,18   329,15   355,11
381,6Z   387,7   392,15
393,2   396,12
δευτερόω   374,17
δέχομαι   3,19   5,15   14,8.
20Z   26,19   30,14.15   44,7
56,22   86,11   119,15Z   148,
18   176,18   184,10   197,4
201,20   358,3   366,6   369,
14   383,4   387,6.7   390,5.
10   391,18   395,24   396,1
δέω¹
    δεῖ   28,8.9   38,21   49,
17   52,20   55,12   60,22
72,20   120,4   129,20   136,
21   149,24   155,20   157,5
163,11   164,20   167,8   208,
3   236,15   240,19   241,2
243,8   262,24   264,10   272,
8   305,18   354,10   388,10
394,8   s.a.   δέον
    δέομαι
    "nötig haben, bedürfen"
29,7   95,6   154,22Z   212,
18   218,8   219,24   235,20.

245,19   305,18.21
  m. Akk.
passim (ca. 110 Stellen)
  διὰ ἁμαρτίαν, -ας s. ἁ-
μαρτία
  διὰ ἁμάρτημα, ἁμαρτήματα
s. ἁμάρτημα
  διὰ τί 1,9.10   31,9
44,8   72,18   73,4   81,1Z.6
82,9   101,24   104,4Z   128,
13.14   133,7   168,18   200,
21   206,14Z   209,10   258,
15   281,3A   319,24   326,19
342,18   384,10.18
  διὰ τοῦτο, ταῦτα   8 Fr.
3,3   39,21   48,9   67,25
70,20   73,14   82,15   136,
23   143,20   152,18   170,6
177,16   183,7   191,5   192,
11   194,9.12   196,7   199,2.
6   202,12   203,16   205,5
210,16   213,2.12   235,21
236,12   248,14A   251,2.17
258,21   262,19   263,20
270,6.22   275,3.22   276,2
293,7   303,16   309,14
358,14   359,3   364,4   378,
12
  διὰ τό m.Inf.   3,12   17,
8   38,19   49,16   58,15.19
83,13   86,5.11   89,9   99,7
101,8   108,20   140,2   143,
24   149,1   207,11   210,2
233,10   236,20   246,16
250,6   286,13   293,3   307,
4   314,12   320,4   339,22
348,1   349,14   357,7.21
360,14   362,8   367,9.12
370,15   384,7   396,14.16
διαβάλλω   1,28   13,9   215,9
242,16   252,1   263,12
διαβατικώτερον   394,15
διαβεβαιόομαι   183,3A
διαβιόω   115,6
διαβλέπω   228,16
διαβολή   215,7
διαβολικός   18,18   21,5
24,18   27,8.10   28,16   29,
9   277,21   372,15
διάβολος   1,8   3,25   4,14.
19   9 Fr.5b,4   13,6.15.21
14,9.22   15,9   16,1.10.12.
13.18Z   16,20   17,1.4.8
18,6.23   20,3.9.12   21,19
22,12   24,1   25,19   26,5.
15A   27,19   28,11.12   29,2

30,18   36,10   40,13   41,4
45,8   54,13.15   78,14.16
95,8   96,18   97,2.7   104,
12.18   115,15   131,18
144,8   147,5.10.17.22
148,3.5.9   167,14   218,13
223,15   224,9.11Z   233,20
253,11   329,16   342,12-13A
356,15.18   357,13   363,10.
16   367,18   370,22   371,1
372,16   375,19   379,15.21
380,1.4   382,17   s.a. δαί-
μων, ἐχθρός
διαγνωστικῶς   247,8
διάγνωσις   277,10
διαγράφω   6,5   142,20   143,
8   346,22   353,4   357,4
360,20   379,13   382,18
διαγυμνάζω   19,16
διάγω   69,5   75,8   76,6
182,1   185,25   307,5
διαγωγή   59,19   63,22   83,
23   87,7   158,16   161,1
198,20
διαγωνίζομαι   280,19 (πρὸς
θεόν)
διαδέχομαι   41,11   51,7
115,3   140,12   229,8   264,
8   272,19   316,12
διαδιδράσκω
  διαδρᾶναι   208,18   216,14
διαδίδωμι   218,24   264,1
διαδικάζομαι   99,15   292,3
διαδικασία (πρὸς θεόν) 89,3
200,14   289,9
διαδόσιμος   163,19
διαδοχή   10 Fr.6,1 (ἐκ δ.)
137,2 (δ. λόγων)
διάδοχος   69,21
διαζῆν   53,20
διαθερμαίνω   212,2   278,9
διάθεσις   24,9   25,4   89,3
100,15   110,7   172,22   268,
12   335,11   s.a. ποῖος
διαθορυβέω   36,6
διαίρεσις   162,17
  μετὰ διαιρέσεως   60,9
116,4   136,4   172,22
διαιρετικός   235,15 (τὸ δ.)
διαιρέω   3,4   186,13   302,8
s.a. διῃρημένως
διαίρω   90,8.9   141,17
δίαιτα   59,19   160,15   179,
6Z.17
διαιτάομαι   252,21
διακαθαρίζω   229,10

14.19
διαρρήσσω 23,11 267,8
διαρρίπτω 86,10A
διαρτίζω 287,4
διασαφέω 296,8Z.11
διασκαλιδεύω 5,12
διασκεδάζω 322,18A
διασκεδάννυμι 166,2A 185,21
διασκευάζω 20,18 166,2
διασκορπίζω 322,17.18
διασπάω 165,23Z 373,11
διαστροφή 25,23
διαστρέφω 17,21 (διεστραμ-μένος)
διασυρίζω 365,19A
διασύρω 2,5 33,24 35,12 220,11 365,19
διασῴζω 119,5 123,9 178, 2.5 211,3 285,10 308,20
διάταγμα 142,6
διάταξις
κατὰ τὴν θείαν δ. 231,9A 314,13
διαταράσσω 83,8
διατάσσω (nur Aor.) 22,3
διατάσσομαι 31,16 231,13 282,2 325,2
διατείνω (τὸν οὐρανόν) 92, 11 315,1Z
διατείχισμα 165,6
διατελέω 34,1 63,13 155, 10
διατηρέω 106,19
διατίθημι 31,16
διατίθεμαι 85,12
διατίλλω 148,12
διατρέφω 345,15-16A
διατριβή 81,13 206,20 285,6 290,16 346,19
διατρίβω 81,13A 208,2A
διατροφή 347,14
διατυπόω 15,20
διαυγάζω 42,3Z 113,21 210,18 318,16
διαυγής 237,8A 344,14
διαυγέστατος 238,13
διαφανής 237,8
διαφανῶς 343,9
διαφερόντως 5,5.13 9 Fr. 5a,13 Fr.5b,2 14,9 74,21 236,4 237,10 346,1
διαφέρω 113,5 172,15 217,20 288,21
διαφεύγω 56,11 62,12 286,11
διαφθείρω 180,13 285,2

291,22 341,9
διαφθονέομαι 17,4.23
διαφθορά 286,4 348,15A
διαφορά 38,21 348,15 349,19
διάφορος 31,10 289,2 368,18
διάφραγμα 342,21
διαφυλάττω 25,23 345,15
διαφωνέω 2,9
διαχειρίζομαι 4,24
διαχωρίζω 320,14
διδασκαλία 180,24 243,12 245,21 246,7 250,21 251, 19 260,7 318,3 339,10 355,5 365,15 368,2 387,6
διδασκαλικός 52,4 191,11 247,6 249,2 251,17 (s.a. χάρις, χάρισμα)
διδάσκαλος
30,4 235,20 249,3.9 286,17 369,5.7 374,15 383,8 392,5
Hiob διδάσκαλος ἀρετῆς 8 Fr.3,8 245,7
διδάσκω 5,10 6,10 37,10Z 40,20 41,24 44,14 49,11 50,15 65,20 73,10 84,11. 12 98,4 102,1 105,18 109,7.21 117,7 131,11 132,17 133,10 134,20 151,11 154,16 156,8 170, 3 173,13 179,22 189,17 191,1.10.11.12 197,8 216, 17 218,23 220,3A 228,2 230,16 236,14Z 242,6 243,8 247,2 248,20 256, 8 273,14 277,14 288,9 302,9 305,5 311,21 319, 7 321,12 328,16 330,12 332,8 333,1 336,10 337, 10 341,1 345,3 352,2.4. 6 353,2 382,18.21 383, 5.7
διδαχή 245,21 249,9 318, 9 352,2
δίδωμι
5,21 13,15 14,6Z 19,12 22,22 27,1.11 30,18 41, 7 100,15 121,3 157,18 172,18 180,19 185,5 193, 14 197,5Z 201,3 219,13 223,16 230,15.24 231,5 233,8A 261,13A 263,17 269,11 270,13 272,3 283, 14 295,9Z 302,13Z 314,

διοίκησις 323,9
διόπερ 3,6   30,16   97,5A
   125,10   154,14   379,6
διορίζομαι 215,11   282,4
διότι 371,11   375,11A
   392,18A
διπλασιασμός 391,5   392,7
διπλασίων 27,12   333,20
διπλῇ 271,21
διπλοῖς 246,22Z
διπλοῦς 111,25Z   333,13.15
   387,17   392,12.15
δίπλωμα 142,2
δίς 364,20Z
διττός 124,19   275,10
διυλίζω 231,20A
δίχα 53,20   132,4   162,6
   256,6   273,17   279,3
   342,1
διψάω 193,6
δίψη 248,22
διωγμός 204,8Z   369,7
δόγμα
   79,1.18   89,16   106,22
   118,19   172,6   216,17
   357,24   358,1   376,4
   δ. κάλλιστον 109,7   170,
   3   174,10   243,8   256,8
δοκέω
   1,2.23   14,7Z   23,10.14   31,11
   40,5   50,19   55,17   57,2   60,21
   69,3   74,24   75,7   85,11   86,11
   94,11   95,2   99,6   104,21   112,
   19   113,17   117,17   122,2.16.
   20   125,10.20   127,2   146,3.6
   152,8   162,7   174,17.18   176,
   16   178,12   195,9   199,1   207,
   2   233,1   237,19   247,13   266,
   11.13   294,5   331,18   334,2
   344,10   357,14   362,10   373,17
   374,10   376,5   397,8
   τὰ θεῷ δοκοῦντα 18,9
   93,19   104,12   (διαβόλῳ)
   121,22   127,1   200,18
   204,11   205,2   (τὸ θ. δο-
   κοῦν)
   δοκῶν "scheinbar" 41,15
   44,1   46,2   49,14   122,21
   141,1   156,8A   186,17 s.a.
   βίος
δοκιμάζω 4,12   27,8   53,7
   95,6   101,3   136,3   270,1A
   274,19
δοκιμαστικῶς 136,3A
δολερός 379,19

δόλιος 166,13
δολίως 152,18   259,9/10A
δόλος 117,18   143,19.24Z
   207,1   259,9   361,19
   362,1   382,18
δοματίζω 357,24A
δόξα
   35,12   156,1   158,11   174,
   9   188,10   224,3Z.5Z   248,
   10   263,18   327,22   329,10Z
   398,15
   δ. περί τινος 118,15
   181,11   202,19   382,13
δοξάζω
   4,3.5Z   25,21   87,5   119,
   19   214,3   363,22   380,2
   384,15
   δ. .. τὰ περὶ θεοῦ u.
   ähnl. 218,10   219,3   220,
   17   288,20   304,6   331,5
   334,2.4
δοξολογέω 87,5A
δοξολογία 25,5   286,12
   327,18
δορυφορέω 223,23   224,3
   375,17   389,8A
δορυφορία 174,17A
δορυφόρος 16,21   20,17
   21,19
δουλεία 9 Fr.5a,10Z
δουλεύω 33,20
   δ. θεῷ 185,5   308,17
   348,11   367,16
δοῦλος 45,16   90,7Z   100,
   20Z   261,16.18Z   316,20
   367,16
δρακοντοειδής 366,12
δράκων 14,17   40,13   54,4
   77,21A   177,5   223,12Z
   233,15   333,3   345,2   356,
   13.21   357,4   363,1   364,
   2.3   366,17   368,12.14.18.
   21   369,3.6A.14   371,17A
   374,10   375,2A.4   379,13
   380,3
δράσσομαι 291,8
δραστήριος
   δ. δύναμις 62,21   63,9
   120,24   248,19
δράω 149,2   172,14   203,5A
   261,4.6   284,14   285,21
   288,19   295,19
δριμύς 27,19   36,5   76,3
δριμυτάτως 35,7
δριμύτης 76,5
δρομεύς 76,8

δρόμος 41,11 222,13 231,8
δρόσος 38,5Ζ 211,2 248,2
342,6Ζ.7
δύναμαι
passim (ca. 110 Stellen)
δ. +Ausdruck des Wissens,
Begreifens (z.B. συνιέναι)
84,8 93,2 104,20 119,11
121,14 170,13 189,8
195,15 235,19 251,17
274,1.19.20 291,4 299,13
316,4 317,13 319,10.23
320,18 326,18 333,7
394,15
δύναται .. νοεῖσθαι (ein
Text) 101,5 204,14 257,
11
δ. ohne Inf.
227,17 (δ. μέγα) 253,12
(δ. τι κατά τινος)
δύναμις
14,27A 16,4.10 20,15
56,12 57,19 62,11.21
63,9.17 91,14 120,24
142,5 149,10.16 153,22
219,22 221,2.6.7.17A
223,18 232,11 234,9.23
235,1.22 248,19 250,16
296,5 300,13 318,1 321,8
329,12 331,3 339,20
359,10 360,7.19 364,10
366,14 369,19 375,15
378,8 s.a. ἀκουστικός,
ἀναγκαστικός, δραστήριος,
ἐποπτικός, ὀπτικός, πανεπ-
οπτικός, ποιητικός
δ. Gottes 91,13 110,9.
11 120,20.25 122,13
216,4 217,6 218,12 220,
16 221,8 223,13 235,5Ζ
240,13Ζ 242,10 293,14
308,6-7A 312,17.18 316,7
325,2-3A 327,2 331,22
338,5 356,11 358,20 359,
5 366,15 369,15 370,15.
21 382,4 s.a. ἐποπτικός
δ. und σοφία Gottes 115,20
117,6.8.12 121,15 218,6
224,16 241,7.23Ζ 242,5
305,6 318,7 325,14 327,
20 331,6.10.20 332,3
353,15 355,12 s.a. ἐξη-
γέομαι
δ. des Bösen 3,25 16,4
57,19 152,11 223,17Ζ
369,21 379,18Ζ s.a. ἀντι-

κείμενος
αἱ δ.
220,20 221,1 223,23
224,4Ζ 234,9 283,3Ζ
360,20 369,2 s.a. ἄνω
δ. ἀποστατικαί 3,27 57,
18 369,21
δ. eines Textes 14,27A
203,1
δυναστεία 43,17.20 46,2
65,17 72,5.15 140,23
174,24 193,15 221,7A
248,7A 264,17 267,20
293,1 320,21 379,10
δυνάστης 138,12Ζ
δυνατός
62,12 96,10 121,20 148,
22 159,5 280,15 311,21
312,1 341,8 350,19
360,6
δ. von Gott 58,12 88,
9.11 89,8 106,23 107,
1.4 112,23 115,21 218,
9 220,13 258,16 289,21
307,3
δυνατοί 62,12 138,14
148,22Ζ 159,5 302,2
311,20 312,1
δυνατόν m. Inf.
29,11 84,13 110,8 235,
18 237,13 239,5 312,23
δ. (δὲ καὶ οὕτω) νοῆσαι
u. ähnl. 55,11 140,4
147,4 160,17 234,12
316,18 319,12 325,13
δυνατώτερος 159,9
δυνατῶς 179,2
δύο 23,1.2 74,18 137,14
207,9 267,16 358,20
384,19 398,4Ζ
δυσγένεια 250,5
δυσδιάλυτος 71,12 361,16
δύσελπις 213,8
δυσκατάληπτος 152,17
δυσκολία 295,12
δυσμενής 21,18
δυσπραγέω 62,7
δυσπραγία 86,19 114,3
158,16 159,18
δυστυχέω 54,11A 164,22
δυστυχία 185,25
δυσφημέω 1,7 24,20 25,17
26,2.16
δυσφημία 374,15
δυσχεραίνω 1,6 30,13 60,
22 62,19 157,5 252,4

ἐγκόπτω 264,3
ἐγκρίνω 187,2
ἔγκριτος 41,23
ἐγκρούω 366,12
ἐγκωμιάζω 242,19
ἐγκώμιον (πολλοῖς ἑ.) 18,2
  25,22
ἐγώ
  oblique Casus passim
  Nominativ
2,11 21,12Z 22,21Z 48,3Z
61,9 67,18 70,1Z 75,21
79,8Z 80,10Z 95,12 96,
5Z 100,1Z.8Z 118,1 132,
13 146,5 164,18 165,12
169,11 170,13 172,12
173,7 214,3 226,21 227,
9.15 274,12 275,20 276,7
277,14 281,19 287,2Z.3.4
297,19 299,8Z 328,17
335,20Z 339,14 349,13
354,15 355,3 356,19
362,5Z 393,10
κἀγώ 75,17 81,6 89,14 95,
12/13A 119,11 134,4 145,2
191,10 192,6 265,9 279,
5(κἀμέ) 290,12 383,7
ἔγωγε 56,1 297,19-20A
ἔδαφος 194,1
ἔδομαι 179,15Z
ἕδρα 222,19
ἑδράζω 310,20
ἑδραῖος 240,20 344,19
ἑδραίωμα 232,2
ἑδραίως 85,11
ἐθελοδιδάσκαλος 250,12
ἐθέλω 58,13 61,17 76,3
90,7.8 110,8 186,19A
271,17 283,23 291,21A
322,4A vgl. θέλω
ἐθνηδόν 295,6
ἔθνος 8 Fr.3,9 32,4 153,
10.12 234,7
ἔθος 98,19.20
εἰ
  "wenn" m.Opt. 29,12
43,2 57,15 67,18(εἰ μή)
263,6 376,8 (εἰ .. ἄν)
  "wenn" m.Ind.
14,19Z 26,16.21 27,3
29,12 31,12 35,12A 37,
19Z.21Z 76,3A 79,3Z
83,22 88,15 98,14Z 102,
1 103,9Z 145,6.11.15
146,2 167,11 181,19
190,8 203,17 209,9 239,4

241,9 260,8 264,7.17.23
265,17 266,11 270,10
280,4 290,2 299,8Z 300,
2Z 301,17Z 340,23 353,
19 s.a. μέγας
εἰ γάρ 42,17(εἰ γὰρ μή)
45,24 53,11/12A 58,6.9
66,9Z 70,22 83,12 113,
20 139,23 217,18 255,20
264,9 291,21 292,10.13
321,13
εἰ γε 276,5
εἰ δέ 5,16.17 40,24 45,
19 75,19 98,12 99,14
120,16 147,17.21 197,3
214,4 241,20 270,11
282,13A 287,5 295,19
310,18 330,14A 340,20
350,14 352,1 394,8
396,15
εἰ δύνῃ 359,15
εἰ μέν 5,14 45,18(εἰ μὲν
οὖν) 147,8.15 310,12
379,13 396,12
εἰ οὖν 264,19 265,8(εἰ
ποτε οὖν) 296,22 336,18
εἰ .. τις, τι 4,29 5,4 16,
21 29,22 66,4 75,7
102,17 111,13 113,13
118,3 129,5.14 161,16
180,11 206,7 238,21
261,14 268,3 279,4 281,
8 286,23 297,5 319,8
344,17 384,10 396,12
397,8
  εἰ καί
44,14 68,23 76,24 81,
15.18 82,8 118,3 163,15
166,16 188,1.23 201,4
211,19 216,12A.19 236,9
312,21 313,16 376,5
384,11
εἰ γάρ καί 3,9 133,24
168,19 200,10 219,8 242,
19 263,16 264,2 275,12
279,23 336,15
εἰ δὲ καί 5,14 56,9 75,
7 80,11 112,2.18 122,9
126,4Z.6 161,16 178,12
196,20 208,3 219,12
224,8 295,1 298,2 300,
9Z 301,7 330,11.13 337,
15 359,6 384,18 394,14
εἰ καὶ μή 50,13 75,4
105,14 163,17 168,13
312,23 395,18.24

εἰ μή
5,2 13,8 15,9 18,23
19,1A 26,7A 31,18 40,
18A 54,14.15 67,18.19
80,13 88,12 102,21 127,
2 172,16 175,20 186,19
(εἰ μή γε) 187,9 198,16
213,4Z 216,18 222,7
269,8 273,1 274,2 278,9
280,18 283,13 292,5
300,11 313,22Z 325,7Z
352,2 375,9 378,19 398,
11Z
εἰ μή γάρ 42,18 43,12
90,7 222,1 238,7 360,12
375,18
εἰ δὲ μή 90,7 97,5 121,
2 201,6 292,5A 296,10
346,5 379,22
   "ob" 31,13 75,22
104,8(εἰ καί) 125,4.19(εἰ
μή) 159,15 213,3 288,10
289,18 296,13 337,3
356,19(εἰ μὲν καί) 357,12
(εἰ μὲν οὖν)
εἶδος 211,7A 219,2 349,8
364,18 374,12Z
εἰδωλολάτρης 368,11
εἴδωλον (εἰδώλοις θύω)
368,13 397,11
εἶθε 66,15 76,1 101,11.
17 110,8 111,21 132,1
170,2A 201,19 260,17
εἰκάζω 192,17
εἰκῇ 11 Fr.10,5 113,4
230,13 297,11
εἰκός 78,13 206,1
   ὡς ε. 23,8 63,5 103,
15 104,1 141,10 227,22
354,8
εἰκότως 1,6 156,5A 173,18
εἰκών
9 Fr.5a,8 136,11 243,4
249,9/10A 262,7
   κατ' εἰκόνα 119,5 239,
4 241,2 313,8Z 335,18Z
345,6
εἰλέω (εἰλούμενος περί τι)
111,8 217,15
εἰλικρινής 4,26 268,12
335,11
εἱμαρμένη 119,19
εἰμί passim
   ἔστιν m.Inf.
3,23 31,22 71,12 90,8
97,18 99,11 101,17 105,

15 111,21 119,5 216,13
221,12 268,10 291,22
306,7 327,17 339,19 366,1
ἔστιν .. νοῆσαι s. νοέω
   τὸ εἶναι, τὸ ὄν, τὰ ὄντα
absolut 24,12 41,20
106,17.18.23 134,18 (τὰ
ἐσόμενα) 240,20.21 264,3
291,13 337,13.18
εἰμι 352,12A
εἴπερ 1,11 135,12A 192,2
εἶπα, εἶπον passim
εἴρηκα, εἴρημαι passim
εἰρηνεύω 48,14 63,21Z
   εἰρηνεύομαι 24,19
εἰρήνη 115,5 148,12 249,
7 365,16A
εἰρηνικός 115,3(ε. καὶ γα-
ληναία κατάστασις)
εἰρμός 131,8
εἰρωνεία 173,19(κατ' εἰρω-
νείαν λέγω τι)
εἰρωνεύομαι 24,19
εἰς passim (ca.300 Stellen)
εἷς 3,2(εἷς ἕκαστος).4
4,10 5,14 8 Fr.2,2 13,
21A 14,1 20,3 22,20A
36,10 38,15.18 74,19
75,17 90,10 93,19 95,1.
4 107,24 118,5 130,2Z
136,7.18 157,9 226,2.4Z.
10 249,8 261,16.17 335,
24.25 338,4Z.21 363,6.7Z
364,19A 372,11.12Z 373,
16.18.19 376,1.3 396,12
397,5
εἰσάγω
129,4 188,20A 214,6A
300,13
   ε. λόγον 225,7 299,7
336,14 356,13 360,9
εἰσακούω 94,13 227,6
255,10.11Z 303,1Z.3
308,7Z 383,6
εἰσαῦθις 298,5
εἰσδέχομαι 324,15 375,18
εἴσειμι (εἶμι) 33,21
εἰσέρχομαι 38,21 90,16Z
100,20Z 161,2 228,20Z
371,10 373,2.3.4
εἰσηγέομαι 29,14 49,11
249,14
εἴσοδος 373,5
εἰσοικίζομαι 375,19
εἰσφέρω 13,10 219,22
220,5 250,15 398,8.12

εἶτα
52,21 71,1 76,3 137,1
211,5 232,10 267,8
mit Ausdruck des Sagens
6,9 19,16 21,9 28,19
30,6 48,4 58,16 59,20
61,10 63,5 65,15 71,5
72,19 76,13 78,4 80,10
88,10.14 97,9 100,6
101,24 102,21 104,10
110,6.11 112,19 117,11
118,2 119,5 136,1 139,10
143,7 144,9 145,22 152,23
154,22 157,6.11 163,17
172,10.13 174,6 182,4
192,4 195,16 200,17 201,1
218,10.16 224,3 226,4.6
230,15 240,6 248,20 269,12
274,17 286,3A 288,11 299,6
mit Nom. eines Partizips
19,16 21,9 76,13 78,4
80,10 100,6 110,11 143,7
154,22 159,16 192,4 200,17
201,1 230,15 240,6 269,12
301,12 392,6
ε. καί 28,19 30,6 65,
15 78,4 80,10 100,6
102,21 117,11 144,9 152,23
172,10 195,16 218,16
224,3 240,6 286,3A
288,11 299,6 392,6
εἶτε 107,19 169,16
ε. .. ε. 2,17-18 20,22
23,21-22 69,11 72,14
97,12 133,11 139,23-24
147,4-6A 198,15 212,7-8
231,21-22 261,16 322,8
330,9-10 335,16-20 359,
19A 380,5-6 396,12 s.a.
ἐκείνως
εἶτ’ οὖν 64,4A 104,7A
254,9A
εἴωθα 33,6 229,18A 389,14
ἐκ, ἐξ passim (ca.320 Stellen)
ἕκαστος 3,2(εἷς ἕ.) 10 Fr.
6,1.5 11 Fr.9,2 15,6
54,7 70,20 72,21 73,20
91,13 99,6.21 136,10
161,22 212,6Z 213,2.18
230,15 261,18 288,12 291,7
295,6(ὁ καθ’ ἕκαστον) 303,
20 305,6 321,6.8.12
328,6 337,11 362,19 389,18
ἑκάστοτε 29,7
ἑκάτερος 5,15 16,6 47,2

101,22 151,6 238,15 294,1
303,5 337,1
ἑκατέρως 147,6
ἑκατοστός 247,1
ἐκβαίνω
26,4 61,16 248,7 256,20
338,16 361,1A
ἐ. εἰς, πρὸς ἔργον 40,7
123,2 150,19
ἐ. εἰς λόγον περί τινος
223,8 312,4
ἐκβάλλω 109,16Z 223,8A
311,21 312,2.4 378,14.23
ἔκβασις 143,21 231,9
336,8
ἐκβράζω, -άσσω 257,1
377,21
ἔκγονος 64,4A
ἐκδαπανάω 67,7
ἐκδειματόω 78,14 179,7
282,17 376,17
ἐκδέχομαι 144,16 188,21
264,23A 274,9Z 306,12
311,7 330,24
ἐκδημέω 31,15 333,14
ἐκδιδάσκω 189,11 242,10
318,4.7 332,7 356,12
ἐκδίδωμι
2,1.23 3,7 132,8A 269,11A
(οὕτως) ἐκδέδωκεν, -κα-
σιν 9 Fr.5a,11 10 Fr.6,2
32,12 68,3 72,3 94,2
110,19 113,12 121,12
122,15.19 126,5 129,8.11
131,1 145,14 179,8 203,2
225,5 237,17 257,15 267,22
274,8 296,7 302,12 312,3A
315,4 316,1.14 317,4
318,19 319,22 322,12
324,22 349,12
ἐκδιηγέομαι 61,10 144,11
163,12
ἐκδίκησις 294,20 309,19A
ἔκδικος 138,7
ἔκδοσις 274,11
ἔκδοτος 19,12
ἐκεῖ 44,22Z 45,5.15.16.17
47,5 53,3-4A 132,2.3.4
155,21 223,11Z 302,22
340,8
ἐκεῖθεν 7,4 15,11 201,
20.21 234,3 238,5
ἐκεῖνος
3,16 4,1 14,2 22,17 24,3A
37,22Z 38,6 39,21A 41,8.
12 53,1.11Z 69,18Z 70,1

ἔνειμι (εἰμί) 232,11
ἐνείρω 106,14
ἕνεκεν 260,17Α
ἐνέργεια 29,9 56,16 219,
10 224,18Α 373,16
ἐνεργέω 366,1 371,2 373,
13 376,2
ἐνεχυράζω 193,13Α 296,3Α
ἐνεχυριάζω 193,1.13 296,3
ἐνέχυρον 126,23(τίθημι τὴν
ψυχὴν εἰς ἑ.) 295,17 296,
1.2
ἐνηδύνομαι 360,15 373,21
ἐνηχέω 141,1Α
ἔνθα 16,13 22,18 98,20
ἐνθάδε 155,22.23 156,1.
2.4
ἔνθεος 118,13 283,2
ἐνθέσμως 330,5
ἐνθυμέω 230,24
    ἐνθυμέομαι 32,21 330,
21 359,9
ἐνθύμημα 217,2
ἐνιαύσιος 39,18(κύκλος)
ἐνίημι 283,23
ἔνιοι 344,19Α
ἐνίσταμαι 78,10Α
ἐνισχύω 36,20 154,20
198,13.16
ἐννοέω 16,19 31,5.10.22
49,17 67,5 72,11 76,11
77,20 102,10 125,3.7
187,19 189,4 205,7.10.11
219,13 220,10 221,13
225,24 263,6 274,10Ζ
281,21 311,8 315,5Α 358,4
369,20Α
ἔννοια
2,24 11 Fr.10,6 36,19
45,24 55,23 56,8 80,17
103,17.23 145,14 161,4
203,1Α 236,16 278,14
280,21 295,20 331,17
358,12 382,8 391,13 s.
a. ἄγω
    κατά, πρὸς .. ἔννοιαν,
ἐννοίας 8 Fr.3,5 55,11
57,3 196,6 301,11 302,12
303,5 319,12 321,8 325,13
328,3 357,15 s.a. βαθύτερος
ἔνοικος 140,23
ἐνοχλέω 17,17 325,12
ἔνοχος 300,1 384,20 386,
16
ἐνδῶ 204,15 376,3
ἔνσαρκος 339,10

ἐνσπείρω 282,10/11Α
ἐνστατικός 102,5Α
ἔνταλμα 141,8 204,10Ζ
ἐνταῦθα
32,7 40,12 44,23 47,3
53,1.4.6 60,8 113,13
119,19 121,2 162,17 170,3Α
180,3 209,10Α 235,12
267,16 268,8 305,5 314,8Α
337,10 339,15.21 341,1
342,8 358,20 388,7
    κἀνταῦθα 16,19 22,12
26,15Α 46,12 68,22 230,3
356,6
ἐντείνω 230,2-3Α
ἐντέλλομαι 132,13 316,10
ἐντεῦθεν
9 Fr.5a,1 26,3 32,13
33,24 90,19Α 107,20 142,5Α
170,3 191,20 270,9 284,1
334,5 337,13 346,7Α 359,4
360,9 384,20 391,5
    κἀντεῦθεν 18,22 200,13
ἐντέχνως 20,23
ἐντίθημι 169,10
ἔντιμος 292,21 293,3
ἐντολή (Gottes) 184,24
204,1.2.17 302,15 323,15
398,10
ἐντός 19,22 57,18 143,25
ἐντρεπτικῶς 137,9
ἐντρέπω 30,6 173,18.21
280,10
ἐντροπή 120,17 173,10Ζ.
11Ζ.12.17Ζ
ἐντυγχάνω 35,13.14
ἔνυλος 180,5
ἐνύπνιον 78,10.13Ζ 174,22
    δι' ἐνυπνίων 55,20
277,16 282,16 288,6
ἐνυπόστατος (λόγος) 219,7.16
ἐνώπιον 90,17Ζ 100,21Ζ
197,12 221,11 385,17Ζ
ἐνωτίζομαι 274,7Ζ
ἔξ 63,5Α
ἐξαγγέλλω 132,18 327,3
331,11 335,5
ἐξαγορεύω 266,7 268,15
284,10
ἐξαγριόω 265,14
ἐξάγω
93,6Ζ 123,8Α 202,15 220,22
234,21 235,6Α 243,1
    ἑ. ἐμαυτὸν τοῦ σώματος
151,20 243,8 256,9
ἐξαγωγή 284,12(ἄγγελοι ἐπ'

379,17Z
ἐ. λαμβάνω 20,12.21
14,11 25,20 235,1 364,8
ἐξουσιαστικός 221,2
ἐξοχή 352,22
ἐξυβρίζω 319,1
ἐξυμνέω 345,16
ἔξω
15,6 19,20.23 27,22 49,
9 56,4 62,1 93,13 109,
17 184,15 188,4 257,17
306,21 346,22
  ἐ. γίνομαι 49,9 63,22
110,14 165,21 172,9
203,13 269,5
ἔξωθεν 19,16 26,21 180,4
195,9 244,14 249,19
ἐξωθέω 177,2 363,7 378,18
  ἐξωθέομαι 187,3
ἐξώτερος (τὸ ἐ. σκότος)
109,17Z 359,20 378,20Z
ἐξωτέρω 162,1
ἔοικα
  m.Inf. 85,21 86,9 92,
16 95,5 96,17 103,17
108,2 119,13 123,13 133,22
147,2 171,12 236,20 237,16
250,11 251,11.23 262,18
264,21 268,1 273,18 298,4
310,12 375,7 377,17 385,4
392,17A
  m.Dativ 75,1 77,9 86,
3 108,7 143,22 362,9
393,10
  ὡς ἔοικεν 11 Fr.9,6
73,12 189,17 248,9A
ἐπαγάλλομαι 230,5
ἐπαγγελία
38,19 81,18A 315,14
334,1A.23A 381,12 395,16
  ἡ γῆ τῆς ἐ. 60,6 123,21
ἐπαγγέλλω
  ἐπαγγέλλομαι 98,1 139,
22 374,6 377,14.16 381,
7.8A.15 383,2 391,6
  τὰ ἐπηγγελμένα 286,15
333,21 391,12
ἐπάγρυπνος 188,21 250,23
ἐπαγρύπνως 180,22
ἐπάγω
82,16/17A 152,6 195,21
294,18 363,16A
  ἐ. κολάσεις, πληγήν u.
ähnl.
15,19 20,3 23,3 27,19
62,20 79,2 99,17 120,5

135,8A 163,8 170,12 231,12
269,8 277,16 280,17 283,10
288,15 289,21 336,8
  ἐ. τιμωρίαν 99,4 111,24
112,3.20 201,16 206,12
230,13 231,11 261,3
271,15.22 279,7 283,11
  eine Argumentation, ein-
  en Text
97,3 100,1 102,1A 104,10
192,5 206,3 223,12 226,5
298,5 303,5 310,6
  ἐ. in der Überleitung
  zum folgenden Lemma
28,19 78,4 97,9 112,21
119,9A 140,18 174,7 192,13
204,8 250,25 276,2 327,4A
376,8A
  διὸ καὶ ἐπάγει 79,21 84,
22 105,21 121,15 128,14
189,5 256,18 278,20 280,11
  ἐπάγομαι 210,13
ἐπαγωγή 30,11 288,21
315,22 331,8
ἐπαγωγός 226,13
ἔπαθλον 387,4
ἐπαινετέος 297,5A
ἐπαινέτης 385,22
ἐπαινετός 242,12 272,8.15
282,4 297,5
ἐπαινετῶς 297,9
ἐπαινέω 69,17 70,5 259,
20.21 264,16 270,19
332,14 394,20
ἔπαινος 14,9 248,20 250,22
  ἐπαίνου ἄξιος 30,20
172,24 259,21
ἐπαίρω
142,6 149,25Z 175,6Z
215,8 237,16.17Z.19 260,
8 307,17
  ἐπαίρομαι ἐπί τινι 266,
14 278,4 301,20
ἐπαισθάνομαι 49,8
ἐπαισχύνομαι 163,17 168,13
ἐπακολουθέω 30,9
ἐπακούω 94,10A 125,7
150,20 281,21 331,2 334,16
345,7
ἐπακροάομαι 245,16.22
270,4 273,7 287,2
ἐπαλείφω 272,17 332,23
ἐπάλειψις 285,1
ἐπαμύνω 28,10 176,12 285,
15 305,19 307,8 311,15
ἐπάν 42,5 167,24A 253,6

349,2
ἐπαναγκάζω 347,11A
ἐπανάγω 288,6
ἐπανακλίνω 183,11
ἐπαναπαύομαι 86,10 364,21
365,7 377,11
ἐπαναστρέφω 109,8 346,12
ἐπανέρχομαι 76,20Ζ.23
ἐπανήκω 33,15
ἐπανθέω 130,16
ἐπανίσταμαι 253,19.20
ἐπανορθόω 30,19 282,21
ἐπάνω 223,16Ζ 324,24Ζ
364,9Ζ 378,10Ζ 379,17Ζ
ἐπάξιος 5,21 181,13
ἐπαξίως 31,3
ἐπαποδύομαι 329,15
ἐπαπορέω 269,10
ἐπαράομαι 42,12 201,1-3A
212,6
ἐπαρκέω 29,8
ἐπαρτάω 284,11A
ἐπαφίημι 161,9 222,1
324,3
ἐπάχθεια 45,6
ἐπαχθής 73,3 265,13
ἐπεί 4,16 13,11 33,19
44,22 53,11/12A 57,19
68,23A 82,8 139,10 183,2
210,13 292,5A 332,16 352,3
359,1 374,2 375,2A 390,13
397,7
ἐπείγομαι 10 Fr.6,6 11
Fr.10,3 76,8
ἐπειδή 1,4 3,24 4,16A 13,20
14,15 15,23 21,17 30,4
31,23 33,23 38,9 46,13
51,11 52,20 59,14 65,6
69,6 76,21 79,18 88,17
89,4 94,11 96,16 97,2
99,10 102,13 111,14 114,2.
13.14 133,19 137,1 145,2
147,12 152,16 153,2.6
154,8.22 171,5A 172,8
177,16 179,14Ζ 180,18
191,3.18 196,10 201,16
204,15 210,8 213,12 215,15
218,6 249,13 250,15 258,9
260,14 266,4 268,9 270,
19.20 275,3 276,6 278,18
280,1.14 282,14 296,9
297,15 302,7 303,16 309,11
310,7A.10 319,16 322,2
325,13 330,4 333,23 336,8
338,8 339,6 342,20 350,8
358,9 359,3.7 360,20

361,2A 364,7 365,9 366,8
370,17 375,2 377,21
378,7.23 381,8 383,5
390,8.11 391,10 392,5.12
394,2 396,9
ἐπειδήπερ 15,16 55,13
137,1A 153,6A 158,19
183,20 200,19 232,20
275,22 306,11 309,1 311,9
334,3.22.23 336,3 362,8.
17 369,23
ἔπειμι (εἶμι) 55,18
ἔπειτα 74,20 75,9A 137,
15
ἐπεκτείνω 203,12
ἐπελπίζω 263,14 293,4A
ἐπεμβαίνω 71,19 115,10.15
153,13 164,9 253,19 330,20
ἐπενδύομαι 101,7
ἐπεξέρχομαι 13,16 202,11
296,10 303,16A 332,5
370,18
ἐπερείδομαι 94,3Ζ
ἐπέρχομαι 48,16 51,20
140,18 147,15 156,5 166,11
212,4 216,13 227,17 232,3
254,15 278,15 332,5A
363,21 364,14 366,14
ἐπερωτάω 120,16 383,2
ἐπεύχομαι 4,17 38,11 39,
4 75,21 158,9 163,18
ἐπέχω 49,16 179,14Ζ 256,
17 257,9 283,11A.16
296,8Ζ.10 326,21
ἐπήκοος 385,7(εἰς ἐ. ἀπάν-
των)
ἐπήρεια 62,13 207,7 369,2
ἐπί
   m.Gen. passim (ca.100
Stellen)
ἐπὶ τῆς γῆς s. γῆ
   m.Dat. passim (ca.100
Stellen)
   ἐφ' ᾧ, οἷς m.Ind. 13,10
25,17 110,12 119,9 125,
12 149,20 282,5 299,8.9
371,1
   ἐφ' ᾧ m.Inf. 21,6 27,
10 29,3.7 133,5 207,6
208,6 236,12 260,15
282,22 284,13 286,11
295,11 367,4 373,2 387,
17
   ἐπὶ τῷ Inf. 148,17 294,
12
   ἐπὶ τούτοις 13,13 44,2

72,10   150,10   263,18
m.Akk.
1,14   5,7.19   14,16   22,
19.21Z   28,16   32,15(έ. τό
αύτό)   38,5Z   43,9   50,7.
9   52,14   53,6A   66,12Z
75,9   82,16   92,3Z   97,19
105,19   120,7-8(έ. τοσοῦ-
τον .. έω' ὅσον)   132,18
147,11Z   161,9   179,9Z
181,5   201,14Z   215,6
217,16Z   220,15   223,17Z
229,15   236,16   241,16
256,5A.6   263,14Z   269,5
274,9(έφ' ὅσον)   288,6
292,5   293,17   294,13Z
307,10Z   308,6-7A   319,17
328,19Z   329,15   345,6
352,11   357,7   364,9Z
365,16A   379,18Z   395,8
έπὶ πολύ
59,18   68,23   103,21.24
133,22   201,4   202,15   216,11
έπὶ πλεῖον, πλέον   56,9
108,5   193,20   203,12   328,20
έπὶ πλεῖστον   169,9
έπιβαίνω   255,19Z
έπιβάλλομαι   216,1
έπιβάτης   351,12
έπιβλέπω   92,3
έπιβουλεύω   373,5-6A
έπιβουλή   91,21
έπιβρίθω   322,12Z
έπιβώμιος   368,14
έπίγειος   292,17
έπιγελάω   115,15
έπιγίνομαι   321,15   333,16
392,15
έπιγινώσκω   56,10   77,11.
12Z   105,23   209,11Z.12
210,21Z   309,2   365,14
έπιγνώμων   321,7   354,6A
έπίγνωστος   175,4
έπιγονή   21,9   27,12
έπιδάκνω   27,20
έπιδεής   67,17
έπιδείκνυμι
56,17   72,11   76,23   99,
10A   102,24   109,6   164,21
269,15   295,18   312,22
έπιδείκνυμαι   14,27
25,17   65,11   220,8
έπιδεικνύω   56,17A
έπιδεικτικῶς   135,9   136,9
137,10.15
έπίδειξις   1,21   136,13

έπιδέομαι   300,14   390,9
έπιδέχομαι   212,12   290,13A
έπιδημία (Christi)   2,27.30
3,3
έπίδοσις   43,8   263,20
έπιεικής
έπιεικέστατος   206,18
έπιζητέω   37,5A   129,15
171,6   203,5   266,13   347,
15   393,9
έπιζωή   27,12A
έπιθυμέω   44,18A   128,12
159,9   251,7   258,10Z   259,21
265,14   336,3   364,1
έπιθυμητός   73,12
έπιθυμία   19,14   74,18
175,20.21   178,5   207,5
259,18Z.19Z   260,2.14.15
264,3   309,16
έπικαλέομαι   59,3   94,22
127,11Z   150,15   227,5
294,20   345,17Z
έπικάλυμμα   171,9Z
έπικαλύπτω   333,2(έπικεκα-
λυμμένος λόγος)
έπικάλυψις   371,14
έπικάμπτω   376,12
έπικατάρατος   37,17   111,
11   228,20   369,10Z
έπίκειμαι   158,17
έπικεκρυμμένως   38,8
έπίκηρος   74,19
έπίκλοπος   379,20
έπικλόπως   152,19   176,5
έπικλύζω   194,14   221,5
222,11   239,20
έπικοιμάομαι   333,2-4A
έπικουρέω   390,8
έπικουρία
73,4   211,18   219,23   246,
17   251,2   262,12   311,14
έ. Gottes   190,16   195,
22   198,4   247,21
έπίκουρος   329,12
έπικουφίζομαι   330,11
έπικράτεια   187,10
έπίκρισις   169,13   332,2
385,22
έπικροτέω   230,5
έπικρύπτω   207,1   310,14
334,6   371,10.14A   s.a.
έπικεκρυμμένως
έπίκρυψις (μετ' έπικρύψεως
sprechen)   97,7   126,13
357,8
έπικτυπέω   230,5A

ἐπιτηρέω 52,3 107,14
118,14 125,9 129,10A
167,13 226,2 375,3 386,1
ἐπιτίθημι
3,30 62,21 136,19 164,4
245,19 246,4
  ἐπιτίθεμαι 2,6 73,5 345,4
373,12
ἐπιτιμάω 16,14Z.18Z 163,5
286,16Z 330,15 332,10
ἐπιτίμησις 240,1 270,12.
22 396,17
ἐπιτρέπω 14,14 15,14 19,
5.10 26,5 102,1.2 124,
17 275,14 277,13 341,2
ἐπιτρέχω 305,11 351,22
ἐπιτρίβω 60,12 124,16
144,17 163,11 193,20 269,6
ἐπιτροπή 19,21 102,7
ἐπιτυγχάνω 190,17
ἐπιωαίνω 123,15Z
ἐπιφάνεια 252,5A
ἐπιφέρω
4,9.11 16,17Z 99,14
102,12 227,10 282,15 318,4
324,24Z 390,6
  ἐ. κακά, τιμωρίαν u.ähnl.
58,17 66,16 67,5 78,17
82,12 99,8 108,11 135,
18 136,3 144,5 153,21
166,16 170,14A 205,17
253,12 277,22 331,16
  fortfahren, hinzufügen
6,9A 46,15 48,4 59,20
71,5 90,2 104,2 225,3
327,4
  ἐπιφέρομαι 141,19
ἐπιφοιτάω 388,6 389,7
ἐπιφοίτησις 236,1
ἐπιχαίρω 265,9A
ἐπιχειρέω 2,2 152,13 250,19
364,18
ἐπιχορηγέω 321,12
ἐπιχορηγία 247,5
ἐπίχυμα 326,7
ἐπίχυσις 321,1 325,24
326,2
ἐπιχωρέω 226,13A
ἐπιχώριος 7 Fr.1,3
ἕπομαι 190,7 206,11 211,
13 220,5 269,9 318,22.23
319,13 361,11
ἐπομβρία 315,13 318,5
319,19 321,1A
ἐπόπτης 186,6A
ἐποπτικός (δύναμις ἐ. Got-

tes) 242,10 308,6-7A
ἐποφείλω 192,19 208,12
295,18 303,16
ἐποχή 47,8
ἑπτά 10 Fr.8a,1 Fr.8b,3
11 Fr.9,3 33,12.13.18Z.
19Z 386,6Z
ἐπώδυνος 115,2
ἐπωφελής 390,1
ἐραστής 183,3
ἐράω 4,26 242,9 353,3
363,23
ἐργάζομαι 14,1 21,8 40,4
65,18 107,2 207,2.7.15
210,13A.21 234,23 252,13
267,13 268,4 269,15 270,
22 289,13A 291,16 293,22
295,7 305,9.14.20 308,1
309,17 312,17 315,11
316,3.10 323,8Z.11 324,
18 350,19 353,9 359,19
366,19
ἔργον
9 Fr.5a,11Z Fr.5b,3.5 10
Fr.6,2 19,21 38,20 42,
14 185,10Z 192,5 200,9A
210,13 214,6A 249,20 294,8
298,1 308,2.14 319,14
321,6 327,11 335,23Z 338,
20 341,16 342,16 s.a.
λόγος, σκότος
  ἔργα θεοῦ u.ähnl. 93,10
286,10.17 306,17 312,16.
22 313,5.17 320,17 323,
11Z 324,20Z 325,2 327,7
337,6 342,9
  εἰς, πρὸς ἔ. ἐκβαίνω, χω-
ρέω 40,7 123,2 150,19
240,19 334,9 372,1(ἄγω)
388,3(προχωρέω)
ἐρεθίζω 330,14
ἐρείδω 222,18
ἐρείπιος 72,12
ἔρεισμα 221,16-17A
ἐρέτης 3,12.13
ἔρευνα 203,13 289,18A
ἐρευνητικός 235,15A
ἐρημία 142,11.12 208,1
ἐρημικός 206,19
ἐρημίτης 113,5
ἔρημος
18,19 72,12 346,21 371,21
  ἡ ἔ. 22,17Z 123,20
159,20.21 251,22 252,21
342,1 346,19
ἐρήμωσις 142,11A

208,6 270,13A 278,8
306,11 312,9 319,5 330,
16Z 353,2 356,14A 378,15
ἑτοιμάζω 224,10Z 230,2-3A
240,4.16Z 370,11 378,20Z
ἕτοιμος 240,19
  ἕ. εἰμι 126,23 127,2.
17 277,12 343,21
ἑτοίμως ἔχω 127,1
ἕτος 7 Fr.1,3(δι' ἕτους)
33,20 105,6 273,9
εὖ
31,16 211,15 292,5A 353,20
  εὖ πράττω 75,7 83,23
εὐαγγελικός 11 Fr.10,4
229,12 258,9 339,10 365,14
εὐαγγελικῶς 8 Fr.3,7 391,
10 397,11 s.a. πολιτεύο-
μαι
εὐαγγέλιον 37,9 40,15.20
199,6 368,11
εὖγε 150,14 265,7Z.8Z
351,21Z
εὔγειος 86,12(ε. καὶ καρ-
ποφόρος ψυχή)
εὐγένεια 265,21
εὐδαιμονία 1,4 6,10 8
Fr.4,1 13,11 29,5.21
64,11 84,1A 108,2 110,14
113,22 182,3 184,20 190,17
228,1 230,7 242,9 393,14
394,19 s.a. ἀπολαμβάνω
εὐδαίμων 72,11
εὔδηλον ὅτι, ὡς 7 Fr.1,8
41,3 68,18 84,12 196,15
347,8
εὐδοξία 308,17A
εὐεξία 373,21
εὐεπής 111,3
εὐεργεσία 18,7 107,7A
180,18 193,5 250,8 305,13
εὐεργετέω
13,10 118,12-13A 263,7
286,10
  τὸ μὴ εὐεργετεῖν Sünde
193,4 262,23
εὐεργέτης 288,15
εὐήθης 349,11
εὐημερέω 59,14A 142,21
εὐημερία 59,14 62,4 69,4
85,4 86,18.20A 115,13
141,2 142,4 143,3 153,18
159,22 165,23 177,13A
182,2 187,11 190,11 392,21
εὔηχος 252,11
εὐθαλέω 253,18

εὐθαλής 142,19
εὐθαρσής 351,3
εὐθέως 22,16A 86,11 134,
12 135,8A 221,15
εὐθηνέω 18,14 86,21 87,5
142,11 181,21 184,9 190,10
192,7
εὐθηνία 30,12 48,3Z.7
49,17 59,19 62,5.6 84,
13.21 86,20 105,26 232,5
260,6A
εὐθής 96,1
εὐθύ 135,8A 248,8 s.a.
σκοπός
εὐθυδικία 215,6
εὐθυμέω 18,15 52,5
εὐθυμία 260,6A
εὐθύνη 217,2A
εὐθύς Adj. 50,23 204,6
259,16A 311,14 336,17A
349,1
εὐθύς Adv. 21,19 82,7A
144,6 135,8 223,12 318,23
333,10 359,4 384,13 393,12
εὐθύτης 17,22
εὐκαιρία 46,8Z
εὔκαιρος 36,7 206,12
εὐκαίρως 189,15 339,6
εὔκαρπος 244,13
εὐκαταγώνιστος 97,6
εὔκλεια 358,18
εὐκολία (μετ' εὐκολίας)
58,12 91,18 92,11 121,21
εὐκόσμως 83,7
εὐκτικῶς 150,4A.8
  οὐκ ε. ... ἀλλά 41,20
60,10 124,3
εὐλάβεια 50,12.16 173,12
273,1
εὐλαβέομαι 11 Fr.10,1
127,21 171,7.10 245,18
277,10 280,8 297,20
εὐλαβής 173,15 174,5
  εὐλαβέστερος 72,21
εὐλαβῶς 266,21
  εὐλαβέστερον 300,12
εὔληπτος 305,15
εὐλογέω 14,7Z 19,1Z.2Z.4Z
20,6Z 24,19Z.21Z.22Z 26,
7Z 111,7Z.11 246,18
εὐλογία 83,25 391,6.7.11
εὔλογος 50,3 74,18 212,20
  τὸ ε.(einer Rede) 65,12
67,15.20.22
  κατὰ τὸ ε. 271,12 272,
14

100,6.19 113,16 114,4
163,19 173,14 226,6 243,11
292,5 306,6
τὰ ἐ.= der folgende Text
52,7 76,23 99,22 109,6
147,4 225,3.4 250,25
ἐφευρίσκω 251,10
ἐφήδομαι 145,7
ἐφησυχάζω 30,15 48,15
77,15
ἐφιζάνω 353,12
ἐφίημι 15,9
ἐφίεμαι 154,2
ἐφικνέομαι 112,11 274,10
ἐφικτος 235,23
ἐφίστημι 31,17 115,15A
134,12 195,15 292,5A
297,8 357,10
ἐφίσταμαι 15,5 21,19
47,13 78,10 92,14 194,
14A
ἐφοδεύω 224,16 323,4
ἐφόδιον 266,18
ἔφοδος 23,2 159,20 254,2
283,14 320,10
ἐφοράω 16,13 147,12Z
150,15.20 170,13 185,
10Z.11 186,2 194,19
209,11 210,8 217,2 239,14
303,11 328,5
ἐφορμάω 345,9
ἐχεμυθέω 278,8
ἐχθρός
87,6 128,14 163,14 166,
2.3 226,22 250,24Z 265,9
281,8 307,16 310,7
ἐ. = Teufel 163,15
223,17Z 307,20 333,3
342,12 364,10Z 367,21
379,18Z
ἔχθιστος 333,2-4A
ἔψω 232,24
ἔχω passim (ca.210 Stellen)
ἐ. οὕτως, ὧδε "sich ver-
halten" 64,16 156,5
269,10
ἐ. οὕτως "folgenden Text
haben" 146,9 160,4
ἔχομαί τινος 19,21 25,
25Z 108,3 373,15
ἑωθινός 41,12 245,8
ἕως₁ (ἡ) 41,13 210,16
ἕως₂
Konjunktion
131,6 195,21 225,18
351,17

ἕως ἄν 76,3A 131,4Z.5Z
136,10 218,15 225,16Z
332,12Z
ἕως ὅτε 32,14 262,12
274,14 380,7
ἕως πότε 80,5Z
Präposition
33,12.13A 42,3Z 80,2A
131,4 391,15
ἑωσφόρος 15,12Z 41,12.
19Z.21.22 42,5 338,20.21
339,2 363,10A 374,11.12Z

ζέσις 278,17
ζεῦγος 21,7Z
ζεῦξις 131,8
ζέω 377,7Z
ζῆλος 4,20 50,2 59,7
317,3Z.5
ζηλόω 270,6 272,14
ζηλωτής 137,11
ζημία 158,8
ζητέω
17,4 31,9A 46,18 56,13
68,4 73,11A 84,5 105,8
105,12 117,19A 147,12Z
175,8Z 203,13 219,1 235,22
236,15 239,3 305,12 349,16
384,18
ζητῆσαι ἄξιον 381,6
383,2
ζήτημα 270,9
ζήτησις 118,9A 203,13A
ζόφος 160,23
ζοφώδης 39,6 210,21
ζυγός 114,14 141,17-18A
363,16
ζῶ
36,1 54,7 78,22 89,10
90,18Z 100,21Z 108,19
118,4/5A 131,25Z 132,7.8
134,17 168,2.9 184,2
191,19/20A 213,3 220,10
225,17.19 226,3 232,14
319,11Z 333,15 360,13Z
392,13.15 s.a. ἀναπνέω,
προαπέρχομαι
τὸ ζῆν 106,18 206,6
s.a. ἀφορμή
ζῴδιον 343,3
ζωή 46,13 70,16 76,19Z
81,8 107,2 108,20 109,
5A 114,12.16 121,1 130,
4 179,14Z 186,13 286,12

69,20 86,14 150,19 240,8
300,21 336,16Z 362,4.9
378,12Z 379,11.14 380,3
383,21 394,8.15
  in Anrede an den Leser
θεώρει, θεώρησον, θεωρεῖς
22,12 64,11 100,10 102,
10 136,7 312,16 385,27
388,7
  θεωρηθείς 233,18 348,
10 353,6
θεωρία
5,13.15 55,4 56,19
230,19.20 317,13 337,15
357,3
  κατὰ τὴν θ. 43,6 54,12
232,13 339,9 347,14
θηλάζω 43,9Z 177,6Z
θηλή 208,6
θῆλυς 10 Fr.6,6.9 Fr.7.2
21,9Z 29,18 38,22 347,
1Z
θήραμα 159,15 345,9
352,13
θηρατικός 345,2(φύσις θ.)
θηρευτής 159,13
θηρεύω 159,1.14
θηρίον
40,22Z.24 54,12 168,10
233,16 247,14 305,9
321,17 341,20 345,3.5
349,4 356,12 357,12 360,10
377,2 379,14.21.22 380,
6.7
  θ. = Teufel 14,10 25,
21 26,13 330,7 333,4A
357,5 360,9.19
θηριοτρόπος 376,16
θηριώδης 63,18
θησαυρός 46,18 93,6Z
236,20 329,11 341,4
393,12
θητεύω (ἐπὶ μισθῷ) 29,6.21
389,6
θιμωνιά 64,10Z.12Z
θίς 234,13Z
θλάω 177,21Z
θλίβω 142,3A
θλῖψις 46,8Z.9 104,15A
105,26 141,13 178,13
194,14 204,7Z 309,17
θνήσκω (τέθνηκα) 33,1 44,
3 168,2 220,22 260,20
353,1 396,13
θνητός 79,1 189,2.5 256,4
θορυβέω 6,8 35,16 51,21

66,12-13A 100,22 194,10
205,10
θρασύνω 163,5
  θρασύνομαι κατὰ θεοῦ
44,17 59,6.10 295,20
θρασύς 251,5
θρέμμα 54,6 245,4 250,
17.21
θρίξ 23,14 55,16 149,5
θροέω 205,5
θρόνος 378,11
  θ. θεοῦ 201,19 222,4Z
θρυλέω 153,11 265,10
θυγάτηρ 2,13Z 22,13Z 392,
18 395,7
θῦμα 386,7
θυμηδία 333,19 389,9
θυμικός 50,2.21 278,10
θυμός 19,13 44,22Z 46,
11Z 50,3 68,19.20Z 147,
9 177,5 212,20 295,10Z
311,7.10
θυμόω
183,3A 272,14 311,11
  θυμόομαι 11 Fr.10,5
44,18
θύρα 210,11
θυρεός 229,21Z 377,9A
θυσία 6,14 11 Fr.9,3.8
Fr.10,2.7 174,17A.18.20
375,1 386,11
θύω 10 Fr.8a,3 12 Fr.11,2
368,13.15 397,11
θώραξ 371,9

ἴαμα 202,11A
ἴασις 62,20 160,15
ἰατής 100,4Z
ἰατρός 100,4Z.6 124,13
ἰδιάζω 54,7
ἰδικός 310,9
ἰδικῶς 22,21 75,9 153,5
235,20
ἰδιοποιέομαι 70,5
ἴδιος 3,1 33,17 39,4
59,10A 61,11A 64,11 75,
19 77,10Z 79,15 105,24
118,8 171,5 175,5 177,
4A 186,6.10.11 192,9
213,8.18 221,6 224,1
231,9 232,9 235,22 239,22A
242,17 263,12 264,16
267,9 280,2 284,10 288,14
293,6 297,18 308,3 322,4

ὁ ί. θεός 179,1 286,10
307,4 312,16
 ἰσχυρότερος 40,14 295,
16 311,11
ἰσχυρῶς 2,5
ἰσχύς 60,16Ζ 62,14 67,7 79,6.
8Ζ 146,5 284,3 302,1 308,3
312,5 333,4 348,2.7 349,
6.7 350,15 356,14 359,2
360,21 361,3 378,24 382,17
 ί. Gottes 91,15 95,13
220,16 221,8 312,13.21
360,11
ἰσχύω 36,20Α 39,5 41,18
149,1 185,4 195,21 246,9
275,14 316,4
ἴσως 4,19 17,17 31,11
41,19Α 57,1 75,22 94,13Α
104,19Α 126,19Α 136,1
154,3 162,7 167,20 178,11
187,12 202,11 208,18
255,4 263,20 283,13 311,4
325,24 326,4 372,15Α
383,14 388,5
ἰταμεύομαι 361,8
ἰταμός 361,7 372,6.16
376,13 377,2
 ἰταμώτατος 372,13
382,17
ἰταμότης 333,4 357,5
378,24
ἰταμῶς 362,8
ἰτέον 5,7
ἰχθύς 313,9Ζ 366,21
ἴχνος 4,29 14,27Α 71,15
85,6 97,18.20 114,7.8
340,3
ἰχώρ 27,20.22 45,22 76,
3.4Α 150,6Α 329,19 333,
11.18

καθά 119,15Α 142,1Α
284,14Α 295,9Α 367,6Α
καθαίρεσις 218,13
καθαιρέω 164,5Ζ
καθαίρω 11 Fr.10,2 113,14
198,6 216,17 221,3 279,14
285,12 327,12 365,16Α
374,3.6 378,16
καθάπερ 142,3Α 284,20Α
344,17Α 379,21
καθαρίζω 11 Fr.9,6Ζ 12
Fr.11,4Ζ
καθαρμός 374,4

καθαρός
12 Fr.11,1 28,2 45,23
52,13 81,5 99,3 110,7
111,22 113,21 114,10
118,5 135,16 140,7Ζ 149,
18.21 150,14 154,13 191,
19 198,5 203,18 206,2
215,11 216,21 217,12
218,16 273,15 279,13.14
281,7 285,11Ζ 375,2
 καθαρώτερος 217,9.10
 καθαρώτατος 122,9 215,
11
καθαρότης 118,15 135,17
139,24.25 215,12 217,11.
18.19
καθάρσιος 11 Fr.9,6
κάθαρσις 198,3.9 216,19
καθαρτικός 374,2
καθαρῶς 117,20 253,21
καθέδρα 122,3
καθέζομαι 352,22 353,6
καθεῖς 41,10
καθέκαστος 295,6
 τὸ κ. 93,9 97,14
καθεύδω 312,4
καθηκόντως 163,10
καθήκω
 τὰ καθήκοντα 210,5Ζ
280,20
 καθήκομαι 280,20/1Α
καθηλόω 366,4
κάθημαι 27,22 28,1Α 31,12
245,8 322,5
 καθήμενος 123,10Ζ 136,
17Ζ 159,15 273,7
καθίζω 74,7.15
καθικετεύω 152,7Α
καθίπταμαι 97,19 352,13
καθίστημι
8 Fr.3,9 14,1 18,19 86,
20 105,26 165,3 169,13
182,15Α 208,15
 καθίσταμαι 4,23 38,16
82,5 91,2 110,13 111,14
130,3Ζ 135,14 151,20
186,7 203,13Α 245,22
256,6 277,8 309,1 385,22
καθό 15,6 372,11Α.15Α
καθοδηγέω 123,21 236,16
καθολικός (λόγος) 59,9
119,13
καθολικῶς 154,8Α
καθόλου 57,7 59,8 74,19.
20.22 75,9 98,4 157,12
208,20 216,10 273,19

κάλλος 6,6A 41,15 249,7
395,1
καλλωπισμός 375,14
καλοπόδιον 281,11
καλός
1,12 37,21 43,1 44,2
47,5A 64,9Z 97,12 98,14Z
104,5 153,6 172,6.21
173,3 240,8Z 272,12 330,6
335,7 s.a. λόγος
τὸ κ. (moralisch) 8 Fr.
3,2 244,16 251,13 268,13
τὰ κ.(Gegenteil von κακά)
44,2.7 47,5A 156,9 170,6
καλλίων 50,9 283,11
285,14 288,6 331,16
363,17 365,17 381,11.14
κάλλιστος
113,14A 197,19.21 288,6A
δόγμα, μάθημα κ. 44,14
45,23 49,10 65,20 109,7
170,4 174,10 218,25
243,8 256,8
καλύπτω 194,13Z 315,18
316,9
καλῶς
1,29 2,25 15,18 42,1Z 53,4
86,9 155,20 173,19 181,12
182,7 219,4 272,22 273,2
300,8 304,4 330,22 331,
19.21 334,4 348,18A 357,2
358,13 368,13 381,13.15.16
385,13 396,9 398,2
κ. λέγω, λαλέω 52,20
60,9 116,1 166,3 172,
21.22 177,6 213,17 229,7
238,3 288,10 289,3.18
292,15 296,10.19 332,4
378,23
κάλλιον 218,10
καμάρα 315,1Z
κάματος 75,5 130,8 177,4
s.a. πολύς
κάμηλος 263,21
κάμινος 375,2
κάμνω 75,2 164,5.9
193,14
κάμπτω 30,18 94,1Z.2Z
κανθήλιος 347,8
κανών 248,14
καπνίζω 91,20Z
κάπνισμα 375,1
καπνός 374,20 375,4A
καρδία 23,18Z 25,4 26,6
42,4Z 71,22Z 102,3 113,14
135,8Z 152,18Z.21Z 166,

24Z 191,13 196,20 197,4
199,3 209,5 258,11A 260,15
309,6 332,13Z 334,20 335,4
351,3 371,11 376,11 394,9Z
καρπογονία 324,1.6A
καρπός 130,17 196,22
207,9.11 241,13 248,1
267,16 268,5 316,2 318,6
322,12Z.13.14 324,6 341,
9 395,9 s.a. ἀποδρέπομαι,
γῆ
καρποφορία 174,19
καρποφόρος 86,12 189,1
347,16A s.a. εὔγειος
καρτερέω 23,23 28,9 68,
15Z 102,20A 155,20
καρτερία 65,10 145,8
καρτερικῶς 330,15
κασία 394,11Z
κατά
m.Gen. passim (ca.125
Stellen)
m.Akk.
passim (ca.300 Stellen)
s.a. ἀξία, καιρός, λόγος
τὰ κατάτινα 1,21 48,11 59,
15 79,17 85,11 93,20
97,9 105,16 106,1 107,3
111,25Z 114,15 120,3
124,14.20 125,19 129,4.7
133,4.9 143,13 144,10
150,4.9 153,11 157,9
158,8.12.16 161,11 162,13
165,3 166,2 169,7.13.16
172,13 174,21 179,20
180,9 185,21 188,3.7
194,12 195,6 200,10.16
201,12.21 202,7 203,4.17
229,2 243,2.5 244,20
246,5 248,9 250,4 259,3
277,14 281,8 289,20 290,
2.21 318,14 333,5 335,7.8
358,18 389,16 390,1 398,3
κ. ταὐτόν 207,9 368,22
καταβαίνω 3,25 15,22
156,1Z 296,4Z 340,8
καταβάλλω 141,20 142,7
164,6 232,11 267,16 377,3
καταβαρέω 244,13
καταβλάπτω 38,2A 149,16
καταβόησις 80,21
καταγγέλλω 123,13A
καταγέλαστος 153,11
καταγελάω 96,15Z.16Z 153,
12 196,14 329,19
καταγηράω 184,3 248,3

κρέας 177,15
κρεῖττον 105,16 171,15
κρείττων 282,3 300,9.17
κρέμαμαι 221,18 369,11Ζ
κρίκος 315,19.20 337,1
367,5
κρίμα
79,18 94,13.14.16 95,14
120,6 127,16Ζ 163,22 165,
12 186,18 202,8Ζ 205,2
246,20 266,12 273,18.19
274,1 289,20Ζ 290,4Ζ 299,
12 302,11Ζ 307,7 309,19
310,5Ζ 311,1 317,18
328,2Ζ 346,6
    τὰ κ. τοῦ θεοῦ ἀκατάληπ-
τα, ἀνεξιχνίαστα, ἀνέφικτα
44,10 182,7 219,6 301,1
304,2 306,3 325,3 332,9
κρίνω
10 Fr.6,6 50,19 88,5Ζ
90,8 94,12 98,12.16 105,5
111,3 125,19 127,17.21
139,11 145,2 167,14 187,2A
192,2.12 195,4 200,9.16.
19 201,11 202,8 203,4.17
270,10 271,22 289,20 290,2
291,9 292,14.20 315,21
332,11Ζ 353,17Ζ 354,15
358,11.12 s.a. κεκριμένως
    κ. ἄμεινον 47,22 181,
8 355,3
    κρίνομαι (Passiv) ἐπὶ
θεοῦ, παρὰ θεῷ 202,13
203,16 261,21 292,17
    κ.(Pass.) πρὸς θεόν 5,1
89,19 90,18.19 99,12.21
101,12 110,8 138,7 271,
17 278,4 289,5 297,11A
299,9.14 303,12 304,3
κρίσις 1,16 16,17Ζ 68,19
90,16Ζ.22 91,2 99,20
100,1.5.11.20Ζ 111,14
133,14Ζ 181,18 183,8
192,12 202,11.15.16 216,
19 225,17 266,11 269,13.18
270,3 273,18 288,17 295,4
353,16.20 358,7 385,17
395,22Ζ s.a. ἔρχομαι
κριτήριον 53,4 127,13
κριτής
74,7A 122,2A 289,18
    κ. ἀδέκαστος, δίκαιος
(Gott) 100,6 101,12
124,13 262,6Ζ 298,1 328,4
385,18

κριτικός 289,14
    τὸ κ. 1,9 289,19 311,2A
κρυμός 321,21A 325,10
κρύος 207,20 262,18 321,21
κρυπτός 12 Fr.11,2 332,12Ζ
κρύπτω
125,15 152,&18Ζ.20.21Ζ 159,
14 176,4 300,3Ζ 316,7 322,
18 334,20 335,3Ζ.10 360,1
    κεκρυμμένος 4,12 65,14
393,12
κρύσταλλος 71,12.15 237,
8A 342,7
κρύφα 126,4Ζ
κρυφαίως 126,7
κρυφῇ 126,4Ζ
κρύφιος 12 Fr.11,2.3Ζ
κτάομαι
9 Fr.5a,4 109,21 180,18
185,9 190,18 215,17 246,17
317,8.9Ζ 383,22
    κέκτημαι 3,26 16,10
52,13 68,24 106,22 118,19
250,16 263,16 394,20
κτῆμα 13,20 27,18 36,2
172,18 180,19 227,16
236,14.25 237,8
κτῆνος 18,14 233,8A 305,
9 313,5A 345,7
κτῆσις 263,20 317,7Ζ
κτήτωρ 267,20
κτίζω 324,10 363,3 378,8
κτίσις 15,4 135,13 138,19
239,13 240,12 313,5.13
317,3Ζ.5 336,14 337,16
342,13
κτίσμα 77,21 240,11Ζ
336,16Ζ.19 363,4A
κτύπος 224,21 239,23
372,2
κυβέρνησις 323,8Ζ.9 327,
19
κυβερνήτης 322,5A
κυβερνητικός 322,5(ἐπιστήμη)
κύβος 344,17
κυδοιμός 341,15
κύησις 346,2
κυκληδόν 323,3.5.7Ζ
κύκλος 39,18(ἐνιαύσιος)
195,6(οὐρανοῦ) 323,2
328,19Ζ
κυκλοτερής 95,1 344,18
κυκλοτερῶς 165,19 222,10
229,3
κυκλοφορικός 344,9
κυκλόω 165,4/5A 194,14A

κυλίω 232,19Ζ
κῦμα 25,1 71,14 92,18
97,18 114,8 239,24
338,15
κυπάρισσος 361,7.12.13Ζ.14
κυριολεκτέω 61,23
κύριος₁ 45,18
 κ. = Gott (ohne Ζ) 5,3
41,22 46,14 50,10 68,19
88,19 126,6 186,19 221,11
225,17 227,9 270,6 288,15
291,13 332,2 334,5.16
339,2.10 357,6 358,20Α
373,3 377,13 378,9 383,6
385,5.22 386,15 388,6
394,9Α
 κ. = Christus 2,27 4,3
37,8.20 92,17 123,13
191,12Α 226,3Ζ.4Ζ 238,6
241,22 340,4.8 363,20 367,
9.12.21 368,4 369,3.23
376,2 377,13 378,13.14
388,10 398,14 s.a.παρουσία
κύριος₂
 κυριώτερος 26,20
κυρίως 41,8 216,10 273,19
κυρόω 104,8Ζ 297,3
κύων 250,9.20.22.23Ζ
343,5
κῶλον 123,20
κώλυμα 129,6Ζ
κωλύω 42,9.10.13 167,11Α
κωμῳδέω 1,25 33,24
κωπηλάτης 3,12.14

λάβρως 341,15
λαγχάνω 20,22Α
λαγών 232,9
λάθρᾳ 4,19 264,21
λαῖλαψ 185,22 334,10Ζ.11
λαλέω 36,16 38,9 50,10
51,10 65,10 66,15Α 73,19
74,6 78,12Α 84,12 89,4
90,13.23 100,2Ζ.15 102,
3.17.18.19.22.23 117,17
118,18Α.19 119,9 120,19
125,20 126,7.13 133,19
136,8.11 137,15 138,6.14
145,2.3.22Ζ 146,2.3 157,
18 167,24Α 173,21 182,16
204,4 218,15 244,5 257,7
272,9 274,20 275,5.15.22
276,4 277,8 278,9.18
279,3 282,5Ζ 287,1 289,

3.18 291,6 296,13.20
297,11.19.20 298,5 300,17
327,1 331,19 334,14Ζ
355,10 356,9 381,5Ζ.7.16
383,7 384,11 385,7.18
λαμβάνω
1,15 10 Fr.6,8 56,1 75,5
76,21 78,20 122,1 168,14
170,16 171,7 181,11 249,16
260,15 263,2 272,2Α
295,17.18 296,1 303,19
339,13Ζ 391,11.18
 λ. von Gott, Christus
13,8 14,12 17,4 19,21
20,12.15.22 24,14 25,20
102,3 130,4 146,5 153,2
191,11 193,7 198,10 220,11
226,9Ζ 233,17 234,22
235,1.16 236,8 278,5
321,10 363,15 364,8
383,9 395,16 s.a. ἐξουσία
 λ. πληγήν, -άς 14,15.19
26,18.19Α 178,22
λαμπάς 175,14
λαμπρός 7 Fr.1,2 149,7
 λαμπρότερος 13,15
λαμπρότης 31,1 179,5
185,15
λάμπω 41,8 244,8
λάμψις 343,8
λανθάνω 57,8 83,13 97,3
125,8Α 147,1 152,19 217,3
252,22Α 310,14 335,6.7
353,20Α 373,5
λαός 60,6 124,5Ζ 228,10
311,20 368,5
λάρυγξ 121,7.13 246,3Ζ
289,14
λατομέω 231,4Ζ.5
λάτρις 29,6Ζ
λάφυρον 122,1.10
λάχανον 58,10 213,17Ζ
360,17Ζ
λεαίνω 134,1
λέβης 257,2Α
λέγω passim
 s.a. ἀληθέστερος, ἦ, ἵνα,
ὀνειδιστικῶς
λείπω 115,5/6Α 247,4
λειτουργία 15,16
λειτουργικός 17,8(πνεῦμα)
λειτουργός 59,4
λέξις 1,29 3,10.15 36,18 158,
19 237,4 238,12 328,4
343,5 357,15 385,15
λεπίς 368,21

μανθάνω 63,21 75,20 80,2
81,2 90,22 104,20.22
111,21 128,12 135,17
136,19Z 145,9 196,21
202,10 215,15 251,18
306,12A 325,14 327,3
379,14 382,2.15.19.22
383,6.19 384,20
μανότης 315,11A
μαραίνω 129,2 142,20
143,2 178,12
μαργαρίτης 237,8A
μαρτυρέω 52,3 290,5.6
340,5
μαρτυρία (Gottes) 2,20
385,8 387,6
μαρτύριον 146,9Z.16Z 150,
15
μάρτυς 100,9Z.12 105,10
124,20 144,10 398,4Z
μαστιγόω 209,14Z
μαστίζω 108,7
μάστιξ 63,11Z 79,7Z 106,
1 269,15 277,16
μαστός 43,9Z
μάταιος 138,2 143,21
174,24 177,14 227,14
248,10 378,19 s.a. λόγος
ματαίως 137,17 189,14
μάτην 52,11 67,16 111,14
113,4 156,10 165,13 225,22
231,12 270,2
μάχαιρα 351,12
μάχη 17,15
μεγαλαυχέω 25,25 139,6
367,4
μεγαλαυχία 126,10
μεγάλαυχος 62,13 199,7
375,7
μεγαλεῖον 90,14 304,1
313,5 318,20 320,17A
μεγαλειότης 56,2 91,15
301,1 359,9
μεγαλογράφος 48,3 213,15
247,2 313,10 360,13
μεγαλόδωρος 89,6
μεγαλόνοια 31,4 90,21
μεγαλοπρέπεια (Gottes) 299,
7 304,6 306,5 312,14
331,6
μεγαλοπρεπής 305,6
μεγαλοπρεπῶς 117,11 305,
16 331,10
μεγαλορρημονέω 378,9
μεγαλορρήμων 62,13
μεγαλοφρονέω 44,3A 72,5A

μεγαλόφρων 62,14
μεγαλοψυχία 5,21 14,4
31,2
μεγαλύνω 79,16 158,8
μεγαλύνομαι 227,17A
μεγάλως 108,11 384,6
μειζόνως 32,1 80,10
μέγας
3,24 9 Fr.5a,12 5b,2 19,
10 22,16A 40,14Z 41,2Z
44,2A 54,9A 77,20 88,9
93,9 96,9 97,6 150,20
164,21 167,12.13 194,10
195,2 223,10Z.12Z 233,15
235,14 255,17.18.20 264,
9.21 305,21 307,19 318,
21 320,16Z.17 325,15
327,17.22 328,18 330,4
333,6 337,4 352,6 356,
17 357,1Z 362,5Z 365,
4.5 370,7Z 386,7 390,13
392,8
μ. Δαυίδ 38,4 71,21
93,5A 147,10 166.23
μ. Ἰώβ 4,14.29 26,4
37,11 48,6 49,20A 90,21
100,22 167,8 245,11
289,1 329,8
οὐδὲν μέγα εἰ 26,16.21
27,3
μέγα δύναμαι 227,17
μέγα οἴομαι 134,20
μέγα φρονέω 43,17.19
44,3 72,5 122,1 191,18
215,9.15 217,19 359,4
s.a. βουλή
μείζων 28,3 383,21
μέγιστος 10 Fr.6,5
14,5 207,14 264,20/21A
265,2 290,14 378,8
μέγεθος 102,21 240,10Z
255,14 336,15Z 349,6
350,15 356,14
μέδιμνος 237,16A
μέθεξις 44,2
μέθη 245,7
μεθίημι 349,23
μεθίστημι 122,17
μεθίσταμαι 194,12
μείρομαι 120,1(εἵμαρτο)
μείς 75,19Z 346,2
μελαίνω 149,4 257,19
μέλας 344,13
μέλει μοι 185,12 192,5.8
μελέτη 282,16 318,3.8
μεληδόν 165,23

μέλι 393,9 9
μέλισσα 236,4
μελλητής 283,14
μέλλω
  m.Inf. 31,16 37,19Z
  41,1.2Z 57,2 79,3Z 125,
  3 127,12 134,21 141,12
  146,2 182,12 183,16 192,2
  224,9 227,5 246,16 256,4
  278,17 283,10 296,16
  297,8 319,19 354,16
  369,20 370,7Z
  absolut μέλλων
  53,3 131,17A 141,1A
  180,2
  τὸ μέλλον 26,5 28,19
  36,17 60,9
  ἐν τῷ μ. αἰῶνι 162,18
  347,16A 391,12
μέλος 26,19 98,8 131,8
  147,20A 247,4 361,18
  362,14.18Z.21
μελωδία 118,14
μελωδός 223,9 244,4 262,
  5A 266,6 334,15
μέμφομαι 46,9 65,17 66,
  15A 70,13 80,7 82,6
  83,5 110,6 117,13 117,
  15 125,10 144,7 163,9.
  20 289,5 290,20 299,8
μέμψις 57,18 74,16 172,
  24 281,9 284,10 347,8
μέν passim
μενοῦν 1,16Z
μέντοι 3,11 27,8A 29,9A 55,
  18A 56,16 92,22A 103,1A 104,
  13A.17A 130,1A 169,17
  250,8A 385,4A 386,10A
μένω 5,16 14,16 42,5
  54,16 92,8 108,20 109,1/2A
  120,12 141,8 142,13Z 143,6
  184,12 213,3 246,5 251,13
  273,1A 333,8 365,14 395,7
μερίζομαι 368,12.14
μερικός 273,19
μέριμνα 115,2 188,21
μερίς
  153,2Z.4 159,19 161,8Z
  172,17 180,19 211,16
  215,18 227,16 258,15 286,3
  μ. ἀσεβῶν, διαβόλου u.
  ähnl. 201,2 211,7 212,8
  243,10 258,21 365,9
  μ. Gottes 219,23 275,8
μέρος 16,8 18,13.18 50,
  22 83,25 95,2 151,7

224,15 247,9 250,7 261,5Z
273,18 274,1 278,11 313,17
328,15Z 345,12 352,12
391,7A
μεσημβρία 62,4 114,12.13.
  14A
μεσίτης 101,17.21
μεσονύκτιον 302,10Z
μέσος 24,10 50,25 114,14
  118,21 247,14
  αὐτὸς μ. 2,18 49,9 51,
  3 133,21 159,21 395,5
  τὸ μ. 7 Fr.1,6 97,8
  166,11 331,14 348,1
  361,2.3 397,20Z
  διὰ μέσου 76,14 136,9
  182,4 275,19 310,5.18 s.
  a. παρεντίθημι
μεστός 37,6 68,9 74,19
  129,12
μετά
  m.Gen. passim
  (ca.100 Stellen)
  s.a. διαίρεσις
  m.Akk. 1,4.18A
  2,10.30 27,18 29,16
  31,9.10(μ. πολύ) 36,5
  47,10 63,6.7 75,4 78,11
  81,11 105,26 130,8 134,18
  137,2 155,10 162,12 168,
  1 169,12 182,15A 188,20
  189,9 198,3.9 220,20
  258,15 274,6 286,4 294,10
  305,9 325,10 333,9 350,12
  353,10 395,6 s.a. πολύς
μεταβάλλω 106,1 294,4A
  μ. εἰς τὴν Ἑλλάδα γλῶτ-
  ταν, φωνήν 1,28 2,27 197,20
  μεταβάλλομαι 282,6A
  381,14-15A
μεταβατικῶς 203,8
μεταβολή 3,5(=Übersetzung)
  32,21 38,10 62,7 72,6
  76,7 87,8 158,13 159,23
  223,4A 250,4
μετάγω 82,16
μεταδίδωμι 194,4 209,6
μεταδιώκω 8 Fr.3,2
μετάθεσις 396,8A
μεταλαμβάνω 43,6 47,18
  121,14A 193,7A 307,2
μετάληψις 219,17 238,7
μεταλλάττω (τὸν βίον) 64,
  13 74,16 248,3 264,11
μεταλλεύω 46,18 231,3.15
  235,16 241,11

μιαρός 167,20 375,1
μίγνυμι 167,12
μικροπρεπής 383,20
μικρός
54,9A 60,13 68,16 75,3
76,12 77,21 146,12 153,15
223,12Ζ 244,15.17 314,18
330,16Ζ 352,5 353,2 365,5
369,1
μικρόν 75,2 78,8
μικρὸν ὕστερον 24,15 156,3
μικροῦ 146,6 278,14
μιμέομαι 362,9A
μίμησις 369,13
μιμνήσκομαι
80,7 82,15 97,2 106,4
237,17 338,8 339,6 369,20
396,9
μέμνημαι 22,13 29,5
68,14 86,9 107,6 118,7
250,22 394,1
μίξις 260,1
μισάνθρωπος 19,12 26,15
μισέω 39,21 101,6.7 268,
12 292,8.10
μίσθιος 75,1A
μισθός 29,6.21 75,2A.5
193,7Ζ.14 389,6 s.a. θη-
τεύω
μισθωτός 75,1.4 130,8
μισοπόνηρος (τὸ μ. θεοῦ)
59,7 303,8
μῖσος 168,6Ζ
μνεία 346,14
μνῆμα 7 Fr.1,7
μνημεῖον 7 Fr.1,1
μνήμη 30,20 39,18 46,1
66,1 98,1 114,7 211,18
237,18
μνημονεύω 223,3 226,3.6
239,6 262,19.23 313,14
339,6A 393,17A 396,10
398,2
μνημόσυνον 29,16 114,7A
161,17Ζ.20
μνηστικός 333,2-4A
μόγις 190,14 301,11
μοῖρα 153,2 184,14 391,7
μοιχεία 261,3
μοιχεύω 258,10Ζ
μοιχός 210,7 211,1
μόλιβδος 169,10
μόλις 75,3
μολύνω 99,6
μολυσμός 98,19
μοναδικός 346,22A
μονάς 226,10 335,24

μοναχικός 346,22(βίος)
μονογενής 170,16 218,13
219,8.15 221,13 226,3A.
4.5 241,21 280,2 333,1
335,14.19 342,13 366,19
383,14
μονόζωνος 249,16Ζ 329,17Ζ
397,20Ζ
μονόκερως 347,22 348,3.6.
10
μόνον
10 Fr.6,8 16,18Ζ 22,17A
26,13 50,4 54,10 55,19
58,14.15A 60,8A 90,7
103,7 134,11 145,9A 163,7
165,10 289,4 291,21 309,6A
361,4 392,3A 393,17
οὐ, μὴ μ. .. ἀλλὰ καί u.
ähnl. 25,17-18
38,9-10A 45,8-9 52,1-2
55,13-14 59,2-3 69,21
108,22 139,2 184,2 190,
20 191,2 193,4 225,7
243,20-21 262,24-25.25-1
272,24 295,6 310,7A
381,14-15A 386,2
μονονουχί 22,14 33,5 88,
21 90,15 91,13A 94,17
99,13 102,16 103,14 115,
20 120,6 141,18A 242,17
317,15A 318,6 333,6
343,22 398,2
μόνος 3,10 5,11.16.17 11
Fr.10,2 13,18 20,13 21,
12Ζ 22,4.17.21Ζ 23,3
29,23 38,10 83,7 90,11
106,17 115,21 119,3 170,
11.12 186,22 192,7 195,6
235,13 236,11 238,10
239,2.10.13 252,3 267,17
324,12 348,6.7.11 357,3
369,12 384,17 385,15
μορφόω 55,18(μεμορφωμένος)
μόσχος 11 Fr.9,9
μοχθέω 29,16
μοχθηρός 74,22 75,9
μόχθος 29,22 75,8
μυδάω 27,22
μυελός 26,14 187,12 285,4
μυθολογέω 109,8 363,22
393,7A 394,3
μυθολόγος 3,9
μῦθος 393,7.9A.10.15 394,4
μυκτήρ 367,5 374,5 375,3A
μυκτηρίζω 196,14
μύλη 366,15Ζ
μυριάκις 35,19 47,20 59,

νοητικός 139,15(τὸ ν.)
νοητός 5,12 40,13.18
98,8 155,14 223,8.14
233,20 307,20 337,17
347,10 357,7 360,9 370,4
374,21
νομή 46,11Ζ
νομίζω 1,7 4,20 23,12
24,16 30,8 50,4 57,7
59,17 64,12 71,3 83,24
124,24 158,7 192,1.9
194,16 216,20 249,1 271,
12 275,7.11 290,21 325,
4 335,10 350,16 353,19
378,5 390,11 396,11
νομικός 11 Fr.10,3
νομικῶς 8 Fr.3,7 391,10
397,11 s.a. πολιτεύομαι
νομίμως 330,4 332,18
391,10A 392,7
νομοθεσία 292,13
νομοθετέω 282,3
νόμος
11 Fr.10,4 24,12 30,5
144,20 245,8 248,14
282,12.15
ν. Gottes 8 Fr.3,5
204,1 244,3Ζ.4 381,11
ν. = Gesetz Mose 2,10
11 Fr.9,7 244,5 361,10
369,10 391,11 395,16.17
397,6.9.10
πρὸ τοῦ ν. 1,22 3,20 8
Fr.3,6 204,3 258,9 336,
14 386,10 391,10 397,2
νοσέω 68,10 388,2
νόσημα 32,1A 285,6
νοσοκομέω 27,21
νόσος 1,5 42,19 102,19
155,11 167,6.22 182,15A
213,7.9 257,19 260,19
277,16 283,23 284,1.9
288,6 329,6 390,8
νοσσιά 353,6 378,7Ζ
νόστιμος 68,1
νότιος 352,12
νότος 93,5 325,22 326,4
341,14
νουθεσία 30,15.19 250,7
266,16 308,15 309,3
νουθετέω 30,10 66,9Ζ 72,
6 116,3.5 199,13 250,6.
14.18 340,12 354,15
νοῦς
1,15 9 Fr.4,2 50,22 56,1.15
94,12 100,14Ζ 121,13.14

133,20 183,12 203,13A
210,5Ζ 272,11 282,19Ζ
327,4 334,21Ζ 357,1Ζ
362,9.10.11 393,17
ὁ δὲ ν. τῶν ῥημάτων οὗ-
τος u. ähnl. 42,11 47,12
81,4.10 113,13 126,6 127,1
131,1 132,1 176,16A 192,6
203,3 206,11 225,16 235,13
241,9 274,18 275,7.9 317,
4 324,23 349,18 383,4
s.a. τοιοῦτος
νυκτερινός 55,14 56,6
174,22 282,14 302,9.17Ζ
νῦν
46,15A 48,9 71,18 74,6A
78,21 82,5 114,14 115,2.
10 118,16A 147,2A 188,10
204,2A 219,9 260,5 283,1
299,6 306,13.17 328,2-3A
336,13.17 368,10 382,2
383,19.15/16A 385,5 387,6
νῦν δέ, καὶ νῦν u.ähnl.
51,11 56,3 68,18 76,1A
100,9Ζ.23 206,12 228,3A
248,9 250,4A.14.18 303,
19Ζ 353,15 384,6 388,2
390,9
μέχρι νῦν 7 Fr.1,10
54,3.4 364,16 385,15
νυνί 66,12Ζ
νύξ 33,13.15.19Ζ.21 34,3
38,17 39,2.11.21A 41,8.
12.14 42,10 48,16 56,5
62,7 75,20 155,9.10
160,22.23 161,1 168,1
210,7 222,14 229,2 131,
7.8 254,18 264,8 294,4.
6 302,7.8.13.14 305,10.
11.14 311,20 312,3 316,
10.11 320,9 338,21 392,19
νύττω 257,10
νῶτον 362,17

ξενίζω 149,20 330,19
ξένιον 333,12
ξένος 180,7
ξηραίνω 58,15 84,20 86,5
131,3.19 161,14
ξίφος 43,20
ξύλον 42,15 43,8 212,11
252,16 281,10Ζ.14 361,7
369,11Ζ
ξυλοπέδη 129,7.9Ζ

ξυρόν 114,15(ἐπὶ ξυροῦ
κεῖται)

ὄγδοος 247,1
ὅδε
  98,21 113,15 129,1(τῇδε
  κἀκεῖσε) 224,17 260,8.9
  326,20
  ὅδε ὁ βίος s. βίος
ὁδεύω 1,14 92,14 195,16
  204,1 241,17 244,10
ὁδηγέω 2,25 248,9 262,
  10Z 373,10Z 379,12
ὀδμή 375,1
ὁδοιπορία 72,4Z
ὁδός 47,11Z.12 72,3Z.7
  85,6 86,10A 112,6 154,
  11Z 159,22 184,23Z 188,
  3.4 191,20 195,16.25
  196,1 198,21 204,6 233,5.9
  236,18 239,14 244,14
  249,14 254,2.4 260,16
  273,18 286,12Z.15Z.17Z
  311,14 314,2 317,18 332,9
  340,20
ὁδοῦς   25,19(διαπρίω τοὺς
  ὀ.)   126,20Z   147,9.11Z
  168,10   247,14   366,16
  371,17A
ὀδυνάομαι   35,6.11   75,21
  143,20 254,9.18 257,8
ὀδύνη 29,21 39,22 44,19
  46,14.19 66,16 70,21
  75,23 76,1 78,20 80,3
  89,5 102,21 134,17 143,19
  176,21 178,14.18 183,18A
  228,19 255,21 257,6 321,
  20 330,3
ὀδυνηρός 46,15 108,20
  160,2 321,21 377,11
ὀδυρμός 108,13 144,12
  150,7
ὀδύρομαι 71,21A
ὅθεν 20,9 129,21A 154,
  14A 194,12A 231,1Z.2Z
  235,21A.24 270,18 271,5
  273,19A 276,2A 277,5
  289,2 331,14 397,2
οἷα
  35,8.16 80,17 90,22 99,23
  194,19 243,23 262,7 282,13
  334,6
  οἷά τις 24,2 139,17
  141,19.20 146,12 218,7

244,7 245,7 267,4
οἰακίζω 323,8Z
οἴαξ 322,5
οἶδα
  οἶδα, οἶδεν 4,30   17,23
  26,6 38,9.18 47,13 56,23
  88,7Z 89,17Z 92,2 100,7Z.
  22 120,4 167,15 170,12
  182,16/17A 186,18.22 187,
  9 192,6.8 222,7 258,19
  290,14 192,6 295,7 313,
  22 315,18 324,18 326,14
  335,4.6.12A 358,11Z
  οἶδα sagt Hiob von sich
  73,21 88,22 89,14 90,6
  95,4 96,12 101,20 105,14
  107,4 118,1 121,10 127,5
  169,11 187,19 200,8 201,15
  202,15 227,6A 256,4 382,7
  andere finite Formen
  16,22 51,10 80,17 82,8
  93,19 95,7 112,15 139,9
  158,11 173,15 181,19
  183,3A 219,24 227,14
  255,17 300,5 306,21 320,
  17Z 324,20Z 332,10 336,
  17 337,3.14A 340,23
  341,4 342,17 345,23 349,17
  352,2 353,17 382,22
  388,12Z 393,17
  εἰδώς 5,3 12 Fr.11,1
  13,13 19,12 26,3 88,19
  91,9 98,8 100,15 144,7
  169,1 174,22 183,7 188,
  16A 205,5 240,4 275,12
  293,22/1A 334,2.20
  εἰδέναι 3,13 90,12
  119,11 121,14 184,24Z
  236,17 340,20 382,3 383,19
  verneint, fragend (Stel-
  len im Vorigen enthalten)
  3,13 26,6 47,13 101,20
  112,15 144,7 181,19
  183,3A.7 186,18 187,9
  188,16A 202,5 275,12
  313,22 315,18 320,17Z
  332,10 334,2 337,3 341,4
  342,17 353,17
οἴησις 375,11.12
οἰκειόομαι 38,13
οἰκεῖος 14,13 19,11 20,
  17 31,19 41,11 54,2 56,2
  57,20 59,10 61,11 65,15
  66,1.2 70,18 77,9 104,13
  107,15 118,11 122,3 136,13
  140,6 165,7 169,13 173,16

139,24 140,6Z 195,7 199,
7 222,4.5.17.20 223,1.3.
4A 232,20 261,17 277,11A
291,14A 300,21 307,19
313,10Z 314,19.20 315,1Z
318,12 319,5 326,5.13
342,8 344,9.13.16 378,
10Z.12.14Z s.a. διατείνω
  ἤ ὑπ᾽ οὐρανόν 17,16
94,2 341,14 343,12 365,15A
370,18 395,4
οὖς 121,12Z.13Z 274,15
307,11Z 308,6-7A 324,15
οὐσία
  "Besitz" 18,18 19,14A
  "Wesenheit" 107,1 226,
10 232,11A 233,8 323,4
335,25
οὐσιώδης (ο. σοφία = Chri-
stus) 219,14 241,21
οὔτε
2,24 44,8A 47,17 50,13A
69,12A 348,18
  οὔτε .. οὔτε 4,4Z 16,
9-10 19,22 26,5-6 43,5
81,13 86,20-21A 114,13-
14 135,15-16 231,2 248,
14-15 288,18 290,15 304,
6-7 332,14-16 356,20
373,6-7
οὗτος passim
οὑτοσί 347,8
οὕτω, οὕτως
  passim
οὑτωσί 37,4
οὐχί 136,2A
ὀφείλω
  m.Akk. 72,10(αἰσχύνην)
398,11Z
  m.Inf. 43,5 50,14 71,
17 81,15 86,14 122,9
167,7.15 193,5 199,12
282,11 300,5.6 327,17
328,13.17
ὄφελος 107,21 134,17.21
ὀφθαλμός
26,18 76,20Z 77,8Z 115,13
132,16Z 139,15 147,21.23
149,15 153,14.20 205,19
211,1 233,11Z 258,11
259,19 265,8Z 300,20
326,7 333,21 353,7 362,20
366,9 370,4 374,9.20.21
383,12
  πρὸ ὀφθαλμῶν ἔχω 8 Fr.3,
3 149,17 205,19(ohne ἔ-

χω) 210,16
  ὀ. Gottes 57,9 150,15
203,4 216,20 293,13 307,
10Z 308,6Z.6-7A 382,9
ὄψις 177,5 223,16Z 364,
9Z 379,17
ὀφλημα 267,8
ὀφλισκάνω 87,6(αἰσχύνην)
ὀφρῦς 62,14A 94,4
ὀχέομαι 337,4
ὄχημα 221,17
ὄχλος 171,13
ὀχυρός 373,10Z
ὀχύρωμα 165,4
ὄψις 55,14 165,20 257,6A
394,20

παγετός 33,21
πάγιος 89,16 106,22
παγίς 159,2
πάγος 322,1
πάθημα 243,6
πάθος 21,10A 24,11 28,8
30,4 35,6.9.11 36,5
54,12.16 109,1A 120,2A
126,19 133,21 144,17
145,6.15 149,4.21 249,19
257,6A 279,13 311,8 325,16
332,25 347,11 362,15
363,15 376,1
παιδαγωγέω 258,11
παιδεία 62,18 68,22 173,
10Z 285,12.19 286,13
299,5 305,13 308,14 309,3
319,17 324,6 s.a. ἐπι-
στρεπτικός
παίδευσις 1,21 4,9 10 Fr.6,3
173,11.18 285,15 288,5
παιδευτής 173,15A
παιδευτικός 277,18
  π. φόβος 282,15 283,9
παιδευτικῶς 277,15
παιδεύω 9 Fr.5a,1 30,5.10
43,17 44,23 49,12 62,19
68,19.21 209,13.14Z 262,
11 277,17 282,14.21 288,6
308,15 323,22 324,8 329,8
352,10A
παιδίον 22,21Z 64,4 368,
2Z
παιδογονία 391,7
παιδοποιία 167,11A
παιδοτροφέω 29,16
παῖς 1,5 4,6 6,10.12 9

πάντοθεν   333,12
παντοκράτωρ 226,5Z   291,5.
 13   327,21Z.22
πάντοτε   67,25Z
πάντως
 53,5   60,11   77,7   83,21A
 145,1 146,2 156,4 168,18
 190,9 256,4 264,10 273,9
 324,7   349,7   350,4   370,
 21/22A   380,5   s.a. πάντῃ
 π., οὐ π. folgt auf Sün-
 de Strafe u.ähnl.   53,1.4
 60,8 82,12 136,2 141,10
 158,13 162,16.17 172,19
 173,16 190,9 206,11 209,9A
 212,6 219,4 227,22 271,22
 292,16   331,7
πάνυ 173,6   264,9A
πανωλεθρία 180,13   284,14
 291,22   295,7
πάπυρος 84,18   85,16
παρά
    m.Gen.
 13,8 140,11 145,1 190,7
 211,4 219,22 251,2 280,4
 292,14 327,3 332,7 390,
 6.9.10   391,18
   π. θεοῦ u. entspr.   15,10
 20,12.15.22 24,14   30,14
 32,2   35,19 44,20 47,21
 67,5 70,22 115,11 130,4
 152,24A 168,15   172,18
 180,19 196,4 197,3.8 227,
 17 230,23 233,17 234,22
 235,1 270,5 288,11 323,
 16.17 324,10 327,11 328,15
 343,20 344,5 351,2 353,20A
 364,8 376,18 383,8 391,18
    m.Dat.   1,20
 3,10.12.14.15   10 Fr.6,5
 16,13 22,15Z 54,15 62,6
 87,4 88,12 89,16 106,22
 108,20   170,16A   180,22
 184,12 200,15 217,10 225,6
 236,3 238,13 261,17 274,16
 280,15.16 294,8   315,7
 335,7 336,23 358,12 360,10
 363,5 365,2.7 376,4 385,
 16.17   386,6
   π. ἀνθρώποις s. ἄνθρωπος
    m.Akk.
 "gemäß, entlang" 16,4.5
 111,3
 "bei" 31,5 51,3 75,21
 202,6   248,1A   252,14A
 381,7 390,8

"über .. hinaus, gegen"
 1,10 30,5 79,1 117,16.18
 119,9 123,4 125,8 226,18
 236,5 279,4 288,15 291,6
 292,11   295,18   332,24
 348,20
 π. τὸ δίκαιον, ἀληθές, ἀλή-
 θειαν 117,16.18   119,9
 125,8 226,18 279,4 288,15
 291,6 292,11
παραβαίνω 38,12 281,8Z
 300,2Z
παραβάλλω 218,22 250,9.20
 312,18
παράβασις 38,19 43,7A
 129,21A 130,1
παραβολή 225,5.6.8Z.9Z
 229,12 (εὐαγγελική)
παραγγέλλω 217,5
παράγγελμα 11 Fr.10,3
παραγίνομαι 17,7Z 31,9
 36,7 78,12Z 92,17
παράγω
 240,18.19   241,12   343,9
   π. aus dem Nichts ins
 Sein 24,12 106,18.23
 240,21 337,14.18 s.a.
 εἰμί
παράδειγμα
 146,13   154,12   169,16
   π. φυσικόν 54,1 65,11
 67,14 82,11
παράδεισος 5,12 373,2
παραδέχομαι 94,23 162,13
 209,14Z 224,19
παραδηλόω 21,21 226,5
 319,2
παραδίδωμι 140,16 235,19
 "überliefern" (Lehre,
 Schrift) 3,8 45,24 140,
 16 163,18 169,7 191,6
 218,25
 "ausliefern" (dem Teufel,
 Unglück usw.) 96,16.18
 97,2Z 104,18 144,8 147,5
 210,1Z.4Z 371,22
παράδοξος 23,4 31,11 293,
 22A
παραδοχή 191,14
παράθεσις 118,6(κατὰ παρά-
 θεσιν δείκνυμι)
παραίνεσις 50,16   52,6
 56,20   60,21   67,16.20
 173,4 190,15 199,10.12
παραινέω 14,17 59,10 62,
 18 65,6.16.18 72,14 82,

παρεγγράφω 391,16
παρεγχείρημα 3,18
παρειά 249,7
παρεικάζω 108,2 128,24
πάρειμι (εἰμί)
15,5.6 17,16Z 68,3.5
202,16A 203,10 226,13
323,4 338,19 343,22A
παρών
"vorliegend" 28,17 55,11
60,12 68,13
τὰ π. δεινά u.ähnl. 28,10
42,17 70,13.15 77,16
107,4 110,14 255,21
π. βίος 60,8 63,5A 302,
14
τὰ π. (im Gegensatz zur Zu-
kunft) 347,16 353,8
ἐπὶ τῶν π. 284,10
ἐν τῷ π. 333,20
παρέλκω 228,1 312,3
παρεμβάλλω 2,3 136,9
παρεντίθημι (π. διὰ μέσου)
182,5 275,19 310,18
παρεξετάζω 250,22
παρεξήγησις 3,9
παρέπομαι 359,5
παρέρχομαι
"vorübergehen" 4,30 71,4
76,8 114,8 254,12
"vergehen" (z.B. χρόνος)
11 Fr.9,2 28,18 32,14
37,16 91,11 251,22
"hin, hinzukommen" 118,
5 175,7Z 214,5 276,7
331,14
παρέχω
120,6 241,4 244,8 261,13
266,18 273,17 300,7 316,1Z
319,18 367,7 393,7A
παρέχομαι 105,10
παρθένος 258,12 365,10
παρίημι 155,6
παρισόω 237,8
παριστάω 353,15
παρίστημι
58,16 65,12 89,8 268,15
318,20 376,8A
παρίσταμαι 15,13 16,3
201,19
παροδεύω 252,22A
παροίχομαι
πολὺς παρῴχηκε χρόνος
76,9 155,5
τὰ παρῳχηκότα 76,21
παρολίσθημα 12 Fr.11,2

παροξυσμός 102,22
παροράω
72,18 133,14Z 281,23
293,8
Gott nicht den Hiob 71,
5 80,19 104,17 112,24
παροργίζω 206,4A
π. τὸν θεόν 26,17 29,
12.23 120,12 261,3
παρορίζω 206,4
παρουσία (τοῦ κυρίου auf
Erden) 123,13 339,10
παρρησία
69,17 99,19 100,12 102,
3 253,14-15A 261,13
ἐκ παρρησίας 5,1 99,19
μετὰ παρρησίας 73,19
103,5 117,20 125,11
285,11A
σὺν παρρησίᾳ 74,6 118,
16 227,5
παρρησιάζομαι 88,21 102,1
218,17
παρῴδημα 253,2
πᾶς passim
διὰ πάντων 29,3 42,11
70,5 81,17 92,14
διὰ παντός 17,17 286,5Z
πάσχω
3,26 42,12A 48,10 51,20
53,9 57,18 58,8.18 71,2
73,13 80,18/19A 82,12
90,23 99,6 117,7 127,1.17
134,4 146,20 147,6 155,11
174,5 199,4 202,8.10
203,4 204,5 206,2 209,2
218,15 252,3.5 260,9
264,20.22 292,15 317,16
359,7 363,18 367,18 390,
6.7.10
π. ἄδικα, δίκαια u.entsp.
1,6 89,20 90,19 139,17
261,14 270,5 285,20 288,
11 s.a. ἄδικος
π. δεινόν u.ähnl. 24,14.
16 43,22 225,19 302,1
339,23
π. absolut
4,5 23,23 26,16 53,6
60,22 63,8 96,17 116,1A
120,1.4.7 137,16 166,7
170,7.13 174,7 243,10
269,12 288,18.19 289,2
332,20 371,1
π. δι' ἁμαρτίας u.ähnl.
4,1 50,4 51,1 82,10

85,19 100,17 101,2 136,6A
146,22 181,9 219,5 258,19
269,7 270,21 271,22A
304,5 331,7 385,20
πατέω 223,15A.16Z 233,18
364,9Z 379,17Z
πατήρ
6,11 11 Fr.9,5 29,19
38,6 88,22 139,3.5 156,
5 250,15.17 252,1 262,5Z
263,1 282,13 357,23Z 397,1
υἰὸς πρὸς πατέρα 88,21
103,5 170,18 255,8
πατέρες: ihr Glück glück-
liche Kinder 13,20 64,3
184,20 185,25 394,19
π. (= Gott) 170,17
216,7 219,9.15 224,1
226,3A.5 279,23 335,13.16
379,8 388,12Z 398,15
οἱ π. 2,22 5,10 84,6.
11.12 391,18 396,1
π. = Urheber 249,10
342,6Z
πατρικός 219,15 238,8
241,22
πατροπαράδοτος (ἁμαρτία)
40,6 216,18 372,19
πατρῷος 10 Fr.6,3
παύω 103,14 223,14 346,4
παύομαι 44,17 163,22
273,2 320,10 375,11 398,
8.12
πάχνη 341,14 342,7
παχύνω 142,1
παχύς 141,19
πεδίον 245,3 351,9
πεζεύω 92,18A
πειθήνιος 23,18
πείθω
65,8 67,22 82,12 88,17
115,15 163,13 166,5 219,4
222,14 237,9 241,8 292,5.9
363,11
πείθομαι, πέποιθα m.Dat.
2,2.11.15 29,22 67,15.19
113,14 142,5 200,12 279,21
296,4 346,19 348,2 349,13
365,19 376,12.16 381,11
πεποιθὼς δικαιοκρισίᾳ Got-
tes 99,13 100,7 261,21
271,18 s.a. σφόδρα
πέποιθα ἐπί τινι 65,16
70,16Z.17 72,9.14 293,4
348,7A
πείθομαι, πέποιθα, πέ-

πείσμαι: andere Konstruk-
tionen 2,17 3,23 6,8
202,13 241,17 263,13
289,9A 357,13
πειθώ 67,23
πεῖρα 21,18 25,20 26,9
36,5A 43,13 63,6.20 101,2
124,8 140,12 181,7 196,21
202,10 249,1 258,20 382,14
πειράζω 4,14 17,2 78,12
πειράομαι 5,5 28,18 30,
12 51,1 53,21 55,15 57,3
82,11.17 87,8 117,6 139,11
168,15 306,1 357,15 371,21
373,5
πειρασμός 15,15.19 17,5
31,2 63,7 74,23 75,6
78,13Z 81,3A 104,14
105,19 109,21 120,5 131,19
134,3.7 148,5 169,15
170,4 194,14 211,1 234,14
331,8 332,20 358,14 389,
5.19 395,5.6
πειραστικός 15,8(συγχώρη-
σις π.)
πειρατήριον 65,20 108,11
329,7
πειρατής 147,16.17 216,10
πελαργός 348,18.19.21
πέλας (ὁ π.) 242,20Z 261,
19A
πέμπτος 397,1
πέμπω 117,6A 177,17A
248,8
πένης 9 Fr.5a,3 29,19
49,7 193,1.21 207,14
244,22 251,19 252,1 260,5
264,1 294,19 307,8 329,19
330,10 388,1.2 393,13
πενθέω 33,1
πενθικῶς 14,3 23,12
πένθος 23,13.14 134,17
258,5
πενία 9 Fr.5a,5 25,16
28,7 36,5 60,14 142,12
149,7 161,3 178,6 193,21
208,15 251,8 260,19 262,8
308,1.10 329,6 333,18
392,7
πεπλανημένως 73,10
πεποίθησις 99,19 100,13.
18 124,19 227,4 270,17
πέπτω 177,17
περαιτέρω (π. προελθεῖν οὐ
δύναμαι) 165,20 276,6
πέρας 47,2.5.8 49,13 136,

322,1
ποάζω   342,1
ποδηγέω   36,19   198,21
πόθεν   17,7Ζ   169,20   171,7
184,2   239,9(π. καὶ πῶς)
340,3.16(π. καὶ ποῦ)   341,
14(π. καὶ πῶς).15   346,18
ποθέω   75,23   81,2   243,24
   π. τὸν θάνατον u. sinn-
gemäß   4,21   47,17   48,9
50,1   74,16   76,12   103,7
108,21   132,4   144,11   151,
17.19   155,1   156,6 s.a.
ἀποδίδωμι
   π. das Gericht Gottes
261,21   270,18   289,9   358,9
   ποθούμενος   38,5
θεὸς π. von Hiob   48,10
70,15.22
πόθος   248,22
ποῖ μὲν .. ποῖ δέ   300,1-2
ποιέω
1,18Ζ   3,11   4,18.25   11
Fr.9,2   19,6   20,19   33,6
37,19Ζ   42,1Ζ   43,8   50,7
56,3.16   61,15.17Α   121,21
130,17   135,10   136,16
137,12.13   138,3   142,2
143,2   149,5   168,19   170,11
205,16   207,10   210,2.5Ζ
212,15.16Ζ   219,10   221,1
223,9   244,8   247,17   248,20
260,8   265,18   282,16   291,
14Α   294,7.14Ζ   296,3Ζ
300,5Ζ.6.11   312,6   313,8Ζ
315,6   320,6   324,5.20.23
326,19   328,13   353,17Ζ
339,6   340,4.5   341,9   343,22
354,10   363,12.20   366,19
369,8Α   371,20   386,3
388,12Ζ
   π. τινί τι   9 Fr.5b,4
79,4Ζ   123,19   195,21   196,4
299,9Ζ   300,10Ζ   301,17Ζ
   π. m.doppeltem Akk. 50,9
57,1/2Α   67,1Α   127,22
180,9   202,19   229,20   230,3
253,15   348,17
   εὖ π.   212,15
   π. καλῶς   381,13   385,
13.14
   ποιέομαι
1,21   3,2.6   6,13   15,15   16,20
27,14   32,15   50,16   66,2
83,21   93,18   102,7   105,23
107,3   124,20   125,21   133,4

136,7.15.22   144,10   154,
15   192,11.13   195,7   200,
20   201,17   242,17   243,11
246,13   267,9   269,18   270,11
281,20   297,10.17   332,5
358,5 s.a. δῆλος, κατάλο-
γος, πρόνοια
   π. λόγους, π. λόγον τι-
νός s. λόγος
ποίημα   89,7   104,17   105,
20   107,5.13   112,8   133,
14Ζ   217,19   239,17   240,
7.12Ζ.17   241,14   288,14
292,1   363,4
ποίησις   107,7   232,12   279,
20.23   336,18
ποιητής   89,7   104,7   105,
23   118,8   133,3   291,16
292,1   302,5   336,11   337,
12.18   342,14Α
ποιητικός   120,24(π.δύναμις)
ποικίλλω   93,4
ποικίλος   4,8   104,21
108,6
ποικίλως   286,10   313,6
368,18
ποιμήν   21,21   206,6
ποίμνη   180,23
ποίμνιον   206,5
ποινή   206,12Α
ποῖος
5,1.4   17,10(ἐκ ποίων εἰς
οἷα)   36,5   64,17   118,14.
15   128,12   156,3   171,6
188,7   202,10   224,22   227,
3.4.15.16   264,9   301,7.14
359,2   382,12   393,7
   ἐκ π. διαθέσεως   100,15
110,7
ποιότης   52,8
ποιόω   177,8   204,17
πολεμέω   21,20   22,2   63,20
142,6   152,12   358,21   366,
10.13   367,14   369,22
πολεμικός   377,3
πολέμιος
3,27   20,12.18   21,21   22,3
23,1   38,6   43,21   62,8
140,18   152,1   166,10   228,3
229,18   230,4.7   283,12.13
341,8   351,13.22   377,3Α
   πολεμιώτατος   23,19
πόλεμος   22,1   63,10   178,
21   194,10   351,9.17.20
359,2   369,20.22   370,5
πολιορκέω   153,23   183,17

ἐκ προαιρέσεως 143,24
176,3A 290,13
κατὰ προαίρεσιν 310,2
προαιρετικῶς 45,9 57,19
133,11 140,2 177,6 268,9
363,15 367,16
προακούω 247,8
προανίσταμαι 185,7
προαπέρχομαι (ζώντων μὲν
τῶν προαπελθόντων sc. Kin-
der Hiobs) 333,15 392,15
προασφαλίζομαι 6,6 89,18
91,7
προβαίνω (προβεβηκὼς χρόνῳ)
272,23A 273,9A
προβάλλομαι 366,20
π. εἰς ἱκεσίαν s. ἱκεσία
π. εἰς ἱκετηρίαν s. ἱκετ.
πρόβατον 21,21 46,11Z
178,6A 184,13 263,21
313,12Z 371,6
προβληματικῶς 181,19 190,8
206,15 215,5
προβουλεύομαι 240,16
προβουλία 240,17
προγίνομαι 36,16(τὰ προγε-
γονότα)
πρόγνωσις (κατὰ τοὺς τῆς
πρ. λόγους) 240,5 323,18
προγνώστης 26,3
πρόγονος 167,12 390,13
προγράφω 266,16
πρόδηλος
45,19 274,11 327,4.6
πρόδηλον 7,9 37,14
52,20 68,17 89,23 120,11
220,2 258,29 357,9
προδήλως 357,8
προδιαγράφω 6,5A
προδιαφθείρω 247,9
προδίδωμι 226,17
προδιεξέρχομαι 299,5
προδοσία 213,4Z
πρόδρομος 375,17 381,14
πρόειμι (εἶμι) 100,1 210,
12 375,14
προεισφέρω 250,8
προέρχομαι 21,5 42,10
97,5A 165,21 203,2 275,9
276,6 s.a. περαιτέρω
προηγέομαι 264,3A 319,16
πρόθεσις 42,13 176,3
331,14A
προθετέον 14,27A
προθεωρία 246,13
προθυμία 200,18

προθύμως 369,15
προΐσταμαι 118,10-11A
369,5 376,4
προΐσχομαι 26,20 89,6
προκαλέομαι 74,10 277,10
284,11/12A 354,7A
προκαταγγέλλω 123,13
προκαταλαμβάνω 82,9 257,6
πρόκειμαι
242,13 289,18A 327,6A
προκείμενος 1,2 301,16
383,5
προκομίζω 234,23
πρ. λόγους 138,2 182,
13 189,15
προκόπτω 121,10 394,10
προκρίνω 74,6 353,20A
προλαμβάνω 183,8 397,5
προλέγω
90,15 138,13 154,9 162,
15 218,13(vorhersagen)
310,7A
προειρημένος, προρρηθείς
"obgenannt" 206,1 209,18
210,10 231,7A 268,3
τὰ προειρημένα, προρρη-
θέντα 206,1 328,11
πρόληψις 99,4.10
προμανθάνω 247,8
προμήθεια 247,5A
προνοέω
195,10 342,1 345,12
προνοέομαι 195,7A
προνοητικός 308,6-7A
πρόνοια
1,9 4,8 104,19 112,6
181,12 186,18 222,12
231,10 305,17 312,16 314,
8A 331,21 332,3.9
πρ. Gottes περὶ ἡμᾶς
106,18 107,7 277,19
πρόνοιαν ποιοῦμαί τινος
6,13 107,3 192,11 195,7
προνοίας λόγοι 50,4
90,24 120,3 181,20 182,8
240,5
πρόξενος 375,4
προοιμιάζομαι 89,18 91,12
135,6 218,14 288,7
προοίμιον 50,25 215,17
225,4 354,8
προπάτωρ 28,15
προπέτεια 272,11
πρόρριζος 261,5
πρός
m.Gen. 393,14

355,12 381,6Z
προστίθεμαι 275,6Z 288,9
π. μερίδι τινός 243,10
258,21 275,7
προσυπακουστέον 145,10
370,9
πρόσφατος 323,17
προσφέρω 11 Fr.9,2.8 16,
23 25,5 69,15/16A 137,
10A.15A 357,23 386,7.11
προσφέρομαι 349,1
προσφεύγω 61,9
προσφυής 325,11
πρόσχημα 171,8 310,16
προσχωρέω 201,2
προσωπεῖον 371,5
προσωπολήπτης 193,14
πρόσωπον
13,13 19,1Z 20,5Z 24,19Z
25,3 26,7Z 38,13 48,5Z
50,14 52,8 61,11 98,3
104,13 107,15 113,21
116,3 118,10.11 126,4Z.
5Z.7 142,1 146,21 147,2
154,15 162,2 163,9 164,13
172,20.23 183,11 185,4.7
205,18Z 222,5 234,17
249,6.9 253,14 279,4
285,11Z 293,3 310,6.9
331,9 342,12Z 360,3.19
366,17 371,4Z.6.13Z 384,
16 398,3
π. Gottes 89,11 109,
13.18 134,12 179,8Z.9
294,13Z 319,9Z.11 335,
16.19.20
προτείνω 26,19 255,9
353,20
πρότερον 5,20 31,16 59,15
68,13 71,18 83,24 108,7
110,12 174,22 202,11A
225,4 253,18 267,8 273,2
328,2A 329,20 333,16
345,8 375,18 383,15 385,5A
392,3A 396,8
πρότερος
23,8 60,6 108,2 110,14.22
182,15A 225,3 298,3 385,5
392,14 s.a. ἀπολαμβάνω
τὸ πρ. 69,9 368,10
προτίθημι 240,9
προτίθεμαι 288,9A
s.a. προθετέον
προτιμάω 167,16 238,2
241,17 277,9
πρότιμος

προτιμότερος 83,21
125,21
προτρέπω
16,6 50,9 197,7 287,5
προτρέπομαι 132,19
προτρέχω 187,20A 375,19
ὥσπερ ἡ σκιὰ προτρέχει
τοῦ σώματος 123,10 210,
17
προτροπή 53,1A
προΰπειμι (εἰμί) 363,22
προΰπογράφω 6,5A
προφαίνω 249,7 314,18
προφανῶς 184,22
πρόφασις 3,27 146,20
181,18A 201,16
προφέρω
57,7A 99,9 137,10.15
181,18 253,16 310,8 395,10
π. λόγους u.ähnl. 5,4
30,9(ῥῆμα) 52,5 69,15(ῥή-
ματα) 74,9A 136,13 137,
12 297,9 300,17 310,8
(διὰ γλώσσης) 335,16
προφέρει τοὺς λόγους sc.
Hiob 70,6 89,22 91,9
164,20 280,1 289,8 290,8
304,7 331,18 332,15
προφητεία 40,12 175,14
προφητεύω 136,16.18.19
von Hiob 49,10 118,7A
218,12
προφήτης
2,12.13 5,11 12 Fr.11,3
16,13 36,18 136,21Z 169,
17 230,19 235,6 236,2
ὡς π. (von Hiob) 38,8
97,7 118,7 130,1 234,16
370,4 398,13(ohne ὡς)
προφητικός 2,17 42,1Z
προφητικῶς 40,6 92,16
123,13 132,18 150,8 151,6
προφορά 31,6(ῥημάτων) 136,
22(λόγων) 289,6 385,15
πρόχειρος (κατά, πρὸς μὲν
τὸ πρ.) 38,8A 250,11
307,14 316,2
προχείρως 230,20
προχωρέω 16,9 388,3(εἰς
ἔργον)
πρώην 84,6 209,2A 242,9
πρωί 15,12Z 33,12A 79,
18Z
πρωία 33,13
πρωίθεν 33,12
πρῶτα (π. μέν) 17,13 28,

190,20   191,4   277,7   278,2
287,6   292,5   297,20A   306,19
  ῥ. Gottes   70,3Ζ   197,4
331,4   334,10
  ῥ. der Heiligen, Gerech-
ten   37,6   38,3   138,14
  ῥ. der Gottlosen   182,1
196,5   251,3   371,13   375,8
  ῥ. eines Textes   2,3   286,3
391,16   394,3   395,24
ῥῆσις   296,7Ζ.9
  ῥ. Gottes 1,24   306,7   334,16
357,2   382,21   385,12
  τοιαῦται γὰρ τῶν ἁγίων
προφητῶν αἱ ῥ.   36,18
230,20
ῥητός
    τὸ ῥ., τὰ ῥ. "das Ge-
sagte" 2,7   5,7.15.19   14,27A
26,22A   55,2   115,19   203,1
264,23A   295,21   310,19
    ῥ. "wörtliche Bedeu-
tung"
    κατὰ .. ῥητόν   42,9   312,
7   325,18   342,11   346,18
353,3
    πρὸς .. ῥ.   38,8.17   39,
2.10.17   41,7   69,3   91,18
123,8   131,12   152,5   153,20
155,9   188,23   233,5.15
234,1.21   245,14.18
ῥίζα   53,12   59,18Ζ   129,9Ζ
171,6   234,9Ζ   247,22   252,
15   396,8
ῥιζόω   86,4.5.7   161,14
ῥίζωμα   315,18.20
ῥινόκερως   347,22
ῥιπή   132,16Ζ
ῥίπτω   40,5
ῥίς   366,12.16
ῥοιζηδόν   234,3A
ῥομφαία   230,1Ζ   373,1Ζ
ῥοπή   14,1
ῥυθμίζω   243,5
ῥύομαι   63,8A   290,3
ῥύπος   114,2Ζ.3   129,21
ῥυπόω   99,4
ῥώννυμι
    ἔρρωμαι   325,17   380,5

σαθρός   232,2.4   276,1
σαίνω   346,22/23A
σάκκος   149,5.7
σαλεύω   48,4Ζ.7Ζ   92,2

223,3
σάλπιγξ   351,19
σαπρία   85,18Ζ   217,15.20
σαπρός   276,1A
σάπφειρος   232,19Ζ.21   237,7
σαρδόνυξ   237,7
σαρκικός   119,14   142,5
187,11
σαρκοβορέω   353,2
σαρκοβόρος   233,11
σαρκόω (σαρκωθείς)   226,9
340,4
σάρξ   19,17   26,14   27,14
35,7   38,9   69,21   70,12
118,20   126,20Ζ   150,5
168,9.22   183,18   187,12
224,2   259,19Ζ   265,15.17
284,2   285,4   366,20
σαυτοῦ   52,2   101,24   105,7
135,14   157,19   158,2.8
191,18   197,12A.13   219,22.
23   220,8   299,16   301,20A
312,6   326,20   357,20
σαφήνεια   3,10.16   5,19
σαφηνίζω   36,18
σαφής
    τὸ σ.   183,7   249,9A
    σαφέστερος   3,16
σαφῶς
40,12   101,2   102,16   131,10
241,17
    σαφέστερον   3,14   68,4
110,19   203,1
    σαφέστατα   382,20
σβέννυμι   54,4   113,20
σέβας   6,12   18,7
    τὸ πρὸς θεὸν φυλάττω σ.
1,8   4,27   268,14
σεβασμίως   107,6   334,16
σέβω   21,22
σειρῆνες   257,16   393,17A
394,1
σεισμός   55,17   223,4A
σέλας   217,7
σελήνη   39,2   195,9   217,6
264,8.23
σεμνύνω   22,14   157,8
    σεμνύνομαι   180,24   215,
18   217,18
σεμνῶς   10 Fr.6,9
σημαίνω
85,21   92,16   93,5   132,14
147,8   159,18   175,3   176,19
177,2.6   187,11   204,16
210,18   217,5   237,16   239,6
245,2   251,16   262,17   264,21

506   Register

στάθμη 248,14
σταθμίζω 66,15
σταθμός 66,16A 241,15
στακτή 394,11Ζ
σταλαγμός 314,10 326,1
στάσις 17,14 57,20 140,6
317,15
σταυρός 223,21Ζ 296,4Ζ
363,21 364,15A.16 366,12.
15A 369,23 370,1 378,16
s.a. κοσμοφύλαξ
σταυρόω 364,14 388,11
στάχυς 211,13A
στέγη 33,21
στενάζω 98,3 162,13 201,
14Ζ
στενολεσχία 34,2
στενοχωρέω 278,15
στενοχωρία 204,7Ζ
στενός 160,5Ζ.7Ζ
στένω 68,3Ζ 102,11
στερεός 244,16 325,23
326,11 372,15 s.a. στερρός
στερέμνιος 344,16
στερεμνίως 326,6
στερέω 169,15 193,13
στερέωμα 326,11 342,8
στέρησις 391,8A
τὴν σ. ὑπομένω 24,
15 159,6
στέρνον 351,3
στερρός
στερρότατος 134,1
στεφανίτης 3,26 14,13
29,4
στέφανος 7 Fr.1,3 47,6
150,11 165,22Ζ 267,9
330,5 387,6
στεφανόω 25,22 31,25
332,17
στῆθος 351,3
στήλη 169,10
στήριγμα 92,1 222,17
στηρίζω 92,2
στίγμα 314,10A
στίλβω 362,9
στιχηρός 251,16
στίχος 47,10 115,18 152,
5A 251,15 274,7 275,18
349,9A
στοιχεῖον 264,9 291,23
337,4
στολή 14,3 33,1 101,5Ζ
254,5 325,11.15
στόμα
2,12 37,4.7Ζ.10Ζ.11 62,14

90,10 145,17 197,5 202,9Ζ
224,8Ζ 225,9Ζ 238,4Ζ
245,19 246,4Ζ 310,7 318,4
325,6 367,4 371,18 375,8
ἀνὰ στ. ἔχω 150,9 253,3
στοργή (φυσική) 346,11
349,23-24A
στραγγαλιά 361,21Ζ
στρατεύομαι 152,2
στρατηγός 318,21
στρατιώτης 249,16
στρατόπεδον 141,20 351,21
στρέφω
5,11 158,15 162,1 234,6
258,5 294,5 368,1 376,16
σ. τὸν λόγον 157,11
353,16
στρέφομαι 261,4 352,14
368,1
στρίφνος 177,14Ζ.16Ζ
στροβέω 102,5Ζ 126,14Ζ
280,14Ζ
στρογγυλέω 367,5
στρουθίον 368,1
στρουθοκάμηλος 257,15Ζ
στρωμνή 155,23Ζ 193,22
στῦλος 92,1 222,18 334,
14Ζ
σύ
oblique Casus passim
Nominativ 1,16Ζ 19,6
25,25 52,13 54,9 64,16
66,9Ζ.13Ζ 79,15 95,8Ζ
105,12A 111,10 112,1
132,13 135,10 137,13
192,5 195,23 206,2 215,16
262,6Ζ 295,20 296,8Ζ.11.
16 297,10 339,13 342,20
343,9 350,19 352,16 353,2
358,4Ζ
συγγένεια 69,20 265,21A
271,4.7
συγγενής 291,23 389,8.14
συγγινώσκω 89,4
συγγνώμη 107,12 118,3 129,14
σύγγραμμα 2,4
συγγραφεύς 1,23.24 275,19
συγγραφή 1,2.20.25 2,4.8
3,19.21 169,22 267,5.7
συγγράφω 1,22
συγκαθίζω 307,15
συγκαίω 33,20 149,14
συγκαλέω 10 Fr.6,1
συγκαλύπτω 98,3 140,7 371,11
συγκάμπτω 182,15A
συγκαταβαίνω 73,18 175,20

συγκατατίθεμαι 146,3 355,7
σύγκειμαι 41,9 342,16
συγκεράννυμι 241,16 242,12
συγκινέω 20,14 278,8
συγκλεισμός 236,20
συγκλείω 47,3.7Ζ 103,22
230,2Ζ 236,21 281,13
342,16/17Α
συγκολλάω 170,15 373,19
συγκομίζω 64,10
σύγκρισις 215,12
πρὸς σύγκρισιν 139,9.24
237,18
συγκροτέω 20,2
συγκρύπτω 150,5
συγχαίρω 25,18 351,20Α
συγχέω 113,20 (συγκεχυμένος)
συγχράομαι 3,15 28,14
363,12
συγχρονίζω 397,5
σύγχυσις 23,4 165,3 291,
15 302,15
συγχωρέω 3,26.28 4,13.17
15,10.15.18 18,23 20,16
27,11 29,3 50,11 61,16
63,8.10 67,8 81,4 104,14
210,2.6 222,11 267,8
295,11 326,8 330,7 358,
14.21 371,20 372,1 384,
8.21 386,17
συγχώρησις
3,31 15,8 17,5 29,2 163,
16 166,17 267,9 329,15
384,9.13 387,8
κατὰ συγχώρησιν 81,15
147,4-6Α 149,1 166,15
συζεύγνυμι 11 Fr.10,1
συζυγία 3,3 346,23 347,1
συζῶν 230,8 247,20 306,22
συκῆ 40,19
συκοφαντέω 63,11 301,22
366,6 377,18
συκοφαντία 63,12 201,17
365,19
συλλαμβάνω 159,16.22 349,11
σ. "schwanger werden"
143,23Ζ 260,14 349,2 350,4
συλλέγω 211,14
σύλληψις 159,19Ζ 194,9
συλλογισμός 292,9
συμβαίνω
5,8 12 Fr.11,4 24,20
42,20 44,20 56,7 60,5.7.11
62,8 63,6 65,19 68,10
78,11 86,14 99,8Α 124,3
141,10 160,2 162,6 167,22

172,19 213,7 257,8 272,15
330,24
τὰ τοῖς ἀσεβέσι συμβησό-
μενα u.ähnl. 136,1 157,11
160,16 172,17 196,15
211,7 227,22
τὰ συμβεβηκότα dem Hiob
14,25 71,5 75,10.19 151,
17 154,3 168,15 389,17Ζ
συμβάλλω 141,18 217,18Α
232,24
συμβαστάζω 237,1Ζ 238,16Ζ
συμβουλεύω 83,20 113,14Α
190,16 297,15 300,8 330,
15 373,17
συμβουλή 65,7 72,20 250,
15 396,18
συμμαχέω 16,5
συμμαχία 220,5
συμμετρία 260,1
σύμμετρος 338,3
συμμέτρως 239,17
συμπάθεια 14,27 33,17Α
150,3
συμπαθέω 32,12Ζ 71,17
συμπαθής 23,16 36,7 153,16
συμπαθέστατος 33,17
συμπαθῶς 23,21 145,16Α
388,11
συμπαραλαμβάνω 10 Fr.6,6Ζ
συμπαραμένω 119,6
συμπάρειμι 324,23
σύμπας 133,13Ζ 365,13
συμπάσχω 207,21
συμπεραίνω 268,8 305,18
συμπέρασμα 274,13 328,10
συμπεριλαμβάνω 231,10
σύμπηξις 106,10
συμπλέκω (συμπεπλεγμένος)
242,11 361,19
συμπληρόω 342,17
συμπλοκή 361,16
συμπορεύομαι 10 Fr.6,4Ζ
Fr.7,1Ζ
συμπόσιον 22,15
σύμπτωμα 36,6
συμφερόντως 93,20 120,4
191,6
συμφέρω 352,11Α
συμφέρων "zuträglich"
4,9 91,9 222,7 249,13
277,15 (πρὸς τὸ σ.) 321,13
(κατὰ τὸ ἡμῖν σ.)
συμφορά 13,18 14,24 20,
14.19 21,11 22,4 23,1
25,1.24 28,11.15 29,9.15

τάχα 57,3A 120,18 121, 10A
ταχέως 112,20 129,2A 161,16 171,15
ταχύ 129,2 213,16Z.17Z 252,9 360,16Z.17Z
ταχύς 77,6 175,4
   ταχύτερος 334,23A
τε
  32,21 50,5A 65,14 66, 10Z.11Z 72,18A 76,3A 95, 18A 241,13 292,1A 319,5.6 332,14
  ἅμα τε s. ἅμα
  οἷός τε s. οἷος
  τε καί, τε .. καί passim (ca. 85 Stellen)
  τε .. τε 272,10-11
τείνω 341,14A
τειχίον 165,4A
τεῖχος 28,12 69,9Z 165, 4.20 284,20
τεκμαίρομαι 70,15
τέκνον 53,8 83,12 153,16 184,9 260,5 346,10 349, 23-24A 394,19
τεκταίνομαι 240,7
τέλειος 1,12 2,19 4,30 35,17 47,19 93,18 109,13 137,9 177,17 235,12 236,8 242,20 328,14 386.6
  τελειότερος 1,14 2,21A 383,15
  τελεώτατος 331,10
τελειότης 119,7
τελείως 44,6 65,15
τελείωσις 394,12
τελεσφορέω 44,8.9
τελευταῖος 23,3 63,8 284, 4 369,2
τελευτάω
14,18Z 43,12 45,5 79,19 97,19 98,12.15 109,12 119,4 131,19 135,7Z 143,5 151,12 167,23 169,11 186,14 188,21A 189,9 256,4 396,15Z
  τ. βίον 182,3 187,13 196,2
τελευτή 23,10 30,8 36,3 77,6 89,9 119,6 143,9 153,16 169,13 228,2 284, 11/12A
τελέω 398,6
τέλος
2,16Z 3,19 143,13.21 155,5 169,19Z 358,14 361,7

391,15
  τὸ τ. "am Ende" 285,5
  εἰς τ. 46,10Z.12 80,6Z 86,20.21 174,20 201,20Z 216,11A
  μέχρι, ἄχρι τ. 85,4 112,7 142,21 154,17 185,14 190,10 247,17 269,12 361,8
  ἐν, πρὸς τῷ τ. (Schrift, Rede) 3,21 7,8 133,13 306,4
τελώνης 199,6
τέμνω 207,9 348,4
τερατεύομαι 109,9
τέρμα 76,8
τερπνός 46,2 348,16
τερπνότης 41,15.17
τέσσαρες 302,8
τετράγωνος 344,18
τετράποδον 313,6 376,17
τεφρόω 161,9
τέχνη 233,17 236,5 262, 11 341,16
  τ. γεωργική 232,9
  τ. μαιωτική 220,22
  τ. μεταλλική 231,6 233, 6 238,21A
τεχνικός 235,15 344,5
τέως 4,15 74,22 211,19 (ἐν τῷ τ.) 216,12A 227,3 295,1 349,13 353,10
τῆγμα 314,10 325,23
τήκω 76,4 115,12 153,15 314,11
τηλικοῦτος 118,17 169,15 181,13 269,15 303,12 379,1
τηρέω 28,11 53,3 54,8 180,22 253,21A 364,19 373,5
τίθημι
35,12Z 43,5 126,23 129, 6Z.8Z 174,4Z 197,15 310,9 315,8Z 323,11Z 378,11Z
  τ. Gedanken, Formulierungen 46,6 60,9 86,22 91,7 97,8 230,17 288,13 310,5 392,18
  τίθεμαι 168,5Z 192,18 263,13Z 281,10Z 293,16 324,20Z 368,5A 373,6 381,10 (τ. ἄμεινον) 390,15
τίκτω 42,17.23 43,12 76,2 143,23Z 260,14 329,14 346,14 348,19 349,2.14 393,7A
τίλλω 24,9A

174,4   219,5   275,5.15
295,20A   315,22   318,6.8
324,10   378,9   s.a. λεπτο-
λογέω
  τ. τι   36,12   104,8   250,
15   264,20.22   268,1   317,
15   335,8
  τ. νοῦς, ὁ δὲ ν. τ.   42,
11   81,10   126,6   275,6.9
383,4
  ὅ δὲ λέγει τ. ἐστι u.
ähnl.   94,24   111,2   146,1
159,20(τὸ δέ .. τ.ε.) 201,
15
τοῖχος   337,1
τολμάω   16,16Z   30,9   89,4
91,14   95,18.21   107,20
111,22   125,7   135,14   139,16
199,7   281,2   292,15   295,
16.19   299,16   326,18   351,2
τόλμη   3,18
τολμηρός   95,13
  τολμηρότερος   95,12/13A
τομή   64,9   130,6   143,4Z
τόνος (οἱ τ. τῆς ψυχῆς)
155,7   175,19   205,16   254,
15
τόξον   178,22   230,2-3A
248,6   315,4.6.8Z.12.17
351,12
τοξότης   248,8
τοπάζιον   238,12
τόπος
42,2Z   54,7   77,12Z   86,6.7Z
149,24Z   150,6   161,2   175,
5.8Z   197,19.22   222,7A
230,6Z   231,1Z   232,19Z
235,18   236,10   238,22
239,3.5   252,11.12.14A
316,7   345,7   346,20   378,
18.19   379,10
  οἱ τ. "Gebiet"   8 Fr.3,9
15,11.14   203,8   208,17
  οὐκ ἐστι τ. der nicht
Gott untersteht   15,6   19,
20   293,14
  τ. "Schriftstelle"   2,1
295,15   328,3   379,11   394,8
τορός   111,4
τοσοῦτος   8 Fr.4,1   31,9
34,1   56,12   59,1   77,22
91,14.15   112,19   113,3
118,16   120,7   156,10   165,3
188,23   211,15   221,16-17A
225,18   243,21   250,4   252,4
258,15   262,12   278,4   300,11

303,12   307,14   312,21
327,17   331,12   333,7   379,
1A.13   389,5   s.a. ἐπί Akk.
τότε
14,2   19,2.17   21,10   27,19
28,13   63,20   72,12   140,
18A   171,11   176,14   178,13
186,1   285,10   340,20-21(τ.
.. ὅτε)   394,13
  τ. .. τ.   145,8   240,8
  τ. δή τ.   115,12   330,5
τουτέστιν   passim (ca.100
Stellen)
τραγέλαφος   345,24   346,1
τράπεζα   311,2
τραῦμα   3,29   124,16   145,
23Z   269,7
τράχηλος   142,3A   255,4
263,2   375,11Z.13Z.15
τραχύνομαι   88,20   91,6.8.
10
τραχύς   52,7   372,16
  τραχύτερος   1,22   334,23
  τραχύτατος   372,14
τραχύτης   51,12   86,10
τρεῖς
22,2Z.3   286,13Z.15Z.17Z
335,25   395,3.6.7.8   398,4Z
  τ. φίλοι   14,23   139,2
225,2   270,8   300,16   385,6
τρέμω   92,3   376,17
τρεπτός   57,16   140,5
τρέπω
  τρέπομαι Med. u. Pass.
14,16   55,2   76,14   97,9
104,6.7   110,12   118,2
190,13.15   203,6   226,22
252,20
  τρέπω τὸν λόγον, τὰ ῥή-
ματα   2,7   102,13.15   128,4   215,
7   220,15   290,19
τρέφω   5,11A   54,5   64,9   207,6A
266,18   345,16   346,4   352,
14A   393,7A
τρέχω   141,18   148,22Z
τριάς   226,3.11   335,24
τρίβος   159,20Z   244,10
τρίβω   31,14   155,6
τρίζω   147,9
τριπλοῦς   30,17   286,14
τρισμακάριστος   150,9
τρίτος   393,5
τρόμος   55,19   56,7   343,17
τρόπαιον   43,21
τροπαιοῦχος   369,23
τροπή   15,17A   25,25   53,1

ὑμνέω 218,12 262,5
ὑμνολογέω 303,13 337,11
ὕμνος 286,3
ὕ. ἀναβάλλομαι 247,1
283,2
ὕ. ἀναπέμπω 279,19
ὕ. ἀναπλέκω 24,21
ὕ. ἀναφέρω 285,20
ὑπαγορεύω 172,13 197,3
ὑπάγω 363,16
ὑπακούω 90,9 94,10.22
132,14Z 167,7 343,17
ὑπαναγινώσκω 267,5
ὑπαναχωρέω 33,14 42,7
ὕπαρξις 338,6
ὑπάρχω
76,18Z 97,6 215,16 277,20
324,9 329,11 332,1 340,23
353,9 359,12 389,9
τὰ ὑπάρχοντα 13,17 26,1
27,3 95,8Z 142,13Z 153,
15 159,5 187,21 208,9
391,8 392,6.8
ὑπεναντίος 154,13
ὑπεξάγω 4,24 27,11
ὑπεξέρχομαι 78,2 332,5A
ὑπέρ
m.Gen. passim (ca. 60
Stellen)
m.Akk. 59,1 93,13 108,
19 163,13 199,7 326,8.
22 383,19 391,12.13
ὑπεραίρω 237,17A 349,6
ὑπεράνω 216,5
ὑπεραπολογέομαι 1,3
ὑπερβαίνω 78,2 88,16 130,
4 166,5 187,20 204,6A.10
205,19 222,11 337,21Z
ὑπερβαλλόντως 89,1
ὑπερβάλλω (ὑπερβάλλων) 48,6
329,20A
ὑπερβολή 14,26 24,8 103,
3 343,8 356,6 386,15
ὑπερδέξιος 253,18
ὑπερεθίζω 23,5 25,21 29,
13
ὑπερείδω 223,1
ὑπερέχω 91,21 237,16A
300,21
ὑπερηφανεύομαι 199,3 369,
7 378,9
ὑπερηφανία 141,19 174,25
194,20 329,13A 369,6
373,18 375,7 379,4
ὑπερήφανος (οἱ ὑ.) 94,3
303,2 359,16

ὑπέρκειμαι 222,19
ὑπέρλαμπρος 114,10
ὑπερνικάω 34,5
ὑπέρογκος 274,18 280,10
352,6 375,7-8A
ὑπεροπτικός 375,8
ὑπεροράω 46,8Z 71,1
ὑπερουράνιος 15,10
ὑπεροχή (Gottes) 61,10
94,16 111,22 112,1 113,5
318,20 319,2 356,12 381,16
ὑπεροψία 44,17 359,6
ὑπερτίθεμαι 206,9 211,20
216,11 231,12 290,2 353,8
ὑπέρυθρος 327,13
ὑπερυψόομαι 175,6Z
ὑπερωφέρεια 318,19 319,2
ὑπερωφερής 356,14
ὑπερωυής 237,10
ὑπερωυῶς 230,14
ὑπερχέω 326,8
ὑπέρχομαι 365,5
ὑπεύθυνος 193,4.6
ὑπευθύνω 193,4/5A
ὑπέχω (λόγον τινός) 133,12
298,1
ὑπήκοος
125,8 198,13 295,12 385,7A
τὸ ὑ. 31,16 291,15
ὑπηρεσία 9 Fr.5a,9
ὑπηρετέω 29,7
ὑπηρετέομαι 16,20 167,
7 265,1 356,15
ὑπηρέτης 167,9
ὑπισχνέομαι 20,5 300,17
381,8.15 383,2A
ὕπνος 55,16 78,9.15 81,
11 168,1A 245,7
ὑπό
m.Gen.
passim (ca. 160 Stellen)
lokal 195,9 231,7A 365,7
m.Dat. 45,9 158,20
203,3 321,17 345,24 366,16
m.Akk.
33,21 92,13 112,13 120,2
141,11.12 159,2 160,5A
165,19 176,4Z 220,20
231,16 242,10 243,23
313,13 344,8 347,10 349,12
364,18
(ἡ) ὑπ' οὐρανόν s. οὐρανός
ὑποβάθρα 222,17 337,3
ὑποβαίνω 365,5
ὑποβάλλω 393,7A
τοιοῦτον ὑ. νοῦν 81,10

62,14A 194,16(ἐν ὑψηλοῖς)
234,4 237,17A.19 307,19A
348,19 375,13Z
ὑψηλότερος (übertragene
Bedeutung) 94,12 319,4
325,13 337,15
ὑψηλότατος 349,15
ὑψηλότερον 218,10 306,11A
394,15
ὑψιπετής 352,16
ὑψιπέτησις 352,16A
ὕψιστος (Gott) 100,10Z
216,5.7Z 258,16 378,11Z
ὕψος 112,11 158,11 233,6
237,17Z 307,16 312,9
342,8 359,8 395,24A
ὑψόω 153,1Z.7Z 154,9Z
165,7 213,12 307,20

φαιδρός 333,19
φαίνω
"Licht geben" 41,11 42,2Z
φαίνομαι (Pass.) 3,20A 35,7
(κατὰ τὰ φαινόμενον) 36,
12 39,5.12 54,14A 91,10
179,13Z 218,20 220,12
223,9 250,16 275,9 295,10
331,17A 350,20 371,6
378,5 383,4 384,7 385,17
φ. "sichtbar sein" 7,1
20,18 63,5A 86,6 97,18
315,11 341,4 342,20.21
343,4
φανεροποιέω 123,8 371,14
φανερός
66,17 82,15 180,9 207,1
371,9
εἰς, εἰς τὸ φανερόν 234,
23 240,6 241,12
φανερόω 147,2 332,13Z
φανερῶς 19,2 235,1A
φανητιάω 136,12
φαντάζομαι 284,4 353,9
φάντασμα 78,14A 179,7A
φάραγξ 208,4 252,10.14
φάρμακον 176,18
φ. παραμυθίας u.ähnl. 3,29
14,25 24,11 124,15(θερα-
πείας) 330,18(παρακλήσεως)
φάρυγξ 176,11
φάσκω 8,4 38,4 88,7 101,
21 118,4 147,18 185,11
225,24 253,11 269,7 277,12
280,18 296,3

φάσμα 78,14 174,22 179,7
282,14.17 283,10
φάτνη 67,18 348,3
φάτνωμα 361,13Z
φαυλίζω 56,20 73,14A
383,19
φαῦλος
25,5 39,21.22 43,1 97,
12 312,5
ὁ φ., οἱ φ. 96,12.15
176,13A
φαῦλον, -λα 16,7 19,
22.23 39,13.14 43,9 44,
7.20 45,12 47,4 53,2
86,10 212,8Z
φαυλότατος 190,14A
φαυλότης 13,12 38,14
φέγγος 41,7 264,24 374,11
φείδομαι 69,14 89,7 105,
20 118,8 308,9A s.a. πε-
φεισμένως
φειδώ 105,23
φέρω
3,20 16,22 20,20 21,18
41,13 49,16 69,15/16A
108,8 224,22 248,8 272,11
310,15 335,17A 352,11
360,23 369,2A s.a. γαστήρ
φ. κατά τινος 26,17
179,10/11A 384,15
φ. "ertragen" 3,27 13,6
15,19 28,9 30,11 51,12.20
78,22 103,3 104,7 205,6
278,7 290,14
φ. "hervorbringen" 8
Fr.2,3 38,20 184,11 231,
2.7 342,1A
φεύγω 90,22 99,20 100,10
101,6 230,4 240,1 363,3
φευκτός 39,6.14
φήμη 14,24 389,15
φημί passim
φημί, φαμέν 2,25 3,13.
16 206,7 227,15 328,17
363,16 393,10 396,14
397,7 398,9
ἔφην, ἔφημεν, ἔφαμεν 5,
19 33,23 34,4 38,1 40,5
47,20 50,20 101,18 102,23
108,22 219,7 228,8 270,16
271,15 290,7 292,21 336,
14 384,14
φασίν 1,24 2,11 32,6 34,1
53,18 119,19 239,23 252,9 271,
6 275,18 295,16.20 335,13
343,4 345,8 350,15 352,13

4,30   74,20   75,6   88,16
179,20   213,4Z   273,1   277,
16   280,14,16   282,15   283,9.
11.15   311,10   346,4 s.a.
παιδευτικός
  φ. vor Gott 8 Fr.3,5
50,20   52,12   58,20Z   98,4
215,16   216,2Z   239,22
263,6   282,20   311,12   325,5
328,18
  εἰς, πρὸς φόβον ἐνάγω s.
ἐνάγω
φοῖνιξ   247,22
φοινίσσω   368,14
φολίς   368,21
φόνος   369,6A
φορά (ὑδάτων)   134,2   211,2
235,17   239,19   315,14
φορβαία   367,6
φορέω   149,6
φορολόγος   45,8.9.11   347,8
φόρος   347,10A
φορτικός   73,13
  φορτικώτερος   65,18
φορτίον   80,20   164,4   167,
23
φράζω   124,2   340,12
φράσσω   338,15A
φρενόω   273,13
φρήν   146,7
φρίκη   56,7.17   283,23
φρίσσω   55,16   345,8
φρονέω   69,16   117,20   125,
11   274,9Z   312,10   376,17
  μέγα φ. s. μέγας
φρόνησις   43,18   152,17.20
245,16   272,23   274,14
φρόνιμος   121,9   152,8
φροντίζω   205,6A
φροντίς   10 Fr.6,8   11 Fr.9,
6   115,2   140,22   149,22
188,21A   192,8   205,6(διὰ
φροντίδος ἔχω)
φρουρέω   243,22
φρυάττομαι   351,6
φρύγανον   252,22
φρύττω   254,18
φυγάς   209,2A
φυλακή   132,2.3   243,20
250,17.21   302,8.10   312,2
φυλακτικός   250,22
φύλαξ   302,15.17Z
φυλάττω   1,8.9   4,27   10 Fr.
7,2   50,17   108,21   129,7.
10   132,2.5.12   136,20
200,18   204,2   207,11   243,22

258,9   268,14   282,11.15
289,19   299,18   302,16
311,22   312,6   397,10 s.a.
σέβας
φύλλον   128,14.24
φύρω   368,9(πεφυρμένος)
φυσάω   58,13.15   325,22
φυσητήρ   278,17.19
φυσικός   8 Fr.3,4   24,10
25,23   54,1   60,21   65,11
67,14   68,4   82,11   236,15
282,15   309,2   321,13   344,5A
345,14   346,11   349,23-24A
s.a. παράδειγμα
φυσικῶς   11 Fr.9,7   24,14
78,11   155,11
φύσις
20,21   22,14.22   40,22Z.23Z
54,8.9   57,19   79,15   80,8
111,3   118,10-11A   130,1A
140,5   167,15   204,3   212,18
215,11   224,19   233,8A
235,15   236,3   239,6   241,11
261,15   280,9   321,11   326,12
344,16   345,2   352,1   372,
12   383,20
  φ. Gottes   56,2.13.16
90,14   92,14   93,12   180,9
203,5   311,9   359,12
  τὸ τῆς φύσεως
  τ.τ.φ. ἀσθενές   80,8   118,
4   128,4A
  τ.τ.φ. γοργὸν εἰς τὴν ἀνά-
στασιν   132,14
  τ.τ.φ. εὐτελές   77,17   79,
13   106,4   113,4   128,24
255,8
  τῇ φ. ἀποδίδωμι τὸ χρέος
14,2   23,11   24,8
  τὴν φύσιν
ἀκατάληπτος τ.φ.   56,13.24
93,12
ἀόρατος τ.φ.   203,5
ἰσχυρός τ.φ.   326,7
τρεπτός τ.φ.   140,5
  κατὰ φύσιν   109,17   146,
7   152,15(κ. τὴν φ.)   219,
10   236,9   272,16   280,1
282,11.12   359,12   378,8
φυτεία   9 Fr.5b,2
φυτεύω   86,3   248,1A
φυτόν   118,6   130,15   143,3
161,14   244,13   267,23   268,1
φύω   362,16
  φύομαι (πέφυκα)   50,21
104,11   207,10   229,18   310,10

83,14Z   175,14   201,12
260,9Z
χ. Gottes   14,20Z   18,
21Z   62,21Z   79,8Z   83,14Z
227,9   248,6.9   321,14
325,6Z   378,6Z
χειραγωγέω   236,12   262,12
χείριστος   107,19
χειρόομαι   40,18Z.24.25
41,1.2Z   357,6   370,7
χείρων   252,5
χέρσος   251,22   338,16
χέω   314,8   326,12   341,20
χήρα   194,4   206,6   246,17
262,6Z
χθές   84,6   251,22
χίλιοι   90,10
χιτών   207,20   375,13Z
χιών   71,12.14   321,1.5A
341,5.8
χλευάζω   117,8   255,14   364,
16
χλευαστικός   365,20
χλόη   68,4Z   213,15Z.17Z
342,1A   360,17Z
χλοηφορέω   342,1
χνοώδης   229,9
χοϊκός   58,6
χοῖρος   13,8   60,13
χολή   148,21Z
χορηγέω   238,10   239,2   241,
19
χορηγός   46,13   107,3
χόρτος   129,1   213,16Z   360,
12.14.16Z
χοῦς   106,7   107,1   134,11
339,13Z.15   349,13
χράομαι
χράομαι, κέχρημαι   11 Fr.9,
7   14,2   19,12.14   20,15.23
33,18.23   50,3   97,6   128,
14   147,9   158,2   163,15
166,2   168,21   179,2   212,21
221,2   223,18   242,13   259,10
305,13   322,4   334,23   341,
8   353,8   359,15   363,10
370,21   376,7   392,6
χ. λόγοις, ῥήμασιν   58,16
72,19   117,5   247,6   251,3
331,4.9   335,12   375,9
χ. mit anderen Ausdrük-
ken für Wörter, Rede   3,9
19,3   50,25   52,21   54,1
55,4   67,14   81,19   92,22
145,22   158,19   168,21
197,22   274,20   292,9A

311,12   334,1.23   345,15 s.
a. ἀπαγγελία
χρεία   31,21   33,15   55,3
63,8A   105,8   264,1A   273,
10   313,13A.14   315,11
316,3   324,3   344,8   345,18A
s.a. ὑετός
χρεμετισμός   350,20
χρέος   398,9
ἀποδίδωμι τῇ φύσει τ. χ.
14,2   23,11   24,8
χρεών   262,23
χρεωστέω   251,6(δίκην)
χρεωφειλέτης   267,7
χρή   50,20   51,21   58,6
136,10   256,8   266,16   281,
21   297,19   311,19   355,5
χρῄζω   236,11(χάριτος)
χρῆμα   1,5   13,12   72,10.14
73,3   198,15   236,20   237,
21   264,10
χρηματίζω   31,24   356,10
358,14   359,3   382,16Z   387,4
χρήσιμος   45,15   189,18
190,20   191,4   283,9
χρησίμως   44,15.20   49,14
189,15   239,21
χρηστέον   5,16
χρηστός
41,19A   63,22   141,17-18A
265,15.17Z
χ. ἐλπίς   76,9   131,17
166,1
χρηστότερος   254,12(ἐλ-
πίς)
χρηστότης   81,6   211,19
χρόνος
2,10   28,8.13.18   31,9.14
32,14   33,22   68,15Z   75,
8.18   76,9   78,22   91,11
109,1   113,13   115,6   121,
9.11   122,20   130,22Z   131,
17   132,1.3   133,24   134,4
139,1.5   155,5   186,13   251,
23   272,22Z.23   273,9A.10.
17   274,2   330,16Z   332,25
χ. grammatisch   60,11
70,17   113,13
χρυσαυγής   327,13
χρυσίον   203,18   231,1Z
238,21   377,13Z
χρυσῖτις   231,2
χρυσός   4,12   46,18   197,17.
18.19   231,3.21   232,24
237,2   362,9   377,17.19
χρυσοῦς   27,8   237,13

χρῶμα   232,21   260,1   344,4
χύμα   224,18   310,20
χῶμα   134,2   156,1Z   175,
21Z   197,16Z   232,24   233,1
χωνεία   231,20
χωνευτήριον   4,12   231,20A
χωνεύω   362,13
χώρα   6,5   7 Fr.1,5   8 Fr.2,
1.3   31,10.20   92,8   157,
18   245,22   271,6.8
χωρέω
5,19   24,9   174,21   177,4
266,13   346,24Z
   χ. εἰς ἀνυπαρξίαν   132,6
174,21   333,4
   χ. εἰς ἔργον   240,19
334,9
χωρητικός   257,3
χωρίζω   155,13   204,6Z
χωρίον   72,11   143,25   155,
23   252,1   338,3   339,8
χωρίς   122,7   149,25Z   296,5

ψάλλω   48,3   99,1   175,5A
229,21   244,3   262,5A   283,2
ψαλμός   92,2   118,14   124,4
143,22   175,5   238,4   294,
13   307,10   363,6
ψαλμῳδός   100,20   216,1
240,1 263,13   265,7   266,6A
349,14   365,16   368,5
ψάμμος   66,18A
ψέγω   332,16
ψεκάζω   325,24
ψεκτός   270,15   272,15
ψέλιον   367,3Z
ψευδηγορία   201,11   374,20
ψευδής   33,24   99,11   214,5
ψευδοδιδάσκαλος   368,17
371,17
ψευδολογέω   377,14
ψεύδομαι   70,3Z   86,7Z   88,
22   100,25   101,23   124,18
125,21   126,14   127,7   264,18
289,20Z   290,4Z   377,15
ψευδοπροφήτης   368,18   371,
18
ψεῦδος   125,10.13   147,1
ψευδώνυμος   362,11Z
ψηλαφέω   124,2Z
ψῆφος   74,8   99,14   103,9
206,9   332,21   385,19
ψιλός   259,3   297,20A
385,20

ψόφος   319,23Z
ψυχή
alle Stellen: 4,26   5,20   6,6
13,14   20,13   21,6.18   27,
4Z.12   31,3   35,18   36,9
41,21.23   42,5   46,14   49,
10.12   50,22   56,11   66,17
70,14.21   71,2   77,16   78,20
86,12   94,6   100,6   102,16Z
121,2Z   124,13   126,23
132,7   134,18   137,20.21
139,15   142,5A   143,25
145,6   149,13.14.18A
150,14   151,16.21   153,22
155,7   158,2.4   164,4   170,
5.12   174,12   175,19   178,15
182,4   205,16   207,20Z.21
210,21   212,20   226,12
243,9   247,6   248,20   249,
7.9-10A.19   254,15   256,11
257,1.2   259,9   272,16   273,
14   278,8.10.11   279,6.13
282,17   283,12   284,3.12
285,11.12   286,18   307,2.3.4
312,5   317,13   318,1   320,
14   363,22.23   369,10   372,
18   373,1.4A   374,21   375,7
377,21   395,1.2
s.a. ἀπόκρυφος, ἐξαγωγή,
εὔγειος, ἰατρός, λογικός,
πικρία, συνδέω, τόνος
   ψ. unsterblich   49,10.12
132,7   170,5
   Gedanke, von Gott verlas-
sen zu sein, schmerzt ψ.
35,18   70,21   71,2
   Wahrnehmungsfähigkeit
der ψ.
ἀκουστικὴ τῆς ψ. δύναμις
318,1
τὸ βλεπτικὸν τῆς ψ.   142,5
ὀπτικὴ τῆς ψ. δύναμις   56,
11   153,22
τὸ ὁρατικὸν τῆς ψ.   139,15
νοητοὶ ὀφθαλμοὶ τῆς ψ.
374,21
   als allegorische Be-
zeichnung für ψ. gedeutete
Begriffe:
γαστήρ   149,13   278,9-11
κοιλία   143,24   257,2
vgl. auch 369,9ff.
ψυχικός   119,15Z   286,11
297,20A
ψῦχος   257,7A   321,21.22
ψυχρός   193,7Z

ψυχρότης 321,17
ψυχωφελής 308,16   394,6
ψωμός 193,11.12Z

ὤ 1,16Z 30,7 51,10 54,2
55,13.22 56,21 77,20 80,
17A 88,22 89,4A 99,13
103,14 135,12 137,19
150,4.19/20A 158,2 219,
24A 220,10 279,12 317,16
339,13 398,6
ὧδε 61,9 156,5 383,2A
ᾠδή 253,2 285,10
ᾠδικός 257,16
ὠδίν 29,15 346,3.5
ὠδίνω 42,13 143,22Z
ᾠδός 212,15(θεῖος = David)
ὠθέω 134,12 373,17A
ὠκύς
  ὠκύτατος 76,8
ὠμός 26,13 222,17A 262,
17.19 263,2 267,6
ὠμότης 18,18 265,14 277,
21
ὠμοτοκέω 184,11
ὤνιος 236,21
ᾠόν 349,3.13.23 378,7
ὥρα₁ 206,10 258,11
  καθ' ὥραν 248,2
  πρὸ ὥρας 143,5Z 207,9
ὥρα₂ ("Schönheit") 6,6
ὡραῖος 23,9 64,3 160,13
179,22 216,17 349,9
351,2 394,19 395,7.9
ὡραιότης 342,12

ὡς passim (ca.500 Stellen)
ὡς εἰκός s. εἰκός
ὡς ἄν s. ἄν
ὡσανεί 56,14 92,22A 318,1
368,1
ὡσαύτως 118,7A
ὡσεί 71,22Z 166,24Z 213,
16Z.17Z 223,4A.5Z 228,
20Z 246,22Z 360,16Z.17Z
ὥσπερ passim (ca.150 St.)
ὡσπερανεί 58,10 344,17
ὡσπερεί 247,14 368,1A
ὡσπεροῦν 57,18A 84,18A
136,14 193,6 285,5 367,3
ὥστε
  m. Verb.fin. 3,8 60,9
65,9 101,1 136,4.21 149,
15 172,21 236,2 256,5
277,21 312,23 333,14 350,
19A 366,16 379,20 380,3
388,2 393,18 396,7 397,19
  m. Inf. 38,21 47,4
51,10 52,5 54,11A 56,7
63,8A 66,17 92,9 93,12
105,8 122,4 124,23 135,11
154,2 178,13 197,12A
300,11 316,9Z 317,8 320,6
346,5 349,7 359,10 370,21
381,11 395,1
ὠτίον 121,9.12Z 246,6
ὠφέλεια 37,5.6 50,18.23
192,9 243,12 256,15 264,9
268,14 358,18
ὠφελέω 174,20 185,9 189,
17 192,2 211,10 301,19
ὠφέλιμος 4,10 315,10
355,5

Patristische Texte und Studien

Im Auftrag der Patristischen Kommission
der Akademien der Wissenschaften in der Bundesrepublik Deutschland
herausgegeben von
Kurt Aland und Wilhelm Schneemelcher

Band 7

Die Schriften des Johannes von Damaskos

Band I: Institutio elementaris. Capita philosophica (dialectica)
Als Anhang: Die philosophischen Stücke aus Cod. Oxon. Bodl. Auct. T. I. 6
Herausgegeben vom Byzantinischen Institut der Abtei Scheyern,
besorgt von P. Bonifatius Kotter
Groß-Oktav. XVI, 198 Seiten. 1969. Ganzleinen DM 48,–
ISBN 3 11 002661 9

Band 12

Die Schriften des Johannes von Damaskos

Band II: Ἔκδοσις ἀκριβὴς τῆς ὀρθοδόξου πίστεως. Expositio fidei
Herausgegeben vom Byzantinischen Institut der Abtei Scheyern,
besorgt von P. Bonifatius Kotter
Groß-Oktav. LV, 291 Seiten. 1973. Ganzleinen DM 128,–
ISBN 3 11 004033 6

Band 17

Die Schriften des Johannes von Damaskos

Band III: Contra imaginum calumniatores orationes tres
Herausgegeben vom Byzantinischen Institut der Abtei Scheyern,
besorgt von P. Bonifatius Kotter
Groß-Oktav. XVI, 229 Seiten. 1975. Ganzleinen DM 128,–
ISBN 3 11 005971 1

Band 22

Die Schriften des Johannes von Damaskos

Band IV: Liber de haeresibus opera polemica
Herausgegeben vom Byzantinischen Institut der Abtei Scheyern,
besorgt von P. Bonifatius Kotter
Groß-Oktav. XXII, 486 Seiten, 6 Stemmata. 1981. Ganzleinen DM 275,–
ISBN 3 11 007858 9

Preisänderungen vorbehalten

WALTER DE GRUYTER BERLIN · NEW YORK

Patristische Texte und Studien

Im Auftrag der Patristischen Kommission
der Akademien der Wissenschaften in der Bundesrepublik Deutschland
herausgegeben von
Kurt Aland und Wilhelm Schneemelcher

Band 6
Aurelio de Santos Otero

Das kirchenslavische Evangelium des Thomas

Groß-Oktav. VIII, 193 Seiten. 1967. Ganzleinen DM 49,50 ISBN 3 11 005269 5

Band 20
Aurelio de Santos Otero

Die handschriftliche Überlieferung der altslavischen Apokryphen

Band I
Groß-Oktav. XL, 227 Seiten, 2 Tafeln. 1978. Ganzleinen DM 108,– ISBN 3 11 007028 6

Band 23
Aurelio de Santos Otero

Die handschriftliche Überlieferung der altslavischen Apokryphen

Band II
Groß-Oktav. XLVI, 282 Seiten, 4 vierfarbige Tafeln. 1981. Ganzleinen DM 126,–
ISBN 3 11 008139 3

Band 18

Repertorium der griechischen christlichen Papyri

Band I: Biblische Papyri. Altes Testament, Neues Testament, Varia, Apokryphen
Im Namen der Patristischen Arbeitsstelle Münster
herausgegeben von Kurt Aland
Groß-Oktav. XVI, 473 Seiten. 1976. Ganzleinen DM 158,– ISBN 3 11 004674 1

Band 21
Wolfgang A. Bienert

Dionysius von Alexandrien

Zur Frage des Origenismus im Dritten Jahrhundert
Groß-Oktav. XII, 251 Seiten. 1978. Ganzleinen DM 88,– ISBN 3 11 007442 7

Preisänderungen vorbehalten

WALTER DE GRUYTER BERLIN · NEW YORK